都城の系譜

応地利明
OHJI Toshiaki

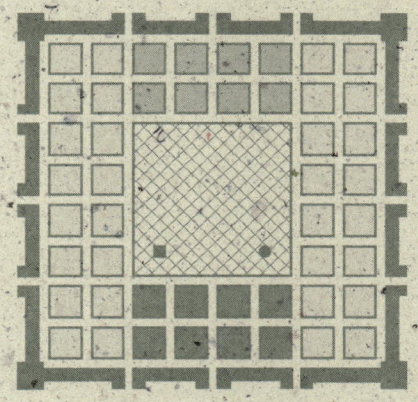

京都大学学術出版会

はじめに ── 都城研究革新のための視座

　「都城」という言葉はよく見聞きし，われわれにとってなじみ深い言葉であろう。しかし現在では，正確には，「なじみ深い言葉であった」というべきなのかもしれない。というのは，勤務していた京都の大学で 2006 年に「都城の比較論」という講義をおこなった。主たる受講生は，文学部の 3 年生であった。開講時の冒頭に 3 つの質問を出し，それへの解答を書面で提出するようもとめた。
　質問というのは，(1)「都城という言葉を知っているか」，(2)「知っているとすれば，その内容を記せ」，(3)「都城の具体例をあげて，そのおおまかな平面形態を描け」，というものであった。50 名ほどの受講者のなかで，(1) について「知っている」と答えたものは 5 名，(2) について記したものは 2 名，(3) について描いたものは 1 名にすぎなかった。
　この数字の低さ，とりわけ (1) の約 10 パーセントという数字は，まったく予想外であった。「都城」という言葉は，普通の日本語として定着していると思っていたからである。都城・平安京に起源をもつ京都の大学生にとってすらも，「都城」という言葉は特殊な学術用語と化してしまっているのだろうか。これには，愕然とした。しかしこのような状況だからこそ，「都城」というゆたかな概念について，よりいっそう明解に語る必要があると思った。
　都城という言葉とその意味を知っている人なら，すぐに日本古代の平城京や平安京，また唐代中国の長安などを想いおこすだろう。けれどもその場合でも，もし「古代インドの都城」とか，「アンコール・トムの都城」とかの言葉を耳にすると，違和感をもつ人もあるのではないか。この本の重要な目的の 1 つは，その違和感への挑戦にある。
　近代日本で「都城」という語をはじめて使用したのは，喜田貞吉であったとされる[1]。喜田は，1911 年（明治 44）に発表した「本邦都城の制」と題した論文で，つぎのような議論を展開している[2]。

① 　都城とは，「都」と「城」をあわせた用語であること。
② 　このうち「都」＝ミヤコとは［「宮処」＋「繁華地」］を意味し，また「城」＝キとは［侵入を防ぐ境界＝城郭］を意味すること。
③ 　［「帝王の居」＋「防御のそなえ」］は「宮城」であって，「都城」ではないこと。
④ 　したがって［A「帝王の宮殿」＋ B「群集せる吏民の居」＋ C「防御のための城郭」］の結合体を「都城」といいうること。

i

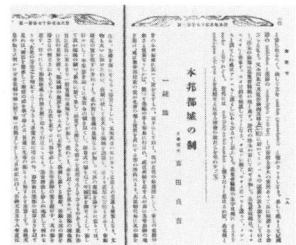

写真 1　喜田貞吉「本邦都城の制」『歴史地理』17-1, 1911 年
「都城」という言葉は『日本書紀』に初出するが，それを近代学術用語として定立したのは，喜田貞吉であった。

⑤　しかし日本ではCの城郭を欠くので，「都あれども都城なし」といいうること。

　喜田の指摘には，傾聴すべき点が多い。しかしもっとも大きな問題は，⑤で，C＝「防御のための城郭」の欠如をもとに日本には「都城なし」とするにもかかわらず，論文の標題がいみじくも語っているように，日本古代の王都に対して「都城」という用語をもちいていることである。逆言すれば，喜田の議論では，〈A＝「帝王の宮殿」＝宮域〉＋〈B＝「群集せる吏民の居」＝京域〉によって都城が編成されることになる。
　しかし現在の日本における都城の概念は，喜田の提起とはまったく逆転している。ここで，現在の日本での都城に関する標準的な説明を4つあげよう。

1）『広辞苑』（第六版，2008年）——「都市にめぐらした城郭。また，城郭をかまえた都市。城市」。
2）『精選版日本国語大辞典』（2006年）——「城郭をめぐらせた都市。城市。本来中国の洛陽・長安などのように城郭で囲まれた古代都市をさす。日本では城郭の色彩は希薄であるが，古代中国の都制にしたがい，この名称が用いられ……」。
3）『世界考古学事典』（1979年）での関野雄の説明——「周囲に城壁をめぐらした都市の遺跡。従来の慣例から中国，朝鮮，日本に限定するのがふつう」。
4）『平凡社大百科事典』（1985年）および『日本史大辞典』（1993年）での礪波護の説明——「城郭に囲まれた都市をさすが，一般には特に国の首都ないし副都となった都市をさすことが多い」という言葉で書きだされている。

　これらの4つの説明ないし定義は，共通して，都城の基本的な特質を「城郭あるいは城壁で囲まれた都市」にもとめている。喜田の整理にしたがえば，いずれもC＝「防御のための城郭」をもって都城の定義としている。喜田は，C＝「防御のための城郭」を無視して，都城の特質を〈「A＝宮域」＋「B＝京域」〉にもとめていた。現在の都城定義が喜田のものと逆転していると前言したのは，この点を指してのことである。
　しかし古今東西のすべての王都は〈「A＝宮域」＋「B＝京域」〉からなっているので，喜田の都城定義は王都の言いかえにすぎず，なにも説明したことにはならない。では逆にC＝「防御のための城郭」を重視し，それに都城の特質をもとめる現在の定義は妥当だろうか。この現在の日本における共通理解を手がかりとして，都城の概念につ

いて再考したい。しかし検討にさきだって，まず用語を明確にしておく必要がある。

　上記 1)〜4) は，いずれも都城を「都市」としたうえで，その特質を説明するための鍵概念を「城郭」また「城壁」の存在にもとめている。しかしその説明は中国ないし中国語での用法にひきずられていて，日本語としては了解不能である。

　たしかに中国語では，「城」は都市を意味する。したがって「城郭」や「城壁」は，都市を囲む囲郭・囲壁を指す。しかし通常の日本語では「城」は「しろ」ないし「き」と読まれ，それには都市という意味はない。「長安城」という表現にならって，平安京を「平安城」とよんだ例もある。しかしそれは，あくまでも好事家あるいは漢学者の風流めかした修辞にすぎない。おなじように「城郭」また「城壁」も，通常の日本語では城(しろ)を囲む石垣や壁を指す。そのため「城郭」や「城壁」という言葉から都市の囲郭・囲壁を連想することは，日本語ではまずありえない。

　本書ではこのような混同を避けるために，都市を囲む壁や囲郭を指す場合には，城壁・城郭ではなく，市壁 (city wall) という語をもちいる。逆に城壁・城郭は，城(しろ)や要塞などを囲む石垣などを指す場合のみに限定してもちいることにする。

　しかしこのような用語の整理をもとに，さきの 4 つの説明での「城郭」や「城壁」を「市壁」と言いかえたとしても，問題はなにも解決しない。都城を「市壁に囲まれた都市」とする日本での都城の共通理解そのものが，問題だからである。すでに喜田も指摘していたように，日本の平城京や平安京には市壁はなかった。あったとしても，ごく部分的かつ象徴的なものでしかなかった。2)『精選版日本国語大辞典』はこの点について留意しているが，同辞典も都城の基本概念を「城郭＝市壁をめぐらせた都市」にもとめている点ではおなじである。これらの辞書・辞(事)典類が述べる都城の概念にしたがえば，市壁をもたない平城京や平安京は都城とはいえないはずである。しかし喜田の論文以来，平城京も平安京も無条件に日本古代を代表する都城の実例として論じられてきた。これは，奇妙かつ怠慢な状況である。

　概念 (concept) と事実 (fact) との関係は，一般につぎのように説明される。概念があって事実が存在するのであり，現実世界からとりだされた概念の実例が事実である。とすると，都城の基本概念を市壁の有無にもとめる概念・定義からすると，平城京や平安京は都城概念の実例とはなりえない。にもかかわらず，平城京や平安京が都城の実例として語られる。この奇妙な状況を打開するには，「都城」にかわる別の用語をもちいるか，日本における「都城」の概念を変えるか，のいずれかしかない。

　前者の立場を代表するのは，日本古代史家の岸俊男である。岸は，藤原京や平城京

はじめに　　iii

などを語る場合にも，できうるかぎり「都城」という語を避けて，「宮都」という言葉を選んで語っていた[3]。それは，この点への慎重な考慮の結果であったと思われる。

しかし私は，後者の立場をとる。都市を囲む市壁を指標とする都城概念そのものに，疑問をもつからである。日本を離れて視野をアジアさらにはユーラシア全域へとひろげると，市壁は，地方都市クラスの都市にも存在する普通の都市施設だ。たとえばかつての中国でも，県城クラスの地方都市も市壁で囲まれるものがほとんどであった。この状況は，インド世界やイスラーム世界さらにはヨーロッパでも同様である。しかも農村集落でも，まわりに囲郭をめぐらすものもめずらしくない。市壁や囲郭は，都市だけでなく農村集落もふくめて，ごく一般にみられる普遍的な構築物なのである。その存在をいくら強調しても，ユーラシアというスケールからみると，それは普通の都市の特徴を述べているのみであって，都城という「特別な別格都市」の定義にはならない。前記の諸定義のなかで，4）で礪波が都城を王都ないし副都クラスの都市にもちいられる言葉としているのは，この点への考慮であろう。

けれども市壁の有無のみに注目する概念にしたがったまま，その実例を王都・副都クラスの「特別な別格都市」にかぎるというのは，論理的に一貫しない。都城概念の実例を「特別な別格都市」に限定するためには，これまでの概念を棄てて，「都城とはなにか」という基本から再考する必要がある。

ここで，①で喜田が「都城」を「都」と「城」をあわせた用語としていることを想起したい。それが，都城の概念を再考するための出発点をなす。都城とは，文字どおり「都の城」である。前近代では「都の城」は，王権の所在地であった。王権が超越的な至高の存在であったように，「都の城」も，領域内の他の諸都市からは超越した至高の都市であった。前述の礪波の指摘も，この点の強調であろう。ここで，まず都城＝「都の城」は「都」と「城」の2つからなるということを確認しておきたい。

「都」とは，帝王などの王権保持者が，王権と国家の名において執りおこなう政事と祭事の場を意味する。それは，可視的な施設・景観としても，王宮・官衙などの政事施設，神殿・寺院などの祭事施設の2つによって表徴される。前近代には，この2つは，「都」の中心施設として「都の城」の都市核を構成してきた。また政事施設と祭事施設とが一体化して，祭政一致の「都」をつくりあげることも多かった。

一方，「城」とは都城の軍事的側面を意味する。それは，市壁・周濠・要塞・城郭などの施設・景観によって可視化され，表徴される。「城」の施設とりわけ市壁は，単なる軍事施設を越えた象徴的な意味をもつ。たとえば中国では，後述するように，

市壁は文明を表徴する重要な施設であった。それゆえに『大唐西域記』のなかで、玄奘は訪れた西域やインド世界の諸王都を語る際に、それを囲む市壁の規模を克明に記していた。たとえば、同書でのガンダーラ国の記載を引くと、「健馱邏国、東西千余里、南北八百里、東は信度（インダス）河に臨む。国の大都城は布路沙布羅と号し、周四十余里[4]」と述べる。文末の「周四十余里」とは、布路沙布羅の市壁の外周距離をいう。また西アジアやインド世界でも、市壁の有無と規模は、都市の格式を示す指標でもあった。これらについては、後章で再述したい。
　都城を「市壁で囲まれた都市」とする前述の4つの共通理解は、「都の城」の「城」だけをとりだして定義しているにすぎない。しかも古代日本は、中国の「都の城」から「都」のみを採用して、「城」を受容しなかった。にもかかわらず、さきの4つの説明が示すように、日本での都城の概念や説明は、「都の城」のうち日本には実在しない「城」のみに注目してなされてきたのである。これは、現在の日本における都城論議がもつ論理矛盾である。喜田による提起以来、日本の都城研究はきわめて不完全な論理構成のまますすめられ、今日に至っているといわざるをえない。
　都城を語るときには、「城」だけでなく「都」をふくめて、「都の城」を総体としてとらえることが必要である。つまり王権が政事・祭事・軍事の3つを掌握・顕示・執行する場が、「都の城」としての都城ということである。この観点にしたがうと、最初に問題となるのは、「では、どうして王権が政事・祭事・軍事を顕示し、執行することができるのか」ということだ。それが、「都の城」を再考するための基本的な視点を提供する。
　この問題は、王権論の本質にかかわる。王権は、自らの権威と権力を基盤として、政事・祭事・軍事のすべてを、ある場合には祭事をのぞく2つを掌握し行使する。王のもつ権力の源泉は、その権威にある。権威的存在であるがゆえに、王による権力の独占と行使が可能なのである。いいかれば王の権力を担保するものが、権威である。前近代にあっては王の権威は、聖典や神話また宗教をつうじて伝承されてきた思想によって認証され、正統性を付与されてきた。
　このことは、古代中国の「地上における天帝の子としての天子」という王権思想、また「サンスクリット聖典の独占者バラモンによって、クシャトリアのなかから認証されたものとしての帝王」という古代インドの王権思想、あるいは「地上における神の代理者である法王によって認証された国王」というキリスト教世界の王権思想を想起すれば、あきらかである。これらの王権思想の源泉は、「天帝」・「バラモン」・「法

王」の権威にある。それらが権威ある存在とされるのは，そのいずれもが世界さらには宇宙のなかで中心的位置を占める存在ないしその代理者とされてきたからである。つまり王の地位が「天帝」・「バラモン」・「法王」を介してコスモロジーによって担保されることが，王を権威的存在とするのである。

　ここまで，（ア）「都の城」＝都城は王権が所在する至高の都市であること，（イ）「都の城」は王権による政事・祭事・軍事の諸権力の顕示と行使の場であること，（ウ）正統的権威によって認証され担保されることによって王権によるそれらの権力行使が可能となること，（エ）その正統的権威の源泉はコスモロジーにあること，の4点を指摘した。この4つは，おそらく世界のどの王権あるいは王権所在都市についても妥当するであろう。

　しかしこれだけのことなら，「都の城」＝都城が王権所在地として領域内の他の諸都市からは超越した至高の都市であるということを述べているにすぎない。そのような至高都市は，どの王国や帝国にも存在する。この点の指摘だけにとどまるだけなら，それは，都城を「市壁に囲まれた都市」と定義する従来の都城概念と大同小異である。

　ここで，日本での都城研究にとってもっとも重要な準拠枠を提供してきた中国での都城概念を再検討しよう。なんどもふれた「城郭あるいは城壁で囲まれた都市」というのは，中国での都城概念の文字どおりの流用であった。その際，中国における都城概念の重要な特質が見すごされてきた。さきに古代中国では，王権が，「地上における天帝の子としての天子」というコスモロジーによって正統化されていることを指摘した。コスモロジーが王権の正統性を担保するのも，ユーラシアの諸文明・諸文化の王権思想に共通する。

　王権がコスモロジーと直結する存在であることは普遍的であるとしても，問題は，「王権が建設する王都も，コスモロジーと直結する存在といいうるかどうか」という点にある。いいかえれば，問題は，王権を媒介として，王都の立地や編成もコスモロジーによって説明可能かどうかということにある。

　古代中国の場合には，後にくわしく述べるように，天子が「天帝の命＝天命」を受けて立つところが地の中心であり，「都の城」の所在地であった。そこでは王都という都市自体が，コスモロジーと結合する存在であった。つまり〈コスモロジー──王権──王都〉が三位一体的な連環でむすばれていた。古代中国の都城思想は，この三位一体的連環を内包する概念なのである。私は，アジアの諸帝国・諸王国が析出した多くの

王都のなかでも，この三位一体的な連環に立つ王都に限定して，それを都城とよぶ。
　ここで，中国を越えてアジアさらにはユーラシアをみわたして，王都がコスモロジーと結合し，王都がコスモロジーを体現する存在として考えうるかどうかについて考えたい。これに関して，当然，2つの類型を設定できる。
　第1の類型は，前述した古代中国の都城思想である。この類型では，その建設主体である王権を媒介として王都がコスモロジーと結合する。その結果，王都の立地や形態またその内部での「都」と「城」の施設編成などが，コスモロジーと結合する。そこでは王都は，〈地上におけるコスモロジーのミニアチュア〉すなわち〈地上における宇宙の縮図〉である。いいかえれば，王都が王権とコスモロジーの双方と直結して，前述の〈コスモロジー―王権―王都〉の三位一体的な連環が成立している類型である。都城とは，この類型に属する王都を指す。
　日本では都城あるいは都城思想というと，古代中国とその周辺だけを連想する人がほとんどである。しかしここで定義した都城の思想は，古代中国だけが生みだしたものではない。古代インドもまた，同様の意味での明確な都城思想を析出した。Iで詳述するように，古代インド世界が析出した都城思想は古代中国のものよりもはるかに精緻であり，周辺世界とりわけ東南アジアでひろく受容された。しかしその存在は，従来の都城研究ではまったく見落されてきた。「都城研究」と銘うつかぎりは，その地平をまずインド世界にまで拡大する必要がある。そのためにも，前述した都城概念の革新が必要なのである。
　コスモロジーと王都の関係にかかわる第2の類型は，王都は王権と結合しているけれども，コスモロジーとは連環しないものである。つまり前述の〈コスモロジー―王権―王都〉の三位一体的な連環が，王都をめぐって成立しない場合である。この類型では，王都の立地や形態また施設配置などはコスモロジーとは関連性をもたない。「王都自体がコスモロジーを具現している」という思想をもたない類型である。たとえばイスラーム世界の諸王都は，これに属する。この類型に属する王都は，たとい王権の建設になる至高都市ではあっても都城とはいえない。それは，あくまでも王都なのである。つまり都城は，第1類型に属する「都の城」のみを指す概念と考える。
　このように都城と王都とを区別したうえで，前近代における両者の建設主体である王権と関連づけて，上述したところを再整理しておきたい。王権は，権力と権威からなる。両者の関係は，権力を担保するものが権威だと要約できる。正統的権威によって認証され担保されることによって，王権の権力行使が可能となる。その正統的権威

を付与し認証するのが，コスモロジーである。つまり王権の源泉は，権威を付与するコスモロジーにある。

　王権の建設になる都城も王都も，ともに，①　王権が所在する至高の都市であること，②　王権による政事・祭事・軍事の諸権力の顕示と行使の場であること，の２点を共通してもつ。しかしこれだけでは，都城を定義づけることはできない。両者を区別するもっとも重要な指標は，〈コスモロジー―王権―王都〉の三位一体的な連環の有無である。前記の①と②にくわえて，この三位一体的な連環が存在する場合に，それを都城とよびうる。

　したがって本書での都城の定義は，「都」と「城」のおのおのが既述の意味をもつことを前提として，「〈コスモロジー―王権―王都〉の三位一体的な連環を体現する至高の「都の城」」である。またこの三位一体的な連環をもとに構成される概念の体系を，都城思想とよぶ。

　もちろん都城また都城思想は，固定した不変の存在ではない。それは，歴史の展開とともに変化していく。とりわけ当初は神話や聖典に従属していた王権が，権力の強化とともに自己伸長を遂げる。その結果，権威の源泉であったコスモロジーから逸脱して，王権による「都の城」の改変，たとえば王宮の肥大化，あるいは王宮に立つ帝王のヴィスタを顕現する軸線街路の建設などが発進する。それは，王権による都城の世俗的再編である。ここでみられる王権によるコスモロジーからの逸脱と都城の世俗的再編を，私は，後述する理由から「バロック化」とよぶ。

　「バロック化」という概念の導入によって，都城展開を発展的関係のなかで考察することが可能となる。それが重要な意味をもつのは，とくに中国都城の研究においてである。本書では，中国世界における都城展開を「バロック化」概念を基軸とする連続的な過程としてとらえ，のちに詳述するように，隋唐・長安をその連続的展開の完成形態とする。隋唐・長安をこのように位置づける研究は，中国都城研究では少ない。

　というのは中国世界の都城研究においては，『周礼』「考工記」に規準をもとめて，隋唐・長安を中国都城史上の「異数の都城」とする那波利貞[5]，また中国都城を「考工記式」と「唐長安式」の２類型に分類する駒井和愛[6]の提唱が大きな意味をもちつづけてきたからである。那波と駒井は，それぞれ歴史学と考古学からの中国都城研究の開拓者であった。那波の提唱は隋唐・長安をいわば「異端の都城」として位置づけるものであり，駒井の提唱は隋唐・長安が質的に異なった１類型を構成する都城として定立するものであった。両者は，隋唐・長安を異質な中国都城として位置づける点では

共通する。それは，隋唐・長安を「もう1つの中国都城」として別個の系列に属するものとして整理するものである。本書では，〈「異数」・「異端」・「類型」・「系列」〉論のなかで隋唐・長安を語るのではなく，まずこれまで指摘されることのなかった新たな視座から隋唐・長安の基本構想を説明したうえで，さらに「バロック化」を鍵概念として隋唐・長安を中国都城の連続的展開過程のなかに位置づけることをめざす。

　以上のように，都城の形態展開を歴史的に考察していくための基本概念として，アジア全域さらにはユーラシアを視圏に入れて〈王権・コスモロジー・「バロック化」〉の3つを設定しうる。

　ここで，ふたたび冒頭に掲げた4つの説明にかえろう。そのうち関野は，3)で都城を「従来の慣例から中国，朝鮮，日本に限定するのがふつう」と付言していた。つまり都城の用語は，東アジアいいかえれば中華文明圏に限定してもちいるのが通例とする。その言説の背後には，都城また都城思想が東アジアのみに特有のものとの予断と独善があろう。しかし「都の城」のうちの「城」のみに着目する関野の定義はもちろんのこと，本書での「〈コスモロジー—王権—王都〉の三位一体的な連環を体現する至高の「都の城」」という概念でも，都城を東アジアいいかえれば中華文明圏に限定する理由はまったくない。

　しかし日本における都城研究は，「国際比較研究」と標榜する場合でも，その対象範域はせいぜい中国・日本・朝鮮半島とそれらの周辺，つまり中華文明圏内部での比較研究であった。不思議なことに，現在においても都城研究者の目線は，空間的にはそれを越えて広がらないのである[7]。これを，「都城研究における東アジア的バイアス」とよびたい。

　さきに提唱した都城概念は，もちろん，中国都城にも妥当する。しかしアジアをみわたすと，都城思想を生みだしたのは中国だけではない。前述したように古代インド世界には，中国世界以上に明確な都城思想が存在した。都城また都城思想は，なにも東アジアだけの占有物ではないのだ。たとえ日本の都城の源流が中国にあるとしても，現在の日本を覆っているのは，関野の付言にみられるような「都城研究における東アジア的バイアス」ともいうべき視野狭窄である。「コスモロジーを自ら具現する至高の「都の城」」というゆたかな都城思想また都城をこのような視野狭窄状況から解放して，アジアさらにはユーラシア都市論のなかに定位させる試みが必要なのだ。本書が副題に「東アジアを越えて」を付する所以は，まさにその点にある。

　本書のもっとも大きな目的は，都城を「東アジアを越えて」論じることによって，

前述の「都城研究における東アジア的バイアス」という視野狭窄を革新することにある。そのとき，なによりも要求されるのは，東アジア以外の世界においても，「〈コスモロジー―王権―王都〉の三位一体的な連環を体現する至高の「都の城」」という都城思想が存在することの呈示であろう。通例の都城論とは異なって，中国ではなくインド世界の都城思想を本書の冒頭に置くのは，この要求への応答のためである。前述したように古代インド世界は独自の都城思想を析出し，東南アジアとりわけその大陸部は，それを受容してインド的都城を建設してきたからである。

　さらに「東アジア的バイアス」を超克して，「〈コスモロジー―王権―王都〉の三位一体的な連環を体現する至高の「都の城」」という都城思想の存在と展開をインド世界とその周辺で確認したとしても，それだけではアジアを対象とする都城研究は完成しない。とりわけ西方にひろがる「イスラーム世界の王都をなぜ都城といえないのか」，いいかえれば「なぜイスラーム世界は都城思想と無縁なのか」という問題にも射程をひろげる必要がある。その考察が，都城概念の意味を逆照射するからである。本書が「都城の系譜」を標題としつつ，都城とは無縁のイスラーム世界の王都をとりあげるのは，それによって都城と王都の相違を明確にするためである。

　したがって本書の「隠れた次元」は，都城研究を視座として，前近代アジア都市史の重要な断面を剔出することにある。

目　次

はじめに ── 都城研究革新のための視座　　i

図表一覧　　xviii
写真一覧　　xxiii

第 1 部　古代インドと古代中国の都城思想

第 I 章　古代インド世界の都城思想　　3

I-1　『ラーマーヤナ』が語る理想の都城　　3

I-2　『マーナサーラ』の都城思想　　5
　　（1）　選地のヴァルナ（四姓）論　　7
　　（2）　ナンディヤーヴァルタ型都城 ── 記載内容の整理　　10
　　（3）　ナンディヤーヴァルタ型都城復原の先行研究　　18
　　（4）　ナンディヤーヴァルタ型都城 ── 復原私案　　23

I-3　『アルタシャーストラ』の都城思想とその形態復原　　27
　　（1）　『アルタシャーストラ』における都城記載　　29
　　（2）　『アルタシャーストラ』にもとづく都城復原 ── 研究史　　34
　　（3）　ヒンドゥー都城思想 ── コスモロジーと都城　　42
　　（4）　『アルタシャーストラ』が語る古代インド世界の都城 ── 復原私案　　45
　　（5）　インド都城の「聖なるかたち」── 同心正方周帯の積層　　55

第 II 章　古代中国世界の都城思想　　63

II-1　ふたたび「都」と「城」をめぐって　　63

II-2　中国的コスモロジーと都城の思想　　65
　　（1）　天と地の〈非連続的連続〉──「天円地方」と「天帝天子」　　65

(2)　『周礼』「考工記」「匠人営国」条 ── 古代中国世界の都城思想　70
　　　(3)　『周礼』にもとづく中国都城の形態復原　75

第 III 章　古代インドと古代中国の都城思想比較論　81

　III-1　タテ・ヨコ3街路・12市門をめぐって　82
　III-2　都城思想・都城形態の比較　84
　　　(1)　都城とコスモロジーの意味連関　84
　　　(2)　都城核心施設　85
　　　(3)　都城形態の基本構造　87

第 IV 章　古代インドと古代中国における初期都市の同型性
　　　　　── 城砦・市街地の空間的二元性　91

　IV-1　インダス文明都市 ── カーリーバンガンとドーラーヴィラー　91
　　　(1)　カーリーバンガン　93
　　　(2)　ドーラーヴィラー　100
　IV-2　華北文明都市 ── 斉国王都・臨淄と「戦国七雄」の王都　111
　　　(1)　「西城東街」・「西高東低」── 斉国王都・臨淄　112
　　　(2)　中国初期都市の空間編成 ──「戦国七雄」の王都　117
　IV-3　インダス文明都市と華北文明都市の形態比較　121
　IV-4　インダス文明以後の古代インド世界の方格都市　122
　　　(1)　シルカップ　122
　　　(2)　シシュパールガル　128

第 2 部　都城のバロック的展開

第 V 章　東南アジアでのインド都城思想の受容と
　　　　　バロック的展開　135

　V-1　なぜインド都城の「バロック化」を東南アジアで？　136

V-2　東南アジアの「インド化」をめぐって　138

V-3　東南アジア大陸部における都城展開　141
　　（1）アンコール・トム —— 「中央神域」の都城　142
　　（2）スコータイ —— 「中央神域」と「中央宮闕」の並立都城　154
　　（3）アユターヤー —— 「バロック化」都城　162

第 VI 章　中国都城のバロック的展開　179

VI-1　始皇帝以前＝〈都市国家・秦〉—— 櫟陽と王都・咸陽　180
　　（1）王都・櫟陽　181
　　（2）王都・咸陽　187

VI-2　始皇帝以後＝〈領域国家・秦〉の都城・咸陽　190
　　（1）都城・咸陽 —— 2つの都市像　190
　　（2）都城・咸陽の多核編成　194
　　（3）都城・咸陽の基本建設構想　197

VI-3　前漢・長安 —— 家産制領域国家の都城　201
　　（1）前漢・長安の建設過程　206
　　（2）前漢・長安の読解〈1〉—— 市壁・市門　209
　　（3）前漢・長安の読解〈2〉—— 市　213
　　（4）前漢・長安の読解〈3〉—— 庶民住区　217
　　（5）前漢・長安の読解〈4〉—— 宗廟・社稷　218
　　（6）前漢・長安の読解〈5〉—— 宮域　219
　　（7）前漢・長安の読解〈6〉—— 鼎立する3つの軸線　221
　　（8）「バロック化」の胎動　241

VI-4　後漢・洛陽 —— 官僚制領域国家の都城　243
　　（1）漢帝国の断絶と継承 —— 前漢・長安から後漢・洛陽へ　244
　　（2）後漢・洛陽の読解〈1〉—— 市壁・市門　248
　　（3）後漢・洛陽の読解〈2〉—— 宮域・南北都城軸線　252
　　（4）「バロック化」への助走　257

VI-5　北魏・平城 —— 北方遊牧集団の建設都城　258
　　（1）平城遷都 —— 遊牧空間と農耕空間の交界都市　259
　　（2）北魏・平城の建設過程 —— 『魏書』の記載から　262
　　（3）北魏・平城の形態探求 —— 考古調査から　264
　　（4）北魏・平城の都城復原私案 $A \cdot B$　278

(5)　参照系としての鄴・北城　285
　　　(6)　鄴・北城と北魏・平城 ── 形態的相同性　292
　　　(7)　平城・外城 ── グリッドパターンと里坊制　294
　　　(8)　孝文帝の登場 ── 平城の漢族的・儒教的改建　297

　VI-6　北魏・洛陽 ──「バロック化」への疾走　298
　　　(1)　平城から洛陽へ ── 漢化政策の最終章　298
　　　(2)　北魏・洛陽＝先行2系列の結節都城　300
　　　(3)　北魏・洛陽の都城構成 ──「守旧」と「進取」　302
　　　(4)　中国都市史のなかの北魏・洛陽　319
　　　(5)　「バロック化」の本格展開　321

　VI-7　隋唐・長安 ──「バロック化」の完成　323
　　　(1)　隋唐・長安読解への視座 ──「進取」と「同化」　325
　　　(2)　隋・大興城の建設 ── 基本構想と実施設計　326
　　　(3)　『周礼』理念の包摂・同化 ──「異端の都城」論批判　358
　　　(4)　「バロック化」の完成 ── 貫徹する皇帝のヴィスタ　368

　VI-8　都城と民居・住宅の共進化 ── 起動因としての北方遊牧集団　374

第VII章　中国世界周辺での中国都城思想の受容とバロック的展開(1) ── 日本　381

　VII-1　日本都市は「古代・近代化」にはじまる　381
　　　(1)　「弥生都市」論をめぐって　381
　　　(2)　文化・文明・「古代・近代化」　384

　VII-2　メタ都市としての飛鳥浄御原宮エリア　387
　　　(1)　小墾田宮における「継承」と「革新」　388
　　　(2)　飛鳥浄御原宮 ── 宮処と都市性　389

　VII-3　藤原京 ── エチュード(習作)としての都城　396
　　　(1)　「最初の都城」建設への曲折　396
　　　(2)　宮域における「継承」と「革新」　398
　　　(3)　京域復原の研究史 ── 岸説から大藤原京説へ　401
　　　(4)　『周礼』は大藤原京建設の典拠か　409
　　　(5)　楕円的王権空間の創出 ── 藤原京と伊勢神宮　415
　　　(6)　藤原京の「革新」性　418

         (7) 藤原京から平城京へ ── 「エチュード」の挫折　421

　VII-4　平城京 ── 中国「バロック化」都城の翻案　426
         (1) 既定の選地と建設過程　426
         (2) 中国「バロック化」都城の学習・翻案　429
         (3) 平城京と隋唐・長安 (1) ── 総論的形態比較　431
         (4) 平城京と隋唐・長安 (2) ── 各論的形態比較　436

　VII-5　長岡京 ── 「刷新の都城」の挫折　452
         (1) 王朝刷新の遷都
             ── 副都・外港の吸収一元化と渡来人ネットワークの動員　452
         (2) 「桓武帝＝始皇帝」・「長岡＝咸陽」見立て論　456
         (3) 基本構成と「水・陸の便」── 朱雀大路と港津　461
         (4) 宮城と京域 ── 平安京への架橋　469

　VII-6　平安京 ── タブローとしての「バロック化」都城　477
         (1) 日本古代都城の完成作 ── 「エチュード」の集成　478
         (2) 「バロック化」の諸相　488
         (3) 平安京の「再都市化」── 中世京都への胎動　496

第VIII章　析出核A2周辺での中国都城思想の受容と
　　　　　　バロック的展開 (2) ── ヴェトナム　497

　VIII-1　タンロン (昇龍) ── ヴェトナム最初の都城　498
         (1) タンロン都城の建設　498
         (2) タンロン都城遺跡の発見と復原の試み　499
         (3) 李朝・タンロン都城の形態考察　512

　VIII-2　フエ (順化) ── 19世紀ヴェトナムの都城　519
         (1) フエ都城「京師」図の検討　522
         (2) フエ「皇城内」図の検討　524

第IX章　都城思想と2つのアジア
　　　　　── イスラーム世界の位置づけ　527

　IX-1　都城思想をもつアジアともたないアジア　528

IX-2　都城思想とイスラーム世界　　　　　　　　　　　　　　　　　530
　　　（1）　イスラームの建設王都 ── マディーナ・アッサラームを例として　530
　　　（2）　円形都市とコスモロジーをめぐる諸論　536
　　　（3）　なぜマディーナ・アッサラームを都城とよびえないのか　539
　　　（4）　ペルシア世界における円形都市の系譜　543

第3部　18世紀ヒンドゥー世界両端の建設都城

第X章　ジャイプル
　　　　　── 近世インド世界の「バロック化」都城　　　　　　　551

 X-1　ジャイプルの建設 ── 山稜から平原へ　　　　　　　　　　552

 X-2　都市形態と街路構成をめぐる2つの未解決問題　　　　　　　558
　　　（1）　「プラスタラ」型都市形態と街区編成　559
　　　（2）　「街路走向の偏角15度問題」と「ブロック配置の不規則問題」　565

 X-3　ヒンドゥー「バロック化」都城・ジャイプル　　　　　　　　572
　　　（1）　「中央宮闕」──「ブラーフマ・シュターナ」の漂流　573
　　　（2）　真中心に屹立する宮殿 ── 都城のメール山　575
　　　（3）　貫走する都城軸線 ──「バロック化」の実現　576

 X-4　「バロック化」と寺院配置　　　　　　　　　　　　　　　　582

 X-5　「プラスタラ」型・重商主義都市の創出　　　　　　　　　　589

 X-6　王家博物館所蔵絵地図の解読　　　　　　　　　　　　　　　596

第XI章　チャクラ・ヌガラ
　　　　　── 近世バリ世界の「バロック化」都城　　　　　　　605

 XI-1　チャクラ・ヌガラ建設前史　　　　　　　　　　　　　　　　605

 XI-2　バリ・ヒンドゥー・コスモロジー ── 方位と三体編成　　　608
　　　（1）　バリ村落の「かたち」とコスモロジー　608

(2)　バリ王都の「かたち」とコスモロジー　612

XI-3　チャクラ・ヌガラ都城の基本構成　619
　　　(1)　チャクラ・ヌガラとその周辺　619
　　　(2)　街路・街区編成と当初形態の復原　622

XI-4　チャクラ・ヌガラ都城の形態解読 (1) ── 外形的検討　628
　　　(1)　都城名「チャクラ・ヌガラ」が含意するもの ── その多義性　628
　　　(2)　三体編成〈1〉──「鳥」としてのチャクラ・ヌガラ　630
　　　(3)　三体編成〈2〉──「蓮華座・玉座」としてのチャクラ・ヌガラ　634
　　　(4)　「鳥」と「蓮華座・玉座」をむすぶもの　635

XI-5　チャクラ・ヌガラ都城の形態解読 (2) ── 内部編成　638
　　　(1)　残る2つの三体編成 ── 都城と寺院配置　638
　　　(2)　チャクラ・ヌガラ都城中心域の形態検討　641

XI-6　「庶民の空間」の現況調査　665
　　　(1)　中心商業地区の構成　665
　　　(2)　住宅地区のエスニック・宗教・ワルナ構成　671

XI-7　チャクラ・ヌガラ都城の形態特質とその意義　685

注　691

あとがき　721

索　引　725

図表一覧

図1　『マーナサーラ』の"Grama（都市）"形態分類（アチャルヤーの原図を応地補正）
図2　マンドゥーカ・マンダラ——8×8＝64区画（応地作図）
図3　マンドゥーカ・マンダラにおける45神格の神領布置（応地作図）
図4　『マーナサーラ』によるナンディアーヴァルタ型都城の基本編成（応地作図）
図5　ナンディヤーヴァルタ型都城復原案（1）——アチャルヤーによる（アチャルヤーの原図を応地補正）
図6　ナンディヤーヴァルタ型都城復原案（2）——ピッライによる
図7　「時計まわり四角巴」（応地作図）
図8　マンドゥーカ・マンダラ修正図（応地作図）
図9　『マーナサーラ』にもとづくナンディヤーヴァルタ型都城の形態復原私案（応地作図）
図10　ランガラージャンによる『アルタシャーストラ』にもとづくインド都城復原案（1-1）——都城外囲
図11　ランガラージャンによる『アルタシャーストラ』にもとづくインド都城復原案（1-2）——都城内部
図12　『アルタシャーストラ』にもとづくインド都城復原案（2）——ベグデ案
図13　『アルタシャーストラ』にもとづくインド都城復原案（3）——カーク案
図14　ヒンドゥー教の世界観——鳥瞰図（定方による）
図15　メール山・円形平頂面上のヒンドゥー諸神格の神領配置（応地作図）
図16　『アルタシャーストラ』にもとづくインド都城復原私案（応地作図）
図17　小乗仏教の世界観（定方による）
図18　シュリーランガム（インド・タミルナードゥ州）の同心周帯編成（『インド建築の5000年』による）
図19　シュリーランガムの同心周帯編成——ヒンドゥ的含意（応地作図）
図20　「華夷図」墨線図——南宋・紹興6年（1136）（『中国古代地図集　戦国—元』による）
図21　中国的コスモロジーにおける「天円地方」と「天地照応」（妹尾原図に応地補入）
図22　『周礼』「考工記」「匠人営国」条による中国都城復原案（1）——『欽定礼記義疏』「礼器図」による
図23　『周礼』「考工記」「匠人営国」条による中国都城復原案（2）——戴震による
図24　『周礼』「考工記」「匠人営国」条による中国都城復原案（3）——賀業鉅による
図25　周王都復原想定図（聶崇義による）
図26　インド都城復原私案（応地作図）
図27　中国都城復原私案（応地作図）
図28　カーリーバンガンの遺跡復原図（チャクラバルティーによる）
図29　ドーラーヴィラーの遺跡復原図（ビシュトによる）

図 30　斉国王都・臨淄の平面図（揚寛による）
図 31　同一縮尺での「戦国七雄」の王都（応地作図）
図 32　シルカップ発掘実測図（マーシャルによる）
図 33　シシュパールガルとその周辺図（ラールによる）
図 34　シシュパールガルの空中写真（ラールによる）
図 35　シェムリアップ周辺一帯の地形配置（カンボジア地理院測量図をもとに応地作図）
図 36　ジャヤヴァルマン VII 世によるアンコール・トム建設への過程（セデス原図をもとに応地作図）
図 37　アンコール・トムの都城構成（応地作図）
図 38　スコータイ都城とその周辺（タイ国考古局による）
図 39　スコータイ都城・南市門（ナモー門）略測図（応地作図）
図 40　スコータイ都城中心郭の復原（応地作図）
図 41　アユターヤー現況図（応地作図）
図 42　アユターヤー都城中心部の建設過程（応地作図）
図 43　アユターヤーの都市施設とエスニック集団別居住分化 ── 17 世紀末（ドゥ・ラ・ルベールによる）
図 44　関中・渭水盆地における建設都城の位置関係（張錦秋ほかの図をもとに応地作図）
図 45　西周王都＝鄷京・鎬京の関係図（鄷京遺址保管所・陳所長の提供資料をもとに応地作図）
図 46　都市国家時代の秦の王都・櫟陽復原図（1）（叶驍軍による）
図 47　都市国家時代の秦の王都・櫟陽復原図（2）（史念海による）
図 48　「王都・咸陽」と「都城・咸陽」の関係図（王学理原図に同氏の教示にもとづき応地補入・作図）
図 49　前漢・長安都城域の現況（古賀による）
図 50　前漢・長安都城復原図（鶴間による）
図 51　前漢・長安の南・北両市壁と星座（Wheatley による）
図 52　前漢・長安の南・北両市壁と北斗七星・南斗六星との対応関係（中野による）
図 53　前漢・長安　未央宮域の地形と建築遺構（『漢長安城未央宮』による）
図 54　前漢・長安　未央宮の復原図（『漢長安城未央宮』による）
図 55　前漢・長安　未央宮前殿基壇図（足立と中国社会科学院考古研究所による）
図 56　前漢・長安の建設プラン推定図（古賀による）
図 57　前漢・長安　覇城門遺構略測図（応地作図）
図 58　前漢・長安の広域レベルでの南北中軸線（秦建明ほかによる）
図 59　東周・洛邑, 漢魏・洛陽, 隋唐・洛陽の位置関係（閻崇年による）
図 60　漢魏・洛陽とその周辺（中国社会科学院考古研究所による）
図 61　漢魏・洛陽市壁の建設過程（中国社会科学院考古研究所による）
図 62　後漢・洛陽復原図（王鐸による）
図 63　北魏・盛楽の市壁遺構図（駒井による）
図 64　1938 年当時の大同周辺における残存版築壁遺構（水野による）

図 65	北魏・平城の復原案（A）—『中華文明史』第 4 巻による
図 66	北魏・平城の復原案（B）— 張暢耕ほかによる
図 67	現在の大同市街地と平城・宮域の範囲復原（応地作図）
図 68	北魏・平城の宮域と外郭の範囲想定（応地作図）
図 69	北魏・平城復原私案 $A \cdot B$（応地作図）
図 70	『水経注図』所載の「平城図」（楊守敬による）
図 71	鄴・北城の復原案（1）— 劉郭禎による
図 72	鄴・北城の復原案（2）— 同済大学による
図 73	北魏・洛陽の復原図（1）— 宮域・内城（外郭）（叶驍軍による）
図 74	北魏・洛陽の復原図（2）— 宮域・内城（外郭）・外郭城（外城）（賀業鉅原図を応地補正）
図 75	北魏・洛陽　閶闔門略測図（応地作図）
図 76	南斉・建康の復原図（叶驍軍による）
図 77	隋唐・長安の復原図（張在元による）
図 78	隋唐・長安の坊名図（『大長安展』図録による）
図 79	五胡十六国・北朝時代の長安宮域復原図（劉振東による）
図 80	前漢・長安の広域レベル軸線および北周・長安宮域と隋唐・長安の位置関係（応地作図）
図 81	隋唐・長安の基本構成 — 3 南北縞帯配列（応地作図）
図 82	『周礼』による中国都城復原私案（A）と隋唐・長安の基本構成（B）（応地作図）
図 83	モンゴルのゲル — 構造と住まい方（トーボー・フェーガーによる）
図 84	オグス・カガンの軍団編成（杉山による）
図 85	オグス・カガンの軍団編成（A）と隋唐・長安の基本構成（B）（応地作図）
図 86	隋唐・長安の等高線分布と「六坡」（妹尾による）
図 87	南山（秦嶺山脈）の主要縦断交通路（毛鳳枝による）
図 88	隋唐・長安の街路編成と市門・宮闕門の配置（平岡による）
図 89	隋唐・長安　太極宮の殿舎配置（平岡による）
図 90	隋唐・長安の宗教施設分布（礪波による）
図 91	隋唐・長安とアユターヤーの宮域と中心寺院の配置（応地作図）
図 92	中国都城と民居・住宅の形態展開の共進化 — 前漢代〜隋・唐代（応地作図）
図 93	小墾田宮の復原（岸による）
図 94	飛鳥浄御原宮復原図（林部による）
図 95	飛鳥浄御原宮・内郭の復原（林部による）
図 96	藤原宮の検出遺構と京域条坊（林部による）
図 97	藤原宮復原図（寺崎による）
図 98	岸説藤原京と飛鳥地方（岸による）
図 99	岸説藤原京と平城京との相関図（岸による）
図 100	藤原京の京域復原諸説（小沢による）
図 101	藤原京復原図（小沢による）

図 102	藤原京と伊勢神宮を焦点とする古代王権空間の楕円構造（応地作図）
図 103	平城京と地形（井上による）
図 104	平城京復原図と寺院分布（佐藤による）
図 105	平城宮の内部編成（舘野による）
図 106	長岡京の京域と地形（山中による）
図 107	検出遺構にもとづく長岡京の条坊復原（國下による）
図 108	長岡京条坊復原図（山中による）
図 109	2万分の1仮製地図上での長岡京朱雀大路と九条大路の交点（応地作図）
図 110	長岡京・宮域内の主要遺構分布（國下による）
図 111	平安京復原図（岸による）
図 112	平安京・宮域の殿舎配置（村井による）
図 113	坊の坪への区画方式 —— 平城京・長岡京・平安京（山中による）
図 114	平安京の基本構想と四神（足利による）
図 115	19世紀前半のハノイ図とバーディン遺跡の所在地（応地補入）
図 116	中都（タンロン都城）絵地図 —— 1470年（*Vietnamese Studies* 48掲載図に応地補入）
図 117	タンロン都城復原試案（1）— A案　（Tong Trung Tunによる）
図 118	タンロン都城復原試案（2）— B案（*Vietnamese Studies* 48所載図を応地補正）
図 119	タンロン都城復原私案（応地作図）
図 120	フエ都城とその周辺（1968年測量5万分の1地形図による）
図 121	阮朝・フエ都城「京師」図（『大越史記全書』による）
図 122	阮朝・フエ都城「皇城内」図（『大越史記全書』による）
図 123	都城思想からみた2つのアジア（応地作図）
図 124	ダマスクスのイスラーム的改変（山中による）
図 125	マディーナ・アッサラームの立地（佐藤による）
図 126	マディーナ・アッサラーム復原図（ラスナーによる）
図 127	イドリースィー図（1154年）とイスラーム・コスモロジー（応地作図）
図 128	ハトラ遺跡図（深井による）
図 129	アンベール城とジャイプルの位置関係（ニルソンによる）
図 130	16・17世紀インド北西部の主要交通路とアンベール城（ハビーブをもとに応地作図）
図 131	ジャイプルの初期構想図（サチャデブとティロットソーによる）
図 132	『マーナサーラ』の「プラスタラ」型都市形態（ラッツによる）
図 133	1865年のジャイプル市街図と街路の基本編成（インド測量局図をもとに応地作図）
図 134	ジャイプル王宮天文台の観測施設配置（シュバルツバーグによる）
図 135	完成期のジャイプル —— 1870年代図（インド考古局による）
図 136	王宮門の配置と主要寺院の位置関係（応地作図）
図 137	バリ・チョウパル広場(A)，チョッティ・チョウパル広場(B)の構成（1987年の臨地調査にもとに応地作図）
図 138	カッチワーハー王家博物館所蔵の絵地図（サチャデブほかによる）

図 139　1909 年測量の「ジャイプルと周辺」図（小西による）
図 140　都城中軸線と新市街中軸線（ジャワハルラール・ネルー道路）（応地作図）
図 141　バリ・ロンボク・スンバワ 3 島の関係図（応地作図）
図 142　バリ農村の集落編成とコスモロジー（ブディハルジョによる）
図 143　ギアニャル王都とその周辺（インドネシア政府資料による）
図 144　ギアニャル王都中心域とカースト別居住状況（1994 年の臨地調査をもとに応地作図）
図 145　チャクラ・ヌガラ都城とその周辺 —— 1924-25 年測量（オランダ地図調査局図を集成）
図 146　チャクラ・ヌガラ都城本体部 —— 1924-25 年測量（オランダ地図調査局図を集成）
図 147　ロンボク戦争（1894 年）直後のチャクラ・ヌガラ都城測量図（コールによる）
図 148　チャクラ・ヌガラ都城復原模式図（布野の原図を応地修正作図）
図 149　『アーバスタンバ・シュルバスートラ』にもとづくアグニ祭壇の図解（井狩による）
図 150　チャクラ・ヌガラ都城におけるヒンドゥーおよびイスラーム寺院の分布（応地作図）
図 151　ロンボク戦争（1894 年）時のマタラム中心十字路周辺図（コールによる）
図 152　ロンボク戦争（1894 年）直後のチャクラ・ヌガラ中心十字路周辺図（コールによる）
図 153　チャクラ・ヌガラ王宮図（コール図に応地補入）
図 154　民俗方位とナイン・スクエアー（応地作図）
図 155　プラ・メール寺院見取り図（布野による）
図 156　プラ・メール寺院奥院拡大図（布野原図に応地補入）
図 157　「庶民の空間」の現況調査対象地区（応地作図）
図 158　「庶民の空間」中心商業地区（1） —— 中心十字路の「クロッド・カウ」側　（布野の調査をもとに応地作図）
図 159　「庶民の空間」中心商業地区（2） —— 中心十字路の「クロッド・カギン」側　（布野との共同調査をもとに応地作図）
図 160　「庶民の空間」中心商業地区（3） —— カラン・トゥランバン街区西半部（応地作図）
図 161　「庶民の空間」住宅地区（A） —— 右京第 2 街区列（応地作図）
図 162　「庶民の空間」住宅地区（B） —— 左京第 2 街区列（応地作図）
図 163　「庶民の空間」左京・第 2 街区列最東端のモスレム集住地区の居住状況（脇田による）
図 164　「庶民の空間」住宅地区（C） —〈胴〉—「頭」〉中間帯街区（応地作図）
表 1　インドと中国の都城思想比較 —— 成句の対比（応地作成）
表 2　藤原京周辺での 30 年間の月別平均風速・卓越風向（八木測候所，1901-30 年観測資料による）
表 3　日本都城の宮域における内裏の所在位置（応地作成）
表 4　ジャイプル中心街路の業種別店舗構成（1987 年の臨地調査をもとに応地作成）
表 5　チャクラ・ヌガラ王宮の内部編成（コールによる）
表 6　チャクラ・ヌガラ，プラ・メール寺院奥院の小祠堂と関係共同体（1991 年の臨地調査をもとに応地作成）
表 7　チャクラ・ヌガラ都城・中心十字路「カギン・クロッド」側の現況 —— 業種・エスニック構成（1991 年の臨地調査をもとに応地作成）

写真一覧

*撮影者名のない写真は筆者（応地）撮影

写真 1　喜田貞吉「本邦都城の制」『歴史地理』17-1，1911 年
写真 2　チベット　カイラーサ山
写真 3　インド　ラジャスターン州　チトルガル都城址
写真 4　インド　グジャラート州　ソムナート寺院
写真 5　インド　タミル・ナードゥ州　シュリーランガム鳥瞰図（『インド建築の 5000 年』による）
写真 6　モエンジョ・ダーロ　アクロポリス地区
写真 7　ハラッパ　倉庫群
写真 8　カーリーバンガン
写真 9　ドーラーヴィラー　貯水タンクから祭政台南面を望む
写真 10　ドーラーヴィラー　貯水タンク
写真 11　ドーラーヴィラー　祝祭広場空間
写真 12　ドーラーヴィラー　Middle Town から祝祭広場空間ごしに祭政台北門を望む
写真 13　ドーラーヴィラー　Middle Town
写真 14　洛陽　東周洛邑（周王城）址
写真 15　臨淄（斉国王都）　桓公台
写真 16　臨淄（斉国王都）　殉馬坑
写真 17　邯鄲（趙国王都）　趙王城南辺市壁と龍台
写真 18　タクシラー　ビル遺丘
写真 19　タクシラー　シルカップ都市址
写真 20　タクシラー　シルカップ　仏塔祠堂の基壇西壁
写真 21　インド　オリッサ州　ウダヤギリ石窟
写真 22　プノン・バケン丘からアンコール・ワットと平原を望む
写真 23　アンコール・トム　空中からみた都城西方一帯
写真 24　アンコール・トム　西バライと灌漑水路流出口
写真 25　アンコール・トム　バイヨン寺院
写真 26　アンコール・トム　都城東正門と市壁
写真 27　アンコール・トム　王宮正面テラス
写真 28　スコータイ　中心部の模型（スコータイ歴史博物館展示）
写真 29　スコータイ　都城南辺周濠
写真 30　スコータイ　ワット・マハータート（仏舎利寺院）中心部
写真 31　スコータイ　王宮の宮殿基壇遺址
写真 32　スコータイ　ラック・ムアン祠堂
写真 33　アユターヤー　パネンチュン寺院（三仏寺）

写真 34	アユターヤー	河港とペット要塞址
写真 35	アユターヤー	旧王宮址
写真 36	アユターヤー	ワット・マハータート（仏舎利）寺院
写真 37	アユターヤー	新王宮址
写真 38	アユターヤー	都城軸線街路
写真 39	アユターヤー	ポルトガル人居留地＝「仏郎機」関址
写真 40	アユターヤー	日本人町址
写真 41	函谷関址	
写真 42	西周・縞京	5号宮殿址
写真 43	秦・櫟陽	沮水西岸
写真 44	秦・櫟陽	宮殿址
写真 45	秦・咸陽	渭水現流路
写真 46	秦・咸陽	咸陽宮1号宮殿址・西半部
写真 47	秦・咸陽	阿房宮址
写真 48	泰山	玉皇峰から日観峰を望む
写真 49	前漢・長安	都城遺址現況模型
写真 50	前漢・長安	長楽宮6号建築址
写真 51	前漢・長安	東辺市壁
写真 52	前漢・長安	桂宮・2号建築址
写真 53	前漢・長安	西安門址
写真 54	前漢・長安	横門付近の角楼址
写真 55	前漢・長安	未央宮　前殿丘陵
写真 56	前漢・長安	市壁南西角外を流下する泬水
写真 57	前漢・長安	前殿南端断崖
写真 58	前漢・長安	未央宮前殿表道
写真 59	前漢・長安	覇城門址
写真 60	前漢・長安	覇城門・北墩台内部の版築
写真 61	洛陽	二里頭遺跡
写真 62	後漢・洛陽	市壁北東角部分
写真 63	後漢・洛陽	洛水現流路
写真 64	後漢・洛陽	霊台址
写真 65	後漢・洛陽	都城域より邙山を望む
写真 66	北魏・平城	大同周辺の空中写真
写真 67	北魏・平城	水野のa地点における土塁の現況
写真 68	北魏・平城	古城村現況
写真 69	北魏・平城	道壇遺址
写真 70	北魏・平城	大同四中東方の再開発予定地
写真 71	北魏・平城	北魏1号遺址出土の人面紋瓦（大同市考古研究所所蔵）

写真 72	北魏・平城	東・西両馬路の交点
写真 73	北魏・洛陽	太極殿址
写真 74	北魏・洛陽	横街から閶闔門址を望む
写真 75	北魏・洛陽	内城西辺市壁の最南端部
写真 76	北魏・洛陽	閶闔門址から復原銅駝街を望む
写真 77	北魏・洛陽	邙山の切通しより都城域を望む
写真 78	北魏・洛陽	洛水橋上より旧外郭城一帯を望む
写真 79	北魏・洛陽	閶闔門よりⅠ号門と太極殿址を望む
写真 80	隋唐・長安	20世紀初めの曲江池と終南山(足立喜六『長安史蹟の研究』,東洋文庫,1933)。
写真 81	北朝・長安	楼閣台址
写真 82	前漢・長安	宣平門址と周濠址
写真 83	モンゴル族のゲル	内モンゴル自治区エチナ旗(児玉香菜子撮影)。
写真 84	西安	現在の朱雀大街(西半部)
写真 85	隋唐・長安	明徳門址
写真 86	隋唐・長安	開遠門址一帯
写真 87	隋唐・長安	大興善寺址
写真 88	山東省	「一明両暗」型住居
写真 89	大阪府和泉市	池上・曽根遺跡
写真 90	飛鳥浄御原宮	伝飛鳥板蓋宮址
写真 91	藤原京	大極殿院址
写真 92	藤原京	市杵島神社
写真 93	伊勢神宮内宮	外板垣南御門
写真 94	藤原京	朱雀大路址
写真 95	藤原京	本薬師寺址
写真 96	伝飛鳥板蓋宮址から藤原京方面を望む	
写真 97	平城京	朱雀門と朱雀大路
写真 98	隋唐・長安	大明宮・麟徳殿址
写真 99	平城京	五徳(越田)池
写真 100	平城京	秋篠川(西堀河)
写真 101	平城京	復元(第1次)大極殿と朱雀門
写真 102	平城京	内裏址南辺より南方の(第2次)大極殿址を望む
写真 103	平城京	羅城門址
写真 104	愛知県豊川市	三河国分尼寺址
写真 105	山崎狭隘部より長岡京一帯を望む	
写真 106	大阪府	交野・百済寺
写真 107	長岡京	「山南水北」
写真 108	長岡京	ラッパ状河口から山崎狭隘部を望む

写真 109　長岡京　犬川と西市址推定地
写真 110　長岡京　大極殿・後殿址
写真 111　長岡京　内裏東築地址
写真 112　平安京　船岡山より南方を望む
写真 113　平安京　大極殿址
写真 114　隋唐・長安　大明宮・含元殿遺址
写真 115　平安京　旧朱雀大路址（旧大宮通）
写真 116　平安京　船岡山
写真 117　平安京　東堀川
写真 118　平安京　内裏・内部回廊址
写真 119　平安京　羅城門址
写真 120　平安京　西寺・講堂址
写真 121　タンロン（昇竜）　一柱寺塔
写真 122　ハノイ　バーディン遺跡（柳沢雅之撮影）
写真 123　ハノイ　ホン川（紅河）
写真 124　フォンザン川（香河）とフエ都城
写真 125　フエ　市壁
写真 126　フエ　午門（都城正門）
写真 127　フエ　午門より拝庭と太和殿を望む
写真 128　ダマスクス　ウマイヤ・モスク
写真 129　バグダード　ティグリス川左岸よりカルフ地区を望む（酒井啓子撮影）
写真 130　チュニジア　モスクのミフラーブ
写真 131　イラン　ハマダーン
写真 132　イラン北西部　タフテ・スレイマン（「ソロモン王の台座」）（*Dschingis Khan und seine Erben. Das Weltreich der Mongolen.*, Bonn, 2005, 255 頁による）
写真 133　イラク北部　アルビール旧市の円形市壁（中村梧郎撮影）
写真 134　ジャイプル　アンベール城
写真 135　アジュメール　ドゥルガ
写真 136　ジャイプル　王宮・ムガル庭園
写真 137　ジャイプル　太陽寺院から王道（都城東西中心街路）を望む
写真 138　ジャイプル　王宮・天文台　ラーシヴァラヤ・ヤントラ観測装置
写真 139　ジャイプル　王宮とナーハルガル要塞を望む
写真 140　ジャイプル　チャンドラ・マハル宮殿
写真 141　ジャイプル　広大路とトリポリア門（王宮南門）
写真 142　ジャイプル　バリ・チョウパル広場
写真 143　ジャイプル　バーザール街路
写真 144　ジャイプル　サーンガーネリ門
写真 145　ジャイプル　アルバート皇太子博物館

写真 146　バリ　テンガソン村
写真 147　バリ　アグン山とブサキ寺院
写真 148　バリ　ギアニャル　アルン・アルン（中心広場）
写真 149　ロンボク島最高峰　リンジャニ山
写真 150　チャクラ・ヌガラ　グリッドパターン編成
写真 151　チャクラ・ヌガラ　マルガ・ダサ大路
写真 152　チャクラ・ヌガラ　マルガ小路
写真 153　チャクラ・ヌガラ　中心部空中写真
写真 154　チャクラ・ヌガラ　王宮門
写真 155　チャクラ・ヌガラ　旧王宮庭園とプラ・メール寺院
写真 156　チャクラ・ヌガラ　プラ・メール寺院
写真 157　チャクラ・ヌガラ　プラ・メール寺院　奉献祠堂（布野修司撮影）
写真 158　チャクラ・ヌガラ　屋敷地
写真 159　チャクラ・ヌガラ　ヒンドゥー家族祠堂
写真 160　チャクラ・ヌガラ　ササック人地区のモスク

第 1 部

古代インドと古代中国の都城思想

第Ⅰ章

古代インド世界の都城思想

「はしがき」で提起した都城研究の革新をめざしていくにあたって，最初に要請されるのは，〈コスモロジー──王権──「都の城」〉連環にもとづく都城思想が中国とその周辺世界以外にも存在し，都城思想が東アジアの占有物ではないことを明証することである。古代インド世界は，古代中国世界とならぶ都城思想の析出核であった。両世界が生みだした都城思想は対照的であると同時に，意外な共通性をあわせもつ。この章では，日本ではまったく知られていない古代インド世界の都城思想を提出する。

I-1 『ラーマーヤナ』が語る理想の都城

古代インド世界の文学作品で都城がどのように語られているかをみることから，インド的都城思想の考察をはじめたい。ここでとりあげるのは，『マハーバーラタ』とともに，インド世界の古典文学を代表する国民的叙事詩『ラーマーヤナ』である。同書は，古代インド世界の伝説的な詩人ヴァールミーキの作として伝わっているが，現在みるようなかたちに整序されたのは紀元後3世紀ころと推定されている。その第1篇「少年の巻」は，主人公ラーマ王子の生誕地である「都城アヨーディヤーの礼讃」という章を冒頭に設けて，つぎのように同都城を「礼讃」する。

> 人間の王マヌが曾て自ら創建した，世間でよく知られたアヨーディヤーという都城があった。この輝かしい大都は長さが二十ヨージャナで，三本の広い大道で区劃が仕切られていた。大きな王道はよく整備されていて，ちぎられた花が敷きつめられ，いつも水が打たれていた。この都に，偉大な王国を繁栄させるダシャラタ王が，あたかも天上におけるインドラ神のように，居を定めていた。この都には大小さまざまの城門があり，市場はよく整備されていただけでなく，あらゆる道具や武器が造られていた。この並ぶものなく輝かしい都には，吟唱詩人や大道芸人もおり，市民は裕福で，高楼に旗を立てた家に住んでいたが，都城には幾百台の石の飛び道具の発射装置もあった。都城の到るところには女の踊子の群れが満ち溢れており，……（都城の）周囲にはサーラ樹（沙羅双樹）の大きな緑地帯があった。都城の

周辺には，渡ることのできないほどに深い堀割があり，他の者たちの近よることを許さない要塞であったが，城内には馬や象が満ち溢れ，さらに牛・駱駝・驢馬も充満していた。……碁盤状の多彩な街区には美しい女の群れが歩きまわっており，ありとあらゆる宝玉をちりばめた邸宅や家屋で飾られていた。家は平坦な土地に隙間なく立ち並び，米が十分に貯えられ，甘蔗の汁が水のかわりに用いられていた[1]。

『ラーマーヤナ』が語るアヨーディヤーの叙述は，古代インド世界の理想的都市像に関するゆたかなイメージを喚起してくれる。計画的な碁盤目のグリッドパターン方格都市，散華された広い3本の王道をはじめとする美しい街路，数々の市門，壮麗な王宮，整備された市場，商人や職人また芸人のにぎわい，多くの家畜たち，まわりを囲む深い周濠，堅固な防御施設，郊外のゆたかな緑地など，まさに『ラーマーヤナ』の幕開けにふさわしい「都城アヨーディヤーの礼讃」である。しかしこの叙述は，詩人の単なる空想ではない。その背後には，古代インド世界で共有されてきた理想都市像がある。それをインド的都城思想としてあきらかにするのが，この章の重要な目的である。

『ラーマーヤナ』のアヨーディヤーの叙述について，もう少し注釈をつづけたい。『ラーマーヤナ』は，ダシャラタ王の王宮を「あたかも天上におけるインドラ神のように，居を定めていた」と語っている。インドラ神とはインド世界最古の聖典『リグ・ヴェーダ』の主神で，同書では武勇と武勲に輝く神として多くの賛歌が同神にささげられている。「天上」とは，後述する宇宙中心軸メール山の平頂面を意味する。インドラ神も，その平頂面の東側に広大・壮麗な神殿をそなえたアマラーヴァティー都城を構えているとされる。『ラーマーヤナ』は，武勇の神インドラの「天上」の神殿とむすびつけて地上のダシャラタ王とその王宮を語り，同王の宮殿を地上に実現されたインドラ神のヴァイジャヤンタ神殿として讃えている。ここには，神々の世界を語るコスモロジーと王権の建設王都とを連環させる思想がある。このような連環のなかから，古代インド世界の都城思想が生成する。

また『ラーマーヤナ』は，方格都市である都城の規模を「長さが20ヨージャナ」と語っている。ヨージャナとは古代インド世界の尺度単位で，仏典では「由旬」と音訳される。その長さは，ヒンドゥー教の場合には約15キロメートルとされている。とすると『ラーマーヤナ』が描くアヨーディヤーは，1辺300キロメートルの巨大な方形都市ということになる。「天上」のインドラ神の神殿と匹敵させて述べるためには，インド的な巨大数字が必要だったのだろうか。ちなみに大乗仏教での1由旬は，ヒン

ドゥー教の場合とは異なって約7キロメートルとされている。
　引用の冒頭で言及されている「人間の王マヌ」とは，ヒンドゥー教での宇宙創造神ブラフマーの子とされ，同時に「人間の祖」ともされる始祖的存在である。彼が説いたとされ，彼の名を冠する『マヌ法典』は，ヒンドゥー教のもっとも重要な教典である。そのなかで「王国の七要素」として，マヌは，王・大臣・都城・領国・庫・軍隊・友邦の7つをあげ，それぞれの重要性はこの順序のとおりだとする[2]。都城は，王・大臣という王国統治者につぐ重要な要素として3番目にあげられている。これは，当然である。都城は，「都の城」として，王国統治の「都」であると同時に，統治者が最後に依拠する「城」であるからだ。しかし『マヌ法典』は，都城の立地と防御法については語っているが，その建設や構造についてはまったくふれていない[3]。
　古代インド世界で都市の建設と構成を詳細に語るのは，「シルパシャーストラ(*Silpaśāstra*)」と総称される一連の文献群である。「シルパシャーストラ」とは，絵画・彫刻から建築・都市計画にまでおよぶ「シルパ（造形芸術）」を主題とする古代サンスクリット語の諸文献をいう。その数は，およそ2000にも達するといわれる。しかしそのほとんどは断片的なものにすぎず，また多くが神像のイコノグラフィー（図像学）に関するものである。本書が対象とする都市計画や建築をあつかうものは多くはないが，そのなかでよく知られているのは，『マーナサーラ(*Mānasāra*)』と『マヤマタ(*Mayamata*)』の2書である。それらは，ともに，古代からの伝承をもとに6～7世紀ころに編修されたと推定されている。

I-2　『マーナサーラ』の都城思想

　「シルパシャーストラ」の諸文献のなかで，古代インド世界を代表する集落論や都市論として世界的によく引用されるのは，『マーナサーラ』である。それは，『マーナサーラ』の集落や都市の建設に関する記載が，内容的にも，分量的にももっとも詳細であるからだ。といっても『マーナサーラ』が集落や都市の選地・地鎮・区画割・集落形態・施設配置・王都分類・要塞都市などについて述べる諸章は，全体の10パーセント強にすぎない。圧倒的に多くを占めるのは，やはり建築と図像に関する諸章である。
　『マーナサーラ』の第9章「村落」は，古代インド世界の集落を述べるにあたって

第Ⅰ章　古代インド世界の都城思想　　5

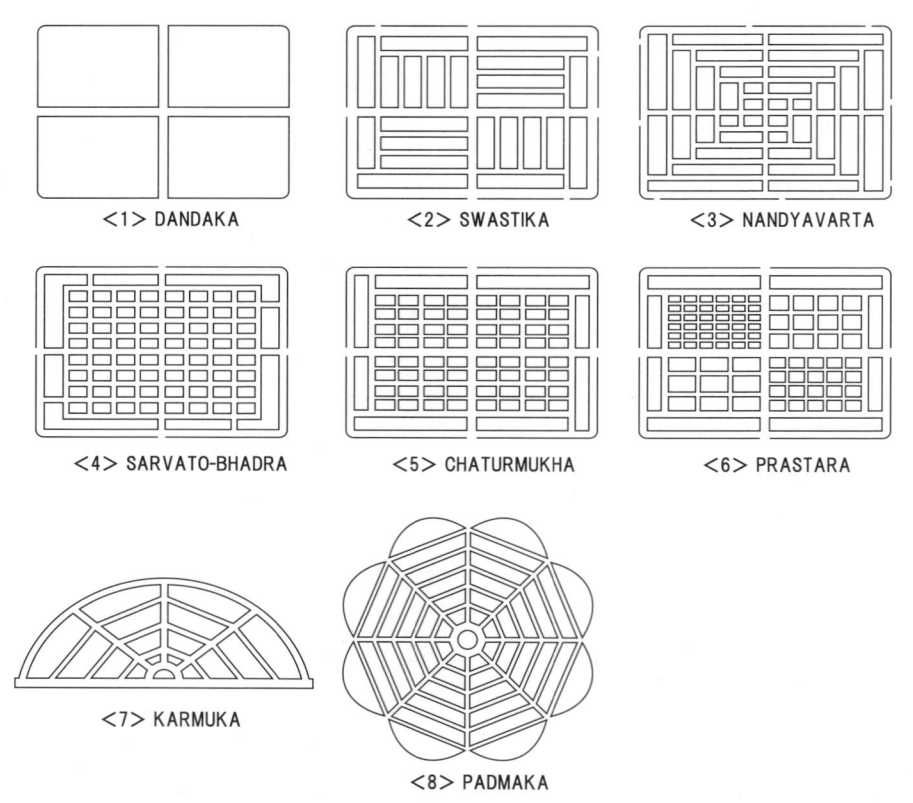

図1 『マーナサーラ』の"Grama(都市)"形態分類(アチャルヤーの原図を応地補正)

もっとも重視されてきた。その章題の原語は"Grama"で，サンスクリット語では「村落」を意味する。もっともよく参照されるP. K. アチャルヤー(Acharya)による英訳書[4]でも，それを"Village"と訳している。同章の主題は，"Grama"の理念的形態を8種に分類して説明することにある。その記載をもとに，アチャルヤーは"Grama"の形態を復原して図化している。彼による形態復原を，図1に掲げる。アチャルヤーが同章を「村落」と訳していることから当然のことではあるが，同図は，古代インド世界における「村落」の理念的な形態を示す図として頻繁に引用されてきた。

しかし，この理解には疑問がある。まず『マーナサーラ』第9章が本文で言及する

のは，帝王や王宮さらには大規模な集落の設計・建設であって，逆に村落またそれにかかわる農地形態などについてはほとんど語っていない。その論述の内容からいえば，同章は，古代インド世界における理想都市の形態分類を述べているとするのが妥当である。テクストの記載内容を参着することなしに，「村落」という英訳名のみから，彼の復原図が「村落」の形態分類として一人歩きしているのである。

したがって図1は，「村落」ではなく，古代インド世界の理想都市の形態分類を示す図として理解できる。その理解に立って，『マーナサーラ』第9章をもとに，同世界の都市形態の検討をすすめていくことにしたい。

同図に要約される8種の都市形態のなかで，『マーナサーラ』がもっとも詳細に都市内部の施設配置や居住地構成を説明しているのは，同図で〈3〉として掲げたナンディヤーヴァルタ（Nandhyavarta）型都市である。ここで『マーナサーラ』の他の章での記載も参照して，ナンディヤーヴァルタ型都市の形態と内部構成の復原を試みることにする。

(1) 選地のヴァルナ（四姓）論

『マーナサーラ』は，ナンディヤーヴァルタ型が，図1の〈1〉に示したダンダーカ（Dandaka）型と〈4〉のサルヴァト＝バードラ（Sarvato-Bhadra）型とともに，「神々とバラモンの双方にふさわしい都市[5]」とする。同図が掲げる8つの都市形態のうち，この3つがもっとも理想的な都市だとしているのである。

ここで『マーナサーラ』が，それらが「神々とバラモンの双方にふさわしい」と述べていることに注目したい。同書は，神とバラモンとが一体化した存在であることを前提として都市の形態を論じているのである。バラモンへの言及は，単に都市の形態だけでなく，さまざまな要素と関連づけてなされている。まず都市や建造物が建設されるべき土地の条件についてであり，『マーナサーラ』は「バラモンにとって吉兆の土地は，輪郭が正方形で，土壌の色が白みがかり，fig treeが生え，（南が高くて）北にむかって傾斜し，土の味が甘く，香りもかぐわしい[6]」土地だとする。

ちなみに四姓のなかで最下位に位置づけられるシュードラの場合には，おなじ箇所で「長辺が短辺よりも4分の1ほど長く，バンヤンジュが生え，土壌の色は黒く，鼻をつく臭いで，（西が高くて）東にむかって傾斜する。このような土地が，シュードラに繁栄をもたらす」と述べる。

この2つの引用で注目されるのは，土壌の色について，バラモンに適する土は「白

みがかった土」，シュードラに適する土は「黒い色の土」とされていることである。それは，バラモンとシュードラとのあいだでの，土壌の色に関する〈白：黒〉の二項対位の強調である。日本では，いわゆるカースト制度をバラモン・クシャトリヤ・ヴァイシャ・シュードラの4つからなる四姓制度とよぶことが多い。これらの四姓は，サンスクリット語ではヴァルナ（Varna）とよばれる。ヴァルナの原義は「色」で，四姓制度の整理・成立にあたって皮膚の「色」が主要な区分指標であったことを暗示する。その際のもっとも重要な色彩対位が，中央アジアからの征服集団アーリア人の「白」に対する先住民の被征服集団ドラヴィダ人の「黒」であり，さらには最上位少数集団＝バラモンの「白」に対する最下位多数集団＝シュードラの「黒」であった。それが，『マーナサーラ』では，両者にふさわしい土壌の色にまで拡大・転化して語られているのである。

　両者の最適地に生える樹木についても，『マーナサーラ』はヴァルナとむすびつけて述べている。訳者のアチャルヤーはシュードラの場合をバンヤンジュとしているが，バラモンに関しては fig tree と訳すのみである。fig tree は，クワ科のイチジクノキ（fig tree）の仲間であるインドボダイジュと訳すのが適当と考える。インドボダイジュもバンヤンジュもおなじイチジク属の樹木であって，インドの村々ではともにゆたかな樹陰をつくる大木としてなじみぶかい木々である。しかしヒンドゥー教での両者の意味づけは，まったく相違する。

　ヒンドゥー教は多神教とされるが，それらの神々のなかで主神的な地位を占めるのは，宇宙の創造神＝ブラフマー（Brahmā），宇宙の破壊・再生神＝シヴァ（Śiva），宇宙の維持神＝ヴィシュヌ（Vishnu）である。これら3神は，「三神一体（Trimūruti）」となって宇宙を主宰するとされる。インドボダイジュは「三神一体」を象徴する樹木で，その根にはブラフマー神，幹にはシヴァ神，枝にはヴィシュヌ神が宿るとされる。

　これに対してバンヤンジュは，沖縄のガジュマルのように幹を分岐させ，幹から多数の気根を地上に降ろして生長する。それらの気根は，他の樹木を絞め殺すこともある。そのためヒンドゥー教では，バンヤンジュには魔物が棲むとされる[7]。したがって『マーナサーラ』の記載は，〈バラモン―白色土―「三神一体」が宿るインドボダイジュ〉と〈シュードラ―黒色土―魔物が棲むバンヤンジュ〉の2つを対比させて，それぞれのヴァルナに適した土地を語っているのである。

　『マーナサーラ』が語るバラモンとシュードラにふさわしい土地に関する記載で，さらに注目されるのは，土地の形態と傾斜に関する記載である。土地の形態に関して

は，バラモンの正方形に対してシュードラの長方形が対比されている。正方形も長方形も，ともに方形ではあるが，『マーナサーラ』は正方形をもって正統としているのである。これは，後述するように，マンダラのほとんどが正方形で描かれることと照応する。

　さらに土地の傾斜については，バラモンでは「北にむかって傾斜」，シュードラでは「東にむかって傾斜」する土地をよしとする。この2つの記載を逆転させると，南と西に高みがあって，北と東にむかって傾斜していく土地がよいということになる。『マーナサーラ』も，別のところで，「南と西にむけて高くなる土地が，神と人間の双方（の建造物）によい土地[8]」と述べている。この傾斜観の背後には，方位をめぐるヒンドゥー教の聖性観念がある。ヒンドゥー教では，もっとも聖なる方位は東，それにつぐのが北とされる。また西と南では，西がよいとされる。しかし「なぜ，聖なる方位にあたる東と北にむけて傾斜していく土地がよいとされるのか」については，『マーナサーラ』はなにも語っていない。

　それは，おそらく酷暑期の炎暑と関係していよう。この点を，おなじく北半球に属する日本と比較して考えてみたい。日本では，もっとも暑い酷暑期は7月下旬から8月上旬である。しかし北インドでは，それは乾季末の5月後半である。5月が酷暑期というのは，日本での季節感覚とは異なる。たとえばデリーの日最高気温（摂氏）を月平均でみると，5月が40.5度に対して，7月は35.5度とむしろ低下する。日本と北インドの違いは，温帯に属し1年をつうじて湿潤な日本，亜熱帯に属し雨季と乾季が明瞭な北インド，さらにこの気候の相違による土壌水分の季節変化の違いによって説明できる。

　北インドは，10月から本格的な乾季にはいる。乾季の開始期には，太陽が南下して気温が低下するだけでなく，雨季にたくわえられた土壌中の水分が蒸発していき，快適な気候がつづく。しかし冬至が過ぎて太陽が北上を開始するとともに気温もしだいに上昇していき，太陽熱は乾き切った大地に蓄積されていく。地温の蓄積がピークに達するのが乾季末期の5月後半で，その時期に北インドは酷暑期となる。

　6月になると北インドにも南西モンスーンが到来し，雨季がはじまる。モンスーンがもたらす降水は乾き切った大地に吸収されるが，高い地温のためにすぐに蒸発する。その際に生じる気化熱が地温を奪い，気温を低下させていく。7月の日最高気温が5月より低いのは，そのためである。この気温と土壌水分との関係を念頭におくと，前記の『マーナサーラ』の記載がよく理解できる。

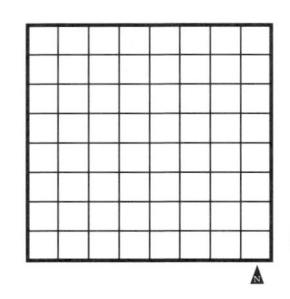

図2　マンドゥーカ・マンダラ ── 8×8＝64区画
　　　（応地作図）

　降水は，傾斜にそって流れていく。その結果，土壌水分は，水が集まる低みのほうが多くなる。『マーナサーラ』の「北と東にむかって傾斜している土地がよい」という記載の背後には，低みにあたる北と東がより多くの土壌水分をたくわえ，蒸発の際に発生する気化熱によって酷暑期の炎暑を緩和する効果が大きいことを語っていると解釈可能である。『マーナサーラ』が，聖なる方位である東と北が低みにあるのがよいとする理由であろう。炎暑からの解放はインドの生活様式の基底にあり，後述する『アルタシャーストラ』も，方位とむすびつけて都城内での涼風の確保について述べている。

(2)　ナンディヤーヴァルタ型都城 ── 記載内容の整理
　以上を前置きとして，ナンディヤーヴァルタ型都城の検討へとすすみたい。『マーナサーラ』は，同都城の全体的な形態は正方形ないし長方形であること，正方形の場合には，その内部の編成はマンドゥーカ・マンダラ（Manduka Mandara）にもとづくのが適切であること[9]，また長方形の場合にはパラマ＝サイカ（Parama-Sayika）・マンダラにしたがうのがよい[10]とする。マンドゥーカ・マンダラは正方形の内部をさらに8×8＝64区画に，またパラマ＝サイカ・マンダラは長方形の内部を9×9＝81区画に均等分割するマンダラである。

　古代インド世界では，ナンディヤーヴァルタ型都城だけにとどまらず，都市計画や建築設計の際の準拠枠としてもっとも重視されてきたのは，マンドゥーカ・マンダラであった。図2は，マンドゥーカ・マンダラの基本構成を示したものである。『マーナサーラ』も論述にあたって，マンドゥーカ・マンダラとともに，シュタンディラ（Sthandila）・マンダラを頻用する。同マンダラも，マンドゥーカ・マンダラとおなじく8×8＝64区画から構成されている。古代インド世界では，8×8＝64区画が都市計画や建築設計にあたっての準規・規範であったことを示していよう。

　マンダラは，ヒンドゥー教の世界観つまりコスモロジーを凝縮・要約して表現する。ヒンドゥー教では，世界あるいはコスモスは神々のパンテオン（万神殿）であり，それぞれの神が自らの領域をそのなかにもつ。マンダラは，これらの神々の神領から編成される世界を凝縮して表現している。マンドゥーカ・マンダラも，8×8＝64区画を原単位として45の神々の神領を布置する。図3はマンドゥーカ・マンダラにお

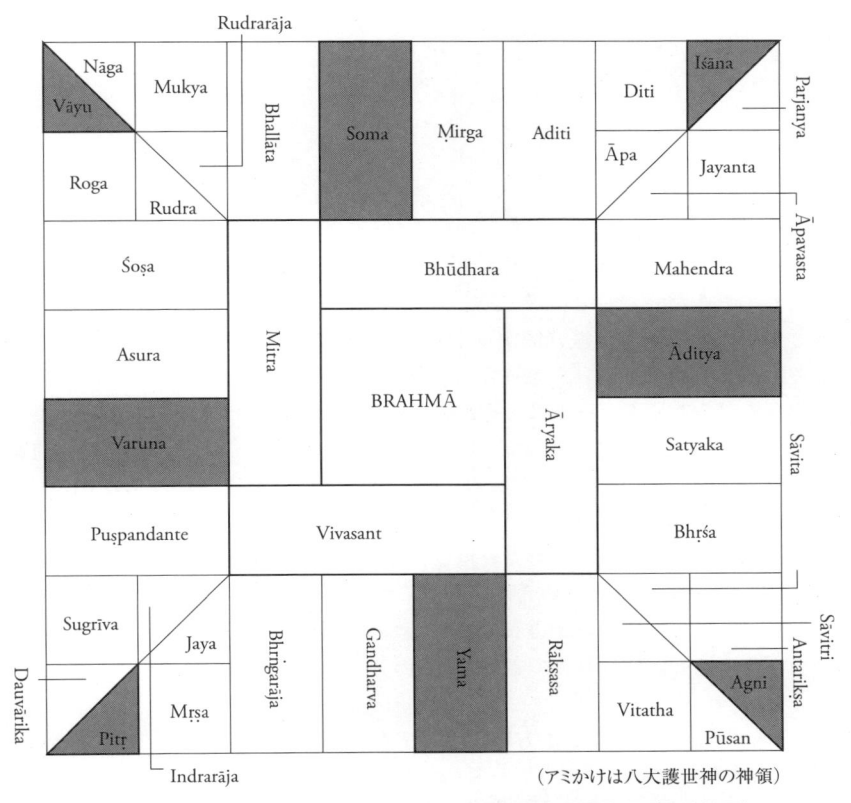

図3 マンドゥーカ・マンダラにおける45神格の神領布置（応地作図）
（アミかけは八大護世神の神領）

けるヒンドゥー諸神格の神領配置を示したもので，一般には，図2ではなく，図3をマンドゥーカ・マンダラとよぶことが多い。

『マーナサーラ』は，前述したように，ナンディヤーヴァルタ型都城の内部構成はマンドゥーカ・マンダラにしたがって編成されるべきであると述べる。この文言とマンダラの意味論的構成とを連鎖させて理解すると，つぎのように要約できよう。〈「コスモロジーの縮図としてのマンダラ」→「マンダラに凝縮・表現されるヒンドゥー諸神の神領布置」→「その布置の都市での再現」→「都市はコスモロジーの縮図」〉という思想連鎖である。その連鎖を実現すべく，王によって都城が建設される。

いいかえれば『マーナサーラ』も，マンダラという聖なる画像を媒介させて，〈コスモロジー─王権─「都の城」〉という三位一体的な連環を語っているのである。それが，『マーナサーラ』の王都についての議論を「都城思想」としてとらえることができるとする理由である。この議論をさらにすすめるためには，「ヒンドゥー教のコスモロジーとはなにか」という問題をはじめ，いくつかの点についてふれなくてはならない。それらの問題については，I-3で『アルタシャーストラ』をテクストとして都城

第Ⅰ章 古代インド世界の都城思想 11

形態の復原を試みる際にくわしく検討する。ここでは，その議論の必要性のみを指摘するにとどめておきたい。

ナンディヤーヴァルタ型都城に関する『マーナサーラ』の記述は体系的とはいいがたく，いくつもの章にまたがって散在している。そのため『マーナサーラ』をもとに同都城の復原を試みるにあたっては，それらの断片的ともいうべき記述を整理・整序することから始めなければならない。最初に，マンドゥーカ・マンダラを操作的なベースマップとして，『マーナサーラ』の記載を整理・整序する。そのうえで，ナンディヤーヴァルタ型都城の復原作業へとすすむことにしたい。

マンドゥーカ・マンダラは正方形で表現されるが，同マンダラでの神々の神領布置を示す図3からは，円にたとえていえば同心円につうじる編成をよみとりうる。『マーナサーラ』も，同様の視点から図2に示されるマンドゥーカ・マンダラの8×8＝64区画が，つぎの4つの区域に集約できると説明する[11]。

1） 中心域の4区画からなる正方形区域：ブラフマー・シュターナ（Brahmasthana）＝「（宇宙創造神である）ブラフマー神の領域」
2） ブラフマー・シュターナの四囲をとりまく計12区画からなる周帯ベルト：ダイヴァカ（Daivaka）＝「中心部をとりまく回廊[12]」
3） ダイヴァカの外周をとり囲む計20区画からなる周帯ベルト：マヌシャ（Manusha）＝「人間の領域」
4） マヌシャの外周をとり囲む計28区画からなる周帯ベルト：パイシャーチャ（Paisacha）＝「悪霊の領域」

このように『マーナサーラ』は，マンドゥーカ・マンダラをもとに，ナンディヤーヴァルタ型都城の内部編成を，中心域をブラフマー神の正方形区域とし，その外周を同心状にとりまく三重の周帯ベルトの計4区域から構成されると説明する。この正方形のドーナツ状同心周帯ベルトを，以後，「同心正方周帯」と名づけることにしたい。

中心の正方形区域とそれをとりまく三重の同心正方周帯は，形態のうえでの〈中心―周辺〉関係だけでなく，住区・施設立地の点でも相違する。それらについても，やはり四姓と関連づけて，『マーナサーラ』はつぎのように述べる。

1） ブラフマー神の領域：ヒンドゥー教の3主神ブラフマー，シヴァ，ヴィシュ

ヌの寺院の建設場[13]」。ヒンドゥー教では，前述のようにこれら3神は「三神一体」を意味するトリムールティとよばれ，宇宙の生成・再生・持続を司る。

さらに『マーナサーラ』は，「住宅の建設は，ブラフマー神の領域では不可であるが，そこをのぞく他のすべての区画では可能[14]」と述べる。この場合の「住宅」とは，単に住居という意味ではなく，寺院をのぞくすべての世俗的建造物を意味していよう。

2） ダイヴァカ・3） マヌシャの2同心正方周帯：「四姓のすべてが都市内に居住する場合には，バラモンはマヌシャ以内の（ダイヴァカをふくむ）同心正方周帯に住む[15]」。

4） パイシャーチャ同心正方周帯：「ヴァイシャとシュードラが住む[16]」。

これらの記載で注目されるのは，『マーナサーラ』が四姓をめぐる都城内の住み分けを述べつつも，クシャトリヤについてはなにも語っていないことである。

ヒンドゥー・インドでは，王権保持者はクシャトリヤであった。『マーナサーラ』も，何ヵ所かで同心正方周帯と関連させて「王権保持者の住居＝王宮」の建設場所について言及している。その主な記載をあげると，まず「王宮は，ダイヴァカ，マヌシャ，パイシャーチャに位置する[17]」とする。つまり第1の「ブラフマー神の領域」以外なら，すべての同心正方周帯で王宮の建設が可能と述べる。『マーナサーラ』第40章「王宮」は，王宮本体と関連施設，たとえば皇太子宮殿，宮廷祭僧・使用人の宿舎，牛車・駕籠の車庫，庭園などの立地を語っている[18]。それらの配置場所として言及される区画は，マンドゥーカ・マンダラの全域にまたがっていて，王宮の建設は「ブラフマー神の領域」以外なら可能という前述の記載と照応する。

しかしその一方で，『マーナサーラ』は，「ヴィヴァスヴァント（Vivassvant）神，ミトラ（Mitra）神，ブーダーラ（Bhudhara）神の神領に，王たちの主要建造物を建てるべきである。これらの神領は，他のヴァルナの住宅には適さない[19]」とする。ここで言及されている3つの神領は，すべて2） ダイヴァカ同心正方周帯に属している。この記載は，前述のものとやや矛盾するが，要するにクシャトリヤである王権保持者の王宮の建設場所は，三重の同心方形周帯のいずれでもよいが，もっとも適しているのは2） ダイヴァカ同心正方周帯だということであろう。これらのことから『マーナサーラ』は，ダイヴァカ同心正方周帯＝「中心正方域をとりまく回廊」をクシャトリヤの領域としていると考えてよいであろう。

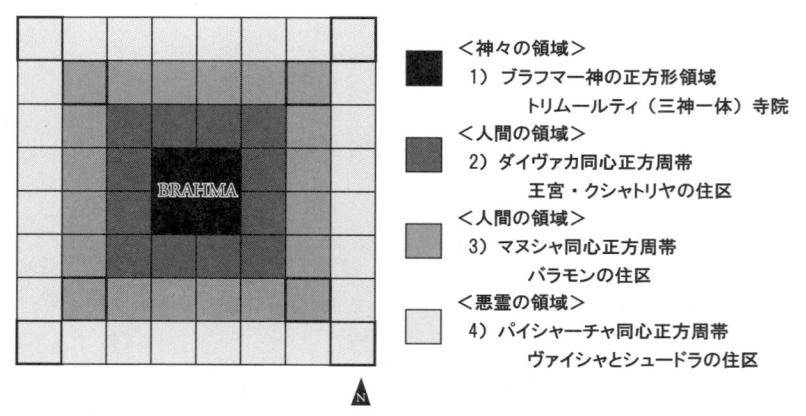

図4　『マーナサーラ』によるナンディアーヴァルタ型都城の基本編成（応地作図）

〈神々の領域〉
　1）ブラフマー神の正方形領域
　　　　　トリムールティ（三神一体）寺院
〈人間の領域〉
　2）ダイヴァカ同心正方周帯
　　　　　王宮・クシャトリヤの住区
〈人間の領域〉
　3）マヌシャ同心正方周帯
　　　　　バラモンの住区
〈悪霊の領域〉
　4）パイシャーチャ同心正方周帯
　　　　　ヴァイシャとシュードラの住区

　以上を整理すると，『マーナサーラ』は，まず〈神々の領域〉と〈人間の領域〉とに大区分し，ついでヴァルナの区別を基本として〈人間の領域〉を3つの同心正方周帯に区分していると理解できる。そこから，『マーナサーラ』が述べる都城内の領域編成とヴァルナ別居住分化は，図4また下記のように整理・要約できよう。

〈神々の領域〉　1）ブラフマー神の正方形領域　：「三神一体」寺院
〈人間の領域〉　2）ダイヴァカ同心正方周帯　　：王宮本体とクシャトリヤの住区
　　　　　　　　3）マヌシャ同心正方周帯　　　：バラモンの住区
〈悪霊の領域〉　4）パイシャーチャ同心正方周帯：ヴァイシャとシュードラの住区

　ナンディヤーヴァルタ型都城の内部における領域編成，祭事・政事施設の配置さらに四姓原理にもとづく居住隔離を，以上のように整理・画定したうえで，『マーナサーラ』が述べる各種の職業・職位にもとづく居住分化の検討へとすすみたい。
　上記の4領域のうち，まず〈神々の領域〉である1）ブラフマー神の正方形領域については「三神一体」寺院が建立されるべき領域として，また〈人間の領域〉のうち2）ダイヴァカ同心正方周帯は王宮と王権保持者＝クシャトリヤの住区として，おのおのすでに確定されている。『マーナサーラ』が，2）ダイヴァカ同心正方周帯を王としてのクシャトリヤの領域としているのは，同書の他所での記載からも確認できる。そこでは，ミトラ神の神領には王宮の本体と近衛府が位置すると述べている[20]。ミトラ神の神領は2）ダイヴァカ同心正方周帯の西辺を占めるだけでなく，同周帯内の施設配置・居住分化について『マーナサーラ』が記載するのはこれのみである。これらの点からも，同書が，2）ダイヴァカ同心正方周帯を王宮とクシャトリヤの空間としていることを再確認できる。
　このようにして1）と2）の領域を確定したうえで，残る〈人間の領域〉である3）

マヌシャと,〈悪霊の領域〉である 4) パイシャーチャの同心正方周帯における職業・職位にもとづく居住分化について検討したい。しかしそれらに関する『マーナサーラ』の説明は体系的ではなく,再整理を必要とする。その理由は,前記の 3)・4) の 2 周帯の内部における居住分化であるにもかかわらず,『マーナサーラ』は,それを 3 つの環 (round) に分けて述べていることにある。しかも『マーナサーラ』は,3)・4) の 2 つの周帯を 3 つの環に区分する基準を説明していないだけでなく,第 1～第 3 の各環の内部における居住分化を説明する際に,その配置を語る表現を変化させている。そのため,記述をより複雑なものとしている。まず『マーナサーラ』が述べる第 1～第 3 環の説明を要約すると,以下のようになる。

第 1 環 ── この部分に関しては,『マーナサーラ』は,図 3 のマンドゥーカ・マンダラが描く神々の神領布置を準拠枠として説明している[21]。整理・要約にあたってはつぎの 3 つの方針を設定し,それにしたがっておこなうことにする。

① 特定の神領を占居する職業・職位について「A and B」と記載されている場合には,その双方を採用する。
② また「A or B」と記載されているものについては,その一方のみを採用する。
③ このようにして確認できるものについて,図 3 の北東に位置する神領から時計まわりに列挙する。

以上の方針にしたがって,図 3 に記載の神領名とそこを占居する施設また職業・職位をあげると,つぎのようになる[22]。

1	Jayanta	王宮・近衛府	2	Mahendra	鳳輦職
3	Bhṛśa	客館	4	Gandharva	打鼓職・奏楽堂
5	Bhṛṅgarāja	書記職	6	Dauvārina	護衛兵
7	Sugrīva	祭僧・警護兵	8	Puṣpandante	祭僧
9	Varuṇa	王宮	10	Asura	大臣・貴族
11	Śoṣa	打鼓職	12	Vāyu	建築家・建築職
13	Nāga	眼飾り宝飾細工職	14	Rudrarāja	王宮・近衛府
15	Mirga	甲冑職	16	Aditi	医療職

図4と対照させると，これらの16の神領のほとんどは3) マヌシャと4) パイシャーチャの2つの同心正方周帯にまたがって布置されているが，そのなかで下線を付した5つの神領は，4) パイシャーチャ同心正方周帯のみに位置している。
　2) ダイヴァカ同心正方周帯に属するMitra神の神領は，前述したように王宮本体の所在場所であった。上記の16神領のうちMitra神の神領に隣接するのは，8・9・10・11・14の5つである。それらは，11の打鼓職をのぞいて，王宮あるいはMitra神の神領に立つ王宮と密接な関係をもつ職業・職位保有者の居住地区である。その配置は，〈都城中心域のブラフマー神の正方形領域＝祭事空間〉と〈王権保持者・クシャトリヤの王宮＝政事空間〉とが［東─西］関係でならぶ。なんどかふれたようにヒンドゥー・インドでは，東がもっとも聖なる方位である。この［東─西］関係でも，東を占地するのがバラモンの祭事空間であり，西を占めるのがクシャトリヤの政事空間であった。方位の聖性とヴァルナの優位性とが整合関係をたもって，ナンディヤーヴァルタ型都城の都市核を形成していることを明示する。

第2環 ── この部分に関する『マーナサーラ』の説明原理は，第1環の場合とはまったく異なる。第2環では，神領ではなく，街路を基準として居住分化を説明している。『マーナサーラ』が述べるナンディヤーヴァルタ型都城の街路配置については後述することにして，まず第2環の居住分化に関する同書の説明を掲げる[23)]。

東街路沿道：搾油職・陶工職など　　南街路沿道：狩猟職・舞踏職
西街路沿道：漁労職・食肉職　　　　北街路沿道：仕立職

　ここにあげられているのは各種の職能民集団で，第2環は彼らの居住区とされている。

第3環 ── この部分でも『マーナサーラ』の説明は，第1・第2環とは異なった方式を採用する。その説明は，以下のとおりである[24)]。

東：武器職　　南東：籠職　　南：鍛冶職　　北：皮革職

　ここも，第2環とおなじく職能民の居住区とされている。第2環との相違は，籠職をのぞいて，他の3つが軍事と直結する職能民である点にある。
　以上のように，第1～第3環の居住分化に関する『マーナサーラ』の記載を整理し

たうえで，さきに提起した問題に再帰することにしたい。その問題とは，3) マヌシャと 4) パイシャーチャの 2 つの同心正方周帯を新たに 3 環に細分して，『マーナサーラ』がその内部の居住分化を説明していることから生じる。それを形態として表現するにあたっては，「どのようにして 2 周帯を 3 つの環に形態的に分割することができるか」という問題が生じる。

　この問題を考えるために，まず 2 つの同心正方周帯の位置づけから出発したい。3) マヌシャ同心正方周帯はバラモンの住区，4) パイシャーチャ同心正方周帯はヴァイシャとシュードラの住区とされている。一方，第 1 環の説明は，マンドゥーカ・マンダラでの神領の布置をもとに，諸施設・諸職位の配置を述べている。そのなかにはバラモンとかかわる職位として祭僧・大臣・貴族・書記職がふくまれている。それらの職位は，バラモンの住区とされる 3) マヌシャ同心正方周帯とよく対応する。また第 1 環の説明が神領を単位としてなされていることも，このバラモンとの対応性を補強する。

　つぎに『マーナサーラ』は，4) パイシャーチャ同心正方周帯をヴァイシャとシュードラの住区としていた。第 2 環と第 3 環で列挙される職位・職人は，すべてヴァイシャとシュードラに属するものばかりである。したがって 4) パイシャーチャ同心正方周帯と第 2・第 3 環とは，よく対応する。しかし 2 つの環であげられている職位はヴァイシャとシュードラの双方にまたがっているので，第 2 環＝ヴァイシャ，第 3 環＝シュードラというように整理することはできない。第 2 環と第 3 環には，ヴァイシャとシュードラが混住しているということであろう。したがって『マーナサーラ』は，4) パイシャーチャ同心正方周帯を第 2 環と第 3 環とに分割して述べているとしうる。おそらく第 2 環が内側，第 3 環が外側ということであろう。

　マンドゥーカ・マンダラをベースマップとする以上の検討結果をもとに，『マーナサーラ』が述べるナンディヤーヴァルタ型都城の内部編成を，つぎのように要約できる。

〈神々の領域〉　1) ブラフマー神の正方形領域　：「三神一体」寺院
〈人間の領域〉　2) ダイヴァカ同心正方周帯　　：王宮本体とクシャトリヤの住区
　　　　　　　3) マヌシャ同心正方周帯　　　　：バラモンの住区＋第 1 環
〈悪霊の領域〉　4) パイシャーチャ同心正方周帯：ヴァイシャとシュードラの住区
　　　　　　　　　4)-1　内帯：第 2 環

4)-2　外帯：第 3 環

　したがって図 4 の〈人間の領域〉= 3) マヌシャ同心正方周帯を第 1 環，〈悪霊の領域〉= 4) パイシャーチャ同心正方周帯を内帯と外帯に 2 等分すれば，『マーナサーラ』が述べる第 1 ～第 3 環をマンドゥーカ・マンダラに統合できる。
　このようにナンディヤーヴァルタ型都城に関する『マーナサーラ』が述べる記載を整理したうえで，つぎの検討課題は，どのようにナンディヤーヴァルタ型都城の形態を復原できるかという問題である。

(3)　ナンディヤーヴァルタ型都城復原の先行研究
　『マーナサーラ』の記載をもとにしてナンディヤーヴァルタ型都城の形態を復原する試みは，管見したかぎりでは 2 人によってなされている。『マーナサーラ』の英訳者アチャルヤーとピッライである。

(3)-①　アチャルヤーの復原案
　アチャルヤーの復原案は，図 5 に示される[25]。『マーナサーラ』は，ナンディヤーヴァルタ型都市の都市域は正方形か長方形で，前述したように，長方形の場合には 9 × 9 = 81 区画からなるパラマ＝サイカ・マンダラにしたがうべきとしていた[26]。これにしたがってアチャルヤーは長方形を採用し，同マンダラをベースマップとしてナンディヤーヴァルタ型都城の復原をこころみている。その結果を示す図 5 は，中心に 3 × 3 = 9 区画の「ブラフマー神の領域」，その外に二重の同心長方周帯を配して作図されている。同図の中心域の一辺を 3 区画として，それをもとに 2 つの同心周帯の幅員を推定すると，内側の周帯は 2 区画，外側の周帯は 1 区画の幅で描かれていることになる。とすると都市域の長辺と短辺がともに 9 区画であるだけでなく，幅員の比が〈中心域：内側周帯：外側周帯＝ 3：2：1〉となって，この点でもパラマサイカ・マンダラに忠実な作図といいうる。
　すでに述べたように『マーナサーラ』は，〈神々の領域〉である中心域をとりまいて，〈人間の領域〉と〈悪霊の領域〉にあたる三重の同心正方周帯が配列する編成を強調している。しかしパラマサイカ・マンダラも，マンドゥーカ・マンダラとおなじように，中心域とそれをとりまく二重の同心周帯から編成されている。『マーナサーラ』の記載とパラマサイカ・マンダラは，同心正方周帯の数を異にする。それを整合させ

18　第 1 部　古代インドと古代中国の都城思想

建築師	職人	宝飾職	製靴職など			ヴァイシャ		シュードラ
舞踊職	書記職		公会堂	官衙	公会堂	医師など	整備職	武具職
							駕篭衆	打鼓職
警備職	書記職						客館	
仕立職	漁撈職		鍛冶職			篭職	洗濯職	

N　■ 寺院　■ 王宮　▨ バラモン祭僧と関係職位

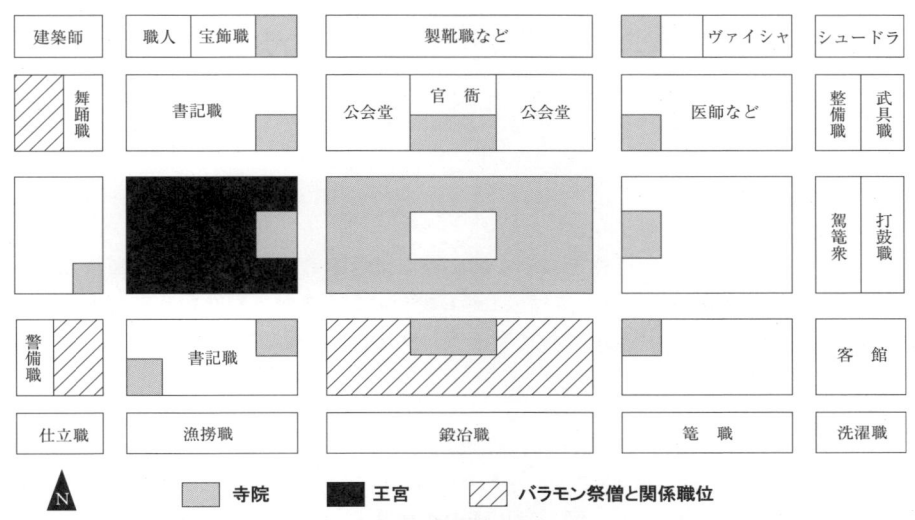

図 5　ナンディヤーヴァルタ型都城復原案 (1) ── アチャルヤーによる
（アチャルヤーの原図を応地補正）

るために，アチャルヤーは，同マンダラの内側の周帯を幅員 2 区画として，そこに『マーナサーラ』が述べるダイヴァカとマヌシャの 2 つの同心周帯を合体させて作図している。つまりクシャトリヤとバラモンの領域を融合させているのである。このことは，図 5 の内側の同心周帯西辺中央に「王宮＝クシャトリヤ」，また同周帯の南辺中央に「バラモン祭僧と関係職位」を記入していることからもあきらかである。最外縁の同心周帯はパイシャーチャ周帯にあたり，そこはヴァイシャとシュードラの混住領域ということであろう。

　しかし彼の復原案には，2 つの問題点がある。第 1 の問題点は，ダイヴァカとマヌシャの両周帯の合体が徹底していないことである。たとえば『マーナサーラ』がマヌシャ同心周帯の西辺に位置するとしている大臣・貴族，祭僧の区域が，図 5 に示したように，その外側の〈悪霊の領域〉であるパイシャーチャ周帯に押しやられ，また「バラモン祭僧と関係職位」の領域が同周帯内の 2 箇所に所在する結果をまねいている。『マーナサーラ』は，(2) で記載を整理したように，職位・職能民の住区や施設の配置を，マヌシャとパイシャーチャの両周帯にまたがる第 1～第 3 環に分けて記載していた。彼の復原案は，この点を無視している。その結果，図 5 のパイシャーチャ同心周帯には，本来はマヌシャ周帯に位置する施設にくわえて，パイシャーチャ周帯の内帯と外帯の 2 つに分けて記載されていたものが整理されないままに混在してしまっている。また『マーナサーラ』が記載する施設のなかには，同図で欠落してしまっているものもいくつかある。

　第 2 の問題点は，街路構成の復原である。アチャルヤーの復原案では都城内を貫通する大路は，外周道路をのぞいて東西・南北ともに 4 本である。すでに述べたように

『マーナサーラ』は、外周道路をのぞく都城内を東西走および南北走する街路の数を述べている。その街路数のなかには、4本の場合はふくまれていない。アチャルヤーの復原案は、街路数に関する『マーナサーラ』の記載も無視しているのである。

(3)-②　ピッライの復原案

　ナンディヤーヴァルタ型都城の形態復原を試みたもう1人は、ピッライ（Pillai）である[27]。彼も、同都城について『マーナサーラ』がくわしいとしたうえで、同書をもとにその復原を試みている。図6は、彼の復原案を示す[28]。ピッライも、アチャルヤーとおなじく都城域を長方形とし、9×9＝81区画からなるパラマサイカ・マンダラを基本として復原している。しかし一見したところ、複雑な街路と街区割からなる都城として復原されているので、同マンダラをベースマップにしているようにはみえない。

　しかし、まちがいなく、彼の復原はベースマップを同マンダラにもとめている。ピッライ自身は作成過程を説明していないので、彼の復原案を読みとくためには、その過程をたどることからはじめなければならない。彼は、「都城域が長方形の場合には、〈長辺：短辺＝2：1〉とすべし」との前提から出発する。図6では、街路は3種類の線で描き分けられている。3点破線・破線・実線の3つである。このうち破線は、外周道路に割りつけられたものもふくめて、東西・南北の両方向に各10本ひかれている。10本の破線の間隔距離は、都城域とおなじ〈[東西辺：南北辺＝2：1〉の比がたもたれている。したがって破線は、復原にあたってのベースマップであるパラマサイカ・マンダラの9×9＝81区画の区分線を示している、と考えられる。

　ピッライは、本文での解説では、〈神の領域〉＝「ブラフマー神の領域」をとりまいて〈人間の領域〉と〈悪霊の領域〉があり、後2者はダイヴァカ、マヌシャ、パイシャーチャの三重の同心正方周帯から編成されていることを語っている[29]。この都城編成を基本として、彼は実線で街路を設定する。破線で引かれたパラマサイカ・マンダラの区画区分線をもちいて、図6での〈神の領域〉と〈人間の領域〉・〈悪霊の領域〉について説明すれば、つぎのように整理できる。

①　中心域の破線区画3×3＝9区画：〈神々の領域〉＝1）ブラフマー神の長方形領域
②　その外周1区画分の内周帯：〈人間の領域〉＝2）ダイヴァカ同心長方周帯

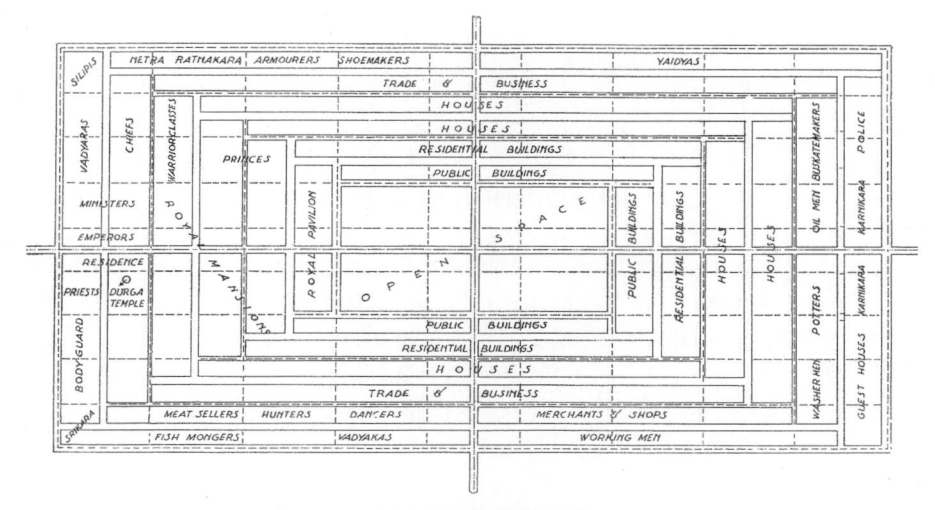

図6 ナンディヤーヴァルタ型都城復原案 (2) —— ピッライによる

③ その外周1区画分の中周帯：〈人間の領域〉= 3) マヌシャ同心長方周帯
④ その外周1区画分の外周帯：〈悪霊の領域〉= 4) パイシャーチャ同心長方周帯

　これをもとに，彼は，2つの原則にしたがって街路を設定する。1つは，①〜④を画する破線で示されるパラマサイカ・マンダラの区画区分線にしたがう街路，もう1つは実線で描かれた①〜④を背割りする街路である。この2原則にしたがって，外周街路をのぞいて，図6には東西と南北の両方向に各15の街路が描かれている。しかし前述したように『マーナサーラ』は，外周帯をのぞいて，背割り街路の存在を語っていない。またピッライも，①〜④のすべてに背割り街路を設定する理由についてはなんら説明していない。
　そこから1つの問題が生じる。それは，彼が独自に設定した各周帯の背割り街路をふくめると，その数は外周街路をのぞいて15本となり，その数は『マーナサーラ』の規定をはるかに越える。また背割り街路を小路とし，それ以外を大路とすると，彼の復原案でのそれらの数は，外周街路をのぞくと東西・南北ともに大路 = 7，小路 = 6となる。後述するように『マーナサーラ』は，外周街路をのぞくナンディヤーヴァルタ型都城の街路の最大数は，東西・南北両方向ともに大路 = 7，小路 = 5と述べる。ピッライの復原案は，『マーナサーラ』によりつつも，小路の数に関しては同書の規定を逸脱している。
　また彼は，街路さらには街区の形態に関して，パラマサイカ・マンダラとは異なった設定をおこなっている。それは，都城域を4つに等積分割する中心街路のみが都城域全体を貫走し，他のすべての街路は少なくとも一端をT字路として復原していることである。言葉では説明困難なので，中心域の〈神の領域〉を囲む2) ダイヴァカ同

第Ⅰ章　古代インド世界の都城思想　　21

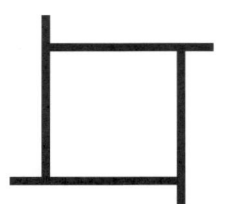

図7 「時計まわり四角巴」（応地作図）

心長方周帯を例として解説したい。同周帯の内側を画する1）ブラフマー神の長方形領域の外周北辺街路に注目すると，その北東端は2）の東辺背割り街路にまで延伸している。同様に1）の外周東辺街路は2）の南辺背割り街路にまで延伸している。

その結果，1）ブラフマー神の長方形領域の外周街路は，図7のような形態となる。これを「時計まわり四角巴」とよべば，図6の外周街路以外の他のすべての街路が「時計まわり四角巴」型で配置されている。「時計まわり四角巴」は，図3のマンドゥーカ・マンダラの神領布置図でも観察される。それは，同マンダラの中心域＝「ブラフマー神の領域」をとりまく周帯においてである。同周帯では，北辺のBhûdhara神の領域から「時計まわり四角巴」型に各神領が布置されている。

このようにピッライの復原案の特質は，外周街路をのぞいて，都城域内のすべての街路また街区が「時計まわり四角巴」型に配置されているとする点にある。アチャルヤーも，古代インド世界の都市形態を復原した図1で，「時計まわり四角巴」型の街路・街区配置からなるタイプを〈ナンディヤーヴァルタ〉として提示している。ピッライは，これを参考にしてナンディヤーヴァルタ型都城を復原したと考えられる。しかしアチャルヤー自身は，図5で示したナンディヤーヴァルタ型都城の復原にあたっては，「時計まわり四角巴」型を採用しないで，5×5＝25区画のグリッド・パターン街路・街区配置をもとに復原している。もちろんピッライのように，「時計まわり四角巴」型に配された街路・街区編成をもつ都城としてナンディヤーヴァルタ型都城を復原することは許容される。というのは「時計まわり四角巴」型を基本編成とする復原都城を，マンドゥーカ・タイプのナンディヤーヴァルタ型都城とよぶ場合があるからである[30]。

ピッライは，問題をふくみつつも，上記の諸操作をもとにナンディヤーヴァルタ型都城の街区編成を設定し，それを新たなベースマップとして，『マーナサーラ』の記載にしたがって諸施設を配置していく。しかしピッライの復原案は，この点でも『マーナサーラ』の記載に忠実とはいえない。まず『マーナサーラ』は，中心域のブラフマー神の領域は「三神一体」寺院とするが，図6では，そこは「オープン・スペース」とされている。彼は，同領域をオープン・スペースとするのは「つよい指令であり，そこが寺院建立地とされるに至ったのは後代の誤解[31]」と述べる。しかし前述したように，『マーナサーラ』は，あきらかにここを「三神一体」寺院の神域と記載している。

中心域をとりまく周帯に記入された諸施設のなかには，『マーナサーラ』が述べて

いないものもかなりふくまれている。本文での彼の説明によると，ダイヴァカ周帯は王宮・公共建造物・寺院，マヌシャ周帯は良質の住宅と商店の混合，パイシャーチャ周帯は職人の作業場・低質の住宅と商店の混合を主とするという[32]。図6も，それにしたがって公共建造物・住宅・商店などを記入している。しかしそのなかには，同図で大きな面域を占めて記入されている住宅（Houses, Residential Buildings），商店・商業（Trade & Business），また商人・店舗（Mrechants & Shops）などの集合名詞的な施設は，『マーナサーラ』はまったく記載していない。おそらく，背割り街路によって生みだされた多くの街区を充填するための彼独自の「創案」であろう。

　以上のように，アチャルヤーにしても，ピッライにしても，彼らのナンディヤーヴァルタ型都市の復原案は厳密性を欠き，また『マーナサーラ』の記載からの逸脱もみうけられる。もちろんそれは，基本的には復原にあたっての彼らの独断と論証の甘さに由来する。しかし他方では，『マーナサーラ』の記載が，それをもとにして形態復原的な研究をおこなうには簡略すぎるという記載自体がもつ問題も存在する。とくに，ヴァイシャとシュードラにかかわるパイシャーチャ同心正方周帯についての記載が，『マーナサーラ』では簡略すぎるのである。

（4）　ナンディヤーヴァルタ型都城 ── 復原私案

　『マーナサーラ』にもとづくアチャルヤーとピッライのナンディヤーヴァルタ型都城の形態復原には，上記のような問題点を指摘できる。そのため両者の復原にしたがいえないとすれば，（2）での整理をふまえて独自にその復原を試み，『マーナサーラ』の記載の制約を確認する必要がある。

　ナンディヤーヴァルタ型都城の形態復原を試みるにあたって，最初に検討すべき点は，（2）の最後に指摘した問題，つまり「いかにして 4）パイシャーチャ同心正方周帯を内帯と外帯の 2 環に分割するか」という問題である。この問題を考えるにあたっては，さらに「パイシャーチャ同心正方周帯を 2 分割する際に，『マーナサーラ』が述べる都城内街路数の制約にしたがう」という制約がくわわる。アチャルヤーもピッライも，ともにこの『マーナサーラ』が述べる街路数の制約を無視している。

　両者の復原がもつ欠陥を指摘したうえで，ナンディヤーヴァルタ型都城の形態復原へとすすむことにしたい。『マーナサーラ』は，同都城の形態を正方形とした場合，その内部編成はマンドゥーカ・マンダラにもとづくのが適切としていた。しかしマンドゥーカ・マンダラには，4）パイシャーチャ同心正方周帯にあたる最外縁の周帯に

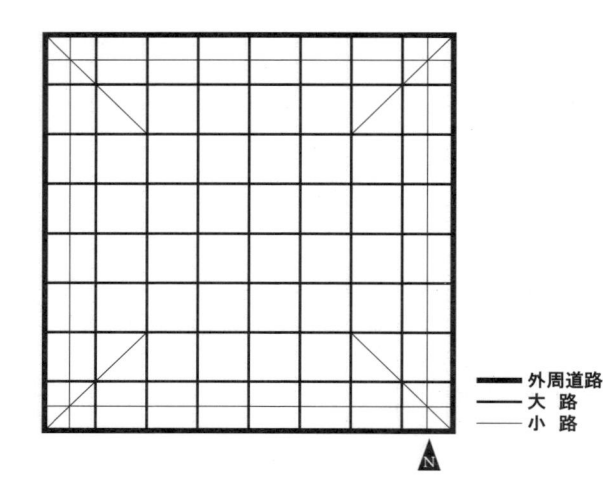

図8　マンドゥーカ・マンダラ修正図（応地作図）

　　外周道路
　　大　路
　　小　路

　は，それを2つに分割する街路は設定されていない。『マーナサーラ』をもとにナンディヤーヴァルタ型都城の形態復原をおこなうにあたって最初に検討しなければならないのは，同書の記載から，そのような分割街路の存在を想定することが許容されるかどうかという問題である。まずこの点をあきらかにするために，ナンディヤーヴァルタ型都城の街路配置に関する『マーナサーラ』の記載を検討することにしたい。
　マンドゥーカ・マンダラを構成する8×8＝64のすべての区画が大路に面しているとすると，図2によってあきらかなように，その数は外周街路をのぞいて7となる。『マーナサーラ』は，都城をとりまく外周道路をのぞいて，都城内を東西と南北に走る大小の街路について記載している。その数は，大路（rathya）が東西・南北ともに1・3・5・7本，小路（marga）が1〜5本とする[33]。都城内の大路に関しては，マンドゥーカ・マンダラが描く7本は『マーナサーラ』の記載と矛盾しない。これに，4）パイシャーチャ同心正方周帯を内帯と外帯に両分するために，マンドゥーカ・マンダラ最外縁の周帯を二分する小路を東西・南北に1本ずつくわえると，その数は2本となる。小路2本も，『マーナサーラ』が小路の数を1〜5本とする記載と矛盾しない。これらの検討から導かれる大路7本，小路2本からなるマンドゥーカ・マンダラ修正図は，図8のように表現できる。
　『マーナサーラ』のなかには，この修正を許容する記載がある。それは，ナンディヤーヴァルタ型都城について，同書が「ヴァイシャの住宅は，最初の南の街路にある[34]」と述べていることである。『マーナサーラ』が記載する街路は，外周道路をのぞくと，すべて都城内の街路のみである。図8での「最初の南の街路」は，最外縁の周帯内に新たに設定した小路にあたる。同小路の両側にならぶパイシャーチャ同心正方周帯の前記の4）-1内帯と4）-2外帯は，ヴァイシャとシュードラの住区であった。したがって「ヴァイシャの住宅は，最初の南の街路にある」という『マーナサーラ』の記載は，この小路の設定が妥当であることを示していよう。

さらに注目されるのは，この文言で『マーナサーラ』がヴァイシャの居住区と街路との関係を述べていることである。ヴァイシャが言及されているのは，3）マヌシャ同心正方周帯を占めるバラモン住区との関係からであろう。ヴァイシャの関係街路を同小路に限定したうえでヴァイシャとシュードラとが小路を介して両側町のかたちで居住すること，ヴァイシャの住区は同小路のみに開かれていて 4) パイシャーチャと 3) マヌシャの両周帯を区分する大路には開いていないこと，その結果，同大路はバラモンのみに開かれていることを示していよう。「ヴァイシャの住宅は，最初の南の街路にある」とは，バラモンとヴァイシャ・シュードラとのあいだの明確な居住隔離を述べる文言と解釈できる。

　以上の検討から，図8に示したマンドゥーカ・マンダラ修正図を，ナンディヤーヴァルタ型都城の形態復原にあたっての新しいベースマップとすることができよう。同図をベースマップとして，(2)で整理した『マーナサーラ』のナンディヤーヴァルタ型都城の諸施設・四姓・職位・職能民の居住分化をあてはめていくと，同都城の形態復原が可能である。

　しかし，ここでも問題が生じる。それは，(2)の第1環での整理で注記したように，下線を付した Jayanta 以下の5神領が，4) パイシャーチャ同心正方周帯に位置していることである。同周帯は第2・第3環に属し，ヴァイシャとシュードラの住区とされる。この5神領には祭僧・王宮などがふくまれ，それらは 3) マヌシャ同心正方周帯に位置すべきものと考えられる。したがってこれら5神領を 3) マヌシャ同心正方周帯に平行移動させ，それら以外の諸施設に関しては，記載のとおりにマンドゥーカ・マンダラ修正図に布置していくことにする。この方針にもとづく作業結果を，図9に示す。

　こうして得られた図9をもって，『マーナサーラ』にもとづくナンディヤーヴァルタ型都城の復原私案とする。同図からあきらかなように，復原された形態は，3) マヌシャ同心正方周帯つまりバラモンの領域については詳細であるが，4) パイシャーチャ同心正方周帯についてはきわめて簡略であるという特徴を示す。もちろんそれは，復原にあたっての資料とした『マーナサーラ』の記載に起因するものである。その点を資料の制約としてのぞくと，図9が示すナンディヤーヴァルタ型都城は，全体として，中心の正方形区域とそれをとりまく四重の同心正方周帯で編成されている。それらを個別にみていくと，いくつかの興味ある特徴をよみとることができる。既述の点と重複するところもあるが，その要点を記すと，以下のように整理できる。

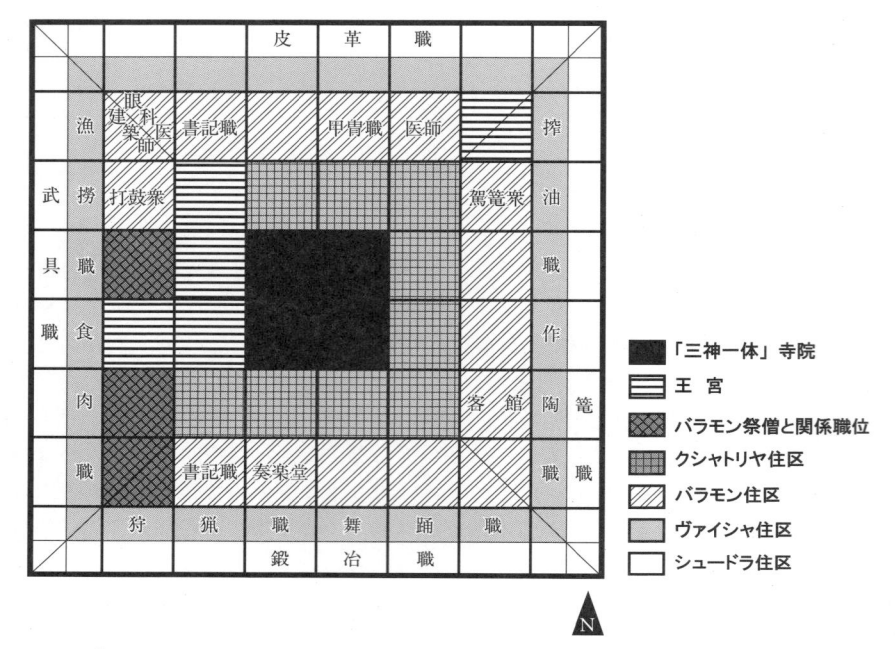

図9 『マーナサーラ』にもとづくナンディヤーヴァルタ型都城の形態復原私案（応地作図）

(1) 中心域の正方形4区画＝〈神々の領域〉──ブラフマー・ヴィシュヌ・シヴァの「三神一体」寺院の神域。ここは、寺院以外の世俗建造物の建設は許されない祭事の空間である。さらにここを中心として、外方にむけて四重の同心正方周帯がひろがる。

(2) 神域をとりまくダイヴァカ同心正方周帯＝〈人間の領域〉──西辺のミトラ神の神領に王宮本体が位置する。この周帯に配置される施設として『マーナサーラ』が述べるのは、王宮のみである。同周帯の残りの部分は、クシャトリヤの居住空間ということであろう。

(3) その外方をとりまくマヌシャ同心正方周帯＝〈人間の領域〉──ここはバラモンの領域で、『マーナサーラ』がもっともくわしく施設配置を述べている周帯である。バラモンにかかわる祭僧の区域は、南西端に配されている。そこを起点に、同周帯の西辺には南から北にむかって祭僧、王宮、大臣・貴族、打鼓職師・舞踊師、北西隅に建築師・眼科医、そこから右方の北辺には、東にむかって書記職・甲冑職・医療職の区域が配列する。これら多くの職位は王宮本体が位置するミトラ神の領域と接するかたちで配列し、この一帯に政事に関連する諸施設が集積していることを示す。

しかし同周帯の東辺と南辺に関しては、『マーナサーラ』が語るところはすくない。東辺では鳳輦職と客館にふれるのみで、南辺に至っては打鼓職・奏楽堂

に言及するのみである。
(4) その外方を取り囲むパイシャーチャ同心正方周帯内帯＝〈悪霊の領域〉——ヴァイシャの領域であるが，同領域に関する『マーナサーラ』の記載はごく簡略である。『マーナサーラ』が具体的に述べているのは，図9に記入した少数の職能民のみである
(5) 最外縁のパイシャーチャ同心正方周帯外帯＝〈悪霊の領域〉—— ここは，シュードラの領域である。この周帯に関しても，『マーナサーラ』は街路ごとに職能民の住区配置を述べるのみである。それらを，図9に記入した。

　パイシャーチャ同心正方周帯は，上記（4）の内帯も（5）の外帯も，ともに職能民の集住区域とされる。現代流にいえば，バーザールに相当する区域にあたる。しかし現在では，都市のバーザール地区は中心部に位置するのが通例である。これに対して『マーナサーラ』は，バーザール地区を都市の外縁周帯に位置させている。それは，『マーナサーラ』が述べるヴァルナをめぐる連鎖関係がもたらした帰結であろう。
　まず中心域は〈神々の領域〉とされ，それをとりまいて〈人間の領域〉の2周帯と〈悪霊の領域〉の1周帯が配列する。〈人間の領域〉は，クシャトリヤとバラモンの上位ヴァルナの集住地区とされる。さらにその外側の〈悪霊の領域〉は，ヴァイシャとシュードラの区域である。その結果，商人や職能民としてバーザール活動をになう下位ヴァルナの住区が周縁部に位置することになる。内から外にむかって上位ヴァルナから下位ヴァルナへと遷移する居住隔離が，バーザールの周縁立地という特質を結果しているのである。

I-3　『アルタシャーストラ』の都城思想とその形態復原

　古代インド世界の都市形態を考える際に，これまでもっとも参照・引用されてきたのが，I-2で検討対象とした『マーナサーラ』であった。しかし残念ながら，以上の検討結果が示すように，『マーナサーラ』の記載は厳密にインド都城の形態を復原するには不十分といわざるを得ない。とすれば，それにかわる文献資料はないのだろうか。いわゆる「シルパシャーストラ」文献には，『マーナサーラ』以上にくわしく都市形態を語るものはない。たとえば『マーナサーラ』についでよく参照される『マヤマ

タ』も，この点に関してより簡略である。

　ここで「シルパシャーストラ」文献を離れて，古代インド世界の他の諸文献にまで視野をひろげる必要がある。そのなかで注目されるのは，『アルタシャーストラ（Arthaśāstra 実利論）』である。同書には，古代インド世界の都城論とよぶにふさわしい詳細な記載が見いだされるからだ。『アルタシャーストラ』は紀元後3世紀ころの著作と推定され，『マーナサーラ』の編修時期よりもかなり古い時代に属する。成立年代の点からも，古代インド世界における都城思想を考えるにあたっては，『アルタシャーストラ』は『マーナサーラ』よりも重要性をもつ基本文献といいうる。

　ヒンドゥー教では，人生をつうじて，男子はつぎの3つの義務を果たすべしとされている。ダルマ（dharma，人間として生きるにあたって必要な法・倫理）の修得，アルタ（artha，家長として家族の経済基盤をささえる実利）の確保，カルマ（karma，祖先祭祀の継承男子を儲けるための性愛）の3つである。そしてこれらの義務を遂行したのちは，隠棲して自己完成に努め，煩悩や輪廻から解きはなたれたモクシャ（解脱）の境地に達して死を迎えることが，もっとも理想的な人生とされている。

　ヒンドゥー教では，これらの義務のうちアルタは，一般人がみずから追求するものであると同時に，統治者つまり帝王も，臣民のアルタ追求が可能なように国家社会を統治する義務を負っている。そこから『アルタシャーストラ』も，ヒンドゥー教でのアルタのあり方を説くのではなく，むしろ帝王がいかに国を統治して繁栄へと導くべきかを語る。つまり同書は，帝王学の書なのである。ここでテクストとする岩波文庫本[35]が，副題を「古代インド世界の帝王学」としているのは，そのゆえである。

　『アルタシャーストラ』の著者は，伝説的には紀元前4世紀のカウティリヤ（Kautilya）とされてきた。カウティリヤは，小さな都市国家の支配者にすぎなかった若きチャンドラグプタ王を助言者としてささえ，まず前321年に同王をナンダ朝の王位につけた。さらにカウティリヤは権謀術数を駆使して古代インド世界最初の統一領域国家＝マウリヤ朝の樹立に成功し，同王のもとで宰相を務めたとされる。そのため，帝王学を説く『アルタシャーストラ』の著者はカウティリヤとされてきたのであろう。しかしそれは，『ラーマーヤナ』の著者とされるヴァールミーキの場合とおなじように，単なる伝説にすぎないとされている。現在の研究では，『アルタシャーストラ』の成立は，彼の時代よりもはるか後代の紀元後3世紀ころにもとめられている。

(1) 『アルタシャーストラ』における都城記載

　帝王学の書として，『アルタシャーストラ』には国家統治に必要なあらゆることが書かれている。たとえばスパイをいかに活用するか，いかに策謀をろうして外交をすすめるかなどもふくんでいる。そのなかに，ヒンドゥー教的な都城の建設に関する章がある。同書第2巻「長官の活動」の第3章（第21項目 ── 城砦の建設）と第4章（第22項目 ── 城砦都市の建設）である。上村勝彦の訳になる岩波文庫本（初版）によって，これらの章での記載のうち，古代インド世界の都城思想を考察するにあたって重要と考えられる部分を引用すると，つぎのようになる。なお [ ] は訳者による補足，（ ）は訳者の注記である。

　まず第3章でインド都城を考える際に関連するのは，つぎの箇所である。

　　四つの方角に地方の辺境に，戦闘にそなえた天険の城砦を造らせるべきである。[川などの] 中島か，水に囲まれた台地を水城とする。岩 [山] や洞窟を山城とする。水や叢林のない土地や，塩分をふくんだ土地を砂漠城とする。沼地や叢林を森林城とする。それらのうち，河（水）城と山城とは地方の守備官たちの場所である。砂漠城と森林城とは林住族長の場所であり，あるいは災禍時の待避所である。

　　地方の中央に，租税の集積地であるスターニヤーを置くべきである。それは建築学者に推奨された土地に [建てられ]，川の合流点や涸れることのない湖・池・貯水池の岸辺にあり，建築場所の地形に応じて円形か長方形か正方形であり，右の方向に流れる水流を有する，陸路と水路をそなえた市場都市である。

　　その周囲に，一ダンダの間隔をおいて，三つの壕を造らせるべきである。それらは，各々，十四，一二，十ダンダの幅があり，深さは幅の四分の三あるいは半分であり，底幅は [上幅の] 三分の一であり，あるいは底幅と均等の [上幅を有する]。石を敷きつめ，あるいは側面のみ石または煉瓦で舗装し，水源に達し（即ち，地下水をたたえ）あるいは他から引いてきた水をたたえ，排水渠を有し，そこには蓮が生じ鰐がいる。

　　壕から四ダンダ離れた所に，掘られた土により堅固な城壁を造らせるべきである。それは六ダンダの高さで，その二倍の幅を持ち，高く積み上げられ，頂上の面は平らかであり，あるいは側面は壺のよう [にふくらみ]，象や牛により踏み固められ，荊棘の茂みや有毒の蔓草を有する。残りの土でもって，宅地内の窪地や王宮 [の地面] を埋めるべきである。

　　城壁の上に，高さが幅の二倍あるブラーカーラ胸壁を造らせるべきである。それは煉瓦造りで，十二ハスタから二十四ハスタに至るまで ── 奇数でも偶数でもよい ── の高

第Ⅰ章　古代インド世界の都城思想　　29

さである。車が通る道を持ち，棕櫚の根のような形状をし，その頂は「太鼓〔ムラジャカ〕」や「猿頭〔カピールシャカ〕」によって飾られている。あるいは，［煉瓦でなくて］大きな平石で密に構成した石造り［の胸壁］を造らせるべきである。しかし，決して木製［の胸壁］を造らせてはならぬ。火がその中に住んで機会をねらっているからである。

　四辺がおなじ長さ（正方形）の小塔〔アッターラカ〕を，三十ダンダの間隔をおいて造らせるべきである。それは高さとおなじ［長さの］降下用の階段を有する。二つの小塔の中間に望楼〔プラトーリー〕を造らせるべきである。それは階上の部屋を有する二階建てで，高さは幅の一倍半である。

　つぎに，第4章での関係部分は，つぎの記載である。

　西から東へ向う三本の王道，南から北へ向う三本の王道，それが住宅地（市街）の区画である。それは十二の門を有し，適切な水（井戸その他）と水路と地下道を有する。［王道以外の一般の］街路は四ダンダの幅である。王道，ドローナムカの道路，スターニーヤの道路〔ラーシトラ〕，地方と牧場の道路，港町の道路，諸戦陣間の道路，墓地への道路，村落の道路は八ダンダである。灌漑設備と森林の道路は四ダンダ，象の道と耕作地沿いの道は二ダンダ，［田舎の］車の通る道は五アラトニ，家畜の道は四アラトニ，小さな家畜と人間の通る道は二アラトニである。

　四姓が共に住む最良の住宅地に王宮がある。住宅地の中心から北方の第九区画の所に，すでに述べたような様式の王宮を，東向きあるいは北向きに造るべきである。

　王宮の北微東の区域に，学匠と宮廷祭僧［の住居］・祭式の場所・貯水場があり，また顧問官たちが住むべきである。南微東の区域に，厨房と象舎と糧食庫がある。その彼方に，香・花環・飲料の商人，化粧品の職人，及びクシャトリヤたちが，東の方角に住むべきである。

　東微南の区域に，商品庫，記録会計所，職人居住区がある。西微南の区域に，林産物庫と武器庫がある。その彼方に，都市の穀物を商う人々，工場監督官，軍隊の長官たち，調理食・酒・肉の商人，遊女，舞踏家，及びヴァイシャたちが，南の方角に住むべきである。

　南微西の区域に，驢馬〔ろば〕と駱駝〔らくだ〕の小屋，作業場がある。北微西の区域に，乗物や戦車の車庫〔かっちゅう〕がある。その彼方に，羊毛・糸・竹・皮・甲冑・武器・楯〔たて〕の職人，及びシュードラたちが，西の方角に住むべきである。

　西微北の方角に商品と医薬の貯蔵庫がある。東微北の区域に宝庫と牛馬［舎］がある。その彼方に，都市と王の守護神，金属と宝石の職人，及びバラモンたちが，北の方角に住むべきである。

　住居がとぎれた空き地には，組合〔シュレーニー〕と，他国から来た商人の群が住むべきである。

都市の中央に，アパラージタ，アプラティハタ，ジャヤンタ，ヴァイジャヤンタの神殿，また，シヴァ，ヴァイシュラヴァナ（クベーラ），アシュヴィン，シュリー（ラクシュミー），マディラー（カーリー）の神殿を建てるべきである。それぞれの地域に応じて，住宅地の守護神を設置すべきである。ブラフマー（梵天）の［守護する］門，ヤマ（閻魔）の門，セーナーパティ（軍神スカンダ，韋駄天）の門がある。［外］壕の外側，100ダヌス離れた［所に］，聖域，聖場（チャイティヤ），森，灌漑設備を造り，そして，それぞれの方角を守る方位神を置くべきである。
　墓地（火葬場）の北あるいは東の区域は上位［三］種姓（ヴァルナ）のためのものであり，南側は最下層の種姓（シュードラ）のための墓地である。それに違反した場合は，最低のサーハサ罰金を科す。
　異教徒と旃陀羅（チャンダーラ）［不可触民の一］の住居は墓地のはずれにある。

　長い引用になったが，『アルタシャーストラ』は，詳細に「城砦」と「城砦都市」の建設について語っている。その記載を，選地・設計・建設の順に再整理して要約すると，つぎのようにまとめうる。要約にあたっては，上村の注釈にしたがって，尺度をダンダ＝ダヌス＝4ハスタ＝1.82メートルとしてメートル尺度に換算した。

1）　選　地：建築学者が推奨する地に建設され，河川の合流点や水を湛えた湖や池の岸辺にあって，陸路と水路をそなえている。
2）　形　態：正方形ないし長方形。
3）　周　濠：周囲を三重の周濠で囲まれ，その幅員は各々約 25，22，18 メートルである。
4）　市　壁：（もっとも内部の）周濠から約 7 メートル離れた所に，濠を掘りあげた際の土砂をもちいて堅固に築かれる。その高さは約 11 メートル，底面の壁厚はその 2 倍である。
5）　街　路：西から東にむけて走る 3 本の王道，また南から北にむけて走るおなじく 3 本の王道で市街地は区切られ，市壁には計 12 の市門がある。幅員は，王道が 14.6 メートル，［王道以外の一般の］街路がその半分の 7.3 メートルである。
6）　王　宮：四姓がともに住む最良の住宅地にある。その位置は住宅地（市街）の中心から北方の第 9 区画にあり，東向きあるいは北向きに造られる。王宮の建設と様式については，別の章（第 1 巻第 20 章「王宮に関する規定」）で定められて

いる。
7）諸施設と居住地の配置：王宮からの方向に応じて，つぎのように配置される。なお下線を付したものは，同書が第2巻の諸章で述べる長官の管轄下にある公的施設を指す。

　　北微東：学匠・宮廷祭僧・顧問官の住宅，祭式の場所，貯水場。
　　南微東：厨房，象舎，糧食庫。
　　その彼方に，香・花環・飲料の商人，化粧品の職人，およびクシャトリヤが，東の方角に住む。
　　東微南：商品庫，記録会計所，および職人の居住区。
　　西微南：林産物庫，武器庫。
　　その彼方に，工場監督官，軍隊長官，穀物・調理食・酒・肉の商人，遊女，舞踏家，およびヴァイシャが，南の方角に住む。
　　南微西：ロバ・ラクダの小屋，作業場。
　　北微西：乗物・戦車の車庫。
　　その彼方に，羊毛・糸・竹・皮・甲冑・武器・盾の職人，およびシュードラが，西の方角に住む。
　　西微北：商品・医薬の貯蔵庫。
　　東微北：宝庫，牛馬舎。
　　その彼方に，都市・王の守護神，金属と宝石の職人，およびバラモンが，北の方角に住む。

8）寺　院（神殿）：都市の中央にアパラージタ神，アプラティハタ神，ジャヤンタ神，ヴァイジャヤンタ神の4寺院があり，その他の諸神格の寺院も存在する。
9）郊外施設：外壕から約184メートルはなして，聖域・聖場(チャイティヤ)・灌漑設備を設ける。
10）墓　地（火葬場）：郊外にあり，北また東の区域はバラモン・クシャトリヤ・ヴァイシャの上位ヴァルナ，南の区域はシュードラの墓地である。異教徒とヴァルナ外の不可触民の住居は，これらの墓地の外側にある。

　以上の『アルタシャーストラ』の記載は，『マーナサーラ』にくらべると，はるかに詳細かつ体系的で，古代インド世界で帝王が建設すべき理想の都城を語っている。以後，ここに掲げた『アルタシャーストラ』の本文とその要約をもとに，古代インド世

界の都城思想の考察へとすすみたい。しかしそのまえに，とくに要約6)について注釈をくわえておきたい。

　それは，文中の「第9区画」という言葉をめぐってである。じつは上村訳の岩波文庫本は，この部分の訳語を初版の「第9区画」から，第2版以降では「面積が9分の1」に変更している。原文のサンスクリット語では，この2つの解釈はともになりたつとされる[36]。

　「第9区画」の意味とりわけ「第9」という順序数をいかに確定するかについては，『アルタシャーストラ』はなんら説明していない。そのため，「第9区画」の意味確定が困難である。これに対して「面積が9分の1」の場合には，その意味は自明である。そのため上村は，第2版では「第9区画」から「面積が9分の1」へと訳語を変更したのではないかと推測される。しかし氏の急逝のために，この点については確認できないままに終わってしまった。私は，これを「第9区画」という順序数，いいかえれば文字どおり「数えて9番目」の区画とする。その理由は，後述するように，「第9区画」を順序数として都市形態のなかに読みこみ，その位置を確定することが可能と考えるからである。したがって初版本の「第9区画」という訳語を採用して，以下の読解作業をすすめることにしたい。

　また要約10)で，上村が「火葬場（墓地）」と注記していることの意味，つまり「火葬場＝墓地」としていることについて簡単にふれておきたい。現代の日本とくに都市では，火葬場と墓地はまったく別の場所にある別個の施設である。しかし古い山村などでは，いまも火葬場のまわりに墓地がある場合もみかける。上村の「火葬場（墓地）」という表現から，このような火葬場と墓地とが結合した状況を思いうかべる人もあるだろう。

　しかしこれは，ヒンドゥー・インドの状況からはまったくかけ離れた連想である。ヒンドゥー教は，すでに述べたように，解脱また輪廻の思想をもつ。それは，死とともに霊は肉を離れて，他に転じていくことを意味する。葬法も火葬であるので，霊が去った肉も火葬によって消滅する。すると火葬場には，霊も肉もなにも残らないはずである。すべてが，無となる。そのためヒンドゥー教には墓をつくる風習はなく，ヒンドゥー・インドの村落にも都市にも，墓地はほぼ存在しない。火葬のあとに残った骨や灰を，川などに散華するのみである。たとえばデリーのヤムナー川の河畔にあるマハトマ・ガンディー記念所を墓所として解説する案内書もあるが，厳密には，そこは彼の遺体が荼毘（だび）にふされた場所つまり火葬地点を示すのみである。

墓地と無縁という点に関しては，インドで発祥した仏教も，ヒンドゥー教とおなじであった。ガンダーラの仏教寺院遺跡を訪れても，そこには墓地はみあたらない。しかし日本の仏教寺院には，墓地がある。それは，日本の仏教がインドから直接に伝来したのではなく，中国を経由して伝来したからである。
　中国の儒教では，魂魄(こんぱく)思想に示されるように，死後も霊と肉はともにあるとされる。霊と肉がともにとどまる場が，土葬墓であった。中国仏教は輪廻を説くにもかかわらず，布教をすすめるべく，墓をつくるという儒教の風習をとりいれた。いわゆるシンクレティズム（折衷主義）である。日本の仏教は，墓をめぐる仏教の中国での変質をそのまま受容した。
　このようにヒンドゥー・インドと現代日本はともに葬法は火葬であるが，墓制に関しては，日本は中国の墓制を受容し，ヒンドゥー・インドには墓はないという対照性がみられる。ヒンドゥー・インドで墓に類するものをもとめるとすれば，ガンディー記念所の例にもみられるように，それは火葬場とならざるを得ない。だから『アルタシャーストラ』が「火葬場」とするのは，ヒンドゥー・インドでは日本の墓地と同類の意味をもつ。そのことを意識して，上村は，火葬場に（墓地）と付して注記したのであろう。

(2) 『アルタシャーストラ』にもとづく都城復原 ── 研究史

　『アルタシャーストラ』が述べる内容は，いかに選地して，城砦・城砦都市を建設するかということを越えて，古代インド世界における理想都市のあり方を語っている。その記載内容は，おなじく古代中国世界の理想都市の理念と形態を述べる『周礼』「考工記」「匠人条」よりもはるかにくわしく，かつ具体的である。しかし問題は，『アルタシャーストラ』の記載から，いかに古代インド世界の都城思想をよみとき，それをどのように形態へと変換・復原できるかということである。しかしその記載には，解釈の困難な部分がある。その箇所を無視したり，あるいは恣意的に解釈することなく，テクストの記載どおりに理想都市の形態を復原するのは相当な難問である。
　もちろん『アルタシャーストラ』の記載をもとに，古代インド世界の理想都市に言及・解説する著作は多い。その際に要求されるのは，当然，テクストの記載を忠実に都市形態に変換して形態復原することである。しかし残念ながら，そこまでに踏みこんだ研究は皆無にちかい。その理由は，解釈の難解さのゆえに形態復原が困難であることにつきよう。ほとんどすべての研究は，必要とは思いつつも，形態復原について

具体的に語ることを避けてきたのである。
　そのなかにあって形態復原の試案を提示している研究は，管見のかぎりでは，3つを数える。発表順ではなく復原結果をもとにして，その名をあげると，L. N. ランガラージャン，P. V. ベグデ，W. カークの3人である。まず，名をあげた順にその復原案について個別に検討し，その問題点を指摘したい。

(2)-1　ランガラージャンの形態復原案

　ランガラージャンは『アルタシャーストラ』の英語抄訳を刊行し[37]，そのなかで随所に多数の解説図表を付している。彼が採用した抄訳方針は，『アルタシャーストラ』各章の冒頭部分だけを英訳し，それにつづく記載内容を図表で解説して示そうとするもののようである。前出した『アルタシャーストラ』の都城に関係する2つの章でも，彼は何枚かの図を掲げている。そのうち，都城の形態復原と関連するのは，つぎの2枚である[38]。それらを，図10と図11として掲げる。
　図10では，彼は都城とその郊外に配置される主要施設を図示している。まず前記の要約2)にしたがって都市域を正方形とし，要約4)にしたがって都市域に接して二重線で市壁を示している。さらに要約3)にしたがって三重の周濠を描き，その中央に1本の橋を架けている。しかし『アルタシャーストラ』は，周濠にかかる橋の数についてはなにも語っていない。また要約9)にしたがって，郊外に聖域や灌漑施設を配置する。図10での以上の描出は，『アルタシャーストラ』の記載にほぼ忠実である。
　さらに要約10)をもとに，ランガラージャンは，周濠の北東方と南東方の2ヵ所に火葬場を配する。しかしこの復原には，2つの疑問がある。火葬場の数とその配置の双方に関する疑問である。まず前者から検討しよう。『アルタシャーストラ』の本文は，2ヵ所に火葬場を置くとは述べていない。要約10)は火葬場が2ヵ所ということではなく，単一の火葬場内部での使用区域のヴァルナ別隔離・分割を述べているのである。
　後者の火葬場の配置場所については，『アルタシャーストラ』はなにも語っていない。もしその配置を考えるとすれば，ヒンドゥー教の方位観を考慮する必要があろう。すでに述べたようにヒンドゥー教では，最聖の方位は東，それにつぐ聖なる方位は北である。逆に南が，もっとも悪い方位とされる。ヒンドゥー教の浄穢観念では火葬場はもっともケガレにかかわる施設である。ランガラージャンが提示する図10・11は，

第Ⅰ章　古代インド世界の都城思想　　35

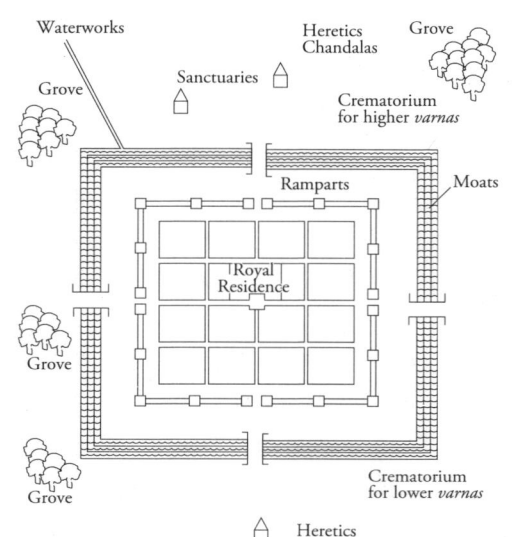

図10 ランガラージャンによる『アルタシャーストラ』にもとづくインド都城復原案（1-1）── 都城外囲

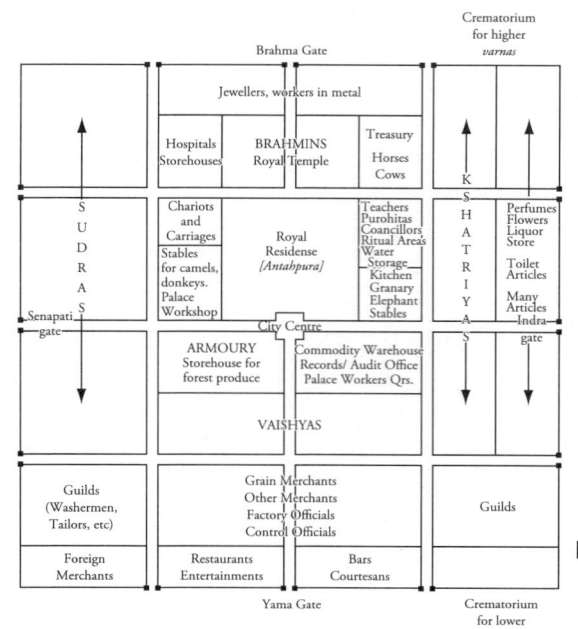

図11 ランガラージャンによる『アルタシャーストラ』にもとづくインド都城復原案（1-2）── 都城内部

上位ヴァルナの火葬場を都城外の北東方に，また下位ヴァルナの火葬場を南東方に描く。2つの火葬場はヴァルナの別に応じて南と北に配置されているが，ともに最尊の方位である東方に置かれている点はおなじである。とりわけ北東への火葬場の布置は，ヒンドゥー教ではありえない復原であろう。

　したがって要約10）での火葬場は1ヵ所のみで，それも周濠の南方に配されるべきだと考える。この配置の妥当性は，要約10）の記載内容からも確認できる。そこでは，火葬場内部での隔離・分割がヴァルナ別に方位と関連づけて述べられている。上位3ヴァルナが北または東，最下層のシュードラが南とされている。これは，前記のヒンドゥー教の方位観と一致する。『アルタシャーストラ』は，もっとも悪い方位である南方に火葬場があって，その内部でも南側に最下層ヴァルナの使用区域を配しているのである。

　つぎに，都城の内部編成を示した図11をみよう。ランガラージャンは，要約2）にもとづいて都市形態を正方形とし，また要約5）にしたがって東西と南北に走る各3本の大路を基本街路とし，それらが都市域を離れるところに各辺3ヵ所つまり合計12の市門を設けている。しかし図11で，忠実に『アルタシャーストラ』の記載にしたがって形態を復原しているのは，この2点のみである。その他に関しては，同書の記載からの逸脱がめだつ。

　まず，要約8）の「寺院が都市の中央に位置する」という『アルタシャーストラ』の記載は，まったく無視されている。図11で「City Centre（都市中心）」と記入されている交点とその周辺には，寺院は存在しない。要約8）とは異なって，「Royal Temple（王立寺院）」は北方の周帯に置かれている。また「都市中心」の北に，「Royal Residence（王宮）」が配されている。ランガラージャンは，王宮については，都市域の「中心の北に，住宅地の9分の1の面積」を占めると説明する[39]。それにもとづいて，王宮の位置と規模を作図しているのであろう。

　ここで「住宅地」とあるのは，上村の注記のとおり「市街地」を意味する。とすれば，図11での王宮の面積は，「住宅地（市街地）」の16分の1にすぎない。もし彼のように，これを「第9区画」ではなく「面積の9分の1」と解するとすれば，王宮の規模はもっと大きなものとなる。「面積の9分の1」という解釈にしたがって忠実に王宮の範囲を描くとすれば，面積は図11に示されているものの約1.8倍となるはずである。その場合には単に王宮の面積が肥大するだけでなく，他の諸施設の配置も大きな影響をうけることになる。それを避けるためにランガラージャンは，王宮は市街地の「面

第Ⅰ章　古代インド世界の都城思想　37

積の9分の1」という解釈をとりながらも，実際にはそれにしたがわずに王宮の面域を極度に圧縮して描いているのである。

さらに要約6) は，「四姓がともに住む最良の住宅地に王宮がある」と述べている。図11では，王宮に接して諸施設が配置され，その外接周帯は「四姓がともに住む」ではなく，「四姓ごとに住みわける」住宅地となっている。この点でも，ランガラージャンは要約6) を無視している。

また要約7) の四姓の居住区に関しても，図11では，四姓によって居住区の面積に違いがある。クシャトリヤとシュードラが最大，ついでヴァイシャ，そしてバラモンが最小となる。『アルタシャーストラ』は，このようなことはなんら語っていない。その反動として，図11での諸施設の配置が大きくゆがめられてしまっている。まず都城内の北部に立地するとされている諸施設は，バラモン居住区北方の狭い区域に押しこめられてしまっている。これに対してヴァイシャ居住区の南方では，その2倍以上の面積をもつ区域に諸施設が立地することになる。要約7) の記載は，おなじ表現形式で，すべての方向にむけて諸施設と四姓の居住地の配置を説明している。それは，諸施設や居住区がすべての方向に対して等方的に配置されていることを示していよう。とすると，当然，その形態復原も等方的な配置でなければならない。しかし図11では，要約7) に関係する区域の復原は，方向的な偏りをもつ非等方的なものと化してしまっている。

そのほかにもいくつかの批判が可能であるが，それらを省略して，最後に王宮をとりまいて配置されている諸施設についてみておきたい。図11がそこに記入する諸施設は，『アルタシャーストラ』の記載とは関係のないものばかりである。つまりこれらに関しても，ランガラージャンの復原は『アルタシャーストラ』の記載から完全に逸脱している。そのほかにも，ランガラージャンの都城復原案には同様の逸脱はいくつもみられる

したがって，残念ながら，ランガラージャンの形態復原は恣意的であり，以後の復原作業の参考にはなしえないと結論できる。

(2)-2　ベグデの形態復原案

つぎに，インドの建築史家ベグデの復原案をとりあげたい。図12は，それを示す[40]。ベグデは，要約5) にしたがって，東西と南北に走る各3本の「王道」を基本とする長方形の都市域を構想する。要約2) は都市域が長方形の場合もあることを述べ

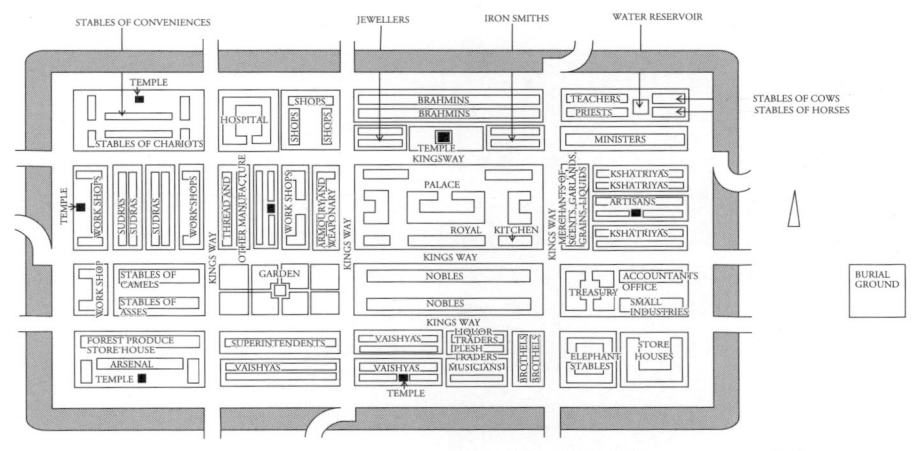

図12 『アルタシャーストラ』にもとづくインド都城復原案（2）―― ベグデ案

ているので，この想定は妥当である。また彼の復原案では，都市域の〈長辺：短辺＝1.9：1〉に設定されている。『マーナサーラ』は，長方形の場合の〈長辺：短辺〉比について2：1[41]あるいは3：1[42]という整数比がよいとしているので，この点でも彼の長方形での都市域復原は妥当性をもつ。

しかしもっとも重要な都市域内部の形態復原に関しては，多くの疑問がある。彼の場合でも，まず問題となるのは寺院と王宮の位置である。ベグデは，自身の解説では，王宮は都市域の中心からやや北寄りにあること，その面積は都市域全体の9分の1であること，さらに寺院についても，王宮の北に王族の寺院，また都市域の中心に守護神の寺院が建つことを述べている[43]。まず図12で寺院の位置からみると，彼の解説どおりに，寺院は王宮の北方に配置されている。しかし『アルタシャーストラ』は，彼の説明とは異なって，王宮を中心から北方「第9区画」に配置すると語っているのである。また彼も解説で指摘し，『アルタシャーストラ』も要約8）で都市の中心にあると述べる寺院は，図12では中心部にまったく描かれていない。

王宮については，その範域を他の諸施設よりも大きく表現して，王宮の面積を全体の9分の1にちかづけようとしている。しかしその位置は都市域の中心部ではなく東に偏っていて，外周道路までの区画数は，王宮の東方では1区画，西方では2区画となり，都市構成を非対称的なものとしている。その結果，要約7）が述べる諸施設や四姓別居住区の配置もゆがめられることになる。たとえば『アルタシャーストラ』が都市域の東部に配する諸施設は，すべて1区画の幅員内におしこめられている。一方，都市域の西部に位置するとされる諸施設は2区画の幅員を占地することになり，そこに諸施設が存在しない空白が生じる。ベグデは『アルタシャーストラ』が述べて

第Ⅰ章　古代インド世界の都城思想　39

いない施設を「創作」して，その空白を埋めている．また要約6)の「四姓がともに住む最良の住宅地に王宮がある」も，まったく無視している．そのため前述したランガラージャンの復原案に対するとおなじ批判が，ベグデ案に対してもなりたつ．

　もっとも重要な問題点は，彼の復原案も，ランガラージャンの場合と同様に，要約7)でいう王宮から周辺方位への等方的な編成という『アルタシャーストラ』の一貫した記載を無視し，それから大きく逸脱してしまっていることである．

　したがってベグデの復原案も，『アルタシャーストラ』の記載に忠実とはいえないし，また今後の復原作業のための参照系とはなしえない．

(2)-3　カークの形態復原案

　『アルタシャーストラ』にもとづく形態復原の試案を提出している最後の1人は，イギリスのインド文化研究者カークである．彼の復原案を，図13に示す[44]．前述したランガラージャンやベグデのものとくらべると，カークの復原案がもっとも詳細である．まず彼は，要約2)によって都市域を正方形として復原する．その外に都市域をとりまく市壁を要約4)をもとに描き，さらに本文の記載にしたがって，市壁には望楼や小塔をつけくわえている．

　『アルタシャーストラ』は，要約3)で幅員を異にする三重の周濠の存在を語る．カークも，それにしたがって三重の周濠を描く．彼は，それらを外から内にむかうにつれて幅員が大となっていくかたちに配している．それは，『アルタシャーストラ』の記載とは逆の順序で周濠を描いた結果であろう．しかし防御という点から考えると，この配列には疑問がある．というのは，防御のためには，もっとも幅員大の周濠を外濠とするのが効果的だからである．それが，防御の鉄則である．

　都城の内部に移ると，カークは，要約5)のとおりに東西と南北に走る各3本の街路をもとにして4×4＝16の街区を設定する．その中心に位置する4街区は都市域中央を東西走する王道によって北と南に分断され，カークは，そのうちの北の2街区を王宮に，また南の2街区を神殿・寺院にあてている．王宮が「中心の北に，住宅地の9分の1の面積」を占めるとの解釈にしたがって，彼も，都市域の中央十字路の北に王宮を配したのであろう．しかし図13からも，要約6)がいう「四姓がともに住む最良の住宅地に王宮がある」ということはよみとれない．この点に関しても，すでにランガラージャンとベグデの復原案に対して述べたのとおなじ批判がなりたつ．

　中心4街区の南半を神殿・寺院にあてているのは，要約8)の「都市の中央に寺院

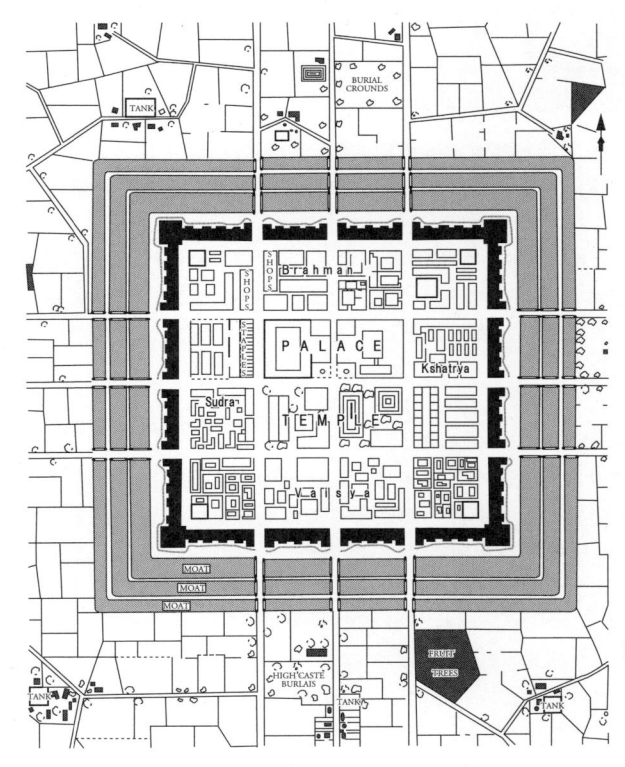

図13 『アルタシャーストラ』にもとづくインド都城復原案(3)——カーク案

がある」を実現しようとするためであろう。これは，さきの2人の復原では無視されていた点であり，カークの復原案の独自性である。しかし「都市の中央」とは，やはり中央十字路を中心とする街区群を指そう。彼は，その南半部だけを神殿・寺院にあてているのであって，これでは「都市の中央に寺院がある」とはいえない。カークの復原案では，神殿・寺院だけでなく，中心街区の北半部を占めるべき王宮も「都市の中央にある」といいうるからである。

　カークは，要約7)が述べる都市域の等方的な編成にも留意しようとしている。まず中央の4街区に王宮と神殿・寺院をおき，それをとりまく外方の周帯に諸施設や住宅地を配して，単に形態だけでなく機能の面からも等方的に編成しようとする。これはランガラージャンとベグデの復原案ではまったく欠けていた点で，すぐれた着眼である。しかし問題は，要約7)にしたがって，いかに外方の周帯に諸施設や各ヴァルナの住宅区を配置するかである。すでに指摘したように要約7)の記載は，一貫してそれらの等方的配置を強調していた。しかし図13は，この点の復原に成功していな

第Ⅰ章　古代インド世界の都城思想　41

写真2　チベット　カイラーサ山
ヒンドゥー教では，聖地・カイラーサ山（標高6656m）の山頂はシヴァ神の住処とされ，また同山をメール山に比定する立場もある。

い。その結果，外方周帯での諸施設と各ヴァルナ別住宅区の配置は混在していて，そこからは『アルタシャーストラ』が述べる体系的な等方的原理をよみとることはできない。

このようにカークの復原案は，前述の2人のものにくらべて，すぐれた諸点もある。しかしすでに指摘した問題点から，残念ながら，これをもって『アルタシャーストラ』が述べるインド都城の形態復原とすることはできない。その復原は，依然として課題のまま残されることになる。

(3)　ヒンドゥー都城思想 —— コスモロジーと都城

以上の3者の形態復原への批判的検討をふまえて，私自身の復原案の提示へとすすむことにしたい。しかし，その前にとりあげておかなくてはならない問題がある。さきにⅡ-2で『マーナサーラ』の記載内容を検討した際に提起し，のちにくわしく検討するとして留保した問題である。

それは，ヒンドゥー・コスモロジーと都城との連環である。「王権の建設都城が，それ自体としてコスモロジーを体現」し，「インド都城は，ヒンドゥー・コスモロジーの縮図である」という〈コスモロジー――王権―「都の城」〉連環が，古代インド世界においてなりたつかどうかの検討である。いいかえれば，「ヒンドゥー・インドの都城思想はなにか」ということである。これは，『アルタシャーストラ』の記載内容の読解をもとに，インド都城の形態復原をめざすためには避けることのできない必須の検討課題である。

『マーナサーラ』は第9章で都市を形態分類し，その際にとりわけ重視して語っていたのは，すでに復原を試みたナンディヤーヴァルタ型であった。それは，正方形ないし長方形を基本的な平面形態とする都市であった。『マーナサーラ』は，方形都市の内部編成を説明する際には，つねにマンダラに典拠をもとめていた。方形の内部をさらにn×nの小区画に分割して世界の編成を示すマンダラは，都市内部の方格状街路や街区の構成を説明するための準拠枠を提供する。そのゆえにマンダラは，小宇宙としての都市内の空間編成を設計する際のベースマップとなる。

しかしこのような実用的な目的のためだけに，『マーナサーラ』はマンダラを引いて説明しているのではない。そこには，「都市とくに帝王による建設王都の本質とはなにか」という思想がある。いうまでもなくマンダラは，世界における神々の神領布置を示したものだ。その背後にあるのは，神々が織りなす世界の創造・護持・再生・

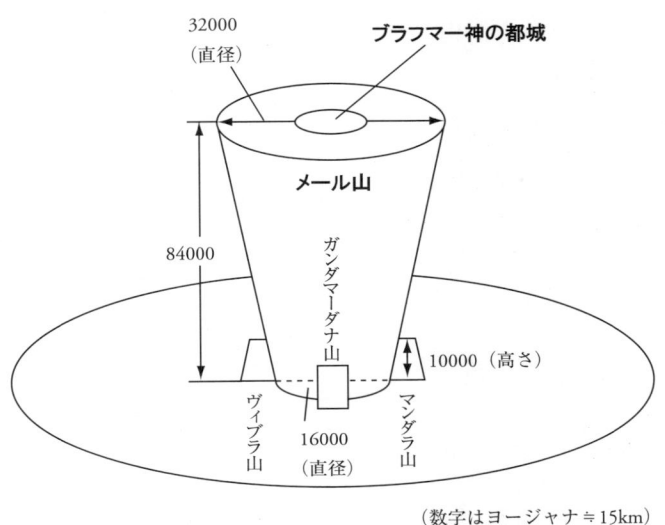

図中のラベル:
- 32000（直径）
- ブラフマー神の都城
- メール山
- 84000
- ガンダマーダナ山
- 10000（高さ）
- ヴィプラ山
- マンダラ山
- 16000（直径）
- （数字はヨージャナ≒15km）

図14　ヒンドゥー教の世界観――鳥瞰図（定方による）

持続を語るコスモロジーである。『マーナサーラ』は，コスモロジーをもとに都市を構想し語っているのである。カークをはじめとする3人の復原案は，古代インド世界の王都を都城として考える際にもっとも重要なこの点を見おとしている。

では古代インド世界，とりわけヒンドゥー教のコスモロジーとはなにか。ヒンドゥー教も，またおなじく古代インド世界で生まれた仏教も，宇宙軸ともいうべきメール（Meru）山が世界の中心にそびえ，また人間が居住する大陸をジャンブ・ドヴィーパ（瞻部州）とよぶ点では共通している。しかしメール山またジャンブ州の位置や形態に関しては，両者のあいだで大きな相違がある。ここではヒンドゥー教のコスモロジーに限定して，この点について検討したい。定方晟の研究にしたがってヒンドゥー教のコスモロジーを要約すると，つぎのようになる[45]。

図14は，その鳥瞰的な構成を示したものである。ヒンドゥー教では，人間の居住空間であるジャンブ州は，世界の中心に所在する巨大な円形大陸とされる。その中心には，前述のように，メール山が世界の中心軸・宇宙軸としてそびえている。メール山は，ほぼ円柱状の山容をなす。その形態的な特質は，つぎの2点にある。1つは，上方にむかうにつれてメール山の直径が大きくなっていき，頂上の直径は底面の2倍となることである。当然，このような不安定な山容では，メール山は倒壊する危険がある。そのため，図14が描くように，マンダラ山をはじめとする支柱にあたる楔状の山がメール山麓の東西南北の四方に立つ。もう1つの特徴は，円柱状山容だから当然のことであるが，頂上が円形の平頂面をなしていることである。そこは，ヒンドゥー教の神々の座である。円形平頂面の中心いいかえれば円形大陸全体の円心を占めるのが，宇宙創造神ブラフマー（梵天）のひときわ大きい円形の神領である。

平頂面には，図15に示したように，ブラフマー神の神領をとりまいて〈東→東南

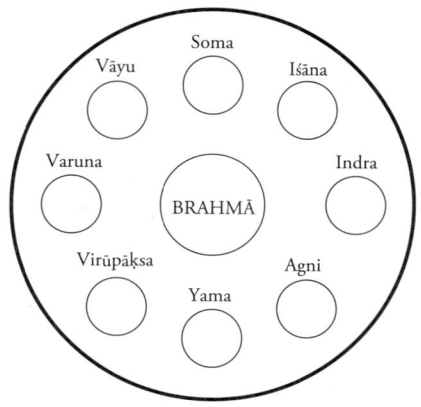

図15 メール山・円形平頂面上のヒンドゥー諸神格の神領配置（応地作図）

→南→……→北→北東〉の八方に，〈インドラ神（帝釈天）→アグニ神（火天）→ヤマ神（閻魔天）→ヴィルーパークシャ神（羅刹天）→ヴァルナ神（水天）→ヴァーユ神（風天）→ソーマ神（月神）あるいはクヴェーラ神（毘沙門天）→イーシャーナ神（伊舎那天）〉の8つの神々の円形神領が，時計まわりに配列する。これらの神々は，八大護世神（ローカパーラ）とよばれ，世界を護持しているとされる。彼らは仏教に入って，（　）内に併記した仏法と世界を護る天部を構成する諸天となった。宇宙創造神ブラフマー神と八大護世神を中心とする天上の神々の座を象徴的に描いて，世界の編成を示したものがマンダラである。

古代インド世界では，『マーナサーラ』にもみられるように，マンダラが示す神々の神領布置とむすびつけて王都の内部編成が論じられてきた。いいかえれば古代インド世界では，ヒンドゥー教のコスモロジーにもとづく「地上に実現された宇宙（世界）の縮図」として王都をとらえる思想，すなわち都城思想が存在していたということである。したがって『アルタシャーストラ』の記載を読解するにあたっても，ヒンドゥー・コスモロジーが重要な視座を提供する。『アルタシャーストラ』の記載をもとに古代インド世界の都城を復原するにあたっても，この視座，つまり「コスモロジーと都城編成との対応」という視点から出発しなければならないのである。

ヒンドゥー教は，なんども述べたように，コスモロジーにもとづく世界の体系をさまざまなマンダラの「かたち」で表現してきた。そのなかで都市を考える際に，もっともよく引照されるのが，マンドゥーカ・マンダラであった。同マンダラについてはすでに図2・3をもとに説明したが，世界を8×8＝64の正方形区画に分割したうえで，それを基本として45の神々の神領を布置したものである。

その中心4区画を占めるのが，「ブラフマー神の神領＝ブラフマー・シュターナー」である。メール山の円形平頂面の中心に所在する宇宙創造神の神領を，マンドゥーカ・マンダラも中心に配する。メール山の平頂面には，ブラフマー神の神領をとりまいて，八大護世神の神領が8方位に所在していた。図3でアミカケされた8神格の

神領が，それらの配置を示す。外辺の中央に位置するのが東・南・西・北の方向を護る4神であり，四隅に東北・東南・西南・西北を護る4神格の神領が配列する[46]。

東方を護るアーディティヤ（Āditya）神群は，ブラフマーの孫カシュヤパと女神アディティ（Aditi）のあいだで生まれた12人の息子を指す。その長子がインドラをされることから，アーディティヤ神群はインドラによって代表されることも多い。

南方を護るのは，ヤマ（Yama）神である。同神は，南方にある冥界の王である。西方を護るのは，ヴァルナ（Varuna）神である。ヴァルナもアーディティヤ神群の1人であり，もとは司法をつかさどる司法神であったが，のちには西方を護る神となった。北方を護るのが，ソーマ（Soma）神あるいはクヴェーラ（Kuvera）神である。ソーマ神は「月の神」，クヴェーラ神は「富の神」とされる。

ブラフマー神と八大護世神の各神領のあいだには，その他の神々の神領が所在する。こうしてマンドゥーカ・マンダラには，計45神格の神領が布置されている。図3に示されるように，各神格の領域は，形態・規模・方向などで変化に富む。しかしそれらが8×8=64の正方形区画を基本として構成されていることは，容易に理解できる。

『マーナサーラ』は，マンダラで示されるコスモロジーを準拠枠として都城を構想し，語っていた。それが，ヒンドゥー・インドにおける都城理解の正統な道なのである。本章でも，『アルタシャーストラ』の記載を読みといてインド都城の形態を復原するために，マンドゥーカ・マンダラに準拠枠をもとめる。

(4) 『アルタシャーストラ』が語る古代インド世界の都城 ── 復原私案

ここで，『アルタシャーストラ』第2巻・第2章および第3章の記載に再帰したい。I-3-②では，それらにもとづくランガラージャン，ベグデそしてカークの形態復原案を批判的に紹介した。3人の復原案のなかでもっとも検討に値するのは，カークのものであった。しかしそれとても，前述したように，いくつかの基本的な問題を未解決のまま残していた。すでに指摘したところと重複する面もあるが，まず，それらの残された基本問題を再確認しておきたい。それは，つぎの3点である。

 (a) 要約8）の「都市の中央に4寺院（神殿）がある」を，「中央」が意味する本来の位置に4寺院を布置していないことである。3人のなかで，これを真剣に考慮しているのはカークであった。しかしすでに指摘したように，彼の神殿・寺院

の配置も本来の「中央」位置とはいいがたい。

(b) 　王宮の位置である。その要点は，要約6)が述べる「住宅地（市街）の中心から北方の第9区画にある」という文言の解釈にある。「第9区画」を，すでに述べたように「（全）面積の9分の1」と解釈することも可能である。その解釈を採用して，3人はともに，「中心から北方にあって9分の1の面積を占める」として，王宮の配置と規模を定めようとしている。それをもとにランガラージャンとカークは，中央の北部のほぼ2街区分を王宮にあてている。ベグデは，東にずらして同様の考えにもとづいて王宮を配する。たしかに王宮の配置と規模だけに注目すれば，ベグデは論外としても，ランガラージャンとカークの解釈・復原もなりたつ。しかし両者の復原案には，「面積の9分の1」の解釈を採用したために，『アルタシャーストラ』の述べる都城の全体構成が大きくゆがめられるという逆流効果が生じる。つぎに述べる問題点(c)は，まさにその逆流効果がもたらした帰結である。私は，「面積の9分の1」ではなく，要約6)にあるとおり「第9区画」という解釈にしたがう。

(c) 　すでに『マーナサーラ』の記載を検討した際に，都市域を正方形とすると，同心正方周帯の累積編成が古代インド世界の都市理念の重要な特質であることを指摘した。同心正方周帯にしろ，同心円にしろ，その形態の特質は，すべての方向に対しておなじ形態をたもちつつ拡張・拡散していくこと，いいかえれば特定の方向への偏りや歪みをもたないことにある。トポロジーでは，これを等方性とよぶ。ここで，等方性の概念について簡単に説明したい。

　　等方と非等方（異方）は，「かたち」の特徴を考える際の重要な概念である。円の場合には中心と円周上の点とをむすぶ半径の長さは，どの方向・方位をとっても同一である。このような「かたち」を，等方的とよぶ。これに対して，たとえば三角形では，中心と3辺上の点とをむすぶ線分の長さは方向・方位によって変化する。頂点への線分が最長で，各辺の中点への線分が最短である。このように方向・方位によって測定値が変化していく「かたち」を，非等方的という。非等方的な「かたち」では，その測定値の変化をもとに，特定の方向・方位がとりわけ重要との意味づけをあたえることがある。これを，方向的バイアスとよぶ。

　　『アルタシャーストラ』の要約7)が述べる都城の外縁周帯での諸施設と四姓の居住配置を検討するにあたっては，等方性と非等方性の概念が重要な示唆を

あたえる．すでに述べたように，同書でのその記載は大きな特徴を示す．その特徴は，東・南・西・北のいずれの方向にむかっても一貫した同一の表現形式で叙述されていることである．それは，これらの諸施設や居住区の等方的な配置を強調しているのである．要約8) 寺院の中央立地，要約6) 王宮の位置，要約7) 外縁周帯の編成の復原は，いずれも都城編成の全体をつらぬく等方性原理を考慮に入れておこなうことが必要なのである．

　カーク以外の2人の復原案では，王宮について「中心の北に，住宅地の9分の1の面積」との解釈にしたがって復原を試みている．その解釈をもとに王宮の位置と規模を画定することはできたとしても，逆に彼らの復原案では，それによって都城の等方的編成が解体されてしまっている．またカークは等方的な編成のなかで都城をとらえようとしてはいるが，要約7) が述べる外縁周帯の内部での施設・居住区の配置にあたっては，この点を考慮していない．要するに『アルタシャーストラ』の記載から，「同心正方周帯の累積によって構成される等方的な都城形態をいかに導くことができるか」という問題は，未解決のまま残されているのである．
　では，どのようにして，『アルタシャーストラ』の記載から古代インド世界の理念的な都城形態を復原できるだろうか．ここで，都城復原私案の全体を提示したい．
　マンドゥーカ・マンダラは，8×8＝64区画を基本として構成されている．つまり同マンダラは，東西と南北に走る各7本の街路の存在を前提としている．とするとマンドゥーカ・マンダラの採用は，『アルタシャーストラ』が述べる「王道は東西と南北の各3本」という要約5) に反するとの指摘があるかもしれない．
　しかし要約5) は，同時に王道の半分の幅員をもつ小街路が都城内に存在することを述べている．したがって同マンダラの採用は，要約5) に抵触しない．そこから各3本の王道，王道と王道にはさまれた街区を背割りする小街路が東西と南北に走っていると想定することはゆるされよう．つまり都城内には，3本の王道と4本の小街路が縦横に走っていると想定するのである．とすると，それは8×8＝64の正方形区画への分割となる．つまりマンドゥーカ・マンダラとおなじ区画分割である．
　ここで，『アルタシャーストラ』での王道の走向記載に注目しよう．それらは，「西から東に向う」王道，「南から北へ向う」王道と表現されている．日本語では，これとは逆の表現つまり「東から西」，「北から南」とそれらの走向を表記するであろう．ここには，ヒンドゥー教のもつ方位観が表出している．すでに述べたようにヒンドゥー

写真3　インド　ラジャスターン州　チトルガル都城址
アラヴァリ山地の要害地にあり，周濠・市壁と計7市門を配する。16世紀までは，住民も市壁内に居住していた。

教では，東ついで北が聖なる方位であり，土地も東と北が低みとなっているのがよいとされる。この方位観にあわせて，日本語での通例とは逆の表現で，王道の走向が語られているのである。

また「西から東に向う」王道と「南から北へ向う」王道は，異なった意味をもつ。「西―東」の王道は太陽の通り道を象徴し，陽光によって都城を浄める「浄化の道」である。その浄めが東方からもたらされること，それが東をもって最尊とし，寺院も東にむけて建立される理由である。

これに対して「南―北」の王道は風の通り道を象徴し，風とりわけ北風によって都城に涼しさをもたらす「涼風の道」である。それは，北を東につぐ聖なる方位とすることと関係している。

マンドゥーカ・マンダラに帰ると，なんども述べたように，同マンダラは，64の正方形区画を45の神々の神領に再編していた（図3）。コスモロジーの縮図として都城をとらえる視座からは，この45神格の領域編成が形態復原にあたっての基本的な区画区分を提供する。マンドゥーカ・マンダラの45神領区分をベースマップとして，『アルタシャーストラ』の記載を解読していくことにする。

まず都城の外囲から検討すると，要約3）が述べる周濠は，マンドゥーカ・マンダラで示される正方形の外枠の外方に建設される。それは，幅員を異にする三重の周濠の建設を述べる。その際，3つの周濠の配列順序については，なにも語っていない。周濠をくわしく復原しているのは，図13に示したカーク案である。彼は，外から内に向かうにつれて，周濠の幅員が小から大へと変化させて復原している。しかしその配列は，『アルタシャーストラ』の記載のとおりに，外から内にむかうにつれて周濠の幅が小さくなると考えた方がよいことは，すでに指摘した。要約4）は，もっとも内側の周濠の内部に市壁を築くとする。これについても，カークがくわしく描いている。ここまでの都城の外囲に関しては，カークだけでなく他の2人の復原案にも大きな問題点はない。くわしく描くか，描かないかの違いだけである。

市壁内部の市街地に移ると，まず王道と市門の復原は容易である。王道は，要約5）が述べるように，東西と南北に各3本の王道が走り，市街地を16等分する。マンドゥーカ・マンダラは8×8＝64正方形区画を基本としているので，2区画ごとに王道が東西と南北に走るとすると，その街路形態は要約5）を満足する。そして3本の王道が市壁と交差するところに，市門が建設される。各辺に3王道・3市門であるから，要約5）のとおり市門の数は計12となる。ここまでは解釈容易で，カークをはじめ3

48　第1部　古代インドと古代中国の都城思想

人の復原は一致しているだけでなく，妥当である．

　しかし問題は，この節の冒頭で述べた (a)〜(c) の 3 点にある．それらについて的確な解答が提出されないかぎり，市街地の施設配置また都城の形態復原そのものが不可能である．検討した 3 人の復原案は，この 3 つの問題点については考察不足ないし無関心のままである．ここで，結論とする復原私案を図 16 として提出し，『アルタシャーストラ』の記載を引照しつつ，その復原過程を説明することにしたい．

　最初の問題点 (a) は，要約 8) が述べる寺院（神殿）の中央立地である．『アルタシャーストラ』が記載する $4 \times 4 = 16$ の街区区分では，中央ないし中心は定めがたい．図 13 のカークの復原案でも，市街地の中心 4 街区は北半と南半の 2 つに分断され，北半には王宮が，南半には寺院（神殿）が，中央の東西王道を介して向かいあっている．これでは，寺院と王宮の両者がともに都城の中心に位置することになる．したがって彼の復原案は，要約 8) を完全には満たしていない．

　しかしマンドゥーカ・マンダラでは，中心を明確に確定できる．それは，都城中央を東西と南北に走る 2 つの王道が交叉する中心十字路である．その十字路を囲む 4 つの正方形区画が，都城の中心である．図 3 のマンドゥーカ・マンダラでは，同区画を宇宙創造神ブラフマーの神領（ブラフマー・シュターナ）にあて，もっとも聖なる中心空間としている．『マーナサーラ』も，ここを〈神々の領域〉としていた．

　この聖なる中心域に，要約 8) が述べる「都市の中央」に位置する寺院（神殿）群を布置する．さらに要約 8) は，中央に立地すべき寺院として，アパラジータ寺院をはじめとする 4 寺院をあげている．中心十字路を囲む 4 区画に各 1 寺院が位置するとすれば，この点でも，要約 8) を満足する．問題点 (a) は，これで解決できる．

　つぎに問題点 (b) は，要約 6) の「住宅地（市街）の中心から北方の第 9 区画にある王宮」の位置確定である．すでに述べたように 3 人の復原案は，これを「面積が 9 分の 1」と解釈していた．彼らが「面積が 9 分の 1」を採用したのは，その意味するところが自明だからであろう．

　しかしその解釈にしたがって王宮の位置と規模だけは確定できたとしても，すでにふれたように，都城の同心正方周帯編成がゆがめられ，解体されるという逆流効果が発生していた．王宮の位置決定と同心正方周帯編成とが両立するかたちで，形態復原を試みることが必要なのである．それを可能にするのが，王宮の規模が「面積が 9 分の 1」ではなく，王宮の位置が「中心から第 9 区画」という解釈の採用である．

　しかしその採用にあっての問題は，住宅地（市街）の中心として確定できるブラフ

第 I 章　古代インド世界の都城思想　　49

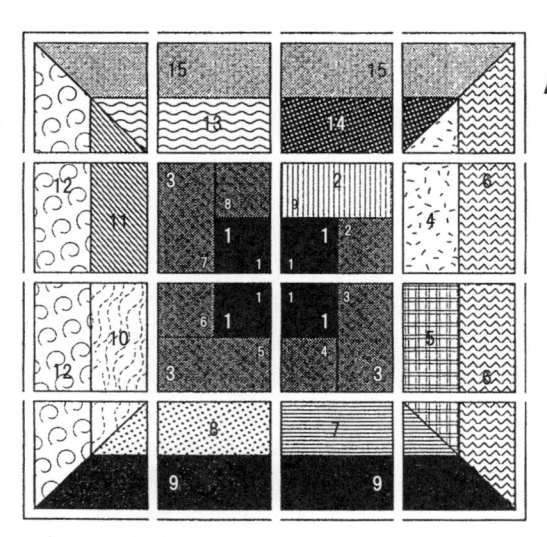

核　心　1 神殿（寺院）群
内囲帯　2 王宮　2・3 最良の住宅地
中囲帯　4 北微東　5 南微東　7 東微南　8 西微南
　　　　10 南微西　11 北微西　13 西微北　14 東微北
外囲帯　6 北微東と南微東の彼方　9 東微南と西微南の彼方
　　　　12 南微西と北微西の彼方　15 西微北と東微北の彼方
（4 以下に所在の諸施設については、本文の要約 7）を参照）

図16　『アルタシャーストラ』にもとづくインド都城復原私案
　　　（応地作図）

マー神の領域に立つ寺院群から，いかにして「第9区画」という順序数を確定できるかである。第1区画は，市街地中心のブラフマー神の領域に立地する寺院群である。図16では，そこに小文字と大文字の数字番号1と記入している。このうち小文字の数字1は，そこが第1区画であることを示す。また大文字1の数字は，同図の凡例にあるとおり，そこが『アルタシャーストラ』の記載する神殿（寺院）群の所在場所であることを示している。問題は，ここを起点として，いかにして「第9区画」という順序数を確定するかである。それを考えていくためには，ヒンドゥー教寺院の空間構成と巡拝順路の特質を想起する必要がある。

　ヒンドゥー教寺院の伽藍配置は，時代また地域による変化も大きい。しかしそこには，共通する様式がある。まず，ほとんどの場合，境内は長方形か正方形で，その各辺は東西と南北に正しく定位されている。境内の外囲は高い石壁で囲まれ，東西南北の各辺の中央には楼門が立つ。もちろん楼門は，寺院全体で1門ということも多い。その場合には，唯一の楼門は東辺中央に建てられる。

写真4　インド　グジャラート州　ソムナート寺院
アラビア海からの西南西の風にはためく三角旗が示すように、ヒンドゥー寺院は正面を聖方位の東にむけて造営される。

　外壁をめぐらした境内には、西よりに主祠堂、それに接続させて東に拝殿がつづく。〈主祠堂―拝殿―東楼門〉は、真東にのびる直線上に配置される。もっとも聖なる方位である東を指向して、伽藍配置が編成されるのである。したがって第2区画は、小文字数字2と記入した東面する東楼門を出たところに位置するブロックとなる。
　またヒンドゥー教では、寺院の内部また外部の巡拝順路にしろ、聖地の巡礼順路にしろ、回路を時計まわりにとる。『アルタシャーストラ』も、第1巻第19章の「第一六項目――王に関する規定」で、昼と夜を八等分して王が果たすべき公務について語ったのち、最後に、つぎのように述べる。公務をすべて果たすと、王は「それから、仔牛をつれた牝牛と牡牛との周囲を右まわりに回ってから、謁見室へ行くべきである[47]」。周回する順路は「右まわり」、つまり時計まわりであることを述べている。さらに『マハーバーラタ』が語る古代インドの全域にまたがる大巡礼路も、現代の聖地ヴァラーナシー（ベナーレス）市内の寺院巡礼路も、いずれも時計まわりである。
　この点は、古代インド世界で成立した仏教もおなじである。仏教では、時計まわりの回路のことを右繞とよぶ。日本でも、四国八十八箇所の霊場巡礼も、また寺社のお百度参りも右繞が正統とされる。四国八十八箇所の霊場巡礼を例にとると、反時計まわりにまわる左繞は「逆打ち」とよばれる。
　ちなみにイスラームでは、まったく逆に反時計まわりが正統とされる。イスラームの最大の巡礼行為は、イスラーム暦12月の巡礼月8〜10日になされるハッジつまりマッカ（メッカ）巡礼である。そのハイライトの1つは、マッカのハラムモスクのカーバ聖殿を7回まわるタワーフ儀礼である。タワーフ儀礼での回路は、ヒンドゥー教や仏教の場合とはことなって、反時計まわりの左繞である。またキリスト教も、左繞を通例とする。ヒンドゥー教・仏教とイスラーム・キリスト教とのあいだには、礼拝回路のとり方がまったく異なる。インド世界の西端を境界として、都城思想とおなじく、この点でもユーラシアは2つに区分できるのである。
　ヒンドゥー教での回路の巡回法が右繞であることを確認したうえで、マンドゥーカ・マンダラに帰ることにする。図3が示すように、同マンダラは中心にブラフマー神の神領を配して、その外周をアールヤカ神など4神格の領域がとりまくとする。『マーナサーラ』は、この同心正方周帯をダイヴァカとよんでいた。同周帯の4神格の神領は、マンドゥーカ・マンダラの基本単位である8×8＝64の区画を3つあわせた長方形の区画をなす。その4区画がたがいに図7に掲げた「時計まわり四角巴」型に連担しあって、ブラフマー神の領域をとりまく同心周帯を形成している。

第Ⅰ章　古代インド世界の都城思想　51

問題は，この周帯に属する各神格の領域を周回するかたちで，いかにして「第9区画」を確定できるかである。すでに第2区画は，中心寺院群の東面する東楼門を出たところであるとした。そこは，アールヤカ神の領域のうち，都城中央を東西走する王道の以北に位置する正方形区画にあたる。図16では，そこに第2区画を意味する小文字数字の2を記入している。

　ここからの都城復原作業は，この第2区画から中心域の寺院群をとりまくダイヴァカ同心正方周帯を周回して「第9区画」をめざすことになる。同周帯の神々の神領は神領の境界と王道の二つで区切られている。その周回順序は，ヒンドゥー教また『アルタシャーストラ』が正統とする右繞つまり時計まわりである。とすると，右繞にしたがって，東西に走る中央王道以南のアールヤカ神の領域が「第3区画」，ついでその西方ブロックが「第4区画」となる。以下，図16に小文字数字で記入したように，ダイヴァカ周帯に属する神々の領域に順序数を付していくことができる。その順序数をたどっていくと，問題の「第9区画」はダイヴァカ同心正方周帯の北東端となる。そこは，ブーダーラ神の神領である。図16は，そこに小文字の数字番号9を記入して「第9区画」であることを示す。「第9区画」は王宮の所在位置であるので，同図は，そこに王宮を意味する大文字数字2を記入している。

　大文字数字2のブロックは，「第9区画」であることにくわえて，前記の要約6）が述べる他の2要件も満足する。その1つは，「住宅地の中心から北方」という要件である。同ブロックは，都城中心の〈ブラフマー神の領域＝寺院群〉の北方および北東方に位置していて，この要件をみたす。もう1つは，「東向きあるいは北向きに王宮は造られる」という要件である。同ブロックは東と北を王道で画されていて，この要件についてもみたしている。したがって大文字数字2のブロックは，「第9区画」に位置すると同時に，要約6）が付記する上記の2要件を満足していて，王宮の所在位置として妥当性をもつ。さらにつけくわえれば，「第9区画」の南は「第2区画」であって，「第9区画」でもってダイヴァカ同心正方周帯の全ブロックが順序数番号で充填できたことを示している。つまり同周帯の全ブロックが過不足なく，第1〜9の区画に分級できる。これも，図16の王宮の位置決定が妥当性をもつことを傍証するものであろう。

　さらにブーダーラ神の神領にあたる「第9区画」は，『マーナサーラ』の記載にてらしても王宮の建設位置にふさわしい要件をそなえている。『マーナサーラ』は，王を9つのランクに分ける[48]。その筆頭は，チャクラヴァルティン（Chakravartin）王である。

チャクラヴァルティンとは「世界の支配者」を意味し，漢訳仏典では「転輪聖王」とされる王である．第3ランクがナレーンドラ（Nārendra）級の王であり，マーハーラージャとよばれるのはこのクラスの王を指す．『マーナサーラ』は，中心域のブラフマー神の領域をのぞいて，王宮の建設場所はいずれの神々の領域でもよいとしたうえで，王のランクごとに王宮を建設すべき最適の領域をあげている．それは，ブラフマー神の領域をのぞく都城内の各所に散在するが，そのなかで「ナレーンドラ級の王の王宮は，ブーダーラ神あるいはクベーラ神の神領に建設すべし[49]」としている．「第9区画」として比定したブロックは，ブーダーラ神の神領である．この点でも，大文字数字2ブロックへの王宮比定は，妥当性をもつと考えられる．

　王宮の位置を確定できると，要約6）が述べる「王宮のある最良の住宅地」も，連動して自動的に決定できる．それは，ブラフマー神の領域を囲むダイヴァカ同心正方周帯であり，図16では大文字の数字番号3で示した．王宮も同周帯内に位置しており，この点でも要約6）の記載を満足する．前述したように『マーナサーラ』は，ダイヴァカ周帯を王宮とクシャトリヤの居住区域としていた．『アルタシャーストラ』は，同周帯を，王宮と「四姓がともに住む最良の住宅地」として語っているのである．

　最大の難問であった王宮の位置が確定できると，残るのは，都城の外縁周帯である．それについての『アルタシャーストラ』の記載が，要約7）である．その記載は，王宮を起点として外縁周帯に位置すべき諸施設を述べている．そのため，王宮および王宮をふくむ「四姓がともに住む最良の住宅地」の位置を確定することによって，はじめて要約7）の読解へとすすむことができる．

　要約7）は，王宮からみて東・南・西・北の4方向に所在する諸施設と各ヴァルナの居住区の配置を，きわめて具体的かつ包括的に述べている．しかもその記載は，なんども強調したように，統一された記述形式でなされているのを特徴とする．

　その例を，王宮を基点とする東方部分の記載にもとめてみよう．『アルタシャーストラ』は，王宮からみた東方部分を「北微東」と「南微東」の両区域に分けたうえで，それにつづけて「その彼方＝東」の区域について述べている．「北微東」という言葉について，上村は「東の方角の少し北側の部分[50]」と注釈している．インド古典学の徳永宗雄また矢野道雄両氏の教示によれば，サンスクリット語での原語は「東北方」と解してもよいとのことで，以後，この教示にしたがいたい．

　とすると，この一節は，王宮の「北微東＝東北方」には学匠の住宅などが，また「南微東＝東南方」には厨房などが，そして「その彼方」＝「北微東と南微東とをあわせた

第Ⅰ章　古代インド世界の都城思想　53

区域の東方」には，香の商人やクシャトリヤの居住区が所在するという順序で記載されている。図 16 で示すと，「北微東＝東北方」が大文字の数字番号 4，「南微東＝東南方」が大文字の数字番号 5，「その彼方＝東北方と東南方の背後の東方」が大文字の数字番号 6 の各ゾーンにあたる。他の 3 方向，つまり王宮から南方，西方，北方の各部分についても，おなじ記載方式で統一的・体系的に施設と居住地の配置が語られている。

したがって『アルタシャーストラ』は，要約 7) では，王宮をふくむダイヴァカ同心正方周帯の外方に，2 つのゾーンが 4 方位に存在するとしていることになる。前述の例でいえば，内側に「北微東＝東北方」と「南微東＝東南方」をあわせたゾーン，その外側に「その彼方＝東北方と東南方の背後」のゾーンである。この 2 つのゾーンは，マンドゥーカ・マンダラでの二重の外縁周帯と対応する。その内側のゾーンには，図 16 に記入した大文字の数字番号を（　）内に付記して示すと，東から時計まわりに「北微東 (4)」・「南微東 (5)」・「東微南 (7)」・「西微南 (8)」・「南微西 (10)」・「北微西 (11)」・「西微北 (13)」・「東微北 (14)」とならぶ。この内まわり周帯には，要約 7) を一覧すればあきらかなように，象・牛馬などの畜舎，宝物・武器などの倉庫，軍隊長官などが配置される。要約 7) で下線を付したのは，『アルタシャーストラ』が第 2 巻「長官の活動」などで述べる長官が管轄する施設に該当するものである。内回りの周帯には，これらの下線を付した「長官の活動」にかかわる官庫や官庁が集中立地している。そこは，都城の官衙地区である。

そのなかで注目されるのは，「北微東」が，宮廷祭僧住宅・祭式の場所，貯水場（これは斎戒のための沐浴池と考えるのが妥当であろう）など，王室付きのバラモン祭僧にかかわる諸施設の集積区域とされていることである。そこは，王宮の東に接する位置にある。『アルタシャーストラ』は，要約 6) で「王宮が東向きあるいは北向きに造られる」としているが，『マーナサーラ』は「すべての王宮は，正門を東にむけて開くべし[51]」と述べている。これらの記載にしたがうと，「北微東」の王室付きのバラモン祭僧たちの区域は，王宮の正門から東に出たところに所在することになり，東をもって聖なる方位とするヒンドゥー教の方位観とも合致する。それは，同時に，図 16 の大文字の数字番号 2 への王宮比定が妥当であることを意味する。

つぎに，最外縁の周帯について検討する。それは，要約 7) で「その彼方」として表現されているゾーンである。東から時計まわりに，図 16 の大文字の数字番号で述べると，東方が 6，南方が 9，西方が 12，北方が 15 の各ゾーンとなる。要約 7) は，こ

こに，2つの異なった性格の施設を配している。1つは，各種の商品の生産と販売にかかわる職人と商人たちの区域である。これは，現代流にいえばバーザールである。もう1つは，四姓ごとの住宅区で，東方にクシャトリヤ，南方にヴァイシャ，西方にシュードラ，北方にバラモンが居住するとする。ここでも，王宮近傍の「北方の彼方」に都市と王の守護神の寺院またバラモン居住区が配されている。

　このように要約7)の記載を読解して都城の復原を試みると，そこに記載されている諸施設と居住地の配置を容易に確定できる。これによってあきらかなように，マンドゥーカ・マンダラは，都城域の外周周帯を内側と外側の2つのゾーンに分け，それらがともに異なった機能を担っているとする。この2つの外周周帯に，前述した「王宮をふくむ四姓がともに住む最良の住宅地」からなるダイヴァカ周帯をくわえると，機能を異にする三重の同心正方周帯が都城内に等方的に積層していることを，『アルタシャーストラ』は語っているのである。

　さらに付言すると，復原結果を示す図16のすべての区画・ゾーンは，大文字の数字番号で充填されている。それは，『アルタシャーストラ』が記載する都城の諸施設を，その記載のとおりにマンドゥーカ・マンダラが描く45神格の神領に布置することができたことを意味する。しかも重要なのは，神領のすべてにそれらの都城施設を充当できること，また『アルタシャーストラ』の記載のなかにも神領に配置することが不可能なものがないことの2点である。このことは，マンドゥーカ・マンダラの神領配置と『アルタシャーストラ』の都城構成の記載とが，過不足なく完全に対応していることを意味する。これらの点は，『アルタシャーストラ』の記載をもとにインド都城の形態復原を試みるにあたって，ベースマップとしてマンドゥーカ・マンダラを採用することの妥当性を示すものである。

　そこから，『アルタシャーストラ』の著作者が，第2巻「長官の活動」の第4章・第22項目「城砦都市の建設」を執筆するにあたって，やはりマンドゥーカ・マンダラに参照系をもとめて叙述していった可能性すら推測させる。『マーナサーラ』が述べていたように，マンドゥーカ・マンダラは，古代インド世界で都市また建築を考える際のもっとも重要な規準であった。したがってこの推測は，正鵠を得たものであるかもしれない。

(5) インド都城の「聖なるかたち」── 同心正方周帯の積層

　図16から観察される「積層する同心正方周帯編成」は，カークなどの従来の復原

案では完全に見おとされていた点であり，そこに，彼らの復原案の最大の欠陥があると考える。それを生みだした理由は，王宮に過大な面積をあたえて，都城の周帯編成を不分明なものにしてしまった点にある。王宮が「(都城)面積の9分の1」ではなく，王宮の位置を比定困難な「第9区画」と解釈することによって，『アルタシャーストラ』の語るとおりに，王宮を「最良の住宅地」の周帯内部に位置づけることができたこと，それが，復原私案での都城の明瞭な同心正方周帯編成の設定を可能にしたといえる。

以上の諸手続き，つまり，〈(a)「宇宙・世界の要約としてのコスモロジー」→(b)「コスモロジーを表現・呈示するもの＝マンダラ」→(c)「コスモロジーと都市・建築をむすぶマンドゥーカ・マンダラ」→(d)「都城はコスモロジーの縮図」→(e)「マンドゥーカ・マンダラをベースマップとする都城のコスモロジー解読」〉と連鎖していく手続きによって，『アルタシャーストラ』が語る古代インド世界の都城の形態復原をおこなうことができた。都城それ自体の内部編成を，コスモロジーまたそれを要約するマンダラと対応させて読みとくことができること，そこに古代インド世界の都城がもつ基本的な性格が存在する。

その復原結果を都城全体としてみると，さらに興味ある体系的な構造がうかびあがってくる。図16に記入した大文字の数字番号と対応させてインド都城の構造を抽出すると，つぎのように要約することができる。[　]内の数字は，図16での大文字数字番号である。

　　中央核心域 [1] —— 都城の中心域を占める正方形区画の〈神々の領域〉で，神殿(寺院)群が位置する。マンドゥーカ・マンダラは，そこを，ジャンブ州の円形大陸の中心にそびえるメール山の平らな円形平頂面の中心，いいかえれば世界の円心を占める宇宙創造神ブラフマーの神領とする。『マーナサーラ』も，ブラフマー神の領域には，ブラフマー，ヴィシュヌ，シヴァの「三神一体」寺院の建立場所としていた[52]。

　　核心域をとりまく内周帯 [2・3] —— [2]には王宮が，[3]には「四姓がともに住む最良の住宅地」が所在する。この内周帯を，『マーナサーラ』はダイヴァカ同心正方周帯とよび，そこは，先述したように王宮をふくむクシャトリヤの領域としていた。『アルタシャーストラ』は，ここを王宮の所在地とすると同時に，クシャトリヤだけでなく「四姓がともに住む最良の住宅地」としている。

　　「四姓がともに住む最良の住宅地」とは，どういう意味をもつのだろうか。それは，

「四姓が混じって住む」という「四姓混住」という意味ではないであろう。というのは,『アルタシャーストラ』も,後述する外周の周帯では四姓別に居住区を設定しているからである。「四姓がともに住む」とは,居住の場所を住みわけつつダイヴァカ周帯に四姓が住むということであろう。その背後には,ヒンドゥー教のコスモロジーがある。

ヒンドゥー教の世界観では,大洋に囲まれた巨大な大陸ジャンブ州があり,その中心に宇宙軸メール山がそびえたつことはすでに述べた。円形のジャンブ州の南端を占めるのが,バーラタ族が居住し統治するバーラタ国（バーラタヴァルシャ,Bhāratavarsha）である。ヒンドゥー・コスモロジーは,そこをインド世界としてきた。現在のインド共和国の正式名称バーラト（Bhārat）は,これに由来する。バーラタ国は,北方をヒマヴァット（ヒマラヤ）山脈によってかぎられ,南方にむけて円形大陸ジャンブ州南端の海岸が半円を描く。つまり,ほぼ逆三角形で南方にひろがっている。仏教の南贍部州の場合とおなじく,南にむけて突出する逆三角形状の現実のインド亜大陸についての形態認識が,そこに反映している。

バーラタ国の中央に位置するのが,マディヤデーシャ（Madhyadesha）である。そこは,ガンガー川中流域を中心とするインド世界の「中原の地」であり,ヒンドゥー教の理想が実現された地であった。理想が実現されているかどうかの重要な指標は,四姓の区別が明確に存在し,それをもとに社会の秩序が確立していることであった。『アルタシャーストラ』が,「四姓がともに住む最良の住宅地」としているのは,このような四姓の区別にもとづく理想が実現しているところという意味であろう。それを,都城中央の〈神の領域〉をとりまくダイヴァカ同心正方周帯にあてている。『アルタシャーストラ』は,同周帯をバーラタ国における理想の地帯マディヤデーシャに擬して論じていると考えうる。

　　内周帯をとり囲む中周帯 [4・5・7・8・10・11・13・14] ―― ここには「都の城」のうちの「都」にかかわる施設が集中する。1つは,王に仕える長官たちが管轄する官庁や官庫などの官衙群であり,「都」のうちの「政事の空間」を形成する。それらの官衙群が周帯のほとんどを占めるが,そのなかで王宮に東接する区域には,王室付きバラモンの宿所や祭式施設が位置する。そこは,「中央核心域」とともに,「都」のうちの「祭事の空間」を形成する。『マーナサーラ』は,既述のように,この同心正方周帯をマヌシャとよび,そこをバラモンの領域としていた。『アルタシャーストラ』でも,王室付きバラモンたちはここを集住地としている。

中周帯をとり囲む外周帯 [6・9・12・15] ── 性格を異にする2つの機能が集積する。1つは，各種の職人や商人の居住地いいかえればバーザールである。他の1つは，四姓ごと住み分ける住宅区である。『マーナサーラ』は，この外周帯をパイシャーチャとよび，そこをヴァイシャとシュードラの領域としていた。バーザールは，本来は，ヴァイシャとシュードラに属する商人・職人の空間である。この点でも，『アルタシャーストラ』と『マーナサーラ』の記載はよく対応する。

　以上のように復原すると，『アルタシャーストラ』が述べる古代インド世界の都城は，神殿（寺院）からなる神域を正方形の中央核心域として，それをとりまいて内・中・外の三重の同心正方周帯が，おのおの明瞭な機能分化を示しつつ配列するという編成を示している。この正方中心域とそれを囲む三重の同心正方周帯編成という『アルタシャーストラ』から導かれる都城編成は，『マーナサーラ』が語っていることとも一致する。したがって，ここにみられる中央核心域と同心正方周帯群からなる都城編成は，たんに『アルタシャーストラ』が述べる都城ということを越えて，古代インド世界の都城編成原理へと敷衍できる。

　さらに，この編成の背後には，古代インド世界の「聖なるかたち」がある。それは，古代インド世界で生成した仏教の世界観からもうかがわれる。

　仏教の世界観は，小乗と大乗とのあいだで違いがある。このうちインド世界と東南アジア大陸部に根づいたのは，小乗の世界観であった。それを示したものが，図17である[53]。メール山は，サンスクリット語で美称を意味する接頭語「ス」をつけて，スメール山ともよばれる。そこから漢訳仏典では，スメール山を須弥山と音訳してきた。メール山がそびえる正方形の陸塊をとりまいて，七重の同心正方周帯の山脈がとりまいている。それらの山脈のあいだは，妙なる香りをはなつ淡水でみたされている。もっとも外の山脈を越えると，そこには塩水の大洋がひろがる。そのはるか洋上には，四方に大陸がある。そのうち南方に横たわるのが，ジャンブ州である。その位置から，仏教ではジャンブ州を南贍部洲ともよんでいる。ジャンブ州のかたちについて，仏典は「北に広く南に狭い」逆三角形とする。人間の居住する世界を逆三角形で構想するのは，もちろん巨大なインド亜大陸の現実の形態について古代インド世界の人々がいだいていた地理的知識にもとづいている。

　ここで当面の議論とは直接的には関係しない仏教のコスモロジーについて説明したのは，古代インド世界での「聖なるかたち」の有力な1例を述べるためである。仏

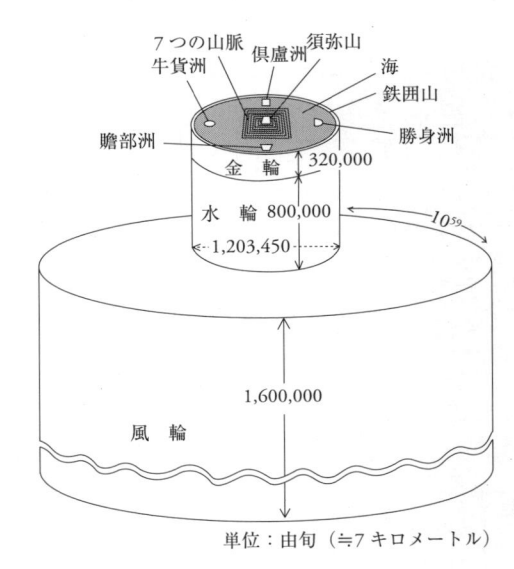

図17の説明ラベル：
- 7つの山脈
- 倶盧洲
- 須弥山
- 牛貨洲
- 海
- 瞻部洲
- 鉄囲山
- 勝身洲
- 金輪 320,000
- 水輪 800,000
- 1,203,450
- 10^{59}
- 1,600,000
- 風輪

単位：由旬（≒7キロメートル）

図17　小乗仏教の世界観（定方による）

教的な世界観では，メール山がそびえる四角形の陸塊を中心として，そのまわりを同心正方周帯の山脈がとりまくとする。この編成は，いま『アルタシャーストラ』の記載から形態復原した都城の内部編成とまったくおなじである。またすでに指摘した『マーナサーラ』が強調する王都内部の編成原理も，これとおなじである。

　もちろんこれは小乗仏教の世界観であって，ヒンドゥー教のものではない。しかし「聖なるかたち」を，中心正方域とそれをとりまく同心正方周帯編成のなかで構想しようとする感覚は共通している。いいかえれば『アルタシャーストラ』も『マーナサーラ』も，この「聖なるかたち」を基本原理として，都城の内部編成を構想しているのである。

　この「聖なるかたち」を体現すべく建設された都市の実例をもとめると，図18に示した南インド，タミル・ナードゥ州のシュリーランガム（Śrīrangam）をあげうる[54]。シュリーランガムは都城ではないが，同心周帯からなる「聖なるかたち」がいまも生きつづけている宗教都市の例として，とりあげたい。

　同市は，カーヴェーリー川が平原に出てデルタへと移行するところに位置する。分流河川に囲まれた川中島を占め，ヴィシュヌ神にあたるランガナータ神の寺院を中心に，七重の同心長方形の周帯で構成されている。

　もちろん，これらの周帯は一挙的に建設されたのではなく，とくに14〜17世紀のヴィジャヤナガル，ナーヤカの両王朝時代に付加・拡張されていった。最初に建立された寺院を移動させることなく，それをとりまく周帯を新たに入れ子構造状に付加し

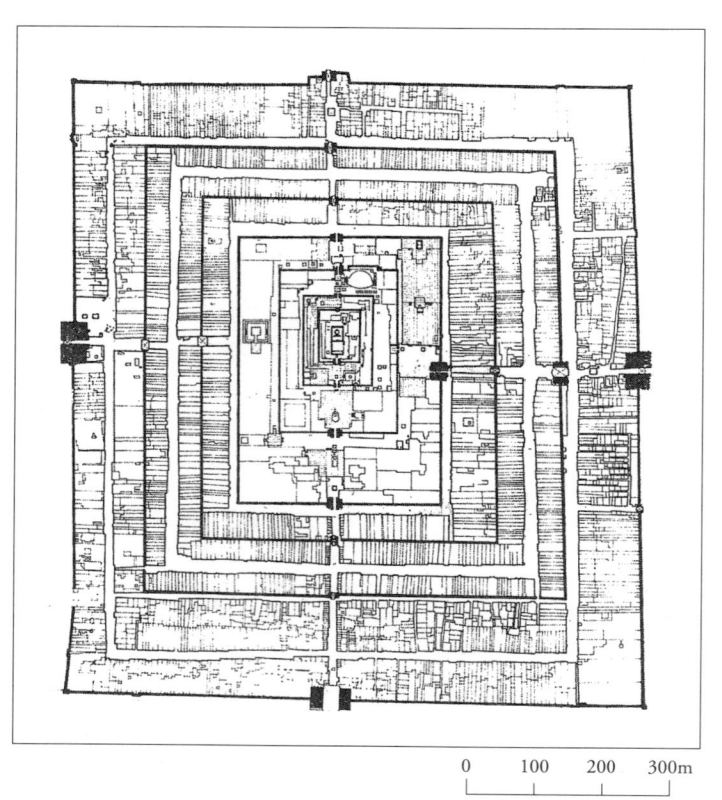

図18　シュリーランガム（インド・タミルナードゥ州）の同心周帯編成
　　　（『インド建築の5000年』による）

ていくのは，シュリーランガムだけでなく，同時代の南インドの大寺院にもみられた動きであった．その背後には，当初の建設寺院をとりまいて，つぎつぎに高い周壁（プラーカーラ）をめぐらしていき，各周壁の東辺中央にたつ楼門をいくつも通ってから中心祠堂へと至るという壮大な寺院の実現をめざす欲求があった[55]．

　シュリーランガムでは，もっとも内奥の聖域に寺院の主祠堂と拝殿が立つ．しかしその方向は，南にむけられている．すでに述べたようにヒンドゥー教では寺院の中心軸線は，〈西―東〉にとるのが一般である．しかしランガナータ寺院は，〈南―北〉に軸線を設定している．この軸線のとり方は，きわめて異例である．これについて，寺院に伝わる伝説はつぎのように説明する．叙事詩『ラーマーヤナ』の主人公ラーマがランカー国（現在のスリ・ランカー）への遠征時に，同国の寺院に寄進すべく用意したランガナータ神の神像をここに安置した．神像は，ランカー国を望む南の方向にむ

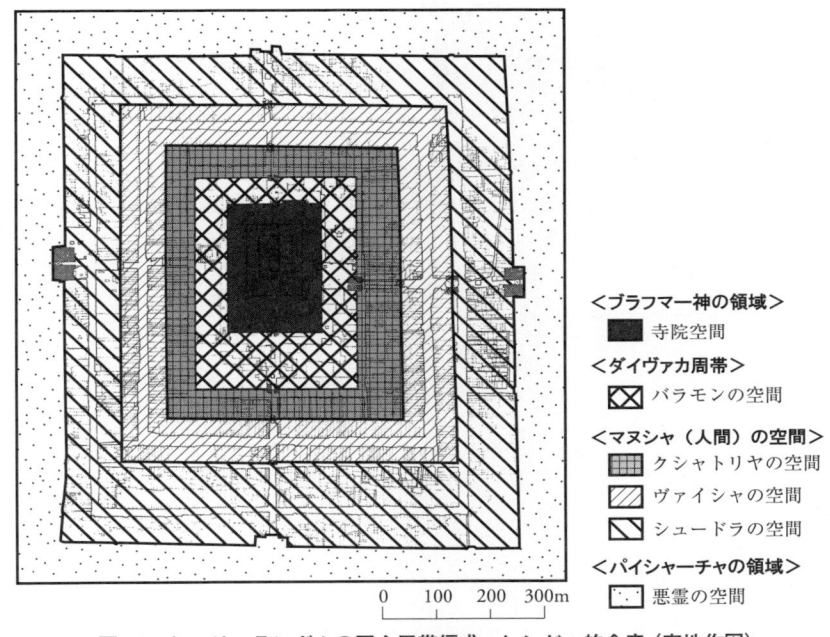

図19 シュリーランガムの同心周帯編成―ヒンドゥ的含意（応地作図）

〈ブラフマー神の領域〉
■ 寺院空間

〈ダイヴァカ周帯〉
▨ バラモンの空間

〈マヌシャ（人間）の空間〉
▦ クシャトリヤの空間
▨ ヴァイシャの空間
▨ シュードラの空間

〈パイシャーチャの領域〉
⋯ 悪霊の空間

けて安置された。しかし神像は根が生えたように動かすことができなくなり，神像がむかって立つ方向にあわせて寺院が建立されたというのである。

　シュリーランガムは，先述したように，ランガナータ寺院をとりまいて七重の長方形の周壁をめぐらしている。その周壁によって，都市域は7つの周帯に区分される。それらは，内奥の寺院から4番目の周壁によって大きく二分される。図18が示すように，第4の周壁を境に，周帯内部の区画も変化していく。同周壁の内側4周帯では白い部分がめだつのに対して，その外側の3周帯には街路に直交する狭長な区画割がならぶ。その形態変化は，やや相違するところもあるが，『マーナサーラ』の記載を基本として説明できる。

　それを示したのが，図19である。まず最内奥のランガナータ寺院を囲む3周帯は，〈ブラフマー神の領域〉である。そこは，同寺院とその拡張空間である。その外の第4周帯は〈ダイヴァカ周帯〉にあたり，そこはバラモンの領域とする。その外を囲む三重の周帯は，人間の領域の〈マヌシシャ同帯〉である。3周帯内部の区画割が示すように，そこは街路を介する両側町的編成をもつ門前町である。この3周帯は，内側から順にクシャトリヤ，ヴァイシャ，シュードラの各領域にあたるとされる。そして図19に示した周帯の外方は，パイシャーチャつまり〈悪霊の領域〉とされている。

第Ⅰ章　古代インド世界の都城思想　　61

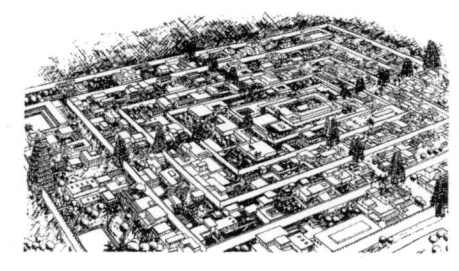

写真5　インド　タミル・ナードゥ州　シュリーランガム鳥瞰図
同州に所在するマドゥライとともに，ヒンドゥー教寺院を中核とする多重同心周帯編成都市の代表例である。(『インド建築の5000年』による)。

　『アルタシャーストラ』，『マーナサーラ』，そして都城ではないがシュリーランガムをつうじて観察できる同心正方（長方）周帯編成は，インド都城の顕著な特質をなす。この点は，もう1つの都城思想の析出中心核である古代中国が生みだした都城形態とはまったく相違する。

第 II 章

古代中国世界の都城思想

　古代インド世界とならんで，もう1つの都城思想を析出したのは古代中国世界であった。両者の都城思想は，それを生みだした王権思想の顕著な相違と対応して基本的な相違を示す。しかしそれにもかかわらず，意外にも両者の都城形態には共通する一面も存在する。古代インド世界の都城思想と都城形態から観察できる相違と相同を視座として，ここで古代中国世界の都城思想を検討する。

II-1　ふたたび「都」と「城」をめぐって

　はじめに古代中国世界における「都」と「城」の意味について，簡単にふれておきたい。一般に「都」とは，「天子・王権の所在地」を指す。しかし「都」という言葉がこの意味でつかわれるようになるのは，中国の歴史ではかなり後の時代になってからとされる。
　古代中国世界の都城思想を明確に述べる代表的な書物は，『周礼』である。その成立時期は，紀元前4世紀ころの戦国時代末あたりが上限とされている。当時の支配者階級は，王・卿・太夫・士の4ランクに分級されていた。「都」は，このうちの卿あるいは太夫ランクの支配者のマチをいい，そのうえにたつ王のミヤコを意味する言葉ではなかった。王よりも下位ランクの支配者のマチが「都」であり，王のミヤコは「国」とよばれた[1]。
　国という字の本字は，國である。國は，つぎのような文字を集成したものである。まず市壁にあたる囗（クニガマエ）のなかに，住民をしめす口（クチ，住民の数を人口というのはこれに由来する）がいて，その市壁のなかに居住する住民を戈（ホコ，武器にあたる）で守っていることを意味する。國は，まさに囲郭に囲まれた都市国家を表意する文字である。『周礼』が成立した紀元前4世紀ころは，なお都市国家の時代であった。支配者の最高ランクの王といえども，彼らは有力都市国家の支配者にすぎなかった。彼らのミヤコを国と称するのは，彼らが「國」の支配者であったことを反映する。
　立身出世を語る「修身，斉家，治国，平天下」，つまり「身を修め，家を斉え，国

を治め，天下を平ぐ」という文言は，日本でもよく知られている。これは，「四書五経」とよばれる「四書」の1つ『大学』に初出する言葉である。『大学』は後代の編纂になる書物であるが，周代から秦漢代の儒者の教えを集成して編修されたとされる。現代の日本語の感覚でいうと，この文言の「国を治める」と「天下を平らぐ」とは同義のようにみえる。しかし『大学』が語る「治国」とは「都市国家を治めること」であって，「平天下」とは「それらの都市国家を統一して天下をとる」ことである。いいかえれば「治国，平天下」とは，群雄割拠の都市国家から巨大権力による統一された領域国家つまり帝国の形成への過程を語っているのである。『大学』編修の時代は，まさに中国史における都市国家から領域国家への移行期であった。

　「平天下」によって中国最初の領域国家を実現したのが，秦の始皇帝である。短命におわった秦帝国のあとをついだのが，漢である。漢代になっても，「都」という文字は，首都の長安を指す言葉としては使われることなく，それは，首都以外の地方の都市を指す言葉とされた[2]。「都」が現在のように「天子・王権の所在地」の意味で使われるようになったのは，さらに後の時代になってからのことである。

　一方の「城」には，2つの意味がある。1つは，「はじめに」で述べたように，囲壁に囲まれた都市という意味である。そのため王のミヤコである「国」は，「王城」ともよばれる。

　もう1つは，「國」の囗（クニガマエ）にあたる市壁の意味である。中国では，すでに「はじめに」で指摘したように，囲壁は単に防御目的のためだけの施設ではなかった。紀元前1世紀に，司馬遷は『史記』「匈奴列伝」において，匈奴について「水草を遂いて遷徙し，城郭と常処と耕田の業なし[3]」と述べている。また9世紀の『旧唐書』「東夷伝」「倭国日本」の条では，「其の国，居するに城郭なし，木をもって柵と為し，草をもって屋と為す[4]」と述べる。この2つの記述は，遊牧に基礎をおく匈奴集団と農耕に基礎をおく倭国日本という異なった対象を語っている。しかし両者の記載は，共通して「城郭」のないことを強調している。ここでいう「城郭」とは，「はじめに」で引いた4つの辞（事）典類が述べる「都市を囲む囲壁」を指す。『史記』や『旧唐書』は，匈奴も倭国日本も，ともに「都市」も「囲壁」もない非文明国だと述べているのである。中国では城郭＝市壁は，文明を表徴する存在であった。

　文明が城郭＝市壁によって示されるとすれば，つぎの問題は，その文明の程度である。それを示す重要な指標は，やはり城郭＝市壁にあった。「はじめに」で，『大唐西域記』での城郭記載について言及した。ここで，玄奘の記載をもとに，この点をさら

に具体的に考えたい。

　玄奘は，長安からいわゆる「絹の道」を経てインドを往還した。その途中やインドで訪れた国々の城郭について，彼は克明な記録を残している[5]。そのいくつかをみると，西域北道の屈支国〔クチャ〕では「国の大都城は周囲十七，八里」，つぎの跋禄迦国〔バルーカー〕では「国の大都城は周囲五，六里」，颯秣建国〔サマルカンド〕では「国の大都城は周囲二十里」，さらに北インドに入って濫波国〔ランプアー〕では「国の大都城の周囲十余里」，すでに引用した健駄邏国〔ガンダーラ〕では「国の大都城は布路沙布邏〔プルシャプラ〕といい，周囲四十余里」などと述べている。これらは，いずれも城郭すなわち「国の大都城」の市壁の規模についての記載である。玄奘にみられる城郭の有無またその規模への一貫した関心と記載は，彼のみの個人的な嗜好ではなく，文明の表徴・階梯として市壁・城郭をとらえる中国人の感覚を反映する。その感覚の背後には，中国的コスモロジーにもとづく華夷意識，それにもとづく都城への意味づけがある。

II-2　中国的コスモロジーと都城の思想

　古代中国世界の都城思想も，古代インドとおなじく，コスモロジーに立脚している。ここで，古代中国世界が生みだした〈コスモロジー―王権―「都の城」〉の三位一体的連環，つまり中国的都城思想の検討へとすすみたい。その検討に際しては，すでに述べた古代インドの都城思想との比較という視座を導入して，もう１つの都城思想析出の中心核である古代中国世界の都城思想の特質を明確にしたい。

(1)　天と地の〈非連続的連続〉——「天円地方」と「天帝天子」

　古代中国世界のコスモロジーとヒンドゥー・コスモロジーとのあいだには，重要な同型性がある。それは，宇宙の生成を，ヒンドゥー教では宇宙創造神ブラフマー，古代中国世界では天帝という神格的存在によって説明する点にある。しかし〈生成した宇宙を主宰し，統轄し，護持する「大いなるもの」はなにか〉という点に関しては，両者は相違する。

　ヒンドゥー教では，すでに説明したように，それはブラフマー，ヴィシュヌ，シヴァの「三神一体」の神格間の役割分担にもとづく共同営為とされる。古代中国世界では，その役割は唯一の至上神である天帝に属する。この点に関しては，ヒンドゥー

教は多神的であり，古代中国世界は唯一神的である。彼らの居所は，ヒンドゥー教の「三神一体」の神々はかぎりなく高くそびえる宇宙軸メール山の平頂面あるいはカイラーサ山頂に，一方，天帝の居所は天極にあるとされる。ともに天上を居所とする点では，共通性をみせる。

　宇宙は，天と地からなる。ヒンドゥー教も，古代中国世界も，ともに天と地は照応しあう存在という「天地相応」の思想でも共通している。しかしその「天地相応」の内容での両者の相違は大きい。この点について，天地の形態とその主宰者の2つにかぎってみることにする。

　ヒンドゥー教では，形態的にも，「天の世界」が「地の世界」と照応し，天上での「三神一体」を中心とする神々の神領配置が，地上における彼らの領域配置に投影されているとする。それを表現したものが，各種のマンダラであった。また主宰者の点でも，天上におけるとおなじように，神々が地上の世界を主宰する。つまりヒンドゥー教のコスモロジーでは，天上と地上は，形態のうえでも，主宰者のうえでも，同型的関係でむすばれている。

　これに対して古代中国世界では，天と地は照応しあってはいるが，ヒンドゥー教のような完全な同型的関係ではなく，〈非連続的連続〉ともいえる関係でむすばれている。まず形態のうえでは，「天円地方」つまり「天は円形，地は方形」という異質な形態でありながらも，中心点は一致しているという〈非連続的連続〉でむすばれた照応関係を示す。また主宰者の点では，「天の天帝に対する地の天子」，「天帝の子としての天子」で説明され，ここでも擬制的な父子関係という〈非連続的連続〉的な照応関係を指摘しうる。

　ヒンドゥー・コスモロジーと比較した場合，天上と地上のあいだの〈非連続的連続〉という照応関係が，古代中国世界のコスモロジーがもつ大きな特質といえる。その特質を説明するものとして，「天円地方」と「天帝天子」の2つのキーワードをとりだしうる。

　まず「天円地方」から，中国的都城思想への接近を試みよう。この天と地の形態についての対比表現のうち，「天は円形」というのは分かりやすい。満天の星空をみあげると，まさに「天は円形」と実感できる。これに対して，「地は方形」というのは分かりにくい。平坦な大地あるいは大海原を遠望すると，地平線や水平線は決して四角形にはみえない。むしろ天とおなじく，円形にみえる。

　では，なぜ古代中国世界では「天円地方」との観念が生まれたのだろうか。もちろ

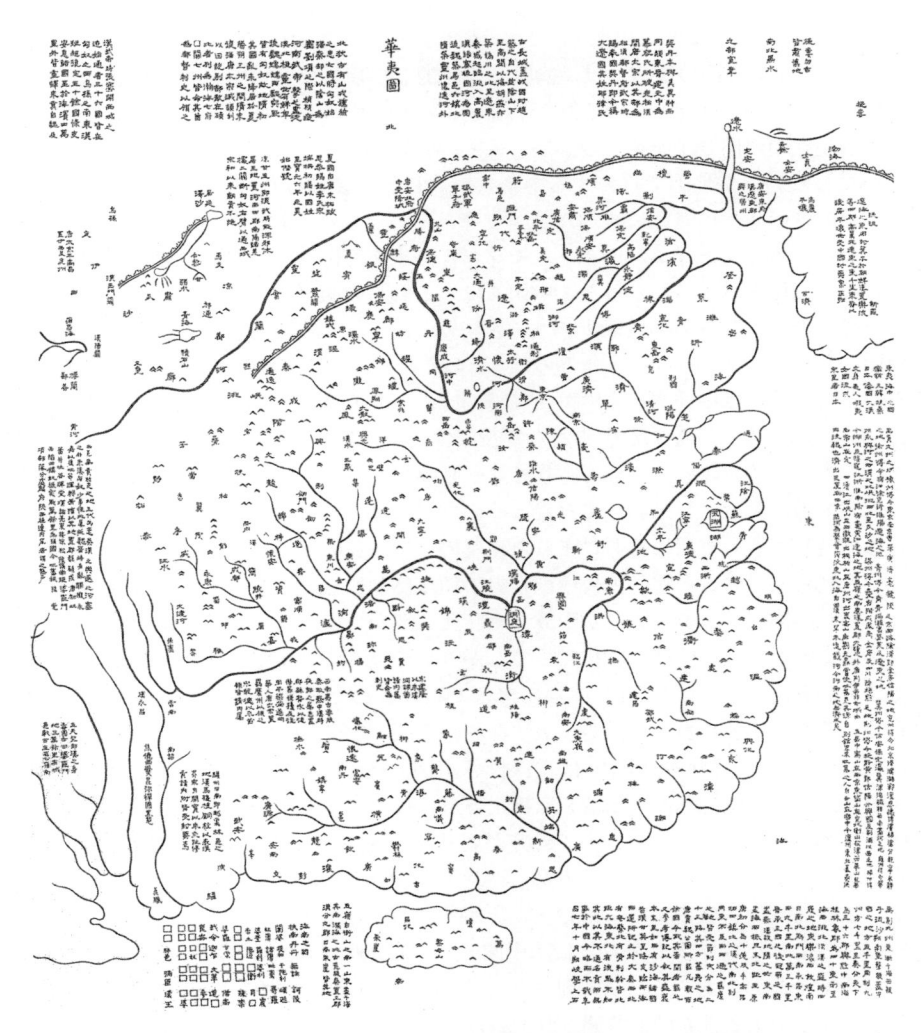

図20　「華夷図」墨線図 ―― 南宋・紹興6年（1136）（『中国古代地図集　戦国―元』による）

んそこには,「天と地」,「円と方」という陰陽論的な二項対位が存在する。しかし「地は方形」とする直観の背後には,陰陽二元論的な二項対位という思弁的な感覚だけではなく,現実の中国世界の「かたち」についての地理的な認識があったであろう。けれども現在の中国全土を描く地図からは,「地は方形」を直観することは困難である。

いまわれわれが地図で目にする中華人民共和国の領域は,18世紀の清朝第6代皇帝＝乾隆帝の時代に最大に達した版図をひきついだものである。それより以前の時代をとると,チベット,シンチャン,モンゴル,東北地区は,一部をのぞいて,中華帝国の版図には入っていなかった。中国人は,これらの版図外の地帯を,チベットをのぞいて「万里の長城外の地帯」つまり「塞外の地」とよんできた。現在の中華人民共和国の領域からチベットや「塞外の地」をのぞくと,その範域の輪郭はほぼ四角形である。この範域は中国本土（本部）ともよばれ,同時に漢族の居住空間であった。

「地は方形」という感覚が生まれた背後には,こうした「漢族の空間＝中国本土」についての地理的認識があろう。古代インド世界でも,ヒンドゥー教また仏教も,国土の形態を逆三角形として語ってきた。その背後には,アジア大陸から南のインド洋にむけて逆三角形の楔状に打ちこまれた現実のインド亜大陸の形態認識があったであろう。それと同様のことが,古代中国世界の領域感覚にも妥当すると考える。

しかし中国的コスモロジーが生成した時代にさかのぼる世界図は,伝存していない。現存する中国製世界図は,唐代にまでしかさかのぼることができない。しかもその実物は失われてしまい,12世紀前半に南宋で制作された複製石刻図が現存するのみである。それは唐代の賈耽（かたん）が制作した「海内華夷図」を縮小して石刻した地図で,一般に「華夷図」とよばれる。図20は,石刻「華夷図」を墨線でトレースしたものである[6]。同図は,中国を中心とする陸域をほぼ正方形に描く。多くの地名が記入されている範域が前述の中国本土＝「華」,その外方が塞外＝「夷」の世界である。同図からは,「漢族が居住する中国本土の形態は方形」という地理的認識の存在をよみとることができる。この認識は,厳密には「地は方」というよりも「華は方」というべきである。しかしこのような世界認識をもとに,中国では「天円地方」というコスモロジーが実体化されてきたのであろう。この地を方形とする構図は,後代になっても「天下総図」とよばれる中国製世界図に踏襲されつづけていく。

中国的コスモロジーは,「天円地方」をキーワードとして,つぎのように「天」と「地」について語る。「天円」をなす天球には,図形としての円形や球形とおなじく中心がある。それが,天球の頂点,つまり天頂である。古代中国世界では天頂の位置は,「北

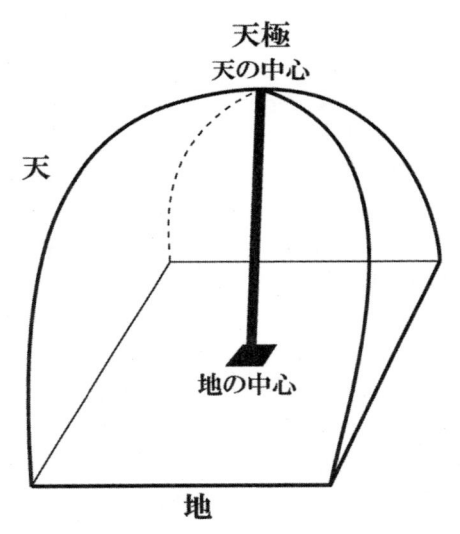

図21 中国的コスモロジーにおける「天円地方」と「天地照応」（妹尾原図に応地補入）

「天の星辰」を意味する「北辰」で示される。北辰とは北極星を意味し，単に北極ともよばれた。北極星は，不変の光りがかがやく恒星として「天円」の中心を表徴する。他のすべての恒星と星座は，北極（星）を中心として円周運動を天球上に描く。この同心円構造の円周運動の中心を占める北極（星）は「天帝太一神」ともよばれ，天帝はそこに居所をもつ。それが紫宮で，天上世界での天帝の王宮にあたる。

「天」と「地」をむすぶものが，「天」から「地」に達する宇宙軸である。宇宙軸を想定する点では，ヒンドゥー教も，古代中国世界も共通する。しかし宇宙軸がむすぶ「地の中心」のあり方では，両者は相違する。ヒンドゥー教のコスモロジーでは，この「天」と「地」をむすぶ宇宙軸は，世界大陸ジャンブ州の中心に屹立するメール山であった。ジャンブ州は巨大な円形大陸をなし，その円形の円心にメール山がそびえている。ヒンドゥー教では宇宙軸メール山の位置は，円形をなす大陸の中心に固定されている。

古代中国世界では，宇宙軸は，「天円」の中心にあたる北極（星）と地をむすんで走る。しかしそれは，不可視の伝導軸である。天帝が発する「天」の霊力（エネルギー）は，宇宙軸を伝って「地」に達する。その霊力を，地上に立って身体でもって受けとめるのが「天帝の子」としての天子である。天帝が「天」を主宰するように，天帝の命を受けて立つ天子は「地」を主宰する。天命思想である。

第II章　古代中国世界の都城思想　69

「天」の霊力を受けて天子が立つところが，「地の中心」である。それは，「方形をなす地」のなかの特定地点に固定された存在ではない。「地の中心」は天子に従属し，自由に移動する可変的な存在なのである。この点は，ヒンドゥー教とはまったく異なる。ここにみられる〈「天の中心＝北極」―「宇宙軸＝霊力伝導軸」―「地の中心＝天子登極地」〉という天地照応の思想から，天子を北極とよぶことがある。「天」の北極とおなじように，「地の中心」に天子の居所である王宮と王都が位置する。それが，都城である。都城は，「天円地方」・「天帝天子」というコスモロジーを凝集する存在なのだ。コスモロジーそのものの内容には相違点がめだつが，ヒンドゥー・インドとおなじく古代中国世界も，〈コスモロジー―王権―「都の城」〉という三位一体的連環にもとづく都城思想を析出してきたのである。
　地上では「地の中心」から，天子の身体をつうじて「天」の霊力が「地」の四方へと拡散していく。霊力は，天子の身体から離れるにしたがってエネルギーを低下させていく。「地は方形」であるから，そのエネルギーも，周辺にむけて四角形の同心正方周帯を描いて低減していく。その同心正方周帯を，古代中国世界では，五服（5周帯）あるいは九服（9周帯）とよんできた。5ないし9の周帯を越えると，もう「天」の霊力は到達しない。そこで，「華」つまり文明の世界が尽きる。それを越えた外方は，野蛮の世界すなわち「夷」の空間へと移行する。いわゆる華夷的世界観である。
　「華」と「夷」の境界は，第5ないし第9の同心方形周帯の外枠線で示される。その「かたち」は，当然，方形である。「夷」の野蛮人の世界は，この四角形にそって東・南・西・北の四辺の外方にひろがる。彼らは，東夷・南蛮・西戎・北狄の名でよばれる。邪馬台国の記事を記載する文献としてよく知られる『魏志倭人伝』は日本での俗称であって，正式には『魏書』「東夷伝」「倭人」条とよばれる。『魏志』を収める『三国志』の撰者陳寿は，「東夷」という野蛮人集団の一部として倭人また邪馬台国を記しているのである。
　古代中国世界における中国的コスモロジーにもとづく天地照応は，図21のように表現できる[7]。「天円地方」と「天帝天子」をキーワードとするコスモロジーをもとに，都城は「地の中心」に位置する。方形をなす「地の中心」に営まれる都城は，当然，方形の市壁をもつ。中国において方形の市壁が正統とされるのは，そのゆえである。

(2) 『周礼』「考工記」「匠人営国」条 ── 古代中国世界の都城思想
　古代中国世界の都城思想を語る際に，これまでもっとも頻用されてきたのは，

『周礼』「考工記」「匠人営国」条である。『周礼』は紀元前4世紀ころの著作とされ，『儀礼』・『礼記』とあわせて三礼とよばれる。いずれも，「礼」を述べる代表的な儒教経典である。「礼」とは，個人の礼儀作法からはじまって，社会・制度にまでおよぶ秩序全般を指す言葉である。『周礼』も，法制・行政組織を中心に，中国では理想的な「礼」の時代とされる西周時代の秩序を語る。その主題は，「礼」の護持・執行者である天官・地官・春官・夏官・秋官・冬官の6大官からなる諸制度，また彼らが個々に管掌する事項と執行のあり方の理想を述べることにある。

6人という大官の数またそれらの名称も，前節でみた古代中国世界のコスモロジーを反映する。まず，天と地である。ついで春・夏・秋・冬は，季節という時間を意味する。したがって6大官のことを，「天地四時六官」と総称することもある。さらに春・夏・秋・冬は，東・南・西・北の各方位で示される「方形をなす地」の四方つまり空間を意味する。『周礼』は，「天地四時六官」を「礼」の執行者とする。彼らによって，「地」に「礼」が実現される。その「礼」のおよぶ範囲が，「華＝文明」世界である。当然「華」は，「夷＝野蛮」の存在を前提とした概念だ。いいかえれば『周礼』は，理想の中華世界のあり方を語る書なのである。そのなかで，理想の都城の建設が語られる。インド世界において，あるべき統治を語る帝王学の書＝『アルタシャーストラ』がもっともゆたかな都城思想を語っていたのと類似する。

『周礼』は，秦の始皇帝による焚書坑儒によって亡失した。漢代になって残存巻をもとに復原されるが，そのときにも最終巻の「冬官」の原典はなく，「考工記」でもって補訂された。本来ならば「冬官」「匠人営国」条というべきところを，「考工記」「匠人営国」条と表記されるのは，そのためである。匠人とは，日本語での「たくみ」である。しかし「飛騨のたくみ」は大工などの木工職人を指すが，中国語の「匠人」の意味はもう少しひろく，土木技術者などもふくむ。

「考工記」で「匠人」という言葉ではじまる条は，「匠人建国」，「匠人営国」，「匠人為溝洫」の3条がある。そのなかで「匠人営国」条が，都城の建設を語る。そこから「匠人営国」条が，中国都城思想を語る代表的な文献として参照される。しかし古代インド世界の都城思想を述べる『アルタシャーストラ』とくらべると，その基本的な記載はごく短く，つぎのような一節にすぎない[8]。

「匠人営国，方九里，旁三門，国中九経九緯，経涂九軌，左祖右社，面朝後市，

市朝一夫」。

　読みくだせば、「匠人、国を営むに、方は九里、旁（沿う）に三門。国の中は九経九緯。経涂（と）は九軌。左に祖、右に社。面（前）に朝廷、後に市。市と朝廷（の辺長）は一夫」となる。

　西周時代には「國（国）」は、先述したとおり、最高ランクの統治者である「王」の首都を意味する。その構造について、「匠人営国」条は、「（正方形の市壁の）一辺の長さは9里、その各辺に沿って3つの市門がある。都城の内部には、経（南北）と緯（東西）におのおの9本の街路が走る。その幅は、9軌（9輛の馬車が横ならびで走ることができる幅）である。左方に祖先を祀る宗廟、右方に土地と穀物の神を祀る社稷がある。また前方に朝廷（官衙）、後方に市場がある。市場と朝廷の辺長は、1夫（100歩＝周尺600尺＝約135メートル）である」と述べる。

　この一節のなかで、「九里」・「九経九緯」・「九軌」など「九」という数字が頻出する。それは、中国では、奇数がめでたい瑞数であるうえに、九は奇数の最大数であって、天子を象徴する数字だからである。「九」のもつ象徴性は、中華文明を受容した日本でもおなじである。日本語で「九重（ここのえ）」が皇居や帝都を意味するのは、それに由来する。

　「方九里」とは、都城の形態は1辺9里の正方形ということである。正方形の市壁各辺に3つの市門を開くのだから、都城全体としての市門の数は計12となる。当然、縦と横、つまり南北と東西に走る各3本の大路は対辺の市門をむすんで走る。これによって都城の内部は、縦と横に各4街区がならぶ4×4＝16街区で構成される。『周礼』は街路の数を「九経九緯」としているので、市門をむすぶ3本の大路のほかに、縦と横に走る各6本の小街路の存在を想定できる。しかし「経涂」以外の6本の小街路については、『周礼』はなにも語っていない。

　この9×9の街路配置、また8×8＝64の街区編成は、まったく偶然ではあるが、古代インド世界の都城復原に採用したマンドゥーカ・マンダラとおなじである。このことは、当然、古代インドと古代中国両世界の都城の理念的形態に共通性を生みだすことになる。これについては、節をあらためてくわしく考察したい。

　「考工記」「匠人営国」条は、方向に関しては、2つの異なった方位観念を併用して語っている。街路の走向を語る際には「経緯」という南北と東西を意味する絶対方位、「宗廟と社稷」また「朝廷と市」の配置を語る際には「左右」また「前後」という相対方

位の2つである。相対方位というのは，方位決定の基点が変化すれば，その方位も変化していくものをいう。たとえば北をむいたときの左は西であるが，東にむきを変えると左は北となる。このように左という相対方位がどの絶対方位を指すかは，基点のとり方によって変化していく。

　このような相対的な方位では，都城の建設規準を語ることはできないはずである。しかし『周礼』は，本来は相対方位である「左と右」また「前と後」を絶対的な方位であるかのように，「営国」つまり都城建設を語っている。相対方位を絶対方位へと転化するためには，不変の固定された原点が必要である。その原点が，「天子南面」思想をもとに，面（顔）を南にむけて都城中央の宮城に立つ天子である。南面して中央に立つ天子を不変の基点とすると，「左と右」＝「東と西」，「前と後」＝「南と北」に固定される。つまり「左右」・「前後」という天子の身体的な方位が，絶対的な方位へと転化されているのである。

　「匠人営国」条での記載で，「左祖右社」では右よりも左が，また「面朝後市」では後よりも面（前）がさきに書かれている。天子からみて，左と前がより重視されるべき方位だからである。後よりも前が優先されるのは，当然である。左と右に関しては，天子の東方にあたる左が優先される。たとえば日本でも左大臣が右大臣よりも上席であったのは，そのゆえである。したがって「左祖右社」は，南面する天子の左（東）にある「祖」が，右（西）にある「社」よりも上位であることを意味している。「祖」は天子の祖先を祀る祖（宗）廟，「社」は土地と穀物の神を祀る社稷を指す。ともに祭祀のための施設ではあるが，「孝」を基本とする儒教では，祖先祭祀がもっとも重要な儀式であった。同祭祀執行の場である祖廟が左，社稷が右とされるのは当然であろう。同様に「面朝後市」も，南面する天子の面（前）にある「朝」すなわち「朝廷」が，後ろの「市」つまり「市場」よりも上位とされているのである。

　『周礼』「考工記」「匠人営国」条が述べる諸理念は四字成句に要言され，それらをもとに古代中国世界の都城思想が語られてきた。那波利貞の整理にしたがって，それらを示せば，以下の諸成句をあげうる[9]。

1) **中央宮闕**：宮闕とは，天子の居所である宮城と官衙が所在する朝廷（皇城）の2つをあわせたものをいう。宮闕が，都城の中央に位置する。
2) **前朝後市（面朝後市）**：南面して宮城に立つ天子の前方に朝廷，後方に市場が所在する。

3) **左祖右社**：南面して立つ天子の左方（東）に王家の祖先を祀る祖（宗）廟，右方（西）に土地と農耕の神を祀る社稷がある。
4) **左右民廛**（みんてん）：宮闕の前方と後方には民の居住を許さず，民廛（民居）は宮闕外方の左右のみにかぎる。

　これらの四字成句のうち1)～3)は，すべて『周礼』「考工記」「匠人営国」条の記載から帰納できる。しかし4)に関しては，「匠人営国」条には該当する記載はない。『周礼』「地官司徒」「載師」条は，「廛里を以て国中之地に任ず[10]」と述べる。つまり「住宅を都城内の地にあてる」とする。「廛里」は，一般に居宅ないし居宅の集合地区を意味する。しかし賀業鉅は，この記載を「都城の中に住宅区があり，その内部が一般の居住民の「廛」と貴族官僚の「里」に区別されていた[11]」ことを述べているとする。しかし「考工記」は，都城内での廛里の配置についてはなにも語っていない。また「里」と「廛」についての賀業鉅の解釈にしたがったとしても，「考工記」には，「廛」と「里」の区別にもとづく居住隔離の記載はない。

　にもかかわらず，那波は，『周礼』の都城理念の4)として「左右民廛」を掲げている。それは，『礼記』の注釈書として清代に刊行された『欽定礼記義疏』（そ）付録「礼器図」「朝市廛里」条の影響であろう。「朝市廛里」とは「朝廷と市場と住宅」ということで，それらの配置について，同条はつぎのように説明する。

　古人，国都を立てるに，また井田の法を用う。画して九区と為（な）す。中間の一区は王宮と為す。前の一区は朝と為し，而して宗廟を左にし，社稷を右にしてここに在（あ）り。後の一区は市と為し，而して商賈万物ここに聚（あつ）まる。左右の各三区は皆，民の居所にして，民廛と為す[12]。

　『欽定礼記義疏』「朝市廛里」条が述べる説明は，『周礼』の「匠人営国」条とならんで，古代中国世界の都城思想を論じる場合によく引用される。その特徴は，理想的な耕地区画の場合とおなじように「国都を建設する場合も，また井田法にもとづく」としたうえで，「井田法」を基本として「国都」の編成を論じている点にある。「井田法」とは，「井」の字のように3×3＝9区画つまりナイン・スクエアー（nine squares）に分割する区画分割法である。注釈は，ナイン・スクエアーの中央区を王宮にあて，そこに南面して天子が立つ。「朝廷と市場」また「宗廟と社稷」の配置は，『周礼』での「左祖右社」，「面朝後市」とおなじとし，天子の左方と右方に南北方向につらなる3区画

は民廛＝民衆の住宅地であるとする。

　那波は，この注釈の最後の部分をもとに「左右民廛」を古代中国世界の都城理念の1つとしたのである。「左右民廛」をくわえた1)～4)は，『周礼』「考工記」「匠人営国」条が述べる中国都城理念をよく説明するものとして，つねに言及されてきた。

　しかしこれらの四字成句に共通するのは，都城の内部における王宮をはじめとする諸施設の配置を要言するものばかりだという点である。いいかえれば個々の施設の配置を越えて，それらが織りなす中国都城の基本的な特質を要約する成句を欠いていることである。

　都城を，中国とその周辺からなる東アジア世界特有のものとする視野狭窄のもとでは，このような発想は生まれようがなかったのであろう。この点でも，都城概念の東アジア的バイアスからの解放が必要なのである。すでに古代インド世界における明確な都城思想の存在をあきらかにしたいま，インド都城と対比した場合の中国都城の基本特質を要言できる成句が必要である。それは，当然，中国的なコスモロジーと都城思想との連関を表現できるものであるのがのぞましい。そこから，那波が整理した4つの四字成句に，つぎの成句をつけくわえたい。

5)　**南北縞帯**：『周礼』が語る中国都城思想の特質は，2つの異質な方位観念の結合にある。「天子南面」という絶対方位にもとづく南北軸の至上性と天子の前後・左右という相対方位との結合である。この異質な方位感覚を結合・統合するのが，天子の身体性であった。その結果,「前朝後市」は天子の前と後の区画,「左右民廛」は天子の左・右の区画を意味する。つまり左(東)・中・右(西)にならぶ南北列の区画群によって都城の内部編成が実現されている。いいかえれば都城の内部編成は，南北方向に区画が連続してならぶ縞帯を基本とする。それが,「天子南面」思想のもとづく「南北縞帯」である。のちに詳述するように,「南北縞帯」は中国都城の基本編成原理として発現していく。

(3)　『周礼』にもとづく中国都城の形態復原

　『周礼』「考工記」「匠人営国」条を典拠として，古代中国世界の都城形態を復原する試みはいくつか存在する。それらのうち復原図を具体的に提示するもののなかから，つぎの3つをとりあげて，その復原内容を検討することにしたい。

A）『欽定礼記義疏』付録「礼器図」「朝市廛里」条の所載図 —— 図22
　　前出した注釈をもとに「朝市廛里」条が掲げる復原図が，図22である。その特徴は，「井田法」を依拠すべき規範として都城形態を復原している点にある。
B）　清代の考証学者戴震(たいしん)による復原図[13] —図23
　　彼の復原案の特徴は，「国中九経九緯」について独自の解釈をくわえて復原していること，また中央に正方形区画を大きく独立させて，その内部に「左祖右社」・「前朝」を配していることにある。ただし「後市」は，描かれていない。
C）　賀業鉅による復原図[14] —図24
　　「国中九経九緯」にしたがって，都城域を 8×8＝64 区画に分割したうえで，中央の4区画を「宮城」にあて，「宮城」を原点として「前朝後市」・「左祖右社」を画定している。

　以上の3つの復原案は，共通して都城域の形態を正方形として復原する。しかしその内部の復原内容は，大きく相違している。『周礼』が語る諸理念のうち，最初に市門と街路に関する「旁三門」と「国中九経九緯」をとりあげて，これら両理念に関する復原妥当性を3復原案ごとに検討することにしたい。
　A）『欽定礼記義疏』が提示する図22は，『周礼』の理念とは異なって，「旁二門」・「国中四経四緯」である。前述した『欽定礼記義疏』の注釈は，形態復原にあたって「井田法」にしたがうべきことを強調していた。同図の復原案も「井田法」を依拠すべき唯一の理念として措定し，「井田法」の 3×3＝9 区画のナイン・スクウェアーのなかに，『周礼』理念を閉塞させている。その帰結が，「旁二門」また「国中四経四緯」であった。図22の復原案は『周礼』の都城思想からは逸脱しすぎており，『周礼』理念の換骨奪胎といいうる。したがって同案は，以後の検討から除外することにしたい。
　B）戴震による図23は，『周礼』の理念にしたがって「旁三門」どおりに市門を配置する。都城内街路に関しては，市壁の各辺に内接して「環涂」をめぐらせ，その内部に東西と南北の両方向に「九緯涂」と「九経涂」と記入した各3本の街路を描いている。「九緯涂」・「九経涂」の「九」の意味については後述することにして，まず街路の数から検討することにしたい。図23が描く街路数は「国中五経五緯」であって，『周礼』のいう「国中九経九緯」ではない。しかし，一見したところ「国中五経五緯」ではあるが，戴震は，「国中九経九緯」として都城内街路を復原しているのである。それについて述べるまえに，戴震が「経涂」という言葉に込めている意味について言及し

図22 『周礼』「考工記」「匠人営国」条による中国都城復原案 (1) ——『欽定礼記義疏』「礼器図」による

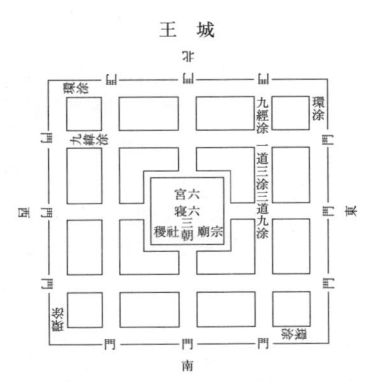

図23 『周礼』「考工記」「匠人営国」条による中国都城復原案 (2) —— 戴震による

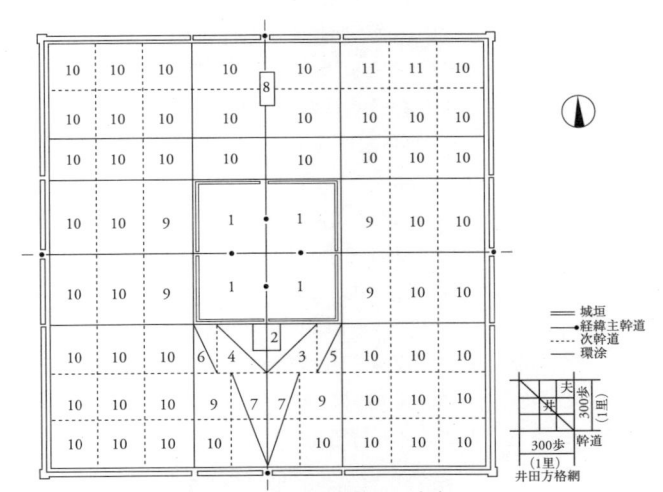

1 宮城, 2 外朝, 3 宗廟, 4 社稷, 5 府庫
6 廐, 7 官署, 8 市, 9 国宅, 10 閭里, 11 倉庫
図24 『周礼』「考工記」「匠人営国」条による中国都城復原案 (3)
—— 賀業鉅による

第Ⅱ章 古代中国世界の都城思想

ておきたい。彼は,「経涂」に3つの意味を込めて復原していると考えられる。
　第1は,『周礼』が述べる幅員にもとづく街路の3区分である。「考工記」の「匠人営国」条につづく「匠人為溝洫」条は,前述したように「経涂九軌,環涂七軌,野涂五軌」と街路幅員によって「涂＝街路」を3ランクに分級する[15]。図23に記入された「経涂」の第1の意味は,最大の幅員をもつ街路ということである。また同図で最外縁の街路を「環涂」としているのは,それが都城域の四辺を環状に走る街路であると同時に,「経涂」につぐ第2ランクの幅員街路であることを示している。
　また『周礼』は,「国中九経九緯」と「経涂九軌」は独立した成句としてではなく,相互に関連しあう文言として述べている。それは,〈「国」＝王城〉内の各9本の街路は「経涂」であって,その幅員は「九軌」であることを語っている。図23の中央上方に「王城」との記入があるように,戴震は,〈「国」＝王城〉の復原図として図23を呈示しているのである。同図に記入された「経涂」は,当然,幅員「九軌」の王城街路であることを示す。『周礼』は,さらに「環涂を以て諸侯の経涂と為し,野涂を以て都の経涂と為す[16]」と述べる。『周礼』は,前述の「経涂九軌,環涂七軌,野涂五軌」が〈「国」＝王城〉での街路ランクを示すと同時に,王,諸侯,卿・大夫に区分される支配者のランクに応じた「ミヤコ」の街路幅員の分級を示すものとする。したがって「経涂」の第2の意味は,九軌という最大幅員をもつ〈「国」＝王城〉の街路ということである。
　第3は,図23には東西方向の「経涂」と対句的に記入されている「緯涂」との関係である。「経涂」は,『周礼』が語る第1・第2の意味にくわえて,同図では都城内を南北走する街路という第3の意味をもつ。これに対して「緯涂」は,東西走する街路ということである。
　「経涂」がこれら複合的な3つの意味をもつ街路であることを前提として,さきに留保した図23の「九経涂」の「九」の検討に再帰することにしたい。前述したように戴震の街路復原は,一見したところ「五経五緯」にみえる。しかし同図は,「九経九緯」の都城として描いている。それを示すのが,「九経涂」の下に記入された「一道三涂三道九涂」,つまり「1道は3涂からなり,3道あわせて9涂」との説明である。
　「涂」と「道」は同義であるが,この説明では,「涂」は車道や歩道のように「道」の下位区分を指す用語としてもちいられている。「3涂からなる1道」＝「経涂」の幅員は,9軌とされる。9軌とは,前述したように,9輛の馬車がよこならびに走ることができる幅員をいう。賀業鉅は,9軌は周尺7丈2尺にあたるとする[17]。周尺＝22.5

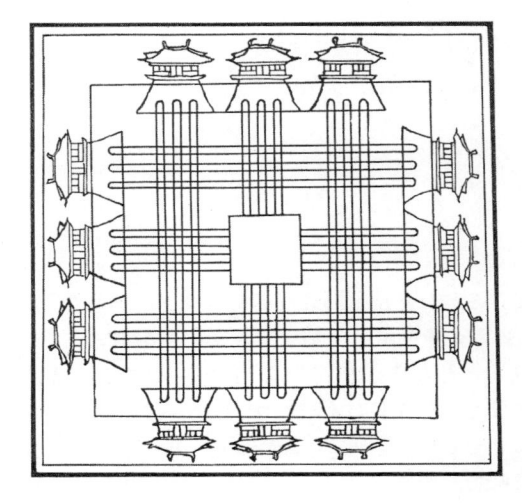

図25　周王都復原想定図（聶崇義による）

センチメートルとしてメートルに換算すると，9軌＝16.2メートルとなる。「涂」の幅員は「経涂」の1/3であるので，5.4メートルにあたる。

「経涂」と市壁との交点に，市門が開く。東周時代の市門遺構は，戦国七雄の1つ楚の国都＝郢都（紀南城）から検出されている。郢都の遺構は，後出する図31のFに示されているが，その市門は「1門3門道」編成であった[18]。また図25に掲げた宋代の聶崇義，また明代の『永楽大典』での周王都の復原想定図は，ともに市門を3，各門を3門道編成として描いている[19]。とすると〈「経涂」＝1道＝3涂〉であるから，「涂」は門道に相当する。都城内には，東西と南北に3本の「経涂」＝道が走る。したがって「1道は3涂からなり，3道あわせて9涂」という図23への戴震の記入文言の意味が理解できる。戴震は，街路単位を〈門道＝「涂」〉にもとめて，都城内には東西と南北の両方向に9本の「涂」が走るとする。それは，かたちを変えた「国中九経九緯」の表現である。したがって図23は，「国中五経五緯」ではなく，「国中九経九緯」を描いているとしうる。

「経涂」を構成する3「涂」の機能について，戴震は「王城面に三門有り。門に三涂有り。男子は右に由り，女子は左に由り，車は中央にしたがう[20]」と説明する。つまり「涂」は3軌道からなり，その左右の軌道はおのおの女子と男子の歩道，中央の軌道は車道であるとする。

このように B) の戴震による復原案＝図23は，「旁三門」について『周礼』に忠実に，また「国中九経九緯」については独自の解釈をくわえて復原しているといえる。しかし問題は，後者についての独自解釈である。「国中九経九緯」は，常識的に考えて，都城内には字句どおりに東西と南北に各9本の街路が走っているということであろう。この点に関して戴震の復原案は，幅員3軌という小街路を基本単位として「国中九経九緯」を復原しているといえる。しかし『周礼』は，〈「国」＝王城〉クラスの「ミ

第Ⅱ章　古代中国世界の都城思想　　79

ヤコ」では幅員3軌の街路は想定していない。

『周礼』が幅員3軌の街路に言及しているのは，前記の支配者のランクに応じた「ミヤコ」の街路に関する記載においてである。そこでは，第3ランクの支配者の「ミヤコ」の街路は「環涂」で幅員が5軌であるとしたうえで，「其の都の涂および都の環涂は皆三軌[21]」とする。したがって『周礼』は，最下位に「ミヤコ」の小規模街路として幅員3軌に言及するのみである。それを〈「国」＝王城〉の街路編成の基本単位として想定するのは，問題であろう。その意味で，戴震による復原案（図23）もまた，以後の検討から除外することにしたい。

C) 賀業鉅による復原案＝図24は，「旁三門」については忠実に描いている。また「国中九経九緯」という『周礼』理念にもほぼ忠実である。ここで「ほぼ」との限定を付すのは，都城中央南部に関しては「国中九経九緯」からの逸脱がみられるからである。東西走する街路にかぎって，都城内の街路編成をみると，各市門をむすぶ3本の「経緯主幹道」，市壁の内側に接して走る2本の「環涂」，それらのあいだに介在する4本の「次幹道」の計9街路つまり「九緯」である。

しかし都城南部をとりだして，南北走する街路の数を検討すると，最南端では「十経」，その3ブロック北では「十一経」となる。「中央宮闕」の南部では，『周礼』の「国中九経九緯」理念からの逸脱がみられる。このような逸脱はあるが，賀業鉅は，「旁三門」また「国中九経九緯」にくわえて，基本的に8×8＝64区画からなる都城として復原している。

したがって上記のA）〜C）の復原案は，いずれも『周礼』「考工記」「匠人営国」条の記載に忠実とはいえない。その記載からの逸脱が小さいC）をのぞいたとしても，とりわけA）・B）については『周礼』理念からの逸脱が顕著である。しかしA）・B）が提示する不完全な図22・図23が，『周礼』の都城理念にもとづく中国都城の復原図として，これまで際限なく引用されてきた。その背後には中国都城を語る際に重視されてきたのは，復原図ではなく，都城理念を要約する四字成句群であったという事情があろう。もっとも肝要な都城の形態復原そのものには重要性があたえられず，それは，いわば単なる付録の地位にとどめ置かれてきたのである。

以上のように，これまで提出されてきた代表的な中国都城の形態復原図にしたがい得ないとすれば，『周礼』「考工記」「匠人営国」条をもとに，古代中国世界の都城形態について再考する必要がある。それについては，章をあらためて，古代インド都城との比較という視座を導入して検討する。

第 III 章

古代インドと古代中国の都城思想比較論

　古代インド世界の理念的な都城形態については，8×8＝64区画のマンドゥーカ・マンダラをベースマップとして，I-3-(4)で『アルタシャーストラ』の記載をもとに復原私案を提出し，その復原図を図16に掲げた。しかし「個々の施設・住区の配置を通底する古代インド世界の都城の特質はなにか」という問題については，I-3-(5)で，神殿（寺院）を核心として，機能を異にする内・中・外の三重の同心正方周帯編成ということを指摘するにとどめ，その全体像については後述するとした。その理由は，古代中国世界の都城形態の復原をおこなったうえで，それとの比較をつうじてインド都城の特質をあきらかにしたいと考えたからである。その比較が可能となったいま，復原都城の全体像の検討へとすすむことにしたい。まず古代インド世界の都城の全体像についての私案を，図26に再掲する。

　古代中国世界の都城形態の復原も，前章でみたように，これまで『周礼』「考工記」「匠人営国」条の記載を基本史料として試みられてきた。中国都城を語る際につねに引用されてきた図22の『欽定礼記義疏』所載図にしても，図23の戴震図にしても，ともに「匠人営国」条の記載から逸脱した恣意的な示意図の提示にすぎなかった。それらの恣意性を排して，「旁三門」・「国中九経九緯」，つまり対向市門を東西と南北にむすぶ3本の幹線街路，市壁に内接して走る2本の外縁街路，それら5本の街路のあいだを背割りして走る4本の小街路の計9本からなる直交街路配置，それらによって構成される8×8＝64区画という街区編成をふまえ，II-2で前述した四字成句に忠実にしたがって古代中国世界の都城形態を復原すると，図27に示した私案となる。

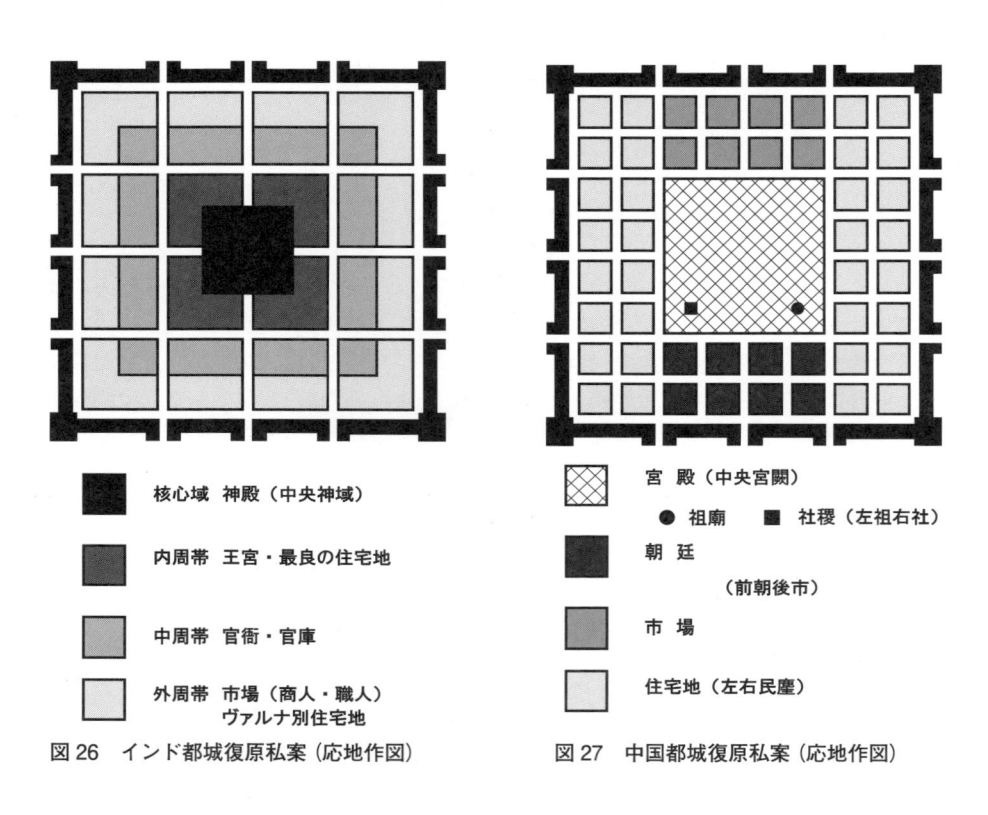

図26 の凡例:
- 核心域　神殿（中央神域）
- 内周帯　王宮・最良の住宅地
- 中周帯　官衙・官庫
- 外周帯　市場（商人・職人）ヴァルナ別住宅地

図26　インド都城復原私案（応地作図）

図27 の凡例:
- 宮　殿（中央宮闕）
- ● 祖廟　■ 社稷（左祖右社）
- 朝　廷（前朝後市）
- 市　場
- 住宅地（左右民廛）

図27　中国都城復原私案（応地作図）

III-1　タテ・ヨコ3街路・12市門をめぐって

　図26と図27の2つを並示すると，まず，インド都城と中国都城の基本的な形態の類似性に驚かされる。それは，もちろん『アルタシャーストラ』と『周礼』の記載内容の共通性に由来する。ともに輪郭を四角形とし，その各辺に3市門を配置していることから，市門をむすんで都城内を東西と南北に走る各3本の主要街路の存在を想定しうること，また市街地は 8×8＝64区画を基本として編成されていることなどを，両図の顕著な類似性としてとりだしうる。
　ここで範囲をひろげて，両者に共通する3本の主要街路とそれによる 4×4＝16区

画への基本分割について考えたい。理想都市の内部を東西と南北に各3本の主要街路が走るとする発想は,『アルタシャーストラ』と『周礼』に共通するだけではない。それら以外にも,すでに I の冒頭で引用した古代インド世界を代表する叙事詩『ラーマーヤナ』第1篇「都城アヨーディヤーの礼讃」でもみられた。ここで,もう1つの例をユーラシアの西方世界にもとめたい。とりあげるのは,新約聖書『ヨハネの黙示録』の「新しいエルサレム」である。同黙示録は,つぎのように,「天上のエルサレム」を叙述する。

　　この天使が,"霊"に満たされたわたくしを大きな高い山に連れて行き,聖なる都エルサレムが神のもとを離れて,天から下って来るのを見せた。都は神の栄光に輝いていた。……都には高い城壁と十二の門があり,それらの門には十二人の天使がいて,名を刻みつけてあった。……東には三つの門,北には三つの門,南には三つの門,西には三つの門があった。……
　　この都は四角いかたちで,長さと幅がおなじであった。天使が物差しで都を測ると,一万二千スタディオンあった。……また城壁を測ると,百十四ペキスであった。……都の城壁は碧玉で築かれ,……都の大通りは,透き通ったガラスのような純金であった[1]。

『ヨハネの黙示録』は,天上のエルサレムを正方形の市壁,各辺3門からなる計12の市門,東西・南北に走る各3本の壮麗な街路をもつ方格都市として描いている。

このように,西暦紀元前後の時期に属する『アルタシャーストラ』,『周礼』,『ラーマーヤナ』,『ヨハネの黙示録』が共通して,〈方形市壁・12市門・3主要街路・方格状街区〉を骨格とする都市像を語っている。もしかすれば,この都市像は,ひろくユーラシア各地に潜在する理想都市像として敷衍できるものかもしれない。

しかし〈方形市壁・12市門・3主要街路・方格状街区〉という点では共通しているとしても,図26と図27に要約できる古代インド世界と古代中国世界の都城の形態には大きな相違がある。中国都城の理念は,前述したように,いくつかの四字成句で要言されてきた。それらと対比しうるようにインド都城の特質を同様の四字成句に要言して,古代インド世界の都城思想を再整理することにしたい。当然,両世界の都城思想の相違を反映して,両者の四字成句はまったく異なったものとなる。それへと進む前に,両世界の都城思想について基本的な諸点を比較しておきたい。

III-2　都城思想・都城形態の比較

　古代インドと古代中国両世界の比較都城論への視座として,「都城がどこに建設されるのか」という建設位置,「その内部はどのように編成されているのか」という内部編成の2つを提出したい。それらをつうじて検討したいのは,「都城の建設位置と内部編成が, 両世界のコスモロジーとどのように連環しているか」という問題である。

(1)　都城とコスモロジーの意味連関

　まず, 古代インド世界の都城思想からみることにしたい。古代インド世界では, ヒンドゥー・コスモロジーが規定するものは都城の内部編成であった。それゆえに, ヒンドゥー・コスモロジーを視覚化するマンダラをベースマップとして,『アルタシャーストラ』の記載を忠実に読解・転写していくことによって, 都城の内部編成を形態復原することができた。いいかえれば都城の内部編成は, まさに「コスモロジーの地上に投影された縮図」であった。

　しかし逆にヒンドゥー・コスモロジーは, 都城の建設地点についてはなんら語らない。『アルタシャーストラ』も, I-3での要約1)に示したように, その建設場所を「建築学者の推奨する地」と述べるのみであった。『マーナサーラ』も,「建築家が場所を選定し, その土壌を検査する。これを無視すれば, すべてが瓦解する[2]」と述べている。古代インド世界では, 都城の建設地点の選地は, 建築学者や建築家といった実務的技術者の領域とされているのである。

　『アルタシャーストラ』は, 都城の建設地点として, 具体的には川や湖などの水辺, そして水辺と道路との交点を強調する。それらは, コスモロジーではなく, 基本的には地形によって規定される局地的な自然条件の指摘である。同書は, その理由として, そこが物資の集散に便利であるという機能的・実用的な利点をあげている。

　しかし『アルタシャーストラ』での水辺の強調には, 別の理由があろう。それは, ヒンドゥー教では穢れからの浄めとしてもっとも重視されるのが, 水だからである。ヒンドゥー教の聖地というと, ただちにガンガー川を想起する。しかしヒンドゥー教の聖地は, ガンガー川の本・支流だけでなく, 同川以外の諸河川の源流・合流点・河岸・河口, また海岸といった水辺に所在するものが圧倒的に多い[3]。これは, 中国や日本などの東アジアが山をもって聖地とするのとは, まったく異なっている。ちなみ

にサンスクリット語で「聖地」を意味するティールタ (tirtha) は，「渡河地点」・「川の渡し場」を原義とする。つまり古代インド世界の都城建設では，コスモロジーとの対応性ではなく，水辺の存在で示される局地的な聖性が強調されているのである。

　一方，古代中国世界では，都城つまり国都の建設地点はコスモロジーによって決定される。〈「天の中心＝北極」→「宇宙軸＝霊力伝導軸」→「地の中心＝天子登極地」〉という「天地照応」のコスモロジーである。このコスモロジーにもとづく「地の中心＝天子登極地」が，都城の建設地点となる。都城の立地点とコスモロジーとの対応性は，古代中国世界が示す古代インド世界の都城思想との基本的な相違点の第1である。

　しかし逆に，古代中国世界の都城思想では，都城の内部編成はコスモロジーとは無縁である。古代中国のコスモロジーは，都城の建設地点については語るけれども，その内部にまではおよばないのである。この点は，古代インドと古代中国両世界の都城思想における基本的な相違点の第2である。

　このように，都城とコスモロジーとの対応関係については，まず，都城の建設位置に関しては，〈「それがコスモロジーによって規定される古代中国世界」：「それについてはコスモロジーがなんら語らない古代インド世界」〉という対照性が存在する。また都城の内部構成に関しては，〈「コスモロジーがそれをなんら語らない古代中国世界」：「コスモロジーがそれを語る古代インド世界」〉，という対照的な相違が存在する。両世界のあいだでコスモロジーが語り規定するものは，まったく対照的なのである。

(2)　都城核心施設

　古代インド世界の都城思想では，都城の中心域に占める核心施設は，寺院（神殿）すなわち宗教施設であった。ヒンドゥー・コスモロジーを凝縮するマンダラでは，そこは，宇宙創造神ブラフマー神の神領とされる区域である。これを中国の都城理念を語る四字成句と対比させて成句化すれば，「中央神域」である。一方，中国都城では核心域を占めるのは，宮闕すなわち宮城（王宮）であり，その四字成句は「中央宮闕」であった。両者のあいだには，〈「中央神域」：「中央宮闕」〉という都城中心に位置する中核施設に関する構造的な相違が存在する。これは，古代インド世界と古代中国世界の両都城思想がもつ基本的な性格の相違を表徴するものである。

　その相違は，都城建設者としての帝王の権威と権力がよって立つ基盤，すなわち王

権思想の相違を反映する。古代インド世界における王権は，都市国家時代をのぞくと，第2ランクのヴァルナであるクシャトリヤによって担われていた。筆頭ヴァルナのバラモンは，サンスクリット語文献と祭文・祭式によって代表される知と古典の独占者であり，とりわけ祭式執行者（祭僧）としての性格がつよかった。これを教権とよぶとすれば，王権は，理念的には筆頭ヴァルナのバラモンがもつ教権に従属する存在であった。

たとえば『アルタシャーストラ』は，「弟子が師匠に，息子が父親に，従者が主君にしたがうように，王は宮廷祭僧にしたがうべきである。バラモン（宮廷祭僧）により光輝あるものとされ，（バラモンの）顧問官の助言により浄化され，［政治］論書に準拠することにより武装され，王族は無敵となり，完全に勝利する[4]」と述べる。

『マヌ法典』は，もっと直截に「バラモンは，無学であろうと学識があろうと，偉大な神格である。それは，［祭壇に］運ばれようとそうでなかろうと，火が偉大な神格であるのとおなじである」，「あらゆる点でクシャトリヤがバラモンを完全に威圧するに到ったときは，バラモンこそ彼の抑止者となるべし。なぜならクシャトリヤはバラモンから生まれたのであるから[5]」と語っている。

インド古典学の中村元は，古代インド世界の「顕著な一特徴」として「バラモンは，「人間の神」として尊崇された。……当時のインドにおいては，国王は，社会的権威の点ではバラモンの下に立っていた。インド的な，農村の氏族制社会の組織が確立した時代には，国王の世俗的な権力は宗教的な権威に従属していたのである[6]」と述べる。

インド古代史家の山崎元一も，「王は法令（王勅）は発するが，（バラモンが伝持する）「ダルマ（聖法）」の制定者ではなく，「ダルマ」は王権を超えた存在なのである[7]」とし，また古代インド世界の王権論について，「王は法の制定者ではなく，聖法に従って懲罰権を行使し，人民の生命・財産と社会の秩序を守護する者である。王がこうした義務を遂行する上でバラモンが果たす役割は大きい。すなわち，バラモンは王の宗教・学問の師であるとともに，聖法の教示者である。彼らはまた大臣や裁判官として，さらに上下の役人として王に奉仕し，国家の維持に努めた[8]」としている。

もちろん『アルタシャーストラ』にしても，『マヌ法典』にしても，それらはバラモンによって書かれ，バラモン中心主義的なイデオロギーで貫かれている。そのことは認めるにしても，中国との関係でいえば，このような王権のバラモンへの従属を主張する王権論を展開できるという事実が重要なのである。それは，中国王権のもとでは

不可能なことであった。たとえば中国仏教では，鎮護国家のために受容された日本の仏教とは異なって，歴史をつうじて「王と仏のいずれをもって最尊とするか」という王仏論争がくりかえされた。仏をもって最尊とする主張に対しては，王権による徹底的な弾圧がくわえられた。いわゆる法難である。「天帝の子」として中華世界に立つ天子は，自身が冒すべからざる神聖王であって，天竺という「夷」の世界が生みだした仏陀などとは比較にならない超越的な存在だったからである。

インド都城の「中央神域」という理念は，この王権と教権との分離，そして王権の教権への従属という古代インド世界の王権思想を反映する。他方，中国王権は，天命思想にもとづく超越的な神聖王思想に立つ。教権があったとしても，王権はそれをはるかに凌駕する存在であった。当然，中国都城では，王権は都城の中心核心域を占める。まさに「中央宮闕」である。

このように，王によって建設されるべき都城は，その王権が立脚する王権思想の相違を都城の中心核心施設においてもっともよく表現しているのである。

(3) 都城形態の基本構造

ここでまた，トポロジーにおける等方性の概念を借りよう。なんども言及したように，ある中心から周縁にむけて力が発せられる場合，その力がすべての方向に対して均等に減衰してゆくとき，それを等方性という。同心円構造は，この好例である。これに対して，ある一定方向にむけてのみ減衰がいちじるしく，そこに方向的な偏りが存在するとき，これを非等方性とよぶ。ヒトデ型構造は，この代表である。等方性と非等方性という概念は，インド都城と中国都城の空間編成の形態相違をよく説明する。

古代インド世界の都城の空間的な編成は，「中央神域」を取り囲む三重の同心正方周帯が周辺にむかって遷移していく編成，つまり方向的な偏りをもたない等方性原理を特質とする。これを四字成句に要言すれば，「同心周帯」である。

これに対して古代中国世界の都城は，〈北→南〉につらなる区画帯が，縞状に左・中・右に並列する編成を示す。これは，〈北→南〉への方向的偏りをもつ都城編成である。四字成句で表現すれば，「南北縞帯」である。「中央宮闕」から周辺への非等方的な空間編成，それが中国都城思想の形態特質である。

この非等方的空間編成という中国都城の基本構想は，その理念を語る四字成句に通底している。「前朝後市」・「左祖右社」・「左右民廛」，これらの四字成句は，すべて「中央宮闕」に南面して立つ天子の身体方位，つまり天子の前後・左右という身体方

位で語られているのを特質とする。前述した非等方的な「南北縞帯」という中国都城の特質は，南面をもって最尊とする天子の身体方位による方向的偏りを表現したものである。II-2-(3)で，那波による中国都城の理念を語る四字成句に新たに 5) として「南北縞帯」をくわえたのは，そのゆえである。等方性に関しては「方形」という中立的な都城形態に強力な方向的偏りを生みだす存在が，超越的な神聖王の「天子南面」思想とそれから生成する「南北縞帯」なのである。ここからも「南北縞帯」を，中国都城の非等方的な編成を含意する重要な四字成句として強調しうる。

　古代インド世界の都城形態も，中国都城とおなじく正方形ないし長方形をもって正統とする。ヒンドゥー・インドにも，方位に関する序列は存在する。東をもって最尊とする方位観である。しかしその最尊方位である東は，まず絶対方位であるうえに，都城の内部編成に方向的偏り，つまりある一定の方向のみを重視する編成を生みだすことはない。古代インド都城の内部編成は，最尊の方位が存在するとしても，それが等方性のなかに埋没している構造を示す。古代インド都城と古代中国都城とのあいだには，都城内部の基本編成に関して〈「同心周帯」：「南北縞帯」〉という対照性が存在するのである。

　すでに指摘したように，都城の内部編成がコスモロジーと対応している古代インド世界の都城とは異なって，古代中国の都城思想では，コスモロジーは内部編成についてなんら語らない。中国都城思想において，その内部構成を規定するのは，神聖王としての天子の身体方位である。つまり天子の身体というマイクロ・コスモロジーに対応したゾーニングが，中国都城の特質である。これは，古代インド世界の都城思想とは決定的に異なる特異点である。王権による独自の非等方的な都城編成は，教権に従属するヒンドゥー王権ではありえない思想なのである。

　最後に，やや重複する点もあるが，古代インド世界と古代中国世界の両都城の基本設計思想を比較したい。インド都城は，「中央神域」を取り囲む内・中・外の 3 つの同心正方周帯の外縁的積層を基本設計思想とし，その各周帯がたがいに異なった機能を分担している。このことは，図 26 の凡例に示したとおりである。

　3 つの同心正方周帯のうち，もっとも内部にある内周帯には，王宮と「四姓がともに住む最良の住宅地」が所在する。この住宅地の性格についての解釈はすでに提出したので，ここではその説明を省略する。

　内周帯を囲む中周帯には，長官が管轄する官庁・官庫が集中する。中国都城でいえば，皇城つまり朝廷にあたる空間である。既述した『アルタシャーストラ』の記載の

表1　インドと中国の都城思想比較 —— 成句の対比

	古代インド	古代中国
基本構想	同心周帯	南北縞帯
	等方性	非等方性
基本形態	方形	方形
	旁三門	旁三門
	十六街区	十六街区
核心施設	中央神域	中央宮闕
宗教施設	中央神域に包摂	左祖右社
官衙・市	中朝外市	前朝後市
民間住居	外囲民廛	左右民廛

(『アルタシャーストラ』，『周礼』「考工記」および『欽定礼記義疏』をもとに応地作成)

　要約7)にあるように，王の「師匠」であるバラモン宮廷祭僧・学匠もここに居住する。もちろんこれらのバラモンは王や長官のうえに立つ存在であるが，同時に王をつうじて国家経営に関与している点では長官たちとおなじである。こうした王の師匠あるいは臣下として密接な関係・任務をもつ祭事・政事執行者たちの官衙群が，王宮所在地に接する中周帯に所在する。

　もっとも外側の外周帯は，商人や職人たちが同業者ごとに集るバーザール，および四角形の辺ごとに住み分けられた各ヴァルナの住宅地からなる。ここは，いわば市民たちの空間であり，都市の経済基盤をなす商業や手工業が集積する市場空間と住宅地区である。

　このように古代インド世界の都城では，中周帯に朝廷，外周帯に市場が立地する。これを中国都城の理念である「前朝後市」と対比させていえば，「中朝外市」である。また各ヴァルナのもっとも大きな住宅地は，外周帯に存在する。中国都城での都市住民の居住地に関する四字成句は，「左右民廛」であった。それにならっていえば，インド都城の住宅地は「外囲民廛」となづけうる。

　以上，古代インド世界と古代中国世界の対照的な都城思想を，それぞれ四字成句に整理することを試みた。それらを一覧表にして表示すると，表1に要約できる。同表に記入された四字成句の対照性が，両世界の都城思想のあいだの基本的相違を明示する。中国都城を語る四字成句群のなかで，上記の論議でふれなかったのは宗教施設の配置であった。それに関する中国都城の理念は，「左祖右社」であった。インド都城では，宗教施設は，当然，「中央神域」に包摂され，独自の四字成句を定立する必要はない。

　表1に示した都城理念を要約する四字成句が，「中央神域」を中心として等方的に

第III章　古代インドと古代中国の都城思想比較論

展開する同心正方周帯編成のなかで説明できる点に，インド都城思想のもっとも重要な特質がある。すべて天子の身体方位にもとづく非等方性のなかで四字成句が語られる中国都城思想とは，この点で決定的に異なっているのである。

古代インド世界と古代中国世界の都城思想は，〈方形市壁・12市門・3主要街路・方格状街区〉というハードな形態・骨格では共通性を示す。しかしその内部の編成原理・施設配置・用途区分などのソフト面では，まったく異なっている。

古代インド世界と古代中国世界が生みだした2つの都城思想は，〈コスモロジー—王権—「都の城」〉からなる三位一体的連環という点では共通しつつも，たがいに異質なコスモロジーと王権思想を基盤として成立した別個の存在と結論できる。このことは，都城思想が東アジアの専有・占有物ではなく，それとは別個の系譜に属する都城思想がアジアに厳存していることを明証している。同時にその事実は，「都城は東アジアの専有・占有概念」として，その内部での比較都城論の盛行が視野狭窄的所為にすぎないことをつよく示唆する。

この「東アジア的バイアス」からの都城思想の解放は，同思想をアジアの都市展開の鍵概念として論じうる可能性を提示するものでもある。次章以下では，この点へと中心課題を移行させて，それぞれの地帯における都城展開について検討することにしたい。

第 IV 章

古代インドと古代中国における初期都市の同型性
── 城砦・市街地の空間的二元性

　古代インド世界と古代中国世界での都市成立は，いわゆるインダス文明と黄河文明の成立と密接にかかわっている。両文明は，ともに都市国家の簇生をともなっていた。これらの都市国家を初期都市としてとりあげ，その形態的な検討を試みる。古代インドと古代中国の両世界のあいだには，初期都市の形態の点でも，相違と同時に意外な共通性が見いだされる。

IV-1　インダス文明都市 ── カーリーバンガンとドーラーヴィラー

　インド世界における都市形成は，紀元前三千年紀のインダス文明期にまでさかのぼりうる。インダス文明の諸特質のなかで本書の主題と直接的にかかわるものとして，都市と村落からなる集落遺跡の分布範囲がきわめて広いこと，その多くは村落規模であるが，当初から都市とよびうる「都市的なるもの」が成立していたこと，その「都市的なるもの」の形態にはいくつかの共通性がみられることなどを指摘できる。
　インダス文明の中心的な分布範域は，西のインダス川中流域平原から，東方にむけてはガンガー川の上・中流域，また南東方にむけてはアラビア海に面するグジャラート地方一帯にまでおよぶ。この分布の広域性は，いわゆる古代の四大文明のなかでは異例な広さである。それは，当然，分布域内部での地方差をうみだす。都市遺跡の場合でも，とりわけグジャラート地方とその周辺は，他のインダス文明域とは異なった独自の性格をもつとされる。それについては後述することにして，まずインダス川中流域平原で検出・発掘された都市遺跡をとりあげることにしたい。
　同平原に所在する代表的なインダス文明都市は，共通して顕著な形態的特質をもつ。これまでに指摘されてきた点をもとに，それらを再考すると，以下の4点に要約できる[1]。

　1）疑似グリッドパターンともいうべき方格状の街路形態をそなえた都市であること。

写真6　モエンジョ・ダーロ　アクロポリス地区
同地区には，長方形の大沐浴池を中心に大規模な建造物が集中する。後方は，インダス文明崩壊後の3〜4世紀のストゥーパ（仏塔）遺址。

2)　城砦と市街地の2区からなり，両者は介在するオープン・スペースによって分離されていること。以後，この特質を，都市構成の「空間的二元性」とよぶことにしたい。

3)　「空間的二元性」とは，機能的には城砦と市街地，空間的には前者が西方立地，後者が東方立地という2つの二元性の結合を含意する。この空間的編成を，以後，「西城東街」編成とよぶことにしたい。

4)　「西城東街」の「空間的二元性」は，さらに西の城砦がより高位面を占め，東の市街地がより低位面を占めるという両者間の比高差の存在と対応していること。これを，以後，「西高東低」とよぶことにしたい。

　いま2)以下の形態的特質を要約するにあたって，これまでのインダス文明研究の慣例にしたがって，「城砦」・「城」という言葉をもちいた。「はしがき」で「都城＝都の城」の意味について語った際に，「都」は祭事と政事に，「城」は軍事にかかわる施設・機能を表徴するとした。「城砦」・「城」は，当然，軍事施設の存在を含意する言葉である。しかしインダス文明都市を対象として「城砦」・「城」という用語をもちいるのは，現在までに判明している同文明都市の実体・特質と矛盾する。
　というのは，モエンジョ・ダーロやハラッパー，また次項で詳述するカーリーバンガンなどの代表的なインダス文明都市の「城砦」とされる部分からは，現在に至るまで「城」にかかわる軍事施設が発見されていないことである。たとえばモエンジョ・ダーロの「城砦」からは大沐浴タンク・穀物倉庫ともいわれる建物群・大型多柱建造物，カーリーバンガンの「城砦」からは祭火壇・供犠壇が発見されている。ハラッパーの「城砦」では基壇の存在は確認されているが，建造物そのものは未発見である。その他のインダス文明都市の「城砦」について述べることは省略するが，それらをふくめて，「城砦」とされる区域で発見された施設に関して，つぎの2点を指摘できる。
　第1は，「城砦」とよぶにふさわしい軍事にかかわる施設は，その内部からは発見されていないことである。「城砦」の外周をとりまく囲壁は，軍事施設とみなすこともできる。しかしそれは，後述するように，軍事目的だけの施設ではなかったであろう。
　第2は，「城砦」の内部からは，祭事と政事に関係する施設の存在を確認できることである。モエンジョ・ダーロとカーリーバンガンを例に前述した諸施設のうち，大沐浴タンク・祭火壇・供犠壇は祭事施設，また穀物倉庫ともされる建物群・大型多柱

写真7 ハラッパ 倉庫群
狭長な並列建造物（約6×16 m）は基礎部分に換気・通風設備をそなえていて，穀物倉庫と推定されている。

建造物は政事施設であろう。

 とすると，たとえ研究史の慣用語であるとしても，祭事と政事に特化した諸施設からなる郭域を「城砦」・「城」という言葉で表現するのは誤解をまねく[2]。「はじめに」で述べた日本での「都城」定義への批判とおなじことが，ここでもなりたつ。インダス文明都市の実体により忠実であるために，本書では，「城砦」・「城」という用語を排して，「祭政台」という言葉をもちいることにする。この場合の「祭政」とは祭事と政事，「台」とは「平たくて高い土地」（『広辞苑』）を意味する。「祭政台」とは，「祭事と政事のための高台空間」である。したがってさきに「西城東街」としたインダス文明都市の形態特質は，以後，「西祭東街」といいかえることにする。

 以上の諸点をふまえて，まずカーリーバンガンを例に，インダス川中流域平原に所在するインダス文明都市の形態特質について検討することにしたい。ついで，同平原の都市とは異なった形態的特質をもつとされるグジャラート地方のインダス文明都市の例をドーラーヴィラーにもとめて，その特質を考察する。

(1) カーリーバンガン

 カーリーバンガン（Kalibangan）は，インド共和国のパンジャーブ州の最南端，ラージャスターン州との州境部に位置する都市遺跡である。そこは，インダス川中流域平原のほぼ北東端にあたる。同平原のパキスタン側には，インダス文明都市を代表するモエンジョ・ダーロやハラッパーが位置している。カーリーバンガンは，そのインド側に位置する代表的なインダス文明都市で，いわゆるインダス文明の都市期（紀元前2300年〜1800年ころ）に栄えたとされている。

 さきに列挙した同平原のインダス文明都市がもつ形態的特質のうち，1) の街路形態については後述することにして，最初に2)〜4) の3点について，カーリーバンガンを例に検討する。図28は，発掘調査にもとづくカーリーバンガンの都市遺跡復原図である[3]。しかし実際に遺跡に立つと，東西2つの遺丘の存在はただちに了解できるが，同図が示す遺丘内部の構成を想像することは困難である。

 同図が示すように，遺跡のすぐ北方には遺丘を迂回するように曲流するガッガル川の旧河床がみとめられる。図は，そこに「ガッガル川の干あがった河床（Dry Bed of River Ghaggar)」と記入している。その記入のとおり現在では同川は干あがり，タール沙漠のなかに消失する内陸河川と化している。

 ガッガル川の旧河床は，『リグ・ヴェーダ』が述べる「聖なる川」サラスヴァティー

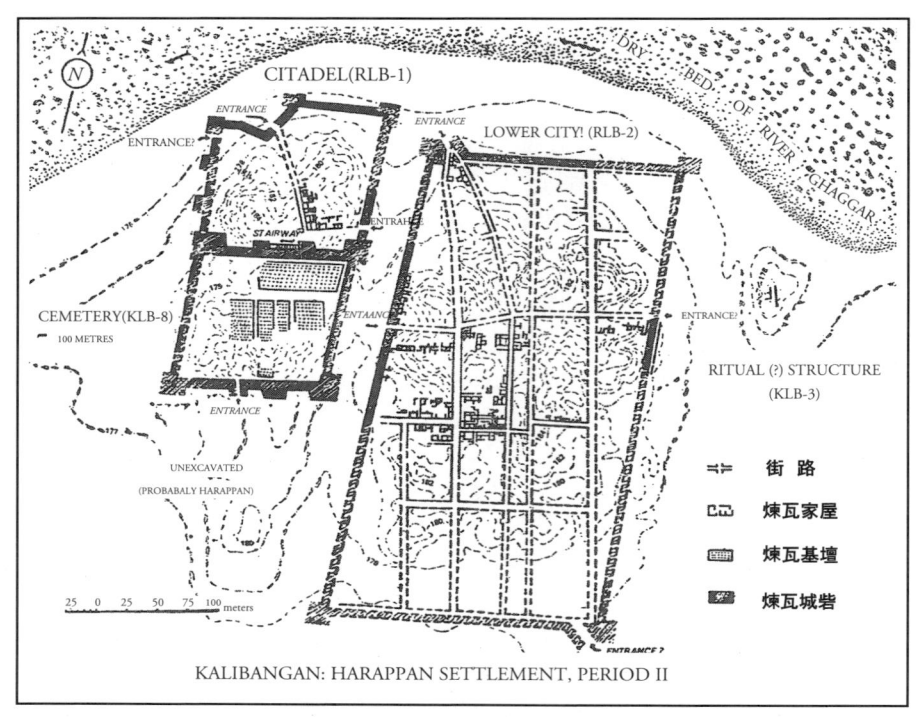

図28　カーリーバンガンの遺跡復原図（チャクラバルティーによる）

川のかつての流路と考えられている。サラスヴァティーとは「水をゆたかにもつもの」を意味し，バラモン教では神格化された河川神のなかで最高の存在とされていた。バラモン教のあとに成立したヒンドゥー教でも，サラスヴァティーは宇宙創造神ブラフマーの配偶神の地位をあたえられ，いまも学芸の女神として尊崇を集めている。同女神は伎芸天女の名で仏教にも入り，おなじく技芸を守護する天女とされる。

　サラスヴァティー川について，『リグ・ヴェーダ』は，「大河は［その］威力により，他のあらゆる水流を［後に］おしやりつつ進む」，「諸川の中にただ独り，サラスヴァティー川はきわだち勝れり，山々より海へ清くながれつつ[4]」との讃歌を捧げている。ここに描かれているように，サラスヴァティー川は，当時は，沙漠中ではなくアラビア海に流入する水量ゆたかな大河であったのであろう。しかし現在ではガッガル川の流量は極度に少なく，図28の記入説明のとおり河床も干あがってしまっている。その変化は，流域での地殻運動によって説明されることが多い。

　『リグ・ヴェーダ』の成立時期は，紀元前1200～1000年をはさむ数百年間とされている。そのころには，サラスヴァティー川は，南東流するガンガー川の支流ヤムナー川と南西流するインダス川の支流サトルジ川とのあいだの平坦な平原を流れていたと考えられている。いまもそこに，ガッガル川の旧河床が見いだされるからである。こ

写真8　カーリーバンガン
カーリーバンガン遺跡は大規模な遺丘で，全面発掘されていないために，現場での遺跡・遺構の確認・比定は困難である。

の平坦な平原が，東のベンガル湾と西のアラビア海に流入する河川の分水界にあたっていた。日本では分水界といえば，分水嶺つまり山稜を連想する。しかしここでは，平坦な平原が分水界となっている。

　なんらかの地殻運動おそらくは撓曲(とうきょく)作用によって，この平原上の分水界一帯が変動し，土地の傾斜が部分的に変化したと考えられる。そのためサラスヴァティー川の流路が変化し，その上流部は東のヤムナー川に合流したと推定される。

　地形学では，このような現象を河川争奪とよぶ。この場合のサラスヴァティー川のように，水源をふくむ上流部が切断されて，中下流部が流水を失ってしまった川を截頭(さいとう)河川とよぶ。截頭河川では，流量にくらべて河床が異常に大きいという特徴がみられる。図28が描くガッガル川の旧河床は，その典型例である。

　上記の説明では，河川争奪によって上流部を奪われて截頭河川と化したサラスヴァティー川は水源と流水を失い，現在のように干あがってしまったと考えるのである。ガッガル川の旧河床にそってインダス文明期の諸遺跡が数多く発見されており，当時は，『リグ・ヴェーダ』の讃歌にふさわしい豊富な水量を誇る大河であったのであろう。カーリーバンガンは，同河床にそうインダス文明期の代表的な都市遺跡である。

　図28であきらかなように，祭政台と市街地が「西祭東街」の位置関係で配列し，ともに日干しレンガをつみあげた囲壁と市壁をめぐらせている。市街地の面積は祭政台の約3倍と大きく，「小祭大街」ともいいうる。しかし祭政台よりも市街地が大きいのは，一部をのぞいて，古今東西の諸都市に共通する性格である。インダス文明都市の場合でも，たとえばモエンジョ・ダーロの場合には，市街地の面積は祭政台の12倍以上と推定されている。都市の規模が大きくなると，この数字が大きくなるのは当然であろう。

　「小祭大街」が古今東西の都市に共通する特徴であるとしても，「西祭東街」と「西高東低」は，インダス川流域地帯のインダス文明都市の特質として指摘されてきた。なぜ祭政台が西に，市街地が東に位置しているのかという「西祭東街」については説明困難である。しかしインダス川流域平原の都市遺跡の「空間的二元性」が，「なぜ南と北としてではなく，西と東という方向性で編成されているのか」ということは，説明できる。

　インダス川水系の諸河川は，とりわけインダス文明都市が多く立地するパンジャーブからスィンド地方北部の平原地帯では，基本的にほぼ北東から南西へと流れている。同平原は，これらの諸河川によって分断された「河間の地（ドアーブ）」の集合で

第IV章　古代インドと古代中国における初期都市の同型性

ある。地形的にはドアーブは，2つの部分から構成されている。現地ではベートとよばれる河流にそう沖積低地，その背後にひろがるバルとよばれる沖積台地の2つである。このうちバルは地下水以外に水源がなく，居住困難な地帯であった。そのためインダス文明期の都市遺跡が位置しているのは，水の確保と河川の利用が容易なベートである。

　そこはきわめて平坦で河川利用には便利であったが，同時に河川の氾濫や洪水が頻発する水害常習地でもあった。ベートでは，その被害を軽減・防止できる地形的な高み，つまり微高地が都市をはじめとする集落の最適立地場を提供する。その微高地の代表が，自然堤防である。自然堤防とは，氾濫ごとに堆積する土砂によって形成された微高地で，河川流路にそってほぼ平行して配列する。インダス文明都市の分布地帯では，インダス川はほぼ東北東から西南西にむけて流れている。その流路にそう自然堤防列も，おなじく東北東から西南西，いいかえればほぼ東西方向にならぶ。したがってインダス文明都市の遺跡が東西方向での「空間的二元性」を示す理由は，この自然堤防の走向と配列にもとめうる。

　乾燥地帯の低湿環境下で自然堤防とならぶもう1つの微高地は，固定されて移動することがなくなった古砂丘である。古砂丘も，この一帯では，大きくは自然堤防と同様の走向を示している。このように，東と西の「空間的二元性」はインダス文明都市の特質であるとしても，それは，同文明そのものの特質というよりも，インダス川流域平原での自然堤防や古砂丘の走向によって説明できるのである。

　また祭政台と市街地の「西高東低」という高低差は，祭政台や「城砦」の建設地点は都市域内の最高所に選定されてきたという，これまた古今東西につうじる都市建設思想によって説明されよう。したがってこれも，インダス文明都市の特質に帰することはできない。

　図28にもどると，カーリーバンガンでも祭政台と市街地は小丘のうえに築かれている。しかし明瞭な「西高東低」を示すモエンジョ・ダーロやハラッパーの場合とは異なって，カーリーバンガンの祭政台と市街地の高度は，ほぼおなじである。つまりカーリーバンガンでは，両者のあいだには「西高東低」といえるほどの比高差はない。祭政台の囲壁は約120×240メートルのほぼ平行四辺形で，その壁厚は7〜13メートルにも達する。囲壁には，望塔や突角堡が設けられていた。同図にみるように，祭政台の内部は隔壁によって北と南の2つの部分に分かたれ，両者の性格には相違があったと推測されている。南半区では，長方形の平坦な土壇がいくつか発見されていて，

それらは祭祀用の基壇と推定されている。前述した祭火壇と供犠壇も，それらの基壇上で発見されたものである。

　北半区も南半区も，おのおの北辺と南辺に門戸を開く。南辺の門戸は，いわば開口部にすぎない。しかし北辺の門戸は，階段とレンガ舗装路をそなえていて，はるかに整備されている。そこから北半区と南半区の用途には，階級差の存在を想定する考えもある[5]。階級差が支配者の存在とむすびつくとすれば，北半区が宮殿的施設であったと考えられる。しかしその遺構は，発見されていない。

　祭政台は，祭事・政事施設の場であると同時に，一般の住民にとっては危急時の逃げ城でもあったであろう。インダス文明都市に共通する特徴として，戦乱に代表される軍事的な要因による破壊層がほとんど検出されていないということがある。頑丈な囲壁や市壁は，軍事的機能よりも他の機能をもっていたのであろう。それらは，都市を周辺から区別し顕示する市壁であり，また北接して流れるガッガル川の氾濫から都市を護る堤防の機能をになう市壁でもあったであろう。

　祭政台の東には，市街地がひろがる。ほぼ平行四辺形をなす祭政台の東辺と市街地の西辺とに注目すると，両者の走向はほぼ正南北で平行関係にある。図28では，それらの東・西両辺はやや東に傾いているようにみえる。しかし図の左上端に記入された方位との関係でみると，それらはほぼ正南北に走っている。祭政台の東辺と市街地の西辺は，約40メートルの間隔でへだてられている。その間隙帯からは建造物は発見されていないので，完全なオープン・スペースであったようである。また祭政台と市街地の北辺と南辺もほぼ平行関係にあるが，その走向は北に約13度ふれている。祭政台と市街地は大小の2つの平行四辺形で，オープン・スペースを介在させて「西祭東街」・「小祭大街」の「空間的二元性」を形成していた。

　東方の市街地を囲む市壁はほとんど失われてしまっているが，残存部分から推定して，市壁の規模は東西幅約240メートル，南北長約360メートルの平行四辺形と考えられている。ただし市壁の南辺は現存しないので，南北長は完全な推計値である。もしこれを前提とすると，120メートルを基本的な尺度単位として，カーリーバンガンの縄張りがなされたと推定できる[6]。いま120メートルをSとすると，郭域のヨコ・タテ比は，西の祭政台が1S×2S，東の市街地が2S×3Sということになり，カーリーバンガンが計画的な基本設計にもとづく建設都市であったことを推察させる。

　ここで，さきに後述するとして留保した街路形態について検討する。図28の遺跡復原図から観察されるように，カーリーバンガンの市街地内部の街路構成は，南北街

路と東西街路がともに直線状に走り，両者があいまって疑似グリッドパターンとよびうる形態を示している．しかも両街路ともに迷路また袋小路をつくることなく，ほぼ等間隔をたもって市街地内を走っている．

　注目されるのは，南北走する街路である．図28では，南北街路については，市壁から市壁へ貫走する4本の街路と市街地南半部のみを走る1本の街路が復原されている．それらは，ほぼ平行関係をたもって南北走しているが，その走向は市壁の東西両辺の走向とは無関係に斜走している．そのなかでとくに興味ぶかいのは，むかって左にあたる西から2本目と3本目の南北走する2つの街路である．この2街路は，市街地北西端の市門のところで合体して1本の街路となって市門を通過していく．この部分では，市街地全域の街路形態から観察される疑似グリッドパターンは大きく乱されている．

　これには，2つの理由が考えられよう．第1は，市壁の北辺にそってガッガル川が流れ，市壁は，同川の溢流・氾濫水を遮断する機能をもっていたと考えられることである．そのため北辺市壁は，市門の数をできるだけ少なくする方が効果的であったであろう．復原図によると，市街地北辺の市門は北東端に1門しか設けられていない．

　北辺に1市門だけを設けるのであれば，その市門は市壁中央部に建設するのが便宜であろう．しかし北辺市壁の唯一の市門は，北西端に開いている．もし現在のガッガル川の旧川床がかつての水量ゆたかな大河サラスヴァティー川の流路を示すものとすれば，そこへの市門建設の理由は流路との関係で説明できよう．ガッガル川の旧川床は，市街地北東端のあたりから北方へと弧を描いて曲流して行き，祭政台の囲壁北西端あたりで南へと転じていく．

　ここで，河川の曲流と側方（水平方向）侵蝕力をめぐる2つの地形学用語をもちいたい．弧を描いて河川が曲流するとき，洪水時などのように水量と流速を増した水流が側方を侵蝕する力は，弧の部分ごとに変化していく．その力がもっとも大きいのは，弧の外側にあたる斜面である．それは，そこが水流のはげしくぶつかる箇所だからだ．曲流部の両岸のうち，この関係に置かれる側を攻撃斜面とよぶ．一方，弧の内側に対しては水流の側方侵蝕力はよわく，河流は滑るように流れていく．この関係にある斜面を，滑走斜面とよぶ．当然，洪水時の被害は，攻撃斜面の方が大きい．

　攻撃斜面と滑走斜面という概念を念頭において，図28でガッガル川の旧河床をたどると，つぎのように要約できる．カーリーバンガンの所在地あたりでは，ガッガル川はほぼ西流している．図28からよみとれるように，同川の旧河床は，市街地北東

端あたりで北に転じていく。市街地北西端の市門所在地周辺は曲流する河川弧のもっとも内側にあたり，滑走斜面に属する。つまり市街地のなかで洪水の被害からもっとも安全なのは，この部分である。それが，洪水の際には氾濫水の流入口ともなる市門がここに建設されている理由であろう。

　さらに祭政台の北辺囲壁に目をうつすと，そこでの大きな特徴は，西半分が南方にむけてカギ型に屈曲していることである。カーリーバンガンの祭政台と市街地の市壁のなかで，このような屈曲がみられるのは，ここのみである。その理由も，上述の攻撃斜面と滑走斜面という概念で説明できよう。ガッガル川の旧河床は，この部分で北への曲流から南へと方向を転じて南西流していく。その曲流走向の転換点は，祭政台北西端あたりにある。ここで，カーリーバンガンが位置する側は滑走斜面から攻撃斜面へと変化していく。しかも図28は，もし祭政台北辺の囲壁が西辺と交会するように建設されたとすれば，その交会点はガッガル川の旧河床直近となることを示している。それは，洪水時には，攻撃斜面ということにくわえて，水量と流速を増した流水が直接に北辺囲壁を攻撃し，いっそう洪水の被害を大きくするであろう。その部分を屈曲させて囲壁を流路から遠ざけることは，それへの対策となる。カーリーバンガンの市壁のなかで，祭政台北辺の西半部のみが例外的なカギ型屈曲をみせるのは，このように流路の曲流と関連づけて説明できよう。

　市街地北西端での疑似グリッドパターン型街路の撹乱に関する第2の理由は，市街地北西端の市門の外にカーリーバンガンの河港があったと考えられることである。先述したように，そこはガッガル川の滑走斜面に属し，カーリーバンガン一帯のなかで洪水からもっとも安全な地点であると同時に，市街地と旧河床とのあいだにもっとも広い空間を確保できる地点でもあった。カーリーバンガンの重要な機能を担った河港の建設地点としても，そこは好適な条件をそなえていたであろう。

　市街地北西端の市門は，この河港に開かれた市門でもあったと考えうる。同市門での2本の南北街路の合体は，ガッガル川の曲流，攻撃斜面から滑走斜面への変換，洪水害からの安全性，河流にそう低地の発達などを要因とする市門の偏在位置と河港立地の両面から説明できよう。それが，市街地北西辺の市門周辺での変則的な街路形態を生みだし，市街地の街路形態を疑似グリッドパターンから逸脱している印象をあたえる理由であろう。

　他方の東西街路は，図28に示されるように，部分的に推定されているものもふくめて計4本が確認されている。しかし南北街路とは異なって，市街地を貫走して市壁

から市壁へと通じる東西直線街路は1本のみである。東西街路は，市壁内を貫走することよりも，南北街路を相互に連結することに重点が置かれていたようである。部分的に確認されている最北のものをのぞいて，南北街路をむすんで走る3本の東西街路について観察すると，北端と南端の2本はともにほぼ直走して東・西両端の南北街路をむすんでいる。これに対して中央のものは直走しないで，カギ型に屈曲しつつ南北街路を連結している。その形態は，日本の近世城下町の丁字路を想起させる。近世城下町の場合には，丁字型街路は防御のための屈曲として語られる。しかしインダス文明都市では戦乱の痕跡が遺跡層に見いだされることはまれであり，この日本城下町の丁字型街路についての説明をカーリーバンガンに適用することはできない。市街地中央部を走る同街路のカギ型屈曲の背後には，なんらかの区分・区別をともなう居住・占居様式があり，その区別・区分の空間的な表現がカギ型屈曲であったのかもしれない。

　このようにカーリーバンガンの街路編成は，明瞭なグリッドパターンとはいいがたい。しかし世界の初期文明が生みだした諸都市のなかでは，もっともグリッドパターンに近いものである。それを指して，本章では，擬似グリッドパターンとよんできた。もちろん擬似グリッドパターンは，カーリーバンガンだけでなく，インダス文明諸都市に共通する街路形態である。さらにカーリーバンガンの場合には，疑似グリッドパターンの街路編成にくわえて，大小の街路幅は1.8メートルの倍数比にもとづいて建設されている。先述した120メートルを原単位とする都市域の基本設計の存在も，想定できる。これらの事実は，カーリーバンガンが計画的な建設都市であったことを示している。

(2)　ドーラーヴィラー

　モエンジョ・ダーロやハラッパーも，いずれも共通して「西祭東街」・「西高東低」を基本とする「空間的二元性」をもった複郭都市であった。それをもとに，カーリーバンガンもふくめて，従来，この都市構成がインダス文明都市全体に敷衍できる形態特質として論じられてきた[7]。

　しかし近年における発掘の進行，とりわけインド共和国北西部に位置するグジャラート地方での発掘成果をもとに，このインダス文明都市像の修正が提唱されている。たとえば小磯学は，祭政台と市街地との「空間的二元性」をめぐって，インダス文明都市に2つの類型を設定でき，しかもその分布が地域性をともなっていることを指摘する[8]。

写真9　ドーラーヴィラー　貯水タンクから祭政台南面を望む

祭政台の南面にそって流下するワーディー河床には貯水タンクが掘り込まれ、堅固な切石積の壁面で覆われている。

第1の類型は、前述したカーリーバンガンのように、祭政台と市街地が分離していて、それぞれが独自の郭壁によって囲まれているものである。つまり「空間的二元性」が、別個の郭域をなす祭政台と市街地の2つによって構成されているものである。小磯は、これを「分離型」とよび、インダス川とその支流群の流域平原一帯に分布しているとする。

第2の類型は、祭政台と市街地は区別されるが、両者はおなじ市壁で囲まれていて一体化しているものである。小磯は、これを「一体型」とよび、主としてグジャラート地方に分布するという。

インダス文明都市の「空間的二元性」に関する上記の2類型の設定は、近年における同文明都市の発掘と研究の進展を意味している。ここでは、「一体型」に属するとされるインダス文明都市の例を、1967年に発見され、90年代から発掘されてきたドーラーヴィラー（Dholavira）にもとめて考察する。そのうえで、この2類型設定の妥当性についても検討したい。

図29は、発掘成果にもとづくドーラーヴィラーの遺跡復原図である[9]。その遺跡に立つと、カーリーバンガンの場合とは異なって、周縁部をのぞいて、同図のとおりにドーラーヴィラーの都市構成を了解できる。

ドーラーヴィラーは、カッチ湿原北部のパキスタンとの国境に近いカーディル島北西端に位置する。遺跡はほぼ東西走する丘陵の西端部にあり、その高みからはすぐ西方にアラビア海の湾入を遠望できる。カーリーバンガンでは、日干しレンガを建材として祭政台と市街地が建設されていた。しかし現在みるドーラーヴィラーの建材は、主として砂岩の大礫と切石である。この相違は、石材の得がたい沖積低地に位置するカーリーバンガンと岩石丘陵地に位置するドーラーヴィラーという、立地条件の相違を反映していよう。

遺跡の北方と南方には、河川が流れる。それらは、ともに南西モンスーン季の降水時のみに水流をみる涸れ川（ワーディー）である。北方のワーディーはマンサール川、南方のものはマンハール川とよばれている。2つのワーディーは遺跡から下流1.5キロメートルほどのところで合流するので、ドーラーヴィラーも「河間の地」に位置する。しかしインダス川流域平原とは異なって、ドーラーヴィラーが位置する「河間の地」は、その内部も沖積台地ではなく岩石丘陵で、また沖積低地もきわめて狭小である。

図29の復原図と現地での観察をもとに、ドーラーヴィラーの都市遺跡について総

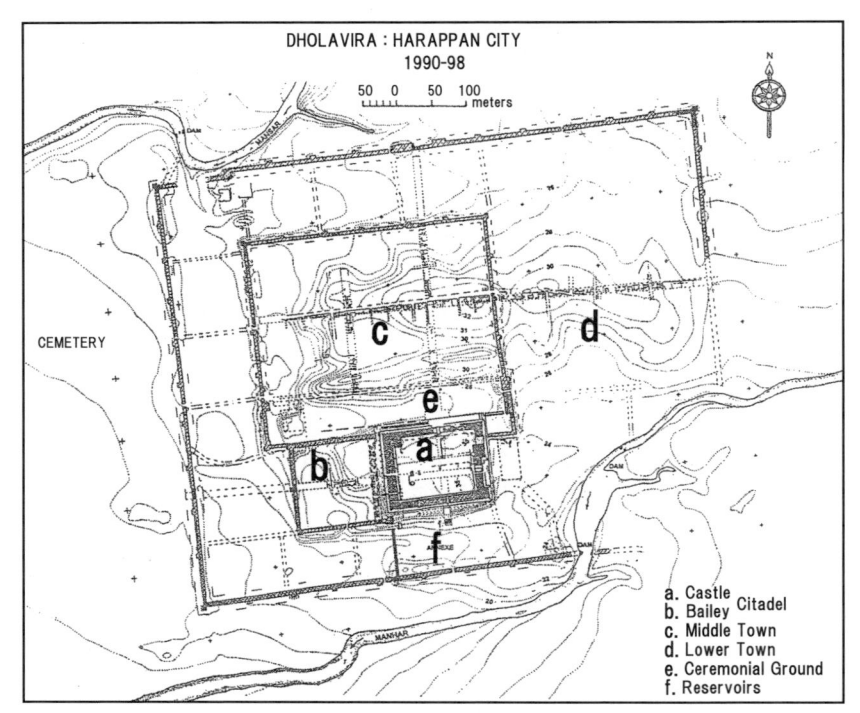

図29 ドーラーヴィラーの遺跡復原図（ビシュトによる）

論的に考察すると，つぎの諸点を指摘できる。

① 都市域全体が東西方向のヨコ長・長方形の市壁 —— ここでは，これを外郭壁とよぶことにする —— で大きく囲まれていて，小磯のいう「一体型」にあたること。外郭壁は，北辺では北に約8度，西辺では東に約5度かたむいている。偏角は多少相違しているが，外郭壁の形態を長方形としてよいであろう。その規模は，全長が確認できる北辺がほぼ781メートル，西辺がほぼ631メートルと計測されている[10]。

それをもとに外郭壁内部の遺跡面積を概算すると，後述するオープン・スペースを含めて約49ヘクタールとなる。カーリーバンガンのそれは約12ヘクタールであるので，ドーラーヴィラーはその約4倍にあたる。インダス文明都市のなかで最大規模の遺跡面積をもつのは，モエンジョ・ダーロである。その面積はなお拡大が予想されているが，その場合でも100〜200ヘクタールと推定されているので，ドーラーヴィラーの都市遺跡の大きさが理解できよう。

② 外郭壁の内部に，大小の方形状の市壁 —— これを内郭壁とよぶことにする —— に囲まれた郭域群があり，都市の中心核を構成していること。

③ したがってドーラーヴィラーは，外郭壁と内郭壁を二重にめぐらせた囲郭都市

写真10　ドーラーヴィラー　貯水タンク
漏水防止のために壁面は緻密な切石で覆われ，水位低下時にも取水可能なように底面まで階段が築かれている。

であること。しかし内郭壁で囲まれた中心核は遺跡全域の中央部ではなく，外郭壁の西辺と南辺に偏在して建設されている。その解釈については，後述したい。
④　中心核の南西方への偏在のために，外郭壁と内郭壁とのあいだに介在する空間は東方と北方にむけてひろがっているが，その利用は北部と南部で相違すること。北部の丘陵部では図29に Lower Town (d) と記入された市街地の延伸部分がつづき，南方のマンハール川ぞいの沖積低地では，内郭壁にそって貯水タンク群がならぶ。この相違についても，後述したい。
⑤　内郭壁に囲まれた郭域群は，大きくは南の祭政台と北の市街地──図29での Middle Town (c)──からなっていること。ここで祭政台とよぶのは，同図に記入された Castle (a) と Bailey (b) をあわせたものである。しかし本書では，前述した理由からこれらの呼称を廃して，同図での Castle を祭政台A，Bailey を祭政台Bとよぶことにしたい。いいかえればドーラーヴィラーでもインダス川中流域のインダス文明都市とおなじように，祭政台と市街地からなる「空間的二元性」を観察できる。しかし両者の関係は，インダス川流域平原の都市群のように「西祭東街」ではなく，「南祭北街」の関係で配置されている。これについても，のちに考えたい。

中心核を構成する祭政台A・祭政台B・Middle Town の3郭域の形態は，いずれもほぼ正方形に近い長方形である。これに対してインダス川流域平原の「分離型」都市の場合には，祭政台と市街地の形態は，図28に示したカーリーバンガンだけでなく，モエンジョ・ダーロやハラッパーの場合もほぼ平行四辺形である。この点でも，小磯のいう「一体型」と「分離型」とのあいだには，郭域の形態的な相違が認められる。
⑥　南の祭政台A・Bと北の市街地（Middle Town）とのあいだには，東西方向に延びる長方形のオープン・スペース（e）が介在し，その遮断空間の存在によって「南祭北街」の「空間的二元性」がさらに強調されていること。この点だけに注目すれば，ドーラーヴィラーも，カーリーバンガンとおなじ「分離型」の特徴を示している。

つまり小磯の類型設定でいうと，ドーラーヴィラーは，①の外郭壁をめぐらしている点では「一体型」，⑥のオープン・スペースで分断された「南祭北街」の明瞭な「空間的二元性」をもつ点では「分離型」に属し，両類型にまたがる性格をもつことにな

第Ⅳ章　古代インドと古代中国における初期都市の同型性　　103

写真11　ドーラーヴィラー　祝祭広場空間
祭政台とMiddle Townとの間の東西に長いオープン・スペースは祝祭広場とされる。それを見おろして南に祭政台が立つ。

る。このことは,「一体型」と「分離型」という類型設定をさらに精緻にする必要性を示している。

というのは両類型の設定にあたって,2つの指標,つまりa) 都市域全体を囲む外郭壁の有無, b) 祭政台と市街地の配置関係の2つの指標をもとに,2類型のみが設定されているからである。指標が2つとすれば,当然,その類型はつぎの4つとなるはずである。

i) 都市域全体を囲む外郭壁があり,祭政台と市街地が一体化しているもの。
ii) 都市域全体を囲む外郭壁があり,祭政台と市街地が分離しているもの。
iii) 都市域全体を囲む外郭壁がなく,祭政台と市街地が一体化しているもの。
iv) 都市域全体を囲む外郭壁がなく,祭政台と市街地が分離しているもの。

これら4類型に主要インダス文明都市を分類すると,ドーラーヴィラーは類型ii),カーリーバンガンまたモエンジョ・ダーロやハラッパーは類型iv),ドーラーヴィラーとおなじくグジャラート地方に所在するロータルは類型i) に属することになる。

ドーラーヴィラーの全体的な都市構成に関して,以上の諸点を指摘したうえで,最初に,さきに後述するとして留保した諸点について考えたい。

図29には,等高線も記入されている。それをたどると,ドーラーヴィラーの都市域が,ほぼ東西走する南北2つの丘陵地をとりこんで建設されていることが分かる。両者のあいだには,南の丘陵地は面積小ではあるが比高大,北の丘陵地は面積大ではあるが比高小という相違がある。つまり南の丘陵地が,よりランドマーク性にすぐれている。それが,そこに祭政台Aが選地・建設された理由であろう。

前記の⑤で,祭政台と市街地の「空間的二元性」が,インダス川中流域平原都市の「西祭東街」という東西方向ではなく,ドーラーヴィラーでは「南祭北街」の南北関係となっていることを指摘した。これは,ドーラーヴィラーでは,上述した南北2つの丘陵地が東西走しているという地形的な条件によって説明できよう。この点は,インダス中流域平原都市の場合の「西祭東街」が,やはり自然堤防・古砂丘の走向と配列といった地形的な条件によって説明できたのとおなじである。

また③で,祭政台と市街地が外郭壁で囲まれた都市域の中央部ではなく,外郭壁の南西辺に偏在して位置することを指摘した。その理由は,同図にLower Town (d) として記入された市街地の建設にともなう外郭壁の東方への延伸にもとめうる。これに

よってドーラーヴィラーの拡張された都市域は，マンハール川沿岸低地を大きく域内にとりこむことになる。その結果が，外郭壁の南東隅一帯で観察される河川の侵食による崩壊の跡である。そこは，ドーラーヴィラー周辺では数すくない沖積低地にあたっている。この部分では，マンハール川が外郭壁内に流入して河道幅をひろげると同時に下方侵蝕し，その一帯の外郭壁を破壊している。そのため外郭壁の南東コーナーの遺構は，現場では確認できない。

　この破壊は，おそらく，ワーディー特有の降水直後の一時的なはげしい出水流によるものであろう。岩盤が露出し，植生による被覆がごく貧弱な上流域が雨をうけると，保水力がないために，降水はただちに激流となってワーディーを流下する。しかしドーラーヴィラーでは，ワーディーを流下する出水流は，後述する貯水タンクの水源として重要な意味をもっていた。マンハール川は，出水流による災害をもたらすと同時に，貯水タンクへの給水源ともなるという両義的な役割を果たしていた。とすれば，マンハール川を外郭壁の内部にとりこむことは，避けがたい選択であったであろう。このことは，④で言及した外郭壁の東辺内部一帯で観察される土地利用の南北差を説明する理由でもある。

　ここで，さきに留保した諸点への考察を終えて，ドーラーヴィラーの都市構成に関する各論的な検討に移ることにする。最初に，発掘結果から判明するドーラーヴィラーの建設過程について紹介する。

　ドーラーヴィラーの遺跡層は，第Ⅰ～第Ⅶ期に分類されている[11]。最古層にあたる第Ⅰ期の層は，祭政台Aの下に埋もれている。そこからは，すでに郭壁をそなえた集落址とハラッパー文化の特徴をもつ出土品が発見されている。つまりドーラーヴィラーは，当初からインダス文明と密接な関係をもって成立した。第Ⅰ期の使用資材は，現在，ドーラーヴィラーの遺跡でみるものとは異なって日干しレンガが中心であった。

　第Ⅲ期は，第Ⅳ期へとつづくドーラーヴィラーの最盛期にあたる。第Ⅲ期の層からは，インダス文明を特色づける石製分銅また印章 ── ただし画像のみで，文字は陰刻されていない ── が出土している。その時期は，おそらくインダス文明の都市期とされる紀元前2200年前後にあたるとされる。

　現在，発掘・保全されている都市遺跡は，第Ⅲ期にできあがったものである。それは，第Ⅱ期までの都市構成要素の全面的な革新をともなう巨大都市の建設であった。第Ⅲ期にドーラーヴィラーで実現された革新と建設を列挙すると，以下のもの

があげられる。

(1) 南方の丘陵地頂部での頑丈な郭壁で囲まれた祭政台Aの建設。その壁体は厚く，また壁面は切石や大礫で強固にかためられている。
(2) 祭政台Aの西方での祭政台Bの建設。図29の平面図では両者は接しているが，実際には台地崖によって遮断され，遺跡最大規模の切石階段によって連結されている。
(3) 祭政台Aの北方に存在していた第II期の住宅地の撤去と，その跡地のオープン・スペースへの転用。オープン・スペースの規模はおよそ東西300メートル，南北50メートルで，図29が凡例にe (Ceremonial Ground) と記入しているように，都市の祝祭広場的な役割をもっていたとされる。
(4) 北方の丘陵地での郭壁をめぐらせた市街地 Middle Town (c) の建設。これによって (3) のオープン・スペースが祭政台と市街地とのあいだに介在する遮断空間となり，祭政台と市街地の「空間的二元性」が明確に成立する。
(5) 祭政台Aをいただく丘陵地崖下の低所での貯水タンクの建設。現在までの発掘によって，貯水タンクは祭政台Aの東方と南方の低地部分で確認されている。
(6) 外郭壁の建設。その建設と (4) の「空間的二元性」とが合体して，ドーラーヴィラーは，前述したインダス文明都市の形態分類のうち，類型 ii) に属する都市となる。
(7) 第III期にこれらの革新的な都市建設が進行したが，その末期には地震と推定される災害による倒壊現象も観察されている。しかしドーラーヴィラーは修復・再建されただけでなく，Middle Town 東方の丘陵地延長部分に新たな市街地 Lower Town (d) が建設される。前述した外郭壁の東方への延伸・拡張は，このときになされたと推定されている。

中心核では，それを構成する祭政台A・BとMiddle Townはいずれもほぼ正方形の内郭壁で囲まれている。これに対してLower Townには独自の郭壁はなく，Middle Townの東壁と都市域を囲う外郭壁東辺が，その代替的役割を果たしていた。独自の郭壁の有無だけでなく，出土住戸址の規模も総じてLower Townの方が小さい。また前記の (3) で述べた祝祭広場空間とされるオープン・スペースとの関係でも，Middle Townは，同広場の北辺と連接する丘陵上に建設されている。これに対してLower

Town は，オープン・スペースからは完全にはずれた東方にある。これらのことは，おなじく市街地ではあっても，Middle Town と Lower Town とのあいだには住宅地の性格や居住階層の相違が存在していたことを推定させる。

つづく第 IV 期にも，第 III 期に完成した都市構成が持続する。ドーラーヴィラーの名をいちやく世界に高めたのは，巨大なインダス文字 10 字を象眼した銘板の出土であった。それが作製されたのは，第 IV 期とされる。おそらく銘板は，出土場所から考えて，祭政台 A の北門外壁に掲げられていたのであろう。しかし第 V 期にはドーラーヴィラーはしだいに衰退過程へと転じ，最終期の第 VII 期の末には終焉をむかえる。そのときドーラーヴィラーは放棄され，以後，遺跡からは居住の痕跡を見いだすことができなくなる。

このように，図 29 の復原図に示されるドーラーヴィラーの都市構成は，第 III 期の短い期間に建設された。当然，このことは，ドーラーヴィラーが計画的な建設都市であったことを想定させる。ここで以上の諸点をふまえて，ドーラーヴィラーの建設にあたっての基本計画について考察したい。考察にあたっての主要な点を列記すると，つぎのようになる。

　A） 都市域全域を囲む外郭壁と Middle Town 隔壁との関係。

中心核にあたる祭政台と市街地 Middle Town の各郭域をとりまく内郭壁のなかで，最大の規模をもつのは，Middle Town とオープン・スペースを囲む隔壁である。これを Middle Town 隔壁とよぶことにする。

外郭壁がもっともよく確認できるのは，その北辺と西辺である。両者の交点つまり外郭壁の北西コーナー一帯に注目すると，外隔壁から 110 メートル前後の間隔をおいて，その内部に Middle Town 隔壁が建設されている。図 29 から判明するように，2 つの隔壁は，ほぼ平行関係をたもちつつ，入れ子構造をなしている。両者の平行関係は，西辺に関しては明瞭であるが，北辺ではやや乱れている。しかしここで注目されるのは，〈「外郭壁の北西コーナー」―「Middle Town 隔壁の北西コーナー」―「Middle Town 隔壁の南東コーナー」〉をむすぶと，これらの 3 コーナーが同一線上にならぶことである。このことは，平行関係に多少の乱れがあるとしても，外隔壁と Middle Town 隔壁とが一体的な計画にもとづいて建設されたことを意味していよう。

　B） 都市域全域を囲む外郭壁と祭政台 A 隔壁との関係。

内隔壁のうち祭政台 A を囲む隔壁を，祭政台 A 隔壁とよぶことにする。外隔壁と祭政台 A 隔壁とのあいだにも，A）と類似する計画性が観察される。それは，〈「外隔

写真12 ドーラーヴィラー Middle Townから祝祭広場空間ごしに祭政台北門を望む
祭政台北門は大階段とスロープで祝祭広場に通じ，同遺跡を有名にした巨大なインダス文字の銘板は北門付近から出土した。

壁の北東コーナー」—「祭政台A隔壁の北西コーナー」—「外隔壁の南西コーナー」〉が同一線上に配列することである[12]。さきに第Ⅲ期におけるドーラーヴィラーの革新・建設について述べた際に，(7)としてLower Townの建設とそれにともなう外隔壁の東方への延伸を指摘した。とすると，これらの3つのコーナーが同一線上に配列するということは，逆に「外隔壁の南西コーナー」と「祭政台A隔壁の北西コーナー」をむすぶ線を延長させて，それと外隔壁との交点に新たな「外隔壁の北東コーナー」を設定したと考えうる。いずれにせよ，A)での指摘と関連づけると，ドーラーヴィラーの都市構成のもっとも基本的な要素である〈祭政台A・Middle Town隔壁・外隔壁〉の3つが，同一の基本計画にしたがって建設されていることを物語っている。

C) 祭政台Aと中心核との関係。

まえに定義したように中心核とは，内隔壁に囲まれた祭政台A・B，Middle Town，オープン・スペースを指す。これらで構成される中心核の建設にあたって，もっとも重要な焦点的施設は祭政台Aであったであろう。祭政台Aは，面積は小さいが比高最大というランドマーク性をもつ南の丘陵地上に建設された。ランドマーク性という地形的な特質にくわえて，祭政台Aが都市建設にあたっての焦点的な施設であると考える理由はつぎの2点にある。

第1は，図29からもうかがえるように，都市中心核を囲む内郭壁のなかで，祭政台Aの郭壁がとりわけ高く堅固に建設されていることである。その壁高は約15メートル，下部の壁厚は約10メートルにも達する。

第2は，第Ⅲ期に達成された都市構成の革新で指摘した(2)〜(5)は，いずれも祭政台Aを中心として，それをとりまくように構想・建設されていることである。つまり祭政台Aは，ドーラーヴィラーの中心核形成の焦点であった。

D) 祭政台Aの北門と中心核との関係。

祭政台Aを構成する隔壁の四辺には，ほぼその中央に各1門が設けられている。いずれも，石製階段をそなえた堅固な構造の門である。4つの門のなかでも，焦点的施設としての祭政台Aを表徴・顕示するのは，北辺に開かれた北門である。前述した巨大な銘板が発見されたのも，北門の付属室からであった。オープン・スペースとMiddle Townとを見おろすように，北にむけて巨大な銘板が掲げられていたのであろう。このことは，都市建設における焦点施設である祭政台Aのなかでも，北門がその基本計画の基準点であったことを意味する。

図29では，北門から北方にむけて直進する南北街路が復原されている。それは，

写真13　ドーラーヴィラー　Middle Town
Middle Townは魚骨状と考えられる街路形態の住居地区で，丘陵の脊梁中央を貫走する東西大路から一定間隔で南北小路が派出する。

　祭政台A直下のオープン・スペースを横断して，さらに北の丘陵地Middle Townを横切り，Middle Town隔壁の北辺にまで達している。この南北街路が，ドーラーヴィラー建設にあたっての南北軸線であったであろう。
　さらにMiddle Townの既発掘の部分では，この南北軸線街路と直交して東西街路が丘陵上を直進している。これが，市街地の東西軸線街路である。前述したように第III期の災害からの再建過程で，Middle Townの東方にLower Townが建設された。図29は，市街地の東西軸線街路がMiddle Townの東門を出て，やや南への偏角をもちつつ東進してLower Townの軸線街路を形成していることを示している。
　Middle Townの既発掘部分では，図上また現場でも，市街地をつらぬく東西軸線街路から南と北にむけて数本の直交街路が派出している状況が観察される。2007年3月の時点では，この東西軸線街路から直交状に派出する街路群がグリッドパターンを形成しているのか，あるいは後述するシルカップにみられるようなフィッシュ・ボーン（魚骨）型なのかは不明であるが，いずれにせよMiddle Townの街路形態が直交性を基本とする規則的・計画的なものであったことを十分に推測させる。
　E）祭政台Aと周辺貯水タンクとの関係。
　中心核の建設にあたって，焦点的施設・祭政台Aをとりまくかたちで他の諸施設が建設されていることを指摘した。しかし図29は，祭政台Aの東方と南方には隔壁に囲まれた郭域を描いていない。同図では，この一帯が空白地区のような印象をあたえる。しかしここには，計画的に配列・掘削された貯水タンク群が建設されている。この部分で現在までに発掘されているのは，祭政台Aの隔壁東辺下に1，同南辺下に2の計3つの貯水タンクである。発掘の進行につれて，おそらくその数はふえていくであろう。
　これらのタンクは，いずれも共通した様式で建設されている。その共通点は，長方形という形態，その長辺が隣接する祭政台Aの隔壁の走向と平行関係にあること，沖積層下の地下岩盤内にまで掘りこまれた深いタンクであること，岩盤部分をのぞいてタンクの内壁はかなり規格化された直方体の切石積みで固められていること，その仕上げは祭政台Aの隔壁よりもはるかに丁寧な造りであること，幅広の石造階段がタンク底まで直進するように建設されていること，などにある。
　インダス文明都市のなかでは，モエンジョ・ダーロやロータルでもタンク状施設が発見されている。それらについて，モエンジョ・ダーロのものは沐浴施設，ロータルのものはドック施設——この解釈には疑問があるが——とされている。両者とドー

ラーヴィラーの貯水タンクとのあいだには，大きな相違がある。それは，タンクの深度と構造である。

　ドーラーヴィラーの貯水タンクは，前2者のものよりもはるかに深くまで掘りさげられていて，深度7メートルを越えるものもある。モエンジョ・ダーロとロータルのタンク状施設の深度は，それぞれ2.4メートル，4.5メートルである。とくにモエンジョ・ダーロのものとくらべた場合，ドーラーヴィラーのタンクの深度はきわだっている。それは，ドーラーヴィラーのタンクが沐浴など人間の入水用の施設ではなくて，大量貯水を目的としたものであることを意味する。しかも前述したように，地下岩盤を掘りこんでタンク底とする構造になっている。それは，不透水層である地下岩盤をタンク底とすることによって漏水を抑え，貯水を有効に活用するためであったであろう。

　またタンク底まで直進する階段は，変化する水位に応じて取水位置を自由に変えていくための施設であったであろう。その建設には，さらに，つぎのような工夫がなされている。それは，タンクの深く大きな内壁の崩落を防止するために，その壁面に傾斜をあたえ，壁面下部が前方にややせりだすように建設されていることである。そのため，滑車利用のツルベなどによる揚水はごく短い豊水期をのぞくと不可能である。それも，取水のための直進階段をタンク底まで付設させた理由であろう。

　マンハール川の周辺では，出水流を導水するための小水路・小堰堤の遺構が確認されている。しかし同川だけでなく，祭政台Aの郭域内には石造暗渠の導水路が幾本も走り，それらの水が周囲の貯水タンクに導水・流入していく構造になっている。おそらく祭政台Aからの水 —— 降水だけでなく，インダス文明都市最大といわれる直径約4メートルにおよぶ深井戸からの揚水もくわえて —— は，特別な意味をもつ水として貯水タンクに集水されたのであろう。タンク内壁の規格化された切石積みの丁寧な仕上げは，壁面からの漏水防止だけが目的であったようにはみえない。貯水タンクが特別な意味をもつ存在であったことを物語っていよう。

　このように祭政台Aと貯水タンクとは，水を介してもむすばれていた。祭政台Aをとりまく貯水タンクとの関係においても，祭政台Aは焦点的な施設であったのである。

　もちろん貯水タンクは，ここのみに位置するのではなく，90年代末の時点で都市域内の16ヵ所で確認されている。その合計面積は10ヘクタールつまり都市域面積の約20パーセントと推定されている[13]。おそらく地形から考えて，都市域北西部の

外郭壁と Middle Town 隔壁とのあいだに介在するベルト状部分には，貯水タンクがつらなっていたであろう。外郭壁の北西コーナーがマンサール川に接し，そこで外隔壁が切断されているのは，外隔壁西辺にそってベルト状に建造された貯水タンクに同ワーディーの出水流を導水するためのものであったかもしれない。

このようにドーラーヴィラーの場合においても，都市中心核を構成する祭政台と市街地との「空間的二元性」，またそこでの方形郭域と方格状街路とを基本とする建設計画の存在を確認できる。この2つは，カーリーバンガンとも共通するインダス文明都市の特質である。

IV-2　華北文明都市 —— 斉国王都・臨淄と「戦国七雄」の王都

古代中国世界の考古学調査が端緒についたばかりの1933年という早い時期に，アジア史家・宮崎市定は「紙上考古学」と称して，初期華北文明都市の形態分類と発展過程の展望を試みた[14]。記載史料の検討をもとに宮崎は，つぎの3類型を設定する。

1) 「城壁式」：一重の市壁をめぐらせた郭内に，支配者と一般庶民とが居住区を別にして共住するもの。市壁は，「城」とも「郭」ともよばれた。
2) 「内城外郭式」：内側の「城」，外側の「郭」からなる二重の囲壁をめぐらし，「城」と「郭」とが分離するもの。「城」の内部は君主の住居や宗廟が所在する神聖区，「城」と「郭」とのあいだは一般人民の居住区であったとする。「城」は，自然あるいは人工の小丘を選んで建設された。
3) 「山城式」：支配者の神聖な空間からなる「城」が小丘上を占め，その麓一帯に一般庶民が散居するもの。しかし庶民の居住区をとりまく「郭」は，存在しない。

宮崎は，発展過程としては 3)→ 2)→ 1) と措定できるとし，2)「内城外郭式」は春秋時代（紀元前7～5世紀）に，1)「城壁式」は戦国時代（紀元前5～3世紀）とそれ以後に多くみられたとする。

宮崎の「紙上考古学」発表以後，中国考古学の発掘調査はめざましく進捗した。その結果，宮崎のいう1)と2)の形態区分はなりたつとしても，あえて両者を区別す

写真14　洛陽　東周洛邑(周王城)址
西周は滅亡後，紀元前770年に東周として再興される。その王都は，洛陽市中を曲流する澗河のむかって右の断崖上にあったとされる。

ることなく，2)を1)に合体させて考察する方向に変化していった。また両者のあいだに時代差を想定することも困難となり，両者は同時平行的に存在していたとされる。時代的にも，1)をもって春秋戦国時代の都市を代表させる場合が多いようである。しかし宮崎が指摘した「城」と「郭」は，中国都市の展開過程を考えるにあたっての重要な視座として継承されている。

　楊寛によると，中国都市の原型は，市壁をまわりにめぐらせた「城」のなかに王や貴族たちの宮殿地区と住民たちの居住地区の二つが併存し，両者が一体となった都市にもとめうるとする。これは，宮崎のいう1)「城壁式」にあたる。楊寛は，「城」を原型として，以後の中国都市の展開過程を3期に分けて論じている[15]。

　第1期は西周から春秋戦国に至る時代で，ほぼ紀元前11～3世紀に相当する。この時期に，都市は大きな構造変化を経験する。それは，「城」の外部にあたらしく市街地にあたる「郭」が形成され，「城」と「郭」とが並立する双子構造への変化である。これは，一見，宮崎のいう2)「内城外郭式」に類似するが，両者のあいだには相違がある。宮崎の2)は，「内城」を「外郭」がとりまく二重囲郭の入れ子構造として措定されている。楊寛は，「城」と「郭」とは入れ子構造ではなく，連結した別個の囲郭とする。

　楊寛によると，「城」と「郭」との並列構造は紀元前11世紀ころの周公旦による東都・成周の建設に始まるという。周公旦は，周王朝の基礎をかためた名政治家として伝わる人物である。彼が，成王の命によって現在の洛陽近くに建設したのが，西都・鎬京に対する東都・成周であった。東都・成周については，VII-4の後漢・洛陽の節で述べることにして，ここでは，楊寛にしたがって，成周が王宮のある西方の「城」＝城砦，住民たちの居住空間である東方の「郭」＝市街地の2つが連結しあう構成の都市であったことを強調したい。これは，インダス河流域平原のインダス文明都市とおなじ「西城東街」構成である。また面域の規模も，「小城大街」であった。成周ではじめて出現した「西城東街」・「小城大街」が，以後，戦国時代の「中原の地」で興亡をくりかえした諸都市国家の王都建設のモデルとなっていく。

(1)　「西城東街」・「西高東低」——斉国王都・臨淄(りんし)

　宮崎は，引用論文の末尾で臨淄発掘の新聞報道にふれ，それへの期待を述べている[16]。その試掘と表面観察をもとに，楊寛は，「西城東街」・「小城大街」構造の示準都市遺構を臨淄にもとめている[17]。臨淄は，紀元前9世紀に斉国の王都として建設さ

写真 15　臨淄（斉国王都）　桓公台
東西 70 m，南北 86 m，比高 14 m の中心宮殿台基で，名称は唐代・長慶年間にここに造営された桓公・菅子廟に由来する。

れた。華北平原の山東半島基部に位置し，紀元前 221 年に秦によって滅ぼされるまでの約 600 年間にわたって斉国王都として存続した。図 30 は，試掘結果と表面観察にもとづく臨淄の復原図である。

　臨淄では，城砦と市街地がともに独自の郭壁で囲まれ，西南に城砦，東北に市街地が配置されている。城砦が市街地の南西端に食い込むように建設されていて，両者は完全に一体化している。しかしこの 2 つをさらに囲む外郭壁はない。インダス文明都市で設定した類型でいうと，臨淄は，類型 iii) つまり「都市域全体を囲む外郭壁はなく，祭政台と市街地が一体化しているもの」にあたる。この点では，カーリーバンガンともドーラーヴィラーとも異なっている。

　さらに規模も，カーリーバンガンやドーラーヴィラーとは比較にならないほどの巨大さである。周壁の全長は，城砦が 7.3 キロメートル，市街地が 14.2 キロメートル，2 つをあわせた面積は約 30 平方キロメートルという巨大さである。この面域は，ドーラーヴィラーの約 20 倍，また現在の東京都杉並区の面積に匹敵する。まさに王が君臨する「国」，つまり王城というにふさわしい規模である。戸数は，最盛期には 7 万戸に達したと『戦国策』は伝えている。

　城砦は「営丘城」ともよばれ，市街地よりも高く築かれている。まさに，「西高東低」である。このようにインダス川流域平原のインダス文明都市を特徴づける「西祭東街」・「小祭大街」・「西高東低」の 3 点が，「祭政台」を「城砦」に変えると，そのまま臨淄の都市構成にも妥当する。

　城砦を囲む城壁は版築とよばれる土を固めて積みあげた堅固な構造で，基壇部の壁厚は 17〜43 メートルにも達する。その前面には，周濠がめぐらされていた。城砦の内部には，北西部に一段と高い土壇があり，桓公台とよばれている。桓公とは紀元前 685〜643 年に在位し，春秋五覇の 1 人とされる英雄である。

　桓公台を中心に王宮があり，王宮は正面を東にむけて建設されていた。城砦の囲壁には，東・西・北の各辺に 1 門，南辺に 2 門の計 5 門が開かれ，このうち北と東の門が市街地につうじていた。「虎門」とよばれた東門は，東面する王宮から東に直進する街路に位置し，城砦の正門であった。東進街路は，王宮の前面で北門へと北進する街路と直交し，そこに城砦の十字街を形成していた。

　市街地の市壁はほぼ直線的であるが，東辺は凹凸がはげしい。それは，そこが淄水の流路にあたっていたからである。屈曲する同川の流路に周濠的機能をもたせるために，それに近接させて市壁が建設された結果であろう。市街地の市門の数は，西辺が

第 IV 章　古代インドと古代中国における初期都市の同型性　　113

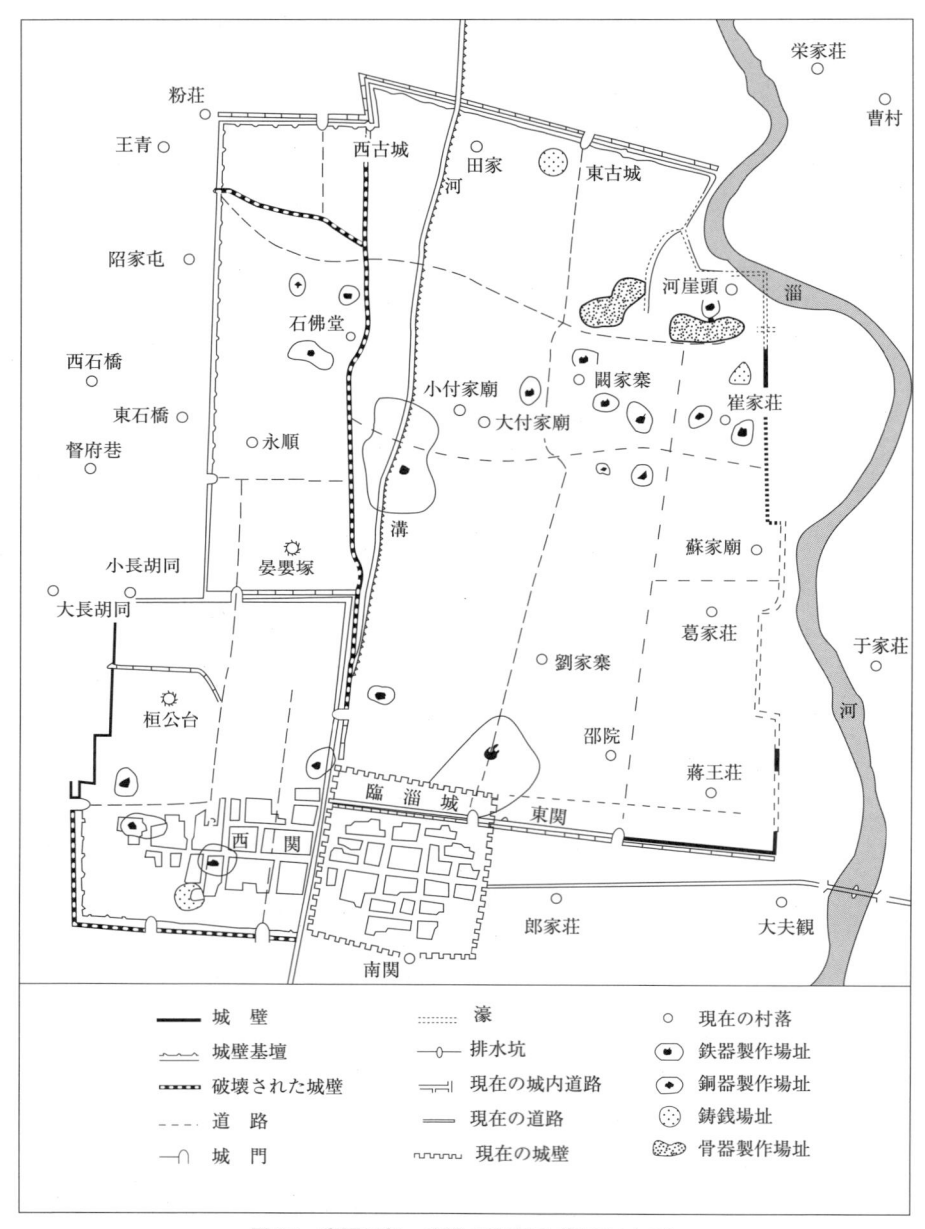

図30 斉国王都・臨淄の平面図（揚寛による）

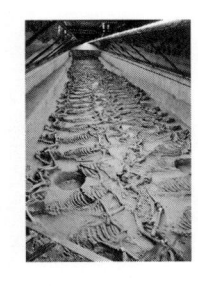

写真16　臨淄（斉国王都）　殉馬坑
大城の北東端に所在し，600頭を越える殉馬の数から，墓主は戦国七雄時代に先行する春秋時代の斉国王・景公と推測されている。

1門，北辺と南辺が2門，東辺が3門と各辺で異なっていた。そのなかで北辺と南辺はともに2門であるが，その位置は対向関係ではなく，ずれあっている。そのことは，市街地内の街路編成はグリッドパターンとは無縁であったことを推測させる。この点は，インダス文明都市とは相違する。

　斉国・臨淄は，政治経済にくわえて学問の中心としても有名であった。臨淄に参集する学者を指して，「稷下の学士」という言葉が生まれた。「稷下」とは，市街地西辺の市門「稷門」近傍を指す。そのあたりに，彼らの集住地があったのであろう。また市街地東辺に接して流れる淄水は水運ルートでもあったから，市場空間は市街地の東部に存在していたであろう。市街地内の西と東に，性格を異にする機能が集積していたのである。

　臨淄にみられる「西城東街」は，建設当初からの構成ではなかった。発掘結果によると建設当初の臨淄は，先述したように，中国の初期都市とおなじく「城」として建設され，そのなかに宮殿区と住民区が併存していたと推測されている。それをうらづけるのが，現在の市街地南西端から，城砦内を南にむけてのびる旧市壁遺構の存在である。これによって初期の臨淄は，単一の長方形の「城」のみからなる都市であったと推測されている。また当時の宮殿区も，現在の位置とは異なって「城」内の北東部にあったと考えられている。それは，そこから多数の馬が殉葬された殉馬坑が発見されていて，王墓に比定されているからである。当時の墓制では，王墓は王宮の近くに建設されるのが一般であった。それが，宮殿区が「城」内の北東部にあったとする理由である。楊寛は，「城」の北東部に王宮を建設するのは商代の礼制にしたがうものと指摘している[18]。

　また楊寛は，臨淄がいま現認できるような「西城東街」構成の都城となったのは，戦国時代以降と推測する。前述した市街地南西端の市壁をとりこわして，そこに新たに城砦を築造したのである。城砦は，頑丈な版築の城壁にくわえて，城壁の前面には周濠をめぐらせていた。興味ぶかいのは，もし周濠を軍事・防御施設とすれば，「都の城」が外部に面する部分でもっとも強固な構造をそなえる必要がある。それは，城砦の西辺と南辺である。しかし周濠がもっとも大きいのは，市街地と接する東辺と北辺である。そこでの周濠の幅員は，25メートルにも達する。これに対して外辺である西と南の周濠は，その半分ほどの幅員でしかない。いいかえれば大規模な周濠を東面させた城砦は，市街地である「郭」にむけて王権の権威と権力を誇示する施設として建設されたのである。このときに，臨淄の「西城東街」構成が完成する。

第IV章　古代インドと古代中国における初期都市の同型性　115

臨淄の「西城東街」化では，宮殿区が城砦として市街地から独立するだけでなく，その位置もかつての北東端から南西端へと移動した。楊寬は，この立地移動も，礼制の変化によって説明できるとする。戦国時代になると，西とりわけ南西が尊者の場所とされようになる。彼は，『論衡』「四諱篇」の「西南隅，これを隩(おう)という。尊長の処なればなり」を引用して，この変化を説明する[19)]。そこに建設された王宮は東面して建てられ，「尊長」は「座西朝東」つまり「西に座して東に面す」かたちで，市街地さらには住民と向かいあっていた。それは，都市国家に代表される家産制国家の段階にふさわしい王都の形態であったといえる。

　楊寬は，臨淄にみられる「西城東街」・「小城大街」・「西高東低」は，同時期の華北における都市国家の王都建設のモデルであり，他の王都もそれにしたがって建設されたとする。とすると，これは，インダス川流域平原のインダス文明都市の場合とまったくおなじ城砦（祭政台）と市街地の配置である。この章の冒頭で，両文明都市のあいだには相違と同時に意外な共通性がみられると述べたのは，この点を指してのことである。

　このように華北の都市国家の王都とインダス川流域平原のインダス文明都市とのあいだには，これらの都市構成をめぐる形態的な共通性の存在を指摘できる。しかしその共通性の背後には，2つの大きな相違性が潜在している。

　第1は，その共通性を生みだす要因に関する相違である。臨淄をはじめ華北文明都市では，「西城東街」とりわけ「西に城」は，尊長の位座つまり「西に座して東に面す」という観念・思想によって説明された。都市構成の西と東の対位は，華北文明のもつ価値観に基盤をおく方位感覚によって説明されるのである。しかし前記のインダス文明都市の都市構成にみられる西と東の対位は，すでにカーリーバンガンの項でくわしく述べたように，このような思想・観念の所産ではなく，沖積低地における微高地の走向・配列という自然条件によって説明できる。華北文明都市とインダス文明都市とのあいだの前記の形態的な同型性は確認できるけれども，その同型性は，いわば見かけ上の相似関係として理解できる。

　両文明都市のあいだの第2の相違は，時代差である。インダス文明では，紀元前2300〜1800年が都市の繁栄期であった。前1800年ころから，全体として都市は徐々に衰退へとむかい，その最終局面が前1100年ころとされている。これに対して華北では，東都・成周の建設は前1100年ころにはじまる。華北文明での都市展開は，いわばインダス文明都市の最終局面以降に進行したのである。

(2) 中国初期都市の空間編成 ──「戦国七雄」の王都

　ここで，春秋戦国時代の華北文明都市に視野をひろげて，臨淄を例に楊寛が強調する「西城東街」などの構成を普遍的にとりだしうるかどうか，について検討したい。対象とするのは，いわゆる「戦国七雄」とよばれる当時の強国の王都である。図31は，相互比較が容易なように同一縮尺に統一して，「戦国七雄」の王都を図示している。

　同図を一覧すると，「戦国七雄」の王都のなかで，臨淄がとりわけ巨大な都市ではなかったこと，また「戦国七雄」から抜けだして中国史上最初の統一領域国家を形成した秦の初期王都・櫟陽の小規模性がめだつことの2点を，まず指摘できる。後述するように，秦は紀元前350年に櫟陽から咸陽に遷都する。しかし統一国家形成以前の咸陽は，洪水による破壊・流亡のために全体像は不明である。

　〈「城」＝城砦〉と〈「郭」＝市街地〉との関係に注目して，図31に示した「戦国七雄」の王都を概観すると，つぎのようになる。ただし前述した斉国・臨淄と後述する秦国・櫟陽の両王都は，ここでの対象から除外することにしたい。

　韓国・新鄭（図31-A）：新鄭は，紀元前8世紀に鄭国の王都として建設された。前375年に鄭国は韓国によって滅ぼされたが，韓国は逆に王都をここに遷した。以後，前230年に韓が秦によって征服されるまで，新鄭は韓国・王都の地位をたもちつづける。その遺跡は，東の黄水と西の双泊河（図では「双自河」となっているが，本来は「双泊河」）に囲まれた「河間の地」を占め，東辺と北辺の市壁はいまも現認できる。北辺市壁のほぼ中央部から南へと延びる郭壁によって，王都は東・西2つの郭域に分かたれていた。それらの面積は，西郭が約6平方キロメートル，東郭が約14平方キロメートルとされる[20]。

　図は，西郭の中央部に，東西約500メートル，南北約300メートルのヨコ長・長方形の区画を描いている。それが，地下城墻をめぐらした宮殿遺址である。その北方の区画は，貴族の邸宅地区であったとされる[21]。したがって西郭は，「城」にあたる。また東郭は，同図に記入されている「骨器」・「冶銅」・「冶鉄」さらには金属製武具の製造にかかわる各種の工房群にくわえて，市場も所在していた。それらのあいだには，一般庶民の住戸が存在していたであろう。したがって東郭は，「郭」＝市街地にあたる。

　このように新鄭は，「西城東街」・「小城大街」からなる臨淄と相似した都市構成を示している。両者の相違点は，「城」が南西方ではなく，北西方に位置していることにあった。その大きな理由は，ほぼ南にむけて鋭角状に突出する逆三角形の「河間の

地」に新鄭が建設されたという地形的条件にあろう。西方に「城」を建設するとすれば，北西方を選地するしかなかったからである。ここで重視すべきは，西を流れる双洎河の右岸地を選地すれば，「城」を南西方に建設することも可能であったが，現状の位置で「城」を北西方にずらせてでも「城」と「郭」とを一体化させた王都を建造しようとする意志であろう。

燕国・武陽（図31-B）：燕は，紀元前4世紀末にみずからを王と称して自立し，現代の北京旧市・宣武門周辺にあったとされる薊(ケイ)を王都とした。同時に，薊＝上都を正都，武陽＝下都を陪都とする正・副両都制を採用した。しかし薊の遺址は市街地に埋もれ，その実体は不明であるので，ここでは，武陽をとりあげることにしたい。

武陽も，北の北易水と南の中易水に囲まれた「河間の地」に建設された。図31-Bであきらかなように，武陽は「戦国七雄」の王都のなかでは最大規模の王都であった。東・西2つの郭域からなり，両者は人工的に開削された南流運河によって隔てられていた。東郭と西郭とを比較すると，東郭は面域が大きいだけでなく，検出遺跡もそこに集中している。西郭の内部からは大規模な建造物が発見されていないので，西郭はのちに増修された「附郭」であったと考えられている[22]。

東郭の北端近くに，ほぼ東西走する内郭壁が実線で記入されている。その中央やや東よりに内郭壁に接して，黒い正方形をいだく基壇遺構が描かれている。そこは「武陽台」とよばれ，燕国時代の宮殿遺構とされている。その西方には，「冶鉄」・「鋳銭」（銅貨）と記入された遺跡が集中している。それらは，武陽が，西方に正都と根拠地を置く燕国が東方に建設した軍事的前線基地という機能をもつ陪都であったことを示している。武陽台直北の内郭壁も，軍事的防御壁として建造されたものであろう。

したがって武陽は，基本的には1郭からなる軍事に特化した陪都であった。そのため武陽が示す形態的特質が前述した臨淄また新鄭と異なるのは，軍事的前線都市という武陽のもつ性格に由来するものであろう。武陽は，政事・祭事の空間を欠如した軍事基地的な陪都であったといえる。

趙国・邯鄲(カンタン)（図31-D）：邯鄲は，紀元前4世紀初めから3世紀末まで趙の王都であった。図に記入されているように，南西部の「趙王城」と北東部の「大北城」の大小2つの郭域からなっている。趙王城は「品」字型の3郭からなり，それぞれ北城・西城・東城とよばれる。図は，西城の中央南よりに数段からなる方形基壇を描く。同基壇は龍台とよばれ，その規模は，東西265メートル，南北285メートル，比高19メートルとされ，宮殿遺址に比定されている[23]。また北城と東城でも，基壇遺構が発見され

A 韓国・新鄭（河南省）

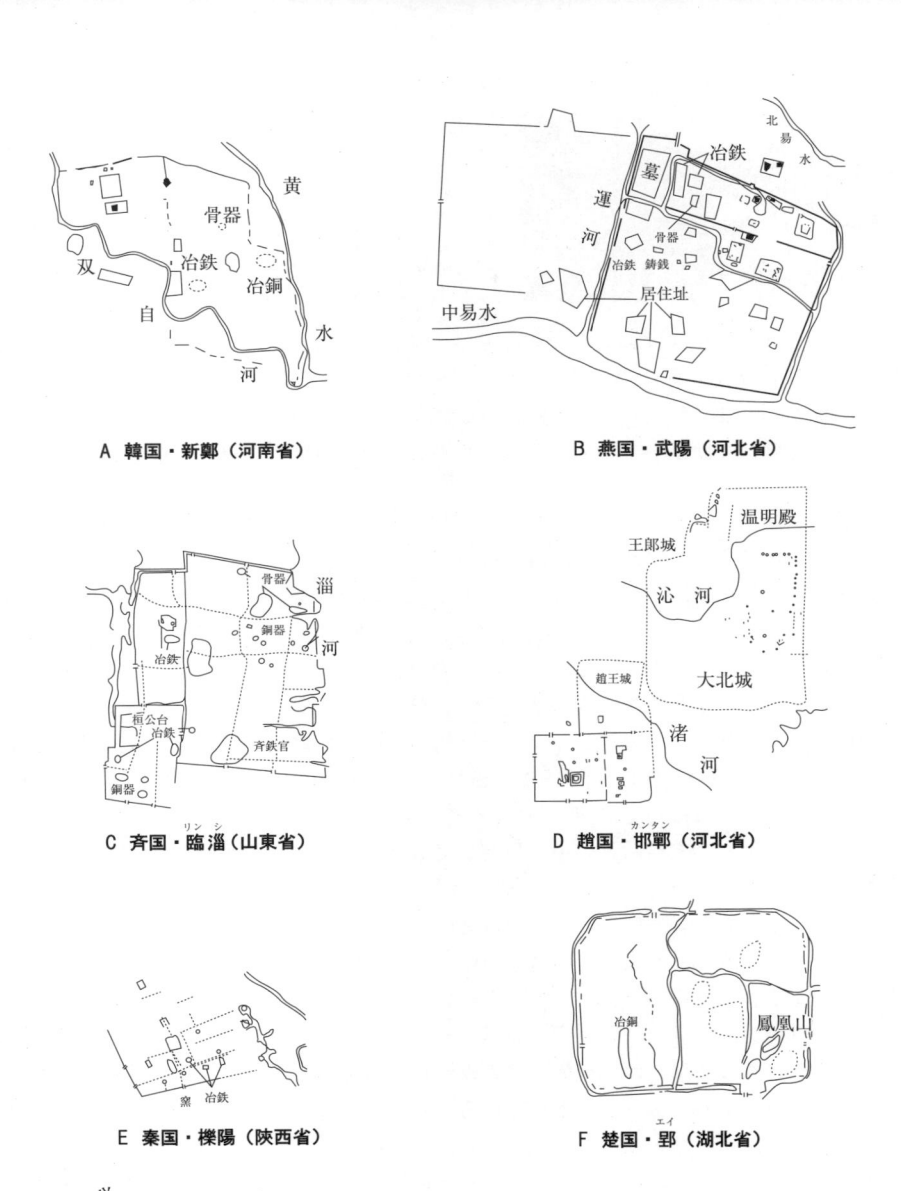

B 燕国・武陽（河北省）

C 斉国・臨淄（山東省）

D 趙国・邯鄲（河北省）

E 秦国・櫟陽（陝西省）

F 楚国・郢（湖北省）

G 魏国・安邑（山西省）

図31　同一縮尺での「戦国七雄」の王都（応地作図）

第Ⅳ章　古代インドと古代中国における初期都市の同型性　119

写真17　邯鄲（趙国王都）　趙王城南辺市壁と龍台
龍台は5段の階段ピラミッド状宮城で，小城の「品」字型南西郭中央に所在する．平頂面だけでも東西90ｍ，南北115ｍに達する．

ている．一方，大北城は趙王城よりも古くに建設されたとされ，その中央部東より一帯には錬鉄・鉄器製作関係の遺跡がひろく分布する．邯鄲は戦国時代には鉄器生産の中心地として知られ[24]，それらの諸活動は大北城に集積していたのであろう．したがって大北城は，鉄器生産の従事者をはじめとする一般庶民の集住空間であったであろう．

邯鄲は，臨淄とおなじく，南西部に小規模な「城」，北東部に大規模な「街」を配した「西城東街」編成からなる王都であった．

楚国・郢（エイ）（図37-F）：楚は，「戦国七雄」のなかでは，揚子江流域の江南を根拠地としていた唯一の国であった．そのため楚は，北方の「中原の地」の諸国とは文化を異にする集団の建国国家であったようで，その集団を苗族にもとめる説もある．紀元前278年に秦によって攻略されて楚は東遷するが，それまでの王都が郢であった．その遺跡は，湖北省荊州の北方約5キロメートルの紀南城に比定されている．図にみられるように，紀南城の形態は四隅が丸みをおびたヨコ長・長方形で，その周長は約14キロメートル，面積は約15.5平方キロメートルとされる[25]．

郢は，手工業また交易活動の中心地としても知られていた．囲壁をとりまいて周濠が掘られ，さらに囲郭は中央部に水路をとりこんでいた．それらは，「南船北馬」という言葉に示されるように，江南での水運のもつ重要性をものがたっている．もっとも大規模な基壇遺構は密集するのは南東部の鳳凰山一帯で，そのうちの最大の遺構が宮殿に想定されている．郭内を東西流する水路一帯には瓦・陶器など手工業の窯工房，南西部には銅器の工房と民居遺構が発見されている．

このように郢は，単一の大規模囲郭のみからなっていること，また囲郭内の南東部に政事・祭事の中心があったとされていること，この2点で臨淄とは異なった構成をもつ王都であった．

魏国・安邑（図37-G）：安邑は，紀元前5世紀中期からほぼ1世紀のあいだ魏国の王都所在地であった．中国最初の伝説的王朝とされる夏の創始者・禹がここに定都したとの伝説があり，安邑の王都遺構は「禹王城」ともよばれる．遺跡は，図にみるように，北東方の大城，南西方の中城，両者のあいだに介在する小城の3郭域からなる．これらの3郭域は，魏国時代に同時に存在していたとされる．小城には約70メートル四方，比高約8メートルの基壇が残り，「禹王台」とよばれている[26]．同基壇の存在をもとに，小城が魏国の宮殿所在地とされてきた．しかし前述の新鄭や邯鄲の宮殿遺構と比較すると，その基壇規模は数分の1にすぎず，「戦国七雄」の宮殿基壇とし

ては小規模にすぎよう。

　また中城には秦漢時代の遺物がひろく散布していることから，同時代の郡役所所在地とされている。しかし楊寛は，中城北壁から戦国時代の瓦片が発見されており，秦漢時代の遺物出土の多さは使用期間の長さのゆえであり，それをもって秦漢時代の遺跡とは断定できないとする。そのうえで，根拠は明示していないが，楊寛は中城をもって「城」に比定できるとする。とすると，安邑も，臨淄と同様の「西城東街」構成の王都ということになる。

IV-3　インダス文明都市と華北文明都市の形態比較

　インダス文明都市と「戦国七雄」によって代表される華北文明都市とをとりあげて，古代インド世界と古代中国世界の初期都市の形態特質について検討した。両者のあいだには時間的には1000年近くの時代差があり，また空間的にもはるかに離間していて，両世界の都市を系譜関係で説明することはできない。しかし前2節での検討をつうじて両者の形態的な類似性を観察することができた。

　インダス文明の中心帯にあたるインダス中流域をとりあげると，検討対象としたカーリーバンガンに示されるように，〈祭事と政事の空間＝「祭政台」〉と〈一般庶民の居住空間＝「市街地」〉の2郭域によって編成されていた。両者のあいだには，規模のうえでの「小祭大街」，空間配置での「西祭東街」，比高差での「高祭低街」という特徴が観察された。これらの特質のなかで重要なのは，「2郭域編成」と「西祭東街」の2つである。「小祭大街」と「高祭低街」は，「2郭域編成」の場合には世界の初期都市に普遍的にみられるものだからである。

　華北文明都市を「戦国七雄」の王都にもとめて，後述する秦・櫟陽をのぞく6王都の形態的な検討をおこなった。1郭域の楚国・郢（紀南城）をのぞくと，他の5王都はすべて2郭域編成であった。「戦国七雄」のなかで，楚国・郢は，文化的伝統を異にする集団によって江南の地に建設された唯一の王都であった。郢にみられるヨコ長・長方形の1郭域編成は，丸みをおびた各コーナーにも示されるように，洪水常習地帯での効率的な囲郭建造法であったであろう。

　楚国・郢をのぞく5王都は，すべて2郭域編成であった。しかし燕・武陽は，その西郭はのちに付加された「附郭」であり，実質的には1郭域編成であった。しかも

軍事機能に特化した陪都であった。当然，陪都という性格から，祭政空間は正都とくらべるべくもなかった。

　これらの異質な性格をもつ楚国・鄂と燕国・武陽を除外すると，残る4王都はすべて「2郭域編成」，かつ「西城東街」配置であった。ここでいう華北文明都市の「西城東街」配置は，インダス文明都市の「西祭東街」と同義である。つまりインダス文明都市と華北文明都市は，ともに東・西両郭域からなる「2郭域編成」，さらにそれらの2郭域が西方に祭政空間と東方に市街地空間が並立しあう「西祭東街」・「西城東街」配置という点で共通性をもつ。インダスと華北の両文明都市，いいかえれば古代インド世界と古代中国世界の初期都市が意外な共通性をもつと前言したのは，この点を指してのことである。

IV-4　インダス文明以後の古代インド世界の方格都市

　臨淄の例にみられるように，中国世界では発掘成果や現場での確認をもとに，古代都市国家の「國」すなわち王都を語ることが可能である。しかしインド世界では，インダス文明以後の古代都市遺跡の発掘事例はごくかぎられていて，この点での資料不足はいちじるしい。もちろん古代インド世界にも，中国史での春秋戦国時代にあたる都市国家の時代があった。インダス文明の衰退後，アーリヤ人のガンガー川中・下流域平原への進出をうけて，紀元前600年ころ以降，同平原からデカン高原北部一帯に「一六大国」とよばれる都市国家群が出現する。それらの興亡のはてに，前317年にインド世界最初の領域国家マウリア帝国が成立する。その成立も，前221年の中国史上初の領域国家＝秦漢帝国の樹立よりも約100年はやい。

(1)　シルカップ

　しかし「一六大国」に属するいずれの王都も，またマウリア帝国の首都パータリプトラも，発掘がすすんでいない。そのため発掘成果にもとづいて，それらの都市形態を語ることはできないのが現状である。それが可能となるのは，ガンダーラ仏教遺跡の代表的な遺跡タクシラー（タキシラ Taxila）の時代になってからである。タクシラー遺跡群のなかで，都市の全体像があきらかになっているのはシルカップ（Sirkap）のみである。シルカップに事例をもとめて，インダス文明以後の古代インド世界における

写真18　タクシラー　ビル遺丘
タクシラーの3都市遺跡のなかで最古とされ、曲走街路にそって住居址が密集する不規則な形態を示す。しかし家庭ゴミの共同処理がなされていた。

方格状都市について考えたい。

　タクシラーは寺院群と都市群が点在する広域複合遺跡で、パキスタンの首都イスラーマバードの西北西およそ40キロメートルに位置する。東方にインダス＝ガンガー平原を臨むポトワル高原東端を占め、同平原からユーラシア各地をむすぶ西方と北方への2本の重要交通路がここで分岐・合流するという要衝の地であった。それらは、西のハイバル（カイバー）峠を経由する地中海・西方アジア方面への交通路と、北のカシュミール経由の内陸アジア方面への交通路である。そのため前述の「一六大国」の時代にも、タクシラーはタクシャシラーの名で知られていた。

　タクシラーで現在までに確認されている主要な都市遺跡は、つぎの3つである。これらは、位置的には南から北へと配列している。

1) **ビル遺丘**（Bhir Mound）── 同遺丘の時代について発掘者マーシャルは紀元前6〜2世紀とするが[27]、もう少し時代を下げて、紀元前4〜1世紀とする説も提唱されている。すでに発掘されているのは、遺丘中央部の市街地部分にかぎられている。そこは、大小の街路が不規則に曲走し、それらにそう住居や居室の形態もまちまちで、いかにも自然発生的な市街地形成を推測させる。しかし街路や小広場にはゴミ収集用の大容器がそなえられていて、統一的な清掃機能をそなえた都市生活の存在を想定させる[28]。アツリアノスは『アレクサンドロス大王東征記』で、「インダス（インダス）河畔から出発すると彼（アレクサンドロス）は、次いでタクシラにいたった。タクシラは大きな繁華な町で、インドス川とヒュダスペス（ジェーラム）川との中間にある町町のうちではもっとも大きい。彼はここで町の首長であるタクシレスや、この地域のインド人たちから友好的に迎えられた[29]」と述べている。アレクサンドロス大王のタクシラー来訪は紀元前326年であるので、アツリアノスが述べる「大きな繁華な町タクシラ」は、ビル・マウンドの都市遺跡にあたると考えられている。

2) **シルカップ**（Sirkap）── マーシャルは、ビル遺丘にかわる都市として紀元前2世紀に建設されたとする。しかし現在発掘されているのは、紀元後25年から30年ころに起こった大地震の後に再建された都市である。ビル遺丘とはまったく異なった計画都市として設計・建設されており、その都市計画については後にくわしく検討したい。

3) **シルスーク**（Sirsukh）── マーシャルは、紀元後1世紀末のクシャン時代に

第Ⅳ章　古代インドと古代中国における初期都市の同型性　　123

なって，シルカップにかわる新たな都市として建設されたとする[30]。しかし現地で確認できるのは四辺形の市壁のみである。その規模は南北がほぼ1372メートル，東西が約1006メートルで，シルカップよりも大きい。市壁内は厚い沖積層で覆われ，その下に都市遺跡が埋もれていると推定されているが，ほとんど発掘されていない。遺跡中央部近くの小丘のふもとでなされた試掘地からは，大きな建造物の存在が確認されている。

　ここでは，全面発掘によって都市の全貌がほぼあきらかになっている 2) シルカップをとりあげたい。シルカップは，丘陵性山地の北麓から北方へと延伸する高位平坦面上に位置する。南をのぞく平坦面の三方には小河川が流れ，シルカップの市街地は周辺よりやや高い段丘上に立地している。マーシャルの実測になる図32をもとに[31]，シルカップの形態的な特質について検討することにしたい。
　まず都市形態に注目すると，もっとも目につくのは，北辺を画する市壁，北辺市壁のほぼ中央に位置する要塞化された市門，そこから南にむかって直進する中央大路である。市壁は，北辺だけでなく東辺全体また西辺の一部にも現存し，その総延長距離は5キロメートル弱に達する。
　中央大路の幅員は14メートル前後で，発掘されている部分の全長は約580メートルとされる。中央大路とほぼ直交しつつ小路が東西走し，都市域を幅広の短冊状に分割している。この街路形態は，シルカップが基本計画にもとづいて建設された計画都市であることを物語る。ビル遺丘からシルカップへの移動は，単なる位置の移動ではなく，自然発生的な都市から計画都市への都市建設思想の変化を意味している。
　マーシャルは，この街路形態を「チェス盤型 (chessboard pattern)」とよび，その起源が紀元前5世紀のギリシアにあること，それが紀元前2世紀にバクトリア帝国のギリシア人によってシルカップにもちこまれたとする[32]。彼は，ギリシア人の東方植民都市としてシルカップを理解するのである。さらにマーシャルは，中央大路の両側にそってならぶ小さな方形建造物を商店，中央大路の最南端東側の大きな建造物群を王宮にあてる。また図32には描かれていないが，南方の丘陵性山地の頂上にある仏塔と僧坊が城砦の機能を兼備しているとして，これをアクロポリスとよんでいる[33]。
　これに対して，パキスタンの考古学者ダーニーは異なった解釈を示す。まず街路形態を「規則的な方格型 (regular block system)」とよび，その起源が西方にあることを認めつつも，つぎのように反論する。まず発掘区域にはギリシア的な寺院や建造物はな

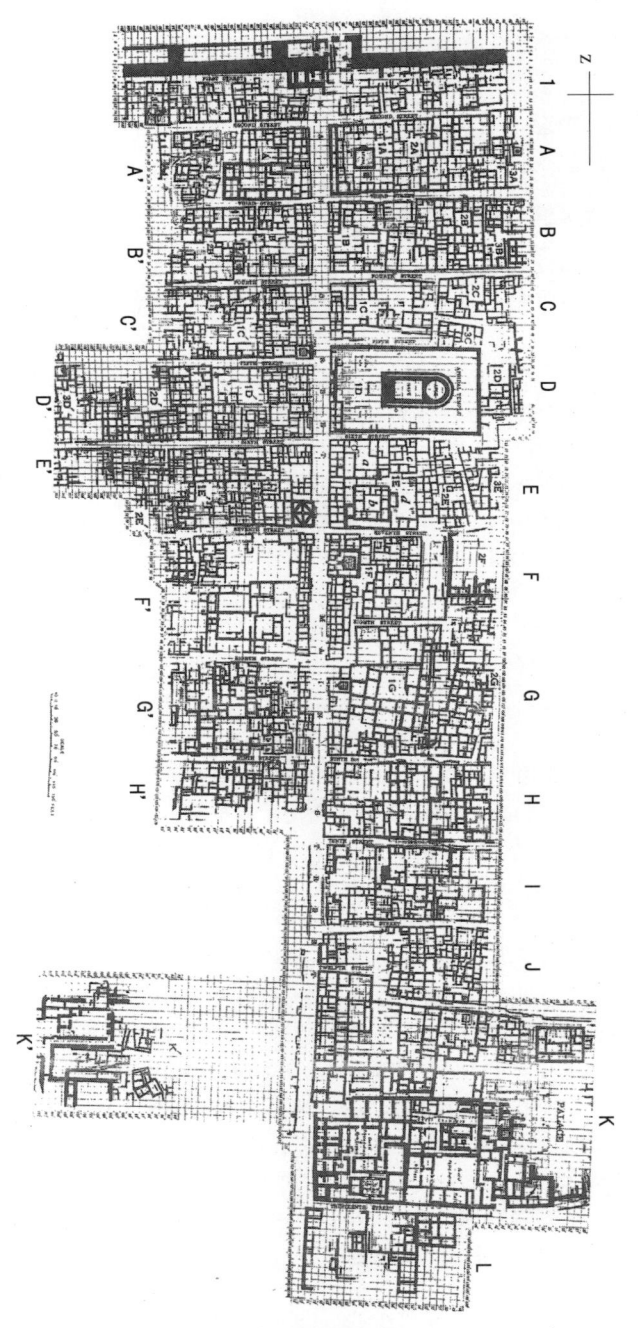

図32 シルカップ発掘実測図（マーシャルによる）

写真19　タクシラー　シルカップ都市址
北端の市門から南へと直走する中軸大路とそれから東と西に派出する直線小路によって構成された魚骨状街区編成の計画建設都市。

く，大小の仏塔や祠堂また仏教寺院が多く存在すること，住宅に東方的な要素がみられることを指摘したうえで，彼は，西方的な街路形態を基盤として，東方的な住宅・寺院で充填された都市としてシルカップを理解する。またダーニーは，マーシャルが商店とする中央大路にならぶ小さな方形建造物を，夏の暑熱をやわらげるために風を背後の居室に導き入れるためのベランダーと解釈する。その根拠として，そこから商店の存在を示す遺物が出土していないことをあげる。さらにダーニーは，中央大路南端東側の大型建造物群を王宮ではなく役所とし，そのつきあたりの最南端の建造物を出土遺物から貨幣造幣所とする。また南方の丘陵上の宗教施設は後代のものとして，それをシルカップと一体化したアクロポリスとするマーシャルの見解に反論している[34]。

　いま紹介したマーシャルとダーニーの議論に対して，2点の批判をくわえたい。第1は，両者のシルカップの街路形態についての理解である。前記のようにマーシャルはchessboard patternとし，ダーニーはregular block systemと述べる。この2つの言葉は，形態的には碁盤目状のグリッドパターンを意味する。図32を一瞥すれば明瞭なように，その街路形態は，複数のタテとヨコの街路群が直交しあう「チェス盤型」や「方格型」ではない。1本の中央街路とそれと直交する小路が，あたかも魚の背骨と小骨のような関係で配列しているのであって，格子状街路によって碁盤目に区画されていない。このような街路構成はグリッドパターンではなく，魚骨 (fish bone) 型である。前述したように，インダス文明都市ドーラーヴィラー（図29）の市街地とくにMiddle Town (c) の街路形態も，魚骨型である公算が大きい。

　第2のより本質的な批判点は，彼らの議論では，シルカップの都市空間の全体的な編成をどのように理解するか，という観点が欠落していることである。図32と現地での観察をもとに，シルカップの都市構成の全体像について考えることにしたい。

　その考察への手がかりをあたえるのが，図32で東西走する小路で分割された短冊状区画である。東西小路のすべてが中央大路と直交しているわけではないが，これらの東西小路を基準として，マーシャルは，中央大路東側の短冊状区画にA〜Kの記号を記入している。それらの11区画について，その南・北両端を画する東西小路の中心から中心までの距離，つまり東西小路の心々距離をもとめると，つぎのようになる（単位はメートル）。

A：36.2　　　B：36.2　　　C：31.3　　　D：45.0

写真20　タクシラー　シルカップ　仏塔祠堂の基壇西壁
短冊区画Fに西面して立つ小祠堂であるが，その壁面浮彫はインド世界とギリシア世界との交流をいまに伝えている。

E：45.3　　　F：43.4　　　G：65.9　　　H：38.2
I：42.6　　　J：67.5　　　K：64.3

　上記の心々距離を一覧すると，35メートル前後，45メートル前後，65メートル前後という3種の区画幅を基本として街区が編成されていることが分かる。さらにこれら3種の区画幅をもつ街区の配列にも，規則性をよみとることができる。そこから区画幅の相違とその配列をもとに，つぎのようにシルカップの都市編成を整理しうる。

1)　短冊状区画A～C：この3区画の区画幅は，A・Bが36.2メートルに対して，Cは31.3メートルとかなり小さい。しかしそれは，図32によってあきらかなように，Cに南接する区画Dが肥大しているためである。というのは，Cと対面関係にある中央大路の西側に面する短冊区画（C'）の心々距離は，A・Bとおなじ規模の35.5メートルであるからである。区画Dの肥大は，そこが仏教寺院にあてられていることから生じたものであろう。したがってA～Cの3つは，ともに心々距離35メートル前後の区画幅と考えうる。この3区画は，区画幅が小さいだけでなく，その内部の建造物の規模も小さい。北辺の市壁内面に接してならぶ建造物とともに，平民的な住民の住居地区であったのであろう。

2)　短冊状区画D～F：いずれも，幅員45メートル前後の短冊状区画からなる。このうちDには，そのほぼ全域を占めるシルカップ最大の仏教寺院がある。寺院様式は，ダーニーが指摘するように，南インドに多い半球形仏塔と方形僧坊とが合体したチャイティヤ様式である。EとFの建造物は，1）よりも規則的な正方形を基本として建設されている。そこから，これらは仏教寺院の僧たちの僧坊と彼らへの奉仕者の住宅を主とする地区であったと考えられる。

　Fの北西端には，中央大路に面する方形基壇のうえに半球形仏塔のストゥーパが立つ。その基壇西面の石壁には，シルカップの性格を象徴する浮彫がみられる。階段のむかって右の壁面はギリシア風コリント様式の壁柱で3つに区切られ，それぞれに異なった主題の浮彫が陽刻されている。中央の部分には双頭の鷲をいただく建物，そのむかって左には三角破風の屋根を載せたギリシア的な建物正面，むかって右にはサーンチーの仏塔などにみられる欄楯の結界門（トラナ）が，おのおの浮彫されている。それらのルリーフは，まさにギリシア世界とインド世界とが出会う交界都市シルカップを表徴する。

3）　**短冊状区画 G〜J**：これらの4区画は，前記の3種類の区画幅の街区が混在している。しかし街区規模は相違しているが，その内部の建造物は共通性を示す。それは，つぎの2点においてである。まず，中央大路に面する側の建物規模が，1）・2）の地区にくらべて規模が大きくなっていることである。ついで，その背後には1）・2）と同様の小規模な建造物がならんでいることである。この規模を異にする建物配置は，中央大路にそう上層階級の邸宅，その背後の彼らへの奉仕者の小居室・小住戸という階級関係の存在を推察させる。

4）　**短冊状区画 K**：65メートル前後の区画幅の1区画からなる。その内部の建造物も巨大であるだけでなく，壁厚も大きくて堅牢な構造となっている。前記の1）〜3）での建造物とは，まったく性格を異にしている。マーシャルとダーニーのいう王宮ないし役所への比定は，妥当であろう。

このように短冊状区画の幅員とその内部の建物規模をもとに，シルカップの市街地には，性格を異にする1）〜4）の空間的な居住隔離が存在していたことを推察させる。その機能と階層・階級にもとづく住み分け的な編成を，シルカップの全体的な都市構成の特質として検出できよう。

したがってシルカップは，南北走する中央大路とそれにほぼ直交する東西小路からなる魚骨型街路構成を基本として市街地を短冊形区画に分割したうえで，3種類の区画幅にもとづく1）〜4）の空間的な居住分化を配した都市であった。さらに市街地の各所には仏教寺院・仏塔を建立して，ギリシア的な魚骨型街路都市をインド化する努力もなされていた。シルカップは，区画Fのストゥーパ基壇西面の浮彫が象徴するように，インド化されたギリシア系魚骨都市であった。インダス文明都市の疑似グリッドパターンとは異なった魚骨型方格状街路であるが，シルカップも古代インド世界における計画的な建設都市の系譜に属する都市なのである。

(2)　**シシュパールガル**

古代インド世界では，シルカップ以降，方格状計画都市の系譜をたどることは困難になる。そのもっとも大きな理由は，先述した都市遺跡を対象とする発掘調査の遅れにある。そのなかで例外的ともいいうる存在が，インド北東部のオリッサ州に所在するシシュパールガル（Śiśpālgarh）遺跡だ。同遺跡は，規模の点から都市といいうるか否かは疑問の余地もある。しかしみごとな方格状街路をそなえていたと考えうるので，

写真21　インド　オリッサ州　ウダヤギリ石窟
18窟からなるジャイナ教石窟寺院で，その第14窟には紀元前1世紀末のカーラヴェーラ王の刻文がある。

簡単に同遺跡について検討しておきたい。

シシュパールガルはオリッサ州の州都ブバネーシュワルの郊外に位置し，独立直後の1948年に発掘された。図33は，発掘時の周辺一帯の状況を示したものである[35]。現在のブバネーシュワルは，独立後に州都として建設された大規模な新市と小規模な旧市の新・旧両市から構成されている。新市は，同図北東端の鉄道駅の西方一帯にひろがっている。図で寺院記号とともにBhuvanesvarと記入された集落が旧市である。シシュパールガル遺跡は，旧市の東南東2.4キロメートルに位置する。

図33からは，古代以来，シシュパールガル一帯が東インドの重要地点を占めていたことがよみとれる。まず図の南東部に描かれているダウリ丘陵の巨礫には，BC3世紀にさかのぼるマウリヤ王朝のアショーカ王の有名な碑文が陰刻されている。また図の北西端に位置するウダヤギリ丘陵に残る石窟の1つエレファンタ石窟には，BC1～2世紀に現在のオリッサ一帯を支配したチェーディ朝のカーラヴェーラ王の有名な碑文が残る。これらの王勅碑文は重要交通路にそって建設されるのが一般的であったので，シシュパールガル一帯が当時の交通的要衝に位置していたことを物語る。シシュパールガル遺跡の繁栄期は，紀元前3世紀初から紀元後4世紀中期までの約600年間とされている。その時期は，これらの碑文の製作時期と対応する。さらにブバネーシュワルはヒンドゥー宗教都市として古い歴史をもち，現在も8～13世紀に建立された多くの寺院が残る。なかでも重要なのは，図33にも記載されている11世紀に建立されたリンガラージャ寺院である。

シシュパールガル遺跡については，1949年にB.B.ラールによる発掘中間報告が刊行されている。図34は，同論文に掲げられたシシュパールガルの空中写真である[36]。ほぼ正方形の囲壁の規模は，辺長が約1200メートル，比高が約8～9メートルとされている。これらの囲壁は紀元前2世紀初に建設され，紀元後4世紀中期に放棄されるまで存続していたとされる[37]。各辺には，等間隔に各2門が設けられていた。これらの門は，図34によってあきらかなように，囲壁から外にむけて突出した鋭角三角形状の曲輪をそなえ，その先端に外門が建設されている。発掘によると，曲輪はラテライトの切石のうえに焼成レンガで築かれ，そこを幅員ほぼ7.5メートルの通路が通過していた。図34から明瞭に推測されるように，各辺の対向門をむすんで街路が走り，囲壁内を3×3＝9区画のナイン・スクエアーに等分していたと考えられる。とすれば各区画は，約400×400メートルつまり1.6ヘクタールの規模となる。

シシュパールガルの囲壁内の面積は約144ヘクタールで，遺跡を都市とするには

第Ⅳ章　古代インドと古代中国における初期都市の同型性　129

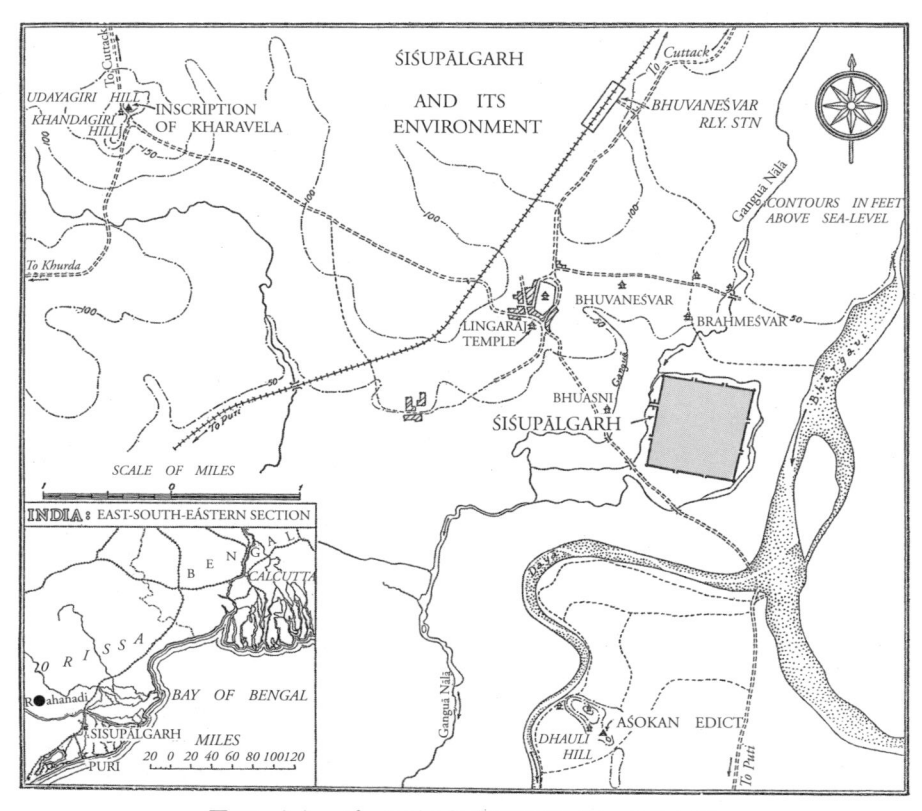

図33　シシュパールガルとその周辺図（ラールによる）

規模が小さい。発掘者ラールも，中間報告論文の表題ではシシュパールガルを「要塞 (fort)」とよんでいる。そのうえで彼は，「シシュパールガル要塞は，王宮とその付属邸宅を囲む単なる城塞としては規模が大きすぎるが，またその全人口を収容するには小さすぎる。したがって人口の相当部分は，囲壁外に居住していたのであろう[38]」と記している。その注記は，シシュパールガルが「要塞」とその外に溢出した人々の居住住戸からなり，それらをあわせると都市とよびうることを示唆しているようである。つまりシシュパールガルは，「要塞都市」と位置づけうる都市であったということであろう。

近年ではジョシは，古代インドのシルパーシャーストラ諸文献の記載をいくつか引いたうえで，シシュパールガルについて，「宇宙論的な秩序の象徴」として建設され，「現在，廃墟で見ることができるもの以上の深い意味をもつ」存在であったと述べる[39]。しかしシシュパールガルの遺跡に即して，その言説の根拠を彼はなんら示していない。

ここで，図34の空中写真をもとにシシュパールガルの形態的な特徴を再整理する

図34 シシュパールガルの空中
写真（ラールによる）

と，つぎの10点を指摘できる。①ほぼ正南北・正東西方位にあわせた縄張り，②ほぼ正方形の囲壁，③囲壁4隅の望楼砦，④囲壁各辺に2門，したがって全体として計8門の等間隔配置，⑤対称配置の2門をむすぶ各辺2街路の存在，⑥同街路による囲郭内の3×3＝9区画への格子状分割，⑦囲壁門に附属する曲輪様式の統一性，⑧同図中央の区画内に記入されたD地点での石柱列の存在，⑨囲壁直下に人工的にめぐらされた小流と濠，⑩さらにその東方と南方を曲流・分流する河流，である。

　これらの諸特徴は，「要塞都市」シシュパールガルが基本計画にもとづいて建設されたことを示している。その計画性は，「要塞都市」の選地・防御・設計の諸側面にわたって観察可能な周到性をもつ。そのことをもって，ジョシが述べるように，ただちにシシュパールガルの形態が宇宙論的な意味をもつとは断言できない。しかしすくなくともシシュパールガルが古代インド世界の都市理念にしたがって計画され，建設されたことは断言しうる。

　その具体的な典拠を，シシュパールガルに関しても，『アルタシャーストラ』にもとめることができる。それは，同書の第10巻「戦闘に関すること」第1章（第147項目−軍営の設置）の記述である。まずシシュパールガルが「要塞都市」であり，また『アルタシャーストラ』の記述が「軍営」であること，この対応関係は両者をむすびつけて論じることを許容するであろう。最初に『アルタシャーストラ』の関係箇所を引用すると，つぎのようである。

　　脅威あるいは駐屯に際し，建築学者に推奨された場所に，司令官・建築家・占星
　家は，軍営を設置さすべきである。それは円形か長方形か正方形か，あるいは地

第IV章　古代インドと古代中国における初期都市の同型性　　131

形に応じたかたちであり，四つの入口・六道・<u>九区画</u>を有し，<u>濠・城壁・胸壁・城門・小塔</u>をそなえていなければならぬ[40]。

　この記載は，すでにII-2で古代インド世界の都城思想を論じた際に依拠した『アルタシャーストラ』第2巻第3章の記載と類似している。上記の引用文ではなんら説明なしに唐突に述べられている「建築学者に推奨された場所」について，同書第2巻第3章は具体的に語っていた。そこでは，I-3-(1)で述べたように，「川の合流点の岸辺」が「推奨された場所」の筆頭にあげられていた。図33は，シシュパールガルの東方と南方には河流が流れ，その分流地に「要塞都市」が位置していることを示す。分流点と合流点との相違はあるが，2本の河流にはさまれた「河間の地」に位置するという点では，『アルタシャーストラ』の記載とシシュパールガルの立地は類似している。

　立地場所の共通性にくわえて，上記の『アルタシャーストラ』からの引用文に下線を付した語句は，図34の形態的な読みとりからとりだした①〜⑩の特徴のうち，②・③・⑥・⑦・⑨・⑩と対応する。「九区画」つまりナイン・スクウェアーの成立のためには，①・④・⑤はその前提的な条件である。とすると『アルタシャーストラ』の「軍営の設置」の記載とシシュパールガルの立地また形態とのあいだの対応関係がきわめて大きい。シシュパールガルは，『アルタシャーストラ』に代表される古代インド世界の軍営建設指針に忠実な「要塞都市」であるといいうる。しかしそれが，ジョシが憶測するような「宇宙論的意味」をもつといいうるどうかは別個の問題である。

第 2 部
都城のバロック的展開

第 V 章

東南アジアでのインド都城思想の受容とバロック的展開

　ともに都城思想を析出した古代インドと古代中国の両世界における初期都市の形態特質についての議論を終えて，ふたたび都城論にかえることにする。本章Vと次章VIの課題は，インドと中国の両世界における都城の「バロック化」過程の検討である。その検討にさきだって，ここで，本書で提起している「バロック化」の概念について，再度，要約しておきたい。

　都城は，〈地上におけるコスモロジーの縮図としての「都の城」〉として理念化できる。その理念を現実へと転化する存在，いいかえれば前近代における「都の城」の建設主体は王権であった。その関係は，〈コスモロジー—王権—「都の城」〉の三位一体的な連環として整理できる。この連環構造のなかで，もっとも重要な動因は王権にあった。王権を介して，コスモロジーという理念と「都の城」という現実とが連環されるからである。

　この三位一体的な連環のなかで王権が動力環となりうるのは，それが権威と権力を付与された存在だからである。その権威の源泉は，神話や聖典によって伝承されてきたコスモロジーにあった。コスモロジーによって王権は正統化され，権威を付与される。王権に権力の独占と行使が認証されるのも，この正統性と権威の付与にもとづく。その結果，〈「コスモロジーによって正統性を担保された王権の権威」→「その権威にもとづく王権の権力行使」→「都の城」の建設〉という連環が展開する。

　しかし時間つまり歴史の進行とともに，しだいに王権の権力は強化され，巨大化していく。それと平行して，当初はコスモロジーに従属していた王権が自己伸長を遂げる。よって立つ権威の源泉であったコスモロジーから王権が自立・逸脱して，みずからが生得的に権威であると同時に権力でもあるという王権神授的な存在へと変容していく。

　この変容は，王権によって建設された「都の城」の再編成へと連動する。巨大化した王権は，自らがもつ権威と権力をもとに，〈地上におけるコスモロジーの縮図〉であった「都の城」を王権のための都城へと再編していく。たとえば，王宮の広壮・肥大化，王宮に立つ王の視線（ヴィスタ）を顕現・顕示する軸線街路の建設，宗教施設の王権への従属，などである。

歴史をつうじて展開した王権のコスモロジーからの逸脱，それにもとづく「都の城」の王権的・世俗的再編を説明するためのキーワードとして，本書では，「バロック化」という概念を提起した。したがってここでの課題は，都城思想を生みだしたインド世界と中国世界を対象として，両世界における「都の城」の「バロック化」過程を展望することである。

　しかし王権による都城の世俗的再編＝「バロック化」過程を検討する際に，インド世界には困難な状況が存在する。それは，中国世界とは異なって，その検討をインド世界の内部で試みようとしてもほぼ不可能なことである。中国世界の場合と対比させて，その間の事情を要述すると，つぎのようにいいうる。

V-1　なぜインド都城の「バロック化」を東南アジアで？

　前近代の中国世界では，次章VIで検討するように，たとえ北方から南下した非漢族集団による王権が成立しても，『周礼』が語る漢族的都城思想を正統的な理念とする認識が持続的に共有されてきた。それにくわえて，中国都城研究の場合には，前近代の諸王権の建設した「都の城」に関する史資料・発掘資料，さらにはそれらにもとづく研究の蓄積も大きい。そのため，中国世界の内部に事例をもとめて「都の城」の「バロック化」をたどることが可能である。

　しかしインド世界では，そうはいかない。とくに北インドでは，日本で鎌倉幕府が成立した翌年の1193年にクトゥブッディーン・アイバクがデリーを占領し，1206年にはいわゆる奴隷王朝を樹立した。それを契機として，デリー・スルターン王朝からはじまるイスラーム諸王権が，デリーを拠点として成立する。これらのイスラーム王権は，アイバクが東アフガニスタンに本拠をおくゴール朝の武将であったように，西アジアまた中央アジアを本貫地としていた。その最後のイスラーム王権が，1858年にイギリスによって滅ぼされたムガル帝国であった。その間，これらのイスラーム諸王権は，いわゆるデリー三角地を中心に自身の王都を建設してきた[1]。しかしそれらは，〈地上におけるコスモロジーの縮図としての「都の城」〉というインド的都城思想とは無縁の王都であった。たとえばインド・イスラーム王権が建設した諸王都のなかで，もっとも理念的かつ計画的に建設されたのは，ムガル帝国第5代皇帝シャー・ジャハーンによるシャージャハーナバード（現在のオールド・デリー）であった。しかしそ

の理念は，イスラームでいう楽園になぞらえて王都を荘厳しようというものであって，イスラーム・コスモロジーとは無縁のものであった[2]。

そのため，中国世界とは異なって，インド世界の内部でヒンドゥー教が生みだした都城思想を具現する「都の城」を対象として，その「バロック化」の展開過程をたどることは不可能である。くわえて中国世界とは，発掘資料だけでなく，文献的な史資料さらには都城研究の蓄積もきわめてとぼしい。以上のように中国世界と比較すると，インド世界の都城研究をめぐる状況には大きな相違がある。

では，インド的都城の「バロック化」過程を考察することは不可能なのだろうか。ここで，インド的都城思想が東南アジアとりわけ東南アジア大陸部で受容され，そこで独自の都城展開を遂げたという歴史的事実に注目したい。都城思想からみると，インド亜大陸と東南アジア大陸部は，同思想の析出核と受容場という〈中心―周辺〉関係でむすばれていた。

その関係論にすすむ前に，東南アジア大陸部という地域概念について説明しておきたい。いわゆる東南アジアとよばれる範域は，内部に構造的ともいいうる大きな相違を内包している。それにもとづいて東南アジアは，大きくは大陸部と島嶼部の2つに区分される。大陸部とはマレー半島をのぞくアジア大陸の部分を指し，同半島にフィリピンとインドネシアなどの島々をくわえた一帯を島嶼部とよんでいる。この2つは，地形・地質・気候・植生・エスニック集団・言語・宗教などにまたがる多くの点で異なった性格をもつ。ここで主題とする都城に関しても同様であって，東南アジアでの都城展開の舞台は主として大陸部にあった。

インド的都城思想の析出中心であるインド亜大陸で都城のバロック的展開を考察できないとすれば，考察の場を，同思想を受容した東南アジア大陸部にもとめざるをえない。しかもそれは消極的な選択ではなく，きわめて妥当性をもつ選択ともいえる。というのは，東南アジア史研究の重要な歴史地域認識として，「インド化された東南アジア」という地域概念があるからである。それは，東南アジア大陸部が，インド文明との接触・受容を契機として自己変容を遂げたことを含意する概念である。現在も東南アジア大陸部の文化の基底にインド的要素があるといわれるのも，そのゆえである。インド文明からの重要な受容の1つが，インド都城思想であった。

V-2　東南アジアの「インド化」をめぐって

　7世紀から13世紀にかけて東南アジアは、西からのインド文明とりわけヒンドゥー文化複合の伝来によって大きく変貌する。これを指して、フランスの東南アジア史家 G. セデス (Coedès) は、東南アジアの「インド化 (Indianisation)」とよんだ。セデスの提唱した「インド化」の概念には、現在では批判もあるが、この時期の東南アジアがヒンドゥー教さらにはインド文明との関係を抜きにしては語れないことも厳然たる事実である。したがってその批判は、この時期に展開するインド文明の伝来と受容を「インド化」という用語で一括することが妥当かどうかという疑問の提起であろう。

　東南アジア大陸部は、古くからインドとの交渉を保持してきた。すでに紀元前2世紀にさかのぼるメノウやガラスを加工したインド製ビーズが、マレー半島やタイ湾の沿岸一帯さらには南中国の広州からも出土している[3]。紀元1世紀に、メコン川デルタ地帯に成立した扶南（フナン）国家の建国説話に関しても、インド世界との密接な関係を伝える2つの史料がある。現地のサンスクリット語碑文史料は、インドからカウンディンヤという名のバラモンがやって来て、現地のナーガ王の娘ソマーと結婚して建国したと語る。

　また7世紀の中国史書『梁書』にも、扶南国の記事がある。それによると扶南国は女王国で、女王の名を柳葉といった。神のお告げで得た弓矢を帯び「鬼神に事える」混塡が商船に乗って入来し、弓矢の威力に驚愕した「柳葉は大いに懼れ、衆を挙げて混塡に降る」。混塡は「遂に其の国を治め」、柳葉と結婚する[4]。混塡はインド世界からやってきたバラモンと考えられ、その名はカウンディンヤの漢語訳であろう。これらの2史料は、ともに扶南国のおなじ建国説話を伝えているのであろう。それらは、扶南国がインド世界との密接な交渉のなかで建設されたことを推量させる。

　インド世界との交渉を示すビーズ・伝承・碑文は、すでに紀元前2世紀というごく早い時期から、東南アジア大陸部とインド世界とのあいだにモノ・ヒト・情報の流れが存在していたことを物語る。具体的には、おそらく南インドのコロマンデル海岸からベンガル湾を横切ってマレー半島に達し、同半島の狭隘部を陸路で横断したのち、ふたたびタイ湾を海路で横断して、メコン川下流域さらには中国南部に至るルートであった。このルートは、1世紀の『漢書』「地理志」「粤地」条が、華南のカントン周辺から、一部に陸路をまじえつつ海路で「黄支国」（南インドのコロマンデル海岸のカーン

チープラムとされる）までのルートとして語っているものでもある[5]。東南アジア考古学の研究者は，これをタイ湾ルートとよんでいる。

　南インドは，5〜6世紀になると，大きな変化を経験する。それは，南インドでの新たなヒンドゥー文化複合の成立であった。当時，南インドでは，北インドから伝播した文化要素を融合・変容させて，新たな文化複合が成立しつつあった。この南インドに生成した新しいヒンドゥー文化複合が，タイ湾ルートをつうじて東南アジア大陸部に伝来していく。すでに存在していた既成のヒンドゥー文化ではなく，当時まさに南インドで生成しつつあった同時代の，いわば最新の文化複合が東南アジアにインド文明として伝来していくのである[6]。もちろんその伝来は，タイ湾ルートをつうじてであった。それが，東南アジアの「インド化」である。この「インド化」のなかで，7世紀になってマラッカ海峡の両岸を支配するヒンドゥー国家スリヴィジャヤ王国が成立する。このときタイ湾ルートにかわって，マラッカ海峡がインド洋と太平洋とをむすぶ幹線航海ルートとして登場する[7]。

　「インド化」は，単発的・個別的な文化要素の伝播ではなく，当時，南インドに成立しつつあった文化複合の総体としての伝来であった。それは，たんに上部文化としてのヒンドゥー教だけでなく，生産の基盤をなす農耕技術までにもおよぶ広がりをもつものであった。それらが東南アジア大陸部の在来文化と合体・融合し，いわばインドと東南アジアとが文化的に一体化した地域が生成した。それを，セデスは「インド化された東南アジア」とよんだのである。

　「インド化」について，彼は，「インド文明に魅了された土着民の首領たちは，それをまるごと受け入れたに違いない。ヒンドゥー教を受け入れることはインド的な生活様式を受け入れることになり，インド的な生活様式を受け入れることはヒンドゥー教の受容を意味した[8]」と述べている。彼の議論では，土着的な要素も指摘されているが，「インド化」はインドからの強力なベクトルで進行した文化受容という点が強調されている。

　しかし，そうだろうか。ここで，「都の城」の建設主体である王権がよって立つ王権思想をとりあげて検討したい。

　アンコール王朝の王権について，セデスは，つぎのように説明する。「その王権思想は，王は地上における神であり，地上と天空との仲介者であるとするものであり，それは，インド起源の王権思想であった[9]」。この王権の性格を表現するために，彼はサンスクリット語での「神」にあたるデヴァ（deva）と「王」を意味するラージャ

（rāja）と合体させて，デヴァラージャとよんでいる。彼は，アンコール王朝の王権思想がインド起源のインド的王権思想だとする。

しかし，すでにIで説明したように，古代インドの王権思想は，王をデヴァラージャとして語っていない。王は，地上ではバラモンにしたがうべき存在であった。もしセデスの説明が妥当とすると，アンコール王朝の王権思想は，ヒンドゥー・インドではなく，むしろ中国の神聖王的王権思想との類似性が大きい。中国王権思想との関係はともかくとして，少なくとも，彼のいうアンコール王朝の王権思想の起源をインドに帰することはできないこと，その王権思想には土着的な性格がきわめてつよいこと，の2点は指摘できる[10]。石沢良昭も，「土着の精霊信仰をインド的枠組みで覆蓋することで，王権の神秘性が増幅された[11]」と述べている。

同様の例をもう1つあげると，カースト制度がある。ここでいうカーストとは，生まれと職業などによって細分されるジャーティという意味でのカーストではなく，いわゆる四姓にあたるヴァルナをさす。ヒンドゥー教の根幹には，ヴァルナの観念がある。Iでヒンドゥー教の世界観を説明した際に，インドにあたるバーラタ国が円形大陸ジャンブ州の南端にあたることを述べた。バーラタ国の中心に位置するのが，「中央国」を意味するマディヤ・デーシャである。そこは，秩序の整った理想の国とされる。「秩序の整った」という言葉がもつもっとも重要な意味は，四姓の区別が明瞭なことである。このようにヒンドゥー教の核心には，いわゆるカースト制度がある。

もし「インド化」がヒンドゥー文化複合のインドからの一方的なベクトルによる受容であったとすれば，「なぜ，その根幹にあるカースト制度が東南アジア大陸部に入らなかったのか」という問題を提起できる。

5〜6世紀の南インドで，すでにカースト制度が成立していたかどうかは不明な点もある。しかし，たとえ同制度が成立していたとしても，またその思想が東南アジア大陸部に伝来していたとしても，カースト制度が東南アジアには定着しなかったであろう。それは，当時のインド亜大陸と東南アジア大陸部との間における人口規模の大きな格差の存在である。カースト制度は，基本的には，人口大の社会つまり多人口社会におけるなんらかの細分化原理にもとづく分業のあり方の1類型という側面をもつ。当時の東南アジアには人口大という基本条件は存在せず，少人口社会であった。それが，「インド化」にもかかわらず，カースト制度が受容されなかった最大の理由であろう。この場合でも，受容側の選択的採用という論理がはたらいている。

もちろん「インド化」には，インド世界からの一方向的なベクトルで進行したもの

もある。受容側のニーズにかない，全面的な選択的採用の対象となった「インド化」である。そのよい例は，「インド化」の時期におけるインド亜大陸からのインディカ型長粒種のイネの伝来[12]，それとセットをなすインド犂による犂耕技術の導入[13]であった。本章での課題であるインド都城思想，それにもとづく「都の城」の建設も，その1つである。

V-3　東南アジア大陸部における都城展開

東南アジア大陸部での都城展開は，のちに詳述するように地形・生態条件と大きく関係している。まず，同大陸部の内部における地形・生態の空間編成について概観しておきたい。東南アジア大陸部は，大きくは3つの地形・生態区に区分される[14]。

- **北方山地**：アジア大陸南縁部を東西走するアルプス・ヒマラヤ褶曲山脈列の東端部を占める。ヒマラヤが東西走する高峻・狭長な山脈列であるのに対して，東南アジア大陸部の北方山地は，高度を低下させつつ南方にむけて拡大していく。そのため東南アジア大陸部では，北方山地は大きな面積を占める。
- **平原**：山地は南にむけて高度を下げつつ，丘陵さらには平原へと移行していく。日本では平原や平野というと，河川の堆積作用によって形成された沖積平野を連想する。しかし東南アジア大陸部の平原は，構造平野に属する。それは，河川の運搬・堆積作用ではなく，広く水平に累層した地層構造に起因する平原である。
- **デルタ**：北方山地から流下してくる大河川が，運般・堆積作用によって河口部に形成した沖積平野である。

この3つの地形・生態区のうち，初期の港市国家をのぞいて，帝国とよびうる諸王朝が興亡をくりかえしたのは主として平原であった。しかしリードのいう1400年ころを画期として始まる大交易時代[15]の到来とともに，デルタが帝国成立の中心地帯となっていく。東南アジア大陸部での都城展開は，平原からデルタへという立地移動をともなっていた。

ここで，東南アジア大陸部で諸王朝が建設した代表的な「都の城」をとりあげて，その形態展開を，すでに説明したキーワードをもとに読み解くことにする。もちろん

本章でのもっとも重要なキーワードは,「バロック化」である。とりあげる「都の城」は, 10〜13世紀のアンコール王朝の建設都城アンコール・トム, タイ族の最初の建設都城である13〜14世紀のスコータイ, それをひきついだ14〜18世紀のアユターヤーの3つである。

(1)　アンコール・トム ── 「中央神域」の都城
　クメール族は, 古代の東南アジア大陸部の歴史形成にあたって大きな役割を果たした。すでにふれた扶南も, またここで主題とするアンコール王朝も, ともに彼らによって建設された。同王朝の成立と展開の背後には, インド世界からのヒンドゥー文化複合の受容があった。「アンコール」という言葉も, サンスクリット語で「都市」を意味する「ナガラ」がクメール語にはいって訛ったものとされている[16]。
　アンコール王朝の創始者については諸説があるが, 王朝樹立を9世紀とする点に関してはいずれの説も一致している。その成立は,「王権のインド化」ともいいうる王権の変容と巨大化をともなっていた。それが, アンコール・トム((Angkor Thom)「トム」とは「大きい」を意味する)建設への道をひらいていく。まず王権の変容と巨大化について, 石沢良昭の研究をもとに整理すると, つぎのように要約できる。
　アンコール王朝成立以前つまり前アンコール時代は, 城市とそれをとりまく一定の範囲を領域とするプラ(サンスクリット語で「町」や「村」の意)が分立・割拠する時代であった。プラは, それを統治する長をもち, またそれ自身で自足的な単位をつくっていた[17]。いわば小城市国家の時代といえる。
　当時の祭儀は, プラの長が城市近くの聖なる丘陵などに土地の精霊を祀って祭式をおこなうというものであった。しだいに祭事の執行は専門の宗務者たちに委ねられるようになり, その集団にインド世界から渡来してきたバラモンが関与をつよめていった。バラモンをつうじて, 在来の土着的な信仰・祭事がヒンドゥー教の神々とくにシヴァ神と習合・同化していき,「インド化」されていく[18]。
　アンコール王朝の創始者としてもっとも有力視されているのは, ジャヤヴァルマン(Jayavarman) II 世(在位802-834年頃)である。同王は小城市国家的なプラの征服・併合をすすめ, 中央集権的な領域国家を建設する。それが, アンコール王朝である。同時に土着の宗務者集団に関与をつよめたバラモンによって,「シヴァ神から授けられた特別な王のリンガ(シヴァ神を象徴する陽石)」祭祀が開始される。それによって, 王を「シヴァ神の分身」とする思想が発展し, セデスのいうデヴァラージャ王権思想が

成立する[19]。つまりジャヤヴァルマンⅡ世のころに、中央集権的な領域国家とデヴァラージャ王権思想とが結合したアンコール王権が確立していく。同王自身も802年に即位式をおこない、デヴァラージャとして登極する。しかしここでのデヴァラージャとは、「精霊の王のなかの王」という土着的な王権思想にヒンドゥー的な外装をあたえたものであって、現在では、セデスのいう神聖王的なデヴァラージャ王権思想とは異なったものとして説明されている[20]。

(1)-① ヒンドゥー世界観の移植と「見立て」

　アンコール王朝の歴代の王は、カンボジア北西部のシェムリアップ周辺を「中原の地」として、その一帯で遷都と建都をくりかえした。図35は、シェムリアップ一帯のカンボジア政府発行の5万分の1地形図を集成したものである[21]。シェムリアップは、図の南西端に位置する。そこにむけて東西南北の四方から道路が結節し、地域中心としてのシェムリアップの地位を示している。その北方に、都城アンコール・トムをふくむ巨大な遺跡群が所在する。その形態解読が、この節の主題である。

　図の北東部には、プノン・クレーン丘陵と総称される丘陵地帯が北西から南東方向にむけてひろがる。同丘陵は、周縁の密集した間隔で走る等高線で示されるように、比高約200メートルの急峻な台地崖で平原と画されている。プノン・クレーン丘陵地帯を源流域として、多くの小河川が南西方にむけて流出していく。丘陵の内部はそれらの小河川によって開析され、等高線間隔の広い河谷と丘からなる老年性の地形を呈している。地質時代をつうじて進行した河川の開析・下刻作用は、図35が北東部に大きなギャップを描いているように、同丘陵を分断するまでに至っている。

　小河川群はプノン・クレーン丘陵を離れると、南西にむけて傾斜する複合扇状地を形成しつつ構造平原を流下していく。扇状地とはいっても、上記のギャップを出た扇頂部での平均勾配は230分の1くらいで、230メートル流下して高度差1メートルという緩傾斜である。それらの河川群のなかでもっとも大きいのは、プノン・クレーン丘陵南東端に源流をもつシェムリアップ川である。同図に実線で流路を記入したように、ギャップ付近で扇頂部に出たシェムリアップ川は、いくつかの小河川を合流しつつアンコール遺跡群にむけて流下していく。同遺跡群に至るまでの同川の流路が示しているように、シェムリアップ川がそれら遺跡群のもっとも重要な涵養水源であった。

　シェムリアップ地域が歴代の王によって「中原の地」とみなされるに至った背景に

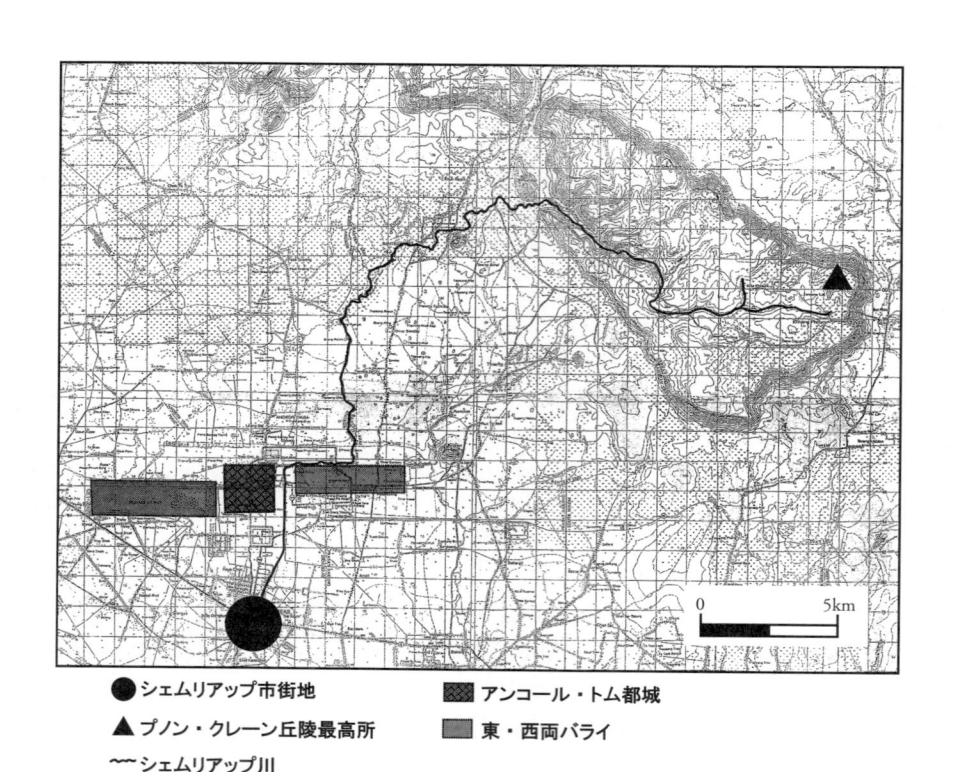

図 35　シェムリアップ周辺一帯の地形配置（カンボジア地理院測量図をもとに応地作図）

- ●　シェムリアップ市街地
- ▲　プノン・クレーン丘陵最高所
- 〰　シェムリアップ川
- ▨　アンコール・トム都城
- ▰　東・西両バライ

は，図35が記入する水田記号に示される農耕基盤のゆたかさにくわえて，バラモンたちによるヒンドゥー・世界観の移植と「見立て」があった。すでにⅠ-3-(3)で図14をもとに説明したように，ヒンドゥー・世界観では円形大陸ジャンブドヴィーパ（ジャンブ州）の中心にメール山（須弥山）が屹立する。その円形の平頂面上には，円心に所在する宇宙創造神ブラフマー神の神領をとりまいて，8方位に八大護世神の神領がならぶ（図15）。この聖なる宇宙中心軸＝メール山に「見立て」られたのが，北東方を画する前記のプノン・クレーン丘陵であった。また聖なる川ガンガー（ガンジス）に「見立て」られたのが，同丘陵から南西流するシェムリアップ川であった[22]。プノン・クレーン丘陵とシェムリアップ川，さらにその麓にひろがる扇状地性平原をヒン

144　第2部　都城のバロック的展開

ドゥー教世界観とむすびつけて，それらを聖化したのである。前述したアンコール王権の確立者ジャヤヴァルマンⅡ世の即位式は，プノン・クレーン丘陵の最高所で挙行されたといわれる[23]。それは，同丘陵をメール山に「見立て」た登極儀式であったであろう。その場所は，図35に▲を記入した同丘陵南東端の標高487メートル地点であったと考えられる。

この「見立て」をヒンドゥー教世界観から補足すると，同世界観ではメール山とガンガー川との関係は，つぎのように説明される。天上から地上に降下したガンガー川は，メール山の平頂面上の円心を占める前記のブラフマー神の神領を時計まわりに右繞してから，4つの河川に分流して東西南北の4方向に流出していく。このうち南方にむけて流下していくのが，アラカナンダー川である。メール山を出たアラカナンダー川は，円形大陸の内部を東西走するいくつもの山脈を貫いて南流していく。最後の山脈にあたるヒマヴァット（ヒマラヤ）山脈を越えるとアラカナンダー川はふたたびガンガー川となって，円形大陸最南端のバーラタ国を縦断して南の海洋に流入する[24]。アラカナンダー川を介することによって現実のガンガー川とメール山とがつながり，同川の水源をメール山にもとめうるのである。

したがってプノン・クレーン丘陵は，シェムリアップ川の源流域という点ではメール山，また山地から最終的に平原へと流出するという点ではヒマヴァット山脈に比定でき，これらの二重の「見立て」が可能なのである。同丘陵が，単純にメール山のみに「見立て」られているとはいいきれないであろう。

さらにガンガー川に「見立て」られたシェムリアップ川が流下する扇状地状平原はバーラタ国，同川が流入するトンレ・サープ湖は円形大陸をとりまく塩海（ラヴァナ・サムドラ）にあたろう。移植されたヒンドゥー教世界観は，メール山，ヒマヴァット山脈，アラカナンダー（ガンガー）川，バーラタ国，ラヴァナ・サムドラの5点セットからなるジャンブドヴィーパの縮図として，「中原の地」を「見立て」ているのである。

(1)-② アンコール・トムの選地と建設

「中原の地」を場として遷都と建都が頻繁にくり返された背後には，アンコール王朝の王位継承をめぐる事情があった。同王朝には王位継承のルールは事実上なく，継承権を主張しあうものが王位継承戦争を戦い，同戦争を実力で制したもののみが即位できたことである[25]。その際の戦闘で先王の王都は徹底的に破壊され，即位した王は，

```
                                                    東バライ

         西バライ        アンコール・トム


                                    アンコール・ワット

                    ▦ ──── ヤショヴァルマン I 世（889〜910 年頃）の建設
                    ▩ ──── スールヤヴァルマン I 世（1011〜1050 年頃）の建設
                      ---- ジャヤヴァルマンⅦ世（1181〜1220 年頃）の建設
```

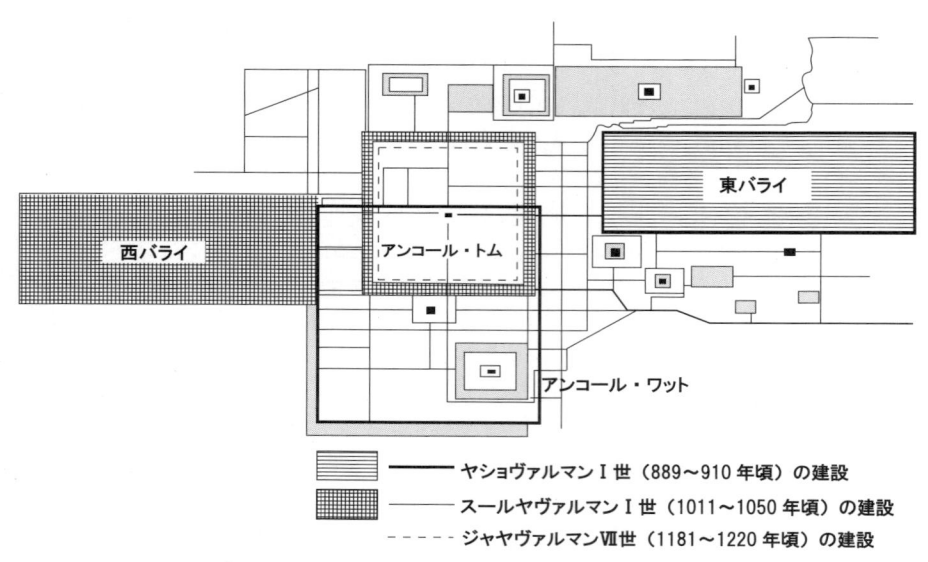

図 36　ジャヤヴァルマン VII 世によるアンコール・トム建設への過程
　　　（セデス原図をもとに応地作図）

みずからの都を建設することから治世に着手した。建都にあたってもっとも重視されたのは，新都のなかに新しい寺院と王宮とを建設することであった。しかし史料で名称が確定できるアンコール王朝の王は計26人を数えるが，寺院と王宮からなる新都の建設をおこなうことができたのは，そのうちのわずか5人のみであったとされている[26]。

　アンコール・トムも，歴代の王によるたび重なる遷都と建都をへて建設される。そのなかで現存するアンコール・トムの建設へと導いたのは，4人の王による選地であった。前述したように新都の建設をなしえた王は，わずか5人にすぎなかった。そのうち4人までもが，アンコール・トムの現存都城域と部分的に重合させながら，ここに新都建設の場を選地したのである。それは，「中原の地」のなかでも，この地区がとりわけ重要であったことを物語る。ここを選地した4人の王による都城アンコール・トム建設に至るまでの過程を示したのが，図36である。

　同図の凡例に示したように，まず9世紀末に，第4代のヤショヴァルマン

写真22 プノン・バケン丘からアンコール・ワットと平原を望む

プノン・バケン丘はヤショヴァルマンⅠ世の建設都城の中心核で，いまは丘上に同名の階段状寺院が建立されている。

(Yaśovarman) Ⅰ世（在位 889-910 年ころ）が，4 キロメートル四方の壮大な正方形都城（ヤショダラプラ）を建設する。これを，第1次都城とよんでいる。その建設地点は，のちのアンコール・トム建設地の南半部をふくむ一帯であった。現在も，ヤショダラプラの正方形市壁の西辺と南辺がほぼ残存している。その中心に位置するのが，図35にも残丘状小丘陵としてアンコール・トムの南辺市壁中央南方に描かれたプノン・バケン丘とその頂上にそびえる同名の寺院である。同王は，都城の建設にあわせて，北東方に東バライ（「人工の大池」の意）を築造する。同バライは，碑文では「ヤショヴァルマン王のバライ」として語られている。その規模は，東西約 7100 メートル，南北約 1700 メートル，深さ約 4.3 メートル，容積約 5418 万立方メートルという巨大さであった。

ついで10世紀中期に第9代のラージェンドラヴァルマン (Rājendravarman) 王（在位944-968 年）が，ヤショダラプラに新都城を選地する。それを，第2次都城とよんでいる。その中心に位置していたのが，いまもアンコール・トムの王宮遺跡のなかに残るピミナカスである。第2次都城は，東西幅また南北幅もともに第1次都城とほぼ同規模であるが，第1次都城の北半部をとりこんで，さらに北方にむけて拡張させて建設された。この同型性から，第2次都城の実体はヤショダラプラ都城の復興・再生であったようである。治世が安定するとともに，同王は，ヤショダラプラにかわる新たな都城を東バライの南方に建設する。したがってアンコール・トム建設への過程での同王のはたした役割は小さい。そのため図36には，ラージェンドヴァルマン王の第2次都城は描いていない。同王の東バライ南方での新都城建設と平行して，東バライが拡張されたようである。その拡張は下流方向にあたる南にむけてなされ，新たな南堤防が築造された。現在みる東バライの形態は，このときにできあがる。

同王のあと，また遷都がくり返されたのち，11世紀はじめの第13代スールヤヴァルマン (Sūryavarman) Ⅰ世（在位 1011-1050 年ころ）が，新都城の建設地をここに選地する。同王は，ほぼ現在のアンコール・トムの地に，3 キロメートル四方の都城を建設する。これを第3次都城とよんでいる。その中心位置に建立されたのが，いまも残るパプーオン寺院である。同王は，都城の南西方に東西約 8000 メートル，南北約 2100 メートルという，東バライをうわまわる規模の西バライを建造する。碑文は，同バライを「清澄な水のある大池」と述べている。その表現は，西バライの水深が大であって，湛水した水が澄み切っていることを含意していよう。西バライの平均水深はなお確定されていないが，容量については1億 5624 万立方メートルと推定されている[27]。も

第Ⅴ章　東南アジアでのインド都城思想の受容とバロック的展開　147

写真23 アンコール・トム 空中からみた都城西方一帯
上方の巨大な貯水湖は西バライで，東バライが干あがって水田と化しているのに対して，いまも水を湛えている。

しこの数値が妥当とすれば，日本を代表するダムである黒部川第四（黒四）ダムの総貯水量2億立方メートル，有効貯水量1億5000万立方メートルに匹敵する容量である。

スールヤヴァルマンⅠ世の死後，ここはまた放棄される。その後，12世紀末の第21代ジャヤヴァルマンⅦ世（在位1181-1220年ころ）のときに，都城はここに回帰する。同王は，新しい都城の建設地として，ヤショヴァルマンⅠ世が建設したヤショダラプラの地を選地する。第1次と第2次の両都城を再開発するかたちで同王が建設したのが，現在に残るアンコール・トムである。これを，第4次都城とよんでいる。

同王が選地にあたって重視したのは，すでに建設されていた東と西の両バライであったであろう。もちろんそれには，2つのバライの巨大な灌排水機能をもとに，農業基盤を維持・拡充することによって王国の安定・発展を図るという意図があった。事実，アンコール王朝はジャヤヴァルマンⅦ世の時代に最盛期を迎える。しかしバライに関しては，このときにはすでに機能低下がすすみつつあった。

現在では，東バライは巨大貯水池としての機能を失い，その堤内は水田と化している。また西バライも，西半部をのぞいて，本来の貯水機能を大きく低下させている。アンコール地域を対象に作製された詳細地形図の判読をもとに，江川良武は，バライの機能崩壊の主たる要因を，よくいわれるバライの埋積ではなく，〈水路の直線化と短縮→流速の増大による下方侵蝕の強化→河床の低下→河床とバライ底との比高拡大→バライへの導水困難→バライの水利システムの崩壊〉という悪循環サイクルの発動にもとめている[28]。さらにこのサイクルの発動は，ポスト・アンコール王朝以降の水利工事によって進行したとする。とすると同王朝の最盛期には，シェムリアップ川水系が東・西両バライの取水源として重要な意味をもっていた。つまり同川水系は，当時，バライと密接な関係でむすばれていたのである。

しかしアンコール・トムの選地にあたって，東西2つのバライがもつ農業インフラストラクチャーとしての効用だけが重視されたのだろうか。

I-2で検討した古代インド世界の代表的な建築・都市計画書である『マーナサーラ』は，寺院などの聖なる場所と沐浴池・貯水池との位置関係について，「沐浴池・貯水池は，北東と南西に建設さるべきである[29]」と述べている。ジャヤヴァルマンⅦ世が新都城の建設地をヤショダラプラの旧都城域に選地したのは，『マーナサーラ』が語るこの規準にかなっているからでもあったであろう。図36が示すように，そこを選地することによって，北東方と南西方の直近位置に2つのバライを配し，それらを新都城の建設構想にとりこむことが可能であった。つまり東・西の両バライは，アン

写真24 アンコール・トム 西バライと灌漑水路流出口
西バライは，水田・都市近郊農地灌漑源，都市給水源，大海の象徴というかつてのバライの多重機能を今に伝えている。

コール・トムの選地と基本計画の策定にあたって重要な意味をもつ存在であったと考える。それについては，あらためて詳述したい。

(1)-③ アンコール・トムの形態解読

　以上を前提として，アンコール・トムの形態的特質の解読へとすすみたい。それへの視座は，〈コスモロジーの縮図としての「都の城」〉という都城思想である。ここでとりあげるコスモロジーは，当然，「インド化」とともに移植されたヒンドゥー教の世界観である。ヒンドゥー・コスモロジーの視座からアンコール・トムの形態を解読するにあたっては，つぎの2つを関連づけて論じることが要求される。

1）　前述したヒンドゥー・コスモロジーにもとづく「中原の地」シェムリアップ地方の「見立て」である。それは，〈「プノン・クレーン丘陵＝メール山＋ヒマラヤ山脈」―「シェムリアップ川＝ガンガー川」―「扇状地状平原＝バーラタ国」―「トンレ・サープ湖＝ラヴァナ・サムドラ（塩海）」〉の4点セットからなる「見立て」であった。これらによって構成されるヒンドゥー・コスモロジーの縮図として，シェムリアップ地方をとらえる「見立て」である。いわば地域レベルでのヒンドゥー・コスモロジーの縮図といえる。
2）　アンコール・トムの都城構成を，ヒンドゥー・コスモロジーの縮図として解読することである。この立場は，①との対比でいえば，いわば地点レベルでのコスモロジーの縮図といえる。

　問題は，「地域」と「地点」の2つのレベルでのヒンドゥー・コスモロジーの縮図を，いかに関連づけるかである。ここでは，まず2）のアンコール・トムの都城構成をヒンドゥー・コスモロジーから解読したうえで，それを1）の地域レベルでの「見立て」のなかにいかに位置づけうるかという手順で，この問題に接近したい。
　ヒンドゥー・コスモロジーを視座として，アンコール・トムの都城構成を解読しようという試みはいくつか存在する。たとえば，すでに1930年にウイーン学派の民族学者ハイネ・ゲルデルンが，ヒンドゥー・コスモロジーをもとに解読を試みている[30]。それ以後，同様の立場からの解読は，セデス[31]，岡千曲[32]，千原大五郎[33]などによってなされてきた。また石沢良昭も，留保を付して，この立場からの説明をおこなっている[34]。私も，同様の立場からアンコール・トムについて述べたことがあ

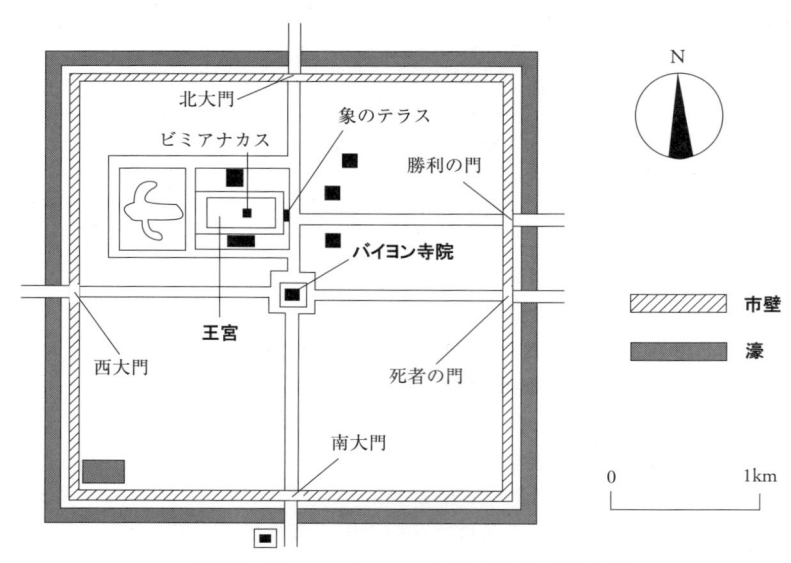

図37　アンコール・トムの都城構成（応地作図）

る[35]）。しかし今回はその解釈を破棄して，まったく新しい立場からの解読を試みたい。

　アンコール・トムは，辺長距離が約3キロメートルにもおよぶほぼ正方形の都城である。図37は，同都城の構成を示したものである。正方形の都城域は，対辺の中点をむすぶ2本の交差街路で均等に4分割されている。この構成をもとに，アンコール・トムの基本形態を，当初は『マーナサーラ』などのシルパシャーストラ文献が述べるサヴァスティカ型に比定する考えもあった[36]）。

　サヴァスティカ型の形態は，すでに図1-〈2〉に掲げた。同図が描くサヴァスティカ型形態と図37のアンコール・トムとを対照させると，両者の類似性はつぎの1点にかぎられる。それは，東西と南北に走る2本の中心幹線街路が都市中央で十字路を形成し，それによって都市内部が4区画に等分されていることである。しかし2本の中心幹線街路による都市内部の4区画への等分は，図1に掲げた方形の都市形態すべてに共通するものである。したがってそれのみをもって，アンコール・トムの形態をサヴァスティカ型にむすびつける根拠にはなりえない。むしろ2本の中心幹線街路のみから編成されているダンダーカ型が，アンコール・トムと類似する。ダンダーカ型は，古代インドの理想的な都市形態のなかでもっとも基本的な形態にあたる。図1-〈1〉に掲げたダンダーカ型をのぞく他の諸形態は，ダンダーカ型の中央幹線街路による4分割を基本として，小街路の数や走向を変化させてより複雑な形態へと変化させたものである。

　ダンダーカ型のアンコール・トム都城域を4分割する十字路の交点，いいかえれば都城の中心に立つのが，四面仏尊顔の祠堂塔をピラミッド状に林立させたバイヨン寺院である。その規模は，第1の回廊部分だけでも東西160メートル・南北140メー

写真25　アンコール・トム　バイヨン寺院
比高45mの中心円塔をとりまいて顔面塔が林立する。ギリ（山岳）にたとえられ、メール山を表徴する。

トルで、中央祠堂の高さも45メートルに達する。同寺院はサンスクリット語で「山」を意味する「ギリ」の名でもよばれ、まさに山岳寺院にあたる。

　すでに述べたようにヒンドゥー・コスモロジーでは、円形大陸ジャンブ州の円心にメール山がそびえる。メール山は、世界の中心山岳であると同時に聖なる宇宙軸である。バイヨン寺院の中心には、中央祠堂塔が円筒砲弾状にそびえ立つ。ヒンドゥー・コスモロジーでは、メール山の山容も巨大な円筒として語られている。形態の点でも、バイヨン寺院とメール山は同型性をもつ。メール山頂上の平頂面には、宇宙創造神ブラフマーをはじめ神々の神領が所在する（図15）。同様に、バイヨン寺院の中央祠堂塔も神々の神聖な座を表徴する万神殿（パンテオン）である。

　さらにヒンドゥー・コスモロジーでは、中心のメール山周辺一帯を正方形状に囲んで4つの山脈が走る。東のガンダマーダナ、南のニシャダ、西のマーリヤヴァット、北のニーラの4山脈である[37]。これらの4山脈に囲まれた正方形が、イラーヴリタ・ヴァルシャ（国）である。メール山の周辺を占めるイラーヴリタ・ヴァルシャは、ジャンブ州を構成する7ヴァルシャのなかで、もっとも中心に位置する聖なる正方形の国である。

　ヒンドゥー・コスモロジーが語る円形大陸ジャンブ州の中心部の構成は、そのままアンコール・トムに表徴されている。世界中心メール山がバイヨン寺院、正方形の聖なるイラーヴリタ国がアンコール・トムの京域、イラーヴリタ国の四辺を囲む4つの山脈がアンコール・トムの市壁である。市壁はラテライトの切り石で構築された高さ8mの頑丈な構造で、その上面には壁上歩廊をそなえている。前記の4山脈に比定するにふさわしい規模と構造を誇る。

　しかし頑丈な市壁の構築には、もう1つの事情がはたらいていたであろう。それは、ジャヤヴァルマンVII世の即位直前の1177年に、チャンパ王ジャヤ・インドラヴァルマン王がこの地を攻略したことである。新都城には、外敵の侵攻への防御機能が要求されたであろう。それが、頑丈な市壁を建設した目的でもあったと考えられる。防御機能は、さらに市壁をとりまく幅100〜120メートルの周濠によっても強化されていた。従来の研究では、この周濠を、ジャンブ州をとりまく大洋とするものが多かったが[38]、ここでは、この解釈はとらない。大洋は、1)で述べた5点セットの「見立て」のなかの「トンレ・サープ湖＝ラヴァナ・サムドラ（塩海）」によって表徴されていると考えるからである。

　このようにアンコール・トムの都城構成を、〈「バイヨン寺院＝メール山」―「アン

第V章　東南アジアでのインド都城思想の受容とバロック的展開　151

写真26　アンコール・トム　都城東正門と市壁
東辺市壁中央に位置し，顔面塔を戴く1門道様式の都城正門。ここから1500m西方のバイヨン寺院にむけて東大路が直走する。

コール・トム京域＝イラーヴリタ国」—「市壁＝イラーヴリタ国を囲む4山脈」〉として理解すると，それはバイヨン寺院を中心に戴く聖なる空間でもある。その聖性にみちたダンダーカ型の都城域に近接させて，『マーナサーラ』が述べるように，その北東方と南西方に2つのバライを配している。

アンコール・トムのヒンドゥー・コスモロジーを以上のように解読すると，前記の1）と2）の両レベルでの「コスモロジーの縮図」が明確となる。それらを要言すると，つぎのように整理できる。

① シェムリアップ地方という「地域」レベルでのコスモロジーとの対応性：〈「プノン・クレーン丘陵＝メール山（須弥山）」—「シェムリアップ川＝アラカナンダー（ガンガー）川」—「トンレ・サープ湖＝ラヴァナ・サムドラ（塩海）」〉

② アンコール・トムという「地点」レベルでのコスモロジーとの対応性：〈「バイヨン寺院＝メール山」—「アンコール・トム京域＝イラーヴリタ国」—「市壁＝イラーヴリタ国を囲む4山脈」〉＋〈北東方と南西方に直近する東バライと西バライ〉

つぎの問題は，これらの「地域」と「地点」という2つのレベルの「コスモロジーの縮図」が，どのように関連しあっているかである。それが，単に「容器としての地域」に「点としての都城」が位置しているというだけでは無意味である。2つの「コスモロジーの縮図」をつなぐ内的関連性を探究することが必要である。両者の接点を提供するのが，①でのシェムリアップ川と②でのバライだと考える。

同川とバライとのあいだには，すでに説明したように，プノン・クレーン丘陵を水源とするシェムリアップ川の水がバライに取水・貯水されて，バライを介してシェムリアップ地方の農業基盤を維持・拡充するという内的関連性が存在する。アンコール・トムは，都城の基本構想のなかに東と西の両バライをとり込むことによって，①と②の2つの「コスモロジーの縮図」を統合する聖なる結節点という位置を占めることができた。「中原の地」で利用された余水は，①での「トンレ・サープ湖＝ラヴァナ・サムドラ（塩海）」，つまりジャンブ州をとりまく大海に流入していく。アンコール・トムは，アンコール王朝にふさわしいヒンドゥー・コスモロジーと「利水の農耕文明」とを統合させた都城であった。

本章のもっとも重要な課題は，「インド化」された東南アジアでの都城の「バロック

写真27　アンコール・トム　王宮正面テラス
王宮は、南北長300 mにおよぶ正面ファサードを、東辺市壁の「勝利の門」から西進する凱旋道路にむけて立つ。

化」の検討にあった。最後にアンコール・トムについて、この点を都城構成から検討する。

　都城の「バロック化」においてもっとも重要な指標は、王権の権力拡大によるコスモロジーからの逸脱であった。それは、具体的には、〈コスモロジーの縮図としての「都の城」〉のなかでの王宮の空間的配置から考察できる。

　アンコール・トムは、正方形の都城域を中心十字路によって4つに均等分割するダンダーカ型の都城である。その十字路が交差する都城中心点に建設されたのが、バイヨン寺院であった。同寺院は、国家鎮護の最高宗教施設として建設される。

　遷都と建都をくり返したアンコール王朝では、新しい都城に国家鎮護のための新寺院を建立することは、新王に課せられた重要な使命とされてきた。バイヨン寺院は、それを実現し顕示する山岳寺院であった。古代インドの都城思想では、都城の中心に位置するのは寺院や神殿の宗教施設であった。それを、表1では「中央神域」という四字成句で表現し、中国都城思想の「中央宮闕」とは異なったインド都城の重要な特質としてきた。アンコール・トムは、ヒンドゥー・コスモロジーの「中央神域」理念を忠実に体現する都城なのである。

　アンコール・トムでは、図37に示されるように、都城建設者ジャヤヴァルマンⅦ世の王宮はバイヨン寺院の北西方に建設されている。『アルタシャーストラ』も、王宮は「中央神域」の北方に位置するとしていた。王宮の位置でも、アンコール・トムは古代インドの都城思想を継承している。その結果、アンコール・トムでは、王宮はバイヨン寺院に従属する存在となっている。つまり寺院と王宮の空間的な位置関係では、王権によるコスモロジーからの逸脱はみられない。いいかえれば、インド王権思想とは異なった神聖王的な王権権力の強化があったにもかかわらず、この点に関してはアンコール・トムは、「バロック化」以前の都城構成を踏襲していると考えられる。

　バイヨン寺院は、正面を東にむけている。これも、東をもって最尊とするヒンドゥー教の方位観またヒンドゥー教寺院の建築様式と照応する。都城の中心で交差する4本の街路のなかでもっとも重要なのは、バイヨン寺院から東大門へと延びる街路であった。フランス人研究者は、東大門を「死者の門」とよんでいる。図37は、これと平行して市壁東辺の市門にむけて走るもう1本の街路を描いている。その市門は、「勝利の門」とよばれる。「死者の門」また「勝利の門」も、ともにアンコール王朝時代の市門名ではなく、後世の通称である。

　「勝利の門」へと至る街路の起点は、王宮である。これは、バイヨン寺院とおなじく、

第Ⅴ章　東南アジアでのインド都城思想の受容とバロック的展開　153

写真28　スコータイ　中心部の模型
現在では，中心部にはワット・マハータート（仏舎利寺院）の寺域が大きくひろがる。手前の南市門がナモー門（スコータイ歴史博物館展示）。

王宮も独自の東からの凱旋街路をもっていたことを示す。同街路は，おそらく第2次都城の既存街路を踏襲して建設されたものであろう。それは，王宮またその前面テラスに立つ王のヴィスタを顕現する軸線街路であった。王のための軸線街路の建設は，アンコール・トム都城の「バロック化」がはじまりつつあったことを示していよう。

つまりアンコール・トムは，寺院と王宮の空間的な配置ではコスモロジーに忠実であって，王権によるコスモロジーからの逸脱は認められない。しかしその一方では，街路構成に関しては，「バロック化」がはじまりつつある段階の都城と結論できる。

ここで付言すれば，先述の王の軸線街路は，「勝利の門」を出てからも東方へと延伸していく。その終着点は，東バライの西堤防にある。図36が示すように，両者の交点はバライ西堤防の中点に位置する。この一致は，アンコール・トムの都城建設がバライをとりこむ構想のもとですすめられたことを傍証するものであろう。

(2)　スコータイ──「中央神域」と「中央宮闕」の並立都城

タイ族は，13世紀ころから，かつて「タイ族の沸騰」とか「タイ族の世紀」ともよばれた活発な活動をつうじて自立化をつよめ，独自の国家形成へとのり出していく。スコータイ王朝は，彼らがアンコール王朝の支配を脱して最初に樹立した国家である。同王朝はタイ中西部に位置するスコータイを根拠地として，そこにタイ族最初の都城を建設する。中国語史料にも，スコータイは「早孤底」・「速孤底」の名であらわれる。

(2)-①　タイ族最初の建設都城

タイ族の起源地については諸説があるが，そのなかで有力なのは，つぎの2説である。第1は，中国のユンナンとその周辺とするもので，タイ族はそこから南下して東南アジア大陸部各地に拡散していったと考えるものである。もう1つの説は，タイ族は当初から東南アジア大陸部の各地に居住していたとするものである。もし前者の立場にしたがって，東南アジア大陸部を構成する前述の3地形・生態区と関連させて彼らの拡散過程を整理すると，それは，①の北方山地から，②の平原，さらには③のデルタへの展開と要約できる。

スコータイ (Sukhothai) は，まさに①の北方山地が②の平原へと移行したところに位置する。図38からもうかがえるように，スコータイのすぐ西方には北方山地末端にあたる丘陵性山地があり，その東麓にゆるやかな扇状地状の平原がひろがっている。そこを流れるチャオプラヤー川の支流ヨム川の右岸に，スコータイ都城が位置する。

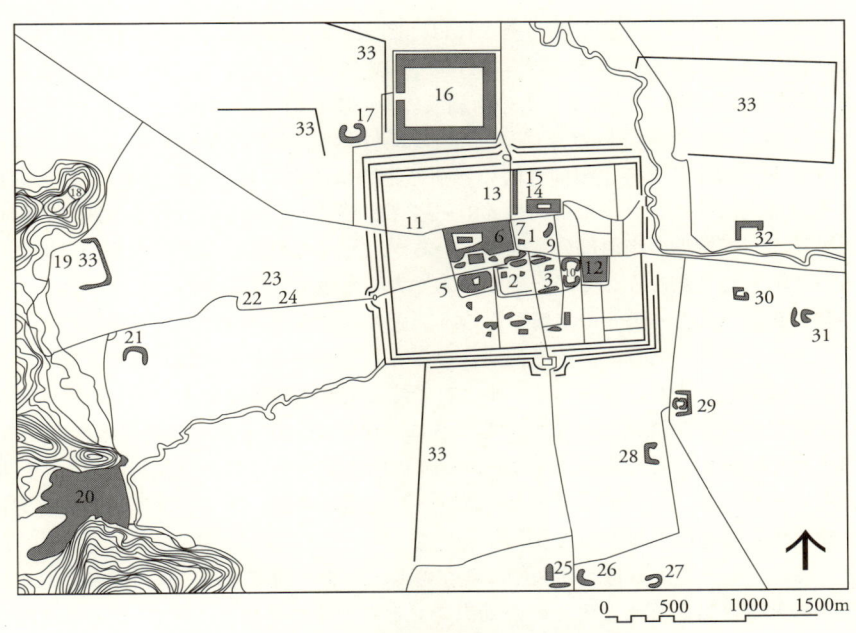

図38　スコータイ都城とその周辺（タイ国考古局による）

　スコータイ王朝の成立以前には，12世紀ころから，この一帯はアンコール帝国の支配下に置かれてきた。その支配拠点として建設したのが，クメール語でスコータイを意味するスコーシャムであった。しかし1240年ころにタイ族出身のスコーシャム太守であったバーンクラーンハーオがアンコール王朝からの自立・独立に成功し，スコータイ王朝を樹立する。同王朝はスリーランカーから南方上座部仏教を受容し，同仏教が以後のタイ族国家の国家宗教へと成長していく基盤を用意した。スコータイ都城遺跡に数多く残る宗教施設も，ほとんどが南方上座部仏教に属する仏教寺院である。

　図38は，スコータイの都市遺跡と周辺の現況図である。その都市遺跡は，王朝樹立以後にタイ族によって建設されたものである。最初に，同図をもとにスコータイとアンコール王朝時代のスコーシャムとの関係について考えることにしたい。

　スコーシャムの所在場所については，一般的には，スコータイ都城北方の直近位置

第Ⅴ章　東南アジアでのインド都城思想の受容とバロック的展開　155

写真29　スコータイ　都城南辺周濠
ナモー門より東方を望む。スコータイは、3つの河川を取水源とする周濠で囲繞され、給水される「水の都」であった。

にあったとされている[39]。しかしそこには、図38にも描かれているように、西には周濠に囲まれた大きなプラ・パイ・ルアン寺院（同図16）があり、東には巨大な貯水池跡（同図33）が存在する。まずこの両施設について検討したい。

　プラ・パイ・ルアン寺院は、スコータイに現存する最古の寺院である。アンコール・ワットとおなじように、同寺院の参道と正門は西方にむけて建設されているし、またその境内にはアンコール王朝様式の三塔寺院が立つ。東方の大貯水池跡は、河川の侵蝕によって堰堤の南西部分を欠いているが、元来の形態は東西にながいヨコ長・長方形であったであろう。その形態からみて大貯水池跡は、あきらかにアンコール王朝時代に建設されたバライの遺構であろう。両者はともにアンコール王朝時代の建設になるものであり、スコータイ王朝期になってスコーシャム崩壊後の跡地に建設されたものではない。またプラ・パイ・ルアン寺院と大貯水池跡とのあいだに介在する一帯は、蛇行する河川流路が示しているように、河川が乱流する水害常習地にあたる。このような状況から考えると、スコーシャムの所在場所をこの一帯に想定するのは無理だと考えられる。したがってスコーシャムの立地場所は、スコータイ都城の北方近くに想定することは困難であろう。

　とするとスコーシャムは、同図では現在のスコータイ都城遺跡によって覆われている一帯のどこかにあったとするのが妥当であろう。その根拠は、図38からも推察できる。それは、都城の北方に東西にならぶ前記の大規模な寺院と貯水池跡である。

　とくに注目されるのは、スコータイ都城とバライとの位置関係である。バライは、都城域の北東方に位置する。アンコール・トムでは、すでに説明したように『マーナサーラ』の記載どおりに、バライは都城の北東方と南西方の直近位置に所在した。スコータイの場合でも、バライ遺構は都城の北東方に位置している。とすると、現在みるスコータイ都城の位置に、アンコール王朝時代の地方拠点都市スコーシャムが所在していたと想定することが妥当であろう。スコータイ王朝はそれを収用して、その地をふくめて広大な新都城を建設したのであろう。

　考古学的な発掘成果によると、新都城の建設は、都城域を囲む市壁と周濠そして市門の築造から開始されたとされる[40]。スコータイの都城域は東西方向にながいヨコ長・長方形をなし、まわりを三重の市壁でかためていた。現地での観察によると、各市壁の前面には周濠がめぐらされていたので、周濠の数も計3となる。スコータイは、市壁と周濠をともに三重にめぐらせて周到に防御をかためた都城であった。最盛期は過ぎたとはいえ、アンコール王朝がなお勢力をたもっていた時代に建設された最初の

156　第2部　都城のバロック的展開

写真30　スコータイ　ワット・マハータート（仏舎利寺院）中心部
スコータイ朝は最初のタイ族王朝であるとともに、スリランカーから南方上座部仏教を受容して国教とした。

タイ族都城，というスコータイの性格を物語っている。図上で都城域の規模を計測すると，ほぼ，つぎのようになる。

　　最外市壁間　　東西：約2000メートル　　南北：約1600メートル
　　最内市壁間　　東西：約1800メートル　　南北：約1400メートル

したがって最外市壁と最内市壁との差である約200メートルが，防御のための市壁と周濠の空間であった。図38には最外市壁の外を囲んでいた周濠は描かれていないので，実際の防御用空間はもっと大きくなる。外囲の長辺にあたる最外市壁間の東西距離の場合でも，少なくともそのうちの10％以上が防御用の空間にあてられていた。

しかし後述するように都城をとりまく周濠の機能は防御のみではなく，それとならぶ重要な機能として都城内への給水があった。周到に建造された周濠にくわえて，図38が示すように，都城内には，まわりに周濠や池沼を配した王宮と多数の寺院があった。それらがあいまって，スコータイ都城を「水の都」としていた。どのようにして，これらの水が確保されたのだろうか。この問題について考えることから，スコータイ都城の形態解読をはじめたい。

(2)-②　「水の都」の給水システム

「水の都」の主たる給水源は，河川であった。周辺の水系と都城との関係に注目して図38を検討すると，興味ある事実が浮上してくる。それは，都城の対角線にあたる南西コーナーと北東コーナーが，ともに河流の位置と一致していることである。まず，南西コーナーから検討したい。同図南西隅には，河谷に築造された人造湖（シートポン湖）がある。シートポン湖（同図20）は，近年になってタイ国芸術局によって復原されたものであるが，すでにスコータイ王朝時代に築造されていたとされる[41]。その堰堤南端から流出した河川が蛇行しつつ東北東方向に流れ，都城の南西コーナーで周濠に流入している。同コーナーでは，都城の北東コーナーとは異なって市壁の破壊がみられない。それは，人造湖によって同河流の流量が調節され，なかば人工的な水路と化していたためであろう。都城の南西コーナーに達した同川の河流水は，周濠への水供給だけではなく，周濠をつうじて寺院をはじめとする都城内の諸施設への給水源として機能していたのであろう。石井米雄は，シートポン湖の水について灌漑用に使用されたとの文献史料はなく，飲料水用の浄水池であった可能性が大きいとしてい

る[42]。これは，シートポン人造湖が，周濠を介して都城内の諸施設への給水源であったとする前述の推測を補強するものである。

　一方，都城北東コーナー一帯は，河川の侵蝕のために市壁の崩壊がいちじるしい。しかし周辺に現存する南北と東西の両市壁の走向から，同コーナーの位置を推定できる。その推定位置は，そこを南流する河川流路と一致する。とすると北東コーナーでも，南西コーナーの場合とおなじく，ここで河川水を周濠に引水して都城内に給水していたのであろう。このように，スコータイ都城の南西と北東の両コーナーは，ともに河川流路が合流する位置にあり，そこで河川水を引水していたという同型性をもつ。この同型性が，スコータイ都城の建設過程を考えるにあたって重要な視点を提供する。

　都城の南西と北東の両コーナーが示す同型性は，スコータイ都城が基本構想にもとづいて計画的に建設されたことを推測させる。その建設過程は，まず給水源である河流からの取水地点として両コーナーの位置が設定され，ついで対角関係にある両地点からほぼ正南北と正東西にむけて外市壁と周濠とを直走させて，都城の縄張りが画定されたと推定される。この推定は，新都城の建設が都城域を囲む市壁と周濠そして市門の築造から開始されたとする前述の考古学調査にもとづく考察と整合する。

　これと関連するもう1つの興味ぶかい事実が，図38からよみとりうる。それは，同図西端の丘陵麓に記入されているコ字型の堰堤遺構（同図33）である。同図は，それを「池あるいは堰堤」と注記している。これも，スコータイ王朝時代の貯水用ダムの遺構であろう。同図には示されていないが，より詳細な1万分の1遺跡図によって検討すると，その北方の堰堤からも小水路が流出している。その小水路は北東流したあと，都城北西コーナーのやや南方で周濠に流入していく。水流との関係では，都城の北西コーナーでも南西・北東両コーナーとの同型性が認められるのである。

　スコータイ都城は，外囲の南西・北西・北東の3コーナーで河流が合流し，それらを取水源として都城内に給水するという水供給システムをそなえた都城であった。4つの都城コーナーのうち南東コーナーのみは，この水供給システムとは無縁であった。そこは都城域とその周辺のなかでもっとも標高の低い扇端部にあり，同コーナーから都城内に給水することは困難だからである。都城内の給水網も，導水路と埋設陶製土管をくみあわせて周到に構築されていたという[43]。スコータイ都城は，このような水供給システムにささえられた「水の都」であった。

　以上のように，「水の都」への水供給を切り口として都城と河流との関係を検討することによって，都城を囲む市壁と周濠の基本建設計画を解明することができた。そ

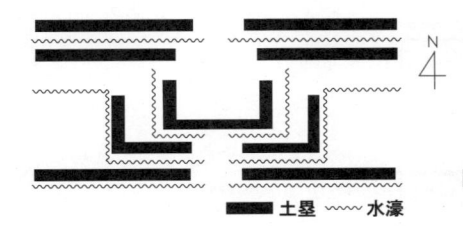

図39 スコータイ都城・南市門（ナモー門）略測図（応地作図）

━━ 土塁　～～ 水濠

れによって都城の縄張り設定の過程が解明できたとすれば，つぎの課題は，主題である都城内部の形態解読である。しかしそのためには，崩壊いちじるしいスコータイ都城の現状から王朝当時の形態をいかに復原できるかということから着手しなければならない。

(2)-③　スコータイ都城の復原と形態解読

　ヨコ長・長方形市壁には，図38が示すように，各辺に市門が1門ずつ設けられていた。各市門の門号は，東市門がカンフェン・ハーク門，南市門がナモー門，西市門がオー門，北市門がサン・ルゥアン門であった。これらの市門の位置は対辺のものとは対向関係になく，たがいにずれあっている。また中心部には，市壁や周濠の走向とは無関係な内城らしき郭域も存在する。さらに現在では，都城の外囲の走向とは関係なしに都城域を切って道路が自在に走っている。
　これらがあいまって，図38の遺跡現況図からは，スコータイ都城の内部構成を復原することは困難である。つまり都城全体を統一する形態的な原理を，同図から確認することはむつかしい。しかし市壁と周濠に関して前述した基本建設計画を想定可能とすれば，当然，同様の原理が都城域全体についても存在していたはずである。それを，どのようにして見いだすことができるだろうか。
　その第1の手がかりは，市門と都城内幹線街路との関係である。市門のなかでもっとも保存状態がよいのは，南市門のナモー門である。同市門は，1592年ころにビルマ族の侵攻にそなえて，2回にわたって増築をくりかえして防備を強化されたという[44]。現在みるものは，その強化されたナモー門であろう。現場で観察すると，同市門は凹字型堡塁や丁字型屈曲が入りくんだ複雑な構造をみせる。その現場での略測結果を示したのが，図39である。スコータイ都城を囲む市壁と周濠の幅員が大きく，同都城がいかに防御を重視していたかについてはすでに強調した。この点は，ナモー門の複雑な構成からも確認できる。当面の問題は，市門と都城内の幹線街路との関係である。同図をもとに，それについて検討すると，つぎのように推定できる。
　ナモー門は，凹字型堡塁をふくめて，東西方向に走る5重の塁壁によって構成されている。その中央に築かれているのが，凹字型の堡塁である。同保塁は門道を切断して立ち，南方から都城内への見通しを遮断する。凹字型堡塁を迂回して北上すると，そこにまた二重の市壁がある。問題は，凹字型堡塁の南と北での門道の走向関係である。図39に掲げた略測結果は，ナモー門の門道の中線が凹字型堡塁の南と北で変化

第Ⅴ章　東南アジアでのインド都城思想の受容とバロック的展開

▶ ラック・ムアン

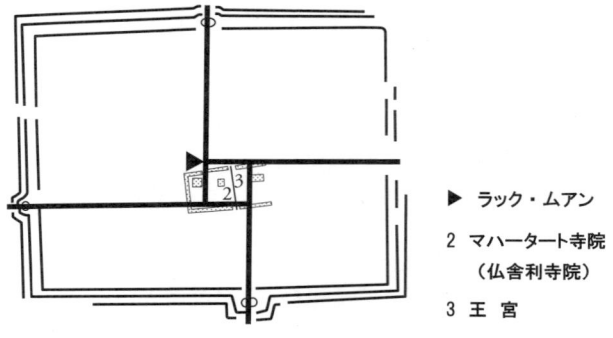

2 マハータート寺院
   （仏舎利寺院）

3 王宮

図40　スコータイ都城中心郭の復原（応地作図）

することなく，同一線上にあることを示す。このことから，南のナモー門を通過して都城域内に入った道路はその中線にそって北進し，都城内への南からの幹線街路となっていくと推測できる。これが，都城建設時の南北街路の走向であろう。その方位は西に約2度ふれているのみで，ほぼ正南北走している。

　各市門とそこを起点とする幹線街路とのあいだにも同様の走向方位を想定できるとすれば，市壁の各辺に位置する市門から都城域内へと直走する街路を復原できる。それにしたがって4本の幹線街路を復原すると，図40のように推定できる。スコータイ都城では，各市門の位置は対辺のものとずれあっているので，4本の幹線街路が1ヵ所で交叉して都心十字路を構成するということはない。図40では，図38での乱雑な街路編成とは異なって，都城の中心部に4本の幹線街路によって画された郭域＝中心郭が出現する。その形態と規模は，辺長およそ220メートルの正方形である。

　このようにして復原できたスコータイの街路・都城域編成を，アンコール・トムと対比させてみよう。その対比をもとに観察できる両者の特質として，つぎの2点を指摘できる。第1の点は，スコータイ都城も，アンコール・トムとおなじくダンダーカ・タイプを基本とする街路編成を採用していることである。市壁の各辺には1市門のみが開かれ，そこから都城内を走る4本の幹線街路によって都城域が4分割される点は，両者に共通する。これらの共通性は，タイ族が最初の都城を建設するにあたって，その基本範型をアンコール・トムにもとめたことを推測させる。たとえその推測が妥当であるとしても，スコータイ都城はアンコール・トムを越えた独自の形態展開を達成している。それが，スコータイ都城の第2の特質をなす。

　その第2の特質は，アンコール・トムでは4本の幹線街路が相互に交差しあって中心十字路を形成していたが，スコータイ都城では，その交差部分が点ではなくて面域＝中心郭へと変容・拡大していることである。スコータイ都城は，ダンダーカ型の街路・京域編成を基本としつつも，それを改良・発展させた都城といいうる。

　問題は，約220メートル四方として復原できる中心郭のもつ意味である。中心郭の内部に位置するものを検討するために，図40には同郭域内にふくまれる施設を消去せずに残した。同図は，中心郭の内部が，ほぼ中央を南北に走る区画線を境界とし

写真31　スコータイ　王宮の宮殿基壇遺址
拡張と修復が重ねられて今日に至ったワット・マハータート寺院とは対照的に，王宮は廃墟と化して基壇を残すのみである。

て東西に二分されることを示す。西は数字番号2，また東は数字番号3と対応している。西の2は王立のマハータート寺院，東の3は王宮にあたる。マハータートとは，仏舎利を納めた「巨大な仏塔」を意味する。そこから現在のタイでもマハータート寺院は仏舎利寺院ともよばれ，もっとも格式の高い寺院とされる。

しかし図40で復原された中心郭の内部にふくまれているのは，王宮も仏舎利寺院も，ともに現在の敷地面積の約半分ほどである。このことは，どういう意味をもつのだろうか。建設時には王宮と仏舎利寺院はともに中心郭を折半するかたちで建設されていたが，それ以後，その外方へと拡張されたと推測することも可能である。現に仏舎利寺院については，創建以来すくなくとも2回の拡張・整備がなされたとされている。

しかし重要なのは，中心郭を折半するかたちで，その内部に王宮と寺院とがならび立っていることである。「王権のシンボルである王宮」と「教権のシンボルである寺院」とが，いわば対等の関係で都城核心の中心郭を形成しているのである。これは，教権を表徴するバイヨン寺院が「中央神域」として中心十字路にそびえ，その北西方に王宮が従属的に配されていたアンコール・トムとはまったく異なった都城編成である。スコータイでは，王宮が都城の中心郭に進出し，寺院と並立するに至っているのである。

その背後には，王権の伸長があったであろう。しかし王宮と寺院とが並立する状況は，王権が教権をなお凌駕するには至っていない段階を示していよう。つまり〈「中央神域」かつ「中央宮闕」〉の段階である。スコータイは，王権による都城の「バロック化」が両者並立の段階に達した都城なのである。

以上の都城復原の妥当性については，もちろん検証が必要である。そのために，東の市門から西走する東西街路と北の市門から南走する南北街路の交点に注目したい。この2つの街路は，中心郭の北西端でT字型に交差する。図40に示したように，その交点と想定できる位置の西側には，正面を東にむけてラック・ムアンとよばれる小祠堂が立つ。

ラック・ムアンとは「国の礎」を意味し，タイでは，国や都市の建設にさきだって定礎される石柱や石碑を指す。それは，ヒンドゥー・コスモロジーの中心山岳メール山を象徴する意味をもつ。したがってラック・ムアンは，アンコール・トムのバイヨン寺院とおなじ象徴性をもつ石柱・石碑といえる。タイでは，スコータイが建設された13世紀ころから，山岳寺院にかわるものとしてラック・ムアンが建設されはじめ

第Ⅴ章　東南アジアでのインド都城思想の受容とバロック的展開

写真32　スコータイ　ラック・ムアン祠堂
ラック・ムアンは「都市の礎」を意味し，メール山を表徴する。東市門からの西進街路に正面階段をむけて立つ。

たとされる[45]。現在でもタイのほとんどの都市には，ラック・ムアン祠堂が都市の中心部に建設されている。スコータイ都城では，最尊の方位である東市門へと延びる復原軸線街路を見とおす位置に，ラック・ムアンが東面して立つ。この枢要地点にラック・ムアン祠堂が東面して位置することは，上述してきた都城復原の妥当性を示すと考える。

(3)　アユターヤー ── 「バロック化」都城

スコータイ王朝は，「中興の祖」とも称せられる第5代リタイ王（在位1347-74年？）による再興のあと，衰退へとむかっていく。かわって興隆してきたのは，当時，すでに交易拠点として成長しつつあったアユターヤー（Ayutthaya）を根拠地とするおなじタイ族の勢力であった。この勢力を母体として1351年には，アユターヤーを首都として，アユターヤー王朝が成立する。同王朝は，1767年にビルマ軍の侵攻によって最終的に滅亡するまで約400年間存続した。

そのほぼ中間にあたる1569年にも，おなじくビルマ族のタウングー王朝の攻略によってアユターヤーは占領され，王朝も流転していく。1590年に即位したナレースワン王（在位1590-1605年）は各地でゲリラ戦をすすめ，93年にタウングー王朝皇太子指揮下のビルマ軍を撃破する。同王はアユターヤーに帰還し，同王朝を再興する。

しかしこの断絶は，王朝の瓦解・再興というだけにとどまらず，政治体制の変質をともなった大きな画期であった。そのため，再興の以前と以後を区別して，以前を前期アユターヤー王朝，以後を後期アユターヤー王朝とする時代区分が提唱されている。

(3)-①　平原からデルタへ

前期アユターヤー王朝時代のタイ語史料では「アユターヤー」という名称は使用されず，「アヨードヤ」あるいは「アヨータヤー」とよばれていたようである。その正式名称も，「アヨードヤ・シュリーラーマ・デーヴァナガラ（「ラーマ王の統治する神の都アヨードヤ」の意）」であった[46]。I-1で，『ラーマーヤナ』第1篇「少年の巻」が冒頭で描く主人公ラーマ王子の生誕地「都城アヨーディヤーの礼讃」の叙述を紹介した。アユターヤーは，その正式名称のとおり，ラーマ王子の都アヨーディヤーの継承を意図した都城として建設される。アユターヤーでも，「インド化」に由来する古代インド世界の理想都市像が生きつづけていたのである。これについては，また，のちにくわしくふれたい。

アユターヤーを根拠地とする勢力は，王朝樹立以前の1432年にアンコール王朝を最終的に滅亡させ，さらに1438年にはスコータイ王朝を併合して属国とする。以後，スコータイ王朝は，1地方権力として存続するのみとなる。前記のナレースワン王は，スコータイ王家の系譜に属している。

　スコータイ王朝から前期アユターヤー王朝への王朝交替は，おなじタイ族のなかでの権力移転であった。しかし前述した東南アジア大陸部の地形・生態区と関連させていえば，それは，権力中枢の②の平原から③のデルタへの移動であった。アユターヤー王朝の成立は，それまで長期にわたって平原を中心に展開してきた東南アジア大陸部の歴史の主要舞台を，デルタへと移動させるという画期性をもつ。その画期性をうみだした動因は，王権が，従来からの稲作農耕にくわえて，リードのいう大交易時代への胎動と連動して地域間海上交易の利益を掌握しようとする動きであった。

　アユターヤーは，チャオプラヤー川の現河口から約80キロメートルをさかのぼった内陸に位置する。同川デルタは，形成時期から古デルタと新デルタの2つに分けられる[47]。古デルタは数万年まえに形成されたもので，老衰期三角州にあたる。新デルタよりも高位面に位置し，後背湿地と自然堤防にあたる微高地とが交互する平原である。古デルタがやや高みにあるうえに，チャオプラヤー川の氾濫水は自然堤防によってさまたげられるために，古デルタ上に氾濫水がおよぶことはほとんどない。そのため，アユターヤー王朝時代には，地形条件に応じて，後背湿地では浮稲を主とする稲作農耕が，また高位の古デルタ面では焼畑的な農耕がおこなわれていたと高谷好一は推定する[48]。

　これに対して新デルタは，活動期三角州にあたる。標高も海抜1〜2メートルのまったく低平な平坦面で，いまも泥土の堆積が進行中のデルタである。増水期には同川の氾濫水によって覆われ，古デルタにくらべて居住と開発は遅れた。そこが広大な稲作空間へと変容していくのは，19世紀になってからのことである。

　アユターヤーは，古デルタから新デルタへの移行帯に位置する。その位置は，地域間海上交易の利益掌握にあたって有利な自然地理的条件を提供する。海への近接性にくわえてチャオプラヤー川の氾濫からの自由を，ともに確保できる地点だからである。

　また図41のアユターヤー現況図が示すように，そこは，3つの河川が合流する地点でもあった。都城の北西方からは，チャオプラヤー川が流れこむ。また都城の北東端で2つの川が合流する。東からのパーサック川，また西からのロップリー川である。これらの河川は，それぞれの流域一帯からの諸産品とりわけ森林生産物の運搬ルート

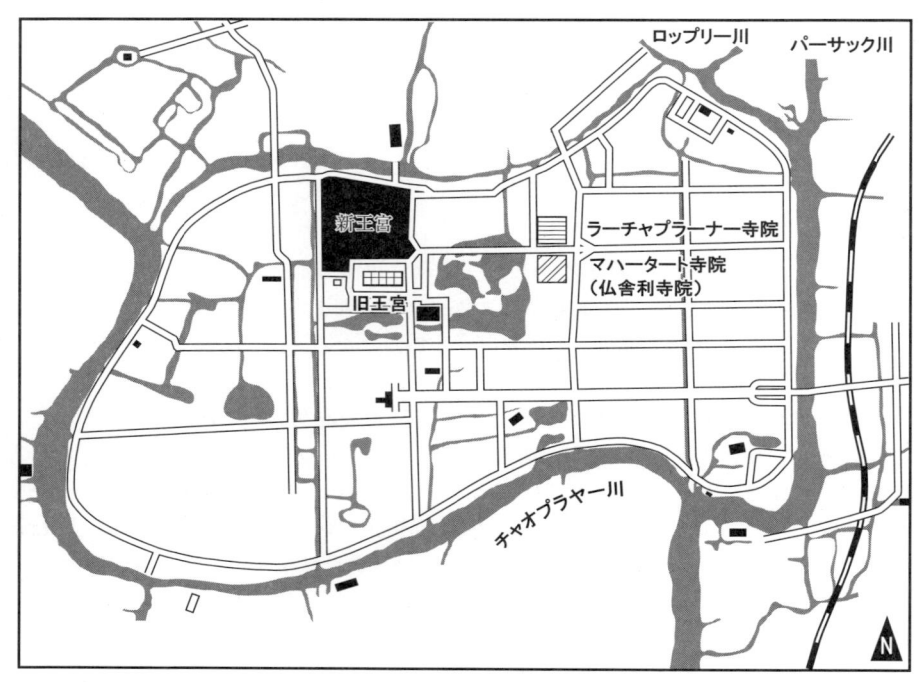

図41　アユターヤー現況図（応地作図）

であった。チャオプラヤー川は北部および中部タイ，パーサック川は東北タイ西部，ロップリー川は中部タイから諸産品の移入路であった。アユターヤーは，これらの3つの河川水系をつうじてタイ全土からの諸物産を集散できる絶好の位置を占めていた。

　さらにアユターヤーには，周辺の広大なデルタ内の微低地で生産される米の集散機能があった。内陸部からの森林生産物の集散は，規模の差はあるにしても，東南アジアの諸港市が共通してもつ機能といいうる。広大な森林地帯とデルタの稲作空間を後背地にもつアユターヤーは，森林生産物においても大集散地であると同時に，巨大な米の供給地でもあった。森林生産物と米穀の両者をともに大量に移出できる港市は，東南アジアではアユターヤーのみで，それが，アユターヤー王朝が当時の東南アジア大陸部最大の繁栄国家となりえた重要な要因であった[49]。

　しかもアユターヤーは，前述したように，チャオプラヤー川の河口から約80キロメートル遡上した地点に位置していた。それは，武装船団が同川を遡航してアユターヤーに到達するまでのあいだに防備をかためることを可能にし，海上勢力の不意の攻撃からも自由であるという利点を提供した。アユターヤーは以上の諸利点を1ヵ所に収斂させ，自然・軍事・交通・農業・交易などのいずれからみても要衝の地を占めていた。

写真33　アユターヤー　パネンチュン寺院（三仏寺）
中国人地区に位置し，アユターヤー王朝成立以前の1324年の建立とされる。外観も内部も，中国寺院の様式をとどめる。

　すでにアンコール王朝時代にも，ここには都市的な集落が形成されていた。その位置は，図41の東南隅一帯であったと考えられる。そこには，アンコール王朝時代に建設されたとおもわれる東西に長い長方形のバライが存在するからである。また同王朝時代の最盛期には，アンコール・トムから帝国内の諸地方にむけて王道が建設されていた。そのうちの北西方へと走る王道は，ここを経由して当時の地方政治の中心地であったロップリーにつうじていた[50]。それは，アンコール王朝が，すでにチャオプラヤー川水系の集散機能と交易利益の掌握をめざしていたことを物語る。

　その交易利益をもとめて中国人たちも，ここに参集してきた。彼らの集住地点は，現在とおなじく，図41で3河川が合流する地点のパネンチュン（三仏寺）寺院の周辺であった。同寺の本尊大仏は，アユターヤー都城の建設よりも1世紀以上さかのぼる1324年の造仏とされる。すでに14世紀はじめから，この地点での彼らの集住がはじまっていたことを物語る。アユターヤー王朝の成立以前からタイ族また中国人だけでなく諸民族が参集して，ここに交易指向の港市集落が展開していたのであろう。そこを拠点として，タイ族勢力が伸張していったと考えられる。

(3)-② 都城アユターヤーの建設

　アユターヤー王朝は，ラーマーティボディー（Rāmathibodi）Ⅰ世（在位1351-69年）を初代の王として1351年に成立する。同王は，ただちにアユターヤー都城の建設に着手した。その建設時期は，いくつかの『王朝年代記』の記載をもとに時間までもが確定可能である。それは，「タイ暦712年・寅の歳，第5月白分6日・金曜日，午前9時45分に，アユターヤーの礎が置かれた」との記載である。この記事にもとづいて建設時期を確定するまえに，タイをふくむ東南アジア大陸部の暦について一瞥しておきたい。その普及も，「インド化」と関係しているからである。

　現在，東南アジア大陸部で使用される暦は，日と年については太陽の周期，月については新月から新月までの周期をもとにして計算される。これは，インドのアーマーンタ暦に起源をもつ。アーマーンタ暦というのは，主として南インドでひろく使われている太陰太陽暦を指す。すでにV-2で述べたように東南アジア大陸部の「インド化」は，南インドからのヒンドゥー文化複合の伝来とふかくかかわっていた。アーマーンタ暦の普及も，「インド化」がもたらした所産であったであろう。

　史料にもどると，まず「タイ暦712年」は，西暦1351年にあたる。「白分」とは，新月から月がしだいに大きさを増して満月となるまでの前半月を指す。これに対し

第Ⅴ章　東南アジアでのインド都城思想の受容とバロック的展開

写真34　アユターヤー　河港とペット要塞址
アユターヤー河港は，東からのパーサック川を合流させて，チャオプラヤー川が南へと流路を大きく転じる地点にあった。

て，逆に満月がしだいに欠けていって新月へと至る後半月を「黒分」とよぶ。したがって「第5月白分6日・金曜日」とは，「第5月第6日・金曜日」ということである。これを現在のグレゴリウス暦に換算すると，「3月4日・金曜日」にあたるとされる。以上のことからアユターヤー都城は，西暦1351年3月4日午前9時54分に「礎が置かれた」ことがわかる。

　「礎が置かれた」とは，現在でいえば，定礎式が挙行されたということである。スコータイ都城の節で，ラック・ムアンについて説明した。それは，聖なるメール山を象徴する石碑あるいは石柱である。アンコール・トムでは，メール山は都城の中心十字路に建立された山岳寺院で象徴されていた。タイ族は，メール山を山岳寺院ではなく，石碑あるいは石柱で表徴していく。それが，ラック・ムアンであった。新都の建設にあたっても，しかるべき場所にラック・ムアンを建立して，新都と国家の繁栄を祈る儀式がおこなわれるようになる。史料の「礎が置かれた」とは，前記の日時・時刻にラック・ムアンが建立されたことを述べているのである。しかし『王朝年代記』が語るアユターヤー都城のラック・ムアンの建立地点は，いまなお確定されていない。おそらく王宮内か，その直近場所であったであろう。

　前述したチャオプラヤー川・パーサック川・ロップリー川の3河川は，もとからアユターヤー都城をとりまくように流れていた。チャオプラヤー川とロップリー川は，ともにアユターヤーを反時計まわりに周回して流下していた。パーサック川の流路は，時計まわりであった。アユターヤーは，これらの3つの河川で囲まれた川中島に立地する。都城の建設にあたっては，その北東端と東端の部分を人工的に掘削して直線化し，3つの河川を一体化して都城をとりまく周濠兼水運路とした。周濠化された河川は都城の南東端で左右から合流して，チャオプラヤー川の本流となって南流していく。

　アユターヤーは，この巨大な周回河川を周濠とし，その内側にそって市壁を構築した壮大な都城であった。市壁の全長は約12キロメートルで，スコータイ都城の約7.2キロメートルをはるかに上まわり，アンコール・トムに匹敵する。しかし現存の高さ12メートルにもおよぶ焼成レンガの堅固な市壁は，都城と同時に築造されたものではなく，都城建設よりも約200年を経た16世紀になって改築されたものである。それは，ヨーロッパ船が搭載する大砲への防備のためであった。おそらくマラッカを占領したのち，ポルトガル武装帆船が1511年にアユターヤーにはじめて来航したことが，市壁改築の契機となったのであろう。

写真35　アユターヤー　旧王宮址
1351年と建都と同時に，ここに最初の王宮が建設された。新王宮の完成にともない，1491年に宮廷寺院（シュリー・サンペット寺院）に転用され，いまは王の墓塔が林立する。

　周回水路は，チャオプラヤー川の本流となって南流していく。その流路変換地点一帯が，河港の中心部であった。前述したように，そこには，アユターヤー都城の建設以前から，すでに港市集落が形成されていたと考えられる。そこを中心に，貨物の積みおろしのための河岸が都城南半部の周回水路にそってつらなっていた。そのためこの部分の市壁には，至るところに市門＝開口部が開かれていた。その数は，最盛期には100にも達していたとされる。周回水路の総距離を市壁とおなじ12キロメートルとして機械的に計算すると，市壁120メートルにつき1門という多さである。防備の点からいうと，高密な市門＝開口部の存在は市壁の機能を弱体化させる。しかし逆にいえば市壁は，周回水路と都市とを遮断する存在ではなかったことを意味する。一方では市壁を囲む周回水路とそこに建設された河岸からなる港湾施設，他方では市壁の内部にひろがる市場・交易施設，この2つを連結するインターフェスが多数の市門であった。市門の多さは，アユターヤーの交易活動がいかに活発であったかを物語る。
　多くの市門とならんで，市壁をより開放的なものとしていたのは，周回水路から市内へと延びる多数の運河であった。その総延長距離は，都城内のみでも56キロメートルに達すると推定されている。図41には，街路とともに，市中を縦横に走る直線状の運河が描かれている。とくに都城の南半部一帯には，周回水路から北上して市中を南北走する運河が多い。この一帯では，街路よりも運河が市街地の骨格をつくり，主要な建造物は運河にそって建設されている。それは，とりもなおさず，都城の南半部にアユターヤーの商業・交易機能が集中していたことを物語っている。アユターヤー都城は「交易の都」であるとともに，運河をはりめぐらせた「水の都」でもあったのである。
　都城内を全体としてみると，市街は，かなり等間隔に配列する運河群を骨格として，格子状に大きく区切られている。その運河密度は，前述の南半部一帯とそれより以北の北半部一帯とのあいだで相違する。その相違を生みだす要因は，北半部の中央に運河網の大きな空白域があるためである。そこに位置するのが，王宮だ。北半部一帯は，王宮と王立寺院を中心とした政事と祭事の空間なのである。このようにアユターヤー都城は，北半部が政事と祭事を中心とする「都」の空間，南半部が商事を中心とする「市」の空間という明瞭な機能分担をともなった「都」「市」であった。

第Ⅴ章　東南アジアでのインド都城思想の受容とバロック的展開

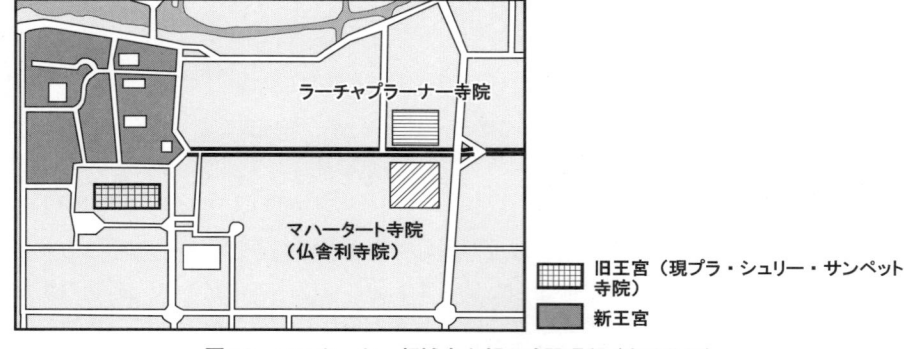

図42　アユターヤー都城中心部の建設過程（応地作図）

(3)-③　都城空間のバロック的再編

　広大な王宮空間の内部には，運河は掘削されていない。その基本的な理由は，もちろん輸送と交易のための運河という商事施設は王宮にとって不要なことにある。しかしこのような功利的な理由だけでは，すべてを説明できない。さきにアユターヤーが，その正式名称が示しているように，『ラーマーヤナ』が描くラーマ王子の生誕地アヨーディヤー都城の継承を意図して建設されたことを述べた。

　『ラーマーヤナ』はアヨーディヤー都城をくわしく記す際に，ラーマ王子の父ダシャラタ王の王宮を「あたかも天上におけるインドラ神のように，居を定めていた」と語っていた。これは，ダシャラタ王の宮殿をインドラ神の居城アマラーヴァティーのヴァイジャヤンタ宮殿になぞらえて語っているのである。ヒンドゥー教では，アマラーヴァティー城は，メール山の山頂平坦面の東部に所在するとされる。アユターヤーでも，王宮空間は微高地を選地して建設されている。そこには，その微高地をメール山上に，王宮空間を居城アマラーヴァティーに比定する発想があったであろう。メール山に所在する王宮空間の微高地から運河が排除されるのは，当然であった。

　1351年3月4日午前9時54分のラック・ムアンの建立から，都城の建設が開始された。最初に着工されたのは，王宮であったであろう。「バロック化」の観点からアユターヤーの都城編成を検討するために，王宮と王立寺院の建設過程に焦点をあわせて考察したい。その建設過程を示したのが，図42である。

　このとき建設された最初の王宮は，現在は宮廷寺院となっているプラ・シュリー・サンペット寺院の境内地にあった。王宮の建設から約20年後の1374年には，第3代ボーロマラーチャー（Borommaracha）I世（在位 1370-88年）によって，もっとも格式の高い仏舎利寺院にあたるプラ・マハータート寺院の建立が開始される。同王について，『シャム王統記』は，「信仰心があつく，宗教心に富み，聖職者と貧乏人に対して寛容であった[51]」と記している。同寺院の建立地は，早暁に同王が黙想していたときに，地面からたちのぼる光の輝きを望見した地点に定められた。その輝光を，王は，

写真36　アユターヤー　ワット・マハータート（仏舎利）寺院
1388年に造営された巨大な王立寺院で，都城の「バロック化」への端緒となった。同寺院から新王宮方向を望む。

そこに埋もれているブッダの聖なる遺骨・遺物が発するものとし，そこに仏舎利寺院の建立を命じた。同王は，身体を聖なる方位である東にむけて黙想していたであろうから，当然，その建立位置は王宮の東方となる。着工後14年の1388年にプラ・マハータート寺院は完成する[52]。西の王宮と東の仏舎利寺院とが，約1キロメートルの距離をへだてて都城の中心部に並立することになった。しかしこの時点での王宮と寺院との配置からは，都城の「バロック化」を読みとることはできない。この状況が，約40年間つづく。

1424年には第8代ボーロマラーチャーⅡ世（在位1424-48年）によって，仏舎利寺院の北にラーチャプーラナー寺院の建立が開始される。同王についても，『シャム王統記』は，「寛大で，……多くの寺院を建設し，また改修した[53]」と述べている。同寺院建立のころには，図42にみられる両寺院のあいだを東西走する直線街路も完成していたであろう。

つづいて1448年には，第9代トライローカナート（Trailokanat）王（在位1448-88年）によって，王宮北方の広大な空間に新王宮の建設が開始される。さらに1491年には，第11代ラーマーティボディー（Ramathibodi）Ⅱ世（在位1491-1529年）が，旧王宮の地を王室寺院であるプラ・シュリー・サンペット寺院に転用する。同寺院の仏塔に最初に遺灰が納められたのは，同王の父トライローカナート王であった。

以上のような過程を経て，現在みられるアユターヤー都城の中心部が完成する。図42では，新王宮から2つの王立寺院のあいだを貫いて東方へと走る直線街路が示されている。同街路は，図41にみられるように，現在では市街地を貫走して都城東端の周回水路にまで達しているが，もちろんその東端部分は後世の延伸である。しかしその部分をのぞいたとしても，直線街路は，新王宮から東方に約2000メートルにわたって直走している。それは，王宮に立つ王の聖なる方位＝東へのヴィスタをかぎりなく視覚化した軸線街路であり，都城北半部の政事・祭事空間の中心軸線街路を構成する。興味ぶかいことに，同街路は，中国都城における「バロック化」の完成をつげる隋唐・長安の朱雀大街と同型性をもつ軸線貫走街路である。このことについては，のちにⅦで詳述する。

この軸線貫走街路を，逆に東端から王宮へとたどってみよう。西行するにつれて，軸線街路の左と右にプラ・マハータート寺院とラーチャプーラナー寺院の両王立寺院が近づいてくる。両寺院を間近に見つつ，そのあいだを通過すると，王宮が遠望され，しだいに規模を増していく。2つの巨大な王立寺院は，王宮と王のヴィスタを荘

第Ⅴ章　東南アジアでのインド都城思想の受容とバロック的展開　　169

写真37　アユターヤー　新王宮址
1767年のビルマ軍の侵攻・占領によって、王宮は徹底的に破壊・湮滅され、アユターヤー王朝自体も滅亡した。

厳化するために軸線街路の左右に前座として配された宗教施設と化している。この王宮と王立宗教施設の編成も、隋唐・長安の朱雀大街と同型である。

　アユターヤー都城では王宮で表徴される王権が、寺院で示される教権を完全に凌駕し、コスモロジーから逸脱したバロック的編成を都城のなかに創出しているのである。アユターヤー都城の顕著な特質は、王のヴィスタを軸線街路として顕示し、その軸線上に寺院を前座的施設として従属させたバロック的編成にある。この特質は、先行するアンコール・トムの「中央神域」とも、またスコータイの〈「中央神域」かつ「中央宮闕」〉とも異なった特質である。アユターヤーは、インド的都城思想がもつ「中央神域」からまったく逸脱した「バロック化」した都城なのである。

　寺院を前座的施設とする中心軸線街路は、王がみずからの王権を誇示するためのページェント空間であった。かなり後代の記録ではあるが、1630年代にアユターヤーに滞在したフリートは、国王のナ・ペータト寺院への壮大な参詣行列について語っている[54]。ナ・ペータト寺院はプラ・マハータート寺院を指すと考えられるので、その行列は、王宮から中心軸線街路を東に進んでいったのであろう。やや長くなるが、それを要約すると、つぎのようになる。

　フリートによると、行列に参加する人間だけでも6〜7000名に達したという。先頭は美しく飾られ、金箔で豪華に仕あげられた輿に役人をのせた80〜100頭の騎象列、弓矢をもつ武人をのせた50頭ほどの騎象列、大官をのせた騎象列、黄金の冠をかぶった高級役人の騎馬列、彼らにしたがう50名前後の従者の徒歩列、1000名近くの弓矢・槍・火縄銃で武装した兵士の徒歩列（このなかに日本人の武装傭兵70〜80人をふくむ）、楽隊の列、国王親衛隊の徒歩列、黄金と宝石で飾られた赤い象、黄金製の宝剣と国王旗を捧げもつ高官、金箔で飾られた玉座を保持する廷臣、黄金の王冠を戴く国王のための豪華に飾られた象、それにしたがう多くの廷臣の徒歩列、王室一家がのる騎象列、王族と大官の騎馬列、最後尾を固める300〜400名の兵士の徒歩列とつづく。また彼は、「王室から前記の寺院までの道路は驚くほどの人が充満し、……みな合掌し頭を地面につける」と描写している。この壮大な王権顕示の行列は、「バロック化」された都城の中心軸線街路という演出空間と交響しあうことによって、いっそう効果を発揮したであろう。フリートの記録は、それを雄弁に物語っている。

(3)-④　17世紀アユターヤーの都市構成

　前述したように、アユターヤーは1569年にビルマのペグーに本拠をおくタウングー

写真38 アユターヤー　都城軸線街路
南のワット・マハータートと北のワット・ラーチャブラーナー両王立寺院前の都城中心十字路より新王宮方向を望む。

王朝によって攻略され，このとき前期アユターヤー王朝は滅びる。それ以後，いくどもタウングー王朝に戦いを挑んでアユターヤーを奪回して後期アユターヤー王朝を再興したのは，前述したナレースワン（Naresuan）王であった。アユターヤーは，ナーラーイ（Narai）王（在位1656-88年）の時代に最盛期を迎え，国際性にみちた東南アジア海域世界最大の都市へと成長する。

　ここで都城論を離れて，17世紀のアユターヤーの都市編成について，諸施設の配置と集団別居住地分化を中心に検討することにしたい。というのは，この時期のアユターヤーは，日本と密接な関係をもった都市だったからである。

　まずチャオプラヤー川の河口からアユターヤーにいたる流路にそって，海からの来襲に対する防御施設が配されていた。明代末期の1617年頃の刊行とされる張 燮の撰になる『東西洋考』巻二「暹羅」「交易」の項は，アユターヤーへの行程について，「買舶入港，約三日程至第三関，船至，則偵者飛報于王。……又三日至第二関，又三日至仏郎日本関。所至関……[55]」と述べている。意訳すれば，「（チャオプラヤー川の河口に）商船が入港すると，約3日で第三関に到着する。船が到着すると，ただちに偵察者が急報を王に送る。……また3日で第二関に到着する。また3日で仏郎日本関に至る。至る所に関（あり）……」となる。「関」とは，小要塞をそなえた軍事検問施設のことである。この記事では，同川の河口からアユターヤーまでのあいだに，3日間の帆走距離ごとに計3ヵ所に「関」が設けられていたことを伝えている。また『東西洋考』は「形勝名蹟」の欄でも，「三関」として「其一為程尽所轄，其二為木夷所轄，其三為仏郎機日本所轄」と記している。「三関」は，「形勝名蹟」でもあったのであろうか。そこで述べられているのは，「三関」のうち，「その一は程尽の所轄となし，その二は木夷の所轄となし，その三は仏郎機日本の所轄となす」ということである。中国語では，「程尽」は「チェン・ジン（Cheng Jin）」また「木夷」は「ムイ」と発音される。前者は，アユターヤー北方のチェンセーンからのタイ族を指すのであろうか。

　この記載は，当時，ヨーロッパ諸勢力のアジア進出によってさらに拡大した交易機会に参画すると同時に，河口よりやや内陸に位置を定めて，海からの外敵また海賊への防備を固めるアユターヤーの状況をよく伝えている。最後の「仏郎機日本関」とは，第三関にあたるもっとも重要な小要塞・軍事検問施設を意味する。「仏郎機」とは，ポルトガルを指す。アユターヤー王朝では，当初ポルトガル人は歓迎されて要職につくものもあった。しかしこの時期にはポルトガルは植民地経営の中心をブラジルに移し，アジアのポルトガル人はいわば放置状態に置かれていた。そのため彼らの多

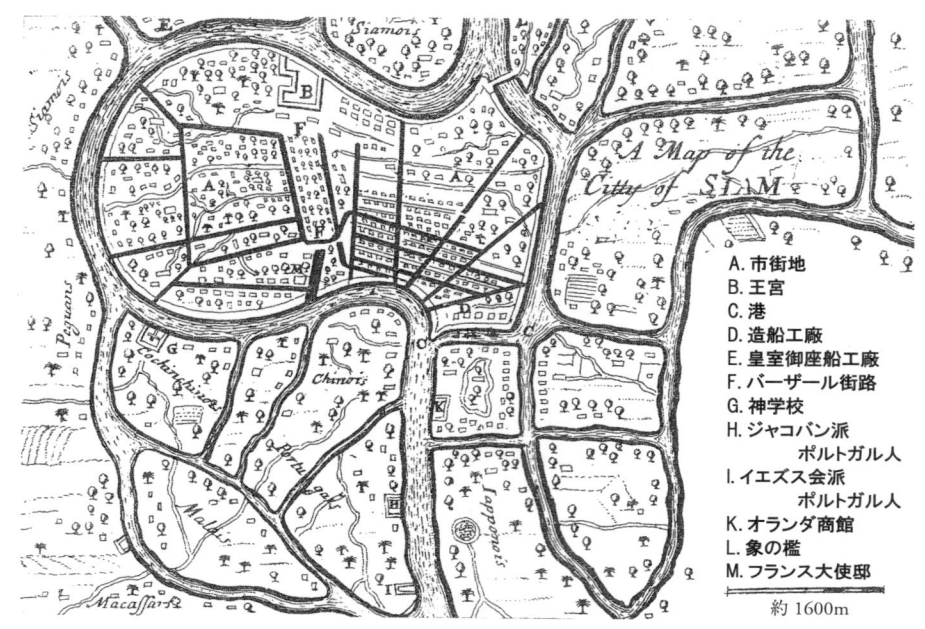

図43 アユターヤーの都市施設とエスニック集団別居住分化 ── 17世紀末（ドゥ・ラ・ルベールによる）

A. 市街地
B. 王宮
C. 港
D. 造船工廠
E. 皇室御座船工廠
F. バーザール街路
G. 神学校
H. ジャコバン派ポルトガル人
I. イエズス会派ポルトガル人
K. オランダ商館
L. 象の檻
M. フランス大使邸

約1600m

くは，砲術能力を買われて現地国家あるいは他のヨーロッパ諸国の傭兵と化していた。1630年代のアユターヤーにおける彼らの状況について，フリートは，「現在ごく少数の一文無しのポルトガル人，（ポルトガル人とシャム人との混血児にあたる）ミスティセンが……住んでいるだけで，……かれらが以前のような影響力をとり戻す……ようになるとは考えられない[56]」と述べている。

日本人にも，傭兵として働くものも多かった。在アユターヤーの日本人について批判的なフリートも，「日本人兵士は，……周辺の国々の人々の中では傑出しており，男らしい勇敢さで有名で，驚くほど尊敬され，シャムの歴代の国王から常に高く評価されている[57]」と記す。ドゥ・ラ・ルベールも，1693年に「かつてはシャム王は，600人からなる日本人親衛隊を擁していた[58]」と述べている。その長とされる山田長政は，『東西洋考』の刊行とほぼ同時期に，アユターヤー王朝ではたらいていた。「仏郎機日本関」という表現から，ポルトガル人と日本人がおなじ小要塞・軍事検問施設を守っていたようにみえる。しかし後述するように，ポルトガル人はチャオプラヤー川右岸の，また日本人は同川左岸の「関」をかためていた。

つぎに，「仏郎機日本関」を通過して到達するアユターヤーの都市施設について，ドゥ・ラ・ルベールの地図をもとに検討することにしたい。彼はフランス国王ルイ14世が派遣した使節団の一員として1687-88年にアユターヤーに滞在し，通商条約の締結にあたった。

写真39 アユターヤー　ポルトガル人居留地＝「仏郎機」関址
河港南方のチャオプラヤー川西岸に位置し，対岸の「日本」関とともに首都防衛の最終前線拠点であった。

　図43は，彼が著書に掲載するアユターヤーの都市施設と民族別居住分化を示す地図である[59)]。まずアルファベットで，都市施設の位置が示されている。図の下半部中央を南流するのが，チャオプラヤー川である。その最南端の右岸ぞいには，塀に囲まれた建造物を示す2つの逆コの字型施設がある。それらには，南のものにはI，北のものにはHと記入されている。それらは，各々「ジェスイット（イエズス）会派ポルトガル人」，「ジャコバン（ドミニコ）会派ポルトガル人」を意味し，カトリックの修道会がここに所在していたことを示す。それらがポルトガルの名を冠するように，この一帯はポルトガル人の集住地区であった。H地点からは，現在，教会と居留地の遺構が発掘されている。「仏郎機」関も，このあたりにチャオプラヤー川に面して存在していたのであろう。
　H記号からすこし北上した対岸の左岸部には，やはりチャオプラヤー川に面した建造物にKと記入されている。それは，「オランダ商館」である。はじめてオランダ東インド会社の船がアユターヤーに来航したのは1604年で，その3年後に同会社の商館が開設された。Kは，その位置を示していよう。
　さらに北上してチャオプラヤー川がアユターヤー都城を囲む周回水路と合流する一帯が，河港であった。そこには，河流内の東西2ヵ所に「港」を意味するCとの記入がある。2つのC文字のあいだには，港に停泊する帆船群が描かれている。それらの帆船の北に，河岸にそってやや大きな四角形がならんでいる。そこにはD「造船工廠」との記入がある。おそらく造船所をそなえたアユターヤー王朝の海軍基地であったのであろう。しかしその海軍力については，同時代の相反する記述がある。
　ドゥ・ラ・ルベールは，アユターヤー王朝は小型船5～6隻をもつのみであること，それらの船は通常は商船として使用されていること，有事の際には武装軍船に転換するが，シャム人には戦闘能力がないので，ポルトガル人とイギリス人の傭兵をつかって戦闘することなどを述べている[60)]。しかしこの船数は，あまりに過小な推定であろう。また前記のフリートは，「水上における国王の戦力は約一三〇ないし一四〇隻のフレガート船とガレー船からなっている。……大部分（の船）はユディア（アユターヤー）市の周辺の川に集められている。砲をもっていないが，……防衛上の必要に応じて大砲を装備することができる。……大砲を操作するための知識はほとんどもっていない[61)]」と述べている。2人の記述は船の数では大きく相違するが，シャム人の未熟な戦闘能力を指摘する点では共通している。
　港から周回水路を西方にたどると，都城の南西端近くの南岸にGとの記入がある。

第Ⅴ章　東南アジアでのインド都城思想の受容とバロック的展開　　173

それは,「神学校」と説明されている。現在も,ここにはカトリック聖堂が立つ。
　周回水路から都城内に入ると,中央部の左右両端の2ヵ所にA「市街地」とある。2つの文字Aのあいだには,「市街地」を東西に分断するかのように,南北につらなる並木と家屋の列が描かれている。その北端と南端にはFと記入され,「バーザール街路」と説明されている。その南東方には,説明の記入はないが,斜行する街路と運河にそってほぼ東西にならぶ家屋群が描かれている。後述するように,そこもバーザール空間である。しかしFとは異なって並木はなく,ただ密集する家屋列のみで埋めつくされている。港に近いもっとも人口の密集する繁華地区であったことを物語っている。
　「バーザール街路」のすぐ北方の頑丈な壁に囲まれた大きな不整形区画が,B「王宮」である。その一帯には樹木が多く描きこまれ,広闊な緑の空間であることを示している。それは,もちろん王宮にふさわしい御苑の空間であると同時に,ビルマ族の侵略による破壊の跡を示すものでもあろう。王宮との位置関係から考えて,並木と一体化し瀟洒な感じがただようF「バーザール通り」は,王室をはじめ上層支配階級のためのバーザールであったのであろう。
　王宮の北西方には,周回水路をへだてた対岸にEと記入されている。それは,「Ballons & Galleys工廠」と説明されている。Ballonとは,タイ語で王をふくむ貴人用の「御座船」を指そう。とすると,Eは「王室御座船・御櫂船工廠」ということであろう。
　図43からも,すでに指摘したアユターヤーの都市構成の南北差が明瞭に読みとれる。北半部は,その部分の周回水路をふくめて,王宮を中心として政事と祭事の空間である。しかしアユターヤー都城の場合には,祭事の空間は王権の立つ王宮を荘厳化する前座的な存在と化してしまっている。「バロック化」都城としてのアユターヤーは,この北半部において実現されている。一方,南半部は,交易に特化した商事の空間であった。しかし北半部の「バロック化」都城に君臨する王権が,同時に「(臣下や外国人を対象とする)卸売りだけで満足しないで,バーザールにいくつかの店をもって小売業」にまでも進出していたのである[62]。都城南半部の商事の空間にまでも,王は,直営商店をつうじて関与し君臨しているのだ。アユターヤー王朝王権の「商人王」的性格[63]を示している。
　つぎに,アユターヤー都城の内外における諸民族集団の居住地分化について検討したい。すでに述べたように,この時期のアユターヤーは,交易の機会と利益をもとめて諸集団が参集する「国際性」に満ちた都市であった。ドゥ・ラ・ルベールも,インド,

中国，日本，トンキン，コーチシナ，その他のアジア南部（東南アジア）各地，アラブなどの諸地域から参集した集団名を列挙したうえで，その集団数を 40 としている[64]。またドゥ・ラ・ルベールほかの使節にさきだって，ルイ 14 世がアユターヤー王朝に派遣した大使に随行して，1685 年にドゥ・ショワジがアユターヤーを訪れる。彼は，アユターヤーでの大使への表敬儀式予行の際に観察した類似の記録を残している。それは，「大使どのに表敬に来た諸民族の行進について取り決めた。およそこれほど美しい光景はない。四十三か国の人びとが，皆お国ぶりの衣装をまとい，お国ぶりの武器をもっていた[65]」との観察である。

ここで述べられている 43 国は，ドゥ・ラ・ルベールの 40 国とほぼ対応する数字である。おそらくそれらの数字は厳密なものではなく，「多くの国」という意味であろう。またそれらは現代の国家という意味での「国」ではなく，アイデンティティを共有する人間集団を単位とした「国」であろう。それにしても，40 余のアイデンティティを異にする集団が表敬行列に参加したということは，当時のアユターヤーの「国際性」を物語っている。

ドゥ・ラ・ルベールが描く図 43 をもとにして，諸集団の居住状況について検討したい。同図には都城外の居住状況しか記入されていないが，この点でも，前述した都市構成の南北差が観察できる。北半部をとりまく周回水路にそう一帯には，彼は「シャム人（Siamois）」と 2 箇所に記入している。これに対して，南半部の周回河川そいには「シャム人」との記入はまったくなく，かわって外来集団の名が記入されている。〈「都城内北半部の王宮・寺院」＝「政事・祭事の空間」＋「都城外北半部のシャム人の居住地」〉，〈「都城内南半部の港」＝「商事の空間」＋「都城外南半部の外来集団の居住地」〉という対照性が明瞭にみられ，都城内の南北分化が都城外にもおよんでいたことを示している。

都城内は，もちろんシャム人の居住空間であった。シャム人以外の外来集団に関しては，都城内居住が認められたものと認められなかったものとに大別された。都城内に居住できたのは中国人とペルシア人であったが，のちにはフランス人がこれにくわえられた。

中国人の都城内居住地は，さきに述べた F「バーザール通り」の南東方にひろがる家屋密集地であった。そこは都城の南東端にあたり，河港に面したもっとも繁華な交易中心であった。図 43 でも，この地区はひときわ黒く表現され，街路・運河・家屋の密集ぶりを示している。中国人地区は，ここだけでなく，都城外にもひろがってい

第 V 章　東南アジアでのインド都城思想の受容とバロック的展開　175

た。ドゥ・ラ・ルベールは，C「港」の西方に「中国人」と記入するのみであるが，河港を囲む一帯はかれらの居住地区であった。その居住区の広がりが，アユターヤーの交易活動における彼らの役割の大きさを示している。彼らの本来の居住区は，河港地区の南岸部にあった。そこは 14 世紀以来の彼らの集住地であったが，この時期には，中国人の交易活動の中心は都城内に移っていた。しかし彼らの居住は都城南東端の縁辺部にかぎられ，中心部に居住することは許されなかった。

中国人とならんで都城内に居住できた外来集団は，ペルシア人であった。彼らは，この時期には仏教徒と化していたとされる。その居住地は，図 43 には示されていないが，中国人地区の北西方で，王宮の南方という都城中心部にあった。おそらく同図の F「バーザール街路」周辺が，彼らの居住地区であったであろう。ペルシア人が中心部に居住区をあたえられていた背景には，つぎのような事情がはたらいていたであろう。アユターヤー王朝の外交公用語は，もちろんタイ語であった。しかしタイ語につぐ準公用語とされていたのは，ペルシア語であった。ペルシア人が重用され，彼らのペルシア語が重視された理由はいくつか考えられる。そのなかで重要なのは，彼らが東南アジアの港市の運営において果たしてきた歴史的な役割であろう。

交易活動は，各地から港市に集まる商人間の取引である。しかし彼らは，言語・習慣・商慣行・度量衡・通貨交換比率など多くの点で相違する集団である。交換・交易を円滑にすすめるには，商取引さらには港市の管理と運営について権限をもつ自治的な調整者を必要とする。そのような制度と機構を，東南アジア海域世界は古くから生みだしてきた。その調整の任にあたる管理者を，シャー・バンダルとよんでいる[66]。シャー・バンダルとは，ペルシア語で「港の王」を意味する。イスラームの伝来以前からペルシア人は，北西インドのグジャラート人とともに，ユーラシア西方と東南アジア海域世界とをむすぶ重要な交易商人であった。彼らは，シャー・バンダル制の発展と定着に大きな役割を果たしてきた。それが，アユターヤー王朝においてもペルシア人とペルシア語が重用され，彼らが都城中心部への居住を許された理由と考えられる。

ヨーロッパ人集団のなかで都城内に居住できたのは，フランス人のみであった。それも，1661 年以降のことで，その場所もごく縁辺部のかぎられた範囲であった。それについては，のちにあらためてふれることにしたい。

これらの 3 集団をのぞいて，外来集団の都城内居住は認められていなかった。ドゥ・ラ・ルベールは，彼らの居住地区は都城の郊外にあり，その建設は自分たちの

写真40　アユターヤー　日本人町址
河港からチャオプラヤー川の東岸を南下した都城最外縁の自然堤防上に位置していた。鎖国前後の17世紀前半が最盛期であった。

慣習や信仰にしたがって自由になしえたこと，居住地区の代表を立てて王権側の担当者と交渉することなどを述べている[67]。彼らも交易の機会と利益をもとめて参集してきたので，自由に居住地区を設定できるとすれば，当然，河港一帯に居住するのが便利であっただろう。と同時に，王権側からみでも，そこが王宮からもっとも離れた区域であって，外来集団をそこに隔離できるという利点があったであろう。前述したように王宮に近い都城北辺の周回水路の沿岸には，外来集団の居住地区は存在していなかった。

　河港を起点として，南流するチャオプラヤー川の沿岸部から外来集団の居住地配置をみることにしたい。河港周辺は，同川の左・右両岸ともに，前述した中国人の都城外居住地区であった。同川左岸の中国人居住地区の南には，図43にKと記入されたオランダ東インド会社の商館を中心にオランダ人居住地があった。その南には，17世紀には一時期，イギリス東インド会社の商館とイギリス人居住地区が存在した。

　オランダ人とイギリス人の居住地の南辺河川を南に越えたところが，ドゥ・ラ・ルベールが *Japponois* と記入しているとおり，日本人居住地区であった。この一帯は，地形的にはやや広い自然堤防帯にあたっている。『東西洋考』が述べる「仏郎機日本関」のうちの「日本関」は，ここにあったであろう。チャオプラヤー川左岸部では，日本人居住地が都城からもっとも離れた場所に位置していた。日本人地区の最盛期は17世紀の第1四半期で，その人口は1000～1500人と推定されている[68]。しかしドゥ・ラ・ルベールが滞在した1680年代には，日本人地区は衰微しつつもなお存在していた。

　同図の「日本人居留区」の対岸が，ドゥ・ラ・ルベールが記入するとおり，ポルトガル人居住地区であった。「仏郎機関」も，ここにあったであろう。チャオプラヤー川の両岸に建つ「日本関」と「仏郎機関」が一体となって「仏郎機日本関」を形成し，下流方面から都城を守る最後の小要塞・軍事検問施設をなしていた。

　チャオプラヤー川の右岸部では，図43にみられるように，中国人とポルトガル人の両居住地区の背後に，東南アジアからの外来集団の居住地区がひろがっていた。ポルトガル人地区の南方一帯には，東南アジア島嶼部からのマカッサル人・ブギス人・マレー人のモスレムたちが，中国人の居住地区西方の周回河川に面する一帯にはコーチシナ（ベトナムの一部）からのチャム人が，そのさらに西方にはビルマからのモン人が集住していた。チャム人とモン人は，ともに仏教徒であった。したがって彼らの居住地分化は，東南アジア島嶼部からのモスレムと同大陸部からの仏教徒，という出身

第Ⅴ章　東南アジアでのインド都城思想の受容とバロック的展開　　177

地・民族・宗教にもとづく住み分けであった。
　オランダ人とイギリス人をのぞくヨーロッパ人たちの居住区は，図43で「コーチシナ人居住区」と記入された部分の周回水路の沿岸にあった。そのほとんどは，フランス人カトリック教徒であった。ヨーロッパ人の場合でも，チャオプラヤー川の右岸部がポルトガルとフランスのカトリック教徒，左岸部がオランダとイギリスからの非カトリック教徒という宗教による住み分けがみられた。いまもフランス人地区には，カトリック聖堂が残っている。図43のG「神学校」が，それにあたる。先述したように，フランス人は1661年に都城内に居住することが許されるが，その場所は聖堂対岸の都城縁辺部にかぎられていた。そこに記入された文字Mは，ドゥ・ラ・ルベールが一員であった使節団代表の「フランス大使邸」であった。

第 VI 章

中国都城のバロック的展開

　1949年の中華人民共和国の成立以後，中国世界では，都市遺跡の発掘をふくむ考古学調査が活発になされてきた。しかし中国世界でも，インド世界とおなじように，『周礼』「考工記」が語る理念を体現する都城遺跡は確認されていない。それぞれの都城思想を忠実に刻印する遺跡が未発見という点だけにかぎっていえば，中国世界も，インド世界とおなじ状況にある。

　しかしこの点に関してはおなじではあっても，すでに指摘したように，都城研究における中国世界とインド世界とのあいだの相違は大きい。その重要な相違点として，つぎの2点をあげうる。まず中国世界には都城関連の史料・文献が豊富に存在し，それらをもとに歴代都城の復原研究が活発になされてきたことである。その代表的な例が，隋唐・長安に関する研究である。第2の相違点は，中国世界では都城遺跡の現場での観察また発掘調査によって，形態復原が可能な場合が多いことである。その代表例が，前漢・長安である。

　インド世界とは異なって，中国世界では，史料・文献あるいは現場での調査・発掘成果をもとに，都城の形態を具体的に復原・考察することができるのである。インド世界には，史料・文献だけでなく，都城遺跡の調査・発掘も決定的に少ないという状況がある。それが，本書で，インド都城の「バロック化」の検討をインド世界の内部ではおこないえないため，「インド化」された東南アジア大陸部に事例をもとめなければならなかった理由であった。しかし中国世界では都城の「バロック化」の検討も，中国世界内部の事例をもとにおこなうことが可能である。中国世界の都城研究は，インド世界とは比較にならないめぐまれた研究環境のなかで遂行されてきたのである。

　隋唐・長安は，中国世界の都城研究におけるもっとも重要な焦点である。しかし隋唐・長安の都城形態をめぐって，重要なパラドックスが生じる。のちに詳述するように，通説とは異なって，私は，隋唐・長安の都城形態は『周礼』の都城理念を基本的に包摂していると考えるが，その場合でも『周礼』理念から逸脱した重要な相違点が1つ存在する。それは，宮闕の位置である。『周礼』の宮闕理念は，「中央宮闕」であった。これに対して隋唐・長安では，その位置は中央北端に偏在している。そのため隋

写真41　函谷関址
関中盆地の東を画する太行山脈を東に下った華北平原との地形変換帯にあり，前漢代の関門がいまも屹立する。

唐・長安は，「北闕」型都城とよばれることがある。中国世界での都城研究の焦点である隋唐・長安が「北闕」型であるために，『周礼』をもとにして中国都城の理念と現実を語るとき，前述の諸理念のなかでも，とりわけ「中央宮闕」に注目して議論がなされることになる。そのために，『周礼』の理念に忠実な「中央宮闕」型都城の探求がすすめられてきた。とくに日本では，最初の都城＝藤原京が「中央宮闕」的であることから，中国世界でのその先行事例の探究に熱心であった。

しかし本章では，もっと広いアジア的な視座から，中国世界における都城展開，とりわけ「中央宮闕」的な理念から「北闕」型への展開をいかに理解できるか，という問題にせまりたい。その点に関しては，インド都城の展開を理解するために提起した「バロック化」という概念が，中国世界の都城の展開過程を説明するにあたっても，重要な研究視座を提供する。「バロック化」概念を導入することによって，中国世界における「中央宮闕」型理念と「北闕」型都城を，静態的な対立関係ではなく，動態的な発展関係として理解することができよう。

VI-1　始皇帝以前＝〈都市国家・秦〉—— 櫟陽と王都・咸陽

秦は，すでに春秋時代に有力諸侯として自立化をつよめていたが，紀元前5世紀末にはじまる戦国時代には，IV-2で述べたように「戦国の七雄」とよばれる強国の1つへと成長する。その根拠地は，「七雄」のなかではもっとも西方の関中にあった。関中は現在の西安が位置する広大な盆地性平原で，その名は，東の函谷関の内側（「関内」）にあって，函谷関にくわえて南東には武関，西には散関，北西には蕭関という関をめぐらし，これらの「関の中」にある要害地ということに由来する。しかもそこは，渭水（河）とその支流群によって涵養される肥沃な平原であった。

関中は，たんに要害の地にある肥沃な平原というだけにとどまらず，さらに重要な戦略的位置を占めていた。それは，そこが，大陸規模での交通ネットワークを結節する十字路であったことである。まず〈渭水—黄河〉水系にそって中国大陸を横断する交通幹線路が東西方向に走り，その西方は西域へといたる河西回廊につうじていた。また揚子江流域から支流の漢水にそって北西上して関中に入り，さらに黄土高原をへて北方の黄河の重要渡河点である包頭（パオトウ）へとつづく交通幹線路が南北につうじていた。中国大陸をつらぬく東西と南北両方向の重要幹線ルートが，ここで交叉・結節する。

写真42　西周・鎬京　5号宮殿址
後方の平坦面一帯から宮殿遺址が検出され，耕地面には瓦片が散乱する。焼成瓦は西周時代に出現した。

それらの十字路という開かれた地であると同時に，「関中」という名にふさわしく閉ざされた要害地であった。開きかつ閉じた肥沃な盆地性平原，それが関中であった。

『史記』「世家」「留家世家第二十五」は，漢帝国の樹立者＝劉邦が当初いだいていた雒陽(洛陽)での建都という構想を翻意させて，関中に漢都・長安を建設させる契機となった留侯(張良)の言葉をのせている[1]。そのときの張良の進言は，関中を「金城千里」・「天府之国」として，関中のもつ上記の戦略的要害性と自然的豊饒性を指摘するものであった。ちなみに秦帝国の後継をめぐって劉邦と争った項羽も，家臣から同様の進言を得ていた。しかし彼は，それを拒否して本貫地である東方の楚に建都する[2]。

(1) 王都・櫟陽

図44が示すように[3]，咸陽一帯は，秦がここに王都を建設する以前から政治権力の所在地であった。紀元前1100年ころに，周は，関中を根拠地として強力な都市国家へと成長していく。それを領導した文王は，本拠地である西方の岐山から咸陽周辺に遷都して，王都・酆京を建設する[4]。さらに紀元前1027年に殷を滅ぼして周(西周)王朝を樹立した武王は，酆京の周辺に新王都＝鎬京を建設する。両王都の所在位置については，諸説がある。もっとも有力な説は，現在の西安周辺，なかでも図44の南西端を流れる澧水(河)の東・西両岸に比定するものである[5]。同川の西岸には酆京が，東岸には鎬京が，双子町の関係で位置していたとされる。

図45は，西安市酆京遺址保管所の陳所長の提供資料にもとづいて，両者の関係を図示したものである。図の北東端から南西走する道路にそって，澧水の東・西両岸に遺跡・遺構の分布域＝「遺址区」がならんでいる。それら「遺址区」をとりまくように「重点保護区」が，さらにその外方の四囲にほぼ正方形の「一般保護区」が設定されている。酆京と鎬京の範囲は確定されていないが，澧水の左岸と右岸に描かれた正方域がそれらに措定されている。もしそれらをもって王都の範囲とすると，その辺長は，酆京が約4200メートル，鎬京が約3300メートルとなる。酆京の重要遺跡は図45にAとして記入した車馬抗で，成王の時代のものとされている。かつてはその周辺一帯に版築基壇が多数存在していたが，現在ではそのほとんどが消滅してしまっている。また鎬京とされる一帯にも，建築遺址が残存している[6]。その代表的な遺跡は，同図にBとして記入した5号宮殿遺址である。同遺址は畑のなかの微高地で，その耕土面にはいまも瓦片をみいだすことができる。ちなみに世界における焼成屋根瓦の使用

第Ⅵ章　中国都城のバロック的展開　181

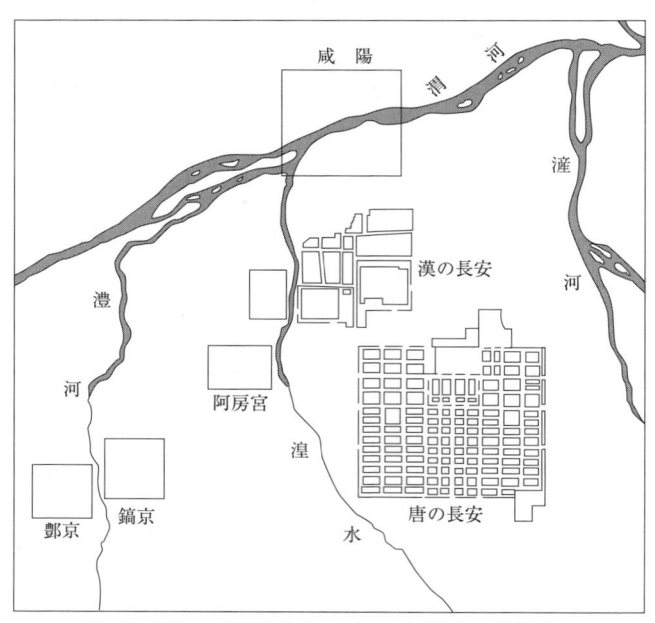

図44 関中・渭水盆地における建設都城の位置関係
（張錦秋ほかの図をもとに応地作図）

は，西周時代に始まったとされている。

両王都の形態また内部構成などは不明であるが，『詩経』の叙述をもとに，酆京には市壁と周濠が存在していたとされている[7]。武王以後，紀元前771年に周が洛陽に東遷して東周が成立するまでの西周時代をつうじて，鎬京と酆京はともに周王朝の政治中心として併用された[8]。2つの王都が河川を介して双子町的な関係で並立するあり方が，のちに検討するように，秦の始皇帝が都城・咸陽を建設する際の参照系となる。

秦は，関中盆地西端の平陽ついで雍を根拠地としていたが，関中盆地全域の支配確立さらには函谷関以東の関東の「東伐」をめざして，紀元前383年に櫟陽に王都を建設する。櫟陽は，現在の西安市街地北東方の渭水北岸に位置している。櫟陽は，「東伐」のための対東方軍事作戦基地[9]として建設される。この目的達成をめざすにあたって，なぜ櫟陽が選地されたのであろうか。

182 第2部 都城のバロック的展開

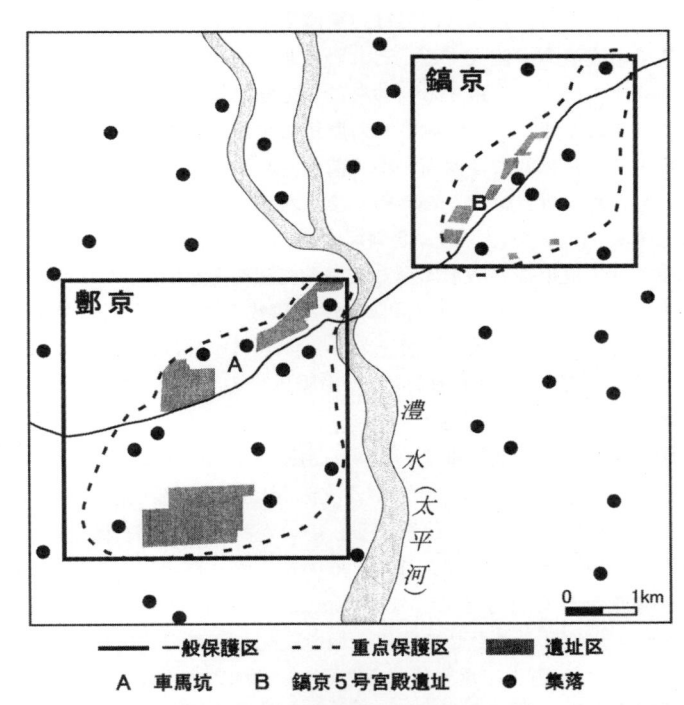

図45 西周王都＝鄷京・鎬京の関係図（鄷京遺址保管所・陳所長の提供資料をもとに応地作図）

　戦略・戦術の両面からこの点をあきらかにするために，関中盆地に占める櫟陽の「position（位置）」について考えてみよう。特定の場所の「position」は，つぎの2つの次元によって構成される。第1は，その場所が他の場所とのあいだでとりむすぶ空間的関係性という「situation（状況性）」であり，第2は，その場所そのものが内部にもつ局地的環境条件という「site（場所性）」である。
　最初に，第1の「situation」観点から，櫟陽の「position」を考察することにしたい。その考察は，関中盆地の編成をどのように把握できるかという問題と密接にかかわっている。前述したように関中は渭水によって涵養される東西に長い盆地性平原で，その内部は大きくは西部と東部の2地区に区分できる。両者の相違は，とりわけ水文

第VI章　中国都城のバロック的展開　183

写真43　秦・櫟陽　沮水西岸
沮水の攻撃斜面にあたる西岸にはレス層の断崖が屹立し、東方への防衛線として想定されていたであろう。

条件において顕著である。西部地区では，東流する渭水の本流にむけて南・北両岸の山地部から多くの支流群が流入する。とりわけ北方山地からは涇水などの長流河川が合流し，黄土高原の沃土を沈積する。のちに「長安八水」との総称が生まれたように，西部地区はこれらの水流によって潤される肥沃な平原地帯である。関中に王都・都城を建設した諸王朝，具体的には西周・秦・前漢さらに隋唐などの諸王朝がその建設場を西部地区にもとめた背景には，このめぐまれた水文条件があったであろう。

これに対して東部地区では，南・北両岸から渭水に流入する支流群は少なくなり，とりわけ北岸では盆地東端の洛水に至るまで大支流をみない。そのため東部地区には，乏水性の黄土地帯がひろがる。同地区に王都・都城を建設した王朝がなかったのは，この水文条件によるところが大きいであろう。関中の中心は西部地区にあり，東部地区はその周辺的存在であると同時に，太行山脈以東の「中原の地」への回廊・緩衝地帯という性格をもっていた。

櫟陽は，西部地区の渭水北岸部を南流する沮水（石川河）の西岸段丘上に位置する。前述したように，渭水の北岸部を流下する支流群はほぼ西部地区にかぎられている。沮水は，それら支流群の最東端に位置する。いいかえれば新王都・櫟陽は，渭水盆地の西部と東部両地区の境界帯に建設された。そのことが，櫟陽に「situation」と「site」の双方にまたがる要衝性を付与する。まず「situation」観点からいえば，西部地区に根拠地をもつ秦が東部地区をあわせて関中全域を支配し，さらには東部地区＝〈「中原の地」への回廊〉をへて東方進出を展望しうるという戦略的要衝性であった。

また「site」観点からいえば，櫟陽周辺は，「中原の地」からの侵攻に対して東部地区を緩衝地帯として利用できると同時に，図46に示されるように，直近の東方を流下する沮水を防御のために活用できるという戦術的要衝であった。沮水は，西部地区の渭水北岸部を南流する諸支流のなかで最東端に位置するだけでなく，その河川断面は防御のための好条件をそなえていた。櫟陽東方で同川を観察すると，河谷幅員が約500メートルと広いことにくわえて，櫟陽が位置する西岸は比高20メートルほどの断崖をなして屹立する。このように櫟陽周辺では，沮水は東方にむけた自然の要害をなす。「中原の地」に割拠する敵対勢力の侵入時に，沮水の戦術的・防御的要衝性を活用可能な西岸台地上に櫟陽が選地されたと考えうる。

このように櫟陽は，「situation」と「site」の双方において戦略的また戦術的な要衝性を享受できる「position」を占めていた。秦が「平天下」への新たな拠点として櫟陽を選地したのは，きわめて妥当かつ周到な選択であったと考えうる。

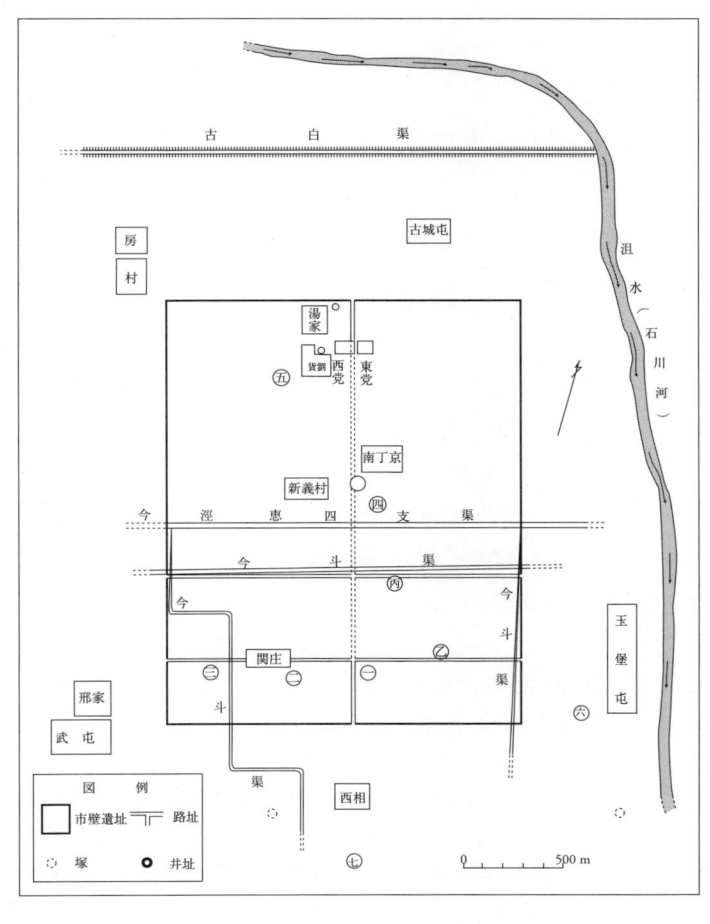

図46 都市国家時代の秦の王都・櫟陽復原図(1)(叶驍軍による)

　王都・櫟陽については，2つの復原案が提出されている。1つは，図46に示される王都・櫟陽復原案(1)である。これは，1964年の発掘調査の際に部分的に発見された市壁の北辺と東辺にもとづくもので，市壁の規模は東西幅1801メートル，南北長2232メートルとされている。王都の形態は南北に長いタテ長・長方形として復原され，その内部には，東西辺のほぼ中央を南北走する1本の街路，南半部を東西に走る2本の街路が想定されている[10]。

第Ⅵ章　中国都城のバロック的展開

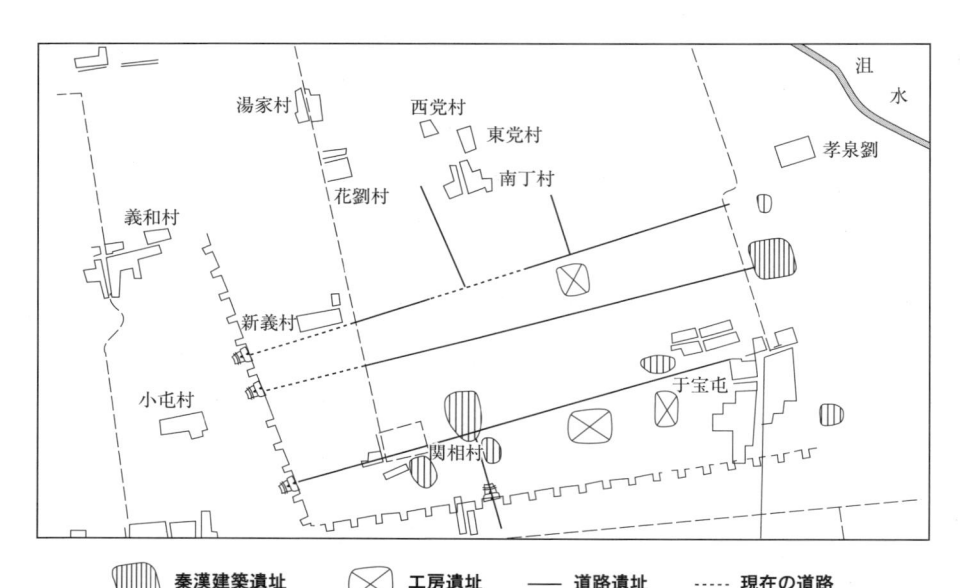

図47　都市国家時代の秦の王都・櫟陽復原図（2）（史念海による）

　もう1つの王都・櫟陽復原案（2）は図47に示されるもので，1980年の発掘調査にもとづくものである。このときには市壁南西端を中心に試掘がすすめられたようで，確認された市壁の規模は東西幅が約2500メートル，南北長が約1600メートルとされている。西辺市壁には短い間隔で3門，南辺市壁に1門の市門遺構が確認されていて，それぞれの市門からは市壁内部にむけて直線街路が走っていたと推定されている[11)]。これらの市壁に囲まれた中央部には建築基壇が，また北東端と南東端では工房遺址が発見されているが[12)]，建築基壇の性格は不明とされる。

　図46の南西部また図47の中南部には，おのおの「関庄」・「関相」との村名が記入されている。同村は街路の両側に家並がつづく列村で，その街路脇には省政府によって建碑された「櫟陽城遺址」との石碑が立つ。列村の北方には，黄土の畑地がつづく。2010年10月に訪問した際には，ブルドーザーで掘りおこされた畑地の一角から戦国時代の櫛目文紋様の平瓦片が大量に出土していた。宮殿遺址にも比定可能な瓦葺き建築が，そのあたりに存在していたことを物語っていよう。

写真44　秦・櫟陽　宮殿址
ブルドーザーが掘削中の左方のレス層底面からは大量の大型平瓦片が出土していて，宮殿遺構の存在を推測させる。

　もし図46の復原案(1)にしたがって想定市壁をもとに市壁内部の面積を算出すると，約4平方キロメートルとなる。また図47で示される市壁の西辺と南辺で囲まれた範囲を王都とすると，その面積も約4平方キロメートルとなる。ともに，すでに紹介した紀元前9世紀の斉国王都＝臨淄の約30平方キロメートルとくらべると，はるかに小さい。また図31で既出したように，復原案(2)による王都・櫟陽を「戦国の七雄」の諸王都とくらべると，全域がなお未確定であるとしても，その小規模性がきわだっている。

　これまでの調査をつうじて，王都・櫟陽の市壁，街路，市門また製鉄工房などが確認されつつある。しかし宮殿については，その所在位置は不明のままである。それが市壁の内部にあったのか，あるいは外部に所在していたのかも不明である。もし図46と図47に示される市壁が大郭とすれば，それ以外に小郭があったのかどうかも確定されていない。櫟陽は紀元前383年から33年間の短命な王都であり，その間における形態変化は小さかったと推測される。

(2)　王都・咸陽

　紀元前350年に秦は，国都を櫟陽から西方の咸陽に遷都する。秦が建設した国都・咸陽は，2つ存在する。〈都市国家・秦の国都としての咸陽〉と〈領域国家・秦の国都としての咸陽〉である。したがって以下の論述にあたっては，両者を区別することがのぞましい。この点に関して，秋山日出雄は，中国古代の国都について，都市国家時代の国都を王都，領域国家時代の国都を帝都として区別することを提言している[13]。しかしここでは，前者を王都・咸陽，後者を都城・咸陽とよぶことにしたい。後者を都城とよぶ根拠は，のちに詳述したい。

　王都・咸陽については不明な点が多いが，旧王都・櫟陽をモデルとして建設されたと考えられている[14]。まず王都・咸陽の選地には，櫟陽との共通性が認められる。それは，ともに渭水北岸の段丘性緩傾斜地に位置していること，さらにともに北方山地から南東流する渭水支流河川を東方に配する位置に建設されていることの2点である。第2の点は，敵対勢力が函谷関を突破して王都にむけて侵攻してきた場合にも，櫟陽とおなじように南流河川を王都の外濠的な防禦線として活用するためであったであろう。また地名に関しても櫟陽と咸陽は，ともに「陽」の文字を共通してもつ。鶴間和幸によれば，陰陽思想では「陽」は「山南水北（山の南にして川の北）」の地を意味するという[15]。また李令福は，この地形的条件が「陽」を意味していることから「山

第VI章　中国都城のバロック的展開　187

水倶陽（山川ともに陽）」と表現する[16]。

　王都・咸陽は，秦による「平天下」までの129年間という長期にわたる王都であった。その間には，秦の国力増大にともなう首都機能拡充のための増拡・改変がくりかえされたであろう。しかし王都・咸陽が櫟陽をモデルとして建設されたとすれば，すくなくとも初期の王都・咸陽の形態には，旧王都・櫟陽と共通するものがあったと推定できる。その共通性を考えるための有力な資料を提供してくれるのが，現在の四川省の省都・成都である。

　秦は，紀元前316年――櫟陽から咸陽への遷都後34年――に蜀を支配下におさめ，紀元前311年に支配のための拠点を成都に建設する。『水経注』巻33「江水注」は，「秦恵王二十七年，……成都を築き以て咸陽を象る（かたど）[17]」と述べる。成都は，咸陽をモデルとして建設されたということである。初期の王都・咸陽が櫟陽を基本として建設され，秦代・成都が初期の王都・咸陽を祖型として建設されたということになる。秦代・成都の形態をあきらかにできれば，櫟陽と王都・咸陽の初期形態を推測することが可能である。

　この点について楊寛は，諸文献史料の記載を検討して，秦代・成都が「小咸陽」とよばれていたように咸陽をモデルとして建設されたこと，その構造は小城を西とし大郭を東とする「西城東郭（街）」であったこと，城と郭にはおのおの9つの市門と幹道が建設されていたこと，官庁のほかに市場があったことなどを指摘する。これらをもとに楊寛は，秦代・成都の空間構成が戦国時代の諸都市国家の王都とおなじであり，成都の祖型であった王都・咸陽も「西城東郭（街）」であったろうと結論する[18]。

　鶴間は，成都市博物館に展示されている秦代・成都の復原示意図を紹介している。それによると，やはり「山南水北」の地を選地して建設され，形態は西の少城と東の大城が連結する構造である[19]。また応金華も，西に少城，東に大城をもつ複郭構成の都市として秦代・成都を復原している[20]。もしこれらの指摘が正しく，また秦代・成都が王都・咸陽をモデルとして建設されていたとすれば，すくなくとも初期の王都・咸陽は，前述した臨淄とおなじく「西城東街」・「小城大街」編成の複郭都市，いいかえれば戦国時代の中原に群雄割拠した諸都市国家の「都の城」とおなじ形態であったと推定できる。

　しかし楊寛の〈王都・咸陽＝複郭都市〉説に対しては，五井直弘の反論がある。五井は，楊寛のもちいた文献史料の史料批判，史料解釈，秦代の県城クラスの都市に複郭都市がないこと，さらに秦代・成都は新たに囲壁を築くことなく旧来の囲壁を再利

用して建設された可能性が大きいこと，の4点をもとにして「咸陽・成都二城説」は成立しないとする。そして秦代・成都も王都・咸陽も，ともに単郭都市であったと想定する[21]。

両者の対立の背後には，『華陽国志』が述べる「与咸陽同制（咸陽と制をおなじくす）」，とりわけ「同制」の意味をめぐる解釈の相違がある。それを，楊寛は「城郭の制が咸陽とおなじ」と解釈する。これに対して五井は，それを「城郭の制ではなく，官署や市などの構造がおなじ」と解釈する。「城郭の制」については，五井は，北魏・洛陽の外郭が判明したことを根拠に，「秦の雍城など，秦以来の国都が一城様式であった」と結論する[22]。「秦以来の国都」には王都・咸陽もふくまれるので，王都・咸陽は単郭都市であったということになる。

しかし五井の立論には，納得できない点がある。まず後代の北魏・洛陽の事例から，なぜ一意的に王都・咸陽が単郭都市であったとしうるのだろうか。図31に示されるように，同時代の「戦国の七雄」の王都には複郭都市であるものが多いにもかかわらず，はるか後代の北魏・洛陽の事例をもとに，なぜ王都・咸陽が複郭都市であった可能性を排除できるのか。また秦代の県城クラスの都市に複郭都市がないことをもって，なぜ県城とは次元を異にする王都も単郭都市であったとしうるのだろうか。

初期の王都・咸陽が旧王都・櫟陽に範をもとめて建設されたとすれば，現在の発掘調査からは櫟陽が大郭のみの単郭都市であった可能性はある。したがって王都・咸陽も，同様に単郭都市であった可能性も大きいといえる。しかし五井があげる楊寛への反論は，以上のように説得性にとぼしい。すでにあげた鶴間の紹介また応金華の復原が王都・咸陽を複郭都市としていることにも留意して，以後，楊寛の複郭都市説に立って議論をすすめることにしたい。

しかし王都・咸陽は，改変されつつも断絶することなく，始皇帝以後の都城・咸陽へと移行していく。咸陽の王都から都城への展開は，空間的にも連続的な関係にある。たとえば王学理は，咸陽の空間的拡大過程を3期に分けて説明する。

① 櫟陽からの遷都から孝公（在位紀元前361-338年）までの時期には王都の範域はほぼ渭水北岸の渭北にかぎられていたこと，
② 恵文王（在位紀元前337-311年）〜荘襄王（在位紀元前250-247年）の時期には王都の範域は南岸の渭南へと拡大し，渭南が渭北とならぶ重要性をもつに至ったこと，
③ 始皇帝（在位紀元前246-210）の時期には首都機能は渭南に移ったことを指摘する[23]。

第VI章　中国都城のバロック的展開

この過程は連続的な首都拡大であって，そのため王都・咸陽のみをとりだして，その形態を議論することは困難である。くわえて渭水の流路北上による遺跡の流亡が，それをいっそう困難にしている。これらのことから，王都・咸陽と都城・咸陽とを一体のものとして論じざるをえない。

VI-2　始皇帝以後＝〈領域国家・秦〉の都城・咸陽

すでに引用した「修身，斉家，治国，平天下」の成句は，かつての中国だけでなく日本でも人生訓としてよく語られた。このうちの「治国」は，すでに述べた「國」すなわち都市国家を治めることを意味する。これらの都市国家群を平定・統一して天下を泰平させること，すなわち領域国家を樹立することが「平天下」である。

「治国」から「平天下」への過程は，中国世界では，紀元前221年に第31代秦王・政によって達成される。この年に政が斉を滅ぼして戦国時代に終止符をうつと同時に，「平天下」を実現する。彼は，その実現をみずから顕示すべく，史上最初の皇帝つまり始皇帝を名のる。「皇帝」という言葉は，中国では独自の意味をもつ。すでに説明したように，古代中国には「天地相応」というコスモロジーがあった。天極にあって天を統べる天帝に対して，地にあって地を統べる存在が皇帝である。皇帝の称号も，都市国家から領域国家への展開も，始皇帝による秦帝国の樹立によって実現される。

これは，中国世界の歴史においても重要な画期をなすものであった。2006年に刊行された『中国歴史研究入門』[24]も，王朝による断代史的な区分ではあるが，その時代区分を先秦，秦・漢，三国五胡・南北朝，隋・唐，五代・宋……としている。秦帝国成立以前を「先秦」時代として一括し，ついで「秦・漢」時代が設定されている。秦帝国の成立をもって中国世界の歴史が大きく転換したことを自明の前提として，同書も編集されているのである。

(1)　都城・咸陽 ── 2つの都市像

「平天下」を達成した始皇帝は，中国史上初の領域国家にふさわしい都城の建設を開始する。『史記』「秦始皇本紀」（第六）は，その達成年である紀元前221年の条で，始皇帝が天下の兵器，また天下の豪族・富家12万戸を咸陽に集めて壮大な都城の建設を開始したこと，当時すでに渭水以南の地には章台宮や上林苑が存在していたこと

写真45　秦・咸陽　渭水現流路
　　　　　　　　秦・漢代には渭水は，はるか南方を東流していた。その流
　　　　　　　　路北上によって，王都・咸陽遺址の多くは流亡した。

などを伝えている[25]。

　前述した王学理の整理にみられるように，始皇帝の登場以前に秦都・咸陽は渭南の地にも大きく拡大していた。渭北に位置する咸陽宮を政事中枢としつつも，丘陵が背後にせまる狭隘な渭北から，より広闊な渭南一帯に王都を拡張していこうとする志向が存在していたのであろう。図48は，王学理による「秦咸陽城区示意図[26]」を原図として，同氏から教示されたそれ以後の発掘調査の進展状況を補入して作成したものある。太い破線で描かれた区画が，現在（2010年）までの考古学調査をもとに推測できる王都・咸陽の範域を示している。この区画をもって，王都・咸陽の最大範域とすることができよう。その辺長は東西幅＝約8700メートル，南北長＝約7500メートル，したがってその面域は約65平方キロメートルとしうる。渭水南岸の渭南をとりこんだ咸陽の変化を，李令福は「山水俱陽」から「渭水貫都（渭水，都を貫く）」への変容と表現する[27]。

　図としては掲げていないが，1983年に発表された「秦咸陽城示意図[28]」と比較すると，当然のことながら王都の想定範域は拡大している。それは，以後の約30年間における考古学調査の進展を意味する。その拡張は，とりわけ西方と北方の両方向で顕著である。西方への拡大は，すでに発見されていた戦国時代の秦墓葬区を包摂する形でなされている。また北方では，図48が記入する「北坂宮区」を越えて，高位丘陵面上の前漢代皇帝陵の長陵（初代皇帝・高祖陵）と安陵（第2代皇帝・恵帝陵）を包摂して設定されている。それは，これら皇帝陵の建設に際して，高位丘陵面上に存在していた秦代の諸施設が破却されたと考えられているからである。図48で注目されるのは，図の中央部を東流する渭水以南の地区からは遺跡・遺址の発見がみられないことである。それは，渭水の流路北上によって現流路以南の遺跡・遺址が流亡してしまったためである。

　図48が描く王都の面域＝約65平方キロメートルは，櫟陽の約16倍，臨淄の2.2倍にあたる。しかも始皇帝による都城・咸陽の建設開始期には，同図の王都推定範囲を越えて，すでに宮殿群がその南方に造営されていたので，その面域はさらに巨大なものとなる。しかし考古学調査からは，楊寛のいう「西城東街」・「小城大街」編成の複郭都市編成は確認されていない。楊寛は，その理由を，渭水の流路北上による流失・破壊にもとめている[29]。

　また一方では，初期の王都・咸陽や臨淄とは異なって，都城・咸陽には全体にまたがる統一的な基本計画は存在せず，さまざまな機能をもつ都市核が分散的に立地し

第Ⅵ章　中国都城のバロック的展開　　191

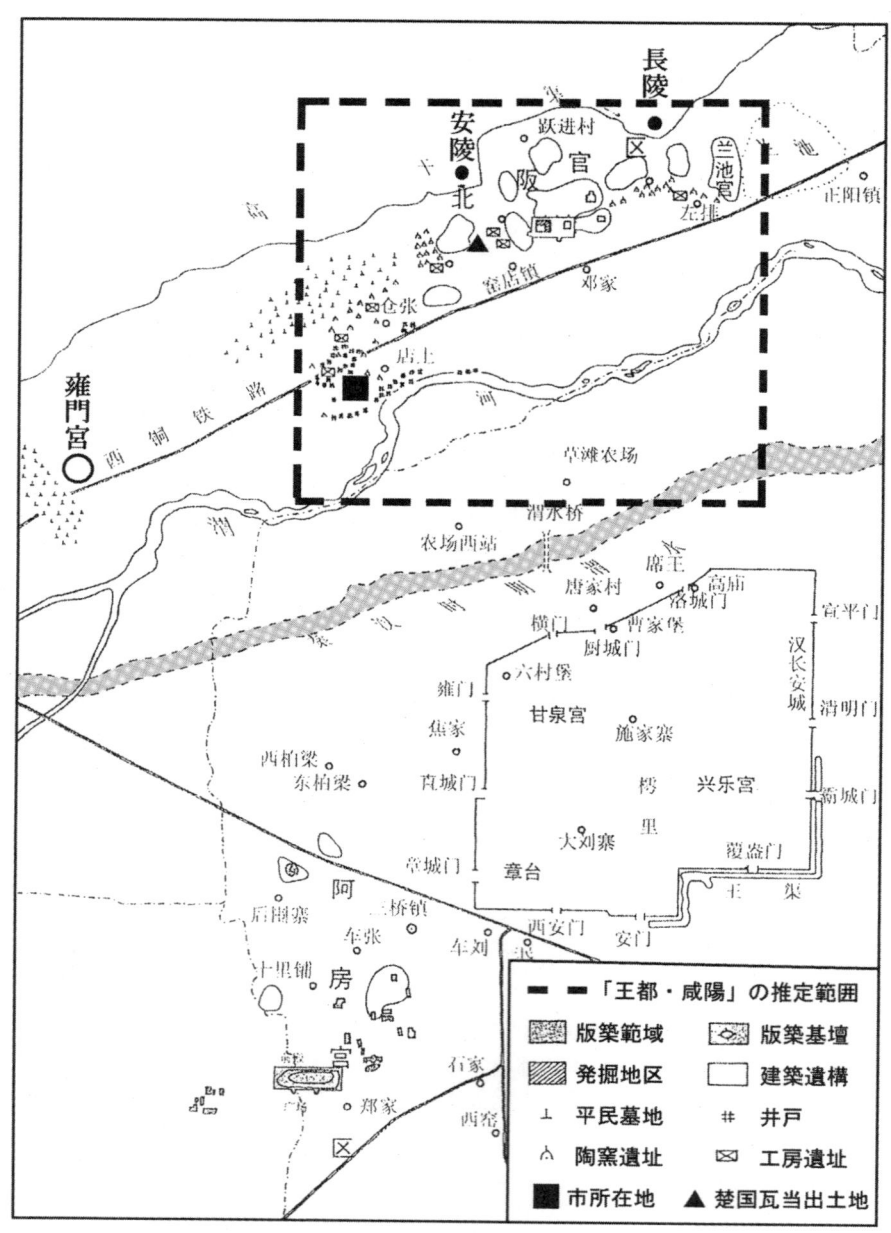

図48 「王都・咸陽」と「都城・咸陽」の関係図
（王学理原図に同氏の教示にもとづき応地補入・作図）

ていた都城ではなかったかとの説が提唱されている[30]。たとえば王は，その状況を諸機能の「散点布局[31]」また「散点的交錯型[32]」と形容する。私は，留保を付したうえで，この立場に賛成する。留保というのは，都市核の分散立地は事実であるとしても，都城・咸陽の建設にあたっては基本構想が存在していたと考えるからである。統一的な実施計画とまではいえないにしても，建設にあたっての基本構想が存在していたことを論じることが，ここでの重要な目的である。その基本構想がなにであったかについては，都城・咸陽を構成する都市核とその立地を検討したのちに，あらためて論じることにしたい。

　都城・咸陽の構造を考えるときに想起されるのは，近代都市の空間構造に関する2つの古典的な説明である。1つは，中心業務地区（CBD, Central Business District）とよばれる単一の都市中心核との相互作用を基本営力として，都市内部の空間構造は都市核を中心として同心円状に編成されているとする同心円説（Concentric Zone Theory）である[33]。この説では，大都市内の空間編成は，〈中心―周辺〉関係によって一元的に説明できること，つまり都市は明確な単一構造をもつということになる。もう1つの説明は，これへの反論として提出された多核説（Multi-nuclei Theory）である。これによると，大都市内には独自の機能をもつ複数の核が多核的・分散的に存在し，都市の空間構造は，それらの都市核を小中心とする多元的なモザイク的編成として理解できるとする[34]。その分立的・多元的なモザイク編成の形成は，単一の要因では説明できず，偶発的な要因も大きくはたらいていることになる。都城・咸陽が都市核のルースな分散立地をもとに形成されていたとすれば，それは，多核説に似た状況の都城であったとしえよう。

　近代都市の空間構造に関する説明モデルをふまえて咸陽の都市形態をめぐる議論にかえると，ここでも2つの説が提唱されている。その1つは，楊寛の「西城東街」・「小城大街」編成の複郭都市説である。同時にそれは，統一的な都市建設構想の存在に対して肯定的という立場でもある。他の1つは，より多くの研究者によって提唱されている多核都市説である。この立場は，統一的な都市建設構想の存在に対しても否定的である。これらの2つは，咸陽の基本構想また都市形態に関する対立しあう説明のようにみえる。しかし，両者は対立的な関係にあるのだろうか。

　楊寛の説は，秦代・成都に関する文献史料の検討から立論されている。同説では，櫟陽から王都・咸陽への遷都後39年に，秦代・成都が王都・咸陽に祖型をもとめて建設されたとする。いいかえれば秦代・成都をもとに，初期の王都・咸陽の形態を逆

写真46　秦・咸陽　咸陽宮1号宮殿址・西半部
咸陽宮正殿とされ，右端を南流する小谷で分断されているが，その東岸にも宮殿址東半部の存在が確認されている．

照射しようという立場でもあった。あえていえば，それは紀元前4世紀末ころの王都・咸陽の形態論である。彼が指摘するように，秦代・成都が複郭都市であるとすれば，王都・咸陽も，戦国時代に「中原の地」を割拠・支配した「戦国の七雄」の王都に範をもとめて建設された可能性は否定できない。とすると彼の説は，初期の王都・咸陽の形態論としては妥当な推論といえる。

　他方，多核説にたつ都城・咸陽論は，始皇帝による秦帝国の樹立以降の時代，いいかえれば紀元前3世紀末の咸陽を対象として提唱されている。複郭都市説が対象とする時代とのあいだには，約1世紀の時代差がある。その間に介在する約100年は，秦が都市国家から領域国家へと発展していく重要な時期にあたっている。この時期には，すでに述べたように，王都・咸陽の拡張と改変がくり返された。とすると，王都・咸陽が当初の「西城東街」・「小城大街」編成の複郭都市から，多くの諸施設を付加して多核的な都城・咸陽へと進展していった可能性も想定できる。しかも多核都市説は，都城への進展期の考古学的な発掘調査をもとに構築されている。つまり複郭都市説と多核都市説という咸陽をめぐる2つの説は，秦王朝初期の王都・咸陽と晩期の都城・咸陽とを別個に切りとった議論として整理できる。この2つの説は対立関係にあるのではなく，王都・咸陽の複郭都市から多核都市への展開を相補的・両立的に説明できる関係にあると考えうる。

(2)　都城・咸陽の多核編成

　ここで，始皇帝によって最終的に拡張・改変されて都城と化した咸陽に焦点をあわせることにしたい。都城・咸陽は，複数の都市核が分立する都市であった。その多核的な編成を都市核ごとに整理して，つづく(3)で都城・咸陽の基本構想を検討するための基礎作業としたい。

　都市核の第1は，政事中枢＝咸陽宮で，図48に記入された「北阪宮区」の中央部を占めていた。この一帯からは，計27の独立建築群の版築遺構が検出されている[35]。『史記』「項羽本紀」(第七)が伝える「秦の宮室を焼いた。火は三月のあいだ消えなかった[36]」という記事は，これらの宮殿群からなる秦・宮室の壮大さをいまに伝えている。その中心は，「北阪宮区」の下方に記入されたヨコ長・長方形区画にあった。王は同区画を「咸陽宮城」と名づけ，その範囲を東西幅840〜900メートル，南北長580メートルとする[37]。「咸陽宮城」の内部からは8つの宮殿遺址が確認され，そのうち第1号宮殿のほか2宮殿が発掘調査されている。第1号宮殿の版築遺構の規模は，侵食

谷東方の残存部分をふくめると，東西幅：約130メートル，南北長：約40メートルにおよぶ。その規模から同宮殿は咸陽宮の正殿と推定され[38]，正面を南にむけて断崖下にひろがる王都一帯を睥睨するように屹立していた。

第2の都市核は，『史記』「秦始皇本紀」(第六)が「秦は，諸侯を破るごとに，その宮室をかたどった建物を咸陽の北阪のほとりにつくり，それらは南のかた渭水に臨んでいた。雍門から東のかた涇水・渭水に至るまでは，殿屋・複道(2階建の回廊)・周閣(渡り廊下をめぐらした楼閣)がつづいていた[39]」と語る巨大建築群である。それらは「仿六国宮」とよばれ，秦帝国によって亡国と化したかつての「戦国六雄」の宮殿を複製して「平天下」への過程を誇示する顕示空間であった。

この記事で『史記』が言及する涇水は，前述したように，王都・咸陽の東方を南流する渭水の支流で，王都防衛のための最前線にあたる外濠的な機能を担っていた。いいかえれば涇水は，王都の内と外とを分かつ意味をもつ河川であった。また雍門は，雍門宮の東門をさすとされる[40]。同宮の所在場所は，図48の〇印で示される。とすると『史記』の記事からは，「仿六国宮」が咸陽宮の東方だけでなく，西方にもひろがっていたことになる。記事の妥当性は，楚国様式の瓦当が咸陽宮西方の▲地点から出土していることからも確認できる[41]。それは，「仿製六国宮」の1つである仿製楚国宮室が同地点に所在していたことを示しているからである。東方と西方の左・右両翼に「仿製六国宮」を配置して，その中央に咸陽宮が君臨してそびえていたのであろう。それは，始皇帝さらには秦帝国の偉業を顕示する壮大な演出装置であったであろう。

第3の都市核は，図48で咸陽宮の東方と西方に記入されている各種の手工業の工房・工人地区である。同図がそこにもっとも多く記入しているのは，陶窯遺址である。同遺址の性格は，咸陽宮の東・西で異なっていた。東方のものが宮殿・官衙用瓦磚の生産に特化した官窯であったのに対して，西方のものは民間用の瓦磚だけでなく各種陶製品を生産する民窯であった。西方地区には，陶窯にくわえて銅鉄製品・建材・骨器などの工房が集まっていた[42]。

第4の都市核は，交換・交易活動の拠点としての市である。都城・咸陽には咸陽市・直市・平市などの諸市が存在していたことは，史資料をもとに確認されてきた。これらのなかでもっとも重要なのは咸陽市であったが，その所在は不明のままであった。しかし考古調査の進展をもとに，いまでは咸陽市の所在地は図48の■印一帯に比定されている[43]。そこは，第3の都市核とした上記の工房・工人地区でもある。第3と第4の両都市核が合体して，その一帯に経済活動の集積地区が形成されていたことを

写真47　秦・咸陽　阿房宮址
堅固な版築法によって造営された中国最大規模の宮域基壇址で，いまなお風化に耐えてほぼ原形のまま存立する。

物語る。

　第5の都市核は，始皇帝の「平天下」以前から渭南一帯に散在していた王権諸施設である。その多くは，図48の太い破線区画の南方にゴシック文字で記入された甘泉宮・章台・興楽宮などの宮殿群であった。劉振東は，このうち甘泉宮は皇太后が常住する宮殿であり，渭北の咸陽宮とあいまって南北二宮制が実現されていたとする[44]。章台（宮）は，外交的権威の顕示施設であったとされる[45]。また興楽宮は，離宮的宮殿であった。これらの諸宮殿にくわえて，劉は，社稷も渭南の地に造営されていたとする[46]。秦の滅亡後，これらの王権施設を襲用して，そこに前漢・長安が建設されていく。

　第6の都市核は，上記宮殿地区の西方と南西方にあった上林苑，宣春苑，長楊苑などの王室林苑であった。なかでも宏大であったのは，上林苑である。これらの王室林苑のなかにも，離宮が点在していた。

　第7の都市核は，始皇帝が計画し，建設に着手した都城・咸陽の新宮殿群である。始皇帝は，その建設場所として上林苑を選地し，「平天下」により領域国家樹立を達成した秦帝国にふさわしい壮麗・壮大な新宮殿の建設を開始する。その中核に位置づけられていたのが，前殿つまり拝謁・朝礼の場である王宮正殿であった。

　『史記』「秦始皇本紀」（第六）は，始皇帝が新しい朝宮の建設を渭南の地に計画するにいたった経緯を，つぎのように語る。「始皇は思った —— 咸陽は人口が多くて，先王の宮廷では規模が小さすぎる。…… —— そこで朝宮を渭水の南の上林苑のなかに造営した。まず前殿を阿房につくった。その規模は宏大で，東西は五百歩，南北は五十丈あり，殿上には一万人を坐らせることができ，殿下には五丈の旗をたてることができた[47]」。『史記』は，渭南の上林苑への選地理由として，王宮・咸陽宮の規模狭隘と王都・咸陽の人口過大をあげている。その背後には，北に丘陵また南に渭水をひかえた渭北の地は狭小であり，秦帝国にふさわしい壮大な朝宮建設地の確保が困難であったことがあろう。鶴間は，これにくわえて，乏水性の渭北にくらべて渭南は水がゆたかであったことを理由にあげている[48]。上林苑への新王宮の建設は，宮と苑との結合という後代の中国王宮様式の嚆矢でもあった[49]。

　『史記』が伝える前殿つまり阿房宮の規模は，東西幅約650メートル，南北長約115メートル，階下の天上高11メートル以上ということになる。建坪は約7万5000平方メートル，その有効空間利用率を60パーセントとして，『史記』のいうように1万人を収容するとすれば，1人あたりの面積は4.5平方メートルつまり日本流にいう

と2.7畳となる。これは，十分に1人が座することのできる広さである。これらの数字は巨大にすぎるが[50]，その遺構は，図48の下端部に記入された版築台基にあたる。前殿遺構は古代中国最大の版築台基とされ，東西幅1320メートル，南北長420メートル，比高8メートルに達する[51]。数字のうえでは，同遺跡に『史記』が述べる巨大殿舎を建設することは可能である。しかし前殿以外の殿舎の造営は，始皇帝の崩御また早すぎた秦帝国の解体によって未着手のまま終わったとされる。

　始皇帝によって拡張された都城・咸陽は，広大なオープン・スペースをふくみつつも，少なくとも上記の7つを都市核とする多核都市であった。

(3) 都城・咸陽の基本建設構想

　さきに留保した問題は，始皇帝が建設をめざした都城・咸陽が多くの都市核からなる多核都市であったと認めたうえで，それが，基本構想不在の自然増殖的な都市というるかどうかの検討であった。この点についても，2つの立場がある。1つは，注30にあげた無計画な自然増殖都市とみなす立場である。他の1つは，始皇帝の都城・咸陽の建設とりわけ渭南での朝宮造営の背後には，基本構想が存在していたとする立場である[52]。私は，以下の3つの理由から後者の立場をとる。同時に，この問題の検討は，始皇帝が拡張・改変しようとした咸陽を都城とよぶ根拠の提示へとつながっていく。

　まず基本構想の存在を措定する第1の理由は，都城・咸陽と中国的コスモロジーとの形態対応である。この問題を，中国史上はじめて「平天下」を達成した秦王・政が自ら名のった「始皇帝」という称号の意味から考えていきたい。「始皇帝」とは，もちろん「始めの皇帝」を意味する。自らを「皇帝」と称したのも，始皇帝が最初であった。彼が「皇帝」という称号を採用した経緯について，『史記』「秦始皇本紀」（第六）は，つぎのように伝えている。秦王は，「平天下」の偉業達成をながく伝世していくにふさわしい帝号を考えるように重臣たちに下問する。彼らは，「むかし，天皇があり，地皇があり，泰皇(たいこう)があったが，泰皇が最も尊貴であった。臣らはあえて尊号をたてまつろう。すなわち王を『泰皇』と称し，……」と奏上する。しか秦王はそれを却下して，「泰皇の泰を取り去って皇をとどめ，上古の帝位の号をとって，『皇帝』と号することにする[53]」と決したというのである。

　ここでは「皇帝」という称号が，中国史の黎明を飾る伝説上の「三皇五帝」と関連づけて論じられている。三皇の解釈には諸説があるが，その1つに，『史記』が述べる

写真48　泰山　玉皇峰から日観峰を望む
玉皇峰は秦・漢代の，日観峰は唐・宋代の封禅祭場であった。手前は，前漢・武帝の建立とされる「無文碑」とその笠石。

天皇・地皇・泰皇（人皇）を指すとするものがある。この解釈の背後には，天・地・人の三才によって宇宙の万物が包括され，三皇によって統括されるという思想がある。大臣たちは三皇のなかで泰皇をもって最高の存在とし，泰皇が王にかわる尊号としてふさわしいとした。しかし秦王は，その「皇」だけをとり，「上古の帝位」の号から「帝」を採用して「皇帝」とすることを宣言する。「上古の帝位」とは，これも中国の伝説上の理想的帝王とされる五帝を指そう。「皇帝」という称号は，『史記』が語るところにしたがえば，あるべき「三皇五帝」の理想を一身に統合・体現する存在ということである。

「平天下」とは，地と人のすべてを統一して支配下におくことを意味する。すでにII-2で，古代中国のコスモロジーの特質として，天と地が〈非連続的連続〉の関係で照応しあっていることを指摘した。〈天の天帝〉と〈地・人の皇帝〉は，この関係で照応しあう。それを具体的に顕示する行為が，始皇帝が「皇帝」を号した2年後に，山東半島西端の泰山で挙行した封禅・望祭の儀であった。封禅とは天を祀る儀式であり，望祭とは支配領域を望見して祀る儀式である。そのとき泰山に建碑した刻文が「皇帝，天位に臨み[54]」と書きだされているように，それは，地と人を支配する「皇帝」が，泰山の山上から天なる天帝にむけて挙行した儀式であった。

〈天の天帝〉に照応する〈地・人の皇帝〉という思想は，当然，始皇帝による都城・咸陽の建設にも反映する。というよりも，その思想を具体的に顕示する場が，都城・咸陽であった。それを示すのが，『史記』「秦始皇本紀」（第六）が前述の阿房宮につづけて述べる部分である。それは，「復道（ふくどう）をつくって阿房から渭水をわたって咸陽に連絡し，天極が閣道（わたり廊下）づたいに天（あま）の川を渡って営室星（えいしつせい）に至るのを象徴した[55]」との記載である。この一文は，完成した渭南の阿房宮から渭水を横断して渭北の咸陽宮にいたる2階建ての複道の建設，およびその建設がもつ天地照応また天人合一の象徴的意味，の2点を語っている。ここでとりあげたいのは，後者の象徴的意味である。それを解く鍵をあたえてくれるのが，『史記』「天官書」（第五）の冒頭部分にある「（紫宮の）うしろの六星は天の河をわたって『営室』までのびており，『閣道』と名づける[56]」との説明である。この説明は，前記の「秦始皇本紀」の一文とよく照応する。

古代中国のコスモロジーでは，「天極」とは天球の頂点にあたる北極（星）を意味し，天帝の王宮（紫宮）はそこに存在するとされる。「秦始皇本紀」の引用部分では，「天極」は天帝を，「閣道」は「天の川（銀漢）＝渭水」にわたされた橋と道を，「営室」は天子

の宮殿つまり阿房宮を，それぞれ指していよう。中野美代子は，「天官書」の説明を星座と対応させて，「うしろの六星」はカシオペア座，「営室」は「天の川」の南に出現する「ペガソスの大方形」とよばれるペガソス座の4星によって構成される四辺形を指すとする[57]。

　このように解釈できるとすれば，営室をめぐる天上の世界と阿房宮をめぐる地上の世界とが，天地照応の関係で対応しあっていることになる。始皇帝が建設しようとしたものは，古代中国のコスモロジーを凝縮する都市であった。都城・咸陽は，〈コスモロジー——王権（皇帝）——王都〉という三位一体的な都城思想にもとづいて建設されようとした王都，つまり都城であった。この意味において始皇帝がめざしたものは，都城としての咸陽の建設であったとしうる。それが，本章で，始皇帝登場以後の咸陽を「都城・咸陽」と呼称してきた理由である。

　基本構想の存在を想定する第2の理由は，注47で引用した部分で『史記』が語る「伝聞するところによれば，周の文王は酆に都し，武王は鎬に都して，酆・鎬の間一帯が帝王の都となったとのことだ」との始皇帝の想いである。周とりわけ西周の時代は，徳治にもとづく理想的な統治がおこなわれた時代とされる。前代の殷王朝を滅亡させて西周を樹立・確立したのは，初代の文王と第2代の武王であった。「平天下」を達成して「皇帝」を号し，新たな時代の開闢をめざした始皇帝には，みずからを文王と武王，とりわけ殷を打倒し西周時代を切りひらいた武王になぞらえる気持があったであろう。この引用箇所を，司馬遷が「始皇は思った」と書きだしているのは，そのつよい気持を伝えようとするためであったと考えられる。

　文王と武王が建設したのは酆京と鎬京であり，図45にあるように，両王都はおのおの澧水の左岸と右岸にならび立って位置していた。始皇帝が〈コスモロジー——王権（皇帝）——王都〉という三位一体的な都城として建設を目ざした都城・咸陽も，渭水を介して従来からの咸陽宮が左岸に，始皇帝が建設に着手した阿房宮と朝宮が右岸に位置する。まさに澧水を介して両岸にならびたつ酆京と鎬京の関係の再現である。しかも武王の建設した鎬京も，始皇帝が建設せんとした朝宮も，ともに右岸に位置するという同型性を示している。それは，理想の時代とされる周の双子都市的な王都の再現をめざすものであったであろう。

　第3の理由として，始皇帝の都城・咸陽の建設には，家産制国家の段階にあった秦王朝における家長としての皇帝権威の顕示があったであろう。それを示すのが，Ⅳ-2で述べた斉の国都・臨淄との形態的同型性である。臨淄では，王宮にあたる小城は

南西端に位置していた（図30）。そこは，尊長が座すべき「隩」の位置にあたる。都城・咸陽でも，図48が示すように，阿房宮の位置は都城域の南西隅にあった。始皇帝は，都城域の「隩」の位置に王宮の前殿と正殿を建設して，尊長座の顕示をめざしたと考えうる。これは，家産制国家であった秦帝国における家長的権威の表現でもあったであろう。

　もちろんこのような解釈，とりわけ理由の第1にあげた解釈に対して，それが始皇帝によって当初から意図されていたといいうるかという批判がある。鶴間は，その立場から3つの問題点を指摘する[58]。

① 　渭南の地への王都・咸陽の拡張は以前から存在していて，始皇帝によって開始されたものではない。
② 　始皇帝は渭北の咸陽宮を一貫して居所また政事の場としていて，それらの場を渭南の地に移すことはなかった。
③ 　これらの解釈は，始皇帝の功績を過大に評価するために，漢代の知識階級によって付加された虚構ではないか。したがって『史記』が述べる天地照応的都城の建設というのは，秦代にはなかったのではないか。

　これらの批判は主として解釈をめぐるものであるので，それらに実証的に答えることは困難である。しかしそれらへの応答として，以下の点を指摘することはできる。まず①については，王都・咸陽の渭南への拡張がすでにあったことを前提として，(2)での議論を展開してきたことを指摘したい。始皇帝以前の時期から，多核都市としての王都・咸陽の形成が進行していたのであり，始皇帝は，それらに新たな都市核の創出・付加をめざしたということである。したがって始皇帝による都城・咸陽の建設は，それに先行する王都・咸陽の多核的展開と整合的に理解することが可能だと考える。

　②については，始皇帝の在位中には，渭南の地には新たな朝宮前殿である阿房宮は建設されていたが，正殿である朝宮そのものは未完成のままに終わったという事実を指摘したい。咸陽宮の使用はその完成までの過渡的措置であり，朝宮正殿の完成をまって始皇帝は居所と政事の場をそこに移す予定であったかもしれない。また正殿建設の予定地が都城・咸陽の南西端にあたっていることも指摘しておきたい。理由の第3で指摘したように，そこは，都城・咸陽の「隩」にあたる特別な意味をもつ関係位置を占めていた。

③については，これはまさに解釈の違いである。たしかに前漢代の中期以降に，鶴間が指摘する傾向が顕著にみられるようになる。しかし，始皇帝が自己の称号を皇帝と決定した背景には，〈天の天帝〉と照応する〈地と人の皇帝〉という天地照応意識が存在した。泰山での封禅儀式の挙行も，天帝に対して地と人の統一達成を報告するためのものであった。これらは，ともに始皇帝が，天地照応また天人合一をつよく意識していたことを物語っている。また都城・咸陽の天地照応を語る『史記』「秦始皇本紀」の記述は，同書「天官書」の説明と照応する。「天官書」の説明は，現実の都城・咸陽の形態とよく対応する。したがって都城・咸陽の形態を，「秦始皇本紀」のように解釈することも可能であろう。

　以上のように，都城・咸陽についての『史記』の記述またその現実の形態から，〈コスモロジー――王権（皇帝）――王都〉という三位一体的な都城思想，理想の王朝とされる周時代の酆京・鎬京の双子町的配置の再現，秦王朝・嬴家の尊長座の顕示という3点を読みとることができる。これらの3つは，偶然の所産とは考えられない。その背後あるいは基底には，都城・咸陽全体にわたる始皇帝の基本構想の存在を想定させる。これが，都城・咸陽はルースな多核都市との様相をもちつつも，全体的な基本構想にもとづく都市だと考える根拠である。

　都城・咸陽に上述したルースな様相をあたえ，統一なき都市とみなされる大きな要因は市壁の欠如にある。『史記』も，都城・咸陽の市壁についてなにも語っていない。また発掘調査によっても，現在のところ，その存在は確認されていない。したがって始皇帝の基本構想に市壁の建設が想定されていたかどうかは，不明である。さらに都城・咸陽の建設は，始皇帝自身の死また秦帝国の短命によって未完成のまま終わる。ここで想起されるのは，つぎにとりあげる前漢・長安の建設過程である。前漢・長安では，王宮をはじめとする都城を構成する基本的な諸施設が造営されたのちに，市壁が建設されている。これとおなじ都城建設手法が，都城・咸陽になかったと言いきることはできないであろう。このことを考慮すると，市壁の有無をもって，都城・咸陽を統一なき都市とみなすことは困難である。

VI-3　前漢・長安 ―― 家産制領域国家の都城

　「平天下」のわずか9年後に，始皇帝は崩御する。それを契機として秦帝国は急速

写真49　前漢・長安　都城遺址現況模型
都城南西端から北東方を望む。遺址保護区に指定されているが、開発も進みつつある。手前が未央宮址にあたる（長安遺址陳列館展示）。

に衰退へとむかい，紀元前202年には，かわって漢帝国が成立する。さきに紹介した『中国歴史研究入門』も，秦と漢を一体化させて秦・漢時代としていた。短命に終わった中国史上最初の領域国家・秦帝国を継承して，それを完成へと導いたのが漢帝国だったからである。秦・漢両帝国の継承関係は，統治体制だけでなく，両帝国の建設都城においてもよみとりうる。その継承は，建設都城の空間的な位置関係からも確認できる。図44に示されるように，秦の渭北の王都・咸陽と渭南の前漢・長安とは，当時の渭水の流路を介してあたかも双子町のような位置関係にある。前漢・長安は，秦の王都・咸陽を真南の渭南の地に移動させたような関係で建都される。しかし両者のあいだの大きな相違点は，その現状にある。王都・咸陽また都城・咸陽の遺跡の多くは渭水の流路北上によって流亡してしまっていて，その全面的な復原は困難である。これに対してより高燥地に位置する前漢・長安の都城遺跡は，いまなお西安北西郊によく残っている。前漢・長安の周濠・市壁・市門の確認位置を現在の地形図におとすと，図49のようになる[59]。

同図からは，いくつかの興味ぶかい事実を読図できる。まず南辺市壁の外縁には，それにそって周濠の遺構がのびる。その中央東よりには「渠」との記入があり，その記入箇所から直線状の斜行道路が市壁内部にむけて走る。同道路が南辺市壁と交叉する地点から，灌漑分水路を意味する「支渠」が旧都城域の内部へと分流していく様子が描かれている。これらの「支渠」は北ないし北西方向に流れ，農地と化している旧都城域の南東部一帯を灌漑する。その流路は，旧都城域の地形の傾斜方向を示す。

つぎに旧都城域の南西部に目を転じると，タテ長・長方形の孤立丘陵の存在が注目される。そこには「未央宮前殿遺址」と記入されている。前殿遺址の孤立丘は，後述する前漢・長安の読解にあたって重要な意味をもつ地形的な特異点である。さらに目を旧市壁の北辺に移すと，それにそって多くの集落が連続してならんでいる。図49のなかで，ここほど集落密度が高いところは他に存在しない。この一帯は渭水の流路を北方にのぞみ，旧都城域の内部ではもっとも低所にあたっている。崩落した市壁によって形成された人工的な微高地を立地場として，集落がベルト状に形成されていった過程を推測させる。

旧都城域内には，道路が縦横に走る。しかし同図に示される道路網からは，いくつかの明瞭な特徴を読みとりうる。それらを列挙すると，つぎの諸点となる。

1）　南北走する道路にくらべて東西走する道路がごく少ないこと。

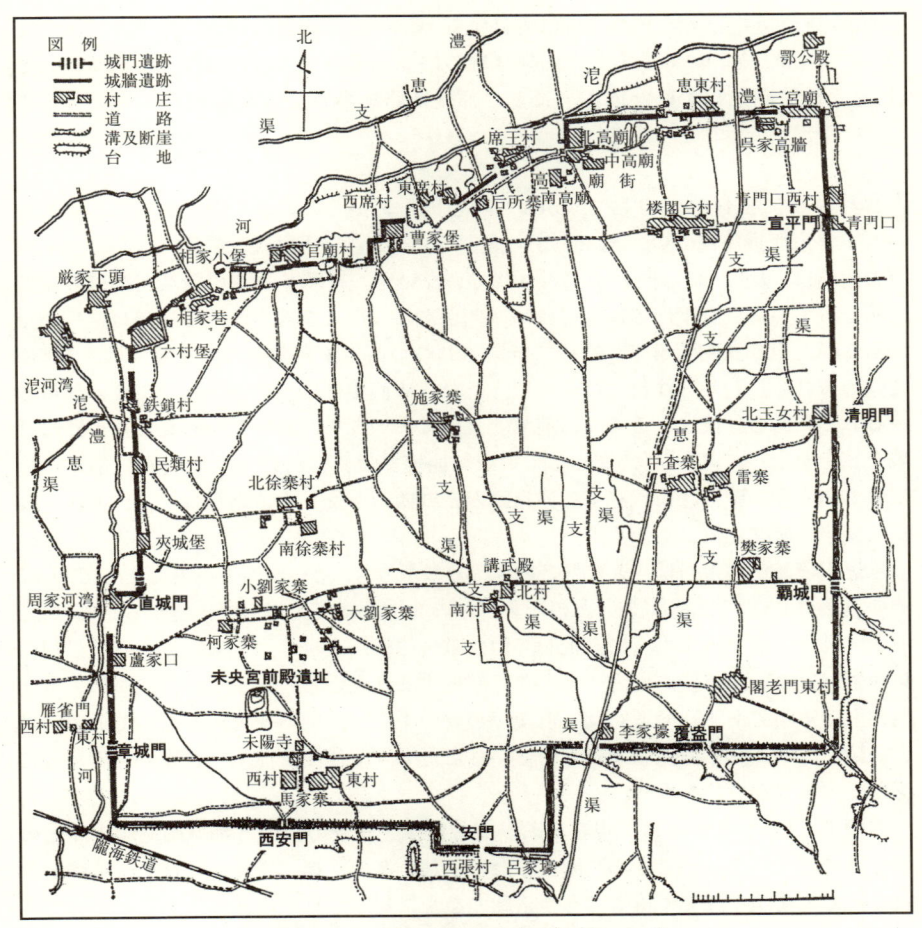

図49 前漢・長安都城域の現況（古賀による）

2） ほとんどの南北道路が屈曲しているのに対して，東西道路の多くは直線道路であること。
3） ほとんどの南北道路が斜走しているのに対して，東西道路は走向をほぼ正東西にむけていること。

第Ⅵ章　中国都城のバロック的展開

4) 東西道路と市壁との交点に着目すると，そこに前漢・長安の市門が位置していること。いいかえれば旧都城域の内部を東西走する道路は，市門を起点として直走していた前漢・長安の都城街路を継承する後継道路と考えうること。

　これらのうち4) に注目して，かつての市門と道路との関係を検討することにしたい。まず東西道路について北東方から検討すると，宣平門を起点とする道路がある。その西端は，図49には門号が記入されていないが，前漢・長安の厨城門の所在位置にあたっている。宣平門の南方には清明門がある。そこを起点とする道路は直線的ではあるが，旧都城内を貫走しないで分断されつつ西走する。その直走部分は，3ヵ所に認められる。しかし注目されるのは，それらの直走部分がたがいにややずれあっていることである。後述するように前漢・長安においても，清明門から発する街路は都城を貫走しないでT字型に交叉していた。同道路は，当時の形状を現在に伝えているのであろう。雁行状に残存する同道路が市壁西辺と交叉する地点は，ほぼ前漢・長安の雍門の所在位置にあたろう。
　東辺市壁最南の市門は，覇城門である。そこからも，道路が西方へと直走している。その西端は「未央宮前殿遺址」との記入部分の北方を経て西辺市壁に達する。これは，前漢・長安の都城内を東西に貫走していた唯一の街路をひきつぐ道路である。最後の東西道路は，南辺市壁が南方へと大きく屈曲する地点から西走して，西辺市壁の章城門に至る道路である。同道路は，前漢・長安の未央宮前殿の南を東西走していた宮道と一致している。この道路が現存していることも，後述する前漢・長安の形態解読にあたって重要な意味をもつ。
　このように図49からは，現在においても前漢・長安の市門と都城内直線街路との関係を読みとることができる。流亡したとされる秦の王都・咸陽また都城・咸陽とは異なって，前漢・長安の遺構は土地景観のなかに刻印されて現在に生きているのである。
　図50は，鶴間によって作成された完成期の前漢・長安を示したものである[60]。建設の開始を紀元前202年の雒陽（洛陽）から関中への王朝根拠地の移転とし，完成を紀元前101年の武帝による明光宮の造営とすると，前漢・長安の建設期間は約1世紀の長期にわたっている。そのため都城・咸陽とおなじように，前漢・長安も無計画・自然発生的に建設された都城との説がとなえられている[61]。たしかに建設過程を

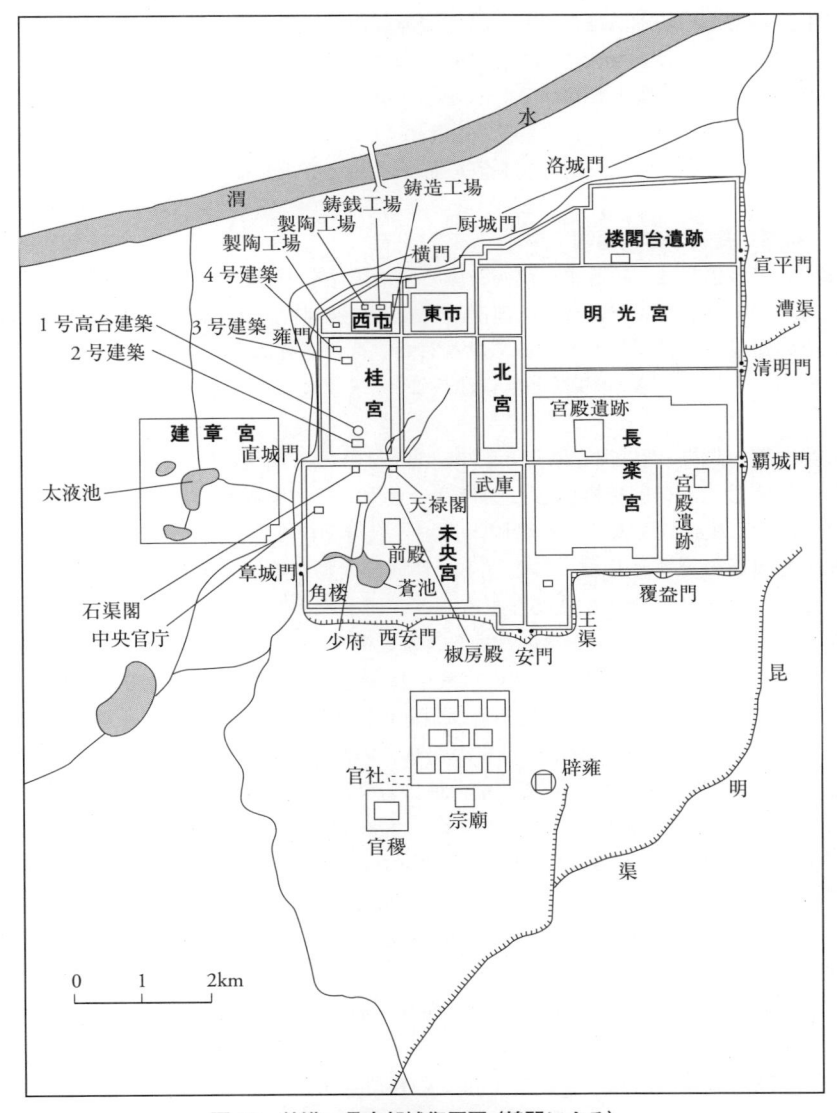

図 50　前漢・長安都城復原図（鶴間による）

第 Ⅵ 章　中国都城のバロック的展開

写真50　前漢・長安　長楽宮6号建築址
初期前漢王朝は，長安入都から未央宮の完成までここを王宮とした。さらに左（北）方からは列柱広間の遺構が検出されている。

みても，当初から基本計画なり基本構想があったとは思えない。しかしそれらの欠如をもとに，前漢・長安をただちに無秩序な都城と言いきることはできないと考える。この点も，都城・咸陽と類似する。しかし前漢・長安の場合には，建設の進行につれて，中国的都城思想をもとに帝都を整序していこうとする志向を読みとることができる。この点を中心にして，前漢・長安の都城形態を解読していくことにする。

(1) 前漢・長安の建設過程

　まず，都城建設における秦・漢両帝国の継承関係を中心に，前漢・長安の造営過程を検討したい。前述したように，前漢・長安は短期間で一挙的に建設されたのではなく，その建設は1世紀にもわたって継続した。その過程は，3つの時期に分けることができる。これを，第1〜3期と名づけることにしたい。

　第1期：高祖・劉邦（在位紀元前206-195年）による中心宮殿群の建設である。項羽を打倒して漢帝国を樹立した劉邦は，家臣の進言を入れて紀元前202年に雒陽から関中に根拠地を遷す。秦帝国の都城・咸陽をひきついで首都とすることにし，櫟陽を当面の首都とした。おそらくは都城・咸陽が項羽によって徹底的に破壊されていたために，ただちに入京することができなかったのであろう。そのため前漢・長安の建設は，みずからのための宮殿を造営することから始めなければならなかった。紀元前200年に，最初の宮殿＝長楽宮が完成する。それをまって，政事中心を櫟陽から同宮に遷す。長楽宮は始皇帝によって渭南の地に造営された宮殿の1つで，項羽による焼き討ちからまぬがれていた興楽宮を修築したものとされている[62]。さらに翌年，おなじく秦の章台址に未央宮の建設をすすめる。同宮には，東闕（宮殿門）・北闕・前殿・武庫（武器庫）・太倉（穀物倉）が建設される[63]。未央宮は，紀元前198年に完成する。この時期に，北宮も造営された。未央宮の完成後も高祖・劉邦は長楽宮を居所としていたようで，紀元前195年4月に同宮で崩御する[64]。

　このように第1期における前漢・長安の建設は，東西にならぶ3つの宮殿の造営を中心としていた。それらの建設は，主として秦の宮殿址を再利用・再開発してすすめられた。この時期に転用された秦代の興楽宮と章台の位置は，図48に示されている。

　第2期：この時期は，主として市壁の建設にあてられた。市壁の構築は，第1期の広大な主要宮殿群の完成をうけて，第2代恵帝（在位紀元前188-141年）の時代

写真51　前漢・長安　東辺市壁
東辺市壁は市壁のなかでもっともよく残存し，他の部分よりもとりわけ堅固に築造されていたことを物語る。都城内部より望む。

に開始される。前漢・長安は，「先修宮殿，后築城墻（さきに宮殿を修し，后に城墻を築く）[65]」の順序で建設される。ここで始皇帝による都城・咸陽の建設も，宮殿の造営から始まったことを想起したい。都城・咸陽の市壁は未発見のうえに，当初から計画されていたものかどうかも不明であるが，「先築宮殿」に関しては前漢・長安と共通する。

市壁の建設過程については，史料により着工と完成の時期が異なっている。ここでは，その建設についてくわしく述べる『漢書』にしたがっておきたい。『漢書』「恵帝紀」（第二）は，市壁の建設開始を恵帝元年（紀元前194）春正月とする。長楽宮の完成から6年後にあたる。以後，工事は断続的にすすめられたようで，その時期と動員数について，『漢書』は，恵帝3年春—14万6000人×30日，同年6月—囚徒2万人，5年春正月—14万5000人×30日，そして同年9月に完成と記す[66]。

市壁の構築は，中断をはさみつつ約4年半という長い時間をかけて進められたことになる。その建設は北西方から開始され，ついで東辺，さらに北辺の順に構築されていった[67]。南辺については，記載がない。それについては，すでに第1期の中心宮殿地区の造営とあわせて，南辺市壁は構築されていたとする説が多い。ここで注目されるのは，第1期に造営された宮殿地区からはるかに隔たった北西方から市壁の建設が開始されたことである。

なぜ，宮殿地区の北方にひろがる広大なオープン・スペースをとりこむかたちで市壁の構築が着手されたのだろうか。この問題を解く鍵は，市壁の建設が北西辺から着工されたことにある。後述するように，そこは渭水の流路にそう低所部であると同時に，すでに市と庶民の居住地が存在していたところであった。その一帯を水害から防御することが，中心宮殿地区から遠く離れた北西辺から市壁の建設が開始された理由であろう。それによって市壁の内部に広大なオープン・スペースを取りこむことも，目的であったであろう。市壁が完成した翌年には，北西方の地区に西市が建設されている。

第3期：武帝（在位紀元前141–87年）による建設の時期である。第5代皇帝・文帝（在位紀元前202–157年）は名君のほまれ高く，質素をむねとして宮殿の新たな造営や拡張をおこなうことなく，現状維持にとどめた[68]。文帝崩御の16年後に即位した第7代皇帝・武帝は専制君主権を確立して，ひんぱんな外征とともに，首都長安の整備・拡充に努めた。『史記』の「孝武本紀」の叙述は，それ以前の編年体スタイルと大きく異なるだけでなく，その内容も武帝の道教また神仙志向の側面をつよ

第Ⅵ章　中国都城のバロック的展開　207

写真52　前漢・長安　桂宮・2号建築址
桂宮は武帝によって未央宮北方に造営され，後宮的な性格をもつ宮殿であったとされる。背後に人工丘の宮殿基壇が立つ。

くうちだしている。そのため『史記』は，武帝が遂行した建設事業についてはくわしく述べていない。『漢書』によってそれらをたどると，武帝時代には，つぎのような諸王宮施設の建設また拡張・整備があった。

　明堂——　建元元年（紀元前140）に武帝は，その建設を議したという[69]。『史記』が武帝による建設事業の最初にあげている泰一（天神）祠は，これにあたろう。明堂は，辟雍と一体化した礼制建造物で，その所在位置は，図50では「辟雍」の名で市壁外の南郊に記入されている。同遺構は，最外縁に直径360メートル前後のほぼ円形の環水溝があり，その内部に辺長約235メートルの正方形の基壇がある。さらにその基壇の中心に，直径ほぼ62メートルの円形基壇があって，その基壇上に正方形の中心建築物が立っていた[70]。円と正方形が，二重の入れ子構造をなす構成で，まさに「天円地方」という中国的コスモロジーを顕現する礼制建築であった。辟雍は「天円」を象徴する環水溝，明堂は「地方」をかたどる正方形基壇に立つ正方形の中心建築物を指す[71]。

　甘泉宮——　造営時期は不明であるが，『漢書』が掲げる元封2年（紀元前107）の詔に甘泉宮の名が出てくるので[72]，その造営は同年以前にさかのぼるであろう。建設目的について，『史記』は，武帝がここに「台室を設け，天・地・泰一の諸神を描き，祭具を置いて天神を下らせようとした[73]」と述べる。甘泉宮は，これらの方術執行の場として造営されたのであろう。『史記』の記載からは，武帝の時代をつうじて，甘泉宮はその性格をたもちつづけたことをうかがいうる。のちに甘泉宮には，前殿また多くの殿舎が建造される。同宮は，始皇帝が造営した同名の宮殿址に建設したもので，その位置は図48に示されている。神仙的性格をもつ甘泉宮が主要宮殿地区を離れた北方に建設されていたことに注目しておきたい。

　桂観（桂宮）の造営と北宮の拡張整備——　ともに未央宮北方の宮殿群とされる。

　建章宮——　太初元年（紀元前104）の建設[74]。西辺市壁の外方を流れる沇水対岸の秦代に造営された旧上林苑内に建設される。その内部に太液池を設け，広大な御苑と宮殿とが結合した園林宮殿を実現する。

　明光宮——　『史記』は記載していないが，『漢書』は太初4年（紀元前101）の造営とする[75]。長楽宮の北方にあり，武帝の後宮的な性格の宮殿であったようである。しかしその実体は，不明な点が多い。

　以上の3期の建設過程をへて，前漢・長安は完成する。都城・咸陽と関連づけて

その位置を示すと，図44のとおりである。同図からは，秦の王都・咸陽と始皇帝が着手した阿房宮とのあいだに介在する中間地帯を選地して前漢・長安が建設されたこと，また王都・咸陽と前漢・長安はあたかも王都・咸陽を正南方に移動させたかのような位置関係にあること，の2点が読みとれる。それは，前漢・長安が，渭南の地に造営されていた王都・咸陽の王宮施設址を継承・再利用して建設された結果であった。この意味でも，秦と漢とを合体させた秦・漢時代という時代区分とおなじように，都城に関しても，都城・咸陽と前漢・長安とは継承関係でむすばれているのである。

(2) 前漢・長安の読解〈1〉——市壁・市門

　前漢・長安の市壁の形態は，正方形という『周礼』の理念型とは異なって，不整形な四辺形である。四辺のうち北辺と南辺の屈曲がいちじるしいうえに，とくに北辺が北東角から北西角にむけて大きく斜行していくことが，「不整形」という印象をよりいっそうつよめる。市壁各辺の長さは，東辺が5940メートル，南辺が6250メートル，西辺が4550メートル，北辺が5950メートルと報告されている[76]。これらを合算すると，全周長は2万2690メートルとなる。しかしこれらの数字は屈曲を正確に算入していないようで，屈曲をふくめた全長距離は2万5100メートルとされている[77]。これを当時の距離尺度に換算すると，約60里となる。

　不整形な市壁とりわけ屈曲がいちじるしい北辺と南辺の形態をめぐって，古くから多くの説明がこころみられてきた。古賀登は，それらは4つに整理できるという[78]。その4つをさらに要約すると，「市壁の屈曲は星座と対応させた結果とするもの」と「その屈曲は自然条件によるとするもの」の2つにまとめうる。前者の立場では，とくに市壁の北辺と南辺の形態は特定の星座のかたちを再現したものであって，市壁と星座とのあいだに天地照応の対応関係があるとする。その代表的な説は『三輔黄図』で，「（市壁の）周回は六十五里，城南は南斗のかたちを為し，北は北斗のかたちを為す。いまに至るも人々，漢の京城と呼んで斗城と為す[79]」と述べている。これにしたがってウィートレー（Wheatley）は，図51のように，北辺市壁が北斗七星を首星座とする大熊座，また南辺市壁が北極星を首星とする小熊座にあてて図示している[80]。大熊座と小熊座は，ともに北天を飾る星座である。

　また中野美代子も，北辺市壁のほとりを流れる渭水南岸部の地形をみると，そこに直線市壁の建設も可能であり，あえてそれをしなかったのは星座との対応を考えたからだとする。そして北辺市壁の形態を北斗七星，南辺市壁のそれを南斗六星（射手座）

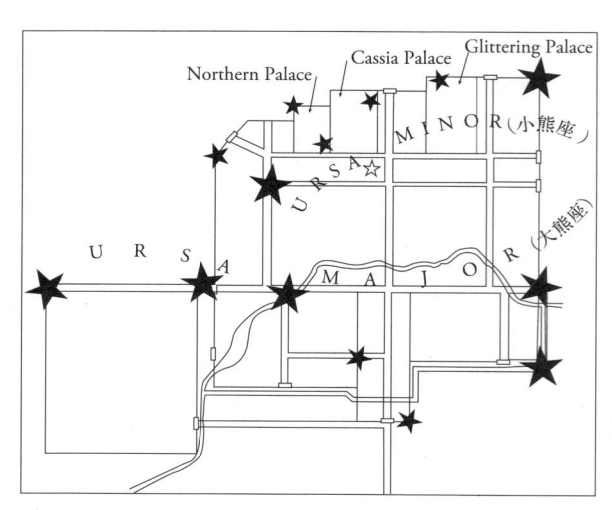

図51 前漢・長安の南・北両市壁と星座（Wheatleyによる）

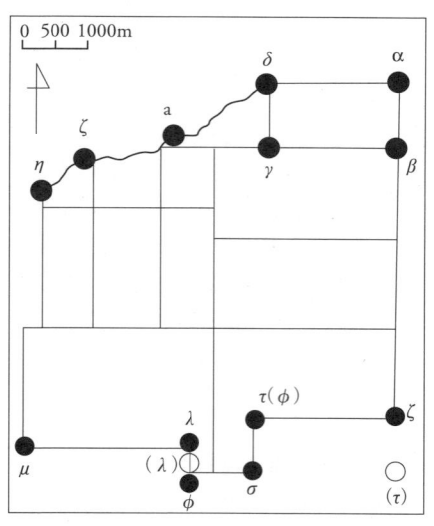

図52 前漢・長安の南・北両市壁と北斗七星・南斗六星との対応関係（中野による）

に比定し，その関係を示す試案を図52のように提示している[81]。ただし中野は，その提示はあくまでも1つの解釈可能性の提出という限定を付している。近年発表された黄暁芬の「斗城」解釈は，もっと積極的である。それについては，後述したい。

　この立場には，1つの問題点がある。それは，星座との形態的な類似性の指摘がなりたつとしても，なぜそれらが大熊座と小熊座，あるいは北斗七星と南斗六星なのかという説明を欠いていることである。始皇帝の都城・咸陽の場合には，天なる天帝の宮室と地なる皇帝の宮室との照応を顕示するという明白な中国的王権意志の表明があった。それゆえに，そこに〈コスモロジー―王権（皇帝）―王都〉という三位一体的な都城思想をよみとることができた。しかし上記の説明では，市壁と星座との形態的照応がコスモロジーとどのように関係しているのかが明確ではない。中野は，中国では北斗は死を，南斗は寿命を司るとする二項対位的な発想があったことを指摘する。もし前漢・長安を「斗城」としてとらえうるとしても，その天地照応が含意する王権とコスモロジーとの関係に関しては，都城・咸陽と前漢・長安とのあいだには質的な相違が存在するといえる。

　第2の立場は，北辺と南辺の両市壁の屈曲は局地的な自然条件によって規定された結果であるとする。これと関連してよく指摘されてきたのは，北辺の屈曲と渭水の流路との関係である。当時の渭水は現在のように北上せず，図48・50に示されるように北辺市壁近くを流れていたため，市壁の走向は渭水の流路によって規定されていたとするのである。たとえば鶴間は，北辺市壁は水害防止のための堤防を兼ねていて，ほぼ海抜380メートルの等高線にそって築かれていること，したがってその走向は地形の制約によることを指摘している[82]。ただしこのことをもって，ただちに第1の立場を否定することにはならないであろう。というのはほぼ同一高度にそって建設し，堤防の機能をもたせつつも，同時に特定の星座を写すということは可能だからである。

　地形要因を強調する第2の立場では北辺市壁の屈曲説明に関心が集中していて，南辺や西辺の屈曲の説明は軽視されているようである。史念海は，南辺については，それが南にある龍首山の北斜面の屈曲地形にあわせて建設されたとし，また西辺については，市壁のすぐ西を北流する沈水と沈水枝津の流路にそって建設された結果だとする。そのうえで彼は，「斗城」説を明確に否定する[83]。「市壁の屈曲は自然条件の所産」とする史念海に代表される説明は，多くの研究者によって支持されている。しかしそれに対しても，前述の鶴間の説明への疑問とおなじ問題を提起しうる。

　第1の立場は星座との照応性，第2の立場は地形条件に説明要因をもとめている点

第VI章　中国都城のバロック的展開　211

写真53　前漢・長安　西安門址
南辺市壁に開いた大規模市門であるが，市壁外には閉ざされていたようである。後方に未央宮の前殿丘陵がみえる。

では，両者は相違する。しかし両者が，ともに軽視している問題がある。それは，市壁の3辺が屈曲しているにもかかわらず，なぜ東辺市壁のみが直線なのかという問題である。この問題については，都城の市門，街路，宮闕，尊長座などと関連させて検討することが必要である。そのため都城構成要素の個別的な検討を終えたのちに，あらためてこの問題に回帰したい。

　まず，市門から検討しよう。前漢・長安の市壁の四辺には，最長の南辺と最短の西辺とのあいだには約1700メートルという大きな辺長距離の相違があり，西辺市壁の辺長は南辺の約70パーセントにすぎない。しかし辺長距離とは関係なしに，各辺のすべてに3つの市門が設けられている。おそらく恵帝時代の「后築城牆」に際して，『周礼』のいう「旁三門」理念を意識して構築されたのであろう。これも，都城を理念的に整序していこうとする後追い的な試みのあらわれである。秦・漢代以前の春秋戦国時代には，市壁は方形であっても「旁三門」からなる王都はごく少数であった。前漢・長安で実現された「旁三門」は，以後の都城建設にあたっての規範となっていく[84]。

　これまで発掘調査された市門は，試掘をふくめて，東辺市壁の宣平門・覇城門，南辺市壁の西安門，西辺市壁の直城門，北辺市壁の横門の計5門である。これらの5市門は，いずれも3本の門道がつうじる「一門三道」形式であった[85]。これが，前漢・長安の標準的な市門の様式であったようである。中国古代の都城では，「一門三道」形式の市門は前漢・長安ではじめて出現し，同形式が以後の時代をつうじて都城市門の規範となっていく[86]とされる。しかしすでにIV-2で述べたように，「一門三道」形式の市門は「戦国七雄」の1つである楚国王都・郢で検出されている。

　「一門三道」形式では中央の1道は皇帝専用道（馳道）であったとされ，庶民が通行できたのは両端の2道であった。幅員は，3道ともに8メートル前後で大差はなかったとされる。しかし門道と門道とを分かつ分離帯（隔間墻），いいかえれば皇帝専用道を両端の庶民用道路から隔離する隔間墻の幅員は市門によって相違し，4メートルの場合と14メートルの場合の2種類があった[87]。隔間墻幅員の大きな相違は，皇帝が頻用する市門とその使用頻度が小さい市門という市門の重要性と対応していよう。

　市門の門道が3道・2隔間墻からなるものとして，市門の道路部分の横幅を機械的に計算すると，隔間墻幅員が4メートルの場合でも計32メートルと大きいが，同幅員が14メートルの場合には計52メートルとさらに大きく，前者の1.6倍となる。おなじ「一門三道」方式であっても，隔間墻幅員の相違のために市門の規模は大きく異なっていた。発掘調査された5市門のうち大規模市門は，市壁の東辺最南の覇城門と

南辺最西の西安門であった。図 50 によってあきらかように，ともに中心宮殿地区に直結する市門であった。

　市壁の各辺に配された 3 つの市門の位置は，前記の覇城門と西辺中央の直城門とをのぞくと，たがいにズレあっていて正確な対称位置に配置されていない。そのため図 50 によってあきらかなように，各市門から内部にのびる街路はほとんどが T 字型に交叉している。「旁三門」ではあっても，前漢・長安には，市門と市門をむすぶ貫走街路によって都城内を 4×4＝16 のグリッドパターンに分割するという『周礼』的な発想はなかった。「先修宮殿，后築城墻」で建設された前漢・長安の場合には，市門は，近在の宮殿や市をはじめとする諸施設へのアクセスを容易にするためのものであったのであろう。しかしそのなかでの例外が，後述する覇城門であった。

(3)　前漢・長安の読解〈2〉——　市

　図 50 の都城北西端に記入された「東市」・「西市」のほかにも，前漢・長安の内外には多くの市が存在していた。文献史料の検討から，佐藤は，前漢・長安の主要な市として 2 つをあげる。その 1 つは市壁北西端の横門周辺，他は市壁南東端の覆盎門外近傍とする[88]。

　覆盎門外の市の詳細は不明であるが，より重要な「東市」と「西市」については規模・構成が判明している。それらの東西幅と南北長は，「東市」が 780，650〜700 メートル，「西市」が 550，420〜480 メートル，面積は「東市」が約 52.7，「西市」が約 24.8 ヘクタールとなる。「西市」については横門外に位置していたとする説もあるが，図 50 に描かれているとおり，両者は横門大街の東・西両側に並存していたとする説が多い[89]。市の外囲は底面幅 5〜6 メートルの郭壁で囲まれ，その内部は「井」字型に街路が走っていたとされる[90]。規模は相違するが，市内部の「井」字型街路構成は，後述する隋唐・長安の東・西両市とおなじである。

　横門周辺の市と覆盎門外の市の 2 つは，都城域の対角線の両端に向かいあうように，その北西端と南東端に位置していた。しかし 2 つの市は，立地場所が相称的というだけでなく，その機能も異なっていたであろう。都城の北西地区は，庶民と商工業従事者の市場兼工房の空間であった。図 50 が示すように，西市の周辺で陶器や鋳造・鋳銭の工房遺跡が発見されている。それを反映して，西市は手工業，東市は商業・交易に特化した市場であったとされている[91]。

　これに対して南東端の覆盎門のすぐ北には長楽宮があり，そこは王室の空間であっ

た．とすると，覆盎門周辺に位置していた市は，宮廷に関係する上層階級のための奢侈品を中心とする市であったであろう．この2ヵ所の市は，規模も異なっていたと考えられる．当然，庶民また商工業従事者の市場であり，工房も多く集積していた都城北西端の市が規模・面域ともに大きかったであろう．

　図50に記入された「東市」と「西市」を中心に横門周辺にひろがっていたとされる都城域北西端の市を対象として，前漢・長安の市についてさらに考察したい．以下，横門周辺の市を「北西市場地区」と総称することにしたい．

　『周礼』は，「中央宮闕」を前提として，その「前方に朝廷，後方に市場」を配置すると述べる．「前朝後市」である．「中央宮闕」については後述することにして，「前朝後市」理念と関連させて前漢・長安の市について検討したい．図50によってあきらかなように，北西市場地区と桂宮さらには未央宮などの宮殿群とは，「前朝後市」の関係で配置されているようにみえる[92]．しかしこのことをもって，『周礼』のいう「前朝後市」理念の実現といいうるかどうかは疑問である．

　前漢・長安には多くの市が存在していた．そのうちの北西市場地区のみをとりだし，それと宮殿群との関係位置に着目して「前朝後市」理念が実現されているとはいえないであろう．覆盎門周辺の市をとると，それは長楽宮の南に位置していた．ここでの宮殿と市との位置関係は，「前朝後市」とは逆の「後朝前市」であった．したがって北西市場地区のみをもとに，「前朝後市」理念の実現というのは短絡にすぎる．

　さらに「前朝後市」的にみえる北西市場地区と関係宮殿を対象に，それらの建設時期を検討したい．まず「前朝」的にみえる未央宮と北宮は第1期，桂宮は第3期に造営された．また「後市」的な西市の建設は，第2期になされる．しかし図50で西市にくらべてより大きな面域で復原されている東市については，『史記』も『漢書』も，その建設についてはなんら語っていない．しかし『史記』は，紀元前201年（高祖6）に大市を立てるとの記事を載せる[93]．西市の建設は紀元前190年（恵帝5）であるので，西市の名称は横門大街の東側に所在する既存の大市と区別するための命名であろう．したがって東市は，すでに第1期に成立していた可能性が大きいであろう．

　東市が第1期の建設とすれば，その建設位置は，おなじく第1期に造営された北宮の北ではあるが，同時期の長楽宮と未央宮からはるかに離れた北方ということになる．北宮の性格は不明であるが，第1期また第2期の宮闕つまり宮城と朝廷は長楽宮と未央宮にあった．未央宮と北西市場地区とのあいだの距離は，約3キロメートルにもおよぶ．このような大きな離間距離のもとでは，宮殿と北西市場地区の配置が「前

朝後市」的にはみえても，それを『周礼』理念の実現をめざして構想され，建設されたとはいえないであろう。北西市場地区と宮闕はそれぞれの目的と事情のなかで建設されていき，結果として「前朝後市」的ともみえる状況が実現されたと考えうる。両者の「前朝後市」的関係は，いわば意図しない見かけの所産といえる。

　「前朝後市」が意図しない見かけの所産とする所論に，さらに1つの推定根拠をくわえたい。王学理は，都城・咸陽の渭南地区に市が存在したことを示す史料はないが，同地区に所在した宮廷のニーズに対応するための宮市は存在していたであろうとする[94]。また劉振東は，横門について，同門はすでに秦代に存在していて，北の咸陽宮（北宮）と南の甘泉宮（南宮）とをむすぶ重要道路に開いた南宮の門戸であったと述べる[95]。両者の立論を相関させると，前漢・長安の建設以前から重要道路に面して立つ横門の周辺に，宮市とそれに関連する工房などが集積していたことを推測させる。それを継承して横門一帯に北西市場地区が早期に成立していたとすれば，同地区の成立を「前朝後市」とむすびつけて語る必要はないのである。

　では，「前朝後市」的にみえる諸施設の建設には，どのような個別の事情ないし目的がはたらいていたのだろうか。このことを，北西市場地区をもとに検討したい。ここで注目するのは，同市場地区周辺における市門の配置である。図50からあきらかなように，北西市場地区付近の市壁西辺と北辺には，雍門・横門・厨城門の3市門が短い間隔でならんでいる。これほど市門が密集しているところは，都城域のなかでは北西市場地区のみである。その背後には，同地区での活発な物流・交易活動があったであろう。ここで，第2期における市壁の構築が王宮地区から遠くへだたった都城北西辺から開始されたことを想起したい。それは，市壁構築以前の第1期から，この一帯が活発な物流・交易活動の場であったためと考えられる。北西市場地区一帯での市門の高密度配置は，市壁外地区との既存の物流や交渉の便益を維持し向上させるためであったであろう。さらに既存の東市との連繋を強化し，北西市場地区への交易活動のよりいっそうの集積と便益をはかるために，市壁構築の直後に西市がここに新設されたと考えられる。

　しかし問題は，「なぜ活発な交易活動がこの地区で実現され，それと連動して市門の配置が高密度となったのか」，いいかえれば，「北西市場地区がここに成立した背後にある条件は，なにか」ということである。この問題に接近するために，同市場地区の立地条件について検討する。市場地区が所在する市壁の北西端一帯は渭水の流路に近く，また都城域のなかでは渭水の最上流部にあたる。そこは河港の立地点として最

第VI章　中国都城のバロック的展開　　215

写真54　前漢・長安　横門付近の角楼址
市壁のほぼ西北角に位置し，13メートルほどの比高でそびえたつ。三台庵の名でよばれているが，荒廃がすすむ。

適の条件をそなえ，渭水を利用して搬入・搬出される諸物産と都城とをむすぶもっとも便利な地点であった。とりわけ西方から水運を利用して搬出入される物品の場合には，このことが妥当したであろう。また都城と渭北の地とをむすぶ幹線交通路に架橋されていた渭水橋は，図50が図示しているように，横門の北方に位置していた。横門周辺は，水陸の内陸交通ルートが結節する地点であった。

　また東方からの水運利用の場合でも，当時の政治情勢のなかでは，都城の北西端が河港立地の好条件をそなえていた。前漢代初期は，なお東方の「中原の地」からの侵攻を想定し，それへの防御を重視しなければならない時代であった。このことは，市壁と市門の構築に際しても考慮されたであろう。東方からの水運利用の場合には，都城の北東端の渭水周辺も河港立地の好条件をもつ。しかし北西端の市場地区とおなじように，そこに高密度で市門つまり市壁開口部を配することは，防御の点からみると適策ではない。東方からの侵攻に対する防御からみても，市場地区が所在する都城北西端は北の渭水と西の泬水支津が合流する地点にあたり，水運だけでなく，防御のためにも好適な地点であった。河港をふくむ水陸交通の結節点と高い防御性の2つが累積しあって，この地区での市壁開口部つまり市門の高密度配置を可能にしたのであろう。

　前漢・長安周辺における水運利用の存在，またそのための運河の建設は『漢書』の記載からもうかがいうる。同書「武帝紀第六」は，元光六年（紀元前129）の条で「はじめて商人や車船に課税した。春，運河を掘り，渭水につうじた[96]」と述べる。「車船」という表現は，陸運だけでなく水運利用の存在を想定させる。また「運河」は，〈北東方の渭水とその支流である泬水—前漢・長安都城南東端—昆明池〉をむすぶ昆明故渠（漕渠）であったと推測されている[97]。昆明池から北東の渭水にむけては，昆明池水と泬水支津がつうじていた。渭水にくわえて，北西市場地区はこれらの水運水路網とむすばれていた。東方からの北西市場地区への陸上搬入・搬出路として重要であったのは，東辺市壁の最北市門＝宣平門から西進する街路であったようである。それは，門道の摩滅状況から，発掘されている市門のなかでもっとも通行頻度が高かったと推定されるのが，同市門だからである。このことは，つぎに検討する庶民の居住地区が同街路周辺にひろがっていたという事実とも整合する。

　前漢・長安の北西市場地区は，以上の諸事情が相互に関連・累積しあって，宮殿地区のはるか後方に成立したといえる。「前朝後市」的な様相を呈しているとしても，それは，これらの諸事情の累積結果として生成したものであり，当初から「前朝後市」

理念の実現をめざして建設されたものではないと結論しうる。

(4) 前漢・長安の読解〈3〉—— 庶民住区

　前漢・長安の市壁内居住人口については，正確なことは分からない。その推定人口をいくつかあげると，宇都宮清吉は「都市プロパーの推定人口」として約8.2万人[98]，池田雄一はおなじく約8万人[99]とする。より多くの人口を推定するのは佐藤と孟凡人で，おのおの約16万人[100]，約26.5万人[101]とする。前漢・長安の市壁は屈曲しているが，それを四角形におきかえると，その東西幅と南北長はともに約6キロメートル，したがって市壁内の面積は約36平方キロメートルとなる。これらの数字にもとづいてヘクタールあたり人口密度を算出すると，人口8.2万人の場合で約23人，16万人として約44人，26.5万人として約74人となる。これらの数字にしたがうかぎり，前漢・長安は低人口密度の都市であったといえる。その最大の理由は，市壁内の圧倒的な部分が宮殿群によって占められていたこと，いいかえれば前漢・長安が基本的に宮殿都市であったことにもとめうる。そのため庶民の居所は，ほぼ都城域の北端部分にかぎられていた。とりわけ厨城門以西の北西市場地区一帯が，庶民の集住地区であったとされる[102]。その地区人口は分からないが，この部分のみをとりあげると，かなりの人口が集積していたであろう。

　全体として「南高北低」の地に建設された前漢・長安のなかでも，北西市場地区とその周辺はもっとも低所部に位置し，そのすぐ北方を渭水が流れていた。そのことは，汚水の流入場であるなど公衆衛生的には劣位地区であるうえに，洪水の被害にもみまわれる水損地区でもあったことを意味しよう。『漢書』「成帝紀第十」は，市壁外の渭水近辺地区での出来事を伝えている。関中をおそった洪水時に，洪水の来襲を聞いた少女が市壁の北西端にある横門に逃げこみ，さらにそのままはるか南方の未央宮に走りこんだという事件である[103]。この記事は，北西市場地区の横門外を流れる渭水一帯が低湿地であって，洪水の来襲に敏感にならざるを得ない地区であったことを物語っている。しかし渭水に近いという低所条件が，前述したように，この一帯に河港と市場地区とを形成させた条件でもあった。

　庶民の居所についての『周礼』の理念は，中央宮闕の左右にそれらを配するというものであった。「左右民廛」である。同理念では，庶民の居所は市壁内の東端と西端に配するとされる。前漢・長安では，そこは宮殿の延長部分となっていた。その結果，民廛地区は都城の北端とりわけ北西端にかぎられていた。『周礼』の理念とは無関係

に，庶民の集住地区が地形また輸送の便宜などを主要な要因として形成されていたのである。

　市壁の外にも市が所在していたとされるので，庶民住区も市壁の外方にもひろがっていたと考えられる。そこから前漢・長安が，既述の臨淄などとおなじように，内城と外郭の2つの囲郭からなる都城であったとする説もある[104]。図50で示される市壁に囲まれた範域が内城，その外部に庶民の居住空間が外郭としてひろがっていたとするのである。後述するように，同図で示される前漢・長安の都城域内部は宮殿地区によってほぼ充填されていて，内城とよぶにふさわしい。しかし市壁の外部からは，囲壁に囲まれた郭域は発見されていない。都城域の外方にも，現代流にいえば，住戸や市からなるスプロール的な空間がひろがっていたのであろう。しかしスプロール状の外延は古今東西の大都市に共通するものであって，その存在をもってただちにそこを外郭とよぶことはできない。

(5)　前漢・長安の読解〈4〉── 宗廟・社稷

　『周礼』は，「中央宮闕」に南面して立つ天子の左方に宗（祖）廟，右方に社稷が位置するとする。「左祖右社」理念である。『漢書』が記す皇帝の詔勅には，たとえば文帝の遺詔にみられるように[105]，宗廟と社稷に言及するものも多い。当然，前漢・長安でも，それらは当初から存在していたであろう。しかし『史記』と『漢書』が述べる前漢・長安の建設過程に関する記事には，宗廟と社稷の造営を明記するものはない。とりわけ宗廟は王権の権威の源泉であるから，当然，当初から存在していたに違いない。社稷についても，高祖が即位後2年に霊星祠（后稷）の建立を天下に命じているので[106]，社稷も前漢・長安に存在していたに違いない。しかし両者の所在位置は，前記のように，史書からは不明である。これに関して，現在，つぎのような考えが提出されている。まず宗廟については，劉と李は，図50の武庫南方の長楽宮内に造営された初代皇帝の廟＝高祖廟を，それに比定している[107]。また社稷については，『三輔黄図』が述べる「漢，初めに秦の社稷を除き，漢の社稷を立つ。其の後，また官社を立つ[108]」との記載にしたがって，秦王朝の社稷を踏襲したとしたうえで，その位置を図50の都城南郊に描かれた正方形施設の南西端に破線で小さく記入された「官社」に比定する説が唱えられている[109]。これらの考えにしたがうと，宗廟と社稷の位置は南北にずれあっているが，両者は「左祖右社」の位置関係をたもって配置されていたことになる。

図 50 は，都城南郊に礼制建築とよばれる建造物群を描いている。もっとも東の辟雍は明堂にあたる礼制建築で，もとは武帝によって建設されたとされる[110]。これらの礼制建築は，儒教儀礼執行のための王室施設であった。武帝によって都城南郊の地にそれらが造営されたのは，この時代に儒教が実質的に国教の地位を占めるに至ったからであろう[111]。その西方の礼制建築群は，前漢代末の紀元後1世紀はじめに王莽によって建造されたものであろう[112]。その中心建造物にあたる巨大な九廟の南に，〈東方＝左方〉には宗廟が，〈西方＝右方〉には官稷が描かれている。前漢・長安建設当初の宗廟と社稷は，「左祖右社」ではあっても，前述のように南北に大きくずれあっていた。しかし前漢代末に造営された宗廟と官稷は，王莽による改変結果ではあったにしても，水平方向においても完全な「左祖右社」の位置関係で造営されている。「旁三門」とおなじように，「左祖右社」に関しても，『周礼』理念にしたがって後追い的に都城を整序していこうとする志向性をうかがいうる。

(6)　前漢・長安の読解〈5〉── 宮域

　北端部に偏在する〈2〉・〈3〉で述べた市と庶民住区をのぞくと，都城域のほとんどを占めていたのは宮殿群であった。前漢・長安は，王権が王権のために建設した巨大な宮殿都市であった。それらの宮殿群の建設は，すでに述べたように，2つの時期に集中してなされた。各時期に造営された宮殿を，図 50 に名称が記入されているものにかぎって東から西への順に記すと，つぎのようになる。

　　Aグループ　第1期─高祖時代：長楽宮，北宮，未央宮
　　Bグループ　第3期─武帝時代：明光宮，桂宮，建章宮

　Aグループの宮殿群は，都城域の南端部一帯を占地して造営された。市壁の構築は，Aグループの宮殿群の完成後に着手される。前述したように『史記』また『漢書』も，ともに南辺市壁の建設については記載していない。そのためAグループの宮殿群の造営にあわせて，その南辺にそって市壁が構築されたと考えられている。とすれば前漢・長安は，当初から宮殿群を南端部に配する都城として構想されていたことになる。このことは，前漢・長安の性格を考えるうえで重要な意味をもつ。それについては後述することにして，ここでは，『周礼』の「中央宮闕」理念を実現しようとする意図は，前漢・長安の建設構想にはなかったということをまず確認しておきたい。

『史記』は，第2代恵帝の時代を「考恵帝本紀」としてではなく，「呂后本紀」として記載している。高祖（劉邦）の后であった呂后が実権を握り，恵帝はいわば傀儡的存在であったからであろう。恵帝の即位について，『史記』は「高祖は，……長楽宮で崩じた。太子が号をついで帝となった[113]」と述べる。この記載からは，高祖の崩御また恵帝の即位の場が，ともに長楽宮であったと読むこともできる。恵帝は，即位後7年に崩御する。『史記』はその場所を記していないが[114]，『漢書』は「帝は未央宮で崩御した[115]」とする。第3代文帝は即位後ただちに未央宮に入り，最初の詔書を未央宮から発している[116]。そして在位23年後の紀元前157年に，文帝は未央宮で崩御する[117]。
　ここで初期皇帝の即位と崩御の場所にこだわって記したのは，前漢王室における長楽宮と未央宮の位置づけを確認するためである。高祖の崩御と恵帝の即位は，ともに長楽宮であった公算が大きい。しかし恵帝は未央宮で崩御し，文帝は即位後ただちに同宮で政務を開始する。これらの点から考えて，皇帝の居所と政事中枢は第2代恵帝の時代に長楽宮から未央宮に移動したと考えうる。市壁の建設が開始された時期には，前漢王室の正殿は未央宮にあったとしうる。正殿の未央宮への移動以後，長楽宮は「太后之宮（皇太后宮殿）」として使用され，ふたたび皇宮として使用されることはなかったとされる[118]。
　Bグループの主たる宮殿は，長楽宮北方の明光宮と南東の市壁外に造営された建章宮の2つである。武帝時代には，明光宮は後宮，建章宮は園林宮殿として使用されていたようである。しかし明光宮については，なお不明なところが多い。武帝自身の正殿は未央宮にあり，武帝崩御の際の殯も未央宮でいとなまれた。『漢書』によれば，武帝以後の歴代皇帝も未央宮を正殿・居所としている。ごく初期の皇帝時代をのぞいて，未央宮は前漢王朝の中枢でありつづけた。官衙建造物も，未央宮の内部と同宮の周辺に集中立地していたとされる[119]。
　ここで，前漢・長安の宮殿地区さらには都城全域のなかで未央宮が占める空間的な位置に注目したい。市壁外の西方に園林宮殿として造営された建章宮をのぞいて市壁内に所在する宮殿にかぎると，未央宮は宮殿地区さらには都城域の南西端に位置している。その造営位置は，偶然ではなく，当初の構想にもとづいて意図的に決定されたものであろう。市壁の建設過程で前述したように，前漢・長安の建設構想は，当初から「中央宮闕」理念を排して宮闕＝未央宮を都城の南西端に配するものであったと考えうる。
　都城域南西端という位置が意味するものを考えるために，臨淄さらには都城・咸陽

を想起したい。両者での王また皇帝の正殿は，南西端に位置していた。そこは「隩」とよばれ，「尊長の処」ともされる場所である。〈「隩」に位置する宮殿＝皇帝の正殿〉という特質は，先行する臨淄，都城・咸陽だけでなく，前漢・長安にも通底して観察できることになる。この特質は，「平天下」を達成して領域国家を実現したのちも，なお家産制国家の段階にあった秦・漢時代にふさわしい都城建設理念であった。「中央宮闕」という『周礼』の理念ではなく，〈「隩」＝「尊長の処」〉理念をもとに前漢・長安の宮闕を建設するという構想が当初から存在し，そのとおりに実現されたと考える。この点からみても，前漢・長安を「理念なき都城」と断言することはできない。

(7) 前漢・長安の読解〈6〉── 鼎立する３つの軸線

　前漢・長安は，単一の軸線によって構成された都市ではなく，空間レベルを異にする３つの軸線が鼎立・複合する都城として読解できる。それらの空間レベルとは，小→大の順に，1) 宮殿・宮域，2) 市壁内都城域，3) 市壁外広域空間，の３つのレベルである。各レベルの軸線は，いずれもがそれぞれのレベルでの計画性を体現するにとどまっているところに，都城軸線をめぐる前漢・長安の特質があると考える。この点を中心に，前漢・長安の３軸線について検討することにしたい。

(7)-① 宮殿・宮域レベルの軸線 ── 未央宮

　前漢・長安の諸宮殿のなかでもっとも重要な宮殿は，未央宮であった。同宮の宮域内には建築基壇の遺構がよく残り，発掘調査もすすんでいる。宮域はほぼ正方形で，その辺長は東西幅が約2250メートル，南北長が約2150メートルという広大さであった。宮域を囲む郭壁は，ほぼ正東西と正南北に走る。都城市壁と未央宮郭壁の全長距離を比較すると，ほぼ25700：8800メートルで，その比はほぼ３：１となる。これは，「九里之城，三里之宮」という理念と一致しているとされる[120]。後漢・洛陽また北魏・洛陽の〈城：宮〉の比はともに，おなじく３：１である。とすると第２期における前漢・長安の市壁構築時に「九里之城，三里之宮」理念の実現が，市門などとおなじように後追い的に意図されたのであろうか。

◎未央宮の宮域画定過程

　未央宮は，長楽宮の完成後に造営された。この２つの宮殿は，図50にみるように，南辺市壁の中央に開かれた安門から北上する安門大街の両側に位置している。しかし

写真55　前漢・長安　未央宮　前殿丘陵
北東方から望む。北端の最高所の比高は約15メートルに達し、南にむけて階段状にゆるやかに低下していく。

　両宮殿は、安門大街を対称軸として左右相称の関係には配されていない。その大きな理由は、未央宮の東辺囲壁が安門大街の西方に位置していて、同大街とのあいだに南北ベルト状に東西幅840メートルほどのオープン・スペースが介在していることによる。このオープン・スペースの存在は、なにを物語るのだろうか。結論からいえば、それは、未央宮宮域の縄張り画定過程を反映するものと考える。未央宮の宮殿・宮域レベルでの軸線を論じるまえに、同宮域の画定過程について検討したい。
　図53は、未央宮の宮域内部での等高線と基壇遺構の分布を示したものである[121]。また図54は、等高線などをのぞいて、未央宮宮域の遺構分布を再掲したものである[122]。標高は、宮域南東端が約394メートル、北西端が約385メートルで、全体として北西方にむけてゆるやかに傾斜している。そのなかに、地形的な特異点が1つある。それは、宮域の中心に存在する標高412メートルの小丘陵で、そこに所在していたのが未央宮前殿であった。前殿は、皇帝の居所であるとともに、即位や詔勅発布また臣下との謁見・引見などの国事行為の場であり、前漢王朝のもっとも重要な王権施設であった。
　前殿の基壇は、自然の小丘陵を削平・断截して人工的に造成された[123]。その造成は先行王朝・秦によってなされ、秦代にはここに章台が存在していた。章台は、秦帝国の外交活動のための顕示施設であったとされる[124]。章台の故地を継承して、前漢王朝は未央宮正殿にあたる前殿をそこに造営した。
　自然の丘陵は移設不可能であるから、それが宮域の中心に位置しているということは、章台故地の小丘陵に中心基点をもとめて未央宮の宮域が決定されたことを推考させる。もし前殿基壇が完全な人工版築丘であれば、宮域の縄張りがまず画定され、それをうけて中心地点に前殿の位置が決定された可能性も否定できない。しかし前殿基壇は自然丘陵であるから、その可能性は否定される。未央宮の造営にあたっては、まず前殿の建設位置が小自然丘陵上に設定され、それを中心基点として、ほぼ正方形の宮域が決定されたと考えうる。
　前殿遺構はタテ長・長方形なので、その対角線の交点を中心点として、図54上で前殿遺構から宮域囲郭の各辺までの距離をもとめると、それぞれ異なった数値を示す。東・南・西・北の辺の順に記すと、およそ1050, 1100, 1175, 1040メートルとなる。東辺と北辺までの距離が小さく、南辺と西辺までの距離がやや大きい。したがって前殿の位置は、未央宮域の正中心ではなく、やや北東に偏倚していることになる。いいかえれば、宮域囲壁の南辺と西辺への距離を大きくとって縄ばりされている。

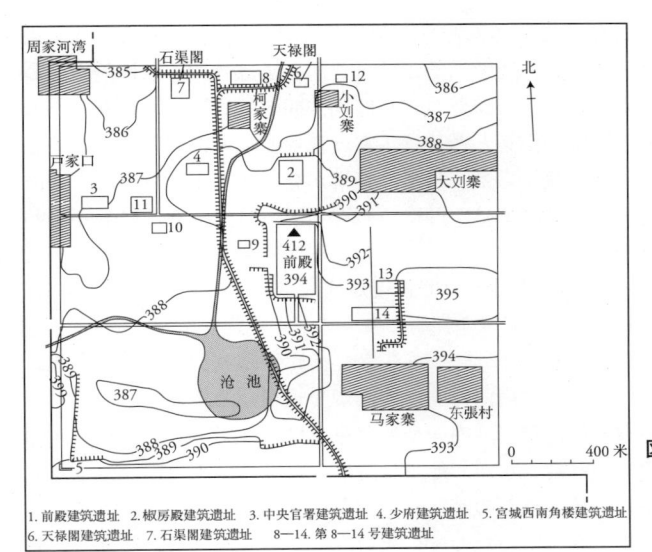

図53 前漢・長安 未央宮宮域の地形と建築遺構（『漢長安城未央宮』による）

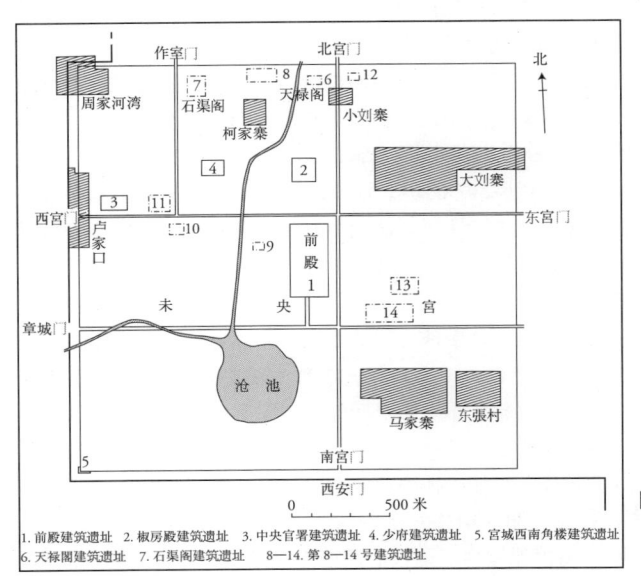

1. 前殿建築遺址　2. 椒房殿建築遺址　3. 中央官署建築遺址　4. 少府建築遺址　5. 宮城西南角楼建築遺址
6. 天禄閣建築遺址　7. 石渠閣建築遺址　8—14. 第8—14号建築遺址

図54 前漢・長安 未央宮の復原図（『漢長安城未央宮』による）

1. 前殿建築遺址　2. 椒房殿建築遺址　3. 中央官署建築遺址　4. 少府建築遺址　5. 宮城西南角楼建築遺址
6. 天禄閣建築遺址　7. 石渠閣建築遺址　8—14. 第8—14号建築遺址

第Ⅵ章　中国都城のバロック的展開　223

それは，地形と防御への配慮のためであろう。地形的には，図53にみるように未央宮宮城内の南西部一帯は凹地状の低所で，そこには蒼池とよばれた貯水機能をもつ内水面が存在していた。それをとり込むかたちで，庭園空間が造成されていたのであろう。防御の点では未央宮の囲壁の南辺と西辺は，宮域郭壁と都城市壁の2つを兼ねていた。両辺の交点にあたる南西角からは，角楼の遺構が発見されている。一方，南辺と東辺との交点にあたる南東角部分では，囲壁の残存状況は良好であるにもかかわらず，そこからは角楼の遺構は発見されていない[125]。この相違は，都城外壁にあたる囲壁南西角を防御するための軍事施設として角楼が建設されていたことを物語る。発掘報告書も，出土瓦当から角楼を「宮城の保衛と安全の責」を負う施設であり，「守衛の士兵が常駐」する軍事施設であったとしている[126]。前殿から囲壁の西辺と南辺までの距離が大きくとられているのも，南西方向への防御を重視した結果であろう。

　上述の議論は，未央宮前殿の位置が宮域内のやや北東方に偏っているという方向的偏倚を説明するためのものであった。しかしその議論は，宮域の区画規模，つまり東西と南北の辺長距離がいかに決定されたのかという問題には答えていない。宮域の範域決定にあたって重要な意味をもっていたのは，北辺囲壁であったと考えられる。前殿の中心点から北辺までの距離は，なにに根拠をもとめて決定されたのだろうか。後述する古賀登による前漢・長安の復原案では，未央宮の北辺囲壁は長安県の第4陌線と一致しているとされる。同線にそって，秦代にさかのぼる道路が存在していた可能性もある。佐原康夫は，そこに秦代からの皇帝専用道をそなえた馳道クラスの道路があったと推測する[127]。前殿中心点から既存の同道路までの距離をもとに，北辺囲壁までの距離≒1040メートルが決定されたのであろう。この1040メートルを基準として，つぎに前殿中心点から囲壁東辺までの距離が決定されたであろう。というのは東辺囲壁までの距離は約1050メートルであって，北辺までの距離ときわめて近似した数値を示しているからである。

　前殿中心点から囲壁の西辺と南辺までの距離は，北と東の両辺とは異なって，前述のように地形と防御を考慮して決定されたであろう。これと関連して，図54が西辺と南辺の両囲壁の交点付近に描く等高線分布から，興味ある事実をよみとりうる。その交点には，前述したように軍事施設として堅牢な角楼が建設されていた。その遺址にあたる南西角から延びる等高線は，宮域の他の部分とは異なった特徴を示す。それは，南西角から北方と東方にむけて閉曲線にちかい389メートル等高線が延伸していくことである。その狭長な等高線配置は，それが囲壁の遺址であることを物語る。

写真56　前漢・長安　市壁南西角外を流下する洨水
急な流れは，地形の傾斜度を物語る。未央宮南西部の低湿園池への溢流防止のため，同部分の市壁を強固にする必要があった。

等高線上でその遺址をたどりうることは，同時に，この部分の囲壁がとりわけ堅牢に構築されていたことを示唆する。

　堅牢な囲壁は，防御目的だけでなく，宮域の近傍を流下する洨水からの溢流と洪水防止の機能を担っていたであろう。現在も，そこには大用水路が北流している。その流れはかなりの急流であって，この一帯の地形勾配が急であること，したがって溢流・洪水も発生しやすいことを物語る。しかも囲壁内部の宮域には，蒼池の存在に示されるように，低所部がひろがっていた。そのため，この部分の囲壁をより強固に構築する必要があったのであろう。

　以上のように，前殿中心点から囲壁北辺までの距離≒1040メートルを基準値として，東辺の位置が決定された結果，安門大街とのあいだに東西幅およそ840メートルのオープン・スペースが生じたと考えられる。このオープン・スペースの存在が，前漢・長安が無計画に建設されたとの印象をあたえる理由の１つとなっていよう。しかしそれは，未央宮の宮域画定にあたって，宮域内の地形的な特異点である章台址の基壇丘陵を中心基点とし，そこから囲壁北辺までの距離を基準値として東辺の位置が決定された結果であった。ここからうかがえるのは，自然丘陵と北辺囲壁の重要性である。両者の重要性は，自然丘陵が未央宮前殿の造営地点となり，また北辺囲壁が後述する市壁内都城域の軸線となっていることからも確認できる。

◎王権演出装置としての前殿基壇

　図55に，２つの前殿基壇図を掲げる。図55-Aは，1906年から４年のあいだ西安に在住し，前漢・長安と隋唐・長安の「故蹟・遺址」の現地研究にあたった足立喜六による実測図である[128]。彼の研究は，長安の考古学的研究の嚆矢をなすものであった[129]。また図55-Bは，発掘にもとづく検出遺構の実測図である[130]。図55には，ほぼ同一縮尺に変換して両者の図を並示した。足立が遺構の南北長を1058尺＝約317メートルとするのに対して，考古学研究所による図55-Bは南北長を約376メートルとしている。その相違は，両者の南端測量基点が相違しているためであろう。足立図の大きな特徴は，前殿丘陵の断面を示している点にある。改変はあるものの，現場での歩測によっても，足立の断面図の妥当性は現在でも確認できる。

　前殿の丘陵基壇は，図53に描かれているように，〈南―北〉＝約400メートル，〈東―西〉＝約200メートルのタテ長・長方形をなす。図55-Bは，その内部の遺構分布を示す。未央宮発掘報告書は，前殿基壇の比高を，南端が0.6メートル，北端が15メー

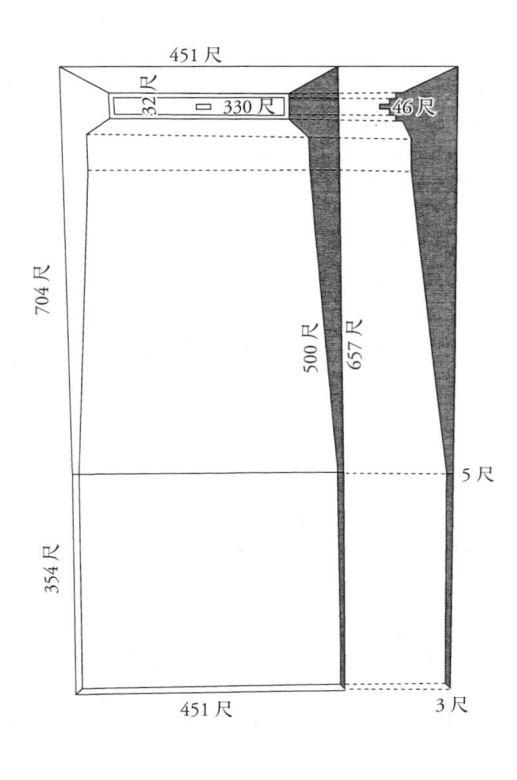

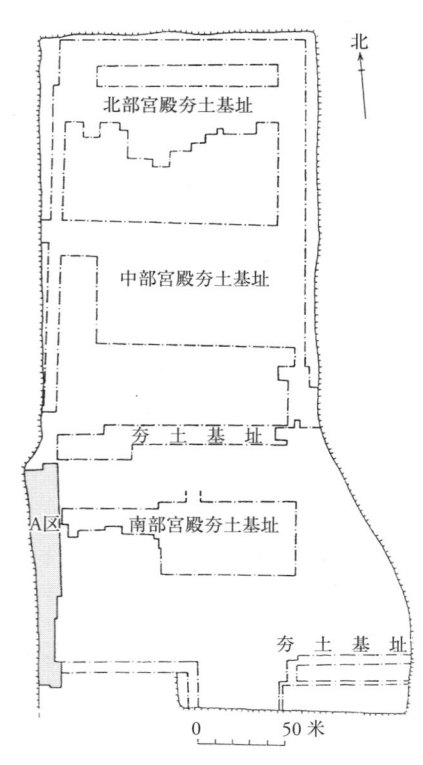

A 平面図と立面図（足立による）　　B 平面現況図（考古研究所による）
図 55　前漢・長安　未央宮前殿基壇図（足立と中国社会科学院考古研究所による）

トルとする[131]。また足立も，前殿基壇の比高を南端では 3 尺＝0.9 メートル，北端では 46 尺＝13.8 メートルとしている。

　発掘報告書の数値をもとに前殿基壇の平均勾配をもとめると，約 2 度という緩傾斜となる。しかしそれはあくまでも平均値であって，足立の断面図が示すように，比高は北端部で急激に高まる。それは，自然丘陵を削平・断截して人工的に北端に最高所を造成し，そこに南面して立つ王権施設を屹立・顕示するためであった。足立の断面図また検出遺構図が示すように，急激に高まる北端部は，東西方向は長大ではあるが，南北方向は短小という顕著な非対称性を示す。それは，前殿基壇が，南から長大な東西幅を仰ぎみる視線を第一義的に意識して造成されたことを意味する。前殿基壇は，南方にむけて睥睨する「天子南面」をもっとも顕示すべき演出装置へと人工的に変形された自然丘陵であった。逆にいえば，短小な南北方向を透視できる東・西からの仰

226　第 2 部　都城のバロック的展開

写真57　前漢・長安　前殿南端断崖
未央宮・前殿は，南端で断崖をなして平坦地に移行する。
一帯には瓦片が散乱し，前殿正門の存在を想定させる。

角視線は，前殿基壇に立つ王権にとっては避けるべきものであったであろう。このことが，未央宮正門の位置を考える際の重要な視点を提供する。

　前殿基壇の比高についての足立と発掘報告書の数字は近似し，また両者がともに南端の比高を1メートル以下としている点でも共通する。しかし図53は，タテ長・長方形の前殿基壇南辺に接して断崖の存在を描いている。現場で観察すると，その断崖の比高は4～5メートルで，レス性の地層からは瓦片とともにコブシ大の礫石も見いだされる。それは，前殿基壇の南辺が自然丘陵を基層としていることを意味する。漢長安城遺址陳列館の高氏によると，南辺の断崖は後世の開削ではなく前漢代においても存在していたという。この断崖の存在によって，前殿基壇南辺は南方にひろがる平坦地と截然と画されていた。したがって前殿基壇南端の比高を1メートル以下とする両者の記載は理解しがたい。つまり前殿基壇は，北端部だけでなく，高度をもっとも低下させる南端部においても，周辺を見おろすように存立していたのである。南辺断崖上には，前殿正門が屹立していた。その遺構規模は大きく，東西幅46メートル，南北長26メートルとされている[132]。断崖中に散見する瓦片は，その遺物であろう。

　前殿基壇は，図55-Aの足立の断面図また図55-Bが示すように，表面を削平して3段の階段テラスに変形されている。南部・中部・北部の各テラスには，東西方向を長辺とするヨコ長・長方形の殿舎がいずれも正面を南にむけて造営されていた[133]。それらの面域規模は，図55-Bの「南部宮殿」が3476，「中部宮殿」が8280，「北部宮殿」が4230平方メートルとされている[134]。「中部宮殿」の規模が，他の2つにくらべて格段に大きい。そこから「中部宮殿」が，「宣室」ともよばれた正殿にあたると考えられている。最高所の「北部宮殿」は「便殿」・「更衣中室」あるいは「后閣」にあたり，皇帝の休息所であったようである[135]。前殿のほぼ真北には，東西幅55メートル，南北長29～32メートルほどのヨコ長・長方形の基壇遺構が残り[136]，椒房殿遺址とよばれている。椒房殿は，皇后正殿あるいは後宮にあたる施設とされている[137]。

◎未央宮の正門はどこか

　軸線は，ファサードとそこに開かれた正面門戸と密接に関係する概念である。宮域レベルでの軸線を考えるために，まず未央宮の正門はどこに配されていたかという問題をとりあげたい。王宮正門は，その内部に立つ王宮宮殿と密接な関係のもとに位置決定され，造営される。未央宮正門の位置を考えるにあたっても，考察の原点は前殿にある。

第Ⅵ章　中国都城のバロック的展開

未央宮の宮域囲壁には，図54が描くように，東・西・北の各辺に2門，南辺に1門の宮城門が存在していたと考えられている。そのいずれが宮殿正門であるかをめぐっては，2つの説がある。1つは，古くは唐代の顔師古が，また最近では佐原が述べる北辺東側の「北宮門」を正門とする説である[138]。また中国社会科学院の発掘報告書は，「北宮門」は皇帝と重臣のための門であったこと，諸侯などの臣下が前殿に参集する際に使用する門は東辺北側の「東宮門」であったことの2点を指摘したうえで，未央宮の正門は「東宮門」であったとしている[139]。また劉慶柱・李毓芳も，「北宮門」は皇帝と重臣が経常使用する宮廷専用門であったとし，「東宮門」を未央宮正門とする[140]。「北宮門」と「東宮門」の位置は，図54に示されている。

　未央宮の正門については，のちに説明するように，私は，東辺囲壁にあったとする点では中国社会科学院の発掘報告書また劉・李とおなじ立場であるが，その位置は同報告書がいう図54の「東宮門」ではなく，その南の無名門であったと考える。その根拠を提示するまえに，まず既往の2説にしたがいえない理由について述べたい。

　『史記』も，『漢書』も，ともに高祖7年2月の条で，未央宮造営の際に前殿と同時に東闕・北闕・武庫・太倉が建造されたことを伝えている。「東闕」・「北闕」として表現されている「闕」とは，宮門の両端に築かれた楼台をさす。この条は，南と西の宮城門についてはなんら述べていない。記事は，「闕」を両端にもつ特別な闕門が囲壁の東辺と北辺に同時期に建造されたことを伝えている。闕門は，建造物の前面にあって，聖なる空間と俗なる空間を区別する意味をもつ。宮殿の場合には，闕門は，皇帝の至尊を俗から峻別し，皇帝が具現する礼法・秩序を顕現する装置であった[141]。したがって未央宮にふさわしい闕門が，東と北にむけて同時に建造されたということである。

　このうち，佐原は北辺東側の闕門を，中国社会科学院などは東辺北側の闕門を未央宮正門としているのである。『漢書』「五行志第七上」の文帝7年6月の条は，未央宮の東闕焼失の記事を載せる。そこでは，「東闕は諸侯の朝見するための門[142]」と説明されている。また同書「武五子伝第三十三」には，昌邑王の子である賀が印綬をうけるべく未央宮に参向する際に，「未央宮の東の闕門に到着[143]」との記事がある。この2つの記事は，諸侯や臣下にとっては，未央宮正門は東辺囲壁の闕門であったことを示している。これらの記事をもとに，まず，図54の「北宮門」を正門とする考えを斥けることにしたい。

　図54は，未央宮の東辺囲壁に2つの宮門を描き，そのうちの北側のものに「東宮

写真58　前漢・長安　未央宮前殿表道
後方で斜道となって前殿丘へと登高していく。その地形変換点に前殿正門がそびえていたであろう。

門」との名をあたえ，南側のものには門号を記入していない。以後，この南側の門を「東辺南門」とよぶこととする。問題は，東辺囲郭に所在する2つの宮門のいずれが東闕＝未央宮正門にあたるかということである。それへの答えは，『漢書』の記載からは不明である。したがって文献以外の資料から，解答を模索しなければならない。

「東宮門」の外側には版築基壇が残っていて，闕門の遺構ではないかと推測されている[144]。この推測のとおりとすると，「東宮門」が「東闕」ということになる。一方，「東辺南門」の遺構は失われている。しかしその門道の幅員は12メートルであって[145]，「東宮門」の門道の8〜9メートル[146]よりも大きい。前述したように，前漢・長安の市門は「一門三道」構成であったが，その門道幅員は8メートル前後であった。「東辺南門」は，きわだって大きい幅員の門道をそなえた宮門であった。門道の幅員規模をもとに，未央宮正門を「東辺南門」とすることも可能であろう。

しかし発掘にもとづく門道の幅員規模のみで，未央宮の正門を決するのは安易であろう。ここで，「東宮門」と「東辺南門」とをとりあげて，それぞれの門から〈皇帝と臣下との朝見の場＝前殿宣室＝前殿基壇第2テラスの中部宮殿〉へと至るまでのルートを，図54をもとに検討したい。同図は，前殿基壇の南辺中央にむかって南の東西走する宮道から北上する短い道を描いている。これは，皇帝が南面して立つ前殿への表道であろう。この表道はまったく平坦な地にあり，それを北上して前殿基壇の南辺に達した地点に前記の比高4〜5メートルの断崖とその上に立つ前殿正門がそびえていた。また表道の起点である「東辺南門」と西の章城門とをむすぶ東西宮道は，現在でも主要道路として踏襲・使用されている。この東西宮道は，前殿の秦王朝時代の前身＝章台の下を東西走する街路を継承するものであった。秦代には，それは「章台下街」とよばれていたようである[147]。ここでも，その名称を使用することにしたい。

未央宮正門を考えるにあたって重要な意味をもつのは，各宮門から「章台下街」と前殿表道との交点に至るまでのルートである。同地点への最短ルートを，まず「東宮門」から検討したい。図54で，「東宮門」から西走する宮道は前殿の北東角に達してから，左折して前殿丘陵のすぐ東を南走する宮道に入る。この宮道を南進する点に関しては，「北宮門」からのルートもおなじである。南走する宮道にそって，前殿丘陵は北の最高所から南の最低所へと遷移していく。このルートでは，比高をしだいに低下させていく前殿を真横に見つつ約400メートル，さらに約100メートルにわたって右後方に前殿を眺めつつ「章台下街」に達する。そこで右折して，「章台下街」と前殿表道との交点へと至る。これに対して「東辺南門」からのルートの場合には，近づ

第Ⅵ章　中国都城のバロック的展開　229

くにつれて後方へと高まっていく前殿を右方に見つつ，「章台下街」を西へと直進して前記の交点に達する。

その交点から表道を北上するのは，「東宮門」また「東辺南門」からのルートともにおなじである。しかしそこに至るまでの前殿がもつ視覚効果には，大きな相違がある。「東宮門」からのルートの場合には，北から南へと低下していく皇帝の視線を共有してから表道に至り，そこから北方へと高まっていく前殿を仰ぎみる視線へと転換する。「東辺南門」からのルートの場合には，つねに南東方から前殿を仰ぎみる視線をたもったまま西進して表道に至り，そこからさらに北方へと高まっていく前殿を正面に仰ぎみつつ前進することになる。

一般に権威また荘厳は，下から上を仰ぎみる視線とむすびつく。正殿に立つ皇帝から見おろされる感覚が，皇帝の権威・威信をよりいっそう実感させるのである。その感覚を持続したまま臣下が正殿での謁見に向かうのが，「東辺南門」からのルートだ。これは，宮城正門から参入してくるものに権威・威信を一貫して顕示できるルートである。しかし「東宮門」からのルートでは，前述したように〈上→下〉から〈下→上〉への視角の変換がある。これは，いちど〈上〉を感知した臣下に，あらためて〈下→上〉への視角を要求するルートである。この視角変換は，権威・威信を一貫して顕示しようとする皇帝にとっては望ましいとはいえない。しかも前述したように，前殿基壇は，南から北端部の宣室を仰望する視線にむけて，南面する天子の権威と権力を意識させる効果を最大限に発揮しうるべく造成された。〈上→下〉から〈下→上〉への視角の転換にくわえて，東西方向の桁行は長大であるが，南北方向の梁行は短小な前殿宮殿群を側面にあたる東方から見あげつつ南下する「東宮門」からのルートでは，その効果は低減する。

したがって「東辺南門」からのルートが，前殿に立つ皇帝の権威・威信をよりいっそう実感させる演出効果をそなえていたと考えられる。「東宮門」ではなく，「東辺南門」を未央宮正門と考える理由は，門道の規模にくわえて，この点にある。

このような皇帝の権威・威信の演出は，なお安定性を欠いていた初期前漢王朝においては重要であった。『史記』と『漢書』は，ともに高祖7年2月の条で，未央宮造営にあたった蕭何と高祖との問答を記している。それは，権威の演出装置としての未央宮の意味をよく伝える。問答は，未央宮が壮麗すぎるとして怒った高祖に対して，蕭何が「天下が安定していないからこそ，……（宮室は）壮麗でなくては威を重くすることはできません」と答え，高祖がそれを了としてよろこんだとの記事である[148]。権威・

威信の演出装置として造営された未央宮は，その中枢である前殿をとりわけ壮麗・壮大に演出する必要があった。その演出にふさわしい前殿へのルートは，東辺囲壁の南端宮門＝「東辺南門」からのルートである。これらの点から未央宮正門は，図54が門号を記入する「北宮門」や「東宮門」ではなく，同図では無名の「東辺南門」であったと考える。

　以上にくわえて，「東辺南門」を未央宮正門とする根拠として，さらにつぎの2つをつけくわえることができる。第1は，「東辺南門」は西辺囲壁の章城門と左右相称の関係にあり，両者をむすんで正東西に走る「章台下街」がもつ性格である。前殿は，図48にも名称が記入されている秦の章台の基壇を再利用して造営された。項羽によって焼き払われた章台は，秦帝国の外交活動の場として使用されていた[149]。未央宮西辺の章城門の名も，章台に由来するとの解釈もある。秦王朝時代の章台への本道にあたる〈「東辺南門」→前殿表道の起点→章城門〉と直走する「章台下街」を踏襲して，未央宮の東西宮道が設定されたと考えられる。『漢書』「五行志」第七中之上は，関中における函谷関の重要性になぞらえて未央宮における章城門の重要性を語り，「章城門は路寝につうじる路[150]」と述べている。「路寝」とは「天子が政務を執る正殿」を意味し，未央宮前殿にあたる。「章台下街」は，未央宮のなかでもっとも重要な宮道であった。このことは，前記の門道幅員からも確認できる。「章台下街」の幅員は，「東辺南門」の門道とおなじく12メートルである。これに対して「東宮門」から西走する宮道も，「章台下街」とおなじく西辺囲壁の西宮門まで未央宮の宮城を貫走しているが，その幅員は8〜12メートルとやや小さい[151]。これらの点が，もっとも重要な宮道の起点である「東辺南門」を未央宮の正門としうる第1の根拠である。

　第2の根拠として，前漢・長安の都城正門である覇城門と「東辺南門」との同型性をあげうる。これについては，市壁内都城域の軸線を考察したのちに再論することにして，ここでは，それへの言及だけにとどめておきたい。

◎未央宮の宮域軸線

　以上の長い検討のうえに，ここで，「東辺南門」を未央宮正門として同宮宮域の軸線の検討へとすすむことにしたい。図54は，前述したとおり，「東辺南門」から西走する「章台下街」が前殿南方に達したのち，そこから前殿中央にむけて北上する表道を描いている。その表道を北へと延伸させると，その線は前殿基壇の中央を正南北につらぬき，さらに北方の椒房殿を切って北上していく。これが，宮域内軸線であろ

う。しかしこの宮域内軸線にしたがって建設された宮道は，前殿基壇の南辺中央に至る 200 メートルたらずのごく短い表道のみである。けれども図 54 は，未央宮の前殿をはじめとする諸殿舎，宮道さらには囲壁のいずれもが，この宮城内軸線と平行あるいは直交する方位にしたがって造営・建設されていることを示している。

　さらに重要なことは，宮域正門が宮域内軸線上にないことである。これは，ここで検討した宮殿・宮域レベルだけでなく，つぎの検討課題である市壁内都城域レベルにおいても確認できる前漢・長安の特質である。

(7)-②　市壁内都城域レベルの軸線 —— 都城ファサード

　本論に入るまえに，前漢・長安の都城域レベルの軸線に関する既往の議論を概括しておきたい。その議論は，2つに大別できる。前漢・長安には軸線が存在しないとする立場と，その存在をみとめる立場である。前者は，佐原によって代表される[152]。また Wang は，従来，都城域軸線とされてきたものは疑似的なものにすぎず，前漢・長安は軸線に関しては未成熟な都城であったとする[153]。私は前漢・長安は軸線をもつ都城であったと考えるので，これらの議論には組みしない。

　一方，前漢・長安は明確な軸線をもつとする後者の立場も単一ではなく，その比定軸線は相違する。既述の安門大街を軸線とするもの[154]と，図 54 で未央宮南辺の西安門から北上し，同宮の北宮門をへて図 50 の北辺市壁の横門へといたる横門大街を軸線とするものである[155]。両者は，ともに南北走する街路を軸線とする点では共通する。このうち安門大街については，すでに同街路が軸線としての意味をもつとしたが，さらにくわしく後述するので，ここでは横門大街を都城軸線とする立場について言及しておくことにしたい。

　同街路の南の起点である西安門は覇城門とおなじ様式の大規模市門であり，軸線の起点とするにふさわしい規模をもつ。しかし同門は，南にむけて開口部をもたない閉ざされた市門である。それは，都城軸線街路の市門としては適格性を欠いていよう。また同街路は未央宮の宮域軸線である前殿表道と並走するだけでなく，南にむけて立つ前殿を正殿とする未央宮とは無関係に南北走している。つまり同街路を軸線とすれば，それは未央宮の宮域外の北にむけての軸線ということになる。その北への走向は，未央宮が体現する天子南面思想と背馳する。したがってこれらの理由から，西安門から北走する街路を都城域軸線とすることはできないと考える。以上の議論をふまえて，前漢・長安の都城域軸線について検討することにしたい。

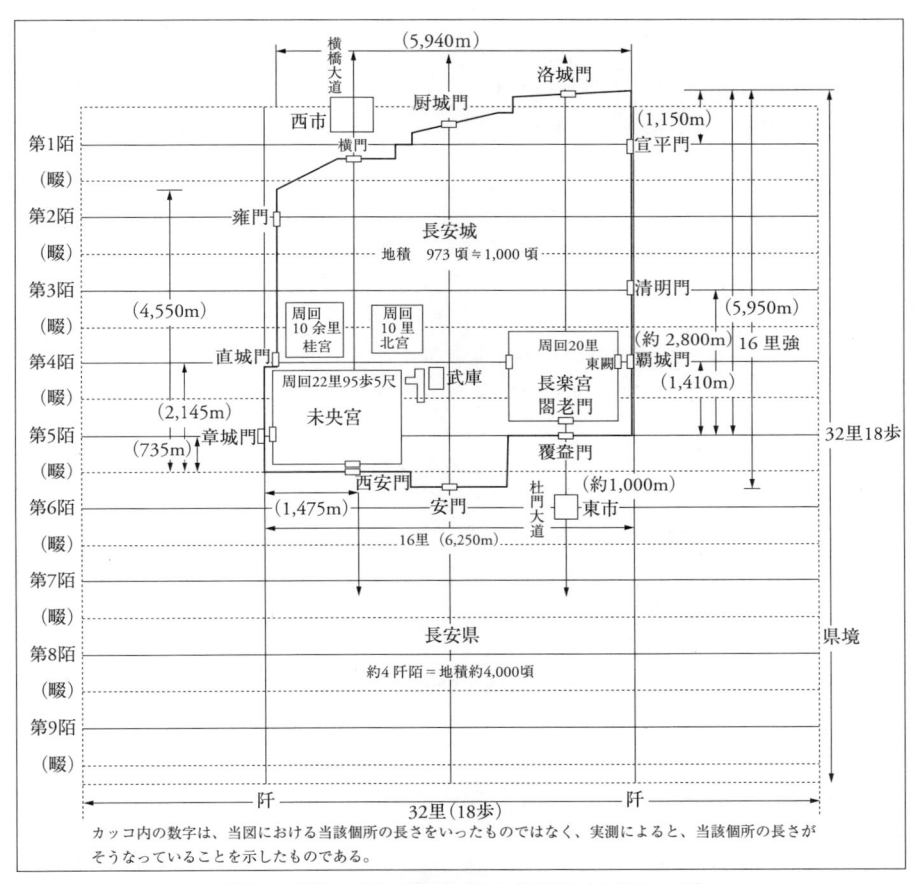

図56 前漢・長安の建設プラン推定図（古賀による）

　さきに〈1〉で市壁について読解した際に，他の3辺の市壁がいずれも屈曲するなかで，東辺市壁のみが直線であることに留意し，その意味についてはのちに検討するとした。東辺市壁のみにかぎると，「方形」かつ「旁三門」という『周礼』「考工記」が述べる都城理念が後追い的に完全に実現されている。東辺市壁を特色づける直線性は，前漢・長安の都城ファサードさらには都城域レベルの軸線の問題と密接にかかわっていると考える。そのため，さきに留保した課題をここでとりあげることにしたい。
　最初に，都城域の軸線について考察する。その出発点は古賀登による前漢・長安建設プランの推定で，その内容は，図56に要約される[156]。古賀は，①前漢・長安をふくむ長安県の阡陌制方格地割，②前漢・長安の内部構成が「八街九陌」と語られてき

第Ⅵ章　中国都城のバロック的展開　233

写真59　前漢・長安　覇城門址
北墩台より隔間墻と3門道の遺構を望む。覇城門は東方を指向する都城軸線上に築かれた最大規模の都城正門であった。

たこと，の2つを前提として，①と②の双方に共通する「陌」を連環項として前漢・長安の建設プランを推定する。阡とはタテ，陌とはヨコの方格地割分割線を意味する。古賀による建設プランの推定は，つぎの諸点に要約できる。

a) 長安県の範域は，東西幅が2阡，南北長が9陌からなっていること。
b) 前漢・長安は，長安県の範域の北半分をタテに四等分したうえで，その中央部分の2つの長方形をあわせて都城域としていること。
c) それを市壁で囲って，前漢・長安が建設されたこと。
d) 都城域の2つの長方形を接合させる境界線は，阡による南北分割線と一致すること。
e) 都城域の内部は，5つの陌によって南北方向に5分割されていたこと。
f) したがって図56にみるように，前漢・長安はタテに1本の阡，ヨコに5本の陌を内部にふくむかたちで形態復原が可能であること。

古賀の推定・復原案を基本として前漢・長安の都城域軸線を考えると，南北の軸線は，当然，都城域のほぼ中央を南北走する阡の分割線ということになろう。それは，図56で南辺市壁中央の安門から北上していく安門大街にあたる。同大街は都城域を東西にほぼ二分して走るだけでなく，都城内でもっとも広い街路であって，都城域の南北軸線とよぶにふさわしい。図56は理念的な復原図であるので，南端の安門と北端の厨城門とが安門大街によってむすばれている。しかし図50が示すように，現実には安門大街は都城内を貫走することなく，都城域北端近くでT字路となって行きどまっている。

問題は，ヨコにならぶ5本の陌分割線である。そのうちのいずれを東西方向の軸線としうるだろうか。図56では，市壁の東辺と西辺に位置する各3市門は，すべて陌分割線上に位置するものとして復原されている。すでに〈1〉の市門の項で述べたように，前漢・長安の建設に際しては，市門と市門とをむすんで都城内をグリッドパターンに分割するという発想はなかった。つまりほとんどの街路が，都城域を貫走することなく，たがいにT字型に交叉しあっている。そのなかにあって例外的な街路が1本だけ存在する。それは，図50の東辺市壁最南の覇城門と西辺中央の直城門とをむすぶ街路である。同街路を，以後，「覇城門街路」とよぶことにしたい。

図56では，覇城門街路は第4陌線と一致する街路として復原されている。前述し

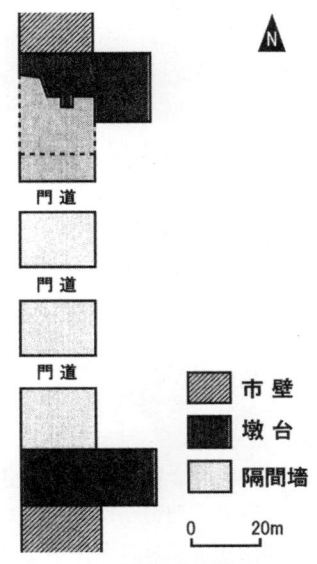

図57 前漢・長安 覇城門遺構略測図（応地作図）

たように，前漢・長安の市門は「一門三道」様式という点では共通していたが，規模の点では大小の2つに分類できる。既発掘の市門のなかでは，覇城門は，未央宮南門の西安門とともに，大規模市門に属する。覇城門の検出遺構は復原され，現場で確認できる。図57は，歩測をもとに現場で作成した覇城門の略測図である。同図からあきらかなように，覇城門は大きくは2つの門域から構成されていた。第1は，いわゆる「一門三道」部分である。そこは，3本の門道，それらの門道の両端に配された計4つの隔間墻からなる。それらの幅員は，門道がおよそ8メートル，隔間墻がおよそ14～15メートルで，これらをあわせた「一門三道」部分の南北長は約82メートルとなる。第2の部分は，「一門三道」の両端から東に突出する土塁状の墩台で，その遺構の南北長は北墩台がおよそ17メートル，南墩台が約14メートルである。「一門三道」部分と南・北両墩台をあわせた全幅員距離は，約113メートルとなる。ちなみに略測にもとづく覇城門の全幅員距離は，現在の北京・天安門の基壇幅員とほぼおなじである。

第VI章　中国都城のバロック的展開　235

写真60　前漢・長安　覇城門・北墩台内部の版築
堅固な版築層は粘板岩あるいは硬砂岩の板状節理を想起させ，その周到な造成は前漢王朝の威信を感じさせる。

　図57が示す覇城門の規模は，同市門を長楽宮さらには未央宮にむけて開かれた都城正門というにふさわしい。規模だけでなく，覇城門の緻密な版築工法も都城正門にふさわしい。同門の北墩台の基部にうがたれた空洞の内部からは，風化されていない建設当初の版築を観察できる。それは，厚板状の粘板岩を想わせる固さであり，その周到・堅固な工法をいまに伝えている。覇城門街路に関しては，最初に検討しておくべき問題がある。それは，同門の内部にひろがる長楽宮と同街路との関係である。たとえば図50の鶴間の復原図では，覇城門街路は長楽宮を横断・貫走して描かれている。また図56の古賀のプラン推定図は，覇城門街路は長楽宮によって遮断されていたとしている。これまで提出されている前漢・長安の復原図での覇城門街路と長楽宮との関係は，このいずれかに分類できる。
　2つのうち，私は，鶴間の復原にしたがって覇城門街路は長楽宮の宮域を横断・貫走していたとの立場にしたがいたい。その根拠は，未央宮・前殿に君臨する皇帝が都城外の東方へと巡幸する際のルートにある。まず未央宮から出御門は，図54の北宮門であったであろう。それは，前述したように，同門が皇帝と重臣の専用門であったとされているからである。北宮門は覇城門街路に開かれており，皇帝は同街路を東行して覇城門に至ったであろう。皇帝が都城外の東方へと巡幸するとすれば，そのコース以外には考えられない。したがって覇城門街路は長楽宮内では宮道であったとしても，同街路は東辺市壁の覇城門から西辺市壁の直城門まで直走する都城街路であったと考える。
　すでに(7)-①で述べたように，未央宮の宮域画定にあたって規準となったのは，覇城門街路に南接する同宮北辺囲郭であった。同街路が宮域画定の規準として採用されたのは，覇城門街路が秦皇帝の馳道クラスの道路として存在していたからであろう。つまり覇城門街路がまず存在し，それを規準として未央宮の北辺囲郭の位置が決定され，前殿から同囲郭までの距離を基準として未央宮の宮域が画定されたという過程を推考させる。この推考が成立するとすれば，それは，覇城門街路の重要性を逆に照射するものである。しかも覇城門街路は，都城正門の覇城門と結合する街路であった。これらのことから，覇城門街路を市壁内都城域レベルの〈東―西〉軸線としうる。
　以上のように，前漢・長安は，市壁内の都城域のレベルでは，〈南―北〉方向の安門大街，〈東―西〉方向の覇城門街路という直交しあう2軸線をもつ都城であった。しかし両者の軸線としての重要性には，大きな相違があった。より重要であったの

は，〈東―西〉軸線の覇城門街路であったであろう。その理由として，つぎの2点をあげうる。

　第1は，覇城門街路が中心宮殿地区を連結する〈東―西〉軸線であること，第2は，それが宮殿地区内部での既述の〈南西端＝「隩」＝「尊長の処」＝正殿所在地〉＝未央宮と結合する軸線であること，の2点である。

　このように覇城門街路は，西の〈「隩」＝「尊長の処」〉から東の都城正門＝覇城門へという〈西→東〉の方向性をもって都城域を貫走する軸線街路であった。同街路が覇城門を出た延長上にあるのが，「中原の地」である。前漢・長安は，帝国の基礎がかたまらず，「中原の地」の政治的・軍事的動向に敏感たらざるをえない時期に建設された。前漢・長安の建設にあたって都城正面と基本軸線を東方の「中原の地」にむけて建設するのは，当然の選択であったであろう。

　ちなみに秦の始皇陵を守護する兵士と軍馬・戦車の兵馬俑は，「中原の地」に割拠する諸勢力と対峙するかのように，正東方にむけて整列している。前漢・長安の正東方への対峙姿勢を集約して表現しているのが，都城の正面ファサードである。前漢・長安は東辺市壁を正面ファサードとし，それを正東方にむけた都城であった。市壁の北・西・南の3辺がすべて屈曲しているなかで東辺のみが直線市壁であり，しかも市壁の走向が正南北であることは，同市壁が正東方にむけられた前漢・長安の正面ファサードであったことと係わっている。さらに東辺市壁に開かれた3つの市門も，同市壁をほぼ4等分する位置に等間隔に配置されている。これらは，『周礼』「考工記」が市壁と市門について語る「方（形）」・「旁三門」理念にしたがって，「中原の地」にむけた都城正面ファサードとして東辺市壁を荘厳するための演出であったであろう。

　さきに未央宮の宮域画定にあたって，覇城門街路＝都城域〈西→東〉軸線がその規準であったことを指摘した。覇城門街路と未央宮との密接な関係を指摘したうえで，覇城門街路を媒介とする未央宮と都城全域とのあいだにみられる同型性を指摘したい。まず，正門位置の同型性がある。未央宮の宮域正門とした「東辺南門」は，同宮東辺囲郭の南端よりに位置していた。都城正門の覇城門も，おなじく東辺市壁の南端よりに位置するという同型性を示す。またそれらの正門を起点として，未央宮の場合には「章台下街」が，また都城域の場合には覇城門街路が，ともに宮域と都城域を貫走して囲壁と市壁の西辺まで直走するという同型性がある。

　しかし未央宮の東辺囲壁に開かれた宮城門の数が2門であるのに対して，東辺市壁には3つの市門が存在していた。この相違は，未央宮の囲壁と都城市壁の辺長距離の

相違を反映する。そこで東辺市壁を南端から2市門をふくむ部分，つまり市壁南東角から北方の宣平門までの部分にかぎって，その全長距離と南東角から覇城門までの距離の比をとると，ほぼ3：1となる。おなじく未央宮の東辺囲壁の全辺長と南東角から「東辺南門」までの距離の比をとると，ほぼ2.8：1となる。両者の比は，近似した数値を示す。これも，両者のあいだの同型的関係を反映するものであろう。これらの同型性は，前漢・長安を自然発生的な理念なき都城という所論に対する反証を提示するものでもある。

さきに，未央宮の東辺囲壁と安門大街とのあいだに南北ベルト状のオープン・スペースが発生し，そのため安門大街が未央宮と長楽宮の東西対称軸とはなっていない理由を未央宮の宮城画定過程から説明した。〈東—西〉軸線＝覇城門街路，このオープン・スペースを横断して走る。同街路にそって，北には北宮が，南には武庫が，ともに未央宮と同時期に造営される。それは，都城正門＝覇城門から未央宮まで東西軸線街路の両側を王室建造物によって充塡して，覇城門街路を都城軸線として整序するための方策であったであろう。

(7)-③ 市壁外広域空間の軸線 —— 中国都城とコスモロジー

上記の2軸線にくわえて，近年，前漢・長安の第3軸線の存在が提唱されている。それは，1995年に発表された秦建明ほかによる都城域を越えた広域空間レベルでの軸線の提唱である。同軸線の要点は，図58に示される[157]。提唱の契機となったのは，同図の北端に描かれた「天斎祠」とよばれる前漢代の大型礼制建築群が1993年に調査され，その南北軸線が前漢・長安の南北中軸線と一致すること，さらに同軸線の南端が子午谷と一致することの「発見」であった。北端のランドマークとされる天斎祠は「天の中央の祠」を意味し，そこからは上面幅：約260メートル，底面幅：170メートルの逆台形状の断面をもつ人工土坑が検出された[158]。また南端の子午谷は，長安から終南山（秦嶺山脈）を横断して華中また四川盆地への最短路である子午道の入口にあたる要衝で[159]，その位置は後出する図87に示されている。

さらに調査の進展につれて，渭水水系に属する清河の河道が正南北線を描いて大きく曲流する直線部分が同軸線と一致すること，また前漢初代皇帝＝高祖の陵墓（長陵）と同皇帝皇后陵とをむすぶ線の中点が同軸線と一致することが判明した。図58は，同軸線がこれらの諸地点をむすんで直走していくことを示している。同図が描く5地点の経度は，東経108度52分42秒から52秒の間におさまるというほぼ完璧な一致

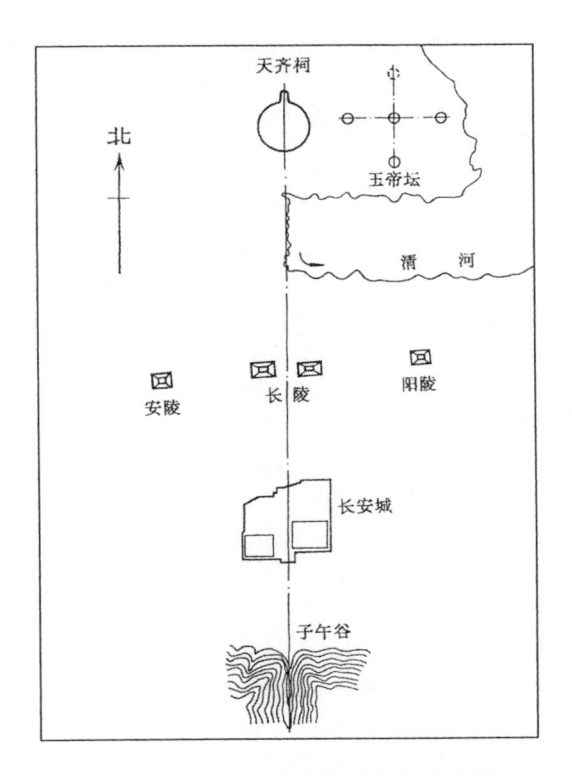

図58 前漢・長安の広域レベルでの南北中軸線（秦建明ほかによる）

を示す。

　秦建明ほかの論文は，前漢・長安の都城域を貫走して天斎祠から子午谷にまで全長およそ75キロメートルにもおよぶ長大な広域軸線の存在を提唱し，さらに同軸線が南北両端を越えて北方と南方に延伸していく可能性を指摘するものであった。この広域軸線の提唱をうけて，同軸線を基軸とする壮大な帝都建設構想をもとにして前漢・長安が建設されたことを提唱したのが，黄暁芬であった[160]。

　黄の提唱をここで詳述することは省略し，その立論で使用されているキーワードを「　」書きで示して要点のみを述べれば，つぎのようになろう。南北75キロメートル

第Ⅵ章　中国都城のバロック的展開　239

に達する広大な帝都全域のなかに,「天象のシンボル」を空間的に対称配置させて「法天象地」を顕現し,前漢王朝の「支配の正統性と神聖性」を明示しようとしたということであろう。その構想は,たとえば渭水を天漢（銀河）になぞらえるなどの点では始皇帝がめざした都城・咸陽の建設構想を継承しつつも,それをはるかに凌駕する規模の計画性をもつものであったとする。

この壮大な南北軸線について,私には,その構成要素を個々に論評する材料はない。ここで本章の主題である前漢・長安の都城解読に回帰して,黄の所論を検討したい。引用論文によるかぎりでは,つぎの3点をのぞいて,黄の所論が前漢・長安の都城建設計画と直接的にむすびつくところは少ない。

a) 安門大街がこの南北中軸線上にあり,それが都城中軸線であること。
b) 同大街が都城内の街路また宮殿の配置にあたっての規準となったこと。
c) 前漢・長安は安門を都城正門とし,南面する都城であったこと。

この所論の要点は,安門大街が前漢・長安の建設にあたっての南北中軸線であり,それを規準として都城内の諸施設が東西対称的に配置されているとする点にある。すでに述べたように,私も,古賀の復原にしたがって,安門大街を前漢・長安の都城域内の〈南―北〉軸線とした。この点では,黄とおなじ立場である。しかし大きな違いは,黄がそれをもって南面する前漢・長安の中心軸線としているのに対して,私は中心軸線を〈西→東〉走向の覇城門街路とする点にある。

安門大街を第二義的な軸線とみなす理由は,同大街が上記のb)で指摘されるような街路や宮殿の配置にあたっての規準線,たとえば左右相称配置にあたっての規準線とはいえないこと,同大街はT字型街路であって,そのT字型交点には王権にかかわる都城施設が存在しないこと,同大街が前漢王朝のもっとも重要な王権施設である未央宮とは離間していること,などにある。前述したように,都城域軸線＝覇城門街路は未央宮,また未央宮の宮域内軸線＝「前殿表道」は同宮前殿という王権中心施設と結合していた。両軸線は,それぞれの空間レベルでの最重要王権施設と結合する軸線であった。措定した都城域軸線と宮域内軸線にみられるこの特質は,安門大街にはみとめられない。

つぎに,黄が前漢・長安を南面する都城であったとするc)について検討したい。軸線の走向と正面ファサードとは一体のものであるので,安門大街を中央軸線とする

b）からは，c）のように前漢・長安を南面する都城とするのは当然である。しかしb）に対しては，上記のような反証を提出できる。その反証は，都城域レベルでの中央軸線は〈西→東〉走向の覇城門街路であり，前漢・長安は正面ファサードを東にむけた都城であったとする上述の結論を変更する必要のないことを意味する。

　さきに，黄が提唱する壮大な帝都建設構想を，構成要素ごとに分解して個別に論じる材料をもたないと述べた。しかしその所論は，別個の問題へと展開可能である。その南北中軸線を，「天象のシンボル」を地上に対称配置させたシンボリックな軸線との提唱を認めるとすると，同中軸線はコスモロジーの地上への投影ということになろう。このことを前提としてインド世界の都城思想と対比させると，つぎのような議論がなりたつ。

　前漢・長安では，安門大街がコスモロジーにもとづく都城中央軸線であったとしても，前述したように，それは都城内の諸施設の配置や編成をなんら規定していない。ここで，IV-2で提起した議論を想起したい。それは，「都城思想においてコスモロジーが意味するものはなにか」という問題に関するインド世界と中国世界との比較論であり，両者のあいだには，この問題に関しても大きな相違が存在することを指摘するものであった。コスモロジーが規定するものは，インド世界の都城思想では都城の内部編成であった。これに対して中国世界の都城思想では，それが規定するものは都城の立地点であって，その内部編成ではなかった。両世界の都城思想には，このような対照性が存在することをIV-2で指摘した。黄がコスモロジーにもとづくとする南北中軸線は，安門大街という都城内の二次的な〈南―北〉軸線の位置を規定しているだけであって，都城の内部編成についてはなんら規定していない。「コスモロジーによって都城のなにが規定されるのか」という点に関する中国的都城思想の特質は，黄の提唱にしたがったとしても，前漢・長安についても妥当することになる。

(8) 「バロック化」の胎動

　「バロック化」の検討にさきだって，以上の前漢・長安の都城構成要素の読解をつうじて得られた結果を整理しておきたい。その読解の基軸は，前漢・長安が，都城・咸陽の節で紹介した多核的な理念なき無秩序な都市とはいえないとすることにあった。その重要な根拠として，つぎの諸点をあげうる。

　1）　王権中枢＝未央宮が宮殿地区のみでなく都城全域の〈南西端＝陬＝「尊長の

処」〉に位置していることである。その位置は，帝国とはいえ，なお本質的には家産制国家の段階にあった初期前漢王朝にふさわしい宮処の立地場であった。
2） 当初の建設構想に『周礼』の都城理念が考慮されていなかったとしても，その実現を後追い的に目指したと考えうることである。その具体的な例が，「旁三門」と南郊における「左祖右社」理念の実現であり，また東辺市壁の直線化（「方（形）」）である。
3） 「九里之城，三里之宮」という理念の実現を指摘する議論の存在である。それは，都城の市壁と中心宮殿の囲壁の全長距離をおのおの九里と三里とする理念である。両者の比は，9：3＝3：1となる。前漢・長安の都城市壁全長と未央宮の囲壁全長との比はほぼ3：1であって，この比は後漢・洛陽また北魏・洛陽とも共通するとされる。これを強調する立場では，同理念の実現が第2期の市壁構築の際に意図されていたことになる。

　上記の議論は，いわば都城の理念と現実をめぐる前漢・長安の性格論である。都城の「バロック化」を視座として前漢・長安を論じる際に，より重要な意味をもつのは軸線の問題である。一般に都市の軸線とは，都市の全域的な構成を規定すると同時に，都城内の部分空間たとえば宮域・市などの編成軸をも規定するものである。前漢・長安の都城全域レベルでの基本軸線は，〈西→東〉を基本ベクトルとする覇城門街路であった。しかしこの基本軸線によって，他の空間レベルの軸線を語ることができないところに前漢・長安の特質がある。
　前漢・長安には，空間レベルを異にする3種の軸線の存在を指摘した。そのなかで「バロック化」の検討にあたって重要な意味をもつのは，未央宮宮域レベルと都城全域レベルの2軸線である。両軸線を，基本軸線とよぶことにしたい。第1の基本軸線である未央宮の宮域軸線は，前殿をはじめとする諸殿舎と宮道の編成にかかわる軸線であった。また都城域軸線は，東辺市壁を正面ファサードとする都城全体の編成にかかわる軸線であった。両軸線は，一方は宮域内部，他方は都城域内部における諸王権施設の配置と編成を規定している点ではおなじ意味をもつ。
　しかし両者のあいだには，決定的な相違が存在する。未央宮宮域レベルの軸線は〈北→南〉，都城全域レベルの軸線は〈西→東〉を，それぞれの走向としていた。両軸線の走向は，直交関係にある。前漢・長安は，空間レベルと走向を異にする2軸線が併存する都城であった。この点に，軸線からみた前漢・長安の特質がある。

未央宮の〈北→南〉走向の宮域軸線は，前殿に南面して立つ皇帝のヴィスタを顕現する。それは，中国世界での都城の「バロック化」を表徴する軸線走向であった。しかし皇帝のヴィスタを顕現する〈北→南〉走向の軸線は宮域の内部にかぎられ，都城全域にはおよんでいない。前漢・長安では，皇帝の「天子南面」ヴィスタを顕現する軸線は，宮域内部で萌芽した段階にとどまっているのである。皇帝のヴィスタによって都城軸線が統合・統一されて，基本軸線が形成される段階には至っていない。いいかえれば都城の「バロック化」は，前漢・長安では始動・胎動の段階にとどまっているといえる。

　これを秦の咸陽宮の場合と比較してみよう。咸陽宮でも，既述の正殿＝第1号宮殿をはじめ諸宮殿が，「天子南面」思想にしたがって南にファサードをむけて造営されていた。同宮は，北阪の上に屹立する南面宮殿群からなる宮殿集合体であった[161]。その内部の全体像は未解明の部分が多いが，未央宮での「バロック化」の始動を表徴する前殿表道さらにはそれと直交する章台下街のような整序された宮域編成はみられなかったようである。咸陽宮は「天子南面」思想を顕現する段階にとどまり，「バロック化」が始動するには至っていなかったと考えられる。未央宮と咸陽宮との比較をつうじても，「バロック化」が前漢・長安において始動・胎動したということができる。

　第2の基本軸線である都城全域レベルの〈西→東〉軸線は，都城南西端の〈隩＝「尊長座」〉に造営された未央宮と結合する軸線であった。〈隩＝「尊長座」〉を占地する未央宮は，家産制的権威の場であると同時に，皇帝権力の確立を顕示する「バロック化」の萌芽という二重性をもつ宮殿であった。「バロック化」の徹底をもとに，この二重性が解消されていく過程が，前漢・長安以後の中国都城の展開基調となっていく。その最終的な完成は，後漢・洛陽また北魏・洛陽を経て登場する隋唐・長安の建設を待たなければならなかった。

VI-4　後漢・洛陽 ── 官僚制領域国家の都城

　前漢帝国は，第10代元帝（在位紀元前49-33年）以降，急速に衰退へとむかう。その時期に台頭してきたのが，元帝の外戚を出自とする王莽であった。彼は摂皇帝・仮皇帝と僭称したのち王位を簒奪し，年号を始建国と改める。その元年（紀元後9）に漢の国号を廃して[162]，みずからを初代皇帝とする新・王朝を樹立する。同4年（紀元後

12) に発した詔書には，つぎのような興味ある文言がならぶ。「昔，周の二人の君が天命を受けたため，それゆえ東都と西都の宮居があった。予の受命も，思うにまたそのようである。それ洛陽をもって新室 (新の王室) の東都とし，長安を新室の西都とする[163]」。ここには，王莽の思想がよく表れている。まず，なぜ王莽が「周」に言及するのか。それは，儒教主義者の王莽にとっては周が理想の王朝であって，樹立した新をそれになぞらえているのである。VI-3-(5) で述べた前漢・長安の南郊における九廟などの礼制建築の造営も，儒教主義者としての彼による祭祀儀礼整備の一環であった。また「周の二人の君」とは，王都・咸陽また始皇帝のところで述べた，周王朝の基礎をかためた文王と武王のことである。

彼らが建設した王都＝酆京と鎬京は，図45で示したように灃水を介して東西に並立していた。これを，王莽は東都と西都とよぶ。ここでも周王朝が複都制国家であったことになぞらえて，新・王朝の東・西両京を構想するのである。それは，いかにも儒教に理想をもとめる王莽らしい。そのうえで東・西両京として，東都を洛陽，そして西都を長安とすることを宣明する。現在の洛陽に位置する洛邑は，紀元前770年に西周が東遷して建国した東周の王都であった。天鳳元年 (紀元後14) には，王莽は「(北方巡猟が終わると) 四方国土の中央に即き，雒陽の都におろう」と述べ，このときには洛陽を「都」とよんでいる。同時に家臣を雒陽に派遣して，「宗廟・社稷・郊兆を図り起こさせ[164]」て，帝都としての洛陽の整備をすすめる。しかし地皇4年 (紀元後23) に王莽は長安・未央宮内の蒼池の中島にあった漸台で惨殺され，紀元後25年には赤眉の乱によって，長安は宮殿また市街も焼きはらわれて廃墟と化す[165]。

(1) 漢帝国の断絶と継承 —— 前漢・長安から後漢・洛陽へ

新・王朝の滅亡後，洛陽を都として漢帝国を再興し，皇帝位についたのが光武帝 (在位紀元後25-57年) であった。彼に始まる後漢王朝は洛陽を帝都とし，また国家統治の基本を儒教にもとめる。皮肉にも，これらは王莽の新・王朝の治世方針を継承するものであった。王莽を媒介とする前漢と後漢両帝国のあいだの断絶と継承である。洛陽は，前漢・初代皇帝の高祖が最初に都としようとした地であった。そのとき洛陽ではなく関中に帝都を設けるべしとの議論にしたがって，高祖が洛陽定都を翻意したことについてはすでに述べた。後漢・光武帝の洛陽建都の際にも，同様の議論があった。しかし光武帝は，高祖とは逆に，長安を排して洛陽に帝都を定める。

洛陽は，黄河が渭水を合流させて東流したのち，最後の山間地帯＝太行山脈を出た

写真61　洛陽　二里頭遺跡
　　　漢魏・洛陽都城南東方の洛水対岸に位置し，中国史の黎明期を飾る伝説的な王朝・夏にさかのぼる遺跡とされ，発掘が進行中である。

谷口部に位置する。中国大陸全体からみると，〈西方の山地から東方の「中原の地」をふくむ大平原への漸移地帯〉という要衝を占めると同時に，黄河の支流・洛水の小盆地に所在する要害の地であった。このように戦略的にも，戦術的にも，洛陽はすぐれた立地条件をそなえていた。紀元前770年に根拠地を関中から東に移した周（東周）も，王都・洛邑をここに建設した。

　後漢・洛陽は，後漢帝国最後の皇帝である献帝の初平元年（紀元後190）に長安に遷都するまでの165年間，帝都でありつづけた。このときから220年の後漢の滅亡までの30年間，後漢は洛陽を東都，長安を西都，さらに初代皇帝・光武帝の出身地である河南省の宛（南陽）を南都とする三京制を採用する。

　前述した東周また後漢を嚆矢として計9つの王朝が，洛陽に定都した。そこから洛陽は，「九朝の故都[166]」とよばれる。図59は，洛陽に残る王都ないし都城遺跡の分布を示した概略図である[167]。同図には，西から「周王城」，「隋唐東都城」，「漢魏故城」の3つの「故都」の位置と範域が示されている。いずれも洛河（水）にそってならんでいて，同川が，これらの「故都」の立地に重要な意味をもっていたことを示している。同時に，いずれも「陽」の地にあたる北岸を占めていて，洛陽つまり「洛水北陽」の地を選地して建設されたことを物語る。つけくわえれば，洛陽の歴史は東周にはじまる「九朝」のはるか以前にまでさかのぼる。図59は，「漢魏故城」の東方に2つ小規模な郭域を描いている。このうち図の東端に位置する実線で囲まれた郭域は「偃師商城」で，紀元前1600年ころの商（殷）草創期の都市遺跡とされる。その西方の洛水南岸には，破線で描かれた郭域がある。それは「二里頭遺跡」で，商に先行する夏王朝の王都址と考えられている。同遺跡の発見によって，伝説的存在とされてきた夏王朝が実在の王朝であることが確実視されるに至った。

　図59の3つの「故都」のなかで，当面の対象は「漢魏故城」である。図60は，その立地環境を示したものである[168]。同図には，最南端の伊河のほかに，洛水の新旧3つの流路が示されている。第1の流路は，図の下方を北西から南東にむけて破線と濃いアミかけで描かれた流路である。それには，「古洛河南岸」と「古洛河北岸」と記入されている。これは，確認できるもっとも古い洛水の河岸であろう。第2のものは，「古洛河」の北にやや太い屈曲線で描かれた旧流路である。その河道幅は大きく，「漢魏故城」市壁の東・西両辺の最南端は，同河道の北岸復原線と一致している。それは，同流路の北上によって「漢魏故城」の南辺市壁が完全に流亡したことを示している。第3は現在の流路で，広い第2の河道内に小さく描かれている。同図によるかぎり，

第VI章　中国都城のバロック的展開　245

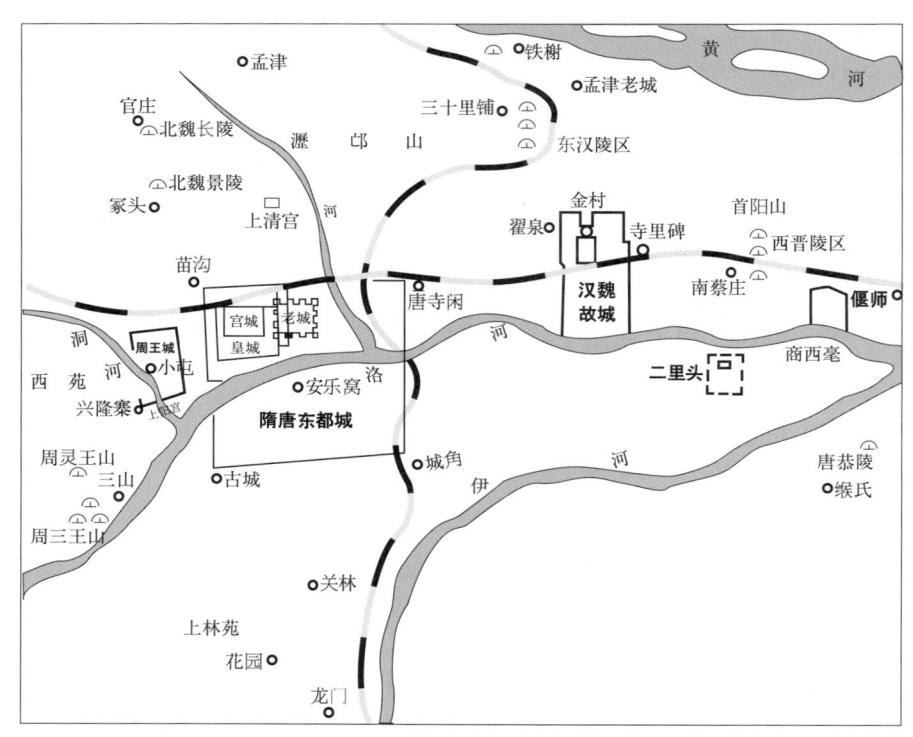

図59 東周・洛邑,漢魏・洛陽,隋唐・洛陽の位置関係（閻崇年による）

現流路の河道幅は小さく，第2のものの一部を占めるにすぎない。その縮小は，流量の減少によるとされる。

「漢魏故城」の北辺市壁に接して邙山が東西走し，都城の北半はその山麓のゆるやかな扇状地上に建設されている。緩傾斜地の南北幅はせまく，洛水の現流路までの距離はせいぜい4キロメートルほどにすぎない。「漢魏故城」は，北の地形変換線から「古洛河復原河岸」南岸までの「北高南低」の緩傾斜地を都城域として建設されていたことを物語る。しかし同図に「洛河」と記入された「漢魏故城」の南方一帯には，集落が存在しない。そのことは，ここが洪水常習地帯であったことを物語っていよう。それは，第2の流路の河道幅がもっとも広いのはこの一帯であることからも推測できる。

246 第2部 都城のバロック的展開

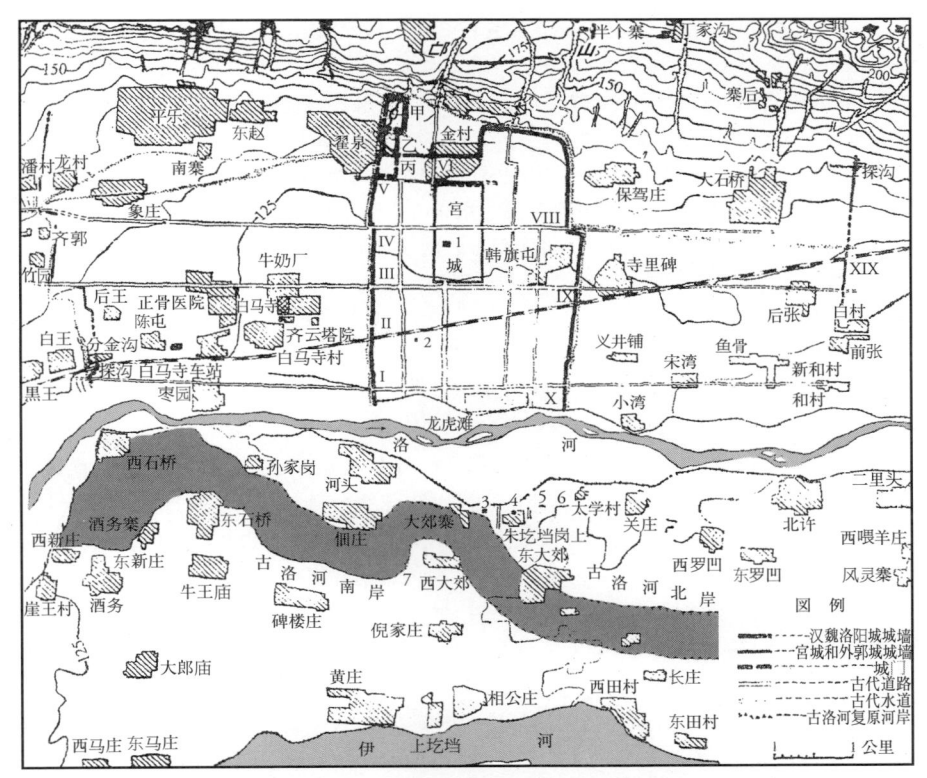

図60　漢魏・洛陽とその周辺（中国社会科学院考古研究所による）

　いわば「漢魏故城」の南半部は，洪水に対してもっともよわい場所を選地して建設されたことになる。第2の流路の南岸にそって，東西方向に3〜6の数字番号が記入されている。それらは，後述する都城南郊に建設された礼制建築群を示す。広義の後漢・洛陽都城は，この地区までを範域としていた。

　図59は，後漢の洛陽・都城を「後漢故城」ではなく，漢と魏の2つの王朝を合体させて「漢魏故城」として図示している。それには，洛陽特有の事情がある。後漢の滅亡後，中国世界は大帝国の解体期にはいり，三国さらには南北に大きく分裂する。いわゆる魏晋南北朝時代である。この時期には後漢につづいて，華北を根拠地とした

第Ⅵ章　中国都城のバロック的展開　247

写真62　後漢・洛陽　市壁北東角部分
その建設は東周時代に遡り，後漢代にはこの周辺に太倉・武庫などがあった。北魏・洛陽でも内城市壁として襲用された。

曹魏（220-265年）・西晋（265-316年）さらには平城（大同）から洛陽に遷都した孝文帝以降の北魏（493-534年）の3王朝が，洛陽に定都した。魏晋南北朝時代は，557年の隋帝国の「平天下」によって終わりをつげる。後漢と魏晋南北朝の両時代をあわせると，その期間は532年に達する。そのうちの計392年にわたって，洛陽は帝都の位置を占めつづけた。たんに時間的に長期にわたる帝都の地というだけでなく，空間的にもこれらの諸王朝は，いずれも後漢・洛陽の市壁と都城域を踏襲して帝都とした。この空間的な都城域の一致から，後漢から北魏までの都城・洛陽を一体としてとらえて「漢魏・洛陽」とよぶことが多い。その慣用にしたがって，図59は「漢魏故城」と記入しているのである。

(2)　後漢・洛陽の読解〈1〉── 市壁・市門

市壁と都城域の踏襲関係がみとめられるとしても，その内部構成に関しては，後漢・洛陽と北魏・洛陽とのあいだには大きな相違がある。そのため，ここでは両者を漢魏・洛陽として一括しないで，個別に検討することにしたい。

前漢代末に長安から洛陽への遷都を決定したのは，前述したように，王莽であった。しかし『漢書』「王莽伝」上・中・下は，彼による洛陽建都について具体的に語るところはほとんどない。洛陽への遷都構想を知った長安の民が宮室を修復しようとしないで逆に破壊したこと，それに対して修復を命じたことが，『漢書』始建国5年（紀元後13）の条に記載されていることくらいである[169]。

漢王室を再興した光武帝の洛陽建都についても，『後漢書』が語るところはすくない。まず建武元年（紀元後25）10月の条に「洛陽に入り，南宮の却非殿に幸し，遂に都を定む[170]」とある。この記事から，すでに建都のときに南宮が存在していたこと，また南宮という名称からおそらく北宮がすでに存在していたことの2点がよみとれる。遷都後の後漢・洛陽の建設事業に関する『後漢書』の記載は，宮殿・官署・祭祀施設の3つにかぎられている。宮殿・官署については，光武帝時代の建武14年（38）正月条の「南宮の前殿を起つ[171]」，第2代明帝（在位57-75年）の永平3年（60）条の「北宮及び諸々の官府を起つ[172]」の2つである。また祭祀施設については，建武2年（57）正月の条の「高廟を起て，社稷を洛陽に建て，郊兆を城南に立て[173]」，中元元年（56）の条の「明堂，霊台，辟雍及び北郊の兆域を起つ[174]」，同2年正月条の「北郊を立て，后土を祀る[175]」の諸記事がある。高廟と社稷は，『周礼』が述べる「左祖右社」の理念にしたがって建造されている[176]。

248　第2部　都城のバロック的展開

王莽また光武帝の事績記載に共通するのは，新都・洛陽建設についての記事がすくないことである。この点は，前漢・長安に関する『漢書』の記載と対照的である。それは，なにを意味するのだろうか。上記の新都・洛陽の建設事業で注目されるのは，つぎの3点である。①市壁や市門の建設についての記事がないこと，②宮殿に関する記載が簡略なこと，③逆に祭祀施設についての記載が詳細なこと，の3点である
　①は，すでに市壁と市門が存在していて，それらを襲用することが可能であったことを意味していよう。②は，当初の後漢王室の中心宮殿となる南宮については，既存の諸殿舎を活用することができたことを推測させる。南宮の殿舎造営について具体的に語られているのが，前殿のみであることも示唆ぶかい。南宮・前殿は，前漢・長安の未央宮・前殿とおなじように，王室正殿としてもっとも重要な政事施設であった。言及がその造営のみにかぎられていることは既存殿舎の転用・活用が可能で，帝都として不可欠な正殿を整備すればよかったことを物語っていよう。③が詳述する宗廟・社稷や祭祀施設は，前漢時代に1県城にすぎなかった洛陽には無縁の王権施設であった。そのため既存施設を活用することはできないので，それらの新営・整備が新都建設に際しての最重要事業であったことを意味する。これらのことは，王莽が洛陽へ遷都した際には洛陽がすでに整備された都市であって，帝都として不可欠な王権施設だけを造営すればよかったことを示唆する。
　これら3点を念頭において，後漢・洛陽の都城形態について検討したい。最初に市壁をとりあげる。図61は，出土遺物をもとに現存する版築市壁の建設時期を示したものである。同図は，現存市壁の建設時期を3期に区分する[177]。最初の市壁は西周時代の建設とされ，同図の中央部分にあたる。その辺長は，東西幅ほぼ2700メートル，南北長ほぼ1900メートルで，面積は約5平方キロメートルとなる。その面域は，すでに述べた秦の王都・櫟陽よりもやや大きい。西周王朝の確立者＝武王をついだ成王は，現在の洛陽の地に新たに東方支配のための拠点として洛邑を建設する。洛邑は，西周の根拠地である関中の酆京・鎬京をふくむ宗周と区別して，成周とよばれた。「周王城」は，図59の西端に位置する。その出土遺物から，「周王城」の建設年代の上限は春秋時代早期と考えられ，西周時代にさかのぼることはないとされている[178]。図61を掲載する試掘報告書は，中央部分の囲郭を西周にあてている[179]。西周とされる中央囲郭を基本として，以後，その南と北に増拡が2度くりかえされていく。まず周が東遷して洛陽を根拠地とした東周時代に，北方へと増拡される。また秦代以降に南方へと拡張されていく。これら2回の増拡によって，漢魏・洛陽の基本的な形態と規

写真63　後漢・洛陽　洛水現流路
現在の洛水北岸堤より，都城域の最南部を望む。流路の北上によって，後漢・洛陽の南辺市壁と市門はすべて流亡したとされる。

模がさだまる。

　このように王莽や光武帝が洛陽に遷都したときには，すでに版築市壁が建設されていて，それらを新造する必要はなかったと考えられる。『漢書』と『後漢書』がともに市壁・市門また宮殿の建造についてなんら語っていないのは，そのゆえであろう。この点に，秦の都城・咸陽また前漢・長安とは異なった後漢・洛陽の特質がある。都城・咸陽は，始皇帝が着手した新たな建設都城であった。前漢・長安は，都城・咸陽の諸宮殿を再開発して建造されたとしても，やはり新たに建設された都城であった。これに対して後漢・洛陽は，既存の版築市壁からなる囲郭と宮殿・南宮を襲用して帝都とした。そのため都城・咸陽また前漢・長安が「先修宮殿，后築城墻」であったのとは異なって，後漢・洛陽は「宮殿」と「城墻」がともにすでに存在していたのである。後漢・洛陽は，当初から市壁をもつ都城として登場する。

　図62は，後漢・洛陽の復原図である[180]。図60に示されているように，現在では後漢・洛陽の最南部一帯は，南辺市壁をふくめて洛水の流路北上によって流亡してしまっている。図62は，図60の「古洛河」を当時の流路として，後漢・洛陽の市壁全体を復原している。都城域を囲む市壁は屈曲する部分も多いが，南北に長いタテ長・長方形をなす。市壁の各辺長は，北辺が約3700メートル，西辺が約4290メートル，東辺が約3895メートル，流亡した南辺は約2460メートルと推定されている[181]。これらの数字をもとに概算すると，都城域の面積は約9.5平方キロメートルであって，前漢・長安のほぼ3分の1にすぎない。その小規模性は，いかにも前漢時代の東方拠点都市を襲用して帝都とした後漢・洛陽らしい。

　しかし後漢・洛陽のタテ長・長方形の都城形態は，「九六城」として以後の中国都城形態の規範となった[182]。「九六」とは，市壁のタテとヨコとの比をいう。後漢・洛陽の市壁は，図62にみられるように不規則な四角形ではあるが，そのなかで東辺と南辺はかなり直線に近い。その辺長距離は，前記のとおり東辺が約3895メートル，南辺が約2460メートルとされている。これを漢代の里に換算すると，西辺が9.3里，南辺が5.9里であって，四捨五入すると「九六」比となる。後漢・洛陽の都城形態はまさしく「九六城」を体現しているのである。

　市門は，東辺と西辺に各3門，北辺に2門，南辺に4門が配され，その数は計12となる。計12という数字は，『周礼』が述べる「旁三門」を4倍したものと一致する。しかし「旁三門」そのものは，東・西両辺で実現されているにすぎない。前漢・長安は，後追い的な整備の結果ではあったとしても，「旁三門」の都城であった。しかし

250　第2部　都城のバロック的展開

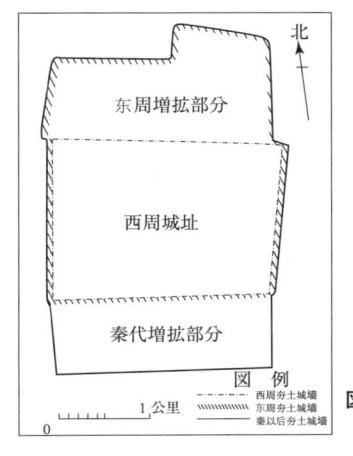

図61 漢魏・洛陽市壁の建設過程（中国社会科学院考古研究所による）

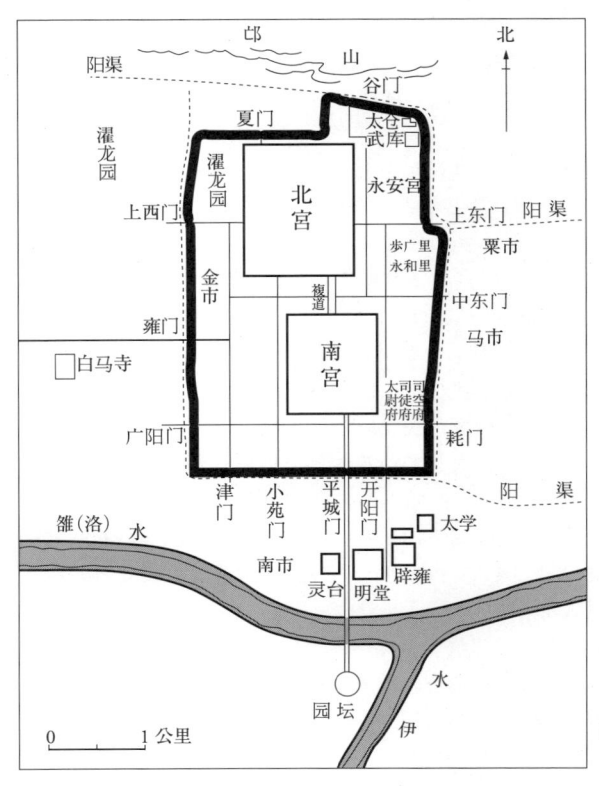

図62 後漢・洛陽復原図（王鐸による）

第Ⅵ章　中国都城のバロック的展開　251

後漢・洛陽は，儒教が国教化した時代に定都された都城であるにもかかわらず，この点に関しては『周礼』理念から逸脱している。そのもっとも大きな逸脱は，南辺に4門を配している点にある。これについては，宮域の検討をおこなったのちに，あらためてとりあげることにしたい。
　これらの市門の位置は，東辺市壁南端の耗門と西辺南端の広陽門とをのぞくと，いずれもたがいにずれあっている。そのため前漢・長安とおなじように，市壁内の街路は，ほとんどがT字型に交叉している。後漢・洛陽も，前漢・長安とおなじく都城内をグリッドパターン街路で区分しようという発想はなかったのであろう。

(3) 後漢・洛陽の読解〈2〉—— 宮域・南北都城軸線

　都城内で大きな面積を占めていたのは，北宮と南宮の両宮からなる宮域であった。宮域が都城域の大半を占めている点でも，後漢・洛陽は前漢・長安とおなじであり，前漢・長安と同様の宮殿都市であった。しかし宮域の構成を前漢・長安と比較すると，つぎの3つの相違を抽出できる。
　第1は，宮殿の集約・統合である。図50に示されるように，前漢・長安では，都城域の南部一帯に長楽宮と未央宮をはじめとする諸宮殿が，また西辺市壁外にはこれらの諸宮殿とほぼ同一線上に建章宮が，いずれも東西方向に横ならびに並列していた。しかし後漢・洛陽では宮殿群は北宮と南宮の2つに集約・統合され，南北二宮制へと変化する。その結果，主要宮域が南辺市壁にそって並列していた前漢・長安とは異なって，南・北二宮がともに市壁から離間した都城内部に移動して内城化する。
　このように両都城のあいだには宮域形態の大きな相違がみられるが，同時に共通した特徴を示す。さきにIV-3-(1)で，前漢・長安の市壁と未央宮の囲壁との周長距離の比が「九里之城，三里之宮」理念と合致していることを指摘した。この理念を後漢・洛陽について検討するために，「宮」として当初の宮域であった南宮をとりあげることにする。それらの周長距離は，市壁が約14345メートル，南宮が約4600メートルとなる。両者の周長距離の比は3.1：1となり，その比は，前漢・長安とおなじく「九里之城，三里之宮」に等しい。
　後述するように南宮と北宮は，たがいに異なった機能を分担しあっていた。後漢王朝を再興した光武帝は，前漢末の王莽に代表される外戚勢力の跋扈を排除すべく，皇帝への権力集中と政務執行者の実務官僚化を推進する[183]。南・北両宮への宮殿の集約・統合は，王権の伸長にともなう皇帝権力の集中・拡充に対応した変容であった。

第2の相違点は，前漢・長安では正殿が所在する未央宮は，都城域南西端の「隈」の位置を占めていた。しかし後漢・洛陽の内城化した南・北両宮域は，都城域の南西端ではなく，都城の中央部を占地している。『周礼』のいう「中央宮闕」理念への接近である。これは，前漢・長安の建設時期の家産制国家における王権のあり方からの脱却・変容を意味する。もはや「隈」という家産制的な尊長座に依存することなく，儒教思想によって強化・確立された皇帝権力を自己顕示できる官僚制領域国家への移行である。

　第3の相違点は，都城軸線の方向変化である。前漢・長安では，同軸線の走向は「隈」に位置する未央宮と東辺市壁の覇城門とをむすぶ〈西→東〉であった。しかし後漢・洛陽では，位置はずれあってはいるが，北宮と南宮は名のとおり〈北—南〉に縦列し，都城軸線が〈西→東〉から〈北→南〉へと転換したのである。もちろん，これは，天子南面思想の形態的顕示であった。

　これら3点をあわせ考えると，皇帝権力が血の紐帯を超越して非血縁的な諸勢力を官僚化していく方向への変化といえる。前漢・長安にくらべて，後漢・洛陽では王権による都城のバロック的編成が発進・展開していったことを意味する。その集中的な形態表現が，宮殿の集約・統合，その中央部立地，〈北→南〉軸線への転換であった。

　都城の宮域が明確な南北にならぶ2つの宮殿域からなる例は，中国世界では後漢・洛陽のみとされる[184]。南宮の遺構は確定されていないが，市壁東辺の中東門街路の南，おなじく東辺の耗門と西辺の広陽門とをむすぶ街路の北，南辺の開陽門街路と小苑門街路に囲まれた範囲に位置していたとされる。その規模は，南北長ほぼ1300メートル，東西幅ほぼ1000メートルと推定されている。南宮については，前漢の初代皇帝・高祖が洛陽を都とすることを宣言した高祖5年（紀元前202）に，「雒陽の南宮で酒宴を催した[185]」と『漢書』は述べている。この南宮が図62の南宮にあたるかどうかは不明であるが，すでに秦代の洛陽には南・北両宮が存在していたとされるので[186]，両者は対応しているとしてよいであろう。前述したように光武帝が洛陽建都を決定して入洛したときに使用したのは，南宮・却非殿であった。さらにのちには，南宮に前殿が造営されている。したがって南宮は前漢代から存在し，後漢王朝では皇帝の政事・儀礼の場として使用されるにいたったのであろう。

　一方の北宮もなお未確定の部分もあるが，その規模は，南北長ほぼ1500メートル，東西幅ほぼ1200メートルと推定されている。南宮と北宮とは，図62にあるように，「複道」つまり2階建ての道路でむすばれていた。各層は3道からなり，中央は皇帝

専用道であった。複道は，皇帝をはじめ高級官僚が南・北両宮を往還する際の安全を保証するためのものであった[187]。前述したように北宮も，秦代から存在していたとされている。『後漢書』が語る遷都44年後の「北宮を起つ」との記事は，このときに北宮を造営したということではなく，修築・完成したということであろう。北宮は，皇帝が起居する私的な場であったとされる[188]。南宮は朝廷，北宮は宮城にあたっていた。両宮は，機能のうえでも分担・分立しあう王権中枢施設であった。ここで注目されるのは，『周礼』のいう「前朝後市」理念との関係である。「前朝後市」は，天子の居所である宮城を中心として，その前（南）に朝（朝廷），その後（北）に市があるとする理念である。後漢・洛陽では市に関してはこの理念は妥当しないが，「宮城＝北宮」の前に「朝廷＝南宮」が位置するという『周礼』の「前朝後市」理念の「前朝」に関しては実現されている。これは，前述した「中央宮闕」理念への接近とともに，皇帝への権力集中と天子南面思想の確立に対応する都城の「バロック化」の進展である。

　図62には南宮外の南東方に「司徒府」・「司空府」・「太尉府」との記入があり，「朝廷＝南宮」の周辺にも政府官署がひろがっていたことを示している。また「宮城＝北宮」外の北東方には「太倉」と「武庫」という王室施設が所在していた。これらの政府官署と王室施設とのあいだに介在する上東門と中東門一帯が，貴族や高級官僚の邸宅地区であったとされる[189]。そこには，彼らの居住区にあたる「歩広里」・「永和里」の名が記入されている。しかし後漢・洛陽には，前漢・長安とは異なって庶民の住区は都城内には存在しなかったようである[190]。図63が都城域中央西端に記入する「金市」の存在にもかかわらず，庶民住区の排除が貫徹していたとすれば，後漢・洛陽は前漢・長安以上に宮殿都市に特化した都城であったといえる。

　後漢・洛陽では南宮と北宮は，図62で明瞭なように，ともに都城の南北正中線上に位置することなく，北宮はやや西方に，また南宮はやや東方にずれていた。しかし天子の居所である北宮は，都城域北半のほぼ中央部を占めている。それは，中国的都城の究極的な「バロック化」である「北闕」型都城への胎動が，後漢・洛陽ではじまることを意味する。その胎動は，後述するように，北魏・洛陽でさらに高まりをみせていく。

　さきに，後漢・洛陽の宮域配置を「中央宮闕」理念への接近とし，それが前漢・長安との重要な相違点とした。この指摘は，いまここで述べている「北闕」型への胎動とは矛盾するとうけとられるかもしれない。しかし後漢・洛陽の場合には，両者は，矛盾ではなく相即的な関係にある。後漢・洛陽での「北闕」型都城への胎動は，つぎ

写真64 後漢・洛陽 霊台址
霊台は天文・雲気を観察して吉凶を占う礼制施設で，56年に都城南郊に建設された。中国最古の天文台遺構とされる。

の2つのベクトルの合力として実現する。それは，①宮域の南辺市壁からの離間による「中央宮闕」への接近，②その宮域の北上，の2ベクトルである。①の発動は，前述したように，後漢・洛陽の宮域配置における前漢・長安との重要な相違点であった。と同時に，市壁からの離間は前漢王朝の後継王朝の都城＝後漢・洛陽だから実現できたベクトルであった。②は，①の発動を前提として，南・北2宮のうちの北宮の重要性増大として進行する。このように後漢・洛陽では，①と②は相反するベクトルではなかった。両ベクトルがおのおの自立した分力として自己展開すると同時に，それらが合力となって後漢・洛陽での「北闕」型都城への胎動を生みだしたといえる。

皇帝への権力集中，天子南面，儒教の国教化の3つを基本として，後漢・洛陽には，前漢・長安にはない新たな特質が生成する。宮域と都城のそれぞれの南門を正門とし，それらをむすぶ南走街路を軸線とする都城構成の成立である[191]。後漢・洛陽の南北二宮制は，同一の南北線上ではなく東西にずれあって位置する南宮と北宮から編成されていた。そのため南宮と北宮が，ともにそれぞれの南門から独自の軸線街路を南辺市壁にむけて直走させ，そこに市門をひらいていた。図62にみられるように，南宮は平城門へといたる街路，北宮は小苑門へといたる街路を軸線街路としていた。後漢・洛陽は，宮域を起点とする2本の南北軸線街路をもつ都城であった。

しかし両者の重要性には相違があった。より重要なのは，南宮から南走する軸線街路であった。同街路は，図62が示しているように，南宮正門の朱雀門を起点として都城正門の平城門をへて，さらに都城南郊の明堂をはじめとする礼制建築群を貫走し，南端は洛水を越えた園壇にまで直走している。都城軸線は，宮域から郊祀施設へと至る南北街路として登場するのである。同図が描く明堂・霊台・辟雍の南郊祭祀施設は，北郊祭祀の祭場とあわせて，光武帝崩御の前年にあたる中元元年（56）に造営された[192]。「南に天を祀り，北に地を祀る」という南北郊祀は，すでに前漢末の建始2年（紀元前31）に開始されていた。さらにそれらを制度化し，都城施設として整備したのは王莽であった[193]。図50の前漢・長安の南郊祭祀施設も，彼によって付加される。その目的は，儒教思想をもとに皇帝権力の強化をめざすことにあった[194]。王莽にしたがって，光武帝も，儒教思想でとりわけ重視された南郊祭祀施設を造営したのである。同施設で皇帝みずからが挙行する祭祀つまり天子親祀のための行幸路，それが南宮と南郊祭祀施設とをむすぶ南北軸線街路であった。図62では，同街路は，他の諸街路よりも幅員の広い街路として図示されている。このように南郊祭祀と天子南面を具現する南北軸線が，後漢・洛陽で明確に成立する。

第VI章 中国都城のバロック的展開 255

前漢・長安では直交関係で鼎立していた複数の軸線が，後漢・洛陽ではいわば並走する2本の軸線へと統合される。その成立は，宮域内部の整序と連動していた。整序にあたっての規準施設が，南・北両宮での正殿であった。南宮については，さきに光武帝による南宮・正殿＝南殿の造営を伝える『後漢書』建武14年（38）の記事を引用した。しかし北宮については，『後漢書』「本紀」は正殿の造営を語る記事を記載していない。正殿はもっとも重要な王権施設であるので，さきに引用した永平三年（60）是歳条の「北宮及び諸々の官府を起つ」が述べる「官府」は，当然，正殿をふくんでいよう。銭国祥は，『河南志』「後漢城闕古蹟」「徳陽殿」条が述べる「徳陽殿周旋容万人・・・天子正旦節，会朝百僚于此（徳陽殿のめぐりは万人を容れ・・・天子が元旦の節日にここで百官を会朝す）」を主たる根拠として，徳陽殿を北宮正殿に比定する。さらに銭は，徳陽殿の位置に曹魏・洛陽の太極殿が造営され，その遺址を襲用して北魏・洛陽の太極殿が建造されたとする[195]。

　また徐金星は，後漢代には南門が宮域正門とされるにいたったと述べる[196]。それは，天子南面を宮殿配置だけでなく宮域編成にも貫徹させる思想の成立といえる。この点は，前漢・長安の未央宮と比較すれば明瞭である。未央宮では，前述のとおり，宮域正門は東辺囲壁に開いていて，正殿＝前殿から南走する軸線街路＝前殿表道は宮域正門から西走する章台下街とT字型に交叉し，同表道は都城域内の南北軸線ではあっても未央宮の南辺囲壁にまでは達していなかった。未央宮では，天子南面思想をもとに諸殿舎は南面して造営されていた。しかし宮域内軸線街路に関しては，同思想は，宮域南門＝西安門とは無縁の短小な前殿表道を析出するのみの段階にとどまっていた。

　後漢・洛陽では，天子南面思想を基本として宮域が整序される。まず南門をもって宮域正門とし，銭が述べるように，宮域内では正殿から正門＝南門にむけて街路が正南北走し，さらに南辺市門にむけて直走する軸線街路が成立する。しかし東西にずれあった南北二宮制の帰結として2本の南北軸線街路が並走していた点に，都城軸線をめぐる後漢・洛陽の特質がある。

　さきに市門について検討した際に，南辺市壁に4門が設けられていることに留意し，その意味については後述するとした。この問題が，都城南北軸線の定立と関係する。図62によって，後漢・洛陽の南・北両宮と街路との関係をみると，1つの特徴がうかびあがってくる。それは，内城にあたる南・北両宮の囲壁を，さらに外側から街路が方形にとり囲んで走っていることである。この外周街路を欠いているのは，北宮の北辺と西辺北部のみである。それは，北宮北辺は市壁に，またその西辺は濯龍園

写真65　後漢・洛陽　都城域より邙山を望む
邙山は，山というより台地である。都城の北方を画するが，比高は低いうえに頂上面も平坦で防御機能に乏しい。

とよばれる王室御苑に接していたため，周回街路を建設する必要がなかったからであろう。すでに述べたように，南・北両宮の配置は東西にずれあっているため，その周回街路は一致しない。そのため宮域を囲む街路を東から西へとみていくと，南宮東辺の開陽門街路，同西辺の小苑門街路，北宮西辺の津門街路の3街路が南北走して，それぞれ都城南辺市壁に市門を開いている。南宮正門から南走する行幸街路は，当然，これらの3街路とは一致しない。それは，平城門街路として建設される。その結果，これら4街路の市門が都城南辺に並列することになったのであろう。南辺市壁への4市門配置を相殺するために北辺市壁の市門を2門に減じて，市門の総数を『周礼』のいう計12に整合させたと考えられる。図62が示すように，北辺市壁は辺長がもっとも短いだけでなく，背後に邙山がせまっていて，そこに市門を建設する必要が小さかったことも配慮されたであろう。

(4) 「バロック化」への助走

　前漢・長安も，後漢・洛陽も，ともに前漢代初期また後漢代初期に建設された。前漢代初期と後漢代初期とのあいだには，大きな国家体制の変化があった。それらを列挙すると，皇帝権力の集中・拡大，家産制から官僚制への統治機構の集権化，天子南面思想の確立，王権権力強化のための儒教の動員などをあげうる。これらの諸変化は王権のいっそうの伸長・強化であり，それは，当然，王権による建設都城である後漢・洛陽に「バロック化」を刻印する。「バロック化」が胎動・萌芽にとどまっていた前漢・長安と比較すると，後漢・洛陽は「バロック化」を加速させた都城であった。その諸相についてはすでに個別的には言及したが，ここでそれらを要約して，つぎの検討対象である北魏・平城さらには北魏・洛陽への橋わたしとしたい。

　まず後漢・洛陽では，宮殿群が南宮と北宮という内城的な宮域へと集約・統合される。皇帝権力の統括のもとに，両者のあいだには，南宮＝朝廷，北宮＝宮城ともいうべき機能分化が成立する。宮域の位置は都城の市壁南辺部から北上して，とりわけ東西方向に関して都城域の中央部近くを占める。前漢・長安を特色づけた中心宮殿の都城西南隅，つまり「隩」への立地という家産制的な尊長座を天子の居処とするという思想を捨てさって，集権的な官僚制領域国家にふさわしく，後漢・洛陽の宮域は「中央宮闕」の位置に進出する。南・北両宮の宮域さらには都城全域も，ともに「天子南面」という皇帝のヴィスタで貫徹される。まず宮域に関しては，「前（南）に南宮＝朝廷，後（北）に北宮＝宮城」という『周礼』のいう「前朝後市」理念の「前朝」部分の実現で

第Ⅵ章　中国都城のバロック的展開　257

ある．都城全域に関しては，南宮正門を起点とする南北中軸線の成立がある．前漢・長安では鼎立関係にあった3つの軸線が，後漢・洛陽では「座北朝南」つまり「北に座して南に面する」皇帝のヴィスタを唯一の方向とする南北都城軸線によって統合されていく．しかし都城域の内部にかぎると，その都城軸線街路は1本に統合されることなく，それぞれの宮域南門から南走・並走する2本の街路から構成されていた．ここにも，都城域内の軸線街路に関する後漢・洛陽の「バロック化」の限界がある．しかし都城域の外方に目を転じると，都城正門＝平城門を出た軸線街路は，直線街路となって南郊祭祀施設にむけて延伸し，ここに長大な王権ヴィスタを後漢・洛陽に刻印していた．

　後漢・洛陽の北宮だけに注目すると，その位置は都城中央部の最北端を占める．それは，前記の「前朝後市」理念の「前朝」の実現であると同時に，中国都城の「バロック化」の究極的な表徴である「北闕」型都城につうじる特質である．後漢・洛陽の宮城は，「中央宮闕」的であると同時に「北闕」型に接近していくという二面性を示す．しかし後漢・洛陽では，宮域が2つに分断されているうえに，北宮＝宮城が南北中軸街路によってむすばれていない．その統合的な実現は，北魏・平城での習作を経て登場する北魏・洛陽を待たなければならなかった．

VI-5　北魏・平城 ── 北方遊牧集団の建設都城

　後漢帝国は220年に滅亡し，中国世界は分裂の時代へとはいる．その最初は，魏・呉・蜀の三国が鼎立する『三国志』の時代である．そのうち魏（曹魏）が後漢・洛陽を襲用して，そこに定都する．280年に三国時代に終止符をうって統一王朝を樹立した西晋も，それを踏襲する．しかし西晋王朝は短命で終わり，その滅亡とともに，中国世界は南北に大きく分裂して南北朝時代にはいる．当時，華北一帯ではモンゴル系やチベット系の遊牧集団を主体とする諸王朝が興亡をくりかえし，五胡十六国時代と総称される．しかし439年に北魏が華北全域を統一して，五胡十六国時代は終わりをつげる．

　北魏の中心勢力は，「鮮卑」と総称されたモンゴル系の遊牧集団に属する拓跋部（族）であった．鮮卑集団は，北魏だけでなく，のちの隋・唐両帝国の王室出身母体でもあった．この事実は，鮮卑拓跋部の建設都城である北魏・平城また北魏・洛陽の場合はも

図63 北魏・盛楽の市壁遺構図
（駒井による）

ちろんのこと，隋唐・長安の考察にあたっても，北方遊牧集団の文化・社会組織を視野に入れておこなうことが必要であることを意味する。

(1) 平城遷都 ── 遊牧空間と農耕空間の交界都市

鮮卑集団の本貫地は，大興安嶺山脈南西端のシラ=ムレン川流域にあった。そこから南西方に進出し，4世紀には現在の内モンゴル自治区中部の托克托地方を勢力範囲としていた。そこは，黄河が大きく北上して東流したのち，ふたたび南へと流路を転じていく大湾曲部にあたる。夏には黄河の増水によって潤される広大な草原地帯がひろがり，「水草を逐いて遷徙」する遊牧集団にとっては夏営地として好適な条件をそなえた地であったであろう。北魏建国以前には，彼らの根拠地は同地帯に位置する盛楽にあった。盛楽は，現在の内モンゴル自治区の首邑=フフホト南方に位置する和林

格爾(ゴル)の北方に所在する。

　盛楽には市壁の遺構が残り，その概略は図 63 のように報告されている[197]。南の玄武岩台地にそって大きく曲流する宝貝川の右岸に，南東から北西へとゆるやかに傾斜する地形にそって市壁が建設されている。「北魏盛楽城址」と記入された郭域の市壁は，南東から北西にむけてペン先状にひろがる巨大な不整形四辺形で，その最長対角線は約 3000 メートル，またもっとも幅広な部分の幅員は約 1600 メートルとなる。不整形な市壁の形態は，盛楽が計画とは無縁の都城であったことをうかがわせる。

　その内部には，南東部に 2 つの辺長 450〜600 メートルの小郭域が現存する。駒井和愛は，現場に散布する瓦片などから，南東端のものを漢代・成楽城，その北西のものを後代の金代・振武県城に比定している。このうち漢代・成楽城を再利用して，北魏・盛楽が建設されたと考えられている。しかし当時の瓦葺き建造物の遺構は検出されていないので[198]，遊牧集団特有のパオ型住居からなる都城であったと推考されている。

　盛楽を根拠地として拓跋部はしだいに東方へと勢力をひろげ，313 年に本貫地の盛楽を北都，平城を南都とする複都制を採用する[199]。北都——現実には盛楽は平城の西方に位置するが——と南都の複都制は，夏営地と冬営地のあいだを定期的に移動する彼らの遊牧的生活様式に適合した体制であったであろう。さらに 386 年に拓跋・珪は前秦王朝から自立して北魏王朝を樹立し，道武帝として登極する。華北平原への進出をはたした 398 年には，従来の複都制をあらためて平城に首都機能を集中させる。複都制から平城単都制への移行は，北方と西方にひろがる遊牧空間にくわえて，東方の華北平原一帯の広大な農耕空間にも君臨する国家へと成長した北魏王権の変容に対応した新体制の構築であった。

　平城は，現在の山西省最北端に位置する大同の前身である。大同は，北京西方の呂梁(リュイリャン)山脈中をながれる桑乾川(サンカン)の上流部に位置する。同地方に拓跋部が進出しはじめたのは，2 世紀はじめにさかのぼるとされる[200]。そこは長城南方帯における陸上交通の要衝であり，まさに四通八達の地であった[201]。まず北方はゴビ沙漠を越えてモンゴル方面へ，西方はオルドス沙漠南縁ルートと河西回廊を経て西域へ，南方は雁門関を経て洛陽へ，東方はおなじく雁門関さらには中山城を経て華北平原へとつうじていた。そのゆえに平城（大同）は，各地からのヒト・モノが集散するフロンティアの都市であった。

　ここで「フロンティア」という言葉をもちいたのは，歴史をつうじて平城が担って

写真66 北魏・平城 大同周辺の空中写真
平城一帯は，中国的には桑乾川の山間小河谷であるが，日本的には半乾燥の広闊な内陸平原である。

きた戦略的重要性を強調したいからである。「フロンティア」という概念には，2つの類型を設定できる[202]。1つは，たとえばアメリカ合衆国の「開拓前線」に代表されるフロンティアである。それは，強大な技術と力をもつ強者が，弱者である先住民の空間を侵略していく「前線」であった。その「前線」は，〈支配―従属〉関係の展開・拡大の場であった。しかしこれとは異なったもう1つのフロンティアがある。その典型的な例が，アジアやアフリカ各地の乾燥・遊牧地帯と湿潤・農耕地帯との接触帯に，歴史をつうじて持続してきたインターフェースとしてのフロンティアである。それは，ヒトとモノの集散機能に特化した都市をインターフェースとする相補的な交換・交流をつうじて，生態系と生活様式を異にする諸集団が，緊張をはらみつつも共存しあうフロンティアである。このような性格をもつインターフェース都市を「交界都市」とよぶと，平城また大同は，東方ユーラシア世界では張家口や蘭州さらには現パキスタン北西部のペシャワルなどとともに，その好例をなす。

平城への遷都は，夏営地と冬営地という遊牧的生活様式に対応した複都制から，交界都市・平城に首都機能を集中させて，遊牧世界と農耕世界の双方を複眼的に支配・君臨する体制への変化であった。平城の都城形態には，当然，交界都市・平城がもつこの性格が刻印されていたであろう。つまり遊牧集団・鮮卑拓跋部の本来の体制と農耕世界支配のためのあらたな権威創出の2つが，平城において相即しあっていたと考えられる。平城遷都の95年後に，北魏政権は中華世界の中心地＝中原の洛陽に再遷都する。北魏・洛陽は，平城での「実験・学習」をふまえて，本格的な農耕世界への君臨をめざした北魏王権の都城であった。

北魏・洛陽の画期性をあきらかにするためには，その先行・試行的意味をもつ平城の形態検討が重要な課題となる。しかし北魏・平城の形態研究には，これまで検討対象としてきた前漢・長安また後漢・洛陽とは異なった困難な条件がある。後二者の先行都城では，ともに発掘調査をもとに宮域と都城域の形態復原がなされ，その復原を基本資料として都城の形態研究が蓄積されている。それに対して，北魏・平城の考古調査は部分的・点在的なものにとどまり，都城域はもちろんのこと，宮域をはじめとする中心部分の範域さえも画定されていない。後段で検討するように北魏・平城の形態復原案も提出されているが，上記の事情を反映して，それらは復原試案のレベルにとどまっていて確定的なものではない。

けれども北魏・平城の形態研究は，史料に関しては有利な条件をもつ。それは，規模・形態を記載する同時代史料が正史に存在していることである。その有利性を生か

して，史料検討という基礎的レベルから北魏・平城の形態研究へと進むことにしたい。

(2) 北魏・平城の建設過程 ──『魏書』の記載から

　前述したように道武帝は，即位12年後の天興元年(398)に盛楽から平城に遷都する。『魏書』「太祖紀」巻二は，同年の遷都に関連する2つの記事を載せる。記載の順にあげれば，以下のとおりである。

　第1は，「春正月，……遂に鄴に幸す。帝，鄴に至り，巡りて台榭に登り，遍(あまね)く宮城を覧ず，将(まさ)に都を定むるの意あり[203]」との記事である。

　第2は，第1の記事の半年後にあたる「秋七月，平城に遷都す。始めて宮室を営み，宗廟を建て，社稷を立つ[204]」との記事である。

　まず第1のものからみると，「鄴」とあるのは，現在の河北省と河南省との州境部に位置する曹魏・鄴城を指す。曹魏とは，前述した三国時代の3国の1つ魏王朝のことで，曹氏によって建国されたので曹魏とよばれる。曹魏王朝の創始者曹操とその子曹丕は，後漢末期の204-220年に華北一帯を実質的に支配して自立し，魏王府を鄴城に置いた。220年に洛陽に遷都するまで，同王朝はここを根拠地とする。さらに五胡十六国時代には前燕(337-370年)が，鄴に定都した。前燕は，北魏とおなじ鮮卑集団の慕容部の樹立王朝である。しかし平城遷都の時期にも，道武帝は前燕の後継王朝である後燕(384-409年)との戦いにあけくれていた。この記事の2年前にあたる皇始元年(396)にも，大軍を派兵して慕容部の宝と戦い，彼らの根拠地であった鄴城など3城市を奪取している[205]。この記事で「遂に鄴に幸す」とは，鄴以外の諸城市巡察の最後という意味と同時に，積年の軍事目標であった鄴城奪取の達成をうけての表現であろう。

　第1の記事は，「鄴城に道武帝が行幸したこと」，「そのとき道武帝は高台の楼閣から宮城を俯瞰しただけでなく，宮城のすみずみまで巡覧したこと」，「道武帝は鄴への遷都の意志を抱いたこと」を伝えている。しかし第2の記事は，「(鄴への行幸から6ヵ月のあいだに)道武帝が鄴ではなく平城への遷都を決定したこと」，「遷都と同時に，宮室・宗廟・社稷が造営されたこと」を述べる。

　新都の建設が皇帝の宮室＝宮殿の造営からはじまるのは，当然である。しかし第2の記事で，宗廟と社稷が宮室と同時に建設されていることに注目したい。宗廟と社稷は，ともに儒教また農耕民の世界観にもとづく祭祀施設である。宗廟は孝観念にもとづく皇帝権威の源泉，社稷は土地と農耕の神を祀る施設である。それらは，漢族が樹

立王朝の正統性を闡明するための祭事施設であり，遊牧集団である鮮卑拓跋部とっては本来は異質な施設である。道武帝は，建都にあたって，鄴城をはじめとする先行都城の建設過程から宮室・宗廟・社稷の3つを最初に造営すべきことを学び，遊牧世界だけでなく，漢族世界と農耕世界にも君臨するためのあらたな権威の創出を意図したのであろう。

　新都・平城の建設計画について，『魏書』巻二十三「列伝」第十一は，鄴城奪取の記事につづけて，「後に太祖，広き宮室を欲して，平城の四方数十里を規度す。将に鄴，洛，長安の制を模す[206]」と述べる。道武帝は，「広大な宮城を欲して，辺長数十里の都城として平城を計画したこと」，「建設にあたってモデルを鄴城，漢魏・洛陽，前漢・長安にもとめ，その様式を模倣したこと」を記している。

　これらの先行3都城のなかで，道武帝が平城建設にあたってもっとも参考にしたのは，鄴城であったと考えられる。それは，道武帝が鄴城を訪れて子細に観察したことを述べる第1の記事からもうかがえる。逯耀東も，平城遷都の時期には洛陽は拓跋部の勢力圏外にあったとして，平城建設に直接的な影響をもったのは曹魏・鄴城であったとする[207]。また村田治郎も，同様の見解を述べている[208]。北魏・平城と曹魏・鄴城との関係については，平城の形態復原をおこなったのちに再論することにしたい。

　平城に遷都した398年7月の宮室・宗廟・社稷の着工につづいて，10月には天文殿の造営が開始される。以後，殿舎や宮苑の造営・整備が連年すすめられていく。しかし宮域また市街地の整備が本格化するのは，遷都後8年を経た406年になってからである。『魏書』は，宮域と市街地の整備に関して，つぎの3つの記事をのせる。

(1)　「太祖紀」天賜三年(406)六月条：「外城を規立す。方二十里[209]」。つまり「外城の範囲を区切る。辺長は20里」。外城の形態を正方形とすれば，その周長は80里となる。
(2)　「太宗紀」泰常七年(422)九月条：「平城の外郭を築く。周回三十二里[210]」。
(3)　「太宗紀」泰常八年(423)十月条：「西宮を広げ，外垣牆を起こす。周回二十里[211]」。つまり「西宮を拡張し，その外囲をかこむ郭壁を起工する。周囲20里」。「西宮」は，天賜元年(404)10月に太祖によって造営され[212]，つづく太宗も起居した王室宮殿であった。

　これらの3記事は，それぞれ外城，外郭，宮域の建設・整備の時期とそれらの囲

写真67 北魏・平城 水野のa地点における土塁の現況
写真の部分がもっとも保存状況がよいが，水野の踏査以降に建設された隣接集落のゴミ捨て場と化しつつある。

郭の周長について述べている。周長の規模順にならべると外城＝80里，外郭＝32里，宮域＝20里で，もしそれらの形態を正方形と仮定すると，辺長はおのおの20里，8里，5里となる。北魏時代の里は約434メートルとされるので，メートル法に換算すると，それらの辺長は約8.7，3.5，2.2キロメートルとなる。もしこれらの数字が正確とすると，とりわけ外城の巨大さが注目される。その辺長8.7キロメートルは前漢・長安の最長市壁6.3キロメートルをうわまわり，またのちに検討する隋唐・長安の市壁東西辺の辺長9.7キロメートルに近似する。これらの数字から北魏・平城は，宮域を外郭が，さらに外郭を外城がとりまく構造の都城であったと推定しうる。

以上の北魏・平城の建設過程で注目されるのは，つぎの3点である。

① 3囲郭のなかで最初に範域が画定されたのは宮域や外郭ではなく，外城であること。
② その画定は，平城の本格的な建設開始と同時であること。
③ その画定は外郭や宮域の画定よりも16年も早いこと。

これら3点から，「宮殿・宗廟・社稷などの王権施設とならんで，なぜ最初に外城の範域が確定されたのか」という問題がうかびあがる。この問題については，ここでは提起するだけにとどめ，北魏・平城の形態復原を試みたのちに再考したい。

(3) 北魏・平城の形態探求 —— 考古調査から
　　(3)-① 水野清一の調査（1938年）

北魏・平城の中心部分は大同市街地の地下に埋もれていて，現在のところ発掘調査はごく部分的なものにとどまっている。都市遺構に関する最初の考古調査は，1938年の水野清一による踏査であった[213]。踏査そのものが雲崗石窟調査の合間をぬってなされたことをはじめ，当時のさまざまな制約から，調査は版築壁や土塁の遺構確認を主とする概観的なものにとどまらざるをえなかった。図64は，踏査結果を示した水野による遺構分布図である[214]。同図では，版築壁・土塁を現認部分（実線）と推認部分（破線）とに分けて示されている。水野が同図に描く版築壁・土塁を，以後の検討では囲壁Aとよぶことにしたい。

囲壁Aは，2箇所に描かれている。第1は，大同市街地の北辺市壁から約3.2キロメートル北上した位置（図64のa・b地点）で，実線と破線で引かれた東西走向の版築

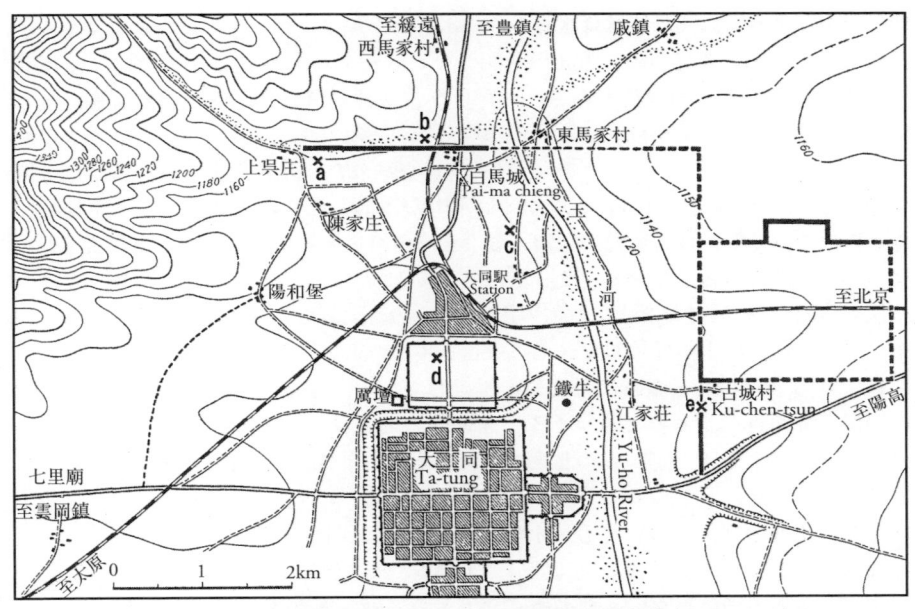

図64　1938年当時の大同周辺における残存版築壁遺構（水野による）

壁遺構である。これを囲壁A1と名づけたい。囲壁A1は，ほぼ〈東—西〉に走る大溝の南岸にそって構築され，版築壁の高さは3〜4メートルとされる。水野は，これを「北魏・平城の北壁とみなしうる」と述べている。これにしたがえば，囲壁A1は，『魏書』が記載する外城・外郭・宮域のうちの外城の北辺囲壁ということになろう。

　図64のa地点の東方は，現在では安家小村とよばれる集落域となっている。2010年10月にそこを訪れ，囲壁A1の現状を確認した。同集落の西方には高速道路が建設され，囲壁はその西方にまでつづいているが，その部分をふくめても囲壁A1の残存部分は全長500メートルほどにすぎない。図64で，水野が実線で描く囲壁A1の全長は約2キロメートルであるが，現在ではそのほとんどは破壊・消滅してしまっていることになる。残存部分の多くは，囲壁というよりも，北を東流する河川南岸の段丘状微高地を断裁したもので，そこには横穴式の窖蔵が掘鑿されているほどである。この部分の残存状況がもっともよいのは，堤防を兼ねた人工的な段丘崖だからであろう。水野はその北を流れる水路を「大溝」としているが，図64が砂礫で同河流を表

第VI章　中国都城のバロック的展開　265

写真68　北魏・平城　古城村現況
大同市街地東方の開発地帯と化し，大規模街路建設のために古城村が載る段丘面の削平が進行中である。

現しているように，実際には降水時のみに水流をみるワーディー的な小急流である。
　第2は，大同の現存市壁の東辺から約2キロメートル東方（図64のe地点）を南北走する土塁性微高地の遺構である。水野は，古城村の南方に北魏時代の遺物が散布する人工的な微地形を現認し，「古い城壁か」と述べている。これを囲壁A2とよびたい。囲壁A2についても，2010年10月に現場を訪れた。現在，古城村一帯は巨大開発の場となっていて，同図のe地点では水野が現認した南北版築壁はもはや確認できなかった。そこには古城村が立地する段丘の西端を切って南北走する広幅員道路が建設中で，その用地と化してしまったのであろう。
　図64には，古城村の北側に村名の由来となった凸字状の古城（囲郭）が描かれている。しかし凸字状土塁は貧弱なうえに新しい時代の土器片をふくむことから，水野は北魏よりも後代の遼・金時代の囲郭と推定している。さらに水野は，囲壁A1とA2は同図の北東部で交わるとし，そこに囲壁Aの北東コーナーの存在を推量する。しかし後述するように，囲壁Aの北東コーナーまた囲壁A2の想定は再考の必要があると考える。
　北魏・平城の宮域についても，水野は，踏査時に大同駅の加水（給水）塔工事にともなって出土した2列の礎石列（図64のc地点）に注目している。それは，5メートル間隔で東西方向にならぶ2列の礎石列である。礎石は直径2メートル強と大きく，北魏時代に属するものであることから，宮殿の一部ではないかと水野は推測している。北魏・平城の宮域所在地を大同駅一帯に比定する水野の提唱は，以後，定説となっていく。現在，同図の加水塔一帯は鉄路の錯綜する操車場と化していて，水野が現認した遺跡をふくめて北魏・平城に関連する遺跡・遺構はもはや残されていない。

(3)-②　2つの都城復原案

　以上のように，水野は，遺構・遺跡の踏査をもとに，図64の囲壁A1を外城の北郭，囲壁A2を外城の東郭，大同駅一帯を宮域に比定した。しかし北魏・平城の全体的な構成については，それ以上に言及することはなかった。水野の踏査以後，北魏・平城の考古調査は長い停滞期にはいる。その本格的な再開は，1980年代をまたなければならなかった。90年代にはいると，北魏・平城の都城形態の復原も試みられていく。管見のかぎりでは，これまでに2つの復原案が提出されている。まず，それらについて概観したい。
　A『中華文明史』第4巻所載の形態復原案[215]

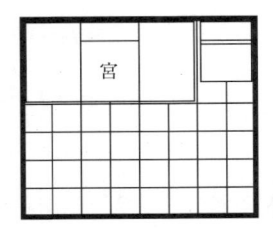

図65　北魏・平城の復原案（A）―『中華文明史』第4巻による

　同書が掲載する復原案を，図65に復原案（A）として掲げる。同書は，作成根拠などを示すことなく，ただ「示意図」として同図を提示するのみである。おそらくその典拠は，(2)で紹介した『魏書』巻二十三「列伝」第十一の「鄴，洛，長安の制を模す」との記事であろう。同図は，そのうちの鄴・北城をもとにして図化されたもの考えられる。その理由は，図65が後出する2つの鄴・北城の復原図（図71・72）と酷似していることにある。さらに同書は，復原案についてもなんら説明していない。『魏書』の記載と図65とを対応させて解釈すれば，「宮」と記入された「宮域」，それを囲繞する細い太線のヨコ長・長方形が「外郭」，最外縁の太い実線の範囲が「外城」の3郭域からなる都城ということであろう。このように，復原案（A）は単なる想像的な「示意図」にすぎないといえる。そのため，以後の検討からは同案を除外することにしたい。

　B　張暢耕ほかによる形態復原案[216]
　90年代の考古調査の進展をうけて，2003年に発表されたのが図66に掲げた復原案（B）である。その復原案は，（A）案とくらべると，はるかに実証的かつ詳細である。それは，（B）案が，『魏書』また『水経注』をはじめとする史資料の検討，考古調査の成果，その検出遺構のGPSによる位置確定，さらには北魏・平城の研究史をふまえて提唱されているからである。その登場は本格的な北魏・平城の都城復原研究の開幕をつげるものであり，参照すべき復原案の登場といいうる。
　まず張ほかは，『魏書』の記載をもとに，北魏・平城が(1)「平城宮」＝宮域，(2)「北魏平城」＝外城，(3)「平城外郭」＝外郭の3郭域からなる都城として復原し，さらに後二者を「郭城」として一括する。図66を一見するとあきらかなように，その独自性は，「郭城」から離間した北方に「平城宮」＝宮域が所在していたとする複核編成の都城として北魏・平城を復原する点にある。
　図66にみるように，その復原案は「平城宮」の所在地を大同駅一帯にあてている。その根拠は，つぎの2点にある。1つは，1938年の加水塔建設時の検出遺構にもとづく水野の比定である。張ほかは，水野の「大同近傍調査記」を中国語に全訳して，その根拠を示している。他は，1995年の宿舎6号楼の建設時に検出された北魏時代の大型版築基壇である。加水塔と6号楼との南北間隔は350メートルほどにすぎ

第VI章　中国都城のバロック的展開　267

- ―□― (1) 平城宮（宮城）
- ―□― (2) 北魏平城（外城）
- ---- (3) 平城外郭（外郭）
- ⊕ (4) 明堂遺址
- 土 (5) 道壇遺址
- ～ 河流

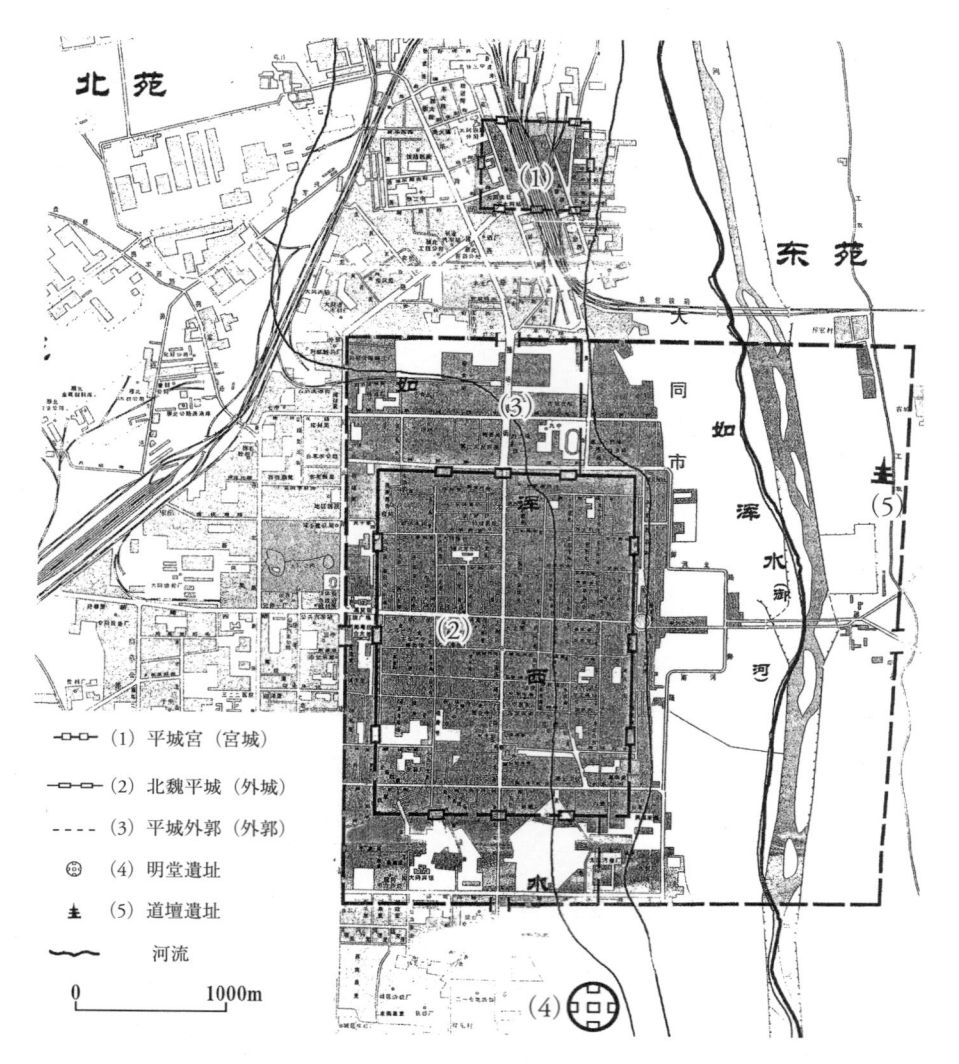

0　　　1000m

図66　北魏・平城の復原案（B）―張暢耕ほかによる

ず[217]．それらを含むかたちで図66の「平城宮」の範域が設定されている．宮域の規模は，東西幅＝ほぼ750メートル，南北長＝ほぼ630メートルとされている．しかし大同駅一帯への宮域比定は，現在では再検討を要すると考える．これについては，復原案（B）の概観を終えたのちに詳述したい．

写真69　北魏・平城　道壇遺址
道壇は道教の祭式施設で，都城東方の御河南東詰に立つ。
大同に残る数すくない北魏・平城の遺跡・遺構の1つ。

「郭城」のうち「北魏平城」＝外城は，現存する明代・大同府の郭域にひきつがれているとする。その根拠として，史書の記載と同時に，北魏時代に構築された黒色版築層に累層するかたちで明代の市壁が建設されていることをあげている[218]。図66では「北魏平城」の実線囲郭も，ほぼ北関と南関をのぞいた明代・大同府の市壁にそって描かれている。復原案（B）では，「北魏平城」＝外城は，1）規則正しいタテ長・長方形の郭域であって，2）囲壁の各辺には3門を相称的に配し，3）郭域内は左右相称的に北→南に貫走する軸線を中心に，4）直線街路によってグリッドパターンに区画されていたとする[219]。2）の「旁三門」配置は，『魏書』「太祖紀」天興二年（399）八月条の「京師十二門を増啓す」を典拠としている[220]。また3）の南北軸線街路は，同図にみるように，明代さらには現在の大同市街地の中心南北街路に継承されているとする。

張ほかは，「北魏平城」＝外城を囲繞して，「平城外郭」＝外郭がひろがっていたとする。（B）案では，「北魏平城」は「平城外郭」の南西部に偏在していたものとして配置されている。その南西方への配置は，後述するように妥当な解釈である。「平城外郭」の規模は，メートル尺度で，北郭＝約3957，東郭＝約4063，南郭＝約3732，西郭＝約4141，全長＝約15893メートルとされる[221]。そのうち東郭は，水野が現認した古城村の北魏時代の黒色版築壁をもとにして設定されている。北郭と南郭は，ほぼ明代・大同府の北関と南関の郭壁を延長させて上記の東郭との交点までとしている。

これらによって構成される「平城外郭」の郭壁全長を北魏時代の里に換算すると，約38里となる。ここで問題となるのは，前出した『魏書』「太宗紀」泰常七年九月条が平城の外郭を32里としていて，B案とのあいだで6里の差が生じることである。これについて，張ほかは「平城外郭」内の東部を流下する如渾水（現在の御河）の存在に注目する。その河道幅は約1300メートルであり，それを「平城外郭」の北辺と南辺から除外すると，隔壁全長は約31.7里となる。張ほかは，その全長距離＝約31.7里が『魏書』が記載する「周回三十二里」に近似することを指摘する[222]。

(3)-③　宮域の位置と形態の復原

水野の提唱以来，北魏・平城の宮域を大同駅一帯に比定する考えが定説とされてきた。張ほかによる形態復原案（B）も，それにしたがって「平城宮」を大同駅一帯に設定したうえで，「平城宮」は「郭城」から離間した北方に位置していたとする。その離間の一因として，張ほかは，両者の中間帯が低湿な凹地であったことをあげている[223]。そのうえで，図66では明瞭ではないが，「平城宮」の「双闕」＝南大門と「外郭」

第Ⅵ章　中国都城のバロック的展開

写真 70　北魏・平城　大同四中東方の再開発予定地
後方左端の白い中層建物が大同四中で，手前の更地の諸処に掘られた溝の側壁には多くの平瓦片が夾雑している。

の北郭門とは同一南北線上に位置し，両者が一体的関係性をたもって建設されていたとする。

　「平城宮」と「郭城」とのあいだの一体的関係性をみとめるとしても，同案の「平城宮」の位置復原には，検討すべき2つの問題がある。その第1は，大同駅一帯への宮域配置が妥当かどうかの問題であり，第2は，北魏・平城を宮域と「郭城」との2つからからなる複核構成の都城とする復原が妥当かどうかの問題である。

　第1の問題を提起する理由は，北魏・平城の宮域の位置をめぐって，大同駅一帯以外にもとめる説が提唱されていることにある。それは，図66で張ほかが「平城外郭」内に記入する数字（3）周辺の操場城街一帯に宮域を設定するものである。現在では，「宮域＝大同駅一帯」説を支持する研究者[224]よりも，「宮域＝操場城街一帯」説を支持する研究者が多いようである[225]。じつは，宮域の位置をめぐる第1と第2の問題は連動している。というのは，複核構成都城説は「宮域＝大同駅一帯」説とむすびつき，「宮域＝操場城街一帯」説は「郭城」内部に宮域が位置していたとする単核構成都城説とむすびつくからである。

　これらの点を念頭において，北魏・平城の都城形態復原へとすすむことにしたい。

　近年，大同市街地内で進行中の部分的な発掘調査をもとに，2人の研究者によって東西走する囲壁遺構の存在が報告されている。両者の報告は，ともに1999年の『北朝研究』のおなじ号に掲載された。しかしその報告遺構の位置は異なるので，それらは別個の囲壁遺構を示すものと考えられる。1つは姚賦の論文で，図64の水野図で「大同」と記入された旧市の北辺市壁の直北あたりを東西走する囲壁遺構の存在を述べている[226]。もう1つは高平論文で，彼は，大同旧市に北接する小郭城（北関）の北辺囲壁あたりを東西走する囲壁遺構の存在を指摘する[227]。その検出位置から考えて，両者が述べる囲壁遺構は宮域囲壁にかかわるものであろう。2人が確認した東西囲壁の南北間隔は1キロメートル弱にすぎないので，これらをもってただちに宮域囲壁の北辺と南辺とすることはできない。

　2002年に北魏時代に属する残瓦堆積層の大規模遺跡が，大同市街地内で発見された。それについて報告する殷憲論文[228]などをもとに，その要点を地図化すると，図67のようになる。残瓦堆積層の発見場所は同図に●印で記入した大同第4中学の一帯で，南面する同中学正門両側の数百メートルにわたってひろがっているとされる。2010年10月に，大同第4中学周辺を訪れた。同中学の東方一帯は，図64が描く北関の東辺市壁にいたるまで再開発用地として一面の更地と化していた。最東端の市壁

270　第2部　都城のバロック的展開

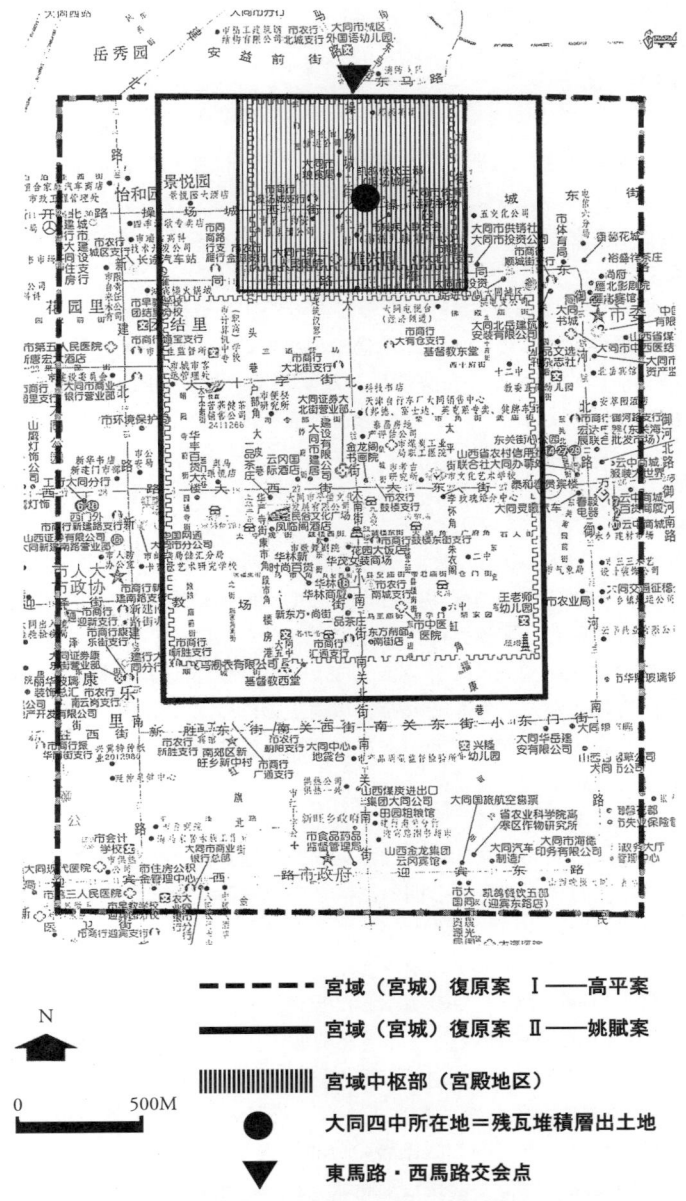

図67 現在の大同市街地と平城・宮域の範囲復原(応地作図)

- - - - 宮域(宮城)復原案 Ⅰ——高平案
──── 宮域(宮城)復原案 Ⅱ——姚賦案
||||||||| 宮域中枢部(宮殿地区)
● 大同四中所在地＝残瓦堆積層出土地
▼ 東馬路・西馬路交会点

第Ⅵ章 中国都城のバロック的展開

写真71　北魏・平城　北魏1号遺址出土の人面紋瓦
1号遺址は大同四中の北方にあり，精巧な紋瓦は宮殿建築址の存在を想定させる。しかし再開発により遺址は破壊された（大同市考古研究所所蔵）。

にそって南北溝が掘鑿され，その掘りあげられた土には多くの北魏時代の櫛目紋瓦片がふくまれていた。このように大同第4中学の周辺一帯で残瓦が大量かつ広範囲にわたって発見されることから，その一帯が宮殿をはじめとする宮域主要地区の遺跡と推定されている。

　ここから，さらに重要な発見が2003年にあった。それは，大同第4中学北方からの北魏1号建築遺址をはじめとする諸遺構の検出である。同遺址一帯からは，北魏時代の版築基壇遺構にくわえて，大型礎石・大型磨光黒瓦・半円形人面紋瓦・「皇魏萬歳」文字瓦当など出土した[229]。これらの考古調査の成果をもとに，北魏・平城の宮域を大同第4中学一帯に比定する「宮域＝操場城街一帯」説が有力視されるにいたった。しかし北魏1号建築遺址をふくめてこれらの諸遺跡は，再開発による高層集合住宅群の建設によって破壊されてしまった。

　大同第4中学は，図66の記入数字（3）の位置に所在する。その位置は，北関のほぼ中心にあたる。そこに宮殿地区があったとして，前述の姚賦と高平が報告する2つの囲壁遺構と宮殿地区とを関連させると，つぎのように考えうる。姚賦が想定する囲壁は，大同市街の北辺市壁近くを東西走している。その位置は，図67の●印で示した大同4中の南方にあたる。もしそれを宮域南辺の囲壁とすると，それは宮殿地区の直南にあたる。しかしそれでは宮域があまりにもせますぎるので，姚賦の想定囲壁を宮域の南辺囲壁に比定することはできないであろう。

　一方，高平の報告する囲壁は，大同4中北方の北関囲壁の北辺近くを東西走するとされる。また殷宪は，同図に▼印で示した東馬路と西馬路との交点に宮城北辺を想定する。その位置は，高平が報告する囲壁遺構と一致する。そこから2人が述べる囲壁遺構を宮城の北辺囲壁に比定することができると考える。

　以上のように宮域の北辺囲壁を確定させたうえで，宮域の範囲確定へとすすむことにしたい。これについても，2つの異なった想定が提出されている。1つは前述した高平が提唱するもので，その範囲を〈「北＝北関城墻」―「南＝迎賓館路やや南」〉，〈「東＝渾水東方」―「西＝新開路やや東」〉に設定する。この想定にもとづく宮域の範囲を，図67にⅠとして破線で記入した。もう1つは，姚賦の想定である。彼は，大同市街地内から断続的に発見されている版築層の分布状況をもとに，「大同市街地の旧市壁の東西幅を，南関先端付近まで延長した範囲」を宮域とする。しかし姚賦は，宮域の北辺を大同の旧市壁北辺としている。前述した理由から，宮域の北辺囲壁は現在の北関北辺にあったとするのが妥当であろう。宮域の北辺囲壁を北関北辺城墻に変更した

うえで，姚賦の想定宮城を図68に実線で記入すると，Ⅱの範域となる。

図68でⅠ・Ⅱの想定範域を比較すると，共通点として，宮城の形態を南北に長いタテ長・長方形としていること，またその中軸線を大同旧市の中心部を南北に貫通する大北街と大南街をむすぶ南北幹線街路としていることの2点を指摘できる。この南北線は，北魏時代以後にも，明代に建設された大同故城さらには現在の大同旧市でも中軸線として踏襲されている。図66の張ほかによる北魏・平城の復原案（B）でも，同南北街路を「郭城」の左右相称中軸線として復原されていた。

Ⅰ・Ⅱのあいだには上記のような共通点はあるが，両者の宮域想定範域の相違は大きい。図67で図示した想定範域Ⅰ・Ⅱについて，その〈南北×東西〉のおよその距離をメートルと北魏時代の里で，また周長を里で示すと，つぎのようになる。

想定Ⅰ（高平案）：［3300×2300 メートル＝7.6×5.3 里 ── 周長25.8 里］
想定Ⅱ（姚賦案）：［2400×1500 メートル＝5.5×3.5 里 ── 周長18.0 里］

想定Ⅱの周長18里は，『魏書』が記載する宮域周長20里に近似する。姚賦は，想定Ⅱの宮域想定をおこなうにあたって，版築層の出土状況を参看したことを述べている。しかしその出土地点については，具体的に語っていない。これに対して高平の場合には，想定Ⅰを提出するにあたって，その根拠についてはなんらふれていない。根拠への一応の言及にくわえて『魏書』の記載との近似性という点も考慮して，姚賦が提起する想定Ⅱの範囲をもって北魏・平城の宮域としたい。

つぎにこの宮域想定を前提として，宮域中枢部の位置について検討したい。すでに紹介したように，従来，定説とされてきたのは水野にはじまる大同駅一帯説であった。水野は，図64の北部の版築壁A1中央部から南方にむかって延びる微高地の存在に注目し，それが宮闕の遺跡ではないかと述べている。その際，水野は，大同駅北方で当時工事中の加水塔建設現場から出土した北魏時代の残瓦群また礎石群を，宮闕比定の傍証としていた。それ以後，北魏・平城の宮殿所在地は大同駅周辺とされてきた。しかし前述した1990年代以降の考古調査の進展によって，「宮域＝大同駅一帯」説にかわって「宮域＝操場城街一帯」説が有力となりつつある。大同第4中学は，南北走する操場城街（現在は武定北路と改名）と東西走する操場城東街との交点の北東コーナーに所在する。その位置は，「操場城街一帯」の中心にあたる。「宮域＝操場城街一帯」説が有力視されるに至ったのは，同中学とその周辺でのあいつぐ宮殿遺構・遺物

写真 72　北魏・平城　東・西両馬路の交点
東・西両馬路はともに斜行街路で逆三角形状に交わったのち操場城街となって，大同の正南北軸線街路として都市域を貫走していく。

の検出と出土にもとづくものであった。殷憲も，水野以来の「宮域＝大同駅一帯」説が否定されたことを同論文で強調する[230]。

　想定 II の宮域内で大規模建造物群の所在地と考えられているのは，大量の残瓦堆積層が発見された大同 4 中（図 67 の●印）の一帯である。殷憲は，そこが宮城中枢部の所在位置とし，その範囲をつぎのように想定する。北は宮域北辺とされる東・西両馬路交叉点（図 67 の▼印）＝大同北関北辺から，南は大同旧市北門までの南北およそ 900〜1000 メートル，東は操場城東街から西の食品庁までの東西およそ 1000 メートルの範域とする[231]。図 67 には，彼の想定にもとづく「宮城中枢部（宮殿地区）」の範域を記入した。4 辺のうち南辺は，前述した姚賦が報告する囲壁遺構の検出線と一致している。それについて述べた際に，同囲壁をもって宮域の南辺とすることはできないとした。しかしそれは宮域南辺ではなく，宮域中枢部の南辺囲壁にあたることになる。

　その想定範域は正方形に近いヨコ長・長方形で，宮域がタテ長・長方形であるのとは対照的である。しかし両者は中軸線を共通にしていて，宮殿地区も宮域も，ともに同軸線を介して左右相称的である点も共通する。さらに宮殿地区の大きな特徴は，それが宮域中央部の北端に位置している点にある。この特徴については，のちに詳論することにしたい。

(3)-④　外郭の形態復原

　宮域とその中枢部の範域を復原想定したうえで，外郭囲壁の検討へと移ることにする。これまでの研究のなかで，外郭の範囲を具体的に提唱しているのは，前述した張ほかと姚賦の 2 人である。前者による外郭囲壁の設定は図 66 に示したので，ここでは姚賦の想定をとりあげたい。彼は，前述したように，宮域の北辺囲壁を大同旧市の直北部に想定したうえで，それを左右に延伸したものが外郭北辺だとする。いいかえれば宮域の北辺は外郭北辺を兼ねていたとしたうえで，その辺長について「東方への延伸部の末端は古城村付近」，「外郭の辺長はほぼ 4000 メートル，4 辺の周長は約 1 万 6000 メートル」と述べる。辺長 4000 メートルは，北魏時代の里に換算すると約 9.2 里となり，その数字は『魏書』が語る外郭の辺長 8 里という数字に近いといえば近い。姚賦が外郭囲壁北辺の延伸東端とする古城村は，図 64 の e 地点に示されている。そこは，水野が南北走する版築壁 A2 を現認した地点であった。

　ここで上記の姚賦が述べる諸点をもとに，外郭の範域想定へとすすみたい。その

際，宮域の範囲想定の場合と同様に，宮域北辺囲壁でもある外郭の囲壁北辺を大同旧市北壁の直北から，殷憲と高平が想定する大同北関の北辺に変更する。同北辺線を，前記の宮域中軸線にあたる南北幹線街路から東方に延伸させて，図64の「古城村」に記入されたe地点まで引くと，図上でのその距離は約2800メートルとなる。姚賦にしたがって「外郭辺長4000メートル」とすると，宮域中軸線の南北幹線街路から西方への延伸距離は約1200メートルとなる。図64上でその距離を西方にむけてとると，外郭北辺の西端は大同旧市の西辺市壁から約330メートル西方の地点となる。

姚賦の想定する外郭囲壁を具体的に検討したうえで，張ほかの「平城外郭」の想定囲郭（図66）をとりあげたい。規模と位置の2点から両者が想定する外郭囲壁を比較すると，つぎのように要約しうる。まずその辺長については，姚賦は各辺4000メートル，4辺の周長16000メートルとする。これに対して張ほかの想定は，北郭＝約3957，東郭＝約4063，南郭＝約3732，西郭＝約4141メートルであって，各辺はほぼ4000メートル前後，そして4辺の周長＝約15893メートルとしている。両者の外郭囲壁の想定規模は，きわめて近似している。さらに両者の外郭各辺の想定位置について検討すると，その位置もほぼ対応している。

北辺——両者ともに，北関北辺市壁に想定。
東辺——両者ともに，古城村西辺に想定。
南辺——姚賦案：ほぼ向陽路，張ほか案：ほぼ迎賓路。
西辺——両者ともに，ほぼ新建路周辺に想定。

これらの検討は，両者の想定外郭のいずれにしたがってもよいことを意味していよう。前述した宮域中枢部また宮域の範囲設定に際して姚賦の研究にも言及してきたので，以下の北魏・平城の都城構成の復原にあたっても，姚賦の外郭囲壁の想定を採用することにしたい。

以上，中国人考古学研究者の近年の研究をもとに，北魏・平城の外郭，宮域および宮殿地区の所在位置とその範囲について検討してきた。その際，関係街路・施設の所在場所を現在の大同市街地図上で確認し，それをもとにして範囲を設定した。水野が調査結果を要約した図64をベースマップとして，以上の復原結果を図化すると，図68となる。同図に記入したA1・A2は，水野が現認また推認した囲壁遺構である。図68で注目されるのは，つぎの2点である。

第1は，外郭の北東角が水野の版築壁A2の現認部分北端と一致することである。これは，のちに外城の囲壁を検討する際に重要な意味をもつ。第2は，外郭と宮域と

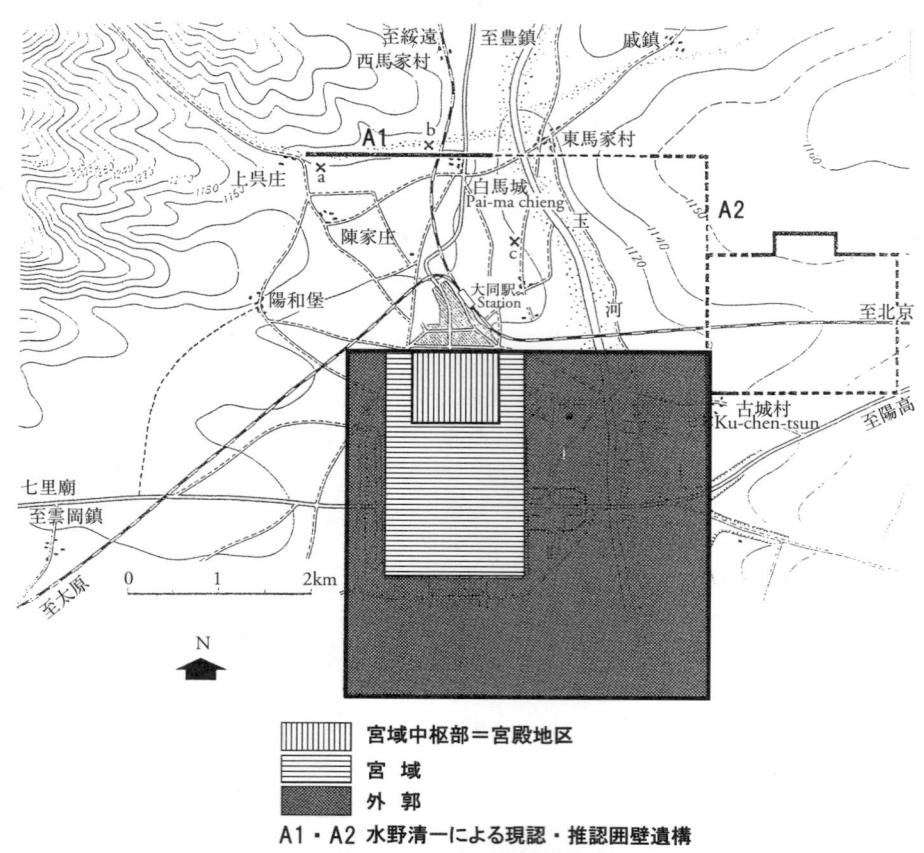

図68 北魏・平城の宮域と外郭の範域想定（応地作図）

凡例：
- 宮域中枢部＝宮殿地区
- 宮域
- 外郭
- A1・A2 水野清一による現認・推認囲壁遺構

の関係である。同図であきらかなように，宮域の位置は外郭の北西端に偏在している。このことから殷憲は，両者の配置関係が『南斉書』「魏虜伝」が述べる「平城の西を截ちて宮城と為す[232]」との記事と照応することを指摘する。

ここで，1961年に発表された宮崎市定による北魏・平城の囲郭想定にふれておきたい。宮崎は，『魏書』の述べる外郭と外城とはおなじであって，北魏・平城は〈宮城＝内城〉と〈外郭＝外城〉の2囲郭からなる城郭二重式の都市であったとする。具体

276　第2部　都城のバロック的展開

的には，宮城が外郭の内部に包含されるのではなく，外郭北辺から北にむけて凸型に突出するかたちで宮城が配されていたとする[233]。しかしこの想定に対しては，2点で批判が可能であろう。第1は，『魏書』は3囲郭の存在を周長の相違をふくめて明瞭に語っていて，これを2囲郭からなる「城郭二重式」とする根拠がとぼしいことである。第2は，前記の『南斉書』「魏虜伝」は「平城の西を截ちて宮城と為す」として，外郭の北ではなく西部を宮城にあてたことを述べており，さらに現在の考古調査からもそれを確認しうることである。したがって宮崎の想定は，ここで提出した復原案を否定するものではないといえる。

　つぎに，外城の範域検討へとすすむことにしたい。その検討にあたって最初に問題となるのは，水野が現認また推認した版築壁A1とA2をどのように考えるかということである。たとえば堀内明博がいうように，A1とA2を各々「平城城の北壁並びに東壁」，つまり外城の北辺囲壁と東辺囲壁とする立場も成立する[234]。しかし外郭の範域を図68のように設定すると，版築壁A2の想定自体に疑問が生じる。まず，この点について検討したい。

　図68は，版築壁A2のうち水野が現認した部分のほぼ北端で外郭北辺が直交し，そこに外郭の北東角を想定できることを示している。水野の版築壁A2の現認部分は，その北東角を越えて北上していない。このことは，図64の古城村に描かれた版築壁A2のうち，水野が現認した部分はすべて外郭の囲壁にあたると想定できる。しかし水野は，外郭北東角から北方にむけて版築壁A2の延伸を推認し，それを破線で記入している。しかし版築壁の現認部分がすべて外郭の東辺囲壁にあたるとすると，版築壁A2の北方への延伸を推認する根拠はなくなる。とすると，水野が図64に描く版築壁A1とA2の交会，いいかえれば外城囲壁の北東角の想定も否定されることになる。逆に版築壁A1が図64の北東角で尽きることなく，さらに東方へと延伸していく可能性を想定することも可能となる。

　他方，図64に描かれた版築壁A1の西端は，現場での観察によれば，西方の山地と平原との地形変換線に位置する。このことは，地形的にみて，そこが版築壁の北西角であった可能性が大きいことを意味しよう。『魏書』は，外城の辺長を20里としていた。もしこれにしたがって，版築壁A1の西端から東方に20里＝8.7キロメートルをとると，それは，水野が設定する版築壁北東角を越えてさらに東方へと延伸していく。したがって水野の設定する版築壁A1とA2のうち，A2が外郭東辺とすると，外城囲壁に措定可能なのはA1のみとなる。つまりA1＝外城北辺ということである。

しかし，これとは別個の想定もなりたつ。それは，版築壁A1を外城さらには北魏・平城の都城構成とは無関係な囲壁遺構とする立場である。この立場では，版築壁A1は，たとえば北方にむけた平城防御のための防塁的な軍事施設とみなす。この想定にしたがえば，図68は，外城の囲壁についてなんら語っていないことになる。では，外城の範域をどのように設定できるだろうか。その考え方の１つに，外城と外郭の北辺は同一であって，外郭北辺を左右に延伸させたものを外城北辺とする立場があろう。この想定を支持する考古学的な根拠はない。しかし後述するように『南斉書』の記載には，これを傍証する史料がある。

(4) 北魏・平城の都城復原私案A・B

　以上のように水野にはじまる大同とその周辺での考古調査をもとにして，北魏・平城が，『魏書』が述べるように３つの郭域からなる都城であることがあきらかとなった。３郭域は，周縁から中心にむかって，『魏書』の表現にしたがえば外城・外郭・宮域の順に配列していた。これを前提として，北魏・平城の都城構成の復原を試みたい。復原にあたっては，つぎの２つの原則にしたがうことにする。第１は，考古調査によって囲郭の範域また規模が想定可能なものについては，できうるかぎりそれらを採用することである。第２は，その想定が存在しない場合には，『魏書』などの記載にしたがうことである。

　都城構成の復原にあたって，もっとも問題となるのは，水野が現認した北方の版築壁A1の位置づけである。平城の都城構成のなかに版築壁A1をどのように関連づけるかによって，２つの復原私案を作成しうる。それらを復原私案 *A*・*B* とよぶことにしたい。両者は，水野の版築壁A2を外郭囲壁の東辺とする点では共通する。その相違は，版築壁A1の比定にある。復原私案 *A* は，版築壁A1を外城の北辺囲壁と考える立場である。これに対して復原私案 *B* は，版築壁A1は外城のみならず平城の都城構成とは無関係の防塁壁とみなす立場である。

　この２つの復原私案を，図69に *A*・*B* として示す。両者の復原にあたっての根拠は，以下のとおりである。

　(1) **外　城**：復原試案 *A* は，水野が現認した版築壁A1を外城の北辺市壁とする。その東西両端は不明であるが，図64によると，水野が現認した版築壁の西端は山地と平原の地形変換線付近に位置している。この地形的な条件から，同図

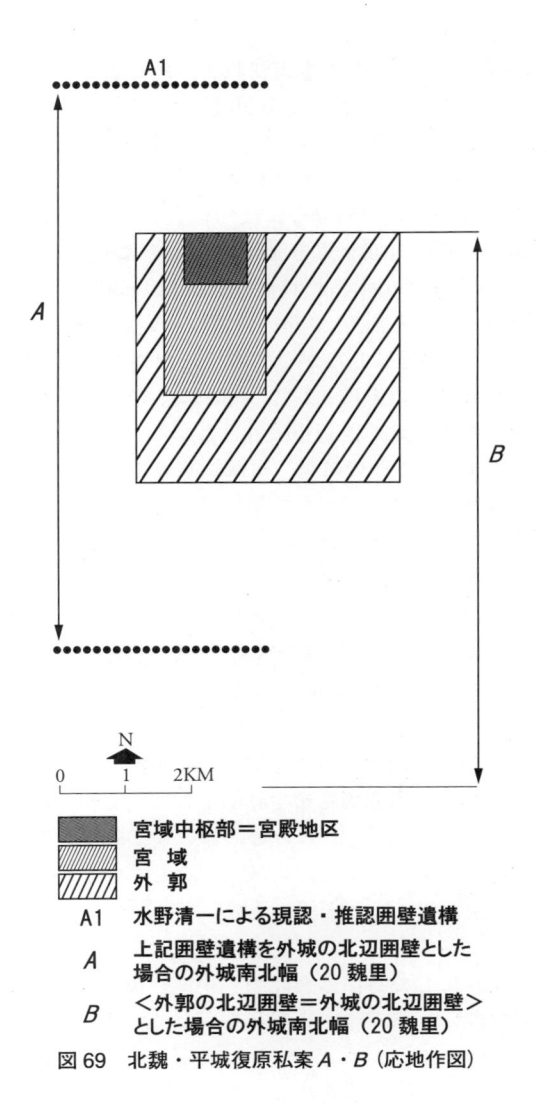

	宮域中枢部＝宮殿地区
	宮 域
	外 郭

A1　水野清一による現認・推認囲壁遺構

A　上記囲壁遺構を外城の北辺囲壁とした場合の外城南北幅（20 魏里）

B　＜外郭の北辺囲壁＝外城の北辺囲壁＞とした場合の外城南北幅（20 魏里）

図 69　北魏・平城復原私案 *A*・*B*（応地作図）

第 VI 章　中国都城のバロック的展開

に描かれた版築壁 A1 西端を外城市壁の北西角としうる可能性もあるかもしれない。『魏書』は外城市壁の各辺長を 20 里としているので，復原試案 A では版築壁 A1 西端から南方 20 里の位置に外城南辺市壁を設定する。また復原試案 B は，前述したように，版築壁 A1 は北魏・平城の都城構成とは無関係の版築遺構とみなす立場である。この場合には，版築壁 A1 を外城の北辺囲壁とはみなさないのであるから，外城北辺を別個の場所に設定しなければならない。復原試案 B では，外城の北辺囲壁は外郭囲壁北辺と一体化しているものとして，外城の南辺囲壁をそこから南方 20 里の位置に描いている。

(2) **外 郭**：前述した手順にしたがって設定した外郭北東角を起点として，姚賦の想定にしたがって，西方に 9.2 里，南方に 7.4 里をとって外郭の範囲とする。その西端は，大同市街地の西辺市壁付近となる。この外郭の範域設定は，復原試案 A・B に共通する。その結果，復原試案 A では，外郭は外城の内部に独立した囲郭を形成する。これに対して復原試案 B では外郭の北辺囲壁は外城のそれとおなじなので，外郭も宮域もともに外城の北端に位置することになる。当然，より長大な外城の北辺囲壁は，外郭の東西両端から左右に延伸していく。このようにして外郭の位置と範域を復原すると，その南辺囲壁から外城南辺までの距離は，復原試案 A ではおよそ 5.7 里，また復原試案 B では 12.6 里となる。

(3) **宮 域**：近年の宮域中枢部の発見をもとに，宮域と宮域中枢部の位置と範域を復原する。まず宮域に関しては，それを構成する 4 辺のうち，北辺を北関の北辺囲壁とし，他の 3 辺を姚賦の想定にしたがって範域を設定する。想定された宮域は，大同の中心南北街路を中軸線として左右相称関係を示す。この宮域の位置と範域は，復原試案 A・B ともにおなじである。また宮域中枢部についても，殷寃の想定にもとづいて，宮域とおなじく中心南北街路を中軸線とする東西幅 2.3 里，南北幅 2.0〜2.3 里の範域とする。

　図 69 は，以上のようにして導出した北魏・平城の復原私案 A・B を図示したものである。つぎに，『魏書』と『南斉書』の記載をもとに，外城・外郭・宮域の 3 囲郭の内部について検討したい。
　まず外城に関して，『魏書』「太祖紀」は，天賜三年の条で，前記の外城の範域決定の記事につづけて「市里を分置す。経塗洞達[235)]」，つまり「市場と住宅とを分離して配置する。街路は，市街地を貫通して走る」と述べる。「市里分置」は，市場区と住宅

区とを機能的に分離して，とくに市場区を特定の区域に配するということであろう。すでに前漢・長安でも，市場区は「東市」・「西市」として特定地区を形成していたので，「市里分置」は北魏・平城ではじめて採用された原則というわけではない。しかし重要なのは，「市里分置」が「経塗洞達」と結合して採用されていることである。「経」も「塗」も道を意味するが，「経」にはタテ＝南北の道という意味もあるので，「経塗洞達」はグリッドパターンの街路構成にもとづく街区割を意味していよう。外城内のグリッドパターンに区切られた特定の街区を市場区に充当して「市里分置」がなされていた点に，北魏・平城の独自性があったとしうる。

　外城内部の街区割については，『南斉書』「魏虜伝」がよりくわしく述べている。「魏虜伝」とは，北魏と敵対関係にあった南朝・斉国に捕虜として送られた魏人が伝える北魏事情をまとめたものである。平城に関する情報は，「其の郭城は宮城の南を繞り，悉く築いて坊と為す。坊は巷を開く。坊の大なる者は四五百家を容れ，小さき者は六七十家。……城の西に祠天壇あり，……常に四月四日を以て牛馬を殺して祭祀す[236]」と述べる。ここで語られている「郭城」・「宮城」・「城」を，『魏書』が述べる外城・外郭・宮城の3囲郭と関連づけて整理すると，「郭城」・「城」はともに外城，「宮城」は外郭を指すと考えられる。とすると，この引用箇所のほとんどは外城に関する説明で，「外城が外郭の南方を繞っていること」，「外城はことごとく坊に区切られていること」，「坊（の内部）には巷（小路）が開かれていること」，「坊の戸数は，大きな坊で400〜500戸，小さな坊で60〜70戸であること」と説明している。つまり外郭南方にひろがる外城は，グリッドパターンの街路によって大小の坊（街区）に区画され，坊の内部には巷（小路）がつうじていたとする。坊内の戸数には，大きな相違があったようである。その相違は，住戸の規模だけではとうてい説明できないので，坊の面域そのものが大きく異なっていたと考えられる。とするとグリッドパターンとは言っても，街路間隔は一定ではなく，異なった間隔で街路が直走していたのであろう。

　つづけて「魏虜伝」は，「外城の西方には祠天壇が存在していたこと」，「祠天壇では4月4日に牛馬の供犠祭祀がなされたこと」を述べている。天壇は，漢族の建設都城では，後漢・洛陽にみられたように，儒教の祭式にしたがって南郊に築造されるのが通例であった。しかし祠天壇の位置は，これとは異なっている。その西郊立地は，独自の祀天儀礼をもち，それをもっとも重要な祭祀としてきた鮮卑拓跋部の古習にもとづく位置選定であった。祠天壇と祀天儀礼については，のちに再述したい。

　外郭については，『南斉書』「魏虜伝」は，すでに引用したように「平城の西を截ち

て宮城と為す」と記載する。ここでの「平城」とは，外郭を指そう。したがってそれは，「外郭の西部を区切って宮城とした」ということであり，「宮域の西方立地」を意味する。発掘成果にもとづく宮域の想定配置がこの記載と一致することは，すでに指摘した。

　宮域についても，『南斉書』「魏虜伝」は，「南門の外に二土門立つ。内に廟立つ。四門を開き，各方色に随う。凡そ五廟。一世一間。瓦屋。其の西に太社立つ[237]」と述べる。つまり「宮域南門の外には土門が2門ある。宮域の内部には，宗廟がある。その四辺には各1門が開いていて，それぞれの方位を表徴する色彩 ―― 東＝青，南＝朱，西＝白，北＝玄（黒）―― にしたがって彩色されている。宗廟のなかにはおよそ5棟の廟があり，歴代皇帝ごとに1廟があてられている。宗廟は瓦屋根の建物で，その西方には社稷がある」とする。文末の「宗廟の西方に社稷がある」ということは，「宗廟が東側に位置している」ことを意味する。『周礼』が語る都城理念にしたがって，北の宮室を中央にして「左祖右社」の位置関係をたもって祖廟（宗廟）と社稷がならび立っていたと推察できる。平城遷都と同時に最初に建造された宮室・宗廟・社稷が，漢族の都城様式を忠実に踏襲して宮城中枢部を荘厳していたのであろう。

　ここで，図69の復原私案に回帰することにしたい。復原私案A・Bの共通性は，『魏書』の記載のとおりに，ともに宮域・外郭・外城の3囲郭の入れ子構造からなる都城として復原していることにある。しかし両者は，基本的な点で大きく相違する。それは，両者が，それぞれ中国世界の都城構成における「対立的」とされる2類型を体現している点にある。復原試案Aの特質は，宮域をふくむ外郭が外城の内部に独自の囲郭を形成していること，いいかえれば「中央宮闕」型の都城構成である点にある。これに対して復原試案Bの特質は，宮域をふくむ外郭が外城の囲壁北辺と一体化していること，つまり「北闕」型の都城構成を示している点にある。

　〈復原私案A＝「中央宮闕」型〉と〈復原私案B＝「北闕」型〉のいずれが，北魏・平城の都城構成の復原案としてより妥当性をもつか。つぎに，この問題について検討したい。じつは復原試案A・Bには，ともに問題点がある。まずその問題点について指摘しておきたい。

　復原私案Aに関しては，前述の『南斉書』「魏虜伝」の「外城は宮城の南を繞り，悉く築いて坊と為す」との記載との関係である。この記載から，外郭南方一帯には外城がひろがり，そこがグリッドパターンの街区（坊）に区画されていたと考えうる。しかしその記載は，外城が外郭の北方にも存在していたかどうかについては，なんら

語っていない。つまり復原私案Aで外郭北方にひろがる外城については，その存在の有無をふくめて『南斉書』「魏虜伝」はなんら語っていないということである。したがって，その記載から，外郭の北方には外城がひろがっていなかったと想定することも可能である。もしこの想定がなりたつとすれば，逆に「魏虜伝」の記載は，復原私案Bの妥当性を補強するものとなる。

しかし，復原私案Bにも問題点がある。それは，同私案における外郭北東角の想定である。同私案は，外郭と外城の北辺囲壁を共通とする。とすると，外郭北東角で外郭が尽きるとしても，外城北辺は同地点から東方にむけて延伸していくはずである。しかし水野は，同地点で東方への延伸囲壁の遺構を確認していない。したがって同地点で，外城囲壁も南へと転じていくとする想定もなりたつ。その場合には，復原試案Bそのものが成立しない可能性もある。もちろん外城囲壁が地下に埋もれていて，東への延伸が地上では現認できない可能性も大きいであろう。

以上のような問題点が復原私案A・Bの双方にあるとしても，両者の復原結果を支持する史資料も存在する。復原私案Aに関しては，『水経注図』の「平城図」である。『水経注』は，北魏時代の後半期を生きた酈道元（469-527年）の著作である。図70は，清代になって楊守敬が編纂した『水経注図』が掲げる「平城図」で[238]，湾曲する南北郭壁と直線状の東西郭壁に囲まれた「北魏舊京城」，その内部のほぼ中央に正方形の郭域からなる「平城故城」が描かれている。同図は，494年の孝文帝による洛陽遷都後の平城の状況を示し，「北魏舊京城」は外城を，「平城故城」は宮城にあたると考えられる。両者の関係は，まさに「中央宮闕」である。「平城故城」の中央部には正殿にあたる「太極殿」や「朝堂」の名が記入されている。また「太和殿」は，北魏・平城時代の末期に孝文帝によって造営された殿舎である。

図70には，宮域の4辺には北辺をのぞいて各2門が記入されているが，実際には各辺に3門が開かれていた[239]。『魏書』「太祖紀」の天興二年八月条に「増啓京師十二門[240]」とあるので，平城の建設が着手された翌年に「旁三門」という『周礼』の理念をふまえて宮域が整備されていったことを示す。また「北魏舊京城」＝外城の北西郊には「郊天壇」と記入されていて，前述の『南斉書』「魏虜伝」における祠天壇の位置記載と符合する。したがってほぼ同時代の著作である『水経注図』の「平城図」は，復原試案Aの妥当性を傍証しうる資料となる。

一方，復原試案Bに関しては，このような同時代的な図像資料はない。しかし，すでに説明した『南斉書』「魏虜伝」が述べる「其の郭城は宮城の南を繞り，悉く築い

第VI章　中国都城のバロック的展開　283

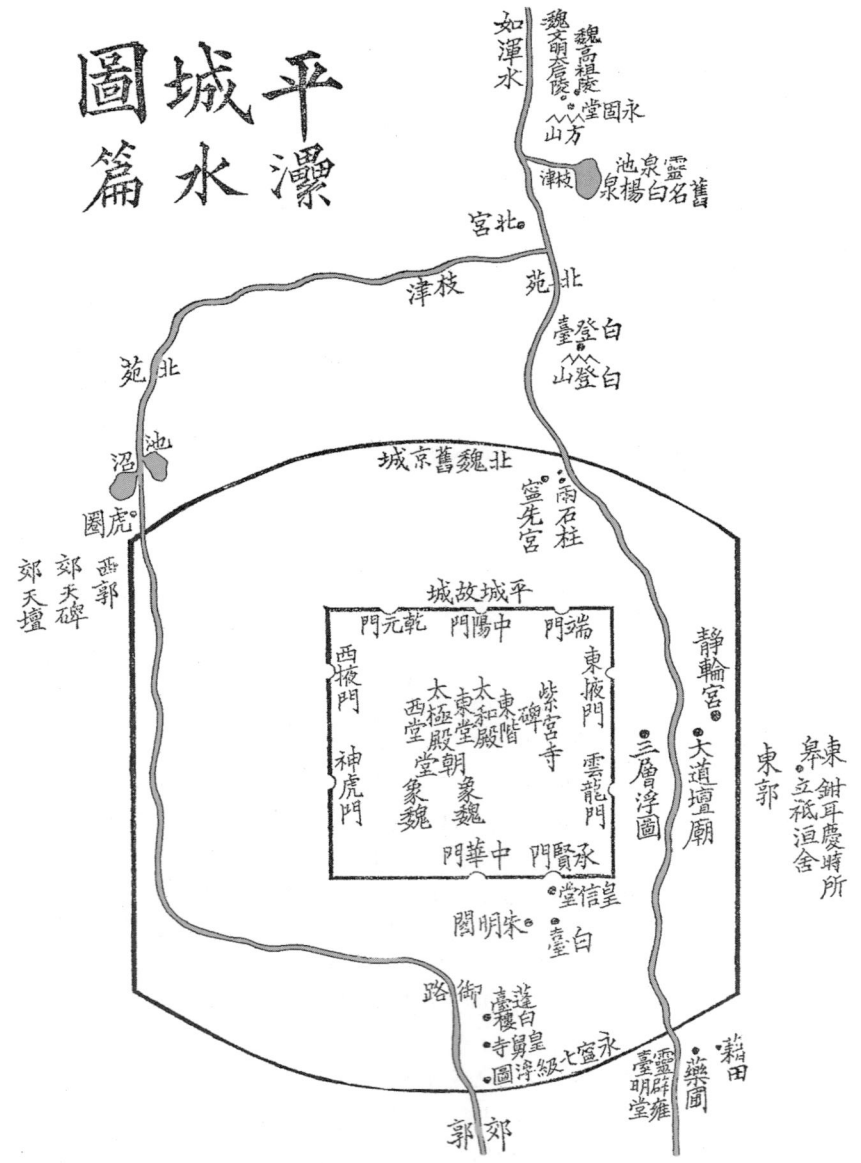

図70 『水経注図』所載の「平城図」（楊守敬による）

て坊と為す」との記載は，北魏・平城が「北闕」型都城であった可能性を想定させる。平城の復原図を提出していないが，宿白[241]また村田治郎[242]も，ともに北魏・平城を「北闕」型都城であったとしている。

(5) 参照系としての鄴・北城

ここで，すでに紹介した『魏書』が伝える2つの記事を再出したい。ともに，398年の道武帝が平城への遷都を決定する直前の時期の記事である。1つは「太祖紀」天興元年(398)春正月の「遂に鄴に幸す。帝，……遍く宮城を覧ず，将に都を定むるの意あり」との記事で，道武帝が鄴城をつぶさに巡察して，鄴城を遷都の地とする気持をいだいたとする。もう1つは，鮮卑慕容部から鄴城を奪取したことの記載につづく「太祖，広き宮室を欲して，平城を四方数十里と規度す。将に鄴，洛，長安の制を模す」との「列伝」第十一「莫含伝」の記事である。その内容は，前漢・長安，曹魏・鄴城，漢魏・洛陽の様式をモデルとして，道武帝が新都・平城を構想したとの記事である。

この2つの記事に共通するキーワードは，鄴城である。それをふまえて，鄴城の都城構成の検討へとすすみたい。鄴城には，曹魏によって3世紀はじめに建設された北城，東魏の高歓によって534年に建設された南城の2つの都城遺跡がある。東魏は北魏滅亡後の王朝であるので，太祖が巡覧し，平城の建設にあたって参考としたのは北城であった。北城の建設時には，そこを流れる漳水の流路は南方にあったが，その北上によって現在では遺跡の大部分が流亡してしまっている[243]。そのため鄴・北城の都城復原は，現地での考古調査にくわえて断片的な文献史料も活用してなされてきた。すでに発表されている「復原想像図」を相互比較すると，鄴・北城の基本的な骨格構成を共通にしつつも，ディテールに関しては微妙に相違している。

ここでは「復原想像図」の例として，劉敦楨による図71[244]と同済大学による図72[245]の2つを掲げる。両者は，街路数・区画ブロック数などで明瞭な相違を示す。しかし都城の基本構成に関しては，同一ともいいうる類似性を示している。ここで両図を掲げるのは，それらの相違点を比較検討するためではなく，両者に共通する都城構成の基本骨格をとりだして鄴・北城の特質を検討するためである。まず図71の劉の復原案をもとに，鄴・北城の都城構成について考察したい。

同復原案によると，鄴・北城の都城は，東西幅6000メートル，南北長4200メートルほどのヨコ長・長方形として推定される。市壁を4辺にめぐらし，東辺と西辺に各1門，南辺に3門，北辺に2門の計7門が配されていたとする。東辺の市門は

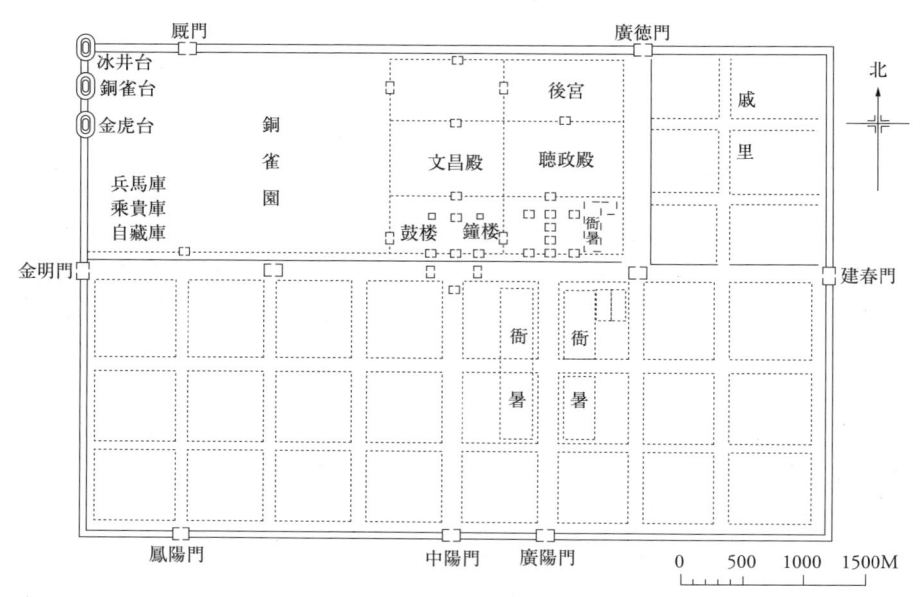

図71　鄴・北城の復原案（1）―劉郭禎による

建春門（図72は迎春門とする），西辺のものは金明門と名づけられていた。建春門の意味は明瞭であるが，金明門の「金」は，方位としては西，季節としては秋を象徴する。建春門と金明門は，東と西，春と秋という時空間にまたがる相称的な位置関係で配置されていた。両市門をむすぶ東西大路は都城域を貫走し，鄴・北城の都城編成における東西基軸街路であった。ここでは，同大路を「建春門大路」と名づけることにする。

図71にみるように，鄴・北城は，整然とした街区割を基礎とした地域割（ゾーニング）をそなえた都城であった。まず，地域割について検討する。地域割の基本線が，建春門大路であった。同大路を境界として，都城域は北と南に大きく二分されていた。北は王家と貴族からなる「支配者の空間」，南は庶民を中心とする「従属者の空間」という明瞭な地域割が，建春門大路をもとに設定されていた。

都市空間の「支配者の空間」と「従属者の空間」への区分・分割は，すでに前漢・長安でもみられたものであった。さらに，それは，世界の前近代都市一般に普遍できる

図72　鄴・北城の復原案（2）—同済大学による

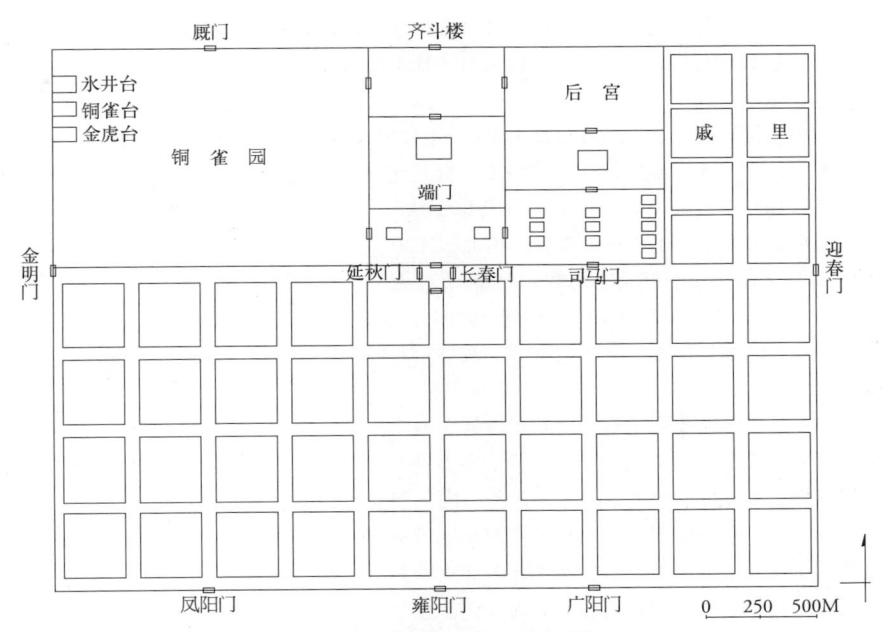

ものであって[246]，中国世界でも鄴・北城のきわだった特質とはいえない。しかし市壁内を貫走する直線大路をもとに都城域全体を北と南に二分するという幾何学的な地域割の施行は，中国世界では鄴・北城をもって最初としよう。しかもそれが3世紀初というごく早い時期に成立するのであり，先行する前漢・長安また後漢・洛陽の場合とくらべても，その先駆性はあきらかである。

『魏書』は北魏・平城の構成を語る際に，外城・外郭・宮域からなる3囲郭の区分を強調していた。それらにしたがって鄴・北城の地域割を整理すると，建春門大路を区分線として，〈北＝「支配者の空間」〉＝外郭，〈南＝「従属者の空間」〉＝外城といいかえうる。さらに北の外郭の内部は，図71・72がともに示しているように，北辺市壁の北東部の広徳門から南走する大路を境界として，西の広大な御苑・宮室区と東の貴族邸宅区（戚里）とに区分されていた。前者は，『魏書』のいう宮域にあたる。このように，鄴・北城も，北魏・平城とおなじく宮域・外郭・外城の3郭域からなる都城

第Ⅵ章　中国都城のバロック的展開　287

であった。しかし北魏・平城では，これらの3郭域はいわば入れ子構造状に配置されていた。しかし鄴・北城の3郭域は入れ子構造ではなく，都城域をたがいに分割して並置されていた。

　宮域の内部には，西に御苑（銅雀園）と東に宮室が配され，両者は一体化して園林宮殿ともいうべき宮域を構成している。御苑北西角には，金虎台など計3つの築山台が南北にならび立っていた。このうち保存状態のよい金虎台の規模についてみると，基底部の東西幅は70メートル余，南北長120メートル，高さ8～9メートルとされている[247]。道武帝が鄴城を巡覧した際に，「巡りて台榭に登り，遍く宮城を覧」じたのは，これらのうちのいずれかの築山台上に造営された眺望亭からであったであろう。御苑の内部には王室兵馬庫などが設けられていたようで，北西端に開かれた門が厩<small>うまや</small>門とよばれていたのはそのゆえであろう。

　宮室は，東西に並列する2つの宮殿群からなっていた。それを東宮殿・西宮殿とよぶと，両者のあいだには完全な形態的同型性が観察される。それは，図71また図72にみられるように，両者は，ともにその内部が南北にならぶ3つの郭域から編成されていること，その南辺中央から大路が都城域を南にむけて直走・貫走して，南辺市壁にそれぞれの市門を開いていることの2点である。鄴・北城では，なぜ，まったく同型的な宮殿が2つ存在し，しかも両者がとなりあって造営されていたのだろうか。

　結論からいえば，両宮殿は形態的には同型であったが，機能的には明瞭に異なっていた。しかし両者の機能はたがいに補完しあう関係にあって，両宮殿が一体となって王権の顕示空間を形成していた。つまり東・西両宮殿は，王権の分担と補完という二面性をもつ存在であった。

　これらの点を，西宮殿から検討する。西宮殿の本体を構成する3郭域からみると，建春門大路に面した南郭域は王室広場空間で，東に鐘楼，西に鼓楼が配されていた。端門で同郭域とむすばれた中央郭域は西宮殿の中枢部で，王室正殿にあたる文昌殿がそびえていた。主要施設が王室広場空間また王室正殿であることが示すように，西宮殿は王室の権威を顕示するための宮殿であり，儀式的な政事空間であったであろう。しかも西宮殿は，建春門大路以南の「従属者の空間」を東西に両分する南北正中線上の北端に位置していた。そこから市壁南辺の正門＝中陽門（図72は雍陽門とする）に至る南走大路が，外城空間を完全な左右相称に分割して貫走していた。この街路を「中陽門大路」とよぶことにしたい。同大路の性格は，西宮殿のもつ王の権威顕示のための儀式的政事空間という性格とよく照応する。西宮殿と「中陽門大路」とが，一体のも

のとして構想され建設されたことを物語る。

　一方，東宮殿も，建春門大路に面する南郭域は諸官署がならぶ官衙地区，その北の中央郭域は聴政殿を中心とする宮殿地区であった。聴政殿は，名のとおり，皇帝が臣下を引見・聴取して執政する宮殿を意味しよう。その背後の北郭域は，後宮であった。これらの配置から，東宮殿は２つの王権機能の場であったと考えられる。１つは官衙地区と執政宮殿とが一体となった皇帝親政の実務的政事空間＝王の権力誇示の空間，もう１つは後宮の存在に示される皇帝の私的空間の２つである。西宮殿とおなじく，東宮殿からも南辺市壁の広陽門へと南走する大路——これを「広陽門大路」とよぶことにする——が外城を貫走していた。実務的な政事空間である東宮殿は，西宮殿よりも「開かれた」性格をもっていた。広陽門大路は，いわば宮域への通用路であった。そのため南端の政事施設へといたる同大路北端近くには，東宮殿の警固にあたる衛兵府をふくめて官署（衙署）が両側に立ちならんでいた。この点は，西宮殿へとつうじる中陽門大路の場合とは異なっていた。

　このように西宮殿と東宮殿は，〈権威と権力〉，〈儀式的政事と実務的政事〉という王権が果たすべき機能をたがいに分担しあっていた。両宮殿は機能を異にしつつも，同時に機能を分担・補完しあう存在であった。また両者のあいだには，機能面における同型性の存在も観察される。それは，最南の囲郭のもつ性格である。そこは，西宮殿では王室広場空間，東宮殿では官衙地区にあてられていて，ともに建春門大路に面する「閉ざされ，かつ開かれた」空間であった。つまりそこは，その北方にひろがる完全に「閉ざされた」宮殿地区と「開かれた」外城とのあいだに介在する緩衝的な役割をもつ郭域であった。「従属者の空間」である外城と「支配者の空間」である外郭・宮域との接点に，このような緩衝的な郭域を配することによって，西宮殿は王権の権威の側面を，また東宮殿は王権の権力の側面をつよく強調し，両者が相即・補完しあって王権空間を荘厳していたのである。

　鄴・北城は，宮城的な儀式的政事空間といえる西宮殿，朝廷的な実務的政事空間とよびうる東宮殿の２つの宮殿が，東西にならびたつ都城であった。両宮殿は，それぞれに直結する南走大路を，中陽門大路また広陽門大路として配していた。その結果，鄴・北城は，あたかも２本の朱雀大路が京域内を並走している印象をあたえる。しかし中陽門大路と広陽門大路にも，機能的な相違があった。まず中陽門大路は，京域全体を左右相称に両分する南北軸線街路であった。しかし日常的に重要な意味をもつ南北大路は，中陽門大路より１街区東方の広陽門大路であった。両者の相違を比喩的

にいえば，宮域への日常的な「ケ」の通用路が広陽門大路であり，王権荘厳のための非日常的な「ハレ」の儀式街路が中陽門大路であった。中陽門大路のもつこの性格は，同大路が京域を左右相称に両分する正南北中軸線であることと照応する。両大路のもつ性格の相違は，それぞれの南辺市門の規模からも確認できる。その幅員は，中陽門が17メートルに対して，南辺市壁に開かれた他の2門の場合は13メートルであった[248]。この相違は，たんに門域の幅員だけにとどまるものではなく，そこを通過する大路の規模と連動していたであろう。中陽門大路は，南北走する大路のなかで中央的位置を占めていただけでなく，一段と広幅員の大路であったことを物語っている。

中陽門大路は，王の権威を顕現する王室正殿＝文昌殿と結合して，そこに南面して立つ皇帝のヴィスタを顕現する軸線街路であった。それは，すでに提起してきた都城の「バロック化」を表象するものである。これは，鄴・北城が中国世界における「バロック化」された都城のごく早期の事例であることを示す。

ここで，Ⅳ-4で詳述した後漢・洛陽の都城構成（図62）を想起したい。それは，たんに時期的に後漢・洛陽が鄴・北城に先行する都城というだけではない。両者のあいだには，形態・機能の両面にわたる顕著な類似性がみられるからである。それを列挙すると，つぎのようになる。

1) 宮域の二宮制
　　　鄴・北城　：東西に並列する西宮殿と東宮殿の2宮＋同一東西線上
　　　後漢・洛陽：南北に縦列する北宮と南宮の2宮＋非同一東西線上
2) 〈正殿―南北大路―市門〉の正南北線配置
　　　鄴・北城　：西宮殿＝〈文昌殿―中陽門大路―中陽門〉
　　　　　　　　　東宮殿＝〈聴政殿―広陽門大路―広陽門〉
　　　後漢・洛陽：北　宮＝〈徳陽殿―小苑門大路―小苑門〉
　　　　　　　　　南　宮＝〈南殿―平城門大路―平城門〉
3) 2宮間の王権機能の分担・補完
　　　鄴・北城　：西宮殿＝宮城・権威の顕示
　　　　　　　　　東宮殿＝朝廷・権力の顕示
　　　後漢・洛陽：北　宮＝宮城
　　　　　　　　　南　宮＝朝廷
4) 「北闕」型都城の実現と接近
　　　鄴・北城　：2宮の「北闕」型立地の実現

後漢・洛陽 : 2宮のうち北宮の「北闕」型への接近

これらの比較をつうじて，都城編成における鄴・北城と後漢・洛陽との相似性はあきらかである。とりわけ両者がともに二宮制と2本の都城軸線街路をもつ都城であったのは興味ぶかい。しかし両者の相違は，4)にあった。IV-4-(4)では，とくに上記の「北闕」型への「接近」をもとに，後漢・洛陽の都城構成を〈「バロック化」への助走〉，また「北闕」型の「実現」をもとに，鄴・北城を〈「バロック化」されたごく早期の都城〉と位置づけた。

しかし〈早期の「バロック化」都城〉とよびうるとしても，鄴・北城の大きな特質は，中陽門大路と広陽門大路とが正・副ともいうべき朱雀大路的性格をもっていたこと，いいかえれば両者が1本の南北中軸街路に集約・統合されていなかったところにある。この両点に関しては，鄴・北城は後漢・洛陽とまったく同型であった。つまり鄴・北城の2本の南北中軸街路の並走という特質は，後漢・洛陽からの継承としうる。

都城正中線にあたる中陽門大路によって2本の南北中軸街路が統合されるためには，宮城的空間と朝廷的空間の東西並置から南北並置への転換が必要であった。両者の配置が，後代の中国都城を特質づける「前朝後宮」・「前朝后寝」へと転換していくことが必要であった。それが，鄴・北城以降の中国都城の展開を検討していくための重要な視点を提供する。

御苑・宮室区つまり宮域は外郭西端から東にむけてひろがり，外郭のほぼ4分の3の面域を占めていた。残る4分の1ほどが，外郭東端の戚里つまり貴族の邸宅区であった。ここで，宮域が外郭の西方部に偏在して造営されていることに留意したい。この宮城と外郭との空間関係は，北魏・平城と共通するからである。

外郭にあたる戚里は，宮域とはまったく異なった景観を呈していた。宮域の内部は，図71・72からもあきらかなように，小路などの街路によって区画されることなく，郭壁に開かれた隔門でむすばれた大規模なコンパウンドの集合であった。これに対して戚里は，建春門大路以南の外城とおなじように，グリッドパターン街路によって街区割がなされていた。戚里は，貴族の邸宅区として「支配者の空間」内に位置していたが，街区割に関しては「従属者の空間」のグリッドパターンとおなじであった。この点では，「外郭ではあるが，外郭のなかに進入した外城的空間」という二面性をもつ地区であった。

建春門大路以南の外城は，河川流路の北上によって流亡がいちじるしい。しかし全

域がグリッドパターン街路によって区画されていたと推定されている。ただしその街区割について，図71では東西8×南北3＝24区画，図72ではおなじく10×4＝40区画と異なった復原がなされている。両図のもっとも大きな相違は，この点にある。外城内部の土地利用構成については，広陽門大路の宮域前地区の両側に衛兵駐屯所が配されていたことだけが知られるのみである。外城には庶民住区にくわえて，おそらくは市場地区も存在していたであろう。

(6)　鄴・北城と北魏・平城 ── 形態的相同性

　鄴・北城の検討結果をふまえて，北魏・平城に回帰したい。ここで，あらためて鄴・北城をとりあげた理由を再確認しておきたい。それは，太祖・道武帝が北魏・平城への遷都にさきだつ時期に，鄴・北城に巡幸して同地への遷都の意志をいだいたこと，また平城遷都を決定したのちも，新都建設にあたって鄴・北城にも範をもとめたことにある。このことは，当然，鄴・北城の都城構成が，北魏・平城にも投影されていることを予想させる。それをもとに，すでに提出した2つの北魏・平城の都城復原私案AとBの妥当性について検討したいと考えるからである。北魏・平城との比較を念頭において鄴・北城の特質を指摘すると，つぎの諸点に要約できる。

　　1）　鄴・北城は，宮域・外郭・外城の3郭域からなる都城であった。この点は，北魏・平城とまったくおなじであった。しかしそれらの配置は，両者で大きく異なっていた。鄴・北城の場合は，それらがいわばパッチワークのように並置された3郭域編成であった。しかし北魏・平城は，それらが入れ子構造に配された3郭域編成であった。またのちに検討するように，3郭域の面域比も両者のあいだで大きく相違している。

　　2）　鄴・北城の外城には，グリッドパターン街路によって区画された整然たる街区割が施行されていた。これは，中国世界の都市史をつうじて最初の計画的な方格状街区割の施工例であると同時に，前述した北魏・平城の外城に関する『南斉書』「魏虜伝」の記載と一致する。

　　3）　この整然たる方格状街区割は，鄴・北城の外城を特質づける形態的な特質にとどまらず，なんらかの機能的意味をもつ存在であったと考えうる。しかしこの点は，鄴・北城の場合には明言できない。しかし北魏・平城では，後述するように，それがいわゆる里坊制と結合していたことを明瞭にたどりうる。

4） 鄴・北城の宮域と外郭は都城域の北端部を占め，建春門大路によって外城と截然と区分されていた。この区分に応じて，前者は「支配者の空間」，後者は「従属者の空間」という明瞭な地域割（ゾーニング）が存在した。北魏・平城でも宮域・外郭と外城が形態的に截然と区分され，両者のあいだには同様の地域割が存在していたと措定できる。
5） 鄴・北城の北半部は，「支配者の空間」にふさわしく，宮域と戚里（貴族の邸宅区）の2つからなっていた。両者の配置は，宮域が中部から西部一帯，戚里が東部を占めていた。したがって宮域が，「支配者の空間」の西方部分に偏在していた。この外郭内の宮域の位置は，「（外郭の）西を截って宮城と為し」た北魏・平城とおなじであった。
6） 鄴・北城の宮域・外郭の北辺は一致し，宮域が都城域の北端に位置する「北闕」型都城であった。宮域の内部は，西半部の御苑，東半部の宮室・官衙区に二分されていた。その結果，宮室・官衙地区は外郭の中央部に位置することになり，都城域の中央北端を宮闕が占めていた。宮室・官衙地区から南走する大路も外城正中線を貫走し，後代の都城の朱雀街（大路）を彷彿させるものであった。しかし鄴・北城では2条の同大路が存在していて，それらが統合されて単一の中心軸線街路を形成するには至っていなかった。

　北魏・平城との比較検討を念頭において，鄴・北城の特質として上記の6点を抽出できる。
　これら諸点は，鄴・北城と北魏・平城とのあいだに都城形態の相同性が存在することをつよく示唆する。鄴・北城は，太祖・道武帝がそこへの遷都を一度は意図し，また新都・平城の建設にあたって範をもとめた都城であった。したがって両者のあいだに形態的相同性が存在するのは，当然のことであろう。
　両者の都城形態にみられる相同性を確認したうえで，鄴・北城をとりあげた出発点に再帰することにしたい。それは，北魏・平城についての復原私案A＝「中央宮闕」型と復原私案B＝「北闕」型の妥当性の検討であった。鄴・北城は，「北闕」型都城であった。上記の形態的相同性を前提とすると，北魏・平城の都城形態としては，復原私案B＝「北闕」型がより妥当性をもつと結論できる。また北魏・平城が復原私案B＝「北闕」型の都城とすると，前掲した『南斉書』「魏虜伝」が，北魏・平城の外城のうち宮域南方地区にかぎって街区割の存在を語っていたことの意味も了解できる。そ

の記載は，北魏・平城の外城が宮域の北方には存在していなかったこと，いいかえれば北魏・平城が「北闕」型都城であったことを証左するものであろう．

(7) 平城・外城 ── グリッドパターンと里坊制

　鄴・北城と北魏・平城がともに3つの郭域からなる「北闕」型の都城であるとしても，両者のあいだには郭域そのものの面域比には大きな相違があった．外郭と外城の面域は，鄴・北城ではほぼ等しかったと推定される．北魏・平城の場合には，姚賦によれば宮域・外郭の面域は約68平方里，『魏書』によれば外城のそれは約332平方里とされる．この外城の数値には宮域と外郭がふくまれているので，それらをのぞいた両者の面域比は，〈外郭：外城＝1：4.9〉となる．鄴・北城とくらべて，北魏・平城の外城の巨大さがきわだっている．この巨大さは，「太祖，広き宮室を欲して，平城を四方数十里を規度す」という『魏書』「太祖紀」の記事と一致する．

　しかし巨大な外城の建設は，太祖の建設意図だけで説明することはできない．それは，「なぜ北魏・平城の外城はかくも巨大であったのか」という問題への別個の説明を要求する．その巨大さは，たんに面域だけにとどまるものではなく，外城での多大な人口集積を意味する．外城の巨大さは，大人口を収容するためのインフラ整備の反映であった．

　ここで，北魏・平城の人口集積について検討したい．その集積要因として重要なのは，北魏王権が遊牧と農耕という異なった生態・生業空間の双方にまたがる統一帝国であったこと，平城が位置する大同地区はこの異質な生態・生業空間をむすぶ〈インターフェース＝交界都市〉という役割を歴史的に果たしてきたこと，の2点であろう．そのゆえに北魏による華北統一という「平和の果実」をもとめて，遊牧空間と農耕空間の双方から多くの多様な人口が平城に流入してきたであろう．北方遊牧集団の長城内への移動は，すでに三国・五胡十六国時代をつうじて活発になると同時に，ひとたび長城内に流入した北方諸集団は人口を急増させるという傾向が顕著にみられるようになったとされる[249]．

　このような北魏政権の支配集団を中心とする自発的な人口流入にくわえて，平城建設のための強制移住があった．本格的な都城建設のノウハウを欠いていた鮮卑拓跋部にとっては，新都の建設にあたって農耕世界からの諸集団の強制をふくむ招致が必要であった．『魏書』も，とりわけ平城の建設が本格化する406年前後から，東方の黄河流域平原からの諸集団の強制移動があいついだことを記載している．たとえば遷都

の年にあたる「太祖紀」天興元年（398）の条は，「山東六州の民吏および徒何，高麗雑夷三十六万，百工伎巧十万余口，以て京師を充たす[250]」と述べている。『魏書』は随所で平城への人口集積について語っているが，これは，その最初の記載である。「民吏」とは，「民」＝中原一帯の農民，「吏」＝鮮卑慕容部・燕の根拠地であった中山を北魏が平定した際に捕虜とした官吏を指すとされる[251]。また「徒何」は，鮮卑慕容部に従属していた部民[252]とされる。「百工伎巧」とはさまざまな技術をもつ職人集団ということであろう。華北の山東地方だけでなく，高麗などの東夷集団をふくめて強制移住させ，平城を充たしたとする。『魏書』は，その数は計50万人近くと述べている。

　北魏・平城の外城の街区割は，これらの大量かつ多様な人口の収容と関連していたと考えられる。グリッドパターン街路による方格状街区割は，鄴・北城に範をもとめて計画され，施行されたことは確実であろう。さらに北魏・平城の場合には，グリッドパターン街路によって区画された方格街区＝坊の内部が，さらに巷とよばれる小路によって区切られていた。北魏・洛陽の外城の坊については，のちに検討するように『洛陽伽藍記』がくわしく述べている。それによれば，坊には東西巷と南北巷が設けられ，両者は坊の中央で交叉し，十字巷を形成していた。平城の坊と巷の関係も，同様であった可能性も大きい。『南斉書』「魏虜伝」が語る〈街路（大路）─巷（小路）〉という街路体系は，北魏・平城が中国世界の囲郭都市の居住様式を踏襲していたことを示している。

　宮崎は，中国古代の囲郭都市では，街路によって区画された街区を里とよんだこと，これらの街路から里の内部につうじる小路を巷とよんだこと，巷と街路との接点には閭門とよばれる里の門が設けられていたこと，閭門は1門のみで里の住民は閭門をつうじてのみ外部と往来できたことなどを指摘する[253]。前記の『南斉書』「魏虜伝」は，北魏・平城の街区を坊とよんでいた。里・坊はともに街路によって区画された街区を意味し，それらは名称の相違にすぎなかったようである。宮崎は，囲郭都市内の街区の呼称として，古代に里が，中世には坊が多く使用されたとする[254]。

　しかし里と坊は，本来，異なった意味をもっていたとする立場もある。たとえば斉東方は，里という言葉は漢代以前から使用され，それは，囲郭都市内部の居住単位であると同時に住民管理と関連する概念だとする。一方，坊は漢代になって登場した概念で，形態的な区画という意味をつよくもつとする。しかし北魏以降は，坊も住民管理という行政的な意味をもつようになったとされる[255]。

　北魏・平城の場合にも，『水経注』巻13「漯水」の条は，「魏の神瑞三年（416），又

第Ⅵ章　中国都城のバロック的展開　295

白楼を立つ。……後に大鼓を其の上に置き，晨昏ごとにう伐つに千椎を以てし，城里の諸門の啓閉の候となす。之を「戒晨鼓」と謂うなり[256]」と記す。「白楼のうえに置かれた太鼓を夜明けと夕暮れに打って，それを合図に市門また里門を開閉した」ということであり，夜間には坊からも，また外城からも出入りすることは禁じられていた。『水経注疏』の記載は，北魏・平城においても，坊が居住民を管理する単位として機能していたことを物語っている。このように里と坊がともに住民管理の空間単位という役割をもつことから，中国中世以降の都市居住を論じる際に，里坊制という用語がよくもちいられる。

　以上の過程は，〈人口集積→巨大外城建設→街区割の徹底施行→里坊制採用→住民管理・支配の効率化〉として要約できよう。北魏・平城では，面域と人口の双方にまたがる外城規模の巨大さのゆえに，里門と巷を内部にそなえたグリッドパターン型里坊の計画的造成が必要だったのであり，規模の巨大さと里坊制の採用とは相即的な関係にあった。里坊制による巨大な居住人口の管理を前提として，都市支配また都市機能の円滑な遂行が可能であったからである。『南斉書』「魏虜伝」は，北魏・平城の坊の規模に大きな相違があることを述べていた。坊の規模に関する記載部分はすでに引用したが，興味ぶかいのは，その部分につづけて同書が「毎南坊搜検，以備奸巧」と述べていることである。この一節について，『二十四史』は「毎南坊」は意味不明なので，「毎閉坊」の意ではないかと注釈する[257]。それにしたがえば，「閉坊ごとに搜検して，以て奸巧に備う」ということになろう。「閉坊」とは，「まわりを閉ざされた坊」という意味であろう。宮崎も，里の四囲にそって壁また垣がめぐらされ，そこから街路に出入りすることが禁じられていたことを指摘している。また除蘋芳は，この構造の里坊を「封閉式里坊」とよんでいる[258]。ここにみられる〈「街路によるグリッドパターン区画＝坊」—「坊の四囲をとりまく隔壁＝封閉式里坊」—「坊の内部を画する巷」—「街路と巷の接点に立つ里門」—「里門の夜間閉門」〉複合は，坊が住民管理の空間装置として機能していたことを物語る。それは，ミッシェル＝フーコーが述べる「監獄都市」を彷彿させる[259]。

　しかしこのような空間装置の整備だけでは，住民管理は完結しない。住民管理のためには，容器としての坊のインフラ整備にくわえて，人身支配のソフトなシステムが必要となるからである。住民の管理のためのネットワーク構築である。北魏・平城において，そのシステムを提供したのが宗主督護制であった。しかし都城の形態読解を主題とする本書では，宗主督護制への言及はその名称を挙げるだけにとどめておきた

い。

(8) 孝文帝の登場 —— 平城の漢族的・儒教的改建

　北魏第 8 代孝文帝はいわゆる漢化政策を推進し，その徹底をめざして平城の改建にのりだす。『魏書』巻七・下「高祖本紀」によると，その最初の着手は即位後 17 年の太和 12 年 (488) 7 月の宣文堂と経武殿の起工であった。『魏書』「高祖本紀」が語る孝文帝による一連の造営事業のなかで重要なのは，太和 12 年閏月の「帝は円丘を南郊に築くを観る[260]」，同 13 年 7 月の「孔子廟を京師に立つ[261]」，同 15 年 10 月の「明堂，大廟成る[262]」，同 16 年 10 月の「太極殿成る[263]」などであろう。ここで述べられている建造物は，いずれも漢族的また儒教的な政事・祭事施設である。その造営にあたっては，李沖や蒋少游などの漢人官僚が中心的な役割を果たしたとされる。

　新営施設のなかで注目されるのは，南郊での円丘の建設である。前述したように，『南斉書』「魏虜伝」は「城の西に祠天壇あり」と述べ，また『水経注』の「平城図」(図70) は「北魏旧京城」の北西郊に「郊天壇」を記入していた。それは，祭天儀式のための人工円丘であった。祠天壇では，鮮卑集団固有の祭式にしたがって，西方にむかって祭天の儀式がなされた[264]。それが，祠天壇の建造位置が平城西郊にもとめられた理由であろう。同儀式は，皇帝みずからが親祭して年に 1 度 (「魏虜伝」は前述のとおり 4 月 4 日とする) 挙行され，牛馬を供犠して牧農の豊饒を祈願すると同時に，鮮卑拓跋部の集団的一体性の再確認と強化をめざした[265]。そのため同儀式は，北魏王朝にとってもっとも重要な祭祀であった。しかし孝文帝は，太和 12 年に前記の宮殿造営だけでなく都城南郊での儒教祭式に則った円丘 (天壇) の造営に着手し，その 6 年後の同 18 年 (494) 3 月には都城西郊の祠天壇での祭天儀式を廃止する[266]。天壇の南郊建立は，孔子廟の造営とともに，同帝が漢化政策の根幹に儒教をおいていたことを物語る。図66 に掲げた張ほかによる北魏・平城復原図は，「平城外郭」の南方に円形で「明堂遺址」を記入している。同遺址は 1995 年に発見された直径 260 メートルに達する円形遺跡で，そこからは，外周をとりまく幅員 6 メートルの環水溝，その内部中央の辺長 42 メートルの版築正方形基壇が検出されている。その形態は，既述の前漢・長安の礼制建造物とおなじく「天円地方」という漢族的世界観に則っている[267]。「明堂遺址」は大同に残る数少ない北魏時代の遺址であり，「北魏明堂公園」として整備されている。

　また「太極殿」という名称も，漢族の太一 (北極星) 信仰に由来する。その名を冠し

た宮殿正殿の造営は，3世紀前半の魏王朝第2代皇帝・明帝にはじまる。明帝は，襲用した後漢・洛陽の正殿＝前殿を代替して太極殿を建造する[268]。太極殿の名称も，その造営も，漢族国家によって創始される。孝文帝も，漢化政策の象徴として太極殿を改建したのであろう。その改建にあたっては，当時の江南に君臨していた南斉王朝の宮殿様式にくわえて，洛陽の宮殿遺址の測量結果を総合して建設したとされる[269]。『水経注図』の「平城図」(図70)でも「太極殿」の名はひときわ大きな文字で記入され，その左右に東堂と西堂が配されていた。平城で確立した宮殿正殿＝太極殿また東・西両堂配置は，遷都後の北魏・洛陽の宮域においても再現されていく。

VI-6　北魏・洛陽 —— 「バロック化」への疾走

　孝文帝が推進した漢化政策にもとづく一連の改建によって，平城は，鮮卑拓跋部の建設都城という当初の様相に漢族・儒教的都城の特質が付加されることになった。それらによって，平城は複雑な様相をもつ都城へと変貌した[270]。それは，都市内土地利用の複雑化と混乱をもたらしたようである。そのことが，後述するように，洛陽遷都の理由の1つとして語られていく。

(1)　平城から洛陽へ —— 漢化政策の最終章
　孝文帝は，太和17年(493)に洛陽遷都を重臣たちに諮るが，つよい反対にあう。同帝は，敵対関係にあった南斉討伐＝南伐を名目にして，同年8月に百余万の騎兵と歩兵をひきいて平城を出発する[271]。しかしその目的は南伐ではなく，洛陽に逗留して遷都を強行することにあった。翌9月には洛陽の「故宮基址を巡遊」して「遷都の計を定」め，10月には早くも3人の漢族高級官僚に新都の建設着手を命じている[272]。洛陽遷都は，平城棄都の強行というかたちで実行される。
　洛陽遷都の理由として，『資治通鑑』は，つぎのような孝文帝の判断があったとする。「平城は，6月にも雪が降り風沙がつねに起こるような寒冷な地であり，用武の都ではあっても，文治の都ではない[273]」。また漢族官僚であった韓顕宗は，「旧都平城にあっては，富室第宅を競うて乱雑をきわめて居た。また商工業者と士族の家とは雑居していたので，風俗はすこぶる混乱に陥る。一方では箏を弾じ笛を吹き緩舞長歌しているのに，そのかたわらで厳師を招き詩を誦し礼を講じて見たところで，なお

年若き子供らは自然に好むところに走り，士族の子弟で学館に就くものがなくなるであろう[274]」と述べている。ここでは平城の都市内土地利用が無秩序に混合して，天下の風俗の基準となるべき都城の姿から大きくずれてしまっていることが指摘されている。

　しかし孝文帝にとって最大の遷都理由は，鮮卑拓跋部を「中華の民」へと漢化し，北魏王朝を名実ともに中国世界に君臨する国家たらしめること，そのためには「中原の中枢＝洛陽」に定都することが地理的にも文化的にもふさわしいという判断であったであろう。平城で孝文帝が着手した儒教理念にもとづく漢化政策の完成の場として，洛陽への遷都を強行したと考えられる。洛陽は，まさにそれにふさわしい場所であった。まず儒教的な立場では，「理想の時代」とされるのは周王朝である。その周王朝が東遷して東周となり，すでに述べたように，その王都・成周は洛陽にあった。成周をひきついで，以後，王莽の新，後漢，魏，西晋などの諸王朝は，いずれも洛陽を建都の場としてきた。中原に鹿を追った漢族諸王にとっては，洛陽は建都を夢みる憧憬の磁場であった。儒教また漢文化への同化をめざした孝文帝にとっても，洛陽は，同様の意味をもつ存在であったであろう。

　さらに洛陽遷都には，以上の政治・文化・社会的な理由にくわえて経済的な理由も考えうる。これについては指摘されることは少ないが，すでに第3代太武帝の時代からは，北魏王朝は，東の華北統一と平行して，西の河西回廊の制圧をめざしてきた。この2つの目標の達成によって，西域から華北におよぶ一帯が活発な交流でむすばれる時代が到来する。北魏時代は，中国史における本格的な仏教の受容と興隆の時代であった。それは，このような時代背景のもとで実現された。仏教の伝通は，広域的な交易活動の活発化に随伴したものであった。

　交易活動は，ヒト・モノ・カネの移動である。そのなかでモノの移動つまり物流が，もっとも重要な意味をもっている。しかし物流という点では，平城は不利な条件にあった。平城は，交界都市にふさわしい陸上交通の要衝であった。しかし内陸水運という点からみると，小河川の源流部に近い山間盆地に位置していて，水運の便にめぐまれていなかった。孝文帝が平城を「用武の都」と考えたのは，山間の閉ざされた要害地としての利点を指してのことでもあったであろう。同帝のいう「文治の都」だけでなく，「通商の都」としても平城は不利であった。

　これに対して洛陽は，西の山間地帯をつらぬく〈西域―河西回廊―渭水―関中―洛水〉ルート，東の平原地帯をつらぬく〈洛水―黄河―華北〉ルートという東西方向の

水陸交通路を結節する要衝であった。その要衝性は，洛陽が山地から平原への遷移帯に位置するということによっても増幅されていた。この遷移帯にそって南方から北上して北方遊牧世界へと至る南北方向の重要交通路が走っていたからである。洛陽は，東西と南北の両方向からの重要交通路が交叉する十字路であった。それが，のちに検討するように，洛陽を「通商の都」とした基礎条件であった。孝文帝は，遷都によって「通商の都」として洛陽がもたらす交易利益の掌握をめざしたと考える。この点は陳寅恪によって指摘されている点ではあるが[275]，洛陽遷都には，重商主義的な目的も大きかったといえる。

(2) 北魏・洛陽＝先行2系列の結節都城

北魏・洛陽は，先行都城の2つの系列を結節させて建設される。それらの源流は，ともに後漢・洛陽にあった。具体的には，つぎの2つである。

系列 ①：〈後漢・洛陽―鄴・北城―北魏・平城―北魏・洛陽〉
系列 ②：〈後漢・洛陽―曹魏・洛陽―北魏・洛陽〉

前者は，[洛陽→鄴→平城]と建設場を遷移させつつ展開した都城建設思想の伝播・深化であり，後者は，洛陽という固定場で展開した都城建設の遷移であった。孝文帝による洛陽遷都は，自身が推進してきた漢化政策の最終章であると同時に，上記2系列の都城建設の統合をめざすものであった。それは，系列 ①で集積されたノウハウをもとに，系列 ②の固定場での新たな都城の建設といいうる。したがって北魏・洛陽の躯体建設にあたっては，系列 ①とおなじく，系列 ②の寄与がきわめて大きかった。系列 ①についてはすでにⅥ-5-(5)でくわしく検討したので，ここでは系列 ②をとりあげて，その源流にさかのぼって整理をこころみたい。

220年に後漢王朝は最終的に瓦解し，魏王朝が成立する。魏は，後漢・洛陽を襲用して定都した。この時期の洛陽は，すでに廃墟と化していた。『後漢書』は，初平元年(190)には後漢最後の皇帝・献帝(在位189-220年)による長安への遷都の際に「董卓が洛陽の宮廟及び人家を焚[276]」いたこと，さらに建安元年(196)には「宮室焼尽[277]」との記事を載せている。魏の建国は，同時に洛陽の再建・改建であった。その再建・改建は，2つの方向でなされる。後漢・洛陽の先行都城施設のうち，市壁については全面襲用，市壁の内部とりわけ宮城については全面改変，という2方向である。それは，廃墟のなかの残存部分と廃滅部分に応じた取捨選択であったであろう。ここでは，後者に議論を集中したい。魏による主要な宮域改建は，つぎの2点にあった。

写真73　北魏・洛陽　太極殿址
南方より望む。曹魏以来の太極殿を襲用したもので，台基の規模は東西約100 m，南北約60 m，比高約4 mで，地元では鑾金殿とよぶ。

1）　二宮制の廃止と単一宮域＝洛陽宮の造営 :　政事中枢である宮域の造営は，王権にとって最初に着手すべき必須の事業である。魏王朝も，その成立年である黄初元年（220）に洛陽宮の造営に着手する[278]。同王朝は，後漢・洛陽の南・北二宮制を廃して，王宮機能を洛陽宮のみに集中させた単一宮制を採用する。そのとき洛陽宮の宮域に選地されたのは，後漢・洛陽の旧北宮址であったとされている[279]。

2）　太極殿の造営 :　漢代には王宮正殿は，前殿とよばれてきた。魏の第2代皇帝・明帝（在位226-239年）は，青龍3年（235）に正殿として太極殿を造営する[280]。しかし『三国志・魏志』は，その所在位置についてなんら語っていない。それについて『水経注』「穀水篇」は，「洛陽南宮・漢崇徳殿の故処に太極殿を起こし，雉門を改めて閶闔門と為す[281]」と述べている。これを主たる典拠として，太極殿の位置は崇徳殿址とされている。

しかし『水経注』が記載する「南宮」と「崇徳殿」をめぐっては，いくつかの解釈が提出されている。まず『水経注』の記載どおりに，「後漢・洛陽の南宮にあった崇徳殿」と解するものである。しかしこの解釈には2つの難点がある。1つは，後漢代の崇徳殿の所在位置は不明であって，南宮に特定することはできないこと，他は，魏晋・太極殿の考古調査の成果とは一致しないことの2点である。そこから「洛陽南宮」は，魏によって後漢代の北宮址に造営された洛陽宮の南半部と解釈する立場がある[282]。さらに「崇徳殿」についても，旧北宮の前殿であった徳陽殿の誤記と解する説も提出されている[283]。『後漢書』は，徳陽殿が北宮に位置しているとし[284]，また「徳陽前殿」と表記しているので[285]，前述したように，同殿は後漢代の北宮正殿であったと考えられる。以上の2点をふまえて，明帝による太極殿の造営場所は，洛陽宮南半部の旧徳陽殿址とする説にしたがうことにしたい。

太極殿は最高神・太一の宮処につうじる言葉であり，正殿名として「太極殿」が中国史料に登場するのは，このときが最初とされる[286]。以後の歴代王朝の多くも，それを踏襲して正殿を太極殿と称した[287]。魏・洛陽の太極殿は，単に名称だけでなく，洛陽に定都した後代の晋・北魏両王朝の正殿造営地点として襲用されつづけた[288]。

このように魏晋・洛陽は，後漢・洛陽の市壁を襲用しつつも，宮域に関しては全面的に改建された都城であった。それが，北魏王権が洛陽建都の際に継受した系列　②の最終局面であった。

第VI章　中国都城のバロック的展開　　301

(3) 北魏・洛陽の都城構成 ──「守旧」と「進取」

　北魏・洛陽は，相反的ともいえる二重の性格を具備する都城であった。その相反する二重性は，「守旧と進取」という対語に要約できる。「守旧」とは，漢族と儒教が正統としてきたものを継受する姿勢である。これに対して，「進取」とはその正統とされてきたものを変革していく姿勢である。「守旧と進取」は，華北統一以来，北魏王朝をつらぬくものであったが，とりわけ孝文帝による漢化政策の積極的な推進によって強化される。けれども漢化政策は，中国史という観点からいえば，漢族また儒教が正統としてきたものを積極受容する「守旧」の立場を意味する。しかし鮮卑拓跋部という観点からは，母語の禁止と漢語の公用語化に代表されるように，それは変革さらには「進取」につうじる姿勢でもある。

　鮮卑拓跋部からみた漢化政策のもつ「守旧と進取」は，彼らによる新たな建設都城＝北魏・洛陽にも射影される。洛陽は，後漢崩壊後の分裂時代をつうじて，「中原に鹿を追う」諸王権がそこへの建都を夢みてきた地であった。その憧憬を肯定・継承して覇者たることを顕示する王権行為が，洛陽建都である。北魏王朝も，平城から洛陽への遷都によって〈先行漢族王朝の定都の地＝洛陽〉での建都を実現する。それが，北魏・洛陽がもつ二面性のうちの「守旧」性である。それは，また，前述の先行都城の系列　②の継受であった。

　しかし北魏王朝にとっては，洛陽は，「守旧」の文脈だけではとらえきれない意味をもつ都城であった。それは，後漢・洛陽が，北魏王朝の先行建設都城＝平城の紙背に伏在する都城であったことである。平城の建設にあたって，太祖・道武帝が参照系としたのは鄴・北城であった。Ⅳ-5-(5)で整理したように，鄴・北城は，たとえば2本の軸線街路の存在にみられるように後漢・洛陽の都城構成を祖型としつつも，それへの革新として建設された「進取」の都城であった。さきに両者の関係を，後漢・洛陽＝〈「バロック化」への助走〉，鄴・北城＝〈「バロック化」されたごく早期の都城〉として要約した。具体的には，鄴・北城における「北闕」型宮域，グリッドパターン都城域の登場である。それらは，後漢・洛陽に対して鄴・北城が実現した革新であり，「進取」であった。鄴・北城が達成した「進取」をさらに継承・発展させて，北魏王朝は平城を建設する。このように鄴・北城から北魏・平城へとつづく〈「進取」の都城〉の系譜の始原にあるのが，後漢・洛陽であった。この系譜が，先述の先行都城の系列　①であった。したがって後漢・洛陽は，北魏王朝にとっては，「進取」の水脈の源泉であると同時に，そこでの建都を憧憬する「守旧」の磁場でもあった。

洛陽遷都は，都城系列　①が達成した「進取」の都城＝平城の建設経験をふまえて，同系列　②に通底する「守旧」の地＝洛陽において新たな都城を建都せんとするものであった。北魏王朝にとって「守旧と進取」という相反性，また先行都城系列①と②の結節都城として洛陽が選地・建設されたのは，そのゆえであった。洛陽建都がもつこれらの含意をもとに，第１のキーワードとして後漢・洛陽につらなる「守旧」，第２のキーワードとして後漢・洛陽から鄴・北城さらには北魏・平城へとつらなる「進取」の２つをとりだすことができる。この２つのキーワードによる整理・検討が，北魏・洛陽の形態解読にあたっての視座を提供する。
　孝文帝が遷都を決した当時の洛陽は，廃墟と化していた。五胡十六国の分裂の時代をつうじて，洛陽はくりかえし諸勢力の争奪の的となって荒廃をかさねてきたからである。そのゆえに孝文帝の洛陽遷都は，既存の都城施設の収用ではなく，廃墟の地での都城再建であった[289]。それが，北魏・洛陽のもつ「守旧」と「進取」という二面性成立の基礎にあった。
　孝文帝は，平城の漢族・儒教的改建をすすめる一方で，洛陽遷都にさきだって，漢人官僚・蔣少游を洛陽に派遣して調査させている。『魏書』「列伝」の「蔣少游」条は，「性は機巧，頗る画刻に能け，・・・後に平城に於いて太廟・太極殿を営するを将す。少游を遣わし乗伝して洛に詣らせ，魏晋の基趾を量準せしむ[290]」と述べる。「蔣少游は平城において王権中枢施設である太廟・太極殿の造営を監督した有能な建築技術者で，彼に駅馬を乗りつがせて洛陽に派遣して魏晋・洛陽の遺址を測量させた」ということである。孝文帝は，信頼する当代きっての建築家に魏晋・洛陽の現状調査をさせたのである。
　また孝文帝は，彼を密偵として南斉の都城＝健康（現在の南京）に派遣し，「密かに京師宮殿の楷式を観さしむ[291]」，つまり健康の都城構成また宮殿様式をひそかに調査させている。したがって北魏・洛陽の建設は，魏晋・洛陽の遺構，旧都・平城，南斉・健康を参照系として遂行されていく。
　北魏・平城は，内部から外方にむけて，『魏書』の用語にしたがえば宮域・外郭・外城の３郭域からなる都城であった。そのうち広大な外城の建設が，平城のもつ中国都市史における「進取」であった。それを継承して，北魏・洛陽も，最終的には広大な外城をそなえた３郭域編成の都城として建設される。徐金星は，これを「回」字状構造と述べている[292]。
　ここで，今後の議論を容易にするために，囲郭呼称の整理をこころみたい。北魏・

第Ⅵ章　中国都城のバロック的展開

写真74　北魏・洛陽　横街から閶闔門址を望む
壮大な門闕を左右に配した3門道様式の宮域正門で，門前の闕間広場と横街を起点として銅駝街が南走する。

洛陽を語るとき，これらの3郭域をおのおの宮域・内城・外郭城とよぶことが多い。この3呼称は，隋唐・長安の都城構成を述べる際にも一般に使用される。したがって，ここで，『魏書』が述べる平城の郭域呼称をより一般的な用語に変えて，議論をすすめることにする。つまり『魏書』の3郭域呼称のうち，宮域はそのままとして，外郭を内城，外城を外郭城と言いかえることにしたい。

最初に，2つの北魏・洛陽の復原図を掲げる。図73は北魏・洛陽の宮域・内城の復原図[293]，図74はそれに外郭城をくわえた復原図[294]である。

① **宮　域**：北魏・洛陽の建設は，宮域から開始される。遷都にさきだつ493年に，孝文帝が3人の漢族近臣に洛陽の建設着手を命じた。このとき，最初に起工されたのは滑台宮という宮殿であった。また孝文帝が蔣少游に「魏晋の基趾を量準」させたのは，魏晋・洛陽の遺構を襲用して宮域と内城を建設するためであったであろう。具体的には，魏晋・洛陽の都城市壁の内城郭壁としての再利用，洛陽宮の宮域と太極殿址の継受であった。北魏・洛陽の建設は，内城と宮域の基本骨格に関しては，魏晋・洛陽の全面襲用としてすすめられる。結果として，それが北魏・洛陽の「守旧」の側面を集約することになる。内城の範域内における宮域の位置は中央北端ではあるが，厳密には西方にかたよっている。それは，魏晋・洛陽の宮域を襲用した結果であろう。しかしここで想起されるのは，平城の宮域が外郭の「西を截ちて宮城と為した」との『南斉書』「魏虜伝」の記載である。この記載のとおり，平城では宮域は内城の北西部に位置していたと考えうる。平城で観察された内城内部での宮域の位置関係は，西方に偏倚した魏晋・洛陽の宮域継承を容易にしたであろう。

宮域を囲む郭壁の規模は，東西幅660メートル，南北長1398メートル[295]，またその壁厚は，南北隔壁が13〜20メートル，東西隔壁が8〜10メートル[296]と報告されている。魏晋・洛陽の市壁であった宮域郭壁が，頑丈に構築されていたことを物語る。図73は，宮域中央部の西よりに黒くぬりつぶされた小さなヨコ長・長方形を描きこんでいる。それは，宮殿正殿の太極殿の位置を示す。そこには，東西幅約100メートル，南北長約60メートル[297]，比高約4メートル[298]という大規模な版築基壇が残り，北魏王権の宮殿正殿の壮大さをいまに伝えている。太極殿の宮域西部への偏在は，宮域内の西部が主要宮殿の集中地区であったことを示していよう[299]。太極殿の前面には殿舎はなく，太極殿は宮域南辺の正門＝閶

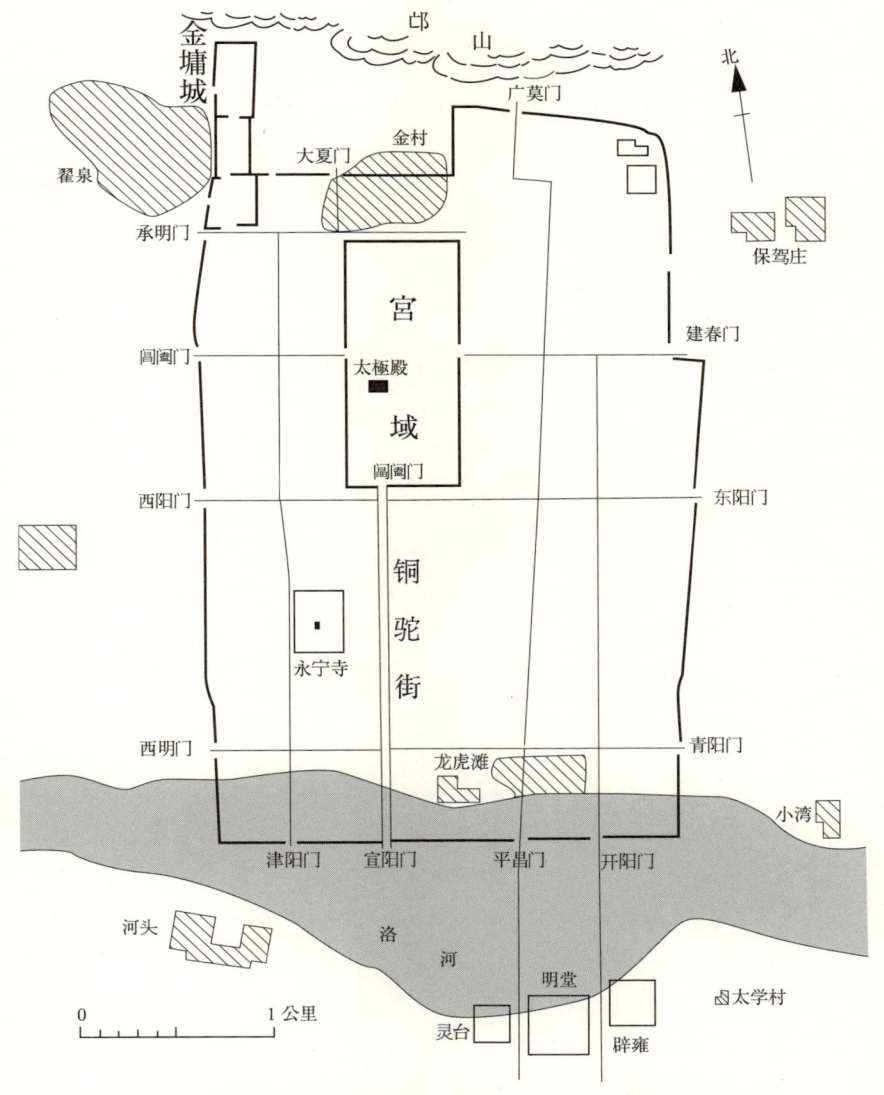

図 73　北魏・洛陽の復原図 (1) ―― 宮域・内城 (外郭) (叶驍軍による)

第 Ⅵ 章　中国都城のバロック的展開

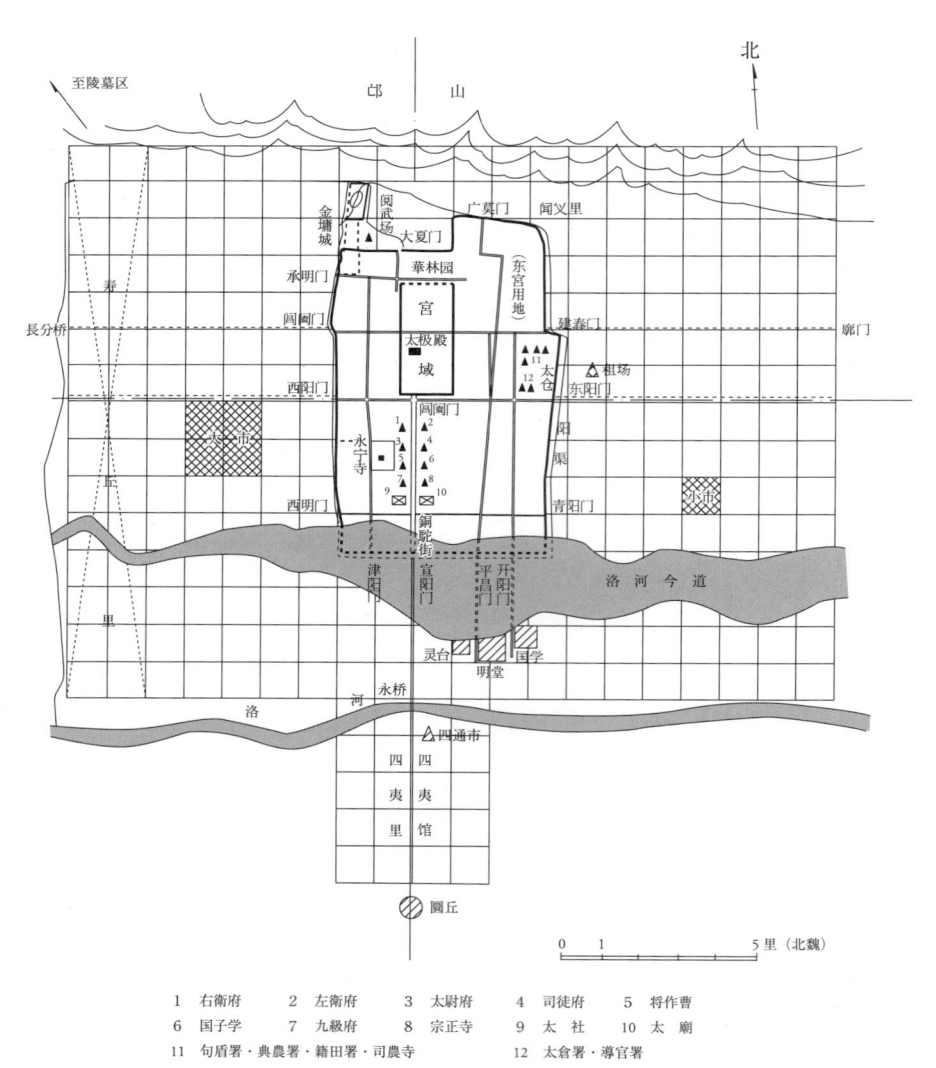

1	右衛府	2	左衛府	3	太尉府	4	司徒府	5	将作曹
6	国子学	7	九級府	8	宗正寺	9	太社	10	太廟
11	句盾署・典農署・籍田署・司農寺					12	太倉署・導官署		

図74 北魏・洛陽の復原図（2）── 宮域・内城（外郭）・外郭城（外城）
（賀業鉅原図を応地補正）

306 第2部 都城のバロック的展開

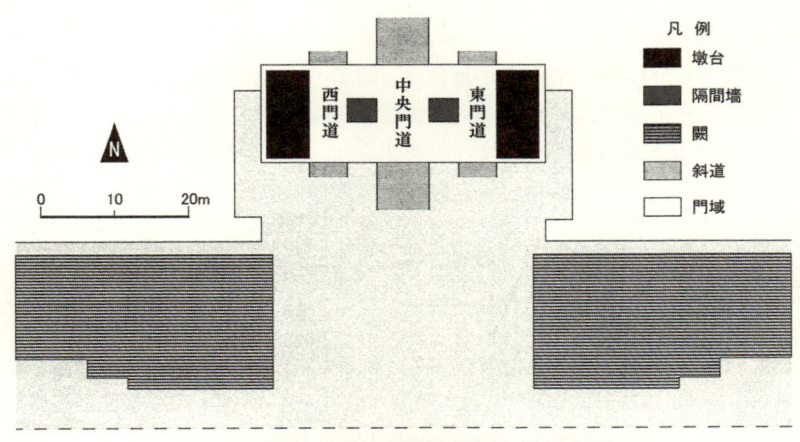

図75　北魏・洛陽　閶闔門略測図（応地作図）

闔門を見とおして立っていた。その延長上に，図73が描くように，内城の軸線街路＝銅駝街が走っていた。この太極殿を起点とする都城軸線については，のちに詳述したい。

　閶闔門の遺構は，ほぼ全面発掘されている。その門号は，前述した『水経注』「穀水篇」が「雉門を改めて閶闔門と為す」と述べていたように，魏王朝の明帝による命名を踏襲したものであった。「閶闔」とは，中国古代神話の「天門」を指し，「天へと至る入口」を意味する。同門は，門号だけでなく，その位置も魏晋・洛陽宮の閶闔門を襲用して建設されていた[300]。同門を起点として正南方にむけて銅駝街が直走していた。

　図75は，2010年秋の訪問時に歩測で作成した閶闔門の略測図である。閶闔門は，前面の左右（東西）に巨大な双闕と闕間広場をしたがえた宮城門である。〈左闕東端―右闕西端〉の東西幅は約105メートルで，宮城門であるにもかかわらず，その幅員は図57に歩測図を掲げた前漢・長安の都城正門の市門＝覇城門の全長113メートルに匹敵する規模であった。規模の大きさにくわえて，つぎの2点が閶闔門をより壮大なものとしていたであろう。第1は，東・西の双闕をふくめた閶闔門全体が，南方にひろがる平坦面よりも一段高い階段テラス上に築かれていたことである。第2は，東・西の双闕には，それを基壇として左右相称に楼

第Ⅵ章　中国都城のバロック的展開　307

観＝城門楼が聳えていたと考えられることである．閶闔門は，壮大かつ壮麗な闕門様式の宮城門であった．

楼観をいただく左・右両闕の奥には，閶闔門の本体が聳えていた．その東西幅は約 39 メートルで，図 57 の前漢・長安の覇城門とおなじく「一門三道」様式であった．現認可能な斜道遺構から推測すると，門道の幅員は皇帝専用の中央門道が約 7 メートル，東・西両門道が約 5 メートルであって，覇城門の門道幅およそ 8 メートルにくらべて小さかった．それは，閶闔門が宮城門，覇城門が市門という性格の相違，それに由来する通行量の相違と関係していよう．しかし左右の両端に規模の大きな墩台を配し，中央門道両側に構築された小規模な隔間壁で東・西両門道を分離するという様式は，覇城門と共通する．

② **内　城**：平城の外郭にあたる．内城は，先行する諸王朝つまり後漢・魏晋両時代の市壁を踏襲して囲壁としている．これらの先行諸王朝の都城・洛陽は，図 62 の後漢・洛陽の復原図にみられるように，市壁に囲まれた都城域とその内部に位置する宮域という二重の郭域から構成されていた．北魏・洛陽は，その都城域全体を内城化して建設される．内城の規模は，直線状の西囲壁が 3811 メートル[301]，おなじく直線状であった南囲壁は洛水の北上によって失われてしまっているが，その全長は約 2460 メートル[302]と推定されている．これを北魏時代の里に換算すると，前者の南北長が 8.8 里，後者の東西幅が 5.7 里となる．これらを四捨五入すると，〈南北長：東西幅＝9：6〉となる．よく指摘されるように，いわゆる「九六城」の形態にあたる．

廃墟と化した時期もあって断続的であったとはいえ，後漢の定都以来，534 年の北魏・洛陽の放棄まで 400 年余にわたって「九六城」の形態が踏襲されてきたことになる．その背後には，中国における 9 と 6 という数字に対する特別な感覚がある．そのゆえに，王朝の交代にもかかわらず，後漢・洛陽にはじまる「九六城」形態が踏襲されつづけてきたのであった．その理由として，礪波護は，9：6 が黄金分割比に近いことを指摘したうえで，中国では九は奇数＝陽数の代表，六は偶数＝陰数の代表とされる数字であって，「九六」だけで陰と陽の双方が象徴されることをあげている[303]．つまり「九六城」は，比例分割の点からも，陰陽論の点からも，もっとも重要なシンボル的意味をもつ形態として重視され継承されてきたということであろう．と同時に，北魏によるその踏襲は，北魏・洛陽の「守旧」的性格を示すものでもある．

写真75　北魏・洛陽　内城西辺市壁の最南端部
洛水の北上によって截断された西辺市壁末端の断面が残る。比高約10m。そのすぐ北方では市壁の削平と耕地化がすすむ。

　蒋少游が孝文帝の命によって「魏晋の基趾を量準」したのは，主として魏晋・洛陽の市壁と宮域であったであろう。それにしたがって，北魏・洛陽の内城郭壁が建設されたと考えられる。図62の後漢・洛陽と図73の北魏・洛陽の内城囲壁が1ヵ所をのぞいておなじ形態であるのは，そのゆえである。「九六城」の継承は，洛陽において漢化の完成をめざす孝文帝にとっては当然の選択であった。両者の唯一の相違箇所は，北西角である。図73では，そこに北方の邙山の山麓にむけて突出する狭長な「目」の字型の小郭域が描かれている。金墉城である。孝文帝が遷都にさきだって洛陽に巡幸したときに滞在し，遷都後も改修をくわえて仮宮殿としたのは，ここであった。金墉城は，すでに3世紀前半に魏の第2代皇帝・明帝によって建造されていた。その建設は，図71・72がともに北西端に描く洛陽遷都以前の魏の根拠地であった鄴・北城の銅雀台などの3つの人工丘になぞらえたとされる[304]。たしかに金墉城と鄴・北城の3つの人工丘とのあいだには，いくつかの共通性がある。ともに都城防御のための軍事拠点として建設されたこと，その位置が外郭の北西角であること，鄴・北城の人工丘は南北にならぶ3丘からなっていたのと同様に，金墉城も「目」の字型に南北にならぶ3つの小郭域からなっていることである。北魏・洛陽においても，金墉城は重要な軍事要塞として機能する。内城も，その外囲を水深4メートル余の周濠がとりまき，また囲壁の壁厚も20～24メートルと，強固に防御をかためていた[305]。

　内城囲壁には，計12の門が開かれていた。12門は『周礼』に由来するが，後漢・洛陽の場合とおなじように「旁三門」つまり各辺3門という規範がまもられていない。図62の後漢・洛陽と比較すると，12門の位置は一致しているが，それらの門号はまったく異なっている。それは，少数の例外をのぞいて北魏・洛陽が，後漢・洛陽ではなく魏晋・洛陽時代の門号を踏襲したことによる[306]。北魏・洛陽は，後漢・洛陽以来の「九六城」という形態だけでなく12門の位置，また魏晋・洛陽の門号を継承しているのである。この点でも，北魏・洛陽の内城は「守旧」であった。

　しかしそれらの宮門と内城内部の街路との関係では，北魏・洛陽は後漢・洛陽とまったく異なっている。後漢・洛陽では，内城の内部を貫走する街路はごく少数で，ほとんどがT字路をなして屈走していた。これに対して北魏・洛陽では，ほぼすべての街路が内城内を直走し，とりわけ東西走する街路に関しては，最北の金墉城への通用路を唯一の例外として，東と西の囲壁に開かれた2門をむすん

第VI章　中国都城のバロック的展開

写真76　北魏・洛陽　閶闔門址から復原銅駝街を望む
銅駝街は，両端の路傍樹帯を含めて幅員約41mの街路として復原されている。その両側には官衙が連担していた。

で内城の内部を貫走する。グリッドパターンを基本とする街路形態である。両都城の内城から観察される街路形態の相違を生みだした大きな要因は，北魏・洛陽では宮域が後漢・洛陽にくらべて縮小していることにある。南北二宮制の後漢・洛陽では宮域の面積が大きいために，2つの宮域が東西・南北の両方向にわたって内部を遮断するように並立していたからである。これに対して北魏・洛陽では魏晋・洛陽の改建をうけて単一宮制に改変されるとともに，宮域の面域も縮小して内城内部の非宮域面積が大きく拡大していることによろう。内城のグリッドパターン街路構成は，北魏・洛陽のもつ「進取」を示す。またそのことが，つぎに検討する外郭城の街路形態を考える際に重要な意味をもつ。

　内城の内部には，東西と南北に各4本の街路が走る。それらの街路幅員は，ほとんどが30メートル前後である。そのなかにあって東西と南北の各1本の街路だけが，とりわけ幅員の大きな広大路として建設されていた。東西走する街路では，宮域の南辺を走る東西大街がそれにあたる。その幅員は，約40メートルとされる[307]。宮域南辺にそって内城さらには外郭城を貫走する広い東西大路＝横街を配するのは，単一宮制の採用によって可能となった。平城に関しては不明であるが，鄴・北城また南斉・建康でも，幅員大の横街が宮域南辺を貫走していた。北魏・洛陽は，それらを参照したのであろう。広大路＝横街の宮域南辺配置は，隋唐・長安に継承されていく。

　南北方向の広大路は，宮域正門から内城南辺の宣陽門にむけて直走する銅駝街である。その幅員は，40〜42メートルとされる[308]。銅駝街はたんに内城を南北走する広大路であるだけでなく，王権の政事中枢＝太極殿を起点とする都城軸線街路であった。北魏・洛陽にみられる宮域と銅駝街の関係は，孝文帝が秘密裡に調査させた南斉の都城・建康にならったものとの説がある[309]。

　この点について，ここで南斉・建康と北魏・洛陽との形態的関係を簡単に検討しておきたい。斉都・建康の形態は，文献の記載をもとに，図76のように復原されている[310]。同図と図73・74の北魏・洛陽復原図とを比較すると，以下のような共通点を読みとれる。

1）　宮域が内城の中央やや北よりに偏在していること。
2）　宮域また内城が，その外方の外郭城と入れ子構造状に配されていること。
3）　宮域南辺を「横街」が北魏・洛陽では内城の，南斉・建康では外郭城の

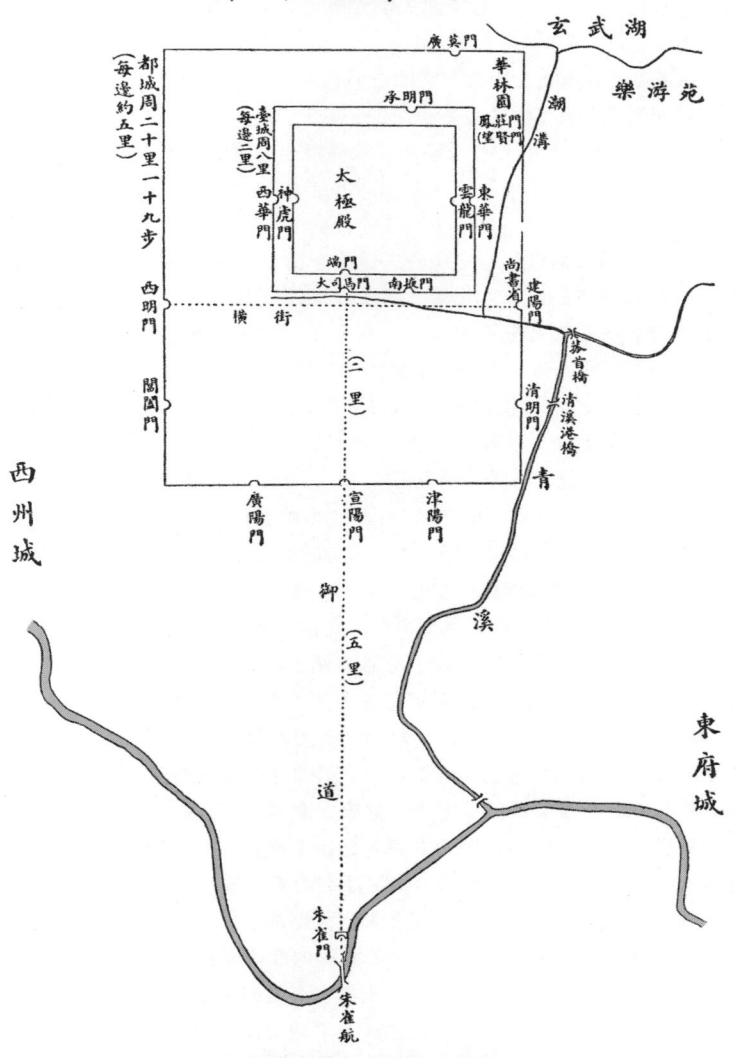

図76 南斉・建康の復原図（叶驍軍による）

郭壁東・西両辺の門とむすんで貫走していること。
4）宮域南辺の正門から南北大街が直走し，その正門の名はともに宣陽門であること。
5）「横街」と南北大街とが宮域ないし内城の正門前で直交し，そこに都城十字路が形成されていること。
6）これは偶然かもしれないが，太極殿の位置が宮域内の西方に偏していること。

　孝文帝が洛陽遷都に際して南斉・建康を密偵に探索させたという事実にくわえて，これらの共通性は，北魏・洛陽の建設にあたって南斉・建康がそのモデルの1つであったことを示すものであろう。しかし両者のあいだには，逆に，相違点もいくつかある。南斉・建康では，「宮域が都城域の東よりに所在していること」と「太極殿が宮城の西寄りに位置していること」の2つが相乗しあって，結果として，太極殿から南走する4)の南北大街が都城の正中線的な軸線と化している。しかし北魏・洛陽の銅駝街には，このような正中線的な性格はない。
　もっとも重要な相違は，図76にもとづくかぎりでは，南斉・建康の内城の面域がきわめて小さいことである。さらに図74に示されるように，北魏・洛陽は内城の外方に広大な外郭城を配していた。この巨大な外郭城の建設は，南斉・建康ではなく，平城からの継承であり，北魏・洛陽がもつ「進取」であった。
　以上のように考えると，北魏・洛陽の建設にあたって，南斉・建康が重要な参照系であったことは十分に理解できる。そのことを確認したうえで，北魏・洛陽の銅駝街に再帰することにしたい。上記の共通性3)・4)・5)が，ここでの問題である。3)の東西大街＝横街，4)の南北大街＝銅駝街，5)の都城十字路の3つが構成する形態配置は，南斉・健康と北魏・洛陽の両都城に共通する。それは，銅駝街＝内城軸線街路が南斉・建康を範として建設されたとの説を首肯させるものがある。しかし平城の状況は不明であるが，すでに検討したように，鄴・北城においても，同様の横街と朱雀大路的な南北街路は存在していた。ただし鄴・北城では，都城域を貫走する軸線的な南北街路は，2本存在していた。北魏・平城はそれらを単一化して，北魏・洛陽の銅駝街的な南北大街が成立した可能性もある。前述したように北魏・平城では，宮域を左右相称的に分かちつつ南走する大路の存在を想定しうる可能性が大きいからである。しかしそれ

らは可能性の指摘にとどまらざるを得ないので，北魏・洛陽の銅駝街は南斉・建康を範として建設されたという通説を重視せざるを得ない。

しかし南斉・建康の南北軸線街路が北魏・洛陽の銅駝街と相同的であるとしても，両者のもつ意味は大きく異なる。北魏・洛陽の場合には，図74に示されるように銅駝街の両側には，北端の左衛府と右衛府からはじまる軍事司令部をふくむ諸官署，南端の「左祖右社」の関係で配された宗廟と社稷で終わる公的諸施設が連担し，都城の政事・祭事空間を形成していた。北方の宮域が〈皇帝の空間＝宮城〉とすると，南方の銅駝街は〈武官・文官の空間＝皇城〉であった。両者は，北に宮城，南に皇城という「前朝後寝」の位置関係で配置されていた。また宗廟と社稷は，皇城的空間の最南端に置かれていた。北魏・洛陽は，政事・祭事施設からなる皇城的空間を宮城の南方に計画的に創出した最初の都城であった。鄴・北城でも宮城的空間と皇城的空間との分離はみられつつあったが，両者は東西に並列するかたちで配されていた。それが，鄴・北城に2本の朱雀大路的な南北街路が存在した理由であった。〈皇城的空間の創出＋その宮城南方への配置＋軸線街路の単一化〉という都城構成の大きな「進取」が，北魏・洛陽で達成されるのである。それを継承・整序・完成させたのが，隋唐・長安であった。しかも隋唐・長安は，宗廟と社稷の皇城南端配置という点も北魏・洛陽から継承していく。

内城に目を転じると，そこでも宮域を介在させて政事施設がひろがっていた。図74に示されるように，宮域の東方には王室用の穀物などの諸物資を保管する太倉とその関連官署，また西方には武庫などが所在していた。宮域の北には，華林園とよばれる園林がひろがっていた。そこは王室の禁苑であり，宴会や馬上遊技（ポロ競技）また軍事訓練の場として使用された[311]。この宮域北方への園林配置も，隋唐・長安に継承されていく。

③　**外郭城**：北魏・平城の建設は，まず宗廟と社稷また諸宮殿の造営によって宮域の整備がすすめられ，その後に，3つの郭域の範域が画定されるという経過をたどった。そのとき最初に画定されたのは外郭城の範域であり，その後に内城，そして最後に宮域の範域確定へと進んでいった。北魏・洛陽の建設は，これとは異なった過程ですすめられた。その理由は，宮域と内城の囲郭として「魏晋の基趾」を再利用することができたため，宮域と内城の新たな範域画定が不要であったことによろう。『魏書』も，宮域と内城に関しては，その範域画定の記事をの

写真 77　北魏・洛陽　邙山の切通しより都城域を望む
レス層台地の邙山には切り通しが諸処に存在し，写真の切り通しを南下した集落との交点には清代の関門が残る。

せていない。同書が述べるのは，外郭城の範域画定と建設のみである。その建設は，平城の場合とおなじくはげしい人口流入への対応であった[312]。最盛期の北魏・洛陽の人口は 60 万人と推定され，当時，世界最大の都市であったとされる[313]。もちろん外郭城の建設は，北魏・平城を踏襲したものであった。北魏に先行する諸王朝の洛陽には，スプロール空間はあったとしても外郭城は存在しなかった。ここにも，北魏・洛陽の「進取」を読みとりうる。北魏・平城と北魏・洛陽にはじまる広大な外郭城の建設は，隋唐・長安に継承されていく。

外郭城をとりまく市壁については，東・西・北の 3 辺の市壁遺構が検出されている。まず東辺に関しては，内城東辺郭壁の東方およそ 3500 メートル地点で直線市壁が南北約 1800 メートルにわたって残存している。西辺市壁は鍵形に屈曲して南北走しているため，内城郭壁とのあいだの距離は 3500〜4250 メートルと変動する。同市壁からは，市門遺構が 3 ヵ所で検出されている[314]。

興味ぶかいのは北辺市壁で，その遺構は都城の後背丘陵・邙山上の山稜から約 1300 メートルにわたって発見されている。その走向は，内城北辺郭壁の北端線とほぼ平行しているとされる[315]。既存の内城北辺郭壁と連繋して，北辺市壁が北方防御を目的として建設されたことをものがたる。邙山の頂上面からは軍事駐屯地の存在も確認されていて，北魏王朝が北方への防備を重視していたことを示す。

図 60 は，都城域の北方に邙山の等高線分布を描いている。それによって推定すると，北魏・洛陽の内城北辺から邙山頂部までの比高は約 50〜70 メートル前後にすぎない。しかも現場で観察すれば，内城北辺の背後には数条の開析谷が北方にむけて延びるだけでなく，その頂部一帯はゆるやかに波浪する平頂面となって北方へとひろがっている。これらの低比高・平頂面さらには開析谷の存在という邙山の地形的特徴は，丘陵性山地ではあっても，都城防衛という観点からは弱点を抱えていたといえる。それが，邙山の平頂面に市壁また軍事駐屯地を建設させた理由であろう。また南辺市壁は，洛水によって補完されていたとされる。洛水は，図 74 にも示されるように，現流路よりもはるか南方を流れていた。当時の洛水は現在よりも急流で，障壁効果も大きかったとされている[316]。

前述したように，外郭城の建設は平城にならったものであった。『南斉書』「魏虜伝」は，平城の外郭城について「市と里を分置し，悉く築いて坊となす」と述べていた。北魏・洛陽の外郭城は，この点でも平城を継承していたと考えられる。

写真78　北魏・洛陽　洛水橋上より旧外郭城一帯を望む
右方の洛水北岸一帯は，北魏・洛陽の外郭城南東部にあたる。さらに内奥の右方には，内城の東辺市壁址が残存する。

　北魏・洛陽の外郭城については，2つの記事がある。1つは『魏書』巻八「世宗紀」景明二年（501）九月の条で，「畿内の夫五万人を発して，京師三百二十三坊を築く[317]」と述べる。他の1つは『洛陽伽藍記』で，「京師は東西二十里，南北十五里，戸数は十万九千余であった。廟，社，宮室，官衙のほかは，三百歩平方を一里とする。里には四つの門があり，門には里正二人，吏四人，門士八人を置いた。合わせて二百二十の里があった[318]」と述べる。ここで，『魏書』と『洛陽伽藍記』さらには『南斉書』の記載をもとに，外郭城の範域，里坊，市の3つをとりあげて検討することにしたい。
　『洛陽伽藍記』が述べる外郭城の範域は，「東西二十里，南北十五里」である。それをメートルに換算すると，東西幅8680メートル，南北長6510メートルとなる。これらの数字からは，北魏・洛陽はヨコ長・長方形の巨大都城であったといえる。しかし後述する洛水南岸での付郭地帯を考慮に入れると，「南北十五里」を20里と解釈できる余地もある。その場合には，北魏・洛陽は正方形の都城となる。そのいずれであれ，宮域と内城がタテ長・長方形であったのに対して，都城の全体的な形態はヨコ長・長方形ないし正方形と，両者の形態は相違していた。
　外郭城の内部は，平城とおなじく「悉く築いて坊と為す」であった。その数は，『魏書』では323坊，『洛陽伽藍記』は220里とする。ここで述べられている坊と里は同義で，里坊はグリッドパターンの街路によって区画された街区にあたる。『洛陽伽藍記』は，その規模を1辺300歩＝1里＝434メートルと述べる。ここで問題となるのは，両者の掲げる里坊の数が大きく相違することである。もし『洛陽伽藍記』の記載のとおりに外城の範域を20里×15里とすると，里坊の数は300となる。さらに同書は，里坊が洛水対岸の南岸部にもおよび，そこに付郭地帯が存在していたとする[319]。図74に示されるように，付郭地帯の規模は東西4里×南北5里の計20里坊と推定されている。もしこの付郭地帯を外郭城にふくめると，その里坊の数は320となり，『魏書』が記す323坊とほぼ符号する。また『洛陽伽藍記』が掲げる220里は，寺廟や官衙などの公的施設などをのぞいたものとしている。もし付郭地帯を外城にふくめないで里坊の数を300として，外郭城内の1000を越える寺院の存在を考えると，同書の220里という数字はかなり妥当といえる。したがって両者の記載はそれぞれに妥当性をもっていて，そのいずれかが誤っているとはいえないであろう。

第Ⅵ章　中国都城のバロック的展開　　315

『洛陽伽藍記』は，北魏・洛陽の里坊の形態と管理体制についてくわしく述べている。形態に関しては，グリッドパターンの直線街路で各辺1里に区画された正方形であること，その各辺には里門が設けられていたこと，里門を介してのみ里坊の内部は街路と連絡していたこと，里坊の管理のために里門には諸役人が配置されていたこと，里門と里門とをむすんで巷（小路）が内部を貫走していたこと，東西巷と南北巷によって里坊の内部は4つに区画されていたこと，2つの巷が交叉する十字巷が里坊の中心に形成されていたことなどを，その記載から読みとれる。外郭城の里坊の形態と管理体制は，平城のシステムを継承したものであろう。それらは，十字巷をふくめて，隋唐・長安の里坊制に基本的に継承されていく。ここにも，北魏・洛陽のもつ「進取」がうかがえる。
　つぎに「市と里の分置」について，検討したい。この記事は，平城では市と里＝居住区が混在することなく，特定の区画のみに市が設置されていたことを述べたものである。しかし平城の外郭城における市の立地状況は，不明であった。これに対して北魏・洛陽では，図74に示されるように，3ヵ所に市が設けられていた。『洛陽伽藍記』は，内城を中心として，その周辺の外郭城を城東・城南・城西・城北の4地区に分けて記述している。このうち邙山がせまる狭長な城北をのぞいて，残る3地区のおのおのに市が設置されていた。魏晋・洛陽の市は，図62の後漢・洛陽の復原図に記入された「金市」を襲用して，宮城の西方に位置していた。五行思想では「金」は西を意味するので，「金市」は「西方にある市」という意味であったであろう。
　北魏・洛陽の宮域と内城の建設に際しては，前述したように，魏晋・洛陽の宮域と内城をそのまま襲用・再建するという「守旧」的な方針が採用された。そのなかにあって，「金市」を踏襲することはなかった。それは，〈支配者の空間〉に属する内城の内部にではなく，〈一般都市民の空間〉である外郭城内に複数の市を設けて，そこに活発な交易活動を誘導するためであったであろう。さきに洛陽遷都の理由の1つとして，江南の経済的勃興また東西交渉の活発化を背景に，水陸の輸送ルートが結節する交通の要衝・洛陽に遷都することによって交易活動をとりこみ，増大する交易利益の掌握をめざすという重商主義的な目的を指摘した。外郭城での複数市の公設は，その目的の達成をめざすものであった。そのためのインフラ整備として，複数の市が計画的に設置されたと考えられる[320]。政事と祭事を基本とする政治支配の拠点として君臨してきた中国世界の都城に，商事・

通商という現代につうじる経済活動を都市機能として積極的に創出・付加しようとしたのである。この点にも、北魏・洛陽の「進取」が看取される。
　魏晋・洛陽時代の「金市」にかわる市が、図74で城西地区の西部に建設された大市であった。大市は、名のとおり北魏・洛陽で最大規模の市であった。その面積は2×2の4里坊を占め、868メートル四方という広大さであった。大市の遺構からは広域にわたって瓦片堆積層が発見されており[321]、当時の繁栄をいまに伝えている。『洛陽伽藍記』も、大市を中心とする「十里四方には、さまざまな職人や商人など金儲けの人々が多かった。美しい家々が棟をつらね、何層もの高楼が向かいあって聳え立ち……」と述べ、そのなかには南の2里坊のように歌舞音曲の巷もふくまれていたことを伝えている[322]。大市は、このような商業・遊興だけでなく、各種の工房が集積する北魏・洛陽最大の経済活動地区であった。
　城東地区には、外郭城の東部に小市があった。その面積は1里坊で、名のとおり大市の4分の1にすぎなかったが、それでも434メートル四方という規模である。小市は、洛陽の居住民への穀物をふくむ日常消費財の供給を主たる機能としていたようである。外郭内の東側に王室用の太倉が建設されていたのも、華北平原さらには江南からの穀物交易の中心が小市にあったことと関連していよう。
　このように大市と小市は、内城を基準として、その西方と東方にほぼ対称的な位置関係をたもって城西地区と城東地区に計画的に分置されていた。この市の配置は基本的に隋唐・長安に踏襲され、さらに徹底されていく。市の計画的な建設・配置という点でも、北魏・洛陽のもつ「進取」をよみとることができる。
　第3の市は、図74南端の付郭地帯北端に所在する四通市である。四通市は、洛水南岸部に建設されていた。同市は魚市場としても有名であったが[323]、大市とならぶ重要性をもつ市であった。付郭地帯は、同図に記入された「四夷館」・「四夷里」の名称が示すように、中国世界の外部から渡来・来住してきた集団の集住地区であった。四通市も、「中華世界外の四方につうじる市」という意味であろう。その意味のとおりに四通市は、主として西域諸国との遠隔地交易に特化した市であった[324]。『洛陽伽藍記』は、「葱嶺(パミール)より西、大秦(東ローマ帝国)に至る百国千城は、一つとして心から付き従わないものはなく、胡人の隊商や行商人たちは、毎日のように我が国境をめざしてひしめいた。……天下の得難い物資のすべてが、ここにはことごとくそろっていた[325]」と、四通市の繁栄を伝えている。
　四通市の立地と繁栄は、すでに指摘した洛陽のもつ交通的要衝性がもたらした

ものであった。洛水が上流の渭水をつうじて関中さらには河西回廊につうじ，し かも洛陽はその下流に位置していて，流れに逆らうことなく西方からの諸物産を 搬入できたことも大きかったであろう。四通市は，銅駝街から延伸する南北大路 （御道）が舟橋によって洛水を渡河した地点にあった。その立地の背後には，水陸 交通の十字路に四通市を配して集散機能を高めるとともに，その周辺に中華世界 の外部からの渡来・来住集団の集住地区を設定するという周到な計画性をうかが いうる。これも，北魏王朝の重商主義的性格と「進取」性をものがたっている。

ここで，外郭城における居住の空間分化について言及しておきたい。外郭城は 〈庶民と商工業の空間〉であったが，内城の内部に居住の場を確保できない上層 階級のための邸宅地区も存在していた。上層階級は，支配者である鮮卑拓跋部と 彼らに協力する漢族官僚に大別された。さらに上述した西域からの外来渡来者も 多く居住し，その数を『洛陽伽藍記』は1万戸としている[326]。同書は，前記のと おり，北魏・洛陽の戸数を10万9千余としていた。とすると全戸数の約10パー セントが西域からの外来者で占められていたことになる。これは，現代都市にお いても相当に高い数字である。しかも同書は，それを西域からの流入者としてい るので，諸地方からの外来者をふくめると，その数字はさらに大きくなる。北魏・ 洛陽は，これらの多様な集団からなる複合的な都市であった。当然，それは身分 だけでなく，空間的な居住隔離（segregation）をともなっていた。そのおおまかな 居住分化は，以下のように要約できる。

平城より移住してきた鮮卑系の皇族と貴族の邸宅は，内城の内部にくわえて， 図74が外郭城西端に記入する寿丘里を中心とした城西地区にあった。『洛陽伽藍 記』は，住民が寿丘里をさして「王子坊」とよんでいたことを伝えている。これ に対して漢族官僚は，一般庶民と混住しつつ外郭城の城東地区を主たる居住地区 としていた[327]。もちろん外郭城の外方にも，彼らの居住区は拡大していた。た とえば外郭城を越えた東方の暉文里とその周辺の6里坊には，統治階級の居住区 が形成されていたという[328]。洛水以南の付郭地帯は，江南からの漢人また西域 からの渡来人の居住区であった。

洛水南岸部の付郭地帯について，『洛陽伽藍記』は興味ぶかい記述を残してい る。それは，図74に記入された「四夷館」と「四夷里」に関するものである。舟 橋を越えた御道東側の「四夷館」は金陵館・燕然館・扶桑館・崦嵫館の4館を， また西側の「四夷里」は帰正里・帰徳里・慕化里・慕義里の4里坊をさす。たと

えば江南人で北魏王朝に帰順したのち洛陽に送致されてきたものは，金陵館で3年間を過ごし，そののちに西側の帰正里に邸宅をあたえられたという。同様に燕然館と帰徳里は北夷，扶桑館と慕化里は東夷，崦嵫館と慕義里は西夷の帰順者のための施設であったという[329]。もちろんこれらは，すべての帰順者のためというのではなく，『洛陽伽藍記』が掲げる諸事例から考えて，それぞれの集団での有力帰順者にかぎられていたであろう。

　付郭地帯は東西4×南北5の計20里坊からなっていた。それにくわえて，付郭地帯東方の東西9×南北5の45里坊，西方の東西7×南北5の35里坊が「預留拡展地段」として設定されていたとされる。「預留拡展地段」とは，将来の都市拡大にそなえて留保されていた区域ということであろう。しかし同区域が現実に都市化されることはなかったようである。付郭地帯と「預留拡展地段」とをあわせると，北魏・洛陽は最終的には東西20里×南北20里の正方形都城として構想されていたことになる。

(4) 中国都市史のなかの北魏・洛陽

「守旧と進取」をキーワードとして，後漢・洛陽また魏晋・洛陽との比較をつうじて，都城構成にみられる北魏・洛陽の特質を検討してきた。**(3)** でとりだした北魏・洛陽の「守旧」と「進取」を再整理して示せば，以下のように要約できる。

「守　旧」
　　1) 洛陽への遷都と建都
　　2) 宮域・内城の「魏晋の基址」=〈「九六城」＋外郭12門〉の踏襲

「進　取」
　　1) 擬「北闕」型宮域の採用
　　2) 内城のグリッドパターン状街路形態
　　3) 〈軸線街路の単一化＋皇城的空間の創出＋その宮域南方への集中配置〉の創出
　　4) 広大な外郭城の建設
　　5) 外郭城のグリッドパターン街路による幾何学的「街区=里坊」分割
　　6) 里坊の「4里門＋十字巷」構成と管理体制
　　7) 外郭城における「市里分置」と市の計画的配置

第Ⅵ章　中国都城のバロック的展開　　319

写真 79　北魏・洛陽　閶闔門よりⅠ号門と太極殿址を望む

閶闔門から北方の太極殿まで全長約 550 m の宮城中軸街路が貫走し，その間に 2 つの宮城門があったとされる。後方は邙山。

このように整理すると，都城構成における北魏・洛陽の「守旧」は少なく，それも宮域と内城のみにかぎられている。一方，「進取」としうるものははるかに多く，それらは圧倒的に外郭城に集中している。王権の中枢部分である宮域と内城に関しては「守旧」，主として庶民の空間である外郭城に関しては「進取」という対照性を読解できる。前者は，鮮卑拓跋部という非漢族王権が中国世界統治の正統性を担保すべく，孝文帝がめざしたものであった。後者は，外郭城そのものが北魏王朝による創出であるので，そこで企図し実現されたものはすべて「進取」に属することになる。したがって両者の対照性は，当然のことといえる。

北魏・洛陽が達成した「進取」をもとに，つづく建設都城である隋唐・長安への北魏・洛陽の影響を指摘する論者は多い[330]。しかし重要なのは，単なる 2 者関係また影響論を越えて，北魏・洛陽を中国都市史のなかに位置づける作業である。

ここで考察すべき重要な課題は，〈中国都市史のなかに，これらの北魏・洛陽で検出できる「守旧」と「進取」をどのように位置づけることができるか〉という問題である。2 つの視座から，この課題を検討することにしたい。その 2 つとは，北魏・洛陽を起点とした後望的（retrospective）と前望的（perspective）の両視座である。

1）後望的視座からの検討　：　(2) で，北魏・洛陽に結節する都城系列を 2 つに整理した。その系列　①は，［洛陽→鄴→平城］と建設場を遷移させつつ展開した都城建設思想の伝播・深化の系列である。具体的には，〈後漢・洛陽─鄴・北城─北魏・平城─北魏・洛陽〉とつづく都城の系譜を指す。上述した北魏・洛陽の 7 つの「進取」のうち，2)・4)・5)・6)・7) は北魏・平城から継承したものであった。それらのなかのいくつかは，北魏・平城が参照系の 1 つとした鄴・北城から継受したものであったであろう。このように，系列　①は北魏・洛陽が実現した「進取」と結合する。

もう一方の系列　②は，洛陽という固定場で展開した都城建設の遷移である。具体的には，〈後漢・洛陽─曹魏・洛陽─北魏・洛陽〉とつづく都城の系譜である。ここで「洛陽という固定場」という一般化した表現をもちいたが，その具体場は，魏晋・洛陽が改建し，北魏・洛陽が襲用した宮域と内城であった。北魏・洛陽から検出できる「守旧」は，その宮域と内城に集中してみられた。北魏・洛陽の「守旧」は，系列　②の都城系列が将来した帰結であった。

このように，後望的視座からすると，後漢代以降の中国都城の系列　①と②が北魏・洛陽において交会・結節し，その交会・結節から「進取」と「守旧」が並立する都城という北魏・洛陽の特質が生成したとしうる。

2) **前望的視座からの検討**：この視座では，とりわけ系列 ①が将来・帰結した1)〜7)の「進取」が北魏・洛陽での単なる一過性の試行にすぎなかったかどうかが，検討課題となる。これらの北魏・洛陽の「進取」は,すべて隋唐・長安に継承されていく。しかもその継承は，単なる踏襲ではなく，北魏・洛陽では完成には至っていなかった「進取」1) と 3)を融合・完成させるという革新的継承であった。しかも隋唐・長安は，新たな都城建設場を選地して系列 ②が帰結した「守旧」を解消し，北魏・洛陽の「進取」を全面的に展開する。北魏・洛陽の「進取」は一過性の試行ではなかったのである。

したがって，後望的には系列 ①と②という支流を合流させて北魏・洛陽という本流とし，前望的にはその本流が隋唐・長安という大海の生成母胎となるという役割，それが，中国都市史において北魏・洛陽が果たした創造的役割であった。

(5) 「バロック化」の本格展開

「バロック化」という視座からみるとき，北魏・洛陽は大きな「進取」を実現する。それは，上記の「進取」3)とかかわる。皇帝が南面して立つ宮殿正殿の太極殿を起点として正南方にむけて都城域を貫走する都城軸線街路の定立である。すでに説明したように，太極殿の前面には宮城門をのぞいて宮殿建造物はなく，太極殿に立つ皇帝の視線は宮域正門の閶闔門を真南に見とおすことができた。閶闔門の直南には，同門から発する南北大街と宮域南辺にそう東西大街（横街）とが交叉する都城十字路が形成されていた。南北大街は，同十字路からは都城軸線＝銅駝街となって内城を南走していく。その両側には政事・祭事施設が建ちならび，皇城的空間を形成する。銅駝街は御道ともよばれ[331]，御道は内城南辺の正門＝宣陽門から外郭城に入っても南走をつづけ，さらに洛水北岸に至る。そこに架かる永橋とよばれた舟橋を渡って，御道はさらに南岸の付郭地帯を中央軸線街路となって南走していく。付郭地帯が尽きるところに所在するのが，祭天儀礼のための祭祀施設＝円丘である。

洛陽南郊の円丘は，曹魏時代にはじめて造営された。曹魏時代には外郭城はなく，また当時の宮域と内城の位置は北魏・洛陽とおなじであったので，円丘は都城のはるか南方に位置していた。その場所を踏襲して，北魏王朝も円丘をそこに造営する[332]。その規模は，中国都城で造営された円丘・天壇のなかで最大のものとされる[333]。祭天儀礼はもっとも重要な国家祭祀であり，その継承は，王権の中枢部である宮域と内城での「守旧」という北魏・洛陽のもつ特質をさらに強調するものである。

都城域を貫走する都城軸線大路は，その起点である太極殿に「天子南面」する皇帝のヴィスタを顕現し，それを都城景観に刻印したものである。太極殿から南郊の円丘まで，正南北に宮域・内城・外郭城の3郭域を貫走する都城軸線大路は，北魏・洛陽において中国世界の都城史上ではじめて成立する。図76に示されるように，南斉・健康においても宮域の正門＝大司馬門から外郭の正門＝宣陽門に至り，そこからさらに南走する御道の存在が推定されている。その南端は，河水に面した朱雀門に達していた。正南北に直走する南斉・健康の御道は，一見したところ，北魏・洛陽の都城軸線大路とおなじにみえる。

　しかし両者のあいだには，大きな相違がある。それは，南斉・健康も北魏・洛陽とおなじく宮域・内城・外郭城の3郭域編成の都城であったが，外郭城の規模が小さかったことに由来する。図76は，南斉・健康の御道の街路距離を記入している。それによると，内城・南正門＝大司馬門から御道南端までの全長7里のうち，外郭城内の距離は2里にすぎなかった。図74をもとに北魏・洛陽の御道についてみると，内城・南正門＝宣陽門から外郭城南端までの全長距離は9里に達する。しかも北魏・洛陽の御道は，外郭城内部の都市空間を南走する街路であった。これに対して南斉・健康の御道は，外郭城の内部よりも都城外を直走していた。そこは，基本的には非都市的な景観がひろがる空間であったであろう。南斉・健康の御道は，都城域の街路というよりも，非都市的・農村的な空間を直走する街道であったと考えられる。太極殿から発して内城さらには広大な都市空間＝外郭城を貫走したのち，郊外の円丘へと南走する都城軸線街路を実現した点に，北魏・洛陽が達成した中国都市史におけるもっとも重要な「進取」があった。

　北魏・洛陽は，巨大な外郭城の建設・付加とそこでの計画的な「進取」の創出と並走しつつ，「バロック化」にむけて疾走した都城であった。その都城軸線街路は，皇帝権力の確立を背景とした「天下権威の誇示[334]」の装置であった。しかし北魏・洛陽においては，同軸線街路は都城の3郭域を正南北に貫走していても，その位置は都城域の東西正中線上にはなく，西に偏在していた。この点が典型的に示しているように，北魏・洛陽は「バロック化」のゴールへの疾走ではあるが，ゴールに到達するまでには至っていなかったと評しうる。その到達は，隋唐・長安の建設を待たなければならなかった。

　524年の「六鎮の乱」にはじまる軍事反乱と政治混乱のなかで北魏政権は急速に弱体化し，534年には実質的に滅亡する。その直後の537年に洛陽を再訪した『洛陽

伽藍記』の著者・楊衒は，廃墟と化した洛陽をまえに「城郭崩毀　宮室傾覆　寺観灰燼　廟塔丘墟」と哀惜の想いを記している。孝文帝の建都にはじまる北魏・洛陽は，41年間の短命な都城であった。

VI-7　隋唐・長安 ——「バロック化」の完成

　隋・唐両王朝は，秦・漢両帝国の「同義・再生」王朝であった。両者の関係を「同義・再生」とするのは，隋・唐王朝の登場を，秦と漢がはたした歴史的な役割・意義の再生としてとらえることができるからである。その「同義・再生」性として，つぎの諸点を指摘できる。
　第1は，隋と秦の両王朝が，ともに先行する「分裂の時代」に終止符を打って登場した統一・刷新の王朝であったことである。秦は，約550年間におよぶ春秋戦国時代の群雄割拠の都市国家群を統一して，中国史上初の「平天下」を実現した。隋も，後漢末期以降およそ400年間にわたる三国・南北朝時代という「分裂の時代」を再統一して「平天下」を達成した王朝であった。
　第2は，「平天下」の達成という歴史的役割をはたした秦と隋が，ともに短命の王朝であったことである。秦は，始皇帝登極後わずか14年で滅亡する。隋も，文帝による統一後37年で崩壊する。両者は，「分裂の時代」の統一という歴史的役割をはたしたけれども，その短命性のゆえに，達成した「平天下」は狭小・短小な細道にとどまらざるをえなかった。
　第3は，秦と隋にかわって登場した漢・唐両王朝がはたした同義的役割である。漢と唐は，ともに，先行王朝＝秦・隋が切り開いた細道を拡張・延伸して大道として整備し，「平天下」を完成させる役割をはたした。秦・漢また隋・唐は，ともに「着手」と「完成」という関係でむすばれた2つの王朝であった。この関係は，隋唐・長安についても妥当する。隋唐・長安は隋の初代皇帝＝文帝によって建設が開始されたが，その完成は唐代を待たなければならなかったからである。
　第4は，短命に終わった秦と隋とは対照的に，漢と唐はともに長命の王朝であったことである。漢は，当面の関係王朝である前漢のみにかぎっても約210年間，唐は約290年間にわたって中華世界に君臨した統一王朝であった。その長命性が，秦・隋の「着手」に対する漢・唐の「完成」という前述の対比性を生成させた基盤であった。

第5は，ここで漢を前漢のみに限定すると，秦と前漢また隋と唐の4王朝はいずれも関中盆地を定都の地としたことである。このうち，Ⅵ-2で詳述したように秦の都城・咸陽は，王朝自体の滅亡によって建設途上で放棄された。つづく前漢は咸陽の残存宮殿の襲用から長安建都を開始し，独自の都城＝前漢・長安を完成させる。秦・漢の関中定都は，都城としては前漢・長安によって代表される。秦・漢の「同義・再生」王朝として登場する隋・唐は，関中定都にあたって前漢・長安の存在をつよく意識したであろう。その意識はたんに関中定都という建都の戦略レベルだけにとどまるのではなく，後述するように，建都の戦術レベルにおいても，前漢・長安と隋唐・長安とのあいだでの密接な空間的な立地関係性の存在を確認できる。

　以上の秦・漢，とりわけ秦・前漢と隋・唐両王朝との「同義・再生」性を念頭において，北魏崩壊後の北朝諸王朝に焦点をあわせて隋唐・長安の建設過程の検討へとすすむことにしたい。

　北魏の滅亡とともに，華北は，その後継王朝を名のる東魏と西魏の東西対立時代にはいる。洛陽は放棄され，東魏は東方の鄴に，また西魏は西方の長安に定都する。この北魏政権崩壊後の東西分裂時代に西魏が長安に定都したこと，それが，つづく隋唐・長安建設への伏線となる。その伏線は，二重の役割を果たす。第1は，もちろん長安という地理的場の継承である。

　第2は，「北魏―西魏―北周―隋―唐」をつらぬく王朝析出母胎の共通性である。北魏は，北方遊牧集団に属する鮮卑拓跋部の建設王朝であった。西魏の実質的な王朝樹立者・宇文泰＝文帝（在位535-551年）も鮮卑宇文部に属し，また北周の建国者・宇文護（515-572年）は彼の甥にあたる。彼らの家系は，北魏時代には長城地帯の武川鎮で北辺防備を任務としていた。武川鎮は，現在の内モンゴル自治区のフフホト（呼和浩特）にあたり，北魏王権の本貫地トクトーの北方に位置する要衝であった。北魏王朝瓦解の契機となった「六鎮の乱」は，武川鎮をふくむ6つの鎮の反乱であった。

　隋王朝の樹立者・楊堅＝文帝（在位581-604年）も，北周第4代皇帝＝宣帝の外戚であった。その家系も，北魏時代にはおなじく武川鎮での北辺防備を任とし，鮮卑集団と濃厚に混血していたとされる。また唐王朝の樹立者・李淵＝高祖（在位618-626年）の家系も，北魏時代には宇文部と密接な通婚関係をたもちつつ，やはり武川鎮で北辺防備にあたっていた。つまり西魏・北周・隋・唐の4王室には，いずれも宇文部出身あるいは宇文部を中心とする鮮卑集団との混血家系出身であること，さらに北魏時代には北方遊牧世界と対峙する武川鎮を本拠地としていたこと，などの共通性が認

められる。これらの出自の共通性が，隋唐・長安の建設にも濃厚に反映されていく。

(1) 隋唐・長安読解への視座 ──「進取」と「同化」

　上述した第2の点は，「ふつうは，いかにも中華帝国の典型のようにおもわれがちな隋や唐にしても，その出身・由来からは鮮卑拓跋部の血と体質を濃密にうけついでいた」との杉山正明の指摘につきる[335]。〈隋・唐＝北方遊牧民鮮卑集団の樹立王朝〉という観点が，彼らの建設都城・長安を読解する際の重要なキーワードを提供する。それを視座とすると，鮮卑集団の建設都城として隋唐・長安がもつ二重の性格があきらかとなる。その二重性は，つぎの A)・B) の2点に要約できる。

A)　隋唐・長安に先行する鮮卑集団の建設都城のなかで，復原可能な直近のものは北魏・洛陽である。VI-(3) では，「守旧と進取」をキーワードとして，北魏・洛陽の重要な特質を読み解いた。この対語のうち，「守旧」は，後漢にはじまる漢族の洛陽都城を襲用して中国世界における北魏政権の正統性を担保するためのものであった。北魏・洛陽は，魏晋時代の宮域と内城遺址を「守旧」して中枢王権施設とした都城であった。それは，鮮卑集団という北方遊牧権力が，華北一帯の漢族を統治するために必要な自己顕示であったであろう。しかし北方遊牧集団の社会的・文化的特質からみると，それは，漢族的都城への「妥協」という性格をおびざるを得なかった。隋唐・長安は，この「妥協」を払拭した都城として建設される。

　「守旧」に対するもう一方の「進取」は，主として北魏王権が独自に建設した外郭城において実現された。北魏・洛陽は，宮域と内城における「守旧」，外郭城における「進取」という二面性が，空間的にも分離・並置された都城であったといえる。そこには，「進取」による両者の統合・融合は未完成であった。

　その統合と融合を全面的に達成したのが，隋唐・長安である。隋唐・長安の建設にあたっては，もはや北魏・洛陽にみられた漢族的都城との「妥協」また「守旧」による正統性の担保を考慮する必要がまったくなかったからである。その理由は，以下の2つにあろう。

　第1は，前述したように，隋王朝が魏晋南北朝時代にはじまる約400年間の分裂状態を統一して，中国世界全域さらにはその周辺までにも君臨する帝国として登場したことである。この点では，隋は，中国史上最初の帝国＝秦王朝の登場に匹敵する歴史的意義をもつ王朝であった。したがって隋王朝は，おなじ鮮卑集団の建設王朝ではあっても，北魏政権とは異なって，「妥協」と「守旧」によって自己

の正統性を担保する必要はなかったのである。
　第2の理由は、隋唐・長安が、既存都城の襲用ではなく、完全な新都として建設されたことである。隋唐・長安は、いわば白紙に自由にデザインできた建設都城であり、「妥協」また「守旧」とは無縁の都城として建設される。これは、第1の理由からの直接的な帰結でもあった。
　上記の2つの理由は、ともに隋唐・長安での「進取」の全面展開を保証し、可能にする条件であった。

B)　鮮卑集団の建設都城として隋唐・長安がもつもう1つの性格は、漢族文化伝統の「同化」にあった。孝文帝による北魏・洛陽の建設は、皇帝自身が推進してきた漢化政策の完成をめざしたものであった。その建設にあたって参照系の1つは、江南を根拠地とする漢族王朝・南斉の建康にあった。隋・唐両王朝の第2代皇帝は、煬帝と太宗である。彼らは、ともに江南・南朝の漢族文化を憧憬していた。隋・唐による南北統一は、政治的には北朝政権とりわけ鮮卑集団による統一ではあったが、文化的には南朝の漢族文化の積極的な受容であった[336]。
　このことは、隋唐・長安の建設に関しても妥当する。隋唐・長安の基本計画は、A)で指摘した北魏・洛陽のもつ「進取」の全面展開にあった。しかしそれだけではなく、隋唐・長安は、江南で蓄積されてきた漢族の文化的伝統を摂取・包摂して建設される。摂取・包摂とは、自己のなかに他者を「同化」させていく過程である。隋唐・長安の建設は、鮮卑集団の「進取」にみちた全体計画に、漢族の文化的伝統——この場合にはとりわけ『周礼』の都城理念——を「同化」させて遂行される。北魏・洛陽が〈漢族的伝統の「守旧」〉と〈鮮卑集団の「進取」〉の空間的な並立・並置であったのとまったく相違する。隋唐・長安は、〈鮮卑集団の「進取」〉と〈漢族文化伝統の「同化」〉を基本として構想・建設され、それに成功した都城であった。この点の読解が、つづく (2) 以下の主題である。

(2)　隋・大興城の建設 —— 基本構想と実施設計

　楊堅は581年に隋王朝を創始し、初代皇帝＝文帝として即位する。その翌年の開皇2年6月に、文帝は新都の建設に着手した。隋に先行して長安に定都した西魏また北周は、ともに前漢・長安の旧地を襲用していた。しかし文帝はそこを捨てて、南東方の龍首原とよばれる南山（秦嶺）北麓の緩傾斜地を選地する。新都は9ヵ月後に姿を現わし、文帝の若き日の北周時代の爵位＝大興郡公にちなんで大興城と名づけら

写真80　隋唐・長安　20世紀初めの曲江池と終南山
終南山は西安南方の秦嶺山脈の主峰である。スケッチのように終南山を遠望できるのは，今では年に数日しかない（足立による）。

れた[337]。

　大興城の建設にあたって，基本計画を策定したのは宇文愷（555-612年）であった。その姓＝宇文氏が示すように，彼もまた鮮卑宇文部の有力家系の出身であった。大興城は，つづく唐王朝の都城として襲用されていく。図77は，唐代になって改変・付加された部分もふくめて，完成期の長安を示したものである[338]。また図78には，隋唐・長安の坊（街区）の名称を掲げた[339]。坊の名称も，全119坊のうち19をのぞいて，建設時の隋・大興城のものが唐・長安城に継承された[340]。大興城の規模は，東西幅9721メートル，南北長8652メートル，面積およそ84平方キロメートルという広大さであった。北魏・洛陽の外郭城が『魏書』の記載どおりに20里（≒8100メートル）四方としても，それをうわまわる規模である。またその面域は，古代日本の平城・平安両京のほぼ4倍に達する。現代の日本でいえば，東京の山手線で囲まれた範域は約64平方キロメートルであるので，その1.3倍という巨大さである。

(2)-①　龍首原選地 ── 防禦と怨霊の忌避

　まず，選地から検討する。新都の建設地は，前漢・長安の南東方に位置する龍首原にもとめられた。そこは，全体として南東から北西にむけてゆるやかに傾斜する標高460～400メートルの高燥地であった。ちなみに前漢・長安の最高所の標高は，約400メートルであった。龍首原への選地の理由として，『隋書』は，前漢・長安の旧地をひきつぐ西魏また北周の都城域が，①狭隘で，建都するには不足であること，②宮殿・官署と民家とが無秩序に雑居していて，それらの区分が明瞭でないこと，③水の塩分濃度が高く，飲料に適さないことなどを指摘する[341]。隋唐・長安の建設を語るとき，この説明は，現在にいたるまで採用されつづけている[342]。

　このうち①と②は，後漢帝国の崩壊以後，短命な王朝による小規模都城の建設と無計画な襲用がくり返された結果であり，隋唐・長安は，その再開発ではなく，別個の地での新都造営を選択して建設される。③は，河川ぞいの低所部に位置する旧都一帯での湿地化（water logging）と塩分蓄積（salinization）の進行を要因とする水質悪化を意味していよう。それらへの対処として，南東方のより高燥な緩傾斜地での新都建設を意図したのであろう。

　しかしこれらの指摘は，隋唐・長安の建設にあたって，「なぜ前漢・長安以来の旧地が選地されなかったのか」という問題への説明である。それらは，「なぜ龍首原上に隋唐・長安の建設地が選地されたのか」という基本問題には答えていない。隋唐・

第Ⅵ章　中国都城のバロック的展開　327

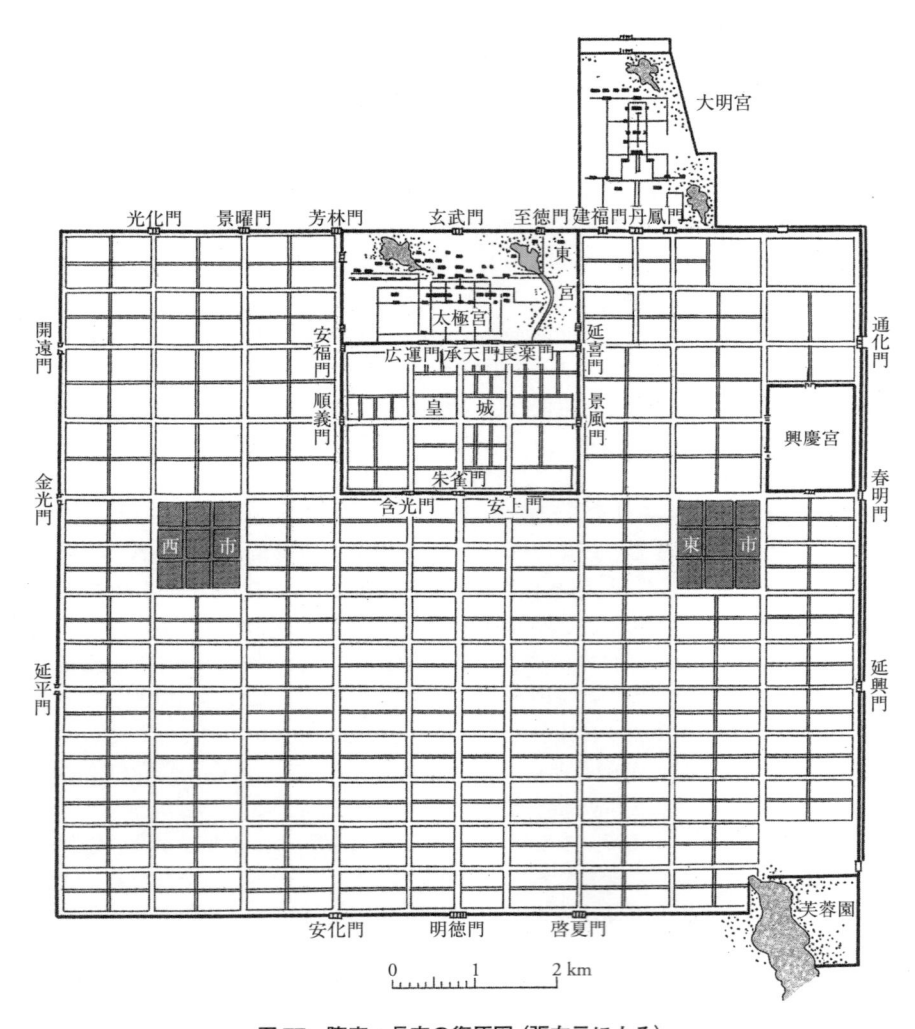

図77　隋唐・長安の復原図（張在元による）

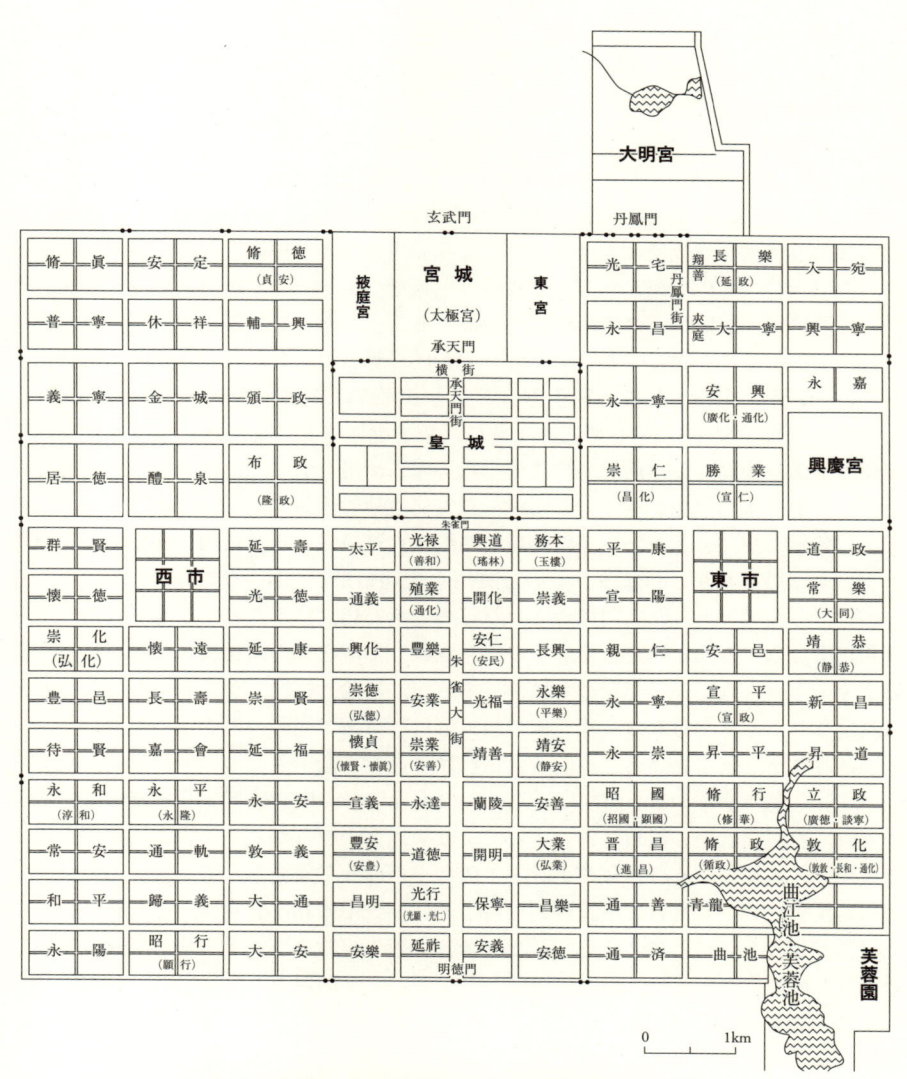

図78 隋唐・長安の坊名図（『大長安展』図録による）

第Ⅵ章　中国都城のバロック的展開

長安が建設された龍首原以外の地に，同様の高燥地をもとめることも可能であったからである。ここで，基本構想レベルと実施設計レベルの2つに分けて，隋唐・長安の龍首原選地について考えたい。

さきに関中平原に君臨した諸王朝の建設都城の位置を合成して，図44を作成した。隋王朝は，秦漢帝国崩壊後の400年間におよぶ分裂状況を統一して「平天下」を実現する。統一帝国の再生という歴史的偉業を顕示する新都は，その原型ともいうべき秦漢帝国の都城域を空間的にも継承する地に建設することがのぞましい。しかし前漢・長安の旧地に前述の問題があるとすれば，旧地そのものでの建設は放棄せざるをえない。前述の①～③は，この間の事情の指摘である。しかし秦漢帝国の再生・継承という隋王朝の正統性を顕示するためには，両帝国の都城周辺での建設が次善の選択であろう。それが，前漢・長安の南東方に所在する龍首原を選地させた理由と考えうる。しかもそこは，図44が示しているように，東を滻河また西を湟河によって画された高燥地であると同時に，両河川を防御と給排水に活用できるという利点をそなえていた。これが，基本構想レベルでの隋唐・長安建設地の選地であったであろう。

この基本構想にもとづいて，新都城の建設地点と範囲とを具体的に画定する実施設計レベルでの選地がはじまる。その最終的な選地結果が，図44に示される隋唐・長安の位置と範囲であった。同図から，新都の選地と建設にあたって考慮されたであろう諸点を読みとることができる。その出発点は，都城建設の基軸線＝朱雀大街の位置設定である。これについてはのちに詳述するが，結論的には，龍首原の微地形をもとに設定されたと考えられる。龍首原の微地形は，東西で微妙に異なる。東部は，「坡(は)」とよばれる小丘陵を主体とし，北西方にむけて高度を低下させつつ，ほぼ南西走する6列の小丘陵が並列する。西部は，これらの小丘陵が高度を低下させるだけでなく開析され，丘陵間低地の埋積とあいまってより平坦面がひろがる。このように龍首原の微地形は，極端にいえば，東の小丘陵と西の平坦面から構成されている。この東西の地形変換帯，いいかえれば小丘陵列の西端部に都城中軸線を設定し，それを基線として新都が建設されたと考えうる。なぜ，朱雀大街の建設地点がその地形変換帯にもとめられたのかについては，のちに再述したい。ここで問題としたいのは，都城中軸線＝朱雀大街を図77の位置に決定するにあたって考慮されたであろう諸点である。それは，以下の3点であったと推考しうる。

第1は，東方の「中原の地」への防御という軍事的要請である。具体的には，東方を北流する滻水に新都の外濠的機能をもたせて，それを最大限に活用することであっ

た。ここで想起されるのは，中国史上最初の「平天下」を実現した秦帝国が渭水北岸に建都した咸陽，またその先行王都＝櫟陽である。両者は，ともにそれぞれの東方を流下する渭水支流を外濠的な軍事防衛線としていた。長い分裂の時代のすえに「平天下」を実現した隋帝国も，東方に対する防備を重視したであろう。渭水支流の滻水を新都の外濠として活用するのは，当然の選択であった。図44からは，隋唐・長安の選地にあたって，滻水の防御機能を最大限に活用しようとする意図を読みとりうる。滻水と潏水の流路変化を考慮しなければならないが，それらの流路が当時も現代とおなじであったとすると，滻水と都城東辺とのあいだの離間距離を最大化しうる位置に隋唐・長安が選地されている。

ここで「離間距離を最大化しうる位置」という表現をもちいたのは，つぎの事実に注目するからである。それは，隋唐・長安の都城域南西角がその西を流れる潏水にきわめて近接した位置に設定されていることである。防衛前線である滻水から都城域をさらに西方に移動させると，都城南西角は潏水の流路と一体化してしまう。また潏水へのこれ以上の接近は，同川の溢流水による水損被害を都城域内にもたらす危険を大きくする。図44が示す隋唐・長安の位置は，滻水からの離間距離を最大化できる絶妙の範域に選地されている。

滻水からの離間距離の最大化は，逆に，東方への都城外方帯の最大化を意味する。それは，外濠＝滻水が突破された場合にも，そこに第2の防御帯を展開できるという戦略の採用を可能にする。同時にその位置は，北流する東・西両河川を給排水・水運のために利用することが可能な地点でもあった。

第2と第3の目的は，新都の皇帝居所＝宮城を過去の2つの怨霊・怨念から忌避することである。まず直近過去の怨霊・怨念をとりあげたい。

それは，隋王朝の樹立者＝楊堅（文帝）による北周からの王権奪取の経緯である。北周は，前漢・長安に定都した[343]。楊堅は，最終的に北周第5代皇帝＝静帝の一族を宮室で誅殺して王権を簒奪し，文帝として登極したとされる。このとき，静帝は9歳であった[344]。文帝は王家一族の怨霊を怖れて宮室を破却し，さらに河川から引水して宮室跡地を池にしたという[345]。この記事を載せる『長安志』は，「後周宮室は長安故城中に在り，隋の文帝，開皇三年の遷都以後，並べ灌して陂を為す。即ち漲陂これなり[346]」と述べる。ここで「後周」とあるのは，北周王朝をさす。この記載から，北周の宮室は，前漢・長安の都城域の内部に所在していたと考えうる。王莽の新また後漢は，長安を棄都して洛陽に遷都した。それ以降，ごく短期間をのぞいて長安が

写真81　北朝・長安　楼閣台址
楼閣台址は屈走する版築台基で，台上には道観（道教寺院）が，また台下の平地には湛水池・製材所などが混在する。

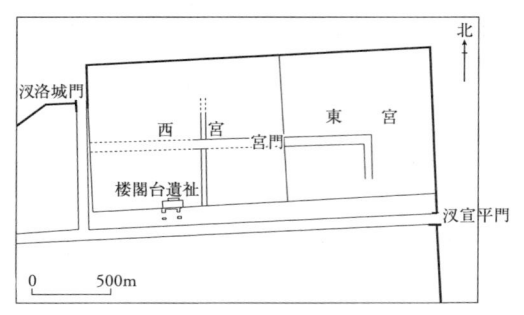

図79　五胡十六国・北朝時代の長安宮域復原図
　　　（劉振東による）

　政事中心として復活するのは，4世紀初からはじまる五胡十六国時代になってからであった。南北朝時代に長安に定都した北朝の諸王朝も，前漢・長安の都城域に宮闕を建設した。『長安志』の記事は，北周宮室もその例外ではなかったことを示している。問題は，その宮室の所在場所である。宋敏求が述べる人工池・「漲陂」は，それを考えるための手がかりとなる。しかしその位置は，不明である。

　北周宮室の所在場所について，劉慶柱ほかは，前漢末に戦火によって焼尽した未央宮は，以後の歴代王朝によって荒廃のたびに再建・修築がくりかえされてきたこと，北周王朝の皇宮＝宮室も未央宮に所在していたことを指摘する[347]。しかし，Ⅵ-3-(5)で述べたように未央宮の考古調査は長い歴史をもつが，劉振東は，同宮域内からは北朝時代の建築遺構の検出はごく少ないことを指摘したうえで[348]，長安に定都した魏と西晋時代の主要宮殿は旧未央宮にあったが，それ以後の北朝王朝の主要宮殿は未央宮に建設されなくなったとする[349]。とすると，劉慶柱ほかの「北周宮室＝未央宮」説は成立しがたいとしなければならない。

　近年，北朝・長安の考古調査が進展し，2003年には宮殿遺址が検出されている[350]。その検出地点は，図49の前漢・長安遺址の現況図でいえば，同図北東端の「楼閣台村」近傍にあたる。同村には，図50に記入された「楼閣台遺跡」が所在する。現場で観察すると，同遺跡は屈曲する大規模な土塁状遺構である。

　図79は，劉振東が掲げる発掘調査にもとづく北朝・宮域の復原図である[351]。検出された宮域遺址は，前漢・長安の門号をもちいて説明すると，南端を東辺市壁北端の市門＝宣平門から西走する街路，西端を北辺市壁東端の市門＝洛城門から南走する街

写真82　前漢・長安　宣平門址と周濠址
前漢・長安都城域の北東角には市門・市壁は残っていない。かなりの急流で北流する用水路は前漢・長安の周濠を襲用して建設されたものであろう。

路，そして北端と東端を旧市壁によって囲まれたヨコ長・長方形の区域とされている[352]。宮域の内部は東・西両宮殿からなり，そこからは宮道と宮門の遺構も検出されている。劉振東は，4世紀中期の前秦から北朝時代をつうじて，この一帯が諸王朝の宮域として襲用されてきたとする[353]。前記の楼閣台遺址は西宮南辺の中央部に位置し，劉振東は，それを太極殿遺構とする。同遺址を太極殿だとすると，その南方にも宮域が広がっていたであろう。この点に関しても，2008年に大きな進展があった。それは楼閣台遺址南方からの宮殿遺構の出土で，報告者の劉振東はそれを北朝時代の宮門に比定している[354]。

　このように北朝諸王朝の宮域は，前漢・長安の都城域北東端に所在していたと考えうる。北朝最後の王朝が，北周であった。図50は，前漢・長安の東辺市壁にそって北流する周濠兼溝渠を描いている。同溝渠は，現在も現場で現認できる。その存在を考えると，『長安志』が記載する「灌して陂を為す」，つまり水を引いて北周宮室を沈水させて人工池とすることも，この地区では容易におこないえたであろう。

　図79が示す北朝・長安の宮域を前漢・長安の都城域に位置づけて図示すると，図80のようになる。図80で，同宮域と隋唐・長安の宮城との位置関係に注目すると，後者の西限線と前者の東限線は一致し，両者は東西にたがいにずれあった関係で位置していることが判明する。北周王家の怨霊を怖れる文帝は，北周・宮室の跡地を宮城北方に戴くかたちで新都を建設することは忌避したかったであろう。これが，新都・長安建設にあたっての第1の怨霊忌避である。

　第2の怨霊忌避の対象は，前漢王朝を簒奪した王莽である。彼は，みずからが擁立した前漢第14代皇帝＝平帝を毒殺して簒奪への道をひらいた。その弑逆の場は，未央宮であったであろう。また王莽自身も，前述したように，未央宮で殺害される。さらに王莽は，王位簒奪後，前漢・劉氏の宗廟を廃絶させて[355]，図50が前漢・長安南郊に描く広大な九廟を造営する。九廟は，劉氏の新宗廟ではなく，王莽の宗族である王氏の祖先廟であった[356]。未央宮と九廟は，王莽による皇帝弑逆と王位簒奪のシンボルであった。図80には，未央宮と九廟の位置にくわえて，秦建明ほかが提唱する前漢・長安の広域レベルの南北軸線（図58）を記入している。図80によってあきらかなように，未央宮と九廟は，同軸線の西方に位置する。同軸線に西限をもとめて新都の都城域を設定すれば，王莽にまつわる怨霊の地を都城域の北方から完全に排除できる。これが，新都・長安建設にあたっての第2の怨霊忌避である。秦・漢両帝国の「同義・再生」王朝である隋王朝にとっては，王莽は抹消されるべき忌まわしい対象

第VI章　中国都城のバロック的展開　333

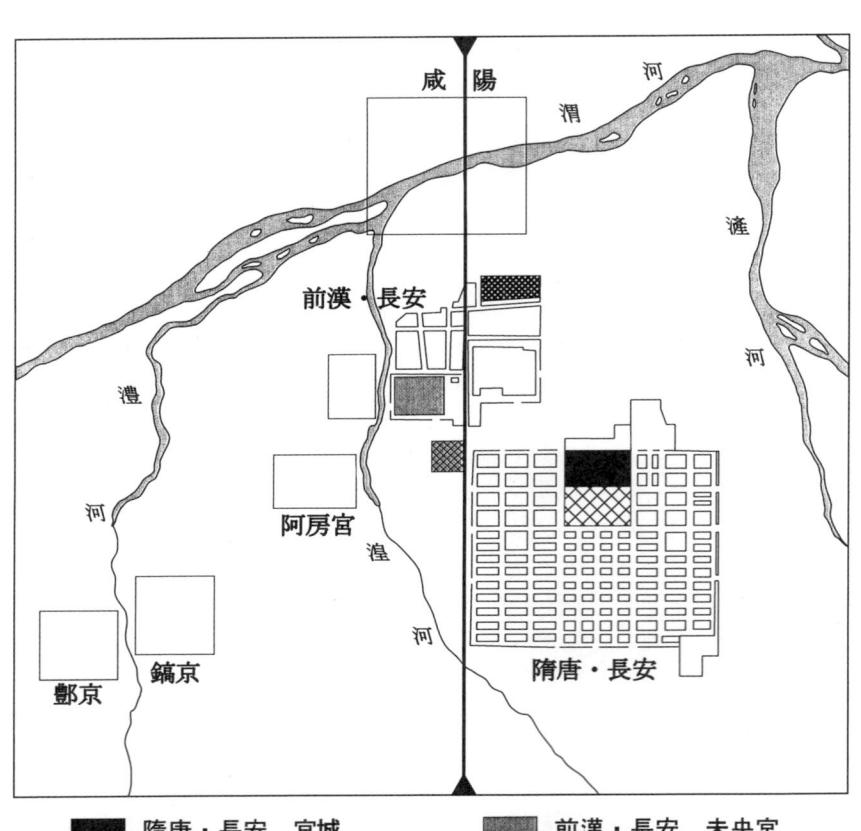

■ 隋唐・長安　宮城　　　▨ 前漢・長安　未央宮
▨ 隋唐・長安　皇域　　　▨ 王莽建設の九廟
▨ 北周・長安　宮域
── 前漢・長安の広域レベル軸線

図80　前漢・長安の広域レベル軸線および北周・長安宮域と隋唐・長安の位置関係（応地作図）

であったであろう。

　以上のように，秦建明ほかが提唱する南北軸線に西辺市壁の南北ラインを設定して都城中軸線の位置を確定すると，2つの怨霊の地をそれぞれ宮城と都城域の北方に戴くことを忌避できるとともに，滻水と新都との離間距離を最大化して東方への防御に備えるという軍事目的の達成も可能となる。これら3つを同時的かつ整合的に達成するにあたって，前漢・長安の広域レベルの南北軸線は隋唐・長安の選地にあたっても重要な意味をもっていたとしうる。

　VI-7の冒頭で，隋・唐両王朝が秦・漢の「同義・再生」王朝であるという時間的な系譜関係にくわえて，前漢・長安と隋唐・長安とのあいだに密接な空間的な立地関係性が存在することを指摘し，それについては後述するとした。ここでその保留問題に回帰すると，前漢・長安と隋唐・長安との密接な空間関係性とは，前漢・長安の広域レベルの南北軸線が隋唐・長安の都城西限線と一致していること，その一致を基軸として隋唐・長安が防御と怨霊忌避にかかわる前記の3目的を同時に達成することを可能にしているという諸事実を指してのことである。

　VI-3-(7)-3で前漢・長安の広域的な南北軸線がコスモロジーの投影だとする黄の所論をみとめたとしても，「コスモロジーが規定するものがなにか」という点に関して，インド都城思想と中国都城思想とのあいだに大きな相違があることを指摘した。そこでは前漢・長安を例に，中国都城思想では，コスモロジーが語るのは都城の立地であって，その内部の編成についてはなんら語らないということを指摘した。これは，インド都城思想におけるコスモロジーの意味・役割とはまったく逆である。隋唐・長安の場合でも，広域的な南北軸線は都城の立地位置については語るけれども，同軸線が，たとえば施設配置や都城域内部の左右相称配置を規定するとかの関係はみられない。VI-3-(7)-3で前漢・長安を対象にして述べた中国都城思想の特質は，隋唐・長安においても妥当するのである。

(2)-② 都城形態の特質 ── 宮闕による南辺市門の独占

　一般に隋唐・長安は，北魏・洛陽を祖型とし，それを発展させた都城として理解されている。両者は，このように連続的な関係にある都城としてとらえられてきた。しかし両都城のあいだには連続性と同時に，顕著な不連続性が存在する。その不連続性への注目こそが，隋唐・長安の特質解読にあたって重要な意味をもつと考える。その検討へとすすむまえに，ここでいう隋唐・長安と北魏・洛陽とのあいだの「連続性」

と「不連続性」について具体的に検討したい。

　前述したように北魏・洛陽は，理念と空間の両面にわたって，A〈宮域と内城における漢族的伝統の「守旧」〉とB〈外郭城における鮮卑集団の「進取」〉とが並立する都城であった。もちろん宮域と内城の内部においても，宮域の正殿＝太極殿から都城全域を正南北に貫走して南郊の円丘へといたる都城軸線街路の建設，内城軸線街路にあたる銅駝街北端部への政事・祭事施設の集中配置などの「進取」を観察できる。これらの「進取」が宮域と内城の内部で実現されているとしても，それはAの「守旧」という基本的な枠組内での付加であった。北魏・洛陽をつらぬく基本的な構造は，前記のA・Bの二項対位にあった。隋唐・長安と北魏・洛陽を連続的な発展として理解するとすれば，この北魏・洛陽のもつ構造的な二項対位をさらに発展させるかたちで，隋唐・長安が建設されたということになる。つまり北魏・洛陽も，隋唐・長安も，ともに前記A・Bの二項対位を基本とする都城ということである。これは，両都城の基本構造をともに二元的に理解できるとする立場である。しかし，そうではないであろう。

　北魏・洛陽も，隋唐・長安も，ともに宮域・内城・外郭城の3郭域からなる都城であった。しかしその復原図である図74と図77とを比較すると，両者のあいだの相違は明瞭である。図74での北魏・洛陽における宮域・内城と外郭城の関係は，外郭城を海とし，宮域・内城をその海中に配された浮島にたとえうる。両者は，統合されて一体化しているというよりも，形態的な不整合性をともなって二元的に並立している。これに対して図77の隋唐・長安では，宮域・内城と外郭城のあいだにはこのような形態的な不整合性はなく，3つの郭域が整然たる一体的編成のなかに統合されている。隋唐・長安は，北魏・洛陽を祖型としつつも，北魏・洛陽のもつ二元的構成を一元化した都城なのである。その一元化原理が，北魏・洛陽のB〈外郭城における鮮卑集団の「進取」〉であった。

　北方遊牧民・鮮卑集団の建設都城という視座から隋唐・長安の全体計画をみると，それまでの先行都城になかった新しい特質を検出できる。おなじく鮮卑集団の建設都城である北魏・洛陽と比較しても，つぎのような重要な相違点を指摘しうる。北魏・洛陽は，宮域・内城・外郭城が入れ子構造状に配置された「回」字型都城であった。これに対して隋唐・長安は，3つの南北縞帯を基本とする都城である。ここで南北縞帯というのは，図77の隋唐・長安復原図で，中央北端に位置する宮城の東西両辺から正南方にむけて南辺市壁まで直線を引くと，都城域は南北方向にのびる帯状の縞帯

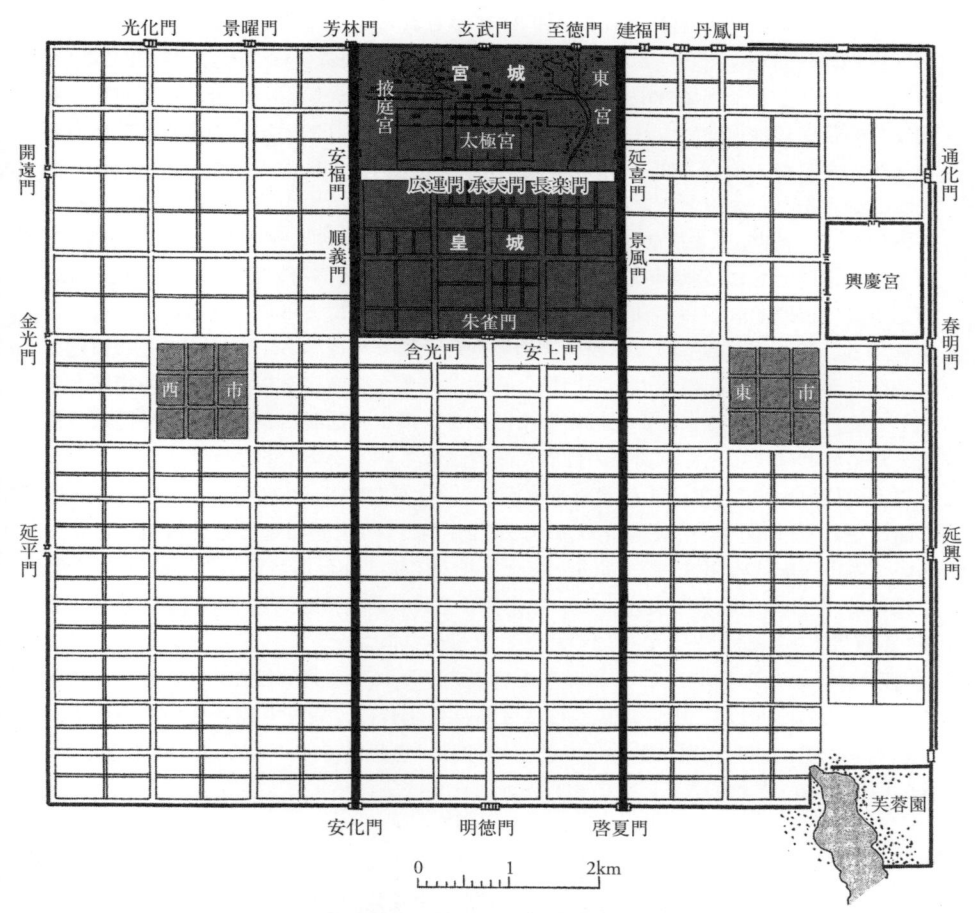

図81 隋唐・長安の基本構成 —— 3南北縞帯配列（応地作図）

に3分割されることを指す。その要点を図示すると，図81となる。

　3つの南北縞帯のうち宮域をふくむ縞帯を中央縞帯，その東の縞帯を左翼縞帯，また西の縞帯を右翼縞帯とよぶことにしたい。これら3南北縞帯と市門の配置関係をめぐって，かねてから注目してきた問題があった。それは，都城の正面市壁である外郭

城南辺における市門の配置である。図81に示されるように，南辺市壁の3市門はすべて中央縞帯に集中配置されていて，左翼・右翼の両縞帯にはまったく存在しない。市門を開口部として都城外の南方に開かれているのは中央縞帯のみであって，左・右両翼の縞帯南辺は市壁によって完全に都城外とは遮断されている。中央縞帯に配された3市門を都城内街路と関連づけると，中央の明徳門は宮城南辺中央の朱雀門から南走する朱雀街，その東と西に配置された啓夏門と安化門はおのおの宮域の東・西両辺を南伸させた街路（朱雀街東第三街・朱雀街西第三街）と南辺市壁との交点に位置する。つまり3市門ともに，宮域から発する3本の南走街路の市門なのである。このことは，南辺市壁の市門配置がいずれも宮域直南という位置関係によって決定されていることを物語る。これは，市壁の東・西両辺の場合と大きく相違する。東・西両辺の市壁では，たしかに北方よりの2つの市門は，宮城南辺と皇城南辺から東西走する街路と市壁との交点に位置する。しかし最南の市門つまり東辺の延興門と西辺の延平門は，宮城また皇城とはまったく無関係の位置に配置されているからである。

　以上の検討から，（ア）〈3南北縞帯編成〉，（イ）〈「都城正面ファサード＝南辺市壁」に開口された3市門の中央縞帯のみへの限定〉，（ウ）〈南辺市壁と東・西両辺市壁とあいだの市門配置の相違〉の3点を，隋唐・長安の重要な形態特質として検出できる。これらに，だれもが隋唐・長安について指摘する〈中央縞帯北端部への宮闕配置＝「北闕」型宮闕〉を，（エ）としてつけくわえることができよう。

　問題は，「これら（ア）〜（エ）の4つの特質の背後にある理念はなにか」ということである。この問題は，「中央縞帯さらには同縞帯北端に宮闕を君臨させて，都城正面ファサード開口部を宮闕に独占させるという設計思想を，どのように説明できるか」といいかえることができる。

(2)-③　設計思想 —— 範型としての鮮卑軍団・軍営組織

　さきに北魏・洛陽と隋唐・長安とが「祖型―発展型」の関係にあるとしたうえで，重要なのは，両者のあいだの連続性よりも不連続性に注目することだとした。前述した（ア）〜（エ）の隋唐・長安の形態特質は，北魏・洛陽にはなかったものである。それらの出現は，両都城のあいだの明瞭な不連続性を示す。ここで提起した問題，つまり「宮闕を中央縞帯さらには同縞帯北端に君臨させて，都城正面ファサード開口部を独占させるという設計思想を，どのように説明できるか」という問題は，隋唐・長安と北魏・洛陽とのあいだの不連続性への説明となる。

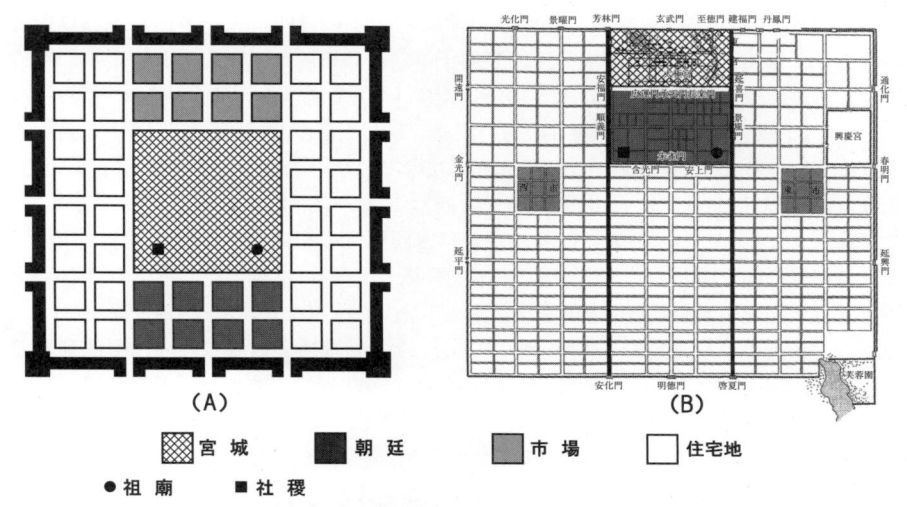

図82　『周礼』による中国都城復原私案（A）と隋唐・長安の基本構成（B）（応地作図）

　その説明を試みるための作業仮説として，つぎの2つを提出できる。1つは，中国的都城理念を述べる『周礼』「考工記」からのアプローチである。これを，〈『周礼』「考工記」視座〉とよぶことにしたい。他の1つは，鮮卑宇文部という隋唐・長安の建設主体への注目である。これを，〈「遊牧集団・鮮卑」視座〉とよぶことにしたい。

◎〈『周礼』「考工記」視座〉からの検討
　図82は，むかって左方に『周礼』「考工記」の記載にもとづく中国都城の復原私案（図27）と，右方に隋唐・長安の3南北縞帯編成（図81）を，おのおの（A）・（B）として掲げたものである。2つの図を対比すると，意外にも，両者のあいだには顕著な類似性がみられる。ここで「意外にも」と表現したのは，「はじめに」で指摘したように，隋唐・長安を『周礼』理念とは異質な都城とみなす議論が，中国都城研究の通奏低音であるからである。図82は，前述の隋唐・長安が示す4つの形態特質のうち，（ア）〈3南北縞帯編成〉，（イ）〈「都城正面ファサード＝南辺市壁」に開口された3市門の中央縞帯のみへの限定〉の2点を，『周礼』的都城も共有していることを示す。
　しかし，（ウ）〈南辺市壁と東・西両辺市壁とあいだの市門配置の相違〉に関しては，

第Ⅵ章　中国都城のバロック的展開　339

両者は相違する。『周礼』による復原私案では，（イ）の宮闕による市門の独占は南辺市壁だけでなく，4辺の市壁すべてに共通する。これに対して隋唐・長安の市門配置には，南辺市壁と東・西両辺市壁とのあいだで（ウ）で述べた相違を観察できる。
　しかし図82（A）・（B）は，両者のあいだに，（ア）・（イ）の同型性と（ウ）の異型性を背後にしりぞかせ，それらの印象をよわめてしまう大きな相違の存在を示している。それは，〈『周礼』的都城における「中央宮闕」〉に対する〈隋唐・長安の（エ）「北闕」型宮闕〉である。その圧倒的な印象のゆえに宮闕位置の相違のみに注目して，隋唐・長安の都城形態が論じられてきた。ここで，隋唐・長安の「北闕」型宮闕をめぐる〈『周礼』「考工記」視座〉からの代表的な議論をとりあげて，それらについて一瞥したい。
　隋唐・長安の都城形態を「北闕」型として，その異質性を強調したのは那波利貞であった[357]。那波は，隋唐・長安における『周礼』の諸理念とりわけ「中央宮闕」・「左右民廛」・「前朝後市」の3理念からの逸脱を，「歴代王朝の首都の都市計画に比して異数なる現象」であり，「伝統的首都建設計画の一変態」とする。さらに隋唐・長安の建設計画は歴代首都にくらべて「一段の進歩」を遂げたものとし，その理由を，「支那文物に盲従」することなく「北朝胡族系の実行性に富む識者」によって計画策定されたことにもとめている。那波は，それを主導した「識者」として，前述の宇文愷の名をあげる。
　那波の議論は，以後の中国都城論に大きな影響をあたえた。駒井和愛は，那波に依拠しつつも，異なった立場から隋唐・長安を位置づける[358]。駒井は，中国都城には「考工記式」と「唐長安式」の2系列が存在するとして，隋唐・長安を「異数・異端」とは無縁な独立した1系列とする。しかし那波も駒井も，ともに隋唐・長安の特質形成を北方遊牧集団の全面関与の所産とする点では共通する。
　両者とまったく異なった隋唐・長安の位置づけを述べるのが，村田治郎である。村田は，中国都城の建設にあたって『周礼』「考工記」は重要な意味をもたなかったとしたうえで，「宮城を北端近くの北におくのは秦漢以来の伝統」とし，隋唐・長安はその伝統の頂点に到達した都城とする[359]。那波とは異なって，村田は，隋唐・長安を中国都城の正統な嫡子とするのである。
　これら三者の隋唐・長安の位置づけについて，簡単に論及したい。本章での秦王都・櫟陽からはじまる中国都城の形態検討をふまえると，明確に「北闕」型編成を示すのは，鄴・北城と北魏・洛陽，そしておそらくは北魏・平城の3つであった。後2者は，北方遊牧集団の建設都城であった。この点に関しては，那波また駒井の指摘は妥

当である。この事実をもとにすると，「北闕」型都城が「秦漢以来の伝統」とする村田の議論は過言であろう。

　北方遊牧集団・鮮卑族の建設都城であった点に関しては，隋唐・長安も北魏・洛陽とおなじであった。しかし建設主体の系譜の同一性を指摘するだけでは，隋唐・長安の「北闕」型編成の成立説明とはならない。もちろん那波も駒井も，ともにその説明を試みている。ここで，両者の説明内容を検討したい。前述したように，『周礼』的都城の復原私案と隋唐・長安との形態的な相違は，宮闕の位置に凝縮されている。その相違をいかに説明できるかが，〈『周礼』「考工記」視座〉に課せられたもっとも重要な課題である。

　この課題に対する那波の説明は，『周礼』の都城理念を「勇敢に放棄し，都市住民の実際生活の便益」を中心に考える「実行的民族心理」にもとめている[360]。ここで那波が「放棄し」たとする『周礼』の都城理念は，「中央宮闕」・「左右民廛」・「前朝後市」の3つである。これら3理念の放棄による「実際生活の便益」について具体的に考えると，おのおの都城内交通の障害軽減，中央縞帯の宮闕南方への民廛許容，左・右両翼縞帯の宮闕前方への市の配置をあげうる。これらは，たしかに「都市住民の実際生活の便益」を考慮した機能的な都城編成といいうる一面をもつ。

　したがって那波の説明は，『周礼』理念の放棄から結果する個々の便益の積算的総和に，「北闕」型都城としての隋唐・長安の成立因をもとめているといいうる。しかし隋唐・長安には，那波のいう「都市住民の実際生活の便益」実現から背馳する重要な形態特質がある。それは，前記の特質（イ）「都城正面ファサード＝南辺市壁」に開口された市門の中央縞帯のみへの限定である。左・右両翼縞帯に居住する「都市住民の実際生活の便益」からいえば，これは，不便きわまりない市門の配置である。図82(B)をもとにその不便性を述べれば，つぎのようになる。左・右両翼縞帯に居住する「都市住民」からいえば，南辺市壁に配置された3市門のうち中央の朱雀大街に開かれた明徳門はともかくとして，その左・右の啓夏門と安化門の配置は「便益」に反している。これらの2市門は，左・右両翼縞帯の中央北部に位置する東市西辺と西市東辺から南走する街路（朱雀街東第四街・朱雀街西第四街）と南辺市壁との交点に配置された方がはるかに「便益」にかなう。つまり那波のいう「都市住民の実際生活の便益」からは，南辺市壁に開かれた3市門の中央縞帯への集中配置を説明することはできないのである。

　この点にくわえて，那波が看過している重要な問題がある。それは，那波の強調す

第Ⅵ章　中国都城のバロック的展開

る「北朝胡族系」集団の「実行的民族心理」が，なぜ「北闕」型都城の成立とむすびつくのかを説明していないことである。しかもこれが，〈『周礼』「考工記」視座〉が内包するもっとも重要な問題点である。しかし那波は，それらに答えていない。その結果，機能的「便益」というきわめて近代主義的な説明を試みるのみであって，「北朝胡族系の実行性に富む識者」＝宇文愷が実現しようとした設計思想については，なにも語っていないといいうる。

　駒井は，この問題とむきあって説明しようとしている。彼は，その手がかりを太極殿にもとめる。その説明は，「太極を地上に現出しようとした」のが太極殿であり，「太極殿を中心とする宮殿を城郭内の北詰中央におくのはありうる」ことであり，それに「北闕」型都城の起源をもとめうるとする[361]。駒井が太極殿を「北詰中央におくのはありうる」とするのは，「太極」は「太一」とおなじ概念であり，「太一」は北極星の神名でもあったことをふまえてのものであろう。たしかに隋唐・長安の太極殿は，都城域の「中央北詰」に所在する宮城の中心王権施設であった。したがって駒井の説明は，隋唐・長安のもつ「北闕」型都城という特質の成立を説明しているようにみえる。

　しかしその説明には，看過できない矛盾がある。それは，駒井が「北闕」型都城の成立因とする「太極＝太一＝北極星」の相互関係は漢族の論理であって，北方遊牧集団の世界観に由来するものではないことである。太極殿が宮闕中心施設として登場するのは3世紀前半で，その形式は三国時代の漢族王朝・魏の明帝によって創始された[362]。一方では隋唐・長安の「北闕」型都城の成立への「北朝系胡族」集団の役割を強調する那波の立論に依拠しつつ，他方ではその「北闕」型都城の成立因を漢族の論理にもとめるのは矛盾であろう。

　このように，『周礼』を明示的あるいは暗示的な規準とする〈『周礼』「考工記」視座〉は，隋唐・長安における「北闕」型都城の成立を説明することに成功していないと結論できる。

◎〈「遊牧集団・鮮卑」視座〉からの検討

　隋唐・長安は，鮮卑宇文部の建設都城である。鮮卑宇文部は，那波が強調する「北朝胡族系」集団に属する。したがって〈「遊牧集団・鮮卑」視座〉は，建設主体に関しては那波の提起と共通する。しかしここでいう〈「遊牧集団・鮮卑」視座〉とは，建設主体の系譜にくわえて，遊牧軍事集団の組織論から隋唐・長安の都城形態を解読する

ことを含意している。

　最初に，田中淡による隋唐・長安論をとりあげたい。田中は，「長安は宇文愷の新たな理念にもとづくプランニングの原型が凝縮」したもので，その新たな理念とは「実用性の重視よりも，ゾーンによる機能配分」であったとする[363]。田中の前半の指摘は，隋唐・長安の建設にあたって宇文愷の基本構想が存在し，それが都城形態に凝縮されているとの指摘である。この指摘は妥当である。しかし田中は，その「新たな理念」がなにであるかについては述べていない。また後段の部分は，那波の説明への批判である。しかしその基本構想を「ゾーンによる機能配分」にもとめるのでは，田中の説明も機能主義に依拠している点では那波とおなじである。

　また田中のいう「宇文愷の新たな理念にもとづくプランニングの原型」に関連して，陳寅恪の指摘がある。陳は，宇文愷の出身集団である宇文氏が西域と強いつながりをもっていたことを指摘する。その根拠として，北周王朝の実権者であった宇文護の字（あざな）がゾロアスター教徒を意味する薩保であること，またその母方の閻氏は西域出身であることなどをあげている。それらを指摘したうえで，陳は，宇文愷が新都建設計画を策定するにあたって西域に参照系をもとめたのではないかとの推測を述べている[364]。しかし彼は，「史料欠乏」として，それ以上の具体的な言及を避けている。

　もし宇文愷，さらには「北朝胡族系」を強調するとすれば，その際にもとめられるのは機能論という近代主義的な説明あるいは非「胡族系」集団からの借用ではなく，彼ら自身の社会・文化・政事がもつ独自性からの説明であろう。

　〈「遊牧集団・鮮卑」視座〉を定立する理由は，その独自性から隋唐・長安の都城形態を説明するためである。

　ここで，あらためて説明すべき問題を確認しておきたい。それは，隋唐・長安の都城形態の特質である（ア）〈3南北縞帯編成〉，（イ）〈「都城正面ファサード＝南辺市壁」に開口された3市門の中央縞帯のみへの限定〉，（ウ）〈南辺市壁と東・西両辺市壁とのあいだの市門配置の相違〉，（エ）〈「北闕」型宮闕〉の4特質を整合的かつ統一的に説明することである。

　北方遊牧集団の生活様式は，司馬遷が匈奴について述べる有名な説明をもちいれば，「水草を追って移動し，城郭や一定の住居なく，農耕もおこなわない[365]」であり，彼らは城郭・都城とは無縁の集団であった。彼らの住文化をもとに隋唐・長安の形態特質を考えるとすると，その出発点は，モンゴル語ではゲルとよばれる移動式住居である。図83は，標準的なゲルの形態とその住まい方を示したものである[366]。同図をも

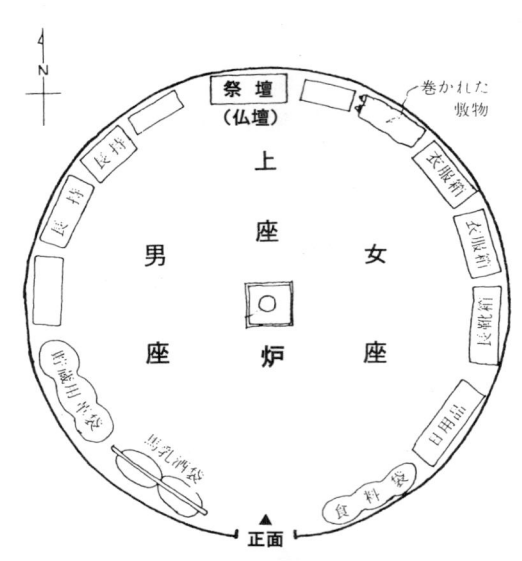

図83 モンゴルのゲル —— 構造と住まい方（トーボー・フェーガーによる）

とに，前述した隋唐・長安の形態特質（ア）～（エ）とゲルの構成とを対比させると，つぎの諸点を指摘できる。

　同図に記入された方位が示すように，ゲルは，入口＝正面を南にむけて設営される。隋唐・長安も，天子南面思想にしたがって南に正面をむけて建設されている。しかし天子南面は漢族の王権思想でもあるので，ゲルの南面設営をただちに隋唐・長安とむすびつけて論じることはできない。ここで重要なのは，北からの寒風の吹き込みを防ぐために，ゲルは南方のみに入口＝開口部を開いていることである。隋唐・長安の市門＝市壁開口部は，ヨコ長・長方形の四辺のすべてに存在しているので，正南方のみに開いたゲルの特質は隋唐・長安とは直結しない。しかしその特質は，別の観点からみれば隋唐・長安へとつらなる重要な意味をもつ。それについては，ゲル内部の住まい方を検討したのちに再述することにしたい。

　生活場としてのゲルの内部は，年齢と性にもとづいて3つの座が南北ゾーン状に定

写真83　モンゴル族のゲル　内モンゴル自治区エチナ旗
ゲルも民居も，北よりの寒風と悪霊を避けるべく，開口部を民俗方位の南にむけて設営される。民居も後述する「一明両暗」型である。（児玉香菜子撮影）。

位されている。第1は，南方の入口から北上する中央ゾーンである。ゲルの円心には炉が掘られ，炉から北側の中央ゾーンが「上座」とされる。そこは，家長の座である。中央ゾーンの北端はもっとも神聖な場とされ，そこに天を祀る祭壇あるいは仏壇が配される。祭壇・仏壇を北端として入口を南端とする中央ゾーンは，隋唐・長安でいえば中央縞帯にあたる。前述した入口の南方のみへの配置は，中央ゾーン＝中央縞帯の南端のみに入口が設営されていることを意味する。このゲルにおける入口の配置は，隋唐・長安の形態特質（イ）〈「都城正面ファサード＝南辺市壁」に開口された市門の中央縞帯のみへの限定〉と同型性を示す。さらに中央ゾーン北端への神聖な祭壇・仏壇の配置は，おなじく隋唐・長安の形態特質（エ）〈中央縞帯北端への宮闕配置＝「北闕」型宮闕〉と同型関係にある。

　ゲルの南北正中線にそう中央ゾーンの東方と西方の部分が，第2・第3のゾーンである。中央ゾーンの「上座」に南面して座する家長を基準として隋唐・長安になぞらえると，第2の東方ゾーンは左翼縞帯，第3の西方ゾーンは右翼縞帯に相当する。つまりゲルの内部空間は，隋唐・長安の形態特質（ア）〈3南北縞帯〉とまったく同型である。しかもゲルの左・右両翼ゾーンは，住まい方においても明確な相違をみせる。図83に記入されているように，ゲルの東方ゾーンは女性の空間，西方ゾーンは男性の空間とされる。

　以上のように，隋唐・長安の4つの形態特質のうち（ア）・（イ）・（エ）の3つは，ゲルの構成と住まい方から帰納可能な同型性といえる。しかし形態特質（ウ）の市門配置は，ゲルからは帰納できない。このことは，北方遊牧集団の一般的な住居様式であるゲルの構成と住まい方をもとに隋唐・長安の形態特質の多くを説明できるが，そのすべてを説明することができないことを意味する。そこに，北方遊牧集団のゲルに原型をもとめて隋唐・長安の形態特質を論じることの限界が存在する。それは，北方遊牧集団の居住様式から隋唐・長安の形態特質（ウ）をくみ入れて説明するためには，単一ゲルと都城とのあいだに介在するゲル群集合ともいうべき中間項の探求が必要なことを意味する。

　その中間項を考えるにあたって，杉山正明氏の著作から重要な教示を得た。杉山は，近著で，テュルク系遊牧集団のユーラシア展開にあたって，その始祖的軍事指導者とされるオグス・カガンの軍団組織について述べている。オグス・カガンとは「オグス皇帝」を意味し，その中心集団であったオグス族（中国史料での烏紇にあたる）の伝説

第Ⅵ章　中国都城のバロック的展開　345

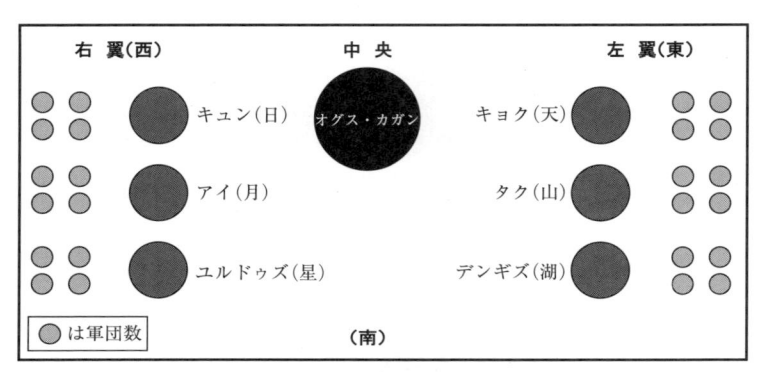

図84　オグス・カガンの軍団編成（杉山による）

的指導者であった。

　氏は，ラシードの『集史』所載の記事をもとに，図84のようにオグス・カガンの軍団組織を模式化して図示する[367]。それは，中央北端にオグス皇帝の座があり，その左・右の両翼に3人の将軍と各将軍が統括する4軍団を配した軍事集団組織である。ここで注目されるのは，この編成が，中央と左・右両翼という3つの南北縦帯からなっていること，3帯のそれぞれの北端が皇帝と将軍の座であること，また軍団の総数が4×3×2＝24からなっていることなどである。最後の24軍団編成は，杉山が指摘するように，隋王朝に先行する北周の開祖・宇文泰が設置した「西魏二十四軍」に至るまで，北方遊牧集団の軍事組織原理であった。たとえば司馬遷も，『史記』「匈奴列伝」で匈奴の軍事体制について語っている。それによると，君主にあたる単于を中心に，左と右の両賢王を筆頭として「二十四長」の軍事統率者をそれらに配する体制であったという[368]。この体制は，「西魏二十四軍」ときわめて類似している。

　隋唐・長安の基本計画策定者の宇文愷は，いわゆる武川鎮軍閥の有力者として北辺防備にあたってきた家系に属する。また「西魏二十四軍」を創設した宇文泰とおなじ鮮卑宇文部に属しており，北方遊牧集団の軍事編成原理に精通していたであろう。鮮卑集団のまったく新しい都城の建設にあたって，その編成原理に建設計画の基本をもとめたことは十分に措定できる。このことは，隋唐・長安が，〈鮮卑集団の「進取」〉を基軸として建設された都城であることを雄弁に物語っている。

　図84のオグス・カガンの軍団組織図を基本として，宇文愷の新都建設構想に接近

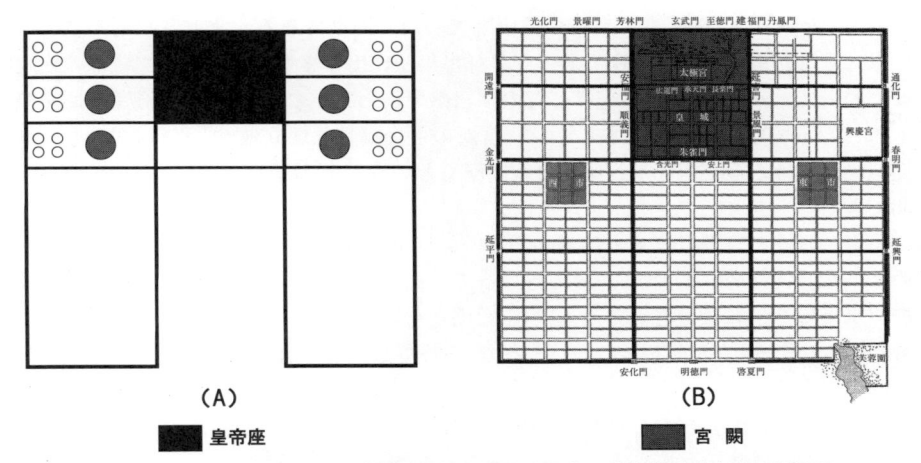

図85　オグス・カガンの軍団編成（A）と隋唐・長安の基本構成（B）（応地作図）

したい。そのために，つぎの3点を同図に付加・補入する。

① ゲルと同様に中央ベルト南辺のみに開口部を設け，左・右両翼の周囲と北辺を郭壁で囲む。
② 各将軍とその軍団の配置を明確に区画するために，タテに2本，ヨコに3本の区分線を記入する。
③ 中央ベルト北端に位置するオグス・カガンの皇帝座の面域を，他の将軍座の2倍に設定する。皇帝座を将軍座よりも大きく設定することは許容されよう。

上記3点を図84に付加・補入して作図すると，図85（A）となる。図81に示した隋唐・長安の3南北縞帯配列に，東・西両辺市壁の対向市門をむすぶ3本の東西街路を補入して図化すれば，同図（B）となる。図85（A）・（B）の2図は，顕著な同型性を示す。その同型性をもとに，前記（ア）〜（エ）の隋唐・長安の形態特質を個別に検討することにしたい。まず，（ア）〈3南北縞帯編成〉，（イ）〈「都城正面ファサード＝南辺市壁」に開口された3市門の中央縞帯のみへの限定〉の2特質は，図85（A）とまったく同型である。

隋唐・長安の宮闕は中央縞帯北端に配され，完全な「北闕」型であった。その所在

第Ⅵ章　中国都城のバロック的展開　347

位置は，図85（A）のオグス皇帝の位座とまったく同型である。北方遊牧集団にとっては，そこが最高位の至上座であった。鮮卑集団に出自をもつ隋王朝が，新都の建設にあたって，そこに宮闕を定置したのは当然であった。このように，隋唐・長安のもっとも重要な形態特質である（エ）〈宮闕の中央縞帯北端立地＝「北闕」型〉も，軍団組織における至上座＝皇帝座への宮闕配置という〈「遊牧集団・鮮卑」視座〉から説明できる。

隋唐・長安の宮闕は宮城と皇城からなり，図85（B）が示すように巨大な面域を占めていた。同図（A）を作成するにあたって，上記の③で述べたように皇帝座の面域を将軍座の2倍に設定したことも，図82（B）の隋唐・長安の宮闕面域との比較からも許容されよう。また前記②にしたがって，各将軍とその軍団を区分する区画線を左・右両翼に記入した。それらの区分線を，同図（B）の隋唐・長安の市壁の東・西両辺に開かれた3市門をむすんで東西走する街路と比較すると，両者は，この点においても，顕著な同型性を示す。

まず両者の区分線・街路数は，ともに3本である。さらにそれらの配置に関しても，興味ぶかい対応関係を観察できる。3本の東西街路の位置を北から検討すると，まず最北のものは，ともに皇帝座と宮闕の中央から発している。その南方のものは，皇帝座と宮闕の南辺と一致する。最南のものは，皇帝座と宮闕から離れた南方を東西走する。図85（B）の隋唐・長安の市壁東・西両辺の市門をむすんで東西走する街路は，本数と配置ともに同図（A）の東西区画線とまったく同型である。さらにその位置は，南辺開口部から北上する縞帯また街路がすべて皇帝座あるいは宮闕にむけて直走・収斂しているのとは対照的である。したがってゲルからは帰納できなかった隋唐・長安の形態特質（ウ）〈「南辺市壁と東・西両辺市壁とあいだの市門配置の相違」〉も，このようにして中間項の遊牧集団の軍事集団組織から説明できる。

さらに隋唐・長安では，左・右両翼の南北縞帯も，北端部に他の部分とは異なった意味をあたえられていた。図85（B）にみられるように，宮闕南辺を東西走する街路を境界として，その以北と以南で左・右両翼縞帯の坊（街区）の規模と形態には大きな相違があった。同街路以北の坊は，面域が大きいだけでなく，その形態も正方形であった。左・右両翼の南北縞帯においても，北端部は特別な意味をもつ場として構想・設計されたのであろう。そこは，図85（A）でも左・右両翼の北端部は将軍の座所であった。

隋唐・長安の左・右両翼縞帯の内部編成からは，さらにオグス皇帝の軍団組織との

興味ぶかい対応関係が浮上する．図85（B）をもとに，この点について検討したい．同図で左・右両翼縞帯の内部構成に注目すると，東西方向は，対向市門をむすぶ3本の街路によって計4東西ベルトに区分されている．また南北方向は，東市と西市の東・西両辺を南北走する2本の街路によって計3南北ベルトに区分できる．両者をくみあわせると，左・右両翼縞帯の内部は$4×3=12$ブロックに分割されることになる．ここで想起されるのは，オグス皇帝の軍団が左・右におのおの3人の将軍を配し，各将軍には4軍団が直属していたことである．したがってその軍団数は，左・右両翼ともに$3×4=12$であった．軍団数$=12$は，隋唐・長安の左・右両翼内部のブロック数$=12$と一致する．いわば各ブロックに将軍麾下の1軍団を充当・配備するかたちで，隋唐・長安の左・右両翼縞帯が編成されているといえる．

このように左・右両翼縞帯が徹底して将軍とその麾下軍団の空間であるのに対して，中央縞帯は皇帝直属の空間であった．そのことは，図85（B）で左・右両翼縞帯と中央縞帯とのあいだでの坊（街区）編成の相違からもうかがわれる．それは，左・右両翼縞帯の坊がいずれも内部を東西と南北に走る小路によって4等分されているのに対して，中央縞帯の坊は東西小路のみで南北小路を欠いていることである．両者間の街区編成の相違については，さらに後にくわしく再論したい．

以上のように，遊牧軍事集団の組織論にもとづく〈「遊牧集団・鮮卑」視座〉は，（ア）〜（エ）の隋唐・長安の重要な形態特質の成立を整合的かつ統一的に説明できる．しかもその説明は，〈『周礼』「考工記」視座〉のように機能論という近代主義的な解釈を介在させることなく，図85（A）との形態相関からすべて帰納できる点に重要な意味がある．

◎宮城と皇城の整序

隋唐・長安は，壮大な「北闕」型都城として建設された．しかも中央縞帯北端への宮闕配置は，同時に宮闕の整序をともなっていた．北魏・洛陽の宮闕である宮域と内城は，晋魏・洛陽の都城を襲用して建設された．その形態は，図73に示されるように，南北に長いタテ長・長方形の内城のほぼ中央北よりに入れ子構造状に宮域が所在していた．内城の形態は長方形とは言っても，直線的なのは西辺と南辺のみで，東辺と北辺は屈曲がいちじるしかった．内城とは異なって宮域の各辺は直線で，その形態もタテ長・長方形に整形されていた．このように内城と宮域とのあいだにも，形態的な不整合が存在していた．それが，北魏・洛陽の宮域が内城に君臨するというよりも，内

城のなかに埋没している印象をあたえる理由であろう。

　隋唐・長安は，北魏・洛陽の宮城と内城の構成を大きく変革する。政事・祭事の諸施設を集中立地させて皇城として独立させるとともに，それを天子の宸居である宮城の南に配して，宮城の皇城に対する優位を「前朝後宸」として明確にした。宮城と皇城は同一の東西幅からなるヨコ長・長方形に整形され，この整序をうけて北魏・洛陽にみられた宮城と内城の「回」字状の入れ子構造は解体する。隋唐・長安の宮闕編成は，北魏・洛陽とはまったく異なるのである。

　それは，北魏・洛陽の宮闕が先行する漢族都城の襲用という「守旧」であったのに対して，隋唐・長安では，宮闕が「進取」をもとに計画され造営されたことがもたらした帰結であった。また宮城と皇城からなる宮闕の南北辺と東西辺との比をとると，〈南北辺：東西辺＝3777：2820＝1.33：1.00〉となる。これを南北辺＝9.0として変換すると〈9.0：6.8〉となり，北魏・洛陽も踏襲してきた漢族的「九六城」理念は放棄されている。このように，隋唐・長安と北魏・洛陽の宮闕を比較すると，「回」字状の入れ子構造と「九六城」理念の放棄，宮城と皇城の体系的整序などの点で大きく相違する。宮闕に関しては隋唐・長安と北魏・洛陽とのあいだには，断絶ともいえる顕著な不連続性をよみとりうる。

(2)-④　基本設計と実施設計のあいだ ── 理念の先行

　ここで隋唐・長安の宮闕をめぐる基本設計と実施設計について考えたい。隋唐・長安の基本設計は，(2)-①で提起した防御と怨霊の忌避をめざす選地，(2)-③で提起した北方遊牧集団の軍事組織原理にもとづく都城構成の２つを基本として策定されたと考えうる。両者の内容についてはすでに詳述したので，ここではそれらについて再言することは省略する。基本設計の策定後に要求されるのは，実施設計への移行である。実施設計とは，基本設計の現場へのブレイク・ダウンである。隋唐・長安の建設にあたって実施設計の過程で問題を惹起したのは，中央縞帯北端に定位された宮闕造営位置の現場決定であった。

　その決定にあたっては，隋唐・長安の建設地＝龍首原の微地形と易との対応関係が考慮されたとの説が，ふるくから提唱されてきた。その初見は，すでに唐代の李吉圃の『元和郡県図志』巻１「関内道」「京兆府条」への注釈にあるとされる[369]。彼の説は，今日においても隋唐・長安を語る際に引用されることが多い[370]。

　図86は，隋唐・長安の都城域の等高線分布とそれへの易学解釈を示したものであ

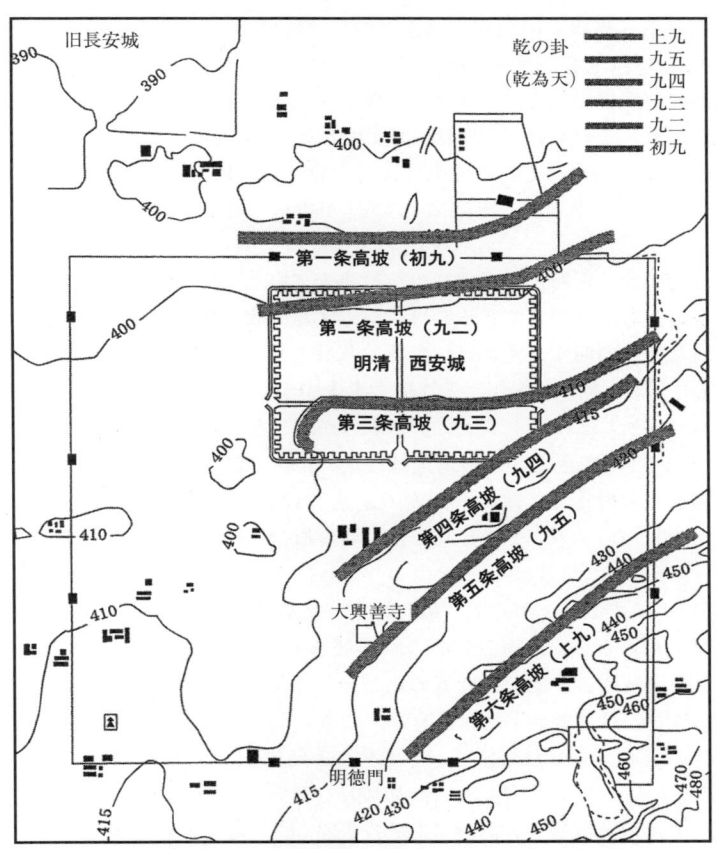

※ 長安を東西に走る六つの丘が，易経の乾の卦に相当する，と観念された。
図86　隋唐・長安の等高線分布と「六坡」（妹尾による）

る[371]。龍首原の微地形についてはすでに (2)-①で略述し，その際にくわしくは後述することにしたいとした。ここで，それに再帰することにする。図86の等高線分布が示すように，龍首原は南東から北西方にむけてゆるやかに傾斜する。図には，細い実線で隋唐・長安の外郭城と大明宮の範囲が示されている。同図によれば，その南東端は，標高ほぼ460メートルの丘陵部となっている。そこを頂点として，南東から

第Ⅵ章　中国都城のバロック的展開　351

北西方向に走る等高線が閉曲線を描きつつ，都城域をよこぎって延びる。閉曲線は，現実には「高い坂」を意味する「高坡」とよばれる小丘陵にあたる。図86は，幅広の帯線で高坡の位置と走向を示している。隋唐・長安の都城域には計6本の高坡が並走しているとされ，それらは「六坡」とよばれてきた。「六坡」の分布は，隋唐・長安の朱雀大街あたりを境にして，その東と西で変化する。図86からは，都城の西部は等高線の間隔が広がる平坦面，東部は「六坡」が卓越する小丘陵地という相違をよみとりうる。
　この地形変換は，宮闕と朱雀大街の位置決定に際して重視されたとされる。「六坡」の配列がもっともよく観察できるのは，南走する朱雀大街にそってだからである。易では，吉凶などを判断するために，算木を操作して8つの掛（八掛）のかたちを導く。そのなかの1つに「乾」があり，それは｜｜｜のかたちで示される。「乾」を掛けあわせると，「六爻」とよばれる｜｜｜　｜｜｜のかたちとなる。隋唐・長安の六坡は，「六爻」になぞらえられてきた。この比定は後世の付会ではなく，後述する大興善寺の位置選定の過程から考えて，隋唐・長安の建設当初から意識されていたと考えられる。あるいは「六坡」の「六爻」への見立てが，龍首原選地の理由の1つであったかもしれない。
　各高坡を「六爻」にしたがって，最北の第一条高坡（初九）から南へと順に，九二・九三・九四・九五そして最南方の第六条高坡を上九にあてると，「九二の高坡＝天子位」，「九三の高坡＝君子位」，「九五の高坡＝至上位」と解釈できる。前述した李吉圃は，隋唐・長安の設計者＝宇文凱自身が，これにしたがって天子位の高坡を宮城，君子位の高坡を皇城にあてたとする。至上位の「高坡」について，彼は「九五は貴位なれば常人の之に居るを欲せず，故に玄都観及び興善寺を置きて以て之に鎮す」と注している。つまり至上位の九五高坡は「民の空間」である外郭城に属するが，文帝の意をうけた宇文愷は，そこに庶民の居住を許さないために，朱雀大街東の靖善坊には仏教寺院＝大興善寺，西の崇業坊には道教寺院＝玄都観を建立したというのである。文帝は熱心な仏教崇拝者であったので，自身が建立した仏教寺院に都城名＝大興城とおなじ「大興」を冠する名をあたえるとともに，同寺院を右方よりも上位の方位にあたる左方の坊に配置したとされる。
　「六爻」にもとづく位置決定で，のちに問題が生じたのは，「九二の高坡＝天子位＝宮城」であった。それは，九二の高坡はごく小さな丘陵にすぎないうえに，図86の等高線分布からも判明するように，そこは都城域内ではもっとも低い低湿な場所で

あったことによる。その条件は，図77が宮城内に2つの池を描いているように，園池を造成するには好適な条件を提供するものではあったが，居住性をさまたげる要因ともなった。そのため，663年（龍明3）に第3代皇帝＝高宗は，東方のより高燥な禁苑内の都城北接地に大明宮を造営し，同宮に宮闕機能を移転させていく。それは，582年の隋王朝初代皇帝＝文帝による大興城の建設から81年後のことであった。

(2)-⑤　街路・街区編成 ——「天子南面」と左右相称性の徹底

　大明宮が造営される以前の隋唐・長安にもどって，その基本・全体計画の検討をつづけることにしたい。宮城と皇城とは，街路と広場とが一体化したような広大な遮断帯によって分離されている。この遮断帯は，横街とよばれた。宮城の郭壁南辺にそって東西大路を配置するのは，鄴・北城また北魏・洛陽で出現する。横街も，北魏・洛陽を祖型として，隋唐・長安で整序された都城構成要素である。しかし文献で述べられている隋唐・長安の横街は，東西幅が1900歩＝約2793メートル，南北長が300歩＝約441メートルという広大な遮断空間であった。横街は現在の北京にも継承され，宮城（紫禁城＝故宮）正門の天安門前を東西走する長安街がそれにあたる。

　前述したように，官衙群を区画内に集中させて皇城として独立させたのは，隋唐・長安が最初であった。その祖型は，北魏・洛陽の内城軸線＝銅駝街北端部への政事・祭事施設の集中配置にあった。隋唐・長安は，それらを一所に集めて皇帝の親政空間として独立させたのである。ここにも，北魏・洛陽の祖型の整序・発展という隋唐・長安のもつ性格をよみとりうる。皇城の出現は，皇帝への権力集中，その結果としての皇帝親政体制確立と照応する動きであった。「官衙の集中地区としての皇城」という思想は，のちの清代さらには民国代の北京にも引きつがれていった。中華人民共和国によって旧清代の皇城を撤去して造成されたのが，現在の天安門広場である。

　また明治日本の首都建設計画は，当初は，皇居を江戸城西之丸，官衙地区＝皇城を本丸に建設する構想であったが，のちに官衙地区の建設地は霞ヶ関一帯に変更される。その結果，皇居直南に官衙が集中配置されることになった。宮城と皇城とを「前朝後宸」に配するという思想が，古代の都城をへて現代日本においても観察可能なことを物語る。

　宮城を中央縞帯北端に造営することにより，隋唐・長安は，「天子南面」を極限にまで徹底させる。宮城の正殿・太極宮から〈宮城正門＝承天門→皇城軸線街路＝承天門街→皇城正門＝朱雀門→外郭城軸線街路＝朱雀大街→都城正門＝明徳門〉へと正南

走する中心軸線街路は，都城全域を左右相称に分かって走る（図77）。中心軸線街路は，明徳門からさらに都城外を正南走し，南郊の祭天祀場＝天壇にいたっていた。北端の宮城から発して南郊の天壇あるいは円丘まで直走する都城軸線街路も，北魏・洛陽の「御道」を継承するものであった。しかし北魏・洛陽の「御道」は南走する直線街路ではあったが，グリッドパターンの外郭城の部分でも，その位置は東西相称軸からは大きく偏倚していた。中心軸線街路が真に都城東西相称軸線として完成するためには，都城域の整形にくわえて，その起点である宮城の中央縞帯北端への定位が必要であったのである。都城中心軸線に関しても，北魏・洛陽を祖型とし，隋唐・長安が整序・発展させ完成させるという関係をよみとりうる。都城を左右相称に分割しつつ貫走する都城中心軸線街路の登場は，同時に中国都城における「バロック化」の完成をつげるものであった。しかしそれについては，のちにあらためて詳述することにしたい。

　都城中心軸線は，宮城を起点として正南方に直走する。同軸線と宮城とは一体的な存在であり，宮城が都城中心軸線の位置を決定し，また逆に都城中心軸線が宮城の位置を決定するという相互規定的な関係にある。隋唐・長安の実施設計レベルで，宮城の造営位置が「六爻」の九二にあたる第二条高坡に決定されたとしても，それだけでは同高坡のどこに宮城を造営するかの決定はできない。都城中央軸線の位置によって，その場所が左右されるからである。

　隋唐・長安の都城中心軸線の設定にあたって，南方の秦嶺（南山）山地北麓に谷口をひらく石鼈（石壁）谷がランドマークとなったとの説が，愛宕元によって提唱されている[372]。その根拠は，朱雀大街を正南方への延伸線が石鼈谷の谷口と一致することにある。この説は，秦建明などによる前漢・長安をめぐる広域的な南北中軸線の提唱を背景としている[373]。秦ほかの提唱線は，すでに図58で紹介した。同図であきらかなように，その南北中軸線は南の終起点を子午谷としていた。また図80では，同軸線が隋唐・長安の都城域西限と一致することを指摘した。

　隋唐・長安と前漢・長安の両都城の広域軸線に関する愛宕と秦ほかの提唱は，ともに南の終起点を秦嶺山地北麓の谷口にもとめる点では共通している。愛宕は石鼈谷，秦ほかは子午谷を起点とする。しかし両者が起点とする谷口の交通的要衝性には，大きな相違がある。子午谷は，前述したように，関中から秦嶺山地を経て南方諸地方へといたる交通要路であり，古来，重要な軍事遠征路また交易路であった。これに対して石鼈谷には，このような重要性はない。『長安志』は，子午谷については，位置だけでなく，前漢代にさかのぼってその重要性を語っているのに対して，石鼈谷につい

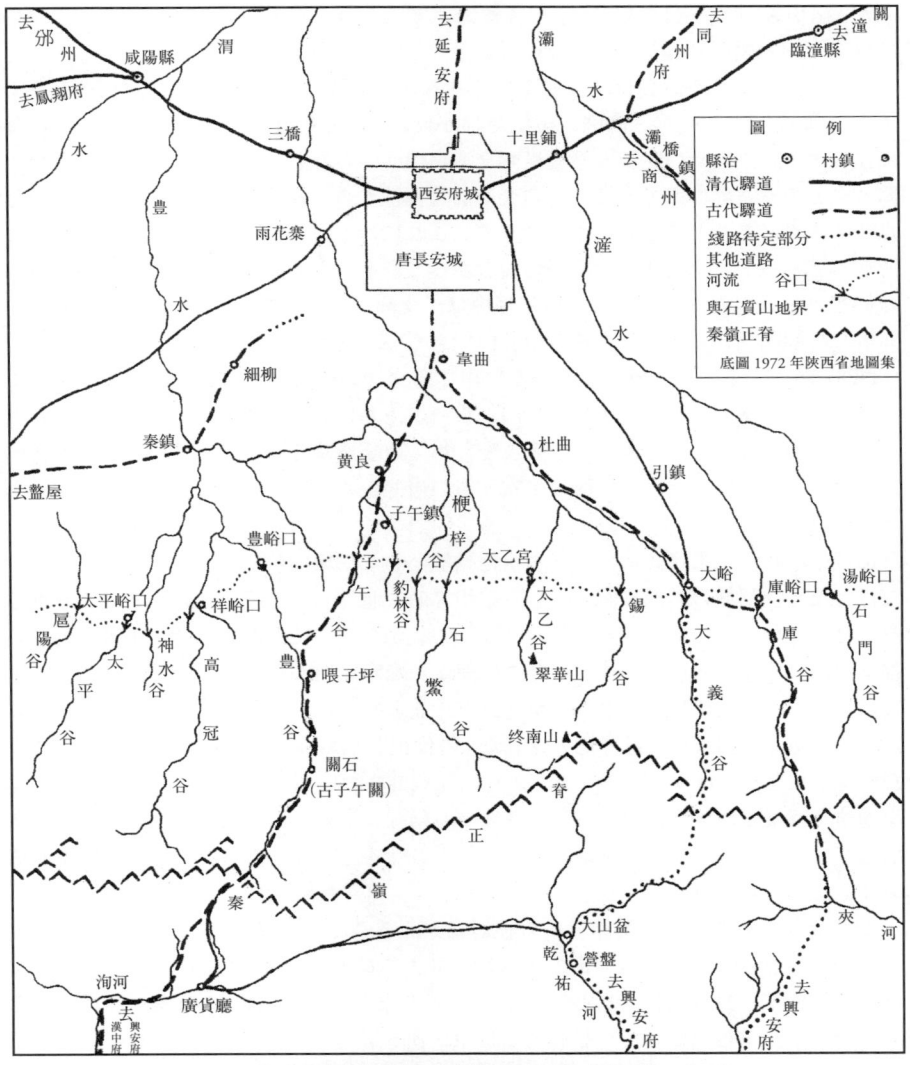

図87　南山（秦嶺山脈）の主要縦断交通路（毛鳳枝による）

写真84　西安　現在の朱雀大街（西半部）
平城・平安両京と同じ位置，同じ名の南北軸線街路であるが，隋唐・長安の朱雀大街は幅員155mにおよぶ大路であった。

ては万年県の巻で「在県西南五十里[374]」と述べるのみである。また清代に毛鳳枝が著した『南山谷口考』も同様に，子午谷についてはくわしく説明するが，石鼈谷についてはほとんど説明をくわえていない[375]。

同書の校注者・李之勤は，長安をめぐる古代と清代の主要交通路の概略を図87のように図示している[376]。同図に破線で描かれた「古代駅道」と「唐長安城」との関係に注目すると，当時の主要な秦嶺横断交通路は2つ存在していた。西方の子午谷経由路と東方の庫谷経由路である。この交通的重要性から，前漢・長安の広域軸線の終起点が子午谷にあるとするのは了解できる。これに対して石鼈谷は隋唐・長安の南方に所在しているが，交通的には重要性がなかった。そのため隋唐・長安の都城中心軸線の終起点を石鼈谷の谷口にもとめる理由は，交通的にも存在しない。また石鼈谷は，顕著な景観的ランドマーク性をもつ谷口でもない。

図87が描く子午谷と庫谷の両谷を経由する交通路の走向から，興味ある事実をよみとりうる。両者は，秦嶺山地の谷口から河川流路にそって西と東から北方へと斜進し，同図の韋曲付近で合流する。そこから単一の交通路となって，都城正門の明徳門にむけて北上していく。最終的に朱雀大街の南伸線に合流して，明徳門から都城内へといたる。

都城中心軸線＝朱雀大街は，左右相称軸線として都城内部で統合的な役割を果たすだけでなく，都城の外部においても左右相称的に北進してくる交通路を統合する役割を果たしているのである。というのは，子午谷から北方に直進すれば，隋唐・長安の都城西限つまり西辺市壁に達し，そこに開かれた金光門から西市にいたることもできるからである。同様に庫谷からの交通路も，北上したのち春明門から東市に達する方が容易である。同図に実線で記入された「清代駅道」は，かっての春明門あたりで「唐長安城」東辺と交わっている。このように都城外においても，南方からの2本の主要交通路を都城正門＝明徳門さらには都城中心軸線＝朱雀大街に誘導・収斂させて，南面して立つ皇帝のヴィスタを仰ぎみつつ北上させるという隋唐・長安建設の基本計画を，そこからもよみとりうる。

ふたたび，都城域内の街路編成の検討にかえることにする。都城中心軸線の幹線は，外郭城を貫走する朱雀大街であった。同大街は幅員150～155mにも達する壮大な軸線街路で，景観的にも行政的にも都城域を東西（左右）相称に編成する対称軸であった。それを軸線として，景観的には東・西シンメトリカルに54坊の街区と市（いち）が配され，また行政的にも東は万年県，西は長安県に分かたれていた。これを祖型とし

て日本の平城・平安両京の都城域も，朱雀大路を境界として左京と右京の2行政区に分割していた。しかし都城域の2分割という点では類似していても，両者のあいだには大きな相違があった。隋唐・長安では万年県と長安県の範囲は都城の外方にもおよんでいたのに対して，平城・平安両京では左京と右京はあくまでも京職のもとに管轄される都城内部の行政単位であり，その範囲は都城外におよぶことはなかったからである。

ここで，外郭城のグリッドパターン街区について検討することにしたい。同街区は，隋唐・長安では「坊」とよばれた。グリッドパターン状の街路によって外郭城を方形街区に区画するのは，北魏・平城で施行され，さらに北魏・洛陽に継承された。北魏・洛陽の場合には，それらの方形街区は里とよばれた。里は塀によって囲繞され，各辺の中央に開かれた4つの里門が唯一の外部への開口部であった。各里門からは対辺の里門をむすんで巷とよばれる小路が走り，その走向をもとに東西巷・南北巷とよばれた。東西巷と南北巷は里の中心で直交し，そこに十字巷を形成していた。ここにみられる北魏・洛陽の里・里門・巷・十字巷は，名称を「坊」に変えるのみで，そのまま隋唐・長安に継承される。

しかし隋唐・長安は「坊」をたんに継承するだけにとどまることなく，さらにそれを整序する。北魏・洛陽では，外郭城と内城との関係は異質なものが並置されているにすぎなかった。これは，北魏・洛陽における「進取と守旧」の並置としてすでに指摘してきた点である。北魏・洛陽では，さきに宮域と内城の入れ子構造にみられる形態的な不整合性の存在を指摘したが，それとおなじ不整合性を内城と外郭城とのあいだにも指摘できる。北魏・洛陽の内城と外郭城の関係は，大海にうかぶ舟にもたとえうる。その理由の1つは，外郭城の方形街区が画一的で，内城と関連づけられていないことにあった。

隋唐・長安はその画一性を排して，5種類にもおよぶ街区形態をくみあわせて両者の形態的な不整合を解消する。図77によってあきらかなように，5種類もの街区区画が成立するに至ったのは，主として宮闕の諸門と外郭城街路との関係にもとづくもので，その成立動因は宮闕にあったと考えられる。この点については次節で詳述することにして，ここでは，宮闕の諸門を起点とする街路によって外郭城に多様な形態の街区が生みだされていること，街路・街区を介して宮闕と外郭城とは連続的な関係にあること，それらによって外郭城と内城との不整合性が解消され，両者の形態的な一体化に成功していることだけを強調しておきたい。

(3) 『周礼』理念の包摂・同化 ──「異端の都城」論批判

　さきに (2)–③で隋唐・長安の基本構想を考えるにあたって〈「遊牧集団・鮮卑」視座〉を定立し，遊牧集団鮮卑の軍団・軍営組織に基本構想の範型をもとめうることを説明した。その際，『周礼』「考工記」を規準とする〈『周礼』「考工記」視座〉からの隋唐・長安論を批判した。にもかかわらず，ここで『周礼』の都城理念の「包摂・同化」を検討課題に掲げるのは矛盾だとするむきもあるかもしれない。

　しかしそれは，建設設計のレベル論で説明できる。隋唐・長安は，基本構想のレベルでは遊牧集団鮮卑の軍団・軍営組織を範型とし，ディテールのレベルでは『周礼』理念を「包摂・同化」した都城であった。この関係は，全体と部分にいいかえることもできる。『周礼』理念の「包摂・同化」は，部分のレベルにとどまっているのである。

　さらにこの問題は，前項 (2) の副題に「進取」と「同化」を掲げたこととも関係する。そこでは，「〈鮮卑集団の「進取」〉を唯一のキーワードとして，隋唐・長安の形態を読解しえないこと」，「隋唐・長安は〈鮮卑集団の「進取」〉への〈漢族文化伝統の「同化」〉をめざして建設され，それに成功した都城であったこと」を述べた。しかし「包摂・同化」という視点を提起していくためには，「なにをもって〈漢族文化伝統の「包摂・同化」〉というのか」という問への具体的な説明がもとめられよう。

　南北朝時代をつうじて江南では漢族文化が温存され，江南の経済発展と相即しつつ，いわゆる江南文化として発展していった。江南文化へのあこがれは，すでに紹介した隋・唐両王朝の初期皇帝たちにとどまるものではなく，両時代をつうじて持続する。その文化の根幹にあったのは，儒教であった。たとえば唐王朝を樹立した高祖は，いちはやく即位２年後に周公と孔子廟を建立させ，四季の祭祀を執行させている[377]。儒教にとって理想の時代を語る『周礼』は，儒教的社会秩序のあるべき姿を示す重要なテクストであった。天命を受命した天子が皇帝として地上に君臨する都城は，そのあるべき姿を顕現する王権装置であった。このことは，隋唐・長安にも妥当する。

　ここに，隋唐・長安が『周礼』「考工記」が述べる都城理念と結合する連環輪がある。その結合は『周礼』理念の模倣・追随ではなく，その諸理念を遊牧集団鮮卑の「進取」を体現する基本構想のなかに「包摂・同化」していくものであった。その点の検証・解明が，ここでの問題である。そしてその作業をつうじて，〈「異数」・「異端」・「類型」・「系列」〉論のなかで隋唐・長安を語るのではなく，「バロック化」を鍵概念として中国都城の連続的展開過程のなかに隋唐・長安を位置づけることをめざす。

『周礼』「考工記」の「匠人営国」条が語る中国都城の理念については，すでに II-2 で述べた。『周礼』が語り，またそれから帰納できる都城理念をとりあげて，隋唐・長安における〈『周礼』都城理念＝漢族文化伝統の「同化」・「包摂」〉について検討する。

① **「方九里」**：第 1 の理念は，「方九里」である。つまり，形態は「1 辺 9 里からなる正方形」ということである。隋唐・長安はヨコ長・長方形の巨大都城であるので，この理念を包摂していない。『周礼』が著された周～前漢代の里は，ほぼ 405 メートルとされる。隋唐・長安の辺長実測値を周～前漢代の里に換算すると，東西輻が 24.0 里，南北長が 21.4 里となる。隋唐・長安の辺長距離は，『周礼』が述べる 9 里をはるかにうわまわる。しかし，それは当然である。まず『周礼』の成立期は都市国家の時代であり，またその記載は 9 という皇帝にかかわる瑞数をあてて理念化したものであるからだ。中国世界全域を支配する帝国＝隋王朝が建都した長安の辺長がそれよりも長大であるのは，当然の帰結である。「方九里」に関しては，隋唐・長安は包摂・同化のしようがなかったであろう。

② **「旁三門」**：都城の各辺に，3 市門を配するという理念である。市門は市壁の開口部であるから，当然の前提として，この理念には都城の四辺が市壁で囲繞されているということがある。もちろん隋唐・長安も，市壁と市門をそなえた都城であった。問題は，その市門の数である。図 88 は，隋唐・長安の街路編成と市門・宮闕門の配置を示したものである[378]。宮城北西方の市壁外には前漢・長安の旧地がひろがり，それを中心に広大な王室庭園（御苑）がひろがっていた。同庭園と宮城とをむすぶ王家専用門が多く建設されていたので，北辺市壁に関しては「旁三門」理念はなりたたない。しかし残る東・南・西の各辺の市門は，すべて「旁三門」である。これら 3 辺に開かれた市門は，一般庶民にも開放された都市の施設であった。

　さきに (2)-②で，市門にかかわる隋唐・長安の形態特質として，（イ）〈「都城正面ファサード＝南辺市壁」に開口された市門の中央縞帯のみへの限定〉と（ウ）〈南辺市壁と東・西両辺市壁とのあいだでの市門配置の相違〉の 2 点を指摘した。このうち（ウ）については〈『周礼』「考工記」視座〉からは説明できないことを指摘したうえで，それらの 2 特質は，ともに〈「遊牧集団・鮮卑」視座〉とりわけ北方遊牧集団の軍事組織原理から説明できることを (2)-③で指摘した。

図88 隋唐・長安の街路編成と市門・宮闕門の配置（平岡による）

　「旁三門」という『周礼』理念に注目すると，形態特質（ウ）が「旁三門」であることは北方遊牧集団の軍事組織原理から説明できる。しかし（イ）の南辺市門の中央縞帯のみへの限定は同原理から説明可能であるが，その市門数が「旁三門」であることは同原理からは説明できない。もし説明を試みるならば，東・西両辺市壁の「旁三門」に整合させた南辺市壁への3市門配置，また形態特質（ア）〈3南北縞帯〉に対応した3市門配置という外挿的説明になろう。外挿的ではあっても，この立場では，「旁三門」は〈「遊牧集団・鮮非」視座〉から説明可能というこ

とになる。したがって隋唐・長安の北辺市壁をのぞく3辺での「旁三門」は，結果として実現したみかけ上の『周礼』都城理念との相似にすぎないということになる。

しかし後述するように，隋唐・長安の都城構成からは，『周礼』「考工記」の理念を包摂しようとする努力を指摘できる。この立場からすると，とりわけ南辺市壁への3市門配置も，〈「遊牧集団・鮮卑」視座〉からする『周礼』の「旁三門」理念の包摂・同化として読解しうる。

さらに「旁三門」に関しては，興味ぶかい事実がある。それは，宮城と皇城とをあわせた宮闕と都城全域とのあいだの同型性である。図88は，宮闕門の配置も図示している。それにしたがって検討すると，ここでも北辺をのぞくと，東・南・西の3辺は「旁三門」であった。図77にみられるように，一般に隋唐・長安図では宮闕の東西両辺には2門のみとされることが多い。しかし図88が示すように，宮城・東宮の東辺に鳳凰門，宮城・掖庭宮の西辺に通明門が開かれていた。北辺をのぞく3辺におのおの3門が開かれている点は，宮闕と都城全域に共通する同型性である。宮城の北辺中央には，玄武門が位置していた。北を意味する玄武門は都城中心軸線の延長上に配されていて，都城北門であるとともに同軸線が都城全域を貫走していることを象徴していた。

③　「国中九経九緯」：都城の内部には，南北と東西の両方向に各9本の街路を建設するという理念である。隋唐・長安の都城内部を走る主要街路の数は，市壁ぞいのものもふくめると「14経11緯」であって，この理念は妥当しない。それは，隋唐・長安が「方九里」をはるかにうわまわる壮大な都城として建設されたことからくる当然の帰結であった。

しかしこの理念に関連しても，興味ぶかい事実がある。すでに指摘したように，隋唐・長安の都城域は，南北縞帯構成にくわえて，皇城南辺を東西走する街路を境界として以北と以南で街区規模がいちじるしく相違している。

ここで，同街路以南の外郭城の本体部に注目することにしたい。この地区では朱雀門から南辺市壁までの東西街路の数は，市壁内側を走る環涂をふくめて9本である。外郭城の本体部は，均等に配された9本の東西街路によって9街区に規則ただしく区画されている。「国中九経九緯」理念の「九緯」が，外郭城の本体部で実現されているのである。北魏・洛陽以来の〈鮮卑集団の「進取」〉の拠点であった外郭城で，隋唐・長安は〈『周礼』の都城理念の「包摂・同化」〉を企図し

写真 85　隋唐・長安　明徳門址
明徳門は 5 門道様式の壮大な都城正門であった。いまは小店舗・露店が密集する下町の市場地区の背後にかろうじて遺址が残る。

ているといえる。しかし唐代の最盛期にあっても外郭城の南部 3 分の 1 ほどは，居住人口も希薄であったとされる。それは，過大な『周礼』理念の「包摂・同化」がもたらした帰結でもあったであろう。

④ 「経涂九軌」：これは都城内の街路幅員に関する理念で，各街路は 9 両の馬車が横ならびで通行できる幅員だということである。「九」は奇数の最大数であって，皇帝にかかわる瑞数という象徴的な意味をもつ数字である。「九軌」もおなじ象徴的意味でもちいられているのであろう。ここで市門また宮闕門を通過する門道の数に注目したい。隋唐・長安の諸門は，門道の数によって 2 種類にわかれていた。1 つは都城正門の明徳門で，5 本の門道が通過する最大の門であった。明徳門をのぞくと，皇城正門の朱雀門，宮城正門の承天門，また外郭城の他の市門も，すべて 3 本の門道からなっていた。都城中央軸線街路の正門＝明徳門に特別な意味があたえられていたが，隋唐・長安の市門は 3 門道を基本としていたといえる。それは，前漢代さらには戦国時代以来の都城市門の様式であった。

　3 門道は中央と左右の計 3 本の道からなっていて，中央は皇帝専用，左右の 2 門道は一般居住民の北行と南行の用に供せられた。門道の編成と用途には，都城が 3 南北縞帯からなり，中央縞帯が皇帝の空間，左・右両翼の南北縞帯が庶民の空間であったのとおなじ原理にもとづくものであった。各門道の幅員は，3 両の馬車が横ならびで通行できる広さであった。歩道や遮断壁などをのぞいて，馬車の通行部分のみに注目すると，明徳門をのぞいて，隋唐・長安の市門は 3 門道 × 3 軌＝9 軌からなっていた。3 つの門道は合体して都城内街路となって，都城を縦横に走る。それを 9 軌の幅員とすれば，「経涂九軌」の理念も隋唐・長安に「包摂・同化」されているといいうる。この理念に関しても，「進取と同化」という隋唐・長安のもつ基本的な性格を読解しうる。

⑤ 「中央宮闕」：Ⅳで古代インドと古代中国の都城思想を比較した際に，中国都城思想の特質として指摘したのが，「国中九経九緯」の都城中心に宮闕が位置するという理念であった。古代インド世界の都城思想では，そこに位置するのは神の領域であった。「中央宮闕」を前提として，後述する「面朝後市」という都城理念が成立する。この 2 つの都城理念は，連動しているのである。しかし隋唐・長安は，中央縞帯の北端に宮闕が位置する完全な「北闕」型都城である。「中央宮闕」理念からの背馳が，前述したように，隋唐・長安を「異端の都城」と位置づける最大の理由であった。

「はじめに」で，〈コスモロジー―王権―都城―「バロック化」〉の関係について論じた。〈隋唐・長安＝「異端の都城」〉論を検討する際には，「はじめに」での議論がふかく関係する。その議論を要約すれば，まず，「都城は王権の権威と権力の顕現装置である」ということが出発点である。王権のもつ権威と権力のあいだには，権力の行使を担保するものが権威であり，さらにその権威を担保するものがコスモロジーであるという循環的な関係が存在する。したがって都城は，まずコスモロジーにしたがって，その地上におけるミニアチュアーとして建設される。

　しかし王権の伸長・強化は，コスモロジーに従属していた都城の世俗的再編をめざしていく。それは王のヴィスタによる都城の形態・景観の再編であり，とりわけ王宮に立つ王のヴィスタを刻印して都城を貫走する中心軸線街路の出現によって顕現される。「バロック化」というキーワードは，その過程を概念化したものであった。伸長する王の権威・権力の「バロック化」効果は，都城の中心軸線街路を長く直走させればさせるほど大きいであろう。「中央宮闕」からの背馳・逸脱は，「バロック化」へと収斂していく王権の伸長・強化がもたらした帰結であった。隋唐・長安の基本計画での「北闕」型都城の採用は，王権の伸長・強化が「バロック化」を実現していくうえでの当然の選択であった。しかも隋唐・長安は，基本構想の範型を北方遊牧集団の軍事組織原理にもとめて建設された都城であった。同原理では，中央縞帯北端を至上座とし，そこを皇帝の座としていた。隋唐・長安がその至上座に宮闕の位置を定置させて，「北闕」型都城として建設されたのたのは，当然であった。

　したがって「バロック化」と「北闕」型都城は，「中央宮闕」理念からの単なる逸脱・背馳ではなく，遊牧集団・鮮卑王権の歴史的な展開過程がもたらした必然的な帰結といえる。それらは，一方では秦・漢帝国についで中国史上に出現した集権的統一王権の新規建設都城，他方では北方遊牧民系巨大王権の新規建設都城という二重の性格をもつ隋唐・長安においては，当然，実現されるべき都城形態であった。

⑥　**「左祖右社」**：南面して立つ皇帝からみて左（東）に王家祖先のための祖廟（宗廟）が，右（西）に土地と農耕の神のための社稷を配置するという理念である。隋唐・長安では，この理念どおりに，皇城の南東端には太廟（祖廟）とその管轄官署＝太廟署が，また南西端にはおなじく大社（社稷）とその管轄官署＝郊社署が所在していた。それらの管轄官署の存在は，太廟と大社が王室の私的な祭事施設

ではなく，国家祭事の執行の場であったことを意味する。北魏・洛陽でも，内城の軸線街路＝銅駝街にそってならぶ官衙群の南端に，同街路の東には祖廟が，西には社稷が造営されていた。隋唐・長安は，北魏・洛陽の官衙群南端での「左祖右社」配置を祖型として，その位置関係をたもちつつ皇城の祭事施設として整序・拡充して両者を配置したのである。

⑦ **「前朝後市」**：これは，南面して立つ皇帝の前方に朝廷，後方に市が所在するという理念である。宮城の前方に皇城＝朝廷をしたがえた隋唐・長安は，「前朝」に関しては理念のとおりであった。しかし「後市」に関しては，その理念は実現されていない。宮城は都城の市壁北辺に接し，その背後は広闊な王室庭園となっていたからである。隋唐・長安の市は，北魏王権が平城と洛陽で実現した「市里分置」原則を採用して，市のための専用街区を2箇所に設定した。それらは，宮城に立つ皇帝からみると「左方前方の東市（都会市）」と「右方前方の西市（利人市）」となる。両者は「後市」ではなく，むしろ「前市」ともいうべき関係位置に配されている。東市また西市はともに南北2街区を占地し，その正方形区画の辺長距離は882メートルという巨大さであった。北魏・洛陽では，図74でみたように，洛水以北の外郭城本体部には大市と小市とよばれた2つの市が分置されていた。しかし両者は，名のとおり規模の相違にくわえて位置もずれあっていて，いわば外郭城内に左右相称とはいえランダムに配置されていた。隋唐・長安は，それを祖型としつつも，整序・発展させる。東市と西市の面域規模はまったくおなじで，また都城中心軸線街路＝朱雀大街を介して東西相称の位置関係をたもって配置されていた。

その立地からは，さらに重要な相称性が観察される。さきに隋唐・長安の基本編成が中央および左・右両翼の南北縞帯からなる3縞帯構成であること，また左・右両翼の縞帯は皇城南辺を東西走する街路によって南北に分かたれることの2点を指摘した。同街路を境界として左・右両翼の縞帯を南部と北部にわけて，その南部地区に注目することにしたい。図81にみられるように，東市と西市は左・右両翼の縞帯南部地区の中央北端に位置している。その位置は，中央縞帯北端に君臨する宮闕の配置と同型である。中央縞帯北端を占める宮闕が，その左・右両翼に縞帯を配して都城全域を左右相称に編成しているように，東・西両市も左・右両翼縞帯の南部地区北端にあって，その左右に南北街区列を相称的に配している。都城全域の相称的編成の焦点核として宮闕が配置されているように，左・

写真86　隋唐・長安　開遠門址一帯
開遠門は西方へのシルク・ロードの終起点であった。2010年には一帯は再開発のための更地と化し，門址の所在は確認できなかった。

右両翼縞帯南部地区の相称的編成の焦点核として東・西両市が北端に定位されているのである。また宮闕と東・西両市は，ともに外囲に関しては周辺街路の走向にしたがいつつも，その内部においては独自の区画割を施行している点でも共通性をもつ。

　このように都城全域における宮闕の位置と相同的関係をたもって，東・西両市が左・右両翼の縞帯南部地区に所在する。まさに宮闕と東・西両市は，都城全域に君臨するのが宮闕，両翼縞帯の南部地区全域に君臨するのが市という関係にある。さきに北魏・孝文帝による洛陽遷都の理由として，遠隔地交易による重商主義的利益への参入をあげた。隋唐・長安も，それへの参入指向をより徹底的させた都城であることが，東・西両市の重視とその象徴的・戦略的配置からうかがうことができる。

　皇城南辺を東西走する街路は，左・右両翼縞帯を南北に分けるだけでなく，交易活動において重要な機能をになう街路であった。図81が示すように，市の生命である交易活動に関しても東・西両市は対称性を示していた。同街路の東端に開かれていたのが，春明門であった。同市門は，東方の中原さらには江南につうじる交通路の終起点であった。それらの諸地方からの交易物資は春明門をへて東市にもたらされ，東市は東方世界との交易拠点であった。一方，皇城南辺街路を西走していくと，金光門につうじる。しかし隋唐・長安の西方への門戸，つまり関中平原さらには河西回廊をへて西域世界へといたる門戸は，西市と直結する金光門ではなく，その北方に所在する開遠門であった[379]。有名な「大秦景教流行中国碑」は，同門南東に位置する義寧坊から発見された。西域からの交易物資は西市へと搬入され，同市はいわゆるシルク・ロードの終起点であった。

　「前朝後市」という理念は，南面する皇帝と朝廷・市との空間的な配置関係だけにとどまらない広い意味をもつ。まず「前」は「午前」，「後」は「午後」につうじる。とすると「前朝後市」は朝廷と市の時間的な継起を指すことになり，「午前には朝廷が開かれ，午後には市が開かれる」を意味する。隋唐・長安の朝廷と市の執務・営業時間は，まさにそのとおりであった。朝廷は早朝から正午まで，市は正午から夕刻まで開かれた。

　また午後を午后とも表記するように，「後」は「后」と同義である。さらに「后」は，「皇后」につうじる。そこから「前朝後市」は，「皇帝が朝廷を，后（皇后）が市を所管する」という意味となる。隋唐・長安では，朝廷は皇帝が親政する空間

第VI章　中国都城のバロック的展開

であったが，市は皇后が関与する施設ではなかった。

　しかしこの点に関して，礪波護は興味ぶかい事実を指摘している。隋唐・長安の宮城内部も，都城域全体とおなじく，南北走する3つの縞帯から編成されていた。中央のもっとも広大な縞帯は，皇帝の居所である太極宮であった。それを中心にして，左（東）には皇太子の御所である東宮，右（西）には皇后・貴妃たちの居所である掖庭宮が配されていた。このうち掖庭宮内の北部には，太倉とよばれる王室用の穀物倉庫が存在していた。物資を保管するための倉庫は，交易つまり市の基本的な機能の遂行にとって必須の物流施設である。それが，皇后の居所である掖庭宮に配置されていた。これは，かたちを変えた「前朝後市」理念の貫徹であるというのが，礪波の説明である[380]。

　「前朝後市」に関しては，これまで，「北闕」型都城の隋唐・長安には「前朝」は妥当しても，「後市」は妥当しないとされてきた。しかし礪波の指摘のように，「後市」理念についても部分的な実現が図られている。「前朝後市」に関しても，「北闕」型都城という〈鮮卑集団の「進取」〉への〈『周礼』の都城理念の「包摂・同化」〉が試みられているといいうる。

⑧　「左右民廛」：これは，『周礼』「考工記」「匠人営国」条では明言されていないが，中国都城を語るときには，一般に指摘される理念である。「民廛」つまり一般住民の民居は中央縞帯には設けず，左・右両翼縞帯にかぎるという理念である。隋唐・長安を例にとると，この理念では，3つの南北縞帯のうち中央縞帯は皇帝の空間であって，民居は左・右両翼の2縞帯のみにかぎられることになる。しかし隋唐・長安では民の住居は皇城以南の中央縞帯にも存在していて，その理念は妥当しないとされている。

　しかし坊（街区）の構成を仔細にみると，その通念とは異なった特質がうかんでくる。前述したように，隋唐・長安の坊の形態と規模は5種に分類できる。その多くは，図81に示されるように，内部を東西と南北に走る2本の巷（小路）が中央で交差する十字巷をもつ。とりわけ左・右両翼の南北縞帯に属する坊は，ごく少数の例外をのぞいて，すべてが十字巷をもつ。その例外は，左翼縞帯の北東端のみである。そこは，宮闕の大明宮への移動にともなう改造地区にあたり，そのときに当初の街路・街区形態が攪乱されたためであった。

　すでに〈「遊牧集団・鮮卑」視座〉からの隋唐・長安の形態解読をおこなった際に指摘したように，中央縞帯の宮闕南方に所在する坊には南北巷はなく，東西巷

のみからなっている。中央縞帯のすべての坊での南北巷の欠如について，一般には坊の東西幅が短いことが理由としてあげられる。たしかに中央縞帯に所在する2種類の坊の東西幅は，350歩（≒515メートル）と450歩（≒662メートル）であって，同地区以外の坊の東西幅がすべて650歩（≒956メートル）であるのと比較すると，たしかに短い。しかし南北長に注目すると，皇城以南の外郭城本体部分の坊はすべておなじで350歩である。その辺長は，もっと小さい朱雀大街両側の坊の東西幅とまったくおなじである。南北長350歩であっても，すべての坊に東西巷は設けられている。とすると皇城以南の中央縞帯に所在する坊のみが南北巷をもたない理由は，坊の辺長距離だけでは説明できない。もし東西幅350歩が短いために南北巷が設けられていないとすれば，おなじ350歩の南北長の坊では東西巷が不要ということになる。しかし現実には，東西巷はすべての坊に存在する。

　このことは，東西巷と南北巷のもつ意味が相違することを示唆する。それは，「天子南面」思想との関連である。南北は，宮城に南面して立つ天子のヴィスタと平行する走向である。これに対して東西は，逆に天子のヴィスタと直交する走向である。この相違がもっとも意識されるのは，宮闕南方の中央縞帯においてである。皇城以南の坊のみが南北巷をもたない理由として，礪波は，天子に対して背をむけさせないというかたちを変えた「左右民廛」理念が顧慮された結果であるという[381]。このように「左右民廛」も，部分的には隋唐・長安で実現されているのである。「左右民廛」理念に関しても，たとえ部分的にせよ〈鮮卑集団の「進取」〉への《『周礼』の都城理念の「包摂・同化」》という隋唐・長安の特質を指摘できる。

　以上，『周礼』「考工記」が語る中国都城思想の諸理念が，いかに隋唐・長安に「包摂・同化」されているかを，①～⑧の成句ごとに検討してきた。両者のあいだには，『周礼』が対象としたのは都市国家にあたる「国」であり，隋唐・長安は巨大帝国の首都であるという決定的ともいえる相違がある。そのため，両者を比較することは無意味とする立場もあろう。しかしとりあげた8つの理念のなかで隋唐・長安にまったく妥当しないのは，①「方九里」と⑤「中央宮闕」のみである。残る6理念に関しては，完全に妥当する⑥「左祖右社」をはじめとして，その他の理念もなんらかのかたちで隋唐・長安においても観察可能であった。これらの検討結果は，隋唐・長安を『周礼』

の都城理念から逸脱した「異端の都城」とする言説が成立困難であることを示すものである。

隋唐・長安は，おなじ鮮卑集団の建設都城である北魏・洛陽のもつ「進取と守旧」のうち「進取」を継承しつつ，「進取」を全面展開させて建設された都城であった。中央および左・右両翼からなる3南北縞帯編成，さらに各縞帯北端を皇帝と将軍の位座にあてるという北方遊牧集団の組織原理に範型をもとめて，それに北魏・洛陽の「進取」を統合・整序して建設されたのが，隋唐・長安であった。それを貫くものは，鮮卑集団の「進取」性であった。

しかし他方では，隋唐・長安は，上述したように部分的にとどまる面もあるにせよ，『周礼』の都城理念を「進取」のなかに「包摂・同化」した都城であった。「「平天下」を達成した帝国の首都にふさわしい進取にみちた革新的な都城の建設」と「都市国家的な『周礼』都城理念の包摂・同化」という相反的な目標を，基本構想とディテールの2つの計画レベルで統合・整序することに成功した都城であった。そのゆえにこの点に関する隋唐・長安の基本的な性格を，「〈鮮卑集団の「進取」〉による〈『周礼』都城理念の「包摂・同化」〉」と約言しうるのである。

(4) 「バロック化」の完成 —— 貫徹する皇帝のヴィスタ

中国都城史における隋唐・長安の独創は，北方遊牧集団の組織原理に基本構想をもとめて建設されたことにある。隋唐・長安以前にも，北方遊牧集団の建設都城は存在していた。しかしそのなかで隋唐・長安のきわだった特質は，同組織原理を範型として，都城域を中央および左・右両翼の3南北縞帯に区分し，中央縞帯北端の至上座を宮闕にあてるという基本構想にある。

この基本構想には，奇妙な符合がある。III-2で古代インド世界と古代中国世界の理念的な都城形態を比較した際に，その重要な相違点として，古代インドのそれが中央神域を核とする同心正方周帯編成として要約できるのに対して，古代中国のそれは3南北縞帯編成を基本とし，南面して中央宮闕に立つ神聖王・皇帝の身体方位によって内部の施設配置が決定されていることを指摘した。この中国都城の特質は，『周礼』「考工記」が述べる都城思想から帰納したものであった。図82 (A)・(B) からあきらかなように，『周礼』にもとづく中国的都城の理念形態は，隋唐・長安の都城形態と近似する。隋唐・長安も，『周礼』の理念と同様に3帯の南北縞帯編成を基本とし，その中央縞帯を皇帝の空間としているからである。

ここで奇妙な符合というのは,『周礼』の儒教的都城理念と北方遊牧集団の組織原理という異質な範型が,「あわせ鏡」のように中央縞帯を皇帝の空間としていることを指す。天子南面思想にもとづいて中央縞帯に立つ皇帝の視線は, 当然, 南にむけて直進していく。皇帝のヴィスタを中心軸線として都城に刻印し貫徹させること, それが「バロック化」の端緒である。
　もちろん「バロック化」は, 一挙的に実現されるものではない。その実現には, 動力因である王権の強化・伸長をふくむ長期にわたる展開が必要であった。この章の目的は, 中国都城における「バロック化」の展開過程を,〈「前漢・長安における萌芽」→「後漢・長安における助走」→「北魏・洛陽における疾走」→「隋唐・長安における完成」〉として整理できることを示すことにあった。ただし最後の「隋唐・長安における「バロック化」の完成」は, なお検討課題として残されている。
　ここでの検討課題は,「なにをもって隋唐・長安において「バロック化」が完成したといいうるか」の検証である。この問題を考察するにあたっての出発点は, 北方遊牧集団の軍団組織を範型として, 中央縞帯北端の至上座＝皇帝座を宮城の立地場とした隋唐・長安の基本構想である。同構想は, さらに宮城の内部も外郭城とおなじく3つの南北縞帯に区分する。中央を広大な皇帝の居所＝太極宮にあて, その左（東）に皇太子宮殿＝東宮, 右（西）に皇后宮殿＝掖庭宮が配置されていた。太極宮の中枢施設は, 宮城正殿＝太極殿であった。
　南面して太極殿に立つ皇帝のヴィスタは, 都城を貫走する都城中心軸線街路として刻印され, 同街路はさらに都城外の南郊壇＝円丘まで直走していく。宮城の南方に配列する皇城・外郭城・グリッドパターン街路網・街区配置・東西両市・市壁・市門などは, すべて都城中心軸線街路を対称軸として左右相称に配置されている。
　すでに述べたように, 皇帝のヴィスタを顕現する単一の都城軸線街路は北魏・洛陽で出現した。しかしそれは直走街路ではあっても, 都城を左右相称に分割する中心軸線街路の意味をもっていなかった。太極殿に立つ皇帝のヴィスタを中心軸線として直走・南走させるとともに, それを基軸とする左右相称性を都城域全体に徹底させて都城を設計・建設したのは, 隋唐・長安が最初であった。隋唐・長安において中国都城の「バロック化」が完成したと考える根拠の第1は, この点にある。
　これまで, 都城中心軸線をアプリオリに皇帝のヴィスタの刻印として議論をすすめてきた。しかし街路・街区・市門などをはじめとして, すべてのものが同軸線を中心軸として左右相称に配置されていることを指摘するだけでは, それを皇帝のヴィスタ

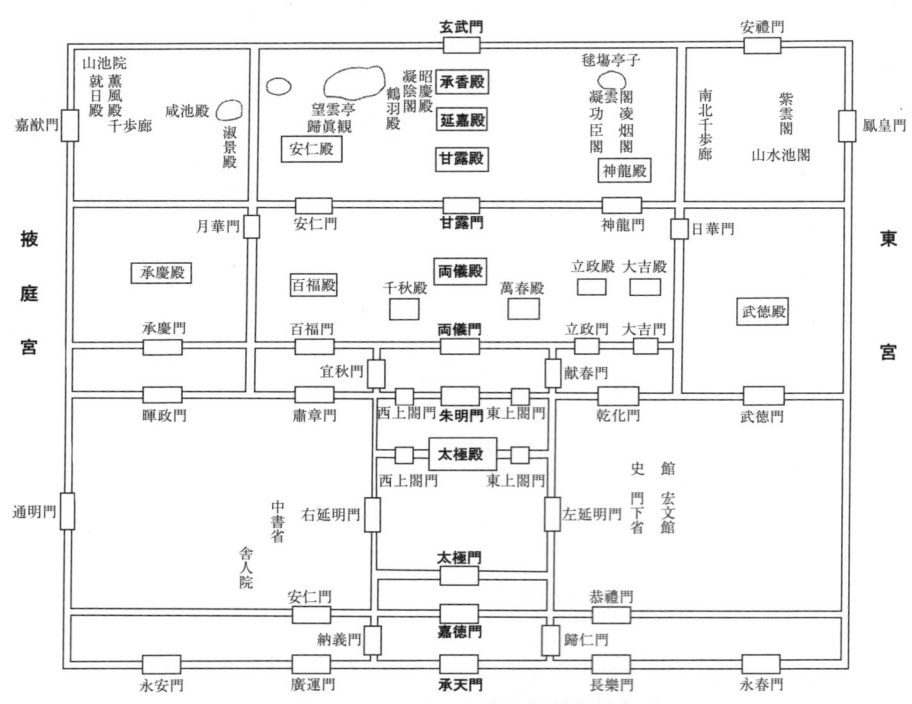

図89 隋唐・長安　太極宮の殿舎配置（平岡による）

の刻印とする根拠としては不十分であろう。同軸線を介する左右相称性の成立は，いわば状況証拠の指摘にすぎない。より明示的な根拠の提示がもとめられよう。

　隋唐・長安の中心軸線は，図77に示されるように，北端を宮城北門＝玄武門，南端を都城正門＝明徳門として，都城内を正南北に直走する東西均分線である。同線の意味は，宮城とその南方に配列する皇城・外郭城とのあいだで相違する。両者の境界点は，宮城正門＝承天門にある。中心軸線は，承天門南方では，皇城内は承天門街，外郭城内は朱雀大街とよばれる中心軸線街路をなって都城正門＝明徳門へと直走していく。皇城と外郭城では，中心軸線は巨大な直線街路を刻印して明徳門へと至る。

　承天門は宮城正門であると同時に，皇帝の居所である太極宮の正門であった。図89は，太極宮内部の街路と殿舎の配置を示したものである[382]。その街路配置は，皇

370　第2部　都城のバロック的展開

城また外郭城とはまったく異なっている。もっとも顕著な相違は，中心軸線の意味変化にある。皇城と外郭城では，中心軸線は巨大な直線街路となって南走していた。しかし太極宮の内部では，同軸線は街路ではなく，太極殿をはじめとする王権の中枢殿舎を同線上に直列配置する基準線であった。太極殿をはじめとする中枢殿舎は，中心軸線上に君臨して屹立する。太極宮では中心軸線は，そこに南面して立つ皇帝によって独占されている。

太極殿南方の中心軸線上には太極門・嘉徳門・承天門の3門が開口するのみで，そこには天子の視線をさえぎる殿舎は存在しない。承天門を越えると，その視線は巨大な都城中軸街路となって，その両側を左右相称に整序しつつ都城正門＝明徳門へと貫走していく。以上の中心軸線の形態解読が，皇城と外郭城を貫走する都城軸線街路を，中軸線上に君臨して太極宮に南面して立つ皇帝のヴィスタの刻印とする根拠である。

さらに隋唐・長安における「バロック化」の完成をつげるのが，宗教施設の配置であった。図90は，隋唐・長安における主要な宗教施設の分布を示したものである[383)]。同図は，宗教施設を3つの記号で分類して示している。圧倒的に多いのは○記号の仏寺で，人口の希薄な南部一帯をのぞいて都城内にひろく分布していた。道教寺院にあたる道観は△記号であらわされ，仏寺とおなじように全域的に分布しているが，とりわけ中央縞帯とそこに隣接する左翼縞帯の部分に多かったようである。また×記号は，三夷寺と総称された摩尼教（マニ教）・祆教（ゾロアスター教），景教（ネストリウス派キリスト教）の寺院を示す。これらはいずれも唐代に西域から伝来した宗教で，その分布の中心は西域諸国との交易活動の拠点であった西市の周辺にあった。

これらの多数の宗教施設のなかで，とりわけ重要であったのは，図90の中央部に名称を記入した仏教寺院＝大興善寺と道教寺院＝玄都観である。ともに隋唐・長安の建設者＝文帝によって建立された最高の格式を誇る王立寺院であった。図86をもとに前述したように，両寺院は，易の六爻になぞらえられた「第五条高坡＝九五」の至上位にあたる小丘に建立された。その位置は，別の意味でも都城内の特異点を占めていた。

皇城南方の中央縞帯には，朱雀大街にそって9列の坊が南北にならんでいる。同大街北端の朱雀門からも，また南端の明徳門からも5坊目にあたる外郭城の中心位置に所在するのが，靖善坊と崇業坊である（図78）。坊の配置においても，両寺院は「九五」の位置を占めているのである。大興善寺は左方の靖善坊に，また玄都観は右方の崇業坊に位置していた。図86が示すように，とりわけ大興善寺は1坊全域を寺域とする

写真87　隋唐・長安　大興善寺址
規模は大きく縮小されているが，大興善寺はいまも唐代とおなじ場を占地している。背後の立碑には「転輪蔵経殿址」とある。

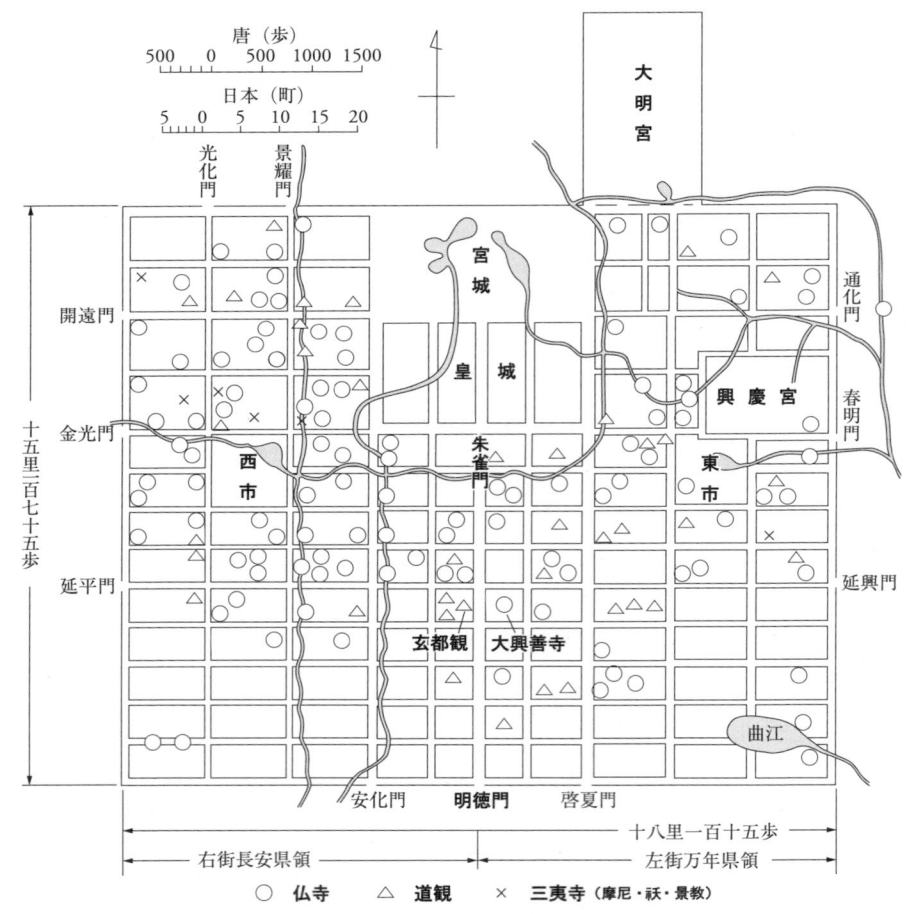

図90　隋唐・長安の宗教施設分布（礪波による）
○　仏寺　　△　道観　　×　三夷寺（摩尼・祆・景教）

巨大王立寺院であった。同寺の正殿にあたる大興仏殿は，都城内でもっとも高大な規模の建造物であった[384]。大興善寺と玄都観は，地理的には外郭城中央縞帯の中心に位置すると同時に，皇帝のヴィスタを具現する都城中心軸線＝朱雀大街の両側に屹立するというランドマーク性をもつ宗教施設であった。

372　第2部　都城のバロック的展開

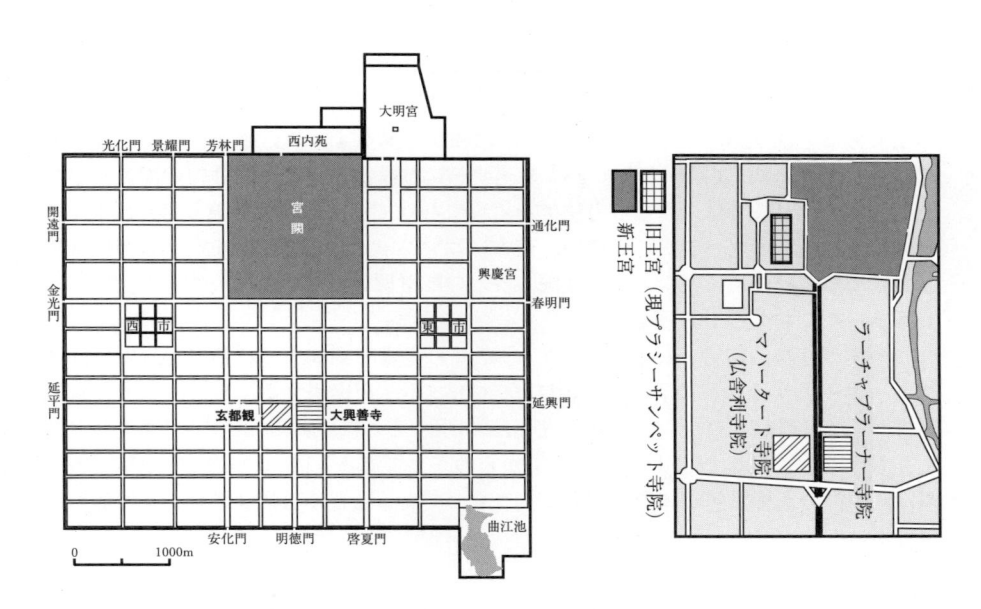

図91 隋唐・長安とアユターヤーの宮域と中心寺院の配置（応地作図）

　最盛期の隋唐・長安の人口を語る際に，古くから100万という数字があげられてきた。平岡武夫も，この数字が相当な妥当性をもつことを述べている[385]。しかし最盛期においてすら，外郭城の南部3分の1ほどは人家も少なく，無住に近いさびれた地区がひろがっていたとされる[386]。とすると明徳門から都城内にはいると，人煙まばらな空間がひろがり，その彼方に大興善寺と玄都観がそびえ立っていたであろう。両寺院に近づくにつれて，土塀で囲繞された坊内には住居がふえていき，両寺院はますます壮大さを増していったであろう。大興善寺と玄都観がならびたつ外郭城の地理的中心を越えると，皇城正門の朱雀門が目に映じてきたであろう。両寺院は，皇帝の空間＝宮闕を荘厳化するための前座ともいうべき施設と化しているのである。それは，隋唐・長安が宗教的権威を凌駕して立つ神聖王権の建設都城であることを視覚化し，明示する。祭事施設である大興善寺と玄都観を都城中心軸線上にしたがえて，王権の政事施設＝宮闕が屹立していたのである。

第Ⅵ章　中国都城のバロック的展開　373

このように読解できる隋唐・長安における政事施設と祭事施設の配置は，時期的にははるかに後代となるが，すでにみたアユターヤーにおける王宮と王立寺院の配置と同型である。図91には，隋唐・長安との比較が容易なように，都城軸線街路の走向を時計まわりに90度回転させてアユターヤーにおける王宮と王立寺院の配置を示した。アユターヤーでは，聖なる方位である東にむけて延びる都城軸線街路をはさんで北方にはラーチャプーラナー寺院が，南方にはマハータート寺院が王宮への前座的施設としてならびたっていた。王宮と両寺院との配置関係は，アユターヤーも隋唐・長安もまったくおなじであった。

　この同型性は，隋唐・長安の「バロック化」の完成を意味する。隋唐・長安は，アユターヤーよりはるかに早い7世紀に「バロック化」を実現する。ちなみにヨーロッパにおいて，同様のバロック的展開が都市に出現するのは，隋唐・長安やアユターヤーよりもはるかに遅れて16世紀になってからのことである。「バロック化」の早期の実現は，中国の王権思想が神聖王観念に立つものであることから帰結される必然的な結果であった。

　また日本の都城，とりわけ平城京は，この「バロック化」した隋唐・長安をモデルとして建設される。しかし政事施設と祭事施設の配置関係では，隋唐・長安と平城京とのあいだには大きな相違がある。平城京においては，隋唐・長安における大興善寺や玄都観のように，朱雀大路に面した地理的中心に立地する寺院はなかった。平城京では，地理的中心にはもちろんのこと，朱雀大路に面して立つ寺院はいっさい存在しなかった。先述したとおり大興善寺と玄都観は，長安では宮城を荘厳化すると同時に民の居住空間の地理的中心に位置する宗教施設であった。平城京は，そのような存在をバロック的軸線街路＝朱雀大路に面しては一切みとめなかったのである。これは，モデルを隋唐・長安に仰いだにもかかわらず，平城京がもつ隋唐・長安との大きな相違点の1つである。

VI-8　都城と民居・住宅の共進化 —— 起動因としての北方遊牧集団

　本章では，前漢・長安に萌芽した「バロック化」が，隋唐・長安にいたって完成した過程を論証することに目的を設定してきた。その論証を終えたうえで，都城の「バロック化」と平行して進行した民居・住宅の形態展開について述べて，本章の掉尾と

したい。図92は，前漢代から隋・唐代へといたる都城と民居・住宅の展開を共進化として図示したものである。

前漢代の都城を代表するのは，もちろん前漢・長安である。前漢・長安の都城としての特質は，同図にも記入したように，つぎの諸点にあった。

(1) 当時の至上座は南西隅にあたる「隩」にあり，そこに位置していたのが皇帝の宮処＝未央宮であった。
(2) 都城軸線は，「隩」に座する皇帝の「座西朝東（天子東面）」に対応する〈西→東〉軸を基本としていた。
(3) しかし未央宮正殿では，皇帝は「座北朝南」で政務にあたったので，「天子南面」も宮殿内では実現していた。〈北→南〉軸も，前漢・長安の副次的な都城軸線を形成していた。
(4) したがって前漢・長安は，都城軸線の〈西→東〉軸から〈北→南〉への移行期の都城であった。

これらのなかで，前漢・長安のもっとも重要な特質は (1) であり，図92に記入したように，その特質を「隩座宮処」＝「南西座宮処」とよぶことにしたい。

一方，前漢代の民居・住宅の平面形態について，周南ほかは，『漢書』や『論語』などの記載から「一堂二内」型が一般的であったとする[387]。その具体的な形態については，2説がある。有力なのは，「堂」は儀式・接客用の空間で，「内」は「室」＝寝室を意味するとする。この説では，「一堂二内」は「一堂二内室」を意味し，前に「堂」・後に「室」が配された「前堂二後室」とされる。前は南，後は北を意味するので，「一堂二内」は「南堂二北室」形式といえる。

もう1つの説は「一堂二内」を後述する「一明両暗」とするものであるが，これは少数意見とされる。しかし周南ほかは，前漢代には2つの形態は並存していて，「一堂二内」は上流階級，「一明両暗」は庶民の民居・住宅であったとする。そのいずれの場合も，当時は，日常生活も礼法も床に座しておこなう座礼が一般であった。

周南ほかの整理にしたがって，ここでは，「一堂二内」をもって前漢代の代表的な民居・住宅の平面形態とする。それは，図92に記入したように，「一堂二内室」・「前堂二後室」の様式である。

前漢・長安の「隩座宮処」型都城が，隋唐・長安の「北闕型」都城へと変化していく

都　城	民居・住宅

前漢代　　前漢・長安

「隩座宮処」

「座西朝東（天子東面）」

「一堂二内」型

「一堂二内室」

「前（南）堂・二後（北）室」

「座 礼」

↓ 北方遊牧集団 →　　　　← 北方遊牧集団 ↓

「3 南北縞帯」
中央北端＝皇帝座

「立 礼」
椅子・卓子式

隋・唐代

隋唐・長安

「3 南北縞帯」

中央北端＝宮闕＝「北闕」型

市壁南辺市門の中央縞帯・宮闕による独占

「一明両暗」型

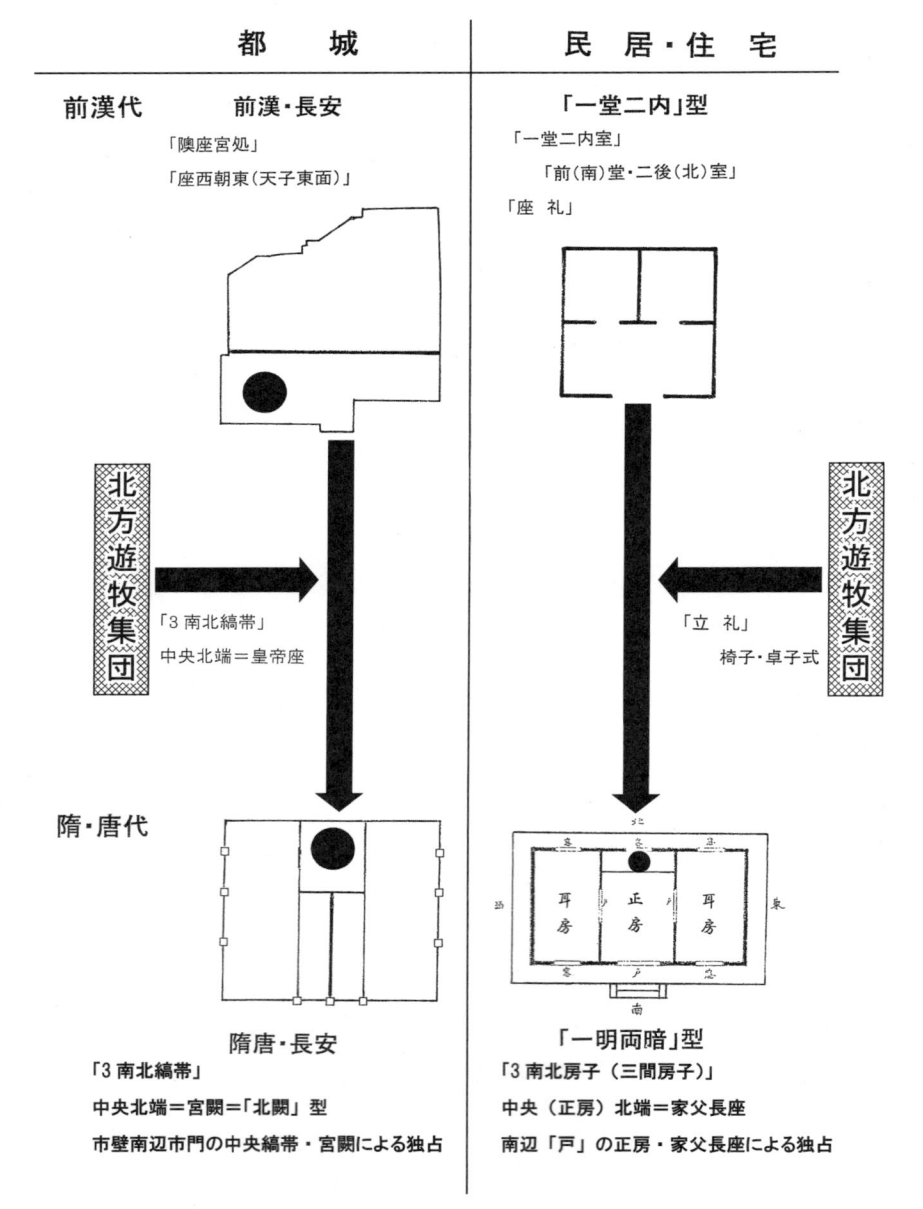

「3 南北房子（三間房子）」

中央（正房）北端＝家父長座

南辺「戸」の正房・家父長座による独占

図92　中国都城と民居・住宅の形態展開の共進化 ── 前漢代～隋・唐代
　　　（応地作図）

写真88　山東省　「一明両暗」型住居
南に入口を開く中央の正房（「一明」）とその両側の窓のみの耳房（「両暗」）からなる3室編成（「三間房子」）の標準民居。

過程の検討が，本章の課題であった。その過程で，北方遊牧集団・鮮卑族の「進取」がはたした役割が大きいことを強調した。前漢・長安から隋唐・長安への都城展開を示す同図に大きな→印とともに「北方遊牧集団」と記入したのは，この共進化への彼らの貢献を強調するためであった。都城の形態展開への彼らの貢献は，すでに(2)-③で説明したように「3 南北縞帯」・「中央縞帯北端＝皇帝座」であった。それを範型とする基本構想のもとに建設されたのが，隋唐・長安であった。図85(B)に示したように隋唐・長安は，南辺市壁に関しては，そこに配された3市門のすべてを中央縞帯＝宮闕のみに独占させた都城であった。

じつはこの都城と同様の形態展開が，前漢代から唐代への民居・住宅の展開においても観察できる。この過程における民居・住宅の展開は，前漢代の「一堂二内」から隋・唐代の「一明両暗」への変化であった。「一明両暗」とは，「三間房子」ともよばれる現代の中国住宅・民居のもっとも一般的な形式である。たとえば四合院の主屋（正房・堂屋）は，図92の「一明両暗」型[388]とおなじである。また湖南省の毛沢東生家も，典型的な「一明両暗」形式である。「一明両暗」型は，唐代に普遍化したとされる。その際よく引証されるものの1つに，白居易が自身の草堂について語った『廬山草堂記』のなかに，「三間両柱，二室四牖（三つの間に二つの柱，二つの室に四つの窓）」との語句がある[389]。この語句は，図92に掲げた「一明両暗」住居の説明としても通用する。

「一堂二内」型から「一明両暗」型への変化においても，北方遊牧集団の生活様式の導入が大きな役割をはたした。それは，卓子・椅子の導入とそれによる座礼から立礼への変化であった。伊東忠太も，「漢末まで座礼であったが，唐代にはすでに立礼であったことは確か」とし，その変化を六朝時代に「北方胡人の風習」に普及にもとめられるとする[390]。そしてこの理解は，今日でも定説とされている[391]。

「一堂二内」＝「一堂二内室」型では，「二後室」への出入口は「前堂」北辺に開いている。そのため「前堂」北辺にそって，卓子・椅子を配することは制限される。しかも卓子・椅子さらには寝台の普及は，広い部屋空間を必要にする。これらの2つが相乗して，「一堂二内」型から「一明両暗」型への転換が促進されたとされる[392]。

中国住宅に一般的な軸組式の平入り単層木造建築に事例をもとめて，この関係を説明すれば，つぎのようになろう。軸組式では，柱・梁・桁などを組みあわせて，棟と屋根をささえる。この形式では，棟を延伸させて桁行を増して部屋空間を拡大することは容易であるが，棟に直交する梁行にそって部屋空間を拡大することは困難であ

る。というのは，桁行の拡大は棟の高さを変えることなしにおこないうるが，梁行の拡大はその高さの変更が必要だからである。そのため卓子・椅子座への変化に対応するための「一堂二内」型での部屋空間の拡張は，桁行増加が容易な「一明両暗」型とむすびつく。

「一明両暗」型の主たる特徴は，つぎの諸点にある[393]。

- (ア) 3つの南北に長いタテ長・長方形の部屋が並列する「三間房子」からなること。
- (イ) 外への出入口にあたる戸は中央の部屋＝正房の南辺のみに開かれ，左・右の部屋＝耳房には外につうじる出入戸はなく，窓を開くのみであること。つまり「三間房子」のうち中央の正房のみが明るく，左・右の2つの耳房は暗い「一明両暗」であること。
- (ウ) そのため外部からの左・右の耳房への出入は，正房の出入戸から正房に入り，その内壁に開かれた耳房への戸を介してのみおこないうること。
- (エ) 中央の正房北端には祖霊が祀られ，そこに家父長の座は設けられること。
- (オ) 正房は家父長が客を接待し，儀式をおこなう空間であること。

唐代に普及する住宅・民居が「一明両暗」型であるのは，きわめて興味ぶかい。というのは「一明二暗」型と隋唐・長安の都城形態とあいだには，完全な同型性が認められるからである。上述した「一明両暗」型の民居・住宅が示す特質を隋唐・長安の形態特質と対比させると，つぎのようになる。

- (ア) 南北に長いタテ長・長方形の「3間房子」は，隋唐・長安のタテ長・長方形の「3南北縞帯」編成と同型である。
- (イ) 「一明両暗」型での正房南辺のみへの出入戸の配置は，南辺市壁の3市門は中央縞帯のみに配置されていて，左・右両翼縞帯の南辺市壁には市門が開かれていない隋唐・長安の市門配置と同型である。
- (ウ) 左・右両耳房が中央の正房に開かれた戸を介してのみ南の外方とむすばれているのは，隋唐・長安の左・右両翼縞帯が中央縞帯を介さずには都城外の南方に至ることができないのと同型である。
- (エ) 中央の正房北端が家父長の座であるのは，隋唐・長安の「北闕」型宮闕配置

つまり皇帝座＝宮闕が中央縞帯北端に配されていたのと同型である。ただ孝を根幹的な紐帯として成立する儒教的な家父長家族の住居・民居では，祖霊牌は家父長座の北に置かれたが，隋唐・長安の祖廟は宮闕の南東端に設けられていたという相違は存在する。

（オ）　正房が「家父長の空間」という特質は，隋唐・長安の中央縞帯が「皇帝の空間」という性格をもっていたのと同型である。宮闕南方の中央縞帯の坊には庶民の民廛もゆるされたが，そこでの坊には南北巷はなく，皇帝に背をむけることを遠慮しなければならない空間であった。それは，隋唐・長安の中央縞帯が，左・右両翼縞帯とは異なった「皇帝の空間」という意味をもっていたことを意味している。

このように隋唐・長安の都城形態と唐代に普及する「一明両暗」型民居・住宅とのあいだには，完全な同型性を確認できる。前者が中国都城の「バロック化」の完成であるように，後者も現在に至るまでもっとも普遍的な中国住宅様式の完成をつげるものであった。このような「都城と民居・住宅の共進化」とよびうる平行的な展開が，前漢代から唐代へと至る約700年間に達成された。都城の場合にも，また民居・住宅の場合にも，その展開は北方遊牧集団の寄与を抜きにしては語れない。この点が，都城と民居・住宅の形態展開におけるもっとも重要な同型性である。

第 VII 章

中国世界周辺での中国都城思想の受容とバロック的展開 (1) ── 日本

　中国都城思想は，中国世界周辺の東アジア諸国家とヴェトナムで受容される。日本が，朝鮮半島などとおなじく中国都城思想を受容したことは周知のことである。ヴェトナムは，空間的には東南アジア大陸部に属する。V「インド都城思想の受容とバロック的展開」で検討対象としたように，東南アジア大陸部は基本的にはインド都城思想の受容地帯に属する。そのなかで，ヴェトナムは中国都城思想を受容した例外的な地域であった。
　VII・VIII では，日本とヴェトナムに代表させて，中国世界周辺での中国都城思想の受容と展開について検討する。

VII-1　日本都市は「古代・近代化」にはじまる

　高度成長期以後のめざましい考古発掘にもとづく研究成果の蓄積をうけて，日本では，歴史時代だけでなく，原史時代についても新たな都市像が提起されている。とくに弥生時代の大型環濠集落，たとえば大阪府の池上・曽根遺跡，奈良県の唐古・鍵遺跡などをもとにして，「弥生都市」の実在性が提唱されている。最初に「弥生都市」論をとりあげて，その内容を検討しておくことにしたい。

(1)　「弥生都市」論をめぐって
　「弥生都市」の提唱者の 1 人・広瀬和雄は，大型環濠集落を「弥生都市」とよびうる根拠として，集落を囲む環濠の存在のほかに，つぎの諸点を指摘する[1]。

1)　大型環濠集落の人口規模は 10 の 2～3 乗であって，一般の農民集落の 10 の 1 乗とは隔絶した人口規模をもつこと。
2)　大型環濠集落は食料生産者以外にも多彩な工人・祭祀者・首長などをふくむのに対して，一般の農民集落では工人はごく少なく，食料生産者がほとんどを占めていること。これらの工人の活動は，原材料の入手・製品の搬出の両面に

写真89　大阪府和泉市　池上・曽根遺跡
弥生時代の代表的遺跡。弥生中期の19×7 mの大型掘立柱建物址（左）と内径約2 mのくり抜き木井戸の遺構（右）などが検出された。

おいて，集落外の広域的な再生産圏のなかで営まれていたこと。

3）　大型環濠集落からは，神殿と考えうる巨大な掘立柱建物をふくむ祭祀遺跡また祭祀遺物が検出・出土されているのに対して，一般の農民集落からはこれらの検出・出土がみられないこと。

4）　大型環濠集落では首長の居宅と考えうる塀に囲繞された大型建造物が検出されているのに対して，一般の農民集落ではこのような建造物の検出は認められないこと。

5）　大型環濠集落は長期にわたって存続し，一般の農民集落が短期的なのとは異なっていること。

　これらを根拠として，広瀬は大型環濠集落を「一定地域の集団の再生産構造を担う人びとが集住した空間で，そこでは政治的・経済的・宗教的センター機能が発揮され，それらが首長権力に収斂される場」として定義づけうるとし，それらをもとに「弥生都市」の実在性を提唱できるとする。
　上述の定義はともかくとして，「弥生都市」提唱の根拠としてあげられている1）〜5）について，「都市とはなにか」という観点から簡単に検討したい。
　1）は，人口規模大という指摘である。しかし人口規模は，都市を考える際の必要条件的な指標とはなりえても，十分条件とはなりがたい。したがってそれをもとにただちに〈人口規模大の集落＝都市〉とはいえない。現代においても，たとえば北インドをとると，少数とはいえ人口5000人以上の農村集落も存在する[2]。しかしそれらの大規模人口の集落を，インドでは都市とはよんでいない。人口規模のみが，都市と農村とを区別するメルクマールではないからである。
　2）については，のちにくわしくとりあげることにして，さきに3）と4）について検討したい。これらで指摘されているのは，政事的また祭事的な権威・権力にかかわる施設の存在である。たしかに都市とりわけ前近代の都市は，政事・祭事・軍事にかかわる権威と権力によって生みだされる。「はじめに」で都城を〈「都」の「城」〉としてとらえ，「都」は都城のもつ政事と祭事の側面を示し，「城」は軍事の側面を示すとしたのはそのゆえであった。しかし（政事・祭事・軍事を包括する）権威と権力の生成は必ずしも都市とむすびつかない。都市をもたない社会においても，これらの権威と権力は生成する。3）と4）は政事・祭事・軍事にまたがる権威と権力の成立を説明するものではあっても，それらの成立がただちに都市の成立を説明するものではない。

さらに 5) でいう集落としての安定性は，弥生時代における「農民集落」との相違として指摘できるとしても，それが，都市の定義ないし要件とはなりえない。短命な都市は，歴史上いくらでも存在するからである。このように検討すると，「弥生都市」という概念が成立するかどうかの問題は，結局，2) に帰着することになる。
　1930 年代にアメリカの社会学界で，P. A. ソローキン (Sorokin) などを中心にして「都市と村落とを区別するものはなにか」をめぐって活発な議論が展開されたことがある。その結論として，両者のもっとも重要な識別指標は，人口・集落規模の大小よりも産業別人口構成の特質，すなわち第 2 次・第 3 次産業という非農業人口の比率にあるとされた[3]。都市とは，「非農業活動従事者が集住する集落」ということであり，その結果として人口規模が大となるのである。1950～60 年代に本格的な都市化の時代を迎えた日本においても，この問題が社会学界を中心に論じられたことがある。そのときにも，「非農業活動従事者が集住する集落」という結論が踏襲された。
　ここでいう非農業活動とは，業種的には第 2 次・第 3 次産業活動をさす。しかし業種とは別に，それらの活動圏域の規模によって産業を区別することも可能である。自都市にくわえて外部地域を活動圏域とするものと，活動圏域が自都市のみにかぎられているものである。現代の管理機能を例にとると，一般的には本社は前者，営業所は後者に属する。都市自体をなりたたせているのは，非農業活動のなかでも前者に属する諸活動である。そのため，それを都市基盤形成活動 (basic activity) とよび，自都市をささえるための都市基盤維持活動 (non-basic activity) とは区別する[4]。
　先述の北インドの大集落においても，非農業活動が存在する。それらのなかには，自集落のほかに集落外に販路をもつ基盤形成活動に属するものもある。たとえば，金銀細工・織布・木工品などの手工業生産である。しかしそれらに従事する職人の人口は，絶対数でも相対比率でも小さい。集落人口は大ではあっても，それらの集落を都市とはよばないのは，そこに大きな理由がある。もちろん都市基盤形成活動は，第 2 次産業にかぎらない。歴史的にみれば，それには政事また祭事にかかわる第 3 次産業もふくまれる。これらの活動においても，「弥生都市」は広域的な都市基盤形成活動をもっていたのであろうか。
　以上のように都市を農村から区別するものについて考えると，「弥生都市」として引照される大型環濠集落が，都市基盤形成活動に従事する非農業人口が居住人口の多くを占める集落，つまり都市であったといいうるのだろうか。ここで必要なのは，「都市」と「都市的なるもの」との区別ではないか。弥生時代の大型環濠集落が「都市

的なるもの＝都市性」を萌芽的にもっていたとしても，そのことをもってただちに「都市」とはいえないであろう。日本における都市の成立は弥生時代ではなく，古墳時代以後の原史時代から歴史時代への転換期，いいかえれば古代への移行期にもとめられる。この転換と移行を実現したのは，中国文明の積極的な受容を基本戦略とする「古代・近代化」の展開であった。その「古代・近代化」のなかで，日本都市は生成する。

(2) 文化・文明・「古代・近代化」

やや唐突に「古代・近代化」という表現をもちいたので，それに違和感をもつむきもあろう。私は，「近代化」とはいわゆる近代だけの独占物ではないと考える。「近代」とは時間とともに流れていく相対的な概念であり，いつの時代にもそれぞれの「近代」があった。原史時代から古代への転換・移行は当時の「近代化」であり，それを「古代・近代化」とよびたい。さらに「近代化」とは文化と文明にかかわる概念であり，その理解のためには文化と文明についての議論を欠かすことができない[5]。ここで簡単に文化と文明の特質に言及したうえで，日本の「古代・近代化」と都市成立について考えたい。

文化と文明という言葉に関して，現代の日本語は用法を微妙に変化させる。その相違が，文化と文明を考えるための重要な視座を提供する。「日本文化」という言葉は，現代日本語でも日常的に頻用される。しかし「日本文明」という表現は，一般には使わない。あえて「日本文明」という表現がもちいられる場合には，そこにある意図的な自己主張を込めてなされることが多い。「日本文明」という表現がほとんどもちいられないで，「日本文化」が多用される背後には，たとえば「日本は文化の国であって，文明の国ではない」といった市民感覚がはたらいていよう。そこに，文化と文明をめぐる日本語の識別感覚が存在する。この感覚が，文化と文明とを考えるための出発点である。しかしほとんどの日本語辞書での「文化」と「文明」の説明は，このような現代日本語での識別感覚と無縁であるばかりか，両者を同義的にとらえている。たとえば『広辞苑』（第6版）での「文化」と「文明」の説明は，以下のようである。

文　化：①文徳で民を教化すること。②世の中が開けて生活が便利になること。文明開化。③（culture）人間が自然に手をくわえて形成してきた物心両面の成果。衣食住をはじめ技術・学問・芸術・道徳・宗教・政治など生活形成の様式と内容とをふくむ。文明とほぼ同義に用いられることが多いが，西洋では人間の精神的生活にかかわ

るものを文化と呼び，技術的発展のニュアンスがつよい文明と区別する。

　文　明：①文教が進んで人知のあきらかなこと。②（civilization）都市化。㋐生産手段の発達によって生活水準が上がり，人権尊重と機会均等などの原則が認められている社会，すなわち近代社会の状態。㋑宗教・道徳・学芸などの精神的所産としての狭義の文化に対し，人間の技術的・物質的所産。

　この「文化」と「文明」の説明を交差させると，2つの共通項がうかんでくる。1つは，「文明」②・㋑が述べる「文化は精神，文明は技術」という二元論的である。これが，日本ではもっとも最大公約数的な文化と文明に関する理解であろう。たとえば江戸時代の「和魂漢才」，明治になってそれを言いかえた「和魂洋才」という対語的な四字成句は，このような文化と文明に関する二元論的な理解を基盤にしている。しかしたとえば「キリスト教文明」という表現には，キリスト教世界のもつ精神と技術が相補的・循環的な関係にあることが含意されている。その意味では「キリスト教文明」という場合は，『広辞苑』が述べるもう1つの共通項である「文化」③の「文化と文明は同義」ということに近い。

　しかし『広辞苑』の説明は，残念ながら，前述の文化と文明をめぐる日本語の識別感覚を反映していない。その識別感覚は，「文化は精神，文明は技術」という二元論にも，また「文化と文明は同義」という一元論にも収斂できないひろがりをもつ。それが，ここでの問題である。

　私は，文化も文明も，ともに精神と技術を内包する概念と考える。「日本文化」という言葉には，日本人の自然観・生命観などの精神から生業・産業などの技術までもがふくまれていよう。しかも自然観などの精神と生業などの技術とは，たがいに関連しあっていると理解されている。その意味では「文化は精神，文明は技術」という二元論では，「日本文化」は語れない。というよりも，そもそも文化と文明に関する二元論は安易な理解である。しかもその二元論の否定は，ただちに「文化と文明は同義」という，これまた安直な一元論的野合へと帰着するものでもない。前述の文化と文明をめぐる日本語の識別感覚は，決して「文化と文明は同義」という一元論ではないし，また決して二元論的理解でもないであろう。

　とすると文化と文明について，日本語辞典の説明を越えたあたらしい理解がもとめられることになる。私は，前述したように，文化・文明はともに精神と技術の両次元を包括する言葉であって，日本語辞書のように構成要素の相違をもとに両者を区別す

ることは不可能であると考える。構成要素ではなく，生成の母体また生成の過程をもとに「文化」と「文明」を再考する必要がある。結論からいえば，それは，つぎのように要約できる。

　文　化：文化は，精神と技術の両次元にかかわる諸要素によって構成されている。それらの構成要素は特定の生態系 (eco-system) のなかで生成し，たがいに価値づけられて1つの体系へと整序される。文化は，特定の生態系のなかで生成・整序された諸要素の複合体である。文化の生成にとって重要な意味をもつのは，その文化を胚胎し整序した生態系である。その意味で，文化は生態系の所産といえる。人類史をつうじて，エクメネ（生存空間）の生態系の数だけ，いわば無数ともいえる文化が世界各地で生成した。各文化は，その生成母体である特定の生態系のなかで内実を整序・拡充させてきた。

　文　明：文化が内実を整序・拡充していく過程で，ごく少数の文化のみが突然変異を達成する。突然変異した文化は，それまでの文化になかった新しい形質を獲得する。その獲得形質は，生成母体である自己の生態系を超出して，他の生態系いいかえれば異文化の領域に進出する力である。突然変異によって他生態系・他文化領域に進出・侵入する力を獲得した文化が，文明である。このような力を獲得して文明へと自己展開をとげた文化は，ユーラシア全域でみても，無数の文化のなかでごく少数にかぎられる。中国文化はその例外的な文化の1つであり，中国文化は同時に中国文明でもある。現代の日本語で「中国文化」また「中国文明」という言葉がともに違和感なく使用されるのは，そのゆえである。日本語で「日本文化」という表現は頻用されても，「日本文明」という言葉がほとんど使用されないのは，「文化」と「文明」という言葉へのこのような微妙な感覚の相違を反映するものであろう。

　以上の文化と文明の識別が，「近代化」の概念と直結する。文化の突然変異によって新たな形質を獲得した文明は，自己の生態系を超出して，他生態系・他文化圏に進出・侵入する力をもつ。多くの場合，その力は強迫的であり，暴力的ですらある。文明の進出・侵入によって，それと遭遇した文化は変容をせまられる。それが，「近代化」である。「近代化」とは，自文化領域への文明の進出・侵入を基本営力とする文化変容である。日本において，原史時代末期に進出・侵入してきた中国文明を日本文化が受容して文化変容を達成していく過程，それを「古代・近代化」とよぶことにした

い。

　もちろん「古代・近代化」も，興隆する隋・唐両帝国による東アジア新世界秩序の構築という強迫的な情況のなかで受容される。この点は，中国都城思想の導入についても妥当する[6]。歴史をつうじて，日本は，文明の侵入とその受容による「近代化」をなんどか経験する。そのいずれの場合も，対象が中国文明であれ西洋文明であれ，それらの強迫のもとで遂行された「近代化」であった。「和魂漢才」またそれを言いかえた「和魂洋才」の四字成句は，その苦渋にみちた関係を端的に物語っている。

　「古代・近代化」は，中国文明の侵入と受容を契機として，日本が経験した最初の「近代化」であった。先述したとおり，中国都城思想の受容と都城の建設は，漢字の採用，天皇権力の確立，「日本」という国号の制定，律令制の採用，仏教の受容などとならんで，「古代・近代化」の重要な構成要素をなす。しかしこれらの受容要素に共通することは，日本国家がそれらになんらかの改変をくわえて受容したことである。いいかえれば，そのまま受容するものと改変するものとを選別して，選択的に採用したことである。これは，以後の日本の「近代化」をつうじても観察できる特質である。

　選択的採用は，都城建設の場合にも，2つの方向で観察可能である。1つは先行する諸宮処との関係においてであり，もう1つは中国都城との関係においてである。この双方向での改変は，「継承」と「革新」という言葉に要約できる。この観点からの都城研究の重要性は，はやくから狩野久が指摘していた。狩野は，都城制の研究において，中国都城からの「外来的要素」と日本「固有の要素」とを弁別・分析することの必要を述べていたからである[7]。

　最初の都城＝藤原京とそれに先行する飛鳥浄御原宮をとりあげて，両者のあいだでの「継承」と「革新」を検討することから，日本における都城展開の考察を開始したい。

VII-2　メタ都市としての飛鳥浄御原宮エリア

　「古代・近代化」を遂行しつつ，ヤマト政権は，大王・天皇権力を中心に国家体制の確立・整備をすすめていく。それにともなって，大王・天皇居所も拡充・肥大していく。その過程は，〈点としての宮居から面としての都城へ〉という定向進化として

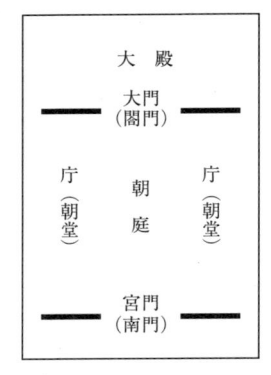

```
┌─────────────────┐
│      大 殿       │
│      大門        │
│     (閤門)       │
│ ───       ───   │
│ 庁              庁│
│(朝   朝    (朝   │
│ 堂)  庭    堂)   │
│                 │
│ ───       ───   │
│      宮門        │
│     (南門)       │
└─────────────────┘
```

図 93　小墾田宮の復原（岸による）

とらえうる。もちろん，それは一挙的に実現されたのではなく，中間的な過渡的段階を必要とした。その過渡的段階が小墾田宮であり，飛鳥浄御原宮であった。それらの過渡的段階を経て最初の本格的都城として建設されたのが，藤原京であった。

　藤原京の検討にはいるまえに，ここで，プレ藤原京の過渡的段階について簡単に考察しておきたい。前節での「弥生都市」論への批判をふまえて述べると，プレ藤原京の過渡的段階とは〈都市的なるもの＝都市性〉の萌芽の段階にあたる。この節のタイトルに掲げた「メタ都市」は，都市性の萌芽的段階を含意する用語としてもちいる。

(1)　小墾田宮における「継承」と「革新」

　首長の居所が私的な宮居と公的な執務・儀礼空間の2つから構成されるのは，古今東西に普遍的にみられる様式である。日本においても，その二元的編成は原史時代の遺跡からも検出されている。古代になって，文献史料をもとに，それが確実にたどれるのは 603 年（推古天皇 11）に造営された小墾田宮が最初とされる。岸俊男は，『日本書紀』が記す 4 つの記事をもとに，同宮の編成を図 93 のように整理している[8]。南面ファサードの郭塀には，『日本書紀』が「宮門」あるいは「南の門」と記す正門があり，その内部には「庭」あるいは「庭中」と記す「朝庭」があった。「朝庭」の中央部分は「朝礼」また国家儀式のための王権の広場空間で，左・右両側には「大臣」が執務する「庁」が所在していた[9]。

　第 1 回遣隋使・小野妹子一行の帰国に共伴して，608 年（推古天皇 16）に隋使として裴世清が来日する。隋使を迎える国家式典が挙行されたのは，この「庭中」においてであった。それは，「古代・近代化」を飾る一大ページェントであったであろう。朝庭の北を画する囲塀には「大門」あるいは「閤門」が開き，その内部は天皇の私的空間＝「禁省」であった。「大門」の内部も「庭中」となっていて，その奥の「大殿」へとつうじていたようである[10]。この岸の解釈に対して，山中章は，「庁」は同図に岸が

写真90　飛鳥浄御原宮　伝飛鳥板蓋宮址
飛鳥川上流の山間小支谷に位置する。藤原京の建設は，狭小な谷奥部から広闊な盆地空間への進出であった。

（ ）書きするように「朝堂」ではなく，有力豪族との聴政の場にあたる「内裏の公的空間」であり，それに対応する「内裏の私的空間」が「大殿」であるとする[11]。山中の立論の中心は，朝政のための「朝堂」の登場が小墾田宮ではなかったことを主張する点にある。

そのいずれにしても，私的な宮居と公的な執務・儀礼空間からなる小墾田宮の二元的構成そのものは，大王などの首長クラスの宮処の在来様式を踏襲するものであったであろう。その意味では，それは「継承」であった。しかし同宮は，構造・規模などの点で，それまでの天皇居所とは異なった画期性をもっていた[12]。なかでも重要なのは，「天子南面」思想の採用である。従来の宮処は，地形的条件などにあわせて適宜に方位を選定して建設されていた。2009年に大きく報道された纒向（まきむく）遺跡で検出された大殿は，軸線上に立つ3棟の建築群からなっていた。その軸線の走向は，〈西→東〉であった。そこには，東をもって最尊とする原史時代の日本の方位観が反映されていよう。

しかし小墾田宮は，『日本書紀』が正門を「南の門」と記しているように，「天子南面」という中国王権思想に即して南にファサードをむけて造営されていた。南北定位＝「天子南面」思想の採用は，「古代・近代化」が生みだした「革新」であった。小墾田宮は，私と公の両空間を一体化した宮処という先行宮処の様式を「継承」すると同時に，「天子南面」思想の採用という「革新」をあわせもつ宮処であった。しかし小墾田宮が宮処の「継承」と「革新」を実現していたとしても，『日本書紀』の記載からは，その周辺に都市的な集落をともなっていたかどうか，つまり「都市的なるもの」の萌芽・形成がみられたかどうかは不明である。

（2）　飛鳥浄御原宮 ── 宮処と都市性

推古天皇の崩御をうけて登極した舒明天皇は，当時の風習にならって630年（舒明天皇2）に，新たに「飛鳥岡の傍（あすかのをかほとり）」に岡本宮を造営して遷居する[13]。「飛鳥岡の傍」の位置については諸説があったが，現在では，明日香村・岡地区の小段丘上とされている。そこには，伝飛鳥板葺宮址とよばれてきた遺跡が存在する。629年の舒明天皇の即位後，694年の藤原宮の地鎮祭挙行までの65年間に登極した天皇は，7代をかぞえる。そのうち孝徳天皇の難波宮と天智天皇の大津宮とをのぞくと，残る5人 ── このうち皇極天皇と斉明天皇は同一人物なので実質的には4人 ── の天皇は，伝飛鳥板葺宮址に宮処を定めてきた。そこから同宮址一帯を，「飛鳥京」[14]あるいは「飛鳥宮」[15]

第VII章　中国世界周辺での中国都城思想の受容とバロック的展開（1）

とよぶ立場もある。

　伝飛鳥板葺宮址の累層をなす遺構のなかで最上層、いいかえればもっとも新しい時期の層はIII-B期遺構とよばれる。それが、飛鳥浄御原宮の遺構とされる。飛鳥浄御原宮は、壬申の乱に勝利した大海人皇子が672年（壬申1）に造営を命じ、その翌年に天武天皇として登極した宮処である。図94は林部均による同遺構の復原図で、林部は、同図の宮域遺構を、内郭・外郭・エビノコ郭の3郭域に分類する。内郭は、先行するIII-A期（斉明天皇の後（のちの）飛鳥岡本宮）に造営され、天武天皇期にも継続して使用された郭域で、小墾田宮にならっていえば「大殿」あるいは内裏にあたる。その規模は南北長約197メートル、東西幅は北辺で約158メートル、南辺で約152メートルとされている[16]。

　飛鳥浄御原宮の発掘作業はいまも進行中で、その直近の成果をもとに、林部は内郭の構成を図95のように復原している[17]。内郭は、直線状の掘立柱塀で囲まれている。同図が示すように、掘立柱塀の東辺と南・北両辺はほぼ直交しあっているので、西辺は北西にむけてやや斜走している。南辺の中央からは、内郭正門と考えられる南門の遺構が検出されている。南門のすこし北を東西に走る掘立柱塀によって、内郭は南院と北院の2区画に分かたれていた。両者は、規模だけでなく、敷きつめられた敷石の種類も異なっていることから、両区画のあいだには機能の相違があったと考えられている[18]。

　小沢は、南院を公的空間、北院を格式の高い居住空間＝天皇の私的空間とする[19]。内郭には、南門から北上する正南北線にそって、南院の中央部に1棟[20]、北院の南半部に2棟の計3棟の大型建造物の遺構が検出されている。いずれも、斉明天皇の後飛鳥岡本宮時代に造営された殿舎とされる。これらの建造物の機能について、林部は、つぎのように推測する。まず南院の建造物は「大王が公的な儀式をおこなう殿舎」、北院の南側建造物は「諸臣を引き入れて儀式などをおこなった殿舎」、北側建造物は「より限定された人物しか入ることの許されない空間、もしくは大王の居住空間といったきわめて私的な性格のつよい空間[21]」とする。つまり南から北へとむかって、殿舎の機能が〈公的→公私兼用的→私的〉と変化していくと想定する。これらの機能を異にする3殿舎の規則的な配列をめぐっては、2つの解釈がなりたつ。

　第1は、正南北軸線上に3棟の殿舎を配するという構成から、中国都城思想の「三朝」概念とむすびつけて解釈する立場である。「三朝」とは、「天子の私的な日常生活の空間」＝燕朝、「天子が臨御して執務する空間」＝治朝、「臣下が政事を司る空間」

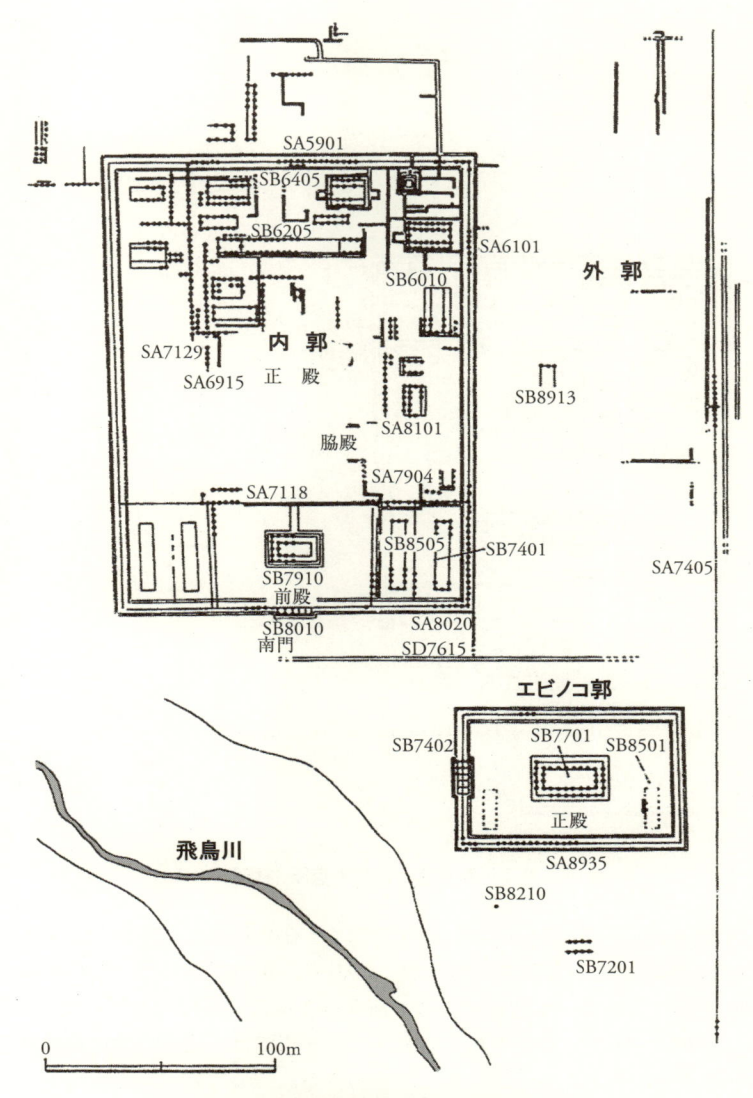

図 94　飛鳥浄御原宮復原図（林部による）

第 VII 章　中国世界周辺での中国都城思想の受容とバロック的展開 (1)

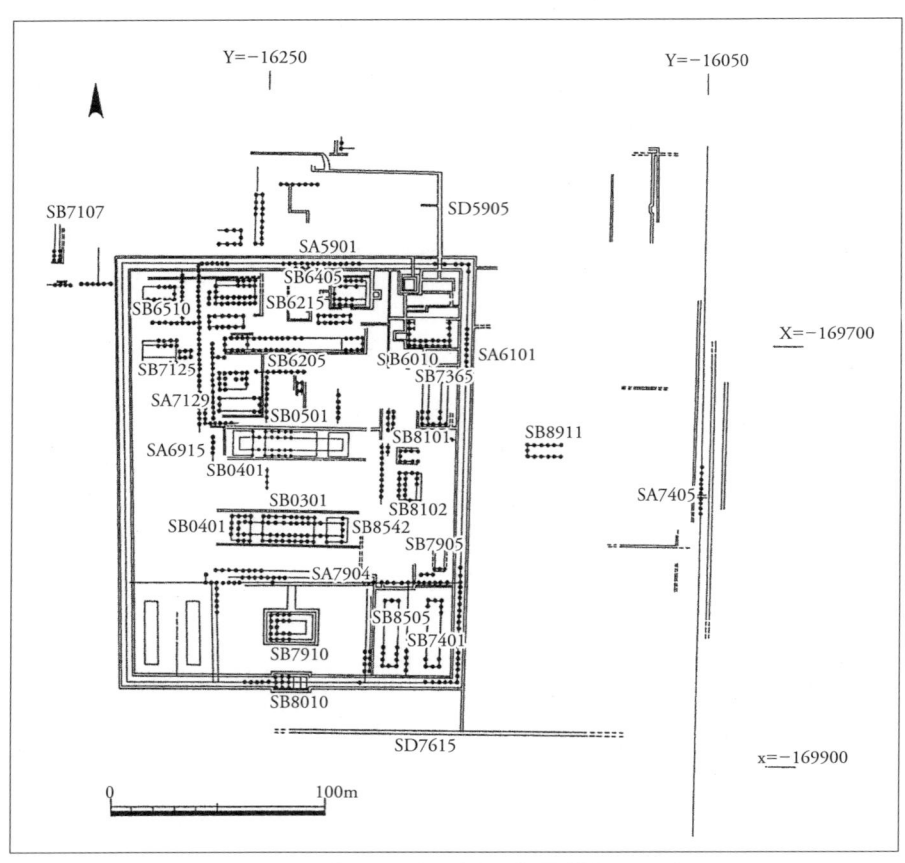

図95 飛鳥浄御原宮・内郭の復原（林部による）

＝外朝の3つをいう。「三朝」のうち燕朝と治朝とをあわせて，内朝とよぶこともある[22]。「三朝」が典型的に実現されたのが，隋唐・長安であった[23]。飛鳥浄御原宮の内郭は，前述したとおり，東西塀によって南北の2区画に分けられていた。3棟の殿舎のうち，2棟は北区画に造営されていた。この解釈では，内郭の北区画は燕朝と治朝とをあわせた内朝にあたると考えることもできる。

　第2の解釈は，殿舎が上記の3機能に分化するのは古今東西の宮域に共通する一

般的な様式であり，それをもとに中国都城思想の「三朝」概念と一意的にむすびつけて解釈する必要はないとの立場があろう。いいかえれば，中国都城思想とは無関係に，日本で独自に成立したとする立場である。現代日本の皇居も，公式行事をおこなう正殿，天皇が執務する表御座所，天皇の私的空間である吹上御所という3つの機能を分担しあう殿舎群からなっている。もちろんこの立場に対しては，現代の皇居は古代以来の「三朝」制度を受容した宮処の様式をひきつぐものとの反論があろう。

しかしムガル帝国第5代皇帝シャー・ジャハーン (Shāh Jahān) が1648年に現在のオールド・デリーに造営したシャージャハーナバードのキラー・ムルバラク (「吉兆王城」) の殿舎も，同様の構成である。王宮宮殿への正門ナッカル・カーナー (「鼓楼門」) 内に入ることが許された庶民もふくめて，皇帝が接見・聴聞・裁定する殿舎ディーワーネ・アーム (「一般接見殿」)，皇帝が少数の重臣のみを引見する殿舎ディーワーネ・ハース (「重臣接見殿」)，ラング・マハル宮殿またハーレムなどからなる皇帝の私的空間の3つを基本としていた[24]。

キラー・ムルバラクの3殿舎構成も，飛鳥浄御原宮の内郭と本質的におなじである。したがって宮域の外方から内方へとむかうにつれて，〈公的→公私兼用的→私的〉と殿舎が機能を変化させていくのは，古今東西の宮域にみられる普遍的ともいえる形式である。古代日本においても，中国都城思想とは無関係に同形式が独自に成立した可能性を想定できる。

飛鳥浄御原宮の内郭は，斉明天皇の後飛鳥岡本宮を継承したものであった。同天皇は「古代・近代化」において重要な役割を演じたので，中国都城思想の「三朝」制度にしたがって王宮を荘厳化した可能性も大きいと考えうる。その可能性を想定させる記事が，斉明天皇が重祚する以前の644年 (皇極天皇3) 正月の『日本書紀』にある。そこでは，皇極天皇の皇太子となり，さらには斉明天皇崩御後に天智天皇として登極した中大兄皇子が，「周孔の教を南淵先生の所に学ぶ[25]」とある。「周孔の教」とは儒教を指す。また「南淵先生」とは，608年 (推古天皇16) に第2回遣隋使の学問僧として派遣され，640年 (舒明天皇12) に帰朝した南淵請安のことである。

すでにVI-7で述べたように，この時期の隋・唐代は『周礼』が重視された時代であった。当時32年もの長期にわたって在唐した南淵請安は，「三朝」制度についても知っていたであろう。斉明天皇の後飛鳥岡本宮の造営は656年 (斉明天皇元) であり，すでに「三朝」制度は周知のものであった可能性も大きい。この第1の立場を採用するとすれば，〈公的→公私兼用的→私的〉の3殿舎を南から北へと配する飛鳥浄御原

宮の内郭編成は，中国都城思想の受容による「革新」ということになる。
　これに対して第2の解釈は，〈公的→公私兼用的→私的〉の3殿舎編成は古今東西に普遍的なもので，先行宮処をひきついで古代の日本において成立していた「継承」とするものである。しかしその場合でも注目されるのは，飛鳥浄御原宮内郭の3殿舎が正南北軸線上に配置されていることである。南北軸線の採用は，「天子南面」という中国王権思想の受容にもとづく「革新」である。したがって飛鳥浄御原宮内郭の3殿舎にみられる機能分化そのものが日本起源であるとしても，少なくとも，その方位的整序に関しては中国王権思想の影響をみとめることができよう。第2の立場では，飛鳥浄御原宮・内郭の編成に関して，小墾田宮におけるとおなじ「継承」と「革新」を指摘できるのである。
　図94で内郭の南東方に位置するエビノコ郭は内郭の造営以後に付加された郭域で，その時期はIII-B期つまり天武天皇期とされる[26]。エビノコ郭の規模は，南北長約55メートル，東西幅約95メートルで，その中心からは，図94が示すように，「正殿」遺構が検出されている。「正殿」は，飛鳥浄御原宮で最大規模の9×5間の大型建造物で[27]，その性格をめぐって2つの解釈が提出されている。
　1つは，それを『日本書紀』天武天皇10年2月25日条[28]に初出する「大極殿（おほあんどの）」にあてるものである[29]。この立場では，大極殿に相当する殿舎が日本の宮処に造営されたのは飛鳥浄御原宮をもって最初とする。
　第2の解釈は，『日本書紀』は飛鳥浄御原宮において「大極殿」という殿舎の存在を語っているが，それは同書の編修時の潤色であって，「大極殿」は藤原京ではじめて成立したとする解釈である。同説を提起した狩野は，その根拠として，『日本書紀』が記載する「大極殿」の機能が飛鳥浄御原宮と藤原京とのあいだで質的に異なることをあげている[30]。古代史研究者には，この解釈を支持するものが多い[31]。また飛鳥浄御原宮のエビノコ郭「正殿」の建築様式から，それを「大極殿」とする解釈を疑問視する立場もある。それを提起した山本忠尚は，同「正殿」が「梁間3間四面庇付建物」であることに注目する。それは，古代の諸宮処をつうじて，天皇の御座所（居所）が「梁間3間四面庇付建物」であったことである。したがって山本は，同「正殿」が「大極殿」ではありえないとし，「大極殿」は飛鳥浄御原宮ではなく藤原宮においてはじめて造営されたとする[32]。狩野と山本の解釈は，一方は史料読解，他方は建築様式にもとづくものであって，たがいに補完的な関係にあるといえる。
　第2の解釈に対して，第1の立場からは，飛鳥浄御原宮と藤原京とのあいだで「大

極殿」の機能が相違していたことは首肯できるとしても,そのことをもって飛鳥浄御原宮での「大極殿」という呼称までをも否定することはできないとの反論がある。呼称ではなく,以後の日本都城につらなる機能をになう最初の「大極殿」が藤原京で出現したという意味で,ここでは,第2の解釈にしたがうことにしたい。

　さらにエビノコ郭の特徴は,西辺に門を開いていることである。これは,内郭が正南北軸線にしたがって南にむけて南門を開いているのとは対照的である。外郭もⅢ-B期になって再整備された部分であるが,現在のところ一部しか発掘されていない。図94に示される範囲では,外郭は3区に分かれる。内郭の東方,内郭の南方およびエビノコ郭の南方である。これら3区の位置は,平坦地の少ない伝飛鳥板葺宮址にあって,いずれも多少とも平坦な地形が広がるところにあたる。3区のうち内郭の東方部は,南北軸を重視する飛鳥浄御原宮ではあまり意味をもたない空間であった。外郭の残り2区のうち,内郭の南方部は儀式空間としての「庭」であった。エビノコ郭が西辺に正門を開いていたのは,同郭が,この「庭」＝儀式空間と密接な連繋関係にあったことを意味していよう。しかも「庭」の北辺に位置する内郭南門も,また東辺に位置するエビノコ郭正門も,ともに南北5間,東西2間の同一規模で建造されていた[33]。エビノコ郭が,内郭と「庭」との一体関係を重視して建造されていたことを物語る。

　エビノコ郭外の南方部分も,発掘がほとんど進んでいない。そこでの少数の検出遺構をもとに,かつては官衙的な建造物（朝堂）の存在が推定されていた[34]。しかし現在では,その可能性は否定されつつある[35]。飛鳥浄御原宮の段階では,政事はすべて天皇が親裁するのではなく,皇族や豪族にも分掌させるという従来からの家産制国家的な体制も残っていた。彼らの宮殿や居宅も,政事の場でもあった。林部は飛鳥浄御原宮周辺の諸遺跡から検出された建造物遺構を分類し,①官衙的な機能をあわせもった皇族や豪族の宮殿・居宅が同宮の近傍に集積していること,②同宮から離れた周縁部に小家屋からなる一般民衆の集落遺跡が立地すること,の2点を指摘した[36]。さらに林部は,主として①に属する諸遺構の方位が正南北に定位されていることを指摘し,天武朝のもとで,飛鳥浄御原宮の北・西・南方で正南北方位にしたがった空間整備がなされていたことを提唱する。そのうえで,条坊制をともなってはいないが,同宮一帯に「飛鳥京」ともよびうる王権空間が成立していたとする[37]。

　また小沢は,7世紀後半になると飛鳥一帯では「歴代遷宮」的な状況はみられなくなり,飛鳥板蓋宮・後岡本宮・飛鳥浄御原宮という大王家正宮が同一場所を占地して

営まれ，これらを飛鳥宮と総称しうること，それを中心に宮室と関連施設が一体化した宮都空間が形成されることを指摘する[38]。

これらの指摘は，工房的施設群をふくむ空間的な機能分化をともないつつ，飛鳥浄御原宮とその周辺にメタ都市的状況が成立していたことを物語っていよう。

VII-3　藤原京 ── エチュード（習作）としての都城

藤原京は，日本最初の都城とされる。しかし「藤原京」という名称は，『日本書紀』には記載されていない。藤原宮をとりまく京域を「藤原京」と名づけたのは，その京域復原試案をはじめて提出した喜田貞吉であった[39]。

(1)　「最初の都城」建設への曲折

藤原宮とその京域つまり藤原京の建設は一挙的になされたのではなく，紆余曲折にとんだ過程があったようである。『日本書紀』天武天皇五年 (676) 是年条の末尾に，「是年，新城に都つくらむとす。……然れども遂に都つくらず[40]」との記事がある。この記事が述べる「新城」については，2つの解釈がある。それを地名と解するものと，「新しい都城」を意味するとするものである。後者の立場では，「新城」は藤原京を指すとされる[41]。いずれにせよ，記事は「遂に都つくらず」としているので，このときには「新城」建設は意図されたけれども，建設には至らなかったということであろう。

約6年の空白を経た同天皇十一年 (682) 三月一日条に「……宮内官大夫等に命して，新城に遣して，其の地形を見しむ。仍りて都つくらむとす[42]」とあり，つづけて同月十六日条に「新城に幸す[43]」とある。これらの記載は，天武天皇みずからのリーダーシップのもとに，同年になって藤原京の建設が基本設計レベルにはいったことを意味していよう。2年後の同天皇十三年 (684年) 三月九日の条には，「天皇，京師に巡行きたまひて，宮室之地を定めたまふ[44]」とある。天武天皇みずからが巡行して，「宮室」つまり藤原宮の建設位置を定めたということであろう。ここでの『日本書紀』の表現は「京師に巡行」とあるので，このときには藤原京の京域は決定されていて，すでにその条坊の建設が着手されていた可能性もあろう。

藤原宮の発掘結果も，これを支持する。それは，宮域の最下層から条坊道路の痕

跡が検出されているからである。この条坊痕跡は「宮内先行条坊」とよばれ，その形態・幅員・位置は京域の条坊道路と一致するとされる。同条坊の宮域内での検出は，既存の条坊道路を廃して，新たに整地して宮域が建設されたことを物語る[45]。しかしこのことをもって，未定であった宮域の位置がこのときにはじめて決定されたとは言いきれないであろう。この点については，のちに再論することにしたい。いずれにせよ684年ころから，先行していた京域の建設につづいて，藤原宮の造営が本格化していったと考えられる。

しかし朱鳥元年（686）9月9日に天武天皇は崩御する。新たに実権を掌握したのは，同天皇の皇后であった。彼女は喪に服したのち，4年後の690年に持統天皇として即位する。同天皇は夫の遺志を受けついで，藤原宮の建設を推進した。『日本書紀』持統天皇四年（690）十月二十九日条には，太政大臣の高市皇子が「藤原の宮地を 観す[46]」とある。その直後の同年十二月一九日条には「天皇，藤原に幸して宮地を観す。公卿百寮従なり[47]」と，百官を供奉させて天皇みずからが藤原宮に行幸している。このように『日本書紀』は，天武朝の末期から持統朝の初期にかけて，「宮室」あるいは「宮地」という表現で藤原宮の建設が推進されたことを述べる。

ついで『日本書紀』は，京域の建設について記載する。まず持統天皇五年（691）十月二十七日条には「使者を遣して新益京を鎮め祭らしむ」，また翌六年（692）一月十二日条には「天皇，新益京の路を観す[48]」と述べる。この2つの記事で述べられている「新益京」が具体的になにを指すかという点に関しては，諸論がある。その問題については，のちにあらためて検討することにしたい。ここでは，「新益京」は藤原京つまり京域を指すものとして議論をすすめたい。

後者の記事は，すでに京域が条坊街路によって区画されていて，持統天皇がその大路を視察したことを伝えている。それにさきだつ同5年12月8日条には，右大臣以下の諸官人への宅地の班給面積を定めている。さらに同6年6月30日[49]と翌7年8月1日[50]の2回にわたって天皇が「藤原の宮地」に，また翌8年（694）1月21日には「藤原宮」に行幸している[51]。『日本書紀』の記事は，前2回の行幸では「藤原の宮地」，最後の行幸では「藤原宮」と表現を変えている。最終回の行幸は，「宮地」よりも「宮」そのもの，つまり「宮」で造営中の殿舎群を視察したという意味があるのであろう。これらの帰結として，『日本書紀』は，同八年十二月六日条で「藤原宮に遷り居します[52]」と述べる。この表現は，「新首都の建設・遷都」というよりも「宮処の遷宮」を意味する。それまでの歴代天皇の代替わりごとになされてきた歴代遷宮とおなじ感

覚で，この記事は記載されている。たとえば『日本書紀』天武天皇元年 (672) 年の是歳条には，「是歳，宮室を岡本宮の南に営る。即冬に，遷りて居します。是を飛鳥浄御原宮と謂ふ[53]」と，藤原宮への遷宮の場合とまったくおなじ表現がもちいられている。

　もし藤原京の本格的な建設の開始を 682 年 (天武天皇 11) としても，藤原宮への遷宮までに約 12 年を要したことになる。その大きな理由は，686 年の天武天皇の崩御にもとめうる。また千田稔は，藤原京の建設地一帯が低湿地であって，その地盤工事のために年月を要したことも，その理由であろうとする[54]。遷宮にいたるまでの期間をつうじて，律令制施行による天皇権力，つまり王権の強化にふさわしい新都の建設が模索されたのであろう。以後，それまでの歴代天皇ごとの遷宮は廃されて，藤原京は条坊制にもとづく日本最初の都城として 3 代 16 年間の皇都となる。

(2)　宮域における「継承」と「革新」

　藤原京は，冒頭で述べた「古代・近代化」の顕示空間として建設された。その本質は，一方では前期難波宮 (652 年完成の難波長柄豊崎宮にあたる) あるいは飛鳥浄御原宮とその周辺で形成されていたメタ都市の「継承」，他方では「古代・近代化」の基軸戦略であった中国文明の積極的な受容をつうじて〈原史から文明へ〉の転換にふさわしい新たな都城の創出という「革新」，この 2 つの実現にあった。「継承」と「革新」は，藤原宮と藤原京の形態からも読解できる。

　まず，藤原宮から検討することにしたい。図 96 は，藤原京の宮域と京域条坊街路との関係を示したものである[55]。大垣をめぐらした宮域本体の規模は，東西幅：約 920 メートル，南北長：約 900 メートルで，大宝令大尺 (＝約 0.354 メートル) では 2600 大尺と 2550 大尺にあたる。同図が示しているように，藤原宮の大きな特質は，宮域本体の外縁をとりまいて正方周帯状にオープン・スペースが配されていることにある。このオープン・スペースは，「外周帯」とよばれている。その幅員は，北辺と南辺が 225 大尺 (約 80 メートル)，東辺と西辺が 200 大尺 (約 71 メートル) とされる。外周帯は，宮域本体を京域から分離・遮断するベルトであった。大垣をめぐらす宮域本体と外周帯をあわせた藤原宮全体の範囲は，東西・南北ともに 3000 大尺となる。大宝令大尺 1500 尺＝1 里なので，宮域の規模と形態は 2 里四方の正方形ということである。

　すでに藤原京の建設過程でみたように，その建設は京域の条坊区画からはじまり，

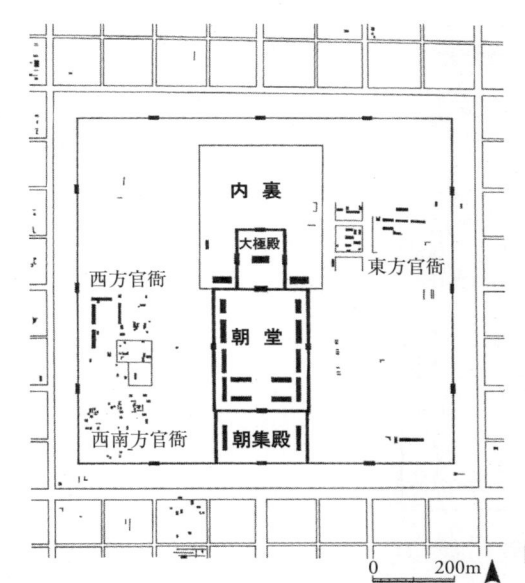

図 96　藤原宮の検出遺構と京域条坊（林部による）

そののちに宮域の建設が開始されるという経過をたどったようである。宮域の建設時に，宮域の外縁にグリッドパターン街路を接続させて，その内側に遮断ベルトを建設したのであろう。宮域と京域とのあいだに正方周帯状に幅員 71〜80 メートルのオープン・スペースを設けて，宮域を特別な存在として荘厳したのであろう。これを絵画の展示にたとえていえば，遮断ベルトという「額縁」つきの宮域の「絵」を，条坊で区画された京域という「壁面」に象嵌したといえる。この構成のもつ意味については，のちに再考したい。

　つぎに宮域内部の検討に移ることにする。図 97 は，寺崎保広による藤原宮の復原図である[56]。外周帯オープン・スペースの内辺にそって，宮域の四面を大垣が囲んでいた。前述のとおり，大垣には各辺 3 門，計 12 門が開いていた。「南面中門」は朱雀門とされるが，その規模（＝桁行 5 間×梁行 2 間）は，他の 11 の宮城門とおなじであった。宮域の内部は，正南北方位の中央軸線を基軸として編成されていた。同軸線は，二重の意味をもつ。

　第 1 は，それを基準として，宮域が中央と左・右両翼の計 3 つの南北縞帯に分割さ

第 VII 章　中国世界周辺での中国都城思想の受容とバロック的展開（1）　399

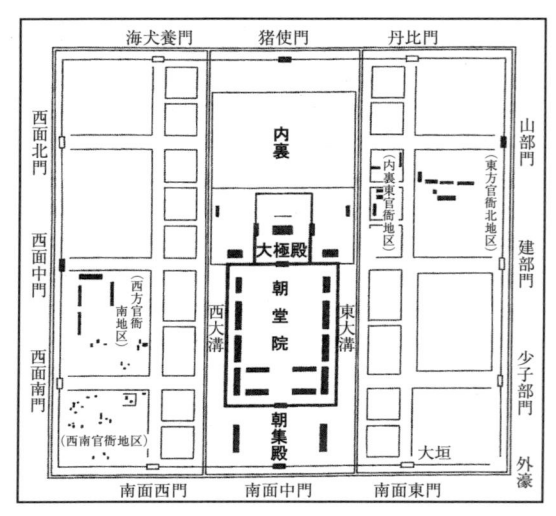

図97 藤原宮復原図（寺崎による）

れていたことである。第2は，発掘作業が進んでいない左・右両翼の縞帯をのぞいて，中央縞帯だけにかぎっていえば，その内部の宮処建造物が同軸線を対称軸として左右相称に配置されていたことである。

　中央縞帯はもっとも重要な王権空間で，宮域の東・西両辺の中央に位置する建部門と西面中門とをむすぶ線によって，大きくは北半部と南半部に分かたれていた。北半部には，北方に天皇の私的空間である内裏，その南方のほぼ中央縞帯の中心地点に大極殿が位置する。また南半部は，中庭つまり朝庭を囲んで，朝堂院を構成する12の建造物が立ちならぶ官衙空間であった。

　この宮域中央縞帯の編成を，飛鳥浄御原宮の場合とくらべてみよう。まず内裏は，飛鳥浄御原宮の内郭・北区画と対応する。飛鳥浄御原宮に大極殿が所在していたとする立場では，内郭から独立した南東方のエビノコ郭の正殿を大極殿にあてている。また内郭・南区画には，後飛鳥岡本宮をひきつぐ儀式用の正殿があった。藤原宮では，飛鳥浄御原宮のエビノコ郭と内郭・南区画に所在していた2つの正殿を合体して単一の大極殿とし，宮域全体の中央位置に南面して建設されている。藤原宮の大極殿は，礎石のうえに瓦葺き建造物様式で建設されていた。瓦葺き宮処建造物の出現は，これが最初である。これらは，王権の政事的顕示の場として，大極殿が重要性を増大させ

400　第2部　都城のバロック的展開

写真91　藤原京　大極殿院址
大極殿院はタテ長・長方形の回廊を巡らし，その南辺中央に復元柱で示される大極殿門（閣門）が，背後の杜（大宮土壇）に大極殿が聳えていた。

たことを物語る。また朝堂院は，現在の発掘状況にしたがえば，前述のとおり飛鳥浄御原宮には存在しなかったものである。藤原宮の朝堂院は，直接的には孝徳天皇の前期難波宮を継承するものとされている。しかし朝堂建造物が「大殿」前面の「朝庭」の左右両端に相称的に配置されているという点にかぎっていえば，朝堂院の配置は，図93で示した推古天皇の小墾田宮にまでさかのぼりうるであろう[57]。

いずれの宮処にも共通する内裏を別にすると，大極殿が藤原宮ではじめて成立したとしても，その祖型は飛鳥浄御原宮にあった。また朝堂院も前期難波宮を継承するものであったが，その祖型は小墾田宮にもとめうる。とりわけ12堂の建造物から構成される朝堂院は，日本独自に成立したものであった[58]。これら3つの王権中枢施設は，いずれも先行する諸宮処からの「継承」であった。藤原宮は，中央縞帯さらには宮域の中央軸線にそって，これらの〈内裏―大極殿―朝堂院〉を中央縞帯の北端から南端へと配置している。その背後には，中国の都城思想が述べる「北に宮城，南に朝廷」という理念，さらには飛鳥浄御原宮の内郭に関して述べた「三朝＝燕朝・治朝・外朝」理念にしたがう面があったかもしれない。このように藤原宮は先行する諸宮処を継承しつつも，それらを整序して統一的な宮処の創出をおこなったのである。その整序のなかに，藤原宮の「継承」と「革新」を明瞭によみとることができる。

左・右両翼の縞帯部分の発掘はすすんでいないが，図97に記入されているように，左翼縞帯の北半部，右翼縞帯の南半部からは官衙建造物と推定される遺構が検出されており，左・右両翼縞帯には官衙地区が配されていたと推定される。このことは，中央縞帯南半部の朝堂が政務と同時に儀式の空間であった可能性を想定させる。とすると，隋唐・長安と対比させていえば，「宮城」が中央縞帯に，「皇城」＝官衙地区が左・右両翼縞帯に配されていたことになる。「宮城」と「皇城」の配列を都城中心軸線と関連づけて要約すると，隋唐・長安では両者は同軸線にそって上―下（北―南）に，また藤原京では左―右（東―西）に配されていたといえる。

(3)　京域復原の研究史 ―― 岸説から大藤原京説へ

都城域にあたる藤原京自体の形態復原は，これまで多くの研究者によってなされてきた。その代表的なものとして，先述の喜田貞吉の提唱をさらに実証的かつ統合的に発展させた岸俊男説，近年における発掘成果にもとづく大藤原京説の2つをあげうる。

岸の京域復原案からみることにする。岸は，発掘により藤原宮の宮域が2里四方で

あることが確定したのをうけて，1969年に京域の復原案を発表した[59]。その復原にあたって，岸は，すでに壬申の乱（672年）のときに存在していた大和盆地を南北に貫走する4本の幹線道路との関係に着目し，その復原結果を図98のように提示する[60]。京域の東西幅については，同図の「中ッ道」を東 京極大路とし，「下ッ道」を西京極大路とすると，その東西幅は約2120メートル＝約6000大尺＝4里となる。しかも両者の均分線である2里の線は，藤原宮の南北中軸線と一致する。一方，南北長については，「横大路」を北京極大路とし，そこから律令の規定にしたがって6里＝約3180メートルをとると，南京極大路はほぼ「山田道」と一致する。このように岸は，藤原京の建設以前から存在していた4本の幹線道路によって四囲が画された京域からなる都城として，藤原京を復原した。

　南北長の確定にあたって「律令の規定にしたがって」と述べたのは，現存最古の復元可能な律令であるうえに，失われた大宝令（701年施行）をほぼひき継いでいるとされる養老令（775年施行）の規定のことである。同令は，戸令で「四坊に令一人を置く」こと，また職員令で「京職……坊令十二人」と規定している。坊というのは京域の最小単位で，大路によって区切られた正方形区画をいう。また京職は左京と右京におのおの置かれていたので，坊令の総数は24人である。したがって藤原京の坊数は4×12×2＝96となる。京域の範囲を4×6＝24里とすると，坊は0.5里四方の区画であったとしうる。岸説では，藤原京は東西幅8坊×南北長12条の条坊からなる都城ということになる。

　岸の復原案は，たんに京域内部の編成だけにとどまるものではなかった。まず藤原京とそれにつづく都城である平城京との関係を，きわめて整合的に説明できる説でもあった。その関係を示したものが，図99である[61]。その要点は，藤原京の東京極大路＝「中ッ道」を北上させると，その線は平城京の東京極大路と一致すること，また藤原京の西京極大路＝「下ッ道」は平城京の朱雀大路と一致することの指摘にある。つまり平城京は，朱雀大路を中軸線として藤原京の東西幅をさらに西に折り返して建設されたとするのである。発掘によっても，平城京の朱雀大路は「下ッ道」と一致していることが確認されている。さらに岸は，図98に示されるように，藤原京の南北中軸線を南方に延伸させると，その線上に藤原京の建設を推進した天武・持統両天皇の合葬陵，彼らの後継者である文武天皇陵，高松塚古墳などがならぶことを指摘する。

　このように岸説は，藤原京のみでなく，大和盆地いいかえれば当時の国家中枢地域における統合的かつ整合的な空間計画の存在をも説明可能な，緻密かつ壮大なパース

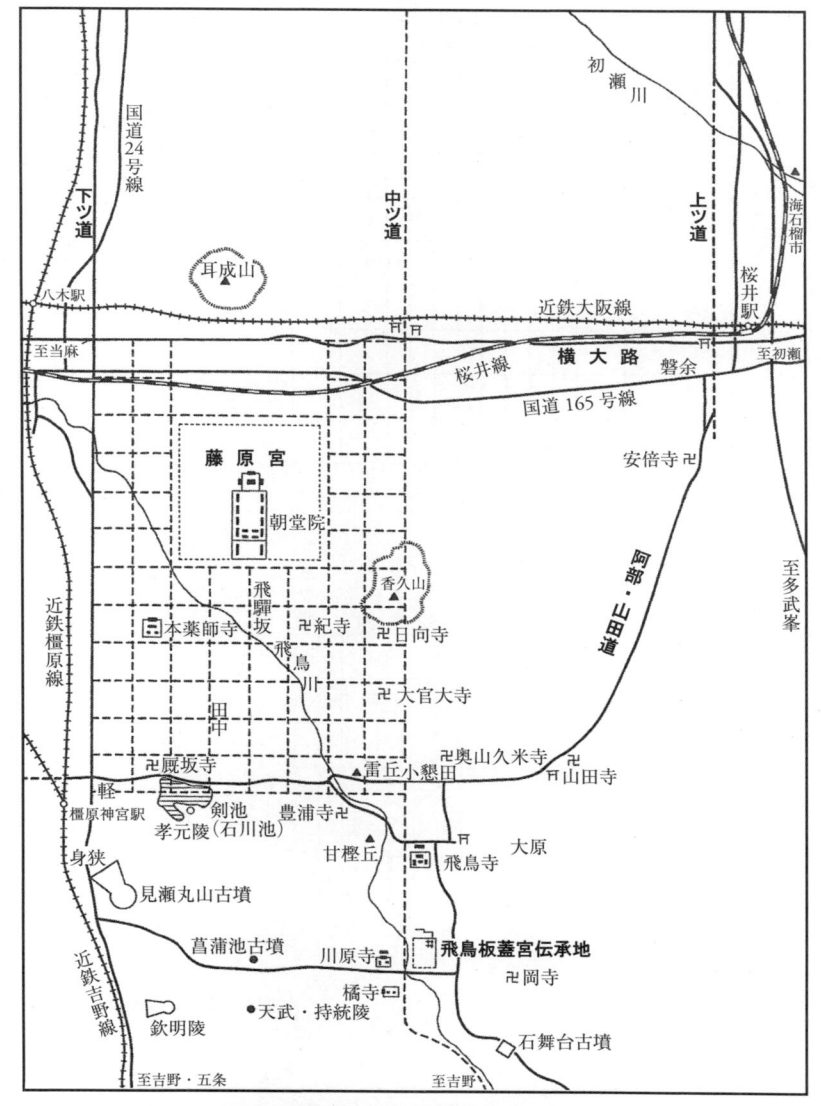

図98 岸説藤原京と飛鳥地方（岸による）

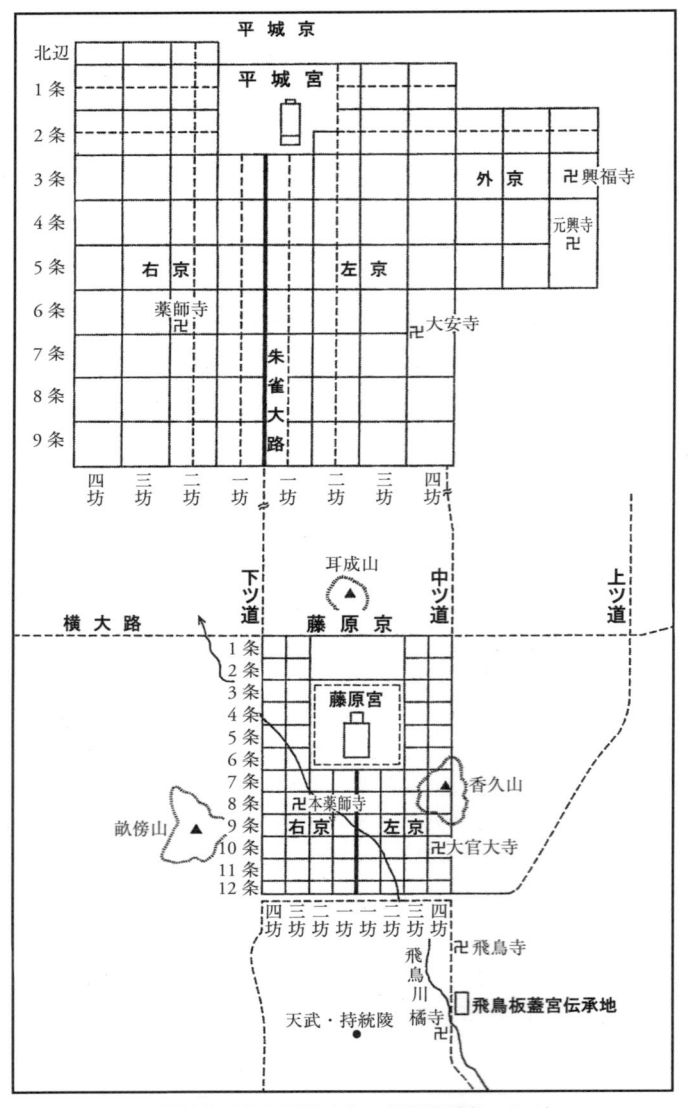

図99　岸説藤原京と平城京との相関図（岸による）

ペクティブをもつ説であった。それゆえに発表以後，ながく文献史料と現地検証をもとに提起された定説とみなされてきた。

　岸説の発表以後，藤原京の発掘は活発に推進された。その進展につれて藤原京は，岸説とは異なる様相を示しはじめる。岸説での京域内部に関しては，同説が想定する位置に大路遺構が発掘され，その提唱の妥当性が実証されてきた。けれども1979年以降，岸説でいう京域の外方でも大路遺構が検出される事例が多くなり，条坊制が岸説の京域外にも施行されていたとしか判断できなくなった。ここから藤原京は，「岸説のいう東西8坊×南北12条よりも広い条坊制をもつ都城ではないか」という大藤原京説が提唱されはじめる。これにもいくつかの立場があるが，小沢は，それらの相互関係を図100のように整理している[62]。

　大藤原京説での最大のポイントは，どこで条坊道路が尽きるかという問題であった。いいかえれば，大藤原京の京極大路をどこに定めうるかということである。この問題については，1996年に重要な発見があった。それは，同図北端部の「北四条大路」の東方と西方への延伸部分で，東・西両京極大路の存在を推定しうる遺構が検出されたことである。その位置は，図100の北端部に記入された2つの★印で示される。★印地点は，東西ともに藤原京の南北中軸線からそれぞれ約2650メートル＝約5里の地点に位置している。これをもとにして大藤原京の東・西両京極大路の確定が可能とすると，その東西幅は岸説の4里ではなくて10里ということになる。

　さらに岸説では，条坊道路の幅員はいずれも一定とされていた。しかし発掘結果によれば，岸説でいう奇数番の条坊道路は偶数のものよりも幅員が小さいことが判明した[63]。そこから阿部義平は，岸のいう偶数番号道路のみが大路であり，奇数番号のものは大路と大路のあいだに介在する条間路とする。それをうけて大藤原京説では，坊の幅員は東西幅・南北長ともに岸説の2倍つまり1里四方とする[64]。とすると，大藤原京の東西幅は10坊ということになる。

　大藤原京の北と南の両京極大路は未発見であるが，小沢は，その南北長も東西幅とおなじく10里として，大藤原京は10×10＝100坊から構成されていたとする。藤原宮の宮域は2里四方であるから，4坊にあたる。坊令という最下級の職員は宮処には配されていなかったとすれば100-4＝96となって，計算上では坊の数は大宝令の規定とも合致することになる。図101は，小沢による藤原京の復原図である[65]。この小沢説が，現在のところ，もっとも有力な藤原京の京域復原説とみなされるに至っている。

図100 藤原京の京域復原諸説（小沢による）

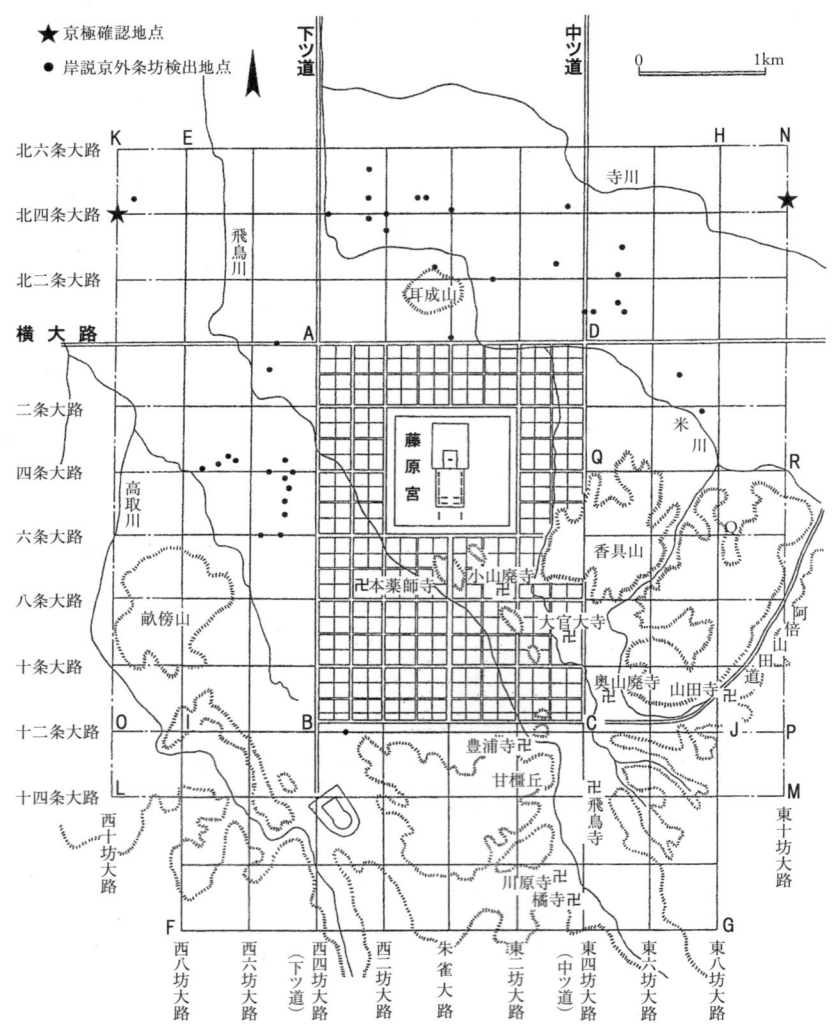

藤原京域の復元諸説（条坊呼称は岸説およびその延長呼称による）
ABCD＝岸俊男説，EFGH＝阿部義平・押部佳周説，EIJH＝秋山日出雄説，
KOPNまたはKOCQRN＝竹田政敬説，KLMN＝小沢毅・中村太一説

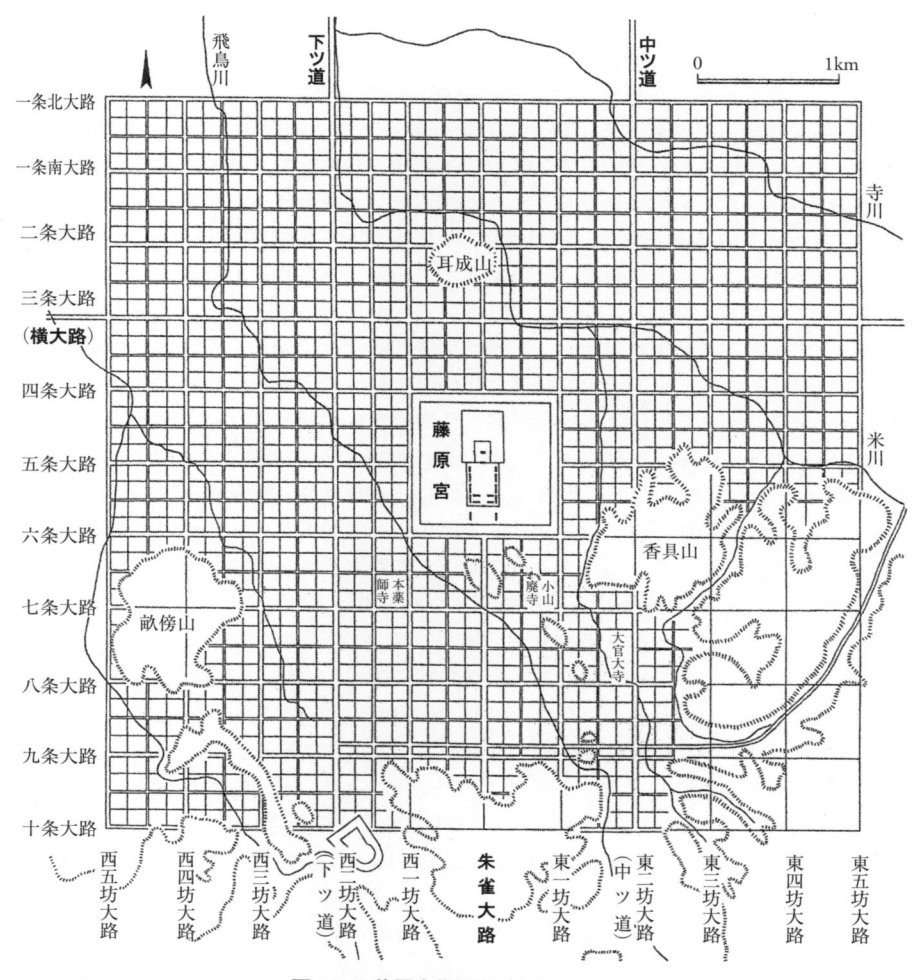

図 101　藤原京復原図（小沢による）

第 VII 章　中国世界周辺での中国都城思想の受容とバロック的展開（1）

以上が，藤原京の復原をめぐる研究史の要点である。
　上述のように，坊の面積また京域の規模と形態に関しては，岸説と大藤原京説は対立する。しかしともに藤原宮を京域の中央部に位置づける点では，両者は共通する。後代の都城である平城京あるいは平安京とは異なって，両説ともに，「中央宮闕」として藤原京の宮域を復原している。また日本最初の都城として藤原京が構想され建設されるにあたって，中国に範をもとめたとする点でも両者は一致する。しかし藤原京建設時の中国王朝は唐であり，その都城である長安は「中央宮闕」ではない。藤原京の祖型が長安ではないとすれば，それをどこに措定しうるかという新たな問題が発生する。
　岸は早くからこの問題を提起し，長安が宮域位置だけでなく，都城域の形態もヨコ長・長方形であって，自身の復原藤原京でのタテ長・長方形とは相違することに注目していた。そこから，岸は，藤原京の範型は同時代の長安ではないと考える。隋唐・長安に先行する中国都城を検討して，藤原京に類似するタテ長・長方形かつ「中央宮闕」的特質をもつ都城として，北魏・洛陽の内城また東魏・鄴都の南城の存在を指摘する[66]。しかしこれらの2つの都城は5世紀末から6世紀前半のもので藤原京とは1世紀以上の時代差があること，また日本からの使節がそれらを訪問したとは考えられないことなどから，両者が藤原京の祖型とはなりえないのではないかとの批判がある。これに対して，岸は，日本の都城建設に渡来人の東漢（やまとのあや）氏が大匠として深く関与していたので，彼らをつうじて北朝の古い都城知識が持ちこまれた可能性があること，また日本の律令制度が同時代の唐令だけでなく南北朝の令制を模した例も多いことをあげて，当時の日本が南北朝時代の都城を祖型とした可能性を指摘している[67]。
　同様に大藤原京説の場合にも，とりわけ小沢毅・中村太一説では，「中央宮闕」として10×10里の京域の中央に2×2里の宮域を設定する。中村は，その祖型をII-2-(2)で述べた『周礼』「考工記」の記載にもとめている。藤原京の建設開始期にあたる670年代から694年の遷都までのあいだは，ちょうど遣唐使の派遣が中断していた時期であった。したがって同時代の中国都城，とりわけ隋唐・長安についての最新情報が欠けていた時期であった。その結果，『周礼』を参考にして，藤原京の建設がすすめられたとするのである[68]。
　この小沢・中村説は，現在，藤原京の京域復原に関する有力な説であると同時に，同京の祖型が『周礼』にあるとする説明を支持するものも多い[69]。しかしそれらに対しては，いくつかの批判がある。たとえば山中章は，藤原京の四至とりわけ南京極大

路は仮定にとどまっていて，京域を10×10里とする根拠があきらかでないことを指摘している[70]。

(4) 『周礼』は大藤原京建設の典拠か

　小沢・中村説は，正方形の京域の中心に藤原宮が所在することに主たる根拠をもとめて，その祖型が『周礼』にあるとする。すでにIII-2で『周礼』「考工記」「匠人条」の記載をもとに，『周礼』が述べる中国都城の形態復原をおこない，その私案を図27に掲げた。また同書が述べる都城理念は，いくつかの成句に要言されてきた。表3では，それらをふまえつつ，さらに古代インド都城思想の諸理念と対比させて『周礼』の都城理念を提示した。

　たしかに大藤原京説と『周礼』との顕著な類似点は，「中央宮闕」である。しかし「中央宮闕」は『周礼』が語る都城理念の重要ではあるが，それを構成する1つにすぎない。もし藤原京の基本構想・基本設計が『周礼』「考工記」を典拠としていたとすれば，「中央宮闕」だけに注目するのではなく，『周礼』が語る他の成句群を藤原京においても読解しうるかどうかの検討が必要であろう。これまでの調査・研究で確認されている点を中心にして，『周礼』の都城理念と対比させて藤原京の形態を検討することにしたい。その主要な点を箇条書きすれば，つぎのようになる。

1)　「方九里」・「旁三門」・「国中九経九緯」理念の検討

　『周礼』が述べるこれら3つの理念は，「1辺の辺長が9里の方形市壁で囲まれ」・「市壁の各辺には3つの市門が開かれ」・「方形市壁で囲まれた都城の内部にはヨコ（緯）とタテ（経）に各9本の街路が走る」を意味する。最後の理念は，日本都城での条坊制呼称をもちいれば，都城内の街路は9条9坊ということである。

　これらの理念のうち「旁三門」は，市壁をもたない藤原京では実現すべくもない理念であった。したがって同理念の検討は，不要である。「方九里」の意味は自明であるので，残る「国中九経九緯」について，III-2での検討をふまえて述べておきたい。「国中」とは市壁に囲繞された都城の内部を意味し，図27に示されるように，「国中」に「九経九緯」の街路を配するということである。したがって「九経九緯」とは，「国中」の街路の実数を示す。

　図101に示される大藤原京説は，京域を10×10里，坊を1里四方とし，その街路数は「十一経十一緯」として復原されている。藤原京には市壁はないが，もし最新の

中国都城に関する情報がなく,『周礼』をテクストとして手探りで藤原京が構想・建設されたとすれば,その街路数は,『周礼』の記載に忠実に「九経九緯」であったはずである。『周礼』に典拠をもとめるとすれば,なぜ「九経九緯」が採用されなかったのかの説明が必要であろう。

これに関して,中村は,「方九里」で「九経九緯」を採用すれば街路間の距離が 0.9 里となり,このような数値は設計・施工に際して採用しがたかったであろうとする[71]。「方九里」と「九経九緯」をくみあわせると,その街路間距離は 0.9 里ではなくて 1.125 里であるが,「九経九緯」の建設に際して,その数値が端数的であっても問題とはならない。1 辺＝9 里という辺長をまず設定し,それを 2 等分して得られた 4.5 里をさらに 2 等分し,またそれを 2 等分すると,街路間距離 1.125 里の「九経九緯」を設定できる。「九経九緯」の場合では,街路間距離を実測することなしに 2 等分を 3 回くりかえせば,均等の距離間隔で街路位置を確定して施工できる。したがって街路間距離が端数的であるとの理由で,「九経九緯」は採用しがたかったとの議論はなりたたない。

つぎに, 10 里四方の藤原京の「十一経十一緯」から最外縁の 2 本の京極大路をさし引くと,「城内道路」が『周礼』のいう「九経九緯」となるとする説明[72]について検討したい。このとき,もっとも問題となるのは,最外縁の京極大路をどのように考えるかという問題である。市壁をもたない藤原京をはじめとする日本都城の場合には,京極大路は,都城域を画する境界であると同時に街路でもあるという二重の性格をもつ。この 2 つの性格のうちどちらを重視するかによって,京極大路のもつ意味は異なってくる。

藤原京ではなく平城・平安両京の場合ではあるが,舘野和己は,京極大路が京の内外を画する道路ではあったが,京と国とを区別する境界としてつよく意識されていたことを強調する[73]。もし境界としての京極大路の性格を強調すれば,同大路は中国都城における市壁と類似する存在となる。この場合には,「十一経十一緯」から 2 本の京極大路をさし引いて「九経九緯」とみなすことも可能かもしれない。

この問題を考えるにあたって,やはり藤原京の場合ではないが,後述する 2007 年検出の平城京・十条大路と築地大塀の位置関係が参考になる。築地大塀は,都城ファサードを装飾するための市壁の擬似的表現と考えうる。同大塀は,十条大路南辺にそって建造されていた。当初の平城京・南京極大路にあたる十条大路は,〈擬似的市壁内＝「国中」の街路〉＝条坊道路であった。この認識は他の京極大路にも敷衍可能

で，京極大路は「国中」街路である。したがって大藤原京の「十一経十一緯」は，「国中十一経十一緯」を意味する。それらから2本の京極大路をさし引いて「九経九緯」とみなすのは，「九経九緯」という数字あわせではあっても，『周礼』のいう「国中九経九緯」とはまったく異なる。

さらに市壁をもたない日本都城では京極大路は京域を画する街路であり，それを無視しては京域そのものを論じることもできないという重要性をもつ。すでに「はじめに」で述べたように，市壁が通常の都市施設であるユーラシアの諸都市では，市壁の内面にそって走る最外縁街路（『周礼』のいう環涂）がなくとも，都市域の境界は景観的にも物理的にも明瞭である。そのため，それらの街路を無視して，市壁と残余の街路を対象として都市形態を論じることも可能だ。しかし羅城＝市壁をもたない日本の都城では，京極大路はユーラシア都市一般とはまったく異なった意味をもつ存在である。それが，都城のウチとソトを画する街路だからである。

この京極大路のもつ重要性は，同大路の発見によって，はじめて藤原京の京域が確定できたという研究の経緯をみてもあきらかであろう。京極大路のもつ条坊大路としての重要性を考慮することなしに，算数的な引き算をもとに藤原京の「十一経十一緯」が，『周礼』の「九経九緯」とおなじとするのは強弁にすぎよう。

2）「前朝後市」理念の検討

「前朝後市」は，南面して立つ帝王の居所＝宮城を中心にして，その前（南）に朝廷＝官衙，後（北）に市を置くということである。ここでは，この成句を「前朝」と「後市」に分けて考えることにしたい。

「前朝」に関しては，藤原京と『周礼』とのあいだには整合と不整合の両面が観察できる。前述したように藤原宮の空間構成は，宮域を中央と左・右両翼からなる3つの南北縞帯に区画するものであった。中央縞帯に関しては，その内部をさらに北半部と南半部とに大きく区分したうえで，北半部には内裏と大極殿を正南北軸線上に，また南半部には朝堂院の12堂を同軸線にそって左右相称に配置していた。隋唐・長安の用語をもちいて，北半部の内裏と大極殿をあわせて宮城，南半部の朝堂院を皇城＝朝廷とすると，両者の関係はまさしく「前朝」となる。宮闕中心部にあたる中央縞帯の王権施設の空間配置に関しては，藤原宮は『周礼』理念と整合する。しかしこの場合でも，「前朝」は藤原宮をもって嚆矢とするのではなく，すでに推古天皇の小墾田宮や孝徳天皇の前期難波宮でも観察されるものであった。藤原宮中央縞帯の「前朝」配

写真92　藤原京　市杵島神社
藤原京の市の所在場所は不明であるが，市とむすびつく市杵島神社は，岸説京域の北東角＝「横大路と中ッ道との交点」近傍に鎮座する。

置を，『周礼』のみにもとめて論じる必要はないのである。

　左・右両翼の南北縞帯に注目すると，そこでの発掘作業は一部にとどまっている。しかし既発掘部分からは，官衙と考えうる建造物遺構が検出されている。そのためこれらの区画は，図97にあるように，「官衙地区」と命名されている。左・右両翼の南北縞帯に「官衙地区」がひろがっていたとすると，そこは朝廷的空間といえる。したがって藤原宮は，中央縞帯に関しては「前朝」，左・右両翼縞帯に関しては「横朝」ともいえる編成を示す。宮城は三方を朝廷によって囲繞されるかたちとなり，宮城と朝廷の位置関係は「前朝」という成句だけには要約しえない。藤原宮の宮城と朝廷との配置は，『周礼』の「前朝」理念とは不整合であるといいうる。

　つぎに，「前朝後市」の「後市」について検討したい。藤原京の「市」の所在場所は確定されていない。しかし出土木簡の記載から，宮域の後方つまり北方に「市」があった可能性が大きいとされている[74]。のちの平城京また平安京も，東市と西市の2つの官設市場をそなえていた。それらの市に市杵島姫神社が勧請されていたことを手がかりに，木下正史は藤原京の京域内における同神社の所在地について検討し，2ヵ所で現存することを指摘する。その所在場所は，宮域の北東端と北西端からやや北方にあたるとする[75]。その位置は宮域の北方にあたり，『周礼』が述べる「後市」理念が妥当するかのようにみえる。

　しかしこのことをもって藤原京における市の立地が，『周礼』理念と整合するといいうるであろうか。もし木下のいうように，市杵島姫神社の所在地が藤原京の市の所在場所であるとしても，その立地は『周礼』の都城理念とは別の論理によって説明可能だからである。

　人力あるいは畜力に依存していた時代においては，モノの輸送に大きな影響をあたえるものとして地形条件があった。藤原京における市の北方立地は，地形条件から説明できる部分が大きい。藤原京は全体として北方にむけて緩傾斜しており，水流も同方向にむけて流れるとともに，より広大な奈良盆地つまり後背地空間が京域外の北方にひろがっている。そのため藤原京の立地場は，後背地また大和川水系からのモノの輸送が傾斜に対して逆進的となる。この逆進的関係を考慮すると，それらからの輸送距離を短縮しうる地点に市を立地させることが合理性をもつ。それが，藤原京の「後市」的配置，つまり宮城の後方＝北方に市を立地させた要因であったと考えることも可能である。したがって藤原京において宮城と市の配置関係が「後市」であったとしても，そのことを『周礼』理念のみにむすびつけて解釈する必要はない。平城京の章

であらためて検討するが、藤原京にみられるこの地形と後背地の逆進関係は平城京また平安京においても同様に観察され、それが、隋唐・長安の翻案と同時に両京の東・西両市を京域南端部に配置させた理由であろう。

このように「前朝」と「後市」の両理念を藤原京に即して考えると、それらは『周礼』の都城理念に一義的に収斂しない。「前朝後市」理念に関しても、藤原京が範を『周礼』にもとめて構想されたとする必要はないのである。

3)「左祖右社」理念の検討

南面して立つ帝王の左方（東）に王室の祖先を祀る祖廟を、おなじく右方（西）に土地と五穀の神を祀る社稷を置くという理念である。すでに述べたように、中国都城では、とりわけ祖廟（宗廟）は王都また都城に不可欠な王権施設として造営された。隋唐・長安の場合には、『周礼』の「左祖右社」理念にしたがって、皇城の南東端に祖廟、南西端に社稷が配置されていた。しかし日本では、藤原京をはじめとして、以後の建設都城のいずれもが「左祖右社」理念を採用しなかった。いわば同理念の受容拒否が、日本古代の都城をつらぬく重要な特質であった。日本における「近代化」がもつ選択的採用 ── この場合は選択的不採用であるが ── の例である。しかしこの問題は、「左祖右社」理念の不採ということだけにとどまらない重要な意味をもつ。それについては、『周礼』理念の検討を終えたのちに、あらためてとりあげることにしたい。

4)「中央宮闕」理念の検討

『周礼』の諸理念のなかで大藤原京説に妥当するのは、「中央宮闕」理念である。同理念に関する同型性をもっとも重要な根拠として、大藤原京説は、『周礼』が藤原京の建設に際して参照されたテクストであったとする[76]。しかしこの同型性を根拠として、藤原宮の「中央宮闕」構成を一義的に『周礼』とむすびつけることができるだろうか。

藤原京に先行する飛鳥浄御原宮を例に、「正殿」とよばれる宮処中心建造物とその郭域との関係について考えてみよう。同宮のIII-B期遺構は、内郭に関しては後岡本宮にあたるIII-A期をひきついでいた。図95に示されるように、内郭は、さらに南区画と北区画に分かたれていた。各区画の中央位置からは、各々SB7910、SB0501との番号を付された大型建造物の遺構が検出されている。それらは、ともに両区画の「正殿」にあたるとされている[77]。またIII-B期に新たに造営されたエビノコ郭でも、

「正殿」(SB7701) は同郭域の中央に位置している（図94）。これらの中心建造物と郭域との関係は飛鳥浄御原宮にかぎられることではなく，一般に，宮処のもっとも重要な建造物は郭域の中心的位置を占地して造営されるものであろう。
　藤原京は，京域のなかに宮域を配した日本最初の都城として建設された。上述の飛鳥浄御原宮の郭域と「正殿」＝中心建造物の配置関係についての議論で，郭域を京域，「正殿」を宮域に置換すれば，両者の位置関係は大藤原京説が強調する「中央宮闕」とおなじである。大藤原京説の「中央宮闕」配置は，宮処の造営にあたって，中心建造物を郭域の中央に配するという従来の様式からの「継承」としてとらえうる。また山路直充は，倭京の範域を，図98に記入された「北は横大路，西は下ッ道，東は上ッ道・阿部山田道，南は檜隈から祝戸」とした場合，飛鳥正宮＝飛鳥浄御原宮（伝飛鳥板蓋宮）は倭京の中心位置を占め，藤原京の「宮が京の中央にあるという空間意識」は倭京と共通していたとする[78]。
　また千田は，天武天皇が道教に傾倒していたことを前提として，同天皇は道教で神仙境とされる三神山に大和三山を見立てて，同三山が形成する三角形の中心部に京域を配したとすれば，その位置は「中央宮闕」となると述べる[79]。いいかえれば，藤原京の「中央宮闕」は結果として実現されたものであり，その成立を『周礼』のみにもとめて説明することはないのである。
　このように考えると，大藤原京説の「中央宮闕」配置もあえて『周礼』理念とむすびつけて理解する必要はまったくない。

　以上，『周礼』『考工記』「匠人条」が語る「方九里」・「旁三門」・「国中九経九緯」・「前朝後市」・「左祖右社」・「中央宮闕」の諸理念をとりあげて，藤原京の場合と照合・検討した。検討から導かれる結果は，これらの理念にかかわる藤原京の様相は『周礼』を参照せずとも説明可能であること，いいかえれば藤原京の基本建設構想を『周礼』にもとめる必要がないことを示すものである。遣唐使の中断による最新の中国都城情報の途絶という状況のなかで，先行諸宮処の造営経験からの「継承」と「革新」を模索して，条坊をともなった日本最初の都城を独自に建設しようとしたところに藤原京建設の画期的な意味があるといいうる。それは，まさに都城建設のエチュードであった。この章の副題を「エチュードとしての都城」とした理由は，ここにある。

(5) 楕円的王権空間の創出 —— 藤原京と伊勢神宮

　さきに藤原京が「左祖右社」という『周礼』都城理念を採用しなかったという事実を指摘したうえで，その背後にある理由をのちに探究したいとした。ここで，その問題に回帰したい。検討課題は，「もし藤原京が『周礼』をテクストとして建設されたとすれば，藤原京は，なぜ『周礼』が強調し，歴代の中国都城が踏襲しつづけた「左祖右社」理念を採用しなかったのか」，またその拒否を嚆矢として，「以後の日本の歴代都城が，なぜ共通して同理念を排除してきたのか」という問題である。

　岸は，中国都城の「模倣」において，積極的に摂取した「朝・市」のような政治・経済的なものと，「宗廟・社稷」のような宗教的なものとのあいだには差異があったことを指摘する[80]。この指摘が基本的には正しいとしても，古代日本は仏教という外来宗教を積極的に摂取した。このことを想起すれば，この問題の背後には，岸が指摘する「宗教的」という一語に一括できない事情が伏在していると考える。

　この問題について，榎村寛之は，日本の〈「京」=都城〉には宗廟・社稷だけでなく，京域全体を守護する神社も存在しなかったこと，したがって日本の都城は「神なき空間」として発進したことを指摘する[81]。このことは，藤原京の基本構想が『周礼』の「左祖右社」理念とは無縁のものであったことを意味する。しかしそれは，当時の王権が祭事施設に無関心であったことを意味するものではない。

　藤原京の建設を推進した天武・持統両天皇は，天皇権力と律令国家体制の確立をめざした。結論からいえば，そのために〈両天皇は，王権の権力を顕示する政事空間として藤原京を構想し建設するとともに，王権の権威を顕示するための祭事施設の創出もめざした。しかしその祭事施設は，『周礼』の「左祖右社」理念とは無関係に，まったく別の地に構想・造営された。それが，伊勢神宮である〉ということである。

　〈「神なき空間」=藤原京〉と〈「神います空間」=伊勢神宮〉とは，連繋し補完しあう政事と祭事の中核施設として構想された。天武・持統両天皇がめざした国家建設計画を楕円にたとえれば，それは，藤原京と伊勢神宮とを一体的関係にある2つを焦点として描かれた楕円的王権空間の創出であった。その一体的関係は，たんに政事と祭事という機能的な分担関係だけでなく，藤原京と伊勢神宮の造営時期の一致という時間的な関係においても観察できる。

　伊勢神宮の起原論については省略して，ここでは藤原京と同神宮の造営過程にみられる平行関係に限定して議論をすすめることにしたい。まず藤原京に関しては，前述したように，持統天皇5年(691)10月27日の地鎮祭挙行，翌6年1月12日の同天

皇による藤原京の街路視察と進行していく。692年の年初には，条坊街路という京域の骨格構成がかたちをなしつつあったのであろう。藤原京視察からほぼ1ヵ月後の2月11日に，同天皇は伊勢行幸の準備を命じ，諫言を押しきって3月6日に伊勢行幸に出立する。それは阿胡行宮の新営をともなう行幸で，飛鳥浄御原宮へ還幸したのは同月20日であった[82]。

　田村圓澄は，その目的は竣功した伊勢神宮の視察にあったとする[83]。しかし筑紫申真は，『日本書紀』に伊勢での参宮記事がないのは，行幸当時には伊勢神宮は造営されていなかったことにもとめている。筑紫は，その根拠として，書紀が述べる同年五月十三日条の「伊勢大神，天皇に奏して曰したまわく」でいう「伊勢大神」はまだ姿のないカミであったことをあげている[84]。しかし筑紫も，持統天皇の伊勢巡幸が，天照大神を祭神とする皇大神宮を伊勢に設立するための準備であったとする[85]。

　持統天皇は，2年後の694年12月6日に藤原京に遷宮する。一方，天照大神を主神とする皇大神宮が成立するのは，持統天皇が退位した翌年であった。それは，文武天皇2年（698）12月29日の多気大神宮の度会郡への遷宮[86]によって実現する。多気大神宮は，藤原京遷宮のころには，すでに皇大神宮に近い性格をもつ大神宮であったとされている[87]。

　このように藤原京と伊勢神宮はほぼ同時進行形で造営・整備がすすめられ，楕円の2焦点としてかたちを整えていった。伊勢神宮は，天照坐皇大御神を祭神とする皇大神宮（内宮）と豊受大神を祭神とする豊受大神宮（外宮）の両宮からなる。両宮の関係は，度会宮として豊受大神宮が存在していた地に，皇大神宮として多気大神宮が遷宮して両宮制の伊勢神宮が成立したとされる[88]。両祭神の関係は，皇大神宮の主神＝天照大神の朝夕の御饌に奉仕する神が豊受大神とされる。天照大神が皇祖つまり天皇家の祖神，豊受大神は御饌にかかわる食物・稲米さらには農耕の神である。この意味では皇大神宮は祖廟，豊受大神宮は社稷にあたる。祖廟と社稷は，「左祖右社」理念の核心であった。それらに相当する祭事施設が，藤原京からほぼ正東方の「常世の浪の重浪帰する国[89]」である伊勢国に造営される。

　緯度でいうと藤原京の大極殿が北緯34度30分，皇大神宮正殿が同34度27分，豊受大神宮正殿が34度29分であり，藤原宮と伊勢神宮はまったく同一といいうる緯度上に位置している。このことは，藤原京と伊勢神宮が時間的に同時進行的に造営されただけでなく，空間的にも正東西配置という一体的関係のもとに造営されたことを物語る。しかもそれらの造営推進者がともに持統天皇であったという点でも，共通

写真93　伊勢神宮内宮　外板垣南御門
　外板垣の走向は正東西・正南北を示し，南御門から外板垣を真西に延長させた線上に藤原京・大極殿が所在する。

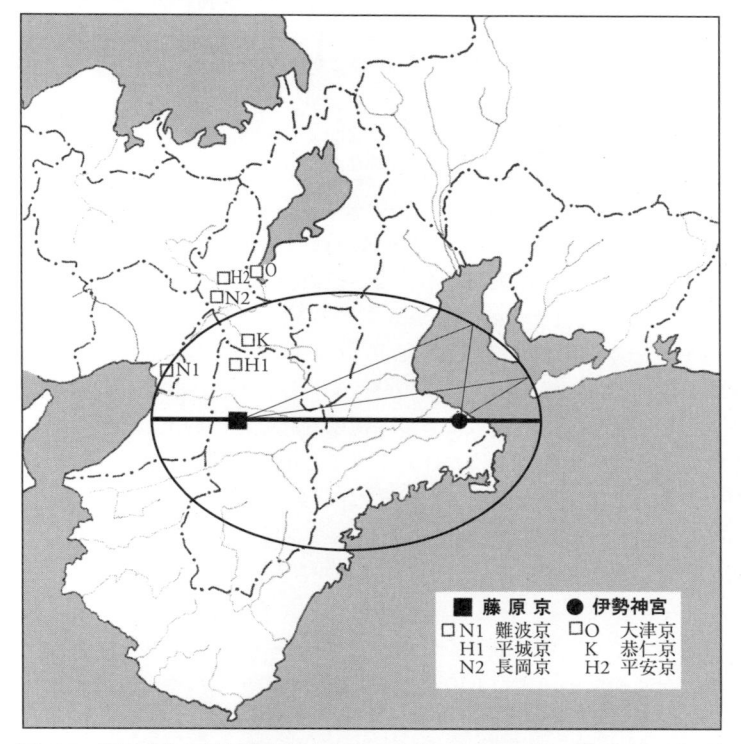

図102　藤原京と伊勢神宮を焦点とする古代王権空間の楕円構造（応地作図）

■ 藤原京　● 伊勢神宮
□N1　難波京　　□O　大津京
　H1　平城京　　　K　恭仁京
　N2　長岡京　　　H2　平安京

する。
　藤原京における『周礼』の「左祖右社」理念の拒否は，都城を超えた楕円的王権空間の再編・創出というコインの裏面であった。その楕円構造の2焦点の1つが「政事空間としての王権の権力顕示場＝藤原京」，他の1つが「祭事空間としての王権の権威顕示場＝伊勢神宮」であった。このような国家構想のもとで建設された藤原京は，当然，『周礼』の「左祖右社」理念とは無縁というよりも，同理念を拒否した都城であった。楕円的王権空間の政事焦点として，古代をつうじて建設される平城京以下の諸都城が『周礼』の「左祖右社」理念と無縁でありつづけたのは，当然のことであった。

第VII章　中国世界周辺での中国都城思想の受容とバロック的展開（1）

(6) 藤原京の「革新」性

　最後に，藤原京の「革新」性はどこにあったかという問題について考えたい。それは，つぎの諸点にもとめうる。

　第1は，単なる点としての都城の建設ではなく，伊勢神宮と一体化した楕円的王権空間創出のための焦点として造営されたことである。藤原京の建設は，日本最初の都城建設にとどまらず，〈「伊勢神宮＝王権の権威顕示の焦点」＋「藤原京＝王権の権力顕示の焦点」〉という2つを焦点として構成される楕円的王権空間を創出して，王権確立をめざす国家経略の中心戦略であった。その楕円王権空間を模式化して図示すれば，図102のように表現できる。しかも2つの焦点の造営は，時間的には690年代という同時期性，空間的には北緯34度30分前後という同位置性，また推進主体が持統天皇という同一人物性を示す。この時空的一体性のもとに王権の権威と権力を顕現する2焦点を新営して，それらによって構成される楕円的王権空間を創出したのである。それによって，古代日本における王権また王権空間を「革新」した。この点に，藤原京がもつもっとも重要な歴史的「革新」性がある。

　第2の「革新」は，条坊制にもとづく計画的な京域のなかに宮域を配して，日本最初の都城を建設したことである。しかし宮域の内部空間から，その造営に先行する条坊街路＝「宮内先行条坊」が発見されていて，藤原京は，京域の条坊施工後に宮域の造営位置が定められるという経過をたどって建設された。「宮内先行条坊」の検出は，宮域と京域とが当初から一体のものとして計画されていたのかどうかという問題を提起した。この問題に関して，2つの解釈が提出されている。

　1つは，岸の解釈である。それは，684年（天武13）3月9日条の記事で『日本書紀』が述べる「京師」は京域を，また「宮室」は宮域を意味し，この時点で京域と宮域が決定されたとするものである[90]。つまり岸は，両者が一体のものとして当初から構想されていたとする。この解釈では，「宮内先行条坊」も，そこが宮域予定地であることを了解していたうえで施工されたということになる。したがって「宮内先行条坊」の存在は，のちになって宮域の範囲と位置が決定されたという議論とは直結しないことになる[91]。他の1つは，林部の解釈である。京域の建設が開始された676年（天武5）の時点では宮域の位置は決定されていなかったとするものである。林部は，その理由として，宮域内からは「宮内先行条坊」だけでなく一般民衆の建物群も検出されていること，また藤原宮をとりまく外周帯の存在に示される京域と宮域の設計思想の相違をあげる[92]。

写真94　藤原京　朱雀大路址
藤原宮は外周帯とよばれるオープン・スペースで囲繞され，朱雀大路もその外辺から延伸し，宮城南面中門とは接続していなかった。

　ここで問題としたいのは，両説の解釈妥当性ではない。藤原京が計画的な京域のなかに宮域を配した日本最初の都城という点に関しては，両説は一致している。とりあげたいのは，林部が提起する宮域をとりまく外周帯の問題である。この問題は，単に既述の宮域をとりまく遮断的なオープン・スペースの存在ということだけにとどまらない。そのオープン・スペースの存在のために，宮城門を起点として条坊街路が京域内に出走していくという宮城門と条坊との一体的関係が，藤原京では観察できないという点を問題としたい。前述したように，絵画の壁面展示にたとえていえば，藤原京の場合には，「宮域＝絵画」，「それをとりまく方形囲帯の外周帯＝オープン・スペース＝額縁」，「京域＝壁面」にあたる。「額縁」の介在によって，「絵画」と「壁面」とが分断されていて，両者が有機的に結合されていないという点を問題としたい。前言したように，藤原京では「宮域＝絵画」と「京域＝壁面」とが分断され，物理的に併存する関係にあるといいうる。宮域と京域とが有機的に一体化された都城の成立は，つづく平城京を待たなければならなかった。この点にも，「エチュードとしての都城」という藤原京の性格が示されている。

　第3は，条坊制にもとづく京域の建設は，〈豪族から律令官僚へ〉という新たな天皇中心の政治体制への変革を，〈宮処から都城へ〉というかたちで吸収するための空間装置の創出であった。この点については，戦国城下町の建設過程が参考になる。たとえば越前一乗谷に城下町を建設した朝倉孝景が1470年代に制定したとされる「朝倉孝景条々」第14条は，「朝倉が館のほか国内に城郭を構えさせまじく候。惣別分限あらんもの一乗谷に引っ越し，郷村には代官ばかり置かるべき事[93]」と定めている。これは，「大身ノ輩」をその本貫地から分離させて城下に集住させることを命じたものである。これとおなじく，豪族層の京域内集住，そのために位階叙任による官僚化と宅地班給を推進し，それらをつうじて天皇権力を顕示するための壮大な政事・権力装置として藤原京が建設された。しかもそれを豪族層の根拠地＝飛鳥で実現した点に，藤原京の重要な「革新」があった。

　しかし考古学の発掘結果は，この「革新」の実現は限定的であったことを示している。それをもとに，林部は，官人への宅地班給また彼らの京内居住がどの程度まで実現されたかは疑問とする。その全面的な実現は，平城京を待たなければならなかった[94]。この点でも，藤原京は「エチュードとしての都城」であった。

　第4は，大極殿とその前面での朝堂院の創出である。「大極殿」という殿舎名は，中国都城の「太極殿」をひきつぐものであった。その名称の採用も，中国都城思想の

第VII章　中国世界周辺での中国都城思想の受容とバロック的展開(1)　　419

受容による「革新」を示す。しかし朝堂は，先行する飛鳥浄御原宮には存在しなかったとされ，前期難波宮から継承したものとされる。しかし前期難波宮と藤原京では，朝堂のもつ意味はまったく異なる。飛鳥浄御原宮をふくめて，豪族権力による職掌分掌，また豪族の家政機関でのその執行がながくおこなわれてきた飛鳥の地で，宮域内に 12 の朝堂を計画的に建設したことは画期的な意味をもつ。前期難波宮は摂津国に営まれた宮処であり，飛鳥を中心とした豪族たちの本貫地から遠く離れた地に位置していた。そのため彼らの職務場所の新設とその宮処内立地は，当然のことであった。それが，前期難波宮における朝堂建設の背景にある。

しかし飛鳥では，飛鳥浄御原宮においても，前述のように豪族の家政機関がなお職掌執行の場として機能していた。そのゆえに地形的な制約という要因があったとはいえ，飛鳥浄御原宮では朝堂的な建造物は建設されなかった。朝堂院を飛鳥の地において実現したのが，藤原京であった。前記の第 3 で指摘した豪族層の本貫地からの分離・集住とあいまって，藤原京は，律令体制の確立という「革新」を明示する都城であった。

第 5 は，大極殿と朝堂院の成立によって，天皇の居所である内裏，大極殿を中心とする王権の儀式空間，政庁群からなる朝堂院の 3 つを北から南にむけて配置する宮域の基本構成が実現されたことである。それは，宮域が従来の宮とおなじく天皇の居所であると同時に，王権権力のもとで律令官僚が勤務する場でもあるという「革新」を明示するものであった。

第 6 は，京域内での寺院の建立と布置である。「古代・近代化」によって，王権の宗教的シンボルは，それまでの前方後円墳から仏教寺院に変化する[95]。京域内への寺院の建立は，「古代・近代化」の重要要素であった仏教を都市の可視的施設として都城内にとりこむ試みであった。鬼頭清明は，鎮護国家を目指す国家仏教の成立を天武・持統期にもとめ，その成立が中央集権的支配体制形成のイデオロギー基盤であったとしている[96]。その際，なによりも重視されたのは金光明経などの護国経典であった。『日本書紀』天武天皇九年 (680) 五月一日条に「勅して，絁(ふとぎぬ)・綿・絲・布を以て，各差あり。京(みやこ)の内の二十四寺(てらでら)に施(おく)りたまふこと。是の日に，始めて金光明経を宮中及び諸寺に説かしむ[97]」という記事がある。「京の内」がなにを指すかについては諸説があるが，木下は，岸説藤原京とその東方と南東方の周辺一帯を指すとする[98]。「京の内」の諸寺院に施物を下賜して金光明経を講じさせたとの記事である。

藤原京の京域内に建設された寺院は，鎮護国家すなわち王権顕示を使命とする大官

写真95　藤原京　本薬師寺址
天武天皇が持統皇后の病気平癒を願って，京域内に建立した勅願寺であった。金堂と東・西両塔の遺構・礎石がいまも残る。

大寺，同様の役割とともに皇后の疾病平癒という現世利益祈願を色こくもつ薬師寺の2つの国立寺院をもって代表とする。ともに，それまでの諸寺院にくらべてはるかに大規模な寺域をもつ巨大寺院であった。大官大寺は造営途上で焼失したが，その伽藍中軸線は藤原京の東四坊坊間路の路心と一致している[99]。また薬師寺の伽藍中軸線も，西三坊坊間路の路心と一致するとされる[100]。両寺院ともに，条坊制施行後に京域の建設と一体のものとして施工されたと考えられている[101]。これらの巨大寺院は壮大な瓦葺き建造物で荘厳され，国家仏教とともに天皇権力の権威顕示のためのランドマークを演出した。

さらに本郷真紹は，これらの大寺院が都城を清浄性に満ちた空間として創出し維持する役割も果たしたとする[102]。この点は中世以降の日本都市における寺院のもつ役割とはまったく相違するが，藤原京は，国家鎮護・王権顕示・清浄空間という多面的な機能をになった寺院を都市施設としてとり込むことをめざしたのである。これも，藤原京がもつ重要な「革新」であった。大官大寺も薬師寺もともに岸説藤原京の京域内に位置し，「古代・近代化」の尖端的景観でもって藤原京を荘厳するものであった。しかしその位置は朱雀大路に面することなく，同大路からは離れたところに置かれていた。この配置がもつ意味については，次章の平城京においてあらためて論じたい。

(7) 藤原京から平城京へ ── 「エチュード」の挫折

飛鳥浄御原宮から藤原宮への遷宮は，694年であった。そのわずか13年後の707年（慶雲4）2月9日に，文武天皇は早くも王と五位以上のものに新たな都への遷都について審議させている[103]。それをふまえて元明天皇は，710年（和銅3）3月10日に藤原京に留守司を設けて，平城京に遷都する[104]。藤原京は，持統・文武・元明の3代16年間の短命な都でおわった。

この短命さのなかに，「エチュードとしての都城」という藤原京の本質が露呈している。まず日本最初の都城を，遣唐使の途絶つまり最新の中国都城情報が入手困難という状況のなかで，いわば手さぐりで習作しつつ建設しなければならなかったという事情があった。それは，とぼしい経験と指針をもとに一挙に都市建設に着手するという野心的な企図であった。その野心は，「王権・権威の顕示空間＝伊勢神宮」と並立する「王権・権力の顕示空間＝藤原京」を，「古代・近代化」のシンボルとして建設するという雄図にうらづけられていた。

野心と雄図は，藤原京が「新益京」の名で建設されたことに示されている。「新益京」

写真96 伝飛鳥板蓋宮址から藤原京方面を望む
後方の低山が香具山で，藤原京は同山の左（西）方一帯を
「新益（あらまし）」・選地して建設された。

との命名は，既存の地区ないし施設の周辺に「新たに益す京」との意味であろう。その基点ともいうべき地区・施設にあたるものは，飛鳥浄御原宮とその周辺に成立していた「メタ都市」であったであろう。このことは，当初から「メタ都市」周辺に「新たに益す京」が建設されるべき予定地が想定されていたことを意味しよう。同宮の周辺で巨大な京域を収容しうる平坦地をもとめるとすれば，飛鳥浄御原宮北西方の小丘陵末端から北にむけてひろがる平坦面をのぞいては存在しない。そこは，南東から北西にむけてゆるやかに傾斜する平地であった。ここへの「新益京」の建設は当初から想定されていたので，大規模な京域と人口をもつ新都城を選地する際には，とうぜん事前に考慮すべき諸点の検討もおろそかになったであろう。それは，藤原京が選地過程でいくつもの遺漏をともなった「エチュードとしての都城」であったことを物語っている。

したがって「エチュードとしての都城」という藤原京の特質が，藤原京を短命なものとした最大の要因であったであろう。藤原京に遷宮して12年後の706年（慶雲3）3月14日に文武天皇は詔を発して，①官人の振る舞いが礼にはずれていること，②男女がともに一緒になって夜と昼となく会集していること，③京城の内外に多く穢臭があることなどを述べている[105]。おそらくこの3点が，同天皇が翌年に遷都を審議させるにいたった理由であろう。それらは，藤原京とその現状に対する文武天皇の認識を示している。とりわけ都城・藤原京と関係するのは，②と③である。

②は，藤原京の「都市化」とかかわっている。「都市化」という概念には，一般にいわれる(a)「農村が都市と化していく過程」とともに，(b)「既存の都市がより都市性を増大していく過程」の両者をふくむ。この時期に藤原京が経験していたのは，(b)の「都市化」であった。それは，当然，藤原京の人口増大をともなっていたであろう。藤原京の人口について，岸は2.5万〜3万人と推定する[106]。寺崎も，岸の説をもとに2.5万人位を目安としうるとする[107]。しかしこれらの数値は岸説藤原京に関する人口推計であり，大藤原京説が有力となった現在では，それをもって藤原京の人口とすることはできない。木下は，岸の推定人口も算入して，大藤原京の人口を3〜5万人[108]，多く見積もれば5〜6万人とする[109]。

しかし発掘結果によるかぎり，藤原京で検出される宅地の規模は平城京の場合にくらべて大きく，零細な宅地は顕著ではない。それは，藤原京の居住人口が宅地を班給された官人層を主体としていたことによるとされる[110]。このことは，藤原京の都市成長が，前記の人口流入を基本因とする(a)の「都市化」ではなく，(b)タイプの「都

市化」であったことを物語っている。具体的には，官人とその家政機関での各種家事労働，手労働職人，雑業的サービス提供者などの増大であったであろう。彼らをふくむ5万人前後という人口集積によって生成しつつある住民生活の現状に対する文武天皇の違和感が，前記②の根底にあろう。それは，藤原京が王権の意図しなかった「猥雑」な都市へと化しつつあることへの違和感であろう。

　王権からみると，「猥雑」性は，都城・藤原京の建設が目指したものとは相いれないものであった。その建設にあたって王権が目ざしたのは，1つは〈藤原京＝王権・権力の顕示空間〉，他の1つは〈藤原京＝仏教寺院によって荘厳された清浄空間〉の創出であった。そのゆえに，藤原京は「猥雑」性とは無縁の都城であるべきであった。文武天皇にとっては，藤原京の「猥雑」な現状は許容しがたいものであり，遷都を構想せざるを得ないものであったであろう。しかし都市の成長が「猥雑」性の増大と表裏一体であるのは，古今東西に共通する都市の特質である。ここで，**Ⅵ-6-(1)**で紹介した北魏・平城から洛陽への遷都を主張した韓顕宗の提言が想起される。彼は，その理由の1つとして，あるべき都城の規律から逸脱した平城の風俗混乱を指摘していた。

　③は，藤原京をめぐる公衆衛生悪化の指摘である。その背後には，藤原京建設地の選地にあたっての検討不足があったであろう。それは，都市の建設経験の蓄積なしに手さぐりの試行をつうじて建設せざるを得なかった「エチュードとしての都城」がもつ宿命であった。藤原京は，ヤマト王権の揺籃地である飛鳥地方の北部に建設された。そこは，微地形的には，南とりわけ南東方に高く，北とりわけ北西方に低いという特徴をもっていた。木下によると，藤原京の京域南東隅と北西隅とのあいだの比高差は，現在でも12メートルという[111]。その傾斜にそって，飛鳥川や米川，寺川が京域を貫流する（図100）。さらにそこは，全体として低湿な地であった[112]。もちろん藤原京は，大小の条坊街路にそって大小の側溝を計画的に設定し，条坊街路は排水ネットワークと一体のものとして建設された[113]。側溝は，雨水排水だけでなく，生活汚水さらには水洗式便所からの糞尿も流下させる開渠排水路であった[114]。その排水方式は，京域・宮域の汚水を地形の傾斜にしたがって宮域の北辺外濠（そとぼり）に集め，その北西端から西二坊大路にそって掘られた幅員20メートルにもおよぶ幹線水路によって米川に排水するものであった[115]。この幹線水路は，排水と同時に物資運搬の機能をになっていた[116]。こうした排水方式は，糞尿をふくむ汚水を「中央宮闕」さらには京域北部にむけて集水し，北方の河川に放流する方式であった。それは，同時に，京域北方を「穢

表2　藤原京周辺での30年間の月別平均風速・卓越風向

月	1	2	3	4	5	6	7	8	9	10	11	12
平均風速（m/秒）	1.9	1.9	2.0	1.8	1.6	1.5	1.5	1.5	1.3	1.2	1.4	1.7
風向												
北西	2	1	4	2	4	8	7	2	4	1	1	2
北	1	6	21	23	21	19	14	14	21	16	3	1
北東				1	1	1	1	3			2	
東						2	6	5	4	3	1	
南東										3		
南	1						2	6	1	5	13	3
南西										1		
西	26	23	5	4	4					1	10	24

（八木測候所，1901-30年観測資料にもとづき応地作成）

臭」の発生源とする排水方式であった。3～5万人という人口集積は，汚水量したがって「穢臭」の発生量を増大させたであろう。

　ここで，京域北方への汚水・糞尿の流下とそこを発生源とする「穢臭」の拡散を考えるために，藤原京周辺地域における風速・風向について検討したい。現在の奈良地方気象台の前身は，1897年に設立された奈良県立八木測候所である。同測候所は組織の改変はあったが，設立以来1953年に奈良市内に移転するまで八木を観測地点としてきた。八木は，藤原京の京域北西端の直近位置に所在する。同測候所の観測データから1901-30年の30年間をとりだして，その月別平均風速と風向とを算出すると，表2のようになる[117]。

　八木測候所の観測記録は，風向を16方位に分けて記載している。ここでの目的は風系の季節変化をみることにあるので，同表では16方位を8方位に統合した。たとえば北北西・北・北北東の3風向は北として一括し，北西・北東は観測記録の北西・北東のみとした。他の方位についても，同様の原則にしたがって統合・表示した。同表に「風向」として掲げたのは，観測期間の30年間における月別にみた卓越風向の出現頻度である。したがって各月のタテ列の合計は30となる。

　表2は，平均風速は各月ともに秒速2メートル以下と弱く，風速に関して藤原京一帯が1年をつうじて静穏であることを示している。しかし，風向の季節変化は顕著である。その最多風向は，3～10月：北，11月：南，12～2月：西と変化していく。11～2月の冬期をのぞいて，藤原京一帯の卓越風向は北である。「穢臭」の発生は，気温と相関する。高温期つまり夏が，その発生時期である。「穢臭」の発生期とその前後の時期における藤原京一帯での卓越風向は，北となる。北方からの卓越風が，京域北部に集められた糞尿をふくむ汚水を発生源とする「穢臭」を，南方の宮域さらには京域の内部にひろく拡散させる要因となったであろう。しかもこの時期は，住戸をもっとも開放して暑気と多湿に対処する季節であった。それが，宮域と京域での「穢臭」をいっそうつよく感じさせたであろう。

このように文武天皇が詔勅で述べる「穢臭」の発生は，藤原京とその周辺での都市生活維持基盤の構造的欠陥に起因するものであった。これだけにとどまらず，都市的整備という点からみれば，藤原京はいくつかの欠陥を抱えていた。それらについて，小沢は，京域の南辺が丘陵地帯となるため，そこでは東西大路も貫走せず，もっとも重要な朱雀大路も都城を荘厳するという本来の機能を果たせないだけでなく，羅城門も造営されなかったことなどをあげている[118]。また木下は，宮域内の官衙地区での検出遺構をもとに，701年（大宝元）の大宝令施行による行政機構の改革に藤原宮の官衙建造物が即応しにくい事情があったと推量し，平城京へ遷都の一因をそれにもとめうることを指摘する[119]。

　これらは，藤原京とその周辺を場とする局地的な基盤整備の構造的欠陥の指摘である。局地的レベルを越えて，より広域レベルに目を転じても，藤原京は構造的な欠陥を抱えていた。それは，河川ネットワークを基本とする交通・輸送基盤である。京域を流れる飛鳥川も米川もともに小水流のうえに，北方で大和川に流入する。大和川は西流したのち，陪（副）都＝難波京さらには難波津近くに河口をひらいていた。しかしその河流は小さく，内陸水運としての利用はごく小型の舟にかぎられていた。当時，「古代・近代化」の遂行をつうじて，東アジア海域世界に積極的に参入しつつあった大和王権にとっては，大和川経由の外港＝難波津へのアクセスは貧弱であった。それを打開するためには，規模と水量の大きな河川を経由して同海域世界東端の終着点＝大阪湾湾奥部への水運アクセス路を確保することが賢明であったであろう。

　しかし規模大の水運アクセス路の確保また前述の公衆衛生の改良は，もはや藤原京をとりまく小水系では実現できなかった。平城京への遷都は，それらの実現をめざしたものでもあった。規模大の水運路の確保は，大和川水系から水量がよりゆたかな〈淀川—木津川〉水系への転換によって実現される。それによって難波津とその後背空間一帯へと物流ルートを拡充することも，平城遷都の重要な目的であったであろう。

　さらに藤原京自体の問題として，「古代・近代化」によって東アジア海域世界に積極的に参入し，倭にかわる新たな国号＝「日本」の認知をもとめようとする日本国家の都城として，藤原京がふさわしいかどうかという問題もあったであろう。これについて詳論することが，次節での目的の1つである。

　これらの局所的・広域的・国際的という3レベルでの問題性が，藤原京を短命な都城とした要因であったであろう。それらは，予習なき「エチュードとしての都城」という藤原京の基本的な特質に由来するものであった。これらの問題の一挙的解決をめ

ざした選択が，平城京の建設とそこへの遷都であった。

VII-4　平城京 ── 中国「バロック化」都城の翻案

　平城京は，藤原京にかわる新都として建設された。当然，両都城も「継承」と「革新」の関係でむすばれている。しかも藤原京は，「エチュードとしての都城」であった。藤原京での「エチュード」の成果は，平城京にどのような「継承」と「革新」をもたらしたのだろうか。岸説藤原京は，図99に示されるように，両者間の「継承」をよく説明できる復原案であった。それは，東京極大路を「中ッ道」，西京極大路を「下ッ道」として藤原京を復原するものであった。さらに岸は，この2つの「道」を奈良盆地北端まで延伸させたうえで，「下ッ道」が平城京の都城中軸線＝朱雀大路，東京極大路が「中ッ道」，〈「下ッ道」─「中ッ道」〉の東西幅とおなじ距離を西方に折り返した地点を西京極大路として建設されたのが平城京だとしていた。さらに平城京の南北長も，藤原京の6里を9里に拡大したとする。岸は，平城京は，東西幅は藤原京の2倍，南北長は1.5倍，したがって面積を3倍に拡張して建設された都城とする[120]。岸の復原案では，平城京は「エチュードとしての都城」である藤原京の経験を全面的に「継承」し，それを正数倍に拡大した京域をもつ都城ということになる。
　しかし大藤原京説とその東・西両京極大路が確定した現在，岸による藤原京と平城京との整合的な「継承」関係は成立しなくなった。藤原京は「エチュードとしての都城」であったにもかかわらず，平城京は，基本構想に関しては藤原京を「継承」することなく，藤原京の「革新」として建設される。そのとき平城京がモデル・プランとして仰いだのが，隋唐・長安であった。すでにⅥ-7で詳述したように，隋唐・長安は中国における「バロック化」の完成を告げる都城であった。それに範型をもとめて，平城京は建設される。この章の副題を〈中国「バロック化」都城の翻案〉とする理由は，ここにある。

(1)　既定の選地と建設過程

　遷都の評議が開始された約4ヵ月後，707年6月15日に文武天皇が崩御する。それをうけて同天皇の母后が，元明天皇として即位した。翌年の『続日本紀』和銅元年(708)2月15日条は，同天皇の詔勅を載せる。その冒頭で，遷都を急ぐ必要はないと

写真97 平城京 朱雀門と朱雀大路
朱雀大路は，大和盆地の南北幹線道＝「下ッ道」の北方への延伸線上に設定された。右方の芝地部分が「下ッ道」遺構の検出箇所にあたる。

しつつも，「王公大臣」の評議の結果にはしたがうべきであるとしたうえで，「方に今平城の地は，四禽図に叶ひ，三山鎮をなし，亀筮並びに従ふ。宜しく都邑を建つべし」[121]と述べ，新都建設地として「平城の地」を選地したことを宣明する。遷都の評議開始から新都選地までに要した期間は，わずか1年であった。しかもその間には，文武天皇の崩御と元明天皇の即位にともなうさまざまな儀礼行事があった。このことは，評議の当初から「平城の地」が新都建設地として予定されていたことを推測させる[122]。

詔勅は「四禽図に叶ひ」と述べ，「平城の地」が「四神相応の地」であると語る。「四神相応」とは，東から時計まわりの各方位に青龍・朱雀・白虎・玄武の四禽をあて，それぞれが河流・池畔・大道・山岳の存在と対応しているということである。平安京への遷都の際にも，桓武天皇が新都の地相について述べている。長岡京また平安京を論じる後章であらためて詳述するが，両都城への遷都を述べる桓武天皇の詔勅は地形・地物について具体的に語り，平城京の場合のように「四神相応の地」と修辞的に表現していない。元明天皇が「平城の地」を「四神相応」と明言する背後には，平城京とその周辺における現実の地形・地物の配置が「四神相応」であるとの意識があったであろう。また「四神相応」を現実に確認できるかたちで明示することが，藤原京を短期間で廃都とする理由づけのためにも必要であったであろう。

では，具体的になにをもって，元明天皇は「平城の地」を「四神相応」としたのだろうか。その点について，現実の平城京とその周辺の地形・地物から検討したい。井上和人は，平城京と地形との関係を図103のように図示している[123]。平城京はせまい奈良盆地の北端部に建設されたので，同図に示されるように，その東・北・西の3方には丘陵や山地がひろがっていた。したがって「玄武＝山岳＝北」は妥当する。西には，京域から暗峠を経て副都＝難波京また外港＝難波津へと至る幹線道が走っていた。したがって「白虎＝大道＝西」も妥当しよう。

これに対して東方と南方は，「四神相応」に対応する地形・地物を見いだすのが困難である。舘野は，東の河流に関しては東方の山地から流下する佐保川・能登川・岩井川を，また南の池畔に関しては京域外に存在していた多くの池を措定できるのではないかとする[124]。しかしこれらの想定に対しては，別の考えを提出したい。

まず東方の「河流」に擬されている諸河川は京域の内部をほぼ北東から南西にむけて斜断的に流下しているので，これらを「青龍＝河流＝東」に措定するのは困難であろう。また南方の「池畔」に擬されている諸々の池は，たとえ古代に存在していたと

第VII章　中国世界周辺での中国都城思想の受容とバロック的展開(1)　427

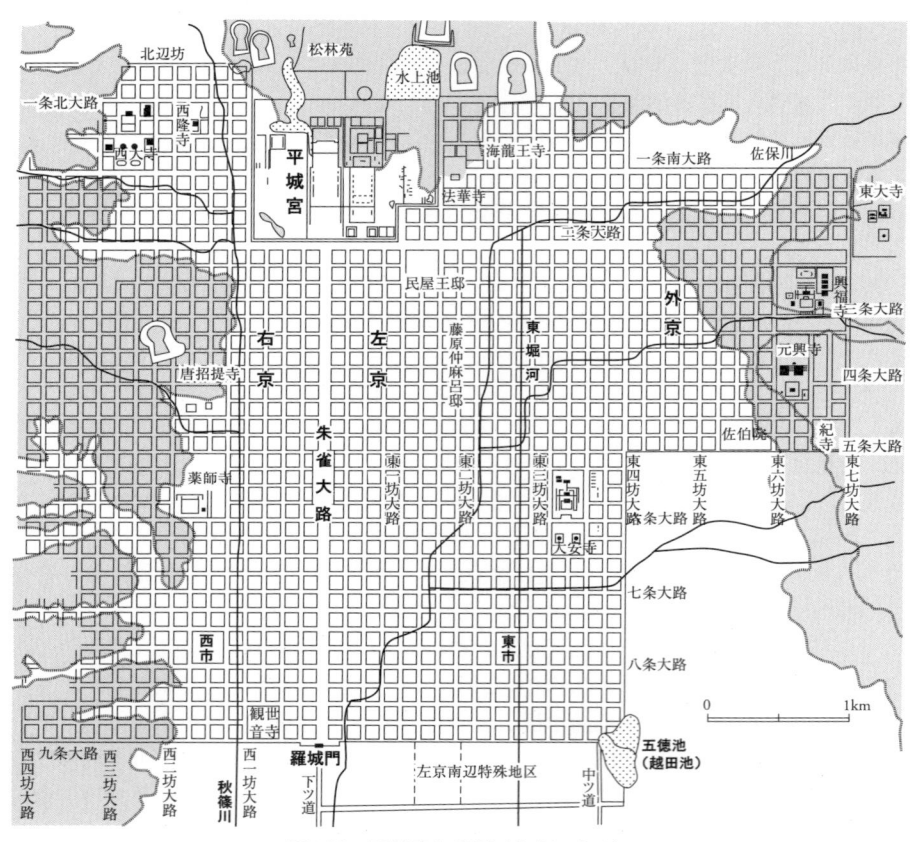

図103 平城京と地形（井上による）

しても，「四禽図に叶ふ」というにはあまりに漠然とした措定であろう。したがって東と南に関しては，図103にも描かれている人工的な地物の造成によって，「四禽図に叶ふ」「河流」と「地畔」を創出したと考えられる。具体的には，「青龍＝河流＝東」が京域東方部を正南北に掘鑿された東堀河，「朱雀＝地畔＝南」が京域南東隅に造成された五徳（越田）池であろう。すでに指摘されているように，東堀河は東市への輸送水路として，越田池は隋唐・長安の曲江池の見立てとして築造された。しかしそれらをあえて人工的に建造した背後には，東堀河と五徳池を「四禽図に叶ふ」象徴的な

地物とする意図があったと考えられる。これらの点については, のちに五徳池と市をとりあげて検討する際に詳論したい。

　詔勅が述べるもう1つの地相は,「三山鎮をなし」であった。それは,「三山が地を鎮める」ということであろう。千田は,「三山」を藤原京の京域内に鎮座していた香具山・畝傍山・耳成山を意識して, それに対応する「三山」的存在を平城京にもとめたものであるとし[125], その淵源は天武天皇の道教思想への傾倒にあったとする[126]。「三山」は, 同天皇が大和三山を道教でいう三神山に見立て, それらを大藤原京の京域内にとりこんだのに始まるという。千田は, 平城京で「三山」とされたのは, 三神山の1つ「蓬莱山」につうじる「宝来山」の名でとよばれてきた西の垂仁陵古墳, 東の春日山, 北の平城山であったろうと具体的に推考する。

　したがって元明天皇の詔勅が述べる「四禽図に叶ひ」また「三山が地を鎮める」という文言は都城のあるべき理想を語る修辞であると同時に, それらを実在の地形・地物によって可視化し, 当初からの既定方針であった「平城の地」の選地と遷都を正当化する黙示が込められていたのであろう。

　元明天皇は, 詔勅の発布後, 同年9月に平城(なら)に巡幸して地形を視察し, はやくも12月には平城宮の地鎮祭を挙行している[127]。翌709年7月には平城宮に行幸, 9月には新京(平城京)を巡行して京の人民を慰労, さらに12月にはふたたび平城宮に行幸と, 同天皇の「平城の地」行啓がつづく[128]。そして最終的に, 翌710年(和銅3)3月10日に平城への遷都が実行される。このとき藤原京留守司に任ぜられたのは, 左大臣・正二位の石上朝臣麻呂であった[129]。最高位の高官の留守司任命は, 遷都を急ぐ必要はないとの気持をいだいていた元明天皇の藤原京への哀惜を示していよう。

　710年3月の遷都時には, 平城京は完成にはほど遠かった。しかし藤原京の場合と比較すれば, 遷都までの所要期間はごく短かった。その期間は, 選地から地鎮祭までが10ヵ月, 地鎮祭から遷都までが16ヵ月の計26ヵ月にすぎなかった。その背後には, 遷都をいそがなければならない事情の存在があったであろう。それを技術的に可能にしたのは, 平城京の建設にあたって, 藤原京という「エチュードとしての都城」の建設経験にくわえて, モデル・プランとしての唐都・長安の存在であった。

(2) 中国「バロック化」都城の学習・翻案

　唐都・長安というモデル・プランの翻案には, 粟田真人(あわたのまひと)の役割が大きいとされる。701年(大宝元)に, 33年間の中断を経て遣唐使が復活する。その首席全権にあたる

写真98 隋唐・長安 大明宮・麟徳殿址
大明宮の正殿＝含元殿の北西方にあり，東方に太液池をみおろして立つ。ここで，粟田真人は則天武后と拝謁した。

　遣唐執節使に任じられたのが粟田真人であり，またこのとき学問僧として同行したのが道慈であった。道慈の滞在は16年間におよび，帰国後は，大安寺（もとの大官大寺）の平城京移転をはじめ諸寺院の建立にあたって重要な役割を果たした。彼らの第7次遣唐使は，東アジア世界に大帝国として君臨していた唐王朝との国交回復，「日本」という新しい国号の認知などとならんで，唐都・長安の現地学習も重要な目的としていたであろう。
　粟田真人は，入唐した702年に当時の実権者である則天武后に謁見をたまわる。その場所は，図77の大明宮内奥の麟徳殿であった[130]。麟徳殿は，太液池を見おろして立つ外国使節また重臣との謁見・招宴用の広壮な殿舎であった。大明宮は，その39年前に低湿な太極宮を避けて，北東方の高燥地にあった夏の離宮を拡張して造営された新しい宮域であった。この間の事情を，粟田真人は了知していたであろう。麟徳殿は，大明宮の正殿＝含元殿の北西方に位置する。大明宮正門の丹鳳門から，そびえ立つ巨大な含元殿を仰ぎみつつ龍尾道を登り，皇帝の日常政務の場である紫宸殿さらには麟徳殿に至るまでのあいだ，彼は，大明宮をつぶさに観察したであろう。粟田真人は，さらに長安3年（703）元旦の大明宮・含元殿前庭での朝賀大典に参列したと考えられる[131]。これは，日本の使節代表としての参列であったであろう。そのときも，彼は，北へと登高していく龍尾道とそれを俯瞰して屹立する含元殿とが構成する唐王朝の王権中枢空間の壮大さを脳裏に刻んだであろう。
　『旧唐書』は，「真人，経史を読むを好み，文を属るを解し，容止は温雅なり[132]」と，彼を好意的に記している。これによると，彼は，漢語の読解力にも作文力にも長けていたようである。その能力は，長安の現地学習にも役立てられたであろう。
　粟田真人は約2年の滞在ののち帰国し，704年（慶雲元）10月9日に藤原宮で文武天皇に帰朝報告をする[133]。その翌年には，彼は中納言・従三位に任ぜられる[134]。707年（慶雲4）2月9日に，王および五位以上の高位高官によって遷都の評議が開始されたとき，従三位の粟田真人はその中心メンバーであったであろう。彼は，長安に関する最新知見の将来者として，遷都を主導した大納言・藤原不比等の方針にそって遷都計画を推進し[135]，平城京の造営にあたって指導的役割を果たしたと思われる。
　平城京の選地にあたって注目されるのは，元明天皇の詔勅が語っているように，北方に山地を望む北高南低の地が選地されていることである。これは，南高北低の藤原京とはまったく逆方向の傾斜である。大和盆地の北端部は楯を東西にならべたような盾状丘陵で画され，その南麓に沖積面より一段高い平坦面が延びている。その平坦面

の最高所に宮域用地をもとめ，そこを中央北端として平城京が建設された。もっとも高燥な地に宮域を配置しているのは，低湿な場に所在していた長安・大極宮また藤原京・宮域の経験をふまえて，モデル・プランである「北闕」型都城・長安を「翻案」するためであったであろう。

(3) 平城京と隋唐・長安 (1) ── 総論的形態比較

　図104は，佐藤信が掲げる平城京の復原図である[136]。それをもとに，平城京の形態的な検討へとすすみたい。平城京の特質をもっともよく表現しているのは，中央北端に君臨する宮域とその正門＝朱雀門から京域南端の羅城門まで直走する朱雀大路である。朱雀大路の規模は，全長およそ3800メートル，路面幅約67.5メートル，両側の側溝幅約7メートルという数字に示されている。しかも側溝の外線にそって連続する築地塀が，遠近法的効果でもってその直走性と壮大性をさらに演出していた。平城京の朱雀大路を藤原京の同大路とくらべると，側溝の幅員はほぼおなじであるが，路面幅は約3.8倍，さらに藤原京の南京極大路が図101の十条大路であったとしても，全長距離は藤原京・朱雀大路の約1.5倍という巨大さであった。

　これは，隋唐・長安で完成された「バロック化」中国都城＝〈壮大な朱雀大街を直走させた「北闕」型都城〉の基本骨格を「翻案」したものであった。しかし隋唐・長安と比較すると，平城京の「バロック化」はなお完成には至っていなかった。それについては，のちに論じることにしたい。平城京は基本構想を長安にもとめたとしても，その単なる移転いいかえれば長安の模倣ではなかった。平城京の建設においても，「選択的採用」という日本の「近代化」をつらぬく特質を読解できる。「翻案」という言葉で平城京を語るのは，その特質を指してのことである。模倣でなく「翻案」という視座から，平城京と唐都・長安の形態特質を比較検討することにしたい。

　最初に両者の総論的な比較をおこない，その後に，個別各論的な検討へとすすむことにする。まず都城基準線・地形・規模・形態・グリッドパターン街区の諸点にしぼって，平城京と長安とを総論的に比較したい。

1) 都城基準線

　都城域＝京域の位置決定に際し，両者は，ともに既存の広域的な南北基準線を採用している。前述したように，その線は，平城京では大和盆地を南北に貫走する「下ッ道」であり，それを都城軸線として朱雀大路を設定している。長安の場合には，それは，Ⅵ-3-(7)で述べた北方の五方基壇から前漢・長安の安門大街を経て南方の子午

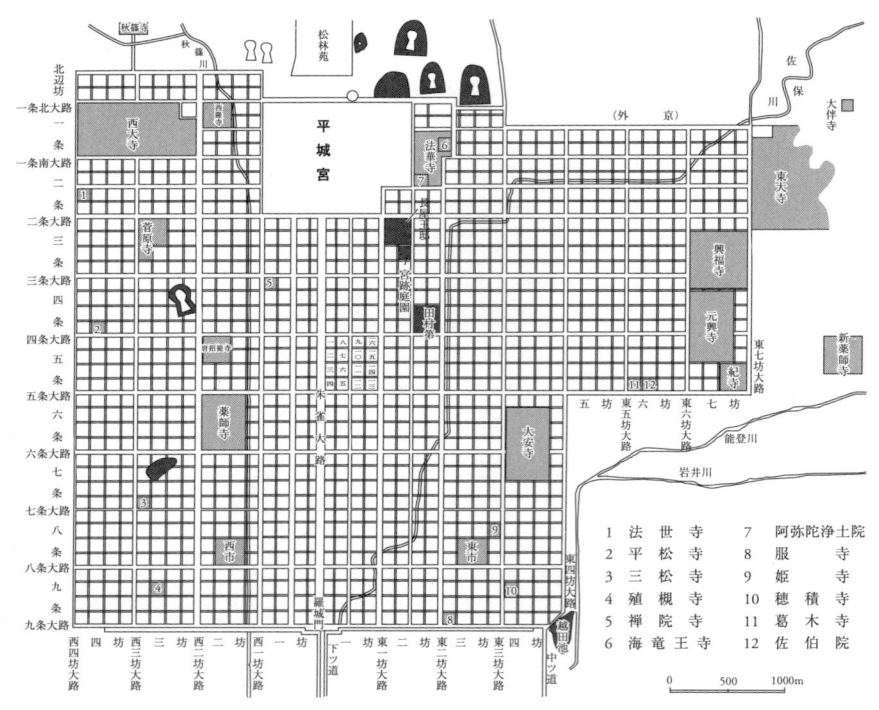

図 104　平城京復原図と寺院分布（佐藤による）

谷へといたる長大な正南北線であった．図 80 に図示したように，同線を基準として，隋唐・長安の都城域の西限が設定されていた．広域的な南北基準線を採用して都城建設の基本としている点に関しては，両都城は共通性をもつ．

　しかしそれらの基準線の採用理由は，たがいに相違する．「下ッ道」は，図 99 に示されるように，岸説藤原京の西限線にあたる．また大藤原京の場合でも，藤原宮は，西の「下ッ道」と東の「中ッ道」とのあいだの中央位置に所在する．「下ッ道」と「中ッ道」は，藤原京では朱雀大路とならぶ重要街路であった．平城京の中軸線としての「下ッ道」の採用は，藤原京との一体的関係の重視という旧都との「継承」関係を示すものであったであろう．しかし隋唐・長安の場合には，既述したように，防禦と隋王朝樹立者＝文帝による前王朝・北周王家の怨霊忌避を動機としていたと考えられる．

432　第 2 部　都城のバロック的展開

隋唐・長安の西限基準線の採用は，前王朝の旧都からの「断絶」をめざしたものであった。

けれども「下ッ道」のアプリオリな中軸線採用は，平城京に重要な帰結をもたらした。それは，右京の範域内に占める山地・丘陵の割合が大きくなったことである。平城京の京域と地形との関係は図103からもうかがえるが，この点についてより厳密に検討したい。次節でとりあげる長岡京も，右京の範域に山地・丘陵を包摂して京域が設定された。ここで平城京と長岡京の右京部分における京域と地形との関係を比較することにしたい。現在の地形図からは丘陵・山地を削平して進行した都市化による変形地形しかよみとれないので，都市化の進行以前の地形を示す明治中期測量の仮製2万分の1地形図をベースマップとして，この点について検討する。

等高線間隔の大きい平地ないし緩傾斜面がいっきょに山地へと移行する地点を，地形変換点とよぶ。地形変換点は線状にならび，その線が地形変換線である。まず仮製2万分の1地形図上で，平城京と長岡京の右京・二条大路以南の範域と同範域内における地形変換線を画定する。同範域の全面積に対する地形変換線より高位の山地・丘陵部分の面積比を算出すると，平城京が約27パーセント，長岡京が約13パーセントとなる。両都城の右京・二条大路以南の範域の面域はほぼ等しく，ともに約60万平方メートルである。そのうえ都城建設地として選地された奈良盆地北端部と山城・長岡の平野規模は，奈良盆地の方が大きい。にもかかわらず，平城京の二条以南の右京部分における山地・丘陵の面積比率は長岡京の約2倍にあたる。この逆説的な状況は，平城京が，都城中軸線＝朱雀大路の位置をアプリオリに「下ッ道」にもとめて設定したことがもたらした帰結であったとしうる。

さらにいえば，この右京における山地・丘陵面積比率の高さが，左京の外延に外京を付加させた重要な要因であった可能性を指摘しうる。

2) 地　形

平城京も隋唐・長安も，ともに基本的には平坦面に立地している。しかし平城京の場合には，上述したように，奈良盆地北端という平地空間の狭小性のゆえに，とりわけ右京西半部は山地・丘陵に設定されている。しかし平城京と長安との大きな相違は，平坦面の微地形にある。平城京は，前述した708年の選地によって「四神相応」の「北高南低」の地に建設された。これに対して長安は，都城域内に6つの丘陵（六坡）をふくみつつも，全体として南東から北西にむけて傾斜する地に建設された（図86）。「南高北低」という地形に関しては，長安は藤原京と類似する。藤原京から平城京へ

の重要な遷都理由に，この地形的条件にもとづく公衆衛生問題があった。藤原京と同様の微地形をもつ長安の場合にも，それに起因する問題が発生した。京域の中央北端に位置する宮域は，易の思想にしたがって六坡のうちの第1および第2の高坡に建設された。そのため天子の居住宮殿としてもっとも重要な太極宮が，2つの高坡間の低湿な凹地に位置することになった。それは，太極宮の居住環境の悪化をもたらした。これを主たる理由として，より高燥な北東方の龍首原に新宮域＝大明宮が造営されるにいたった。前述したように粟田真人も，この間の経緯をよく了知していたであろう。藤原京の反省また長安での知見が，平城京また平城宮の選地にあたって活用されたと推察される。

　3) 規　模

　平城京と長安の規模は，大きく相違する。都城域の規模をメートル単位で比較すると，平城京は，東方に張り出した外京をのぞくと，東西幅が約4300，南北長が4800メートル，面積が20.6平方キロメートルとなる。長安のこれらに関する数値は，おのおの約9700，約8200メートル，約79.5平方キロメートルである。これらの数値が示すように，平城京はタテ長・長方形，長安はヨコ長・長方形の都城であった。しかも面積でいえば，平城京は，長安の約4分の1の規模にすぎない。

　4) 形　態

　図77に示されるように，長安の都城域は，前述の理由によってのちに域外北東方に建設された大明宮をのぞくと，完全な長方形であった。しかし平城京の京域はいくつかの張り出し区域をもち，長方形を基本としつつも厳密には多角形であった。まず北東方には大きな範囲を占める外京があり，右京の北端部にも北辺坊とよばれる2坊分の張り出しがあった。ただし北辺坊に関しては，西大寺造営の際に付加されたとの説がある。しかし外京に関しては，最近の発掘成果から都城建設後の付加ではなく，平城京造営の当初から存在していたとされている。したがって平城京の京域全体の形態は，ただちに長安を範型としたとはいい切れない。このように形態に関するもっとも重要な相違は，平城京における外京の存在にあった。

　この点をめぐって，大脇潔[137]と竹田政敬[138]は，平城京と大藤原京との同型性を強調する。大藤原京では，図101に示されるように，地形の関係から京域全域にわたって条坊を施行することはできなかった。とりわけ京域南東隅は香久山をはじめとする丘陵・山地帯であって，条坊無施行地帯であったとされる。大脇と竹田は，この南東部の条坊無施行地帯を京域から除くと，藤原京の全体的な輪郭が外京をふくむ平城京

と類似すること，しかも藤原京の京域北東部の条坊施工地帯の位置と規模が平城京の外京とほぼおなじであること，の2点を指摘する。そこから竹田は，平城京の京域は藤原京をモデルとして建設されたとする。

　この議論に対しては，つぎのような疑問をもつ。藤原京の京域は，条坊制施工範囲と整合させて理解することが必要との指摘は認めるとしても，そこから帰納できる藤原京の京域形態を平城京の京域（外京をふくむ）とむすびつけて議論する際には，つぎの諸点への考慮が必要であろう。まず平城京は，宮域の中央北端から正南走する朱雀大路を中軸線として，左右相称に京域を配した都城である。この点に関しては，朱雀大路の貫走性には相違があるとしても，藤原京もおなじである。藤原京の京域南東部の条坊無施行地帯は，ほんらい左右相称的に構想された京域の内部に存在する。そのため，条坊無施行地帯を京域から排除すると，藤原京の左右相称性は崩壊する。

　これに対して平城京では，京域の左右相称性を保持したうえで，その外部に外京を付加しているのである。外京は付加的存在であるがゆえに，必要範域のみに条坊街路を施工し，その範域外の南方は条坊無施行地帯のまま放置したのであろう。したがって平城京の京域プランの基本は，［京域プラス外京］であって，藤原京のように［京域マイナス条坊無施行地帯］ではない。平城京の京域形態論において重要なのは，「なぜ外京の付加が必要であったのか」，いいかえれば「なぜ外京のもつ機能を京域内部に吸収することができなかったのか」という問題であろう。これについては，のちに再論したい。

5）　グリッドパターン街区

　平城京も，長安も，ともに直走する大小の街路によって都城域はグリッドパターンに区画されていた。グリッドパターン分割という点では共通していたが，その分割の結果として成立した区画の規模と形態，また分割線にあたる街路の規模に関しては，両都城のあいだには大きな相違が存在した。

　平城京では，ほぼ530メートル間隔で東西方向の条大路と南北方向の坊大路がグリッドパターン状に走り，都城域を街区に分割していた。街区の形態は，一部をのぞいて画一的な正方形であった。これは，藤原京からの「継承」であった。これに対して長安では，一部をのぞいて街区の形態は長方形で，規模も多様で市をふくめれば6種類をかぞえた。

　これらの街区は，平城京また長安ともに「坊」とよばれたが，その呼称には相違があった。平城京では「〇〇条××坊」と数詞呼称でよばれたのに対して，長安では

「靖善坊」などのように固有名詞呼称であった。これらの坊の内部を分割する小街路は，平城京では「小路」，長安では「巷」とよばれた。これらの「小路」と「巷」をのぞいて，都城内の街路を幅員によって分類すると，平城京は非常に複雑で計12種類を数える[139]。長安では，その種類は5にすぎなかった[140]。このように，平城京の「画一的街区と多様な街路」，長安の「多様な街区と単純な街路」という対照性が，グリッドパターン編成の類似性の背後に観察できる。

「街区＝坊」内部の区画原理においても，両都城は相違する。平城京では，大路で囲まれた坊は各3本の東西小路と南北小路によって4×4＝16の坪に区画されていた。坪は約125m四方の正方形区画で，図104の朱雀大路にそう五条・東西一坊に漢数字で記入されているように，坪も坊とおなじく数詞呼称でよばれた。この坪が，宅地班給の単位であった。

長安では，中央縞帯をのぞいて，坊はまず東西と南北に走る巷（小路）で四等分され，その交点を十字巷とよんだ。巷には十字巷からの方向によって，たとえば北行するものを北街とするように，道路を意味する「街」に方位を付記して命名された。この4等分された小街区の内部は，さらに十字に走る直交小路によって4等分された。このように長安でも，坊の内部は16区画に区分されていた。細分区画の数は，平城京の場合とおなじである。しかしその呼称は数詞ではなく，方位呼称であった。たとえば東南の隅の小区画は，坊名の下に「東南隅」，その北の小区画は東街の門（東門）がそこに存在することから「東門之南」とよばれた。坊内部の16小区画が，数詞であれ，方位であれ，固有名詞ではなく形式的な呼称でよばれた点だけにかぎれば，平城京と長安はおなじであった。

(4) 平城京と隋唐・長安（2） —— 各論的形態比較

平城京を〈中国「バロック化」都城＝隋唐・長安の翻案〉とよびうるとすれば，両都城のあいだで観察される類似性の背後にも相違性を読解することがもとめられよう。つまり「類似性のなかの相違性」あるいは「相違性のなかの類似性」の確認である。これまで，各論的レベルで両都城の類似点とされてきたものを箇条書きし，その背後に存在する相違性を抽出していきたい。

(4)-① 「類似性のなかの相違性」

1) 3南北縞帯編成：平城京も長安も，ともに中央北端に宮域を配する「北闕型」

の都城である。VI-7-(2)で長安を論じた際に図81で示したように，その都城形態の基本編成が中央と左・右両翼の計3つの南北縞帯からなることを指摘した。中央縞帯とは，宮域を北端として，宮域の東西幅で南辺市壁まで延伸する都城域ベルトである。中央縞帯の左・右を南北に延びる都城域ベルトが，左翼および右翼の両縞帯である。平城京の場合には，中央縞帯を宮域南辺が二条大路に接する部分を東西幅とする都城域ベルトとして設定すると，長安にみられる3南北縞帯編成は，外京をのぞいた平城京にも妥当する。

長安の場合には，中央および左・右両翼の3縞帯は朱雀大街を中心軸線とする完全な左右相称編成であった。しかし平城京の場合には，3縞帯は基本的には左右相称関係にあるが，外京を除いたとしても，その相称性は2点でほころびをみせる。1つは右翼縞帯北端での北辺坊の存在，他の1つは宮域の東への張り出しである。

2) 都城域の行政区分：平城京も長安も，ともに朱雀門と名づけられた宮域南辺中央の宮域正門から南にむけて中軸街路＝朱雀大路（大街）が直走し，これを境界線として，京域が左・右の2つの行政区に区分されていた。平城京では左京と右京，長安では万年県と長安県である。しかしこの点ではおなじであるけれども，それらの所管官庁の管轄範囲は相違していた。平城京では，左京職と右京職の管轄区域は京域の内部にかぎられていたのに対して，長安の場合には万年県と長安県の県令の管轄区域は都城域を越えた外部にもおよんでいた[141]。

3) 宮域と都城域の直結：藤原京では宮域の四辺は正方周帯の外周帯＝オープン・スペースで囲まれ，条坊街路は外周帯の外囲に建設された宮域門から京域内へと延びていた。藤原京は，外周帯という「額縁」によって京域が額装された絵画にたとえることができた（図96）。「額縁」の存在のために，宮域は京域から遮断されていた。これに対して平城京は，藤原京の外周帯という「額縁」を廃して，両者の関係を「革新」する。平城京が採用した宮域と都城域の直結は，長安を「継承」したものであろう。

図105は，平城京の宮域つまり平城宮の構成を示したものである[142]。その内部編成については後述することにして，ここでは宮域の形態と宮域門の配置をとりあげたい。平城京では，宮域と都城域の形態には類似性があった。それは，両者がともに幟状の張り出し区域を東辺に付加していることである。これは，宮闕・外郭ともに完全な長方形であった長安との相違点の1つである。平城京の東方への張り出し域は，宮域では「東宮（院）」，京域では「外京」とよばれている。両者は，ともにのちに付加されたものではなく，平城京の基本設計段階から構想されていたとされている[143]。

第VII章　中国世界周辺での中国都城思想の受容とバロック的展開（1）　437

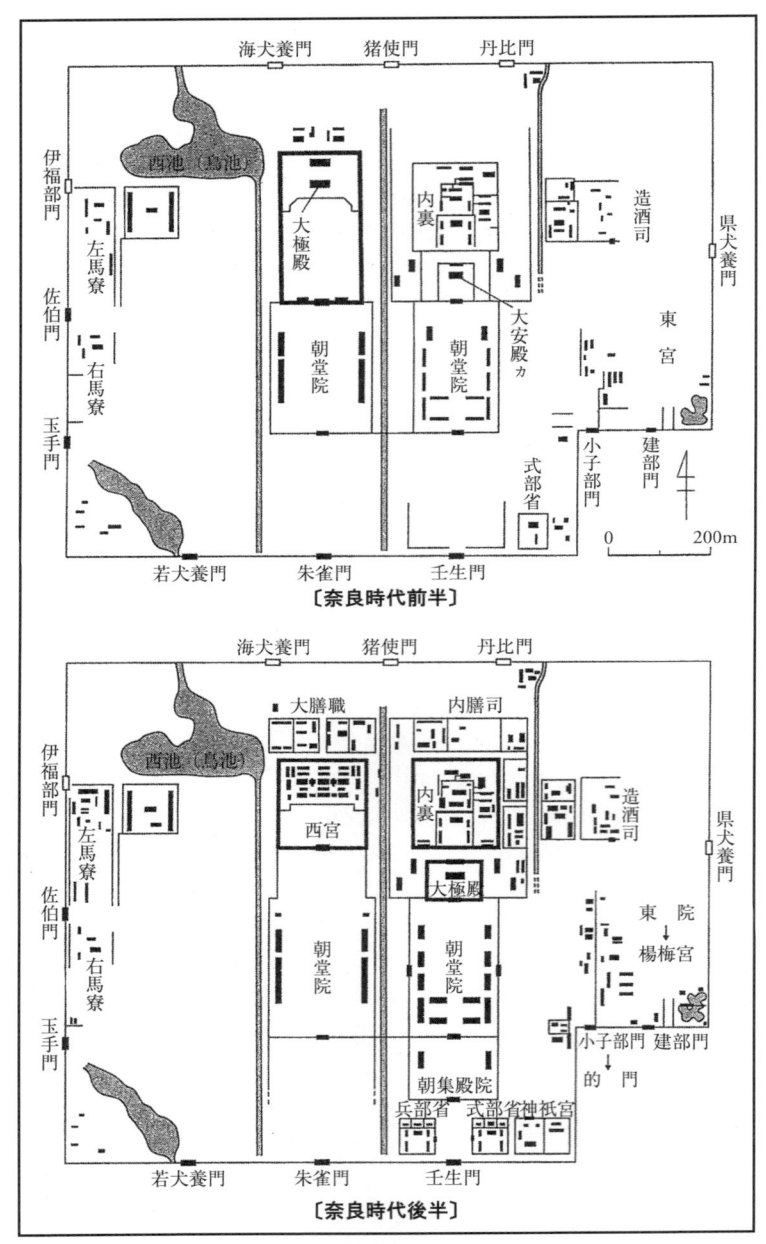

図 105　平城宮の内部編成（舘野による）

「東宮（院）」を付加した東辺をのぞいて，宮域が都城域に面する南辺と西辺に注目すると，そこには各3つの宮城門が開かれていた。これは，藤原京とおなじ「宮城12門」の一部をなすものであった。宮域の正面にあたる南辺をみると，中央に朱雀門，その左右に壬生門と若犬養門がほぼ等間隔に配置されていた。これら3門は二条大路に開いていて，宮城門と都城域は直結していた。南辺宮城門は，都城域を南走する街路の起点であった。この宮城門と条坊大路との直結は，宮域南辺だけでなく，西辺においても観察される。西辺にも等間隔に3門が配され，そこから街路が西走している。宮城門と都城域との直結は長安と共通するもので，京域の四辺に外周帯をめぐらせた藤原京とは異なった特徴であった。しかし都城域のグリッドパターン区画と宮城門を起点とする街路との関係に注目すると，平城京と長安とのあいだには相違があった。これについては，4）として独立させて検討したい。

　4）　中央縞帯の街区構成：平城京と長安の都城域は，ともに全面にわたってグリッドパターン街路で区画されていた。前述したように，四辺を大路で画された街区の形態と規模は平城京ではほぼ均一であったが，長安では多様であった。しかし3南北縞帯ごとにみると，両都城には共通点がみられる。それは，中央縞帯の街区がより細分されていたことである。

　平城京の左・右両翼縞帯では，街区＝坊は東西走する条大路と南北走する坊大路によって区画され，その内部は小路で4×4＝16坪に区画されていた。平城京の中央縞帯は，宮域南辺中央から南走する朱雀大路両側の左・右1坊列にあたる。そこでは，図104に記入されているように，坊の東西幅中央を走る一条坊間路によって，各坊は2×4＝8坪からなる南北に長い2つの短冊状街区に分割されていた。一条坊間路は宮域南辺の宮城門から発し，その幅員（両側溝心心間距離）は東一坊が約21.4メートル，西一坊が24.9メートルで，大路クラスの街路に匹敵する規模であった[144]。そこは坊を折半した短冊形区画ではあるが，条大路と坊大路によって区画された坊とおなじ意味をもつ街区であった。したがって中央縞帯の街区は，規模の小さい坊によって編成されていた。

　長安の中央縞帯の街区規模も，VI-7-3で説明したように規模の点で左・右両翼縞帯とは異なり，都城域のなかでもっとも小規模であった。とりわけ朱雀大街にそう街区の規模は，小さいうえにほぼ正方形であった。平城京は，この点では長安とおなじであった。また長安の中央縞帯の街区が，坊内を細分割する十字巷のうち南北巷を欠いていた。それは，「天子南面」都城におけるかたちを変えた「左右民廛」理念の貫徹

写真99　平城京　五徳（越田）池
写真80の隋唐・長安の曲江池とおなじく，都城域南東角に位置する。かつては後方のゴルフ練習場の背後も池域であった。

であった。しかし平城京の中央縞帯では坊間路・小路が南北にも走っていて，このような配慮はみられなかった。

さらに平城京では，2短冊状街区への坊の分割は中央縞帯だけでなく，一条と二条に属する坊でも観察される。そこでも宮城門を起点とする街路が坊間路あるいは条間路となって，貫走する坊をヨコ長の短冊状街区に折半していた。

長安でも宮域の東・西両辺の3宮城門から派出する街路が，長方形街区の区画線であった。この点は，平城京と共通する。しかし両者の違いは，宮城門を起点とする街路によって分割される坊の規模にあった。平城京では，それらの街路は坊間路となって，標準的な坊を半切していた。しかし長安では，図77によってあきらかなように，宮城門街路は大路＝グリッドパターン基準街路であった。また宮域の東・西両辺の左右にならぶ坊の規模が都城内で最大規模であるのは，これらの宮城門街路によって区画されていたからであった。宮城門街路は，平城京では坊を細分化し，長安では坊を拡大するという異なった役割をはたしていた。その相違は，基本的には両都城の京域規模の大きな差異に由来するものであった。

5) **京域後背園林**：宮域北辺外への王室専用園林地の配置である。長安では，そこには前漢・長安の園林宮殿群の旧地をとりこんだ広大な王室御苑が配置されていた。大明宮も，禁苑東部の高燥地にあった射殿の地を選んで造営されたものであった[145]。平城京も，図104が示すように，そこには「松林苑」と記入された禁苑が存在していた。ただし藤原京の場合でも，宮域の北接部分からは典薬寮関係の木簡が多数出土しているうえに，「テンヤク」の坪名が2箇所に遺存していて，そこに藤原宮に付属する園地があったと推定されている[146]。したがって平城京の「松林苑」は，長安の「禁苑」と同時に，藤原京からの「継承」と考えうる可能性も存在するであろう。

6) **都城域南東隅の園池**：平城京と長安は，ともに都城域の南東隅に人工的な園池を中心とした苑地を配していた。平城京では，図103にみられるように，そこに人工的に造成された「五徳池」が存在していた。岸は，五徳池の位置が長安の曲江池所在地にあたること，五徳池の北には「池ノ内」という小字があり，それをあわせると，かつての五徳池は現状よりも規模の大きな池であったとしうること，また小字「コシタシリ」の存在から五徳池を平安初期の仏教説話である『日本霊異記』が記載する「越田池」に想定可能であること，したがって現在の五徳池は平城京の京域南東隅に存在していた大池の残存ではないかとする[147]。また井上は，地割と寺院施入記録から，現在の五徳池南西端の微高地に離宮施設が存在した可能性を指摘している[148]。

長安では，都城域南東隅に曲江池をいだく芙蓉園が所在していたとされてきた。従来，曲江池の位置と形態は，福山敏男の説にもとづいて図77のように復原されてきた。それは，同図にみられるように，曲江池を都城域から南方に突出していたとするものであった[149]。しかし発掘調査の進行によって，福山による復原が変更されるにいたっている。その新たな復原案にもとづいて芙蓉園と曲江池を描いたものが，図78である。それによると，芙蓉園の位置は図77とおなじであるが，同位置に所在するのは曲江池ではなく芙蓉池であり，曲江池はその北方の都城域内に所在していたとされている[150]。いずれにしても，長安の都城域南東隅には広大な人工池と園地・庭園が配置されていた。現在，そこに広大な芙蓉園と曲江池が復元されている。

　すでに指摘されているように，平城京の五徳池（越田池）は長安の曲江池・芙蓉池を写したものとされている[151]。しかしその意味づけには，相違があったであろう。ここで，(1)「既定の選地と建設過程」で留保した「四神相応」の「朱雀＝池畔＝南」の問題に回帰したい。(1)では，平安京の場合とは異なって，「平城の地」が「四神相応の地」として選地されたこと，「四神相応」と語るかぎりは，四神によって表徴される地形・地物と方位との照応が明示され了知できるものであったであろうことを指摘した。北の「山岳」と西の「大道」は，たしかに現実にも了知可能である。しかし東の「河流」と南の「池畔」に関しては，それを明示する地物は存在しないとした。都城域南東隅での五徳池の造成は，長安の曲江池・芙蓉池を写すと同時に，「朱雀＝池畔＝南」を人工的に造成して「四神相応」を可視化するという二重の意味をもっていたと考える。

　7) **市の配置と機能**：『周礼』「考工記」は，市の位置を「後市」として宮域の後方＝北方に配置することを述べる。しかし「北闕型」都城では，都城域内に市を配置するとすれば，宮域の左右か前方にしか配置場所を見いだしえない。宮域の左右への配置は，王権の都として「天子南面」の「北闕型」都城ではありえないことであったであろう。それゆえに市の立地は，「前市」となるのは当然であった。平城京と長安は，ともに「東市」・「西市」とよばれる2つの市をそなえていた。しかし両者は『周礼』の「後市」理念から逸脱して，前記の3縞帯のうち左・右両翼縞帯に配置されていた。

　平城京と長安は，朱雀大路（街）を中心軸線とする左右相称編成を基本としていた。しかし東・西両市の配置は，両者のあいだで相違する。平城京の東・西両市は，東市が左京8条3坊，西市が右京8条2坊に位置していた。両市はおなじく八条大路に隣接する位置を占めていたが，その配置は左右相称ではなかった。のちに検討する長

岡京さらに平安京も，ともに朱雀大路を中軸線とする完全な左右相称位置に東・西両市を定置させていた。平城京は，それから背馳している。なぜ平城京のみが，2つの市を左右相称に配置しなかったのだろうか。そこには，しかるべき目的と理由があったと考えられる。その問題については後述することにして，ここではまず長安との比較に集中したい。

　長安の東市と西市は，完全な左右相称性をたもって左・右両翼縞帯に配置されていた。しかも両者は，東の春明門と西の金光門の両市門とをむすんで宮城南辺を走るもっとも重要な東西街路に南接していた。東市は春明門をへて中国本土への，西市は金光門また開遠門をへて西域諸国への終起点であった。宮城と東・西両市は，王権所在地を頂点とし，交易拠点を底辺の両端とする二等辺三角形を形成し，両者が長安の都市核であることを明示する配置であった。これに対して平安京の東・西両市は，都城域南端に近い八条大路に北接する位置に配置されていた。市の配置に関して，〈「長安の中央立地」：「平城京の周縁立地」〉という対照性が観察される。

　したがって両者の市はおなじく左・右両翼縞帯に配置されていたが，その立地場所には大きな相違があった。市の配置に関する前記の対照性は，奈良朝・日本と唐代・中国の商業交易の発達段階の相違を反映するものであったであろう。VI-6-(1)で述べたように，すでに北魏・平城から洛陽への遷都は重商主義的な動機によって説明できる部分も大きく，それを継承した隋唐・長安の市は重商主義的展開の嫡子であった。しかし平城京の市は，依然として実物貢納経済に対応した交換施設であり，貢納物の交換・換金と必要消費財の調達を重要な機能としていた[152]。しかも五条大路以北に所在する貴族・大官の広大な邸宅は，長屋王邸からの出土木簡が示しているように，加工・製造・交換活動の場でもあったとされる[153]。そこでの活発な活動は，平城京における市のもつ意味をいっそう低いものとしたであろう。

　規模の大小を問わず，市は物流の拠点である。物流は，輸送とむすびつく。平城京の市は，南方にひろがる大和盆地を臨む都城域の南端近くに配置されていた。南に向かって傾斜する微地形を考慮すると，後背地＝盆地空間からの搬入距離を短縮できる地点であった。この搬入距離の短縮可能地点への市の設置という平城京の特質は，「後市」的にみえる藤原京にも妥当する。また図103に示されるように，東・西両市は直線的な人工水路とむすばれていたとされる。東市は佐保川を水源とする東堀河，西市は秋篠川にあたる西堀河とむすばれていた。2つの堀河は，輸送水路と同時に排水路でもあったとされる。平城京では，人工水路が物流ルートとして重要であったこ

写真100　平城京　秋篠川（西堀河）
もとの自然河川を直線化して西堀河とし，北方の泉河（木津川）の河港＝泉津と西市をむすぶ運河として活用された。

とを示している。

　これは，長安においても同様であった。前述した幹線街路にくわえて，東・西両市は搬入・搬出用の人工水路をそなえていた。図90は，長安の都城域内に建設されていた主要水路を描いている。東市には，都城外を北流する滻水からの人工水路・龍首渠の分流がとりこまれていた[154]。さらにその分流は，皇城南東端から西流して西市東辺に達する。さらに西市は，南の都城外から北流する永安渠また西からの漕渠とむすばれていた。傾斜走向の相違を反映して流下方向は正反対であるが，平城京と長安の西市が，それぞれ秋篠川と永安渠という直線水路でむすばれているのは興味ある同型性である。

　このように平城京と長安の東・西両市はともに人工水路をそなえ，水運ネットワークとむすばれていた。ここでの共通性は，両者の水運輸送路が人工的に建設されていることである。人工的水路であれば，市の左右相称配置という基本計画にあわせて輸送水路を迂回・建設することも可能であったであろう。長安の場合には，市の左右相称配置を優先させた水運路の人工的誘導が観察できる。しかし平城京の場合には，前述したように，東・西両市はおなじ八条大路に面して位置していたが，その配置は左右相称ではなかった。

　この問題は，さきに留保した問題とおなじである。それは，つづく長岡京また平安京では2つの市が左右相称性をたもって配置されていたにもかかわらず，なぜ平城京の東・西市の配置が非相称なのかという問題である。ここで，この問題に回帰したい。

　平城京の東・西両市はおなじく八条大路に接していたが，その位置は東市が左京3坊，西市が右京2坊であった。図103が示すように，右翼縞帯で秋篠川＝西堀河を直走させるとすれば，丘陵地の存在のために，ほぼ西一坊大路にそう同図の流路以外にはもとめえないであろう。西市の右京2坊への配置の背後には，このような事情がはたらいていたと考えられる。一方，同図に示される佐保川の旧流路は，西市と左右相称位置にある左京8条2坊を流下している。したがって同地に東市を建設し，屈曲する旧佐保川を改修して東堀河とすることも可能であったはずである。河川流路からいえば，平城京においても，長安とおなじく東・西両市を完全な左右相称に配置することも可能であった。

　なぜ，それを採用しなかったのだろうか。それは，市の左右相称配置よりも，図103にみられるように，都城域を縦断する直線水路として東・西両堀河を建設するこ

第VII章　中国世界周辺での中国都城思想の受容とバロック的展開（1）　443

と，しかも東堀河を都城域の東部を流下させること，この2点を重視した結果であろう。西堀河は，自然流路の秋篠川を利用したものであった。しかし東堀河は，まったくの人工水路として建設されている。なぜ東・西両市の左右相称配置という長安モデルに背馳し，また多大な労働力を投じて，都城域の東部に北から南へと流下する直線水路を建設しなければならなかったのか。

それは，「青龍＝河流＝東」という「四神相応」を都城の東においても明示的に実現するためであったであろう。東堀河は，東市への輸送水路としての物流機能と同時に，東方向の「四神相応」つまり「青龍＝水流」の可視化という意味を付託された存在であった。この四神の意味付与という点で，東堀河は五徳池とおなじ性格をもつ人工的に建造された都城の「四神相応」施設でもあったのである。

以上，平城京と長安の両都城にみられる形態的類似性として，主要なものを列挙した。両者の都城復原図を一見したときにうける印象とは異なって，類似点が意外に少ないだけでなく，類似性とみなしうる場合にも仔細に観察すると相違が見いだされる。いいかえれば，ほんどのすべての「類似性」に関して「類似性のなかの相違性」を検出できる。それが，両都城の関係を「模倣」あるいは「翻刻」ではなく，「翻案」とよぶ理由である。

(4)-② 「相違性のなかの類似性」

ここで「相違性のなかの類似性」としてとりあげるのは，外観はまったく相違しているようにみえながらも，その背後にかたちをかえた類似性が観察される場合をいう。前項(4)-①でみた「類似性のなかの相違性」と，つぎにとりあげる「まったき相違性」との中間的な特質をいう。これに該当する平城京の形態特質は少なく，宮域にかかわるものばかりである。

1) **宮域の内部編成**：平城京と長安の宮域は，ともに「天子南面」思想にもとづいて都城域の中央北端に位置するという「北闕型」という点では共通していた。その内部の配置でも，『周礼』のいう「前朝」理念にしたがって，内裏・宮城を北に，朝堂院・皇城を南に配するという点でも共通していた。しかし平城京と長安では，これらの顕著な全体的な類似にもかかわらず，宮域内部では大きな相違が観察される。まず長安では，諸官庁はすべて皇城の内部に集中立地し，その外部には溢出していなかった。それに対して平城京では，官衙地区は政務と儀式の場である朝堂院に想定できるが，図105に示されるように，そこを越えて諸官衙が内裏のまわりにまでも拡散していた。

写真101　平城京　復元(第1次)大極殿と朱雀門
推定大膳職址から，近年ともに復元された大極殿と背後の宮城正門＝朱雀門を望む。両者の間隔距離は約800m。

これは長安とは相違するが，藤原京とは共通する平城京の特徴であった。さらに平城京では天皇の居所である内裏の位置は，後述するように，都城の朱雀大路＝南北中軸線上にはなかった。この点では，平城京は，都城軸線上に宮城の中心施設＝太極宮が位置する長安とも，また藤原京とも異なっていた。この両点にみられるように，平城京では，宮域の内部編成に関しては左右相称性からの逸脱が顕著であった。

しかも平城京と長安の宮域内部には，構造的ともいうる根本的な相違が存在した。長安の宮域は，前述のとおり南の皇城と北の宮城とに明確に二分されていた。皇城は，宮城正門の承天門から南の朱雀門へと南走する承天門街によって左右相称に分割されていた。また宮城の内部は，3つの南北縞帯に分たれていた。中央に天子の宮殿である太極宮がもっとも広い面積を占め，その中央南端に前述の承天門を開いていた。太極宮の西(右)には皇后宮殿の掖庭宮が，東(左)には皇太子宮殿である東宮が配されていた。承天門から北に延びる都城の中心軸線上に太極殿をはじめとする天子の殿舎が〈南→北〉方向にならんでいた(図88)。微細な差異は存在するが，大きくいえば，朱雀大街を中心軸線とする外郭城とおなじ左右相称性が，宮域内の皇城と宮城にも貫徹しているのである。つまり南面する天子の視線を中央軸線として顕在させ，天子の身体的な左右対称性を宮域と都城域のすべてに徹底的に貫徹させていること，それが長安の特質であった。

これに対して平城京は，都城域に関しては，外京の存在と市の配置などをのぞくと，長安とおなじく朱雀大路を中心軸線とする左右相称性を採用している。しかし宮域の内部は左右相称とはまったく無縁であって，都城域と宮域とは異なった原理によって編成されていた。図105が，「奈良時代前半」と「奈良時代後半」とに分けて平城宮内部の殿舎群を描いているように，その内部編成は8世紀の前半と後半で大きく変化している。これを前期平城宮，後期平城宮と区別する場合もある。ここでは，最初に造営された奈良時代前半の前期平城宮に限定して，宮域の内部編成について検討したい。

前期平城宮の宮域は，東の張り出し部分をのぞくと，長安の宮城とおなじく3つの南北縞帯に分かたれる。しかし3縞帯への分割はおなじであっても，その内部の構成は長安とはまったく異なる。一般に「中央区」とよばれる中央縞帯は，南端中央に朱雀大路への正門＝朱雀門を開き，その内部には南から朝堂院・朝庭・大極殿が中央軸線にそって左右相称に配されていた。朝庭は，そこで一官八省と総称される中央官庁の高級官僚たちが儀式や朝礼に際して序列に応じて参列する広場空間であった。そこ

第VII章　中国世界周辺での中国都城思想の受容とバロック的展開(1)　445

写真102 平城京 内裏址南辺より南方の（第2次）大極
殿址を望む
奈良時代前半期には内裏と大極殿は東西に並列していた
が，後半期には大極殿は内裏の南方に転移された。後方は
復元朱雀門。

での朝礼を終えて，彼らは朝堂院で執務した。その執務時間は，早朝から正午までであった。朝庭・朝堂院ともに「朝」の字を冠しているのは，そのゆえである。政事が午前を執務時間としていたのに対して，経済にかかわる市の営業時間は正午から日没までの午後であった。VI-7-(3)で述べたように，『周礼』の「前朝後市」は朝廷と市の空間的な配置だけでなく，「午前は朝廷，午後(后)は市」という時間的な継起を意味していた。平城京は，空間的な「前朝」だけでなく，時間に関する「前朝後市」も長安にならっていた。

　平城宮の西部縞帯からは園池や建造物の遺構が検出されているが，同縞帯の性格をめぐってはなお不明なところが多い。また「東区」とよばれる東部縞帯は中央縞帯に類似した内部編成を示し，両者がともに宮域の中枢であったことを示している。東部縞帯にも，南から朝堂院・大極殿的建造物（大安殿か）・内裏が南面して正南北線上に配されていた。このように平城宮の内部には，2つの政事中枢が中央縞帯と左翼縞帯に並立していた。長安の宮城では，中央縞帯を占める太極宮が唯一の政事中枢であった。したがって宮城の内部編成に関しては，平城京は長安とまったく異なっていた。しかし長安も，宮城を離れて位置にもう1つの政事中枢が存在していた。のちに建設された宮城東方の大明宮である。この2つの政事中枢は，宮城の太極殿を「西内」，東の大明宮を「東内」とよぶこともあった。2つの政事中枢をもつ点では共通していても，その2つが同一宮域内の2縞帯に並列している平城京と，宮域を異にする2ヵ所に独立して位置している長安という対照性が，両者のあいだに存在する。

　平城宮では，中央縞帯と東部縞帯の双方に朝堂院が置かれていた。2つの朝堂院は，機能を分担しあっていたとされる。中央縞帯の朝堂院は，即位や年頭の朝賀の場であった。いずれも王権の権威を顕示する重要儀式であり，都城のシンボリックな中心軸線上に君臨する朝堂院にふさわしい儀式である。これに対して東部縞帯の朝堂院は，外国使節の引見，また日常的な儀式の場であった。このような2つの朝堂院のあいだでの機能分担は，長安の太極宮と大明宮のそれに類似していた。機能分担の点もふくめて，平城宮における2つの政事中枢の併存は，長安の太極宮と大明宮の二宮制に範をもとめたものとの説がある。

　この二宮制の採用が，平城宮東辺の東への幟状張り出しを生みだした要因とされる。そこは，図105の［奈良時代前半］図に記入されているように，皇太子の宮処＝東宮と考えられている。長安でも，宮城の左翼縞帯は東宮にあてられていた。しかし長安では，東宮は幟状張り出し域ではなく，太極宮とおなじく宮城の北端から南端までを

占地していた。

2)「宮城 12 門」：このように平城京と長安は，宮域の形態また内部編成において大きく相違していた。それぞれの宮域は，平城京では築地大垣で，長安では版築壁で囲まれ，そこには宮域への宮門が配されていた。宮域の形態が不整形な平城宮の場合，東の張り出し部分（東院）を東辺にふくめて，各辺に配置された門の数をみると 3 門，全体として計 12 門であった。いわゆる「宮城 12 門」である。長安の場合には，たとえば図 77 のように，宮闕の東辺と西辺には 2 宮門だけを描く図が多い。しかし図 88 に示されるように，東宮東辺には鳳凰門，掖庭宮西辺には通明門が開いていて，宮闕の東・西両辺の宮門の数は各 3 門であった。また同図は，北辺も 3 門であったとしている。したがって長安の宮門の数は，計 12 であった。

宮域の形態は大きく相違するが，平城京と長安は「宮城 12 門」という点に関しては一致している。しかしそれをもって平城京が「宮城 12 門」を長安からの「翻案」とはいいきれないであろう。というのは，図 97 に記入された藤原宮の判明門号と図 104 が示す平城宮の門号とが一致しているからである。平城京は，「宮城 12 門」とそれらの門号を藤原京から継承したことを示している。「北闕」型都城へと変化したにもかかわらず，平城京は，宮城門に関しては「中央宮闕」型都城であった藤原京を「継承」しているのである。けれども宮城門の配置に関しては，藤原宮と平城宮とは相違していた。図 97 に示されるように藤原宮では，東辺と西辺の 3 門は左右相称に，また北辺と南辺の 3 門は上下相称に配置され，相称性が貫徹していた。しかし平城宮では，図 105 が描くように，藤原京とおなじく各辺 3 門ではあっても，その配置は相称性とは無縁であった。

(4)-③「まったき相違性」

前項の (4)-①・②でとりあげたのは，平城京と隋唐・長安とが共有している特質の類似性の度合いにもとづく分類であった。しかし両都城のあいだには，いわば類似性の定量的な差異による形態相違とは異なって，定性的にまったく異なる相違が存在する。それらを，ここで「まったき相違性」としてとりだすことにしたい。その主要なものにかぎっても，以下の諸点をあげうる。

1) 市壁（羅城）：市壁の欠如は，日本都城の特質としてよく指摘される。平城京では，わずかに最南の九条大路外辺に濠をともなう築地大垣が建設されていたにすぎなかった。それも，羅城門の両側部分のみにすぎなかった。2007 年，九条大路南方

写真103　平城京　羅城門址
羅城門は佐保川と県道42号線との交点付近に比定され，その遺址に木立に囲まれた小公園が建設されている。羅城門碑は，動線を考慮してか，東面して立つ。

から十条大路の存在を想定させる遺構が検出され，同大路の南辺からも築地大塀が建設されていたことが確実となった。しかし同大塀は朱雀大路の左側1坊分（約530メートル）で途絶し，それ以遠には延伸していなかったとされる。現在のところ，十条大路とその前面の築地大塀は奈良時代前半には撤去され，平城京の条大路は9条に縮小されたと考えられている[155]。

このように平城京の築地大塀は，京域の外囲全体ではなく，都城正面ファサードの一部を装飾するだけのものにすぎなかった。これに対して長安は，基部の厚さが9～12mにも達する版築市壁を都城の四辺のすべてにめぐらしていた。北辺をのぞく外郭城を囲む3辺の市壁には，『周礼』の「旁3門」理念にしたがって巨大な市門が設けられていた。市壁の存在を前提として，はじめて市門の建設は可能である。市壁をもたない平城京では，都城域に市門を建設することは無意味であった。

都城中心軸線＝朱雀大路（街）と都城域南辺との交点が，都城正門の建設地点となる。平城京では，その位置に造営されていたのが羅城門であった。いわば歌舞伎の舞台装置の大道具に類似した築地大塀を両翼に延伸させて羅城に見たて，基本的に羅城＝市壁をもたない平城京が，都城正門を羅城門と名づけていたのである。その門号は，のちの平安京にも「継承」されていく。

これに対して長安の都城正門は，明徳門とよばれた。「はじめに」で述べたように，市壁＝羅城が普通の都市施設である中国都城では，壮大な羅城をしたがえた長安の場合にも，都城正門に「羅城」をうたうことは無意味であった。「明徳」とは，「立派な徳行」を意味する。「明徳門」という門号は，一方では天子の明徳を地上の世界（「地方」）へと遠心するベクトル，他方では天子の徳を慕う慕徳の民に明徳の所在を明示して求心するベクトル，この2つのベクトルを放散・収斂する都城正門にふさわしい門号であった。

2）「**左祖右社**」：長安では，『周礼』の理念どおりに，皇城の南東隅に王室の祖先を祀る太廟，おなじく南西隅に土地の神（社）と五穀の神（稷）を祀る大社が左右相称に配されていた。しかし平城京も，藤原京とおなじく同理念を採用しなかった。これについては，すでにⅦ-3-(5)で伊勢神宮の造営と関連づけて説明したので，ここでは再言しない。平城京も，藤原京の「左祖右社」理念の不採を「継承」するのである。

3）**宗教施設の配置**：平城京は，国家仏教盛期の都城とされる。外京をのぞいた都城域には，平城遷都とともに藤原京さらには飛鳥から移された大安寺・薬師寺・元興寺のほかに，右京には西大寺・菅原寺・唐招提寺・観世音寺，右京には法華寺・海

竜王寺などの寺院が存在した。これらの寺院は，国家が造営した官寺と皇族・旧豪族さらには庶民が寄進した私寺の2つをふくむ。佐藤は，外京をふくむ京域内に所在する寺院の数を左京＝14寺，右京＝9寺の計23寺とし[156]，その分布を図104のように布置している。長安と比較すると，京域と人口の相違を反映して寺院の数が少ないだけでなく，その配置にも相違がみられた。そのもっとも大きな相違は，図104にあきらかなように，平城京では朱雀大路に面する寺院が存在しなかったことである。これは，藤原京においても同様であった（図101）。

長安では，図90に示されるように，人家も少なかったとされる南3分の1ほどをのぞいて，都城内には多数の仏教寺院（仏寺）また道教寺院（道観）が分布していた。仏寺と道観以外にも，大唐帝国の国際性を反映してシルクロードの終起点であった西市の周辺には，「三夷寺」と総称される西方起源のマニ教・ゾロアスター教・ネストリウス派キリスト教の諸寺院が所在していた。これらの多数の宗教寺院のなかで重要性またランドマーク性で傑出していたのが，図90に寺号を記入した大興善寺と玄都観であった。ともに，天子により建立された仏教と道教の巨大国立寺院であった。両寺院は朱雀大街に面し，その左右にそびえて立っていた。その位置は，北の宮域正門の朱雀門からも，南の都城正門の明徳門からも5坊目の靖善坊と崇業坊にあたり，宮域をのぞいた臣民の空間の真中心に配置されていた。それだけでなく，そこは，Ⅵ-7-(2)で述べた都城空間内を走る6つの高坡（丘）のなかでも，第5高坡が朱雀大街と交差するところにあたっていた（図86）。第5高坡は易でいえば九五の至上位にあたり，都城域内のもっとも枢要な地点とされる。長安を建設した文帝は，そこに宗教施設を配置したのである。

大興善寺と玄都観は，二重の意味をもつ宗教施設であった。1つは，朱雀大街をはさむ都城域の真中心に屹立する巨大な宗教的ランドマークという意味である。もう1つは，北上する朱雀大街の終着点に君臨する宮域＝王権を荘厳する前座的な施設という意味である。この2つがあいまって，「バロック化」された都城としての長安を表徴していた。

平城京また藤原京の仏教寺院の配置には，このような意味づけはなかった。藤原京は，仏教寺院を国家鎮護また都市施設として都城域にとりこんでいた。しかし藤原京の内部に造営された大官大寺と薬師寺は，ともに朱雀大路から離れた位置に置かれていた。図104にみられるように平城京でも，朱雀大路に面する寺院はない。そこには，寺院を都市の施設としつつも，長安とは異なって，それを重要な都市施設として定立

写真104　愛知県豊川市　三河国分尼寺址
辺長約150 mの回廊を正方形にめぐらし，中軸線にそって北から〈北方建造物―講堂―金堂―（復元）中門〉とならぶ。三河国府とは直線距離で約1.3 km離れた位置にある。

するのを忌避する姿勢すらみられる。平安京は，都城域からの仏教寺院を排除した都城として知られる。しかしそれへの胎動は，すでに平城京において萌芽していたのである。

　仏教寺院を重要な都市施設として定立するのを忌避する姿勢は，この時期に造営された国分寺と国府との関係においても通底する。国分寺・国分尼寺は，聖武天皇と光明皇后によって鎮護国家のシンボルとして各クニに造営された。各クニにおける律令国家のシンボルは，国府であった。鎮護されるべき国家と鎮護するべき寺院とが空間的にも並びたつとき，両者があいまって鎮護国家さらには国家権力の所在を実体的に明示し，顕示できるはずである。しかし国府と国分寺・国分尼寺とが空間的に並立する例はほとんどなく，両者は別個の場所に建設されるのが通例であった。平城京で観察される政治権力の仏教寺院への忌避的態度と同様のものを，国府と国分寺の配置においてもみとめられる。

　さらに『万葉集』は，当時の日本におけるこれに似た意識の存在を傍証する。若山滋の集計によれば，『万葉集』で建築用語を詠った和歌は計858首にのぼるという。そのうち，宮廷建築にかかわる「大宮（人）」・「宮」・「門」・「殿」を詠みこんだものは192首を数えるのに対して，「寺」を詠うものはわずか4首にすぎないという[157]。瓦葺きの大建造物群からなる寺院は，ランドマーク性をもってそびえ立つ当時の最新様式の建築であったに違いない。しかし『万葉集』で寺院が詠われることは，ほとんどなかったのである。

　若山は，その理由を『万葉集』のもつ「当時の文明開化に背をむける姿勢」にもとめている。しかし前述したように，仏教寺院への忌避的性格は平城京また国府と国分寺の関係においてもみられるものであって，その理由を『万葉集』また撰者とされる大伴家持の性向のみにもとめることはできないであろう。そこには，寺院を和歌の主題とはしないという暗黙の忌避意識がはたらいていたと考えられる。

　5）　**外京＝都城域の張り出し**：平城京と長安との都城域の大きな相違は，隋唐・長安の都城域がヨコ長・長方形で完結していたのに対して，平城京がタテ長・長方形の都城域の東方に4条3坊からなる幟状の外京を張り出していたことである。外京は，東方の山地へと移行していく高燥な傾斜地を占め，平城京の中心部を見おろす景勝の地にあった。そこに外京を建設することは，平城京の当初からの構想であったとされる。藤原京の条坊無施工地帯をのぞいた残余の京域の形態が，外京をふくむ平城京の形態と類似することから，平城京は藤原京の条坊施工地帯の形態を写したとする考え

がある。それについてはすでに紹介し，それへの批判もあわせて述べた。いずれにしても，この考えは両者のあいだの形態的な類似性の指摘であって，「なぜ外京が建設されたのか」という問題には答えていない。

　ここでは，その理由について考えたい。外京に所在していた主要な施設は寺院で，具体的には，藤原不比等が移建した藤原氏の氏寺＝興福寺をはじめとして，もとは蘇我氏の氏寺兼官寺＝元興寺，紀氏の氏寺＝紀寺，佐伯氏の氏寺＝佐伯院，葛木氏の氏寺＝葛木寺など，旧豪族の建立になる私的な氏寺であった（図104）。外京は，旧豪族の氏寺を京域から排除するための換地空間であった[158]。これに対して，外京をのぞいた平城京プロパーともいうべき京域に所在する寺院は，ほとんどすべてが天皇また皇后の勅願ないし施入によって造営された官寺であった。

　このように外京と京域プロパーとのあいだには，立地する寺院の性格に明瞭な相違がある。さらに外京を離れた東方の山麓部には，鹿島神社を勧請した藤原不比等の氏神＝春日大社が鎮座していた。外京は，私的な氏寺・氏神の建設予定地として遷都計画のなかにふくまれていたのであろう。その設定は，平城遷都を推進した時の最高実力者・藤原不比等の意向を反映するものであったと考えられる。さらにいえば，外京は，王権の直轄空間というよりも，都城内の非王権・外戚の空間ともいえる性格をもつ空間であった。そのような空間を許容し付属させていたところに，長安という中国「バロック化」都城を範型としつつも，平城京自体の「バロック化」が過渡的な段階にとどまっていたことが示されている。これは，さきに寺院配置の検討結果と照応する平城京の特質である。

　以上のように平城京と隋唐・長安を個別的かつ体系的に比較すると，両者のあいだには類似性よりも相違性の方が大きいことが判明する。平城京が長安を範型としたことは確実であるとしても，それは，決して模倣・翻刻ではなかった。平城京の基本的性格は，長安という〈中国「バロック化」都城の翻案〉にあった。その性格を，〈中国「バロック化」都城のエチュード〉といいかえることも可能である。しかしその「翻案」また「エチュード」は，基本的には「北闕型」都城の受容というレベルにとどまり，日本都城における「バロック化」の完成は平安京をまたなければならなかった。

VII-5　長岡京 ── 「刷新の都城」の挫折

　奈良時代のいわゆる7代74年をつうじて，平城京のみが国都として存続してきたわけではない。その間には，恭仁京また紫香楽宮に遷都した時期もあった。最終的に784年（延暦3）に桓武天皇によって平城京は廃され，長岡京へと遷都される。しかしそのわずか10年後に，平安京へとふたたび遷都していく。桓武天皇は，平城京から長岡京へ，さらには平安京へと2回の遷都を推進していくのである。

(1)　王朝刷新の遷都 ── 副都・外港の吸収一元化と渡来人ネットワークの動員

　桓武天皇による長岡京遷都は，権力刷新のシンボルとして遂行された。天武系から天智系への皇統の変化を抜きにしては，長岡京の建設と遷都は語れないからである。天智・天武両天皇は，ともに舒明天皇の皇后（のちの皇極天皇）を母としていた。壬申の乱で天智天皇の子＝大友皇子（弘文天皇）に勝利して即位した天武天皇以降，天智天皇の皇女でもあった持統・元明の両女帝をのぞくと，約100年にわたって天武天皇の皇統が天皇位を独占してきた。しかし770年（神護景雲3）の称徳天皇の崩御をうけて，皇太子として立太子されたのは白壁王であった。同年10月に，白壁王は光仁天皇として即位する。このとき同天皇は，61歳であった。その遅い即位は，同天皇が天智天皇の皇孫であって，本来なら天皇位とは無縁の存在であったからである。光仁天皇の即位によって，皇統は，天武天皇系から天智天皇系へと回帰する。

　781年（天応元）に父・光仁天皇の譲位をうけて即位した桓武天皇は，中国の易姓革命思想にしたがって，天武系にかわる新王朝の創始者たらんとの自負をいだく。その自負を顕現すべく着手したのが，天武系皇統の根拠地であった奈良盆地さらには大和国を離れた地に新都を建設することであった。桓武天皇は，即位直後の782年（延暦元）4月11日に詔勅を発して，倹約のため宮殿などの造営を中止し，その任にあたる造宮省を廃止している[159]。清水みきは，この詔勅は平城京の整備中止だけでなく，同天皇の新都建設の意志を表明したものであって，このときにすでに遷都が構想されていたと解釈する[160]。

　桓武天皇が新都建設地として選地したのは，山背（城）国の淀川水系に面する乙訓郡長岡の地であった。即位3年目の784年（延暦3）6月10日条の『続日本紀』は，造長岡宮使として中納言・藤原種継を筆頭とする従五位以上の内位高官10人等，その

ほか六位の官人8名が任命され，長岡宮と長岡京の建設が開始されたことを伝えている[161]。その任命と着工は，おそらくすでに策定されていた建設計画を実行に移したものであったであろう。というのは，造長岡宮使の任命にさきだつ783年（延暦2）10月14日に，桓武天皇が交野に行幸しているからである[162]。交野は，後述するように，長岡京の選地にあたって特別な意味をもつ地であっただけでなく，長岡京への遷都後も同天皇が2度にわたって祭天の儀式を挙行した場であった。5日間におよぶ同天皇の交野行幸は，長岡の地での新都建設構想がすでに進行しつつあったことを推察させる。

造長岡宮使任命の3日後の784年6月13日条には，『続日本紀』は工人・人夫の必要物資の長岡宮への進上記事をのせる。建設着手から約5ヵ月後の11月11日には，はやくも桓武天皇は平城宮から長岡宮に遷り[163]，約2ヵ月後の元旦には新造された大極殿で年頭拝賀を受けている[164]。これらの記事は長岡宮の造営が急ピッチですすめられたことを示すと同時に，その造営が天皇の私的空間である内裏と儀式空間である大極殿の造営から開始されたことを物語っている。新都への王権の移動とそこでの王権の顕示が，遷都にあたってなによりも優先されたことを意味する。行政のための政事空間である太政官院（朝堂院）が建造されたのは，造長岡宮使任命から約2年を経た786年（延暦5）7月のことであった。長岡宮の急速な造営を可能にしたのは，前述の建設基本計画の存在だけでなく，廃止された副都・難波宮の資材を転用して建設がすすめられたことにあった。長岡宮は，まず副都・難波宮の解体・吸収によって建設されたのである。ついで平城宮を廃して，その資材を転用して建設がすすめられた。さらに789年（延暦8）3月には造東大寺司を廃止して，桓武天皇は平城京と完全に決別する[165]。

平城京の場合とは異なって，長岡京の造営にさきだって，遷都にかかわる詔勅が発せられることはなかった。長岡選地に関して桓武天皇がはじめて言及したのは，造営に着手して3年余を経てからであった。しかもそれは，人民への豊作を祝う籾米恵与の詔勅のなかで付言されているにすぎない。具体的には，『続日本紀』延暦六年（787）十月八日条での「水陸の便を以て，都をこの邑に遷す」との言及である。詔勅でいう「邑」とは，長岡を指す[166]。翌年の延暦7年9月26日の詔勅[167]でも，「水陸の便」は長岡京を語る際の枕詞のようにつかわれている。

前節で平城京への遷都の詔勅を検討した際に，そこで述べられる「四神相応」という選地理由は修辞的表現ではなく，実在する地形・地物を具体的に語っていることを

第VII章　中国世界周辺での中国都城思想の受容とバロック的展開（1）　453

指摘した。このことは，桓武天皇の詔勅が語る「水陸の便」にも妥当しよう。たしかに長岡京の建設地は，畿内のなかでもっとも水陸交通の便にめぐまれた地であった。
　「水の便」から検討すると，そこは，巨椋池を核として木津川・宇治川・(鴨川をふくむ）桂川の3河川が合流し，同池から淀川本流となって大阪湾へと流下していく淀川水系の結節点であった。藤原京から平城京への遷都理由として，さきに〈大和川水系から水量ゆたかな木津川水系へ〉という内陸水運路の転換をあげた。これに対応させていえば，〈支流・木津川から本流・淀川へ〉と水運路を転換させることによって，河川を介する交通の利便性を戦略的に追求したのが長岡選地であった。しかも長岡京は巨椋池をとりこんで，そこに河港を整備することも可能であった。もし河港を具備する王都として建設されたとすれば，長岡京は，藤原京また平城京とは異なって，港津を都市施設としてくみ込んだ都城ということになる。後述する小規模な資材搬入水路をのぞくと，京域内あるいは近傍での河港の遺構は未発見である。そのため長岡京は，近在の山崎津を港津としていたと考えられている。しかし長岡京時代の山崎津の所在場所は，不明である。長岡京の港津については，のちにあらためて検討したい。
　桓武天皇は副都・難波京を廃して，藤原京と平城京の時代をつうじて踏襲されてきた正・副両都制を廃止する。その廃止は，たんに副都の廃止という政治的な意味だけにとどまるものではなかった。正・副両都制は，同時に，「内陸の藤原京・平城京＝政事中心」と「臨海の難波京・難波津＝外港」という二元体制であった。淀川本流に臨む港津機能をそなえた新都を建設して，副都とその外港機能を政事中心に吸収して一体化すること，それが，桓武天皇の長岡遷都の重要な戦略目標であったであろう。それによって，盆地空間という内陸立地の利点を保持しつつ，淀川本流と瀬戸内海をつうじて東アジア海域世界に直接参入しうる都城として長岡京が建都されたのである。
　この意図を明瞭に物語るのが，『続日本紀』延暦四年（785）一月十四日条の「摂津国の神下・梓江・鯵生野を掘って，三国川につうじさせた[168]」との記事である。それは，淀川下流の現在の摂津市一津屋付近から新水路を開削して淀川の水を安威川に流し，さらに三国川へとつうじさせたことを述べている。その開削は排水改良のための放水路の建設にあったが，その目的は達しえなかったであろうと推測されている[169]。しかし排水ではなく，新しい航行水路の開削にこそ目的があったのではないかと考えられる。三国川は神崎川に比定されており，その河口は現在の尼崎市沿岸にあった。同水路の開削によって，淀川本流河口部の難波津を経由することなく，淀川水系と瀬

写真105　山崎狭隘部より長岡京一帯を望む
東（右）から男山と西（左）から天王山がせり出した狭隘部を，淀川が流下する．狭隘部背後の平坦地が長岡京の京城にあたる．

戸内海とを直結させることが可能となった．それは，内陸盆地に位置する長岡京を，瀬戸内海さらには東アジア海域世界と直結させたことを意味する．「海域世界」と「内陸盆地」は，矛盾ともいえる言葉である．しかしそれを矛盾ではなく，淀川水系をつうじて「海域世界に開かれた内陸盆地の都城」として統合したのが長岡京であった．これは，藤原京また平城京とはまったく異なった長岡京の重要な特質である．

つぎに，「陸の便」について検討したい．長岡京の南西方には，西からは天王山が，また東からは男山丘陵がせり出して京都盆地と大阪平野を分かっていた．淀川水系の3主要河川がここで合流するのは，この山崎狭隘部の存在のためである．そこは，水系だけでなく陸の交通路にとっても結節点であった．とくに当時の最重要交通動脈である西方への交通路との関係においてである．古山陽道が山崎狭隘部を通過するのは当然であるが，とくに興味ぶかいのは古山陰道である．足利健亮は，奈良時代の古山陰道は京都盆地北西端の老ノ坂峠南東方から西南西に直走して，山崎狭隘部近くにいたっていたとする[170]．この復原にしたがえば，古山陰道と古山陽道とは，のちに建設される長岡京の朱雀大路南端付近で合流していたことになる．長岡京は，まさに「水陸の便」を扼する戦略位置に選地された．

こうした交通的利便性だけではなく，詔勅では語られていないが，長岡京一帯は桓武天皇にとって特別な意味をもつ地であった．それは，桓武天皇の母・高野新笠（たかののにいがさ）の親族ネットワークをつうじてであった．高野新笠の家系は百済系渡来人集団に属し，父は百済の亡命王族＝百済王氏（くだらのこにきし），母は百済系の土師氏の出身であった．長岡京から京都盆地一帯は，土師氏のほか新羅系の秦氏など，ゆたかな経済基盤をもつ有力渡来人集団の根拠地であった．造長岡宮使の筆頭にあげられ，遷都の実務的推進者であった藤原種継の母も，秦氏の出身である．桓武天皇は，これらの渡来系氏族の経済資源とネットワークを動員して，長岡の地に新都を建設せんとしたのであろう．その建設にあたっては，当時の秦氏の有力者・秦足長の協力も大きかったとされる．彼は，長岡京の「宮城を築いた」功により，一挙に従五位下に昇叙されている[171]．

渡来人集団のもつ諸資源を動員して，新王朝樹立のシンボルとして新都・長岡京を建設するという桓武天皇の意志を明瞭に示すのが，前述の遷都にさきだつ交野巡幸と遷都後との計3回にわたって同地で挙行した祭天の儀である．交野巡幸の際には，同地の百済寺に施入すると同時に，「百済王」を名のる5人を昇叙している．また遷都後の2回の祭天の儀は，第1回は長岡遷都後およそ1年を経た785年（延暦4）11月10日に，第2回はその2年後の787年（延暦6）11月5日に，ともに交野で挙行され

第VII章　中国世界周辺での中国都城思想の受容とバロック的展開（1）　　455

る。『続日本紀』は，その場所について，第1回に関しては「柏原」と明記する。柏原は，一説によると，現在の大阪府枚方市片鉾に比定できるという[172]。現在の片鉾集落は，交野台地北西部の台地面上に位置する。現在では，同集落一帯は都市化されてしまっているが，それ以前は台地面とはいっても水田のひろがる地帯であった。また近傍には，小土丘が存在していたという。その小土丘を祭天のための郊社壇に想定しうることも，柏原＝片鉾説を補強するものとされていた。しかし同説は，それ以上の積極的根拠にとぼしい。

　片鉾とはべつに注目されてきたのは，男山丘陵の最高峰・鳩ヶ峰（標高142.5メートル）のほぼ南南西の丘陵末端に所在する交野天神社（かたのあまつかみのやしろ）の存在である。同神社の由緒は，伝説的な継体天皇の樟葉宮址に鎮座し，桓武天皇が祭天のための郊祀壇をここに設営したことに由来するとする。交野天神社の所在場所また由緒は興味ぶかいけれども，もし郊祀壇をひきついで創建されたとすれば，その由緒から同神社は式内社に列せられて当然と考えうる。しかし『延喜式』「神明帳」は交野天神社を登載していないので，この由緒をもって同社一帯を柏原に比定することはできないと考える。

　このように『続日本紀』が記載する「柏原」という平坦な原野を意味する広域地名から，祭天の挙行場をこれまで提唱されてきた片鉾あるいは交野天神社という特定地点に比定することは困難である。

　第1回祭天の儀の直前にあたる9月23日には，造長岡宮使の藤原種継が暗殺されていた。皇太弟・早良親王（さわら）の廃太子をふくむ一連の処断を終えたのち，長岡京の前途にたれ込めた暗雲を振りはらうかのように，同天皇は祭天の儀を挙行した。その挙行は，すでに藤原種継の暗殺事件の発生以前から計画されていたのであろう。このとき桓武天皇は，即位後4年であった。

(2)「桓武帝＝始皇帝」・「長岡＝咸陽」見立て論

　ここで想起されるのは，VI-1-(3)で述べた秦の始皇帝が泰山で挙行した封禅・望祭の儀である。同儀式は，始皇帝がみずからを始皇帝と号した2年後に挙行された。封禅とは天を祀る儀式であり，望祭とは支配領域を望見して祀る儀式である。始皇帝を範として，中国の歴代王朝樹立者は封禅・望祭の儀を挙行し，新王朝の樹立を天に報告するとともに新王朝の安泰を祈念してきた。桓武天皇が挙行した祭天の儀も，みずからが新しい王朝の樹立者であることを闡明するための行為であったであろう。第1回祭天の儀がおこなわれた交野は洪積台地面にあり，そこからは，山崎狭隘部を出

写真106　大阪府　交野・百済寺
西塔址より金堂址（左前方）と東塔址（右前方）を望む。交野台地南東端の微高所にあり、かつては北方の台地面を眺望できたであろう。

た淀川を北西に、男山丘陵を北にのぞむことができる。同丘陵を越えた北方は、淀川を介して長岡京の建設予定地がひろがっていた。しかも交野台地は長岡京の朱雀大路の南方への延伸線からはやや西にずれるのみで、都城南郊といいうる地理的位置にあった。

　南郊祭天の場は、中国都城では都城の南郊に人工的に築かれた円丘でなされる。円丘が人工丘であるのは、起伏のない平坦な平原では自然丘をみいだすことが困難という地形条件によるものであろう。始皇帝が最初の封禅・望祭の儀を挙行したのは、前述したように自然の山稜である泰山においてであった。国見がそうであったように、日本では自然丘が南郊祭天の挙行場として選ばれても不思議ではない。

　南郊祭天の場を、「南郊」と自然丘をふくむ「円丘」とにわけると、「南郊」に関しては交野・柏原は、都城の南方に位置している。「円丘」に関しては、どうであろうか。長岡京の中軸線を南方に延伸すると、同線は、男山丘陵の東麓を通過する。同丘陵の主峰・鳩ヶ峰は、標高だけでなく「円丘」とよぶにふさわしい山容をもつ。つまり鳩ヶ峰は、「南郊」と「円丘」の2条件を同時に満足させる地点であった。しかも鳩ヶ峰からは、直北に長岡京の建設予定地を望見・俯瞰しうる。

　これに対して交野・柏原は、前述したように男山丘陵の南方に位置していて「南郊」に関しては妥当する。しかし洪積台地上ではあっても、そこには顕著な「円丘」は存在しない。桓武天皇は、なぜここで祭天の儀を挙行したのであろうか。千田は、片鉾の南々東方の山地に所在する交野山と長岡京との南郊関係を重視し、そこに道教思想の反映を読みとっている[173]。交野山山頂には巨大な岩塊が露頭していて祭天の場にふさわしいとしても、その条件は男山山頂にもあてはまる。ここで必要なのは、なぜ男山よりも遠方の交野で挙行されたのかについての説明である。

　その理由は、そこが百済の亡命王族・百済王氏の本貫地であったことである。前述したように桓武天皇の母＝高野新笠の父も、百済王氏の家系に属していた。同天皇の信任があつく、長岡京への遷都を実務的に領導した藤原種継も、父が渡来人の秦氏に属するだけでなく、姻戚関係でも百済王氏とむすばれていた[174]。その妻＝百済王・明信も、宮中の最高位の女官である尚侍（ないしのかみ）として重用されている。藤原種継の別業は、交野にあった。それは、彼と百済王氏との紐帯のつよさを物語っていよう。桓武天皇も、延暦6年10月17日に交野で遊猟したのち、彼の別業を行宮（あんぐう）として宿泊している[175]。

　百済王氏・敬服は河内守に任じられ、750年ころに氏寺・百済寺、また氏神・百済

王氏神社を建立した。それら寺院遺跡や神社は，現在も片鉾集落から南南西およそ1600メートルの交野台地西北端に所在している。つまり交野・柏原は，百済系渡来人集団の新興拠点であった。新王朝を樹立し，百済系渡来人のネットワークを動員して新都・長岡京の建設を推進するという桓武天皇の意図を，都城南郊においてもっとも闡明できる場が交野・柏原であった。しかもそこは，長岡京の南方の洪積台地上に位置していた。

それだけにとどまらず，さらに百済寺址をふくむ一帯のもつ地形的条件をつけくわえることができる。それは，そこが周辺より高い微高所をなしていることである。現在では同寺址一帯は宅地化されているが，それでもその一帯の微高地性は観察できる。百済寺の旧境内をふくむ一帯の標高38．3メートルで，そこから東方また北方にむけてゆるやかに傾斜していく。つまり百済寺址に代表される百済王氏の本貫地は，台地上のこの一帯での最高所を占めていた。それは，現在では改変されてしまっているが，かつては「円丘」ともよびうる地形であったであろう。「南郊」にくわえて「円丘」という条件は，桓武天皇による祭天の儀の挙式場が百済王氏の本貫地であった可能性さえ想定させるものである。

新王朝の樹立という意図は，交野・柏原での第1回の祭天の儀に関する『続日本紀』の記事からは十分に伝わってこない。その意図を明示するのが，『続日本紀』が787年の第2回祭天の儀で掲げる2つの祭文である[176]。それらは天の支配者・昊天上帝と高紹天皇（光仁天皇）への奉告祭文で，ともに在天の昊天上帝のもとに高紹天皇を昇らせて共祀することを奉告する。滝川政次郎は，祭天の儀で昊天上帝と共祀すべき天皇は皇祖・天照大神であるべきであるにもかかわらず，そこにあげられているのが光仁天皇であることに注目し，それは，父・光仁天皇の即位をもって新王朝が始まったとする桓武天皇の易姓革命論的認識を示すと解釈する[177]。

さらにつけくわえれば，この祭文で高紹天皇が昊天上帝とともに語られていることである。昊天上帝は儒教での最高神であり，祭文で桓武天皇は昊天上帝を「神」とよびかけている。中国王権思想では，王朝の交代は昊天上帝の意志によってなされる。桓武天皇がめざす新王朝は，中国王権思想の正統な嫡子であることを宣明しているのである。

しかしよく指摘されるように，これのみで桓武天皇の王権意識を説明することはできない。一方では天智系皇統への易姓革命的転換という「断絶」の強調，他方では聖武・孝謙両天皇を国忌に残すなど直近の天武系皇統との「継承」への留意，桓武天皇

写真107　長岡京「山南水北」
旧巨椋池流出口から北方を望む。ここでは旧淀川は西流する。長岡は「山の南，川の北」を占め，そこに長岡京が選地された。

の王権意識はこの2つを同時にあわせもっていたとされる[178]。『続日本紀』が記す2つの祭文では，最初のものには「まさにいま，太陽が最も南に下がり」との文言，また第2のものには「いままさに冬至がはじまり」との文言があり，ともに祭天の儀が冬至に挙行されたことを伝えている。中国皇帝にとってもっとも重要な儀式である祭天郊祀は，冬至の日に挙行された。冬至を選んで都城南郊でなされた祭天の儀も，桓武天皇がみずからの王権意識を中華帝国の正統的な王権思想のなかに位置づけていたことを物語っていよう。

　じつは上記の説明を試みつつも，私は，なお納得しがたい感慨を抱いている。それは，列挙した諸要因が山背国・長岡への「遷都」を説明するものではあっても，なぜ遷都の場として長岡が選定されたのかという「選地」については十分に答えていないからである。ここで長岡遷都ではなく，長岡選地について考えたい。

　その出発点は，上述した新王朝の樹立をめざす桓武天皇の王権意識である。それを示すものが，交野での祭天儀式の挙行とその際の奏上祭文であった。祭天の儀は，中国王権思想の本義を闡明に表現する儀式である。中国では，王朝の創始に成功した歴代王権は，新王朝の樹立を天帝に報告して加護を祈願する封禅・望祭の儀を挙行した。前述したように同儀式を泰山で最初に挙行したのは，秦の始皇帝であった。桓武天皇は，当然，この史実を知悉していたであろう。歴代天皇のなかで祭天儀礼を国家儀式として挙行したのは，桓武天皇が最初である。新王朝の創始をめざす同天皇が，自己を始皇帝と重ねあわせる意識を抱いていたとしても不思議ではない。その意識の表明が，歴代天皇最初の祭天儀礼の挙行であったであろう。

　このことを前提として，桓武天皇の長岡選地を考えるための新たな視角を提出したい。それは，長岡と秦王都・咸陽との自然地理的な同型性である。その背後には，遣唐使による長安情報の集積があったであろう。平城京の建設にあたって，遣唐執節使として東シナ海を往還し，隋唐・長安の最新情報を将来した粟田真人の役割については前述した。奈良時代の70余年をつうじて，遣唐使は継続して派遣された。そのなかで帰国を果たした遣唐使は，計6次をかぞえる。それらをつうじて隋唐・長安だけでなく，長安をふくむ渭水盆地一帯の知見も蓄積されていったであろう。そのなかには，始皇帝の名とともに，図44・48に示した隋唐・長安の北方に位置する秦・咸陽に関する知見，とりわけ王都・咸陽の遺址が長安北方の渭水北岸に現存していることの知見もふくまれていたであろう。すでに引用したように，王都・咸陽が渭水北岸に存在していることは，司馬遷が『史記』で述べていたことでもあった。

VI-1-(2)で詳述したように，秦王都・咸陽遺址は，渭水北岸の「山南水北（山の南にして川の北）」の段丘性緩傾斜地に位置し，その高所にあたる段丘上を占地して咸陽宮の正殿遺址が南を流れる渭水を見おろして立つ。この秦王都・咸陽遺址の立地説明は，以下のように字句置換をおこなうと，そのまま長岡京の立地説明として通用する。具体的には，〈「渭水北岸」→「淀川北岸」〉，〈「山南水北」→「西山の南にして淀川の北」〉，〈「段丘性緩傾斜地」→「低丘陵＋段丘性緩傾斜地」〉，〈「宮域の段丘上高所占地」→「宮域の丘陵末端高所占地」〉，〈「渭水俯瞰」→「淀川俯瞰」〉という字句置換である。これらの字句置換は，秦王都・咸陽遺址と長岡とのあいだの自然地理的同型性の存在をものがたる。

　この「長岡＝咸陽」見立て論を導入すると，桓武天皇による長岡選地をあらたな視角から論じることが可能となる。それは，長岡遷都にあたっての重要な誘因として，桓武天皇の母后をとりまく渡来人ネットワークと彼らの経済資源の動員を指摘したことと関連する。しかし新都の建設場として選地された長岡は，百済系また新羅系渡来人の根拠地そのものではなかった。百済王氏の本貫地は前述した交野台地であり，また同天皇母后＝高野新笠の出身集団である百済系渡来人の土師氏は長岡より北方の乙訓一帯を本拠地としていた。また新羅系渡来人の秦氏の本拠地も，その北東方にあった。長岡は，渡来人集団の本拠地に近接してはいるが，本拠地そのものではない。そのため，長岡遷都を渡来人ネットワークと関連させて前述しつつも，それだけでは現実の長岡選地は説明できないとの感慨を抱いていた。

　このもどかしさを解消するために，ここで，戦略と戦術いいかえれば基本構想と実施設計の両レベルから長岡選地を検討することにしたい。というのは，渡来人ネットワークの強調は，新都の脱大和国と山城国南西部の選地というマクロ・レベルでの説明にとどまっているからである。つまりそれは，新都の建設戦略と基本構想の説明としては有効ではあっても，それ以上には展開できない論理である。新都建設場の具体的な選定にあたっては，これらの戦略と基本構想からのさらなるブレイクダウン，つまり戦術と実施設計レベルでの検討が要求される。

　その要求に応えるものが，「長岡＝咸陽」見立て論である。いいかえれば，長岡遷都の大枠を決定したのは渡来人ネットワークであり，その具体的な建設場を選地したのは「長岡＝咸陽」見立て論であったという2段階仮説を，ここで提出したい。秦王都・咸陽と長岡とのあいだでの自然地理的同型性の存在は，戦術と実施設計レベルで長岡選地を説明するにあたって「長岡＝咸陽」見立て論が有効であることを物語って

いよう。

　以上のように，天智系皇統による王朝の革新，権力支持基盤の転換，大和国からの転出，副都・難波京の吸収による政事中心の一元化，外港・難波津の吸収による東アジア海域世界への直接参入などに示される壮大な構想のもとで，桓武天皇は長岡遷都と長岡京の建設を推進した。結果としては，長岡京は短命な都城で終わったが，同天皇にとっては新たな構想にもとづく「本命の都城」であった。

(3) 基本構成と「水・陸の便」 —— 朱雀大路と港津

　長岡京が都であったのは，784年から794年の10年間にすぎなかった。そのため，平安遷都にいたるまでの「一時的な都城」，あるいは建設途上の「幻の都城」といった評価がなされてきた。その評価に抗して，長岡京が完成度の高い都城であることを確信し「発見」したのは，中山修一であった。若松保は，長岡京の京域を南北10条・東西8坊とすると，平安遷都までの10年間の造営範囲は，その8分の5におよんでいたと推測している[179]。

　長岡京は，前述した新しい体制と構想のもとに建設された都城であった。実現された都城の形態は平城京をモデルとして，外京の廃除，条坊区画，宮域編成などの諸点で新しい機軸と改変をくわえたものであった。

　平城京の京域は，外京をのぞくと9条8坊からなっていた。長岡京の京域はなお確定されていないが，平城京を基本として，南北はやや長く9.5条ないし10条，東西はおなじく8坊からなっていたとされる。しかし外京を張り出していた平城京とは異なって，完全なタテ長・長方形の都城であった。ただし発掘の進行につれて，都城域の北端つまり北京極はさらに北方へと延伸する可能性がある。

　図106は，長岡京一帯の地形・水系と条坊配置の関係を示したものである[180]。同図からよみとれるように，この一帯に長岡京の建設用地を確保することができたのは桂川が東方にむけて大きく曲流し，そこに，段丘性微高地と沖積低地が形成されていることによる。桂川の東方への曲流は，2つの要因によるものであった。1つは，北方から南東走する向日丘陵が桂川の流路を東に押しやっていることである。もう1つは，西方の西山山地から小河川が南東流し，その土砂供給によって形成された段丘と沖積地が桂川を南東方向に押しやっていることである。長岡京は，これらの段丘と沖積地によって形成された緩傾斜地に主たる京域をもとめて建設された。

　京域の中央北端からは狭長な向日丘陵が舌状にのび，その末端部の低位段丘面（標

第VII章　中国世界周辺での中国都城思想の受容とバロック的展開 (1)　　461

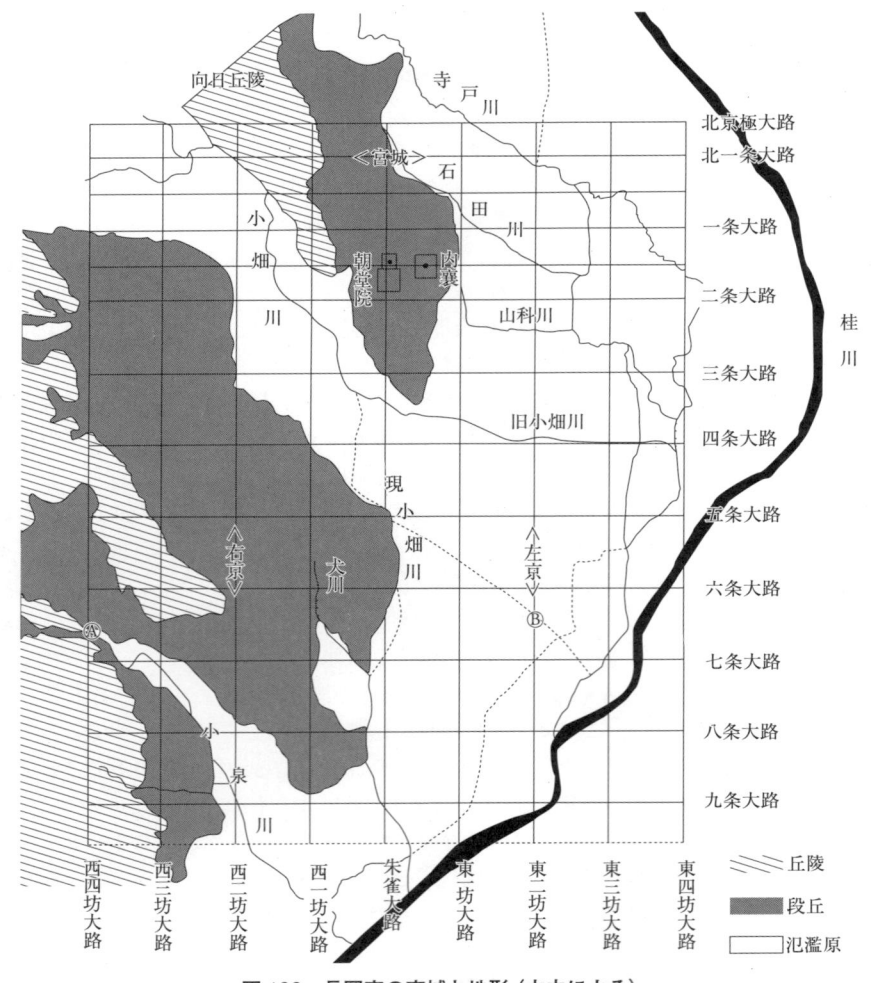

図106 長岡京の京域と地形（山中による）

高 20〜30 メートル）に宮域が配されていた。宮域から正南方に直走する朱雀大路の南端は，図 106 からもうかがえるように，桂川本流に直近する位置にあった。地形の多様性を反映して，左京は沖積低地面，右京は段丘面を主たる京域としていた。図 107 は，検出遺構をもとに復原された長岡京の条坊図である[181]。同図は，図 106 で氾濫原とされている低湿地帯からは条坊遺構が未検出であることを示している。とりわけ京域南端部に関しては，左京・右京ともに七条大路以南の地区は，右京の一部をのぞいて不明のままである。これらの条坊未確認地区をふくめて長岡京全域の条坊は，図 108 のように想定・復原されている[182]。

さきに副都・難波京とその港津機能を吸収して，「河港をそなえた単一の政事中心を建設すること」，それが，桓武天皇の長岡遷都の重要な目的であったことを強調した。副都機能の吸収は，難波宮の諸殿舎を解体し，その用材を転用して長岡宮を建設することによって達せられる。しかし難波津のもつ外港機能の吸収は，長岡京ないしはその周辺での河港の建設が必要であった。もし長岡京の京域に河港が建設されたとすれば，当然のことであるが，それは長岡京が立地する桂川右岸においてであろう。しかし図 107 に示されるように，その一帯からは現在のところ条坊遺構も，河港の遺構も検出されていない。

そこで，「もし長岡京が河港をそなえた都城であったとすれば，その河港はどこに存在していたのだろうか」という問題を提出し，それについて検討したい。『続日本紀』には，長岡京に港津があったとする記事はない。同書が記載する港津は，787 年（延暦 6）8 月 24 日条での高椅津（たかはし）への桓武天皇の行幸記事で，高椅津の所在場所については，2 つの説が提唱されている[183]。①山崎橋のたもとにあったとされる山崎津にあてる説，②高橋川（天神川）の桂川への合流地とする説，の 2 つである。このうち②の合流地は，桂川左岸に位置するうえに長岡京より上流にあたっていて，のちの平安京の港津であった可能性はあるにしても，長岡京とは無縁であったと考えうる。

①の山崎橋また山崎津についても，その所在位置は確定されていない。現在，「山崎津遺跡」とされているのは，大山崎町の日立マクセル工場内に所在する。その位置は，図 106 に記入されている小泉川と桂川との合流点の西方にあたる。同図によってあきらかなように小泉川の流路は，長岡京の京域南西端をかすめるのみである。それは，河港と都城域の中心部分とりわけ市とをむすぶ水路として，同川を活用することができないことを意味する。したがって日立マクセル工場内の山崎津遺跡は平安京時代の外港であったとしても，長岡京と直結する港津とは考えられない。もし長岡京

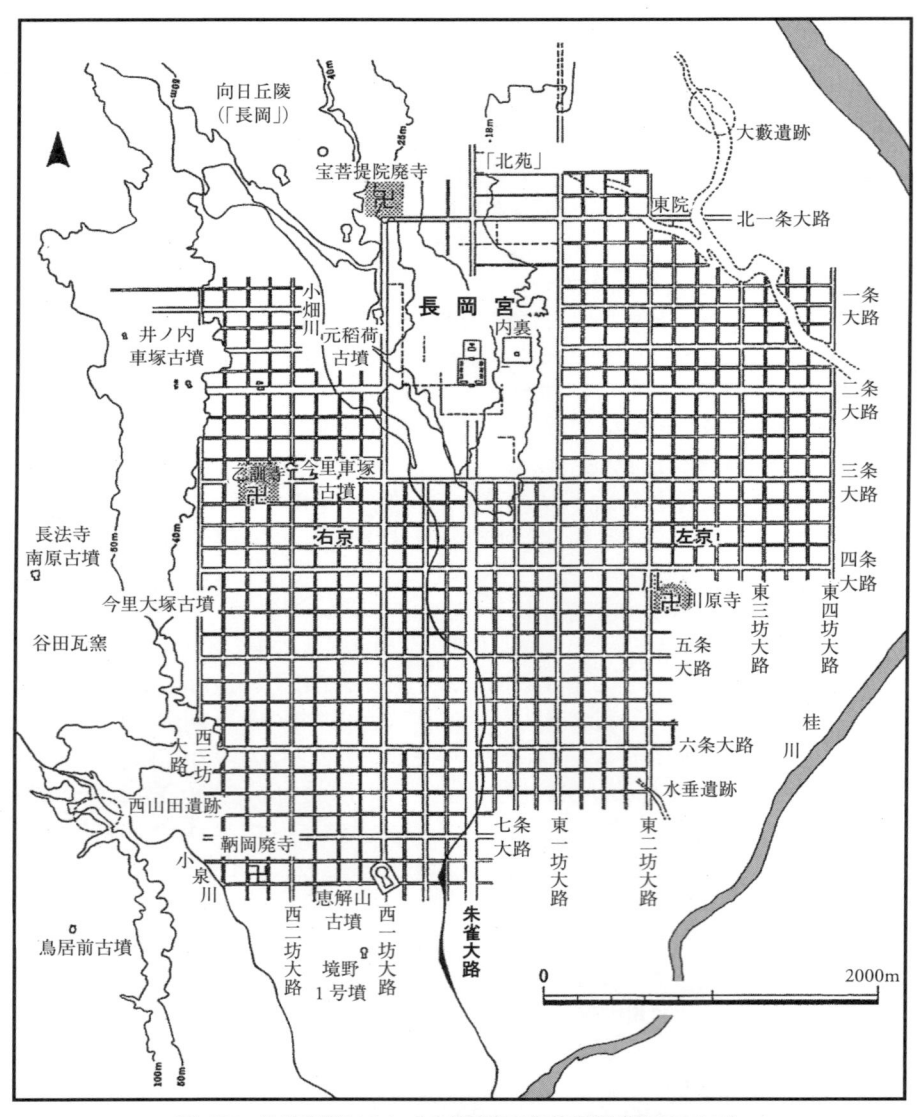

図107　検出遺構にもとづく長岡京の条坊復原（國下による）

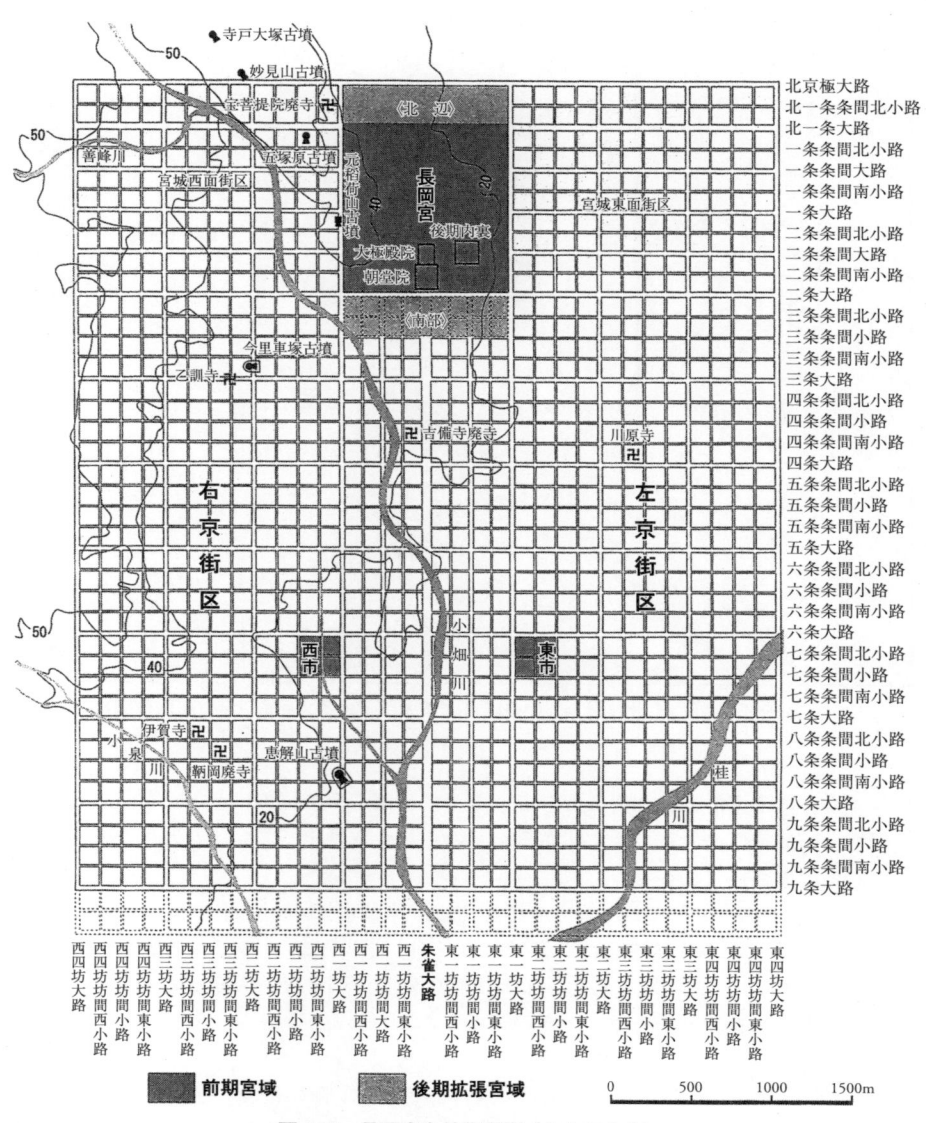

図108　長岡京条坊復原図（山中による）

第Ⅶ章　中国世界周辺での中国都城思想の受容とバロック的展開（1）

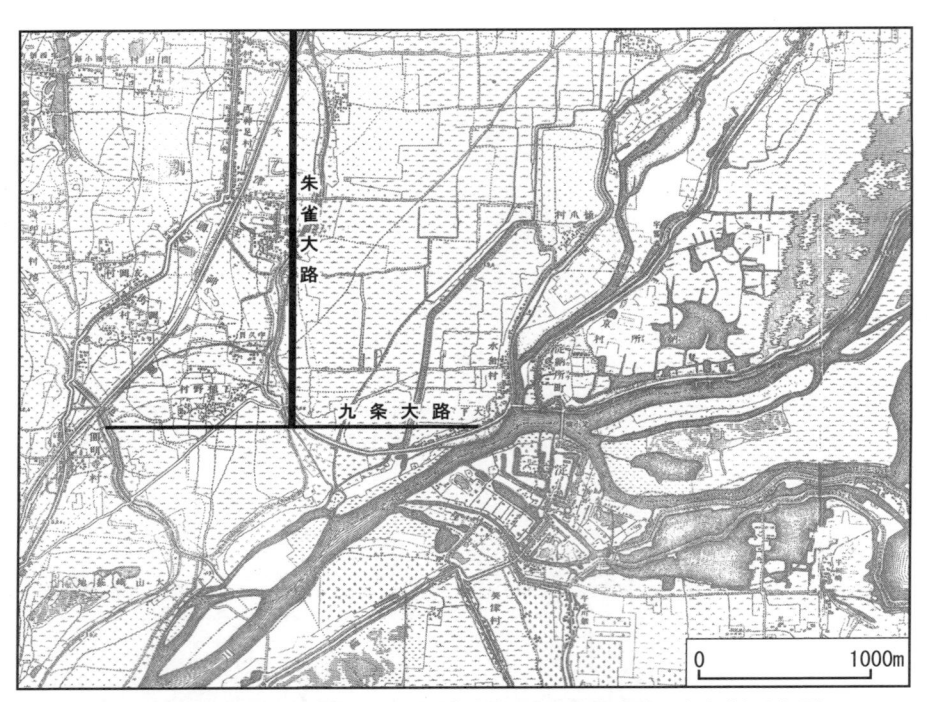

図109 2万分の1仮製図上での長岡京朱雀大路と九条大路の交点（応地作図）

がみずからの港津を都城周辺に配していたとすれば，その位置はどこかという問題への解答は，高椅津の所在場所に関する上記の2説からは出てこないことになる。ここで，問題はふりだしにもどる。

この問題を検討するにあたっての出発点は，朱雀大路の南端が桂川本流に直近する位置にあたるという前述した事実である。図109は，1890年測量の仮製2万分の1図の関係部分に，図108にもとづく長岡京の朱雀大路と九条大路との交点を記入したものである。図109からは，つぎの諸点をよみとれる。

1) 図の南東端にみられる池沼群は1930年代の干拓事業で姿を消した巨椋池の一部で，同池からの水流の流出口にあたる。

写真108　長岡京　ラッパ状河口から山崎狭隘部を望む
現在は小畑川が桂川に合流し，河辺林が生い茂る三角地となっている。後方の山崎狭隘部の背後には大阪平野が広がる。

2）　図では，乱流しつつ南西流する桂川（葛野川）の諸分流が，「淀納所町」で宇治川と合流して淀川となって流下している。しかしこの宇治川流路は1594年（文禄3）の秀吉による付け替え以後のもので，それ以前には，宇治川は現在の宇治市槙島あたりで巨椋池に流入していた。また桂川も「淀納所町」東方の現在の京都市伏見区の横大路あたりで，おなじく巨椋池に流入していた。

3）　図の下端を流れる木津川（泉川）の流路は明治初年の改修工事によって付け替えられたもので，古代には木津川も久御山町下津井あたりで巨椋池に流入していた。

4）　したがって古代には宇治川・木津川・桂川の3河川は，巨椋池に流入していた[184]。

5）　巨椋池の沿岸での最低所は1）で述べた旧巨椋池の流出口で，そこに位置していたのが，図に記入された「淀」であった。巨椋池の水は淀から流出して，同図の「淀川」となって流下していたであろう。

6）　巨椋池からの流出口対岸の北西岸には，「人」字状に堤防が内陸にむけて楔状にくいこみ，そこに大きなラッパ状開口部が形成されている。そこは，南流してきた小畑川をはじめとする小河川が「淀川」と合流する地点である。

7）　同図でラッパ状開口部に流入している小畑川の流路は，現在のものである。長岡京時代には同川は，図105に描かれているように，向日丘陵南端部から東流して北東方で桂川に合流していたとされる。しかしたとえ長岡京時代の小畑川がラッパ状開口部と無関係であったとしても，地形と傾斜からみると，現在は小畑川に合流する1支流と化している犬川は，同開口部で「淀川」と合流していたと考えられる。つまりラッパ状開口部は，京域内部を南流する河流とむすびつく「淀川」の湾入部であった。現在の地形図によって等高線の走向をたどると，12.5メートル等高線はその湾入にそうように開口部の頂点にむけて延伸していく。それは，ラッパ状開口部が，平面形態だけでなく，河底面においても湾入していることを示している。

8）　長岡京朱雀大路の南端は，このラッパ状開口部の頂点と一致する。

9）　同図でのラッパ状開口部周辺の土地利用は，堤内地一帯が湿田，堤外地が竹藪と茶畑となっている。この土地利用の相違は微地形の相違と対応し，湿田は低湿地，竹藪と茶畑は微高地を意味していよう。

これらの読図をおこなったうえで，図109のラッパ状開口部一帯に注目すると，そこがきわめて低湿な環境下にあることが了解できる。湿地的環境のなかに存在する微高地は，集落立地また構造物の建設に好適な場である。しかもラッパ状開口部内の微高地は，5）で述べたように，三川が合流する巨椋池流出口の対岸という絶好の交通位置を占めている。それは，そこが「水の便」にめぐまれた河港建設の適地であることを意味する。周辺一帯では数すくない微高地の存在は，交通位置にくわえて，ラッパ状開口部を河港と港津施設建設のための適地としたであろう。しかも8）で指摘したように，ラッパ状開口部の頂点は朱雀大路の南端と一致している。
　これらの一連の推考がなりたつとすれば，長岡京は，〈港津をそなえた都城〉というだけにとどまらず，〈港津を朱雀大路の終起点とする都城〉であったという仮説が導かれる。この仮説が成立するためには，長岡京の朱雀大路末端部に港津の存在を想定しうる根拠をさらに提出する必要がある。
　もちろん，ラッパ状開口部から港津遺構は検出されていない。またその周辺の小字名は，「川原」・「州崎」・「細池」・「枚方」などである。「枚方」は，乙訓郡の条里における里区画である「平方里」を継承する地名呼称であろう。ラッパ状開口部は「平方里」の区画内に属してはいるが，開口部自体には条里遺構は認められないので[185]，そこは非耕地であったと考えられる。「枚方」を「平方」とすれば，ラッパ状開口部周辺の小字地名はすべて低湿地の特徴を物語る地名ではあっても，港津の存在を示唆する地名とはいえない。
　しかし図106は，長岡京・朱雀大路南端部での港津の存在を推考させる興味ぶかい事実を示している。それは，図106で西一坊大路にそって六条大路あたりをほぼ直線状に南流する前記の犬川の存在である。
　犬川に注目する理由は，その直線状流路だけでなく，長岡京における市との関連である。『続日本紀』延暦五年（786）五月三日条は「東西の市人[186]」に言及しているので，平城京とおなじく，長岡京にも東・西両市が存在していたと考えうる。その遺構は未検出であるが，右京7条2坊からの出土木簡の記載から，西市はそこに所在していたとされる[187]。図108の条坊復原図は，六条大路と東・西の各一坊大路との交点に東・西両市を記入している。長岡京は北高南低の緩傾斜地に建設されているので，東・西両市は京域南部の低位部に配置されていた。市が北高南低の京域南部に配置されていたのは，平城京とおなじである。しかし平城京の両市は，南北方向に関してはおなじ八条大路に接していたが，東西方向に関しては既述のように左右相称配置では

写真 109　長岡京　犬川と西市址推定地
犬川は，この周辺では直線状に南流する。直流する人工河川と西市は，平城京の秋篠川と西市との関係と相似する。

なかった。もし図 108 の想定位置に東・西両市の遺構が確認されれば，平城京とは異なって，長岡京は東・西両市を完全な左右相称位置に配置させていたことになる。

図 106 で西市の所在地である六条大路と西一坊大路の交点に注目すると，前記の直線状流路の犬川が西一坊大路と並走して南流していくことを示している。西市と直線状水路の結合は，平城京で，秋篠川を直線化した西堀河がほぼ西一坊大路にそって南流していたことを想起させる。平城京の西堀河は，西市への物流水路でもあった。〈西堀河─秋篠川〉水系は，最上流部の平城丘陵を介して木津川に面した河港＝泉津とむすばれていたであろう。

図 106 で犬川の下流流路をたどると，その末端は前述の朱雀大路南端とラッパ状開口部の頂点にいたる。犬川は西市への輸送用水路であったとされており[188]，ラッパ状開口部に都城の港津が存在し，そこで淀川本流の大型の舟から小河川水路用の小型の舟への積み替えがなされたと考えるのは妥当性をおびる。時代は飛ぶが，近世京都では，伏見河港で淀川本流の大型舟から小型舟に積み替えられて人工水路＝高瀬川を遡航する水運路が存在した。それを小規模にした同様の関係を，朱雀大路南端のラッパ状開口部の港津とそこに流入する犬川とのあいだに想定することも可能であろう。もちろんこれは，推考可能性の呈示にとどまっている。その可能性の実証は，発掘による遺構と遺物の検出・発見をまたなければならない。

図 109 からは読みとれないが，上述した〈ラッパ状開口部＝朱雀大路と九条大路との交点〉に，もう 1 つの事実をつけくわえたい。それは，前出した足利による古山陰道の復原である。足利は，古山陰道と古山陽道との交会点を朱雀大路と九条大路との交点東方あたりに位置づけている[189]。古山陰道と古山陽道は，長岡京から派出する当時の最重要幹線交通路であった。この 2 幹線道路は，前述したように，長岡京の「陸の便」を代表する。ラッパ状開口部付近は「水の便」だけでなく，「陸の便」においても重要地点であったと推定できる。つまり桓武天皇が長岡遷都について語る「水陸の便を以て，都をこの邑に遷す」との宣命での「水陸の便」は，長岡京一帯の広域的な水陸交通の利便性を述べると同時に，局所的にはこのラッパ状開口部の交通結節性を具体的に語ったものと推考したい。

(4)　宮域と京域 ── 平安京への架橋

長岡京の宮域と京域は，ともになお確定されていない。図 108 に掲げた復原図からは，長岡京が当初計画にしたがって一挙的かつ整合的に建設されたとの印象をうけ

写真110 長岡京 大極殿・後殿址
大極殿は他の都城では平坦地にあったが，長岡京では丘陵上を占地し，宮域からの王権の俯瞰視線を強調していた。

る。しかしその印象とは異なって，長岡京の建設は宮域・京域ともに試行的・段階的にすすめられた。

(4)-① 「刷新」の宮域

　宮域の造営から検討したい。清水は，787年（延暦7）を画期として，宮域の造営過程を「前期」と「後期」の2期に区分できるとする[190]。「前期」には，廃止された後期難波宮の資材を転用して，宮域の諸建造物の造営と整備がすすめられた。これに対して「後期」の造営は，平城宮の資材をもとに内裏と諸官衙の再整備を主目的としていた。造営物だけでなく，宮域の面域また内部構成も「前期」と「後期」で変化したとされる。

　面域に関しては，「前期」の宮域は，北一条大路を北辺とし，また二条大路を南辺とする2条×2坊のややタテ長の長方形であったとされる。その規模と形態は，東方への張り出し部分（東院）をのぞいた平城宮とほぼおなじであった。「後期」には，図108の凡例で「後期拡張宮域」として記入されている部分が，新たに宮域に編入されたとされる。しかし「後期拡張宮域」のうち，同図が〈南部〉と記入する二条大路以南に関しては，異なった考えが提出されている。1つは山中章の説で，図108に示されるように，「前期」に形成された市街地を新たに宮域にとりこんで拡張されたとする[191]。もう1つは國下多美樹の説で，この部分は市街地ではなく，「前期」においても儀式空間としてオープン・スペースがひろがっていたとする[192]。後者の説では，そこは「前期」においても宮域であったことになる。

　図110は，発掘調査によって宮域内から検出されている建造物と街路の遺構を示したものである[193]。建造物のうち長岡京遷都と同時に建造されたのは，内裏と大極殿院であった。ついで朝堂院（太政官院）が造営される。このうち大極殿院には，正南北の宮域中軸線にそって北から順に楼門・大極殿後殿・大極殿正殿・閤門が配されていた。朝堂院も，大極殿院に南接して建設される。その内部は，南北中軸線の東と西に左右相称にならぶ各4堂構成であった。藤原京また平城京（東区）の朝堂院は12堂であったが，長岡京の場合は後期難波宮とおなじ8堂で構成されていた。後期難波宮の朝堂院との類似点は8という棟数だけにとどまらず，建物規模さらには使用瓦にまでおよぶ。これは，大極殿院もふくめて後期難波宮の建造物を移築することによって，難波京を副都とする複都制の廃止，同京からの資材転用による長岡京の建設，平城京からの遷都という一連の過程が急ピッチですすめられたことを物語る。その急速

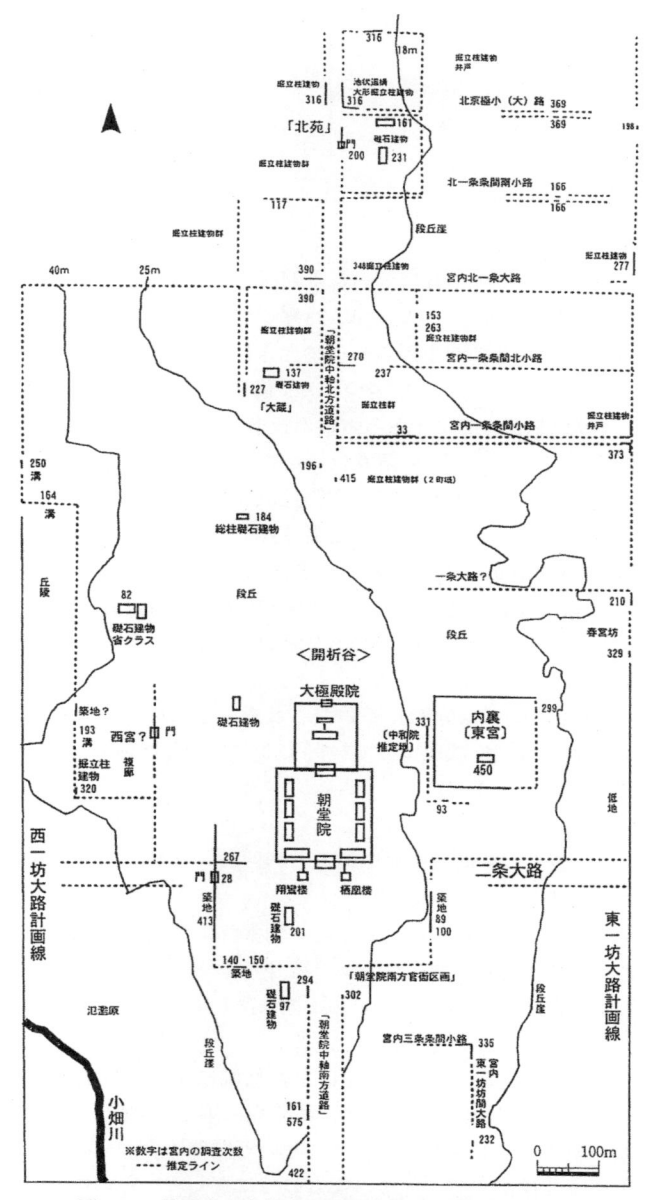

図 110　長岡京・宮域内の主要遺構分布（國下による）

第VII章　中国世界周辺での中国都城思想の受容とバロック的展開（1）

表3 日本都城の宮域における内裏の所在位置（応地作成）

	A宮域・京域の南北中軸線上	B朝堂院・大極殿院と連接	C独立配置
前期難波宮（652-686年）	○	○	×
後期難波宮（686-793年）	○	○	×
藤原宮（694-710年）	○	○	×
前期平城宮（710-740年）	×	△	×
後期平城宮（745-784年）	×	○	×
前期長岡宮（784-788年）	?	?	?
後期長岡宮（788-794年）	×	×	○
平安宮（794-年）	×	×	○

な推進のなかに，桓武天皇の山背国での新王朝樹立への意志をよみとりうる。

内裏については，『続日本紀』延暦八年（789）二月二十七日条の「西宮より移り，はじめて東宮に居した[194]」との記事から，このときに，遷都当初の「西宮」から「東宮」に内裏が移転したと考えられる。東宮つまり「後期」の内裏は，同図で「大極殿院」の東方に記入された「内裏（東宮）」からの検出遺構とされる。しかし「前期」の内裏遺構は，なお確認されていない。その所在位置をめぐって，後期難波宮とおなじく内裏は宮域中軸線上にあって大極殿院北辺と連接していたとする説[195]と大極殿院からは離間した位置にあったとする説の2つが提唱されている。このうち前者が有力であるが，國下は，後者の立場から図110の中央西端に記入する「西宮？」を「前期」内裏に想定する[196]。このように現在のところ「前期」内裏の位置は確定していないが，「後期」内裏に関しては，その位置を同図の「内裏（東宮）」にもとめる点では一致している。

「後期」内裏が大極殿院とは分離していたことをふまえて，長岡京に至るまでの歴代主要都城での内裏の所在位置について検討することにしたい。そのための検討指標として，つぎの3つを用意する。

A：宮域と京域をつらぬく都城南北中軸線との関係 —— 内裏が同中軸線上に位置するか否かの検討。
B：南北方向に直列して連結する大極殿院・朝堂院エリアとの関係 —— 内裏が同エリアの北に連接して位置するか否かの検討。
C：内裏の所在位置の独立性 —— 上記2指標に関して内裏の位置が「否」の場合。

これらの3指標をもとに建設時期の順に主要都城における内裏の位置を整理すれば，表3のようになる。同表は，山中が「宮城研究の第1の課題」として提起する「宮城中枢施設がなぜ宮都ごとに変化するのか」という問題[197]への基礎的な整理である。同表からは，その変化は決してランダムなものではなく，一定の傾向性を示していることを指摘できる。前期難波宮から藤原京までの7世紀後半に建造された都城の宮域では，指標A・Bともに「○」であって，内裏は都城南北中軸線上に大極殿院・朝堂

写真111　長岡京　内裏東築地址
宮城建造物を囲む瓦ぶき築地大塀の遺構で，丘陵面が東方斜面へと移行していく地点に正南北走させて建設されていた。

院エリアに連接して造営されていた。平城京では，前・後期ともに，まず指標Aに関しては「×」となり，指標Bについては「△」ないし「○」である。それは，平城京では，内裏の位置は都城南北中軸線からは離れるが，大極殿院・朝堂院エリアと連接して造営されていたことを意味する。長岡京に関しては，「前期」の内裏遺構が未検出なので「後期」のみの検討となるが，指標A・Bともに「×」で，はじめて指標Cが「○」となる。その特徴は，つづく平安京の宮域にも踏襲されていく。

このように「後期」長岡京は，都城南北中軸線また大極殿院・朝堂院エリアの両者から離間・独立した位置に内裏が造営された最初の都城であった。平安京も，このパターンを継承する。それは，この内裏の配置が，「王朝刷新」をめざす桓武天皇の統治姿勢にかなったものであったことを推測させる。問題は，同天皇の統治姿勢を内裏独立と関連づけて説明できるかどうかである。

一般に「刷新」あるいは「革新」への道には，2つの方途がある。1つは，それまで「正統」とされてきたものを全面否定して，「刷新」・「革新」をめざす道である。他は，めざす方向がそれまで「正統」とされてきたものをさらに発展させるものであることを強調して，「刷新」・「革新」をめざす道である。みずからが天皇として君臨しつつ「王朝刷新」をめざす桓武天皇がとりうる「刷新」・「革新」の道は，当然，後者の方途である。

大極殿院が成立した藤原京以来，朝堂院は官衙群からなる政事空間，また大極殿院は国家儀式を荘厳する顕示空間として，天皇の私的空間である内裏とともに都城の中枢を形成してきた。しかも両者は一体化して大極殿院・朝堂院エリアを構成し，都城南北軸線の北端部に位置してきた。それが，歴代都城における大極殿院と朝堂院の正統的な形態と配置であった。後期長岡京でも，大極殿院と朝堂院は一体化して都城南北軸線の北端部に造営され，歴代都城の大極殿院・朝堂院エリアの形態と配置を踏襲している。それは，歴代都城の正統性を継承するものであった。その正統性を継承しつつ，桓武天皇がめざした「刷新」・「革新」は内裏の大極殿院・朝堂院エリアからの離間・独立であった。

その意味するものは，天皇にとって公と私をあわせもつ空間として内裏が自立・確立したことであろう。「前期」長岡京については不明であるが，「後期」長岡京以前の歴代都城では，内裏と大極殿院・朝堂院エリアとは空間的には連接して造営された。しかし両者のあいだには，形態と機能をめぐる交錯的な関係が存在していた。両者は形態的には連接という一体関係にあったが，機能的には内裏は天皇の私的な空間，大

第VII章　中国世界周辺での中国都城思想の受容とバロック的展開(1)　　473

極殿院・朝堂院エリアは天皇の公的空間として峻別されていた。内裏と大極殿院・朝堂院エリアは形態的には連接・連続であっても，機能的には離間・分離の関係にあった。この関係のもとでは，天皇の政事への関与は大極殿院・朝堂院エリアへの出御というかたちでしかおこないえない。桓武天皇がめざした「王朝刷新」は，「天皇親政」という天皇の政事掌握の拡充をめざしたものでもあった。その拡充は，大極殿院・朝堂院エリアへの出御という従来の形式にかわる新たな方式を必要とした。その方途が，天皇の私的空間とされてきた内裏に〈政事関与の場＝執務空間〉という機能を賦与していくことであった。そのための刷新が，大極殿院・朝堂院エリアからの内裏の離間・自立であったとしうる。

　大極殿院・朝堂院エリアが担ってきた天皇の公的空間という機能，また都城南北中軸線上への同エリア配置という歴代都城の思想を継承しつつも，内裏の離間・自立を実現したのが「後期」長岡京であった。ここにも，「正統」とされてきたものの継承を強調して，「刷新」・「革新」をめざす桓武天皇の戦略がうかがえる。もちろん「天皇親政」は，天皇の公的空間としての大極殿院・朝堂院エリアの存在意義の低下へと直結していく。つづく平安京で，同エリアの改変を中心にして宮域の構成が大きく変化していくのは当然の帰結であった。

　さらに長岡京ではじめて出現し平安京へと継承されていくものに，朝堂院南門の左右に相称的に立つ楼閣建造物がある。図110は，平安京にならって，それらに「栖鳳楼」・「翔鸞楼」の名をあたえている。ともに宮域を荘厳するための装飾建造物であった。対をなす楼閣建造物は，その名称もふくめて，唐都・長安の大明宮正殿＝含元殿に範をもとめて造営されたものであった。

(4)-② 「刷新」の京域

　長岡京の京域は図108のように復原されているが，発掘作業がなお進行中であり，その範域も未確定である。発掘の進展につれて，条坊街路が宮域の北方へと延伸していく可能性が指摘されている。同図が提示する条坊復原は，「後期」長岡宮の北辺を画する東西街路を「北京極大路」と名づけ，同時にそれが京域の北辺にあたるものとして復原されている。しかし図110の宮域遺構分布図では，図の北東端に「北京極小（大）路」との記入がある。図108の復原図にしたがえば，「北京極小（大）路」以北には条坊街路が存在しないはずである。しかし図110では，それを越えた北方へと「朝堂院中軸北方道路」が延伸していき，さらに同道路と直交する街路の存在可能性が示

されている．図110の範囲内では「朝堂院中軸北方道路」の北端は確認されていないので，同道路はさらに北方へと延伸していく可能性が大きい．このことは，長岡京が中央北端に宮域を配する「北闕」型都城ではなく，京域の後背部分にも条坊区画が施工された都城であった可能性を想定させる．

その可能性をさらに高める説に，図108とは異なったかたちで宮域の範囲を設定する考え方がある．図108では「前期宮域」は，〈東辺＝東一坊大路・西辺＝西一坊大路・北辺＝北一条大路・南辺＝二条大路〉として復原されている．これに対して國下は，東・西両辺はおなじであるが，〈北辺＝一条大路，南辺＝三条大路〉との説を提唱している[198]．両者は東・西両辺だけでなく，ともに宮域の範囲を2条×2坊とする点でも一致している．しかし國下の説では，宮域の位置は南にむけて一条分移動することになる．とすると，前述した宮域北方への条坊街路の延伸を考慮すると，長岡京がよりいっそう「中央宮闕」型都城にちかづくことなる．

以上の諸点をふまえたうえで，ここでは図108の条坊復原図にしたがって，長岡京の京域について検討したい．「後期」長岡京の北への拡張部分をふくめた京域は，南北9.5条×東西8坊からなる．図107が示すように，左京に関しては，東京極にあたる東四坊大路の遺構が検出されているのは一条大路から四条大路までの部分のみである．また左京・右京ともに七条大路以南の部分からは，条坊が確認されていない．これらの条坊未確認区域はすべて低湿地に属し，水害常習地であった．そこでの水損の頻発が，平安京への遷都理由の1つにあげる考えもある．

京域の条坊区画で示されるグリッドパターン街路編成に関しては，長岡京は，外京をのぞく平城京との類似性がいちじるしい．まず都城域の基本骨格が類似することである．「後期」長岡京の京域は，前記のとおり南北9.5条×東西8坊で構成されていた．平城京も，北辺坊を入れると，おなじく南北9.5条×東西8坊であった．また平城京の規模は南北長4800×東西幅4300メートルであって，長岡京と比較すると，南北長では長岡京がより大であるが，東西幅はまったくおなじであった．さらに条大路と坊大路によって区画された街区（坊）の内部は，一部をのぞいて，ともに直交しあう3本の小路によって4×4＝16坪に区分されていた．標準的な坪の辺長も，長岡京が123メートル，平城京が125メートルと近似していた．

条坊街路の配置でも，両都城は共通性を示している．両者の街路形態は，ともに上述したように，数字呼称の条坊大路とそのあいだを等間隔に走る各3本の条坊小路を基本として編成されていた．それにくわえて長岡京と平城京には，数字呼称の条坊大

路のほかに大路に匹敵する幅員をもつ街路が存在し，しかもそれらの所在位置もおなじという共通点があった。長岡京では，図108の復原図で「条間大路」あるいは「坊間大路」として記入されているものが，それにあたる。それらの「条(坊)間大路」は，宮城の東・南・西の各辺から2本ずつ派出している。平城京では，東院を東へと振り袖状に張り出した東方を除く宮城の南方・西方ともに，これらの「条(坊)間大路」はいずれも宮城門を起点として京域へと走出していた。長岡京の宮城門は未確認であるが，「条(坊)間大路」の所在位置の平城京との相同性から，長岡京でもそれらが宮城門を起点としていた可能性は大きいであろう。

　「条(坊)間大路」が存在する縞帯では，平城京とおなじく長岡京でも，大路によって区分される条坊街区は4×2＝8坪によって構成されていた。これに対して図108で「左京街区」・「右京街区」と記入されている左・右両翼縞帯では，条坊区画は4×4＝16坪であった。この点も平城京とおなじであった。

　このように京域のグリッドパターン編成に関しても，長岡京は平城京を範として建設されたといいうる。グリッドパターンは一意的には直交状街路編成を意味するが，同時にそれは，それらの直交状街路によって区画された街区の形態と規模を規定する。つまりグリッドパターンは，直交状編成という街路の形態とそれらによって区画される街区の形態・規模という2つの側面をもつ。長岡京が平城京に範をもとめたのは，グリッドパターンのもつ前者，つまり直交状街路編成の側面であった。グリッドパターンのもつもう1つの側面，つまり直交状街路によって区画される街区の形態・規模に関しては平城京を継承することなく，長岡京は独自の方式を創案した。おなじくグリッドパターンの街路編成ではあっても，長岡京と平城京とのあいだには，街区分割つまり坊また坪の設定原理には明確な相違があった。

　条坊街路による坊さらには坪への分割原理は，平城京では街路間の心々制であった。そのため街路幅が相違すると，坊さらには坪の規模も相違した。しかし長岡京では坪についても街路幅に無関係の内法制が採用され，京域南方の東西1坊に関しては南北40×東西35尺，またその左右の東西二坊〜四坊では南北は変化したが東西に関しては40尺で統一されていた。山中は，これを長岡京型条坊制とよんでいる[199]。その形態は，平安京的条坊制への接近であった。これについては，平安京の場合をふくめて次節であらためてとりあげたい。

VII-6 平安京 ── タブローとしての「バロック化」都城

　長岡京の造営開始が784年（延暦3）6月，そのわずか1年3ヵ月後の785年9月に造長岡宮使・藤原種継が暗殺される。彼は，造営にさきだつ現地検分以来，もっとも精力的に長岡京の建設事業を推進してきた。『続日本紀』の暗殺翌日の条には，藤原種継について「天皇の信任が大変厚く，内外の事をすべて取りしきった。最初中心となって建議し，長岡に遷都した。……（夜も）たいまつを照らして（造営工事を）いそがせ，検分していたところ，燈火のもとで傷をうけて，翌日に自邸で薨じた[200]」と記している。

　藤原種継の死を最初として，暗殺への関与を疑われて皇太子位を剥奪された早良親王の憤死，また789年12月の皇太后であり桓武天皇の皇母・高野新笠の逝去など，桓武天皇近親者の死があいついだ。これらの凶事と祟りから離脱と「平安楽土」の希求が，平安遷都の重要な理由であったとされている。

　桓武天皇は，793年（延暦12）1月に藤原小黒麿などを山背国葛野郡宇太村に派遣する[201]。それを載せる『日本紀略』の記事が「都を遷す為也」と述べているように，それは遷都のための視察であった。藤原小黒麿は，長岡京の建設にあたっても，造営にさきだつ現地検分に筆頭高官として藤原種継などとともに派遣された人物であった[202]。桓武天皇は，新都建設のためにもっとも信頼する彼の経験を活用しようとしたのであろう。葛野郡宇太村は，現在の京都市右京区宇多野一帯にあたる。葛野は，山城盆地における最有力渡来人集団・秦氏の根拠地であった[203]。平安遷都にあたっても，桓武天皇をとりまく渡来人ネットワークが活用された。

　現地検分の2ヵ月後の793年3月には，天皇みずからが「新京に幸して新京を巡覧」している。このときの「巡覧」をふくめて，793年の1年間をつうじて計5回もの「新京」への天皇行幸があったことを『日本紀略』は伝えている[204]。「新京」の建設が，急ピッチですすめられたことを物語る。『日本紀略』延暦十三年（794）七月一日条は「東西の市を新京に遷す[205]」と述べ，市の移転から遷都がはじまったことを伝える。市は都市生活の円滑な進行に必須の施設であると同時に，一般庶民が参集して都市としてのにぎわいを演出できる場である。さらに『日本紀略』同年十月廿二日条は，「車駕，新京に遷す[206]」と述べる。「車駕」とは「天皇の御料車」を意味し，転じて天皇自身を象徴する。したがって記事は，この日に長岡京から「新京」への遷都が正式になされ

写真112 平安京 船岡山より南方を望む
眼下の市街地一帯に平安宮さらに平安京の京域が広がっていた。右端後方の天王山北麓部が長岡京の旧地にあたる。

たことを語っている。「新京」は，政事中枢としての「都」と交換・商事の中枢としての「市」を合体させた「都」「市」として発進する。

新都について，遷都直後の延暦十三年十月廿八日条で，『日本後紀』は「葛野の地は大宮の地なり。山川も麗しく，四方の国の百姓の参り出で来る事も便にして，……[207]」との詔勅を載せる。新都のために選地された山背国葛野郡は山河端麗・交通至便の地であって，宮室の所在地にふさわしいという。ここでも，長岡京の場合とおなじく，交通の利便性が強調されている。さらに同年十一月八日条は，「此の国は山河襟帯にして自然と城を作せり。斯の形勝に因りて，新号を制む可し。宜しく山背国を改めて山城国と為すべし。また子来の民，謳歌の輩，異口同辞し，号して平安京と曰う[208]」との詔勅を掲げる。『広辞苑』は，「山河襟帯」について「（襟は首をめぐり，帯は腰にまとうものであることから）山河のめぐり囲んで，自然の要害をなすこと」と説明する。平安京は，詔勅のとおり，東に賀茂川と東山，北に北山，西に葛野（桂）川と西山，南に宇治川ほかの諸川が流入する旧巨椋池が囲繞する「山河襟帯」の地であった。

しかし詔勅が述べているのは，平城京への遷都の際のような「四神相応」ではなく，新京の「城を作す」という軍事的要害性の強調である。この詔勅をもってただちに新京が「四神相応」の地にあることを述べるとするのは[209]，平城遷都の際の詔勅に付会した解釈であろう。詔勅の背後には，反対勢力のために長岡京の建設が挫折せざるをえなかったという政治状況，それへの対抗として要害の地への新都建設と再遷都の推進というつよい意志がはたらいていたのであろう。同時に詔勅は，「新京」が「平安京」と命名されたこと，しかもその名号は天皇を敬慕し寿ぐ臣民が異口同音にとなえた称道に由来するとしている。

(1) 日本古代都城の完成作 ――「エチュード」の集成

平安京は古代都城のなかでもっとも長命な都城であっただけでなく，変容をくりかえしつつ大都市・京都として今日までも存続している。平安京・京都は，日本都市史を自身のなかに集約する存在である。その1200年以上におよぶ歴史は，794年の長岡京からの遷都にはじまる。建都から10世紀末ころまでの時期を指して，初期平安京とよぶ立場がある。ここでは対象を主として初期平安京に限定して，その都城構成について検討したい。

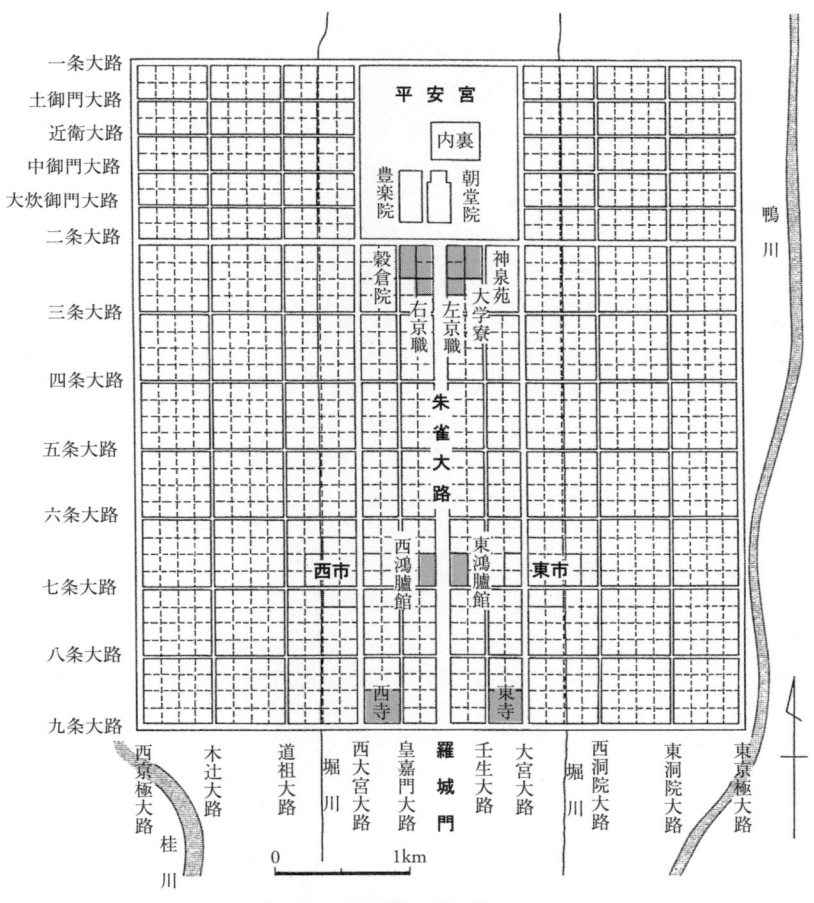

図111 平安京復原図（岸による）

(1)-① 宮　域

　初期平安京の遺構は，ほぼ市街地で覆われている。しかし『延喜式』や『拾芥抄』などの諸史料が現存し，それらをもとに平安京の宮域と京域の復原がなされてきた。また市街地再開発の間隙をぬってつみ重ねられてきた発掘調査によって遺構の検出事例が蓄積され，それらと文献史料との照合も進展しつつある。

図 111 は，初期平安京の条坊と諸施設の配置復原図である[210]。『延喜式』によると，京域の規模は東西幅 1508 丈（≒4524 メートル），南北長 1753 丈（≒5259 メートル）とされる。長岡京と比較すると，東西幅は約 200 メートルながく，南北長は約 100 メートルみじかい。そのため〈南北長：東西幅〉比は，平安京＝1.15 となり，長岡京＝1.23 より小さく，外京をのぞく平城京＝1.12 に近似する。長岡京にくらべて，平安京と平城京の都城域はより正方形に近い。

平安京の条坊は，京域が東西 8 坊×南北 9.5 条，宮域が 2 坊×2.5 条とされている。北端に北辺坊として 0.5 条を配した条坊編成は，平城京とおなじであった。また平安京も平城京も，ともに宮域南面を画するのは二条大路であった。すでに述べたように長岡京に関しては，この点は妥当しない可能性が大きい。宮域の配置も，平安京と平城京はともに「北闕」型という点で共通していた。平安京の場合は，異説もあるが，宮域北辺が北京極と一致する完全な「北闕」型とする説が有力である。平城京の場合には，右京部分のみに北辺坊が存在する。そのため「北闕」型ではあったが，宮域北辺は右京域の最北辺より 0.5 条分南方に位置していた（図 104）。長岡京の京域は，今後の発掘の進捗によってさらに北方へと拡張していくと予想され，宮域の配置は「北闕」型ではない可能性もある。

宮域の規模は，東西幅約 1200 メートル，南北長約 1400 メートルで京域とおなじくタテ長・長方形であった。その内部における王権施設の配置は，図 112 のように復原されている[211]。それら諸施設の配置にみられる特質として，堀内明博はつぎの 4 点を指摘する[212]。

1）　朝堂院 12 堂形式
2）　内裏の分離
3）　大極殿の朱雀大路上配置＝宮域中心立地
4）　「朝堂院南門＝応天門」前広場の門闕式ファサード

堀内による指摘を横糸，〈藤原京→平城京→長岡京→平安京〉とつづく系譜を縦糸として，平安京の宮域編成を検討したい。まず 1）の朝堂院からみると，4 都城の朝堂院はいずれも宮域の中心軸線上に正門（南門）を開いていた。平城京には東西 2 つの朝堂院が並存していたが，朱雀大路に開いた右院をとると，朝堂院の中心軸線上立地は他の都城とおなじであった。しかし朝堂院の内部に配された殿舎は，いずれの都

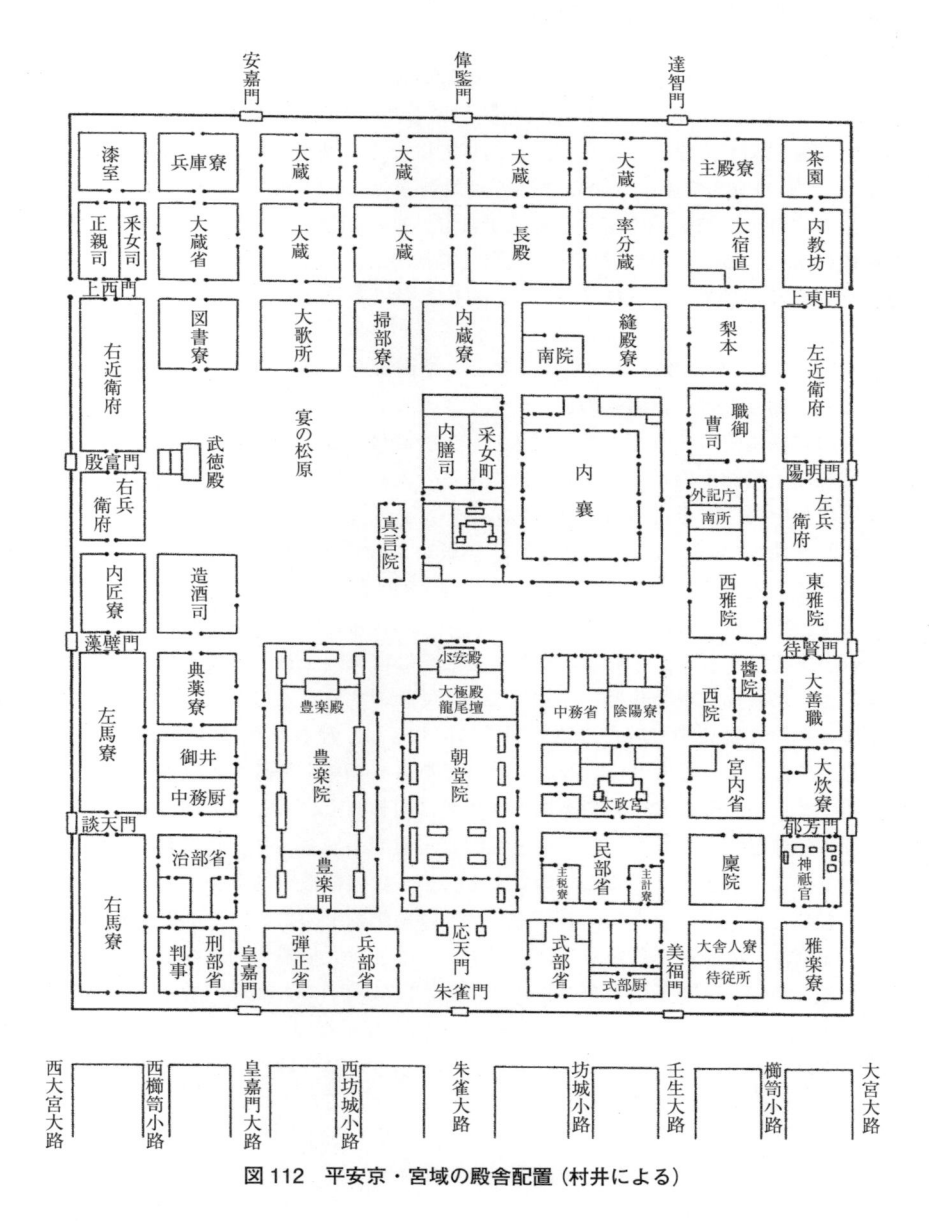

図112 平安京・宮域の殿舎配置（村井による）

第VII章 中国世界周辺での中国都城思想の受容とバロック的展開（1）

写真113　平安京　大極殿址
正確には，大極殿の後殿址にあたる。大極殿本体は，ここよりやや南東方よりの千本丸太町交差点の北側に位置していた。

城でも左右相称に配置されていたが，その殿舎の数は相違していた。長岡京が8棟であったのに対して，平安京は平城京左院とおなじく12棟で構成されていた。朝堂院の殿舎編成に関しては，平安京は，長岡京ではなく平城京に類似していた。

2）　内裏の所在位置については，平安京をふくめて，すでに表3をもとに検討した。平安京の内裏は，都城域の南北中軸線からも，また朝堂院・大極殿エリアからも離れた位置に所在する。この配置は後期長岡宮で初出し，初期平安宮で徹底された。この点については，のちに「バロック化」を論じる際にあらためて詳細に検討することにしたい。

3）　表3で大極殿院・朝堂院エリアとして両者を一括したように，歴代都城では大極殿院と朝堂院は一体のものとして造営されてきた。同エリアの内部では，大極殿院はつねに朝堂院の北方を占地してきた。大極殿は，天皇が出御し南面して立つもっとも重要な王権顕示のための儀式空間であったからであろう。その重要性から，大極殿は宮域の中央位置を占めるのは当然であった。

しかし宮域内での大極殿の位置は歴代都城によって相違し，多様性を示す。この点について検討し，そのなかに平安京の大極殿を位置づけることにしたい。検討にあたっては，平城京の大極殿は奈良時代の前半期と後半期で位置を変えるので，これを2つに分けて考えることにする。また朱雀大路は宮域内を貫走していないので，ここでは朱雀大路を都城中軸線という言葉にかえて検討することにした。

まず大極殿と都城中軸線との位置関係に関しては，歴代都城は2つに大別される。同軸線上に位置する場合と位置しない場合である。都城中軸線上に位置していないのが後期平安京で，他のすべての都城の大極殿は同軸線上に所在している。しかしこの点では共通性を示しつつも，藤原京・長岡京・前期平城京・平安京における大極殿の配置は多様で，大きくは3つに分類できる。第1は大極殿が同軸線上の京域南方に偏在するもので，長岡京がこれにあたる。第2は同軸線上の京域中央部に所在するもので，平安京は，藤原京とともにこれに属する。第3は大極殿が同軸線上の京域北方に偏在するもので，前期平城京がこれにあたる。宮域内での大極殿の所在位置に関しては，平安京は長岡京とも平城京とも異なった独自性をもつ。「エチュードとしての都城・藤原京」と「タブローとしての都城・平安京」が，ともに王権顕示の最重要施設・大極殿を宮域中央に位置させているのは興味ぶかい。これについても，のちに再言したい。

4）　「朝堂院南門＝応天門」前広場の門闕式ファサードについては，南門前広場と

写真114　隋唐・長安　大明宮・含元殿遺址
含元殿は大明宮の正殿で，東に翔鸞閣，西に棲鳳閣を戴く門闕を擁していた。長岡・平安両京の宮域正門は，この門闕様式を採用した。

正面ファサードの問題とに分け，さらに朝堂院のオープン・スペースも南門前広場にふくめて考えることにしたい。前期と後期の平城京をふくむすべての都城は，共通して朝堂院南門前に広場空間を開いていた。しかしその広場が宮域の内と外のいずれに存在するかという点に関しては，各都城は2つに分かれる。1つは広場空間が宮域内にあるもので，平安京は，藤原京また2つの平城京とともにこれに属する。他の1つは広場空間が宮域の外に所在するもので，おそらく長岡京はこれにあたると考えられる。朝堂院南門前広場の配置に関しては，平安京は平城京と類似する。

しかしもう1つの問題である正面ファサードに関しては，平安京は平城京とまったく異なっていた。長岡京の朝堂院南門前広場からは，同院南門の左右から南にむけて張り出した楼閣状建造物の遺構が検出されている（図110）。前述したように，この楼閣状建造物は長岡京ではじめて出現したもので，平安京の朝堂院正面を飾る翔鸞楼と栖鳳楼はこれを継承したと考えられる。このように平安京は，藤原京や平城京とおなじように朝堂院南門前広場を宮域内にとりこむと同時に，長岡京にならって南門の左右に楼閣状建造物を張り出した正面ファサードをそなえていた。朱雀大路の終起点＝朱雀門から宮域内部に入ると朝堂院前広場がひろがり，同広場の奥には朝堂院正門＝応天門がそびえ，さらにその左右を楼閣状の門闕ファサードで荘厳するという独自の形式を実現したのが，平安京であった。それは，「刷新の王権」による王権空間の刷新装置であった。

　5）ここで堀内の指摘をはなれて，楼閣状建造物を左右に配した正面ファサードの系譜について考えたい。同ファサードの祖型は，唐・長安の大明宮にあった。しかも大明宮のそれらの名称は翔鸞楼・棲鳳楼であり，平安京はその楼閣名も踏襲していた。しかし両者のあいだには，おなじ名称ではあっても，楼閣状建造物の機能と配置に関して大きな相違があった。大明宮では翔鸞楼と棲鳳楼は，正殿＝含元殿の左右から張り出した巨大な城櫓基壇にそびえ立っていた。それらは，正殿を荘厳するための楼閣状建造物であった。しかし平安宮では翔鸞楼と棲鳳楼は，前述したように正殿＝大極殿を北闕とする朝堂院の正門＝応天門を装飾する楼閣状建造物であった。翔鸞楼と棲鳳楼は，正殿ではなく，中門を左右相称に荘厳するための楼閣であった。さらに重要な相違は，名称の左右逆転である。大明宮での名称は，含元殿の左方（東）が翔鸞楼，右方（西）が棲鳳楼であった。しかし平安宮では，なぜか，この楼閣名の配置は左右逆転していた。

　くわえて平安宮と大明宮とのあいだには，楼閣状建造物をめぐってもう1つの重要

写真115　平安京　旧朱雀大路址（旧大宮通）
いまは幅員8mほどの小街路にすぎない。平安京の朱雀大路は約83m，標準的な小路でも12mの幅員であった。

な相違がある。それは，平安宮が，翔鸞楼と棲鳳楼以外にさらに1組の楼閣状建造物を左右相称に配していたことである。それは，正殿＝大極殿を荘厳する蒼龍楼と白虎楼である。その楼閣名が表徴するように，大極殿の左方（東）に蒼龍楼が，右方（西）には白虎楼が立っていた。名称をのぞくと，それらの配置は，大明宮の〈棲鳳楼―含元殿―翔鸞楼〉の編成とおなじであった。伊東忠太の設計のもとに，1895年（明治28）の平安建都1100年を記念して平安神宮が造営される。その基本編成は，〈白虎楼―大極殿―蒼龍楼〉からなる平安宮中枢部を縮小復原して，〈白虎楼―外拝殿―蒼龍楼〉としたものであった。

したがって平安宮は，祖型とした唐・大明宮とは異なって，朝堂院正門＝応天門と宮域正殿＝大極殿の双方を楼閣状建造物でもって左右相称に配置して，二重に荘厳した都城であった。この点からも，桓武天皇による徹底した「王権による王権空間の装飾的演出」を読みとくことができる。

以上，堀内が指摘する4点を横糸とし，歴代都城を縦糸として平安宮の王権施設について検討した。その結果は，平安京の宮域が「継承」と「革新」の2つをあわせもつ存在であったことを示している。「継承」は，大極殿院また朝堂院の宮域中心軸線上への配置という歴代都城の造営思想を踏襲していることである。「革新」は，朝堂院正門＝応天門の左右への門闕形式の楼閣建造物の付加による朝堂院正面ファサードの荘厳化，大極殿の宮域正中心部への配置，さらに朝堂院・大極殿院エリアからの内裏の分離・離間という新様式の積極採用である。ここにも，前述したこれまで正統とされてきたものを全面否定することなく「継承」しつつも，新たな「革新」を付加・展開していくという桓武天皇の刷新戦略がうかがえる。

(1)-②　京　域

都城域は，グリッドパターンの条坊街路によって区画されていた。その骨格街路にあたる大路の幅員は，『延喜式』によると，つぎの5種類に規格化されていた。

ランク1―路面幅＝28丈（≒83メートル）：　宮域正門＝朱雀門から南に直走する朱雀大路が，これにあたる。その路面幅は，平城京・朱雀大路の67.5メートルを大きくうわまわる規模であった。

ランク2―路面幅17丈（≒51メートル）：　宮域南辺を画する二条大路で，その路面幅は朱雀大路の60パーセントにすぎなかった。いかに朱雀大路の規模が他の大路と隔絶したものであったかを物語っている。

484　第2部　都城のバロック的展開

ランク3―路面幅12丈（≒36メートル）：　宮域の東・西両辺を画する東・西両大宮大路と京域南辺の九条大路の計3大路が，これにあたる。
　ランク4―路面幅10丈（≒30メートル）：　東・西・北の3京極大路，上記の3つのランクの大路をのぞく宮域周辺大路の計9大路が，これにあたる。
　ランク5―路面幅8丈（≒24メートル）：　上記の4つのランク以外の10大路は，この規模で統一されていた。

　もちろん発掘調査によって確認される大路の路面幅は，上記の『延喜式』の規定どおりではない。その変動要因の1つとして，雨水排水の必要性に応じて路溝幅を変化させていることが指摘されている[213]。大路の路面幅が大小5ランクに分級されていたのに対して，小路の路面幅は，ランク5に属する2つを例外として，残る47の小路は4丈（≒12メートル）で統一されていた。

　図111の条坊復原図をもとに，これらの大路の配置について検討することにしたい。上記5ランクのうち，上位3ランクの大規模条坊街路は，南京極大路にあたる九条大路をのぞくと，朱雀大路と宮域各辺を画する街路によって独占されている。条坊街路網の基本骨格は，宮域を核として編成されていたのである。核としての宮域のもつ重要性は，第4ランクの街路配置にもおよんでいた。同ランクの条坊街路も，宮域周辺に集中している。東・西両京極大路も第4ランクに属するが，それらをのぞくと，一条大路をふくめて同大路と二条大路とのあいだを東西走する4本の条間大路，東大宮大路と朱雀大路，また朱雀大路と西大宮大路とのあいだを南北走する2本の坊間大路は，すべて第4ランクに属していた。その結果，宮域各辺から走出する条坊街路には，一般大路の規格である第5ランクは存在しない。

　宮域周辺の条坊を特別視する思想は，単に路面幅で示される街路規模だけでなく，それらの配置からもうかがうことができる。条坊大路によって区画される京域のグリッドパターンは，図111が明示しているように，1条間隔の正方形街区割を基本としている。しかし宮域各辺に接する京域部分では，条坊大路は0.5条間隔で走っている。それは，条間また坊間を均分する小路を第4ランクの大路に格上げして設計された結果である。そのため宮域各辺に接する部分では，条坊のグリッドパターンは1×1条の正方形区画ではなく，0.5×1条の長方形区画となっている。

　宮域から派出する条間および坊間の小・中小路を大路規模に格上げし，そこに0.5×1条の長方形区画が連続させるという設計思想は，平城京また長岡京においてもみられるものであった。平安京も，それを継承したのであろう。しかし平安京の特質は，

条坊街路の上記5ランクへの規格化とその体系的な配置にあった。ここで武田和哉の整理[214]にしたがって，条坊街路の路面幅を基準として，平城京・長岡京・平安京の規模別種類数をみると，つぎのように要約される。なお朱雀大路は，大路にふくめる。

大　　路 ── 平城京：8　　　長岡京：5　　　平安京：5
条坊間路 ── 平城京：8　　　長岡京：6　　　平安京：0
小　　路 ── 平城京：5　　　長岡京：2　　　平安京：2

平城京と長岡京については発掘成果にもとづくもので，いわば実施設計段階の数値である。しかし平安京に関しては『延喜式』記載のもので，基本設計段階の数値にあたる。したがって現実には平安京の街路幅の種類は，もっと多様となるであろう。しかしそれでも，3都城間の条坊街路設計の傾向性をとらえることができる。その傾向性とは，［平城京→長岡京→平安京］へとすすむにつれて街路幅の多様性が減少し，条坊街路が規格化されていくことである。とりわけ長岡京では大路・条坊間路・小路のすべてで路面幅の種類が減少し，街路の規格化が進展したことを示している。それをさらに徹底させたのが平安京であり，とりわけ条坊間路の種類数ゼロという数字がそれを明示する。その激減は，大路・小路の種類を長岡京と同数のまま，前述したように条坊間路の第4ランク大路への格上げによって実現された。その結果，平安京の条坊街路は単純・規格化され，大路と小路によって構成されることになった。

この特質が，長岡京のⅦ-5-(3)-②で後述するとして留保した宅地区画の問題とかかわる。京域のグリッドパターンは，条坊大路によって区画された正方形街区を基本とする。その正方形区画を，3つの都城ともに坊とよんだ。坊は，さらに大路のあいだを走る条坊小路によって4×4＝16坪に区画された。これも，3つの都城に共通する。しかし坊と坪を区画する際の手法が相違していた。図113は，山中による平城京・長岡京・平安京における坊から坪への分割手法の要約・提示である[215]。

平城京では，条坊街路をまず設定したうえで，街路間の心々距離をもとに坊と坪を区画した。そのため街路の路面幅が相違すると，坊さらには坪の辺長も変動した。同図に例示された平城京3条東1坊をとると，そこにふくまれる計16の坪の辺長は多様で，29×34丈，29×41丈，29×38丈，38×34丈，38×41丈，38×38丈，35×34丈，35×41丈，35×38丈という9種類を数える。その要因は，前述した条坊街路の路面幅の多様性と心々制という区画法にあった。坪規模の多様性は，律令制下の土地管理つまり宅地班給を規定どおりにはおこないえないという不便をうみだす。

長岡京は，前述したように，条坊街路の規格化と少種化を推進する。くわえて心々

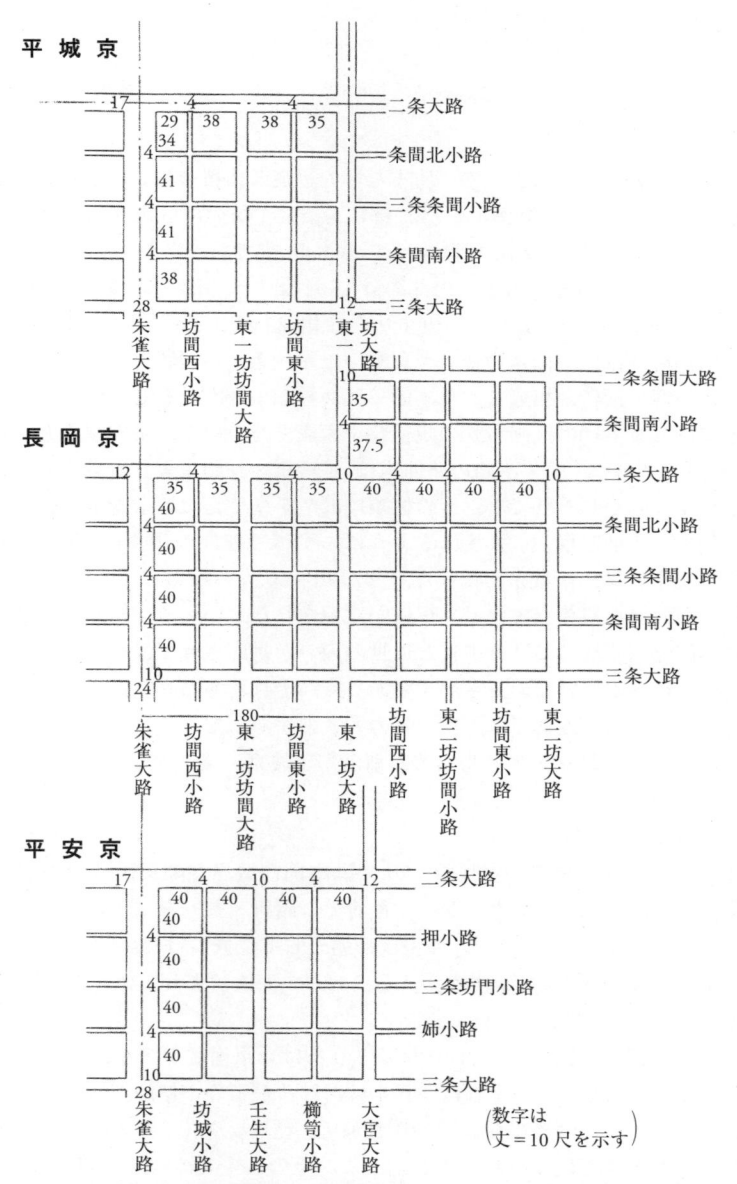

図113 坊の坪への区画方式 —— 平城京・長岡京・平安京（山中による）

第VII章 中国世界周辺での中国都城思想の受容とバロック的展開（1）

制にかわる内法制(うちのり)の採用によって，坊また坪の辺長と面積を均等にしていく。同図の「長岡京」には，「平城京」で例示したおなじ3条東1坊の坪区画が示されている。図にみるように，その内部の16坪はすべて35×40丈で統一されている。しかしそれに東接する3条東2坊をとると，内部の計16坪はすべて同一辺長・同一面積であったが，その規模は40×40丈と3条東1坊とは相違していた。このように長岡京の場合には，坊内の坪は同一面積で統一されていたが，条・坊間路をもつ坊ともたない坊とのあいだで坪の面積が相違し，基本的には2種類の坪が存在していた。

　長岡京にはじまる坪の区画方式の規格化を徹底させたのが，平安京であった。平安京では，前述のとおり大路・小路の路面幅は，平城京・長岡京よりも徹底的に少種化・規格化された。しかしそれでも，その種類は計7をかぞえた。平安京では内法制を徹底して，同図の「平安京」で示されるように，すべての坪の辺長は40×40丈に統一された。平安京では，平城京とは異なって，40×40丈の坪（町）を原単位として，それに街路の路面幅を積算していって京域が設定されたといえる。村井康彦は，これを書院造りの部屋割り法における中世と近世の違いと対応させて説明している。中世では柱の柱心と柱心のあいだの長さがまずあって，それにあわせて畳の大きさが決定された。これに対して，近世では，まず畳の大きさがあって，それによって部屋の大きさが決まっていったという[216]。もちろん前者が平城京，後者が平安京にあたる。

(2)　「バロック化」の諸相

　Vではインド都城思想の受容地帯，VIでは中国都城思想の析出核での都城の展開過程を検討し，前者ではアユターヤー，後者では隋唐・長安を，それぞれの都城展開が最終的に到達した「バロック化」の完成形態として位置づけた。「バロック化」の概念については「はじめに」にゆずるが，ここでは「王権による王権のための都城の世俗的再編」とのみ述べておきたい。

　しかし日本の都城展開には，VI・VIIでとりあげた東南アジアまた中国世界での展開とは異なった様相をもつ。それは，日本における最初の本格的都城として発進した藤原京を別として，つづく平城京は中国都城の「バロック化」の完成体である隋唐・長安に範型をもとめて建設されたことである。その「バロック化」の具現が，「北闕」型宮域と中心軸線街路＝朱雀大路の採用であった。日本都城は，当初から「バロック化」された都城として発進する。しかしよりいっそう「バロック化」を徹底させたのが，長岡京造営の経験をふまえて建設された平安京であった。ここで平安京から検出

写真116　平安京　船岡山
平城京建設にあたってのもっとも重要な自然ランドマークで、同山を基点として朱雀大路の位置が決定されたとされる。

しうる「バロック化」の諸相をもとに、日本都城の掉尾を飾る平安京を、アユターヤーさらには隋唐・長安とおなじく「バロック化」都城として位置づけたい。

(2)-①　「四神相応」の自己創出

　前出した新京への遷都を述べる桓武天皇の詔勅は、「此の国は山河襟帯にして自然と城を作せり」と語っていた。この文言について、前述したように、たとえば中村修也は平安京が「四神相応の地」であることを述べたものとする。この解釈は中村のみにかぎられたものではなく、一般に流布している。しかし文言が語っているのは、山河の配置が織りなす山背（山城）国の要害性であって、新京の「四神相応」についてはなんら言及していない。「山河襟帯」は、新京とも「四神相応」とも無縁の言葉である。それを平安京の「四神相応」とむすびつけるのは、平城遷都の際の詔勅にひきずられた解釈であろう。たしかに平安京の地は、「四神相応」であった。しかしそれは、自然の地形・地物が織りなす「四神相応」ではなく、王権によって創出された「四神相応」であった。

　足利は、平安京の基本形態の特質を左右相称性と四神配置にもとめ、それらの相互関係を図114のように模式化して提示している[217]。まず都城中心軸線＝朱雀大路の位置は、京域外の北方に位置する船岡山をランドマークとして決定された。船岡山から都城域北辺の北京極大路までの距離は470丈（≒1400メートル）で、その距離は北京極大路から宮域南辺までの宮域南北長と一致するという。朱雀大路を左右相称基軸線として、同大路中心線から左・右294丈（≒876メートル）の地点に東堀川と西堀川を南北に通し、おのおの東市と西市を貫通する運河として機能させた。ここにみられる堀川と市との関係は、すでに平城京の東・西両市において採用されていたものであったし、長岡京でも西市に関しては同様の関係を想定できる。しかし完全な左右相称性をたもって市と堀川を計画的に配置したのは、平安京が最初であった。すでに述べたように平城京での東・西両市の配置は、朱雀大路を軸線とする左右相称性を欠いていた。

　朱雀大路と堀川との距離は294丈であるから、東・西両堀川の間隔は588丈となる。図114に示されているように、2つの堀川を基点としてさらに東方と西方とにおなじく588丈をとると、その位置は自然流路を人工的に直線化した河川と合致する。東の鴨川と西の嶋田（御室）川である。平安京は、朱雀大路を都城中軸線として、南流する人工運河と人工的に直線化した自然河川の2つを左右相称的に配置した都城で

第VII章　中国世界周辺での中国都城思想の受容とバロック的展開(1)　489

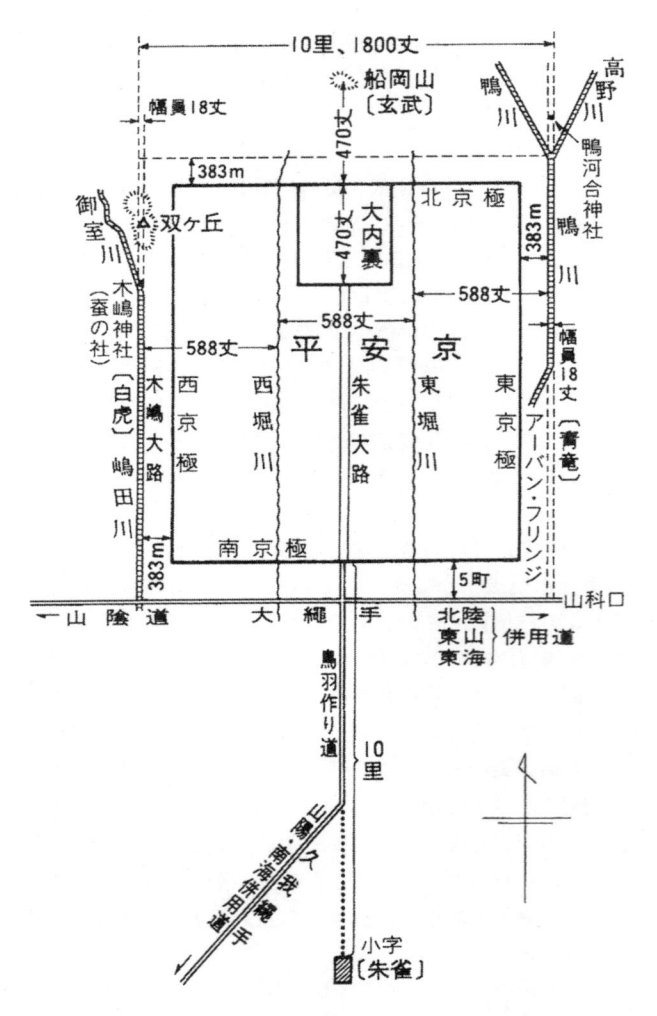

図114 平安京の基本構想と四神（足利による）

写真117　平安京　東堀川
鴨川とおなじく東・西両堀川も直線的な人工河川に改変されて，都城域南端部に所在する東・西両市に通じていた。

あった。さらに直線化された鴨川と嶋田川の流路が，東・西両京極大路の位置決定の基準となる。両河川から内方に383メートル（≒128丈）とった位置に東・西両京極大路を設定して，京域の東西幅が画定されたとする。

さらに四神についても，足利は，それらが平安京の建設時に人工的に設定されたという。東の青龍は鴨川，南の朱雀は朱雀大路をはるか南方に延伸させたところに位置する「横大路朱雀」という小字，西の白虎は嶋田川と平行して建設された木嶋大路，北の玄武は船岡山とする。このなかで純然たる自然地物は玄武の船岡山のみで，他はすべて人工的地物か人工化された自然地物である。船岡山は，平安京建設にあたっての基準ランドマークであり，都城建設計画にくみ込まれた存在であった。とすると船岡山をふくめて，すべての四神に比定される地物は個別化され，計画的に平安京に関連づけられたものばかりとなる。それらは，決して都城周辺の漠然とした遠景としての四神ではなく，平安京と一体的な関係のなかで点あるいは線として計画的に「創出された四神」であった。

平城遷都の詔勅は，「平城の地，四禽図に叶い，三山鎮を作し，亀筮並にしたがう」と述べ，自然の地形・地物の配置をもとに，そこが「四神相応」の地であることを強調していた。平安遷都の際の詔勅には，そのような「四神相応」の強調はない。それは，「四神相応」をも計画的に創出するという王権の意思表明であったであろう。この点に，平安京を，新しい王権像の創始をめざす桓武天皇によって建設された「バロック化」都城とする根拠の第1がある。

もちろん「四神」の人工的創出は，平安京が最初ではなく，すでに平城京にはじまっていた。平城京の四神のうち東の青龍と南の朱雀は，ともに平城京造営にあわせて人工的に構築された東堀河と五徳池にあてうることをVII-4-(1)で指摘した。平安京は，平城京にはじまる四神の人工的創出をより徹底的に追求し，かつ幾何学的に整合させていくのである。

(2)-②　宮域の「宮城」化

「宮域の宮城化」という本題にはいるまえに，「宮域」と「宮城」という言葉について述べておきたい。それは，日本の都城研究においては，朱雀大路の起点に君臨する王権空間は「宮城」，また平安京以降は「大内裏」とよぶことが多いからである。とりわけ藤原京・平城京・長岡京の研究では，その王権空間を指して「宮城」あるいは「○○京の宮城」を意味する「○○宮」との呼称が一般にもちいられる。このような慣例

写真118 平安京 内裏・内部回廊址
内裏は大極殿の北東方に位置し、二重の回廊で外部と遮断されていた。そのうちの内部回廊の南西端部にあたる。

にしたがうことなく，本書では，この王権空間の呼称として「宮城」という言葉を一貫して使用してきた。

　それは，中国都城とりわけ隋唐・長安での王権空間の区分呼称を念頭においてのことである。図78に記入されているように，隋唐・長安では，官衙施設が集積する郭域を「皇城」，その北にひろがる皇帝の私的空間を「宮城」として区別し，両者は巨大な広場的街路（横街）と頑丈な城牆と閣門によって物理的にも峻別されていた。隋唐・長安を論じた際に，「皇城」と「宮城」とをあわせた呼称として「宮域」という言葉を使用した。日本の歴代都城の王権空間も，隋唐・長安と同様に，朝堂院をはじめとする諸官衙と天皇の私的空間である内裏とをあわせもつ存在であった。両者をあわせた王権空間全体を指して「宮城」とよぶのは誤解をまねく。隋唐・長安にてらしていえば，日本都城の王権空間では，「宮城」は天皇の私的空間である内裏のみを指す言葉だからである。現代の日本語でも，「宮城」は天皇が居住する皇居のみを指す言葉として使用される。天皇主権に立つ明治憲法下でも，霞が関や虎ノ門一帯の官衙街と皇居とをふくめて「宮城」という言葉は使用することはなかった。したがって，ここでは「宮城」という言葉は内裏の呼称としてのみ使用する。

　平安京の宮域が，後期長岡京を継承して，内裏が都城中軸線からも，大極殿院・朝堂院エリアからも分離・離間していたことについては，すでにⅦ-(1)-①で略述した。その際，そのことがもつ含意については，「バロック化」の観点から検討するとして留保した。ここで，その際に留保したこの問題に回帰して検討することにしたい。

　大極殿院・朝堂院エリアからの内裏の分離・離間が後期長岡京で初出した理由として，同エリアへ出御することなく天皇の執務空間という政事機能を内裏が兼備するにいたったことを指摘した。これは，2つの意味をもつ宮域の変容であった。1つは，「王朝刷新」と「天皇親政」をめざす桓武天皇の政事総攬の場という機能を内裏が新たに担うにいたったことであり，もう1つは，大極殿院・朝堂院エリアの儀式空間への純化である。平安京は，この長岡京にはじまる宮域の変容をさらに徹底させる。

　平安京の京域中央部には，図112に示されるように，都城中軸線にそって北から〈大極殿院―朝堂院―応天門―朱雀門〉とならんでいた。この点は，長岡京を継承していた。ただ平安京・朝堂院の殿舎構成は，長岡京の8堂型式ではなく，平城京の12堂型式であった。さらに長岡京とは異なって，大極殿院・朝堂院エリアの西にも，それらとほぼおなじ面域の〈豊楽殿―豊楽院―豊楽門〉が北から南へと配列していた。

写真119　平安京　羅城門址

羅城門は「二重閣九間」＝重層屋根を載せた9柱間の二重門で，東寺と西寺を左右に配して鳥羽作り道にむけて立っていた。

朝堂院は儀式の場，豊楽院は節会（せちえ）・饗宴の場として役割を分担しつつ，両者があいまって天皇の権威を顕示する王権施設を構成していた。

内裏は，大極殿の北東方に位置していた。その内部は，大きくは中央とその左・右両翼の3南北縞帯に分かれていた。もっとも重要な殿舎群は，中央縞帯の中軸線にそって南から北へとならぶ〈承明門—前庭—紫宸殿—仁寿殿（じじゅう）—承香殿—常寧殿—貞観殿—玄輝門〉であった。紫宸殿は儀式などの公的空間，仁寿殿は天皇が住まう私的空間であった。しかし天皇の居所は，紫宸殿の西に立つ清涼殿に移っていった。さらに「天皇親政」による「政事総攬」が進行していくにつれて，清涼殿が天皇の居所であると同時に執務空間としての性格をつよめていく。

この変化は，内裏が天皇の私的空間であると同時に，「天皇親政」の公的空間として強化されていく過程であった。前者を内廷，後者を外廷とよぶと，内裏のみでなく宮域全体が，両者にかかわる諸施設によって充填された空間へと変化する。図112にみられるように宮域内には，内裏の北方には縫殿寮・内蔵寮などの内廷にかかわる諸施設が，また南方には中務省・太政官などの外廷にかかわる諸官衙がたちならんでいる。

この「宮域の宮城化」は，平城京の場合と比較すると，いっそう明瞭に了知できる。図105に示した平城京では，東への張り出し部分をのぞいた宮域は3つの南北縞帯に分割され，それぞれの境界は築地塀で画されていた。しかし平安京の宮域は，図112に示されるように，建造物群はおなじく南北列をなしてならぶが，それらは築地塀などの隔壁によって区画されていない。それは，平安京の宮域が景観的にも機能的にも一体化されたこと，いいかえれば「宮域の宮城化」を意味する。その「宮域の宮城化」を含意する表現が，「大内裏」であった。内裏が宮域の部分空間から，宮域全体を包摂する全体空間へと成長し，宮域を「大内裏」へと変容させたのである。「大内裏」という呼称が平安京において成立する背後には，このような一連の宮域の変容があった。その変容動因は，内裏＝宮城に君臨する王権の伸長であった。平安京の〈「京域の宮城化」＝「大内裏の成立」〉も，王権の伸長による都城の「バロック化」を証左するものである。

(2)-③　寺院＝王権の脇侍・前座施設

「バロック化」の諸様相は，都城内を貫走する軸線街路にもっともよく表現される。日本の古代都城は，平城京以降，隋唐・長安に範型をもとめて朱雀大路＝都城中軸街

第VII章　中国世界周辺での中国都城思想の受容とバロック的展開(1)　493

写真120　平安京　西寺・講堂址
空海に下賜されて真言宗の寺院となって隆盛した東寺とは異なって，西寺は官寺として持続し，王朝権力の衰退とともに衰亡していった。

路を基本として建設された。したがって，前述したように日本都城は，当初から王権と直結する軸線街路という「バロック化」要素をそなえていた。しかしこのことをもって，ただちに平城京を「バロック化」された都城として位置づけることはできない。日本都城における軸線街路を視座とする「バロック化」の完成は，やはり平安京においてであった。

　東南アジアと中国世界での都城展開の最終段階に登場するアユターヤーと隋唐・長安を指して，「バロック化」された都城として位置づけた。両都城の「バロック化」は，〈王宮─軸線街路─寺院〉の配置によく表現されていた。図91にみられるように，都城の深奥から睥睨する王宮を起点として直走する都城軸線街路，その軸線街路の中間地点に王宮への前座的施設として左右相称に配された2つの大国立寺院いう構成は，アユターヤーと隋唐・長安に共通する。と同時に，この都城構成は平安京にも通底する。

　平安京には，京域内に所在する大寺院は東寺と西寺の2つのみであった。両寺院は，朱雀大路南端にそびえたつ都城正門＝羅城門の左右に相称的に配置された。平安京の京域からの仏教寺院の排除は，平城京での寺院勢力の跋扈への対策とされる。しかしそれだけならば，すべての寺院を京域から排除するという方策もあり得たはずである。その方策を採用しないで，羅城門の左右のみへの寺院の限定配置には特別な政治的意図がこめられていよう。それは，東寺と西寺を羅城門の左右に脇侍のように配して，都城のファサードを荘厳する意図である。

　平安京における東寺と西寺は，アユターヤーのマハータート寺院とラーチャプーラナー寺院，隋唐・長安の大興善寺と玄都観とおなじように，都城軸線街路を介して左右相称的に配置されていた。しかし両者のあいだには，大きな相違があった。アユターヤーと隋唐・長安の両寺院は，軸線街路に面しているだけでなく，王宮と軸線街路終着点（京極）との中間地点に造営されていた。つまりアユターヤーと隋唐・長安では，両寺院は都城域の中央位置に配置されていた。

　しかし平安京での東寺と西寺の配置は，両者とはまったく異なる。両寺院は，朱雀大路に面していないだけでなく，都城域の南辺＝南京極に配置されていた。平城京の都城構成を検討した際に指摘し，その理由を推考したように，寺院を朱雀大路から離間させるというのは，すでに平城京においてみられた。しかし平城京では，都城域の内部に諸寺院が所在していた。平安京は，寺院の朱雀大路からの離間という平城京にみられた特質を継承すると同時に，京域内部から寺院を排して南京極のみに配置した

のである。その結果，東寺と西寺は，都城域北端から睥睨する王権空間に従属する前座的な脇侍施設と化してしまっている。

〈王宮─軸線街路─寺院〉の配置に関しては，アユターヤーまた隋唐・長安よりも，平安京が「バロック化」をより徹底的に追求・実現しているといえる。東・西両寺院の都城域南辺への相称配置は，羅城門から都城軸線を南方に延伸させて建設された「鳥羽作り道」から見た場合に，都城の荘厳化という効果をもっともよく発揮する。このことを計算に入れて，東寺と西寺を都城南端辺に配置して，それらに都城への前座的脇侍の役割を付与したのであろう。アユターヤーや隋唐・長安以上の徹底した都城の「バロック化」が，平安京において実現する。それは，「王朝刷新」と「天皇親政」によって新王朝の創始者たらんとした桓武天皇の意図を反映するものであったであろう。

(2)-④ 王権の演出中枢軸としての朱雀大路

この「バロック化」の徹底は，朱雀大路にもおよんでいる。平安京の朱雀大路と隋唐・長安の朱雀大街とは，ともに都城を荘厳する中心軸線街路であった。しかし両者のあいだには，王権が同街路に付与した意味づけの相違を観察できる。

中国都城の軸線街路は，北方の宮闕と都城南郊に設置された祭天儀式のための祭壇（天壇）とを直結するための道路に起源がある[218]。隋唐・長安の朱雀大街には，この直結道路としての役割が投影していた。宮闕正門の朱雀門から都城正門の明徳門に至るまでの朱雀大街に面して建造された王権にかかわる施設は，前述した大興善寺と玄都観のみであった[219]。朱雀大街は，基本的に，坊を囲む牆壁がつらなる住戸空間を貫走する街路であった。

これに対して平安京では，図111が示すように，宮域正門＝朱雀門から都城正門＝羅城門に至るまでの朱雀大路の両側には，朱雀門を出た三条には官吏養成機関の大学寮と官庫にあたる穀倉院，またその直南には京域を所管する左京職と右京職が，さらに南へと下がった七条には迎賓館にあたる東鴻臚館と西鴻臚館が，いずれも左右相称に配置されていた。平安京の朱雀大路は，朱雀門から都城域を正南北に貫走する左右相称軸線街路であると同時に，隋唐・長安の朱雀大街とは異なって，その沿道に諸王権施設を左右相称に配した王権顕示のための直走街路でもあった。王権による「バロック化」の徹底である。

(3) 平安京の「再都市化」——中世京都への胎動

　平安京の特質は，既述したように，皇都としての生命の長さにある。その結果，前近代の日本都市の原型は，平安京さらには京都で胚胎した。平安京も，つづく中世京都への胎動を生成していく。その胎動をいくつかあげれば，つぎのようなものがある。

　街路呼称の変化である。初期平安京では，平城京とおなじく街路は数詞呼称でよばれた。しかし10世紀になると，街路の呼称はしだいに固有名詞へと変化していく。たとえば宮域東辺を南北走する左京1坊大路は大宮大路とよばれ，地名表示も「左京3条南，油小路西」と現代につうじる呼称がもちいられるようになる。

　さらに大きな変化は，街路にむかって門が開き，また街路にそって家屋が建てられるにいたったことである。平安京でも，平城京とおなじく，北高南低の地形に対応して官位身分による居住隔離がみられた。宮域南辺を東西走する二条大路以北は高級官僚と官衙，同大路から五条大路までが一般貴族や官人，五条大路以南が京戸とよばれた庶民の居住空間であった。東・西の両市は，この庶民の空間の中央部に位置していた。初期平安京で，大路に門を開くことを許されたのは三位以上の高級貴族だけであった。彼らの邸宅は二条大路以北に所在していたので，同大路を境にして以北と以南で街路景観が変化した。以北は大路にむけて家門を開く大邸宅がならび，以南は大路にそって土塀のみがつづく景観であった。

　10世紀になると，この規定が無実化して大路に面して家門が開かれていく。さらに平安時代末期になると，大路に面して町家的な建造物が建てられていく。

　これらの街路名の固有名詞化，また大路に面した家門や町家建造物の出現などは，王権の顕示空間としての都城・平安京が，居住の機能性と便宜性とをそなえた都市・京都へと変容していく過程の進行を物語る。この変容は，同時に右京が衰退し，中心が左京へと移動していく過程でもあった。さらに院政期になると，鴨川を越えた白河の地でも都市形成がみられるようになり，中世京都への胎動が本格化していく。

第 VIII 章

析出核 A2 周辺での中国都城思想の受容と
バロック的展開 (2)
―― ヴェトナム

　752年（天平勝宝4）の東大寺大仏（盧舎那仏）の開眼供養に際し，開眼師を務めたのは南インド出身の菩提僊那（ボディーセーナ）であった。彼は，733年（天平5）に中国僧・道璿と林邑僧・仏哲をともなって来日した。林邑は，当時，ヴェトナム南部に所在していた国であった。林邑の名は，仏哲が伝えた林邑楽とともに，このときはじめて日本での世界認識に登場してきたであろう。

　その認識がいっそう深化するのは，御朱印船貿易時代になって日本からの渡航者が増大し，ホイアンなどの港市に日本人町が建設されるようになってからであった。1695年（元禄8）に刊行した『華夷通商考』で，西川如見は，世界の国々を3つに分類して説明する。第1は「中華十五省」，第2は「外国」で朝鮮・琉球・大宛（たいわん）・東京（とんきん）・交趾（かうち）の5国，第3は「外夷」で占城（ちゃんぱん）・柬埔寨（かんぼうちや）・暹羅（しゃむろう）・母羅伽（もらか）・莫臥爾（もーうる）・阿蘭陀（おらんだ）ほか5国とする。このうち「外国」について，彼は，「唐土の外にありと云ども，中華の命に従ひ，中華の文字を用，三教通達の国[1]」と説明している。「三教」とは，儒教・仏教・道教の3つをいう。つまり「外国」は，中華文明圏に属する国々ということである。また「外夷」は「唐土と差ひて皆横文字（ちがひ）の国」とし，非中華文明圏を「外夷」として一括している。

　西川如見が列挙する諸国に注目すると，興味ぶかいのはインドシナ半島の国々のあつかいである。「外国」とされる東京と交趾は，ヴェトナムの北部から中部を指す地方名である。「外夷」の占城は古代の林邑にあたり，柬埔寨とともにインドシナ半島南部に位置する。彼は，同半島のなかでも現在のヴェトナム北・中部のみが中華文明圏に属すると理解していた。そのゆえに彼は，東京・交趾を朝鮮とおなじ「外国」に分類していたのである。

　彼の区分は，都城思想の受容においても妥当する。北・中部ヴェトナムは，東南アジアでは例外的な中国都城思想の受容地帯であった。すでに VI でインド都城思想の受容とバロック的展開を検討した際に，対象としてとりあげたのはクメールとタイ両集団の建設都城であった。それらが位置するのは，西川如見が「外夷」に分類していた柬埔寨・暹羅であった。

VIII-1　タンロン（昇龍）── ヴェトナム最初の都城

(1)　タンロン都城の建設

　紀元前111年に，北部ヴェトナムは前漢帝国の武帝の軍勢によって征圧される。それを契機に，以後，ヴェトナム北部一帯は中華帝国の支配下に編入される。それは，同時に中華文明圏への編入でもあった。隋・唐代になると，北部ヴェトナムの政治中心は，のちにタンロン（Thang Long）都城が建設されるハノイ周辺に遷移していく。その最初が，607年（隋・大業3）に交州統治の拠点として登場する宋平(トンビン)であった[2]。

　767年，唐の経略使・張伯儀は，タンロン都城の前身ともいうべき羅城(ラー・タイン)の建設を開始する。『大越史記全書』の記事は「羅城を更築[3]」と述べているので，張伯儀は既存の羅城＝囲郭を修築ないし増築したのであろう。阿倍仲麻呂（中国名・朝衡）が安南方面軍総司令官にあたる安南都督に任命されたのは，前年の766年であった。その在任期間は，わずか1年であった。彼が着任した安南都護府（ただし『大越史記全書』は，757年に鎮南都護府に改称され，さらに768年に旧称に復したとする[4]）は，羅城に所在していたのかもしれない。『大越史記全書』は，791年には「羅城増築」，808年には「大羅城増築」の記事を載せる[5]。この2つの時期のあいだに，羅城から大羅城(ダイ・ラー・タイン)への改称があったのかもしれない。さらに866年には，将軍・高駢(チョウコウ)が大羅城を全面的に修築する。『大越史記全書』は，その規模を周回1982丈05尺と記載する[6]。それにしたがえば，唐代の1丈は約31.1センチメートルなので，羅城の周長は約6164メートルとなる。羅城を円形と仮定すれば直径＝約2キロメートル，正方形とすれば1辺＝約1.5キロメートルにあたり，「大羅城」という名にふさわしい規模の羅城であったようである。

　ヴェトナム最初の独立王朝は，907年の唐帝国滅亡による旧体制の瓦解のなかで939年に自立した呉(ゴ)王朝であった。以後，短命な王朝が興亡をくりかえしたが，1009年に李公蘊(リ・コン・ウァン)が李王朝を創始し，それまでの王都であった華閭城(ホアルー)にかわる本格的な都城の建設に着手する。『大越史記全書』は，順天元年（1010）春二月条で，その経緯をつぎのように伝えている。

　「帝は，居所である華閭城は低地にあって多湿かつ狭隘で，帝王の宮と為すに足らないとして，これを遷さんと欲した。……帝は自ら詔書をしたためて下問した。「……ここに高王（高駢）の故都であった大羅城がある。そこは，天地の区域の中心に

写真121 タンロン（昇竜） 一柱寺塔
李朝第2代皇帝・李 仏 瑪によって1049年に建立された。
タンロン都城の成立期にさかのぼる数すくない建造物の1つ。

あり，龍蟠虎踞（龍がとぐろを巻き，虎がうずくまって跳びかからんとする）の勢いがある。正しく東西南北の方位にしたがっている。川と山の向背（配置）がよく，その地は広くかつ平坦で，しかも闕土（宮城の地）は高燥である。……越の邦を遍く見渡す（位置を占める）。斯くのごとく勝地（遷都に適した地）を為している。誠に四方から人と物が輻輳する要会をなす。万世の京師（帝都）のなかの上都（天子の都）である。朕はこの地の利によって，ここに闕居（宮城）を定めん。卿等は如何[7)]」。

　この記事は，地の勢い・山河の配置・広い平地・戦略的要衝性・交通の便などからみて「勝地」であることを理由として，李公蘊が新都の地として大羅城を選地したいと下問したことを伝えている。

　さらに『大越史記全書』同年秋七月の条は，「帝は，華閭城より京府を大羅城に遷都して，城下の岸に暫し舟を停めたとき，黄龍が舟に現れた。それに因んで其の城の名を改めて，昇龍城とした[8)]」と，皇帝のシンボルである黄龍の出現にちなんで昇龍城と改名したことを述べる。同条の記事は，それにつづけてタンロン都城の建設過程を記載する。それについては，のちにあらためてふれることにしたい。

(2) タンロン都城遺跡の発見と復原の試み

　20世紀はじめに，ハノイ旧市北西部の一柱寺（チュア・モット・コット）と植物園の周辺から，大量の李朝時代の焼成レンガや瓦片が発見された。それをもとに李朝・タンロン都城は，この一帯に所在していたのではないかと推定されてきたが[9)]，建築遺構は未発見のままであった。しかし2002年末に，大きな発見があった。それは，一柱寺東方のバーディン（Ba Dinh）広場に東接する新国会議事堂の建設予定地から，大規模な建築遺構が発見されたことである。その遺構群はバーディン遺跡と名づけられ，前記の大羅城に比定されている[10)]。前出した『大越史記全書』の記事は，李公蘊が大羅城を襲用してタンロン都城を建設したと述べる[11)]。同遺跡の発掘担当者も，タンロン都城は大羅城の位置と建造物を継承して建設されたとする。発掘は現在も進行中で，建築遺構の層位関係などは確定されていないが，同遺跡はかつてのタンロン都城の中心部に位置しているとされる[12)]。

　大羅城の建設以降，1802年に阮（グェン）朝が成立してフエに遷都するまで，ごく短時期をのぞいて，ハノイ地区は北部ヴェトナムで興亡した歴代諸王朝の王都所在地であった。図115は，1831年に刊行されたハノイの都市図である。ハノイは，阮朝の成立さらには1884年のフランス保護領への編入によって大きな改変をうける。同図が印

第VIII章　析出核A2周辺での中国都城思想の受容とバロック的展開(2)　499

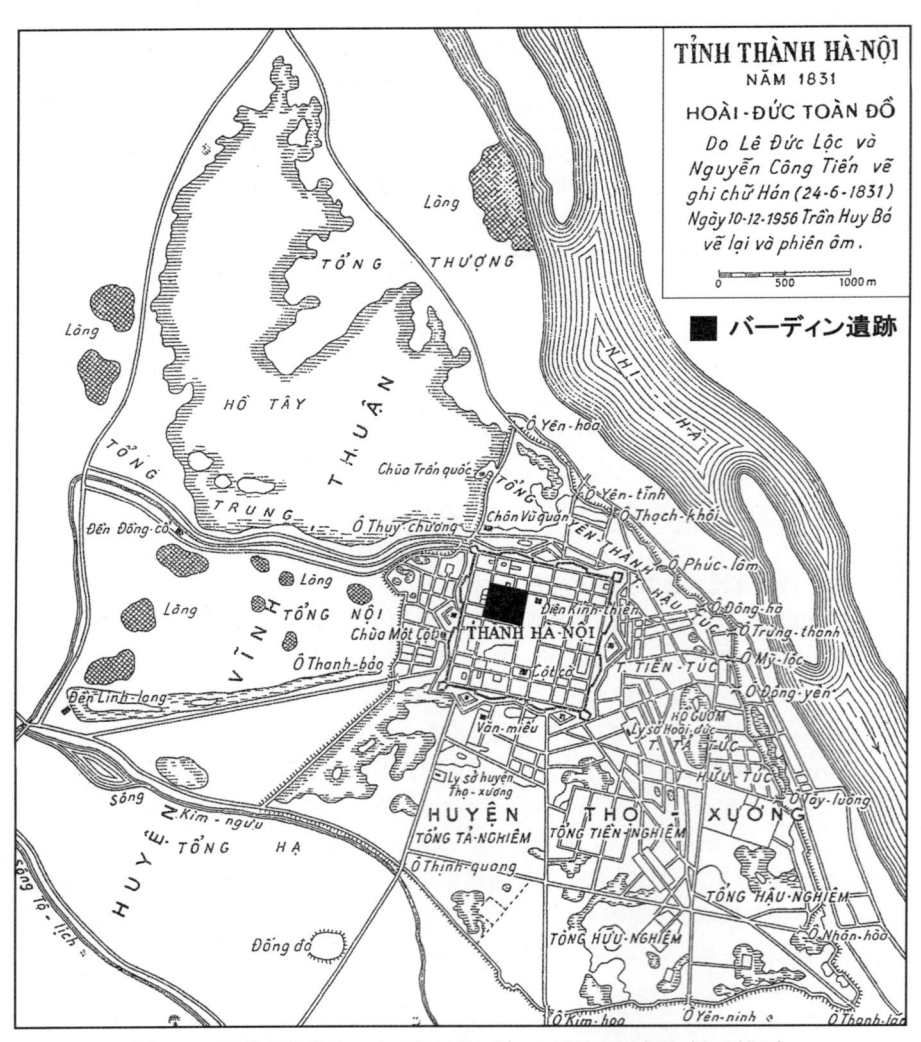

図115　19世紀前半のハノイ図とバーディン遺跡の所在地（応地補入）

写真122　ハノイ　バーディン遺跡
2002年にホーチミン廟東方の国会議事堂建設予定地で発見され，タンロン（昇龍）都城中心部の遺構とされる。現在，旧城の端門内部の区域が公開されている（柳沢雅之撮影）

行された1831年は，タンロンがハノイと改称されるとともに，王都から地方行政単位である省の省都に格下げされた年であった。図は，市街地の全域をとりまく不整形な土堤，その内部に点在する多くの湖沼を描いている。それらは，ハノイが低湿地に位置することを物語る。

17世紀の黎(レイ)朝・タンロン都城を訪れた3人のヨーロッパ人は，共通して市壁の欠如を記している[13]。もしその状況が19世紀前半にも持続していたとすれば，同図が描く市街地をとりまく土堤は氾濫水の溢流防止のもので，防御のための機能はもっていなかったのであろう。

市街地の北端に正方形の城郭があり，「ハノイ城」と記入されている。前述のヨーロッパ人たちも，王城は堅固な城壁で囲まれていることを述べていた。しかし地図に描かれた「ハノイ城」は黎朝のものではなく，阮朝になって大きく改変されたものである。阮朝は首都＝フエの王城よりも大きな城郭を許さず，旧タンロン王城も改築・縮小された。後出する図120に描かれたフエ都城の辺長距離と比較すると，フエ都城の約2200メートルに対して，ハノイ城は約1100メートルと2分の1の規模であった。この改築時に，城壁もフランスのヴォーバンが開発した築城法にもとづく三角稜堡を連ねた構造に変更された[14]。図115が描く城郭の4辺は直線ではなく，フランス式に改造された屈曲城壁によって囲まれている。

バーディン遺跡は，同図に記入したように，「ハノイ城」内の北西部に位置する。同遺跡は，前述したように，大羅城またタンロン都城の中心部に比定されている。9世紀の大羅城と11世紀の李朝タンロン都城の造営以降，図115が描く19世紀前半に至るまで，歴代王朝の王城は「ハノイ城」の地を占地してきたとされる[15]。

それには，トンキン・デルタを扼する交通の要衝というハノイがもつ戦略的位置にくわえて，「ハノイ城」所在地の微地形が重要な条件としてはたらいたと考えられる。図115は，「ハノイ城」の周辺に，紅河をはじめとする諸河川，また西湖をはじめとする多くの湖沼を描いている。そのなかにあって，城郭の内部には小湖沼は存在しない。もちろんそれは人工的な埋め立てによるところも大きいが，その原地形が，一帯の低湿地のなかで数すくない微高地であったことを物語る。旧大羅城の選地にあたって李公蘊が「闕土は高燥」と述べていたのは，このことを指してのことであったのであろう。

(2)-① 李朝・タンロン都城の復原

『大越史記全書』をはじめとする諸文献と現存する古絵地図をもとに，グエン・クアン・ゴック[16]またファン・フイ・レ[17]は，タンロン都城の構成と呼称を整理している。両者によると，タンロン都城は三重に郭壁をめぐらせた「三重城郭」であって，3つの郭域の呼称は史料また時代によって相違するが，それらの呼称の同義関係をつぎのように整理できるとする。ただし両者は，3) の集合呼称を「羅城」としているが，ここでは「外郭城」を採用したい。

1) 禁　城：宮城・龍城・鳳城
2) 皇　城：土城・京城・大内
3) 外郭城：羅城・螺城

これら3郭域からなる「三重城郭」としてタンロン都城を復原する際に，とりわけ参看されてきたのは，図116として掲げた1470年（洪徳元）刊行の「中都」の絵地図である[18]。同図は，刊行時期から考えて，黎朝時代のタンロン都城を描いたものであろう。李公蘊が建設したタンロン都城は，基本的な改変をうけることなく黎朝においても襲用されていたとされる[19]。そのため李朝・タンロン都城を復原するにあたっても，同図は現存最古の絵地図として重視されてきた。

図116は，東端にゆるやかに曲流する「珥河（紅河）」とその支流，北の「西湖」と南の「大湖」をはじめとする湖沼群を描き，タンロン都城一帯が低湿な環境下にあったことを示している。中央部に，囲壁にとりまかれた郭域を大きく描く。囲壁は，2種類に描きわけられている。曲線的な外周壁と直線的な内周壁である。両者は，形態だけでなく，建設資材また工法も相違していたようである。外周壁は石積み，内周壁は焼成レンガ積みのようにみえる。外周壁は，北と西は紅河の支流＝「蘇歴江」，南東は「大湖」にそって建設されていた。内周壁に囲まれた郭域は禁城，外周壁に囲まれた部分は皇城を示していよう。内周壁の北には「昇龍城」との記入があり，それは禁城と皇城とをあわせた総称であろう。

同図は，禁城内部の殿舎配置をくわしく描く。これについては，のちにあらためて検討したい。しかし皇城内部の記入はすくなく，また紙幅の関係からか，外周壁の描出もゆがみがいちじるしい。とりわけ皇城西部の外周壁は大きくデフォルメされ，南方にむけて垂れさがるように描かれている。しかしその位置を図115上で同定することは，容易である。

この古絵地図を主要史料として，李朝・タンロン都城の復原試案がいくつか発表さ

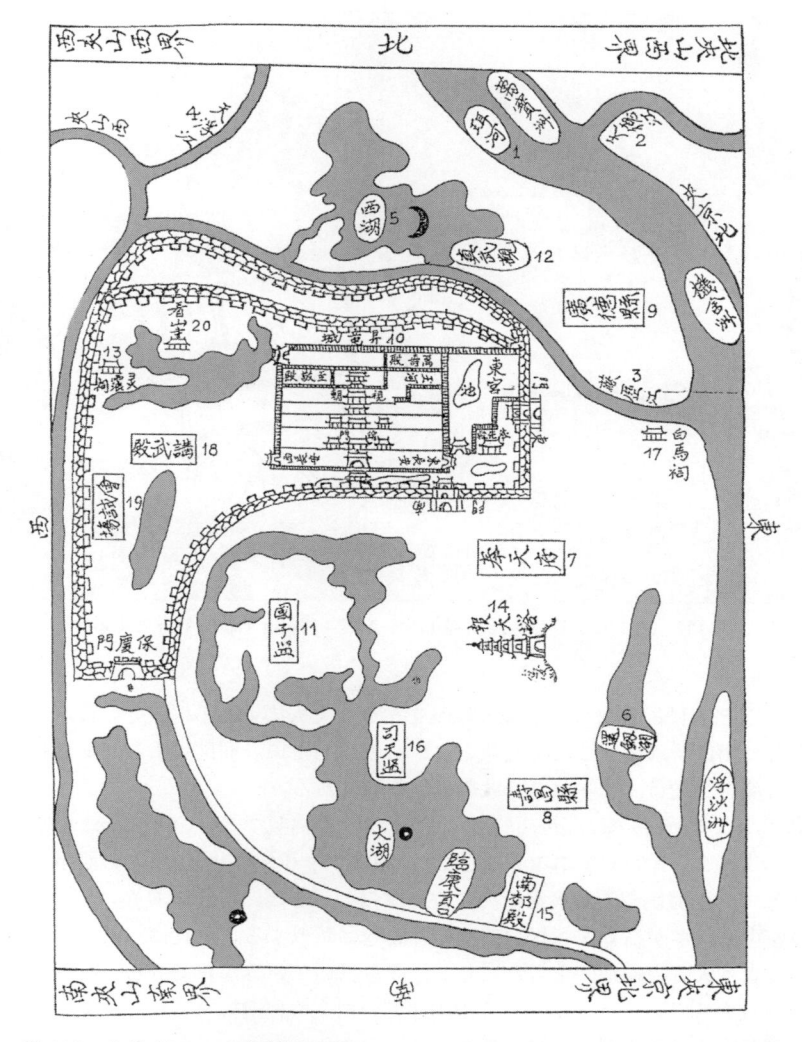

図 116 中都（タンロン都城）絵地図 —— 1470 年（*Vietnamese Studies* 48 掲載図に応地補入）

れている。ここでは，そのうちの 2 案をとりあげることにしたい。1 つは，バーディン遺跡の発掘にあたっているヴェトナム考古学研究所の復原試案である。同研究所からは複数の試案が提出されているようであるが，そのなかから，Tong の復原試案をとりあげたい。それは，現在のハノイ都市図をベースマップとして同遺跡の所在位

第 VIII 章　析出核 A2 周辺での中国都城思想の受容とバロック的展開 (2)　503

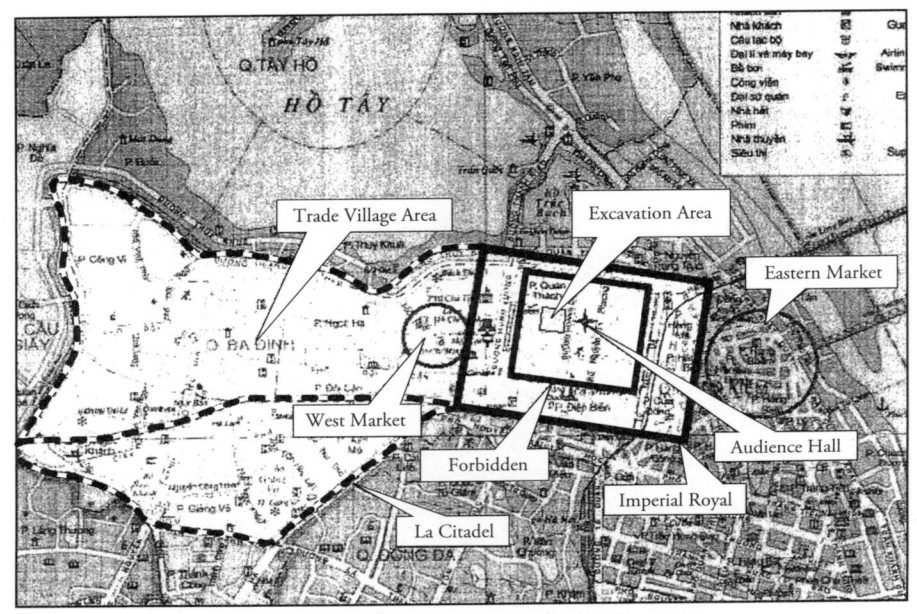

図117 タンロン都城復原試案（1）—A案 （Tong Trung Tun による）

置を示すとともに，タンロン都城の概略を復原したものである[20]。その復原試案を図117として掲げ，以後，これをA案とよぶことにしたい。同図によってあきらかなように，A案の主題は，タンロン都城の郭域復原にある。

他の1つは *Vietnamese Studies* 誌48号（1977年）が掲載するもので，それを図118に示す[21]。これを，B案とよぶことにしたい。B案は，『大越史記全書』の記事を主たる史料として，禁城内部の殿舎配置の考定を試みている点に特色がある。

2つの復原試案が描くタンロン都城の外周壁は類似する。それは，両者がともに図116に代表される古絵地図をもとにして外囲を描いているからである。しかし類似するのは外囲のみといいうるほど，その内部での両案の相違は大きい。とくに郭域の編成と配置は，まったく異なっている。

(2)-② 〈タンロン都城・復原試案—A案〉の検討

図117に掲げたA案は，バーディン遺跡での発掘成果にもとづいて，東端に二重郭域を設定し，囲壁を実線で描いている。さらに実線囲壁から西方にむけて，破線で不整形の大郭域が描く。破線囲郭がなにを示すのかについての説明は，本文中にもない。しかしその南東辺に「La Citadel」との注記があるので，同囲郭は図116に記入

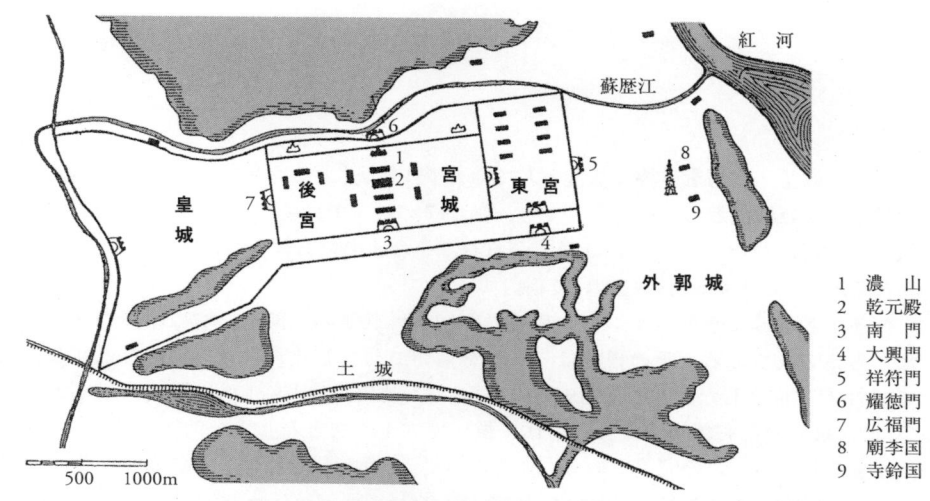

図118 タンロン都城復原試案（2）―B案（*Vietnamese Studies* 48 所載図を応地補正）

1 濃山
2 乾元殿
3 南門
4 大興門
5 祥符門
6 耀徳門
7 広福門
8 廟李国
9 寺鈴国

されていた「昇龍城」を意味しているのであろう。しかし言葉のうえでは「La Citadel」＝「昇龍城」であるとしても，両者が意味するものは異なっている。

　これを前提として，〈復原試案―A案〉を検討することにしたい。A案は，タンロン都城が3つの郭域から編成されていたとしている。

　1) Forbidden =「禁城」：最内奥の正方形郭域を指す。禁城あるいは宮城にあたろう。その範囲は，図115が描く19世紀前半の「ハノイ城」よりも小さく設定されている。バーディン遺跡（Excavated Area）は，その北西部に位置している。同遺跡の東に接して記入された「Audience Hall」は，禁城の中心やや北よりに所在する。後述する「視朝之所」とされた正殿＝「乾元殿」を指すのであろう。

　2) Imperial Royal =「皇城」：禁城をとりまくヨコ長・長方形の囲帯ベルトで，英語での注記は「宮域」とする。その機能などに関する説明はないので，「宮域」がなにを意味するかは不明である。前記の「三重城郭」の整理にしたがうと，この囲帯ベルトは第2の郭域なので「皇城」に相当しよう。「天子南面」思想が貫徹する中国都城では，「皇城」は「宮城」の前面（南）を占める官衙区域であって，「皇城」は「宮城」の背後にひろがることはない。しかし図117では「宮域」は「禁城」を完全に囲繞し，狭帯ながら「禁城」背後（北）にも広がっている。

　3) Trade Village Area =「交易村落域」：前記の「三重城郭」論にしたがえば，最外縁の第3の郭域は「外郭城」となる。「外郭城」とは，都城の全域から「宮城＋皇城＝宮域」をのぞいた「京域」に居住する市民の空間である。図117に記入された Trade Village Area という英語注記を直訳すれば，「交易村落域」である。その注記は，内容

的には，商業・交易を重要な機能としてきた「外郭城」とよく対応する。「外郭城」が交易を重要な機能としていたとしても，図117の破線で囲繞された郭域を「交易村落域」＝「外郭城」とすることには疑問がある。その理由をあきらかにするために，「交易村落域」が意味するものについて検討する。

　後述するように李朝・タンロン都城の京域＝外郭城の内部は，坊に区画されていたと考えられている。その根拠は，李朝を継いでおなじくタンロン都城を王都として1226年に成立した陳朝の初期史料にある。『大越史記全書』「陳紀」建中六年（1230）条は，「京域の左右伴坊を定む。前代に倣いて六十一坊と為し，評泊司を置く[22]」との記事を載せる。この記事でいう「前代」とは，李朝時代を指す。そこから李朝・タンロン都城の京域は，左・右おのおの30坊，京域の所轄官庁＝評泊司が1坊の計61坊から構成されていたと考えられる。

　交易面からみた坊の機能について，15世紀前半の黎朝史料は，各坊が特定産品の商業交易に特化していたこと，それらの坊は取りあつかう商品を生産・供給する特定の村落群に専属していたことを述べている[23]。京域の商業交易機能は，村落での生産活動と一体化して営まれていたのである。李朝時代の坊もこのような機能を担う存在であったことを含意して，図117は，破線囲郭を「Trade Village Area＝交易村落域」と注記しているのであろう。しかし「交易村落域」を設定するとすれば，当然，それは61坊から編成されていた「外郭城」にもとめるべきであろう。

　問題は，「外郭城」をどこに設定できるかということにある。A案は，それを宮域西方の広大な破線囲郭にもとめている。そこは，図116の古絵地図でも大きな内水面が描かれ，低湿な環境下にあったことを物語っている。また坊の商業交易機能は，商品の搬入・搬出のための物流ルートと密接に関連していた。当時のもっとも重要な物流ルートは，タンロン都城東方を南流する紅河であった。

　先述したように，李朝・タンロン都城にはじまるハノイが北部ヴェトナムの政治中心の位置を占めつづけることができたのは，紅河デルタの頂点に位置し，同川水系を介する物流ルートを結節するという立地優位性にあった。A案は，紅河本流を離れた内陸部に「交易村落域」＝「外郭城」を設定している。そこは，北辺と西辺を蘇歴江によって囲繞されていた。蘇歴江も輸送ルートとして重要であったが，その主たる機能は同江水系と紅河本流からの二次的な集散であった。したがって「交易村落域」＝「外郭城」は，タンロン都城東方の紅河本流右岸部にもとめるべきであろう。しかもそこは，周辺では数すくない微高地であった。

写真123　ハノイ　ホン川（紅河）
アユターヤーとおなじく，デルタ頂点の内陸にタンロン都城が建都されたのは，水運路としての同川の存在が大きい。

　都市の交易商業機能は，市（いち）と一体化している。A案も，皇城の東・西両辺に外接させて円を描き，それらに「Eastern Market＝東市」と「West Market＝西市」と記入している。「西市」よりも「東市」の円を大きく描いているのは，「東市」の重要性を示すためであろう。このうち「東市」一帯こそが，「交易村落域」＝「外郭城」にふさわしいと考えられる。1226年の陳朝成立年に，廃帝となった李朝最後の皇帝＝恵帝が眞教禅寺で処刑される。『大越史記全書』「陳紀」建中二年秋八月条には，処刑にさきだって廃帝が「東市に出遊」したとき「百姓が争って走り行きて之を視る。慟哭する者あり」と記し，処刑にあたる将軍・陳守度はこれを恐れて廃帝を眞教禅寺に遷したとの記事がある[24]。これは，当初は「東市」での廃帝処刑を想定していたが，そこに参集する群集の反応を恐れて，処刑の場を眞教禅寺に変更したことを推測させる。
　衆人環視のなかで死刑を執行するのは，前近代には東西を問わず普遍的にみられたことであった。その処刑の場として，繁華な市や広場が選ばれることも多かった。李朝・タンロン都城においても宮城門前には広場があり，そこは市場空間でもあったとされる[25]。『大越史記全書』の上述の記事は，「東市」が李朝・タンロン都城のもっとも重要な市であったことを示していよう。とすると，やはり「東市」一帯を，郭壁に囲まれた「交易村落域」＝「外郭城」として設定するのがふさわしい。
　以上の検討から，李朝・タンロン都城の復原案Aに関しては，「交易村落域」の範域設定に基本的な疑問をもたざるをえない。その疑問は，図117の破線郭域が「交易村落域」ではないとすれば，それをどのように位置づけうるかという問題へと連動していく。さらにそれは，A案が「Imperial Royal」＝「宮域」とする範域の再検討の必要性を惹起していく。したがってA案から確実に継承できるのは，発掘にもとづいて設定されている「Forbidden」＝「禁城」＝「宮城」のみということになる。

(2)-③　〈タンロン都城・復原試案―B案〉の検討と私案の提出

　〈復原試案―B案〉としたのは，*Vietnamese Studies*誌48号が掲載するものであった。B案とA案との大きな相違は，宮域中心部の位置にある。B案では，その位置はA案にくらべてはるか西方に偏在している。B案はバーディン遺跡の発見以前に発表されているので，その宮域中心部の位置想定が，当時利用できた史資料にもとづいてなされたためであろう。おそらくその史資料は，図116に示した古絵図と先述した一柱寺周辺から発見されていた李朝時代の遺物であったと考えられる。しかしバーディン遺跡の発見によって，現在では宮域中心部の位置は確定している。したがって

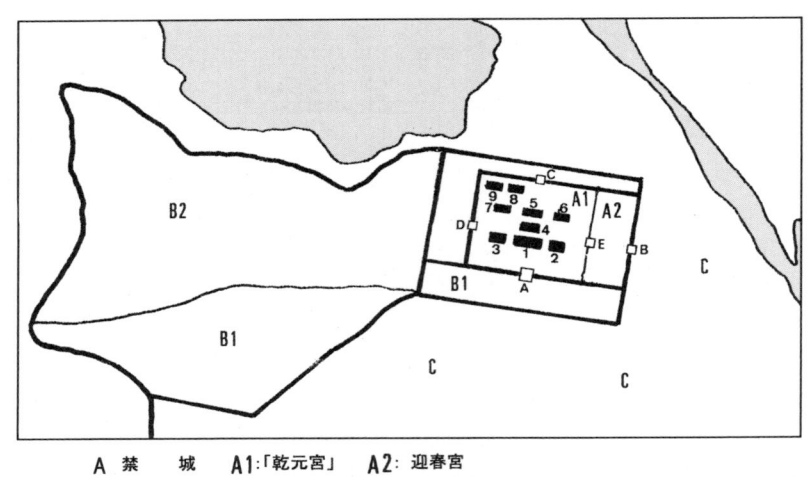

```
A   禁　　城    A1:「乾元宮」  A2: 迎春宮
        殿　舎   1乾元殿＝「視朝之所」  2集賢殿   3講武殿
                4龍安殿・5龍瑞殿＝「燕寝之所」   6日光殿   7月光殿
                8翠華殿・9龍瑞殿＝「宮女之居」
        宮城門   A大興門   B祥符門   C耀徳門   D広福門   E飛龍門
B   皇城・御苑   B1: 皇城   B2: 御苑
C   外　郭　城
```

（殿舎・宮城門は、『大越史記全書』順天元年（1010年）秋7月条に記載のものに限定）

図119　タンロン都城復原私案（応地作図）

B案の宮域中心部は，A案の想定位置に移動させる必要がある。そこでB案の宮域中心部をA案の「禁城＋皇城」の位置に東遷させ，さらに禁城内部の殿舎配置についても再考して，新たに図119を作成した。それを復原私案として，李朝・タンロン都城について検討することにしたい。

A案と私案は，ともに李朝・タンロン都城を「三重城郭」とする点では共通する。しかし両者の3郭域の設定・配置は，大きく異なる。私案の作成過程を述べれば，つぎのように要約できる。

A　禁　城：まず『大越史記全書』「李紀」順天元（1010）年秋七月条が述べる禁城の建設過程から検討することにしたい。諸殿舎の造営順序を述べる同記事の要点は，つぎのとおりである。「前じて乾元殿を起こす，以て視朝之所と為す。左に集賢殿を置き，右に講武殿を立つ。又，飛龍門を啓く。迎春宮に通ず。……乾元殿の後ろに龍安，龍瑞の二殿を置く。以て燕寝之処と為す。左に日光殿を建て，右に月明殿を建つ。後ろに翠華，龍瑞の二宮を起こす。以て宮女之居と為す。府庫を修し，城隍を治む。城之四面に，四門を啓く。東は祥符と曰い，西は広福と曰い，南は大興と曰い，北は耀徳と曰う[26]」。

この記事で注目されるのは,「乾元殿」・「集賢殿」などのように「殿」とする表記が多いなかで,「迎春宮」と「翠華,龍瑞の二宮」の2つのみが「宮」として表記されていることである。「殿」は個別の宮殿建造物つまり殿舎を,また「宮」はそれらの殿舎群から構成される宮殿区を指すと解釈できる。「宮」と記載された2つのうち「翠華,龍瑞の二宮」は「宮女之居」とされているから,後宮的な性格をもつ宮殿区であろう。「翠華,龍瑞の二宮」の造営位置は,「後ろ」とされている。文脈から考えて「後ろ」とは,直前に記載されている「月明殿」の「後ろ」ということであろう。とすると「翠華,龍瑞の二宮」は,「乾元殿」に南面して立つ皇帝の右後方つまり北西方となる。
　ここで重要なのは,後宮的宮殿区の「翠華,龍瑞の二宮」が皇帝の執務宮殿の右後方＝北西方に位置しているとされていることである。というのは,隋唐・長安の宮城での皇后宮殿＝掖庭宮の配置と類似するからである。隋唐・長安では,天子が南面して立つ太極宮の左右＝西方に掖庭宮が配されていた。「宮女之居」とされる「翠華,龍瑞の二宮」の位置は,それと類似するからである。「天子南面」にくわえて,後宮的宮殿区の配置においても,李朝・タンロン都城における中国都城思想の受容をうかがわせる。
　さらに興味ぶかいのは,「迎春宮」である。上記の記事は,「迎春宮」が「飛龍門」によって「乾元殿」一帯とむすばれていたことを伝えている。いいかえれば「迎春宮」と「乾元殿」一帯は郭壁によって画され,そこに開かれた宮門の門号が「飛龍門」ということであろう。「迎春＝春を迎える」とは,方位としては東とむすびつく。ここで図116を参看すると,禁城の東部に郭壁に囲まれた「東宮」と記入された宮殿区を描いている。同図の「東宮」は,李朝・タンロン都城の「迎春宮」の後身と考えうる。もし「迎春宮」＝「東宮」としたとき,「東宮」の性格をめぐって2つの解釈がなりたつ。1つは,「東宮＝皇太子」であるから「東宮」は皇太子宮殿にあたると解するものである。他の1つは,「東宮」にしろ「迎春宮」にしろ,それらは空間的に東に位置する宮殿を指し,皇太子宮殿を意味しないとするものである。
　『大越史記全書』「李紀」天成元（1028）年三月条は初代皇帝＝太祖崩御の記事を載せる。同記事に対して黎朝の史官・黎文休は,「李家は嫡子を皆王と為す。庶子は皆皇子と為す。而して皇太子之位は設けず[27]」と注記している。これにしたがえば,すくなくとも初代皇帝＝太祖の時代には立皇太子の制度はなかったことになる。しかし同書の第2代皇帝＝太宗の経歴を説明する記事では,「太祖の長子なり。……太祖,禅を受け,立に東宮太子と為す[28]」と,太祖の即位と同時に皇太子位に即いたことが述

べられている。この2つの記事のうち後者にしたがって、「迎春宮」＝「東宮」を皇太子宮殿と解釈したい。皇帝宮殿＝「乾元殿」の東方に皇太子宮殿＝「東宮」を配するのは、隋唐・長安とおなじであった。ここにも中国都城思想の受容を指摘できる。

　ここで、図116の黎朝時代の古絵図が禁城東端に描く「東宮」についてもふれておくことにしたい。同図が描出する禁城は基本的には李朝・タンロン都城をひきついでいたが、「東宮」はその例外だとする説がある[29]。この説は、「東宮」は黎朝になって付加された宮殿区ということであろう。その根拠は、『大越史記全書』「李紀」に「東宮」造営の記事がないことにあろう。しかし『大越史記全書』「李紀」にその造営記事がないとしても、それをもっては李朝・タンロン都城に「東宮」がなかったとは断定することはできないであろう。したがって立皇太子制の存在と関連づけて、図118の「東宮」は李朝・タンロン都城の「迎春宮」の後身と考える。

　「翠華，龍瑞の二宮」と「迎春宮」の2つを以上のように解釈したうえで、「乾元殿」を中心とする禁城中心部の復原に再帰することにしたい。禁城中心部での『大越史記全書』の記事は、前述したように「殿」＝殿舎の造営過程を中心としている。その記載は、「乾元殿」を原点として、その前後・左右という相対方位で各殿舎の造営位置が述べられている。『周礼』「考工記」と同様に、「乾元殿」に南面して立つ皇帝の身体方位をもとに諸殿舎の造営位置を述べているのである。「乾元殿」は「視朝之所」として、隋唐・長安の太極殿に相当する王権の中枢殿舎である。隋唐・長安では、太極殿を中枢とする天子の宮殿区は「太極宮」とよばれた。それになぞらえて、李朝・タンロン都城の「乾元殿」とそれを原点として造営位置が語られている諸殿舎からなる禁城中枢部を、「乾元宮」とよぶことにしたい。

　図119に図示した復原私案の作成にあたっては、禁城内部を2つの宮殿区に分かち、その中央区を「乾元宮」（A1）、その東方区を「迎春宮」＝「東宮」（A2）とした。「乾元宮」には、その北西部に「翠華，龍瑞の二宮」＝「宮女之居」＝「後宮」が配されていた。また図116にしたがって禁城の東辺郭壁が外郭城と接していたと考え、A案が禁城東方に設定していた皇城東辺部を禁城内にふくめ、そこに「迎春宮」＝「東宮」が所在していたとした。また『大越史記全書』は「乾元宮」と「迎春宮」とが飛龍門によってむすばれていたとするので、両者は禁城の内部隔壁によって画されていたと考えうる。

　前出した『大越史記全書』順天元（1010）年秋七月条は、さらに「府庫を修し、城隍を治む」と述べる。府庫は大蔵にあたる官庫であろう。その記載は「翠華，龍瑞の二宮」

につなげて書かれているので，府庫は「後宮」近傍に位置していたとしうる。とすると隋唐・長安の宮城では，官庫にあたる太倉が皇后宮殿＝掖庭宮の北半部を占地して配置されていたことを想起させる。府庫の配置も，隋唐・長安にならっているのであろう。

　さらに同月条は，「城之四面」に各1門が配置されていたことを門号とともに具体的に語っている。この場合の「城」とは，禁城を指そう。とすると，これらの4門は宮城門にあたる。

　B　皇城・御苑：A案・B案ともに，禁城南辺にそって東西につらなる狭長な帯域を皇城としている。私案でも，これを踏襲したい。その理由の1つは，図116のタンロン都城の古絵地図が「東宮」南辺外に描く「奉先殿」にある。「奉先」とは，「先祖を奉る（たてまつる）」という意味であり，また図116と同時代の古絵図では，この位置に「太廟」と記入しているものもある[30]。したがって「奉先殿」は，「宗廟」に比定できる。これらの古絵図は黎朝に作成されたものであるので，たとい李朝・タンロン都城がつづく陳・黎両王朝にも襲用されつづけたとしても，それらが描く「奉先殿」＝「太廟」をただちに李朝時代にまでさかのぼらせることには慎重でなければならない。しかし隋唐・長安で「宗廟」は皇城内の南東端に配置されていたことを想起すると，黎朝・タンロン都城では，禁城南辺にそう東西帯域は皇城空間としてとらえられていたとすることはできよう。前述したように，黎朝・タンロン都城は李朝の都城を襲用していたとされており，禁城南辺外の帯域を皇城にあてることも許容されよう。

　私案とA案との大きな相違は，A案が破線郭壁を囲繞させていた「交易村落域」＝「外郭城」の性格規定にある。私案は，それを「外郭城」ではなく皇城にふくめて復原する。その理由は，すでに(2)–①で検討したので，ここでは再言しない。またB案も，破線郭域と禁城南辺にそう東西帯域とを連続させて，同郭域を皇城にふくめていた。

　A案は，図117の破線郭域のなかに東西に延びる内部破線を引いて，同郭域を2つに区分している。図116の古絵図は内部破線を記入していないが，同時期の復原古絵図のなかには同破線を描いているものも存在する[31]。図116は，破線郭域内に「講武殿」また「会試殿」のような王権施設の存在を描いている。内部破線を記入する古絵図も両施設を描いているが，それらの所在位置は同破線以南の地区にあてられている。

　したがってA案の破線郭域は，内部破線を境界とする2区域からなっていた。内部破線以南の区域は，官衙空間の性格をもつ皇城的空間としうる。内部破線以北の区

域には，図118が大きく池沼を描きこんでいるように低湿な環境下にあった。そこは，郭壁によって囲いこまれた王室の園池空間であったとしうる。これらにしたがって復原私案では，A案の「交易村落域」またB案の「皇城」は，性格を異にするに2つの区域からなるものとした。南の皇城（B1）と北の御苑（B2）の2つである。

　以上の理由から，復原私案では，禁城南辺にそう東西帯域とB1・B2両地区とをあわせて皇城・御苑とする。グエン・クアン・ゴックは，「昇龍皇城」が包摂する施設として，具体的に「練兵・講武の区域，……上苑・名藍勝景の区域[32]」をあげている。図116と図119を対照させるとあきらかなように，復原私案の皇城・御苑は内部にそれらをすべてふくんでいる。

　C　外郭城：A案が「交易村落域」＝「外郭城」としていた図117の破線囲郭を皇城・御苑とすると，外郭城は，当然，その外方に設定されることになる。また李朝・タンロン都城が「三重城郭」編成であったとすると，外郭城も郭壁で囲繞されていたとしなければならない。『大越史記全書』「李紀」は建都4年後の順天五年冬十月条で，「昇龍京の四囲に土城を築く[33]」との記事を載せる。これは「昇龍京」＝京域＝外郭城のまわりに「土城」つまり土塁状の郭壁をめぐらせたということであろう。このときに，タンロン都城の「三重城郭」編成が完成したことを示していよう。

　「土城」の位置について，図118のB案は，皇城の南西端からキム・グゥ川北岸にそって東走していく線で示している。復原私案の作成にあたっても，この線に「土城」の位置をもとめたい。図115に掲げた19世紀前半のハノイ図も，同川にそってハノイを囲む土堤を描いている。おそらくB案も，同図を参看して「土城」の位置を決定したのであろう。「土城」に囲まれた外郭城は，紅河右岸にそって宮域の東方また南東方にひろがっていたと考えられる。そこは，交通動脈の紅河を容易に水運利用できるだけでなく，同河流路と宮域とのあいだに，既述の計60坊を「左右伴坊」に配しうる空間が存在している。これらの坊からなる交易商業空間の中心核が東市であり，その位置は禁城東門の祥符門前であったであろう。

(3)　李朝・タンロン都城の形態考察
(3)-①　禁城の内部編成
　日本で早い時期に李朝・タンロン都城の形態構成を論じたのは，桜井由躬雄であった[34]。桜井が「唐代・長安の制にならう」を論文の副題に掲げているように，李朝・タンロン都城の検討にあたっては，中国都城との比較は重要な視座を提供する。(2)

での同都城の復原私案の提出にあたって隋唐・長安を引照したのは，そのゆえであった。もちろん「制にならう」とは単なる模倣を意味するのではなく，翻案による独自性の創出を含意する。この点は，すでに検討した平城京と隋唐・長安との関係においてもおなじであった。ヴェトナム人研究者も，李朝・タンロン都城を論じるにあたって，その独自性の存在を強調する[35]。その提言をふまえて，(2)で作成した復原私案をもとに，李朝・タンロン都城の編成について考察する。

すでにくわしく検討したように，『大越史記全書』「李紀」順天元年秋七月条は，乾元殿以下の諸殿舎，燕寝之所（内殿），迎春宮＝東宮，宮女居所＝後宮，宮城門，府庫（大蔵），城隍廟などの禁城内の諸王権施設の造営・整備を述べていた。この造営過程で興味ぶかいのは，宗教的施設としては城隍廟のみが言及されていることである。

VIIの「中国都城のバロック的展開」でとりあげた隋唐・長安以前の諸都城では，城隍また城隍廟が登場することはなかった。中国都城では，宗教にかかわる王権施設として最初に造営されるのは宗廟と社稷であった。『大越史記全書』の同月条は，李公蘊が即位して2年を経ても，「宗廟いまだ建てず，社稷いまだ立てず[36]」との陳朝の史官・黎文休の注記を載せる。この注記の背後には，「宗廟と社稷の造営は都城建設の最初になすべきこと」との中国都城思想が陳朝時代には受容されていて，その「常識」からする「李紀」の記載内容への違和感があろう。このように考える理由は，『大越史記全書』「陳紀」光泰十（1397）年春正月条の記事にある[37]。それは，「城を築き，池を鑿つ，廟社を立て，街巷を開く」との副都の建設過程を述べる記事である。ここでは，宮城・京域と同時に宗廟と社稷の造営がなされたことが語られている。それが，陳朝時代における都城の「常識」的な建設手順であったのであろう。

しかし李朝・タンロン都城の建設時には，宗廟と社稷の造営を宮城・京域の建設と平行しておこなうという思想はなかったのであろう。同都城で最初に造営された宗教施設は，城隍廟であった。当時，宗廟と社稷は城隍廟に集約可能との宗教思想が存在していたのかもしれない。城隍廟については後述することにして，まず宗廟と社稷について検討したい。

建都後9年の『大越史記全書』「李紀」順天十（1019）年春正月条には，「天徳陵太廟を立てる」との記事がある。これが，同書「李紀」での「太廟」という言葉の初出である。しかし記事が述べる「天徳陵」と「太廟」との関係が不明であるので，これをもって宗廟の造営記事と言いきることはできない。より確実に宗廟の存在を示す史料は，『大越史記全書』「李紀」天貺宝象二（1069）年秋七月条の「帝，占城より還りて，俘（捕

虜）を太廟に献ず[38]」との記事である。また社稷については，天感聖武五（1048）年九月条に，「長広門外に社稷壇を立て，四時（季節）に祈穀す[39]」との記事がある。この記事にある「長広門」の位置は不明であるので，社稷・宗廟ともに造営場所を確定できない。

　この２つの記事をもとに，李朝・タンロン都城では，太廟＝宗廟は建都後59年以前，社稷は建都後38年には造営されていたことが判明する。太廟の記事は建都後59年以前であるので，宗廟と社稷は建都後のほぼ同時期に造営されていた可能性もあろう。したがって前出した「陳紀」の記事をあわせて考えると，李朝にはじまるヴェトナム歴代王朝は，都城の王権施設として宗廟と社稷を受容してきたといえる。この点は，おなじく中国都城思想を受容しながらも，宗廟と社稷を都城に定立することを拒否しつづけた古代日本の都城とは対照的である。

　つぎに，さきに留保した城隍廟について検討したい。図118のB案は，その造営場所を禁城北端の濃山（数字番号１）であったとする[40]。濃山は禁城の背後に人工的に造成された小丘で，禁城の南北正中線上に位置する。ヴェトナムでは東西南北の４方位のなかで，北は来襲する寒気と野蛮人を象徴する方位とされてきた。この北への意味づけは中国とも共通するが，ヴェトナムに伝来し受容された[41]。濃山＝「都城背後の南北正中線上に造成された人工丘」は，北から寒気と野蛮人を封じて都城を鎮守する存在であった。この濃山からただちに連想されるのは，李朝・タンロン都城建設の約１世紀後の12世紀に，中国・金王朝によって中都（北京の前身）のおなじ後背位置に人工的に造成された景山である。景山は，北からの悪疫また侵略者の侵入防止の役割をになう存在であったとされる[42]。

　濃山も景山も，ともに中国起源のおなじ象徴方位観にしたがって造成された人工丘であった。しかし両者は，そこに造営された施設に関しては相違していた。景山に建造されたのは皇帝の殿舎であり，濃山のそれは城隍廟という宗教施設であった。城隍神はcity godと英訳されるように，都市と市民を守護する神とされる。ハノイの城隍神について，桜井は13世紀の『越甸幽霊集』を引いて，４世紀ころ蘇百あるいは蘇歴の名のものがこの地に住みつき，それが川の名称（蘇歴江）さらには城隍神となったとの説明を紹介している[43]。

　中国での城隍神信仰は，６世紀ころの南北朝時代の攻防のなかで揚子江流域と漢水流域で成立したとされている[44]。その信仰がひろく流布するのは，宋代になってからである。李朝・タンロン都城での城隍廟の建設は，その波及かもしれない。北方への

守りである人工丘に都城鎮守の城隍廟を造営して，濃山に二重の意味を付与したのであろう。その意味性のゆえに濃山とそこに立つ城隍廟は，禁城造営に際してのランドマークとなった。さきに濃山が禁城の南北正中線上に位置すると述べたが，実は，それは逆転した表現である。正確には，濃山をランドマークとして南北正中線が引かれ，それを基準線として「乾元宮」の諸殿舎が造営・配置されたというべきである。

禁城は，図119の復原私案に示したように，中央に禁城の南北正中線にそって北から南へと諸殿舎がならぶ「乾元宮」，その左後（北西）方の「翠華，龍瑞の二宮」=後宮，右（東）方の「迎春宮」=東宮の3宮殿区が並置されていた。この配列は，すでに指摘したように，中央に天子の宮殿=太極宮，左方に皇后宮殿=掖庭宮，右方に皇太子宮殿=東宮という隋唐・長安の宮城の内部編成と類似する。

『大越史記全書』は，宮城門については位置と門号を記すのみである。そのうち禁城南門にあたるのが，大興門であった。同門は，禁城正中線上に配された禁城正門であったであろう。図116の絵地図は，「乾元宮」の正中線上に2つの門を配している。そのうち禁城南辺中央に描かれているのが，大興門にあたろう。その北方に所在する宮門には，「瑞門」と記入されている。瑞門は，「乾元宮」の正門であった。古絵図のなかには，瑞門を3つの門道をもつ宮門として描くものがある[45]。李朝・タンロン都城においても，「乾元宮」正門は，中央通路を皇帝専用とする3門道編成であったと考えうる。

図116によると，瑞門と大興門とのあいだは東西に長い広場空間であったようである。そこは，瑞門の北方にひろがる「乾元宮」への緩衝空間の役割を担っていたのであろう。同図は，この広場空間の東端に「東長安」，西端に「西長安」と記入している。それらが意味するものは不明であるが，既述した外郭城の「左右伴坊」とおなじく，都城を左・右つまり東・西に二分割する思想の存在を推測させる。これに関連して想起されるのは，隋唐・長安における朱雀大街を境界とする〈街東—街西〉あるいは〈万年県—長安県〉の左右相称区分である。またそれは，平城・平安両京での〈左京—右京〉，また平安京における〈洛陽—長安〉の左右相称区分を想いおこさせる。いずれも，王宮に南面して立つ皇帝のヴィスタを左右相称両分線とする中国都城の「バロック化」思想の所産である。

(3)-② 外郭城の内部編成

李朝・タンロン都城は，〈禁城—皇城・御苑—外郭城〉の3郭域からなる「三重城郭」

編成であった。禁城の内部編成は，(3)-①で検討したように，つぎの2点で隋唐・長安と類似していた。くりかえしになるが，後続の議論のために，ここで再言しておきたい。

1) その内部は，皇帝の空間である「乾元宮」を中央にして，その東に東宮，西に皇后宮・後宮が配されていた。その編成と配置は，隋唐・長安の宮城の内部編成とおなじであった。
2) 「乾元宮」の内部には，天子南面思想にしたがって，北端の濃山から南の大興門にいたるまで，南北正中線にそって諸殿舎・宮門が〈北—南〉方向に配列していた。

しかし禁城からうかがえる隋唐・長安との顕著な類似性は，外郭城では観察できなくなる。このことは，禁城と外郭城とが異なった原理によって建設されていたことを意味する。そこに，李朝・タンロン都城の特質が存在する。この点を中心に，外郭城について考察することにしたい。

まず李朝・タンロン都城の「三重城郭」，つまり〈禁城—皇城・御苑—外郭城〉の3郭域の配置をとりあげたい。この3郭域編成は，基本的には隋唐・長安の〈宮城—皇城—外郭城〉とおなじであった。しかし李朝・タンロン都城と隋唐・長安とのあいだには，大きな相違があった。まず「皇城」に関しては，隋唐・長安の「皇城」は「宮城」に匹敵する面域を占めるだけでなく，その内部には官衙建造物が左右相称に立ちならんでいた。しかし李朝・タンロン都城の「皇城・御苑」は，「御苑」をのぞくと，実体が不分明な狭小な空間であった。この官衙空間の相違のなかに，人類史上有数の大帝国の帝都である隋唐・長安，いわば1地方政権の王都にすぎない李朝・タンロンという懸隔した格差が反映していよう。

さらに両都城の「三重城郭」にみられる相違は，その配列にある。VI-7で詳述したように，隋唐・長安の都城域は3つの南北縞帯に分かたれ，その中央縞帯に，南北中軸線を左右相称軸として北から南へと〈宮城→皇城→外郭城〉が配列していた。しかもそれらは，直線と方形を基本とする幾何学的な形態で統一され，北から南を臨む天子のヴィスタは，宮城はもちろんのこと，外郭城にも貫徹していた。

これに対して李朝・タンロン都城の〈禁城—皇城・御苑—外郭城〉の編成と配置は，つぎの2点で，隋唐・長安とはまったく異なる。

a）　図119の復原私案が示すように，李朝・タンロン都城では，「北→南」方向ではなく，「西→東」方向に〈皇城・御苑―禁城―外郭城〉が配置されていた。

　b）　(3)-①での検討をもとに前記の1）・2）に要約したように，禁城の内部編成は，天子南面思想にもとづく南北正中線を軸線として統一されていた。しかし禁城をのぞくと，その南北正中線は，皇城・御苑また外郭城においては軸線の意味を失ってしまう。禁城正門の大興門は南辺郭壁の南北正中線上に立つが，外郭城へのもっとも重要な宮城門は東辺郭壁に開いた祥符門であった。同門の外に所在していたのが，外郭城でもっとも繁華な東市であった。したがって外郭城は，〈祥符門→東市→紅河右岸〉と走る「西→東」軸を基本として編成されていた。

　このように李朝・タンロン都城は，禁城に関しては「北→南」軸線，外郭城に関しては「西→東」軸線という2つの異なった軸線をもつ都城であった。これに対して，隋唐・長安は天子のヴィスタを具現する単一の南北正中線が貫走し，それを軸線として外郭城をふくむ都城全域が左右相称に編成された都城であった。李朝・タンロン都城は，禁城の内部編成においてのみ，中国世界の「天子南面」思想とそれにもとづく中国都城思想を受容した都城であったといえる。規範としての中国都城思想を王権によって自由に変更している点で，李朝・タンロン都城は「バロック化」した都城といいうる。ヴェトナムの都城は，最初から「バロック化」した都城として出発するのである。これは，古代日本の翻案を基本とした中国都城思想の優等生的な学習・受容とはまったく異なる。

　c）　外郭城は，左右に配した各30坊から構成されていたとされる。坊は，周囲を壁ないし生垣で囲まれ，その内部は巷（小路）で分割されていた。巷から大路への出入口には坊門があり，坊門は夜間には閉鎖されたとされる[46]。この坊の形態と封閉制は，隋唐・長安の坊とおなじである。

　d）　これらの左右に配された各30の坊を『大越史記全書』は「左右伴坊」と表現していたこと，またその「左右伴坊」の相称基軸線の走向が「西→東」であったこと，この両点については前述した。ここでそれらの相称基軸線について検討したい。同軸線をめぐっては，2つの案が提出されている。

　1つは，桜井が提唱するもので，東西に流れる蘇歴江が紅河からタンロン都城東門にいたる交通動脈の機能をになう朱雀大路的な意味をもつ水路であったとしてうえで，同江を朱雀大路にみたてて「左右伴坊」に分けたのであろうとする。桜井は，この説への傍証として，黎朝の奉天府（ハノイ）が各18坊からなる寿昌・広徳の両県を

管轄し，両者の境界が蘇歴江であったことをあげ，その制度は李・陳両朝の「左右伴坊」を継承するものであったとしている[47]。

　他の1つは，東市と東方の紅河西岸の河港をむすぶ「西→東」走向の幹線道路は現在の Hang Buom 街路であったとする Tran ほかの説である[48]。後者の説では，Hang Buom 街路が「左右伴坊」の相称基軸線とは明言していないが，その可能性を示唆するものであろう。これら両説のいずれが妥当かの判断はできないが，桜井の説にしたがうとすれば，外郭城の軸線が街路ではなく蘇歴江という河川水運路となる。蘇歴江が左右相称基軸線＝朱雀大路にあたるとすれば，その流路が東西方向であることもふくめて，李朝・タンロン都城と隋唐・長安の外郭城の編成原理が大きく相違していたことを示す。それは，低湿環境に建都された李朝・タンロン都城の水郷的な特質を物語るとともに，中国的都城理念から逸脱した独自の便宜的改変といえる。ヴェトナムにおける中国都城思想の換骨奪胎的受容をあらためて想到させる。この点でも，古代日本の優等生的な中国都城思想の受容との相違をうかがわせる。

　しかし古代日本とは対蹠的な中国都城理念からの逸脱と換骨奪胎的受容は，中華帝国の隣接国家という李朝・ヴェトナムの地政学的位置がもたらした所産でもあったであろう。この点に関しては，おなじく中華帝国の隣接国家であった朝鮮半島諸国での都城建設が参考になる。隋・唐時代をとると，朝鮮半島諸国は中華帝国の冊封体制に編入されており，そこでは隋唐・長安と同型の都城を建設することは許容されなかった[49]。これは，古代日本における都城建設との本質的な相違であった。とりわけ方形の外郭城の建設は，不可能であった。これとおなじ状況が，ヴェトナムにおける都城建設の際にも存在していたであろう。

　以上，ヴェトナム最初の本格的な都城であった李朝・タンロン都城をとりあげて，その形態的特質を中心に検討と考察をおこなってきた。しかし『大越史記全書』「李紀」の記載記事をもとに復原できるのは，李朝・タンロン都城を構成する「三重城郭」のうち，わずかに禁城のみであった。しかも記事からは，その内部構成を明確に復原することは困難であった。たとえば宗廟・社稷の存在を語る記事はあるにもかかわらず，そこには造営位置についての記載がないため，それらの地点を比定することができないままに終わっている。ヴェトナム都城のなかで，その内部編成を具体的に検討できるのは，近代になって建設されたフエ（順化）のみである。最後にフエをとりあげて，禁城を中心に諸施設の配置について一瞥したい。

写真124　フォンザン川（香河）とフエ都城
旗は解放戦線旗を引きつぎもので、ヴェトナム戦争の転機となった1968年のフエ城奪還を記念して都城正門前の三角稜堡に立つ。

VIII-2　フエ（順化）── 19世紀ヴェトナムの都城

　フエ（Hué）は、ヴェトナム中部アンナン地方に位置する。10世紀にはチャンパ（占城）王国の中心となったが、1470年に北の黎朝・大越(ダイヴィエト)国に滅ぼされ、その支配下に入った。現存の都城は、1802年に南北ヴェトナムを統一し阮(グエン)王朝を樹立した嘉隆(ザロン)帝がハノイにかわる王都として、1805年に建設に着手し約20年を要して完成させたものである。その建設にあたっては、とりわけ禁城の造営にあたっては、範を当時の中国・清王朝の北京・紫禁城にもとめたとされる。

　図120は、1968年測量のフエ都城とその周辺図である。同図と図115のハノイ図とは同一縮尺に統一しているので、ハノイ城とフエ都城の範域を地図上で比較すると、すでに述べた両者の規模の相違を実感できる。フエ都城は、曲流するフォンザン川（香河）の左岸を選地して建設された。同都城の大きな特徴は、つぎの3点にある。

1）　都城域はタテ長・長方形を基本としているが、その南辺は直線ではなく、河川の曲流にあわせて湾曲させていることである。これは、都城南辺とフォンザン川とのあいだに間隙地を設けることなく、防御のための外濠として同川をとりこむことを目指したものであろう。
2）　タテ長・長方形の都城域は正南北を指向せず、全体として正方位から南東方に約37度偏っていることである。その偏倚は、湾曲する南辺を底辺として、残る3辺を直線かつ直交しあう逆「コ」の字型として都城域を設定したことから生じたものである。したがってフォンザン川の流路を規準として都城域が設定・建設されたことを物語る。中国都城のように「天子南面」思想にもとづく正方位よりも、1)の防御戦略を優先させて建設されたことを意味している。
3）　防御戦略優先という建設構想は、フエ都城の建設場の選地からもうかがうことができる。図120が示すように、フォンザン川は都城域の東方では複雑な流路を描いて流下していく。まず都城南辺から北上したのち、すぐに大きく曲流して西へと向かい、さらに北方へと流路を転じていく。フエ都城は、南と東にフォンザン川の流路をとりこめる場所に選地されている。これは、外在勢力の侵入経路として予想される南と東への防御を第一義として都城建設場が選地されたことを示していよう。

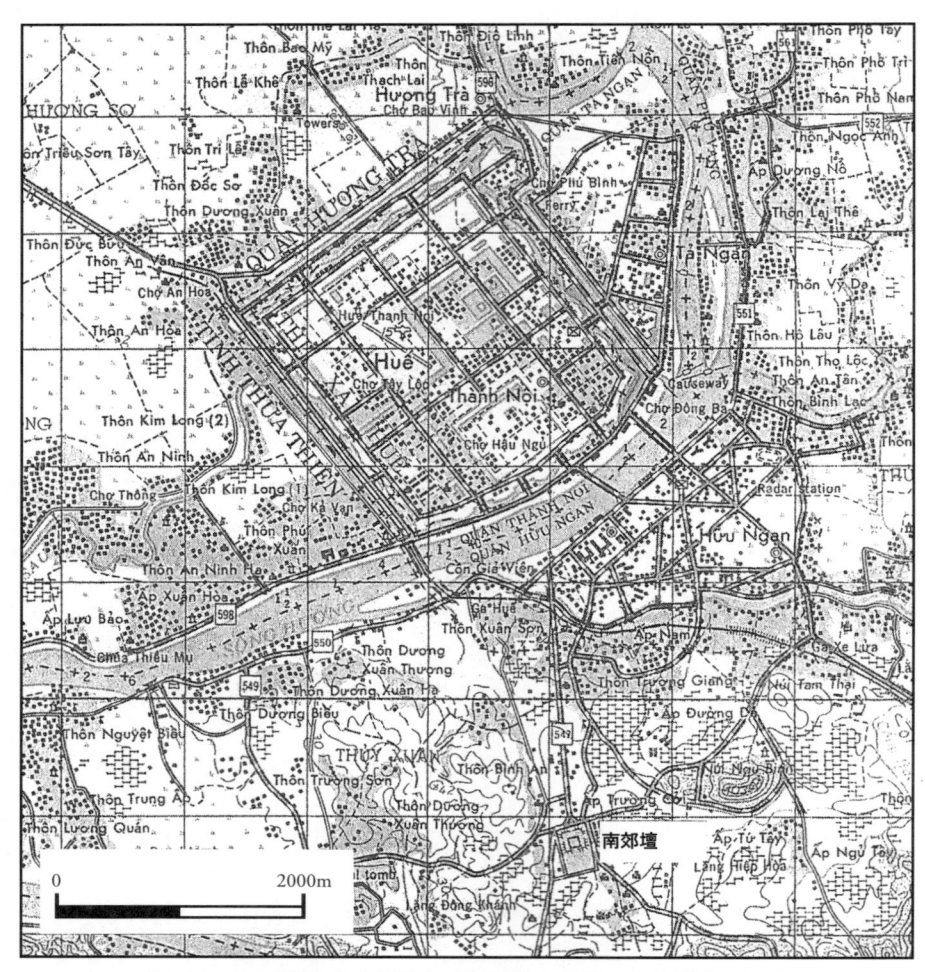

図120 フエ都城とその周辺（1968年測量5万分の1地形図による）

4) 中国都城との相違は，もっとも重要な王権の儀式である祭天挙式場の配置からも認められる。フエ都城が範をもとめた清朝・北京では，祭天の挙式場は天壇であった。北京では，天壇の諸施設は紫禁城とおなじく正南北を軸線として配置されていた。フエ都城も，北京とおなじく都城の南方に天壇にあたる南郊壇を建造した。図120の右下端ちかくに記入した「南郊壇」(Dàn Nam Giao) が，それにあたる。たしかに「南郊壇」は，都城の南郊に位置している。しかしその囲壁の走向は正南北でもなく，またフエ都城の37度の偏角とも一致しない。

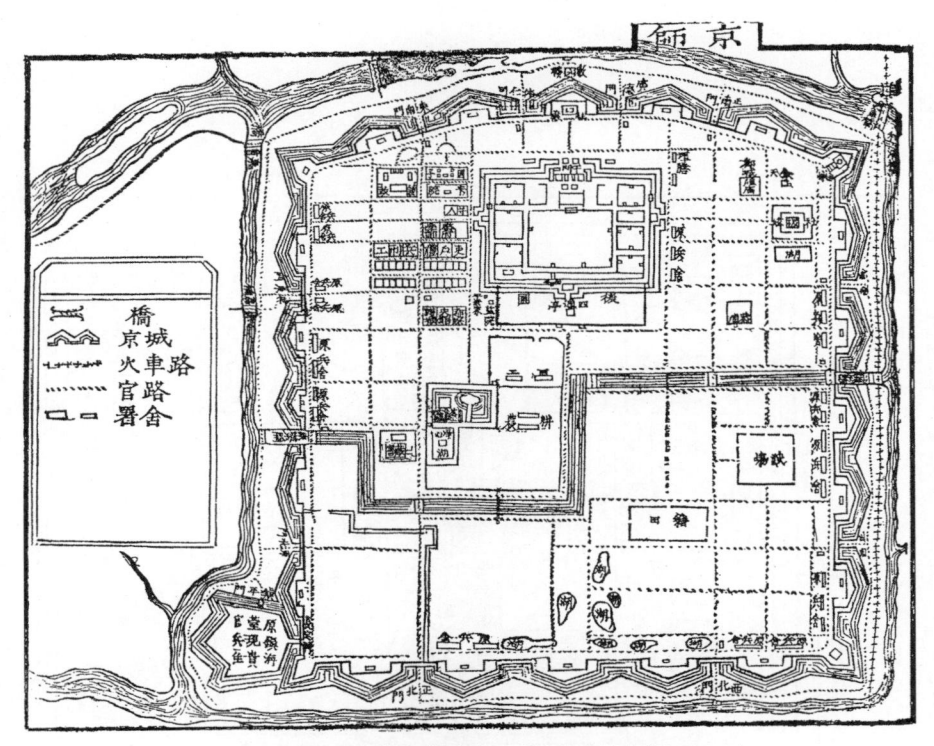

図121　阮朝・フエ都城「京師」図（『大越史記全書』による）

　その設定には，規範とか統一とかとは無関係な便宜優先という思想がうかがえる。

　これらの点でも，フエ都城が同時代の清代・北京の紫禁城に範をもとめたにもかかわらず，紫禁城のもつ「正南北方位に定位されたタテ長・長方形都城」という形態を防御優先のために換骨奪胎し，また南郊壇というもっとも重要な王権施設の定位・建設においても便宜性を重視するといった逸脱が認められる。これらは，タンロン都城で指摘した中国都城思想の換骨奪胎とおなじであり，日本の優等生的な同思想受容とは異なったヴェトナム的特質をフエ都城においても観察しうる。

　『大越史記全書』は，フエ都城について，図121に掲げた「京師」，図122の「皇城内」と題する2つの図を収載している。前者が描く「京師」の本来の意味は「帝都」であって，一般住民の居住区もふくむ概念である。しかし同図が描く「京師」は，住民の居住区をのぞいた宮城のみのようである。また図122は，図121の中央上端部に

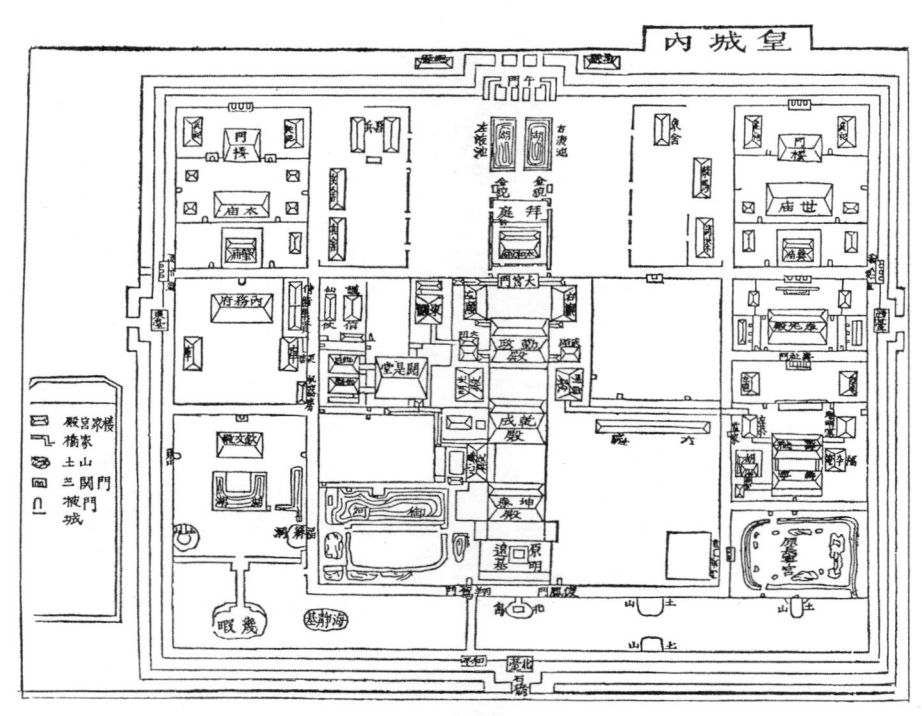

図122　阮朝・フエ都城「皇城内」図(『大越史記全書』による)

大きく描かれているヨコ長・長方形区画の部分を拡大したものである。図題の「皇城内」とは,「禁城＋皇城」の意味であろう。

　したがってこれらの2図は,フエ都城の宮域全体図とその部分拡大図にあたる。図120とあわせて考えると,両図はともに南東を上にして作図されている。この点も,北を上にとる中国都城の作図法と相違する。しかしそれは,後述するように,中国都城を特色づける「天子南面」思想を否定するものではない。

(1)　フエ都城「京師」図の検討

　図121の「京師」図から,検討することにしたい。VIII-1-(2)の冒頭で1831年作製のハノイ図を掲げ,首都フエとの比較をまじえて当時のハノイ城について説明した。

写真125　フエ　市壁
市壁は三角稜堡を連続させたヴォーバン式のフランス築城法によって建設され，その外に周濠を配する。

　その際に述べたように，規模の差はあるが，ともに三角稜堡をつらねたヴォーバン式築城法で建設された市壁をめぐらせている点では，フエ都城とハノイ城とはまったくおなじである。フエ都城の場合には市壁直下には三角稜堡と平行する周濠が掘られ，さらにその外側には狭長な地塁帯を介してフォンザン川から引いた周濠兼運河がとりまいていた。二重の周濠にはさまれた地塁帯には，官路また鉄路が敷設されていた。市壁は，壁厚約21メートル，高さ約6メートル，またその辺長は約2500メートルとされる。フォンザン川にそう南辺市壁には4，その他の3辺には各2の計10市門が設けられ，その内部はグリッドパターン状街路によって区画されていた。

　宮域は，中央近くを屈曲しつつ東西流するグウハ河（御河）によって南北に二分されていた。図121は，同河を境界として，「京師」の北半部と南半部の機能と土地利用がまったく異なっていたことを示している。同図では下方となる北半部に描かれているのは稜堡の内側にならぶ兵営のみで，ほとんどが空白のまま残されている。前述したようにヴェトナムでは，北は寒気・侵略者・悪魔などを象徴する方位であるので，北半部はオープン・スペースのまま放置されていたのかもしれない。北半部の都市化の遅れは，現在のフエ旧城においても観察可能である。

　都城の中心施設は，南半部に集中していた。その中央に位置しているのが，「禁城＋皇城」である。同図では「禁城＋皇城」が中央上方に配されていて，一見したところ，中国の「北闕」型都城における宮闕配置を想起させる。しかし同図の方位は南東が上なので，宮闕＝「禁城＋皇城」は京域の南端近くに位置していることになる。同時代の清朝・北京をモデルとして建設されたにもかかわらず，フエ都城おける宮闕は中国都城とは正反対の位置に配置されているのである。ここにも，李朝・タンロン都城の形態検討で指摘した「中国都城思想の換骨奪胎的な受容」というヴェトナム都城の特質を指摘できる。

　南半部には，北半部とは異なって「禁城＋皇城」をはじめ諸施設がならぶ。同図からも観察できるように，「禁城＋皇城」は「京師」の南北中軸線上に左右相称性をたもって建設されていた。しかしこの左右相称性は，「京師」全域にわたって貫徹していない。城壁東・西両辺の三角稜堡に注目すると，それらが左右相称に配置されているのは「禁城＋皇城」の北辺線以南の部分だけである。同区域のみで，「禁城＋皇城」の南北正中線を「京師」軸線とする完全な左右相称配置が実現されている。しかしそこでも，「禁城＋皇城」外の左右にひろがる両翼部の建造物は左右相称に配置されていない。その左翼＝東方には官衙建造物がならぶのに対して，右翼＝西方にはオープ

第VIII章　析出核A2周辺での中国都城思想の受容とバロック的展開（2）　　523

写真126　フエ　午門（都城正門）
皇帝を表徴する黄色瓦の重層楼閣を戴く3門道様式の都城正門。中国都城とおなじく、中央門道は皇帝専用であった。

ン・スペースがひろがっている。左右相称性の採用は、都城の中枢である「禁城＋皇城」のファサードを荘厳するためのものであったであろう。この点でも、ヴェトナムの中国都城思想の換骨奪胎的受容をうかがいうる。

(2)　フエ「皇城内」図の検討

　図122の「皇城内」図をもとに、「禁城＋皇城」の内部編成について検討することにしたい。同図は「禁城＋皇城」をヨコ長・長方形に描いているが、図120から知れるように、実際には辺長600メートル前後の正方形に近い。四辺は郭壁と濠で囲まれ、各辺に楼門様式の宮門が1門ずつ開いていた。もっとも壮大な宮門は、郭壁南辺中央に開かれた午門であった。午門は殿舎に匹敵する重層の楼閣（五鳳楼）を戴き、その下を3本の門道が貫通する「一門三道」様式の都城正門であった。中央の門道は皇帝専用であり、その走向は「禁城＋皇城」の左右相称軸線と一致していた。

　「禁城＋皇城」の内部は、3つの南北縞帯から構成されていた。中央縞帯と左・右両翼縞帯である。このうち中央縞帯が「禁城」つまり皇帝の空間、左・右両翼縞帯が「皇城」であった。中央縞帯は「禁城＋皇城」のほぼ半分を占め、その内部は同時代の清朝・北京の紫禁城にモデルをもとめて編成されていた。北京・紫禁城はより複雑ではあったが、その内部は3つの南北縞帯で編成されていた。そのうち中央縞帯は、正南端に立つ午門を起点として南から北へと〈前庭的広場空間―外朝―内廷―御苑〉の4区画から構成されていた。阮朝・フエ都城の中央縞帯も、簡略化しつつ基本的にはこれにしたがっていた。

　北京・紫禁城とおなじ門号の正門＝午門をはいると、液池・拝庭が御道（皇帝専用道）を左右相称軸線としてならぶ前庭的広場空間がひろがる。液池に架けられた御道の橋の名は「金水橋」で、これは、北京・紫禁城のおなじ位置に架かる橋の名に由来する。前庭的広場空間の奥に立つのが、外朝であった。北京・紫禁城では、外朝は、南から北へとならぶ壮大な「太和殿―中和殿―保和殿」の3殿舎から構成されていた。

　しかし阮朝・フエ都城では、外朝は拝庭の北に立つ太和殿のみであった。そのため阮朝・フエ都城の場合には、太和殿は前庭的広場空間と一体化して外朝を構成していた。北京・紫禁城の外朝は3殿舎編成にくわえて独自の郭域をもち、その内部に広大は独自の広場空間を包摂していた。外朝の独立性が小さいのが、阮朝・フエ都城の特徴といえる。太和殿は、各種の儀式のほか皇帝が臣下・賓客を接見し、執務する「視朝之所」であった。その前方には殿舎はなく、大朝儀とよばれる前庭的広場空間が午

写真127 フエ 午門より拝庭と太和殿を望む
手前の液池と太和殿との間が2段テラスからなる拝庭で，上壇には高位，下壇には下位の文武両官が並び立って皇帝に拝謁した。

門までひろがっていた。ここは，皇帝が文武百官を引見する朝礼の場であった。想起されるのは，前出した『大越史記全書』「李紀」が述べる李朝・タンロン都城の建設過程の記事である。同書は，「視朝之所」＝「乾元殿」の前方に位置する殿舎を語っていなかった。同都城でも，「視朝之所」は前庭的広場と一体化して，その最奥に屹立していたのであろう。とすればタンロンとフエ両都城の外朝空間のあいだには，時代をこえた共通原理が存在していたとしうる。

太和殿の北には「大宮門」が建ち，同門から北が「内廷」つまり皇帝の私的空間であった。その内部は，左右相称軸線上に南から北へと〈勤政殿―乾成殿―坤泰殿〉の3殿舎がならび立っていた。北京・紫禁城の内廷は，南から北へとならぶ〈乾清宮―交泰殿―坤寧宮〉であった。内廷は3殿舎編成という点だけでなく，殿舎の名称も類似している。このうち勤政殿は皇帝の執務殿舎，乾成殿と坤泰殿は皇室の空間であった。

「皇城内」の左・右両翼縞帯の南端には，左翼縞帯には「太廟」，右翼縞帯には「世廟」が左右相称に配されていた。「太廟」は王家の祖先を祀る宗廟，「世廟」は先帝の廟であろう。中国都城思想の重要理念は，「左祖右社」であった。同理念では，「太廟」の左右相称位置に社稷が配される。清朝・北京でも紫禁城の正門＝午門を出た位置に，左右に太廟と社稷壇が造営されていた。しかし阮朝・フエ都城では社稷壇の位置に「世廟」が置かれ，いわば「左祖右祖」ともいうべき配置であった。

しかしそれは，ヴェトナム都城が社稷を都城施設として採用しなかったことを意味しない。すでに述べたように『大越史記全書』「李紀」は，李朝・タンロン都城では「長広門外」に社稷壇が造営されていたことを記載していた。しかし長広門の位置は不明なので，同都城の社稷壇所在場所は確定できない。

阮朝・フエ都城の社稷は，「皇城内」の外部に造営されていた。図121の「京師」図が右上端部に描く「社稷坛」が，それにあたる。その位置は「京師」内の南西端であって，「右社」という点だけにかぎっていえば，「左祖右社」理念にかなっていた。しかし「社稷坛」の左右相称位置にあたる「京師」南東端部には，「右祖」にあたるべき施設は存在しない。「左祖右社」理念においても，中国都城理念を受容しつつもヴェトナム的に改変するという李朝・タンロン都城とおなじ特質を，阮朝・フエ都城においても観察できる。このことは，『大越史記全書』「李紀」が社稷の造営位置として述べる「長広門」が皇城の宮門の1つであり，阮朝・フエ都城とおなじように社稷が同門外の外郭城内に造営されていたことを類推させる。

第VIII章 析出核A2周辺での中国都城思想の受容とバロック的展開(2) 525

Ⅶ　また本章のタイトルは、「析出核 A2 周辺での中国都城思想の受容とバロック的展開」であった。この視座から、ともに中華文明圏に属し、中国都城思想を受容した日本とヴェトナムにおける都城展開をとりあげた。両国における都城展開は、「天子南面」を基本とする中国都城思想の受容、さらに「バロック化」を完成させた隋唐・長安に範型をもとめてなされた点でも共通する。しかしその展開の指向内容においては、両者は大きく相違する。

　日本での都城展開は、「左祖右社」などの少数の中国都城理念をのぞいて、基本的にはそれらを翻案・翻刻した優等生的な展開であった。これに対してヴェトナムでは、それら理念の換骨奪胎的な受容が顕著であった。「バロック化」においても、日本都城は、隋唐・長安とおなじく「北闕」型宮域に立つ帝王のヴィスタを顕現する都城中軸線をめぐって展開した。しかしヴェトナム都城には、このような都城の全域を貫走する都城中軸線に「バロック化」の基軸をもとめる思想はなかった。そこでは「バロック化」は、前述した王権による中国都城理念の換骨奪胎的な再編として実現された。

　このように、「析出核 A2 周辺」として一括できる日本とヴェトナムとのあいだで、その「中国都城思想の受容とバロック的展開」には明瞭な相違が存在する。これに、日本とは異なって地政学的理由から中国的都城形態を翻案して都城を建設することがなかった朝鮮半島での都城展開をつけくわえると、「析出核 A2 周辺での中国都城思想の受容とバロック的展開」は、さらに多様なものとなる。

第 IX 章

都城思想と2つのアジア ── イスラーム世界の位置づけ

「はじめに」で，① 日本における都城概念の無意味性，② 「東アジア的バイアス」からの都城研究の解放，の2点を指摘して，都城研究の抜本的な革新の必要性を提起した。

まず，①の問題提起を具体的に展開していくために，「はじめに」では，「まわりに市壁をめぐらした都市」という日本での常套的ではあるが，ユーラシア的には無意味な都城概念を棄却して，都城を〈「都の城」としての至高都市〉であると同時に「王権を媒介とするコスモロジーの地上における縮図」として定義しうることを示した。この定義で重視するのは，〈コスモロジー──王権──「都の城」〉の三位一体的な連環を核として析出する都城思想である。

この三位一体的連環のなかでとりわけ重要な意味をもつのは，コスモロジーである。王権が立つ権威を認証し，王権による権力行使に正統性を付与するものがコスモロジーだからだ。しかし王権とりわけ王権権力が伸長していくなかで，コスモロジーと王権との関係に重要な変化が生じていく。それは，巨大化した王権のコスモロジーからの逸脱であり，それによって都城も「王権の王権による王権のための都城」へと変容していく。この王権の肥大化によって刻印された都城の世俗的な再編を，「バロック化」として概念化した。

②の問題提起をもとに，「東アジア的バイアス」から都城研究を解放して新たな展開をめざすにあたって，最初にもとめられるのは，「はじめに」で提出した意味での都城思想が中国世界以外にも存在することをあきらかにすることである。古代インド世界は，「東アジア的バイアス」にとらわれた日本の視野狭窄的な都城研究ではまったく無視されてきた。しかし古代インド世界には，古代中国世界の都城思想よりもはるかに詳細かつ豊饒な都城思想が存在することをIであきらかにした。つまり都城思想は，東アジア世界の独占物ではないのである。そのうえで，都城思想と「バロック化」を分析視角として，インド都城思想と中国都城思想の析出とそれらの受容をアジア諸地域で検討した。

①と②の問題提起と前章までの検討結果をもとに，〈都城思想と「バロック化」を鍵概念として，いかにアジアを理解できるか〉を問うことが，この章での課題である。

IX-1　都城思想をもつアジアともたないアジア

「はじめに」で提起した概念にしたがえば，都城はどこにでも存在するものではない。その成立には，3つの限定がはたらく。

　第1は，「都城とよびうる都市は首都クラスの至高都市にかぎられる」という限定である。これについては，すでに「はじめに」でなんどかふれた。

　第2は，「都城の出現は王権が建設した国家とりわけ帝国の成立地帯にかぎられる」という限定である。たとえばアジアのなかでも，歴史をつうじて帝国を形成することのなかったシベリアの森林地帯には都城は存在しない。しかしこの限定は，単なるトートロージーの指摘にすぎない。

　第3は，「上記の第2で指摘したことの逆はなりたたない」ということである。つまり，「すべての帝国の成立地帯が，都城の建設地帯とはかぎらない」という限定である。「都の城」という意味での王都は，すべての帝国で建設された。しかし，すべての王都が都城ではない。前述の概念規定にもとづく都城という観点からみると，帝国の成立地帯は2つに区分されることになる。これが，もっとも重要な限定である。

　アジア全域を対象として「はじめに」で述べた王都と都城との区別にもとづいて見とり図を描くと，図123に示すように，〈コスモロジー—王権—「都の城」〉連環にもとづく都城思想をもつA地帯とそれをもたないB地帯とに区分できる。

　大きくみると，A地帯に属するのは南アジア・東南アジア・東アジアであり，B地帯はその以西と以北にひろがる西アジア・北方アジアである。両者の境界は，西方においては湿潤と乾燥，北方においては温暖と寒冷という生態条件の相違とほぼ対応する。このうち歴史的に帝国を生みださなかった北方アジアがB地帯であるのは，当然であろう。しかし図123は，数々の大帝国を析出してきた西アジアのイスラーム世界をB地帯に分類している。その根拠については後述することにして，まずA地帯の内部構成から説明したい。

　A地帯の内部は，都城思想をみずから生みだした中心核とそれを受容した周辺地域という〈中心—周辺〉構造を示す。その中心核は，2ヵ所に存在する。インド世界（A1）と中国世界（A2）である。2つの中心核が析出した都城思想は，その析出母体である王権の性格を反映して基本的には異質であるが，都城の骨格そのものはおどろくほど類似していた。

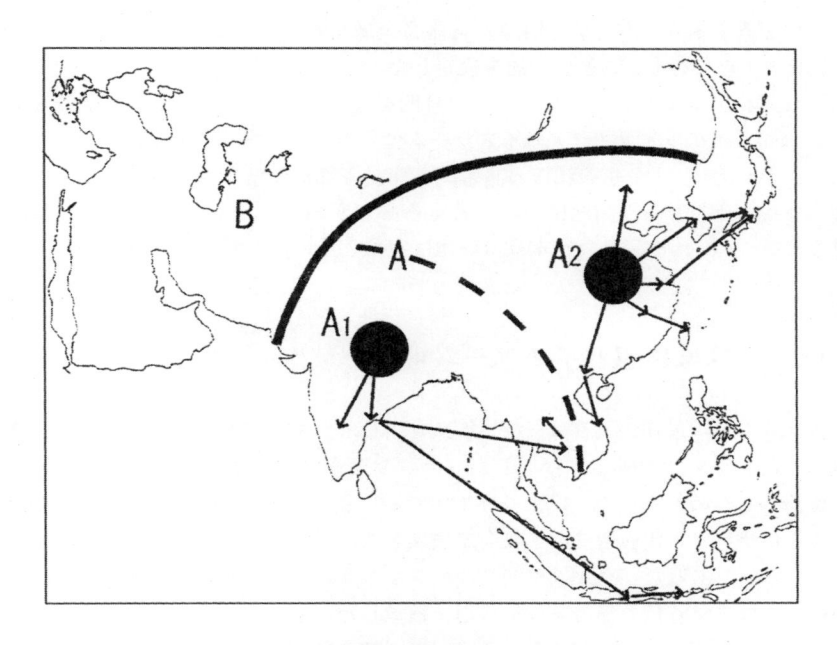

A ＜コスモロジー――王権―「都の城」＞連環にもとづく都城思想をもつアジア
   A1 インド的都城思想の析出核　：［中心 1］
   A2 中国的都城思想の析出核　：［中心 2］
   →　それぞれの都城思想の受容地帯　：［周辺］
B 同思想をもたないアジア

　　　　図 123　都城思想からみた 2 つのアジア（応地作図）

　2 つの中心核の周辺には，中心核からそれぞれの都城思想を受容した周辺地域が存在する。**A1** の古代インド世界の都城思想の受容地帯が，ヴェトナムをのぞく東南アジアであった。そして **A2** の古代中国世界の都城思想を受容したのが，朝鮮半島・日本・ヴェトナムなどである。
　図 123 の **A** 地帯の内部は，2 つの都城思想の析出と受容をめぐる〈中心―周辺〉関

第 IX 章　都城思想と 2 つのアジア　　529

写真128　ダマスクス　ウマイヤ・モスク
ビザンツ時代の聖ヨハネ教会を接収して建設され，ビザンツの技術を継承したドームとモザイクで装飾する。

係の空間配置を示す。本書は，同図の **A** 地帯全域を対象として「都城の系譜──東アジアを越えて」を考察することに目的を設定した。

　しかしアジア全域を対象として，その目的を達成するためには，「都城思想をもたない **B** 地帯」とりわけ西アジアのイスラーム世界が，史上多くの大帝国を析出してきたにもかかわらず，「なぜそれらの諸帝国の建設王都が都城思想と無縁であり，都城とよべないのか」という問題について答える必要がある。その問題を避けては，「都城思想と2つのアジア」という本章の課題は完結しないからである。

IX-2　都城思想とイスラーム世界

　イスラーム帝国最初の王都は，661年に成立したウマイヤ朝の王都＝ダマスクスである。しかしウマイヤ朝は，接収したビザンツ帝国時代のダマスクスに改変をくわえて首都としたのであった。それを示したのが，図124である。接収以後の改変は，先行するビザンツ時代の聖ヨハネ教会を破壊して，そこにウマイヤ・モスクを建設したことぐらいであった。ウマイヤ朝時代のダマスクスは，ビザンツ時代さらにはそれに先行するローマ時代の都市構成を襲用・継承した王都であった。その意味ではダマスクスは，イスラーム帝国が独自に建設した王都とはいいがたい。

(1)　イスラームの建設王都 ── マディーナ・アッサラームを例として

　750年にウマイヤ朝を倒して成立したアッバース朝は，ダマスクスを棄都して，762年からメソポタミアに新首都マディーナ・アッサラーム（Madīna al-Salām）の建設を開始する。その建設地は，現在のバグダード主要部対岸のティグリス川右岸にもとめられた。マディーナ・アッサラームは，イスラーム帝国が独自の理念と計画にもとづいて建設した最初の王都であった。

　ここでマディーナ・アッサラームをとりあげて，「インド世界や中国世界の都城と同様の意味で，イスラーム帝国最初の建設王都を都城とよびうるか」という問題を提出し，それについて検討したい。

　アッバース朝第2代カリフ＝アル・マンスール（al-Mansūr）は帝国内の各地を周到に調査したすえに，新都の建設地を選地した[1]。最終的に選ばれたのは，南流するティグリス川の河口部からの帆船の遡航限界にあって，シリアからイランへと東西走する

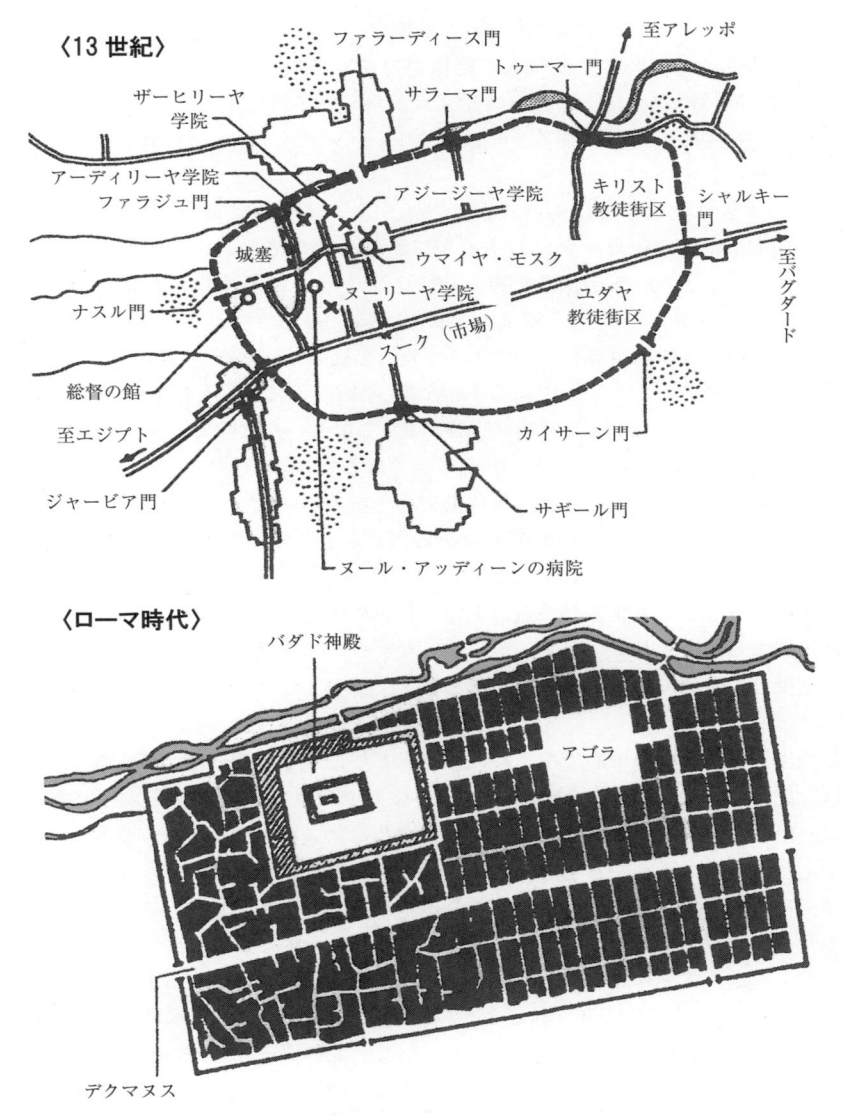

図124 ダマスクスのイスラーム的改変(山中による)

写真129　バグダード　ティグリス川左岸よりカルフ地区を望む
日干しレンガ造りのマディーナ・アッサラームは完全に崩壊し、跡地は市街地で充填されている。カルフ地区は、当時、王都南郊に位置する交易活動の中心であった（酒井啓子撮影）。

幹線キャラバン・ルートが同川と交差する地点であった。ここは、交通的にも軍事的にも要衝であると同時に、飲料水の確保が容易で衛生的にもめぐまれた場所であった。その要衝性のゆえに、そこには建都以前から軍事駐屯地とバーザールのほかに、ペルシア語で「神（バグ）の賜物」を意味する「バグダード」とよばれるペルシア人の小村落が存在していた。

やや誇張された数字ではあろうが、アル・マンスールは毎日10万人の賃金労働者を動員し、4年の歳月をかけて766年に新都を完成させた。その正式名称は、クルアーン（コーラン）で天国がダール・アッサラームとよばれるのにちなんで、マディーナ・アッサラーム（「平安京」の意）と命名された[2]。日本の平安京の建都は、794年である。ほぼ同時期に、おなじ「平安」を冠する新都がメソポタミアと日本で建設されたことになる。また中国の『新唐書』巻四三下には、その名が「縛建城」として初見する[3]。もちろん「縛建城」の「城」は、都市という意味である。

図125は、新都とその周辺を示す概略図である[4]。前述したように、新都建設地に選地される以前から、ここには交易活動の場であるバーザールも存在していた。中心的なバーザールは、同図の円形都市の南方に記入されたカルフ地区に所在していた。マディーナ・アッサラームは、これらのバーザールの存在を前提として建設された。バーザールをはじめとする経済機能を円形都市の内部にとりこむことなく、それらを外部に配する都市としてマディーナ・アッサラームは出発する。商業や手工業などの生産活動とは無縁の純然たる政事王都として、マディーナ・アッサラームは建設された[5]。

じつは商工業活動の中心であるバーザールと住宅地とを切り離して王都を建設するのは、先行するサーサーン朝ペルシアでの都市建設の手法であった[6]。その早期の事例は、後述する紀元前5世紀のヘロドトスが語るエクバタナからもうかがわれる。いいかえれば計画の当初からすでに郊外があり、郊外と新都市とがセットをなすかたちでマディーナ・アッサラームは建設される。アル・マンスールは、この点でも、先行するサーサーン朝ペルシアの都市建設手法を踏襲したのである。

マディーナ・アッサラームは、周濠と市壁をまわりにめぐらせた円形都市であった。その外方には、図125にみられるように、輸送と防御を兼ねた水路を三角形状に配して肥沃な周辺農地と郊外とをとりこんでいた。北のターヒル堀、南のサラート運河、東のティグリス川からなる三角形の水路である。同図の描出範囲は円形都市とその周辺だけにかぎられていて西方が描かれていないが、ターヒル堀とサラート運河は、図

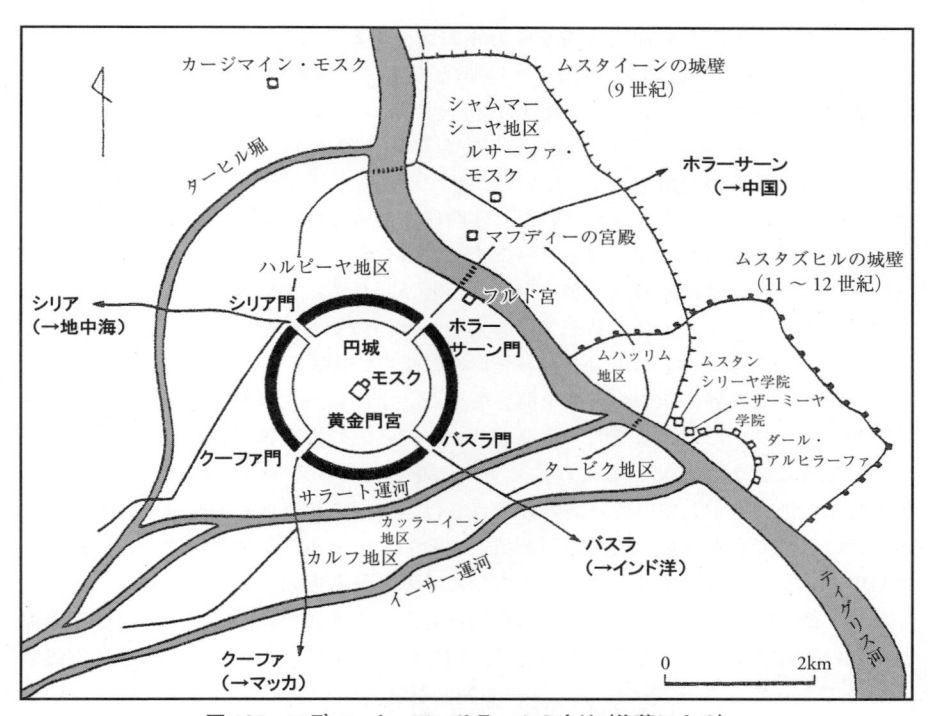

図125　マディーナ・アッサラームの立地（佐藤による）

の南端部に描かれたイーサー運河から分流させて円形都市にむけて建設された運河であった。イーサー運河の起点は，西方のユーフラテス川にあった[7]。

円形都市の北と南を流れるターヒル堀とサラート運河は，ユーフラテス川の水運と物流を円形都市，さらにはティグリス川に導く水路でもあった。ティグリス川は，その上流一帯と河口の港市＝バスラとをむすぶ内陸水運路であった。このように整備された内陸水運路と前記の東西キャラバン・ルートからなる輸送・物流ネットワークの結節点に位置するのが，マディーナ・アッサラームであった。この輸送・物流ネットワークと灌漑水路ネットワークの整備を基盤として，マディーナ・アッサラームの後継王都＝バグダードが当時の世界最大の繁栄都市へと成長できたのであった。

円形都市の総面積は，史料の解釈によって相違する。もっとも妥当とされるラス

第IX章　都城思想と2つのアジア　533

ナーにしたがうと，その面積は約500万平方メートルとされる[8]。とすると，半径は約1260メートル，円周は約7910メートルとなる。日本の平安京と比較すると，平安京の京域は東西幅4524×南北長5259メートル≒2379万平方メートルであった。マディーナ・アッサラームの面域は，平安京の約5分の1の規模である。しかし平安京の京域は多くの空地をふくんでいたが，マディーナ・アッサラームは単一の構築物と中央広場によって構成されていた。建設にあたっては，まずコンパスで描かれた円形都市の外周線にそって石油をしみこませた綿を敷きならべて着火し，その黒くこげた線を外周として新都の建設が着手されたといわれる。ちなみにワタは，このころにはじめてインドからメソポタミアに導入された作物であった。

円形都市は，最外縁に幅員18メートルの周濠[9]と壁厚4メートルの外市壁をめぐらし，そこに等間隔に4つの市門を開いていた。市門は，北西から反時計まわりにシリア門・クーファ門・バスラ門・ホラーサーン門と名づけられていた。それらの門号は，図125に記入されているように，各市門を起点とする街道の終着点にあたる主要都市また地方を示していた。同時にそれらは，市門を起点として発進するそれぞれの街道の名称でもあった。この市門と街道の命名法は，西アジアだけでなく，南アジアや中央アジアさらにはヨーロッパでもひろくみられるものである。

シリア街道は，シリア地方さらには地中海方面につうじていた。クーファは円形都市南方のユーフラテス川右岸の都市名で，門号のなかではここのみが近距離に位置する都市であった。クーファはアッバース朝にさきだつウマイヤ朝時代にもメソポタミア地方の中心都市であり，ウマイヤ朝第4代カリフ・アリはここに首都をおいた。アッバース朝も，マディーナ・アッサラームが建設されるまではクーファを王都としていた。クーファ街道は新旧2つの王都をむすぶだけでなく，クーファを越えてマッカへと至る巡礼街道でもあった。

バスラはペルシア湾の湾奥に位置する港市で，当時の活発なインド洋海域世界へのメソポタミアの門戸であった。ホラーサーンは現在のイラン北東部の地方名で，ホラーサーン街道は同地方を越えて中央アジアさらには中国へとつうじる幹線街道であった。ホラーサーン地方からの徴発集団が，アル・マンスール兵団の中核を形成していた。このようにマディーナ・アッサラームは，世界帝国の首都として，ユーラシアの水・陸の幹線交通体系を結節する要衝の地を選地して建設されたのである。

図126は，ラスナーによるマディーナ・アッサラームの復原図である[10]。これらの

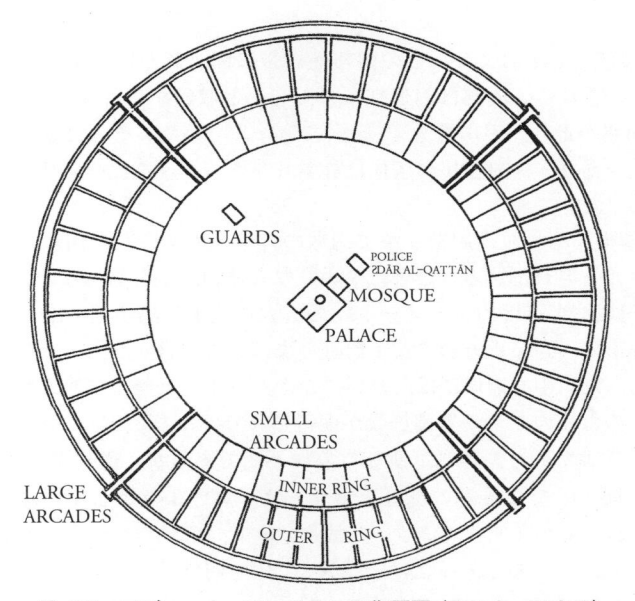

図126 マディーナ・アッサラーム復原図（ラスナーによる）

4つの市門からは，円形都市の円心にむけて街道がアーケード状の通廊となって求心していき，円形都市を4つの扇形に均等区分していた。各通廊の両側には1000人の親衛隊が宿衛可能な小部屋が配されていただけでなく，治安維持のためにそこを通行する際には下乗して徒歩のみが許された[11]。これらの小部屋は，一時期，円形都市内部での日常生活の便宜を図るためにバーザールに転用されたこともあった[12]。しかし779年には治安上の理由からバーザールを最終的に撤去して[13]，もとの親衛隊宿衛にもどされた。その結果，前述のカルフ地区への経済機能の集積がいっそう進行した。

同図にみるように円形都市の内部は，外から内へと同心関係で配置された3つの円環帯と中心円域の計4区域から構成されていた。それらの形態と機能は，以下のように要約できる。

A) **外円環帯**：〈周濠—それにそって建設された外市壁—第1緩衝周帯—内市壁—第2緩衝周帯〉からなる防御施設。その全幅員は約60メートルにおよび，もっとも堅固な内市壁の底面壁厚は約13.5メートル，高さは約34メートルという巨大さであっ

第Ⅸ章 都城思想と2つのアジア 535

たとされる。

　B) **中円環帯**：第1および第2の両緩衝周帯に囲まれた円環帯で，その幅員は約265メートルとされる。内部は円形都市の円心へと収斂する計46本のスイッカとよばれる狭い通路が走り，円環帯を45区画に等分していた。そこは廷臣や将官たちの高級住宅地区であり，一般住民の居住は許されなかった。庶民の居住地区は，円形都市の外側にあった。

　C) **内円環帯**：第3緩衝周帯と中央円域の外壁とのあいだの円環帯。その幅員は約180メートルとされている。ここは，カリフ一族の邸宅と官衙などにあてられた。

　D) **中心円域**：半径は約755メートルの広大な円形広場空間で，その中心いいかえれば円形都市の円心に正方形の黄金門宮とよばれた王宮が立ち，その北東辺に接してモスクがあった。中心円域には，政事にかかわる王宮と祭事にかかわるモスクのほかに，カリフのための2つの警備施設が配置されていた。1つは，シリア門よりに置かれた守備隊営舎であり，他は，所在位置は不明であるが，憲兵隊兵営であった[14]。ラスナーは，図126では後者の位置をホラーサーン門よりとしている。中心円域に所在する施設は上記の王宮・モスク・2営舎のみで，それらをのぞく残余の円域は広大なオープン・スペースであった。したがって中心円域は，カリフとその一族の身辺安全を第一義的に配慮した空間であった。

　このようにマディーナ・アッサラームは，外周線だけでなく，その内部も同心関係にある円環帯を基本として編成された円形都市であった。

(2) 円形都市とコスモロジーをめぐる諸論

　マディーナ・アッサラームは，基本設計思想を円にもとめて建設された。円は，方形とともに幾何学的な形態を代表する。しかし建造物をとると，その基本的な形態は方形であり，円と建造物とのむすびつきは小さい。そのゆえに円形の構築物は，特異な形態として理解されやすい。つまり円は，その非日常的な形態のゆえに，超越的形態との印象をあたえる。

　円がもつ上記の形態的特異性から，マディーナ・アッサラームの円形都市という形態はコスモロジーとむすびつけて論じられることが多い。ここで，この問題を検討課題としたい。その目的は，この問題への新たな視点を提起することにある。

　ラスナーも，この問題をめぐる既往の言説の展望を試みている[15]。ラスナーの整理をさらに下記のように要約することから，この問題へと接近したい。

1) 円形都市の形態とコスモロジーとのあいだに関係を認めるもの。
   この立場は，そのコスモロジーをなににもとめるかによって4分類できる。
   a) 古代メソポタミア以来のコスモロジー
   b) ペルシア・サーサーン的コスモロジー
   c) より東方のヒンドゥー・仏教的コスモロジー
   d) イスラーム的「マンダラ」コスモロジー
2) 円形都市の形態はコスモロジーと無縁とするもの。
   この立場には，1)への疑問あるいは具体的な参照系の提起の2つをふくむ。
   a) 上記1)の言説のうちd)をのぞくと，もっとも新しい時代まで持続していたb)の場合でも，サーサーン朝ペルシアの崩壊後およそ150年を経ており，それがなぜイスラーム王都の形態として復活するのか。
   b) 円形都市という形態は，アル・マンスール自身の創意に帰しうる。
   c) アッバース朝の先行イスラーム王朝＝ウマイヤ朝時代のイラク総督ハッジャージュ・ブン・ユースフによって建設されたワーシト（Wasit）に範をもとめた。

ラスナー自身の立場は，このうちの2-c)のようである。彼が根拠とするのは，つぎの諸点である[16]。

① ワーシトは円形都市の南東方のティグリス川に面する都市で，当時のイラク地方における最大の軍事根拠地であり，同地方の実質的な首都であったこと。
② アル・マンスールは，ワーシトの5市門の鉄扉をマディーナ・アッサラームに移設し，そのうちの4つを市門，残る1つを宮殿の門扉としたこと。
③ 門扉の移設には実用的な意味もあるけれども，同時に権力の象徴的顕示という意味があること。
④ マディーナ・アッサラームの円心に位置する宮殿とモスクの形態・配置・規模は，ワーシトと同一であること。
⑤ 宮殿には巨大な緑色ドームがそびえ，その建築様式はワーシトさらには帝国首都ダマスクスの宮殿と共通する。緑色ドームの戴冠様式は，マディーナ・アッサラームが先行する首都にならぶ新たな権力の所在を誇示するものであったこと。

これらのラスナーの所論に対して，まず，彼がマディーナ・アッサラームはコスモロジーとは無縁とする点に関しては賛成である。しかしそれ以外の点では，彼の所論にはしたがいえない。それへの主たる批判として，つぎの3点をあげうる。
　第1は，彼が所論の根拠とする①〜④は，マディーナ・アッサラームがワーシトさらにはダマスクスという先行イスラーム王都の正統的な後継都市として建設されたことを述べるにとどまっていることである。ここでの問題は，「マディーナ・アッサラームの円形都市という形態とコスモロジーとの関係をいかに理解するか」ということである。ワーシトまたダマスクスが円形都市ではない以上，ラスナーの所論はこの問題に答えていない。
　第2は，彼が，1) に列挙したa)〜d)の4つを一括して，マディーナ・アッサラームをコスモロジーと関連づける言説としていることである。ラスナーの内容紹介にしたがえば，1)-a)・b)・c)の立言が依拠するのは，「マディーナ・アッサラームの円形という形態がコスモロジーの投影」ということに尽きるようである。もし王たるものが自らの支配領域を円になぞらえ，その円心に王宮を配して円形王都を建設した場合，それをコスモロジーの表現といいうるだろうか。それは，たんに王たるもののエゴ・セントリックな世界認識の表現であろう。
　円という形態は，他のすべての形態とおなじく，それ自体がコスモロジーを表現するものではない。形態の背後にあるコスモロジーを明示的に語らないかぎり，円形でもってコスモロジーの表現とするのは短絡にすぎる。Ⅰでインド都城思想またⅡで中国都城思想を論じた際にも，両世界のコスモロジーを明確にしたうえで，それを都城の形態と関連づける作業をおこなったのは，そのゆえである。
　第3の批判は，ラスナーがあげる1)-d)〈イスラーム的「マンダラ」コスモロジー〉に対するものである。マディーナ・アッサラームをイスラームとむすびつける立言は後述する議論と関係するので，ここで，1)-d)についてややくわしく検討しておきたい。ラスナーが〈イスラーム的「マンダラ」コスモロジー〉として要約しているのは，ウエンデルの立言である。それは，つぎのような事項から構成されている。
　「4つの方位」・「混沌から整然たる世界を分って屹立する囲壁」・「世界中心がささえるモスクと玉座」・「玉座を覆う天空のドーム」・「そのドームは古代の王たちの神聖性を想起させ，また天による王権の認証を可視化する表徴」の諸点である。
　これらの事項によって示されるウエンデルの立言は，〈イスラーム的「マンダラ」コスモロジー〉といいうるだろうか。イスラーム的コスモロジーと都市との関係につい

ては後述することにして，ここではウエンデルが挙げる上記の諸点は，イスラームに固有のものではなく，古代メソポタミアにはじまる西アジア世界の王都の「記憶」であり，「風景」の列挙であることを指摘しておきたい。これらの事項をもとに 1) ‒d) の〈イスラーム的「マンダラ」コスモロジー〉が立言されているとすれば，それはイスラーム固有のコスモロジーについての立言として独立させる必要はない。ラスナーの要約にしたがうかぎりでは，1) ‒d) は 1) ‒a) に包摂できる。

　また 2) ‒b) は，マディーナ・アッサラームの円形都市という形態がアル・マンスール自身の「創意」とするものである。この立言は妥当であろう。しかし問題は，その「創意」が彼の「発案」を越えて「独創」とまでいいうるかどうかという点にある。円形都市という形態が彼によって「創意」され決定されたとしても，その「創意」が先行する王都の再現ということも大いにありうるからである。したがって 2) ‒b) は正論ではあるが，実はなにも語っていないといいうる。

　このように考えると，ラスナーの整理をさらにつぎのように要約できる。まず 1) ‒a)・b)・c)・d) を 2 つに分けて，1) からは「円形都市という形態は，コスモロジーと関連している」という命題 A，また a)・b)・c)・d) を一括して「マディーナ・アッサラームの形態は，古代メソポタミア以来の円形都市を継承している」という命題 B として再立言できる。他方，2) ‒a)・b)・c) に関しては，2) ‒b)・c) は前述した理由から除外できるので，ここで検討対象として残されているのは 2) ‒a) のみである。2) ‒a) は，さきに再立言した命題 B のなかに包摂可能である。それを命題 C とすると，C は「時間的にもっとも近い円形都市とマディーナ・アッサラームとのあいだには 150 年の空白があるが，マディーナ・アッサラームの形態は古代メソポタミア以来の円形都市を継承している」と要約できる。したがってマディーナ・アッサラームの形態をめぐってさらに検討すべき課題は，命題 A と命題 C である。次節の **(3)** では命題 A，**(4)** で命題 C について検討することにしたい。

(3)　なぜマディーナ・アッサラームを都城とよびえないのか

　すでに I-3 で等方性と非等方性の概念について説明したが，等方性概念がマディーナ・アッサラームの円形という形態とむすびつく。円は，特定の方向だけが重要性をもつという形態ではなく，同心円に示されるように，すべての方向がおなじ意味をもつ等方性を特徴とする。マディーナ・アッサラームの前記の **A)〜D)** の 4 つの円環帯も，この等方性という円の特質にもとづく区画である。

しかし図126は，円形都市であるにもかかわらず，マディーナ・アッサラームの形態の特徴が円のもつ等方性原理だけでは説明できないことを示している。それを生みだす要因は，円心に立つ正方形のモスクにある。都市全体の円という等方的な「かたち」の中心に位置しながら，モスクは正方形という非等方的な「かたち」で建設されている。くわえてイスラームは，礼拝にあたって特定の方位にむかって祈祷する。その方位が，キブラ（「(マッカに)向かう方向」の意）である。礼拝所であるモスクは，キブラという非等方的な方向的バイアスを基本として建設される。

　このように円形都市の円心に位置する正方形のモスクは，「かたち」にかかわる二重の非等方性をもつ。正方形という「かたち」の非等方性，キブラという非等方的な方向バイアスの2つである。円がもつ等方的「かたち」にモスクがもつ二重の非等方的な「かたち」が重合されているのが，円形都市マディーナ・アッサラームである。

　両者の重合関係を端的に示すのが，等間隔に配置された4本の幹線通廊の走向だ。それらは円のもつ等方性と同時に，モスクいいかえればキブラの方向バイアスによって規定されている。南西のクーファ門と北東のホラーサーン門から入る2つの通廊はキブラと同一走向，また北西のシリア門と南東のバスラ門からの2通廊はキブラと直交して走る。これらの4本の幹線通廊によって，円環帯は4等分されている。その結果，マディーナ・アッサラームの復原図では，円という「かたち」のもつ等方的な特質が背後にしりぞく印象をあたえる。キブラという特定の方向をもっとも重視するイスラームの建設王都という刻印を，そこに読みとることができる。

　このようにイスラームの刻印をつよくもつマディーナ・アッサラームを，それ自体がイスラームのコスモロジーを体現する都市として理解できるだろうか。これを考えるためのもっとも重要な問題は，イスラームにおけるコスモロジーと都市との関係である。イスラームも，独自の世界観＝コスモロジーをもつ。しかしクルアーンも，またハディースも，都市の形態あるいは内部構成についてはなんら語っていない。小杉泰は，「コスモロジーはイスラーム世界全体を一個のものとして，聖都はその中心であるとともに象徴となっている。聖都が体現する宇宙論的な意味は（マディーナからの）『拡散』と（マッカへの）『凝縮』によって，イスラーム世界全体に配分される。諸都市は，そのネットワークの結節点であり，1つ1つの都市がコスモロジーを反映するわけではない[17]」と述べる。

　この説明のなかで，『拡散』の中心としてマディーナがあげられているのは，イスラームの教義がマディーナから世界全域に拡散していったという歴史，また『凝縮』

写真 130　チュニジア　モスクのミフラーブ
チュニスの大モスク付属学校のミフラーブ。「日が沈む西」を意味するマグリブでは，ミフラーブは東にむけて設けられる。

の中心としてマッカが言及されているのは，全世界のモスレムがマッカのカアバ神殿に「向かう方向」＝キブラにしたがって祈祷するという事実を指していよう。そのうえで小杉は，イスラームには個々の都市がコスモロジーを体現するという思想，つまり私のいう都城思想はイスラーム世界には存在しないとする。これは，インド世界や中国世界との断絶的ともいえる相違点である。

　もちろん小杉がいうように，イスラーム世界にもコスモロジーが存在する。それは，都市を都市群として相互に関連づけるネットワークの「かたち」で顕現するコスモロジーである。個々の都市においてイスラーム・コスモロジーを実体化するものがモスク，とりわけ都市を代表する金曜モスクだ。よく知られているように，イスラームでは信徒がおこなうべき「五行」のなかで，筆頭にあげられているのは入信にあたる「信仰告白」である。それにつぐ「五行」の第2としてあげられているのが，「礼拝（サラート）」である。それは，1日に5回の礼拝をムスリムに義務づけている。「礼拝」のなかでもっとも重視されるのが，金曜正午の金曜礼拝（サラート・アル・ジュマ）だ。それは都市のムスリム男子が参集しておこなう集団礼拝で，その祈祷の場が金曜モスクである。金曜モスクを筆頭として，すべてのモスクは礼拝のためのミフラーブをもつ。ミフラーブとは，キブラにしたがってモスクの内壁に設けられた凹みをいう。全世界のムスリムは，ミフラーブひいてはマッカにむかって祈るのである。

　その結果，マッカのカアバ神殿を磁極として，全世界のモスクそして都市が同神殿にむけて方位づけられる。すべての都市が，いわば自転車の車輪スポークのように，マッカのカアバ神殿に求心・凝縮するように配置される。この壮大なマッカのカアバ神殿をハブとする都市の求心的星座編成が，イスラームのコスモロジーである。

　それを具体的に示すものとして，1154年に地中海のシティリア王国で作成されたイドリースィー（al-Idrīsī）図をとりあげたい。図127のベース・マップが，同図である。イドリースィー図は中世イスラーム世界を代表する世界図で，そこからはいろんなメッセージをよみとりうる。それについては別に論じたことがあるので[18]，ここでは，イスラーム的コスモロジーの表現という点だけにかぎって述べることにしたい。

　イドリースィー図は，南を上にして，地球球体説にしたがって世界の輪郭を円形で表現する。当時，すでにインド洋海域でも地中海海域でも，航海のために磁石が使用されていた。しかし中世イスラーム世界で作成された世界図は，磁石が示す北ではなく，南を上にむけて構図されるのが一般であった。イドリースィー図も，それにしたがっている。なぜ南を上とするのかという理由は，イスラーム文明の中心地帯とマッ

第 IX 章　都城思想と2つのアジア　541

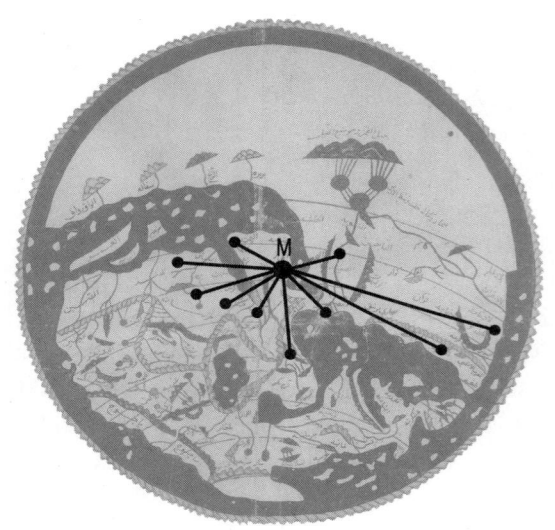

M：マッカ（メッカ）

図127 イドリースィー図（1154年）とイスラーム・コスモロジー（応地作図）

カとの位置関係から説明されている。同文明の中心地帯は，エジプトからメソポタミアさらにはイランへとつづく一帯にあった。そこはアラビア半島の北方に位置していて，同地帯を起点とすると，聖都マッカは南方に位置する。そこからマッカへの方向である南を上とする方位観が，イスラーム世界での世界図作成の規準となったと考えられている。

イドリースィー図が南を上とする理由を，私も，そのように説明したことがある[19]。しかしその後，イドリースィー図にはもう一つの方位観が潜在しているのではないかと考えるようになった[20]。同図は，聖都マッカが位置するヘジャース地方を円心として，円球の世界を描いている。その世界描出には，2つの意味があろう。第1の意味は，自己の宗教の聖地を中心として世界が構成されているというエゴ・セントリックな宗教的感覚の表現である。これは，イスラームだけでなく，キリスト教また仏教の世界図にもみられるもので，いわば宗教的世界図がもつ常套的な世界把握である。

しかしイドリースィー図の場合には，それ以外に，イスラームに固有の方位観にか

かわる第2の意味がこめられていよう。イドリースィー図は世界を円形に表現し、その中心にヘジャース地方を配することによって、世界のどの地点からもマッカに向かうキブラを即座に了知しうることを目ざしていると考えられる。マッカを円形世界の中心に置くのは、もちろん第1の意味をもつが、世界各地のキブラの方向を明示するための表現方法でもあろう。

　イドリースィー図は、世界の各地点のモスクそして都市がマッカのカアバ神殿という磁極にむけて方位づけられているという壮大なモスクと都市の星座的編成を隠喩しているのである。それを顕現して図示すれば、図127に記入した点と線となる。キブラをベクトルとするイスラームのコスモロジーを表現すること、それが、イドリースィー図のもう1つの重要な主題であった。

　これは、都城思想をもつA地帯とは異なった原理にもとづくコスモロジーと都市の関係である。A地帯では、その原理は、個々の都城が〈王権を介したコスモロジーの地上への投影ないし縮図〉とするコスモロジーと都市との対応関係であった。これに対してイスラーム世界では、個々の都市がコスモロジーを体現するのではなく、マッカという磁極にむけて求心・凝集する都市群集合がコスモロジーを体現するという思想である。歴史をつうじてイスラーム世界が帝国と王都を建設してきた点ではA地帯とおなじであっても、この点に、「都城思想をもたないB地帯」としてイスラーム世界を区別する理由がある。またそれが、マディーナ・アッサラームを都城ではなく王都とよぶ理由である。

　いまいちど、図126のマディーナ・アッサラームにかえると、その円形と正方形、放射状また直交状通廊といった幾何学的な構成は、いかにもイスラームの建設王都という印象をあたえる。たしかにキブラによって規定された非等方性は、イスラームの所産である。しかし円という基本形態の採用に関しては、それをイスラームに帰することはできないと考える。このことは、(2)でマディーナ・アッサラームをめぐる既往の立言をもとに提出した命題A＝「円形都市という形態は、コスモロジーと関連している」を否定するものである。

(4)　ペルシア世界における円形都市の系譜

　さきに(2)で提出した命題Cは、「時間的にもっとも近い円形都市とマディーナ・アッサラームとのあいだには150年の空白があるが、マディーナ・アッサラームの形態は古代メソポタミア以来の円形都市を継承している」であった。メソポタミア

写真131　イラン　ハマダーン
旧市の周辺に点在する遺丘のうち，エクバタナ遺址は北方の遺丘とされる。ライオン像は当時に遡るという（1963年撮影）。

は，イスラーム化されるまで約400年にわたって，イラン高原を根拠地とするサーサーン朝ペルシアの領域であった。命題Cの検討にあたっての重要な対象は，サーサーン朝ペルシアさらにはペルシア世界の建設都市である。ここではペルシア世界を対象として，古代以来の円形都市の系譜を一瞥し，それとコスモロジーとの関係を検討する。

ペルシアは長い都市伝統をもつだけでなく，歴史をつうじて円形都市という特徴ある「かたち」の都市を建設してきた。古くは，紀元前8～6世紀のメディア王国の首都エクバタナ（現在のイラン西部のハマダーンにあたる）についてのヘロドトスの記述がある。彼は，著書『歴史』巻Ⅰで，つぎのように述べている。

　　（メディアの王となった）ディオケスは壮大強固な城郭を築いたが，これは今日アグバタナ（エクバタナ）の名で呼ばれる城で，同心円を描いて城壁が幾重にも重なり合っている。この城郭は，ひとつひとつの壁の輪が，胸壁の高さだけ高くなってゆくように設計されている。城がこのような形状を呈しているのには，地形が丘陵をなしていることも，いくらかは手伝ってはいようが，むしろそのように設計されたのである。環状の城壁は全部で七重になっており，一番奥の城壁の中に，王宮と宝蔵がある。城壁の最大のものは，アテナイの町の円周とほぼおなじ長さである。第一の城壁の輪の胸壁は白，第二は黒，第三は深紅色，第四は紺青，第五は橙赤色というふうに，どの城壁の輪も，その胸壁が色染めされている。そして最後の二つの城壁は，その胸壁に一方は銀，他方が金の板をかぶせてある。
　　このようにディオケスは，身の安全のため自分の宮殿のまわりに城壁をめぐらしたのであったが，人民たちには城壁の外廻りに住むように命じた[21]。

ヘロドトスが語る円形都市エクバタナの記載には，マディーナ・アッサラームを考えるうえで興味ぶかい点がいくつかある。まずペルシア世界での円形都市の歴史が，古くメディア王国にまでさかのぼりうるのではないかということである。ついで引用文の「環状の七重の城壁」を「環状の三重の城壁」に変え，かつその円心にあった「宮殿と宝蔵」を「宮殿とモスク」に変えると，その記載はマディーナ・アッサラームにあてはまることである。さらに人民の居住地を，はじめから「城壁の外廻り」の郊外に計画的に配したことも，マディーナ・アッサラームに妥当する。

イスラーム化される以前のメソポタミアをふくむペルシア世界では，円形という特異な形態の都市がいくつか確認されている。イスラーム勢力の勃興以前に，サーサーン朝ペルシアとならんで西アジアで大きな領域を占めていたのはビザンティン帝国で

写真132　イラン北西部　タフテ・スレイマン（「ソロモン王の台座」）
サーサーン朝ペルシア時代の円形都市遺跡。火口湖とその周辺の都市遺構をさらに大きく楕円形市壁が囲む（Dschingis Khan und seine Erben. Das Weltreich der Mongolen., Bonn, 2005, 255頁による）。

あった。しかし同帝国領には，円形都市はみられない。この2つの帝国のあいだで理想都市のイメージが，大きく異なっていたのであろう。

　イラン高原を中心とするペルシア世界とその周辺での円形都市の遺跡は，いまもいくつか確認できる。年代順にならべると，メソポタミア北部のハトラ（紀元前1～紀元後3世紀），同中部のクテシフォン（3～7世紀），イラン高原北西部のタフテ・スレイマン（3～7世紀），同平原北東部のニシャープール（3～10世紀），同高原中南部のフィルザーバード（5～7世紀）をはじめとして相当数にのぼる。

　このうちハトラについてみると，発掘をもとに復原された都市形態は，図128に示されるように[22]，ほぼ円形の市壁を二重にめぐらせた都市であった。ハトラは，紀元前1世紀から紀元後2世紀のパルティア帝国時代に，「肥沃な三日月地帯」の交易・宗教中心として繁栄した。同帝国はアカイメネス朝ペルシアの後継王朝をもって任じ，ペルシア的な手法にしたがって，領内の建設都市を円形に設計したのであろう。というのは，ハトラ以外にも同帝国内には円形の軍事都市が存在するからである。

　ハトラの二重市壁の半径は，外市壁が約1.5キロメートル，内市壁が約1キロメートルとされている。外市壁は日干しレンガ積みであったが，その外側には幅20メートルほどの周濠をめぐらせていた。内市壁は切り石積みで，一部は二重にするなどの強化策を講じていた。ハトラは，紀元後1世紀ころの最盛期にはメソポタミア最大の都市へと成長したが，その時期にも，2つの市壁のあいだには空地が多かったとされている。

　市壁には，東・南・西・北・北東の各方位に市門がひらいていた。市門をとおって入市する各街路は，最終的には，中心部の王宮と神殿が集中する聖域に収斂していく。聖域は420×310メートルくらいの長方形で，まわりにめぐらした切り石積みの石壁で遮断された聖なる空間であった。聖域の西端部分は，後代の付加と考えられている。付加部分をのぞくと当初の聖域は正方形で，そのなかに，王宮にくわえて諸宗教の神殿・寺院がならんでいた。大規模な王宮の存在は，ハトラが，パルティア帝国の支配下にありながらも独自の王を戴く国家であったからである。

　聖域外方の北・西・南の三方には，貴族や豪商の邸宅があつまっていた。図128でも，その部分で家屋群の遺構がよく残存している様子がうかがえる。この一帯の高級住宅は，日干しレンガではなく石造家屋だったからである。聖域から東方の部分には，墓地がひろがっていた。

　マディーナ・アッサラームは，これらのペルシア的な円形都市に範をもとめて建設

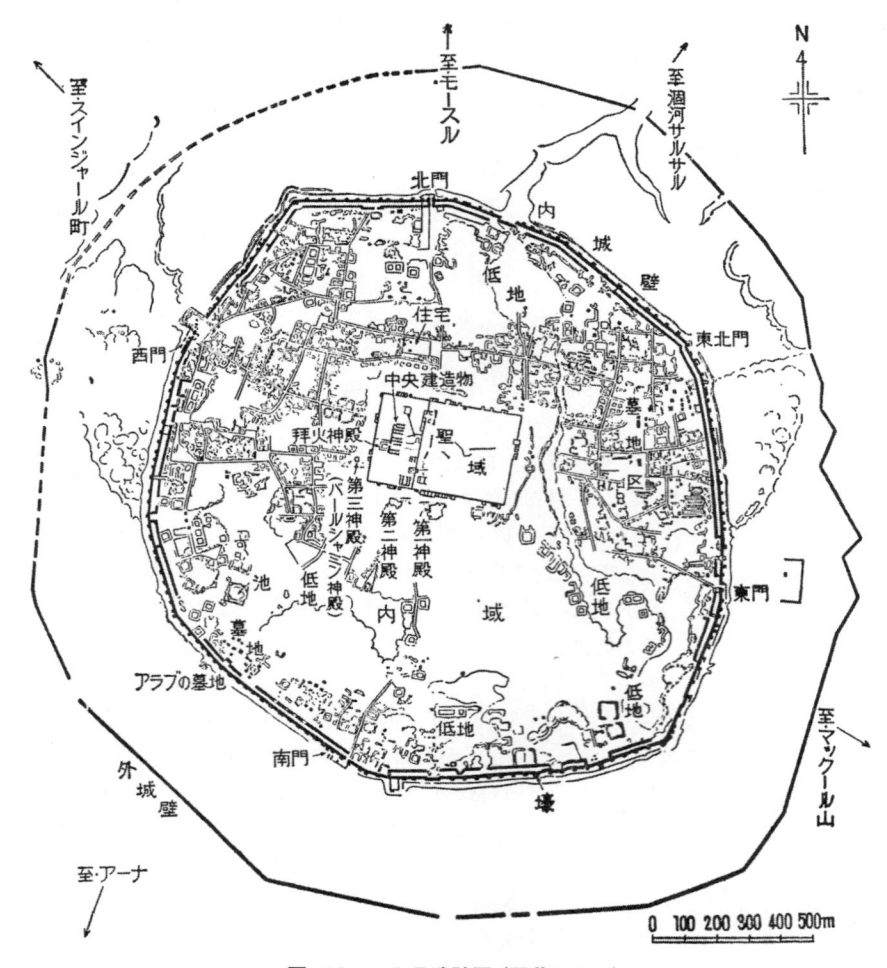

図128 ハトラ遺跡図（深井による）

写真133　イラク北部　アルビール旧市の円形市壁
アルビールはハトラ東方のクルド人地区に位置し，ハトラとおなじくパルティア時代に栄えた。市街地の中央には，円形市壁をめぐらせた旧市が遺丘上に残る（中村梧郎撮影）。

されたのであろう。なかでも先行するサーサーン朝ペルシアのメソポタミアでの根拠地であり，またバグダード南東方30キロメートルに所在するクテシフォンが，建設にあたっての範型となったであろう。都市建設の経験にとぼしかった初期イスラーム時代には，非イスラーム王朝の先行都市をモデルとせざるを得なかったのである。マディーナ・アッサラームにみられる円形都市という特異ともいえる幾何学的形態は，造形的にはイスラーム的な印象をあたえる。しかしマディーナ・アッサラームの基本形態は，先行する前イスラーム時代とりわけサーサーン朝ペルシアの円形都市を範型としていたと考えられる。

　以上の検討の結果，「メソポタミアにおけるイスラーム王朝の先行王朝がサーサーン朝ペルシアであったこと」，「ペルシア世界には円形都市の系譜を確認できること」，「その直近のものが，マディーナ・アッサラームから約30キロメートルという近傍に所在するクテシフォンであること」，「本格的な王都建設の経験を欠いていたアッバース朝では，それらの先行王都に範型をもとめたであろうこと」などを根拠として，さきに提出した〈命題C＝「時間的にもっとも近い円形都市とマディーナ・アッサラームとのあいだには150年の空白があるが，マディーナ・アッサラームの形態は古代メソポタミア以来の円形都市を継承している」〉は成立すると考える。

　このように命題Cが成立するとしても，アル・マンスールの時代は，イスラーム王権にとっては王都建設のノウハウ吸収の時期にあった。その吸収期を終えて独自の都市建設思想が成立していくにつれて，イスラーム世界では，マディーナ・アッサラームのような円形都市は建設されなくなっていく。たとえば，おなじアッバース朝の第8代カリフのムウタスィムは，9世紀中頃にマディーナ・アッサラームの北方約125キロメートルの地にサーマッラーを建設し，遷都する。サーマッラーは，円形ではなく，長方形の都市であった。マディーナ・アッサラーム自体も，日干しレンガを主たる建材としていたこともあって，完成後半世紀ほどで崩壊していった。アッバース朝で繁栄をうたわれたバグダードは，マディーナ・アッサラームではなく，その対岸のティグリス川東岸に新たに建設された新市であった（図125）。現在のバグダードは，この新市の後継都市である。

　マディーナ・アッサラームは，「エチュードとしてのイスラーム王都」であった。日本の「平安京」と名称も建設時期もほぼおなじくする王都ではあったが，マディーナ・アッサラームが担った「エチュードとしてのイスラーム王都」という役割に関しては，藤原京と類似する。さらにそのエチュードの成果が後続王都の建設にあたって

第IX章　都城思想と2つのアジア　547

範型として定着することがなかった点も，藤原京とおなじであった。

第 3 部

18 世紀ヒンドゥー世界両端の建設都城

第 X 章

ジャイプル ── 近世インド世界の「バロック化」都城

　ここで「ヒンドゥー世界」とよぶのは，ヒンドゥー教を基盤として文化・社会が形成されている地帯を指す。18世紀をとると，同世界は，あい離れた東と西の2つの地域から構成されていた。1つは，もちろんインド亜大陸，とりわけ1947年のインド・パキスタン分離独立によって成立したインド共和国の領域部分である。もう1つは，かつての「インド化された東南アジア」の末裔である。18世紀の東南アジアは，基底にはヒンドゥー的要素を保持しつつも，大陸部では南方上座部仏教が，また島嶼部ではイスラームがともに圧倒的な地位を確立していた。そのなかでジャワ島の東方にならぶバリ島とロンボク島西半部が，当時も，また現在にいたるまでもヒンドゥー世界として存続してきた。18世紀にはヒンドゥー世界は，インド亜大陸とそれから遠く離れた飛び地ともいうべきバリ・ロンボクの両島から形成されていたのである。

　このうちインド亜大陸とりわけ北インドでは，13世紀初めのイスラーム王権の成立以来，インド都城思想と無縁の王都が新たな都市伝統をつくってきた。しかし18世紀になると，ヒンドゥー地方王権によってヒンドゥー都城が北インド北西端で建設される。現在のラージャスターン州の州都ジャイプル (Jaipur) である。ジャイプルは，ヒンドゥー教が卓越するインド亜大陸のなかでも同世界最西端部に位置する。

　またバリ・ロンボク世界では，おなじく18世紀にバリ島から渡来したヒンドゥー王権によって，ロンボク島西端でチャクラ・ヌガラ (Chakra Negara) が建設される。その建設は，ジャイプルとほぼ同時期の18世紀前半期にもとめうる。ロンボク島の東半部はイスラーム世界に属するので，チャクラ・ヌガラの建設位置はヒンドゥー世界のまさに最東端であった。

　このように18世紀には，ヒンドゥー世界の東・西両端でほぼ時をおなじくしてヒンドゥー地方王権による建設都城が出現する。しかも両者は，ともに建設当初の都市形態を現在にまで伝えている。その形態解読をつうじて，18世紀ヒンドゥー世界がその東・西両端で析出した2つの都城の建設思想を検討したい。

　前述したとおり，ジャイプルは，インド共和国ラージャスターン州の州都である。ラージャスターンの名は，「ラージャ・スターナ (「王家の国」の意)」に由来する。10世紀ころからイスラーム勢力の北インドへの侵攻が活発になるにつれて，ラージャ・

写真134 ジャイプル アンベール城
11世紀からジャイプル建設までの王家根拠地。当初は防御中心の山城であったが，17世紀以降，宮殿建造物が付加されていった。

スターナに基盤をおくヒンドゥー勢力も，それへの対抗をつよめていく。勢力結集の中心集団となったのは，クシャトリヤを名のり，尚武の気風にみちたラージプート族であった。彼らは，強固な氏族的紐帯を基盤として小王国を樹立していく。これら小王国の簇生・分立状況が，この一帯が「王家の国」を意味するラージャ・スターナとよばれることとなった背景にある。しかし小王国は分立と対立をくりかえし，1526年のムガル帝国成立以後は同帝国に，また1858年の英領インド成立以後は大英帝国に服属していった。有力王家のなかには，両帝国に服属しつつも，ヒンドゥー王位を意味するマーハーラージャ（「大王」の意）を名のって王国また藩王国として存続したものも多い。ジャイプルを建設したカッチワーハー王家もその1つで，ムガル帝国と英領インドの両時代をつうじてラージャスターンの最有力王家として存続した。

X-1 ジャイプルの建設 —— 山稜から平原へ

1526年にデリーを攻略して，ムガル帝国が成立する。同帝国はデリーから周辺へと急速に版図をひろげ，ラージャスターンにも侵攻していく。カッチワーハー王家も，他のヒンドゥー王家とともに，ラージャスターン地方でのムガル帝国の勢力拡大に対抗していた。しかし第3代ムガル皇帝アクバル（在位1556-1605年）の時代に，同皇帝による対ヒンドゥー政策の転換もあって，カッチワーハー王家は同皇帝と同盟条約を締結するとともに，姻戚関係をむすぶ。それまでにも，モスレム王権とヒンドゥー王家とのあいだの婚姻はあった。しかしそれは，後者の前者への従属的な片務関係の延長上での結合であった。アクバルは，それを対等の双務的な関係に変える[1]。そのことが，ラージプート族諸王家の信頼を獲得する。

ムガル帝国との同盟によって，カッチワーハー王家も，ヒンドゥー地方王権として存続することが保証された。以後，歴代のカッチワーハー王家の当主は，ムガル帝国の藩屏として戦場をかけめぐることになる。その活動をつうじて，同王家はムガル帝国内での地位を高めていく。その力がもっともよく発揮されたのは，シャー・ジャハーン皇帝の死とともに開始された激烈な皇子間での王位継承戦争であった。1640年代から数次にわたってインドを訪れ，ムガル王室からも信任されていたタヴェルニエは，その王位継承戦争でアウラングゼーブが勝利して登極するにあたってもっとも貢献したのは，カッチワーハー王家のジャイ・スィンフ（Jai Singh）王（在位1614-67年）

であったと記している[2]。

　アウラングゼーブ皇帝（在位1658-1707年）は，衰退過程にはいった帝国の再興をめざしたが，そのイスラーム至上主義的姿勢が，とくにデカンを中心とするヒンドゥー対抗勢力の反発と拡大をまねいた。そのなかでも，カッチワーハー王家はムガル王権との協調を維持していた。しかし同皇帝が命じた1666年のデカン遠征では，カッチワーハー王家は失敗を責められて苦境に陥る。それを契機に同王家は，弱体化するムガル王権との協調関係を表面的には維持しつつも，同王権からの自立を模索し，ラージャ・スターナ内での勢力拡大と覇権確立に重点を移していく[3]。アウラングゼーブ皇帝の最晩年期に即位したのが，ジャイプルの建設者であるジャイ・スィンフⅡ世（在位1700-43年）であった。

　同Ⅱ世はラージャ・スターナでの覇権を確立したのち，内政に軸足を移す。王国の繁栄と安定のためにも，彼にとっては，従来からの根拠地＝アンベール（Amber）城にかわる新都の建設が重要な経略となったであろう。ジャイ・スィンフⅡ世による新都建設の経緯と目的をめぐって，つぎの5点を指摘しうる。

1）　ジャイプル建設以前のカッチワーハー王家の根拠地は，ジャイプルから北方約9キロメートルの岩稜上に築かれたアンベール城にあった。図129は，アンベール城とジャイプルとの位置関係を示したものである[4]。アンベール城の建設は，アクバル帝との同盟関係をつうじて，王国の基礎を固めたマン・スィンフ王（在位1590-1614年）によってなされた。戦乱にあけくれた時代を反映して，その建設にあたってもっとも重視されたのは軍事的・防御的観点であった。選地されたのは，小河谷を眼下に見おろす急峻な山稜上であった。アンベール城は，戦術的には防御を優先するとともに，戦略的には眼下の小河谷を通過する交通路を介して軍事出動も容易な位置に建設された。

　しかしカッチワーハー王家の覇権が確立して領国全域の安定的な支配が実現すると，アンベール城が享受してきた利益は不利益へと逆転していく。そこからカッチワーハー王家は拠点を広闊な平原に移し，そこにアンベール城にかわる広壮な宮殿と王都を建設する方針に転じる。この方針転換は，日本における山間の戦国城下町から平野の近世城下町への展開を想起すれば，ただちに了解できよう。

2）　新都の建設地点は，図129に示されるように，アンベール城が所在する小河

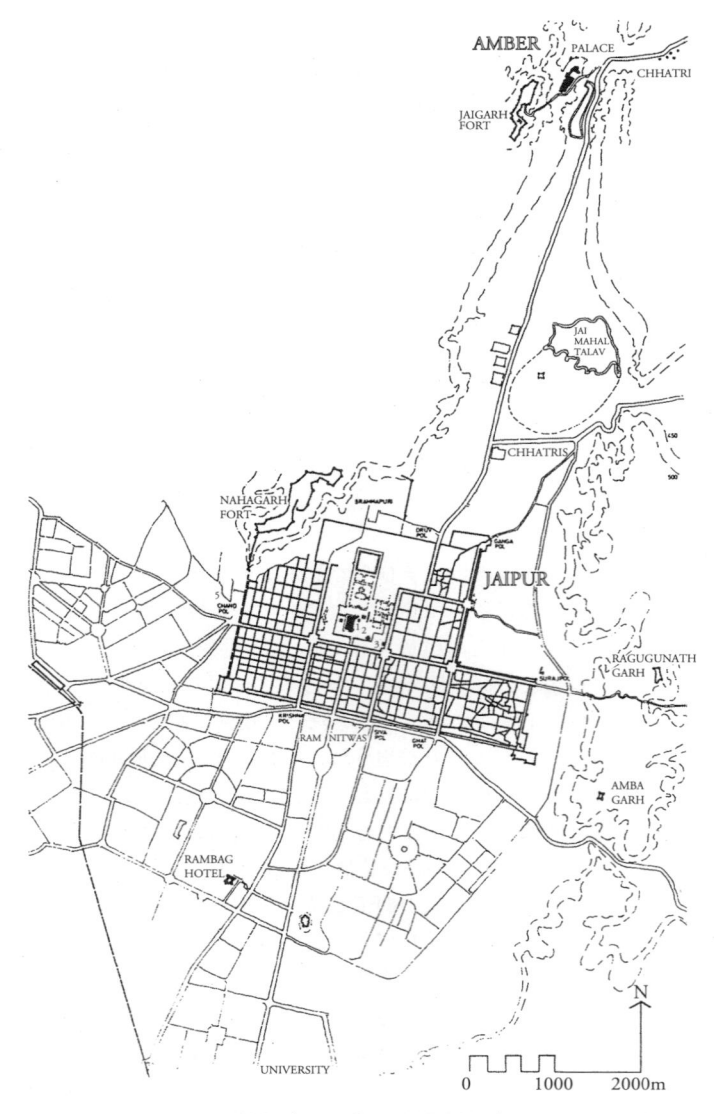

図 129　アンベール城とジャイプルの位置関係（ニルソンによる）

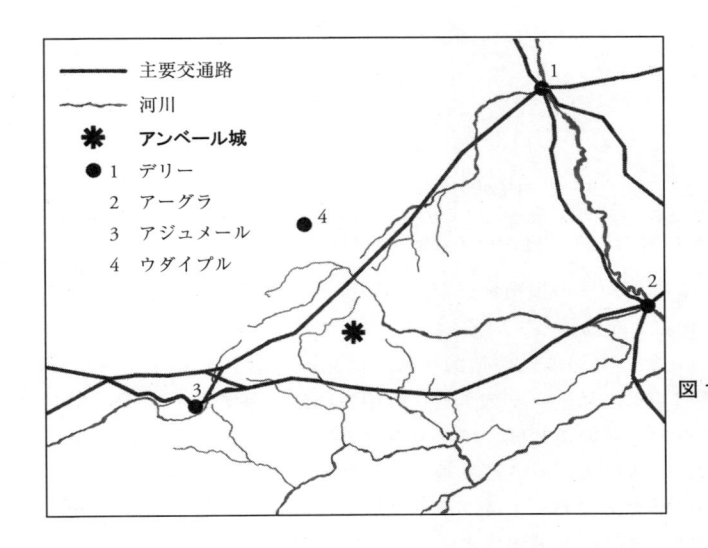

図130　16・17世紀インド北西部の主要交通路とアンベール城（ハビーブをもとに応地作図）

凡例：
- 主要交通路
- 河川
- ＊ アンベール城
- 1　デリー
- 2　アーグラ
- 3　アジュメール
- 4　ウダイプル

谷が丘陵地帯を離れて平原へと移行する谷口部にもとめられた。その位置は，二重の利点をもっていた。まず，山地がラッパ状に開いた谷口という地形条件は，両側の山地を防御のために活用できることである。事実，新都の建設と平行して，その両側の山地に要塞が建設されていく。もう1つの利点は，背後の山稜上にある既存のアンベール城を「逃げ城」として活用できることである。とくに後者の利点は，後述するように，ジャイプルの建設思想に反映している。

3）　新都建設によってジャイ・スィンフII世がめざした重要な目的は，領国内を通過する主要交通路を新都に収斂させて，隔地間交易の機会と利益を誘導・確保することにあった。図130は，ジャイプル建設以前の16・17世紀における北西インドの主要交通路を示したものである[5]。当時の交通体系の核は，図の北東端に示されるムガル帝国の2つの王都，デリーとアーグラであった。ラージャ・スターナを通過する主要な交通路は，デリーから南西方向にむけてアラビア海に面するグジャラート海岸の港市群へといたる南北幹線ルート，またアーグラから西方にむけてインダス川中流域へといたる東西幹線ルートの2つであった。2つの幹線交通ルートは図の南西部に位置するアジュメール（Ajmer）付近で結節し，そこにラージャ・スターナにおけるもっとも重要な交通中心が形成されていた。

　　カッチワーハー王家の根拠地アンベールは，これらの幹線交通ルートからも，また結節中心・アジュメールからも離れた位置に所在していた。図130には，河川流路も記入した。アンベール一帯でのそれらの流路に注目すると，アンベールが流下方向を異にする諸河川の最上流部にあたっていること，いいかえれば分水嶺帯に位置していることが観察される。それは，アンベールが交通的には主要体系からはずれた僻遠の地に位置していたことを意味する。カッチ

第X章　ジャイプル　555

写真135　アジュメール　ドゥルガ
12世紀のスーフィー聖者のドゥルガ（墓廟）を起源として，歴代ムガル皇帝の尊崇をうけて南アジア有数のイスラーム聖地へと成長した。

ワーハー王家のアンベールへの根拠地選定が，防御という軍事的観点を最優先させておこなわれたことを物語っている。

　ラージャスターンでの交通体系の結節核は，前記のとおりアジュメールにあった。アジュメールは，ラージャスターンの中央部に位置するイスラームの聖地である。そこへの7回の巡礼は，マッカへの巡礼（大ハッジ）に相当するとされるインド亜大陸有数のモスレム巡礼地であった。とくにアクバル帝以降の歴代ムガル皇帝の尊崇をあつめ，イスラーム聖者サリム・チシュティーの聖廟をはじめとした諸宗教施設の整備がすすめられた。図130に描かれているアーグラからアジュメールへの街道は，巡礼路また帝国官道としてアクバル帝によって整備されたものであった。

　ジャイ・スィンフII世は，図130に示されるアンベール時代の交通体系を改変して，幹線交通ルートを新都に誘導する。そこには，ジャイプルをアジュメールとならぶ交通中心，さらには交易中心へと成長させる意図があったと考えられる。この重商主義的な目的は，のちに詳述する新都の都市整備からもうかがいうる。またその成功は，現在では，ラージャスターンの交通体系がジャイプルを中心として形成されていることからも確認できる。

4）　ムガル帝国の治下では，第3代アクバル帝によるアーグラとファテープル・シークリー，第4代ジャーハーン・ギール帝によるラホール，第5代シャー・ジャーハーン帝によるシャー・ジャハーナーバード（デリー）など，歴代の皇帝によって王都があいついで建設されていく。これらは，いずれもモスレム王権による建設王都であった。ジャイ・スィンフII世は，ムガル王権からの自立志向のなかで，ムガル帝国都市と対置しうる正統的ヒンドゥー都城の再興を意図したであろう。と同時に，その建設は，ラージャ・スターナの各地に割拠する他の諸ヒンドゥー王権に対するカッチワーハー王家の優位を示威する政治的意図ももっていたであろう。新都建設は，ムスリム帝国王権とヒンドゥー地方王権の双方にむけられたカッチワーハー王家またジャイ・スィンフII世の政治的メッセージであった。

5）　ジャイ・スィンフII世は，軍事指導者また政治家であると同時に，数学・天文学にも造詣ふかい科学者であった。彼は，ユークリッドまたプトレマイオスのサンスクリット語翻訳書を座右の書とし，ミルザ・ベグが建設したサマルカンドの天文台に家臣を派遣して研究させたともいわれている。インドにおける

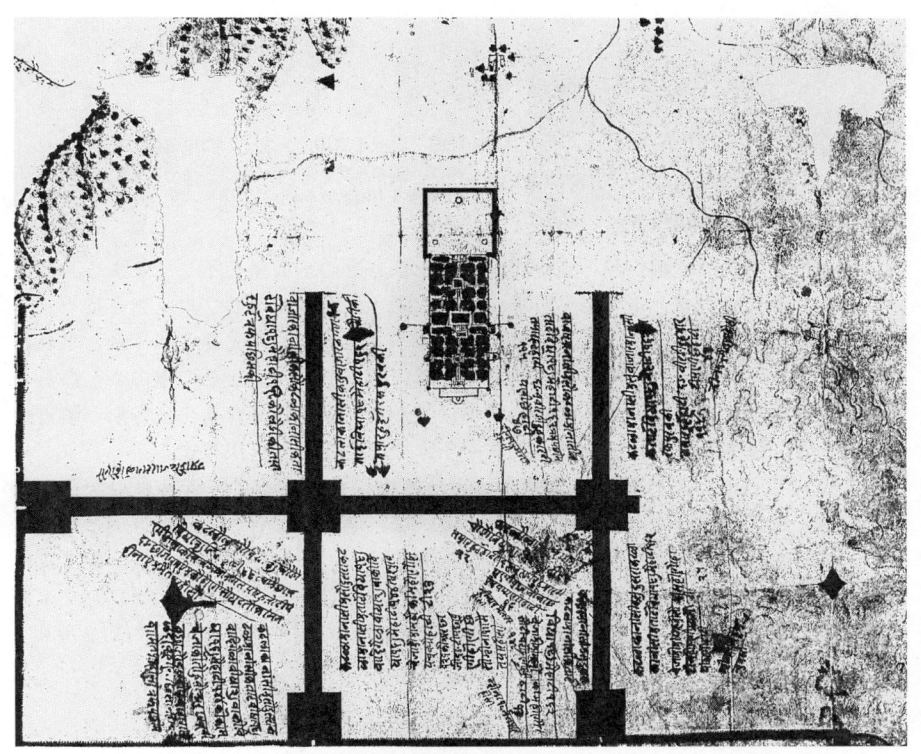

図131　ジャイプルの初期構想図（サチャデブとティロットソーによる）

　占星術の伝統から考えても，新都の建設に際しては，当然，ジャイ・スィンフII世は天文学の造詣を活用したであろう。

　これらの5点は，いずれもジャイプルの建設過程の検討と形態解読をおこなうにあたっての指針となる。
　1727年からはじまる新都建設にさきだって，1725年にジャイ・スィンフII世はジャイ・ニワース（Jai Niwás）離宮を造営する。同離宮の造営が，新都建設計画の策定に先行してなされたのか，あるいは策定後の先導的な建設であったのかという点に関しては，いずれとも判断できない。しかし図131の基本計画図の存在から，後者の可能性が大きいと考えうる。同図は，王家の藩王サーワイ・マン・スィンフII世記念博物館に所蔵される現存最古のジャイプル図である[6]。
　図131は，ジャイプルの建設基本計画とその建設進捗状況を示した図と考えられている[7]。その作成年代は記入されていないが，ジャイ・ニワース離宮が描かれているので，上限は1725年にもとめうる[8]。図は北を上にして，広幅の太線でむすばれた小さな5つの正方形を描く。現在のジャイプル市街図と対照すると，太線は直線

第X章　ジャイプル　557

写真136　ジャイプル　王宮・ムガル庭園
王宮空間の北半部は，ジャイ・ニワース離宮を継承する四分庭園また噴水池などからなるイスラーム的な庭園空間である。

幹線街路，正方形は直線街路の交点に配された正方形の小広場を示していよう。同図は，これらの直線街路と正方形小広場によって画された計4つのブロックを描く。そのうちの北東ブロックの中央に描かれているのが，新都建設を先導すべく造営されたジャイ・ニワース離宮である。同離宮は，北端に正方形の園池とその南につらなるムガル庭園から構成されていた。庭園の中央に描かれた小さなヨコ長・長方形が離宮殿舎であろう。園池とムガル庭園は，現在も王宮空間の北半部に現存する。

　図131で東西走する直線街路東端の正方形広場に注目すると，広場東辺からは東方にむけて突起状の路端が描かれている。それは，同広場からさらに東方へと街路が延伸していくことが予定されていたことを推考させる。したがって同図は，すでに構想されていた新都のうち，最初に建設に着手された王宮を中心とする4ブロックを描く部分図と考えられる。その範域は，実際に建設されたジャイプル都城の約2分の1に相当する。

X-2　都市形態と街路構成をめぐる2つの未解決問題

　ロイは，図131に示される基本構想が，ジャイ・スィンフⅡ世自身の創案と推定する[9]。しかしたとえ新都の建設が同Ⅱ世によって推進されたとしても，一意的にそのようには断定できない。というのは，ジャイプルの建設にあたって中心的役割をはたしたバラモンの存在があきらかにされているからである。ここでバラモンの存在を強調するのは，それがジャイプルの建設目的[4]と直結するからである。ムガル帝国の建設王都とりわけデリーとアーグラに対抗する正統的ヒンドゥー都城の建設は，シルパシャーストラなどのサンスクリット語古典文献に精通したバラモンの関与なくしては不可能だからである。

　その中心人物が，ベンガル出身のヴィディヤーダール・チャクラヴァルティ（Vidhyādhār Chakravarti）[10]であった。彼は，ジャイプル建設のためにジャイ・スィンフⅡ世によってベンガルから招聘されたのではなく，カッチワーハー王家と深いつながりのあるバラモン家系に属していた。そのつながりは，彼の祖父が，カッチワーハー王家から制作を依頼された女神像を届けるべく，ベンガルから来訪したことにはじまるといわれる[11]。それを契機に，祖父はベンガルに帰ることなく，アンベールに定住する。チャクラヴァルティの家系はベンガル出身ではあるが，すでに土着化した

The PRASTARA Plan

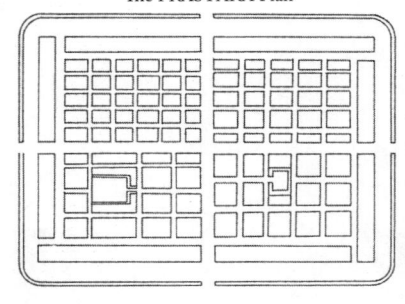

図132　『マーナサーラ』の「プラスタラ」型都市形態
　　　　（ラッツによる）

バラモンであった。彼に対するジャイ・スィンフⅡ世の信頼は厚く，都城の建設が本格化した1729年には王国宰相に任じられている。

　ジャイプル建設の定礎式は，1727年11月29日正午に挙行された。ジャイ・スィンフⅡ世は工事をいそがせ，2年余で王宮をふくめた都城の基本的部分を完成させたといわれる。新都の名称は，建設当初にはサワーイ・ジャイプルとよばれていた[12]。その意味は「サワーイ・ジャイの町」であったが，「ジャイ」の原義は「勝利」であるので，「サワーイ王の勝利の町」を意味していた。その後，ともに「ジャイの町」を意味するジャイナガルあるいはジャイプルとよばれた。藩王国時代の19世紀末になって，呼称はジャイプルに統一されたという[13]。

(1) 「プラスタラ」型都市形態と街区編成

　ジャイプルの都市形態を語る際に，よく言及される問題がある。それは，ジャイプルの都市計画と『マーナサーラ』が述べる都市の形態分類，とりわけそのなかの「プラスタラ」型形態との関連である。それへの言及は，ほとんどの場合，「プラスタラ」型形態がジャイプルのグリッドパターン編成の原型だとする言説とむすびついている[14]。もちろんそれに反対する議論もある[15]。しかしそれらの議論は賛・否という点では大きく分かれているが，両者に共通するのは，直線街路によるグリッドパターン区画という形態のみに注目していることである。この問題については，形態論のレベルをこえた新たな展開がもとめられている。ここでは，この問題提起の発端にさかのぼり，さらに形態復原図のみに注目することなく，『マーナサーラ』が述べる「プラスタラ」型形態についての言説全体を検討して再考することにしたい。

　『マーナサーラ』が述べる「プラスタラ」型都市の形態復原は，同書の翻訳者アチャルヤによる図1-〈6〉の"Prastara"をはじめ，何人かによってなされている。それらのなかで，ジャイプルの都市計画を論じる際によく引用されるのは，図132に掲げたラッツによるものである[16]。図1-〈6〉"Prastara"と比較するとあきらかなように，両者の形態復原は基本的に同一である。したがって図132のラッツによる復原図をもとに，「プラスタラ」型とジャイプルの都市形態との相互関係の検討をおこなうことは許容されよう。そのための比較対象図として，図133に掲げたジャイプル

第Ⅹ章　ジャイプル　559

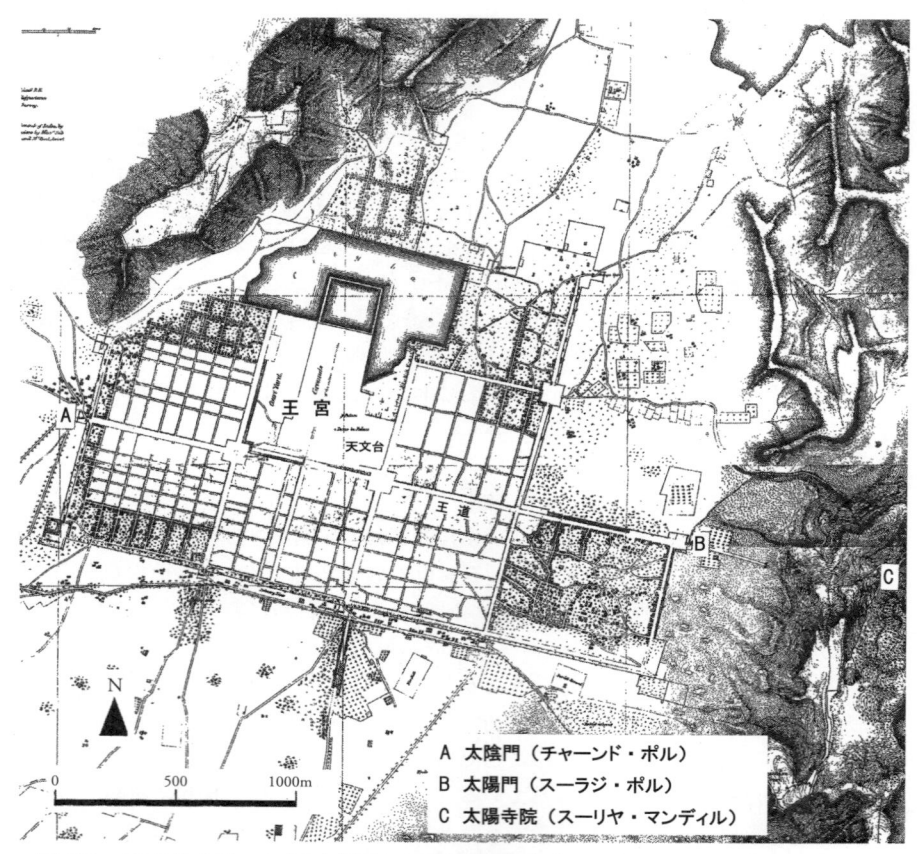

A 太陰門（チャーンド・ポル）
B 太陽門（スーラジ・ポル）
C 太陽寺院（スーリヤ・マンディル）

図133 1865年のジャイプル市街図と街路の基本編成（インド測量局図をもとに応地作図）

市街図[17]をとりあげる。同図は，1865年にインド測量局によって作成されたもので，以後，これを1865年図とよぶことにする。

　図132と図133から了知できるように，両図をただちに対照させることは困難である。それをおこなうにあたっては，重要な前提を設ける必要がある。図132にみられるように「プラスタラ」型都市形態は，直交する幹線街路によって区画された4ブロックで構成されている。「プラスタラ」型形態とジャイプルの都市形態とを対比・

考察するにあたっては，ジャイプルの全域ではなく，「プラスタラ」型とおなじく，そのなかの4ブロックに検討対象を限定する必要がある。

　ここで想起されるのは，図131に示されるように，ジャイプルの当初設計が4ブロック編成で構想されていたことである。4ブロックからなる市街地編成は，ジャイプルの当初構想と「プラスタラ」型都市形態の両者に共通する。図131の4ブロック編成は，図133では王宮空間とその南・西・南西に接する計4ブロックにあたる。図131が描出する新都建設の進捗状況も，この4ブロックが最初に建設・整備されたことを伝えている。

　ジャイプルの建設がこれら4ブロックから開始されたことを物語るのが，王宮南辺を東西走する王道と南北幹線街路との交点に設けられた小広場の建設過程である。図133では，王宮空間の南西角と南東角の王道との交点には正方形の小広場が建設されているが，後者の小広場から王道をさらに東行させたつぎの交点には，そのような四角形広場は描かれていない。しかし現在では，そこにも同様の正方形広場が建設されている。このことは，同広場が，図133の測量年である1865年以降に建設・整備されたことを物語る。さらにその南東方に付加されたブロックについても，同図は，外周の直線街路で区画されたブロックを描くのみで，内部の街区の区分・整備が未着手であったことを示している。このように新都の東半部に関しては，西半4ブロックとは異なって，その本格的な整備は19世紀後半をまたなければならなかった。ジャイプル都城の建都は，最初に図131が描く西半4ブロックの建設・整備を目的として着工されたのである。

　このように図131の初期構想段階，また建設着手後およそ135年の状況を示す図133の両者をつうじて，ジャイプルの建設において西半4ブロックが特別な意味をもっていたことが判明する。以後，この西半4ブロックを，他のブロックと区別して「当初4ブロック」とよぶことにしたい。そのうえで，この「当初4ブロック」を『マーナサーラ』の「プラスタラ」型都市形態と比較可能な範域としてとりあげて，「プラスタラ」型がジャイプル建設にあたっての範型とみなしうるかどうかについて検討したい。

　ジャイプルのグリッドパターン編成を『マーナサーラ』の「プラスタラ」型都市形態とむすびつけて最初に説明したのは，1913年のハヴェルの著作とされる[18]。ハヴェルは，ジャイプルの都市形態について，つぎのように述べている[19]。

都市計画がヨーロッパ科学のごく新しい時代に生まれたものとみなされていた時代に，ジャイプルの都市形態は実現された．その意味で，とりわけ興味ぶかい．というのは，しだいに増殖しつつ不規則に成長していった都市がほとんどのなかにあって，このインド都市は，そうではない都市の実例だからである．ジャイプルは，当初から，ヒンドゥー都市建設者の伝統とシルパシャーストラとよばれる古典文献，この2つを指針として策定された科学的な計画にしたがって構想され，建設された……．「プラスタラ」とよばれる平面形態が，ジャイプルのそれとよく類似している．……（ジャイプルの）主要街路はほぼ正東西と正南北の両方向に走っており，その走向は，シルパシャーストラの指示にしたがっている．

　この1文でハヴェルが強調するのは，ジャイプルが古代インド世界のシルパシャーストラ文献を参照系として計画されたこと，その形態とりわけ街路走向は同文献が述べる「プラスタラ」型都市と類似していること，の2点である．
　ハヴェルと同様の提唱は，1949年にピッライによってもなされている．彼が根拠とするのは，つぎの2点である．第1は長方形という都市全体の輪郭，第2はその内部の幹線街路による正方形ないし長方形の9区画への分割である[20]．ただし第2の理由とする「幹線街路による9区画への分割」が，図132に示した「プラスタラ」型都市形態のなにを指すのかは不明である．
　このようにジャイプルと「プラスタラ」型都市との形態類似を指摘するにあたって，ハヴェルとピッライが共通点としてともに強調しているのは，全体の形態が長方形であること，東西と南北の両方向に走る直線街路からなる街路編成，それによる市街地のグリッドパターン分割である．しかしこれらの3点は，図1に掲げた『マーナサーラ』所載の8つの都市形態のうち6つに共通する特徴である．したがってこれら3点を根拠として，『マーナサーラ』の形態分類のなかから「プラスタラ」型のみを特定して，それをジャイプルの原型とする議論はなりたたない．
　私は，ジャイプルの建設構想策定にあたって，「プラスタラ」型形態が重要な参照系であったとする立場に立つ．しかしその根拠は，ハヴェルとピッライがあげる3点とはまったく異なっている．2人が見落としている「プラスタラ」型形態の重要な特質こそが，ジャイプルと「プラスタラ」型形態とをむすびつける有力な証左である．それへの言及がないことが，彼らの議論を説得性に欠けたものにしている理由と考える．私は，前稿でジャイプルの都市形態と「プラスタラ」型形態とを比較して，つぎの2点を指摘した[21]．

① ともに幅員を異にする大小の街路によって区画されたグリッドパターンであること。ただしこの点は、ハヴェルとピッライの指摘とおなじである。
② 南北および東西の2本の幹線街路によって分割されたジャイプルの「当初4ブロック」を個々にみると、その内部はいずれもグリッドパターンに区画されているが、それらの区画は数・形態・規模をたがいに異にしていること。つまり「プラスタラ」型形態の4ブロックの面域は同一であるが、それらの内部のグリッドパターン分割をみると、北西ブロックから時計まわりに $6×5=30$、$5×5=25$、$5×3=15$、$4×4=16$ と変化していく。しかも重要なのは、ブロックごとに内部のグリッドパターン区画が相違するというこの特徴は、『マーナサーラ』が述べる8形態のうち「プラスタラ」型形態のみにみられることである。

ハヴェルもピッライも、「プラスタラ」型形態のもつ②の特徴に言及していない。図133からも、「当初4ブロック」の内部におけるグリッドパターン区画の相違は明瞭に観察できる。また「当初4ブロック」での布野修司などによる現地実測は、その内部のグリッド・パターンの形態がブロックごとに異なっていることを示している[22]。したがって上記の②、さらには4ブロックからなる当初構想の存在を考慮すれば、ロイやサチャデヴなどがいうように[23]、ジャイプルのグリッドパターンは「プラスタラ」型とは無関係とはいいきれない。

このような消極的な類似性の指摘を越えて、さらに積極的に両者の関係を論じるためには、単なる形態比較とは異なった新たな展開が必要である。それは、形態だけでなく、『マーナサーラ』が「プラスタラ」型について語る言説の検討である。『マーナサーラ』は「プラスタラ」型について多くを語っているが、その主要なものはつぎの諸点に要約できる[24]。ここでは『マーナサーラ』の記載順序を変更して、はじめに都市建設一般に該当するものをあげ、その後に「プラスタラ」型についての特論的な記述を配することにした。なお傍線（——）につづけて付記した文言は、私による注記である。

1) 都市をとりまいて市壁と周濠が建設されること —— ジャイプルは市壁で囲繞されていた。
2) 大路が尽きるところに、市門が建設されるべきこと。その数は、4・8・12である —— ジャイプルの市門は、市街地北西方のナーハルガル要塞につうじるも

のをふくめると，最終的には計12門である。
3） 都市内を走る街路の幅員には，6段階があること —— ジャイプル旧市の街路も，大きくは4種類の統一的な基準にしたがって建設されていた。第1は前述の王道で幅員33メートル，第2はブロックの内部を区切る幅員14〜17メートル，第3はさらにその内部を区切る幅員6.5〜9メートル，第4は幅員3メートル以下の4つである。第4ランクのものを細分すると，6種を措定することも可能である。
4） 都市全体の形態は長方形か正方形で，中心で交差する東西と南北の両幹線街路で4ブロックに分かたれること —— ジャイプルの当初計画は，これとおなじであった。これは，すでにピッライが指摘する点である。
5） 寺院と王宮は，すでに述べた位置に配置されること —— しかし実際には『マーナサーラ』は，寺院と王宮の建設位置を明確には述べていない。寺院については周辺[25)]あるいは中央[26)]，また王宮については中心の「ブラーフマ神の神領」をのぞく他の区画とするのみで[27)]，その叙述は配置場所を漠然と述べているにすぎない。いかえれば寺院と王宮の位置は，それぞれの範域内で自由に選択可能ということであろう。しかし5）に関するジャイプルの大きな逸脱は，王宮の「ブラーフマ神の神領」への配置であった。ここにジャイプルの特質があると考えるが，それについてはのちに詳述したい。
6） クシャトリヤ（王）またはヴァイシャ（商人）に適した都市形態であること —— 『マーナサーラ』は，ヴァルナごとに適した都市形態を個別に列挙している。図1に掲げた諸形態のなかで，クシャトリヤに適するのは〈2〉スヴァスティカ型，ヴァイシャに適するのは〈7〉カルムカ型とする[28)]。そのなかで『マーナサーラ』は複数のヴァルナの名をあげて，それらのいずれかに適する形態としているのは1つのみである。それが，「プラスタラ」型だ。そこでの叙述は「両ヴァルナのいずれかに適する」ということではあるが，クシャトリヤとヴァイシャに適する都市形態を個別に語っている以上，これを「クシャトリヤとヴァイシャの双方に適した都市形態」と解釈することも許されよう。
7） ヴァイシャの店舗兼住宅は，歩道をそなえた大路の両側にならび，その大路は王宮につながっている —— これは，ジャイプルにそのまま妥当する。

上述したように，最初にあげた1）〜5）は都市建設の一般論であり，注記した5）

の王宮立地をのぞいて，それらはジャイプルにもあてはまる。しかし6)は「プラスタラ」型形態についての記述であり，また7)は6)と関連するヴァイシャの店舗様式である。したがってジャイプルの都市形態と「プラスタラ」型形態との関係を考える際に，とりわけ注目すべきは6)と7)である。

　まず6)から検討したい。6)は，「プラスタラ」型形態がクシャトリヤ（王）とヴァイシャ（商人）に適した都市形態であるとしている。さきにジャイプルの建設目的を列挙したが，そのなかで，①カッチワーハー王家の覇権確立の誇示，②隔地間交易路の新都への誘導と交易施設の建設による重商主義的利益の掌握，の2点を強調した。①はクシャトリヤに属するヒンドゥー王権の自己顕示，②はヴァイシャを担い手とする交易機会の創出とそれによる交易利益への王権の参入である。この2つは，新都が，ヴァルナ集団としてはクシャトリヤとヴァイシャ，空間的編成としては王宮とバーザールを重視して建設されたことを意味する。クシャトリヤとヴァイシャの重視は，「プラスタラ」型形態を両ヴァルナに適した形態とする6)の言説と整合する。それは，同時に，「プラスタラ」型形態に範をもとめてジャイプルの都市計画が構想・設計されたという措定をなりたたせる。また7)の「歩道つき大路にそったヴァイシャの店舗兼住宅」の建設も，ジャイプルの「当初4ブロック」で実現されている。これらの2点をあわせて考えると，結論として，ジャイプルの当初構想の重要な参照系が『マーナサーラ』の「プラスタラ」型形態にあったとするのは妥当な措定といいうる。

(2) 「街路走向の偏角15度問題」と「ブロック配置の不規則問題」

　図133の1865年図は，建設後およそ135年を経た時期のジャイプルの市街地構成を示している。同図は，ジャイ・ニワース離宮を拡張させた広大な王宮空間の内部を描出することなく空白のまま残しているが，王宮を中心として，直線街路によって区画されたブロック群を描く。同図を一見しただけでもあきらかなように，グリッドパターンの基本的な骨格である直線街路と正方形ブロックの配置に注目すると，直線街路に関しては方向的な偏り，正方形ブロック配置に関しては形態的な歪みを指摘できる。この偏りと歪みに注目すると，ジャイプルの都市形態に関して2つの疑問が生じる。それらを要述すると，つぎのようになる。

　A)　**直線街路**について：都城内を東西と南北の両方向に走る街路は，たがいに直交しあっている。しかし両者の走向は，ともに正東西また正南北を示していな

い。東西街路に関しては南に，また南北街路に関しては東に，ともに約15度かたむいている。すでに I-2 で『マーナサーラ』などのシルパシュートラ文献をもとに都城内の街路形態について述べた際に，それらが正南北また正東西に走る直線街路を基本として構成されていることを指摘した。ジャイプルの建設構想の策定にあたって中心的役割をはたしたのは，前述したようにバラモンのチャクラヴァルティであった。彼は，当然，それらの文献に通暁していたはずである。しかし約15度という誤差許容範囲以上の大きな偏角が，なぜ直線街路の走向に生じたのか。以下，これを「街路走向の偏角15度問題」とよぶことにしたい。

B) **正方形ブロックについて**：ジャイプルのグリッドパターン編成は，大規模な正方形ブロック区画を基本としている。同ブロックは，一部に不整形の部分もあるが，約800×800メートルを標準として規格化されている。しかし正方形ブロックの規模を実測した布野ほかの調査結果によると，図133で正方形にみえるブロックも厳密には正方形ではなく，またすべてのブロックの東西幅と南北幅は異なっていて，そのばらつきも大きいとする[29]。そのようなばらつきはあるにしても，図133で目算すると，都城を構成するブロックの総数は9としてよいであろう。しかしこれら9ブロックの配置は3×3＝9のナイン・スクエアーではなく，北西角の1ブロックが欠け，また東南角の1ブロックがはみだすという不規則性を示している。なぜ，このような不規則な配置となっているのか。以下，これを「ブロック配置の不規則問題」とよぶことにしたい。

上記の「街路走向の偏角15度問題」と「ブロック配置の不規則問題」への解答を模索することから，ジャイプルの都市形態の解読をはじめたい。じつは，この2つの問題はたがいに関連しあっている。しかしこれまでの研究で注目されてきたのは，「ブロック配置の不規則問題」であった。

それへの説明として提出されてきたのは，図133が北西端に描く山地の存在に発生因をもとめるものであった。その説明は，つぎのような論理にそって展開される[30]。

① ジャイプル都城は，3×3＝9ブロック編成のグリッドパターン都市として構想された。
② しかしナイン・スクエアーの北西角ブロックは，同山地の存在のために，構想どおりに配置することはできなかった。

③ それへの代替・補完として，北西角ブロックを南東角ブロックの東に移動・付加させて，9ブロック編成のグリッドパターン都市という当初構想を実現した。
④ その結果，9ブロックではあるが，3×3＝9のナイン・スクエアーから逸脱した不規則ブロック都市としてジャイプルが建設された。

　この説明は，新都の北西方に所在する山地の存在という地形条件に要因をもとめて，「ブロック配置の不規則問題」を解くものである。周辺山地という地形への注目は妥当ではあるが，この説明はより重要な周辺地形を見落としている。それは，新都予定地の周辺における平坦地の存在状況である。図129また図133が描く周辺の地形から容易に理解できるように，新都の周辺には東方と南方に平坦地がひろがっている。新都の建設位置を南にずらせて，これらの平坦地を都城域にとりこみ，新都を3×3＝9の完全なナイン・スクエアーからなるブロック編成都市として建設することも可能であったはずである。問題は，「なぜこのような選択がなされなかったのか」ということである。これへの説明がないかぎり，北西山地の存在に説明要因をもとめる上述の解釈は不完全なものにとどまる。
　この問題を考えるための出発点が，既存の離宮さらには王宮空間をナイン・スクエアーの中央南北列に配するという構想の存在である。基本設計段階で作成された図131も，また図133の1865年図も，ともに中央南北列に離宮・王宮空間を描いている。このことは，ナイン・スクエアーの中央南北列への王権施設の配置が，都城の基本設計にあたっての与件であったことを意味していよう。それは，都城建設が着手された1727年の2年前に，そこにジャイ・スィンフII世によってジャイ・ニワース離宮が造営されたという事実からも確認できる。いいかえれば王宮空間の位置は，すでに当初構想の段階から中央南北列に固定されていたのである。
　この与件のもとでは，東方に1ブロック分を収容しうる平坦地空間があるとしても，そこへの移動は不可能である。というのは，その移動は，ナイン・スクエアーの中央南北列への王宮空間の配置という与件を変更しなければ不可能だからである。もし1ブロック分を東方に移動させるとすれば，すでに造営されていたジャイ・ニワース離宮は西端南北列に位置することになる。それは，王権からすれば許容できない変更であったであろう。
　とすると，中央南北列ブロックを王宮空間にあてるという与件を保守しつつ，ナイン・スクエアーどおりに都城を建設するとすれば，都城域を南方向に1ブロック分を

写真137　ジャイプル　太陽寺院から王道（都城東西中心街路）を望む
右手前のアーチ門が太陽門で，同門を起点として西辺市壁の太陰門にむけて王道が都城内を直走していく。

スライドさせる以外には方法はない．図129また図133が示すように，南方向には広闊な平坦地がひろがっていた．19世紀末からはじまる市街地拡大も，この平坦地を充填しつつ南方にむけて展開している．

　したがって，3×3＝9ブロックを配置するにあたって北西山地の存在が障害であるならば，中国都城の「北闕」型とおなじく王宮空間を中央南北列の北端に配して，平原のひろがる南方にむけて都城域全体を1ブロック分だけスライドさせればすむはずである．問題は，なぜそれがなされなかったのかという点にある．ここで「ブロック配置の不規則問題」が，「街路走向の偏角15度問題」とむすびつく．

　この問題を解くための鍵は，当初の3×3＝9ブロック群の中央を占める王宮の南辺を東西走する幹線街路にある．同街路は，図133の図中に記入したように「王道（ラージャー・パータ）」とよばれ，その東・西両端の市門をむすんで都城域を貫走する．東の市門は「太陽（日）門（スラージュ・ポル）」，西の市門は「太陰（月）門（チャンド・ポル）」とよばれる．図133には，「太陰門」と「太陽門」の位置を各々 A・B で示した．

　ここで，I–3で『アルタシャーストラ』が語る都城思想を説明した際に，都城内を走る大路を「王道」とよび，東西に走る「王道」には「太陽の通り道」であると同時に「浄めの道」でもあるとの意味が込められていたことを指摘した．東西幹線街路上の「太陽門」・「王道」・「太陰門」という名称とその配列は，このヒンドゥー都城思想を具現するものである．しかしジャイプル都城の「王道」には，それにとどまらない重要な意味が付与されていた．

　図133で，東端の「太陽門」（B）からさらに東方にむけて「王道」直線を延伸させると，東方の山麓をへて山稜上の鞍部に達する．そこに鎮座するのが，同図に C として記入した「太陽寺院（スーリヤ・マンディル）」である．同寺院は，カッチワーハー王家の尊崇あつい王立寺院であった．つまり〈「太陽寺院」―「太陽門」―「王道」―「太陰門」〉が，東から西へと走る同一線上に配列する．

　この配置のなかでもっとも重要な意味をもつ中枢施設は，「太陽寺院」である．同寺院は，王宮正殿のチャンドラ・マハル宮殿をはじめとする諸殿舎とおなじく1734年に建立されている[31]．その同時性は，都城建設の基本設計段階で同寺院の建立と王宮の造営とが一体のものとして計画されていたことを物語っていよう．このように，「太陽寺院」の建立は王宮正殿の造営とならぶ意味をもっていた．それは，カッチワーハー王家にとって「太陽寺院」が特別な意味をもつ寺院であったからである．というのは，同王家をはじめラージプート族の諸王家は太陽神スーリヤの子孫を名の

568　第3部　18世紀ヒンドゥー世界両端の建設都城

り，由緒あるスーリヤ・ヴァンシャ（「日種族」の意）の末裔であることを誇りとしてきたからである。太陽神は，ラージプート族王家にとってはアイデンティティの源泉であった。

　カッチワーハー王家の建設都城であるジャイプルにおいても，「太陽寺院」は特別視された。「太陽寺院」の祭神スーリヤが発する陽光が，東の「太陽門」を経て都城内に入り，「王道」をとおって西の「太陰門」へと達する。また太陽神が，「王道」をとおって都城域の東から西へと移動する。王道は，都城内の「太陽神の通り道」・「陽光による浄めの道」であった。

　したがって「王道」は，「太陽寺院」を見とおす線をはずしては建設できない。それが，北西山地を避けるべく，南の平原にむけて1ブロック分をスライドさせて都城を建設することを選択できなかった重要な理由と考える。しかしそれを理由として確定させるためには，なお考察すべき問題が残されている。それが，「街路走向の偏角15度問題」である。

　ここで，「街路走向の偏角15度問題」について考えたい。上述したように「王道」の位置決定に際しては，〈「太陽寺院」—「太陽門」—「王道」—「太陰門」〉を同一直線上に配置することがもっとも重視された。しかしこれらを同一直線上に配置することは，「王道」の偏角が何度であろうとも可能である。「太陽寺院」を起点として直線を引いて，それを「王道」とし，その線上に「太陽門」・「太陰門」を配置すればよいからである。したがって「街路走向の偏角15度問題」は，東西走する「王道」からだけでは説明できない。

　その説明のためには，南北街路の走向も考慮することがもとめられる。この点に関しては，ニルソンによる重要な「発見」があった[32]。それは，図133に「天文台」と記入した王宮内のジャンタル・マンタル（「天の調和を観測するための諸器械」の意）での「発見」である。天文台の建設時期については諸説があるが，有力なのは都城の建設にさきだつ1718年にジャイ・スィンフⅡ世が着手したとするものである[33]。同Ⅱ世は，ジャイプルのほかにもデリー，マトゥラー，ワーラーナシー（ベナレス），ウッジャイニーの計5ヵ所に，同様の天文台を建設している。デリーは当時のムガル帝国王都，マトゥラー以下の3都市はいずれもヒンドゥー教の聖地である。ウッジャイニーは，それにくわえてインド天文学の中心地であった[34]。

　ジャイプルの天文台は，図133に記入したように王宮空間の南東端近くに所在する。ジャイ・スィンフⅡ世が建設した前記の諸天文台のなかで最大規模を誇り，保

第Ⅹ章　ジャイプル　569

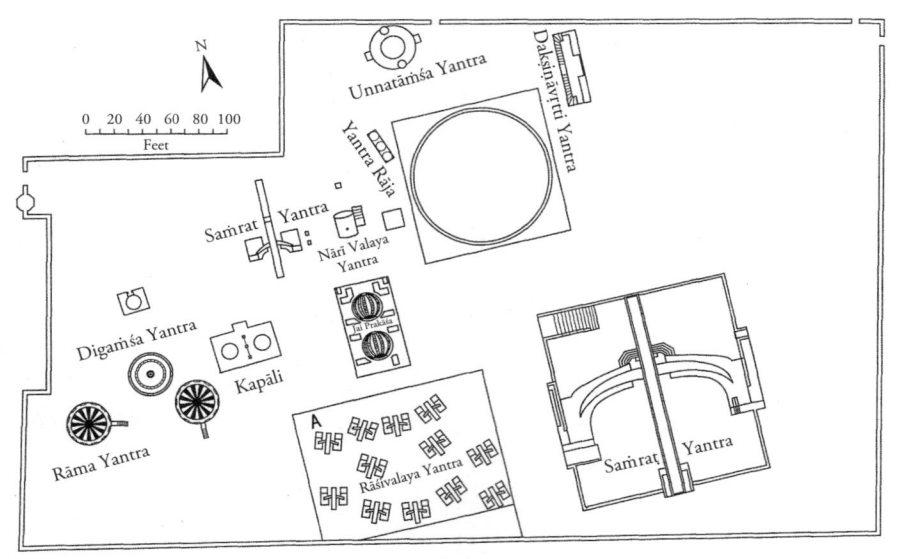

図134　ジャイプル王宮天文台の観測施設配置（シュバルツバーグによる）

存状態ももっともよい．図134は，同天文台を構成する諸観測装置の配置を示したものである[35]．それらの天文観測装置は，2つのグループに大別される．第1のグループは，巨大な日時計をはじめとする大型の観測装置である．それらの形態はさまざまであるが，いずれも方位を正南北に定めて建設されている．第2のグループは，中央部南端に集中している12の小型の観測装置である．これらは，ラーシヴァラヤ・ヤントラ（黄道儀）と総称される．12の観測装置はおなじ形態であるが，それらの方位は北を基準としつつも，たがいに微妙にずれあっている．

　ラーシヴァラヤ・ヤントラは，黄道12宮の観測装置である．黄道とは，地球の公転軌道が天球とまじわる大円をいい，その大円の弧を12等分＝30度ずつに分割したものが黄道12宮である．12宮は「白羊宮（座）」・「双魚宮（座）」などの名でよばれ，太陽は1ヵ月に1宮ずつ移動していく．12基をかぞえる黄道12宮の観測装置のなかで，都城の南北街路と平行関係，いいかえれば東への15度の偏角をもつ装置が1つだけ存在する．図134のラーシヴァラヤ・ヤントラの12の観測装置のなかで，左上端＝北西端（**A**）に位置するものである．それは，「獅子宮（座）」の観測装置である．

570　第3部　18世紀ヒンドゥー世界両端の建設都城

写真138　ジャイプル　王宮・天文台　ラーシヴァラヤ・ヤントラ観測装置
黄道儀はインド占星術のもっとも重要な観測機器で，結婚式をはじめ諸儀式の日時決定に欠かせない。

　都城建設者ジャイ・スィンフII世の星座は，獅子座であった。獅子座が天球で占める方位にあわせて，南北街路の走向が決定されているのである。新都建設にあたって，科学者とりわけ天文学者としてのジャイ・スィンフII世の役割を重視すべきことを，さきに指摘した。〈同II世の星座＝「獅子宮」〉観測装置の方位と都城南北街路の走向とが一致するという事実は，ジャイ・スィンフII世がすぐれた天文学者でもあったという事実をふまえると，偶然のものとみなすことはできない。同時に，それは，新都建設構想の策定にあたって，同II世が天文学者としてはたした役割の大きさを物語るものであろう。
　以上のニルソンの「発見」にもとづく説明に対して，サチャデヴなどが反論を提出している。それらは，つぎの3点に要約できる[36)]。

① 東15度の偏角は丘陵の存在という自然条件によって決定された。
② シュルパスートラ文献が述べる「北」という方位には幅があって，真北だけを意味しない。
③ 都市建設において占星術が重視されるのは，建設者ではなく，起工式の日時である。

　これらのうち①に関しては，もしその主張がなりたつとすれば，問題の北西山地の走向との関係においてであろう。しかし図133によってあきらかなように，ジャイプルの街路の走向と北西山地の走向とのあいだには，平行とか直交とかの有意な関係はみとめられない。同山地の存在を考慮することなく，新都の南北街路の走向が設定されているのはあきらかである。同山地の存在が街路走向の東15度の偏角を発生させたとすれば，その偏角がなぜ15度なのかについての説明がもとめられよう。彼らの議論には，それへの説明はない。したがって，①の反論はなりたたない。
　②については，シュルパスートラ文献が正方形あるいは長方形の都市形態を語るとき，その外辺の走向が正南北と正東西であることを前提としている。同文献の記載にしたがって都市内の街路を設計するとき，南北街路に関しては正南北に定位させようとするのは当然である。もちろんそのときに真北に定位しようとしても，多少の誤差が生じることもあろう。したがって，北が「真北だけを意味しない」ことは事実として発生するであろう。しかしたとえ誤差の発生があるとしても，15度という大きな偏角はその許容範囲を越えている。

第X章　ジャイプル　571

写真139　ジャイプル　王宮とナーハルガル要塞を望む
ナーハルガルは「虎の砦」の意で，都城建設直後の1734年に『マーナサーラ』が推奨する北西方の丘陵上に建設された。

　また③に関しては，ヒンドゥー・インドで，占星術師によって決定された吉祥日時に起工式が挙行されるのは事実である。しかしそのことをもって，「都城建設者ジャイ・スィンフⅡ世の星座にあわせて街路の走向が決定された」ということを否定する理由にはなりえない。ジャイ・スィンフⅡ世が天文観測者であるとともに天文学者であったことを考慮すると，彼が自己の星座の観測方位とジャイプルの南北街路の走向とを一致させたことは大いに考えうる。このようにサチャデヴなどが指摘する点を個別に検討すると，かれらの反論は「街路走向の偏角15度問題」についてのニルソンの「発見」を否定する論拠とはなりえない。
　以上を総合すると，ジャイプルの「ブロック配置の不規則問題」は，つぎのような一連の論理連鎖で説明できる。
　〈「ジャイ・スィンフⅡ世の星座である獅子座の観測装置＝東15度の偏角」〉→〈「それに平行させた南北街路の走向決定＝東15度の偏角」〉→〈「南北街路に直交し，かつ「太陽寺院」を見とおす「王道」の決定＝南15度の偏角」〉→〈「「王道」の現在位置での固定＝都城域の南遷不能」〉→〈「王道」の東・西両端での「太陽門」と「太陰門」の建設」〉→〈「丘陵の存在により北西角ブロックは建設不能」〉→〈「同ブロックの代替・補完のための南東角ブロック東辺外への１ブロック付加」〉→〈3×3＝9のナイン・スクエアーの「かたち」を変えた実現〉。
　この一連の論理連鎖のなかで，「ブロック配置の不規則問題」を内包したジャイプルのグリッドパターン編成が形成されたと考える。

X-3　ヒンドゥー「バロック化」都城・ジャイプル

　かつて私は，ジャイプルの形態特質を「ヒンドゥー・バロック都市」と要約した[37]。本節でも「バロック化」都城という視座が，ジャイプルの形態解読への基本的な立脚点である。
　形態解読のためのベースマップとして，完成期のジャイプル市街地を描く図135を使用したい。同図は，インド考古局によって作製されたものである[38]。その作製時期は明記されていないが，王宮空間の北東方に描かれた池が作製時期推定への手がかりをあたえてくれる。同図が描くその池は，図133の1865年図で王宮空間北方にひろがっていた内水面（City Lakeと記入）の東半部にあたる。当時，西半部は埋め立てら

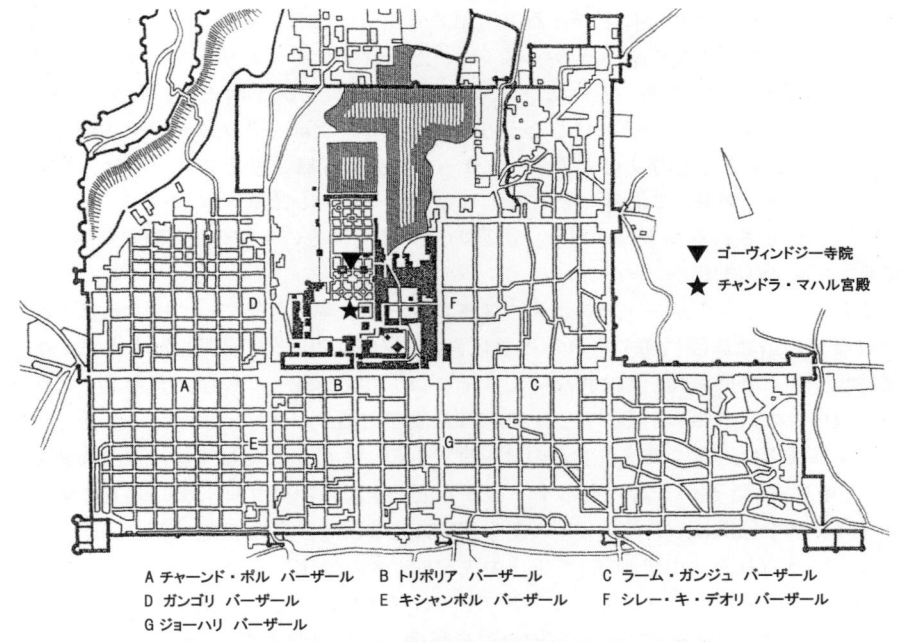

図135 完成期のジャイプル —— 1870年代図（インド考古局による）

A チャーンド・ポル バーザール　B トリポリア バーザール　C ラーム・ガンジュ バーザール
D ガンゴリ バーザール　E キシャンポル バーザール　F シレー・キ・デオリ バーザール
G ジョーハリ バーザール

れて東半部のみが残存し，ラージャーマル・カ・タラオ池とよばれていた[39]。現在ではこの東半部も埋め立てられて，カンワル・ナガルとよばれる市街地となっている。その造成は，19世紀末期に進行したとされる。これらのことから図135の作製時期を，1870年代後半と推定できる。以後，同図を1870年代図とよぶことにしたい。

X-2-(2) で考察した「ブロック配置の不規則問題」があるにせよ，ジャイプルは3×3=9のナイン・スクエアーからなる9ブロック編成を基本として構想・建設された。完成期のジャイプルを示す図135からも，南東端に張り出したブロックを北西端に移動させると，ナイン・スクエアー編成を明瞭によみとりうる。

(1)「中央宮闕」——「ブラーフマ・シュターナ」の漂流

図135であきらかなように，ナイン・スクエアーの中心ブロックを占めているのは王宮空間である。ヒンドゥー・コスモロジーでは，図14・15で示したように，世界

第X章　ジャイプル　573

大陸ジャンブー州の中心にそびえる宇宙軸メール山の円形平頂面上には，やはり円形の「神々の領域」がならぶ。その中心，いいかえれば世界の真中心を占めるのが「ブラーフマ神の神領」であった。ヒンドゥー・コスモロジーを図式化した図3のマンドゥーカ・マンダラも，それにしたがって中心ブロック群を「ブラーフマ神の神領」としていた。I-2でとりあげた『マーナサーラ』が語る都城思想でも，都城の核心方形域は〈神々の領域〉である。そこは，ヒンドゥー教の「三神一体（トリムールティ）」の寺院が建立されるべき場とされ，王宮の造営場所はその外側の〈人間の領域〉にあてられていた（図9）。

　このようにヒンドゥー・インドのコスモロジーまた都城思想では，中心域は寺院・神殿などの宗教施設にあてられるべき区画であった。III-2で強調したように，中国都城思想の「中央宮闕」とは異なって，そこは「中央神域」である。ナイン・スクエアーの場合も，当然，中心ブロックは宗教施設が占地すべき場であった。しかしジャイプル都城では，そこに位置するのは王宮である。この点に関しては，中国都城とおなじ「中央宮闕」という特質を示す。しかも王宮空間は中央ブロックの北方に隣接するブロックも包摂し，2ブロックにまたがる広大な面域を占地している。

　ここにみられる「中央神域」から「中央宮闕」への変化，また王宮空間の肥大・拡張は，王権の強化とそれによるヒンドゥー・コスモロジーからの逸脱を示すものである。この王権のコスモロジーからの逸脱を契機として展開する「王権の王権による王権のための都城の世俗的再編」を指して，「バロック化」とよんだ。ジャイプルは，まさに「バロック化」都城として建設されたのである。

　ヒンドゥー・コスモロジーで世界の真中心を占める「ブラーフマ神の神領」は，「ブラーフマ・シュターナ」とよばれる。上述したように王宮空間は，〈神の領域〉であるべき「ブラーフマ・シュターナ」を占地して造営された。そのため「ブラーフマ・シュターナ」は，本来の場を奪われて浮遊・漂流する。このことに関連して，興味ぶかい事実を現地で観察できる。

　それは，図135が王宮空間外の直北に描く集落である。その集落名は，「ブラーフマ・プリ」である。「ブラーフマ・プリ」とは「ブラーフマ神のマチ」の意味であり，それは「ブラーフマ・シュターナ」と同義である。「ブラーフマ神の領域」は，占めるべき本来のナイン・スクエアーの中央ブロックを王権にあけわたして，王権によって王宮空間の北方に定位させられているのである。この「ブラーフマ・シュターナ」の王権による移転・定位も，ジャイプルを「バロック化」都城とよぶ根拠を提供する。

写真140　ジャイプル　チャンドラ・マハル宮殿
10年の歳月をかけて建設された7層の王宮正殿で，世界中心・メール山を表徴するとともに，国王の執務宮殿でもあった。

　1987年にブラーフマ・プリ集落の家々を訪ねて，それぞれのヴァルナを聞きとりしたことがある。約3分の2の家々で，バラモン（ブラーマン）との答を得た。なかには，「ここに住むものはほとんどがバラモンだから，ブラーフマ・プリというのだ」と，誇らしげに説明してくれる人もいた。つまりブラーフマ・プリは，「バラモンのマチ」でもある。ここで，『マーナサーラ』また『アルタシャーストラ』が，ともに都城の北方域をバラモンの居住空間としていたことが想起される。ブラーフマ・プリ集落にみられるバラモンの北方居住は，ヒンドゥー都城思想が語るところと一致する。しかも同集落内部の街路形態は直線状であって，名称もふくめて自然発生的に形成された集落とはとうてい考えられない。ブラーフマ・プリ集落は，都城構想の一環として，計画的に北方に建設されたバラモン集落としうる。このようにブラーフマ・プリ集落は，都城の「バロック化」がもたらした「ブラーフマ・シュターナ」の換地的定位であると同時に，バラモンの北方居住というヒンドゥー都城思想の正統的継承という二面性をあわせもつ存在といえる。

(2)　真中心に屹立する宮殿 ── 都城のメール山

　「中央宮闕」は，前述したように，「ブラーフマ・シュターナ」にあたる3×3＝9の中央ブロックだけでなく，その北方ブロックにも拡大している。ほぼ2ブロックからなる王宮空間は北半部が御苑区，南半部が宮殿区にあてられ，宮殿区の主要部分は「ブラーフマ・シュターナ」を占地していた。宮殿区にそびえ立つのが，図135に★印で記入した王宮正殿＝チャンドラ・マハル宮殿である。同宮殿は，「ブラーフマ・シュターナ」の中心いいかえればナイン・スクエアーからなる都城の真中心に造営されている。その所在位置の中心性だけでなく，7層からなる白亜の宮殿という高層性においても，チャンドラ・マハル宮殿は「都城のメール山」を表徴する。

　同宮殿の「7層からなる白亜の宮殿」という建築様式は，前記のメール山の表徴というだけにとどまらないシンボル性をもつ。まずチャンドラ・マハルとは，「月光の宮殿」を意味する。白亜はもちろん「月光」とむすびつくだけでなく，白はヒンドゥー教では「清浄」を象徴する色である。

　さらに7層という階数も，王権にかかわるシンボリズムを内包する。『マーナサーラ』は王を9ランクに分け[40]，それぞれのランクにふさわしい宮殿の階数を，つぎのように説明する。チャンドラ・マハル宮殿とおなじ7層の宮殿を造営できるのは，ごく上位ランクの王にかぎられる。具体的には，チャクラヴァルティン（5〜12層），ア

第Ⅹ章　ジャイプル　575

ディーラージャ（3〜9層），マーヘーンドラ（3〜8層）の最上位3ランクだけとする[41]。チャクラヴァルティンは世界を支配する転輪聖王にあたり，またアディーラージャは一般にはマーハーラージャとよばれる。7層の華麗なチャンドラ・マハル宮殿は，カッチワーハー王家が，最高位のチャクラヴァルティンに匹敵する王家であることを誇示しているのである。ヒンドゥー・マハーラージャの宮殿は，ヒンドゥー教寺院とおなじく，一般にファサードを東にむけて造営される。しかしチャンドラ・マハル宮殿は，都城中心に南面してそびえる。この点もヒンドゥー・コスモロジーからの逸脱であり，「バロック化」都城ジャイプルを表徴する。

　ここで，なぜチャンドラ・マハル宮殿がヒンドゥー・コスモロジーから逸脱した南面を選択して造営されたのかという問題について考えたい。その考察の出発点は，同宮殿が屹立する「都城のメール山」を顕示する王権装置として造営されたことである。その屹立性は，外から仰ぎみる仰望の視線と同時に，内から鳥瞰する俯瞰の視線の2つを収斂・放散させる焦点という意味をもつ。このとき，そのランドマーク性をもっともよく顕示できる方位は，ジャイプル都城の場合には東ではなかった。図133は，同都城の東・西・北の三方には山地がせまり，チャンドラ・マハル宮殿のランドマーク性は，それら3方向では十分な視覚効果を発揮することはできない。とすると，ファサードを広闊な平原が展開する南にむけて同宮殿を造営するのは当然の選択であった。さらに南面の選択には，地形的に残された唯一の方位という消極的な理由を越えた重要な意味が込められている。

　その意味は，既述の「街路走向の偏角15度問題」と関係する。すでに考察したように，ジャイプル都城の南北街路の走向は正南北ではなく，東15度の偏倚を示していた。しかもその偏角は誤差あるいは偶然ではなく，都城建設者ジャイ・スィンフII世の星座＝「獅子座」の方位を南北街路の走向として採用した帰結であったことを指摘した。屹立する「地上のメール山」＝チャンドラ・マハル宮殿のファサードを自己の方位に定位させることによって，同宮殿への仰望と同宮殿からの俯瞰の両ベクトルを自己の方位と一致させることを目指している。ここからも，ジャイプルの「バロック化」都城という特質を読解できる。

(3)　**貫走する都城軸線** ── 「バロック化」の実現

　白亜のチャンドラ・マハル宮殿は，王権の権威を演出するランドマークであった。そのランドマーク性は，仰望する臣民の視線をそこへと収斂させ，また俯瞰する王

の視線をそこから放散するという両者の視線の求心・離心の核として屹立する点にある。しかしこの２つの視線は，「収斂と放散」という正反対のベクトルというだけでなく，王権権威の効果的な演出法においても相違する。見あげる仰望には，全方位からの視線をランドマークに収斂させるときに，もっとも効果的に権威を演出できる。屹立する7層からなるチャンドラ・マハル宮殿は，全方位からの仰望視線を1点に収斂しうるハブ的なランドマーク性をもつ。

しかし同宮殿から俯瞰する視線は，全方位への等方的な放散だけでは効果的に権威を誇示できない。俯瞰する王のヴィスタが特定の方向に特別な意味を付与した非等方性と結合するとき，王権の権威をもっともよく誇示できる。王のヴィスタが特別の意味を付与された1本の直線街路によって表徴され，その街路が中軸線として都城景観に刻印されるとき，王権の権威がもっとも効果的に顕示される。その典型が，既述した隋唐・長安の朱雀大街に代表される都城を左右相称に二分して貫走する都城中軸線である。王宮に立つ王のヴィスタが非等方的な都城軸線街路として可視化され，都城景観に明確に刻印されるとき，都城の「バロック化」が実現される。

「バロック化」を具現する都城軸線街路の実現には，2つの場合が存在する。第1は，基本設計策定の当初段階から同軸線が計画され建設される場合である。既述の事例では隋唐・長安が，これにあたる。もう1つは，基本設計段階では計画されていなかったが，のちに新設されるに至る場合であり，V-3-(3) のアユターヤーがその例である。ジャイプル都城は，後者に属する。

図131の初期構想図，図133の1865年図，図135の1870年代図の3図を見くらべると，正方形小広場の配置地点などの変更・付加はあるにしても，ジャイプルの市街地整備が初期構想を基本としてすすめられたことを了知できる。しかし初期構想から大きく逸脱する重要な変更が，1つ存在する。それは，図133・135が描く王宮空間の南辺中央から南へと直走する大路である。図131の初期構想図は，この大路を描いていない。それは，初期構想を変更して，同大路がのちに付加・新設されたことを物語る。同大路は，現在，「広大路（チョウラ・ラスタ）」とよばれている。ジャイプルの市街地を縦横に走る幹線街路は，のちに詳述するように，すべて「○○○・バーザール」のように，「バーザール」という名を付してよばれている。しかし「広大路」だけは例外で，都城域内では「バーザール」名称とは無縁の唯一の幹線街路である。

「広大路」の付加・新設時期を確定できる史料はないとされる[42]。ここでは，その建設時期を「当初4ブロック」の建設・整備が一段落した18世紀後半と推定してお

写真141　ジャイプル　広大路とトリポリア門（王宮南門）
トリポリア門はチャトリを戴くヒンドゥー様式であるが，他の王宮門にくらべて装飾性に乏しく華やぎに欠ける。

きたい。しかし「広大路」の描出は，1865年図と1870年代図とのあいだで相違する。1865年図が描く「広大路」とその両側の街区割との関係は，いかにも「広大路」が当初の構想を変更してブロック内の既存街区を分断して新設された状況をよく伝えている。同図は，建設直後の「広大路」を示しているのであろう。しかしその位置は，1865年図では，王宮南辺中央ではなく西方に偏倚している。その実際の位置は，1870年代図が描くように，王宮南辺中央に開かれた王宮南門（トリポリア門）を起点として，南のブロックをほぼ左右均等に両分しつつ南辺市壁にむけて直走している。1865年以降に「広大路」の付け替えがなされたとの史料はないので，1865年図での「広大路」の西方偏倚は誤りであろう。

　当初の構想を変更して付加・建設された「広大路」は，どのような意味をもつ街路なのだろうか。その検討が，「バロック化」都城という視座からのジャイプルの形態解読への新たな指針を提供する。

　図135の1870年代図は，「広大路」が2つの特質を帯びた街路であることを明瞭に示している。1つは，王宮空間の南辺に接続するブロックを左右均等に両分して直走する都城中軸街路という特質である。その左右相称性と南への直走は，前述の隋唐・長安をはじめとする東アジア都城における朱雀大街（路）を連想させる。もちろん「街路走向の偏角15度問題」としてすでに検討したように，南北直走とはいえ，「広大路」も東15度の偏りをもつ。

　「広大路」がもつ第2の特質は，主要街路の交点に配置された正方形の小広場（チョウパル）との関係である。図133が示すように，王宮空間の東・西両辺と「王道」との交点には，ともに正方形の小広場が配置されている。しかしおなじく王宮空間に接する「広大路」と「王道」との交点には，同図はそのような小広場を描いていない。またそこには，現在も小広場は存在しない。都城域を東西に貫走する「王道」全体でも，「広大路」との交点のみが唯一のT字路となっている。その三叉関係は，「広大路」が，小正方形広場ではなく，王宮空間の南辺中央に位置する王宮南門と直結する街路であることを強調している。この点でも，東アジア都城の朱雀大街（路）が王宮門を起点として南へと直走していたことを想起させる。

　このように「広大路」は，東アジア都城の朱雀大街に類比可能な中心街路である。しかし「広大路」は，王宮南方の市街地ブロックの中軸街路というだけにはとどまらない意味をもつ。「広大路」の走向を王宮南門から逆に北方へと延伸させると，その延伸線は王宮空間を東西に二分しつつ北進していく。図135で，同線上にならぶ王宮

空間内の諸施設を南から北へとたどると,〈王宮南門 ── 王宮前庭 ── チャンドラ・マハル宮殿（同図★印）── ムガル庭園南半部 ── 王室寺院＝ゴーヴィンドジー寺院（同図▼印）── ムガル庭園北半部 ── タール・カトラ・タラーブ池〉とつづく。これらの王宮諸施設は，同線上に左右相称に配置されている。このように北方への「広大路」の延伸線は，王宮空間内においても左右相称軸線をなして走る。「広大路」とその北への延伸線は，王宮空間と市街地からなる都城全域の中心軸線として都城ジャイプルを貫走しているのである。これは，隋唐・長安の「宮闕空間の軸線＝丹鳳門街」とその「外郭城への延伸軸線街路＝朱雀大街」との関係とおなじである。

さらにジャイプル都城で注目すべきは，この都城中軸線は都城外の北方においても，ブラーフマ・プリ集落の中央部を貫走していることである。同集落は，前述したように，インド都城では〈神の領域〉であるべき「ブラーフマ・シュターナ」が王宮空間によって占地された結果，その代替として同地に建設されたものであった。その建設場所が，「ブラーフマ・シュターナ」が占めるべき本来のナイン・スクエアー中心位置ではないが，「ブラーフマ・シュターナ」とおなじく都城中軸線上に所在する。つまり都城中軸線は，ジャイプル都城では北方の都城外にまでも有意な線として延伸していくのである。この点に関しては，中国都城の場合も都城中軸線が都城外南方の南郊祭天壇まで延伸していたことが想起される。しかしそれは南にむかっての延伸であった。「天子南面」思想を基本とする中国都城では，隋唐・長安にみられるように，天子の居所である宮城を越えた北方への都城中軸線の延伸はありえないのである。

「広大路」は，以上のような複数の意味を付与された都城中軸街路として建設された。しかし同大路については，もう１つの重要な問題がある。それは，1865 年図また 1870 年代図も，ともに「広大路」の南端に開口部を描いていないことである。両図は，ともに「広大路」を南辺市壁によって閉ざされた袋小路的な街路として描く。のちにはその南端に開口部が建造されるが，「広大路」は建設以後ながく閉ざされた街路のままであった。都城中軸線であるにもかかわらず，なぜ「広大路」は袋小路的な街路として付加・新設されたのであろうか。つぎに，この問題について検討したい。

その検討にあたって重要な意味をもつのは，ヒンドゥー教の方位観である。「広大路」は，王宮南門から南走する。ヒンドゥー教では，南は死の方位を意味し，もっとも邪悪な方位とされる。神々の神領配置を描くマンダラでも，南を守るのは「死者の王」ヤマ神である[43]。ヤマ神は，仏教にはいって閻魔天となった神格である。さらにヒンドゥー・インドでは，南は瘴気をもたらす方位でもある。「広大路」を都城南端

で遮断し，外部から死や瘴気をもたらす不浄を排除すること，いいかえればそれによって都城を清浄空間として維持すること，それが，「広大路」を南辺市壁で尽きる袋小路的な大路として建設された理由であろう。「広大路」が市街地のみでなく王宮空間の左右相称軸線であるがゆえに，邪悪な南にむけて閉ざされた街路として建設する必要はよりいっそう大きかったであろう。つまり一方では「広大路」を左右相称中軸街路として貫走させて「バロック化」都城を建設する目的，他方では都城を清浄空間として維持する目的，この2つの目的を同時に両立させる方途が「広大路」の袋小路化であったと考える。

　南を封鎖して都城内部を清浄空間として維持しようという思想は，王宮空間に開かれた王宮門からも確認できる。それをあきらかにするためには，王宮門のうちのいずれが王宮空間の正門かという問題について検討しておかなければならない。

　王宮空間の各辺に開かれた王宮門は，図136に数字記号で示したように，つぎの4ヵ所に存在する。

　　　東辺 ── 1. シレー・キ・デオリ門：王宮空間南半部の殿舎地区につうじる。
　　　　　　　2. ゴーヴィンドジー門：ゴーヴィンドジー寺院につうじる。
　　　南辺 ── 3. トリポリア門：「広大路」また王宮空間内中軸線の起点。
　　　西辺 ── 4. ガンゴリ門：王宮空間南半部の殿舎地区につうじる。

　これらの4王宮門のなかで王宮正門に比定しうるのは，東アジア的常識にしたがえば，王宮空間をふくむ都城全域の中軸線上に位置する3トリポリア門であろう。しかしこれまでトリポリア門に言及する際には，同門を「王宮南門」と表記してきた。それは，トリポリア門を「王宮正門」とよぶことはできないと考えてきたからである。その理由として，つぎの3つをあげうる。

　第1は，東をもって最尊とするヒンドゥー教の方位観からすると，たとえ都城の中軸線上に位置するとしても，南にむけて開かれたトリポリア門を一意的に「王宮正門」とみなすことはできないことである。

　第2は，トリポリア門は白い漆喰で塗りかためられただけで，ヒンドゥー王家の「王宮正門」にふさわしい壮麗な装飾を欠いていることである。この点に関していえば，王宮東辺に位置する上記1・2の両王宮門は色彩ゆたかな唐草模様で装飾されているのとは対照的である。

[図中ラベル]
都城中軸線
ブラフマープリ集落
タール・カトラ池
王宮
ムガル庭園
宮殿
広大路

寺院　● ゴーヴィンドジー寺院
　　　◀ ラクシュミー・ナーラーヤナ寺院
　　　▶ ラーマ寺院

王宮門　1 シレー・キ・デオリ門
　　　　2 ゴーヴィンドジー門
　　　　3 トリポリア門
　　　　4 ガンゴリ門

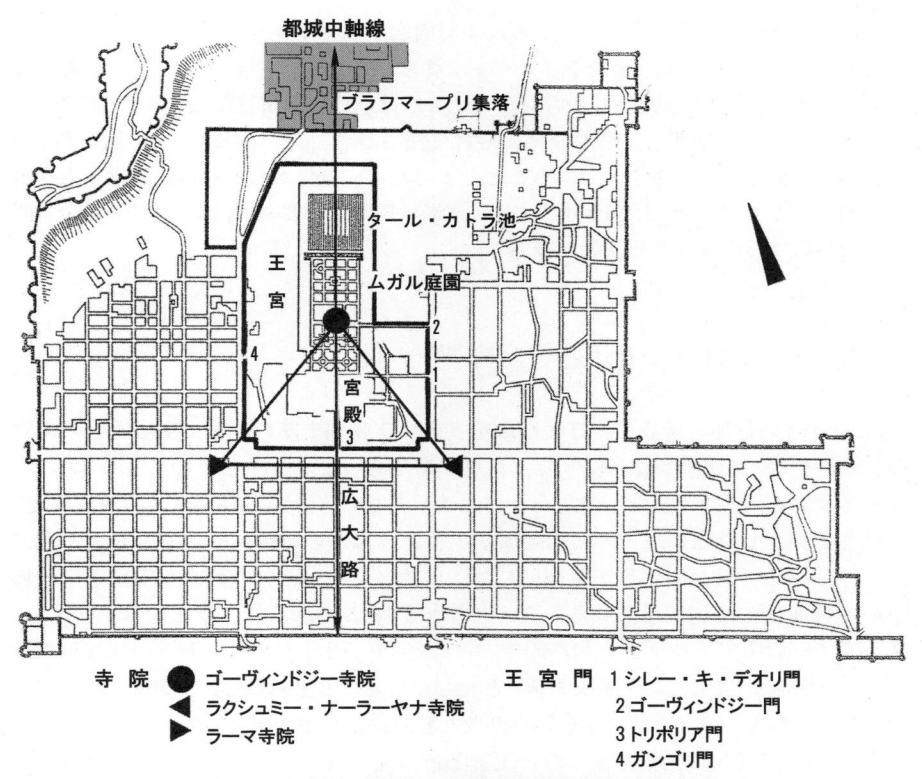

図136　王宮門の配置と主要寺院の位置関係（応地作図）

　第3は，「王道」に面しているにもかかわらず，トリポリア門が門扉を閉ざした「開かずの門」であることである。
　したがって「王宮正門」は，王宮空間東辺に東面して開かれた2つの王宮門のいずれかであろう。そのうち南の1シレー・キ・デオリ門は東辺中央に位置し，同門からは門道が王宮正殿＝チャンドラ・マハル宮殿にむけて直走している。その門道上には，ラージェドラ門など2つの王宮内門が存在する。これらのことから，1シレー・キ・デオリ門を「王宮正門」としうる。一方，王宮空間の東辺北部に開かれた2ゴーヴィンドジー門からは，門道が同名の寺院にむけて直走する。同門は，市民のだれに

第X章　ジャイプル　581

写真142　ジャイプル　バリ・チョウパル広場
王道と南北幹線街路との交点には正方形の小広場が配され，グリッドパターンの単調な街路編成にアクセントを与えている。

も開かれたゴーヴィンドジー寺院とムガル庭園北半部へとつうじる王宮門である。

このように「王宮正門」はシレー・キ・デオリ門であって，トリポリア門はあくまでも「王宮南門」であった。しかもトリポリア門は，門扉を閉じた「開かずの門」である。そのため王宮空間も，邪悪な南にむけて閉ざされていた。これは，「広大路」が南にむけて閉ざされた袋小路であることとまったく同型である。その目的は，トリポリア門に関しては王宮空間を，「広大路」南端に関しては都城域をおのおの清浄空間として維持することにあったとしうる。

X-4　「バロック化」と寺院配置

「広大路」の付加・新設は，都城全域を貫走する軸線街路の整備であった。その建設は，「バロック化」都城実現への大きな1歩であった。しかしそのことをもって，ジャイプルの「バロック化」が完成したとはいえない。「はじめに」で「バロック化」の概念を提起した際に，その展開要因が王権と教権との関係逆転にあることを述べた。「バロック化」は，形態・景観的には，王権と教権がそれぞれ立つ王宮と宗教施設の配置関係の変化で示される。ジャイプル都城においても，3×3＝9のナイン・スクエアーの中央ブロック＝「ブラーフマ・シュターナ」が，ヒンドゥー都城思想のいう「中央神域」ではなく「中央宮闕」と化していることを指摘し，それをもって「バロック化」都城・ジャイプルの重要な表徴とした。これは，王宮空間の立地をめぐる「バロック化」局面の指摘であった。王宮と市街地に所在する主要ヒンドゥー教寺院とのあいだで，同様の「バロック化」局面が観察可能かどうかの検討が，ここでの課題である。

まず，ジャイプル市街地での主要ヒンドゥー教寺院の配置から検討したい。「王道」の王宮空間南辺部分は，王宮南門の名にちなんでトリポリア・バーザール街路とよばれる。図136に記入したように，同街路と南北街路との交点には正方形の小広場がある。東端のものがバリ・チョウパル広場，西端のものはチョッティ・チョウパル広場とよばれる。2つの広場は，王宮空間との関係でいえば，おのおのその南東角と南西角に所在する。

図137には，A・Bとして，1987年の臨地調査にもとづくバリ・チョウパル広場とチョッティ・チョウパル広場の構成と施設配置を示した。両広場の形態はまったく

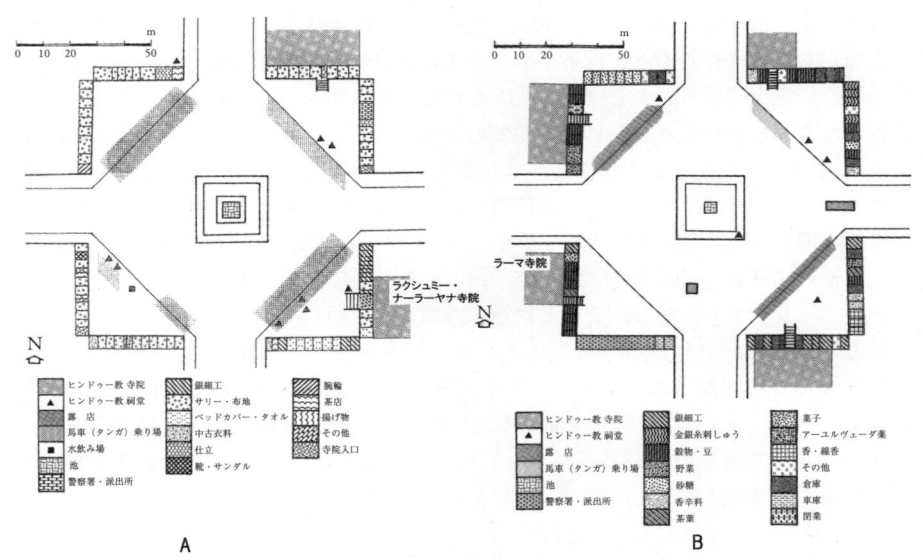

図 137 バリ・チョウパル広場 (A), チョッティ・チョウパル広場 (B) の構成
（1987 年の臨地調査にもとに応地作図）

おなじ幾何学的な構成で，まず十字路の四隅を内側に折り返すように後退させて正方形の広場空間がつくられている。図131の初期構想図が正方形に描く小広場は，これらにあたる。広場の各コーナーは，後退した歩道の外縁を対角線でむすんで直角三角形のオープン・スペースとしている。4つのオープン・スペースをあわせると，90度回転させた内接正方形広場となる。中央の街路交点にはおなじく正方形の基壇が設けられ，その真ん中には正方形のプールが造成されている。直角三角形のオープン・スペースには，ヒンドゥー教の小さな寄進祠堂が諸処に立つとともに，各種商品の露店がならぶ。直角に交叉する2辺は，2層目が基壇で，基壇下の空間にあたる1層目は小規模な店舗となっている。これらの店舗群のあいだには階段が設けられ，2層目の基壇に建立されたヒンドゥー教寺院への連絡通路となっている。

基壇上には，大規模な寺院が立つ。とりわけ図137に記入したバリ・チョウパル広場の南東コーナーのラクシュミー・ナーラーヤナ寺院，チョッティ・チョウパル広場の南西コーナーのラーマ寺院の2つは，ジャイプル市街地を代表する寺院である。

両寺院は，図136に示したように，「広大路」を対称軸として，その東方と西方に完全な左右相称性をたもって配置されている。2つの寺院は，建築様式・伽藍配置だけでなく，建立時期もおなじである[44]。それは，両者が統一的な計画にもとづいて造営されたことを物語る。しかし両寺院間の合同ともいいうる形態配置のなかに，基本的な相違が1つ存在する。それは，それぞれの寺院のファサードの方位である。なんども述べたように，ヒンドゥー教は東をもって聖なる方位とし，寺院は東面して立つのを原則とする[45]。西方のチョッティ・チョウパル広場のラーマ寺院は，この原則にしたがって正面を東にむけている。これに対して東方のバリ広場に立つラクシュミー・ナーラーヤナ寺院は，これとは逆に西面して立つ。

　西方に正面方位をむけるのは，ヒンドゥー教寺院としては異例である。「広大路」を対称軸として配置された両寺院の左右相称性を完全に実現するために，東のラクシュミー・ナーラーヤナ寺院の正面方位を，ヒンドゥー教寺院としては異例な西方にむけて建立しているのである。図136に示されるように，王宮空間の南東端と南西端の広場に基壇を造成し，そこに完璧な左右相称関係で2寺院を建立したのは，王権空間の荘厳な可視化装置として寺院を活用するためであった。その演出をより徹底するために，ヒンドゥー教寺院の正面方位を変更させているのである。これは，「教権の王権への従属」といえる。

　ヒンドゥー王権思想では，王の権威の源泉は，聖典保持者＝バラモンによる正統性の認証にあった。その認証によって，王権は権威と権力を担保できた。それは，「教権の王権に対する優越」という言葉で要約できる。聖典とバラモンの権威の所在を表徴するのが，ヒンドゥー教寺院である。ラクシュミー・ナーラーヤナ寺院にみられる西面というヒンドゥー教寺院の規範方位の逆転は，王権による教権施設の世俗的な変更・改変である。その変更・改変による寺院の王権顕示のための装置化は，ヒンドゥー王権思想が本来もつ「王権に対する教権の優越」から「教権に対する王権の優越」への逆転的変化を意味する。これらは「バロック化」という概念に包摂でき，ジャイプルが「バロック化」都城として建設・整備されたことを物語っている。

　このように「広大路」は，市街地空間だけでなく，主要ヒンドゥー教寺院を厳密な左右相称に布置する軸線街路であった。ここで，図91で呈示した隋唐・長安またアユターヤーにおける王立宗教施設の配置が想起される。同図では，王立宗教施設が都城軸線街路に面して配置されていたが，その立地場は王宮空間に対して前座的な位置を占めるにすぎなかった。そこにみられる王権施設に対する教権施設の従属的配置を

もって，都城の「バロック化」の完成と位置づけた。ジャイプルの場合には，東のラクシュミー・ナーラーヤナ寺院と西のラーマ寺院はともに都城軸線街路には面していないが，左右相称性をたもって王宮空間を荘厳化するための前座的位置に布置されている。この関係は，本質的に隋唐・長安またアユターヤーと同型であり，都城ジャイプルの「バロック化」の完成をつげるものである。「中央宮闕」の前座的装置として2寺院を左右相称に配置して，都城の「バロック化」を完成させているのである。前稿で，ジャイプルの基本的な性格を「インド・バロック」都市としたのは，これらの理由からである[46]。

　つぎに両寺院の主祭神について検討したい。この点からも，「バロック化」都城の特質を検出しうるからである。ラクシュミー・ナーラーヤナ寺院の祭神は，ラクシュミーとナーラーヤナの2神である。ラクシュミーはヴィシュヌ神の妻，またナーラーヤナはヴィシュヌ神の別名である。主祭神のラクシュミーは幸運と富と繁栄をもたらす美の女神で，その功徳は商業・交易をむすびついている。そのゆえにラクシュミーは，交易機会の創出とそれへの参入を指向して建設されたジャイプルにふさわしい祭神である。

　すでに X-2-(1) で，ジャイプルが『マーナサーラ』の述べる「プラスタ」型都市形態に参照系をもとめて建設されたとした。『マーナサーラ』は，「プラスタ」型都市をクシャトリヤとヴァイシャに適した形態とする。このうちヴァイシャは商人階級であり，ジャイプルがめざした交易利益への参入の担い手であった。ラクシュミー・ナーラーヤナ寺院は，ヴァイシャの守護寺院という意味をもつ。

　これに対してラーマ寺院は，ラーマを祭神とする。ラーマは，I-1 で「『ラーマーヤナ』が語る理想の都城」として紹介したアヨーディヤー都城を支配するダシャラタ王の王子にあたる。『ラーマーヤナ』とは「ラーマ王子行状記」を意味し，ラーマを主人公とする長編叙事詩である。ラーマと妻シーターとのあいだに生まれた双子の兄弟の1人が，クシャである。カッチワーハー王家は，クシャの末裔と称してきた[47]。したがってラーマは，カッチワーハー王家の始祖にあたる。同王家のヴァルナは，クシャトリヤであった。とするとチョッティ広場に立つラーマ寺院は，王家が属するクシャトリヤの守護寺院という意味をもつ。さらにラーマ寺院を西方に配して，東面ファサードというヒンドゥー教寺院の規範どおりに建立しているのは，同寺院が王家にかかわる守護寺院ということを考慮した結果であろう。「バロック化」のために規範からの逸脱をもとめるとすれば，それは王家とは無縁のヴァイシャの守護寺院に対してであ

第X章　ジャイプル　585

ろう。ラクシュミー・ナーラーヤナ寺院の西面という逸脱性は，この点から説明できよう。

このように「広大路」を左右相称軸としてむかいあう2つの寺院は，一方がクシャトリヤ，他方がヴァイシャの守護寺院ということになる。それらの左右相称的な立地は，クシャトリヤとヴァイシャにかかわる寺院の均衡布置という意味をもっていよう。都城ジャイプル建設にあたって，参照系とされたのは「プラスタラ」型都市であった。『マーナサーラ』は，前述したように「プラスタラ」型都市を「クシャトリヤまたヴァイシャに適した都市」としていた。両ヴァルナにかかわる2つの寺院の相称配置は，「プラスタラ」型都市の理念の具現をめざしたと考えられる。その具現は，都城の基本構想に当初から組みこまれていたのであろう。というのは，前述したように，両寺院は都城の建設にあわせて同時期に建立されているからである。

ラクシュミー・ナーラーヤナ寺院とラーマ寺院の左右相称布置には，さらに別の重要な意味がこめられている。両寺院は，王宮空間を荘厳化するために市街地に建立されたヒンドゥー寺院であった。それに対して王家と王宮空間を代表する寺院は，図136に●印で記入したゴーヴィンドジー寺院である。同寺院は，「広大路」の走向を王宮空間内に延伸させた都城中軸線上に位置する。したがってこれら3つの寺院の配置は，同図に示されるように，ゴーヴィンドジー寺院を頂点とし，ラクシュミー・ナーラーヤナ寺院とラーマ寺院を底辺の両端とする二等辺三角形を描く。その頂点と底辺の関係は，ラクシュミー・ナーラーヤナ寺院とラーマ寺院が，頂点に位置するゴーヴィンドジー寺院のもとに統合されているという階層的な三位一体関係を示す。

この関係を「階層的な三位一体関係」とする根拠も，各寺院の主祭神から帰納しうる。ゴーヴィンドジー寺院の「ゴーヴィンドジー」とは「牛を守護する高貴な者」の意で，具体的にはクリシュナ神を指す。同寺院には，クリシュナ神とその恋人ラーダーの神像が安置され，王家の守護神として尊崇されている。これらの神像が同寺院に安住の場を得るまでには，ながい流転の歴史があった。

それら2神像は，もとは現在のマトゥラーにあたるクリシュナ神の生誕地ヴァリンダーヴァンの大寺院に安置されていた。しかし1669年に，イスラーム至上主義的なムガル皇帝アウラングゼーブの攻撃と破壊を避けるために秘匿された。各地を転々とする秘匿の旅のすえ，1714年に両神像はカッチワーハー王家の当時の根拠地＝アンベール城に将来された。さらにジャイプル都城建設後の1735年に，ジャイ・スィンフⅡ世は宮廷の池亭殿舎をゴーヴィンドジー寺院に転用して，神像をそこに勧請・

安置した[48]。同寺院の建築様式が寺院というよりも殿舎風であるのは，そのためである。ゴーヴィンドジー寺院の建立と由緒あるクリシュナとラーダー両像のそこへの安置は，X-1 で述べた「イスラーム王権ムガル帝国の王都＝デリーに対抗するヒンドゥー都城の建設，それがジャイプル都城の建設目的の１つであった」とする説明を補強するものである。

　これら３寺院の主祭神の相互関係について検討すると，つぎのようになる。クリシュナ神は，シヴァ神とならぶヒンドゥー教のもっとも重要な神格＝ヴィシュヌ神の第８番目，またラーマは第７番目の化身とされる。両神格は，ともにヴィシュヌ神の化身である。同神のよく知られた化身は10を数えるが，そのなかでもっとも重要でヴィシュヌ神と同格かつ同一視されるのが，クリシュナ神である。おなじヴィシュヌ神の化身ではあっても，クリシュナ神がラーマよりも上位に位置づけられている。ラクシュミー神は，ヴィシュヌ神の妻とされる。クリシュナ神はヴィシュヌ神と同格・同一視されるので，ラクシュミー神はクリシュナ神の配偶神に比定可能となる。したがって３寺院の主祭神のなかで筆頭に位置する神格は，ゴーヴィンドジー寺院のクリシュナ神である。

　これらの３寺院の空間的配置は，前述のとおり，王宮空間内の中軸線上に位置するゴーヴィンドジー寺院を頂点，ラクシュミー・ナーラーヤナ寺院とラーマ寺院を底辺両端とする二等辺三角形を描く。主祭神からみると，３祭神のなかで筆頭神格の「王家守護神＝クリシュナ神」が頂点に，「ヴァイシャの守護神＝ラクシュミー神」と「クシャトリヤの守護神＝ラーマ神」が底辺両端に配置されていることになる。さきにこれら３寺院を「階層的な三位一体的関係」と表現したのは，たんにゴーヴィンドジー寺院を二等辺三角形の頂点とする空間的布置だけでなく，それら３祭神の神格位を含意してのことであった。ヒンドゥー教寺院とその主祭神の空間配置においても，ジャイプルが「王家守護寺院＝ゴーヴィンドジー寺院＝クリシュナ神」の稜威顕現をめざす「バロック化」都城であることを示している。

　さらに付言すれば，カッチワーハー王家は，みずからのアイデンティティにかかわる３寺院を都城の要地に布置して，ヒンドゥー都城としてジャイプルを荘厳している。王宮空間内の都城中軸線上のゴーヴィンドジー寺院，「王道」の走向決定の原点となった東方丘陵上のスーリヤ寺院，その「王道」に面して立つラーマ寺院である。これら３寺院は，〈カッチワーハー王家→同王家が末裔とするラージプート族スーリヤ・ヴァンシャ（「日種族」）→同王家の所属ヴァルナであるクシャトリヤ〉というカッ

チワーハー王家のアイデンティティを構成する各レベルの守護寺院である。これらの寺院の計画的建立からも，同王家のヒンドゥー都城というジャイプルの性格をうかがうことができる。

　ゴーヴィンドジー寺院に関して，さらに指摘しておくべきもう1つの事実がある。図136が示しているように，同寺院は王宮空間北半部のムガル庭園中央に位置する。同庭園は，南北方向にならぶムガル庭園特有の幾何学的な2つの四分庭園から構成されている。同寺院は，四分庭園を前方と後方とに分かつ中央位置に建立されている。その位置からも，池亭殿舎を転用して造営されたという同寺院の前史をうかがえる。

　ゴーヴィンドジー寺院は，王家守護神を祭神とする私的な寺院である。しかし同時に，ヒンドゥー教徒にもっとも親しいクリシュナ神を祀る寺院として，だれもが自由に参詣しうる寺院である。同寺院は，「王家の私的寺院にして，市民に開かれた宗教施設」という二重の性格をもつ。この二重性は，南インドの旧マイソール藩王国の王宮空間内に点在する王室寺院でも確認できる。もしかすれば，それはヒンドゥー・インドにおける王家寺院の存在形態へと敷衍できるものかもしれない。さきに，ゴーヴィンドジー寺院が王宮空間の北半部を占めるムガル庭園の中央位置に所在することを指摘した。同寺院の直南には鉄柵が東西走し，それによって南の四分庭園さらにはチャンドラ・マハル宮殿をはじめとする宮殿区域と遮断されている。しかし北の四分庭園，さらにはその北につらなるタール・カトラ・タラーブ池は，同寺院と同様に市民に公開された空間である。このようにゴーヴィンドジー寺院とその北にひろがる庭園区域は王宮空間内に所在しているが，開かれた都市施設ともいいうる性格をもつ。

　この点を強調すれば，王宮空間の範域を形態・景観と機能にわけて議論することが可能となる。形態・景観的には，都城ジャイプルを構成する3×3=9のナイン・スクエアーのうち，中央ブロックとそれに北接するブロックの2つを占有して王室空間が造営された。しかしその北接ブロックは景観的には王宮空間ではあっても，機能的には市民にも公開された空間であるとしうる。ここから，中央ブロックとその北接ブロックを宮闕とするのはヒンドゥー都城思想に背馳しているが，そのうちの北接ブロックを機能的には市民への公開空間としているのは同思想にしたがうものであるという解釈を提出することもできよう。

X-5 「プラスタラ」型・重商主義都市の創出

X-2-(1)で、『マーナサーラ』が述べる「プラスタラ」型形態とジャイプルの都市構成との総論レベルでの対比をおこなった。それをふまえて、この節では商業的インフラストラクチャーの整備・拡充という各論レベルに下降して、ジャイプルの重商主義的編成について検討したい。

この問題への視座は、「いかに交易・商業施設がジャイプルの都市構成のなかで整備され、都城の重商主義的編成がなされたか」である。そのためには、これまでの議論でとりあげなかったジャイプルの都市構成について一瞥する必要がある。

図135の1870年代図は、太い実線で市壁を描いている。現存する市壁は、高さ約6メートル、底面壁厚およそ3メートルとされている。赤砂岩の壁面は装飾的で、市壁が防御を唯一の目的として建設されたようにはみえない。防備よりも装飾性の重視は、市壁のみでなく、市門・街路・広場・王宮をふくめた都城の建造物群すべてに敷衍できる特質である。ではジャイプル都城の建設にあたって、なぜ防備よりも装飾性が重視されたのであろうか。それには、大きくは防衛政策と X-1 で述べた建設目的3)・4)の2つがかかわっていよう。

まず防衛政策の観点からいえば、ジャイプルは2つの「逃げ城」をそなえた都城であった。第1の「逃げ城」は、都城の北西丘陵上のナーハルガル要塞である。ここへの要塞の建設は、ヒンドゥー都城思想とも合致するものであった。第2のより重要な「逃げ城」は、後背谷の要害地を占拠する王家本貫地＝アンベール城であった。これらの2つの「逃げ城」をそなえたジャイプルでは、市壁だけで都城防御を自己完結的に計画する必要はなかったのであろう。そのため、建設目的3)で述べた重商主義的な利益追求の場を創出すること、おなじく4)としてあげたカッチワーハー王家の権勢を顕示する都城を建設すること、の2つが重視されたであろう。

まず3)から検討することにしたい。ジャイ・スィンフII世は、ハードとソフトの両面からジャイプルの商業的発展をめざした。まずハード面では、遠隔地交易の集積拠点として新都ジャイプルを整備することであった。具体的には、図130で示したアンベール城時代のラージャスターンの主要交通路を新都に収斂させて、それらを都城内の骨格的な主要街路として整備し、それらの街路に交易機能の集積を図ることであった。その骨格街路として立案・設定されたのが、東西街路では「王道」、南北街

路では王宮空間の東辺を直走する街路であった。両街路は王宮空間南東角のバリ・チョウパル広場で交叉し，そこにジャイプルの「大十字路」を形成していた。

この「大十字路」で交叉する4街路は，ラージャスターンを通過する主要交通路とつぎのような関係でむすばれていた。

◎東西走する「王道」

東端の太陽門をへてアーグラさらにはガンガー川流域方面。

西端の太陰門をへてアジュメールさらにはインダス川下流域とグジャラート方面。

◎南北走する王宮空間東辺街路

北端のジャラーワル・スィンフ門をへてアンベールさらにはデリー方面。

南端のサーンガーネル門をへてサーンガーネルさらにデカン方面。

新都建設以前のラージャスターンにおける交通・交易結節核は，前述のとおり，アジュメールにあった。主要交通路の新都への誘導によって，ジャイプルは急速にアジュメールにかわる新たな交通・交易結節核へと成長していき，同Ⅱ世の意図は達成される。

ジャイプルの重商主義的性格は，街路呼称に示されている。図135は，主要街路の名称を凡例に掲げている。同図は，市壁にそう外縁街路をのぞいて，市街地内部を区画する所要街路の呼称は，「〇〇〇・バーザール」などの「バーザール」名をもつものばかりである。この点にも，ジャイプルが重商主義的な目的のために建設された都城であることが示されている。そのなかに市街地の内部にあるが，「バーザール」名をもたない街路が1つだけ存在する。その唯一の例外が，なんども言及した都城中軸街路＝「広大路」である。同大路の特異性は，袋小路という形態だけでなく，街路呼称からも確認できる。

図135に示した「〇〇〇・バーザール」呼称の街路のなかで，中心商業街ともいうべき重要性をもつのは王宮空間東辺にそうジョーハリ・バーザール街路（G）とシレー・キ・デオリ・バーザール街路（F），王宮空間南辺にそうトリポリア・バーザール街路（B），王宮空間西辺にそうガンゴリ・バーザール街路（D）とキシャンポル・バーザール街路（E）である。これらのなかでもっとも繁華なのはジョーハリ・バーザール街路で，その街路名は「金銀細工師バーザール」を意味する。

新都の商業的発展をめざすソフト面でのジャイ・スィンフⅡ世の施策は，商人とりわけグジャラートからジャイナ教徒の有力商人を誘致し，彼らを核としてジャイプルへの商業機能の集積・拡充を図ることであった[49]。彼らは金融と宝石・貴金属取引

写真143　ジャイプル　バーザール街路
統一規格で建設された店舗兼住宅がならぶ。上屋にはチェトリを配して，ヒンドゥー都城を景観演出している。

をめぐる独自の強力なネットワークをもち，同II世が意図する重商主義的な展開にとって最適の有力商人集団であった。彼らの誘致のために，王家みずからが，歩道つきバーザール街路にそって大規模な店舗兼住宅を建設した。

　街路には広幅歩道が付設され，歩道の店舗よりの部分には，暑熱と熱風を軽減するために，日本の積雪地帯の雁木また東南アジア都市の亭仔脚(ていしきゃく)に似た石造屋根つき通路が建設された。屋根つき通路はマンダーパあるいはヴェランダとよばれ，歩道よりも一段高い段差上に設けられた歩行者専用通路であった。それは公的な空間であり，独立前の藩王国時代には私的占有は認められていなかった。しかし独立後には各店舗による同通路の占有・分割が横行し，いまでは店舗空間と化してしまっている。現在の新しい都市政策は，マンダーパの原状回復を目ざして景観修景をすすめている。

　マンダーパにそって3〜4層からなる店舗兼住宅がならび，そのファサードは共通デザインで統一されている。すでに建設者ジャイ・スィンフII世は，ファサードの改変を禁止したといわれる。店舗兼住宅の施工には，規格化された切石積みではなく，工期短縮のため割石を多用する工法が採用された[50]。そのため建造物の表面は，漆喰で塗りかためる必要があった。漆喰の本来の色調である白系統が，ファサードの当初の色であった。しかし19世紀末にラーム・スィンフII世は，地元産の赤砂岩の色であると同時に，「歓迎」の意味をもつ色でもある深紅色で，表通りのファサードの色彩を統一した。そのため現在では，ジャイプル旧市街は「ピンク・シティ」とよばれている。その壁色統一は，ファサードのデザイン保全や40フィート以下という高度規制とともに，現在の市の建築政策に受けつがれている[51]。

　現在に残る大規模な店舗兼住宅の建設は，X-2-(1)で紹介した『マーナサーラ』が述べる「プラスタラ」型都市についての解説要約7)を想起させる。そこでは『マーナサーラ』は，「ヴァイシャの店舗兼住宅は，歩道をそなえた大路の両側にならび，その大路は王宮につながっていること」としていた。さきに列挙した中心商業街を形成するバーザール街路は，すべて歩道をそなえている。またそれらのバーザール街路は，王宮空間の東・南・西辺につながっていた。バーザール街路にそって，統一的なデザインで3〜4層からなる店舗付き住宅が建設された。これらの点は，「プラスタラ」型都市についての『マーナサーラ』の説明と一致する。新都のバーザール街路が，『マーナサーラ』が述べるとおりに実現されているのである。このことは，新都の建設にあたって，参照系を「プラスタラ」型都市にもとめたとの措定を補強するものである。

第X章　ジャイプル　591

表4　ジャイプル中心街路の業種別店舗構成

		キシャンポル・バーザール街路				「広大路（チョウラ・ラスタ）」			
		西　側		東　側		西　側		東　側	
Ⅰ区 (王宮近傍)		穀物・豆・香辛料	30	穀物・豆・香辛料	29	本・文具・印刷	27	鉄板・鋼板・鉄パイプ	22
		銀細工・銀製品	19	銀細工・銀製品	20	鉄板・鋼板・鉄パイプ	26	住居入口	19
		鉄製ベッド	9	ロープ・竹はしご	15	電気製品・時計販売・修理	10	本・文具・印刷	18
		自転車販売・スクーター修理	6	ジュート袋	9	パン・煙草・菓子・茶店	8	空　家	9
		学　校	6	倉　庫	8	建築用金物・建材	4	時計・ラジオ・ミシン	6
		計	70	計	81	計	75	計	74
Ⅱ区 (中央部分)		自転車販売・スクーター修理	20	自転車販売・スクーター修理	26	銀行	19	住居入口	13
		穀物・豆・香辛料	12	学　校	13	本・文具・印刷	13	本・文具・印刷	12
		薬　局	11	建築用金物・建材	10	薬　局	12	タイプ打ち	10
		病　院	9	材木・木工	6	住居入口	11	空　家	9
		空　家	7	電気製品販売・修理	6	布地・布団	7	医　者	8
		計	59	計	62	計	62	計	52
Ⅲ区 (市壁近傍)		穀物・豆・香辛料	12	自転車販売・スクーター修理	14	布地・布団	38	映画館	18
		空　家	10	食　堂	10	本・文具・印刷	11	布地・布団	12
		パン・煙草・菓子・茶店	9	電気製品販売・修理	8	住居入口	8	病　院	12
		電気製品販売・修理	7	パン・煙草・菓子・茶店	7	スティール保管庫	6	本・文具・印刷	9
		住　居	7	穀物・豆・香辛料	7	写真館・写真材料	6	住居入口	7
		計	45	計	46	計	69	計	58

注）1　数値は，各区の総店舗間口距離に占める各業種の比率（％）。上位5位までを掲載。
　　2　各業種の判断は，店頭販売商品・提供サービスによる。

　また「プラスタラ」型都市についての要約2）では，『マーナサーラ』は「プラスタラ」型都市をクシャトリヤまたはヴァイシャに適した形態としていた。上述したように，ジャイプルの建設と発展を主導したアクターは，王とジャイナ教徒商人であった。王はクシャトリヤ，ジャイナ教徒の有力商人は非ヒンドゥーではあるが，ヴァルナ制度にあてはめればヴァイシャに位置づけうる。この点でも，前記の要約2）との対応性が観察される。

　ジャイナ教徒を中心とした商人集団が誘致され居住したのは，前記のとおり，王宮空間につながる中心商業街であった。とりわけ「王道」以南に所在するバーザール街路一帯であった。都城のナイン・スクエア編成でいうと，南のブロック帯に属するバーザール街路である。そこが商人集団の店舗兼住宅の集中地区，つまりヴァイシャに相当する集団の集住地区であった。この配置は，ヒンドゥー都城思想におけるヴァイシャの居住区域を忠実に継承するものである。というのは，『ヴァーストゥ・シャーストラ』[52]また『アルタシャーストラ』[53]も，ともに正方形をなす都城の南辺をヴァイシャの居住地区としているからである。

　ここで検討対象を，都城ジャイプルの形態解読から一挙に現代における中心商業街路の店舗構成の問題へと転換したい。その目的は，街路間の業種別店舗構成の相違をあきらかにしたうえで，既述の「広大路」の特異性を商業機能の面からもあきらかにすることである。

　とりあげるのは，王宮南辺の「トリポリア・バーザール」街路から南走する3本の

(1987年の臨地調査をもとに応地作成)

ジョーハリ・バーザール街路			
西　側		東　側	
刺しゅう布・布地・布団	68	刺しゅう布・布地・布団	49
銀製品・宝石	13	銀細工・宝石	27
パン・煙草・菓子・茶店	5	銀行入口・住居入口	11
穀物・豆・香辛料	3	雑　貨	5
住居入口	3	仕　立	1
計	92	計	93
布地・衣料	24	靴	22
銀細工・宝石	14	穀物・豆・香辛料	16
パン・煙草・菓子・茶店	8	サリー・布地	11
靴	8	電気製品販売・修理	8
電気製品販売・修理	7	銀製品・宝石	8
計	61	計	65
穀物・豆・香辛料	24	穀物・豆・香辛料	33
パン・煙草・菓子・茶店	13	種　子	14
布地・衣料	12	野菜・果物	8
空　家	9	薬　局	7
薬　局	9	寺　院	6
計	67	計	68

　主要街路，つまり「広大路」を中央として，王宮南東角のバリ・チョウパル広場を起点とする「ジョーハリ・バーザール」街路，王宮南西角のチョッティ・チョウパル広場を起点とする「キシャンポル・バーザール」街路である。これらの3大路は，ともに「トリポリア・バーザール」大路から南辺市壁までの約800メートルにわたって直走する。街路に面した1階部分にならぶ店舗の規模は，間口3.5メートル前後，奥行ほぼ9メートルで規格化されていて，バーザール街路だけでなく店舗群も計画的・統一的に造成されたことを物語る。1987年夏に，ジャイプル旧市内のすべての主要バーザール街路に面する全店舗について，その業種構成を臨地調査した[54]。その調査結果をもとに，前記3街路の両側にならぶ店舗の業種構成を検討する。

　調査結果をもとに作成したのが，表4である。同表では，各街路のバーザール空間を等間隔に3分割し，おのおのI区・II区・III区となづけた。I区は最北部分で王宮近傍，II区は中央部分，III区は最南部分の南辺市壁近傍にあたる。業種構成を定量的に把握するために，店舗の間口距離を指標としてとりあげた。前述したように店舗の間口幅は約3.5メートルで規格化されているので，間口距離はほぼ店舗数と比例する。I～III区のおのおのについて，〈「全店舗の総間口距離（A）」に対する「業種ごとの店舗間口距離の合計値（B）」の比率〉を算出した。表4には，各街路のI～III区のおのおのについて，上位5位までの各業種の比率を掲げた。表記にあたっては，各街路の現実の位置関係にもとづいて，左から順に「キシャンポル・バーザール」街路・「広大路」・「ジョーハリ・バーザール」街路と配列した。各街路は両側ともにバーザー

ルとなっているので，それを西側・東側として表記した。また「キシャンポル・バーザール」街路と「ジョーハリ・バーザール」街路の北端には，前述の正方形の小広場がある。集計にあたっては，それらの広場に面して所在する店舗群も両街路のⅠ区に算入して集計した。

　表4をもとに，Ⅰ～Ⅲ区のおのおのについて上位業種の構成について検討したい。最初にⅠ区＝北端部の王宮空間近傍地区をとりあげる。その上位2位の業種をあげると，つぎのようになる。

「キシャンポル・バーザール」街路：「穀物・豆・食用油・香辛料」および「金銀製品・宝石」。
「広大路」：「鉄板・鋼材・鉄パイプ」および「本・文具・印刷」。
「ジョーハリ・バーザール」大路：「布地・サリー・蒲団・刺しゅう地」と「金銀製品・宝石」。とりわけ前者の比率が圧倒的である。

　新都の建設にあたって，ジャイプルを交易活動の拠点とするために，ジャイ・スィンフⅡ世が金融と貴金属・宝石関連のグジャラート商人を誘致したことについては前述した。「キシャンポル・バーザール」と「ジョーハリ・バーザール」の2街路のⅠ区では，「金銀製品・宝石」業種の集積がいまなおみとめられる。同Ⅱ世によって誘致されたこれらの業種を継承する商業活動が，現在も持続して営まれていることを示す。両街路は，ともにバリ・チョウパル広場またチョッティ・チョウパル広場を北端にもつ。これらの小正方形広場から南走するという街路形態だけでなく，Ⅰ区での「銀製品・銀細工」また「銀製品・宝石」業種の集積は，都城建設の当初から王宮空間に近接するⅠ区に特別な意味が付与されていたことを示している。両街路は，新都の中心バーザール街路として建設されたのである。

　一方，「広大路」のⅠ区での主要業種は「鉄板・鋼材・鉄パイプ」と「本・文具・印刷」であって，前記の2街路とは異質な構成を示す。高級消費財ではなく，近年になって需要を増した鉄材関連業種への特化がめだつ。「広大路」は，「銀製品・銀細工」など貴金属関連業種が集積する「キシャンポル・バーザール」また「ジョーハリ・バーザール」の両街路にくらべて，より商業的ランクの低い大路だといえる。このことは，一方では「広大路」が都城の左右相称軸線街路としてもっとも重要な形態的意味を付与された街路であるにもかかわらず，交易活動という経済的重要性においては劣っ

た存在であることを意味する。これらの点に，当初の都城建設構想にはなく，のちになって付加された軸線街路という「広大路」の性格がよくあらわれている。

さらにここで想起されるのは，ジャイプル都城中心部を走る主要街路のなかで，「広大路」のみが「バーザール」という呼称をもたない街路であったことである。現在の「広大路」の店舗構成からうかがわれるバーザール街路としての成熟度の劣位性は，「広大路」とのみよばれてきた歴史を反映するものであろう。またⅠ区とⅡ区で，表4が示すように，上位5位業種のなかに「空家」が出現するのは「広大路」だけである。これも，同大路のバーザールとしての劣位性を示している。

「広大路」をふくめて3街路のⅠ区における上位5業種の比率合計をみると，いずれの街路もⅡ区・Ⅲ区よりも高い数値を示している。とりわけ「ジョーハリ・バーザール」街路での90パーセント以上の比率を示している。これは，Ⅱ・Ⅲ区とくらべて，Ⅰ区＝王宮空間近傍部分が同業者町的性格をつよくもっていることを示す。その性格形成においても，「ジョーハリ・バーザール」街路がもっとも顕著である。

またⅠ区だけでなくⅡ・Ⅲ区にまで対象をひろげて業種構成をみると，各街路の東・西両側が一体となって，特定の業種に特化したバーザールを形成していることが分かる。それは，各大路の東・西両側の業種構成が類似していることからも示されている。

「キシャンポル・バーザール」街路では，Ⅰ・Ⅱ・Ⅲ区ともに「穀物・豆・食用油・香辛料」が，またⅡ・Ⅲ区では「自転車・スクーター・同修理」が上位を占めている。「広大路」では，「本・文具・印刷」がⅠ・Ⅱ・Ⅲ区のいずれにおいても上位に出現する。他の2街路とは異なって，「住居入り口」がそれにつぐ地位を占めている。それは「広大路」では，表通りに面しているが，店舗としてではなく，上階また後背住居への入り口・階段として利用されている間口が多いことを意味する。この点も，「広大路」のバーザール街路としての成熟度の劣位性を物語るものである。

「ジョーハリ・バーザール」街路では，「銀製品・宝石」がⅡ区にも登場する。「キシャンポル・バーザール」街路では，同業種の上位ランクへの登場はⅠ区のみにかぎられていた。また「広大路」では，それはⅠ～Ⅲ区のいずれにも出現していない。先述したとおり，「銀製品・宝石」は都城建設以来もっとも特権的な地位をあたえられてきた業種であった。同業種の「ジョーハリ・バーザール」街路での集積の大きさは，現在においても，同街路がジャイプルの交易・商業活動の中心機能を担っていることを示している。

写真144　ジャイプル　サーンガーネリ門
太陽門がクシャトリヤ王家に神の加護をもたらす都城正門とすれば，サーンガーネリ門はヴァイシャの交易活動誘引のための都城正門であった。

　しかし「ジョーハリ・バーザール」街路の場合でも，III 区になると「空家」が登場し，バーザール空間の空洞化が周辺部から進行しつつあることを物語っている。同街路の III 区で興味ぶかいのは，その東側の上位に「種子」と「野菜・果物」が登場することである。それに関しては，2 つのことを指摘できよう。

　第 1 は，「種子」は市壁外の農民を顧客とする業種であり，「野菜・果物」は市民を顧客とする農産物業種である。それら 2 業種の上位ランクへの登場は，市門近傍の III 区が市門外の農村との交流場であることを示している。

　第 2 は，市門を介する農村との交流場という点では，「キシャンポル・バーザール」街路の III 区もおなじ条件をもつにもかかわらず，そこにはこれら 2 業種が上位ランクに登場しないことである。それは，「ジョーハリ・バーザール」街路に開くサーンガーネリ市門が，重要かつ多様な交易活動の門戸という役割をはたしてきたことを物語る。図 133 の 1865 年図においてもサーンガーネリ市門の南方には街村が形成され，バーザール街路が市門外へと延伸していた状況を伝えている。このような市門外での街村の形成は，同図では同市門のみで観察される。この点からも，「ジョーハリ・バーザール」街路とサーンガーネリ市門がジャイプルを代表するバーザール街路また正門的市門であったことを物語っている。それは，ラージャスターンを南北に貫走する交易ルートを新都の南北幹線街路へと誘導するというジャイ・スィンフ II 世のジャイプル建設の目的が達せられていたことを意味する。

X-6　王家博物館所蔵絵地図の解読

　王宮に所在する藩王サワイ・マン・スィンフ II 世記念博物館には，1 枚の絵地図が収蔵されている。図 138 が，それにあたる[55]。最後に，この絵地図をとりあげて，そこに込められたカッチワーハー王家のメッセージを読解したい。

　読解にあたっての最初の課題は，同図の作成時期の確定である。同図について，サチャデブなどは 18 世紀の作成図として紹介しているが，それには従いえない。というのは，「王道」東端の「太陽門」西方の十字路に，正方形の小広場が描かれているからである。同広場は，図 133 の 1865 年図にはなく，図 135 の 1870 年代図ではじめて出現する。したがって絵地図の作成年代が，18 世紀ということはありえない。

　測量年次が明確な 1865 年図と比較すると，同図と絵地図の描出内容はよく対応す

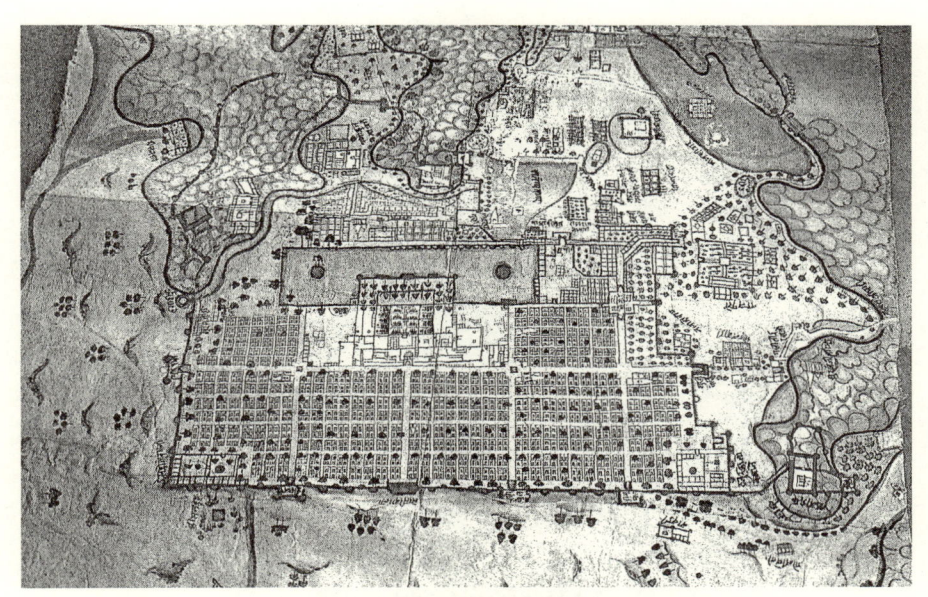

図138 カッチワーハー王家博物館所蔵の絵地図（サチャデブほかによる）

る。まず王宮空間北端のタール・カトラ・タラーブ池の背後に，ともに大きな内水面を描いている。また王宮空間南辺から南走する「広大路」，南西端ブロック縁辺部の非市街地的様相などの描出も，両図は共通する。しかし重要な相違が，2ヵ所で観察される。

　第1は，「王道」と王宮空間南東角の交点に所在するバリ・チョウパル広場東方の小広場（ラームガンジュ・チョウパル広場）を絵地図は描いているが，1865年図には同広場はないことである。絵地図が描く同広場には，バリ・チョウパル広場またチョッティ・チョウパル広場とは異なって，広場中央の小さな四角形基壇は描かれていない。現在では同広場にも中央に四角形基壇が建造されているので，絵地図の作成時期には同広場は完成していなかったことを意味していよう。

　第2の相違は，より重要な意味をもつ。それは，絵地図が「広大路」と市壁との交点に市門を描いていることである。1865年図では，そこには市門はなく，「広大路」が袋小路状の閉鎖街路であった。この点は，1870年代図も同様である。しかし

第Ⅹ章　ジャイプル　597

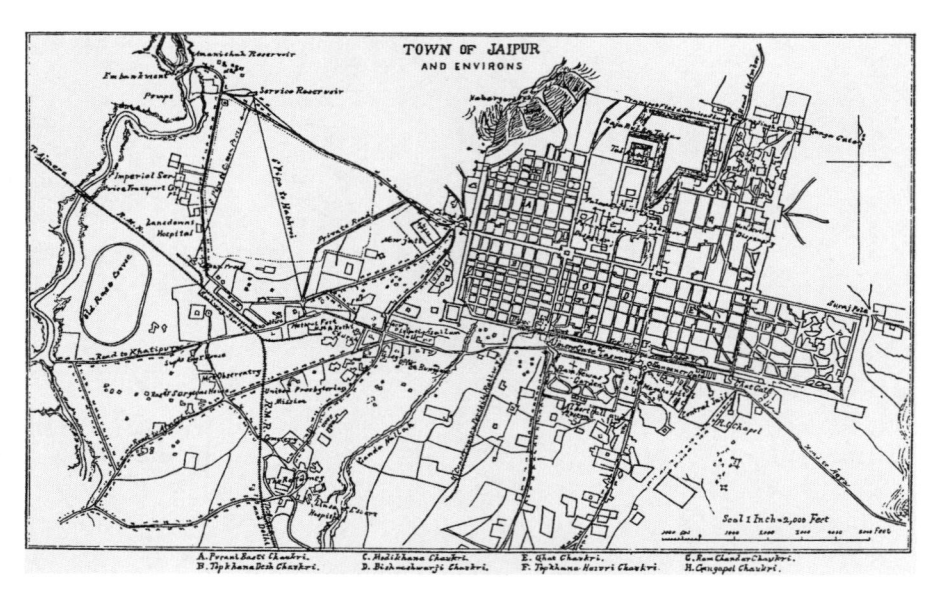

図 139　1909 年測量の「ジャイプルと周辺」図（小西による）

　絵地図では，「広大路」の南端に市門を描いている。同市門は，現在では「新門（New Gate）」の門号でよばれる。しかし絵地図は，他の市門をすべて通過可能な開口部をもつ門として描出するが，「新門」については赤く塗りつぶすだけである。この相違は，絵地図が他の市門とは異なった意味を「新門」に込めていることを意味しよう。
　このように絵地図の作成時期を推定するにあたって，「新門」が重要な意味をもつ。しかし「新門」の建設時期については諸説があり，18 世紀という説[56]から 1940 年代とする説[57]までの大きな時代差がある。前記のとおり，18 世紀ということはありえないので，その建設時期は 1865 年から 1940 年代までのあいだにしぼりうる。さらに，図 139 に掲げた 1909 年測量のジャイプル図が現存する[58]。同図は，「広大路」の南端に「新門」を描いていない。とすると「新門」の建設時期は，1909 年から印パ分離独立によって藩王国がインド連邦に編入された 1947 年までの約 40 年間ということになる。とすると，ロイのいう 1940 年代説が大きく浮上してくる。
　しかしたとえ「新門」の建設時期が 1940 年代としても，それをもってただちに絵地図の作成時期とすることはできないと考える。その根拠は，前述した絵地図での

598　第 3 部　18 世紀ヒンドゥー世界両端の建設都城

写真 145　ジャイプル　アルバート皇太子博物館
藩王国の英人建築技師長ジェイコブの設計になるインド・サラセン様式の代表的建築で，1887 年に建設された。

「新門」と他の市門との描出の相違である。もし絵地図が完成した「新門」を描いているとすれば，「新門」も，他の市門とおなじように開口部を開いた通過可能な門として描いたであろう。しかし絵地図での「新門」は赤く塗りつぶしただけで，その位置を示しているにすぎない。そこから「新門」に関する絵地図の描出は，その建設位置を図示することにあったと考える。つまり現実には建設されていないが，絵地図に建設予定を明示し図示することに目的があったとしうる。

その背後には，「新門」建設の必要性の増大があったであろう。それは，「広大路」が当初もっていた遮断的袋小路という特質を変更して，南方への開口部として「新門」の建設を考えなければならない事情の発生といいかえることができる。この問題を都城の全体構成と関連づけて考えることが，「新門」さらには絵地図の作成時期の推論へとみちびく。

「広大路」と王宮空間とのあいだには，南端を閉鎖するという同型性が認められた。「広大路」の南端には市門が存在しなかったのとおなじように，王宮空間の南辺に位置する王宮南門（トリポリア門）は「開かずの門」であった。既述したように，それは，ヒンドゥー教では瘴気をもたらす邪悪な方位にあたる南を閉じて，王宮空間と直結する「広大路」さらには王宮空間そのものを清浄にたもつためであったであろう。しかし「広大路」南端での「新門」の開設は，その邪悪な方位にむけてあえて開口部を開くことであった。その背後には，当然，「新門」を介して市壁外の南方地区と直結することがもとめられる事情の発生があったと考えられる。

それは，1868 年のラージャスターン大凶作の救荒土木工事として開始されたラーム・ニワス庭園の建設であろう。同庭園は，X-5 で言及したサーンガーネリ市門とアジュメリ市門をほぼ東・西両端とする市壁南方に計画された。1865 年図を修正した 1881 年図[59]は，そこには東西 700 メートル，南北 300 メートルのヨコ長・長方形の区画を描き，そこに「ラーム・ニワス庭園」と記入している。同図はその輪郭を描くのみで，また「新門」も描いていない。1881 年当時は，同庭園がなお建設途上で，「新門」の開設も必要なかったのであろう。

ラーム・ニワス庭園の整備は，1875 年の当時の大英帝国皇太子（のちの国王エドワード VII 世）の訪問を記念して企画された「アルバート皇太子記念ホール（Prince Albert Memorial Hall）」の造営と平行して進められた。同ホールは，ジェイコブの設計にもとづいて 1880 年から工事にとりかかり，1887 年に竣功する。完成後，同ホールは，1883 年にカルカッタ（現コルコタ）とジャイプルを開催地として開かれた英領イン

第 X 章　ジャイプル

ド最初の大博覧会の展示品を収蔵・公開する博物館として使用される[60]。図139の1909年図は，前記のサーンガーネリ市門とアジュメリ市門をほぼ東・西両端とする市壁南方にヨコ長・長方形のラーム・ニワス庭園とその南辺中央部の「アルバート・ホール博物館（Albert Hall Museum）」を記入している。

　さらに同図で注目されるのは，途中は「ラーム・ニワス庭園（Ram Niwas Garden）」との記入文字によって遮断されているが，同庭園北辺中央から南北走してアルバート・ホール博物館に至る街路を描いていることである。その走向は，北方の市壁内を南北走する「広大路」と一致する。1909年図は「新門」を描いていないが，市壁内外の両街路がまさに接続せんとする状況を図示している。それは，過去の南方遮断という思想を変更して，「新門」を「広大路」南端に建設すべき時期の到来を意味していたであろう。したがって1909年図が刊行される前後の時期に，「新門」建設が予定されるにいたったと考えうる。したがって絵地図の作成時期を，1910年代初期に措定したい。

　絵地図は赤くぬりつぶして「新門」の建設予定を図示し告示しているが，それは，あくまでの絵地図の小さな主題でしかない。この節で「新門」に注目したのは，絵地図の作成時期を措定する手がかりをうるためであった。では「絵地図の大きな主題はなにか」が，つぎに検討すべき課題である。同図の作成時期を1910年代初期としたうえで，この課題へと接近したい。

　近代的な測量図がめざす「正確性」の追求とは異なって，絵地図は「絵画性・芸術性」を重視して作成される。絵画や芸術の目的が「主題とするもの」を表現することにあるように，絵地図も発信すべきメッセージを主題としてもつ[61]。しかし絵画でも絵地図でも，主題はつねに明示的に表現されるとはかぎらない。「隠れた主題」として，表現の背後に埋め込まれている場合も多い。この2つを区別して，ここでは，明示的に表現される場合を直喩的主題，「隠れた主題」として表現される場合を隠喩的主題とよぶことにしたい。

　最初に，絵地図の直喩的主題から考えたい。図138は彩色絵図のモノクローム・コピーなので分かりがたいが，水玉模様に装飾された山地と内水面とをのぞくと，原図の大半を占める残りの部分は黄を基調とする色で塗りあげられている。ジャイプル一帯の土壌の卓越色は黄であるが，同図は本来の地色以上にあざやかな黄で彩色する。ヒンドゥー教では，黄は「聖性」・「瑞兆」・「吉祥」などの象徴色である。都城を大きく描き，グリッド・パターンの市街地もあざやかな黄で彩色している。そこには，「聖なる吉祥の都城＝ジャイプル」というメッセージが込められているのであろう。

都城域のなかで，黄とは対比的な色で強調されているのが，中央を占める白の王宮空間と南辺市壁中央の赤く塗色された「新門」である。前述したとおりヒンドゥー教では，白は「清浄」・「聖性」を象徴する色である。7層の王宮正殿＝チャンドラ・マハル宮殿の壁面が白で彩色されていることについては，前述した。しかし絵地図は，白で王宮空間全体を「聖なる清浄な存在」として描く。また「新門」の表現も，すでに述べたように，規模・彩色・門号記入などの点で他の市門とは異なっている。おなじく南辺市壁に位置する市門とくらべても，「新門」は赤く大きな市門として描かれ，門号も大文字で記入されている。

　上記の諸点を総合すると，絵地図が発するより重要なメッセージは，「バロック化」都城ジャイプルの完成を誇示することにあろう。そのために，同図は，都城を大きくデフォルメして描く。図135の1870年代図と絵地図とをくらべると，都城を構成するブロック数が相違するかのような印象をうける。「王道」の南方に東西にならぶブロックの数は，1870年代図は4ブロック，絵地図は5ブロックとなっている。もちろん，測量にもとづく1870年代図の4ブロック編成が，現実のブロック数である。その視覚的相違は，絵地図が，王宮空間の南に連接するブロックの東西幅を，現実の2倍にデフォルメして描いていることに由来する。「広大路」両側の市街地の東西幅は現実には半ブロック分であるにもかかわらず，他のブロックとおなじ東西幅で描いているのである。

　その結果，両図のあいだには，「広大路」がもつメッセージ性に大きな相違がうまれることになる。1870年代図では，「広大路」は単なる主要街路の1つという印象しかあたえない。「広大路」とおなじく南北に直走する主要街路のなかで，中心街路との印象をあたえるのは，両側に各2ブロックを配して南走する「ジョーハリ・バーザール」街路である。そして同図は，都城正門が同街路に開くサーンガーネリ市門であることを伝えている。X–5での商業施設の検討は，それらの印象が正当であることを示していた。

　図138の絵地図は，南東端のブロックについては西端部のみを描出し，同ブロックを画する東辺街路を描いていない。そのため南東端ブロックは，西に接するブロックの東方への溢出部分のようにみえる。絵地図が描く都城南辺にならぶブロック数は4ブロック半ということになり，南東端のブロックを印象のうすいものにしている。絵地図は，「広大路」が左右に2ブロックを配して壮大な王宮空間から南走する中心街路として描出する。「広大路」南端に建設される「新門」が南辺市壁中央に位置する

都城正門であるとのメッセージを，絵地図は発しているのである。
　このように絵地図は都城中心部分をデフォルメして2倍の東西幅で大きく描き，その中央を〈王宮空間→王宮南門→「広大路」→「新門」〉をむすんで南へと直走する都城軸線を完全な都城左右相称軸とする都城として，ジャイプルを描いている。同軸線の左右相称性を強調するために，絵地図はもう1つのデフォルメをくわえている。それは，王宮空間の北に大きく左右相称に描かれた内水面である。絵地図の作成時期には，1909年図も示すように，東端部のみが残存するだけであった。しかし絵地図は同内水面を都城軸線に対して完全な左右相称に描くと同時に，その左右相称性を強調するために，架空の円形島を赤く彩色して左右相称に配している。それらの一連のデフォルメをつうじて，絵地図は，「新門」の建設をもって完成をつげる「バロック化」都城ジャイプルを顕示しているのである。そこに，絵地図の直喩的な主題がある。
　では，絵地図の隠喩的な主題はなにか。結論からいえば，それは，英領インド帝国の最有力藩王国・カッチワーハー王家の王権誇示である。ここで，19世紀から絵地図作成時期とした1910年代初期へといたる同王家の歴史を一瞥しておきたい。
　19世紀にはいると，同王家はいっそうムガル帝国からの離反をつよめ，逆に勢力を拡大しつつあったイギリス東インド会社との連繋を強化していく。そのあらわれが，1803年に同会社と締結した同盟条約であった[62]。さらに1857年のインド大反乱（セポイの反乱）に際しては，ラージャスターンの有力王国のなかではジョドプル，ビカーネルとともにイギリス東インド会社軍に加担して同軍の勝利に貢献する[63]。1858年にインドは，東インド会社支配から大英帝国による直轄支配へと変化する。そのなかでカッチワーハー王家は所領を加増され，大英帝国の最有力藩王国としての地位を固めていく。
　前述した1876年の大英帝国皇太子のジャイプル訪問は，それを証左するものであった。英国皇族のジャイプル訪問は，それ以後も，1903年のコンノート公，1905年のジョージV世，1911年のメアリー皇后とつづく。また当時の藩王マダーオ・スィンフII世は，1902年のエドワードVII世のイギリス国王戴冠式に公賓として招待される。大英帝国の同II世藩王への礼砲は，最高栄誉の国家元首とおなじ21発であった。デリーで挙行された1903年の同国王また1911年のジョージV世のインド皇帝戴冠式に際しても，玉座隣席という最上席で遇された[64]。
　いわば，1910年代初期にはジャイプル藩王国＝カッチワーハー王家は，大英帝国領インド帝国の最有力藩王国としての地位を確立する。絵地図の隠喩的な主題は，

「バロック化」都城ジャイプルの完成を顕示することによって，カッチワーハー王家の王権を誇示することにあったのである。

最後に市壁南方のラーム・ニワス公園の建設とそれ以後のジャイプルの発展軸線について述べておくことにしたい。ラーム・スィンフII世は，1869年にインド帝国立法参事会の参事に任命され，73年まで当時の首都カルカッタに滞在する。滞在中に，カルカッタが，政治と文化さらには知の世界でも英領インド帝国の首都にふさわしい施設と景観をそなえていることに感銘をうける。当時のカルカッタは広大な緑地空間（当初はエスプラナード，のちにはマイダーンとよばれる）の東辺にそって壮麗な建造物が建ちならび，「宮殿の都市（city of palaces）」と誇っていた[65]。また当時イギリスにあって地理書をもとに『輿地誌略』を著した内田正雄も，カルカッタについて「鎮台の第邸及ビ許多ノ官局総テ西洋式ノ築造壮麗ニシテ市街頗ル繁華ナリ[66]」と記している。

ラーム・スィンフII世は，カルカッタにならってジャイプルをラージャスターンの中心都市としていく諸施策を実行する。その端緒が，前記のラーム・ニワス公園の建設であった。それは，カルカッタのマイダーン北端にあるイーデン庭園に範をもとめて建設されたものであった[67]。ここで，都城ジャイプルの建設がジャイ・スィンフII世によるジャイ・ニワス庭園離宮の造営からはじまったことが想起される。ラーム・スィンフII世は，新しいジャイプル建設の端緒となるべき市壁南方の公園に，ジャイ・スィンフII世にならって自己の名を冠してラーム・ニワス公園と命名したのであろう。

同公園の建設・整備を契機として，都城外の南方一帯がジャイプルの新施設さらには新都市の建設場となっていく。その建設にあたっての軸線街路は，「広大路」の南への延伸線に設定された。このとき「新門」が市壁外の街路と接続し，市門としての役割を果たすようになる。「新門」には，他の市門とは異なって，建造物としての門はない。現在も，単なる市壁の切り通しである。それは，「新門」がジャイプル都城を装飾する存在ではなく，市壁外との連絡通路としての機能的役割に特化した時代に建設された市門であることを示していよう。

独立後，図140に示したように，ジャイプルはラージャスターン州の州都として都市拡大をつづける。その拡大市街地の軸線は，南へと延伸しつづけるネルー道路であった。同道路は，「広大路」を南へと延伸させた直線街路である。現代のジャイプルにおいても，「広大路」は新たな軸線街路として生きつづけているのである。

第X章　ジャイプル　603

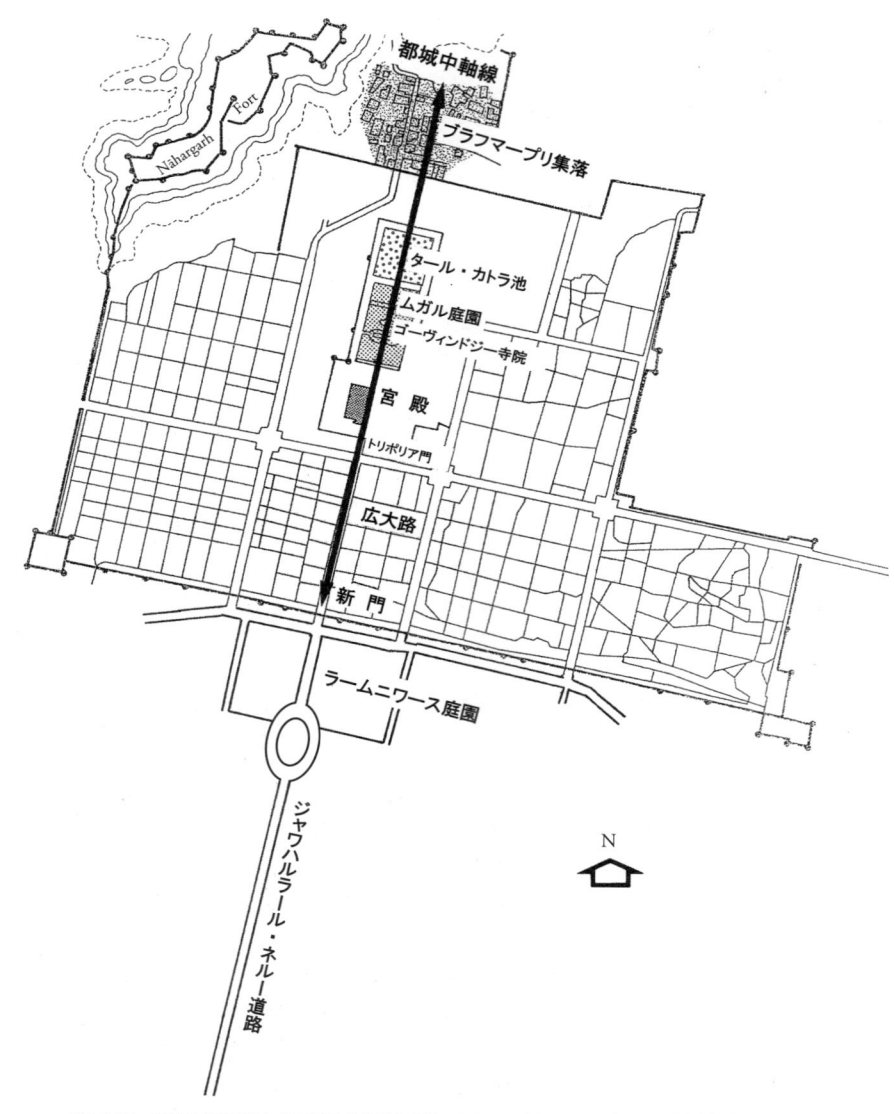

図 140 都城中軸線と新市街中軸線（ジャワハルラール・ネルー道路）（応地作図）

第 XI 章

チャクラ・ヌガラ —— 近世バリ世界の「バロック化」都城

　ここでヒンドゥー世界最西端のジャイプルから，同世界最東端に位置するインドネシアのロンボク（Lombok）島に飛翔したい。目的地は，ジャイプルと同時代の建設都城チャクラ・ヌガラ（Chakra Negara）である。同都城の形態解読にさきだって，やや広い視座からチャクラ・ヌガラの建設前史を一瞥しておきたい。というのは，図141に示したように，一衣帯水の関係でならぶジャワ・バリ・ロンボクさらにはスンバワの4島を舞台とする歴史展開が，チャクラ・ヌガラの建設と性格形成に大きくかかわっているからである。

XI-1　チャクラ・ヌガラ建設前史

　13世紀は，東南アジアにおいても激動の世紀であった。その原動力は，ユーラシア大陸を席巻したモンゴル帝国であった。その激動のなかで，東南アジアは，大陸部・島嶼部ともに既存体制の解体を経験する。大陸部ではクメール王朝が衰退し，新たに1240年ころにスコータイ王朝が成立する。同王朝は，南方上座部仏教を国教とする。一方，島嶼部ではイスラーム化が進行し，ジャワ島のヒンドゥー国家は衰退しつつ東遷していく。その過程でジャワ島東部を根拠地として，1293年にヒンドゥー・ジャワ王権のマジャパヒト王国が成立する。
　1321年に親衛隊長から同王国宰相に抜擢されたガジャ・マダは，対外拡張政策を積極的にすすめていく。その最初の着手が，1343年にみずから指揮しておこなったバリ島攻略であった。さらに，のちにはロンボク島も同王国の支配下に編入する[1]。すでにバリ・ロンボクの両島ともにヒンドゥー的文化を受容していたが，これを契機に本格的にヒンドゥー・ジャワ文化が流入する。しかし繁栄を誇ったマジャパヒト王国も，イスラーム勢力の攻勢のなかで15世紀後半には衰退へとむかい，ついに16世紀はじめには滅亡するにいたる。
　その衰亡と連動するかのように，バリ島でも，内紛を契機にゲルゲル王国が自立する。旧マジャパヒト王国の王族・貴族・祭僧・芸術家などの亡命もあって，バリ島の

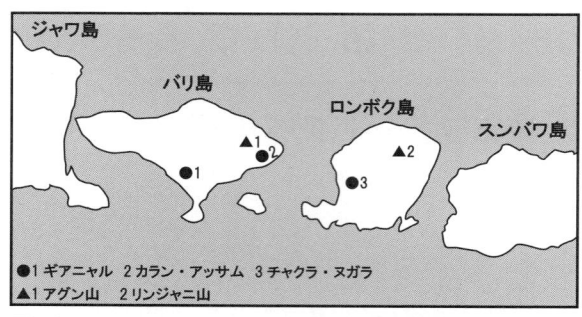

図141　バリ・ロンボク・スンバワ3島の関係図（応地作図）

●1 ギアニャル　2 カラン・アッサム　3 チャクラ・ヌガラ
▲1 アグン山　2 リンジャニ山

ヒンドゥー・ジャワ文化は，ゲルゲル王国のもとでさらに強固なものとなっていく。しかし17世紀後半にはゲルゲル王国も勢力を失い，いくつもの小王国が分立・割拠する状況がうまれる[2]。

　C. ギアツが「劇場国家」という概念を提起したのは，19世紀バリ島での同様の小王国分立状況をもとにしていた。彼のいう「劇場国家」とは，権力の集中をつうじて支配を確立・強化するという通常の国家がめざすものには関心がなく，かわって「王と君主が興行主，僧侶が監督，農民が脇役と舞台装置係と観客とする」儀式を演劇的に演出することに目的をおく国家のことである[3]。さらにギアツは，バリ島の小王国そのものは興亡をくり返してきたが，それらの小王国はいずれも共通して「劇場国家」という本質を保持しつづけてきたとし，バリ島では「国家とは何であるかは，言ってみれば，1343年から1906年までの間に異なることはなかった[4]」と述べている。1343年は前述のマジャパヒト王国によるバリ島攻略，1906年はオランダのバリ島侵攻の年である。小王国の年代記は，王家の起源をマジャパヒト王国によるバリ島支配とむすびつけて語るものが多い。したがって1343年は小王国の成立時期，1906年はオランダによる小王国の滅亡時期を意味する。その全史をつうじてバリ島の小王国を「劇場国家」と定義しうることを，ギアツは述べているのである。

　17世紀後半には，バリ島の南部一帯で「劇場国家」的な小王国が簇生する。その1つがカランアッスム（Karangasem）王国で，図141に記入したように，バリ島東端部の山地帯を根拠地としていた。同王国は，バリ島に割拠した6大ヌガラに属する有力小王国の1つであった[5]。しかし西方に位置する小王国は，いずれも火山裾野のゆたかな水田地帯を基盤としていた。これに対して，より高度大の山地帯に位置するカランアッスム王国は，その点ではめぐまれた条件にはなかった。そこから同王国は，東方への拡張政策を積極的に採用した[6]。具体的には，東に接する海峡の対岸＝ロンボク島への勢力拡大である。同王国の起源は不分明であるが，1680年代から90年代になって「カランアッスム」の名が史料に突如として頻出するようになる[7]。このころ

から同王国は，東方への対外拡張政策を積極化していったのであろう。

　当時のロンボク島では，西方のバリ島からのカランアッスム王国と東方のスンバワ島からのマカッサル勢力とが，たがいに支配をめぐって抗争していた[8]。結果的には，カランアッスム王国が西ロンボク一帯を支配し，この章での主題＝チャクラ・ヌガラ都城を建設する。しかし同王国のロンボク島への進出と支配確立の時期は，年代記によって相違する。カランアッスム王国の西ロンボクへの進攻期については諸説があり，1641年から1700年までの幅がある[9]。同王国の西ロンボク進出の大きな動機は，前述したように，バリ島内の諸王国とくらべて劣る水田稲作を拡充して国力を増強することにあった。とくに西ロンボク平原での灌漑による稲作空間の確保にあった。その目標にむけて具体的に行動をおこすのは17世紀後半とされ[10]，17世紀の第3四半期ころにカランアッスム王国の西ロンボク進出が本格化したと推定できる。バリ島からの渡来者も増加し，とくに1723年には渡来者多数との記録がある[11]。ということは，同王国のロンボク島への進出時期にも，西部地帯での水田拡充がなお進行中であったということであろう。

　チャクラ・ヌガラ都城の建設時期の問題は，以上の諸点とかかわってくる。同都城の建設は，これまで1720年とされてきた。その根拠は，チャクラ・ヌガラの中心寺院であるプラ・メール寺院の建立記録であった。同記録は，プラ・メール寺院がサカ（ヒンドゥー・バリ）暦1642年（西暦1720）に，アンク・アグン・ヌガラ・マデ・カランアッスム王によって建設されたとする[12]。しかしここで言及されているアンク・アグン・ヌガラ・マデ・カランアッスム王の在位期間は，19世紀末から20世紀はじめとされている。ヘーゲルダールは，この記録について，王名あるいは建立年のどちらかに誤りがあるとする[13]。1894年にロンボク島はオランダによって支配されるので，プラ・メール寺院が同王の在位期間にはじめて建立されたとは考えられない。また1720年ころは，前述のとおり，なお西ロンボクは開発途上にあった。そこから，記録の王名と建立年がともに誤っている可能性もあろう。とすると，この記録をもとに，プラ・メール寺院の建立とチャクラ・ヌガラ都城の建設とをただちに関連づけることはできないと考える。

　ここで想起されるのは，チャクラ・ヌガラ都城の宮殿と庭園の建設時期が1744年とされていることである。カランアッスム王国のロンボク支配がいつ確立したのかという問題については諸説があるが，そのなかで有力なのは1740年ころとするものである[14]。これらの諸点から，1740年ころに〈カランアッスム王国の西ロンボク支配

写真146　バリ　テンガソン村
ムラは、長軸を＜カジャ⇔クロッド＞方位にとり、同方位にそって直走する街路の両側に住居がならぶ。

確立→宮殿と庭園の建設→同王国の植民都市チャクラ・ヌガラ建設〉という過程の展開を想定しうる。そこから、これまでの1720年建設開始という通説とは異なって、チャクラ・ヌガラ都城の建設時期を1740年代に措定するのが妥当を考える。しかしいずれにせよ、当時のヒンドゥー世界最西端のジャイプルとほぼ同時期に建設された同世界最東端の都城ということには違いはない。

XI-2　バリ・ヒンドゥー・コスモロジー ── 方位と三体編成

　チャクラ・ヌガラ都城の形態は、バリ・ヒンドゥーのコスモロジーと密接にかかわっている。バリの家屋・寺院・集落・都市などの建設指針の基底にあるのが、同コスモロジーだからである。したがってチャクラ・ヌガラ都城の形態解読にあたって、バリ・ヒンドゥ・コスモロジーが重要な準拠枠を提供する。

(1)　バリ村落の「かたち」とコスモロジー

　最初に、バリ・ヒンドゥー・コスモロジーを景観に刻印する農村集落をとりあげて、「いかに同コスモロジーが集落形態また施設配置と関係しているか」について検討しておきたい。そのうえに立って、「バロック化」という視点からチャクラ・ヌガラ都城の形態考察へとすすむことにする。

　図142は、デサ・アダット（慣習村）とよばれる典型的なバリ村落の空間編成を示したものである[15]。同図は模式図であるが、その際に参照系とされているのは、バリ島東端部のテンガソン村落であろう。同村落は、バリ・ヒンドゥー・コスモロジーを景観に具現する代表的な集落として知られているからである。

　バリ・ヒンドゥー教では、万物は3つの要素からなるとされ、その思想をトリ・ヒラ・カラナとよぶ。3つの構成要素とは、「こころ（精神）・からだ（身体）・ちから（能力）」とされる。デサ（ムラ）も、同様である。バリのムラは、コスモロジーにしたがった3つの三体編成を骨格とする。それらの基底にあるのが、〈カジャ⇔クロッド〉と〈カギン⇔カウ〉という2つの双分的な民俗方位である。

　〈カジャ⇔クロッド〉はバリ固有のもっとも重要な方位観念で、日常生活の場でもつねに意識される民俗方位である。その成立には、バリ島の地形が密接にかかわっている。歴史をつうじてバリ島の中心地帯は、島の南東部にあった。そこでは、北

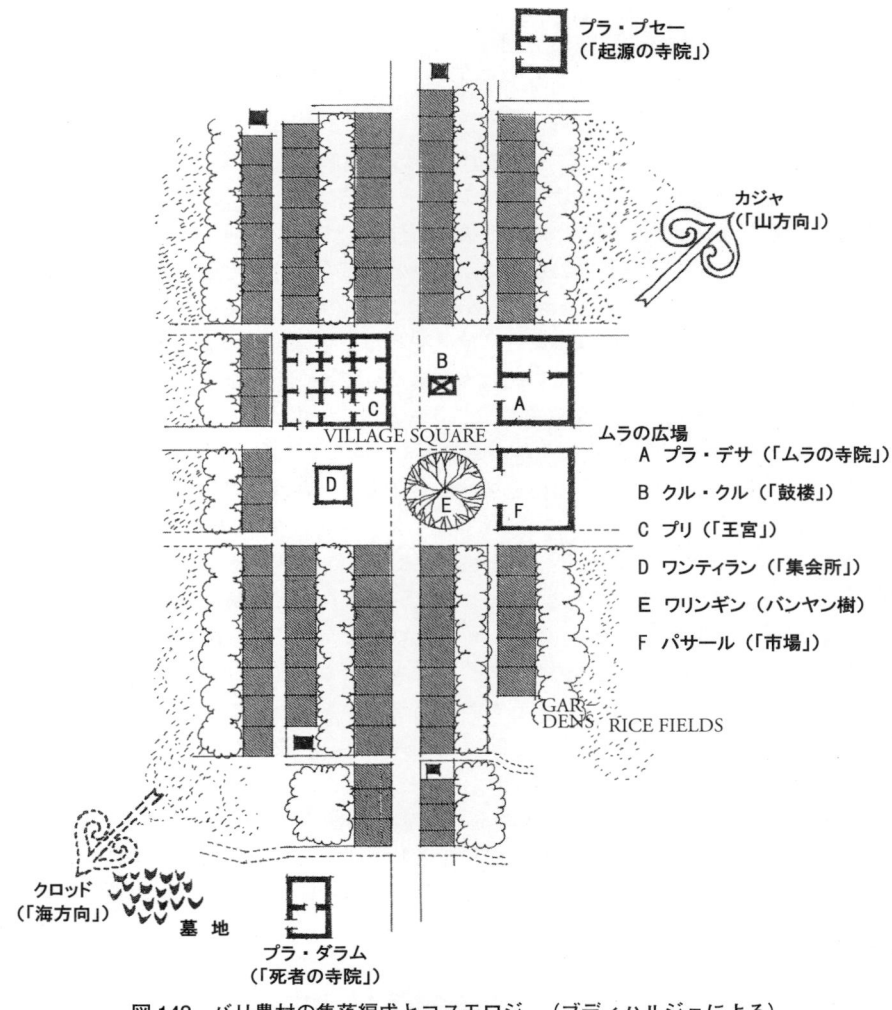

図142 バリ農村の集落編成とコスモロジー（ブディハルジョによる）

プラ・プセー（「起源の寺院」）
カジャ（「山方向」）
ムラの広場
VILLAGE SQUARE
A プラ・デサ（「ムラの寺院」）
B クル・クル（「鼓楼」）
C プリ（「王宮」）
D ワンティラン（「集会所」）
E ワリンギン（バンヤン樹）
F パサール（「市場」）
GARDENS
RICE FIELDS
クロッド（「海方向」）
墓地
プラ・ダラム（「死者の寺院」）

第XI章 チャクラ・ヌガラ

方一帯には火山性の高山がならび，南方には大海がひろがっている。〈カジャ←→クロッド〉は，この「山←→海」・「陸←→海」の配置にしたがう民俗方位である。カジャとは山側＝北，クロッドとは海側＝南を指す。これに，山側は「聖なる方位」，海側は「穢れた方位」という方位観が重合する。

　もう一方の〈カギン←→カウ〉は太陽のみかけの運動にもとづくもので，カギンが日の出，カウが日没の方位を指す。ほぼ「東←→西」にあたる。〈カギン←→カウ〉の民俗方位でも，東は「浄の方位」，西は「穢の方位」とされる。

　バリ島の北部にならぶ諸火山のなかで，もっとも聖なる存在とされてきたのは島の最高峰アグン山（標高3142メートル）である。バリ島の南東部からみると，図141に示したように，アグン山はほぼ北東方に位置する。アグン山をのぞむ方位は，前述の2つの双分的方位を組みあわせていえば「カジャ・カギン」となる。それが，バリ・ヒンドゥーではもっとも「聖なる方位」とされる。「カジャ・カギン」と対極的な方位は「クロッド・カウ」であり，それがもっとも「穢なる方位」とされる。図142は，正反対のベクトルをもつ2つの白抜きスペード印を右上と左下に描いている。右上のスペードが「カジャ・カギン」，左下のものが「クロッド・カウ」の各方位を示す。

　同図は，〈カジャ←→クロッド〉を基本方位として，バリ村落が重層的な3つの三体編成からなる複合体であることを示している。第1の三体編成は集落と2つの重要寺院の配置に関するもので，〈カジャ←→クロッド〉の民俗方位にもとづくムラの基本的な空間編成である。集落の北東端，つまりムラのなかでもっとも「カジャ・カギン」側にあたる位置に，最初にムラを開いた草分けを神として祀るプラ・プセー寺院（「ヘソの寺」・「起源の寺院」）が建てられる。親村から分岐した子村の場合には，親村のプラ・プセー寺院が共通の「起源の寺院」となる。

　「カジャ・カギン」と対角方位にあたるムラの南西端，つまり「クロッド・カウ」側にはプラ・ダラム寺院（「死者の寺院」）が建設される。そこには，火葬場や墓地また穢れからの浄めのための沐浴池が設けられる。沐浴池は，彫刻で飾られた石壁で男女別に分かたれている。火葬された遺灰は，究極のクロッド側である海に流される。「カジャ・カギン」側と「クロッド・カウ」側に立つ両寺院のあいだの中間帯が，集落つまり現世の人間の居住空間である。バリ村落の第1の三体編成は，2つの双分的方位にしたがった「プラ・プセー寺院―集落―プラ・ダラム寺院」の配置である。

　第2の三体編成は，このうちの中間帯＝集落の内部構成にかかわる。バリ・ヒンドゥーのコスモロジーでは，ムラは，人間の居住部分と非居住部分とに明確に分かた

写真147　バリ　アグン山とブサキ寺院
聖なるカジャ・カギン方位に聖なるアグン山の山頂（標高3142 m）を仰ぐ位置に，聖なるブサキ寺院が立つ。

れる。居住部分は，集落である。図142では，集落は，中央で交差する南北道路と東西道路を骨格として構成されている。両者の十字路一帯が，村落の公共空間にあたる。同図は，そこに「ムラの広場」と記入する。この公共空間を中央として，同図によってあきらかなように，集落は「上―中―下」の3帯に分かたれる。もちろん「上」はカジャ側，「下」はクロッド側に位置する。

「上―中―下」からなる第2の三体編成は，トリ・アンガあるいはトリ・ロカ（「三界」）とよばれる。トリ・アンガも，世界は3帯からなるとするバリ・ヒンドゥー・コスモロジーにもとづく。「上―中―下」の3帯は，おのおのウタマ，マディヤ，ニスタとよばれる。それらは，空間的な「上―中―下」だけでなく，時間的な「未来―現在―過去」，さらに終末論的には「天国―現世―地獄」あるいは「神―人間―悪魔」，身体的には「頭―胴―脚」，また浄穢の観念とむすびついて「浄―中立―穢」などの多様な三体編成を意味する。バリにおける村落や都市の形態解読にあたって，とくに重要なのは，この多義的意味をもつ第2の三体編成である。

ムラの中心十字路の四囲に配置された公共施設のなかでプラ・デサに注目すると，第3の三体編成が観察される。プラ・デサは中心十字路の「カジャ・カギン」側に位置し，ムラ全体の「カジャ・カギン」の方位に位置するプラ・プセー寺院，またおなじくムラの「クロッド・カウ」の方位に置かれるプラ・ダラム寺院の2寺院と対角関係でむすばれている。これらの3大寺院（「カヤンガン・ティガ」）からなる寺院配置を，第3の三体編成としてとりだすことができる。プラ・デサは現世の生者のための寺院であり，この三体編成のなかの中心寺院という意味をもつ[16]。

さらに，ムラの中間帯＝「胴」の内部編成にかかわる規範がある。これは三体編成とはいえないが，便宜上，ここで言及しておきたい。前述したように「胴」部は，中心十字路を基本骨格としている。十字路の四辺には方位にしたがってムラの諸施設が配され，ムラの公共空間を形成する。その北東コーナー＝「カジャ・カギン」側には前述のプラ・デサ寺院，北西コーナー＝「カジャ・カウ」側にはプリ（「王宮」）ないし村長（「クリアン・デサ」）の屋敷が立つ。南西コーナー＝「クロッド・カウ」側にはワンティラン（「集会所」）が位置する。島民が愛好する闘鶏はここでおこなわれ，ワンティランは「闘鶏場」を意味することもある[17]。南東コーナー＝「クロッド・カギン」側にはパサール（「市場」）が位置し，その十字路側は聖なる樹ワリンギン（バンヤン樹）の大木がつくる緑陰広場となる。そこは，さまざまな舞踊や芝居のパーフォーマンス空間である。

第XI章　チャクラ・ヌガラ　611

デサ・アダットの形態と構成は，このように，バリ・ヒンドゥー特有の方位観とコスモロジーを基本とする三体編成また規範的施設配置の複合体として理解できる。この編成が，チャクラ・ヌガラ都城の形態解読にあたっての指針を提供する。

(2)　バリ王都の「かたち」とコスモロジー
　チャクラ・ヌガラ都城へと進むまえに，バリ島内の小王国の王都をとりあげて，その形態と編成について検討しておきたい。対象とするのは，バリの6大ヌガラに属する有力王国であったギアニャル (Gianjar) の王都である。ギアニャルは，図141に示したように，バリ島中央南部に位置する。
　図143は，ギアニャルとその周辺を示したものである。王都は，アグン山の火山裾野末端部の段丘化した平坦面上にある。東西両端を開析されて南北にのびる平坦面の形状に規定されて，集落も北から南にむけて連続して長くつづく。この形態は，地形と同時に，前述したバリ固有の〈カジャ←→クロッド〉の双分的な民俗方位にしたがうものである。
　王都の中心域は，図143のほぼ中央部にORと記入された細かなドット模様の四角形の周辺にある。四角形の北西角で，王都を南北と東西に貫走する2本の幹線街路が交差する。その一帯が，王宮をふくむ王都の中心域である。中心域から北方と南方にむかって集落がひろがり，王都は，「北方集落—中心域—南方集落」の3ゾーンで構成されている。この構成は，バリ・ヒンドゥー・コスモロジーでいう「頭—胴—脚」の三体編成と対応する。
　図144は，ギアニャル王都の中心域で1994年におこなった臨地調査をもとに，中心十字路をふくむ一帯での施設配置とカースト別居住状況を示したものである。十字路の北東コーナー，つまりもっとも聖なるカジャ・カンギン側にはクラトン（「王宮」）が位置する。その規模は，東西幅170×南北長155メートルほどである。図142のムラの模式図では，中心十字路のカジャ・カンギン側を占めていたのは，デサ・プラとよばれるムラの寺院であった。しかし王都ギアニャルでは，そこには王宮が位置している。王権が教権を凌駕し，王権によるコスモロジーからの逸脱と再編が，ここでも観察できる。「カジャ・カンギン側に位置するものはなにか」という観点からみると，バリの小王国ギアニャルでも都城の「バロック化」を指摘できる。
　中心十字路の南東コーナーつまりクロッド・カギン側は，アルン・アルンとよばれる広場空間である。その規模は東西幅170×南北長140メートルほどで，面積では王

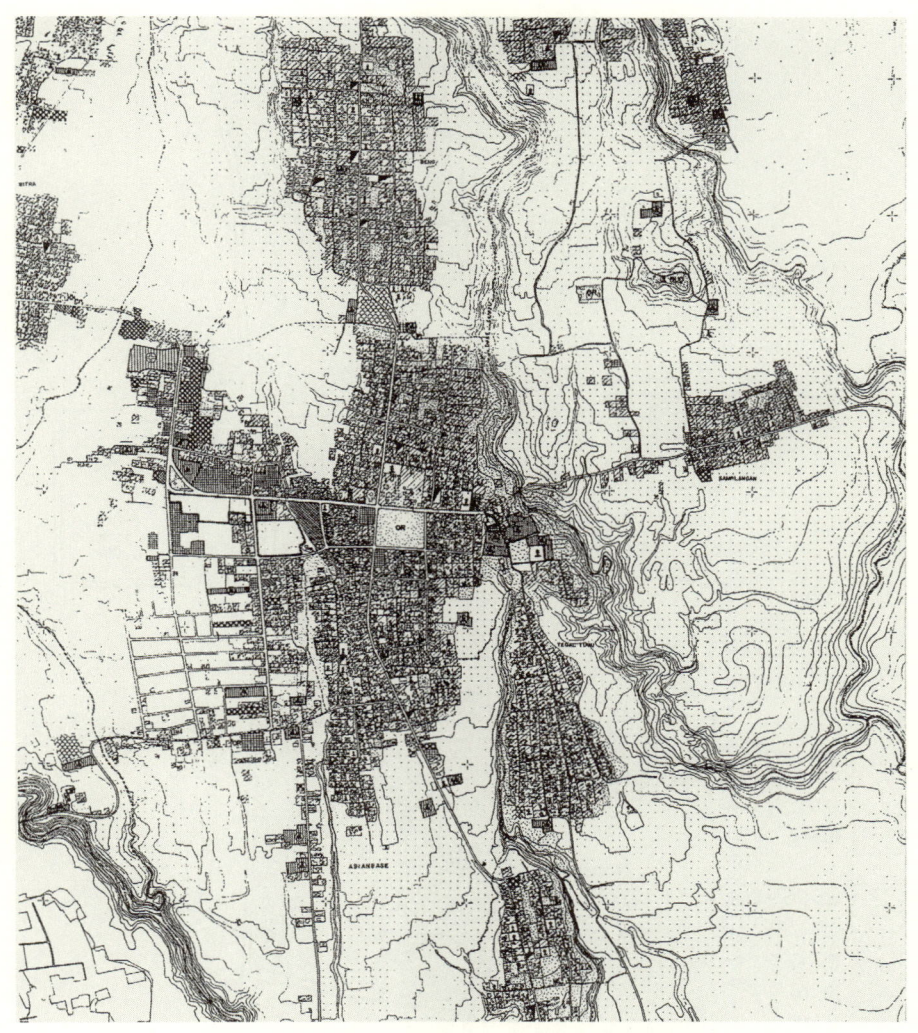

図143　ギアニャル王都とその周辺（インドネシア政府資料による）

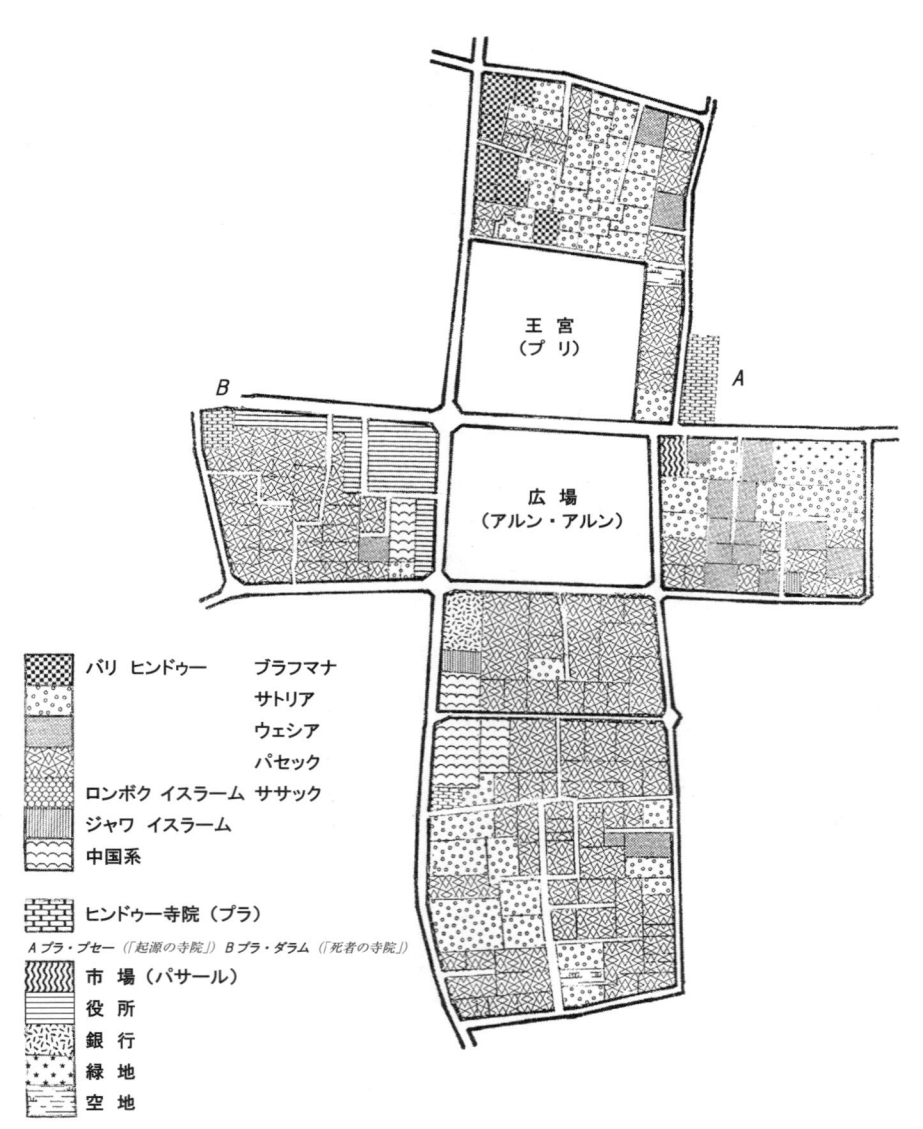

図144 ギアニャル王都中心域とカースト別居住状況（1994年の臨地調査をもとに応地作図）

614　第3部　18世紀ヒンドゥー世界両端の建設都城

写真148　バリ　ギアニャル　アルン・アルン（中心広場）

ギアニャルでは，中心十字路のカジャ・カギン側に王宮，クロッド・カギン側にアルン・アルンが配されている。

宮よりも小さい。図142のムラの模式図では，ここはバンヤンの大樹が枝をひろげる緑陰広場と市場の空間であった。ギアニャルのアルン・アルン（「広場」）も広いオープン・スペースで，その四隅にはバンヤン樹が大きく枝をひろげている。市場は，アルン・アルンの広場空間の東限を画する小路をへだてた東方にある。ギアニャル王都では，図142の市場前庭であったバンヤン樹の緑陰広場が肥大化し，逆に市場が十字路を離れた東方におしやられているといえる。拡大したアルン・アルンは，カジャ・カンギン側の王宮と一体となって都市核を構成する。

　アルン・アルンは，バリ島だけでなくジャワ島の諸都市にもみられる中心広場で，その成立は，イスラーム世界の都市広場と関連づけて説明されることがある。その際に言及されるのは，イラン・サファヴィー朝の王都イスファハーンなどにみられるマイダーンとよばれる広場である。しかしジャワ島でのアルン・アルンの成立は，イスラーム化以前のジャワ・ヒンドゥー時代にさかのぼる可能性がある。それは，『マーナサーラ』などの古代インドのシルパシャーストラ文献も，「都市の中心域すなわちブラーフマ神の神領には広場を建設すべし」と記載していて，そこに寺院を建立するのは後世の誤りとの指摘もあるからである[18]。VI-2で鍵概念として提起した東南アジアの「インド化」の時期に，都市の中心域を広場とするヒンドゥー都市思想が東南アジアに伝来し，それがジャワ島に定着した可能性も否定できないであろう。

　中心十字路の北西コーナー＝カジャ・カウ側には，大きくはないが，タマン・ギアニャルとよばれる公園的な施設がある。図142の模式図では，ここは王宮の所在場所であった。また南西コーナーの「クロッド・カウ」側には，バレ・ブダヤとよばれる集会所と広場がある。これは，図142とおなじである。したがって模式図とのもっとも大きな相違は，王宮と中心広場空間にある。その相違は，王宮のカジャ・カンギン側への移転と拡大，中心広場空間アルン・アルンの拡大と市場の東方への立地移動を主たる内容とする。その結果，拡大した王宮と中心広場空間とが一体化して，そこにギアニャル王都の「バロック化」空間を創出していると要約できる。

　つぎに，三体編成の第3として前述したカヤガン・ティガについて検討する。カヤガン・ティガとは，デサ・プセー，プラ・デサ，プラ・ダラムの3寺院からなる三大寺院のことである。これらの3つの寺院は，図142のムラの模式図では，〈「カジャ・カギン」←→「クロッド・カウ」〉の双分的な方位にしたがう対角線上に配置されていた。これを念頭において，図144をもとにギアニャル王都でのカヤガン・ティガの配列について検討したい。

第XI章　チャクラ・ヌガラ　615

まず「起源の寺院」にあたるデサ・プセーは，図144にAとして記入したように，中心十字路から東西街路を東進した場所にある。同寺院は，そこを南北に走る小路を介して王宮と接している。このデサ・プセーの位置を，第1の三体編成として前述した「プラ・プセー寺院―集落―プラ・ダラム寺院」の配列を参照すると，この点でも相違が観察される。まず，デサ・プセーが「集落」外のカジャ側ではなく，「集落」内の中心域に所在していることであり，また中心十字路の「カジャ・カギン」側を占める王宮の東に接していることである。ここではこれらの両点だけを指摘するにとどめ，「起源の寺院」の立地については，さらにのちに検討したい。
　図142では「死者の寺院」＝プラ・ダラム寺院は，もっとも穢れた方位である「集落」外南西方の「クロッド・カウ」側に所在する宗教施設であった。しかしギアニャル王都では，図144にBとして記入したように，プラ・ダラム寺院は中心十字路から東西街路を西進した南側にある。プラ・ダラム寺院も，プラ・プセー寺院とおなじように，「集落」外の「クロッド・カウ」側ではなく，「集落」中心帯のカウ側に位置している。つまりデサ・プセーとプラ・ダラム寺院は，ともに中心十字路を形成する東西街路に面して位置していて，〈「カジャ・カギン」←→「クロッド・カウ」〉の対角的な関係ではなく，〈カギン←→カウ〉の水平的な東西関係で配置されている。しかも中心十字路からの距離を測定すると，デサ・プセーは東へ約185メートル，プラ・ダラム寺院は西へ約170メートルと近似した数値を示す。デサ・プセーとプラ・ダラムの両寺院は，おのおの東西街路の北側と南側に位置している。両寺院は，中心十字路を介してほぼ対称的な位置関係で配置されていることを示す。
　カヤガン・ティガの中心寺院＝デサ・プラは，図142の模式図では，デサ・プセーとプラ・ダラム両寺院の中間的位置にある。ギアニャルでは，その中間的位置は中心十字路にあたる。しかし図144にみられるように，中心十字路の周辺にはデサ・プラは存在しない。カヤガン・ティガを構成する三大寺院について，ギアツは，そのあり方がさまざまであることを指摘する[19]。ギアニャルのように，デサ・プセーとプラ・ダラムの2寺院のみの場合もあることも指摘している。しかしギアニャルでは，デサ・プセーとプラ・ダラム両寺院の位置関係からみて，デサ・プラは王宮に合体され，王宮によって代替されているという可能性もあるであろう。ギアツも，ギアニャルの東方に位置するクルンクン王国の王宮の構成を述べる際に，その神聖域の中心的な宗教施設の1つが王朝の「本系の寺院」で，それは「クルンクンの支配者全体のための寺院[20]」であったとしている。ギアニャル王国でも王は自ら神聖王を名のり，デワ・マ

ンギス(「甘い神」)と称した[21]。神聖王によるデサ・プラ寺院の王宮への合体も,教権に対する王権の優越,つまり「バロック化」によるコスモロジーからの逸脱を意味していると考えられる。

王宮やアルン・アルンのまわりには,住宅地区がひろがる。1994年には,そのカースト別居住状況についても臨地調査した。バリ島は,「インド化された東南アジア」のなかでは例外的なカースト社会である。しかしヒンドゥー・インドのヴァルナ・ジャーティ制度からは大きく変質していて,いわばルースなカースト制度と化している。ここではバリ社会のカースト制度について詳述することは避け,その概略を述べるにとどめたい。

「カースト」という言葉は,ポルトガル語起源の外来語である。そのためヒンドゥー・インドでは別個の概念であるヴァルナとジャーティが,「カースト」という言葉に合体されてしまっている。そのため,私は「カースト」という言葉を排して,ヴァルナ・ジャーティ制度とよぶべきであると考える[22]。バリ社会でカーストとよばれているのはワルナ,つまりヴァルナ・ジャーティ制度のヴァルナである。ヴァルナの語源はサンスクリット語の「色」にあり,とくに皮膚の「色」にもとづく差別化をつうじてヴァルナ概念が成立したことを暗示する。日本で四姓制度とよばれるものが,これにあたる。

しかしバリ社会でのワルナとヒンドゥー・インドのヴァルナとのあいだには類似性はあるが,相違点も大きい。たとえばヒンドゥー・インドではヴァルナ間の共食はタブーであるが,バリ社会ではそれはタブー視されていない。またヒンドゥー・インドではヴァルナ間の結婚は認められず,ヴァルナとジャーティからの追放の対象となるのに対して,バリ社会では同タブーはつよくはなく,異ワルナとの結婚も容認されている。

バリ・ヒンドゥーの特質は,それぞれのワルナにかかわる称号が存在することである。称号は姓とならべて使用されるので,自称する称号をもとに所属ワルナを了解できる。しかし各称号とワルナとの関係は完全に一致してはいない。そのため各称号の帰属ワルナをめぐっては,当事者間でも異なることもある。しかし一般に認められている称号とワルナとの関係を示すと,つぎのようにまとめうる[23]。

ブラーフマナ(バラモン) —— イダ・バグス(男),イダ・アユ(女),パンデなど。
サトゥリア(クシャトリヤ) —— ラトゥ,チョコルダ,グラ,デワなど。

ウェシア（ヴァイシャ）──グスティ，スィなど。
　　パセック（スードラ）──ワヤン，ニョンマ，クツート，マデなど。

　このうち上位3ワルナは，トリワンサ（「3種の人間」の意）とよばれる。ヒンドゥー・インド流にいえば，再生族にあたろう。人口がもっとも多いのは一生族にあたるパセックで，その比率はバリ島全人口の90パーセントに達するとされる。
　これらの称号を手がかりとして，ギアニャルの中心広場アルン・アルンの四囲に所在する各住戸で，それぞれの所属ワルナについてききとりをおこなった。その結果を，図144に図化した。同図をもとに，ギアニャル王都中心域でのワルナ別居住状況について検討する。
　北の王宮とむかいあって，中心広場がある。王宮と中央広場の2つをあわせて王都核心とよぶとすれば，その四囲におけるワルナ別居住状況は明瞭な空間的分化をみせる。まず王都核心から北方＝カジャ側は，ブラーフマナとサトゥリアの集住地区である。サトゥリアにくらべてブラーフマナは少数であるが，彼らの住戸は西側に集中している。その東の多くの部分に，サトゥリアが集住している。王都核心のカジャ側内部でも，ブラーフマナとサトゥリアの住み分けが観察される。
　王都核心の東方＝カギン側は，サトゥリア，ウェシア，パセックの3ワルナの混住地区で，ブラーフマナの住戸は存在しない。しかしその内部は，やはり明瞭な居住分化をみせる。ブラーフマナをのぞく3ワルナのなかで，最上位を占めるのはサトゥリアである。彼らの住戸はより聖なる方位であるカジャ側に集まり，南方にはおよんでいない。南方のクロッド側を充填しているのが，ウェシアとパセックの下位2ワルナの住戸である。
　王都核心の南方＝クロッド側は，パセックの集住地区である。そのなかで2つの点が注目される。それは，王宮と中心広場の西を画する南北街路にそう部分である。その北端に銀行が位置していることが示しているように，この一帯はギアニャルの経済活動の集積地点である。バリ島でも経済活動の担い手は中国系住民であり，ギアニャルでも彼らの店舗つき住戸はここに集中している。そのなかの1戸は，ジャワからのモスレムに属する。新しい経済活動の集積が，この一帯への非バリ系集団の居住集中を生みだしているのである。南北街路にそう中国系集住地区の南には，バリ・ヒンドゥー寺院がある。そこから南方には，サトゥリアの住戸がつらなる。この一帯ではサトゥリアとパセックの住戸が混在するが，王都核心のカジャ側とおなじように，よ

り上位のワルナであるサトゥリアの住戸が西方に分布している。最後の王都核心の西方＝カウ側は、ほぼ完全にパセックの集住地区である。

このようにギアニャル王都核心域の四囲では、方位によって明確なワルナ別居住分化がみられる。それを要約すると、つぎのようになろう。

1) ブラーフマナの居住はもっとも聖なる方位であるカジャ側のみにかぎられていること。
2) サトゥリアの住戸は、カジャ側・カギン側・クロッド側に存在するが、その比率は、右繞つまり時計回りに配列するこれら3方位の順に低下していること。
3) ウェシアの住戸は、ほぼカギン側にかぎられていること。
4) パセックの住戸は、ごく一部がカギン側にも存在する。そこからクロッド側さらにはカウ側へと右繞していくにつれて彼らの集住比率は増大し、最後のカウ側はパセックのみの集住地区となっていること。

XI-3　チャクラ・ヌガラ都城の基本構成

以上、バリ島での標準的なムラと王都の形態的な特質、さらには王都核心でのワルナによる居住分化について述べた。この習作的な臨地調査を準拠枠として、主題であるロンボク島のチャクラ・ヌガラ都城の形態解読へとすすむことにしたい。

(1)　チャクラ・ヌガラとその周辺

ロンボク島の海陸分布と地形は、バリ島と類似する。北辺を火山性の山地が東西走し、南にむけて裾野をひろげつつ海に沈入していくこと、島の政治・経済・文化の中心は火山裾野をふくむ南部平原にあること、この2点はバリ島と同一である。南部平原は農耕地帯であるが、現地での観察によれば、東半部と西半部で土地利用は相違する。より湿潤な西半部は灌漑稲作地帯であるが、より乾燥する東半部では畑作の比率が高まっていく。この東西の農耕的相違が、居住集団さらには宗教との相違と重合する。西半部はバリ人とバリ・ヒンドゥー教の優越地帯であり、東半部は先住民のササック人とイスラームの優越地帯である。

チャクラ・ヌガラ都城が位置するヒンドゥ地帯は、ロンボク島全体からみると同島

写真149　ロンボク島最高峰　リンジャニ山
リンジャニ山（標高3726 m）は，同島南西部のヒンドゥー・
バリ地帯のカジャ・カギン方向に聳える聖山である。

の南西部にあたる。北方山地の最高峰リンジャニ山（標高 3726 メートル）は，バリ島のアグン山とおなじく，図 141 に示されるように，島の北東端に位置する。そのためバリ・ヒンドゥー的な民俗方位が，ロンボク島のヒンドゥー地帯でも日常的に使用される。

　ロンボク島西半部のバリ・ヒンドゥー文化圏への編入・支配は，先述したように，カランアッスム王国によってなされた。しかしその支配は，先住民のイスラーム教徒のササック人を排除するものではなく，彼らとも共生的であった。その理由として，バリ・ヒンドゥーもササック・モスレムも，ともにマジャパヒト王国にはじまる文明意識を共有していたことが指摘されている[24]。バリ・ヒンドゥーの植民都市として1740 年前後に建設されたのが，チャクラ・ヌガラ都城であった。植民都市がもつ特質の 1 つに，本国では実現困難であった都市理念を新たに獲得した植民地空間で実現するということがある。後述するように，チャクラ・ヌガラが植民本国の王都（カランアッスム）とは比較にならない規模と計画性をもつのは，そのゆえであろう。

　チャクラ・ヌガラ都城は，1894 年のロンボク戦争最終局面での戦場であった。その勝利をうけてオランダは，ロンボク島を東インド領に編入する。図 145 は，1924–25 年にオランダによって測量された 2 万 5000 分の 1 地形図を合成して，チャクラ・ヌガラとその周辺を示したものである。この地形図でチャクラ・ヌガラを「発見」したことが，1991 年にはじまる布野修司氏とのチャクラ・ヌガラ共同調査の端緒となった。

　チャクラ・ヌガラは，ロンボク海峡に面する西海岸から東方に約 7 キロメートルはなれた内陸部に位置している。同海峡のロンボク側を代表する港市は，現在では，同図の北西端に示されたアンペナンとなっている。しかしカランアッスム王国のロンボク侵攻と征服の過程で重要な役割をはたしたのは，その南方のタンジュン・カラン（「カラン岬」の意）であった。そこを外港として，チャクラ・ヌガラは対岸の本国王都カランアッスムとむすばれていた。

　そのことは，図 145 が描くタンジュン・カランとチャクラ・ヌガラとをむすぶ街道からもよみとれる。街道はタンジュン・カランからほぼ東にむけて直走し，沿道には集落が連続してならぶ。その街村景観は，同街道の歴史の古さをものがたる。ロンボクに最初に派遣されたオランダ使節団も，タンジュン・カランに上陸したのちチャクラ・ヌガラをめざした。同街道は，図にみるように，最終的にチャクラ・ヌガラ中心域の南端で，同都城の南北中心街路と合流する。したがってチャクラ・ヌガラの計

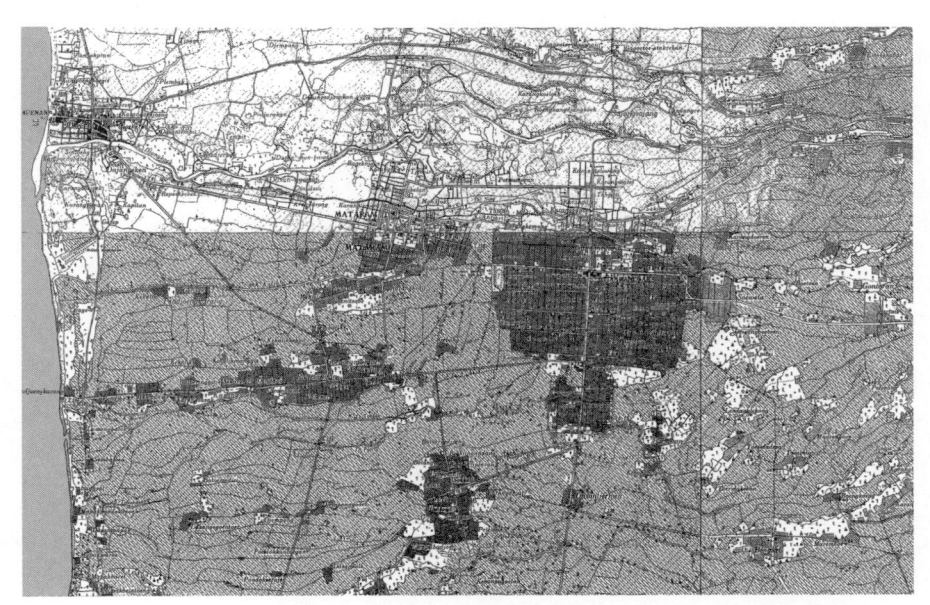

図145　チャクラ・ヌガラ都城とその周辺 —— 1924-25年測量（オランダ地図調査局図を集成）

画・建設は，外港タンジュン・カランをむすぶ街道と一体的な関係のもとに推進されたと考えられる。

　図145は，4枚の地形図を合成したものである。それらの地形図は同時期の測量・作製ではあるが，その表現には精粗がある。幸運なことに，チャクラ・ヌガラ都城の本体部分をふくむ南西図幅がもっともくわしい。しかし同都城の北部を収載する北西図幅の表現は，ひじょうに簡略である。最初に図145をもとに，チャクラ・ヌガラ都城の周辺一帯の状況について検討しておきたい。

　同都城の周辺一帯には，左上から右下へと傾斜するレンガ状の記号がひろがる。それは，水田を示す記号である。都城周辺にひろがる水田地帯は，西流する小河川を灌水源とする。同図からも，分流をくりかえしつつ拡大していく水路網によって灌漑される水田景観を明瞭によみとりうる。これは，バリ島の灌漑方式とおなじである。すでに述べたように，ロンボク島西部平原での水田拡充は17世紀後半に進行する。同図は，その拡充がバリ島の灌漑様式を採用してなされたことを物語っている。

第XI章　チャクラ・ヌガラ　621

写真150 チャクラ・ヌガラ グリッドパターン編成
空中から見ると，緑の多い低層都市空間を大路が直走しあってグリッドパターン都市を形成していることがよく分かる。

　また図145は，あたかもチャクラ・ヌガラを親集落として，それをとりまいて子村的な大集落が疎塊村状に分布している様子を描く。これらの子村的集落は，共通した形態的特質を示す。それは，ほぼ南北と東西に走る2つの道路がムラの中央付近で交差し，その十字路を中心として小広場が形成されていることである。これは，図142に掲げた模式的なバリ村落とおなじである。このように図145の地形図からは，灌漑水田と農村集落の双方でバリ的特質をよみとることができる。

(2) 街路・街区編成と当初形態の復原
　図146は，図145が描くチャクラ・ヌガラ都城を拡大して示したものである。図幅間の精粗のために，都城本体部分の街路また市街地区画は詳細に描かれているが，図幅を異にする都城北端部の描出は簡略である。しかし主要街路の配置は，同図からも了知できる。
　まず，骨格を形成する街路と街区の編成に注目したい。図146は，チャクラ・ヌガラ都城が，規模を異にする3ランクの直交街路とそれらによって区画された街区を体系的にくみあわせて編成された都市であったことを物語っている。街路のランクは，同時に，それらによって区画される街区の面域規模と比例している。その関係を，街路・区画面域の規模の順に整理すると，つぎのように要約できる。

① 第1ランク：マルガ・サンガ街路による基本4区画
　マルガ・サンガ（Marga Sanga）とは，図146で市街地の中央部を南北と東西に貫走する中心幹線街路をいう。同図は，白抜きの太線で同街路を大きく描く。両者の交点は白いままに残され，図145のチャクラ・ヌガラ周辺の農村集落また図142のムラの模式図とおなじように，そこは広場空間となっていたことを推定させる。以後，マルガ・サンガを「中心幹線街路」とよぶことにしたい。この広場空間を原点として，都城は北東・北西・南西・南東の4つの大街区に区分される。歩道をふくめた中心幹線街路の幅員は，南北方向が約45メートル，東西方向が約36メートルであって，両者の相違は大きい。バリ・ヒンドゥー・コスモロジーでの最重要方位である〈カジャ←→クロッド〉を重視して，チャクラ・ヌガラ都城が計画され建設されたことを物語る。

② 第2ランク：マルガ・ダサ街路によるグリッドパターン区画
　中心十字路を原点とする基本4区画の内部を，さらにほぼ正方形ブロックに区画する街路である。以後，マルガ・ダサ（Marga Dasa）を「大路」とよぶことにしたい。大

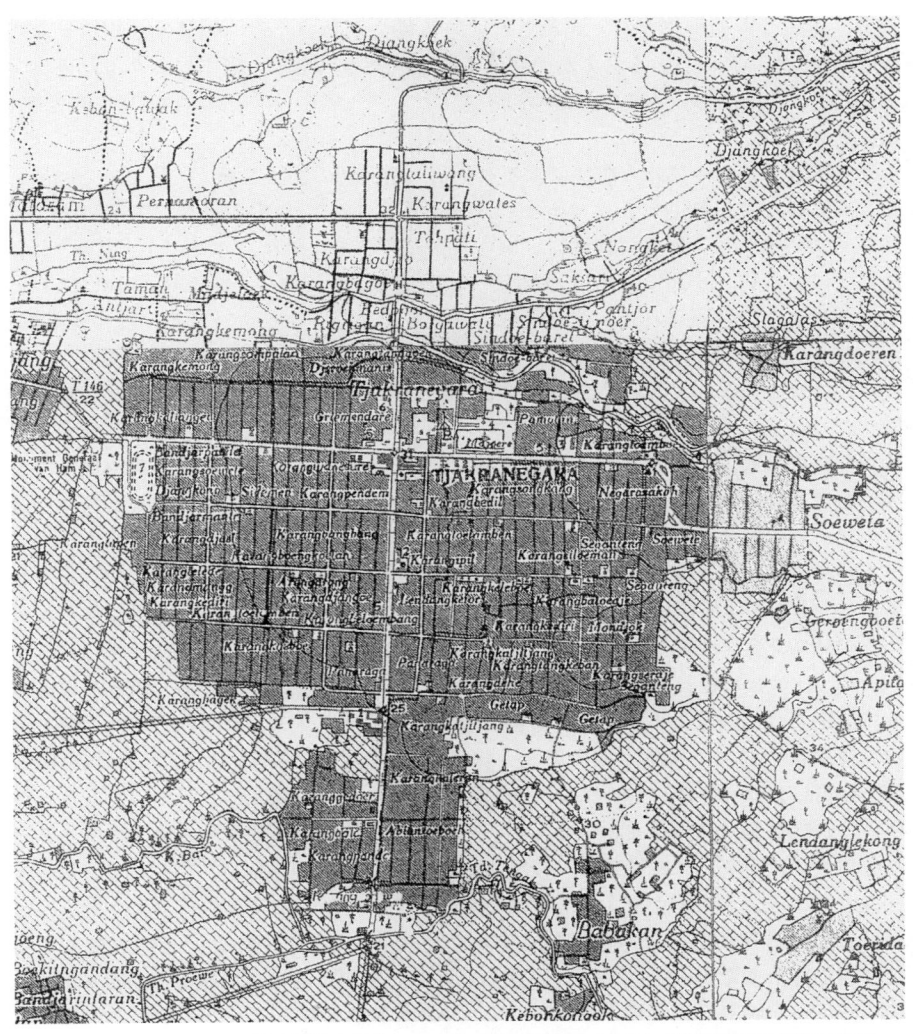

図146　チャクラ・ヌガラ都城本体部 ―― 1924-25年測量（オランダ地図調査局図を集成）

写真151　チャクラ・ヌガラ　マルガ・ダサ大路
都城域は，幅員27mほどのマルガ・ダサ大路によって1辺250m前後の正方形ブロック＝カラン街区に区分される。

路も，歩道つきの街路として建設されている場合が多い。その幅員は，歩道をふくめて約27メートルである。また大路によって区画された正方形ブロックは，カラン（Karang）とよばれる。カランの規模は一定していないが，もっとも多いのは約250×250メートルである。

③　**第3ランク：マルガ街路によるタテ長・短冊型の住区区画**
　大路によって区画されたグリッドパターン街区（カラン）の内部を，さらに南北に長い4つのタテ長・短冊型住区に区画する街路である。以後，マルガを「小路」とよぶことにしたい。小路には歩道はなく，その幅員は約9メートルで統一されている。マルガによって区画された短冊型住区は，一般にクリアンとよばれる。その規模は，南北長：約250メートル，東西幅：約60メートルとなる。クリアンの内部は，さらに生け垣などによって東西方向は均等に背割され，また南北方向は10等分されている。このように，クリアンは計20の単位に分割され，それがバリ人家族への宅地班給単位であった。その規模はおよそ25×25メートルの正方形区画で，各宅地はマルガ小路にむけて門戸を開いていた。マルガの両側に同一規模でならぶ宅地と家屋が近隣集団を形成し，それらによって構成される両側町もクリアンとよばれている。
　小路の走向は，直交しあう中心幹線街路のうち南北幹線街路と平行させて設定されている。2本の中心幹線街路は幅員と重要性を異にし，より大きな意味が付与されていたのは南北幹線街路であった。同街路は，もっとも重要な民俗方位である〈カジャ―クロッド〉を基線とする最大幅員街路だからである。小路の走向も，同方位にあわせて設定されている。小路は，都市生活の基本単位＝クリアン共同体の生活道路である。最上位の都城中軸線である南北幹線街路と最下位の基本生活道路である小路とが，ともに最聖の〈カジャ―クロッド〉方位に統一して設定されているのである。最聖方位が都城全域に貫徹するバリ・ヒンドゥーの正統的な都城としてチャクラ・ヌガラを建設するという基本構想を，街路計画からもよみとることができる。
　以上のように，チャクラ・ヌガラ都城は，3ランクの街路とそれらによる大小の街区区分とを有機的に結合させて編成された計画建設都市であった。その有機的関係は，街路幅員また街区区分の双方で観察できる。まず街路幅員に関しては，3ランクの街路は一定の幅員比で設定されている。小路の幅員＝約9メートルを原単位とすると，大路が9×3＝27，中心幹線街路は東西方向が9×4＝36，南北方向が9×5＝45メートルとなる。これらの4ランクの街路幅員が，小路幅員の整数倍で設定されている。同様に宅地の班給単位である25×25メートルを原単位とすると，第3ランクの短冊

写真152　チャクラ・ヌガラ　マルガ小路
カランの内部には幅員およそ9mの3本のマルガ小路が南北走して，正方形ブロックをさらに4つの短冊型住区（クリアン）に区画する。

型区画（クリアン）は20倍，第2ランクのグリッド・パターン街区（カラン）は80倍という整数倍で設定されている。

　チャクラ・ヌガラ都城の編成原理を確定したうえで，つぎに同都城の形態復原へとすすみたい。そのための地図資料としては，図146の1924-25年測量図にくわえて，図147に掲げた1894年のロンボク戦争直後にコールが作成した測量図を利用できる[25]。図147では不明確であるが，図146は，チャクラ・ヌガラ都城の市街地編成が，第2ランクの大路によって区画された正方形ブロック＝カランを基本としていることを示す。図146で，中心幹線街路の交点を原点とする4つの象限ごとにカランの配置を検討すると，つぎのようになる。

　(1) 南西象限：当初のカラン編成をもっともよく残し，この象限の市街地は4×4＝16カランからなっている。

　(2) 南東象限：大・小2つのカラン群から編成されている。大カラン群は，南北走する中心幹線街路を基軸として，南西象限のカラン群と対称位置に配置されている。しかしその内部での大路の配置は変則的であるが，クリアンの数は南西象限とおなじく4×4＝16カランで編成されている。小カラン群はその東方に接して配置され，2×2＝4カランで編成されていたと推定できる。南西象限との相違は，南東象限が小カラン群を東方に附属させている点にある。その理由として，都城の軍事的防御の必要をあげうる。ロンボク島東半部を根拠地とするササック人モスレム勢力への防御である。

　小カラン群の形態も，都城防衛を重視して建設されたことをうかがわせる。それは，東西方向の中心幹線街路が大カラン群の北東端で南折し，1カラン分南進してからふたたび東進していくという鍵型屈曲路として建設されていることである。この部分での鍵型屈曲の採用には，図147が示しているように，北を流れる河川の流路がここで南下していることも作用していたであろう。しかしそのような自然的要因だけではなく，南下する流路もとりこんだ東方防衛のための鍵型屈曲であったと考えられる。鍵型屈曲は，日本の城下町や宿場町でも普遍的にみられた防御のための街路形態である。鍵型屈曲路を軸線とする小カラン群は，チャクラ・ヌガラ都城の出城的機能を担っていたのであろう。しかし1894年に都城を攻略して支配を確立したオランダ軍は，防御策を講じていた東方からではなく西方から侵攻してきた。

　(3) 北西象限：図147は，北方に西流する直流河川を描いている。おそらくそれ

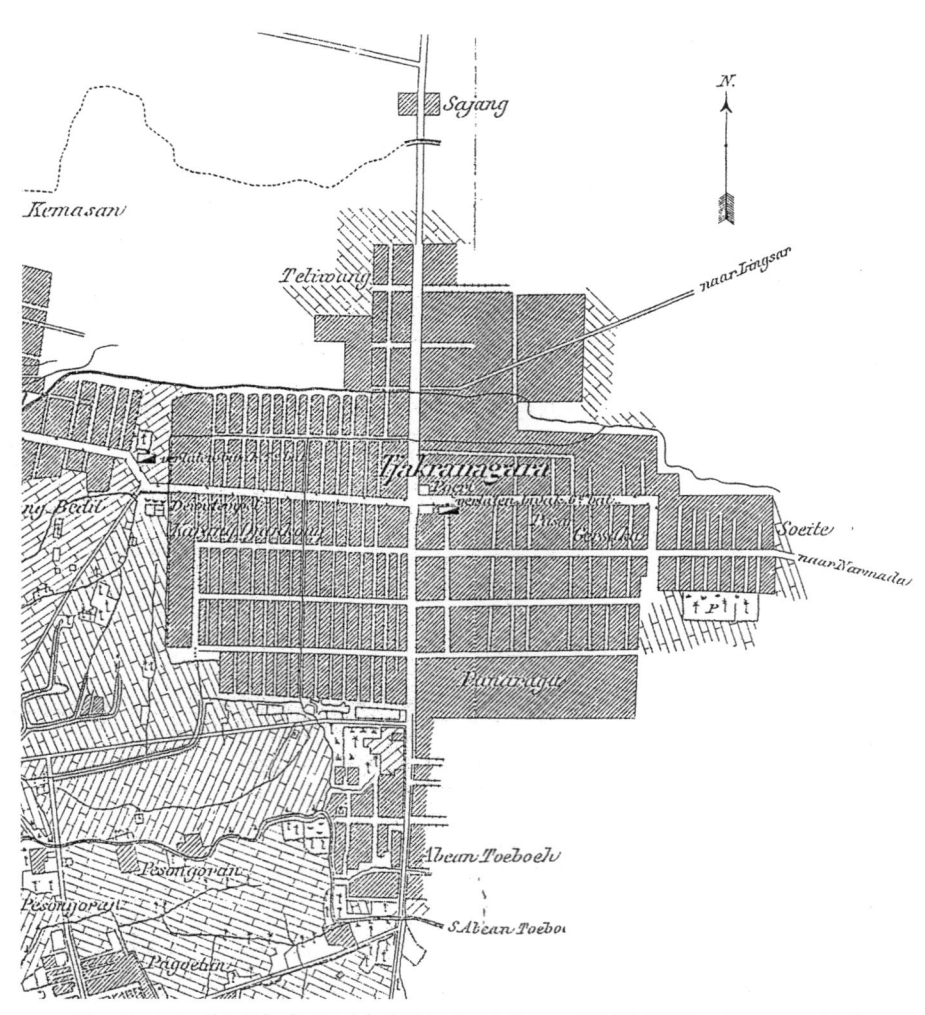

図147 ロンボク戦争（1894年）直後のチャクラ・ヌガラ都城測量図（コールによる）

は，コールによるデフォルメであろう．図 146 は，それを曲流する自然河川として描いているからである．北西象限のカランの南北幅は，図 146 が描くように，同河川の存在のために 1.5 カランに拡大されていたと推定できる．したがって北西象限の市街地は，南北 1.5×東西 4 カランで構成されていたと考えられる．

　(4) 北東象限：この象限は，かつての王宮の所在場所であり，ロンボク戦争の際に徹底的に破壊された．そのため復原は困難であるが，図 144 はここに南東から北西へと流下する乱流河川を描く．河川の存在を基本要因として，北東象限での市街地は南北 1 カラン×東西 4 カランであったと推定される．

　XI-2 でバリ・ヒンドゥー・コスモロジーを述べた際に，3 つの重層的な三体編成を指摘した．その第 2 として，「上―中―下」あるいは「頭―胴―脚」の三体編成を紹介した．「頭―胴―脚」のうち「胴」は，集落の中心域にあたっていた．上に検討した中心幹線街路の交点を原点とする 4 つの象限が，チャクラ・ヌガラ都城の「胴」に相当する．三体編成では「頭」と「脚」は，「胴」の上方と下方に配置される．チャクラ・ヌガラ都城の場合は，「脚」は明瞭である．図 146 で南北走する中心幹線街路が「胴」の南縁を越えて延伸した位置に，同街路を軸線として 2×2＝4 カランが配置されている．それが，「脚」にあたる．「胴」と「脚」とのあいだには，南北ほぼ 1 カラン分の遮断空間がある．

　都城の北端部に関する図 146 の表現は簡略で，街路しか描いていない．しかしそれでも，前述した河川を越えた対岸に 2×2＝4 カランの存在をよみとれる．その場所は，中心幹線街路の交点を介して「脚」とほぼ南北相称位置にあたる．

　以上の検討をもとに，チャクラ・ヌガラ都城の当初形態を図 148 のように模式化できる．同図にみるように，チャクラ・ヌガラ都城は，バリ・ヒンドゥー・コスモロジーに忠実な「頭―胴―脚」ないし「上―中―下」の三体編成からなる都城であった．その編成の原単位はカランであるが，同図が明瞭に示すように，2×2＝4 カランが上位レベルでの構成単位であった．2×2＝4 カランを A とすると，「胴」のうち東西走する中心幹線街路以南の南西・南東の両象限は 4×4＝16 カランつまり 4A，「頭」と「脚」は 2×2＝4 カランであって 1A となる．例外は，「胴」のうち東西走する中心幹線街路以北の 2 つの象限である．しかしそこでも，北西象限は 1.5×4＝6 カラン編成であった．南北方向が 1.5 カランなのは，前述したように，河川の存在のためであった．北東象限は別としても，すくなくとも北西象限に関しては，2×4＝8 カランつま

第 XI 章　チャクラ・ヌガラ　627

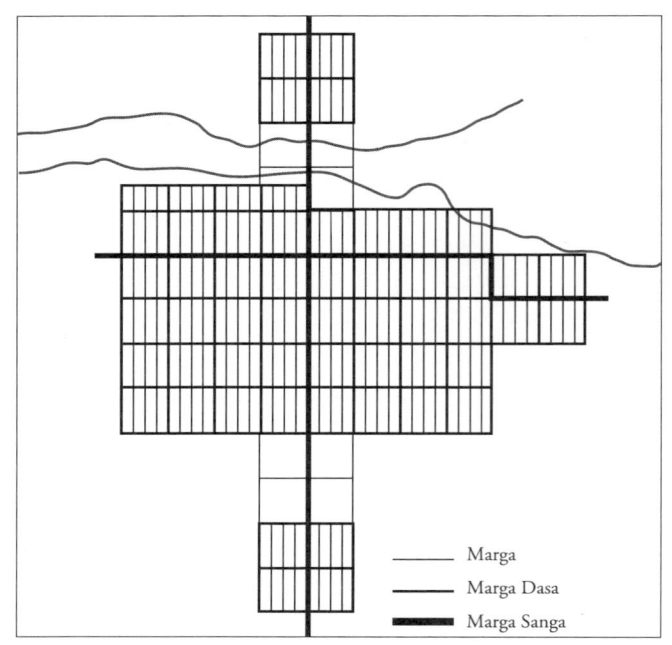

図 148 チャクラ・ヌガラ都城復原模式図（布野の原図を応地修正作図）

り2Aの市街地空間を建設する意図があったと考えうる。

XI-4　チャクラ・ヌガラ都城の形態解読（1）——外形的検討

　形態解読にあたって，もっとも重要な問題は，形態の背後にある理念を読み解くことである。チャクラ・ヌガラ都城は，植民地ロンボク島におけるカランアッスム王国の拠点都市として建設された。植民都市のもつ重要な特質として，すでに指摘したように，本国では実現困難であった都市理念あるいは理想都市の実現を植民地空間でめざすという一面がある。「どのようなコスモロジーをチャクラ・ヌガラ都城の都市形態からよみとりうるか」という問題は，「バリ・ヒンドゥー王権であるカランアッスム王国がチャクラ・ヌガラで実現しようとした都市理念がなにであったか」という問題と直結する。それが，この節での主題である。

（1）　都城名「チャクラ・ヌガラ」が含意するもの——その多義性
　ロンボク支配のための新たな植民都市をチャクラ・ヌガラと命名したのは，都城建

設者カランアッスム王であったであろう。しかしその命名に込めた意味また理念は，不明である。チャクラ・ヌガラという名詞呼称を手がかりとして，その意味・理念を探ることにしたい。じつはチャクラ・ヌガラという名称そのものが，同都城の形態解読への重要な視点を提供するからである。

「チャクラ」・「ヌガラ」は，ともにサンスクリット語起源のバリ語である。「ヌガラ」の含意は，ほぼ「都市」あるいは「地方」という意味に限定されるのに対して，「チャクラ」はバリ・ヒンドゥー教とインド・ヒンドゥー教の双方にまたがるいくつかの意味をもつ。ヒンドゥー・インドでの「チャクラ」の主たる意味は，つぎの3つにある。

(1) ヴィシュヌ神のもつ円盤の武器（スダルシャナ）：ヴィシュヌ神は4本の手をもち，第1の手にはホラ貝，第2の手には円盤の武器，第3の手には混棒の武器，第4の手には蓮華（ハスの花）をもつ。チャクラは，ヴィシュヌ神が第2の手にもつ円盤武器を意味する。したがってチャクラ・ヌガラは，「円盤武器の都市」となる。

(2) 法輪・ダルマ・正義：ヴィシュヌ神は，その円盤武具によって悪をほろぼし，ダルマ（正義）を実現する。この意味を原義として，チャクラは法輪を意味し，人間の生きるべき道＝ダルマを象徴する。インド国旗が中央に法輪を描くのは，「ダルマの国」を表徴するためである。ヒンドゥー・インド的な〈チャクラ＝法輪＝ダルマ＝正義〉の意味連鎖のもとでは，チャクラ・ヌガラは「法輪の都市」を意味する。

(3) 蓮華（パドマ）・蓮華座（パドマサナ）：蓮華は「水より生じたもの」を意味し，ヒンドゥー教ではもっとも聖なる花とされる。多弁花であり，それらの花弁を円形に派出させて咲くことから，蓮華はチャクラを象徴する。円形の蓮華をモティーフとする神像安置のための台座が蓮華座である。この意味ではチャクラ・ヌガラは，「蓮華座の都市」を意味する。

バリ・ヒンドゥー社会でも，ヒンドゥー・インドとおなじく，チャクラは(1)～(3)を表象する。しかしバリ・ヒンドゥー社会では，チャクラには，ヒンドゥー・インドにはない意味が付与される。そのバリ固有の意味を，(4)として掲げる。

(4) 王・王権：バリ・ヒンドゥー社会では，チャクラは王・王権を意味する。ギ

アニャル王が,「神」を意味するデワにマンギスを付して「甘い神」と称していたことについては前述した。同様にチャクラ・ヌガラは,バリの王たちがみずから称した王の称号でもあった[26]。バリ・ヒンドゥー社会では,チャクラ・ヌガラは王そのものを意味するのである。

このようにチャクラ・ヌガラは,「円盤武器の都市」・「法輪の都市」・「正義の都市」・「蓮華の都市」・「蓮華座の都市」・「王の都市」などの多重的な意味をもつ。「チャクラ・ヌガラという都城名がもつこれらの含意を形態からいかに読みとるか」という問題が,同都城の形態解読への新たな視座となる。

形態解読にあたって対象とするのは,図148に示したチャクラ・ヌガラ都城の復原模式図である。同図は,東西中心幹線街路の東端に2×2=4カランからなる正方形市街地を描く。すでに説明したように同区画は,東方の敵対勢力から都城チャクラ・ヌガラを防衛するために付置された出城的な区画であった。それはあくまでも都城本体への付設区画であるので,以後の形態解読の対象からは除外することにしたい。

(2) 三体編成〈1〉――「鳥」としてのチャクラ・ヌガラ

チャクラ・ヌガラの都城形態がバリ・ヒンドゥー的な「頭―胴―脚」の三体編成からなることを指摘し,それをもとに同都城の街区編成を論じた。しかしチャクラ・ヌガラ都城の三体編成は,図142に示したバリ村落の模式的な三体編成とは異なる。前述したように東方の出城区域をのぞいたとしても,図148は,チャクラ・ヌガラ都城の「胴」部分が東・西両方向に大きく拡大されていることを示している。

さきにチャクラ・ヌガラの街区編成を論じた際に,その編成の基本単位は正方形区画のカランにあるが,「頭―胴―脚」の編成は2×2=4カランからなる拡大正方形区画を単位としてなされていることを述べた。さらに2×2=4カランをAとすると,「頭」=1A,「胴」=左・右に各2A,「脚」=1Aとなり,それらの街区が2×2=4カランの整数倍として編成されていることを指摘した。図142の村落編成では,「頭―胴―脚」はすべておなじ東西幅であった。しかしチャクラ・ヌガラ都城では,「胴」の東西幅は「頭」・「脚」の4倍となっている。

チャクラ・ヌガラ都城の「胴」の左・右への拡大は,「胴」に左・右両翼を付した形態つまり鳥を想起させる。「胴」と「翼」は,背骨にあたる南北中心幹線街路を対称軸として,東と西にならべられた2Aつまり2つの2×2=4カラン区画で構成されてい

る。南北中心幹線街路にそう2×2=4カランからなる街区を「胴」，その外側のもう1つの2×2=4カラン街区を「翼」にあてることができよう。

　しかし上述の議論は，正方形区画の2×2=4カランをもとにする幾何学的な整合関係の指摘にすぎない。この指摘を意味あるものにするためには，その幾何学的整合性がチャクラ・ヌガラ都城の形態的・景観的特質からも確認できなくてはならない。つまり「胴」と「翼」を形成する2つの2×2=4カラン街区のあいだに，景観的な境界性を見いだしうるかどうかである。

　まず南北中心幹線街路の東方から検討すると，「胴」と「翼」の幾何学的境界は，図146で"TJAKRANEGARA"と記入された都城名のNとEのあいだを南北走する大路である。同図はその街路を大路にあたる太線では描いてはいないが，同大路が後述する王宮空間の東限線として重要な境界性をもつ街路である。

　また南北中心幹線街路の西方に関しては，「胴」と「翼」の幾何学的境界にあたる大路にそって，図146も図147も，ともに直線化された人工的な小河川を描いている。南北大路にそって小河川が南流するのは，都城域内では，ここのみである。両図によってあきらかなように，その小河川は都城域を離れたあと，灌漑水路となって南西流していく。もしその灌水面積を大きくして灌漑効率を高めるとすれば，都城内の流下位置をより東方に移した方がよいはずである。しかしそれを採用しないで現状位置に河川流路を固定したのは，都城外の水田地帯での灌漑効率よりも，都城内での「胴」と「翼」との境界性を明示しようとする意図からであろう。

　「胴」と「翼」として並置された2つの2×2=4カラン街区を左右均等に分かつ大路は，幾何学的境界ということにくわえて，景観的にも境界性をつよくもつ街路といえる。したがって同大路を境界線として，鳥の「胴」と左・右両「翼」とを区分することができよう。以上の検討をもとにチャクラ・ヌガラ都城の三体編成について，「その形態は鳥を示し，「頭」・「左翼」・「胴」・「右翼」・「尾」の5ブロックから構成されている」との立言を提出できる。

　さきにチャクラ・ヌガラの「チャクラ」が，ヴィシュヌ神の持ち物である円盤武器=法輪を原義とすることを述べた。チャクラ・ヌガラ都城の形態が鳥を表象するとする上記の立言は，ヒンドゥー教ではヴィシュヌ神と結合する。というのはヴィシュヌ神の乗り物とされるのが，聖鳥ガルダだからである。したがって，「チャクラ」をめぐっては〈「チャクラ」—ヴィシュヌ神の持ち物=円盤=法輪〉，「鳥」という形態をめぐっては〈「鳥」—ヴィシュヌ神の乗り物=ガルダ〉という2つの意味連鎖を導出でき

る。2つの意味連鎖の結節環が，ヴィシュヌ神である。

　ここで，ヒンドゥー教における鳥のかたちでのコスモロジー表現ということにもう少しこだわりたい。というのは，ヒンドゥー・インドには，鳥によってコスモロジーを象形する事例が存在するからである。それは，いまも南インドのマラバール海岸で催事されるシュラウタ祭式でのアグニチャヤナ祭事にもとめうる。同祭事でもっとも重要な儀式の場は，アグニ祭壇である。

　同祭壇について，『アーパスタンバ・シュルパスートラ』は，「まことにアグニ祭壇を築くものは栄える」と讃美したうえで，「これ（アグニ祭壇）は，まことに鳥の似姿として築かれる[27]」と述べる。ある場合には，アグニ祭壇は鷹のかたちで築かれる。図149は，アグニ祭壇の2つの形式を示したものである[28]。とくに下図の四角形を基本とするアグニ祭壇の形態は，チャクラ・ヌガラ都城と類似する。同図は上方を東にして描かれているので，鳥の「頭」を東にむけて祭壇が築かれることを示している。その理由は，ヒンドゥー・インドでは聖なる方位は東とされているからである。これに対してチャクラ・ヌガラ都城の「頭」は北にむけられている。バリ・ヒンドゥー教では，四方位のうちもっとも聖なる方位はカジャ＝北であり，同城は「頭」をカジャにむけて建設されたと考えられる。アグニ祭壇もチャクラ・ヌガラ都城も，「頭」をそれぞれのもっとも聖なる方位にむけてつくられているのである。

　さらに『アーパスタンバ・シュルパスートラ』は，「天界到達を望むものは，鷹の祭壇を築くべし[29]」と述べる。「天界」とは，ヒンドゥー・インドではスヴァルガとよばれ，世界の中心に屹立するメール山の山頂にあるインドラ神の神領を意味する。バリ・ヒンドゥー教では，それはスワルガとよばれ，アグン山つまり「カジャ・カギン」方向の天空にある神々の領域をさす[30]。ロンボク島では，バリ島のアグン山とおなじ意味をもつ山岳は，チャクラ・ヌガラ都城の「カジャ・カギン」方向にそびえ立つリンジャニ山である。チャクラ・ヌガラ都城を表徴する鳥は，リンジャニ山の彼方にあるスワルガ＝「神々の領域」にむけて飛翔しようとしているのである。

　ヒンドゥー・インド起源の鳥のかたちでのコスモロジー表現を，もう1つあげておくことにしたい。それは，ごく初期のイスラーム世界で確認できる。9世紀ころのイスラーム世界には，地球の陸域を鳥の姿で表現するコスモロジーが存在した。また世界の本初子午線をインド亜大陸のウジャインにもとめる考えも，当時のイスラーム世界に存在していた。ウジャインは，X-2で前述したように，ジャイ・スィンフII世の時代においてもインド天文学の中心であった。これらの事実をふまえると，鳥のア

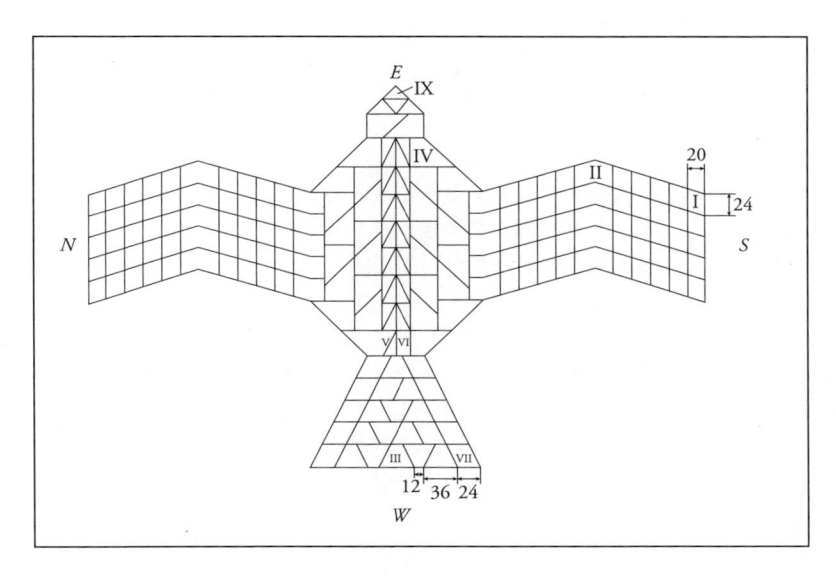

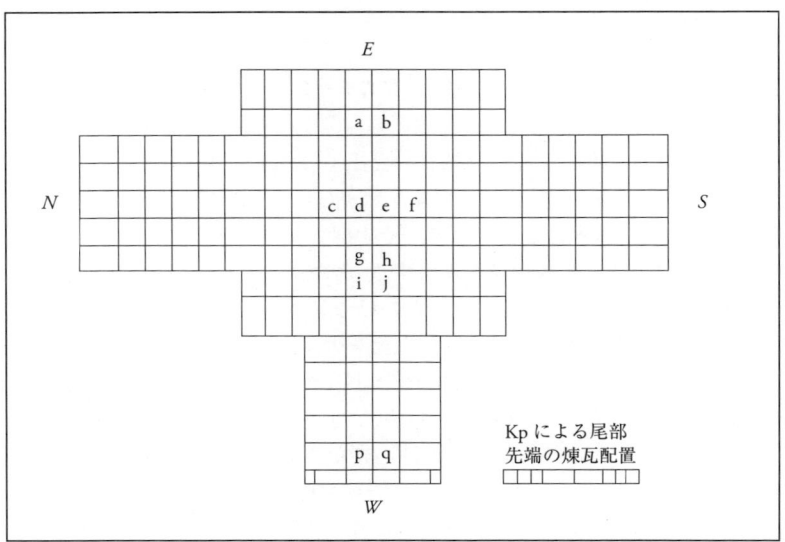

図149　『アーバスタンバ・シュルパスートラ』にもとづくアグニ祭壇の図解（井狩による）

ナロジーで世界をとらえる世界観は，ヒンドゥー・インドからイラン経由でイスラーム世界に伝播していったのであろう。その世界観によると，アグニ祭壇とおなじように，鳥は頭を東にむけているとされる。そして頭が中国，右翼がインド，左翼がコーカサス，尾がエジプトと考えられていた[31]。

このように，まず，「チャクラ・ヌガラ都城の形態は，「頭」・「胴」・「左翼」・「右翼」・「脚」の5ブロックからなる鳥を表徴する」と読解できる。しかもその鳥は，たんに上記の5ブロックから構成された鳥の図形という以上の意味をもつ。その意味づけをあたえるのが，ヒンドゥー・インドにおける世界を鳥になぞらえるコスモロジーの存在である。それは，具体的には鳥を図形化したアグニ祭壇で示される。同祭壇は，頭を聖なる方位にむけて天界へと飛翔せんとする鳥の「かたち」で構築される。鳥で世界を表徴するヒンドゥー・コスモロジーは，インド以外の地にも伝播していた。鳥としてのチャクラ・ヌガラも，世界を鳥に凝縮させるヒンドゥー・インドのコスモロジーと通底する。チャクラ・ヌガラは，頭を聖なる方位にむけて，そこに所在するとされるスワルカへと飛翔せんとする鳥の姿を形象・表現した都城であった。チャクラ・ヌガラが刻印する鳥の図形は，ヒンドゥー・コスモロジーの凝縮表現として読解可能なのである。

(3) 三体編成〈2〉——「蓮華座・玉座」としてのチャクラ・ヌガラ

チャクラ・ヌガラの三体編成は，〈「頭」・「左翼」・「胴」・「右翼」・「脚」の5ブロックからなる鳥〉以外にも，より中立的に，〈「上」・「左」・「中」・「右」・「下」あるいは「北」・「西」・「中」・「東」・「南」の5ブロックから構成されている〉といいかえることもできる。これは，「中」を中心にして，その四方位に各1ブロックを配した形態としてチャクラ・ヌガラの三体編成を理解するものである。

その場合にも「この形態が表象するものはなにか」が，つぎの問題となる。各ブロックを面として理解すると，それは，上面を欠く直方体を平面展開した形態とおなじである。各面の配列は，バリ的民俗方位と対応している。「中」を中心にして，〈カジャ←→クロッド〉方位に「北（上）」と「南（下）」，〈カギン←→カウ〉方位に「東（右）」と「西（左）」を配したものである。これは，またパドマつまり蓮を表徴する形態とも読解できる。「中」が花蕊，そのまわりの四方位に配された「北（上）」，「南（下）」，「東（右）」，「西（左）」の4花弁によって構成される蓮である。前述したように，「チャクラ」は蓮によって表象された。チャクラ・ヌガラという都城名は，名称だけでなく，その

形態も，蓮さらには蓮華座とむすびつく。

　チャクラ・ヌガラ都城の形態を蓮華座として読解したうえで，その視座をさらに展開していくにあたって，バリ国家の演劇性についてのギアツの議論が興味ぶかい。ギアツは，1343年以降，カランアッスム王国をふくめてバリの小王国が「劇場国家」という性格を保持しつづけてきたとする。さらに彼は，1847年にギアニャル王国で挙行された王の火葬と愛妾たちの殉死に例をもとめて，「劇場国家の狂騒儀礼とは，……世界を組織する偉大な力の例示となるべきであるという観念[32]」の顕示であったと述べる。彼は言葉をついで，国家儀礼の演劇的な執行の背後には，3つの観念の結合があるとする。そのうちの1つは，「神の蓮座（ないし玉座）としてのパドマサナ，神の賜物ないし力としてのリンガ，……支配者たる人物の中に注ぎ込む活力としてのスクティ」の三者結合だと述べる。ギアツが三者結合の第1にあげているのは，パドマサナであった。彼は，パドマサナ＝蓮華座を「神々の聖なる台座」また「神と一体化した神聖王の玉座」とする。蓮華座として読解できるチャクラ・ヌガラ都城の形態は，「王の玉座」を表象する。

(4)　「鳥」と「蓮華座・玉座」をむすぶもの

　ここで，(2)と(3)の議論を整理・要約しておきたい。チャクラ・ヌガラ都城の形態的な特質は，バリ固有の「頭―胴―脚」の三体編成を踏襲しつつも，「胴」が東・西両方向へ拡張している点にあった。その拡張は，チャクラ・ヌガラ都城に新たな意味を付与するための形態変容であった。そこから，2つの形態読解が可能となる。

　読解(1)：チャクラ・ヌガラ都城の形態は「頭―胴―左翼―右翼―脚」からなる「鳥」を表象するとの読解である。その「鳥」は，2つの意味をもつ。1つは，「チャクラ」がヴィシュヌ神の円盤武器を表象することから，「鳥」は同神の乗り物＝聖鳥ガルダを意味するとするものである。もう1つは，「鳥」は天空の神々の座へと導く鳥を象形するアグニ祭壇とするものである。

　読解(2)：チャクラ・ヌガラ都城の形態は，〈「上」・「左」・「中」・「右」・「下」〉あるいは〈「北」・「西」・「中」・「東」・「南」〉の5ブロックから構成されていて，それは聖なる蓮華座を表象し，蓮華座は「神々の台座」であると同時に「神聖王の玉座」を意味するとの読解である。

　この2つの形態読解を個別的な指摘にとどめることなく，両者の整合的さらには統合的な理解を試みるとすれば，重要な問題が発生する。それは，「聖鳥ガルダに乗り，

また聖なる蓮華座・玉座に着座するものは誰か」という問題である。もちろん「王の都市」＝チャクラ・ヌガラでは，それは神聖王としてのカランアッスム王である。しかしこの問題は，それだけでは終わらない。「神聖王としてのカランアッスム王に聖性を付与する神格はなにか」という問題に答えなければならないからである。

　この問題についても，ギアツは前述の三者結合のなかでふれている。彼が，パドマサナについて，三者結合の第2としてあげているのは「神の賜物ないし力としてのリンガ」である。「リンガ」の原義はサンスクリット語の「しるし」にあり，ヒンドゥー・インドでは男性の象徴＝男性性器を意味する。それは，神格としてはシヴァ神を表象する。この点は，バリ・ヒンドゥー教も同様である。したがってチャクラ・ヌガラという蓮華座＝パドマサナに座する神格は，シヴァ神ということになる。

　このことは，民俗方位の象徴性からも説明できる。パドマサナは，読解(2)で述べたように，「中」を中央として，その四方位に配された4面の計5面で構成されていた。しかもその配置は，バリ的民俗方位にしたがっている。バリ的民俗方位にはさまざまな象徴性が付与されているが，ここでは，ヒンドゥー神格と色との関係のみに限定して言及することにしたい。まずカジャ側の「北」はヴィシュヌ神と黒，その反対方位であるクロッド側の「南」はブラーフマ神と赤である。またカギン側の「東」はイシュヴァラ神と白，その反対方位のカウ側の「西」はマハーデヴァ神と黄とされる。これらの4面の中心に位置する「中」＝プセー（「へそ」の意）の神格はシヴァ神，色は4方位の各色を統合した色とされる[33]。つまり蓮華座パドマサナの花蕊に座を占めるのはシヴァ神であり，またシヴァ神によって聖性を付与された神聖王である。

　バリ・ヒンドゥー教は諸神格のなかでもシヴァ神を中心尊格とし，そのゆえにシヴァ教とも称される。ヒンドゥー・インドとおなじく，バリ・ヒンドゥー教もトリムールティ（三神一体）の思想をもつ。トリムールティとは，ブラーフマ神・ヴィシュヌ神・シヴァ神を一体の存在と考える思想である。しかしおなじくヒンドゥー教ではあっても，両者での三神一体のあり方は相違する。ヒンドゥー・インドでは，ブラーフマ神・ヴィシュヌ神・シヴァ神は，それぞれ宇宙の創造・維持・破壊再生を司るとされ，三神の分担には上下の関係はない。ヒンドゥー・インドでは，三神は対等の立場を保持しつつ，三神一体として一体化されているのである。バリ・ヒンドゥー教でのトリムールティは，三神のなかでシヴァ神に優越的な地位を付与する。ブラーフマとヴィシュヌの両神格はシヴァ神を至高神へと高めるための存在であり，三神一体はシヴァ神によって代表されているといってよい。さらにバリ・ヒンドゥー教のすべて

の神々は，シヴァ神の化身とさえされている[34]。三神のシヴァ神による統合は，後述するように，チャクラ・ヌガラ最大・最高格の寺院であるプラ・メール寺院の構成からも確認しうる。蓮華座＝パドマサナの花蕊にあたる「中」は，当然，シヴァ神が占めるべき座なのである。

　ギアツが三者結合の第3にあげる「支配者たる人物の中に注ぎ込む活力としてのスクティ」も，シヴァ神とかかわる。スクティとは，ヒンドゥー・インドのシャクティにあたる。シャクティは「聖なる力」また「性力」を意味し，神格としてはシヴァ神の配偶神・パールヴァティーやドゥルガーを指す。これらの女神を介して，シャクティが付与されるとする。バリ・ヒンドゥー教では，スクティは，むしろシヴァ神自体がもつ「聖なる超常的な力」を意味するようである。シヴァ神にスクティをもたらす存在は，シヴァ神の配偶神の女神だけではなく，ブラーフマ神やヴィシュヌ神もその役割をになうとされている[35]。スクティにおいてもバリ・ヒンドゥー教では，三神一体の場合と同様に，シヴァ神に中心的な役割と地位を付与する。シヴァ神によってスクティは王の身体に注がれ，神聖王としての活力を王にあたえる源泉となる。

　以上の検討から帰結されるのは，チャクラ・ヌガラ都城の蓮華座＝玉座に位座するのはシヴァ神であり，シヴァ神によってスクティを注入された神聖王であるということである。しかしこのように整理できたとしても，さきに指摘した「重要な問題」は解決されない。それは，(1)の読解から導かれる「鳥」としてのチャクラ・ヌガラの形態，また(2)から導かれるシヴァ神への収斂，この2つの読解結果をいかに関連づけて説明できるかという問題である。

　ヒンドゥー・インドでは「鳥」を乗り物とする神格は，ヴィシュヌ神のほかブラーフマ神やカールッティヤヘーヤ神（軍神）などがある。前述したように，チャクラ・ヌガラ都城の「鳥」は，「チャクラ」の原義から，ブラーフマ神のガチョウまたカールッティヤヘーヤ神のクジャクではなく，ヴィシュヌ神のガルダである。しかしシヴァ神の乗り物は聖なる牡牛ナンディンであって，「鳥」ではない。したがってヒンドゥー・インド的には，読解(1)はヴィシュヌ神のガルダ，読解(2)はシヴァ神の蓮華座を表象するとして個別的に説明せざるをえない。

　しかしバリ・ヒンドゥー教では，読解(1)・(2)を整合的・融合的に理解することができる。まず，ガルダから検討する。バリ・ヒンドゥー教でもガルダはヴィシュヌ神の乗り物とされるが，ガルダにはそれを越えた意味がある。バリ・ヒンドゥー教では，ガルダは宇宙また世界の秩序を維持・防御する聖なる鳥を意味する。ヒン

ドゥー・インドのガルダには，このような役割はない。それは，ヴィシュヌ神がになう役割であって，ガルダは同神の乗り物にすぎない。このバリ・ヒンドゥー的ガルダ観は，バリ島以外の東南アジア全般にもみられる。たとえばイスラームをなかば国教とするインドネシアまた南方上座部仏教を基本とするタイが，ともに国章をガルダとしているのはそのゆえである。したがってバリ・ヒンドゥー教では，ガルダをヴィシュ神の乗り物としてのみ解釈する必要はない。

つぎに，シヴァ神の側から検討する。バリ・ヒンドゥー教がシヴァ教ともよばれていることについては，前述した。バリ・ヒンドゥー教では，シヴァ神がヴィシュ神をも自身のなかに包括する至高の神格とされていることによる。そのゆえにシヴァ神は，ガルダを自身の天空での乗り物としうる至高の存在である。

このように考えると，読解（1）のガルダ，読解（2）の蓮華座というチャクラ・ヌガラ都城は，シヴァ神の天空の乗り物であり，同時にシヴァ神の蓮華座としてシヴァ神によって統合される。またそれらは，シヴァ神によってスクティを付与されて聖化された神聖王にとっても天空の乗り物であり，玉座である。そのゆえにチャクラ・ヌガラは，「法輪の都市」であると同時に，「王の都市」を意味するのである。さらに，すでに指摘したように，「チャクラ・ヌガラ」とは，バリ・ヒンドゥーでは王みずからが称する称号でもあった。

XI-5　チャクラ・ヌガラ都城の形態解読（2）—— 内部編成

前節での外形的検討をふまえて，チャクラ・ヌガラ都城の内部形態の解読，さらにはそこにみられる「バロック化」要素の検出へとすすみたい。その際の準拠枠は，図142に示したバリ慣習村の模式的空間編成と図144に掲げたギアニャル王都中心部での臨地調査の結果である。

（1）残る2つの三体編成 —— 都城と寺院配置

図142をもとに，バリ村落をモデルとして3つの三体編成を指摘した。前節で検討対象としたのは，そのなかで第2の三体編成としたものであった。残る2つは，ともに集落と寺院の配置をめぐる三体編成である。第1は「プラ・プセー寺院（「起源の寺院」）—集落—プラ・ダラム寺院（「死者の寺院」）」，第3はカヤガン・ティガとよば

れる3大寺院の「プラ・プセー寺院―プラ・デサ（「生者の寺院」）―プラ・ダラム寺院」からなる三体編成である。この2つの三体編成は、ともに寺院という公的施設の配置をめぐるものである。それらの検討は、前節で検討したチャクラ・ヌガラ都城の外形的特質と本節での主題である内部構成の解読とを架橋する意味をもつ。

　図150は、チャクラ・ヌガラ都城におけるヒンドゥー教とイスラーム寺院の分布を示す。都城内には、多くのヒンドゥー寺院が所在する。カヤガン・ティガを構成する3大寺院をのぞくと、その他の寺院は、前述したカランとよばれる地域共同体に属する小寺院である。

　同図をもとに、第1の三体編成とした「プラ・プセー寺院―集落―プラ・ダラム寺院」の配置について検討する。「胴」にあたるヨコ長・長方形街区の北部に、南北と東西の中心幹線街路が交差する中心十字路がある。そのうちの東西走する中心幹線街路の両端部分に注目すると、その東端と西端に大きく●印が記入され、それらにPとDの記号が付されている。そのうち東端のPはプラ・プセー寺院、西端のDはプラ・ダラム寺院にあたる。両者は、中心十字路の左右にならぶ4カランからなる市街地本体部の外側に位置する。集落にあたる市街地本体部をはさんで、その両端にプラ・プセー寺院とプラ・ダラム寺院とが配置されている。チャクラ・ヌガラ都城では、「プラ・プセー寺院―集落―プラ・ダラム寺院」の三体編成が東西中心幹線街路にそって実現されているのである。民俗方位でいえば、この三体編成は、〈カギン←→カウ〉方向にそって形成されている。

　しかし図142のバリ村落模式図では、プラ・プセー寺院は集落外の「カジャ・カギン」側に、またプラ・ダラム寺院はおなじく集落外の「クロッド・カウ」側に位置する。この配置は、両寺院が集落外に位置している点ではチャクラ・ヌガラ都城の場合とおなじであるが、その配列方位に関しては相違する。同図では、「プラ・プセー寺院―集落―プラ・ダラム寺院」の三体編成は、〈カジャ←→クロッド〉を基本方位として配置されている。これに対してチャクラ・ヌガラ都城では、その配列は〈カギン←→カウ〉方位にしたがっている。方位に関しては、両者の三体編成は90度の相違を示す。しかしXI-2-(2)で検討したギアニャル王都の場合には、図144に図示したように、この三体編成はチャクラ・ヌガラ都城とおなじく〈カギン←→カウ〉方位で実現されていた。プラ・プセー寺院とプラ・ダラム寺院の配置は、ムラと王都とのあいだで異なっているのかもしれない。この相違を、どのように説明できるであろうか。これについては、チャクラ・ヌガラ都城の中心十字路での施設配置を検討する際にあ

図150 チャクラ・ヌガラ都城におけるヒンドゥーおよびイスラーム寺院の分布（応地作図）

ヒンドゥー寺院
　M プラ・メール寺院（「マチの中心寺院」）
　P プラ・プセー寺院（「起源の寺院」）
　D プラ・ダラム寺院（「死者の寺院」）
　● カラン共同体の寺院
イスラーム寺院
　▲ マスジッド

らためてとりあげたい。
　残された最後の三体編成は，〈「カジャ・カギン」←→「クロッド・カウ」〉方位にしたがう「プラ・プセー寺院―プラ・デサ寺院―プラ・ダラム寺院」の3大寺院の配置である。ギアニャル王都の場合には，配置方位に関しては〈カギン←→カウ〉方向であっただけでなく，3寺院のうちプラ・デサ寺院にあたる中心寺院を欠いていた。その理由として，神聖王の王宮へのプラ・デサの統合を指摘した。チャクラ・ヌガラ都城の場合には，配列方位はギアニャル王都とおなじく〈カギン←→カウ〉方向であるが，プラ・デサ寺院に相当する中心寺院も存在する。それが，図150の都城中心十字路東方にMとして記入したプラ・メール寺院である。同寺院についてはのちにくわしく検討するが，都城最大の中心寺院である。チャクラ・ヌガラ都城の場合には，「プラ・プセー寺院―プラ・メール寺院―プラ・ダラム寺院」のカヤガン・ティガ3大寺院からなる三体編成を確認できる。
　このように，XI-4で検討した「頭―胴―脚」の三体編成，さらに上記の2つの集落と寺院をめぐる三体編成は，いずれもチャクラ・ヌガラ都城で確認できる。それは，同都城がバリ・ヒンドゥー的な方位観と規範にしたがって建設されたことを物語っている。そこからは，バリ・ヒンドゥー的な建設思想の忠実な継承都城というチャクラ・ヌガラの性格が浮上する。しかしそこには，「バロック化」の様相はうかがえない。しかしそのことをチャクラ・ヌガラ都城の性格として敷衍できないことをあきらかにするのが，つぎの課題である。

(2)　チャクラ・ヌガラ都城中心域の形態検討
　ここで都城中心域とよぶのは，南北と東西の両方向に直走・貫走する2本の中心幹線街路が交叉する中心十字路一帯をいう。バリ村落模式図（図142）とチャクラ・ヌガラ都城復原模式図（図148）での中心十字路の位置を比較すると，両者のあいだには大きな相違がある。村落模式図では，その位置は集落全体の左右相称・上下相称の対称中心にある。しかしチャクラ・ヌガラ復原図の場合には，その位置は左右相称の対称軸上にはあるが，上下に関して対称軸上には位置していない。その理由は，南北中心幹線街路は左右相称の対称軸を形成しているが，東西中心幹線街路は「胴」の北部に偏在していることにある。チャクラ・ヌガラ都城では，同街路の北上によって上下相称性が失われてしまっているのである。それは，規範性からの逸脱を意味している。その主たる理由は，王宮の配置にある。

写真153　チャクラ・ヌガラ　中心部空中写真
長方形の池が旧王宮・孔雀庭園，その右方が旧王宮址，東西幹線街路を隔てた南側にプラ・メール寺院が所在する。

　チャクラ・ヌガラ都城では，図148にみるように，東西幹線街路の北方には1ないし1.5カランが配されているのみである。東方の南北幅1カランを占地して，王宮が建設されている。いいかえれば王宮は，「胴」の「カジャ・クロッド」側を独占して造営されていた。その背後には，「王宮はもっとも聖なる位置を占めるべき」というチャクラ・ヌガラ都城の建設思想をよみとりうる。それを実現するために不可欠であったのが，東西中心幹線街路の「胴」北辺部への北上であった。
　この変容の起動因は，都城本体である中心十字路の「カジャ・カギン」＝北東側に王宮を配置したことにあった。図142が示すバリ・ヒンドゥー的コスモロジーは，王宮の位置を「カジャ・カウ」＝北西側としていた。チャクラ・ヌガラ都城での王宮の位置はコスモロジーからの逸脱であり，都城の「バロック化」を示すものである。この変容は，「バロック化」とは無縁のムラでは起こりえないものであった。
　ここで，中心十字路の周辺空間に配されていた諸施設をとりあげて，チャクラ・ヌガラ都城における「バロック化」の諸相をくわしく検討することにしたい。チャクラ・ヌガラ都城一帯は，1894年のロンボク戦争での最終戦場であった。いまも，当時の戦跡や弾痕は現場で観察できる。同戦争に工兵大尉として参加したハーグ兵学校教授コールは，最終戦場地一帯の測量図・略図を残している。そのなかにマタラムとチャクラ・ヌガラの中心部の地図がふくまれている。チャクラ・ヌガラの図でコールが主題としているのは王宮の攻略過程であって，同十字路周辺の描出は第二義的な意味しかあたえられていない。そのため，彼が同時に描いているマタラムの中心部を参照する必要がある。
　マタラムとチャクラ・ヌガラは，空間的にも時間的にも連続する双子都市であった。空間的には，図145の「チャクラ・ヌガラとその周辺」図が示すように，マタラムはチャクラ・ヌガラの西方近傍に連接する都市である。時間的にはチャクラ・ヌガラは，マタラムにかわる新たなカランアッサム王家のロンボクでの拠点都市として建設された。コールも，両都市について，「マタラムは政治首都であるが，王はチャクラ・ヌガラに住むことを好む」，「両都市はおなじ計画にしたがって建設されている」，「チャクラ・ヌガラはマタラムよりも近代的な都市である」ことなどを述べている[36]。
　ここで重要なのは，彼が，両都市が同一の計画のもとに建設されているとしていることである。したがって当時のチャクラ・ヌガラ都城を考えるにあたって，マタラムの中心十字路一帯の状況は重要な参考資料となる。図151は，コールが掲げるロンボク戦争直後のマタラムの中心十字路とその周辺の図である[37]。彼の記述を参照しつ

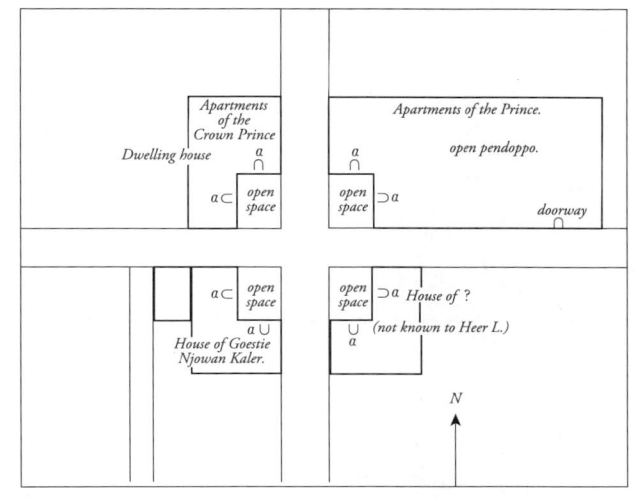

図151 ロンボク戦争（1894年）時のマタラム中心十字路周辺図（コールによる）

つ，同図からつぎの諸点を読みとることができる。

1) 中心十字路の4コーナーには四角形のオープン・スペースが設けられ，その長辺は約15メートルであること。十字路に面する部分は，石製支柱の木柵で仕切られていたこと。
2) オープン・スペースの背後には，焼成レンガないし粘土築の高塀で囲まれたコンパウンドが存在すること。
3) 中心十字路の北東域は「王の宮殿」，北西域は「皇太子の宮殿」，南西域は「最有力貴族の邸宅」，南東域は「邸宅」（詳細は不明）のコンパウンドであること。
4) これらの諸施設は，いずれも十字路の各コーナーに配されたオープン・スペースの2面にむけて門を開いていること。「王の宮殿」のみが，それ以外に東西幹線街路に1門を開いていること。

ここで想起されるのは，図146に掲げた1924-25年測量の「チャクラ・ヌガラ都城本体部の図」でも，中心十字路の各コーナー部分が白抜きになっていたことである。これは，上述1)の中心十字路を囲むオープン・スペースが，チャクラ・ヌガラ都城にも存在していたことを示していよう。

残念ながら，前述したようにコールは，チャクラ・ヌガラの中心十字路周辺に関しては簡単な略図しか残していない。それを示したのが，図152である。同図は「PLATTEGROND VAN TJAKRANAGARA（チャクラ・ヌガラ市街図）」と題されているが，図中に付された説明はロンボク戦争でのオランダ軍の行動のみにかぎられている[38]。簡略なうえに縮尺も不明であるが，同図は，当時のチャクラ・ヌガラ都城の中心十字路周辺の状況を知りうる唯一の資料である。図152が描く範囲を図146と対

第XI章　チャクラ・ヌガラ　643

PLATTEGROND VAN TJAKRANAGARA

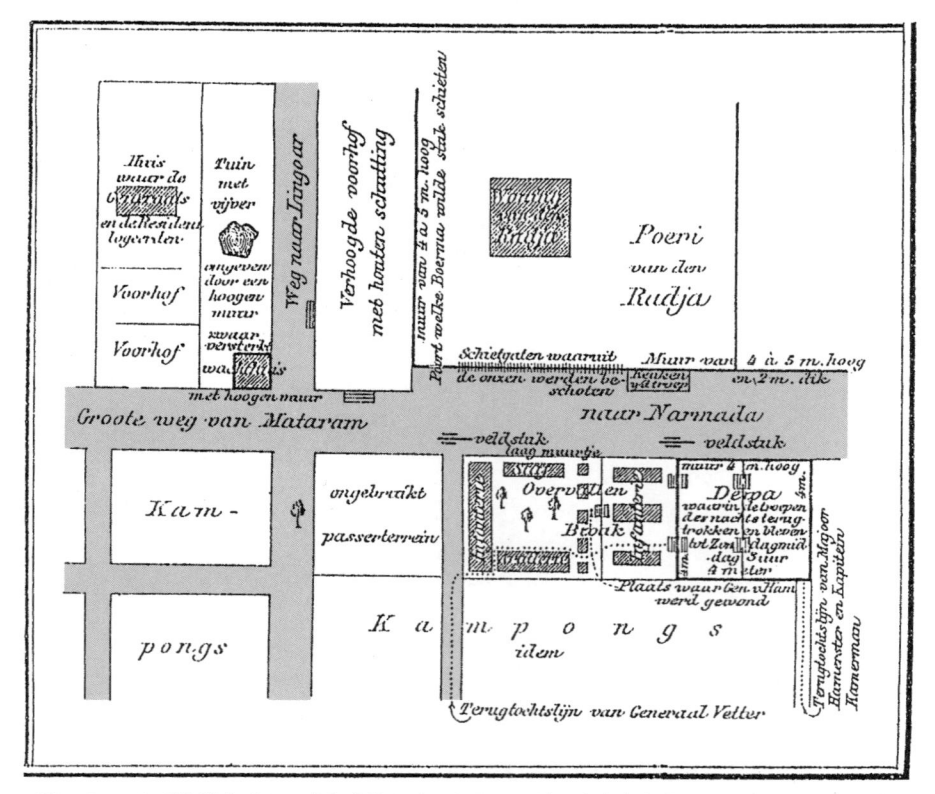

図152 ロンボク戦争（1894年）直後のチャクラ・ヌガラ中心十字路周辺図（コールによる）

照させると，中心十字路を起点として，東はほぼ2カラン分，西は1カラン分と考えられる。コールがおなじ都市計画にしたがって建設されているとする図151のマタラムの場合を参考にして，当時のチャクラ・ヌガラの中心十字路を囲む諸施設の配置について個別に検討することにしたい。

644　第3部　18世紀ヒンドゥー世界両端の建設都城

写真154　チャクラ・ヌガラ　王宮門
ロンボク戦争による破壊以前の王宮門。悪霊から王宮を守護するため，門戸は狭く，仁王のように両側にラクササ（羅刹）が立つ（コールによる）。

(2)-①　中心十字路「カジャ・カギン」＝北東側　：「王の空間」

　「カジャ・カギン」側は，リンジャニ山を望むもっとも聖なる方位にあたる。図142の村落模式図では，十字路の「カジャ・カギン」側＝北東コーナーには，バレ・クルクル（「鼓楼」）をそなえたプラ・デサ（「ムラの寺院」）が位置する。バレ・クルクルは丸太をくりぬいた太鼓をつるした鼓楼で，高い基壇のうえに立つ。「鼓楼」とプラ・デサは一体となってもっとも重要な宗教空間を形成し，村落生活の中心核をなす。

　しかしチャクラ・ヌガラ都城の中心十字路の「カジャ・カギン」側には，王宮と御苑つまり「王の空間」が配されていた。「王の空間」が「カジャ・カギン」側に配置されているのは，図144のギアニャル王都や図151のマタラムの場合とおなじである。しかし図142のムラの模式図では，ここは中心寺院プラ・デサが占めるべき場所であった。チャクラ・ヌガラ都城では，理念的には寺院の立地場である「カジャ・カギン」側を「王の空間」が占めているのである。それは，もっとも聖なる方位にあたる空間を教権ではなく王権が占地しているのであり，王権の伸長によるコスモロジーからの逸脱つまり都城の「バロック化」を意味していよう。

　図152では，十字路の北東コーナーに細い実線で囲まれたタテ長・短冊型のコンパウンドが描かれ，そこには「土盛りされた前庭」と記入されている。これは，図151が描くオープン・スペースにあたろう。長方形の「土盛りされた前庭」の南面と西面には，中心幹線街路にむけて階段が描かれている。説明のとおりに，前庭は土壇化した王宮前広場であったのであろう。その背後には，太線の囲壁をめぐらせた大きなコンパウンドがある。図152は戦争地図であるので，その囲壁についてくわしく説明する。南辺囲壁については，「高さ4～5メートル，厚さ2メートルの壁」との説明を付している。また「銃眼」との記入とともに，小さな縦線でその開口位置を示している。

　太線囲壁の内部には，2つの記入がある。右下には大きく「ラジャ（王）の宮殿空間」と記され，その西方の斜線でうめられた正方形には「ラジャの邸宅」と記入されている。「ラジャの邸宅」とは，「王の宮殿」を指そう。しかし同図では，「王の宮殿」は小さな正方形で描かれているのみである。しかし実際には「王の宮殿」は，「王の空間」の中心十字路側に大きくひろがっていた。

　図153は，コールが描く「ラジャの宮殿空間」の拡大図である。同図は，「ラジャの宮殿空間」が「王の宮殿」とその東にひろがる「王の庭園」の2つから構成されていたことを示している。庭園には大きなヨコ長・長方形の園池があり，そこには「孔雀」との記入がある。同庭園は現存し，現在は「孔雀水上庭園」の名で市民公園とし

第XI章　チャクラ・ヌガラ　　645

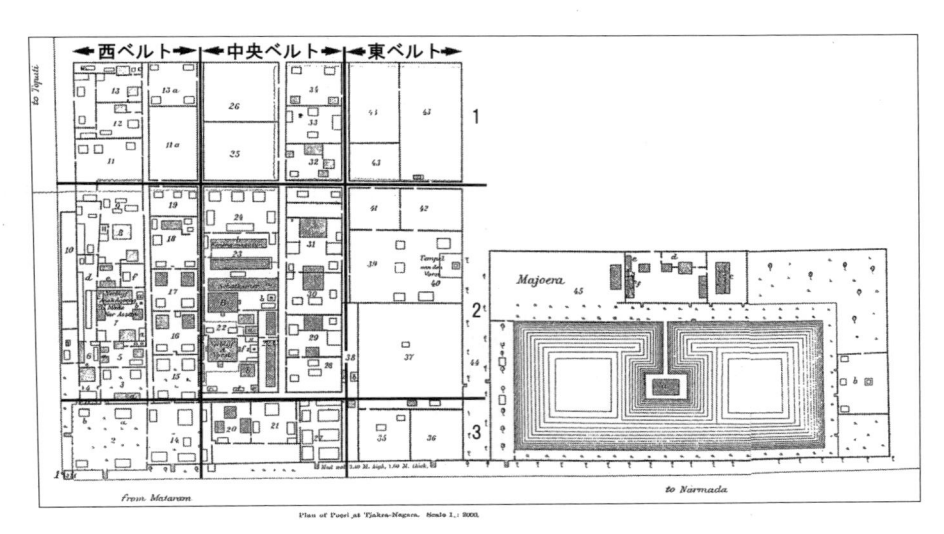

図153　チャクラ・ヌガラ王宮図（コール図に応地補入）

て活用されている。
　図153の下余白には「1：2000」と縮尺が記入され，それにしたがうと，「王の宮殿」と「王の庭園」の東西幅はともに245メートルほどで，その距離は1カランの幅員とほぼ一致する。御苑をふくむ「王の空間」は，中心十字路から約500メートル＝2カラン分にわたってつづいていた。これは現在のチャクラ・ヌガラでも旧王宮跡として確認でき，コールの測量の正確さを示していよう。
　図153に描かれた「王の宮殿」の内部は，南北走する小通路によって分かたれた〈カジャ←→クロッド〉方向につらなるベルトを基本として編成されていた。ギアツが掲げるバリ島のクルンクン王宮も同様の南北ベルト編成を示しており[40]，これは，バリ・ヒンドゥー王宮の共通的な形態特質であろう。チャクラ・ヌガラ王宮は，4本の小通路をはさむ計5つの南北ベルトで構成されている。しかし各ベルトに配された各コンパートメントの機能を検討すると，5本のベルトは3つのベルトに集約できる。図153の王宮北端に矢印とともに記入したように，西の2列と中央の2列を各1ベルトとし，東の1列をそのまま1ベルトとする計3集約ベルトからなる3帯構成である。以後，同図に名称と区分界を記入しているように，それらを西・中央・東ベル

646　第3部　18世紀ヒンドゥー世界両端の建設都城

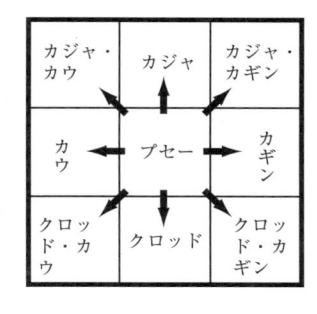

図154　民俗方位とナイン・スクエアー（応地作図）

トとよぶことにする。

　ここで注目されるのは，王宮内部の部屋配列も，町共同体にあたるクリアンの住戸配列も，ともに聖なる〈カジャ―クロッド〉方位にしたがって編成されていることである。同方位は，居住様式においても，階層や階級の相違を越えたバリ・ヒンドゥー教徒の重要方位であることを物語っている。

　各ベルトの内部は，高さ約4メートルの高塀をめぐらせたほぼ正方形のコンパートメントに区画されていた。ロンボク戦争の最終段階で，5000人以上のオランダ・ササック連合軍の攻撃を4時間にわたってささえ，王が夜陰に乗じて脱出できたのは[41]，高塀をめぐらせたコンパートメントを防御に活用できたからであろう。

　3集約ベルトの内部は，さらに3つに区分される。その区分線は，中央ベルトの場合に典型的にみられるように，東西走する2本の小通路である。これら東西方向の小通路によって分割された3部分を区画とよび，図153に記入したように北から順に1～3の番号でよぶことにする。これらによって，「王の宮殿」は東西3集約ベルト×南北3区画＝9区画に区分されることになる。このナイン・スクエアーは，中央をプセーとし，そこから8方向に派出するバリ・ヒンドゥーの民俗方位観と一致する。その方位観は，中央のプセーを基点として図154のように整理できる。王宮の内部空間が3×3＝9のナイン・スクエアー編成を基本とするのは，たとえばモージェンが作成した王宮模式図でも観察できる[42]。またギアツが掲げる前記のクルンクン王宮も，ナイン・スクエアー構造として解釈することも可能である。したがってチャクラ・ヌガラの「王の宮殿」も，それらと共通のナイン・スクエアー様式で建設されていたとすることができよう。

　コールは，図153に記入されたコンパートメントのイタリック数字番号にしたがって，それらの機能を説明する凡例を掲げている。ここでは，王宮の内部構成をあきらかにするために，これらの計45コンパートメントを東西3集約ベルト×南北3区画＝9区画に整理した。その内容を要約すると，表5のようになる。

　ナイン・スクエアー区画のなかでもっとも重要な区画群は，〈「カジャ・カギン」＝北東〉―「プセー＝中央」―「クロッド・カウ」＝南西〉の対角線上にならぶ3区画である。これらの対角3基本区画に位置する王宮施設の機能は，表5をもとに要約すると，以下のようになる。なおイタッリク数字は，図153に記入された各コンパウ

第XI章　チャクラ・ヌガラ　647

表5　チャクラ・ヌガラ王宮の内部編成（コールによる）

〈カジャ・カギン＝東ベルト・1〉

43	Pisan 樹の垣根 (*Karang Soehoeng*)	

〈カギン＝東ベルト・2〉

41	供犠の準備所 (*Sidakaria*)	
42	供物の浄化所 (*Soetji*)	
39	禁衛隊屯所 (*Bentjingah Meradja*)	
40	王家の「起源の寺院（氏寺）」(*Pemeradjan*)	
37	死者追憶の空間 (*Pajadjujan*)	
38	sirih の磨き場 (*Pasedahan*)	
	a	貨幣保管庫
	b	楽器保管庫

〈クロッド・カギン＝東ベルト・3〉

35	内　庭 (*Djaba Tengah Pajadjujan*)	
36	禁衛隊屯所 (*Benjingah*)	

〈カジャ＝中央ベルト・1〉

34	厨房・貯蔵所 (*Bangsal*)	
33	宮中使用人の居所 (*Pamégétan*)	
32	Ajoe Nengah 王女の居所 (*Tjitra Koeta*)	
26	宮中使用人の処罰所 (*Sakra*)	
25	女官詰め所 (*Inglau*)	

〈プセー＝中央ベルト・2〉

31	Dinda Petimah（王の第2夫人）の居所 (*Tjitra Rasmin*)	
30	側室引見所 (*Pasenêtan*)	
29	Ajoe Praba 王女の居所 (*Kartawidia*)	
28	女官詰め所 (*Madjapaït*)	
24	側室・女官の監督責任者（女性）の居所 (*Karang Bong Bong*)	
23	宝　庫 (*Poelembang*)	
	a	銀・金
	b	銅　貨 (*Képéngs*)
22B	Dinda（ササック人側室）の居所 (*Trangganoe*)	
	a	納　戸 (*Goedang*)
	b	Dinda の浴室 (*Hardakamas*)
22A	王の居所 (*Oekir Kawi*)	
	a	*Balé Tjina*
	b	*Balé Malong*
	c	*Balé Sekaoeloe*
	d	*Balé Mambang Sekaoeloe*
	e	（記載なし）
	f	*Kretalaja*　　I 浴　室　　II 祈祷室
22C	王の納戸 (*Gedong Pesoeroehan*)	

〈クロッド＝中央ベルト・3〉

27	女官詰め所 (*Sawitra*)	
20	Madé Djilantik の居所 (*Magada*)	
21	Madé Djilantik の接見所 (*Pengaping*)	

	〈カジャ・カウ＝西ベルト・1〉
13a	Gedé Poetoe の従者の居所
11a	水牛の屠殺場（Pebatan）
13	Gedé Poetoe の居所（Mesir）
12	Gedé Raji の居所（Siani）
11	豚の屠殺場（Pebatan）

	〈カウ＝西ベルト・2〉
19	Djero Boekit（料理長）の居所
18	Ajoe Oka の居所（Pasaran Pisan）
17	王の近親者の歯を保管する場所（Balé Oekiran）
16	宮殿内居住者への食料品販売所（Pamengkang）
15	忠誠を誓う禁衛隊屯所（Petandakan）
09	Pumbuckle たちの居所（Papoea）
08	Ajoe Karang（Madé Karang Asem と Ketoet の姉妹）の居所（Pasaran）
07	Madé Karang Asem の居所（Ekalanga）
	a　飲料用冷水の地下貯水槽（Djapitpé）
	b　浴　室
	c　私的空間
	d　厨　房（Pawragan）
	e　Madé Karang Asem が，夫人と一緒にときおり引きこもる建屋（Lodji Alit）
	f　祭事の際に，バラモンが祭式を執行する場
05	Madé Karang Asem の側室居所（Pagoelohan）
	a　Madé Karang Asem が日常使用する建屋（Balé Mambang）
06	Madé Karang Asem の生活用品・用具の保管所（Batawi）
03	忠誠を誓う禁衛隊屯所（Rangki）
	a　兵器庫
04	Madé Karang Asem の寝所（Patjinan）
	a　火器の保管庫
10	厩　舎

	〈クロッド・カウ＝西ベルト・3〉
14	内　庭（Djaba Tengah）——王の貴族接見場所
02	王の謁見を待つ貴族の待機場所（Bentjingah）
	a　Balé pagamboehan
	b　Balé boender
01	王が通行人を近くに見たい時の着座場（Balé loendjoek）

	〈庭　園〉
44	通　路（Marga Tenggang）
45	孔　雀（Majoera）
	a　Gili Kantjana
	b　メール寺院
	c　香草保管庫
	d　王の Pasanggrahan
	e　銅貨保管庫
	f　弾丸保管庫

	〈図 153 に記載はないが，凡例には記載〉
46	Datoe Pangeran（Ketoet Karang Asem の王子）の居所（Stamboel）——焼失

（数字は，図 153 のコンパウンド番号と対応する）

ンドの数字番号である。

〈カジャ・カギン＝東ベルト・1〉：43 ──「Pisan 樹の垣根」。ギアツが描くクルンクン王宮の場合には，ここは，「聖なる池」を中央にいだく「聖なる庭」であった。コールは垣根のみに注目して説明しているが，それは「聖なる庭」を囲む「垣根」であったのであろう。バリ・ヒンドゥー教徒の屋敷地でも，この区画は家族寺院にあてられる。したがって，ここは王宮内でもっとも神聖な場所であった。

〈プセー＝中央ベルト・2〉：24・31・23・22A〜C・30・29・28 ──「王の居所」を中心として，側室居所・宝庫・女官詰め所などからなる王室の中心空間。ロンボク戦争当時の王は，Ratu Agung2 Ngurah Karang Asem であった。王宮占領直後にオランダ軍が，454 キログラムの金，6600 キログラムの銀貨などを押収したのは，23a）の宝庫からであった[43]。

〈クロッド・カウ＝西ベルト・3〉：01・02・14 ── 貴族のみに開かれた「王の宮殿」の開口空間。図 153 は図 152 と整合しがたい面もあるが，図 152 は，中心十字路の北東側に「土壇化した王宮前広場」を描いていた。同広場は，一般庶民にも開かれたオープン・スペースであったのであろう。その内奥に位置する図 153 の「クロッド・カウ」側は，貴族のみが参入できる空間であったようである。バリ・ヒンドゥー教徒の屋敷地でも，「クロッド・カウ」区画には入口が設けられるのが通例である。

つぎにナイン・スクエアーの残りの区画についてみると，つぎのようになる。

〈カギン＝東ベルト・2〉：41・42・39・40・37・38 ──「聖なる庭」での供犠・祭式の準備また「王家の起源寺院」を中心とする宗教的な空間である。

〈クロッド・カギン＝東ベルト・3〉：35・36 ── 東西中心幹線街路にむけて王宮門が開いているため，「クロッド・カウ」とおなじように，開口空間に接続する「内庭」と「禁衛隊屯所」が配置されている。この位置に王宮門が開かれているのは，図 151 のマタラムの王宮とおなじである。

〈カジャ＝中央ベルト・1〉：26・34・33・25・32 ── プセーの「王の居所」を中心とする王室空間に奉仕する宮廷使用人・女官たちの空間である。

〈クロッド＝中央ベルト・3〉：20・21・27 ── 王族とおもわれる Madé Djilantik の居所と女官の空間。

〈カジャ・カウ＝西ベルト・1〉：13・13a・12・11・11a ── この区画を特色づ

けるのは，家畜屠殺場の存在である。バリ・ヒンドゥー教では牛をふくむ肉食の禁忌はないので，屠殺場は不浄とみなす考えはよわい。しかし理念的には，豚の飼育小屋は「クロッド・カウ」に配されることが多い。チャクラ・ヌガラ王宮だけでなく，ギアニャル王宮でも，「クロッド・カウ」は王宮正門にあてられている。

〈カウ＝西ベルト・2〉：*09・19・08・18・07・05・10・17・16・06・04・03・15*―― このなかで最大の面積を占めているのは，Madé Karang Asem の居所である。彼の正式名は，Anak Agung Madé Karang Asem で，王の庶子にあたる[44]。〈プセー＝中央ベルト・2〉の「王の居所」とならぶように，彼の居所も〈カウ＝西ベルト・2〉を占地していた。区画の南端には，内庭と禁衛隊関連施設がある。それは，そこが「クロッド・カウ」の王宮正門に接する部分にあたっているからであろう。

以上のように，チャクラ・ヌガラの「王の宮殿」は，ナイン・スクエアー分割を基本として，それぞれの区画がたがいに異なった機能をもつ複合的な編成を示していた。もっとも重要な「カジャ・カギン」には「聖なる庭」，「クロッド・カウ」には王宮開口部が配されていた。これは，バリ・ヒンドゥー的居住様式にしたがうものである。しかし同様式からの大きな逸脱は，ナイン・スクエアーの中央区画「プセー」にあった。バリ・ヒンドゥー的居住様式では，そこはオープン・スペースの中庭空間にあてられ，その北東隅には小祠堂が建てられることが多い。同様式では「プセー」は，「カジャ・カギン」の「聖なる庭」につぐ清浄な空間なのである。

チャクラ・ヌガラ王宮では，「プセー」区画が「王の居所」を中心とする王室空間にあてられている。バリ・ヒンドゥー的居住様式では，居所にあたる寝所は北の「カジャ」あるいは北東の「カジャ・カウ」に置かれる。中央を占める聖なる「プセー」区画の「王の居所」への変換は，王宮空間内部の「バロック化」的再編として説明できよう。これは，王宮の内部空間だけでなく，本来は寺院の空間である中心十字路の「カジャ・カギン」側への王宮の進出と対応する「バロック化」現象といえる。

「王の宮殿」の東方には，図153が描いているように，南北通路（*44*）をへだてて「王の庭園」がひろがっていた。そのほとんどを占めていたのは，大きなヨコ長・長方形の人工池である。池の中心には，ギリ・カントジャナとよばれる殿舎があった。ロンボク戦争当時の写真によると，それは高い基壇のうえに立つ寄棟式の水上殿舎であった[45]。コールがいうように，王が政治首都マタラムよりもチャクラ・ヌガラを好んだとすれば，この池のなかに浮かぶ快適な池亭殿舎の存在がその大きな理由であったで

第XI章　チャクラ・ヌガラ　651

写真155　チャクラ・ヌガラ　旧王宮庭園とプラ・メール寺院
孔雀庭園にはかつては水上殿舎があり，いまもそれを模した池亭が立つ。右後方にプラ・メール寺院奥院を望む。

あろう。

(2)-② 　中心十字路「カジャ・カウ」＝北西側 ：「皇太子の空間」

　図152で，コールは，ここに南北に細長い2つのコンパウンドを描いている。東側のコンパウンドには中央に池が描かれ，そこへの説明は「池のある庭園」，「高い塀で乱雑にとりまかれている」とある。その南東隅には斜線で覆われた建造物を描き，「高い壁をもった非常に強固な見張り用建物」と記入している。また西方のコンパウンドでは，北半部に建造物を描き，そこに「将軍と理事官が滞在する邸宅」と記し，南半部を2つに区切って「前庭」と記入している。

　東西2つのコンパウンドは，もとは一体のものであったのであろう。その説明からうかびあがってくるのは，小規模ではあるが，「カジャ・カギン」側の「王の空間」との形態的な類似性である。「王の空間」は，西の「王の宮殿」と東の「王の庭園」から構成されていた。ここも，西のオランダ軍の要人が滞在する「邸宅」と東の「庭園」からなっていて，「王の空間」とおなじ編成を示す。したがってカジャ・カウ側も，もとは王族にかかわる空間であったと推定できる。問題は，それが誰かということである。

　ここで，2つのことが想起される。1つは，図151が，マタラムの中心十字路の「カジャ・カギン」側に「皇太子の居所」と記入していたことである。もう1つは，図153の凡例46へのコールの説明である。それは，「Datoe Pangeran（Ketoet Karang Asemの王子）の居所 —— 焼失」とある。この説明のとおり「焼失」しているためか，同図には46は描かれていない。言及されている Ketoet Karang Asem は，当時，Ratu Agung2 Ngurah Karang Asem 王の皇太子の地位にあった[46]。46についてのコールの説明は，皇太子の居所に関するものである。

　以上の断片的な情報を整理すると，つぎの4点をとりだせる。

1) チャクラ・ヌガラと同一の計画都市とされるマタラム中心十字路の「カジャ・カギン」側に「皇太子の居所」が配置されていたこと。
2) 図153の凡例には「皇太子の居所」についての言及はあるが，その位置はチャクラ・ヌガラ王宮図には示されていないこと。
3) したがって「皇太子の居所」は，王宮のある「カジャ・カギン」側以外の場所に存在していたと考えられること。

4）カジャ・カウ側には，西の「邸宅」と東の「庭園」からなる「王の空間」を縮小したような宮殿的施設が存在すること。

　これらをもとに，中心十字路カジャ・カウ側に描かれている宮殿的施設は，「皇太子の居所」つまり「皇太子の空間」に比定できる。

(2)-③　中心十字路「クロッド・カギン」＝南東側：「神の空間」

　図151は，中心十字路「カギン・クロッド」側をくわしく描出する。その理由は，ここにチャクラ・ヌガラ王宮攻略のためのオランダ軍前線基地が置かれていたことにある。中心十字路の南東コーナーには「未使用の通過用地」――おそらくは輸送・移動のために使用し，軍事目的には使用しなかった土地という意味であろう――，またその南方には「集落」と記入されている。図146でも，このコーナーは白抜きになっていた。さらに図151のマタラム中心域の図では，中心十字路の4コーナーはすべてオープン・スペースとなっていた。したがって「未使用の通過用地」とは，王宮攻略時にオランダ軍によって使用されなかったオープン・スペースを意味すると考えうる。

　図144に掲げたギアニャル王都でも，王宮の「クロッド」側にはアルン・アルンとよばれる広場があった。「未使用の通過用地」は，ロンボク戦争以前には，アルン・アルンにあたるチャクラ・ヌガラ都城の広場空間であったのであろう。しかし現在では，そこは店舗が充填する市場（パサール）の空間となっている。市場の店舗構成については，のちにくわしく検討したい。

　「未使用の通過用地」の東には，東西中心幹線街路から南走する大路がある。チャクラ・ヌガラ都城は，さきに述べたように，マルガ・ダサとよばれる幅員27メートル前後の直線大路を基本骨格とする。これらの大路はカランの四囲を画する街路であって，カランの正方形区画を単位とするチャクラ・ヌガラ都城のグリッド・パターンは，マルガ・ダサ大路を骨格としてできあがっている。マルガ・ダサ大路のなかで，この南走大路は特異な性格をもつ。それは，同大路のみがカランの内部を貫走する唯一の大路だという点にある。図146が同大路を描いていることは，それがロンボク戦争以前から存在していたことを示す。おそらく都城の建設当初から存在していたのであろう。

　コールは，同大路の南半部に点線を記入している。それへの説明によれば，ロンボ

第XI章　チャクラ・ヌガラ　653

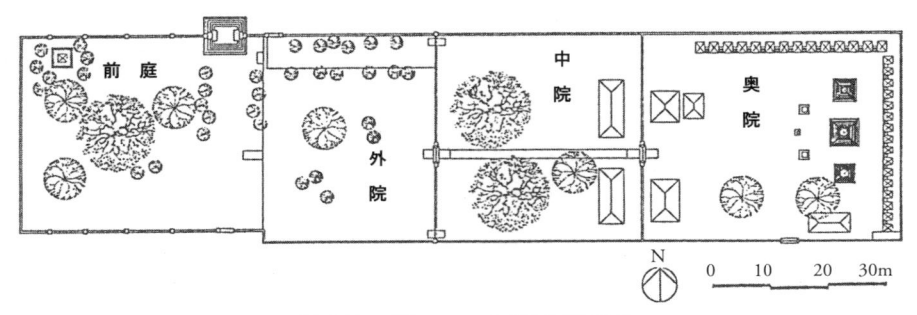

図 155　プラ・メール寺院見取り図
（布野による）

ク戦争時のオランダ軍司令官「Vetter 将軍の退却路」を示すという。同大路の東側には，内部に多くの建物を配した大きなコンパウンドが描かれている。プラ・メール寺院である。東半分を囲む囲壁には「高さ4メートルの壁」と記入され，また斜線で埋められた建物には「参謀」・「歩兵」などの説明が付されている。プラ・メール寺院が，ロンボク戦争時のオランダ軍最前線基地と化していたときの状況を伝えている。

　プラ・メール寺院は，いまは完全に修復されている。その名は，図 14 で示したヒンドゥー・コスモロジーで世界中心かつ宇宙軸とされるメール山に由来する。同寺院はロンボク島最大の規模と最高の格式を誇り，その地位はバリ島のアグン山中腹に立つブサキ寺院に匹敵するとされる。

　プラ・メール寺院は，二重のシンボル性をあわせもつ巨大寺院として造営された。1つは，バリ島におけるブサキ寺院とおなじく，ロンボク島西部に展開するバリ・ヒンドゥー植民集団の精神的中枢の創出という意味である[47]。この点は，のちに詳述する同寺院の境内にならぶ 33 祠堂の意味論からも確認できる。これをプラ・メール寺院の広域的シンボル性とよべば，もう1つはチャクラ・ヌガラ都城にかかわる狭域的なシンボル性である。同都城東端のプラ・プセー寺院，西端のプラ・ダラム寺院と三体編成をなすチャクラ・ヌガラ都城の中心寺院として建立されたという意味性である。

　図 155 は，現在のプラ・メール寺院の内部構成を示す[48]。寺院の敷地は，前述の南走大路を西限として，そこから東にむけて東西中心幹線街路にそってつづく。その規模は，東西幅が約 153 メートル，南北長が約 37 メートルで，東西に狭長なヨコ長・長方形をなす。正門は，敷地北西部の東西中心幹線街路側に開いている。いま述べたことにかぎっても，2つの点で，プラ・メール寺院の様式は一般のバリ・ヒンドゥー教寺院とは大きく異なっている。

　第1の点は，敷地の方向性である。バリ・ヒンドゥー教の一般的な寺院様式は，

写真156　チャクラ・ヌガラ　プラ・メール寺院
奥院には，むかって左からヴィシュ神，シヴァ神，ブラーフマ神の3塔がトリムールティ（三神一体）を表徴して立つ。

敷地の長辺を〈カジャ←→クロッド〉方位に設定して，その方位線を寺院建造物の軸線とする。つまり敷地の長辺と軸線は，南北方向にとられることが普通である。ゴバルビアスが多くのバリ・ヒンドゥー寺院の観察から帰納したという「理想的」寺院図[49]，Moojenが掲げる「寺院の典型」図[50]は，ともに〈カジャ←→クロッド〉方向に長辺と軸線を設定している。しかしプラ・メール寺院は時計まわりに90度回転させて，長辺と軸線を〈カギン←→カウ〉方位にとって建設されている。

　第2は，寺院正門の位置である。一般にバリ・ヒンドゥー寺院では，寺院正門は敷地をつらぬく〈カジャ←→クロッド〉線の南端に置かれる。そのため正門から北方つまりカジャ方向に延びる線が，寺院境内の軸線をなす。しかしプラ・メール寺院の正門は敷地の北西部に設けられていて，〈カギン←→カウ〉方向の寺院軸線に対して直交的な関係にある。

　この2つの相違点，いいかえればバリ・ヒンドゥー寺院の一般的様式からの逸脱は，なにを意味するのだろうか。結論からいえば，これらも，都城の「バロック化」がもたらした帰結である。これを視点として，プラ・メール寺院の立地と正門について検討する。

　前記の第1の相違点は，「チャクラ・ヌガラ都城では，なぜ同寺院が中心十字路の「クロッド・カギン」側に建設されているのか」という問題とむすびつく。すでに述べたように，チャクラ・ヌガラ都城では，中心十字路の北方にあたるカジャ側の2コーナーはともに王室空間にあてられている。「カジャ・カギン」側は「王の空間」，「カジャ・カウ」側は「皇太子の空間」であった。バリ・ヒンドゥー的コスモロジーでは，中心寺院の建設位置は「カジャ・カギン」側であった。チャクラ・ヌガラ都城では，教権が占めるべき「カジャ・カギン」側は「王の空間」に供せられ，またそれにつぐ聖なる方位である「カジャ・カウ」側も「皇太子の空間」に充当されている。王権による都城の「バロック化」である。

　クロッド側に残された中心十字路のコーナーは「クロッド・カギン」と「クロッド・カウ」だけであり，このうち「クロッド・カウ」はもっとも穢なる方位とされている。カジャ側の2コーナーからしめだされたプラ・メール寺院は，現状のとおりに，「クロッド・カウ」よりも聖性の大きい中心十字路の「クロッド・カギン」側に敷地をもとめざるをえない。

　というのは，もし「クロッド・カギン」側の位置で，寺院軸線を〈カジャ←→クロッド〉の南北方向にもとめ，かつ軸線南端に寺院正門を建設するとすれば，プラ・メー

ル寺院正門の位置は中心十字路からはるかに離れてしまう。とすると残る選択は，2つしかない。規範どおりに〈カジャ←→クロッド〉方位に寺院を建設し，正門をカジャ側つまり北側に設けることである。しかしこれは，神聖な神域そのものに門を開くことになる。このようなバリ・ヒンドゥー寺院は存在しない。したがって，これは採用できない。

　残る1つは，〈カジャ←→クロッド〉方位ではなく，〈カギン←→カウ〉の東西方向に軸線をもとめて寺院空間を設定することである。この場合には境内最奥の北東コーナーが，バリ・ヒンドゥーでもっとも神聖視される「カジャ・カギン」側に位置することになる。プラ・メール寺院は，後者の様式を採用して建設されている。それは，王室空間による中心十字路のカジャ側の独占という都城の「バロック化」がもたらした帰結であったといいうる。

　第2点の正門の位置問題も，上述したプラ・メール寺院のバリ・ヒンドゥー寺院様式からの逸脱と関係している。これについては，つぎのように考えうる。それは，寺院の建立にあたっては，「正門は〈カギン←→カウ〉方向ではなく，〈カジャ←→クロッド〉方向にむけて建設されるべきという意識が存在していたのではないか」，ということである。もしその意識が存在しないとすれば，境内西端をかぎる南走大路と〈カギン←→カウ〉方向の寺院軸線との交点に正門を開けばよいことである。しかも同大路の西には，アルン・アルンにあたる広場空間があった可能性が大きい。しかしそこに正門を配することを避けたのは，正門は〈カジャ←→クロッド〉方向にむけて建設されるべきという意識の存在のためであろう。プラ・メール寺院の敷地北西部での正門建設は，この意識と両立できる方策であった。

　これと関連して，興味ある事実が図155からよみとれる。同寺院の正門は境内の北を画する赤レンガの高塀に切りこむように造営されている。境内北辺に開かれた門は，これのみである。一方，境内の南辺には2ヵ所に小門が存在する。小規模ではあるが南辺により多くの門を配しているのは，図152が同寺院周辺一帯に「カンポン(集落)」と記入するように，その南方に集住地がひろがっていたためであろう。南辺の門の1つは，境内のもっともカギン側の「奥院」に開いている。もう1つは，逆に境内のもっともカウ側の「前庭」に位置する。北辺の寺院正門から南北方向に正中線を引くと，その線はカウ側の小門中央を通過して南走していく。この2つの門は，正確に〈カジャ←→クロッド〉方位線上に配列されている。これは，寺院正門は〈カジャ←→クロッド〉軸線上に建設されるべきという規範が，かたちを変えて生かされてい

ることを意味しよう。

　プラ・メール寺院は，その内部構成においても，バリ・ヒンドゥー寺院の一般様式とは相違する。同寺院の境内は，図155に記入したように，大きくは「前庭」と「院域」の2つからなる。ここで「前庭」とよぶのは，北面する寺院正門を入ったところにひろがるオープン・スペースを指す。ここはジャバヤンとよばれ，樹木が大きく枝をひろげて立つ。その北西隅には，バレ・クルクルとよばれる望楼をかねた鼓楼がある。バリ・ヒンドゥー寺院では，バレ・クルクルの建設位置は，一般に正門にむかって右隅であるので，プラ・メール寺院でも，この位置関係は踏襲されている。

　境内から「前庭」をのぞいた部分を「院域」とよぶと，その内部には，焼成レンガの高塀で区画された3つの郭域がカギン方向にむかってならぶ。それらを，「外院」・「中院」・「奥院」とよぶことにしたい。これら各院の敷地は，カギン方向にむけてヒナ壇状に高くなっていく段台テラス形式で造成されている。3つの段台テラスは，バリ・ヒンドゥー・コスモロジーの世界観である三界（トリ・ロカ）を表象する[51]。もっともカウ側にあって，またもっとも低い「外院」は，ブール（バリ・ヒンドゥーではジャベ・プサン）とよばれる。それは，三界のうちの地下界（ブワ・ロカ）を表象するとされる。地下界は液体と光で構成され，魔神の住む世界である[52]。

　「外院」は「前庭」より1段高いテラスにあるが，両者を画する隔壁はない。また「外院」には，立木があるのみで祠堂は存在しない。この点も，「前庭」とおなじである。これらの点に関しては，「前庭」と「外院」は同質的また連続的な空間であるといえる。しかし地下界を表象するのは「外院」であって，「前庭」ではない。両者のあいだには段差が存在し，また図155にみるように両者の南北幅員も相違する。これらの諸点では，「前庭」と「外院」は異質的・非連続的な空間である。

　このように「前庭」と「外院」は，連続的にして非連続的という両義的な関係でむすばれている。それは，「外院」が，その内部につづく祠堂をそなえた「中院」・「奥院」と「前庭」とをむすぶ緩衝帯的な空間であることを意味する。この点をさらに強調していえば，前述した三界（トリ・ロカ）は，〈「俗世界の延長である前庭」─「緩衝帯的郭域としての外院」─「神への建屋と祠堂が立つ中院・奥院」〉という編成といいかえることもできる。

　じつはバリ・ヒンドゥー寺院には，プラ・メール寺院のように「前庭」をそなえるものは少ない。一般的な寺院様式は，境内が「院域」の3院のみで構成され，「外院」のクロッド側に正門を開くものである。「前庭」があって，寺院境内が4つの区域か

らなっているかのようにみえる点で，プラ・メール寺院は例外的ともいえる様式を示す。なぜ同寺院は，「前庭」をそなえているのだろうか。

同寺院の「前庭」は，つぎのような動線転換の場という役割をになっていると考えられる。北辺に開いた正門からクロッド側へとむかう南北動線を，「院域」への〈カギン←→カウ〉方位の東西動線へと時計まわりに 90 度転換させる役割である。寺院の軸線は〈カジャ←→クロッド〉方向であるべきという建設理念，しかし現実には前述した諸理由から〈カギン←→カウ〉方向に軸線をもとめざるをえないというプラ・メール寺院建立にあたっての現実的要請，この 2 つを調整・整合させる場が「前庭」であったと考える。

「外院」と「中院」（ジャベ・プレ）とのあいだには段差があるだけでなく，両者は隔壁によっても分離されている。隔壁のほぼ中央には中門があり，そこからカギン方向にむけて参道がのびる。「中院」には，「前庭」や「外院」とは異なって建屋がある。それは，「奥院」への門の両側に左右相称的に立ち，むかって左がバレ・ゴン・クンバル，右はバレ・パングンガンとよばれる。前者は休息の場，後者は讃歌合奏の場とされる。2 つの建屋が寺院への参詣者が休息し讃歌を奏する場であることが示すように，中院は，人間の住む世界つまり人間界（ブル・ロカ）を表象する。バリ・ヒンドゥー教では，人間界は固体と液体で構成された世界ともされる。

「中院」の奥には階段があり，隔壁の奥門を経て一段と高い「奥院」（ジェロ・プレ）へとつうじる。「奥院」は，天上の神々が住み，光と気体で構成される世界つまり天上界（スワ・ロカ）を表象する。「奥院」の最奥には，すでに述べたトリムールティ（三神一体）を体現する 3 つの塔が立つ。これらの塔は，亀と蛇を彫刻した石造の基壇上に建立されている。基壇は大地を表象し，そのデザインは，亀が大地をささえ，蛇が亀にからみついて身動きできないようにして大地をより強固に固定している，とのバリの創世神話にもとづくものである。

大地を表象する基壇に立つ塔は，ヒンドゥー・コスモロジーでいう大地の中心にそびえ立つメール山を象徴する。3 塔はともに木造で，日本の仏教寺院の十三重の石造塔に似た様式で建設されている。3 塔のむかって左がヴィシュヌ神の九重塔，中央がシヴァ神の十一重塔，右がブラーフマ神の七重塔である。しかし日本の木造仏塔とは構造がまったく異なる。日本の仏塔は，心柱によって各層が支持され固定されている。しかしプラ・メール寺院の 3 塔には心柱はなく，箱型につくられた各層を重箱式に積み重ねた構造である。

写真157　チャクラ・ヌガラ　プラ・メール寺院　奉献祠堂
同寺院の聖なる「奥院」のさらに聖なる「カジャ・カギン」コーナーに立ちならぶ。シヴァ神の十一重塔とおなじくイジュッ葺きである（布野修司撮影）

　ヴィシュ神とブラーフマ神の塔は瓦ぶきであるが，中央のもっとも高いシヴァ神の塔のみはイジュッとよばれるサトウヤシの葉軸で葺かれている。屋根の数は，どの神格の場合も奇数とされる。その数は一定ではなく，同一神格であっても寺院により相違する。しかしその最大数は11で，13以上のものはない。プラ・メール寺院のシヴァ神の塔は十一重で，バリ・ヒンドゥー寺院のなかで最高の格式を誇る。シヴァ神の塔のみがイジュッ葺き屋根であることとあいまって，同神が，ヴィシュヌ神またブラーフマ神よりも優越的・統合的な地位にあることを示す。
　中央のシヴァ神の十一重塔の前には，寺院建立者に奉献されたウングルラとよばれる小石造塔を中央にして，その左右に2つの石造の小塔が相称的に立つ。むかって左のカギン側の小塔はサンガッル・アグン，右のクロッド側の小塔はサンガッル・リンジャニとよばれ，おのおのバリ島とロンボク島の聖山を表象する。これらの2聖山を前方に配して，その奥に三神一体の高塔が立つ。これも，バリ・ヒンドゥー・コスモロジーを表象する。それは，「カジャ・カギン」の聖なる方位に聖山が所在し，その彼方の天空に神々の住む天上界（前述したスワルタ）があるとのコスモロジーである。
　図155にみられるように，「奥院」の聖なる「カジャ・カギン」側のコーナーにそって，シヴァ神の十一重塔とおなじイジュッ屋根の小祠堂（サンガ）がならぶ。これらの小祠堂と小石塔の配置を拡大して図示すると，図156のようになる。小祠堂の数は，北のカジャ側が13，東のカギン側が16の計29である。表6には，小祠堂と小石塔の祭神と奉献共同体の名称を示した。図156と表6とを対照させると，2つの点が注目される。
　第1は，図156のカジャ側3番にバリ島の聖山アグン山，カギン側26番にロンボク島の聖山リンジャニ山を祭神とする小祠堂が位置している。さらに「カジャ・カギン」両方向の交点，つまり同表の13番に鎮座するのがLangkirアグン山を祭神とする小祠堂である。ほぼカジャ側とカギン側の両端近くにアグン山とリンジャニ山を配し，両方位が交わる聖なる方位点にもっとも聖なる山を祭神とする小祠堂が配されている。
　バリ・ロンボク両島のヒンドゥー教徒にとってもっとも聖なる2山を祭神とする小祠堂と対応するものが，おなじく聖なる山を表象する前記の2つの小石塔である。聖山を表象する小石塔を前方に，また聖山を祭神とする小祠堂を後方に配して，三神一体を象徴する3大塔が高くそびえたつ。小石塔と小祠堂をみおろすように屹立する大塔は，アグン山とリンジャニ山の天空にあるとされる神々の世界を表象する。小石

第XI章　チャクラ・ヌガラ　659

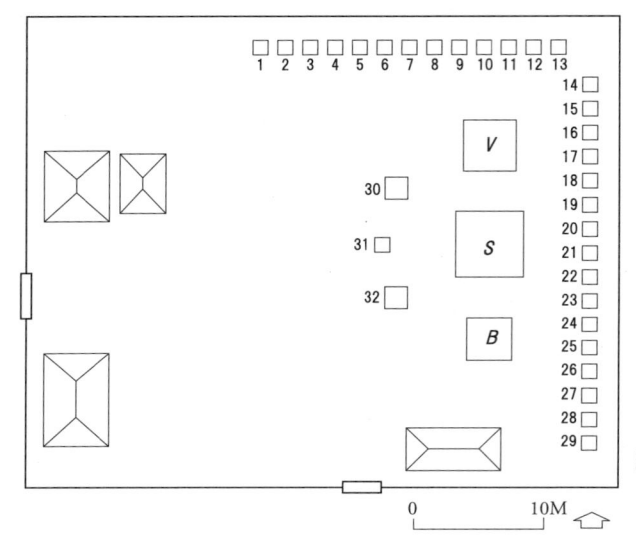

図156 プラ・メール寺院奥院拡大図（布野原図に応地補入）

塔・大塔・小祠堂があいまって，プラ・メール寺院奥院を聖なる空間として荘厳しているのである。

　注目される第2の点は，カギン側6番にプラ・プセー寺院の小祠堂があることである。プラ・プセー寺院はチャクラ・ヌガラ都城の「起源の寺」であり，プラ・メール寺院につぐ聖なる寺院である。さきにチャクラ・ヌガラ都城で観察される第4の三体編成として，東西中心幹線街路にそう「プラ・プセー寺院―プラ・メール寺院―プラ・ダラム寺院」の3大寺院（カヤガン・ティガ）配置を指摘した。このうちプラ・ダラム寺院の小祠堂は，奥院には存在しない。同寺院は，バリ・ヒンドゥー・コスモロジーではもっとも穢なる方位である「カジャ・クロッド」側に位置すべき「死者の寺院」である。3大寺院の1つではあっても，穢なるプラ・ダラム寺院は，プラ・メール寺院奥院の聖域からは排除されているのである。

　表6に示した29小祠堂と3小石塔には，一部をのぞいて，それらを維持・祭祀する祭祀集団の名が扁額に掲げられている。それらの祭祀集団も，カランとよばれる。同表でKRとあるのは，カランの略称である。合計32を数える小祠堂と小石塔の祭祀集団は，ほとんどがカランあるいはバンジャールまたヌガラとよばれる小地域共同体である。そのなかで唯一の例外が，シヴァ神の前面に立つ前記のウングルラ石塔

表6 チャクラ・ヌガラ，プラ・メール寺院奥院の小祠堂と関係共同体

(1991年の臨地調査をもとに応地作成)

祠堂番号	祭神名	祭祀共同体名
1	Ring Bagus	KR. Seraya
2	Bagus Bebotoh	KR. Pendem
3	Gunung Agung	Sweta
4	GDE Bukit	KR. Keri II
5	Siluman Majepahit	KR. Siluman Rendang
6	Pura Puseh	KR. Kauhan
7	Ring Andakasa	KR. Belumbang
8	Hyang Geni Jaya	Karik Kauh
9	Bukit Mangu	KR. Kecicang
10	Ayumasmeketel	KR. Bengkel
11	Bagus Maspet	Banjar Mantri
12	Bagus Besakih	KR. Sideman
13	Langkir Gunug Agung	KR. Sampalan
14	Gunung Pangsung	KR. Keri I
15	Bagus Pennin Joan	Rendang Kelor
16	Bagus Pennin Joan	Jerukmanis
17	Rambutsiwi	KR. Penkandelan
18	Bagus Nyongyang	KR. Kelebut
19	Bagus Peberatan	KR. Lede
20	Sila Yukti	Angan Telu
21	Bagus Bongaya	Negara Sakah
22	Goerambut Pelung	KR. Jero
23	Ring Tegeh	KR. Turamben
24	?	Lendang Kelor
25	?	KR. Satria
26	Gunung Rin Jani	Banjar Ganjih
27	Bagus Lombok	KR. Jasi
28	Batudeng	Tunggakbele
29	Gede Linsgar	KR. Songkang
30	Sanggar Agung	KR. Bang Bang
31	寺院建立者	寺院建立者一族
32	Sanggar Ring Jani	Banjar Pandie
V	Vishnu	
S	Siva	
B	Brahma	

だ。同石塔は，プラ・メール寺院の建立者を祖先とする血族によって維持・祭祀されていて，その祭祀集団は地域共同体とは無関係である。

以上の諸点を確認したうえで，つぎに問題としたいのは，「なぜ奥院にならぶ小祠堂・小石塔の数が32なのか」ということである。この点について布野修司も，やや異なった視点から検討している。布野は，表6の29の小祠堂が33の祭祀集団（カラン）によって維持・管理されていることをもとに，33という数字の意味について考察する。結論として33という数を，古代アーリヤ人における天上・空・地の三界に各

11の神格が配されているという観念とむすびつけて説明している[53]。

　しかし上述の議論で布野が依拠する33という数字は，神格の数ではなくて，小祠堂を祭祀する関係共同体の数である。また表6には，15・16のように同一と考えうる神格を祭神としている例もあり，？印で記入した祭神不明のものを別個の神格として算入しても，その神格の数が33とはならない。神格ではなく，共同体の数をもって，ただちに古代アーリヤ人にはじまる33の神観念とむすびつけて論じることはできないであろう。神観念に視座をもとめるとすれば，対象とすべきは祭祀集団の数ではなく，小祠堂・小塔に表徴される神格の数でなければならない。

　ここで別の観点から，小祠堂・小石塔に注目したい。表6に掲げたように，プラ・メール寺院奥院に鎮座する小祠堂の数は29，小石塔は3であって計32となる。この32という数字の意味を考えていくために，ここでプラ・メール寺院と小祠堂・小石塔の建立目的を再確認しておきたい。

　プラ・メール寺院は，たんにチャクラ・ヌガラ都城の3大寺院（カガヤン・ティガ）の中心寺院としてだけでなく，ロンボク島西部に展開するバリ・ヒンドゥー集団を結集する精神的・宗教的紐帯の中心核として建立された。それを顕示するのが，奥院に立つ三神一体を象徴する3大塔である。一方，小祠堂・小石塔は，祭祀集団を構成する小地域共同体によって奥院内に創祀・奉献され，維持されている末社的施設である。それらは，3大塔をとりまいて，奥院の「カジャ・カギン」側の聖なるコーナーに配されている。三神一体を象徴する3大塔と祭祀集団によって奉献された小祠堂・小石塔は一体となって，バリ・ヒンドゥー地域共同体のプラ・メール寺院への統合，さらにはバリ・ヒンドゥー集団の一体性を表象していると考えうる。このように，両者の関係は整合的に理解することができる。

　以上を確認したうえで，さきに提出した「なぜ，奥院にならぶ小祠堂・小石塔の数が32なのか」という問題に回帰したい。その数字は，「カジャ」・「カギン」・「クロッド」・「カウ」からなる4方位×8＝32方位を意味しよう。プラ・メール寺院が，32の全方位にあまねく存在する小地域共同体を求心させる統合中心であることを象徴する。そのランドマークが三神一体の3つの大塔，なかでもヴィシュヌ，ブラーフマの二神を統合して中央にそびえる最高神シヴァの十一重塔である。奥院での大塔と小祠堂・小石塔の配置は，32の全方位からバリ・ヒンドゥー集団が聖なる精神的な統合中心にむかって求心・収斂して形成する一体性を象徴しているのである。

　この求心・収斂は，チャクラ・ヌガラが「法輪の都市」という意味をもつことと呼

応する。「法輪」は、車輪とおなじように、「中心（車軸）から放射し、かつ中心（車軸）へと求心する」輻（スポーク）と外輪によって構成される。中心（車軸）としてのプラ・メール寺院奥院、そこに求心する32本の輻としての小祠堂・小石塔の奉献集団、この2つの関係は「法輪」のかたちそのものである。日本仏教では「法輪」の輻の数は、ほとんどが8である。しかしヒンドゥー教では、その数は固定していない。ヴィシュヌ神がもつ「法輪」の輻は、8本また16本などさまざまである。またインド国旗も、中央に「法輪」を描く。それはアショーカ王の法勅石柱の法輪浮彫に由来するが、その輻の数は24である。これは、ここでの議論とは関係ないが、ヨーロッパ近世の海図・世界図が描く方位盤（コンパス・ローズ）の方位数は32を最高数としていた。32は、見るものに図像的に方位を実感させる上限の数だからであろう。

　チャクラ・ヌガラ都城は、上述した「遍き32方位」のほかにも、別の意味で32という数と係わる。さきにXI-4-(3)で、チャクラ・ヌガラが「神の蓮華座」さらには「神聖王の玉座」の意味をもつことを指摘した。このうちの「神の蓮華座」が、32という数字とむすびつく。ヒンドゥー教さらには仏教でもっとも聖なる花とされているのは、蓮華＝ハスの花である。そのゆえにヒンドゥー教また仏教彫刻では、蓮華は、神々が立つ台座を装飾するもっとも重要なモティーフである。蓮華座である。蓮華座は特定の神格とむすびつく台座ではなく、その聖性のゆえに、すべての神格を荘厳する。そのため蓮華座の形態は多様である。しかし蓮弁つまり花弁の数は多様ではあっても、その数は4を最小公倍数とする4×n＝4nで示される。4×8＝32蓮弁は、蓮華座のなかでも最多の連弁数にあたる。ちなみに東大寺大仏殿の盧舎那仏（大仏）の蓮華座の蓮弁数は、4×7＝28である。n＝7であるのは、仏教では7が聖なる数とされていることによろう。

　プラ・メール寺院「奥院」にならぶ32の小祠堂・小石塔は、カジャとカギンという聖なる民俗方位にしたがいつつも、三神一体を具現して高くそびえる3大塔をとりまくようにならぶ。しかも小祠堂・小石塔は大塔にくらべてはるかに小さく、台座を装飾する花弁にふさわしい。それらは、32の蓮弁からなる「神の蓮華座」を表徴する。その蓮華座に立つのが、シヴァ・ヴィシュヌ・ブラーフマの三神の多重塔である。プラ・メール寺院「奥院」に立つ三神の高塔は、それをとりまく小地域祭祀集団によって奉献された32の小祠堂・小石塔と一体化して、「法輪の都市」の中心車軸（ハブ）、また「神の蓮華座」の中心神像という二重の象徴的意味をもってそびえたっているのである。

(2)-④　中心十字路「クロッド・カウ」＝南西側：「庶民の空間」

　図151は，ロンボク戦争終結直後のマタラム中心十字路の状況を描いていた。それによると，同十字路の〈クロッド・カウ〉側コーナーはオープン・スペースと貴族の邸宅にあてられていた。しかしおなじくコールによって描かれた図152のチャクラ・ヌガラ都城の中心十字路図では，同コーナーには「集落（カンポン）」と記入するのみである。また図146のオランダ測量図はこの部分を白抜きにしているので，ここにオープン・スペースがあったと推定できる。したがって中心十字路の〈クロッド・カウ〉側コーナーは，オープン・スペースと集落であったと考えうる。

　「カンポン」との記入は，そこが「庶民の空間」であったことを示していよう。チャクラ・ヌガラ都城では，中心十字路のコーナーを，「王の空間」また「神の空間」とならんで「庶民の空間」が占めていたことを意味する。王宮に直結する都城中心十字路という重要地点が，その1角とはいえ，「庶民の空間」にあてられていたことになる。しかし中心十字路の4コーナーのうち「庶民の空間」にあてられていたのは，もっとも穢なる方位にあたる〈クロッド・カウ〉側であった。

　コールは，図152の〈クロッド・カギン〉側の「神の空間」＝プラ・メール寺院の南方にも「集落」と記入し，そこが「庶民の空間」に属していたことを示している。「庶民の空間」は，中心十字路の〈クロッド・カウ〉また〈クロッド・カギン〉側だけでなく，東西中心街路から南方のクロッド側にひろがっていた。広大な「庶民の空間」は，中心十字路から南走する南北中心街路を南北軸線として，その左・右の都城域一帯を占めていた。以後の検討では，〈カジャークロッド〉方位にそって南走する同街路を基線として，「庶民の空間」を左（カウ）・右（カガン）の両京に分かち，おのおの左京・右京とよぶことにしたい。

　チャクラ・ヌガラ都城の南北中心街路は，「庶民の空間」を左京と右京に分かつ基線というだけでなく，二重の意味をもつ軸線であった。まず同街路は，グリッドパターン街路・街区などのハードな形態に関しては左右相称軸線であった。基本的には南北中心街路を左右相称軸線として，右京と左京は，多少の相違を示しつつも，合わせ鏡のように設定されていた。しかし居住集団のエスニシティ・宗教・カーストなどのソフトな住民構成においては，同街路は左右相称ではなく，左右対照軸線であった。これらのソフトな居住構成に関しては，南北中心街路を基線として左京と右京とのあいだに大きな相違が観察されるからである。

　南北中心街路がもつハード面に関する左右相称性とソフト面に関する左右対照性と

いう相反的ともいうべき関係を視座として，節をあらためて，臨地調査をもとに現在における「庶民の空間」の編成を詳述することにしたい。

XI-6 「庶民の空間」の現況調査

当然のことながら，チャクラ・ヌガラ都城の大部分を占めていたのは「庶民の空間」であった。「庶民の空間」は，同都城の「頭―胴―脚」の三体編成うち「胴」の東西中心幹線街路の南方一帯だけでなく，「頭」と「脚」の全域にもひろがっている。ここでは，このなかでもっとも広い範域を占める「胴」の「庶民の空間」とその周辺街区とをとりあげて，その内部構成について検討したい。

「庶民の空間」は，機能的には，中心商業地区と住宅地区の2つを基本とする。このうち中心商業地区は，中心十字路の「クロッド・カウ」側と「クロッド・カギン」側に形成されている。「庶民の空間」からこれらの中心商業地区をのぞいた残りの範域が，住宅地区である。

現況調査は，1991年と1993年に布野修司氏と共同してチャクラ・ヌガラの全域でおこなった。ここでは，中心商業地区については図157に①～③として示した範域，また住宅地については同図のA～Cの3区域をとりだして，以下の検討対象とする。具体的には，中心十字路の「クロッド・カウ」側と「クロッド・カギン」側にひろがる中心商業地区，左・右両京の第2街区列および北方の「頭」と「胴」の中間域に属する住宅地区である。

(1) 中心商業地区の構成

チャクラ・ヌガラの中心商業地区は，1980年代以後に中心十字路一帯で拡充をとげたとされる。それは，「カランアッサム王国のロンボク島西半部の支配拠点として建設された植民都市」から，オランダの植民地支配を経て「植民都市から地域経済の結節中心都市」への展開がもたらした帰結であり，その展開の景観的表出が中心商業地区の成長・拡大であった。都市がより都市性を拡充していく過程を「再都市化」とよぶとすれば，中心商業地区の成長はそれを具現する。同地区の土地利用状況を，「クロッド・カウ」側から検討することにしたい。

中心商業地区
① ① 中心十字路「クロッド・カウ」側
② ② 中心十字路「クロッド・カギン」側
③ ③ カラン・トゥラピン街区西半部
住宅地区
A A 右京・第2街区列
B B 左京・第2街区列
C C 〈「胴」―「頭」〉中間帯街区

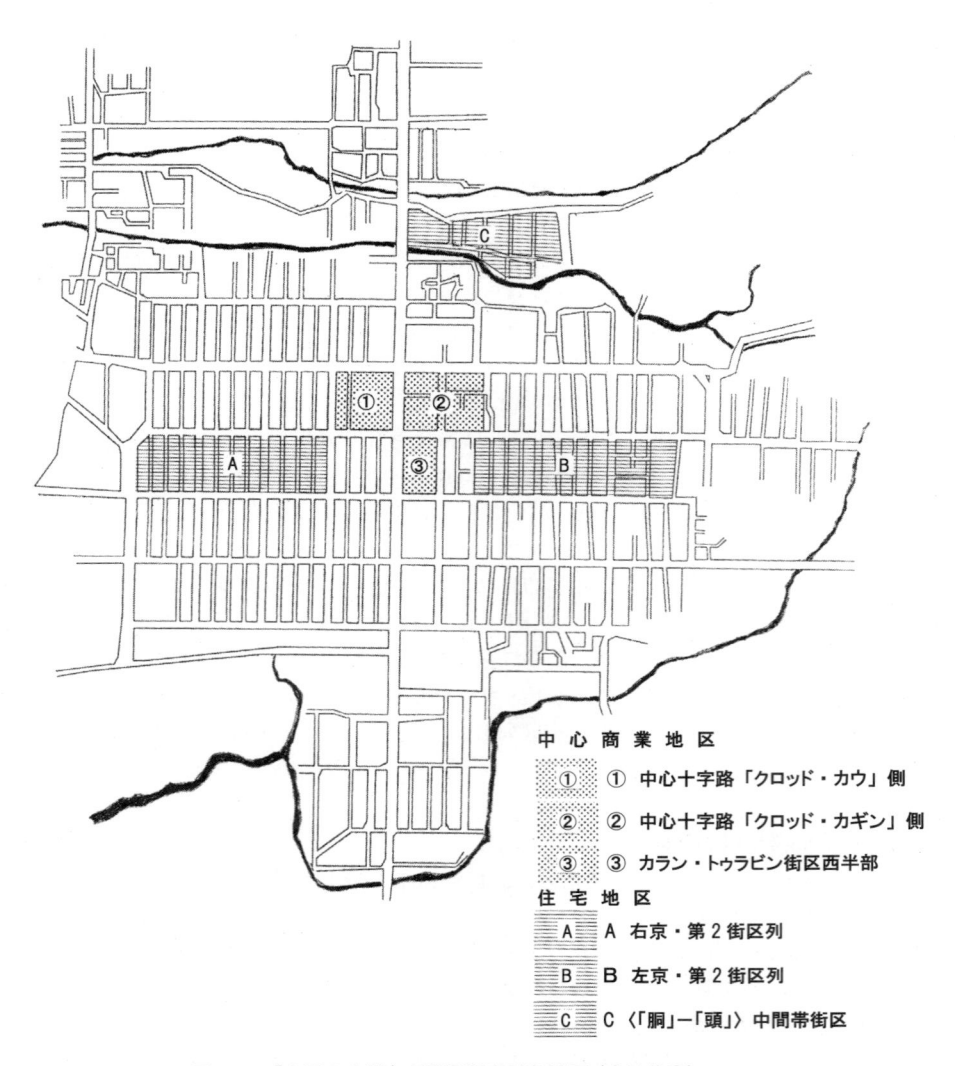

図157 「庶民の空間」の現況調査対象地区（応地作図）

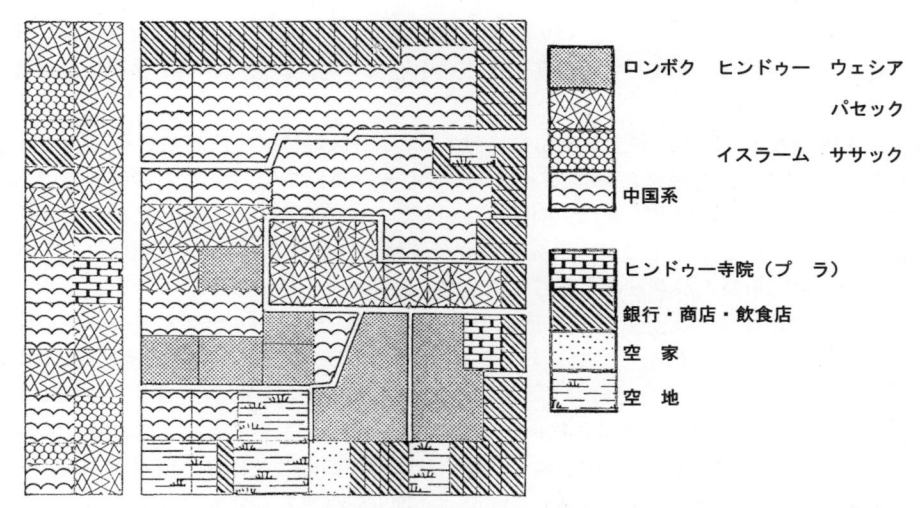

図158 「庶民の空間」中心商業地区(1) ── 中心十字路の「クロッド・カウ」側 （布野の調査をもとに応地作図）

① 中心十字路「クロッド・カウ」側 ── 図157-①地区

　図158は，中心十字路の「クロッド・カウ（南西）」側のカラン・スカンバング街区の土地利用状況を示したものである。同街区の形態はほぼ正方形で，北はマルガ・サンガ中心幹線街路，西と南はマルガ・ダサ大路によって画されている。グリッドパターンを基本として編成された正方形街区という外形に関しては，カラン・スカンバングも他の街区とおなじである。しかしその内部は，他とはまったく相違する。「市民の空間」のほとんどの街区は，内部を等間隔に南北走する3本のマルガ小路によって4クリアンに等分されている。しかし図158にあきらかなように，同街区内には西方を南北走するバンジャラン・サーリ小路のみが存在し，同小路以東はマルガ小路を欠いた大区画地となっている。図146の1924-25年の測量図も，図158の現況図とおなじく，ここにはバンジャラン・サーリ小路にあたるマルガ小路しか描いていない。

　したがって，同街区のこの特徴はロンボク戦争以前から存在していたと考えられる。おそらく，それは，都城建設計画そのものにもとづくものであったであろう。このことは，ここが，同戦争以前にはマルガ小路によるクリアンへの分割を必要としな

第XI章　チャクラ・ヌガラ　667

い土地利用の場であったこと，いいかえれば広場空間であったことを想定させる。その広場空間を継承・充填して，現在，ここに中心商業地区が形成されるに至ったと考えうる。

　図158をもとに同街区の土地利用を検討すると，3区域に区分可能である。第1は，街区の北辺と東辺を画するマルガ・サンガ中心幹線街路にそってならぶ店舗群である。これらの店舗のほとんどは，中国系住民によって経営されている。そのなかで象徴的なのが，中心十字路のコーナーという一等地に位置する金製品の店舗群である。それは，中国系商人がもっとも選好する商業活動である。

　第2の区域は，バンジャラン・サーリ小路と西境のヴィアナサラ大路によって区画されたクリアンである。ここには，チャクラ・ヌガラ都城建設当初の宅地割（プカランガン）が両街路にそって残存している。現在では，それらの宅地の多くはスードラにあたるパセックと中国系住民の住戸で占められている。パセックはバリ・ヒンドゥー教徒の最大カースト集団であるので，彼らの住戸がここに多く所在するのは当然であろう。のちに検討するように「庶民の空間」を全体としてみれば，東部のモスレム集住地区をのぞいて，パセックの居住地区がもっとも広い範域を占めている。中国系住民の居住は，すでにギアニャル王都で分析したように，彼らの主要活動の場である商業地区とその周辺に集中していた。チャクラ・ヌガラの中心商業地区周辺のヒンドゥー教徒の宅地に中国系住民が進出しつつある状況を，このクリアンからもうかがうことができる。図では示していないが，西辺を画するヴィアナサラ大路を越えた西方の街区にも，中国系住民の住戸が進出しつつある。

　第3の区域は，上記の2つのあいだに介在する地区である。そこは第2の部分とは異なって，プカランガンを単位とする規則的な宅地割は，西のバンジャラン・サーリ小路にそう部分をのぞいて崩れてしまっている。この区域の北半部は中国系住民，南半部はヒンドゥー教徒の住戸地区となっている。図であきらかなとおり，両者の居住状況はまったく異なっている。北半部の宅地割は，一括して「中国系住民地区」と同図に描出せざるをえないほど小規模かつ無秩序な状況を示す。彼らの居住地区は，上述した中心十字路のクロッド・カウ側に存在していたかつての広場空間にあたっている。中心幹線街路にそって中国系住民の商業機能が集積していくにつれて，後背広場空間への彼らの住戸のスプロール的拡大によって「中国系住民地区」が形成されていったのであろう。

　一方，南半部のバリ・ヒンドゥー教徒地区の居住状況は，これとは対照的である。

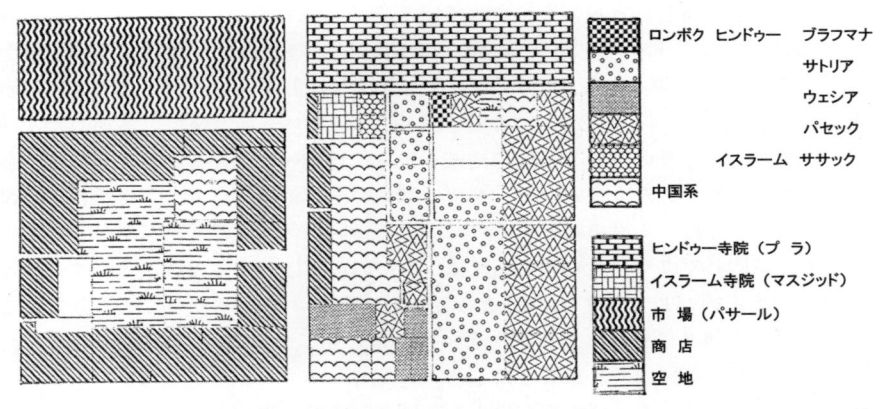

図 159 「庶民の空間」中心商業地区（2）—— 中心十字路の「クロッド・カギン」側 （布野との共同調査をもとに応地作図）

その住戸区画も大きく，プカランガン宅地割が現在も継承されている。その内部では，南にはウェシア（ヴァイシャ）の住戸，北にはパセックの住戸というカースト別の居住分離が観察される。より上位カーストに属する南のウェシアの住戸地区と「中国系住民地区」とのあいだにパセックの住戸地区が介在し，いわばパセック地区は両者の緩衝的な役割を果たしている。

② 中心十字路「クロッド・カギン」側 —— 図157-②地区

　つぎに，中心十字路「クロッド・カギン（南東）」側街区の土地利用状況をみることにしたい。それを，図159に示す。この街区はカラン・ロダンとよばれ，街区の聖なる方位「カジャ・カギン（北東）」端には「神の空間」＝プラ・メール寺院が所在する。しかし図159にみるように，同寺院の周辺にはバラモンにあたるブラーフマナの住戸は1戸のみであるうえに，イスラーム礼拝所のモスクがその南西方に隣接して所在する。バリ・ヒンドゥー教の中心寺院とモスクとが併存しているのである。モスクの場合にも，その周辺にはモスレムの住戸はない。両者は，周辺にそれぞれの宗教に属する教徒の住戸がほぼ皆無である点に関しては共通するが，その特徴の成立因は異なる。プラ・メール寺院の場合には王宮とならぶチャクラ・ヌガラ都城の中心宗教施設であって，地域社会との関係が希薄であるためであろう。一方，同モスクにはこのような中心性はなく，地元社会よりも中心商業地区で販売・交易に従事するモスレ

第XI章　チャクラ・ヌガラ　669

ム商人たちの礼拝所という役割をになっている。

　図159は，マルガ・ダサ大路クラスの南北街路によって街区が東西にほぼ2等分されていることを示す。同大路は，『ラーマーヤナ』の主人公ラーマに加勢して勝利へと導いた猿神ハヌマーンの名でよばれている。ハヌマーン大路は，前述したように，チャクラ・ヌガラのカラン街区の内部を走る都城唯一の大路であり，ロンボク戦争以前から存在していた。チャクラ・ヌガラ都城の基本計画では，カラン街区の内部を南北走する街路はマルガ小路で，それによって街区内部はクリアンに細分されている。この点に関してカラン・ロダン街区は，その内部を区分するのは3本のマルガ小路ではなく1本のマルガ・ダサ大路であること，東西4等分ではなく2等分であることの2点で，他とは異なった街区割を示す。東と西に折半された街区の両部分を，おのおの西区域・東区域とよぶことにしたい。

　西区域からみると，そこは東西走する小路によって南・北2部分に分かたれる。図152として掲げたロンボク戦争当時の地図で，コールが「未使用の通過用地」としていたのは，同小路以北のヨコ長・長方形の区画を指すと考えられる。そこは，ロンボク戦争時にはアルン・アルンにあたる広場空間であったのであろう。現在は小店舗が密集する市場空間と化していて，「パサール（「市場」）」とよばれている。「パサール」南方部分は，四辺の街路にそって店舗がならび，その内部には空地とともに「中国系住民地区」が存在する。この状況は，図158で示した中心十字路「クロッド・カウ」側と類似する。

　東区域も，プラ・メール寺院の境内が北端部全域を占めてひろがる。しかし同区域では，店舗はハヌマーン大路にそう部分のみにかぎられ，店舗列の背後は小住戸が密集する「中国系住民地区」となっている。この構成は，西区域とおなじである。しかしそこをのぞくと，東半部はヒンドゥー教徒の住戸地区へと変化していく。それをカースト別にみると，スードラにあたるパセックが多いのは当然として，ここでの特徴はクシャトリヤにあたるサトゥリアの住戸が相対的に多い点にある。またこの部分の宅地規模は大きく，チャクラ・ヌガラ都城の標準班給宅地＝プカランガンの約2倍となっている。

③　カラン・トゥラビン街区西半部 ── 図157-③地区

　上述の2つの中心商業地区では，店舗の経営者はほぼすべて中国系住民である。彼ら以外のエスニック集団が経営者として登場するのは，中心商業地区からやや離れた位置にある店舗群である。その例として，おなじく南北中心幹線街路にそって，上記

のカラン・ロダン街区の南方につづくカラン・トゥラビン街区の西半部をとりあげたい。図160は，同地区の土地利用状況を示す。同図の範域は，西辺が南北中心幹線街路，北辺がツンパン・サーリ大路，東辺がハヌマーン大路，南がチャイリル・アンワル大路でかこまれた区域である。

　この範域に所在する店舗と住戸について，業種と経営者の所属エスニシティ・宗教を調査した。その結果を同図に記入した番号と対応させて，表7に掲げた。図160と表7とを対照させると，南部では中国系住民が所有する倉庫が大きな面積を占めていること，また店舗にも「閉鎖」されたものが目につくこと，の2点を指摘できる。これらは，調査対象地区が中心商業地区の縁辺部に位置していることを示す。業種も食品・衣料といった日常品の店舗が多いが，写真・電器などの買い回り品の店舗も存在する。それらは図の北西端に集まっていて，そこが北方の図159からつづく中心商業地区に属することを物語っている。販売商品の構成からみても，ここは中心商業地区から縁辺部への漸移地帯にあたる。

　この性格は，店舗・宅地のエスニック集団・宗教別所有状況からもうかがえる。ここでも，店舗の多くは中国系住民の所有となっている。とりわけ南北中心幹線街路ぞいの店舗のほとんどは，彼らの所有店舗である。しかしこの街区でも，ロンボク島出身のヒンドゥー教徒またモスレム（ササック人）の所有になる店舗もかなり存在する。とくに北辺大路にそって，彼らの所有店舗がならぶ。したがって図160は，商業地区内でも，メイン・ストリートにあたる南北中心幹線街路にそって中国系住民の店舗群，北辺のツンパン・サーリ大路ぞいにはロンボク・ヒンドゥー教徒の店舗群という住み分けがみられることを示している。

　街区の内部，とりわけ北半部の内部には，図158・159と同様の性格をもつ「中国系住民地区」が形成されている。北辺のトゥンパン・サーリ大路から小通路が屈曲しつつ南にのびて，そこに袋小路的な広場空間が存在する。ここは中国系商人の手押し屋台車の車庫である。その存在も，南半部にひろがる倉庫とあいまって，この街区の商業地区がもつ周辺的性格を物語る。

(2)　住宅地区のエスニック・宗教・ワルナ構成

　「庶民の空間」のなかでもっとも大きな面域を占めるのは，住宅地区である。これらの住宅地区は，チャクラ・ヌガラ都城を特色づけるグリッドパターン街区に形成されている。XI-3-(2)でグリッドパターン編成の完成度が，南北中心幹線街路を境

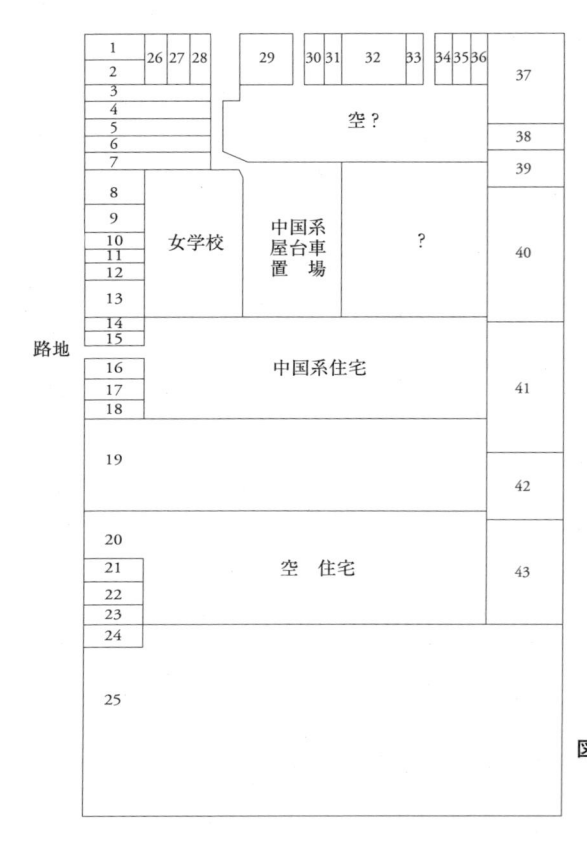

図160 「庶民の空間」中心商業地区
(3) —— カラン・トゥラン
バン街区西半部（応地作図）

界として同幹線街路の西方（南西象限）＝右京において高く，その東方（南東象限）＝左京において低いことを指摘した。この相違は，主として左京における南北方向のマルガ・ダサ大路の欠落と不規則性によってもたらされていることも，あわせて指摘した。

　住宅地区の現況調査にあたっては，つぎの２つを視座とした。１つは，「左京と右京とのあいだのグリッドパターン編成の相違は，エスニシティ・宗教・ワルナ（カースト）別居住状況といかに対応しているか」という視座である。もう１つの視座は，「都城中心部から周辺へとむかうにつれて，それらの居住状況がいかに変化していくか」という視座である。この２つの視座から住宅地区の居住状況を検討するために，都城の長辺方向＝〈カギン←→カウ〉方位にそってベルト状に延伸する範囲を対象として設定した。同方向でのベルト状対象範域の設定は，それによって〈中心―周辺〉関係の検討を同時におこないうるようにするためである。

　これら２つの視座にもとづいて，具体的には東西中心幹線街路から南へ２ブロック目の第２街区列を検討対象範域として選定する。その際，同街区列ではあっても，商業地区的性格をもつ南北中心幹線街路両側の街区は除外した。こうして選定した検

表7　チャクラ・ヌガラ都城・中心十字路「カギン・クロッド」側の現況
　　　―― 業種・エスニック構成

(1991年の臨地調査をもとに応地作成)

番号	業種	エスニシティ	番号	業種	エスニシティ
1	写真	中国系	23	食品	中国系
2	閉鎖	中国系	24	食品	中国系
3	薬局	中国系	25	倉庫	中国系
4	自動車部品	中国系	26	電器	中国系
5	靴	中国系	27	医師	中国系
6	写真	中国系	28	食品	中国系
7	化粧品	中国系	29	衣料	ロンボク・ヒンドゥー
8	衣料・靴	中国系	30	食品	ロンボク・ヒンドゥー
9	閉鎖	中国系	31	食品	ロンボク・ヒンドゥー
10	食品	中国系	32	住宅	ロンボク・ヒンドゥー
11	自動車部品	中国系	33	タイヤ	ロンボク・モスレム
12	閉鎖	中国系	34	バッテリー	ロンボク・ヒンドゥー
13	閉鎖	中国系	35	閉鎖	?
14	衣料・靴	ロンボク・ヒンドゥー	36	閉鎖	?
15	ラーメン屋	ロンボク・ヒンドゥー	37	住宅	ロンボク・ヒンドゥー
16	医師	中国系	38	ガレージ	ロンボク・ヒンドゥー
17	衣料	スマトラ・モスレム	39	ガレージ	ロンボク・ヒンドゥー
18	衣料	スマトラ・モスレム	40	倉庫	中国系
19	スーパー	中国系	41	住宅	中国系
20	住宅	中国系	42	倉庫	中国系
21	閉鎖	中国系	43	住宅	中国系
22	閉鎖	中国系			

討対象範囲は，図157にA・Bとして図示した各12クリアン群からなる東西街区列となる。

　2つの検討対象範囲は，チャクラ・ヌガラ都城の「頭―胴―脚」三体編成のうちの「胴」から選定している。これらにくわえて，第3の検討対象範囲を「胴」の周辺から選定する。そのために，「胴」と「頭」のあいだに介在する王宮空間の北方の街区を選定する。その位置は，図157にCとして示した。

　ここでの目的は，対象範囲での居住状況の検討にある。そのために各範囲に所在するすべての宅地区画を，まず住戸（店舗・倉庫をふくむ），宗教施設，公共施設（学校・役所など），空地などに機能分類し，ついで住戸については，その所有者をエスニシティ別に分類したうえで，宗教さらにバリ・ヒンドゥー教徒に関してはカースト別に分類した。

A　右京・第2街区列 ―― 図157-A地区

　図161は，上記の方針で作成した右京・第2街区列の状況を示す。合筆や分筆も散見されるが，すでに説明した〈マルガ・ダサ大路による正方形街区の設定→南北走する3マルガ小路による街区内の4クリアンへの等積分割→クリアン内部の2×10＝20プカランガンへの宅地割〉という体系的な当初計画にもとづく市街地編成が，全

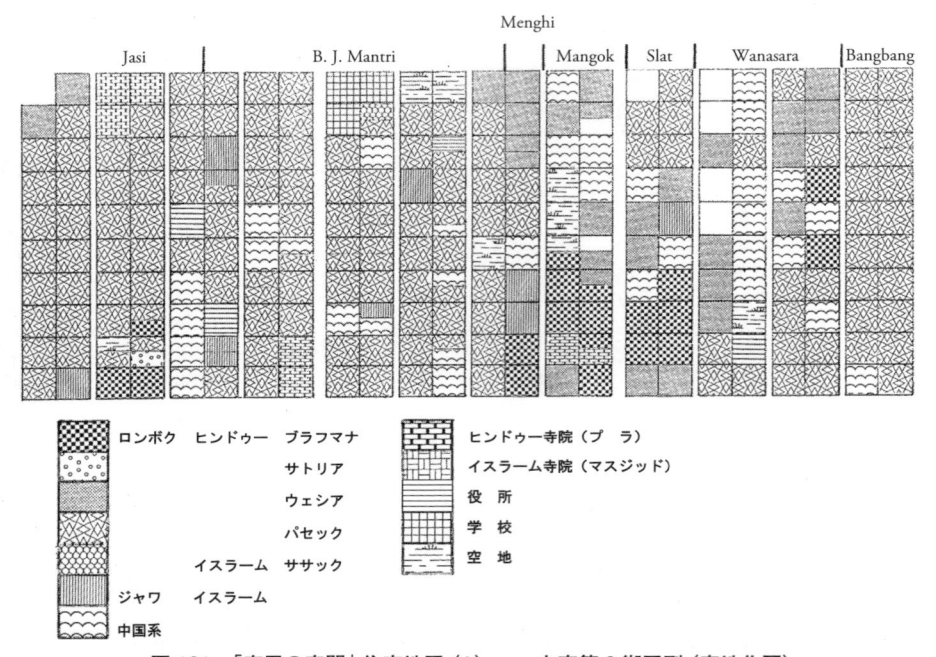

図 161 「庶民の空間」住宅地区（A）—— 右京第 2 街区列（応地作図）

体としてよく残されている。
　同図には，各宅地区画の所有者のエスニシティ・宗教またカーストと同時に，この範域に所在するカラン（小地域共同体）の境界を示している。まずカラン境界に注目すると，図のほぼ中央に位置するカラン・マントリとカラン・メンギーとの境界を境にして，その左右で様相が大きく変化する。同境界線からむかって右方を東方部，左方を西方部とよぶことにしたい。〈中心—周辺〉関係からいうと，南北中心幹線街路に近い東方部が中心的位置を占め，西方部は周辺に属する。
　両者の居住状況をみると，東方部では，東端のクリアンをのぞくと，バリ・ヒンドゥー，ジャワ・モスレム，中国系住民が混住しあうだけでなく，バリ・ヒンドゥーの場合にはさらにブラーフマナ，ウェシア，パセックの3ワルナがともに集住している。東方部が中心的位置を占めていることが，チャクラ・ヌガラの社会変化を反映し

写真158　チャクラ・ヌガラ　屋敷地
家門（ラワン）は，小路に面する屋敷地のクロッド（南）側に造られる。様式は規格化され，狭い両開きの木扉で出入する。

て，ここに多様な集団からなる混住地区をうみだしている基本因であろう。

　東方部の混住状況のなかで注目されるのは，つぎの3点である。まず，バリ・ヒンドゥー教徒の住戸はブラーフマナ（バラモン），ウェシア（ヴァイシャ），パセック（スードラ）の3ワルナ（ヴァルナ）に限定され，サトゥリア（クシャトリヤ）の住戸がみられないことである。彼らの住戸の欠如は，さきに検討した中心商業地区(2)のプラ・メール寺院南方でのサトゥリア住戸クラスターの存在と関係するのかもしれない。ここに在住するブラーフマナ，ウェシア，パセックの3ワルナは，ともに集団ごとに小クラスターを形成して混住する。なかでもブラーフマナの住戸クラスターは，カラン・マンゴックのヒンドゥー寺院の周辺に形成されているのは興味ぶかい。

　注目される第2の点は，中国系住民の宅地の増加である。前記のバリ・ヒンドゥー3ワルナとは異なって，中国系住民の住戸は，小クラスターではなく個々の宅地区画を単位として散在している。中心商業地区に近接する東方部では，商業活動の担い手である中国系住民による個別的な宅地取得が活発に進行しつつあることを示している。

　さらに第3の点は，少数のジャワ・モスレムをのぞくと，モスレム集団の住戸が存在しないことである。とくにロンボク島の先住民集団であり，人口的にも多数を占めるササック人モスレムの住戸がまったく認められない。後述するように，彼らの居住地区は右京にかぎられている。

　ここでカラン・マントリとカラン・メンギーとの境界線以西の西方部に目を転じると，居住状況は一変する。ここでは，バリ・ヒンドゥー教徒とりわけパセックの住戸が他を圧倒してひろがる。彼らの所有宅地のあいだにブラーフマナ，サトゥリア，ウェシアの3ワルナに属するバリ・ヒンドゥー教徒，中国系住民，ジャワ人モスレムなどの宅地がわずかに散在するのみである。西方部でのパセックの顕著な集住は，おそらく都城建設時から現在にまでつづくものであろう。周辺に属する西方部は，パセックの集住にくわえて，つぎに検討するカラン境界をふくめて都城建設時の様相をよく残している。

　つぎに「神の領域」で言及したカラン共同体について，ここで，その空間編成を検討しておきたい。図161には，対象範囲に所在している計7つのカラン共同体の境界線を記入した。そのうち5カランの範囲は，第2街区列の内部で完結している。もっとも東方に位置する2カランのみは，北接する第1街区列内にも範囲をひろげている。第1街区列に所在するものもふくめて，各カランに属するクリアンの数は0.5

第XI章　チャクラ・ヌガラ　675

写真159　チャクラ・ヌガラ　ヒンドゥー家族祠堂
屋敷地は辺長約25mの正方形区画で統一され，その聖なるカジャ・カギン・コーナー角にはイジュッ葺きの家族祠堂が立つ。

から5までと偏差が大きい。

　カラン共同体の境界線に注目すると，西方部と東方部とを分ける境界線，つまり西のカラン・マントリと東のカラン・メンギーの両街区を分ける境界線が，重要な意味をもっている。その西方地区では，カランの境界はクリアンを背割りする線に設定されている。いいかえれば同地区では，マルガ小路の両側にならぶ住戸群によって形成される両側町を基本として，カラン共同体が形成されていることを示す。前述のパセックの集住とともに，両側町を基本単位とするカラン共同体の編成という点においても，西方地区は，現在も都城建設の当初計画をよくとどめている。

　しかし東方部では，カラン共同体の境界またその編成は西方部と大きく異なる。まず各カランの境界はすべてマルガ小路に引かれていて，西方部のようなクリアンの背割り線を境界とするカランはない。その結果，カラン共同体はクリアンそのものを基本単位として設定されていて，西方地区のような両側町を基本とする編成はみられない。同図が示すように，東方部に所在する4カランのうち3つまでが，第2街区列内に関しては1ないし0.5クリアンのみを領域としている。

　これは，さきに指摘した東方部でのエスニック集団またカーストの混住状況と対応する共同体編成と考えられる。諸集団の混住が両側町的な地域共同体を崩壊させ，マルガ小路の機能を両側にならぶ住戸群の結合よりも，それらの分離へとむかわせたのであろう。さらにこのことは，もっとも東端に位置する2つのカランの領域が，第2街区列北方の第1街区列内にもひろがっていることと関係していよう。南北方向に走るマルガ小路は，ここでは，東西方向に対面しあうクリアンを両側町として結節するのではなく，おなじカラン共同体として南北方向にならぶクリアンを連結する街路と化しているといえる。

　カラン共同体は，「神の領域」で述べたように，プラ・メール寺院に小祠堂を奉献する祭祀集団であった。このことは，当然，その本貫のカラン共同体がヒンドゥー寺院を統合核として形成されていることを予想させる。対象街区列に存在する7カラン共同体のうち，領域内にヒンドゥー寺院をもつものは5カランである。領域内に寺院が所在しない2カランは，ともに領域規模が0.5クリアンおよび1クリアンというごく小面積のもののみである。領域内に寺院を維持することができるカランは，領域規模の大きいものにかぎられていることを物語る。

　プラ・メール寺院の「奥院」には，カラン共同体から奉献された32の小祠堂がならぶ。それらの分祠には扁額が掲げられ，それには奉献・維持主体のカラン共同体名

が記入されている。右京・第2街区列内に寺院をもつ5カランのうち，それに該当するのは西方地区ではジャシとマントリ，東方地区ではバングバングの計3カランである。その領域規模をクリアン数で示すと，前掲の順に 2.5, 4.5, 4.0 となり，規模の大きなカラン共同体に属している。したがって共同体の規模が，プラ・メール寺院に奉献祠堂をもちうるか否かの重要な指標となっているようである。しかし対象街区列のなかで最大の領域をもつワングサラは，プラ・メール寺院に奉献祠堂をもつカラン共同体には属していない。このことは，規模のみがその指標ではないことを意味していよう。これらの点は，左京のおなじ街区列の検討によって，さらにあきらかにできよう。

B　左京・第2街区列 ── 図 157-B 地区

　南北中心幹線街路を介して上記の右京・第2街区列と左右相称位置にある 12 クリアン群を，左京での検討対象地区として設定する。図 162 は，同街区列の状況を示したものである。

　この対象地区に所在するカラン共同体の数は 4 で，右京の場合の 7 にくらべてはるかに少ない。それは，右京の対象地区所在のカラン共同体の面域規模が大きいことを意味する。図 162 から明瞭にうかがえるように，シルマン・スラタンとヌガラ・サカーの両共同体を分ける境界線の東西で居住状況が大きく変化している。左京の場合と同様に，その境界をもとに，以西を西方部，以東を東方部となづけることにしたい。両者のあいだの大きな相違をうみだしている最大の要因は，東方部でのササック人ムスレムの巨大な集住地区の存在にある。図 161 で示した右京・第2街区列をふくめて，調査対象区域内でムスリム集団の大規模集住がみられるのはここのみである。

　そのことを念頭において，西方部から検討していきたい。西方部は，2街区＝8クリアンから構成されている。そこでの居住状況はきわめて混住的で，南北幹線街路の西につづく右京の東方部と類似する。しかし混住的という点では両者は共通しているが，その構成には相当な違いがみられる。左京の西方部では，ヒンドゥー教徒のうちブラーフマナとサトゥリアの住宅区画はごく少なく，おのおの 3 区画と 0.5 区画にすぎない。それとは逆に，ウェシアとパセックの住戸地区が拡大している。とりわけパセックの所有区画が多い。中国系集団の住戸区画も少なく，全体としてここはヒンドゥー地区の様相がつよい。

　さらに右京の東方部との顕著な相違は，右京ではごく少数であった空地区画が大き

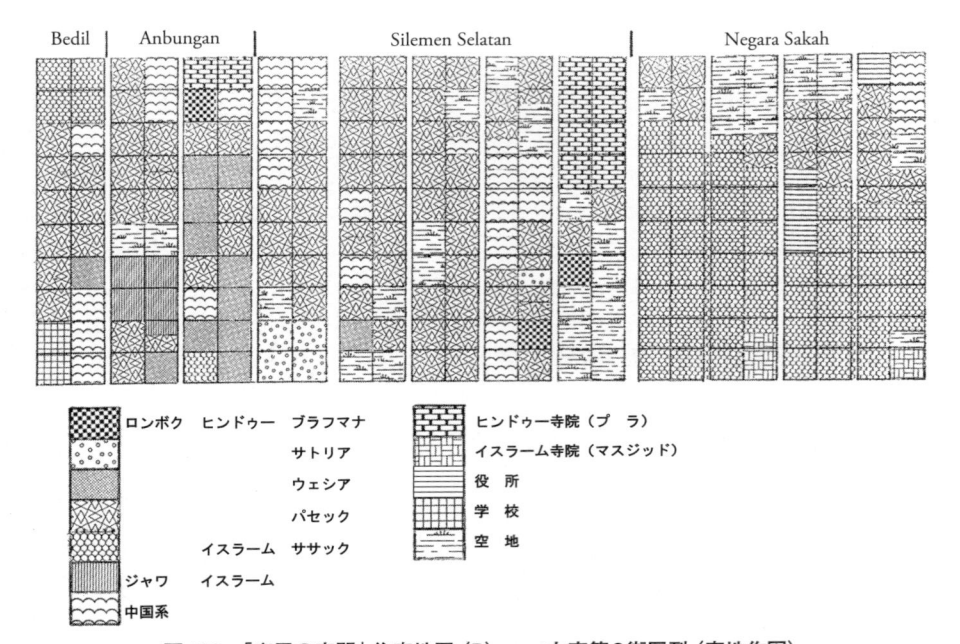

図162 「庶民の空間」住宅地区（B）──左京第2街区列（応地作図）

な面域を占めていることである。ここで空地と分類しているのは，区画内に住戸がない宅地をいう。しかし空地とは言っても，「空地」という日本語から連想されるような草地ないしオープン・スペースではなく，バナナやパパイヤあるいはマンゴなどの樹木がしげる園林的な空間である。右京の東方部にくらべて空地区画が多く，また中国系集団の住戸が少ないことは，左京における経済活動の停滞とそれにともなう土地利用の荒廃進行を意味していよう。

　前記の境界線をこえて東方部の5クリアンに目をうつすと，居住状況はいっきょに変化する。ここでは，住戸区画の圧倒的な部分を占めているのはササック人モスレムである。左京・第2街区列では，〈「西方部のバリ・ヒンドゥー」：「東方部のササク・モスレム」〉という対照性が明瞭に観察される。ササック人はロンボク島の先住民集団であるが，バリ・ヒンドゥー王権による島内西部地方の制圧によって東部へと追われた。現在でも彼らは，島内の東部一帯を中心的な居住地域としている。いわば

678　第3部　18世紀ヒンドゥー世界両端の建設都城

左京・第2街区列の東方部と西方部の境界は，島内での彼らとバリ・ヒンドゥーの居住空間とを画する線となっている。同線から東方にむかうにつれて彼らの集住が顕著に進行していき，図には表現していないが，同図の範域よりも東方の街区一帯は彼らの卓越的な集住地区となっている。

　図162では住戸区画を作図単位としているので，図上ではモスレムの複雑な居住状況は表現できない。ヒンドゥーまた中国系集団の場合には，住宅地区においては，現在も居住は住戸区画として設定されたプカランガンを基本としている。合筆また分筆をおこなう場合にもプカランガンを単位としていて，プカランガンは居住区画の基本枠組として生きている。とくに分筆は，プカランガンを2分割あるいは3分割する方式でなされ，それぞれの新しい分筆区画に住戸が建設される。つまりヒンドゥー地区全体として，分筆された場合でも1区画単位＝1住戸という関係が貫徹している。そのため分筆が進行しても，住居景観は整然としている。

　しかしモスレムの集住地区の居住状況は，これとはまったく異なる。図162の東方部を占めるムスリム集住地区ではマルガ小路が住戸によって占有され，同小路が住戸群のなかに吸収・埋没されてしまっている場合すら観察される。生活道路であるマルガ小路の住宅による全面的な蚕食は，ヒンドゥー地区また中国系集団の居住地区ではみられない。

　さらに住戸区画内部の土地利用の相違も大きい。脇田祥尚は右京・第5街区列最東端＝右京最南東端のカラン・スラヤ街区を調査し，同街区内のマルガ小路両側にならぶ2クリアンの土地利用状況を図163のように整理している[54]。同図が示す状況は，北端部をのぞくと，ごく小規模の住戸が無秩序に建てこみ，超過密といいうる充填の進行である。はげしいスプロール的充填は，当初のプカランガンの区画をたどることすら困難にしている。同区画の輪郭をかろうじて読みとりうるのは，モスクが所在する南東端の1区画のみである。そこにプカランガン区画を確認できるということは，逆に，図163が描く2つのクリアンにも，当初は都城の建設構想にしたがった宅地割が存在していたことを意味していよう。スプロール化の進行が，マルガ小路またプカランガン区画をともに解体させてしまっているのである。この無秩序な過密状況は，ここのみにかぎられず，チャクラ・ヌガラ都城のモスレム集住地区全般に敷衍できるものである。

　さらに図162の東方部で目につくのは，まず，空地区画の多さである。またヒンドゥー教徒も中国系集団もともにごく少数であり，モスレム集団と空地とのあいだに

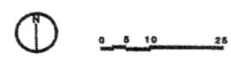

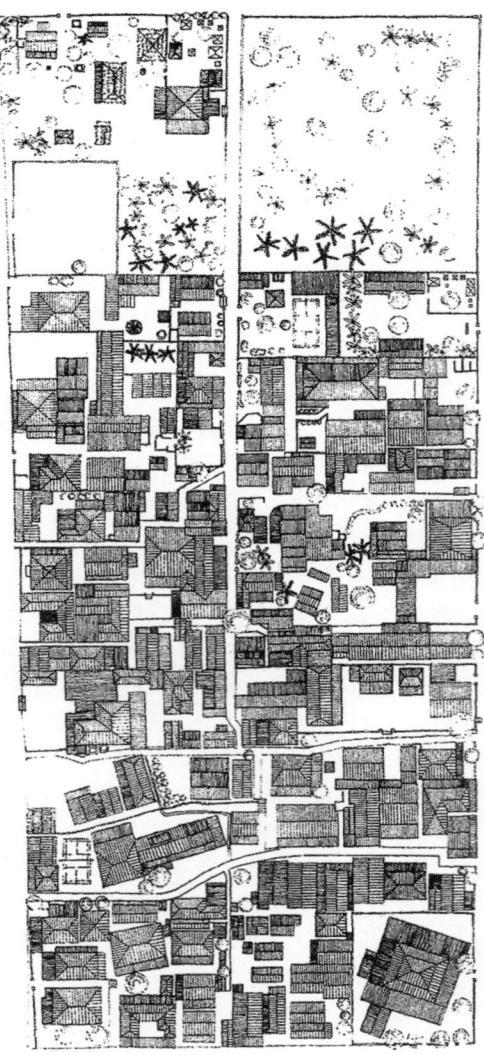

図163 「庶民の空間」左京・第2街区列最東端のモスレム集住地区の居住状況（脇田による）

写真160 チャクラ・ヌガラ ササック人地区のモスク
モスクの様式は規格化されていて，平面は正方形，屋根は高い寄棟造，屋根の頂部に壁面を設けて明り窓を開くのを基本とする。

介在する少数の住戸区画を占めているにすぎない。しかもヒンドゥー教徒の住戸区画の所有者をカースト別にみればパセックのみで，ブラーフマナやサトゥリアまたウェシアの所有区画はない。東方部は，ほぼ完全にモスレム集住地区と化しているのである。それを端的に示すのが東方地区内にはヒンドゥー教の寺院（プラ）はなく，かわってモスクが2ヵ所に所在していることである。それらは，あたかも2クリアンごとに1モスクが所在するかのように，各クリアンの南東端に配置されている。

ここで右京とおなじように，左京・第2街区列内に所在するカラン共同体について検討しよう。図162に記入したように，左京の対象街区列に存在する4カラン共同体の境界線はすべてマルガ小路に引かれている。右京とりわけ右京の西方部とは異なって，クリアンを背割りする境界線はまったく存在しない。この点に関しては，右京・東方部のカラン共同体がマルガ小路を境界としていたのとおなじである。

つぎにカラン共同体のうち，プラ・メール寺院に小祠堂を奉献・維持しているカラン共同体について検討する。左京・第2街区列の4カラン共同体のなかで，これに該当するのは，前述したシルマン・スラタンとヌガラ・サカーの2つである。このうちシルマン・スラタン街区は，図162の範域内にはモスレムの所有住戸がないだけでなく，大規模な寺域をもつヒンドゥー寺院も存在している。したがって同街区が，プラ・メール寺院への祠堂奉献共同体となっているのは理解しやすい。

しかしもう1つの奉献共同体であるヌガラ・サカーは，事情を異にする。同共同体は，図162で示した範域だけでなく，北接する第1街区列にもおなじ東西幅で領域をもつ。南の第2街区列の領域にはモスレムの住戸が密集し，モスレム地区ともいいうる状況を呈していた。しかし第1街区列のヌガラ・サカー共同体の範域には，図としての呈示は省略しているが，臨地調査ではモスレムに属する住戸区画はなく，ヒンドゥーと中国系集団の集住地区となっている。またここには，小規模とはいえヒンドゥー教寺院も存在している。したがってプラ・メール寺院「奥院」に奉献共同体として名をつらねているヌガラ・サカーは，第1街区列に属する部分を主体としているのであろう。しかしもとは第1また第2街区列の領域はともにバリ・ヒンドゥーの集住地区であって，大領域をもつ有力集団として奉献共同体に名をつらねていたと考えうる。そののちにササック・モスレム集団が第2街区列の部分に集住し，第1列の領域と第2列の領域とのあいだの顕著な相違が生まれるにいたったのであろう。

C 〈「胴」─「頭」〉中間帯街区 ── 図157-C 地区

上に検討した2つの地区は，チャクラ・ヌガラ都城を構成する「頭─胴─脚」の三

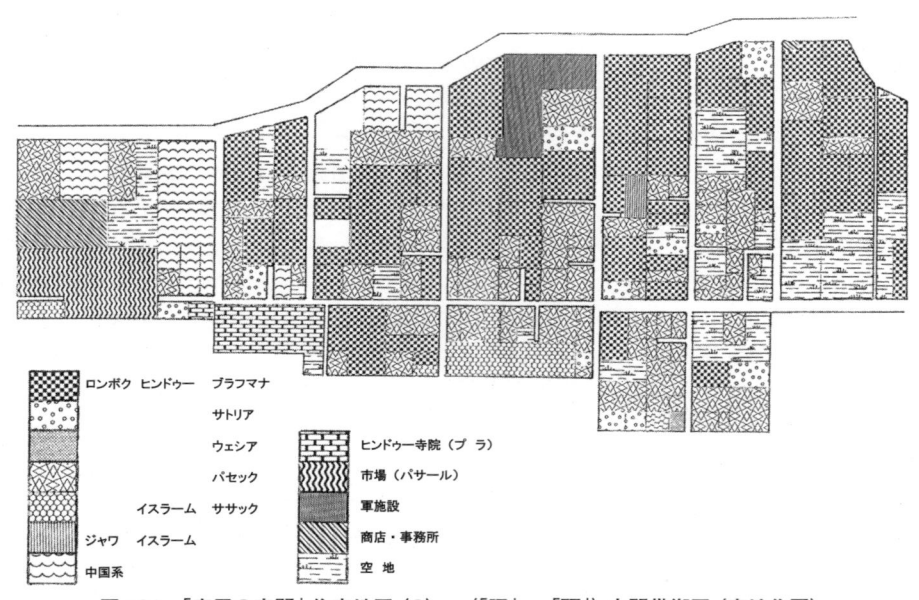

図164　「庶民の空間」住宅地区（C）—〈「胴」—「頭」〉中間帯街区（応地作図）

凡例：
- ロンボク　ヒンドゥー　ブラフマナ
- サトリア
- ウェシア
- パセック
- イスラーム　ササック
- ジャワ　イスラーム
- 中国系
- ヒンドゥー寺院（プラ）
- 市場（パサール）
- 軍施設
- 商店・事務所
- 空地

体編成の「胴」の内部に属する。「庶民の空間」における居住状況を検討するために，最後にもう1つの事例を，「胴」周辺の北方街区にもとめることにしたい。ここで対象とするのは，図157にCとして示した「頭」と「胴」の中間帯を西流するシンドゥ川北岸に所在するカラン・シンドゥ街区である。同街区は，南北中心幹線街路の東方また王宮の北方に位置する。街区名の「シンドゥ」は，もちろんそこを流れるシンドゥ川に由来するであろう。「シンドゥ」とはサンスクリット語起源の言葉で，その語義はインダス川さらにはインドを意味する。街区の南を西流する小河川をインダス川に見たてられていたのであろうか。

　図164は，シンドゥ街区中心部の居住状況を示したものである。街区の北端と南端を街路がほぼ東西方向に走り，その内部は南北走するマルガ小路によってクリアンに区分されている。しかしクリアンの面域は，さきに検討した第2街区列の場合にくらべると東西幅が大きいうえに幅員も一定ではなく，規則性に欠けている。

　街区西端を画する南北幹線街路にそって官公署や市場（パサール）がならぶ。その

背後に，東にむけて住宅地区がつづく。第2街区列の場合と同様に，ここでも市場に直近する後背区画は，中国系集団の住戸によって占められている。しかし彼らの住戸群の東縁を南北走するアングール小路を越えると，居住状況は一変する。そこから同図の東端に至るまでのほぼ全域は，ごく少数のモスレムや中国系集団に属する区画をのぞくと，ヒンドゥー集団の集住地区となっている。

　仔細にみると，住宅地区の内部は2つに区分できる。前記のアングール小路から東にむけてならぶ3クリアンからなる西方部，そこからさらに東につらなる3.5クリアンからなる東方部である。両者は，クリアン内部の区画割，エスニック集団，ヒンドゥー集団内部のカースト構成さらには空地の存在形態などの諸点で，明瞭な相違を示す。まずクリアン内部の形態についてみると，西方部では，クリアン自体の東西幅が大きいこともあって，その内部を背割りしてプカランガンに分割するという住戸区画の編成計画が貫徹していない。とくに東の2クリアンでは，住戸区画は複雑化している。これに対して東方部のクリアンは，当初の住戸建設計画にしたがった区画割をよく観察できる。エスニック集団に関しては，西方部には少数とはいえ中国系集団やササック・モスレムの住戸がみられるが，東方部では中国系集団の住戸は皆無となる。このような相違はあるが，西方部も東方部も，ともにヒンドゥー集団の集住地区である点ではおなじといえる。

　しかしヒンドゥー集団の集住地区という点では共通していても，両地区のワルナ構成はやや異なった様相をみせる。住戸区画の面積をワルナ別にみると，西方部ではパセックとブラーフマナの面積がほぼ匹敵し，サトゥリアは小面積の3住戸区画を占めるのみである。一方，東方部では，ブラーフマナの住戸区画の面積がパセックよりも多くなっているだけでなく，サトゥリアの住戸また区画数・面積が，いずれもやや増加する。つまり東方地区は，上位ワルナの集住地区という性格を示している。このように検討対象街区を全体としてみると，もっとも大きな面域を占めているのはブラーフマナの住戸区画ということになる。前述したように，バリ・ヒンドゥー人口のほぼ90パーセントはパセックに属するといわれる。圧倒的な比重を占めるパセックをうわまわる住戸面積を，同街区ではブラーフマナが占めているのである。つまりシンドゥ街区は，ブラーフマナ地区である。一方，空地となっている区画は西方部に少なく，東方部に多い。左京第2街区列の場合と同様に，ここでも東方にむかうにつれて荒廃が進行しつつある。

　I-3で『アルタシャーストラ』を主たるテキストとして古代インド都城思想を検討

した際に，バラモンの居住区域は最北の外周帯とされていることを指摘した。また X-3 でジャイプルの都城構成を論じた際にも，王宮空間の北方に隣接する集落がバラモンの集住地区であることを指摘した。古代インドの都城思想またジャイプルで確認できる「都城北方域はバラモンの居住区」という居住パターンが，チャクラ・ヌガラ都城においても観察できる。これは偶然の一致ではなく，ヒンドゥー思想の伝播がもたらした帰結と考えうる。と同時に，チャクラ・ヌガラ都城全体からみれば，検討対象としてシンドゥ街区は北東方＝「カジャ・カギン」方向に位置している。その方位は，バリ・ヒンドゥーではもっとも聖なる方位とされている。そこにバラモンの集住地区が形成されているのは，インド・ヒンドゥー的思想とバリ・ヒンドゥー的方位観とが結合した結果であろう。

このことは，チャクラ・ヌガラの〈「頭」—「胴」—「脚」〉の三体編成の「脚」部を構成する都城南端の 4 街区のワルナ別居住状況からも確認できる。そこには中国系集団もササック人・モスレム集団の住戸もほとんどなく，ヒンドゥー集団の集住地区となっている。ブラーフマナの住戸区画は 4 街区のうち北東街区で観察されるのみで，他の 3 街区にはまったく存在しない。北東街区をふくめて「脚」部の 4 街区は，ほぼパセックの住戸によって占められている。ここでもブラーフマナの住戸区画は，バリ・ヒンドゥー教ではもっとも聖なる方位とされる「カジャ・カギン」側に集中しているのである。

さらに興味ぶかいのは，シンドゥ共同体の内部でもブラーフマナの住戸区画が北部を占めていることである。同共同体の南端部を走る東西街路に注目すると，とりわけ東方地区では，その南北で居住状況が相違する。図 164 で明瞭なように，南方はほぼパセックの住戸区画で占められている。これに対して北方は，前述したとおりブラーフマナの集住地区である。シンドゥ共同体の内部でも，「北方はバラモンの居住区」という傾向をよみとることができる。

シンドゥ共同体のヒンドゥー寺院は，図 164 の南西端に所在する。その寺院敷地は，プラ・メール寺院とおなじように東西を長辺としている。図 161・162 が示すように，第 2 街区列の諸共同体の寺院は，プカランガン区画を基本単位として，それらを南北方向に合体させて境内としている。敷地長辺を，南北つまり〈カジャ←→クロッド〉方向にとる様式で建設されている。これは，第 2 街区列にかぎらず，都城の「胴」部に所在するヒンドゥー寺院の一般的な様式である。同時に，それは，バリ・ヒンドゥー教の普遍的な寺院様式である。しかしそれらとは異なって，シンドゥ共同体

のヒンドゥー寺院は，プラ・メール寺院と同様の東西に長い例外的な寺域からなる。おそらくブラーフマナの集住街区の所在寺院という特徴とあいまって，プラ・メール寺院とおなじ様式の寺院として建設されたのであろう。それは，同寺院がプラ・メール寺院につぐ格式をもつ寺院であることを意味しよう。プラ・メール寺院の「奥院」にならぶ奉献小祠堂に掲げられた扁額には，シンドゥ共同体の名はない。それは，この格式の高さを反映するものであろう。

XI-7　チャクラ・ヌガラ都城の形態特質とその意義

　最後に，建設都城としてのチャクラ・ヌガラの計画性について再論し，その意義を考察することにしたい。ここでいう「計画性」は，2つの設計レベルをふくむ。1つは基本設計のレベルであり，都城の外形をふくむ全体計画策定のレベルである。
　チャクラ・ヌガラ都城の全体計画を検討するにあたっては，以下の2つが重要な視座を提供する。第1は，バリ島東端部に本拠をおくカランアッサム王国の植民都市としてチャクラ・ヌガラ都城が建設されたことである。第2は，同王国の王都カランアッサムとチャクラ・ヌガラ都城が位置する周辺空間規模の相違である。王都カランアッサムはアグン山裾野の狭隘な傾斜地に立地するのに対して，チャクラ・ヌガラはロンボク島西部の広闊な平坦地を選地して建設された。建設植民都市と立地空間の広闊性との結合というチャクラ・ヌガラ都城の特質が，同都城の全体計画の検討にあたって考慮すべき重要な点である。
　前述したように，植民建設都市の特質の1つは，本国では実現不可能であった理念・理想・願望実現の場ということがある。これは，古代ローマの植民都市，近世のヌエバ・エスパーニャにおけるスペイン植民都市，英領インドにおけるニューデリーなどの例をあげれば，あきらかであろう。しかもチャクラ・ヌガラの周囲は広闊な平坦地であって，バリ・ヒンドゥー的理想都市の建設にあたって地形的な障害性も皆無にちかい。チャクラ・ヌガラ都城は，広闊な平坦空間でバリ・ヒンドゥー的理念を体現する理想都市として建設される。
　この「チャクラ・ヌガラ都城で実現されたバリ・ヒンドゥー的な都市理念・理想はなにか」という基本計画の解読が，本章前半部でも検討主題であった。この主題については，現実のチャクラ・ヌガラ都城の基底にあるコスモロジーに関する新たな解釈

の提出をふくめて,すでに詳述した。ここでは,それについて再言することは省略する。
　第2の設計レベルは,全体計画をふまえて具体的な建設指針を示す実施設計の策定である。第1の全体設計の基礎にあるコスモロジーは,いわば解釈としてしか提出できない。これに対して,第2レベルの実施設計は都城景観のなかに刻印されており,現景観をもとに検出することができる。以下の議論では,このレベルに話題を集中させることにしたい。具体的には,街路・街区・宅地区画などのフィジカルな景観・形態の解析から検出できるチャクラ・ヌガラ都城の特質である。
　まず,既述の部分と重複する点もあるが,都城内の街路をとりあげる。チャクラ・ヌガラの都市計画は,バリ・ヒンドゥー村落またギアニャル王都の説明で述べた〈カジャ←→クロッド〉と〈カギン←→カウ〉の民俗方位を基線とする2本の中心幹線街路を基本骨格としている。両者はともにマルガ・サンガとよばれ,都城域を構成する〈頭―胴―脚〉の「胴」部分の北端部で直交し,そこに都城核心の中心十字路を形成する。2本のマルガ・サンガはともに歩道をそなえた幹線街路であるが,両者の幅員は相違する。

　　〈カジャ←→クロッド〉＝南北方向――両側歩道：各11.5メートル＋中央車道：22
　　　　　　　　　　　　　　　　　　　　　　メートルの計45メートル。
　　〈カギン←→カウ〉＝東西方向――両側歩道：各9メートル＋中央車道：18メート
　　　　　　　　　　　　　　　　　　　ルの計36メートル。

　両者の幅員比は,南北方向が東西方向の1.25倍となっている。歩道と車道の幅員比は,ともにほぼ同様の数値を示している。南北幹線街路の幅員を低率縮小して,東西幹線街路が計画され建設されたことを物語る。南北方向のマルガ・サンガに,朱雀大街(路)の地位をあたえているのであろう。もちろんその背後には,バリ・ヒンドゥー的民俗方位では,〈カジャ←→クロッド〉が,〈カギン←→カウ〉よりも優位な方位とされていることがあろう。結果として,朱雀大街(路)の走向に関しては,チャクラ・ヌガラ都城と東アジア都城とはともに〈北→南〉走という同型性を示す。
　南北と東西両方向のマルガ・サンガが交叉して中心十字路を構成するとともに,都城を4つに区切っている。すでに述べた理由から,チャクラ・ヌガラ都城の中心十字路はカジャつまり北方にかたよっていて,東西中心幹線街路のクロッド側が大きく肥大している。いいかえれば聖なるカジャ側を占める「王の空間」が,穢なるクロッド側に大きくひろがる「庶民の空間」に君臨しているのである。しかし「庶民の空間」も,グリッドパターン区画の統一的な都市計画にしたがって建設されている。

グリッドパターンは，たがいに直交関係にある直線街路を基本として形成される。その基準直線街路が，マルガ・ダサとよばれる大路である。図146のオランダ測量図は，マルガ・ダサ大路を基本とするチャクラ・ヌガラ都城のグリッドパターン編成をよく伝えている。しかし同図を仔細にみると，南北と東西の両方向に走るマルガ・ダサ大路の走向には微妙な相違がある。図146で南北方向のマルガ・ダサ大路によって区画されたカランを単位とするグリッドパターンがよく観察されるのは，右京である。しかし左京では南北走するマルガ・ダサ大路が明瞭に描かれていないので，グリッドパターンは不鮮明である。

　つぎに東西走するマルガ・ダサ大路に注目すると，同図によってあきらかなように，同大路の走行は正東西ではなく，全体としてやや右つまり南さがりとなっている。そのため同大路の走向は，南北中心幹線街路の両側で微妙な変化をみせる。その結果，左京では，右京にくらべて東西マルガ・ダサ大路の平行関係はややくずれている。それが，逆に図146で右京のグリッドパターンをきわだたせる要因となっている。

　ここで，グリッドパターン編成がよく残っている右京をとりあげて，その編成をくわしく検討したい。グリッドパターン編成の基本街路であるマルガ・ダサ大路は，中心幹線街路のマルガ・サンガとおなじく両側に歩道をそなえている。歩道の幅員は約5メートル，中央の車道は幅員8メートルほどで，その全幅員は約18メートルとなる。右京ではマルガ・ダサ大路は，東西およそ232メートル，南北約250メートルの間隔で走り，「市民の空間」をほぼ格子状に区画している。このグリッドパターン区画を，カラン街区とよぶことにしたい。

　カラン街区の内部をさらに区画するのが，マルガとよばれる小路である。上記の2つの街路とは異なって，マルガ小路には歩道はもうけられていない。マルガ小路の両側には住戸がならび，同小路はもっとも日常的に利用される生活道路である。そのためロンボク戦争以後の混乱のなかで同小路の私的占有が進行し，現在では幅員のばらつきは大きい。幅員の中央値は8メートル前後で，それが当初の幅員であったと考えられる。マルガ小路の特徴は東西走するものはなく，南北走向の街路のみからなっていることである。

　マルガ・ダサ大路によって区画されたカラン街区は，内部を等間隔に走る3本のマルガ小路によって，さらに4つに細分される。マルガ小路の幅員を8メートルとすると，街区の東西幅232メートルは，$[232-(8\times3)]\div4=52$メートル幅の4区画に

分割される。街区の南北長は約250メートルであるから，街区の内部は東西幅52×南北長250メートルの南北に長い4つの短冊状区画に分かたれる。この短冊状の小区画は，クリアンとよばれている。

　クリアンは，さらに東・西2列に背割りされ，また南北は10等分される。したがってクリアンは，およそ東西幅26×南北長25メートルの計20区画に分割される。この区画が住戸宅地の原単位で，プカランガンとよばれる。それは，チャクラ・ヌガラ都城建設時の標準的な宅地班給規模であったであろう。プカランガンを構成する四辺のうち，いずれか1辺は南北走するマルガ小路に面していて，そこに各住戸が門戸を開いている。

　ここでチャクラ・ヌガラ都城の街路形態を，Ⅶ−6　でとりあげた平安京の場合と比較してみよう。平安京でも，大路と小路によって区画された条坊を単位として都城が構成されていた。カラン街区は，その条坊に相当する。平安京の当初の建設計画では，条坊が都市生活の単位であった。しかし平安京が解体して中世京都へと変遷していくなかで条坊は意味をうしない，条坊を区切る大路や小路が逆に家々を結節する存在へと化していった。両側町の成立である。

　チャクラ・ヌガラ都城は，おなじクリアン内に背中あわせにならぶプカランガン群よりも，マルガ小路あるいはマルガ・ダサ大路を介して両側にならぶプカランガン群からなる両側町を基本単位としていた。平安京とは異なってチャクラ・ヌガラ都城は，当初から両側町を都市生活またバリ・ヒンドゥー教の祭祀共同体（カラン）の基本単位としていたと考えうる。プカランガンまたクリアンは，単なる宅地班給のための単位以上の意味をもっていた。

　このようにチャクラ・ヌガラ都城の街路配置また宅地区画は，きわめて体系的な都市計画にもとづいて実現されている。18世紀前半という建設時期を考慮すると，それは驚異的とさえいいうる。同時期のヒンドゥ建設都城であるジャイプルと比較しても，この点は明瞭である。ジャイプルの都城建設は，方格状街路とそれによって区画される街区の計画的造成のレベルにとどまっていて，街区の内部におよぶことはなかった。チャクラ・ヌガラと対比させていえば，ジャイプルの計画性は，マルガ・ダサ大路を基本とするグリッドパターン状の街路体系のレベルにとどまっている。チャクラ・ヌガラにみられる〈街区→マルガ小路→クリアン→プカランガン〉へとブレイク・ダウンしていき，都城全域から宅地区画までを一貫する体系的な計画性はジャイプルにはない。

1740年代以前という時期において，このような体系的な計画性をもつ建設都市は，たとえばヨーロッパでは中世にさかのぼるフランスのカルカッソンヌまたポーランドのクラクフなどの例はあるが，それらをのぞくとスペイン植民都市を代表例とする。チャクラ・ヌガラ都城は，スペイン植民都市に遅れること約2世紀という時代差をもちつつも，「スペイン植民都市に匹敵する計画都市」とよびうるユニークな植民都市であった。

　この計画性の体系的な貫徹という点に関しては，チャクラ・ヌガラは，スペイン植民都市と同時に，本書でとりあげた東アジアの都城とも共通する。その根底にあったのは，チャクラ・ヌガラ，スペイン植民都市さらには日本都城においては宅地班給の実現，また中国都城においては里坊制にもとづく人民管理の実現という建設目的の共通性であった。グリッド・パターンの徹底した貫徹という計画性は，この目的実現と相即しあっていた。それらを建設目的とはしていなかったジャイプルでは，計画性の貫徹がバーザール街路という大路レベルにとどまっていたのは，この意味では当然であった。

注

はじめに

1) 八木充『研究史飛鳥藤原京』，吉川弘文館，1996年，37-38頁。
2) 喜田貞吉「本邦都城の制」(初出1911) 林屋辰三郎編『喜田貞吉著作集5 都城の研究』所収，平凡社，1979年，296-297頁。
3) 岸俊男「日本の宮都と中国の都城」(初出1976)，岸俊男『日本古代宮都の研究』所収，岩波書店，1988年は，「日本古代の宮都，すなわち宮室・都城」と書きだされていて (307頁)，古代日本の王都が〈「宮室＝宮城」＋「都城＝京域」〉から構成されているとする。また別の箇所では，たとえば平城宮と平城京が「都城制のもとで」異なった意味をもつ概念であることを指摘したうえで，前者の「宮」，後者の「都」を合体させて「宮都」とよぶとする (231-238頁)。この定義だけからすれば，唐代・長安も「宮都」とよびうる。しかしこれらの議論からうかがえるのは，古代日本の王都を「都城」という言葉で一意的に一括することへの岸の抵抗感であろう。
4) (唐)玄奘弁，機原著，季羨林等校注『大唐西域記 校注』中華書局，1985年，232-233頁。
5) 那波利貞「支那首都計畫史上より考察したる唐の長安城」桑原博士還暦記念祝賀会編『桑原博士還暦記念東洋史論叢』所収，弘文堂，1931年，1241-1242頁。
6) 駒井和愛「中国の都城」(初出1948)，駒井和愛『中国都城・渤海研究』所収，雄山閣，1952年，7-16頁。
7) この点で，岡千曲「都城の宇宙論的構造 ── インド・東南アジア・中国の都城」(上田正昭編『都城 日本古代文化の探究』所収，社会思想社，1976年，337-369頁) は，先駆的・例外的な論考であった。

第I章

1) ヴァルミーキ著 (岩本裕訳)『ラーマーヤナ』1 (東洋文庫376)，平凡社，1980年，28-29頁。
2) 渡瀬信之訳『サンスクリット原典全訳マヌ法典』，中公文庫，1991年，332頁。
3) 同上，209-210頁。
4) Acharya, P. K., *Architecture of Mānasāra Translated from Sanskrit* (Mānasāra Series Vol. IV), Manoharlal, Delhi, 1994 (Originally published in 1934).
5) *ibid.*, p. 64.
6) *ibid.*, p. 12.
7) 西岡直樹『いんど花綴り─印度植物誌』，木犀社，1988年，32-39頁。
8) Acharya, P. K. *op. cit.* (注4)., p. 13.
9) *ibid.*, pp. 71-72.
10) *ibid.*, p. 72.
11) *ibid.*, p. 72.
12) Ananth, S., *Vaastu, The Classical Indian Science of Architecture and Design*, Penguin Book (India), New Delhi, 1998, p. 177.
13) Acharya, P. K., *op. cit.* (注4)，p. 69.
14) *ibid.*, p. 399.
15) *ibid.*, p. 74.

16) *ibid.*, p. 74.
17) *ibid.*, p. 74.
18) *ibid.*, pp. 423–435.
19) *ibid.*, p. 399.
20) *ibid.*, p. 74.
21) *ibid.*, pp. 72–91.
22) *ibid.*, pp. 74–75.
23) *ibid.*, p. 76.
24) *ibid.*, p. 76.
25) Acharya, P. K., *Architecture of Mānasāra, Illustration of Architecture and Sculptual Objects* (Mānasāra Series Vol. V), Manoharlal, Delhi, 1994. (Originally published in 1934), Sheet No. XVII.
26) Acharya, P. K., *op. cit.*（注4）, p. 72.
27) Pillai, G. K., *The Way of the Silpis, or Hindu Approach to Art and Science*, Indian Pr., Allahabad, c. 1948, pp. 204–208.
28) *ibid.*, p. 318.
29) *ibid.*, p. 203.
30) Begde, P. V., *Ancient and Medieval Town-planninng in India*, Sagar, New Delhi, 1978, p. 44.
31) Pillai, G. K., *op. cit.*（注27）, p. 197.
32) *ibid.*, p. 203.
33) Acharya, P. K., *op. cit.*（注4）, p. 73.
34) *ibid.*, p. 74.
35) カウティリヤ著（上村勝彦訳）『実利論―古代インドの帝王学―』（上）・（下），岩波文庫，1984年。ここでは，後述する理由から岩波文庫本の初版をテクストとして使用する。
36) 徳永宗雄氏および矢野道雄氏の教示による。
37) Rangarajan, L. N. edited, rearranged, translated and introduced, *Kautilya The Arthashastra*, Penguin Books (India), New Delhi, 1992.
38) *ibid.*, pp. 191–192.
39) *ibid.*, {2.4.6,7}, p. 190.
40) Begde, P. V., *op. cit.*（注30）, p. 36.
41) Acharya, P. K., *op. cit.*（注4）, p. 63.
42) *ibid.*, 104–106.
43) Begde, P. V., *op. cit.*（注30）, pp. 35–36.
44) Kirk, W., Town and Country Planning in Ancient India. According to Kautilya's Artahsastra, *Scot. Geogr. Mag.*, 94, 1978, pp. 67–75.
45) 定方晟『インド宇宙誌』，春秋社，1985，p. 81.
46) 各神格の説明にあたっては，菅沼晃編『インド神話伝説辞典』，東京堂出版，1985年を参照した。
47) カウティリヤ，前掲書（注35）（上），79頁。
48) Acharya, P. K., *op. cit.*（注4）, pp. 93–95.
49) *ibid.*, p. 427.
50) カウティリヤ，前掲書（注35）（上），403頁。
51) Acharya, P. K., *op. cit.*（注4）, p. 427.
52) *ibid.*, p. 69.
53) 定方晟『須弥山と極楽――仏教の宇宙観』（講談社現代新書330），講談社，1973年，13頁。
54) 世田谷美術館・日本建築学会編『インド建築の5000年――変容する神話空間』展図録，世田谷美術館，1988年，29頁。

55) Michell, G.（神谷武夫訳）『ヒンドゥー教の建築 ―― ヒンドゥー寺院の意味と形態』，鹿島出版会，1993 年（原著 1988），209-210 頁．

第 II 章

1) 礪波護「中国都城の思想」岸俊男編『都城の生態』(「日本の古代」9)，中央公論社，1987 年，83 頁．
2) 同上，84 頁．
3) 司馬遷著（野口定男訳）『史記』(下)「匈奴列伝」(「中国古典文学大系」12)，平凡社，1973 年，159 頁．
4) 石原道博編訳『旧唐書倭国日本伝・宋史日本伝・元史日本伝』(「中国正史日本伝」2)，岩波文庫，1986 年，33 頁．
5) 玄奘著（水谷真成訳）『大唐西域記』(「中国古典文学大系」22)，平凡社，1963 年による．
6) 曹婉如ほか編『中国古代地図集　戦国―元』，文物出版社，北京，1990 年，第 62 図．
7) 妹尾達彦『長安の都市計画』(講談社選書メチエ 223)，講談社，2001 年，139 頁．
8) 王雲五編『周礼鄭氏注』3，台湾商務印書館，台北，1965 年，305-307 頁．
9) 那波利貞「支那首都計画史上より考察したる唐の長安城」，桑原博士還暦記念祝賀会編『桑原博士還暦記念 東洋史論叢』所収，弘文堂，1931 年，1203-1269 頁．
10) 王雲五編，前掲書（注 8）1，83 頁．
11) 賀業鉅『考工記営国制度研究』，中国建築工業出版社，北京，1985 年，118 頁．
12) 『欽定礼記義疏』(『景印文淵閣四庫全書』第 126 冊，台湾商務印書館)，126-503 頁．
13) 戴震『考工記図』，商務印書館，上海，1955 年，104 頁．
14) 賀業鉅，前掲書（注 11），51 頁．
15) 王雲五編，前掲書（注 8），307 頁．
16) 同上，307 頁．
17) 賀業鉅，前掲書（注 11），29 頁．
18) 同上，126 頁．
19) 叶驍軍編『中国都城歴史図録』(第 1 集)，蘭州大学出版社，蘭州，1986 年，106-107 頁．
20) 戴震，前掲書（注 13），102 頁．
21) 王雲五編，前掲書（注 8），307 頁．

第 III 章

1) 『新約聖書』「ヨハネの黙示録」『新共同訳　聖書』，日本聖書協会，1991 年，（新）478-489 頁．
2) Acharya, P. K., *Architecture of Mānasāra Translated from Sanskrit* (Mānasāara Series Vol. IV), Manoharlal, Delhi, 1994. (Originally published in 1934). p. 21.
3) Bhardwaj, S. M., *Hindu Places of Pilgrimage in India, A Study in Cultural Geography*, Univ. of California Pr., 1973, p. 87.
4) カウティリヤ著（上村勝彦訳）『実利論―古代インドの帝王学―』(上)，岩波文庫，1984 年，43-44 頁．
5) 渡瀬信之訳『サンスクリット原典全訳マヌ法典』．中公文庫，1991 年，335 頁．
6) 中村元『古代インド世界』，講談社学術文庫，2004 年（原著 1977），81 頁．
7) 山崎元一『古代インド世界の王権と宗教』，刀水書房，1994 年，28-29 頁．
8) 同上，489 頁．

第 IV 章

1) 辛島昇ほか『インダス文明』(NHK ブックス 375)，日本放送協会，1980 年，52 頁。
2) 長田俊樹は，高所に位置する囲郭施設を城砦ではないとするポセールの説を紹介している（長田俊樹『インダス文明研究の回顧と展望及び文献目録』，総合地球環境学研究所，2005 年，38 頁）。
3) Chakrabarti, D. P., *The Archaeology of Ancient Indus Cities*, Oxford Univ. Pr., Delhi, 1995, p. 147.
4) 辻直四郎訳『リグ・ヴェーダ讃歌』，岩波文庫，71-72 頁。
5) Chakrabarti, D. P., *op. cit.* (注 3), p. 90.
6) 辛島昇ほか，前掲書 (注 1)，49 頁。
7) 同上，47 頁。
8) 小磯学「インダス文明の誕生」内藤雅雄・中村平治編『南アジアの歴史』所収，有斐閣，2006 年，17 頁。
9) Bisht, R. S., Urban Planning at Dholavira: A Harappan City, in Malville, J. M. & Gujal, L. M. eds., *Ancient Cities, Sacred Skies, Cosmic Geometries and City Planning in Ancient India*, IGNCA, New Delhi, 2000, p. 15.
10) *ibid.*, p. 18.
11) *ibid.*, pp. 15-18.
12) *ibid.*, p. 21.
13) *ibid.*, p. 22.
14) 宮崎市定「中国城郭の起源異説」(初出 1933)『宮崎市定全集』3，岩波書店，1991 年，99-113 頁。
15) 楊寛著 (尾形勇ほか訳)『中国都城の起源と発展』，学生社，1987，78-83 頁。
16) 宮崎市定，前掲論文 (注 14)，112 頁。
17) 楊寛著，前掲書 (注 15)，79 頁。
18) 同上，82 頁。
19) 同上，80 頁。
20) 叶驍軍編『中国都城歴史図録』第 1 集，蘭州大学出版社，蘭州，1986 年，199 頁。
21) 楊寛著，前掲書 (注 15)，84 頁。
22) 同上，113 頁。
23) 同上，95 頁。
24) 同上，99 頁。
25) 叶驍軍編，前掲書 (注 20)，145 頁。
26) 同上，206 頁。
27) Marshall, J., *A Guide to Taxila*, Cambridge Univ. Pr., London, 1960, p. 47.
28) *ibid.*, p. 50.
29) アッリアノス著 (大牟田章訳)『アレクサンドロス大王東征記』(下)，岩波文庫，36 頁。
30) Marshall, J., *op. cit.* (注 27), p. 91.
31) *ibid.*, 折り込み図 2。
32) *ibid.*, p. 61.
33) *ibid.*, p. 64.
34) Dani, A. H., *The History of Taxila*, UNESCO, Paris, 1986, pp. 90-93.
35) Lal, B. B., Śiśupálgarh 1948: An Early Historical Fort in Eastern India, *Ancient India*, 5, 1949, p. 65.
36) *ibid.*, p. 70.
37) *ibid.*, p. 64.
38) *ibid.*, p. 64.
39) Joshi, M. C., Application of geometry in the planning of an ancient settlement: Śiśupálgarh, a case study,

in Malville, J. M. & Gujal, L. M. eds., *op. cit.* (注9), p. 38.
40) カウティリヤ（上村勝彦訳）『実利論 —— 古代インドの帝王学』（下），岩波文庫，216頁．

第V章

1) 応地利明「7つの王都が生まれたデリー三角地」『デリーとアーグラー』（週刊朝日百科「世界100都市」046），朝日新聞社，2002年，4-5頁．
2) 応地利明「ムガル帝都デリー：アジア都市論の原郷」，『月刊しにか』1-4，1990年，32-37頁．
3) 横倉権幸「ヒンドゥー文明の受容」京都大学東南アジア研究センター編『事典　東南アジア』，弘文堂，1997年，262頁．
4) （唐）姚思廉撰『梁書』（百衲本二十四史14）巻54，「列伝」第48「諸夷」，台湾商務書館，台北1937年，789頁．
5) 応地利明「東アジアからの地理的世界認識」樺山紘一編『発見と遭遇 —— 異文化への視野』（岩波講座「世界歴史」12）所収，岩波書店，1999年，172頁．
6) 辛島昇「インド・ローマ貿易と東南アジア」辛島昇編『南アジア史3 —南インド』所収，山川出版社，2007年，61頁．
7) 応地利明「人類にとって海はなんであったか」福井憲彦ほか『人類はどこに行くのか』（「興亡の世界史」20）所収，講談社，2009年，154-158頁．
8) Coedès, G.（辛島昇ほか訳）『インドシナ文明史　第2版』，みすず書房，1980年（原著1962），62頁．
9) 同上，271頁．
10) 応地利明「東南アジアをどう捉えるか（2）—インド世界から」坪内良博編『〈総合的地域研究を求めて —— 東南アジア像を手がかりに〉』所収，京都大学学術出版会，1999年，328-331頁．
11) 石沢良昭「アンコール＝クメール時代（九一一三世紀）」池端雪浦ほか『東南アジア古代国家の成立と展開』（（岩波講座「東南アジア史」2），岩波書店，2001年，55～56頁．
12) 渡部忠世『稲の道』（NHKブックス304），日本放送協会，1977年，129-134頁．
13) Ohji, T., Traditional rice cultivation methods and survey of plows in Thailand: With special reference to the development of plow technology,『東南アジア研究』33-3, 1996, pp. 145-180.
　　応地利明「インド化」京都大学東南アジア研究センター編，前掲書（注3）所収，390-391頁．
14) 高谷好一『東南アジアの自然と土地利用』（「東南アジア学選書」1），勁草書房，1985年，34-36頁．
15) Reid, A.（平野秀秋・田中優子訳）『大航海時代の東南アジアII　拡張と危機』，法政大学出版会，2002年（原著1993），12頁．
16) 石沢良昭『アンコール・王たちの物語 —— 碑文・発掘成果から読み解く』（NHKブックス1034），日本放送協会，2005年，14頁．
17) 石沢良昭『古代カンボジア史研究』，国書刊行会，1982年，54頁．
18) 同上，249頁．
19) 同上，251-254頁．
20) 石沢良昭，前掲論文（注11），55-56頁．
21) カンボジア地図測量局作製50000分の1地形図．
22) 石沢良昭，前掲論文（注11），76頁．
23) 石沢良昭，前掲書（注16），47頁．
24) 定方晟『インド宇宙誌』，春秋社，1985年，169-170頁．
25) 石沢良昭，前掲論文（注11），62頁．
26) 同上，63頁．

27) 同上，81 頁。
28) 江川良武「アンコール帝国・興隆衰亡の自然地理的背景 —— JICA 地形図判読による新知見」上智大学アンコール遺跡国際調査団編『アンコール遺跡を科学する』所収，上智大学アジア文化研究所，1998 年，71 頁。
29) Acharya, P. K., *Hindu Architecture in India and Abroad*, Oxford Univ. Pr., London, 1946, p. 428.
30) Heine-Geldern, R.（大林太良訳）「東南アジアにおける国家と王権の観念」大林太良編『神話・社会・世界観』所収，角川書店 1972 年（原著 1930），263-290 頁。
31) Coedès, G.（三宅一郎訳）『アンコール遺跡 —— 壮大な構想の意味を探る』，連合出版，1993 年（原著 1947），112-123 頁。
32) 岡千曲「都城の宇宙論的構造 —— インド・東南アジア・中国の都城」上田正昭編『都城　日本古代文化の探究』所収，社会思想社，1976 年，337-369 頁。
33) 千原大五郎『東南アジアのヒンドゥー・仏教建築』，鹿島出版会，1982 年，32-36 頁。
34) 石沢良昭，前掲書（注 16），22-26 頁。
35) 応地利明「アジアの都城とコスモロジー」布野修司編『アジア都市建築史』所収，昭和堂，2003 年，207-208 頁。
36) Acharya, P. K., *op. cit.*（注 29），p. 345.
37) 定方晟，前掲書（注 24），81 頁。
38) Heine-Geldern, R., *Conception of State and Kinship in Southeast Asia*, Data Paper: No. 18, Southeast Asia Program, Cornel Univ., Ithaca, 1956, p. 4.
39) Gosling, B., *Sukhothai, Its History, Culture, and Art*, OUP, Singapore, 1991, p. 9.
40) Musigakama, N., The implementation of the Sukhothai Historical Park Project, in Ishizawa, Y. et al. eds., *Study on Sukhothai, Research Report*, Inst. of Asian Cultures, Sophia Univ., Tokyo, 1988, p. 117.
41) スコータイ歴史博物館の展示解説による。
42) 石井米雄『タイ近世史研究序説』，岩波書店，1999 年，25 頁。
43) Gosling, B., *op. cit.*（注 39），p. 85.
44) Musigakama, N., *op. cit.*（注 40），p. 118.
45) 石井米雄氏の教示による。
46) 石井米雄「前期アユタヤとアヨードヤ」池端雪浦ほか編『東南アジア古代国家の成立と展開』（岩波講座「東南アジア史」2）所収，岩波書店，2001 年，236 頁。
47) 高谷好一『熱帯デルタの農業発展』，創文社，1982 年，12-13 頁。
48) 同上，223-224 頁。
49) 石井米雄，前掲論文（注 46），244 頁。
50) 石沢良昭，前掲書（注 16），256 頁。
51) ファン・フリート（生田滋訳）『シャム王統記』（「大航海時代叢書」第 II 期 11），岩波書店，1988 年（原著 1640），227 頁。
52) Fouser, B., *The Lord of the Golden Tower*, White Lotus, Bangkok, 1996, p. 46.
53) ファン・フリート，前掲書（注 51），231 頁。
54) ファン・フリート（生田滋訳）『シャム王国記』（「大航海時代叢書」第 II 期 11），岩波書店，1988 年（原著 1692），117-119 頁。
55) 張燮撰『東西洋考』1，台湾商務印館，台北，1965 年，24 頁。
56) ファン・フリート，前掲書（注 51），154 頁。
57) 同上，123 頁。
58) De la Loubère, S., *The Kingdom of Siam*, OPU, Singapore, 1986 (original 1693), p. 97.
59) *ibid.*, p. 6.
60) *ibid.*, p. 92.

61) ファン・フリート（注54），125頁．
62) De la Loubère, S., *op. cit.* (注58)., p. 94.
63) 石井米雄「「港市国家」としてのアユタヤ」石井米雄ほか編『東南アジア世界の歴史的位相』所収，東京大学出版会，1992年，79頁．
64) De la Loubère, S., *op. cit.* (注58), pp. 10-11.
65) ドゥ・ショワジ（二宮フサ訳）『シャム王国旅日記』（「17・18世紀大旅行記叢書」7），岩波書店，1991年（原著1687），186頁．
66) 応地利明，前掲論文（注7），180-181頁．
67) De la Loubère, S., *op. cit.* (注58), p. 112.
68) 岩生成一『南洋日本人町の研究』，岩波書店，1966年，144頁．

第 VI 章

1) 司馬遷（野口定男ほか訳）『史記』（中），平凡社，1969年，119頁．
2) 同上（上），110頁．
3) 張錦秋ほか「西安」張在元編『中国 都市と建築の歴史―都市の史記』所収，鹿島出版会，1994年，67-70頁．
4) 『史記』（上），37頁．
5) 佐藤武敏『長安』（講談社学術文庫1663），講談社，2004年（初出1971），28-29頁．
6) 史念海『西安歴史地図集』，西安地図出版社，西安，1996年，38-39頁．
7) 同上，30頁．
   楊寛（高木智見ほか訳）『中国都城の起源と発展』，学生社，1987年，56-57頁．
8) 劉慶柱「中国古代都城史の考古学的研究―都城・宮城・宮殿そして宮苑問題について」 奈良文化財研究所編『東アジアの都城』所収，奈文研，2003年，16頁．
9) 徐衛民「秦都城研究中的幾点心得」史念海主編『漢唐長安与関中平原』所収，陝西師範大学，西安，1999年，120頁．
10) 叶驍軍編『中国都城歴史図録』第1集，蘭州大学出版社，蘭州，1986年，226頁．
11) 史念海，前掲書（注6），44-45頁．
12) 李学勤（五井直弘訳）『春秋戦国時代の歴史と文物』，研文出版，1991年（原著1986），59頁．
13) 秋山日出雄「はじめに―中国都城の時期区分と日本の都城制」岸俊男編『中国山東山西の都城遺跡―日本都城制の源流を探る』所収，同朋舎出版，1988年，ii頁．
14) 鶴間和幸「秦漢比較都市論―咸陽・長安城の建設プランの継承」，『茨城大学教養部紀要』23，1991年，27頁．
15) 同上，27頁．
16) 李令福「秦都咸陽形制若干問題的探索」史念海主編，前掲書（注9）所収，165頁．
17) 鶴間和幸，前掲論文（注14），28頁．
18) 楊寛，前掲書（注7），114-118頁．
19) 鶴間和幸，前掲論文（注14），28-29頁．
20) 応金華「成都」，前掲書（注3），95頁．
21) 五井直弘「咸陽と成都 ―― 漢の長安二城説に関連して」五井直弘編『中国の古代都市』，汲古書院，1995年，54-58頁．
22) 同上，61頁．
23) 王学理『咸陽帝都記』，三秦出版社，西安，1999年，18頁．
24) 礪波護ほか編『中国歴史研究入門』，名古屋大学出版会，2006年．
25) 『史記』（上），77頁．

26) 王学理，前掲書（注23），104頁。
27) 李令福，前掲論文（注16），169頁。
28) 叶驍軍編，前掲書（注10）第2集，3頁。
29) 楊寛，前掲書（注7），114頁。
30) 李令福，前掲論文（注16），176-177頁。
    叶驍軍編，前掲書（注28），2頁。
    山田邦和「栄華の都・長安」京都文化博物館編『大唐長安展』図録所収，京都文化博物館，1994年，309頁。
31) 王学理，前掲書（注23），197頁。
32) 同上，100頁。
33) Burges, E. W., The growth of the city: an introduction to a research project, in Park, R. E. & Burges, E. W. eds., *The City*, Univ. of Chicago Pr., Chicago, 1925, pp. 42-62.
34) Harris, C. D. & Ullman, E. L., The nature of cities, A. A. A. P. S. S., 242, 1945, pp. 7-17.
35) 王学理，前掲書（注23），569頁。
36) 『史記』（上），110頁。
37) 王学理，前掲書（注23），47-48頁。
38) 徐衛民，前掲論文（注9），122頁。
39) 『史記』（上），77頁。
40) 王学理，前掲書（注23），130頁。
41) 王学理氏の教示による。
42) 王学理，前掲書（注23），103頁。
43) 同上，194頁。
44) 劉振東「西漢長安城的沿革与形制布的変化」（初出2006），中国社会科学院考古研究所漢長安城工作隊・西安市漢長安城遺址保管所共編『漢長安城遺址研究』所収，科学出版社，2006年，621頁。
45) 王学理，前掲書（注23），96頁。
46) 劉振東，前掲論文（注44）620頁。
47) 『史記』（上），81頁。
48) 鶴間和幸『ファーストエンペラーの遺産 ── 秦漢帝国』（「中国の歴史」03）講談社，2004年，79頁。
49) 徐衛民，前掲論文（注9），126頁。
50) 池田雄一は，『三輔黄図』が東西50歩，南北50丈と『史記』の記載の10分の1の規模としていることをあげている（池田雄一『中国古代の聚落と地方行政』，汲古書院，2002，（初出は「秦咸陽城と漢長安城 ── とくに漢長安城建設の経緯をめぐって」，『中央大学文学部紀要』史学科 20, 1975年），205頁。
51) 劉涛「略論漢代高台建築的類型」中国社会科学院考古研究所ほか編『漢長安城考古与漢文化』所収，科学出版社，北京，2008年，276頁。
52) 池田雄一，前掲書（注50），183-197頁。
    鶴間和幸，前掲書（注48），79-80頁。
    徐衛民，前掲論文（注9），128頁。
53) 『史記』（上），75-76頁。
54) 同上，77頁。
55) 同上，82頁。
56) 同上，245頁。
57) 中野美代子『仙界とポルノグラフィー』，青土社，1989年，100-103頁。
58) 鶴間和幸，前掲論文（注14），29-31頁。

59) 古賀登『漢長安城と阡陌・県郷亭里制度』,雄山閣,1980 年,62 頁。
60) 鶴間和幸,前掲書(注 48),146 頁。
61) 那波利貞「支那都邑の城郭とその起源」,『史林』10-2,1925 年,11-32 頁。
    宇都宮清吉『漢代社会経済史研究』,弘文堂,1955 年,149 頁。
    佐原康夫『漢代都市機構の研究』,汲古書院,2002 年,88 頁。
62) 池田雄一,前掲書(注 50),200 頁。
63) 『史記』(上),135 頁。
64) 同上,140 頁。
65) 徐衛民,前掲論文(注 9),131 頁。
66) 班固(小竹武夫訳)『漢書』(上),筑摩書房,1977 年,28-29 頁。
67) 佐藤武敏,前掲書(注 5),44 頁。
68) 『漢書』(上),42 頁。
69) 同上,49 頁。
70) 叶驍軍編,前掲書(注 28),55 頁。
71) 劉慶柱・李毓芳『漢長安城』(20 世紀中国文物考古発現与研究叢書),文物出版社,北京,2003 年,139-140 頁。
72) 『漢書』(上),58 頁。
73) 『史記』(上),167 頁。
74) 『漢書』(上),60 頁。
75) 同上,60 頁。
76) 叶驍軍編,前掲書(注 28),29 頁。
77) 佐藤武敏,前掲書(注 5),47 頁。
78) 古賀登,前掲書(注 59),66-71 頁。
79) 同上,61 頁。
80) Wheatley, P., *The Pivot of the Four Quarters, A Preliminary Enquiry into the Origins and Characters of the Ancient Chinese City*, 1971, Aldine, pp. 442-443.
81) 中野美代子,前掲書(注 57),112-118 頁。
82) 鶴間和幸,前掲論文(注 14),30,36 頁。
83) 史念海(森部豊訳)「漢・唐代の長安城と生態環境」,『アジア遊学』20,2000 年,47-48 頁。
84) 劉慶柱・李毓芳,前掲書(注 71),27 頁。
85) 佐藤武敏,前掲書(注 5),55-56 頁。
86) 劉慶柱・李毓芳,前掲書(注 71),35 頁。
87) 佐藤武敏,前掲書(注 5),55 頁。
88) 同上,101 頁。
89) 劉運勇「両論西漢長安布局及形成原因」(初出 1992),前掲書(注 44)所収,400 頁。
    劉慶柱・李毓芳「漢長安城的宮城和市里布局形制述論」(初出 1993),前掲書(注 44)所収,422 頁。
90) 劉慶柱「西安市漢長安城東市和西市遺址」(初出 1987),前掲書(注 44)所収,44 頁。
91) 劉慶柱・李毓芳,前掲論文(注 89),424 頁。
92) 駒井和愛「中国の都城」(初出 1948),駒井和愛『中国都城・渤海研究』所収,雄山閣,1977 年,8 頁。
    劉慶柱・李毓芳,前掲書(注 71),220-222 頁。
    劉慶柱「漢長安城的考古発現及相関問題研究—紀念漢長安城考古工作四十年」(初出 1996),前掲書(注 44)所収,512 頁。
93) 佐藤武敏,前掲書(注 5),99 頁。

94) 王学理，前掲書（注23），196頁。
95) 劉振東，前掲論文（注44,）623頁。
96) 『漢書』（上），51頁。
97) 佐藤武敏，前掲書（注5），61-62頁。
98) 宇都宮清吉，前掲書（注61），116頁。
99) 池田雄一，前掲書（注50），180頁。
100) 佐藤武敏，前掲書（注5），76頁。
101) 孟凡人「漢長安城形制局中的幾個問題」（初出1994），前掲書（注44）所収，447頁。
102) 呼林貴「漢長安城郊考古発現与長安城」史念海主編，前掲書（注9）所収，84頁。
103) 『漢書』（上），90頁。
104) 村田治郎『東洋建築史』（改訂増補「建築学大系」4-Ⅱ），彰国社，1972年，266-267頁。
105) 『漢書』（上），41頁。
106) 同上，254頁。
107) 劉慶柱・李毓芳，前掲書（注71），223頁。
108) 何清谷校注『三輔黄図校注』（史念海主編「古長安叢書」甲集之一），三泰出版社，西安，1995年，309頁。
109) 劉振東，前掲論文（注44），620-621頁。
　　劉慶柱・李毓芳，前掲書（注71），149頁。
110) 叶驍軍編，前掲書（注28），55頁。
111) 吉川忠夫「『後漢書』解題」范曄（吉川忠夫校注）『後漢書』(1) 所収，岩波書店，2001年，369頁。
112) 『漢書』（下），432頁。
113) 『史記』（上），140頁。
114) 同上，142頁。
115) 『漢書』（下），29頁。
116) 『史記』（上），151頁。
117) 同上，159頁。
118) 劉慶柱・李毓芳，前掲書（注71），111頁。
119) 佐藤武敏，前掲書（注5），72頁。
120) 中国社会科学院考古研究所編『漢長安城未央宮——1980〜1989年考古発掘報告』，中国大百科全書出版社，北京，1996年，263頁。
121) 同上，5頁。
122) 同上，6頁。
123) 同上，264頁。
124) 王学理，前掲書（注23），96頁。
125) 中国社会科学院考古研究所編，前掲書（注120），6頁。
126) 同上，47頁。
127) 佐原康夫，前掲書（注61），68頁。
128) 足立喜六『長安史蹟の研究』一（「東洋文庫論叢」第二〇之一），東洋文庫，1933年，75頁。
129) 劉慶柱・李毓芳，前掲書（注71），8-9頁。
130) 中国社会科学院考古研究所編，前掲書（注120），16頁。
131) 同上，15頁。
132) 劉慶柱・李毓芳，前掲書（注71），60頁。
133) 中国社会科学院考古研究所編，前掲書（注120），15-16頁。
134) 劉涛，前掲論文（注51），272頁。
135) 中国社会科学院考古研究所編，前掲書（注120），266頁。

136) 同上，186 頁。
137) 同上，267 頁。
138) 佐原康夫，前掲書（注 61），59 頁。
139) 中国社会科学院考古研究所編，前掲書（注 120），264 頁。
140) 劉慶柱・李毓芳，前掲論文（注 89），416 頁。
141) 渡辺信一郎『中国古代の王権と天下秩序 ── 日中比較史の視点から』，校倉書房，2003 年，159 頁。
142) 『漢書』（上），305 頁。
143) 同上（中），372 頁。
144) 中国社会科学院考古研究所編，前掲書（注 120），8 頁。
145) 同上，14 頁。
146) 同上，7 頁。
147) 同上，265 頁。
148) 『漢書』（下），22 頁。
149) 同上，265 頁。
150) 同上（上），331 頁。
151) 中国社会科学院考古研究所編，前掲書（注 100），14 頁。
152) 佐原康夫，前掲書（注 61），72 頁。
153) Wang, S. C. The Structure of the Central Axis in Some Chinese Historical Cities and the Form of City, in Senda, M. ed., *Urban Morphology and the History of Civilization in East Asia*, I.R.C.J.P., Kyoto, 2004, p.13.
154) 孟凡人，前掲論文（注 101），448 頁。
155) 中国社会科学院考古研究所編，前掲書（注 120），268 頁。
劉慶柱・李毓芳，前掲論文（注 89），220-222 頁。
156) 古賀登，前掲書（注 59），89-92 頁。
157) 秦建明・張在明・楊政「陝西発現以漢長安城為中心的西漢南北超長建築基線」，『文物』1995 年 3 月，4-15 頁。
158) 劉慶柱・李毓芳，前掲書（注 71），154 頁。
159) 辛徳勇「西漢至北周時期長安付近的陸路交通」（初出 1988），前掲書（注 44）所収，336 頁。
160) 黄暁芬「漢長安城建設における南北の中軸ラインとその象徴性」，『史学雑誌』115-11，2006 年，37-63 頁。
161) 王学理，前掲書（注 23），47 頁。
162) 『漢書』（下），430 頁。
163) 同上，441 頁。
164) 同上，443-444 頁。
165) 同上，467-468 頁。
166) 張在元編，前掲書（注 3），257 頁。
167) 叶驍軍編，前掲書（注 28），82 頁。
168) 中国社会科学院考古研究所洛陽漢魏城工作隊「北魏洛陽外郭城和水道的勘査」洛陽市文物局編『漢魏洛陽故城研究』所収，科学出版社，北京，2000 年，21 頁。
169) 『漢書』（下），443 頁。
170) 『後漢書』（1），33 頁。
171) 同上，83 頁。
172) 同上，33 頁。
173) 同上，35 頁。
174) 同上，121 頁。

175) 同上，122 頁。
176) 同上，35 頁，注 17。
177) 中国社会科学院考古研究所洛陽漢魏城工作隊「漢魏洛陽城城垣試掘」洛陽市文物局編，前掲書（注 168）所収，53 頁。
178) 五井直弘『中国古代の城』，研文出版社，1983 年，133 頁。
179) 中国社会科学院考古研究所洛陽漢魏城工作隊，前掲論文（注 177）所収，57 頁。
180) 王鐸「北魏洛陽規劃及其城史地位」，前掲書（注 168）所収，506 頁。
181) 叶驍軍，前掲書（注 28），86 頁。
182) 王仲殊「中国古代都城概説」（初出 1982），杜金鵬・銭国祥主編『漢魏洛陽城遺址研究』所収，科学出版社，北京，2007 年，73 頁。
183) 東普次『後漢時代の政治と社会』，名古屋大学出版会，1995 年，328-330 頁。
184) 段鵬琦「漢魏洛陽城的幾個問題」，前掲書（注 168）所収，465 頁。
185) 『漢書』（上），19 頁。
186) 段鵬琦，前掲論文（注 184），465 頁。
187) 叶驍軍編，前掲書（注 28），86 頁。
188) 五井直弘，前掲書（注 178），98 頁。
189) 叶驍軍編，前掲書（注 28），87 頁。
190) 五井直弘，前掲書（注 178），96 頁。
191) 徐金星「関于漢魏洛陽故城的幾個問題」，前掲書（注 168）所収，487 頁。
192) 『後漢書』(1)，121 頁。
193) 金子修一『中国古代皇帝祭祀の研究』，岩波書店，2006 年，142-152 頁。
194) 同上，167 頁。
195) 銭国祥「由閶闔門談漢魏洛陽宮城形制」（初出 2003），前掲（注 182）所収，416 頁。
196) 徐金星，前掲論文（注 191），487 頁。
197) 駒井和愛，前掲書（注 92），74 頁。
198) 向井祐介「北魏の考古資料と鮮卑の漢化」，『東洋史研究』68-3，2009 年，517 頁。
199) （北斉）魏牧撰『魏書』（『梁書　陳書　魏書』『二十四史』6）巻 1，「序紀」第 1，中華書局，北京，1967 年，8 頁。
200) 前田正名『平城の歴史地理的研究』，風間書房，1979 年，52 頁。
201) 同上，133-286 頁。
202) 応地利明「認識空間としての日本」網野善彦ほか編『コスモロジーと身体』（岩波講座「天皇と王権を考える」8），岩波書店，2002 年，87-90 頁。
203) 『魏書』巻 2，「太祖紀」第 2，20 頁。
204) 同上，33 頁。
205) 同上，28 頁。同巻 23「列伝」第 11，604 頁。
206) 同上，巻 23「列伝」第 11，604 頁。
207) 逯耀東『従平原到洛陽：拓跋魏文化的歴程』，東大図書，台北，2002 年，203-204 頁。
208) 村田治郎『中国の帝都』，綜芸舎，1981 年，76 頁。
209) 『魏書』巻 2，「太祖紀」第 2，42-43 頁。
210) 同上，巻 3，「太宗紀」第 3，62 頁。
211) 同上，64 頁。
212) 同上，巻 2，「太祖紀」第 2，42 頁。
213) 王銀田「平城考古的新発見」岡村秀典編『北魏時代の平城と雲岡の歴史考古学的研究』，京都大学人文科学研究所，2008 年，44 頁。
214) 水野清一・長広敏雄「大同近傍調査記」水野・長広『雲岡石窟』（京都大学人文科学研究所報告）

第 16 巻・上冊『補遺』，京都大学，1956 年，9 頁。
215)『中華文明史』第 4 巻「魏晋南北朝」，河北教育出版社，石家庄，1992 年，571 頁。
216) 張暢耕・寧立新・馬昇・張海嘯・辛長青・李白軍・高峰「魏都平城考」，周育英・叢莉薇編『黄河文化論壇』，中国戯劇出版社，北京，2003 年，18-65 頁。
217) 同上，44-45 頁。
218) 同上，23-25 頁。
219) 同上，28 頁。
220) 同上，27 頁。
221) 同上，41 頁。
222) 同上，41 頁。
223) 同上，39 頁。
224) 高平「北魏平城宮城建設浅探」董瑞山主編『北魏平城研究文集』所収，2008 年，33 頁。
要子謹「如渾西水弁」同上所収，49 頁。
225) 王銀田，前掲論文（注 213），43 頁。
曹臣明「北魏平城考略之二」，前掲書（注 224）所収，49 頁。
張志忠「北魏平城双闕考」同上，86 頁。
226) 姚賦「大同歴史建置沿革」，『北朝研究』1，1999 年，380-384 頁。
227) 高平「拓跋魏往京師平城大規模遷徙人口的数字原因及其影响」，『北朝研究』1，1999 年，77 頁。
228) 殷憲「大同北魏宮城調査札記」，『北朝研究』4，2004 年，147-151 頁。
229) 王銀田，前掲論文（注 213），45 頁。
230) 殷憲，前掲論文（注 228），150 頁。
231) 同上，152 頁。
232)（梁）蕭子顕撰『南斉書』巻 57，「列伝」38，（『宋書　南斉書』(『二十四史』5) 所収），中華書号，北京，1972 年，984 頁。
233) 宮崎市定「六朝時代華北の都市」（初出 1961）『宮崎市定全集』7 所収，岩波書店，1992 年，79-80 頁。
234) 堀内明博「平城城」岸俊男編，前掲書（注 13），37 頁。
235)『魏書』巻 2，「太祖紀」第 2，44 頁。
236)『南斉書』巻 57，「列伝」38，985 頁。
237) 同上，984 頁。
238)（清）楊守敬撰『水経注図』（初出 1905）（謝承仁主編『楊守敬集』第 5 冊），湖北人民出版社，武漢 1989 年，336 頁。
239) 水野清一『雲崗石窟とその時代』，富山房，1939 年，151 頁。
240)『魏書』巻 2，「太祖紀」第 2，35 頁。
241) 宿白「北魏洛陽城和北邙陵墓」，『文物』1978-7，42-46 頁。
242) 村田治郎，前掲書（注 208），76 頁。
243) 同済大学城市規劃教研室編『中国城市建設史』，中国建築工業出版社，北京，1982 年，21 頁。
244) 叶驍軍編，前掲書（注 28），123 頁。
245) 同済大学城市規劃教研室編，前掲書（注 243），21 頁。
246) ショウバーグ，G.（倉沢進訳）『前産業型都市』，鹿島出版会，1965 年（原著 1960），92-94 頁。
247) 叶驍軍編，前掲書（注 28），121 頁。
248) 朱海仁「略論曹魏鄴城、北魏洛陽城、東魏北斎鄴南城平面布局的幾個特点」（初出 1998），前掲書（注 182）所収，319 頁。
249) 宮崎市定「中国における村制の成立」（初出 1960）『宮崎市定全集』7 所収，岩波書店，1992 年，34-43 頁。

250)『魏書』巻2,「太祖紀」第2, 20頁。
251) 逯耀東, 前掲書（注207), 298頁。
252) 舟木勝馬『古代遊牧騎馬民の国—草原から中原へ』, 誠文堂新光社, 1989年, 213頁。
253) 宮崎市定, 前掲論文（注233), 34, 43頁。
254) 宮崎市定「漢代の里制と唐代の坊制」(初出1988)『宮崎市定全集』7所収, 岩波書店, 1992年, 94頁。
255) 斉東方「魏晋隋唐城市里坊制度 —— 考古学的印証」,『唐研究』9（インターネット『博雅論壇』), 2003, 1～4頁。
256) 後魏酈道元注・楊守敬纂疏『水経注疏』上（巻1—20)（謝承仁主編『楊守敬集』第3冊), 湖北人民出版社, 武漢1989年（初版1905), 854頁。
257)『南斉書』巻57,「列伝」38, 1001頁。
258) 斉東方, 前掲論文（注255), 6頁による。
259) フーコー, M.(田村俶訳)『監獄の誕生—監視と処罰』,新潮社, 1977年（原著1975), 306-307頁。
260)『魏書』巻7下,「高祖紀」第7下, 164頁。
261) 同上, 165頁。
262) 同上, 168頁。
263) 同上, 171頁。
264) 舟木勝馬, 前掲書（注252), 204頁。
265) 川本芳昭『中華の崩壊と拡大—魏晋南北朝』(「中国の歴史」05), 講談社, 2005, 218頁。
266)『魏書』巻7下,「高祖紀」, 164・174頁。
267) 張ほか, 前掲論文（注216), 20頁。
268) 叶驍軍編, 前掲書（注28), 97頁。
269) 逯耀東, 前掲書（注207), 218頁。
270) 同上, 219頁。
271)『魏書』巻7下,「高祖紀」, 172頁。
272) 同上, 173頁。
273) 岡崎文夫『魏晋南北朝通史・内編』(東洋文庫506), 平凡社, 1989年（初版1932), 349頁。
274) 同上, 354頁。
275) 陳寅恪『隋唐制度淵源略論稿』, 商務印書館, 北京, 1944年, 48頁。
276)『後漢書』(2), 188頁。
277) 同上, 207頁。
278) (晋)陳寿撰『三国志・魏志』(『後漢書・三国志』(『二十四史』3) 所収)「文帝紀」第2, 中華書号, 北京, 1959年, 76頁。
279) 段鵬琦, 前掲論文（注184), 125頁。
280)『三国志・魏志』「明帝紀」第3, 104頁。
281) 楊守敬纂疏, 前掲書（注256), 1044頁。
282) 銭国祥「漢魏洛陽故城沿革与形制演初探」(初出2002), 前掲書（注182) 所収, 402頁。
283) 同上, 403頁
284)『後漢書』(2), 75頁。
285) 同上, 124頁。
286) 王仲殊「中国古代宮内正殿太極殿的建置及其与東亜諸国的関係」(初出2003), 前掲書（注182) 所収, 426-427頁。
287) 王仲殊, 前掲論文（注182), 75頁。
288) 王仲殊, 前掲論文（注286), 432頁。
289) 王鐸「北魏洛陽規劃及其城史地位」, 前掲書（注168) 所収, 492頁。

290)『魏書』巻91,「列伝」第79, 1971頁。
291)『南斉書』巻57,「列伝」第38「魏虜」, 990頁。
292)徐金星「漢魏洛陽城保護,考古研究的回顧与展望」,前掲書(注168)所収,1000頁。
293)叶驍軍編,前掲書(注28), 104頁。
294)同上, 105頁。
295)中国科学院考古学研究所洛陽工作隊「漢魏洛陽城初歩勘査」,前掲書(注168)所収, 13頁。
296)王鐸,前掲論文(注289), 495頁。
297)同上, 503頁。
298)朱海仁,前掲論文(注248), 320頁。
299)閻文儒「洛陽漢魏隋唐城址勘査記」,前掲書(注168)所収, 14頁。
300)中国社会科学院考古研究所洛陽漢魏故城隊「河南洛陽漢魏故城北魏宮城閶闔門遺址」(初出2003),前掲書(注182)所収, 712頁。
301)閻文儒,前掲論文(注299), 4頁。
302)王鐸,前掲論文(注289), 494頁。
303)礪波護「中国都城の思想」岸俊男編『都城の生態』(「日本の古代」9)所収,中央公論社, 1987年, 107頁。
304)叶驍軍編,前掲書(注28), 97頁。
305)王鐸,前掲論文(注289), 495頁。
306)楊衒著・入矢義高校注『洛陽伽藍記』(「東洋文庫」517),平凡社, 1990年, 9頁。
307)宿白,前掲論文(注241), 415頁。
308)同上, 415頁。
309)王鐸,前掲論文(注289), 493頁。
310)叶驍軍編,前掲書(注28), 133頁。
311)徐金星「関于北魏洛陽城的幾個問題」,前掲書(注168)所収, 488頁。
312)孟凡人「北魏洛陽外郭城形制初探」,前掲書(注182)所収, 91頁。
313)王鐸,前掲論文(注289), 509頁。
314)朱海仁,前掲論文(注248), 330頁。
315)同上, 329頁。
316)劉曙光「漢魏洛陽研究四札」,前掲書(注168)所収, 513頁。
317)『魏書』巻8,「世宗紀」第8, 194頁。
318)楊衒著,前掲書(注306), 231頁。
319)同上, 144頁。
320)孟凡人,前掲論文(注312), 93頁。
321)宿白,前掲論文(注241), 454頁。
322)楊衒著,前掲書(注306), 176-178頁。
323)同上, 145頁。
324)王鐸,前掲論文(注289), 500頁。
325)楊衒著,前掲書(注306), 145頁。
326)同上, 145頁。
327)張剣「関于北魏洛陽城里坊的幾個問題」,前掲書(注168)所収, 533頁。
328)愈偉超「中国古代都城規制的発展階段性」,前掲書(注168)所収, 445頁。
329)楊衒著,前掲書(注306), 144-145頁。
330)孟凡人,前掲論文(注312), 93頁。
　　段鵬琦,前掲論文(注184), 130頁。
　　朱海仁,前掲論文(注248), 323頁。

　　　　　銭国祥，前掲論文（注282），407頁。
331) 楊衒著，前掲書（注306），17頁。
332) 徐金星，前掲論文（注311），999頁
333) 宿白，前掲論文（注241），452頁。
334) 王鐸，前掲論文（注289），505頁。
335) 杉山正明『モンゴル帝国と長いその後』（「興亡の世界史」09），講談社，2008年，68頁。
336) 礪波護・武田幸男『隋唐帝国と古代朝鮮』（「世界の歴史」6），中央公論社，1997年，222頁。
337) 同上，168頁。
338) 張在元編著，前掲書（注3），10頁。
339) 京都文化博物館編『大長安展』図録，京都文化博物館，1994年，344頁。
340) 妹尾達彦『長安の都市計画』（講談社選書メチエ223），講談社，2001年，108頁。
341) （唐）魏徴ほか撰『隋書』（『百衲本　二十四史』15）巻1，「高祖紀」上，台湾商務印書館，台北1967年，17頁。
342) 中国建築史編集委員会編（田中淡訳編）『中国建築の歴史』，平凡社，1981年（原著1961），83頁。礪波護・武田幸男，前掲書（注336），168頁。
343) （唐）令狐徳棻撰『周書』巻1，「帝紀」上，（『北斉書・周書・隋書』（『二十四史』7）所収）中華書局，北京，13頁。
344) 同上，236頁。
345) 佐藤武敏，前掲書（注5），120頁。
346) 宋・宋敏求撰『長安志』巻12，任継愈主編『中国科学技術典籍通彙』地学巻（第二分冊）所収，河南出版社，鄭州，1995年（原著1079），2-71頁。
347) 劉慶柱・李毓芳，前掲書（注71），47頁。
348) 劉振東，前掲論文（注44），628頁。
349) 同上，624頁。
350) 同上，625頁。
351) 同上，626頁。
352) 同上，626-627頁。
353) 同上，629頁。
354) 劉振東「十六国至北朝時期長安城宮城2号建築（宮門）遺址発掘」，国家文物局編『2009　中国重要考古発見』，文明出版社，北京，2010年，132-135頁。
355) 『後漢書』（1），26頁。
356) 朱士光「古都西安の変遷及び歴史・文化の変化との関係」千田稔編『東アジアの都市形態と文明史』，日文研，2002年，49頁。
357) 那波利貞「支那首都計画史上より考察したる唐の長安城」桑原博士還暦記念祝賀会編『桑原博士還暦記念　東洋史論叢』所収，弘文堂，1931年，1203-1269頁。
358) 駒井和愛，前掲論文（注92），20頁。
359) 村田治郎，前掲書（注208），177-178頁。
360) 那波利貞，前掲論文（注357），1260-1261頁。
361) 駒井和愛，前掲論文（注92），15-16頁。
362) 渡辺信一郎『天空の王座 —— 中国古代帝国の朝政と儀礼』，柏書房，1996年，151頁。
363) 田中淡『中国建築史の研究』，弘文堂，1989年，204頁。
364) 陳寅恪，前掲書（注275），56-58頁。
365) 『史記』（下），159頁。
366) トーボー・フェーガー（磯野義人訳）『天幕—遊牧民と狩猟民のすまい』，エス・ピー・エス出版，1989年（原著1976），102頁。

367）杉山正明，前掲書（注335），90頁。
368）『史記』（中），162-163頁。
369）愛宕元「隋唐長安城の都市計画上での中軸線に関する一試論」，『唐代史研究』3，2000年，8頁。
370）平岡武夫「唐の長安」，『歴史教育』14-12，1969年，48頁。
　　礪波護，前掲論文（注303），107-108頁。
　　妹尾達彦，前掲書（注340），149-151頁。
371）妹尾達彦，前掲書（注340），150頁。
372）愛宕元，前掲論文（注369），12頁。
373）秦建明ほか，前掲論文（注157），4-15頁。
374）『長安志』（注346），2-61・67頁。
375）（清）毛鳳枝撰，李之勤校注『南山谷口考校注』，三秦出版社，西安，2006年，78頁，83-87頁。
376）同上，付図による。
377）（後晋）劉昫ほか撰『旧唐書』（『二十四史』19）巻一，「高祖紀」第一，中華書局，北京，1967年，9頁。
378）平岡武夫『長安と洛陽　地図』（「唐代研究のしおり」第七），京都大学人文科学研究所，1956年，第四図。
379）那波利貞，前掲論文（注357），65-66頁。
380）礪波護，前掲論文（注303），113-114頁。
381）同上，106頁。
382）平岡武夫，前掲書（注378），第二〇図。
383）礪波護，前掲論文（注303），111頁。
384）田中淡，前掲書（注363），194頁。
385）平岡武夫，前掲論文（注370），39頁。
386）同上，21頁。
387）周南ほか「中国における一明両暗型住宅の成立について」，『日本建築学会計画系論文集』548，2001年，89-92頁。
388）伊東忠太『東洋建築の研究』上，龍吟社，1936年，口絵・第三九六図による。
389）中国建築史編集委員会編，前掲書（注342），90-91頁。
390）伊東忠太，前掲書（注388），580頁。
391）ボイド，A.（田中淡訳）『中国の建築と都市』，鹿島出版会，1979年，91頁。
392）周南ほか，前掲論文（注387），94頁。
393）応地利明「住居のプロクセミクス」布野修司編『世界住居誌』所収，2005年，昭和堂，366-367頁。

第VII章

1）広瀬和雄「弥生都市の成立」，『考古学研究』45-3，1998年，34-56頁。
2）たとえば，都市化の影響がまだ大きくなかった1971年をとると，人口5000人以上の農村集落の全農村集落に占める比率は，北インドのビハール州では1.1％，アンドラ・プラデーシュ州では3.0％で，少ないとはいえ大規模農村集落の存在が認められる（*India, A Reference Annual*, 1979, 12頁より算出）。なお両州は集村地帯に属し，農村集落は1集落からなるのが通例である。
3）福武直『日本の農村社会』，東京大学出版会，1953年，9頁。
4）Gulikman, N. J., *Econometric Analysis of Regional Systems*, Academic Pr., 1977, pp. 15-27.
5）応地利明「文化・文明・「近代化」」京都文化会議記念出版編集委員会編『こころの謎　kokoroの未来』所収，京都大学学術出版会，2009年，393-428頁。
6）井上和人『日本古代都城制の研究』，吉川弘文館，2008年，9頁。

7) 狩野久「律令国家と都市」(初出 1975), 狩野久『日本古代の国家と都城』所収, 東京大学出版会, 1990 年, 228 頁。
8) 岸俊男『日本の古代宮都』, 岩波書店, 1993 年, 19-21 頁。
9) 『日本書紀』推古天皇十六年八月三日条, 坂本太郎ほか校注『日本書紀』(下) (「日本古典文学大系」68), 岩波書店, 1965 年, 194 頁。
10) 同上, 舒明天皇即位前紀条, 220 頁。
   岸俊男「朝堂の初歩的考察」(初出 1975) 岸俊男『日本古代宮都の研究』所収, 岩波書店, 1988 年, 242 頁。
11) 山中章「律令国家形成過程の古代王権」広瀬和雄・小路田泰直編『日本古代王権の成立』所収, 青木書店, 2002 年, 84 頁。
12) 林部均『飛鳥の宮と藤原京―よみがえる古代王宮』(歴史文化ライブラリー249), 吉川弘文館, 2008 年, 11 頁。
13) 『日本書紀』(下), 舒明天皇二年十月十二日条, 228 頁。
14) 奈良県立橿原考古学研究所編『飛鳥京跡』, 奈良県教育委員会, 1971。
15) 小沢毅「小墾田宮・飛鳥宮・嶋宮」(初出 1995), 小沢毅『日本古代宮都構造の研究』所収, 青木書店, 2003 年, 82 頁。
16) 林部均「飛鳥浄御原宮の成立」(初出 1988), 林部均『古代宮都形成過程の研究』所収, 青木書店, 2001 年, 74-75 頁。
17) 林部均, 前掲書 (注 12), 68 頁。
18) 同上, 69 頁。
19) 小沢毅「飛鳥浄御原宮の構造」(初出 1997), 前掲書 (注 15) 所収, 126 頁。
20) 小沢は, これを大安殿に相当する公的建造物とする (同上, 142 頁)。
21) 林部均, 前掲書 (注 12), 77 頁。
22) 礪波護「宮廷」,『平凡社大百科事典』4, 1984 年, 205 頁。
23) 妹尾達彦『長安の都市計画』(講談社選書メチエ 223), 講談社, 2001 年, 146 頁。
24) 応地利明「ムガル帝都デリー:アジア都市論の原郷」,『月刊しにか』1-4, 1990 年, 32-37 頁。
25) 『日本書紀』(下), 254 頁。
26) 小沢毅「伝承飛鳥板蓋宮跡の発掘と飛鳥の諸宮」(初出 1988), 前掲書 (注 15) 所収, 29 頁。
27) 小沢毅, 前掲論文 (注 19), 132 頁。
28) 『日本書紀』(下), 444 頁。
29) 小沢毅, 前掲論文 (注 19), 139-141 頁。
   林部均, 前掲書 (注 12), 152 頁。
30) 狩野久, 前掲論文 (注 7), 241-242 頁。
31) 鬼頭清明「日本における大極殿の成立」(初出 1978) 鬼頭清明『古代木簡と都城の研究』所収, 塙書房, 2000 年, 288 頁。
32) 山本忠尚「祭殿から内裏正殿へ ── 梁間三間四面庇付建物の意義」,『古代文化』56-6, 2004 年, 18-32 頁。
33) 林部均, 前掲書 (注 12), 129 頁。
34) 林部均「飛鳥浄御原宮の成立」(初出 1998), 前掲書 (注 16) 所収, 76 頁。
35) 林部均, 前掲書 (注 12), 131-133 頁。
36) 林部均, 前掲書 (注 16), 136-143 頁。
37) 林部均, 前掲書 (注 12), 177-180 頁。
38) 小沢毅, 前掲論文 (注 15), 102-103 頁。
39) 喜田貞吉「古代における帝都の沿革」(初出 1915),『喜田貞吉著作集』5 所収, 平凡社, 1979 年, 88 頁。

40) 『日本書紀』（下），426 頁。
41) 岸俊男「都城と律令国家」（初出 1975），前掲書（注 10）所収，280-281 頁。
42) 『日本書紀』（下），450 頁。
43) 同上，451 頁。
44) 同上，461 頁。
45) 林部均，前掲書（注 12），198 頁。
46) 『日本書紀』（下），506 頁。
47) 同上，506 頁。
48) 同上，512 頁。
49) 同上，516 頁。
50) 同上，522 頁。
51) 同上，524 頁。
52) 同上，526 頁。
53) 同上，406-407 頁。
54) 千田稔『平城京遷都―女帝・皇后と「ヤマトの時代」』，中公新書，2008 年，155-156 頁。
55) 林部均，前掲書（注 12），190 頁。
56) 寺崎保広『藤原京の形成』（日本史リブレット 6），山川出版社，2002 年，25 頁。
57) 岸俊男，前掲論文（注 10），264-265 頁。
58) 鬼頭清明「日本における朝堂院の成立」（初出 1984），前掲書（注 31）所収，322 頁。
59) 岸俊男「緊急調査と藤原京の復原」（初出 1969），前掲書（注 10）所収，14-22 頁。
60) 同上，51 頁。
61) 同上，55 頁。
62) 小沢毅「古代都市「藤原京」の成立」，『考古学研究』44-3，1997 年，60 頁。
63) 1984 年の時点で大路の路面幅（単位：令大尺）を比較すると，四条大路＝40，六条大路＝50 に対して三条大路＝20 で，小路＝15 と近似することが指摘されていた（井上和人「古代都城制地割再考」，『（奈良文化財研究所）研究論集』VII，1984 年，30-31 頁）。
64) 阿部義平「新益京について」，『千葉史学』9，1986 年，30-32 頁。
65) 小沢毅，前掲論文（注 62），63 頁。
66) 岸俊男「日本の宮都と中国の都城」上田正昭編『日本古代文化の探究　都城』所収，社会思想社，1976 年，129-133 頁。
67) 岸俊男「日中都城制の比較」（初出 1982），岸俊男『古代宮都の探究』所収，塙書房，1984 年，38-41 頁。
68) 中村太一「藤原京と『周礼』王城プラン」，『日本歴史』582，1996 年，96-97 頁。
69) 井上和人『日本古代都城制の研究―藤原京・平城京の史的意義』，吉川弘文館，2008 年，21 頁。
70) 山中章『長岡京研究序説』，塙書房，2001 年，123 頁。
71) 中村太一，前掲論文（注 68），96 頁。
72) 同上，96 頁。小沢毅，前掲論文（注 62），64 頁。ただし小沢論文・注 23 によると，これとおなじ考察結果を，96 年 3 月 1 日に『奈良県史』第 8 巻の掲載原稿として提出済みであったという。
73) 舘野和己「古代都城の成立過程」舘野和己編『古代都城のかたち』所収，同成社，2009 年，4-6 頁。
74) 岸俊男，前掲論文（注 66），119 頁。
　　寺崎保広，前掲書（注 56），86 頁。
75) 木下正史『藤原京 ―― よみがえる日本最初の都城』中公新書，2003 年，251 頁。
76) 中村太一，前掲論文（注 68），96-97 頁。小沢毅，前掲論文（注 62），64 頁。井上和人，前掲書（注 69），21 頁。
77) 林部均，前掲書（注 12），136 頁。

78) 山路直充「京と寺—東国の京, そして倭京・藤原京」吉村武彦・山路直充編『都城・古代日本のシンボリスム—飛鳥から平安京へ』所収, 青木書店, 2007 年, 399-413 頁。
79) 千田稔「わが国における方格地割都市の成立—朝鮮半島との関連で」(初出 2001)千田稔『古代日本の王権空間』所収, 吉川弘文館, 2004 年, 116-117 頁。
80) 岸俊男, 前掲論文 (注 67), 40-41 頁。
81) 榎村寛之『古代の都と神々—怪異を吸いとる神社』(歴史文化ライブラリー 248), 吉川弘文館, 2008 年, 40, 47, 51 頁。
82) 『日本書紀』(下), 514 頁。
83) 田村圓澄『伊勢神宮の成立』, 吉川弘文館, 1996 年, 207 頁。
84) 筑紫申真『アマテラスの誕生』, 講談社学術文庫, 2002 年 (初版 1962 年), 117-118 頁。
85) 同上, 269 頁。
86) 直木孝次郎ほか訳注『続日本紀』1 (東洋文庫 457), 平凡社, 1986 年, 9 頁。
87) 筑紫申真, 前掲書 (注 84), 123 頁。
88) 岡田精司『古代王権の祭祀と神話』, 塙書房, 1970 年, 330 頁。
89) 『日本書紀』(下), 垂仁天皇 25 年 3 月条, 270 頁。
90) 岸俊男「日本都城制総論」, 岸俊男編『都城の生態(「日本の古代」9)』所収, 中央公論社, 1987 年, 61 頁。
91) 小沢毅, 前掲論文 (注 62), 58 頁。
92) 林部均, 前掲書 (注 12), 199-201 頁。
93) 福井県立一乗谷朝倉氏遺跡資料館編『朝倉氏の家訓』, 同館, 2008 年, 60 頁。
94) 林部均「飛鳥の諸京と藤原京—都城の成立」, 前掲書 (注 78) 所収, 29-30 頁。
95) 山中章, 前掲論文 (注 11), 49 頁。
96) 鬼頭清明「仏教の受容と寺院の創建」狩野久編『古代を考える　古代寺院』所収, 吉川弘文館, 1999 年, 24-25 頁。
97) 『日本書紀』(下), 440 頁。
98) 木下正史, 前掲書 (注 75), 179 頁。
99) 小沢毅「藤原京の条坊と寺院占地」(初出 2001), 前掲書 (注 15) 所収, 275 頁。
100) 同上, 269 頁。
101) 田辺征夫「都城の大寺 —— 大官大寺と薬師寺」, 前掲書 (注 96) 所収, 173-177, 184 頁。
102) 本城真紹「律令国家の仏教政策」, 前掲書 (注 96) 所収, 164-165 頁。
103) 『日本書紀』(下), 80 頁。
104) 『続日本紀』1, 122 頁。
105) 同上, 76 頁。
106) 岸俊男「人口の試算」(初出 1983), 前掲書 (注 67), 160-161 頁。
107) 寺崎保広, 前掲書 (注 56), 82 頁。
108) 木下正史, 前掲書 (注 75), 214 頁。
109) 同上, 257 頁。
110) 林部均, 前掲論文 (注 94), 31 頁。
111) 木下正史, 前掲書 (注 75), 65 頁。
112) 押部佳周「飛鳥京・新益京」直木孝次郎先生古稀記念会編『古代史論集』上, 塙書房, 1988 年, 345 頁。
113) 竹田政敬「藤原京の京域」, 『古代文化』52-2, 2000 年, 12-13 頁。
114) 木下正史, 前掲書 (注 75), 263 頁。
115) 同上, 71-73 頁。
116) 狩野久「古代都城と寺院の運営」(初出 1984), 前掲書 (注 7) 所収, 288 頁。

117) 奈良地方気象台編『奈良県の気象百年』, 1997 年, 70 頁。
118) 小沢毅「平城京の条坊と宅地」(初出 1998), 前掲書 (注 15) 所収, 294 頁。
119) 木下正史, 前掲書 (注 75), 152-153 頁。
120) 岸俊男, 前掲論文 (注 59), 23-24 頁。
121) 『続日本紀』1, 100 頁。
122) 岸俊男「平城京へ・平城京から」(初出 1974), 前掲書 (注 10) 所収, 216 頁。
123) 井上和人「平城京の実像──造営の理念と実態」奈良文化財研究所編『東アジアの都城』所収, 吉川弘文館, 2003 年, 117 頁。
124) 舘野和己『古代都市平城京の世界』(日本史リブレット 7), 山川出版社, 2001 年, 4 頁。
125) 千田稔, 前掲書 (注 54), 183 頁。
126) 同上, 165-166 頁。
127) 『続日本紀』1, 106-107 頁。
128) 同上, 111・113 頁。
129) 同上, 122 頁。
130) 『旧唐書』「倭国日本伝」, 石原道博編訳『旧唐書倭国日本伝・宋史日本伝・元史日本伝』所収, 岩波文庫, 130 頁。
131) 『新唐書』長安 3 年正月条, また『旧唐書』大足 (長安) 3 年正月条には, 朝賀大典の記事はない。『旧唐書』「倭国日本伝」もこれに関する記事を載せていないが, 王殊仲は, 粟田真人が同大典に参列したと推測する (王殊仲, 前掲論文 (第Ⅴ章, 注 286))。
132) 『旧唐書』「倭国日本伝」, 前掲書 (注 130), 130 頁。
133) 『続日本紀』1, 65 頁。
134) 同上, 67-68 頁。
135) 岸俊男, 前掲論文 (注 122), 223 頁。
136) 佐藤信「平城京の寺々」, 前掲書 (注 96) 所収, 234-235 頁。
137) 大脇潔「藤原京京域復原論」, 『近畿大学文芸学部論集「文学・芸術・文化」』, 9-2, 1998 年, 134 頁。
138) 竹田政敬, 前掲論文 (注 113), 15-16 頁。
139) 武田和哉「平城京 ── 都城の発展」, 前掲書 (注 78) 所収, 47 頁。
140) 平岡武夫『長安と洛陽 地図』(「唐代研究のしおり」7), 京大人文科学研究所, 1956 年, 10-11 頁。
141) 岸俊男「日本における「京」の成立」(初出 1982), 前掲書 (注 10) 所収, 442-445 頁。
142) 舘野和己, 前掲書 (注 124), 31 頁。
143) 小沢毅『日本古代宮都構造の研究』, 青木書店, 2003 年, 300・312 頁。
144) 武田和哉, 前掲論文 (注 139), 47 頁。
145) 妹尾達彦, 前掲書 (注 23), 179 頁。
146) 岸俊男, 前掲論文 (注 59), 23 頁。
147) 岸俊男「遺存地割・地名による平城京の復原調査」(初出 1974), 前掲書 (注 10) 所収, 207 頁。
148) 井上和人, 前掲論文 (注 123), 119 頁。
149) 福山敏男「唐長安城の南東部 ── 呂大防長安図碑の復原」, 『古代学』2-4, 1953 年, 288-300 頁。
150) 山田邦和「栄華の都・長安」, 京都文化博物館編『大唐長安展』図録所収, 1994 年, 312 頁。
151) 吉野秋二「京の成立と条坊制」, 『都城制研究』(3), 2009 年, 65 頁。
152) 舘野和己, 前掲書 (注 124), 46-47 頁。
153) 山中章, 前掲論文 (注 11), 77 頁。
154) 妹尾達彦「中国の都城とアジア世界」鈴木博之ほか編『記念的建造物の成立』(「シリーズ都市・建築・歴史」1) 所収, 岩波書店, 2006 年, 182 頁・図 3-10 による。
155) 山川均・佐藤亜聖「下三橋遺跡第 2 次調査について」, 『都城制研究』(3), 2009 年, 13-17 頁。

156) 佐藤信，前掲論文（注136），233 頁。
157) 若山滋『文学の中の都市と建築』，丸善，1991 年，61-63 頁。
158) 山中章，前掲論文（注11），78-79 頁。
159) 『続日本紀』4，199 頁。
160) 清水みき「長岡京造営論 ―― 二つの画期をめぐって」，『ヒストリア』110，1986 年，28 頁。
161) 『続日本紀』4，236 頁。
162) 同上，222-223 頁。
163) 同上，240 頁。
164) 同上，243 頁。
165) 同上，311 頁。
166) 同上，209 頁。
167) 同上，301 頁。
168) 同上，244 頁。
169) 日本学士院編『明治前日本土木史』新訂版，日本学士院，1981，94 頁。
170) 足利健亮「古山陰道の復原」（初出 1972）足利健亮『日本古代歴史地理研究』所収，大明堂，1985 年，9-16 頁。
171) 『続日本紀』4，242 頁。
172) 同上，262 頁。
173) 福永光司・千田稔・高橋徹『日本の道教遺跡を歩く』（朝日選書737），朝日新聞社，2003 年，142-156 頁。
174) 戸田秀典「長岡遷都時における交野」（初出 1973）戸田秀典『奈良・平安時代の宮都と文化』所収，吉川弘文館，1988 年，84-91 頁。
175) 『続日本紀』4，280 頁。
176) 同上，291-292 頁。
177) 滝川政次郎「革命思想と長岡遷都」滝川政次郎『京制と都城制の研究』（「法制史論叢」第二冊）所収，1967 年，484-495 頁。
178) 堀裕「長岡京期の皇統意識」国立歴史民俗博物館編『長岡京遷都―桓武と激動の時代』所収，2007 年，24-25 頁。
179) 若松保「長岡京の完成度 ―― 長岡京の施行状況と遷都・廃都事情」，『京都府遺跡調査報告』28，2000 年，144 頁。
180) 山中章『日本古代都城の研究』，柏書房，1997 年，204 頁。
181) 國下多美樹「長岡京―伝統と変革の都城」，前掲書（注78）所収，85 頁。
182) 山中章，前掲書（注70），118 頁。
183) 『続日本紀』4，239・305 頁。
184) 日本学士院編，前掲書（注169），99-100 頁。
185) 『大山崎町史　本文編』，大山崎町，1981 年，99-100 頁。
186) 『続日本紀』4，280 頁。
187) 『長岡京市史　本文編』，長岡京市，1991 年，358 頁。
188) 山中章，前掲書（注180），205 頁。
189) 足利健亮，前掲論文（注170），12 頁。
190) 清水みき，前掲論文（注160），34 頁。
191) 山中章，前掲書（注70），72 頁。
192) 國下多美樹，前掲論文（注181），84 頁。
193) 同上，79 頁。
194) 『続日本紀』4，310 頁。

195) 山中章, 前掲書 (注70), 48-52 頁。
196) 國下多美樹, 前掲論文 (注181), 78 頁。
197) 山中章, 前掲書 (注180), 7 頁。
198) 國下多美樹, 前掲論文 (注181), 95 頁。
199) 山中章, 前掲書 (注70), 109 頁。
200) 『続日本紀』4, 260 頁。
201) 『日本紀略』前篇 (「新訂増補 国史大系」10), 266 頁。
202) 『続日本紀』4, 235 頁。
203) 加藤謙吉『秦氏とその民』, 白水社, 2009 年, 149-155 頁。
204) 『日本紀略』前篇, 266-267 頁。
205) 同上, 267 頁。
206) 同上, 268 頁。
207) 『日本後紀』巻 3, 『日本紀略』前篇所収, 268 頁。
208) 『日本紀略』前篇, 268 頁。
209) 中村修也『平安京の暮らしと行政』(日本史リブレット 10), 山川出版社, 2001 年, 7 頁。
210) 岸俊男, 前掲論文 (注90), 57 頁。
211) 村井康彦「洛陽・長安の都」林屋辰三郎編『京都の歴史 1：平安の新京』所収, 学芸書林, 1970年, 271 頁。
212) 堀内明博「平安京の内部構造」(初出 2008) 堀内明博『日本古代都市史研究』所収, 思文閣出版, 2009 年, 173 頁。
213) 同上, 178 頁。
214) 武田和哉, 前掲論文 (注139), 47 頁。
215) 山中章, 前掲書 (注180), 118 頁。
216) 村井康亮, 前掲論文 (注211), 260 頁。
217) 足利健亮「平安京の四神に関する一試考」(初出 1978), 前掲書 (注170) 所収, 143 頁。
218) 妹尾達彦, 前掲書 (注23), 141 頁。
219) 平岡武夫, 前掲書 (注140), 45 頁。

第 VIII 章

1) 西川如見著, 飯島忠夫・西川忠幸校訂『日本水土考・水土解弁・増補華夷通商考』, 岩波文庫, (原著 1695 年) 113 頁。
2) 陳荊和「十七世紀に於ける河内の様相と性格について」, 『史学』43, 1971 年, 405 頁。
3) 『大越史記全書』唐代宗大歴二年条, 東大東洋文化研究所編『校合本 大越史記全書』(上), 160 頁。
4) 同上 (上), 159〜160 頁。
5) 同上 (上), 161 頁。
6) 同上 (上), 167 頁。
7) 同上 (上), 207〜208 頁。
8) 同上 (上), 208 頁。
9) Tran Quoc Vuong & Nguyen Vinh Long, Hanoi From Prehistory to the 19th Century, *Vietnamese Studies*, 48, 1977, p. 23.
10) Tong Trung Tin「ハノイの宮殿遺跡の実態 —— 大羅城 (7〜9世紀) と昇龍城の遺跡 (11〜18世紀)」, 『東アジアにおける古代都市と宮殿』(奈良女子大学 21 世紀 COE プログラム報告集 5) 所収, 2005 年, 121 頁。
11) 『大越史記全書』(上), 124 頁。

12) グエン・クアン・ゴック「李—陳—黎朝時代の昇龍（タンロン）城：新出史料に基づく新知見」『国際公開シンポジウム論文集「ハノイ 1000 年王城 ── 地域情報学と探る」』所収，2006 年，京大東南アジア研究所，46 頁．
13) 陳荊和，前掲論文（注 2），397〜398 頁．
14) Tran Quoc Vuong & Nguyen Vinh Long, 前掲論文（注 9），53 頁．
15) 桜井由躬雄「昇龍城遺跡の発掘」，前掲書（注 12）所収，85 頁．
16) グエン・クアン・ゴック，前掲論文（注 12），45-49 頁．
17) ファン・フイ・レ「タンロン皇城跡区の保存について」，前掲書（注 10）所収，75-76 頁．
18) *Vietnamese Studies*, 48, 1977 所収．
19) Tran Quoc Vuong & Nguyen Vinh Long, 前掲論文（注 9），40 頁．
20) Tong Trung Tin, 前掲論文（注 10），144 頁．
21) Tran Quoc Vuong & Nguyen Vinh Long, "Thang Long: The City and its People", *Vietnamese Studies*, 48, 1977．
22) 『大越史記全書』（上），325 頁．
23) 陳荊和，前掲論文（注 2），400 頁．
24) 『大越史記全書』（上），322 頁．
25) Tran Quoc Vuong & Nguyen Vinh Long, 前掲論文（注 21），21 頁．
26) 『大越史記全書』（上），208 頁．
27) 同上（上），217 頁．
28) 同上（上），220 頁．
29) Tran Quoc Vuong & Nguyen Vinh Long, 前掲論文（注 21），40 頁．
30) Tong Trung Tin, 前掲論文（注 10），223 頁．
31) 同上，222 頁．
32) グエン・クアン・ゴック，前掲論文（注 12），49 頁．
33) 『大越史記全書』（上），211 頁．
34) 桜井由躬雄「ハノイ ── 唐代・長安の制にならう」，『アジアレビュー』1976 年冬号，158-164 頁．
35) グエン・クアン・ゴック，前掲論文（注 12），49 頁．
36) 『大越史記全書』（上），208 頁．
37) 同上（上），472 頁．
38) 同上（上），245 頁．
39) 同上（上），236 頁．
40) 白石昌也「ベトナムの「まち」── 特に「くに」との関連を中心として」，『東南アジア研究』21-1，1983 年，102 頁．
41) Tran Quoc Vuong & Nguyen Vinh Long, 前掲論文（注 21），26 頁．
42) 林田慎之助『北京物語』（講談社学術文庫），2005 年（初出 1987），講談社，178 頁．
43) 桜井由躬雄，前掲論文（注 34），159 頁．
44) 岸本美緒「上海の城煌廟」，『しにか』1-4，1990 年，14 頁．
45) グエン・クアン・ゴック，前掲論文（注 16），223 頁．
46) Tran Quoc Vuong & Nguyen Vinh Long, 前掲論文（注 21），89 頁．
47) 桜井由躬雄，前掲論文（注 34），160 頁．
48) Tran Quoc Vuong & Nguyen Vinh Long, 前掲論文（注 21），26 頁．
49) 北村優季『平安京─その歴史と構造』（古代史研究選書），1995 年，吉川弘文館，229-230 頁．

第 IX 章

1) El-Ali, S. A., "The Foundation of Baghdad", in Hourani, A. H. & S. M. Stern eds., *The Islamic City, A Colloquium*, Burno Cassirer, London, 1970, p. 98.
2) 佐藤次高「アラブ・イスラーム世界の都城——バグダードとカイロ」板垣雄三・後藤明編『イスラームの都市性』(学振新書)，日本学術振興会，1993 年，230 頁。
3) （宋）欧陽脩撰『新唐書』（百衲本二十四史 31），巻 43 下「地理」7 下，台湾商務印書館，台北 1937 年，1154 頁。
4) 佐藤次高，前掲論文（注 2），229 頁。
5) Lassner, J., *The Shaping of 'Abbàsid Rule*, Princeton Univ. Pr., 1980, p. 189.
6) El-Ali, S. A., *op. cit.*（注 1），p. 88.
7) Lassner, J., *op. cit.*（注 5），p. 184.
8) Lassner, J., "The Caliph's Personal Domain, The City Plan of Baghdad Re-Examined", in Hourani, A. H. & S. M. Stern eds., *op cit.*（注 1），p. 108.
9) Lassner, J., *op. cit.*（注 5），p. 185.
10) *ibid.*, p. 190.
11) *ibid.*, p. 189.
12) Lassner, J., *op. cit.*（注 8），p. 103.
13) El-Ali, S. A., *op. cit.*（注 1），p. 100.
14) Lassner, J., *op. cit.*（注 5），p. 188.
15) *ibid.*, pp. 169-183.
16) *ibid.*, pp. 180-183.
17) 小杉泰「イスラームにおける「マディーナ（マディーナラ）」」，「アジア都市論の構築」研究会（1998 年 10 月 11 日）発表資料。
18) 応地利明『「世界地図」の誕生』，日本経済新聞出版社，2007 年，151-172 頁。
19) 応地利明「世界図」西川正雄ほか編『角川世界史辞典』，角川書店，2001 年，514-515 頁。
20) 応地利明，前掲書（注 18），154-159 頁。
21) ヘロドトス著，松平千秋訳『歴史』上，岩波文庫，82-83 頁。
22) 深井晋司「ハトラ遺跡を訪ねて」東京大学イラク・イラン遺跡調査団編『オリエント——遺跡調査の記録』所収，朝日新聞社，1958 年，64 頁。

第 X 章

1) Sarkar, J., *A History of Jaipur*, Orient Longman, New Delhi, 1984, pp. 37-38.
2) Crooke, W. ed., *Travels in India by Jean-Baptiste Tavernier, Baron of Aubonne, Translated from the original French edition of 1676, with a biographical sketch of the author, notes, appendices, etc.*, Vol. 1, Orient Reprint, Delhi, 1977, p. 118.
3) Sarkar, J., *op. cit.*（注 1），p. 189.
4) Nilsson, S, Å., *Jaipur, In the Sign of Leo*, Magasin Tessin, 1987, p. 4.
5) Habib, I., *An Atlas of the Mughal Empire*, OUP., Delhi, 1982, Sheet 6B.
6) Sachadev, V. & Tillotsou, G., *Building Jaipur, The Making of an Indian City*, OUP., Delhi, 2002, p. 48.
7) Roy, A. K., *History of the Jaipur City*, Manoharlal, New Delhi, 1978, p. 39.
8) *ibid.*, p. 40.
9) *ibid.*, p. 41.
10) 彼の名は，一般には，ヴィディヤーダール・バッターチャールヤとされることが多いが，ロイ

(注7, p. 44) にしたがい，ヴィディヤーダール・チャクラヴァルティを採ることにしたい。
11) Sachadev, V. & Tillotsou, G., *op. cit.*（注6），p. 46.
12) 「サワーイ」とは「1.25」を意味し，ジャイ・スィンフが11歳で王位継承のため，ムガル皇帝アウラングゼーブにはじめて謁見したとき，同皇帝がその才能のゆたかさをほめ，常人の1.25倍に相当すると語ったことに由来する称号とされる（小西正捷「インドの歴史的都市——ジャイプルの都市プランとその特質」藤岡謙二郎編『歴史的都市』（講座「考古地理学」3），学生社，1985，201頁。
13) Roy, A. K., *op. cit.*（注7），pp. 49-51.
14) Acharya, P. K. tr., *Architecture of Mānasāra* (Mānasāra Series Vol. IV), Manoharlal, 1994(originally published in 1934), p. 65.
15) Sachadev, V. & Tillotsou, G., *op. cit.*（注6），pp. 44-45.
16) *ibid.*, p. 45.
    Roy, A. K., *op. cit.*（注7），p. 59.
17) 英国図書館旧インド省史料室所蔵。
18) Roy, A. K., *op. cit.*（注7），p. 38.
19) Havell, E. B., *Indian Architecture: Its Psychology, Structure, and History from the First Muhammadan Invension to the Present Day*, John Murray, London, 1913, p. 224.（引用は第2版（1927）による）。
20) Pillai, G. K., *The Way of the Silpis or Hindu Approach to Art and Science*, Indian Press, Allahabad, c1948, p. 218.
21) Ohji, T., The "Ideal" Hindu City of Ancient India as Described in the *Arthasastra* and the Urban Planning of Jaipur, *East Asian Cultural Studies*, 29-1〜4, pp. 71-72.
22) 布野修司『曼荼羅都市—ヒンドゥー都市の空間理念とその変容』，京都大学学術出版会，2006年，278-286頁。
23) Roy, A. K., *op. cit.*（注7），pp. 38-39.
    Sachadev, V. & Tillotsou, G., *op. cit.*（注6），p. 44.
24) Acharya, P. K. tr., *op. cit.*（注14），pp. 85-87.
25) *ibid.*, p. 65.
26) *ibid.*, p. 69.
27) *ibid.*, p. 74.
28) *ibid.*, pp. 64-65.
29) 布野修司ほか「ジャイプルの街路体系と街区構成——インド調査局作製の都市図（1925-28年）の分析 その1」，『日本建築学会計画系論文集』499，1997，16頁。
30) Sachadev, V. & Tillotsou, G., *op. cit.*（注6），p. 41.
    小西正捷，前掲論文（注12），205頁。
31) Roy, A. K., *op. cit.*（注7），p. 128.
32) Nilsson, S, Å., *op. cit.*（注4），pp. 19-23.
33) 1728年着工，34年完成説もある（Sachadev, V. & Tillotsou, G., *op. cit.*（注6），p. 56.）
34) 矢野道雄『占星術師たちのインド——暦と占いの文化』，中公新書，1992，380頁。
35) Schwartzberg, J. E., "Introduction to South Asian Cartography", in Harley, J. B. & D. Woodward eds., *Cartography in the Traditional Islamic and South Asian Societies*, Univ. of Chicago Pr., 1992, p. 363.
36) Sachadev, V. & Tillotsou, G., *op. cit.*（注6），pp. 60-61.
37) Ohji, T., *op. cit.*（注21），pp. 66-73.
38) Volwahsen, A., *Living Architecture: Indian*, Oxford & IBH, Calcatta, 1969, p. 48.
39) Roy, A. K., *op. cit.*（注7），p. 95.
40) Acharya, P. K. tr., *op. cit.*（注14），pp. 93-94.

41) *ibid.*, p. 106.
42) Roy, A. K., *op. cit.* (注 7), p. 40.
43) Ananth, S., *Vaastu—The Classical Indian Science of Architecture and Design*, 1998, Viking, New Delhi, pp. 82–83.
44) Sachadev, V. & Tillotsou, G. eds. *op.cit.* (注 6), pp.52–53.
45) Acharya, P. K. tr., *op. cit.* (注 14), p. 30.
46) Ohji, T., *op. cit.* (注 21), p. 71.
47) Sarkar, J., *op. cit.* (注 3), p. 20.
48) Sachadev, V. & Tillotsou, G., *op. cit.* (注 6), p. 55.
49) *ibid.*, p. 38.
50) *ibid.* p. 47.
51) ジャイプル市都市計画局でのききとり（1987 年 9 月）による。
52) Shukla, D. N., *Vastu-Sastra Vol. 1, Hindu Science of Architecture*, c1960, Mnoharlal, New Delhi, pp. 276–277.
53) カウティリヤ（上村勝彦訳）『実利論 ── 古代インドの帝王学』上，岩波文庫，102 頁。
54) ユネスコ東アジア文化研究センターの研究助成によって実施した。
55) Sachadev, V. & Tillotsou, G., *op. cit.* (注 6), p. 19.
56) *ibid.*, p. 49.
57) Roy, A. K., *op. cit.* (注 7), p. 80.
58) 小西正捷，前掲論文（注 12），207 頁。
59) Roy, A. K., *op. cit.* (注 7)，口絵写真による。
60) Sachadev, V. & Tillotsou, G., *op. cit.* (注 6), p. 108.
61) 応地利明『絵地図の世界像』，岩波新書　新赤版 480，1996 年，3–9 頁。
62) Sarkar, J., *op. cit.* (注 1), pp. 317–318.
63) *ibid.*, pp. 340–344.
64) *ibid.*, pp. 372–375.
65) Temple, R., *India in 1800*, London, 1881, p. 24.
66) 内田正雄『輿地誌略』，銅版，1877 年，61 頁。
67) Sarkar, J., *op. cit.* (注 1), pp. 360–364.

第 XI 章

1) 青山亨「シンガサリ・マジャパヒト王国」池端雪浦ほか編『東南アジア古代国家の成立と展開』（「岩波講座　東南アジア史」2），岩波書店，2001 年，212–213 頁。
2) Hägerdal, H., *Hindu Rulers, Muslim Subjects, Lombok and Bali in the Seventeenth and Eighteenth Centuries*, White Lotus, Bangkok, 2001, p. 23.
3) ギアツ，C.（小泉潤二訳）『ヌガラ ── 19 世紀バリの劇場国家』，みすず書房，1990 年（原著 1980），12 頁。
4) 同上，160 頁。
5) 同上，265 頁。
6) Hägerdal, H., *op. cit.* (注 2), p. 69.
7) *ibid.*, p. 27.
8) Van der Karaan, A., The Nature of Balinese Rule on Lombok, in Reid, A. & I. Castles eds., *Pre-colonial State Systems in Southeast Asia*, MBRAS, Kuala Lumpur, p. 93.
9) Hägerdal（注 2）47 頁は，スンバワ史料によると 1641 年，カランアッスム史料では 1692 年，ロ

ンボク島中央部のスランバラン史料によれば1700年という。
10) Hägerdal, H., *op. cit.*（注2），p. 132.
11) *ibid.*, p. 184.
12) *ibid.*, p. 127.
13) *ibid.*, p. 187.
14) Van der Karaan, A., *op. cit.*（注8），pp. 94-95.
15) Budihardjo, E., *Architectural Conservation in Bali*, Gadjah Mada Univ. Pr., Yogyakarta, 1986, p. 53.
16) ゴバルビアス，M.（関口紀美子訳）『バリ島』，平凡社，1991年（原著1936），284頁。
17) 同上，81頁。
18) Pillai, C.K., *The Way of Silpis or Hindu Approach to Art and Science*, Indian Pr., Allahabad, c1948, p. 197.
19) ギアツ，H. & C. ギアツ（鏡味治也・吉田禎吾訳）『バリの親族体系』，みすず書房，1989年（原著1975），18-19頁，52-56頁。
20) ギアツ，C.，前掲書（注3），134頁。
21) 同上，249頁。
22) 応地利明「社会」辛島昇編『世界の歴史と文化・インド』，新潮社，1992年，176頁。
23) ゴバルビアス，M.，前掲書（注16），88-92頁。
河野亮仙・中村潔編『神々の島バリ —— バリ＝ヒンドゥーの儀礼と芸能』，春秋社，1994年，16頁。
吉田禎吾『バリ島民 —— 祭りと花のコスモロジー』，弘文堂，1992年，54-55頁。
24) 永渕康之『バリ・宗教・国家 —— ヒンドゥーの制度化をたどる』，青土社，2007年，53頁。
25) Cool, W., *De Lombok Expeditie*, Hague-Batavia, 1895, 所収。
26) ギアツ，C.，前掲書（注3），249頁。
27) 井狩弥介訳「アーバスタンバ・シュルパスートラ」矢野道雄編『インド天文学・数学集』（「科学の名著」1）所収，朝日出版社，1980年，426頁。
28) 同上，436頁，471頁。
29) 同上，458頁。
30) ギアツ，C.，前掲書（注3），233頁。
31) Tibbetts, G. R., The Beginnings of Cartographic Tradition, in Harley, J. B. & D. Woodward eds., *Cartography in the Traditional Islamic and South Asian Societies* (The History of Cartography, Vol. 2, Book 1), Univ. of Chicago Pr., Chicago, 1992, pp. 91-92.
32) ギアツ，C.，前掲書（注3），120頁。
33) ゴバルビアス，M.，前掲書（注16），303頁。
34) 同上，299頁。
35) ギアツ，C.，前掲書（注3），125頁。
36) Cool, W., *op. cit.*（注25），pp. 159-160.
37) Cool, W., *With the Dutch in the East. An Outline of the Military Operations in Lombok, 1894*, Java Head Bookshop, 1934 (First Printed 1897), p. 157.
38) Cool, W., *op. cit.*（注25），p. 172.
39) Cool, W., *op. cit.*（注37），pp. 115-116.
40) ギアツ，C.，前掲書（注3），130-131頁。
41) Van der Karaan, A., *Lombok: Conquest, Colonization and Underdevelopment, 1870-1940*. Heinemann Educational Books (Asia), 1980, pp. 94-95.
42) Moojen, P. A. J., *Kunst op Bali, Inleidende Studie Tot de Bouwkunst*, Adi Poestaka, Den Haag, 1926, Fig. 14.
43) Cool, W., *op. cit.*（注37），p. 347, p. 354.

44) Van der Karaan, A., *op. cit.* (注 41), p. 55.
45) *ibid.*, p. 94, Plate3.
46) *ibid.*, p. 54.
47) Hägerdal, H., *op. cit.* (注 2), p. 127.
48) 布野修司「ロンボク島の都市・集落・住居とコスモロジー」，住宅総合研究財団『研究年報』19，1992 年，113 頁。
49) ゴバルビアス，M.，前掲書（注 16），281 頁。
50) Moojen, P. A. J., *op. cit.* (注 42), p. 81.
51) 中村潔「バリの儀礼と共同体」河野亮仙・中村潔編，前掲書（注 23）所収，37-38 頁。
52) イ・ケトゥ・ギナルサ（田村史子訳）「バリ・ヒンドゥー教の宇宙観」岩田慶治・杉浦康平編『アジアの宇宙観』，講談社．1989 年，84 頁。
53) 布野修司『曼荼羅都市 —— ヒンドゥー都市の空間理念とその変容』，京都大学学術出版会，2006 年，335-337 頁。
54) 布野修司「ロンボク島の都市・集落・住居とコスモロジー（2）」住宅総合研究財団『研究年報』21，1994 年，108 頁。

あとがき

　1945年の敗戦前後の一時期をのぞいて，私は，大阪市中央区の問屋商業地区で生まれ育った。そのためもあって，都市への関心はつねに抱いていた。しかし疎開中のムラでうけた不条理への疑問から，知らない農村や農耕を勉強したいと思って大学に進学した。このことについては，かつて述べたことがある（『地域研究スペクトラム』5，2000年）。いまも現役のフィールドワーカーとして，今秋は中央アジアで農法と牧法の臨地調査を予定している。

　都市と本格的に向かいあったのは，1980年代後半になってからであった。その契機は，西川幸治氏を主査とするユネスコ東アジア文化研究センターのプロジェクト「アジア諸国における建築デザインと都市計画」研究委員会の委員となったことと，ある年に当時の勤務大学で「比較都市論」を講義題目としたことであった。講義のなかで『アルタシャーストラ』をテクストとして，古代インド世界の理想都市について述べることにした。先行研究を一読すると，第Ⅰ章で述べたように，それらが実証とはほど遠いものであることを知り，故上村勝彦氏の訳業（岩波文庫）とマンダラとをもとに独自に形態復原をおこなった。復原私案を完成させたとき，都城思想・王権思想におけるインド世界と中国世界との構造的な相違，さらにはアジア都市論構築への展望が一挙に見えたことを，いまも鮮明に思いだす。本書は，その延長上にある。さらに80年代末から板垣雄三氏が主宰された文部省科学研究費・重点領域研究『イスラームの都市性』で「形態と景観」班の班長をつとめ，そのとき布野修司氏の知己を得た。

　本年3月11日に悲惨な地震・大津波と原子力発電所の暴発があり，その被害はいまもつづいている。そのとき以来，「原子力ムラ」という言葉をよく耳にするようになった。それは，専門家と称する集団が閉鎖的なムラ的社会をつくって，異なった立場の外部者の参入はもちろん提言・批判も許さない排他的な体制をいう。しかしこのようなムラ的社会は，「原子力ムラ」や「永田町ムラ」だけでなく，この国のあらゆるところに存在している。日本を覆う閉塞状況の一因は，これらの「〇〇ムラ」の蔓延にある。

　都城研究においても，そうである。2000年に，近畿の公立大学に転じた。赴任直後の会で，私が都城に関心をもっていることを知ってか，ある教授が開口一番に発したのは「藤原宮は何市何町何番地にあるか」，「それを知らずに都城研究ができるのか」という質問というよりも詰問であった。なんてあきれたことを言うのかというのが，そのときの印象であった。しかしそれは，「都城ムラ」の厳然たる存在告知であり，

外部者のムラへの参入は許さないということであったのであろう。どのような性格のものであれ、「〇〇ムラ」に入村する気などまったくない私にとっては、それは、ムラ的社会をかいまみる得がたい経験であった。「はじめに」で述べた日本の都城研究における「東アジア的バイアス」・「視野狭窄」の根底には、このような状況の存在があろう。

　本書の刊行までには、多くの方々からご教示とご厚意をいただいた。サンスクリット語に関しては故上村勝彦氏、德永宗雄氏、矢野道雄氏、とりわけ上村氏には、『アルタシャーストラ』の訳業で初版の「第9区画」を第2版では「(面積の)9分の1」に変更された理由をお聞きしたいと思いつつ、早すぎるご逝去によってその機会を逸したのは無念であった。礪波護氏には、第II・VI章の中国都城の関係部分を閲読していただいた。氏の立場・見解とは異なるところが多かったであろうにもかかわらず、最後まで丁寧に閲読してくださった。礪波氏にくわえて、中国都城については杉山正明氏、妹尾達彦氏、張建林氏、王学理氏の著作と会話から多くのご教示を得た。東南アジアについても、故石井米雄氏、石沢良昭氏、新田栄治氏、布野修司氏からお教えいただいた。またイスラーム世界における都市とコスモロジーとの関係に関しては、かつて開催した研究会での小杉泰氏のご発表に全面的に依拠している。

　掲載写真については、私自身のものを基本としたが、児玉香菜子氏、柳沢雅之氏、酒井啓子氏、中村梧郎氏、布野修司氏からご自身の撮影写真を使用することをお許しくださった。杉山氏は、写真に関してもドイツの研究機関から掲載写真の使用許可を取得してくださった。掲載図については、そのほとんどを飯塚隆藤氏に仕上げていただいた。

　お名前をあげさせていただいた方々のすべてに、心から御礼もうしあげたい。

　本書では多くの都城・王都をとりあげたが、鄴・北城、バグダードまたハトラなどをのぞいて、それらはすべて現場での自己確認にもとづいている。それは、「身体性を媒介させることによって知識は実体化する」とのフィールドワーカーとしての信条によるものである。それらの現場での確認・調査に際しては、多方面からの助成を得た。その多くは私自身が交付を受けた文部科学省科学研究費補助金によるものであるが、ジャイプルの臨地調査ではユネスコ東アジア文化研究センターからの、またチャクラ・ヌガラの臨地調査では布野修司氏を代表者とする住宅総合研究財団からの研究助成を使用させていただいた。記して感謝したい。

　出版界が冬の季節にあるなかで、執筆が遅れただけでなく膨大なものとなってしまった本書の出版を引きうけていただき、叱咤して刊行にまでこぎつけさせてくださった京都大学学術出版会と鈴木哲也編集長に、心から御礼をもうしあげたい。本書でもって都城に区切りをつけ、新たな分野・テーマに転進できるのは幸甚である。

　最後に、私的な思い出を語らせていただきたい。それは、本書でも引照した故水野

清一先生への感謝である。海外渡航が夢であった時代に，先生は，主宰しておられた京都大学イラン・アフガニスタン・パキスタン学術調査隊の第3・5次（1962・64年）隊に参加する機会を与えてくださった。私にとっては最初の海外調査であり，これによってフィールドワーカーとしての以後の方向をさだめることができた。

　2010年に大同を訪れて先生の調査地点をたどり，雲崗石窟を訪れた。そのとき偶然に行き会った中国人の日本語ガイドに「水野清一先生を知っていますか」と聞いたところ，連日，牛車に乗って石窟に通われたこと，お仕事は最初の本格的な雲崗石窟調査であり，観光客にも名をあげて説明することなどを話してくれた。いまも，水野先生が現地の人々のなかで生きておられると知ってうれしかった。しかし北魏・平城の形態復原にあたっては，一部をのぞいて，先生の調査結果にしたがいえなかったのは残念であった。

　これまでアジア・アフリカを中心に，世界各国で計60数回の臨地調査また図書館などでの資料収集をおこなってきた。その間，留守をまもってくれた妻・章子にも感謝したい。

2011年・夏・京都
応地　利明

索　　引（事項索引／地名索引／人名・組織名索引）

■事項索引

アーマーンタ暦　165
アユターヤー王朝　162-163
『アーバスタンバ・シュルパスートラ』　632
『アルタシャーストラ』　10, 28-29, 51, 71, 81, 84, 86, 131, 153, 568, 575, 592, 683
『アレクサンドロス大王東征記』　123
アンコール王朝　139, 142, 153, 163, 165
イスラーム世界　iv, 51, 527, 632, 634
位置（position）　183-184
一堂二内　375
一明両暗　377
一門三道　79, 212, 235, 308, 362, 524
イドリースィー図　541
イラーヴリタ・ヴァルシャ（国）　151
インダス文明（都市）　91, 116, 121, 128
インド化　138-140, 142, 165, 615
インド世界　iv
ヴァルナ（四姓）　8, 14, 27, 31, 53, 57, 140
右繞　51-52
宇宙軸　69
易姓革命　452, 458
『延喜式』　456, 479, 484, 486
陝（おう）　116, 200, 221, 237, 241, 253, 375
王権　iv, 135
王権思想　v, 90, 139
　　インド（ヒンドゥー）王権思想　v, 86-87, 140, 584
　　中国王権思想　v, 87, 140, 374, 394, 458
王都　vii

カースト制度　140, 617

華夷図　68
『華夷通商考』　497
外囲民廛　89
家産制（領域）国家　116, 199, 201, 221, 253, 395
カッチワーハー王家　552, 556, 568, 576, 585, 596, 602
『河南志』　256
華北文明都市　111, 116, 121-122
カラン共同体　660, 675, 681
監獄都市　296
『漢書』　138, 207-208, 217, 228, 230
「桓武帝＝始皇帝」見立て論　456　→人名索引「桓武天皇」・「始皇帝」参照
官僚制（領域）国家　243, 253, 257
疑似グリッドパターン　91, 98-100, 128　→グリッドパターン
『魏書』　262-263, 280, 285, 295, 297, 303, 315
キブラ　540-541
居住隔離　25, 27, 128, 318
近代化　386, 413, 431
古代・近代化　384, 386, 398, 420-421, 425
『欽定礼記義疏』　74, 76
「九里之城・三里之宮」　221, 242, 252
空間的二元性　92, 95, 101, 103, 106, 111
『旧唐書』　64
國　63, 72, 78
クメール族　142, 605
グリッドパターン　4, 295, 310, 315, 319, 357, 369, 399, 435, 476, 484, 523, 562,

725

572, 653, 664, 687
九六城　250, 308, 319, 350
劇場国家　606, 635
ゲル　343
『元和郡県図志』　350
交界都市　127, 261, 294, 299
『後漢書』　250, 256
国府　450
国分寺　450
コスモロジー　vi, 11, 42, 135, 170, 241, 335, 527, 536
　イスラーム・コスモロジー　137, 540, 541, 543
　小乗仏教・コスモロジー　58, 65
　中国的コスモロジー　65, 70
　バリ・ヒンドゥー・コスモロジー　608, 611-612, 622, 627, 642, 655, 657, 659
　ヒンドゥー・コスモロジー　11, 42, 57, 84, 144, 149, 152-153, 161, 632, 634, 654, 658

祭天儀式　255, 321, 297, 453, 455, 459, 520
サヴァスティカ型（都市）　150
サーサーン朝ペルシア　532, 544, 547
左祖右社　74, 87, 89, 218, 248, 282, 313, 363, 413, 415, 448, 525
左繞　51
左右民廛　74, 87, 89, 217, 340, 366
三体編成　610-612, 615, 627, 630, 634, 639, 641, 654, 660, 665, 673, 684
三朝　390, 401
山南水北　187, 459
『三輔黄図』　209, 218
『史記』　64, 181, 190, 194, 196-198, 220, 228, 230, 346, 459
紫禁城　519, 524
『資治通鑑』　298
四神相応　427, 441, 444, 453, 478, 491
市壁　iii, 97, 447
シャー・バンダル　176
『シャム王統記』　168-169

社稷　73, 218, 262, 282, 313, 363, 417, 513, 525
ジャンブ・ドヴィーパ（贍部州）　43, 57-58, 140, 144, 151, 574
『周礼』「考工記」　viii, 34, 63, 71, 78, 80, 180, 212, 217, 233, 237, 339, 358, 368, 409, 510
状況性（situation）　183-184
『集史』　346
城隍廟　513-514
条坊（制）　395-396, 398, 405, 418-419, 476
『続日本紀』　453, 456, 458, 463, 468, 477
植民都市　620, 628, 665, 685, 689
　スペイン植民都市　685, 689
シルパシャーストラ　5, 28, 130, 558, 562, 566, 615
城　iii, 64
神聖王　87-88, 140, 143, 153, 368, 616, 636, 638
身体方位　73, 87-88, 368, 510
『新唐書』　532
『水経注』　188, 283, 295, 297, 301, 307
『隋書』　327
西魏二十四軍　346
西城東街，西城東郭，西祭東街　92-93, 95, 112-113, 115, 117, 120-122
戦国城下町　419, 553
前朝後市　73, 75, 87, 89, 214, 254, 340, 364, 411, 446
前朝後寝　313, 350, 353
鮮卑（集団）　258, 325, 336, 361, 368
鮮卑宇文部　324, 327, 339, 342, 346
鮮卑拓跋部　258, 281, 294, 297, 299, 302, 318, 320, 324
曹魏　262
宗廟（祖廟）　73, 218, 262, 282, 313, 363, 417, 513, 525
ゾーニング（地域制）　88, 286, 293

ダイヴァカ　12, 14, 17, 20, 26, 51, 53, 61
『大越史記全書』　498-499, 506-510, 512-

513, 521
太極殿　256, 283, 297, 301, 304, 310, 321, 322, 342, 369, 419
大極殿　394, 400, 419, 445, 453, 470, 482
大交易時代　141, 163
タイ族　154, 162, 165
大内裏　493
『大唐西域記』　v, 64
大藤原京説　401, 405　→地名索引「藤原京」参照
タイ湾ルート　139
楕円的王権空間　415, 417-418
多核説　193
ダンダーカ型　7, 150, 152-153, 160
中央神域　85, 87, 89, 153, 161, 170, 368, 574, 582
中央宮闕　73, 85, 87, 89, 161, 179, 219, 253, 283, 293, 340, 362, 368, 408, 413, 475, 574, 582
〈中心―周辺関係〉　12, 137, 528
中朝外市　89
『長安志』　331, 333, 354
デヴァラージャ　140, 142
デリー・スルタン王朝　136
天円地方　66, 70, 297
天子南面　73, 88, 243, 253, 256, 322, 344, 353, 367, 369, 389, 394, 441, 505, 516, 579
天命（思想）　vi, 69
『東西洋考』　171
等方性　40-41, 46-47, 55, 87, 89, 91, 539
同心円説　193
同心周帯　87-88
同心正方（長方）周帯　12, 46-47, 49, 56, 58, 62, 70, 81, 88, 90
時計まわり四角巴　22, 51
都市基盤維持活動　383
都市基盤形成活動　383
都城　viii, 3, 528
都城思想　viii, 3, 11, 44, 497, 527-530, 543
　インド（ヒンドゥー）都城思想　ix, 4, 28, 32-33, 42, 88-90, 137, 153, 170, 335, 409, 497, 527, 575, 588
　中国都城思想　vi, 65, 70, 80, 88, 90, 153, 241, 335, 367, 387, 393, 401, 419, 497, 509, 513, 518, 526
トリムールティ（三神一体）　8, 13, 26, 56, 65, 574, 636, 658

ナイン・スクエアー　74, 76, 129, 566, 588, 647
「長岡＝咸陽」見立て論　460　→地名索引「長岡京」・「咸陽」参照
南郊祭祀　255
『南斉書』　281, 282, 297
ナンディヤーヴァルタ型都城（都市）　7, 10, 18, 23, 42
南北縞帯，3南北縞帯　75, 87-89, 337, 345, 362, 368, 377, 399, 436, 445, 516, 524
『日本紀略』　477
『日本後紀』　478
『日本書紀』　388, 393-394, 396-398, 416, 418, 420

パイシャーチャ　12, 17, 20, 27, 58, 61
場所性（site）　183-184
バライ　147-148, 152, 154, 156, 165
バーラタ　57, 140, 145
バリ・ヒンドゥー　608, 620, 624, 629, 636, 641, 651
バロック化　viii, 136, 153-154, 169-170, 180, 241, 254, 257, 290, 321-322, 354, 363, 369, 371, 374, 426, 431, 449, 451, 488, 491, 493, 495, 515, 517, 527, 574, 576, 584, 602, 615, 617, 642, 645, 651, 656
東アジア海域世界　425, 454, 461
東アジア的バイアス　ix, 75, 90, 527
非等方性　46, 87, 89, 540, 577
ヒンドゥー・ジャワ文化　605
ヒンドゥー世界　551, 605
フィッシュ・ボーン（魚骨）型街路形態

索引　727

　　　　109, 126, 128
封禅・望祭　198, 456, 459
プラ　14
「プラスタラ」型　559, 563, 585, 591
ブラフマー・シュターナ（ブラフマー神の
　　神領）　12, 14, 17, 20, 26, 44, 49, 61, 85,
　　145, 564, 574, 579, 582
フロンティア　260
文化　384
文明　385
方向的バイアス　46
北闕型　180, 254, 282, 293, 319, 338, 340-
　　342, 345, 347, 363, 378, 431, 436, 441,
　　451, 475, 480, 488, 568
北方遊牧集団　259, 294, 324-325, 340, 342,
　　346, 348, 359, 363, 368, 377, 379

マジャパヒト王国　605
『マーナサーラ』　5, 14, 42, 45, 53, 58, 84,
　　148, 150, 559, 563, 574-575, 585, 591,
　　615
『マヌ法典』　5, 86
マヌシャ　12, 17, 20, 26, 57, 61
『マヤマタ』　5, 27-28

マンダラ　9, 42, 44
　　パラマ＝サイカ・マンダラ　10, 18, 20
　　マンドゥーカ・マンダラ　10, 15, 24, 44, 47,
　　　　55, 72, 81
都　63, 92
メタ都市　388, 396, 398, 422
メール山　4, 43, 58, 66, 69, 144, 151, 161,
　　166, 168, 574-575, 632, 654, 658
ヤショダラプラ都城　147
「弥生都市」論　381
『ヨハネの黙示録』　83

ラック・ムアン　161-162, 166, 168
『ラーマーヤナ』　3, 28, 60, 83, 162, 168, 585,
　　670
『リグ・ヴェーダ』　4, 94
『洛陽伽藍記』　315-318, 322-323
里坊制　296, 316
『梁書』　138
ロンボク戦争　620, 625, 627, 642, 647, 651,
　　667, 670

ワルナ　617, 672, 675

■地名索引

アジュメール　556, 590
飛鳥浄御原宮　388, 390, 398, 400, 413-414,
　　420, 422
　　伝飛鳥板葺宮址　390
阿房宮　196
アユターヤー　162, 374, 488, 494, 577, 584
アヨーディヤー　3, 162, 168
アンコール・トム　142-143, 146, 150, 160,
　　165-166
アンベール城　553, 555, 589
安邑（魏国）　120
伊勢神宮　415, 417

郢（楚国）　120-121, 212
エクバタナ　532, 544
小墾田宮　388, 401, 411

交野　453, 455-456
ガッガル川　93, 95, 98
カランアッスム　606, 620, 628, 635, 685
カーリーバンガン　92-93, 103-104, 121
ガンガー（ガンジス）川　144-145
邯鄲（趙国）　118
関中　180-181, 183, 244-245, 324
咸陽　187, 190, 459

ギアニャル　612, 635, 639, 653, 668, 686
鎬京　181, 199, 244
建康（南斉）　303, 310, 312-313, 326

サーマッラー　547
シェムリアップ　143
子午谷　238, 354, 356
シシュパールガル　128
シャージャハーナバード　136, 393, 556
ジャイプル　551, 559, 608, 684, 688
シュリーランガム　59
新益京　397, 421　→藤原京
新鄭（韓国）　117
スコーシャム　155-156
スコータイ　154, 159, 166, 605
成周　112
成都　188-189
盛楽　260

泰山　198, 456
タクシラー　122
　　ビル遺丘　123
　　シルカップ　109, 123-124, 128
　　シルスーク　123
ダマスクス　530
タンロン（昇龍）　498
チャクラ・ヌガラ　605, 608
長安　184, 245, 263, 324, 459
　　長安（隋唐）　viii, 169, 179, 313, 317, 321-322, 408, 413, 426, 431, 433, 436-437, 440, 442-443, 445, 447, 474, 488, 494, 509, 515-516, 577, 579, 584
　　長安（前漢）　179, 202, 244, 263, 285, 324, 375
　　長安（北周）　332-333
デリー三角地　136
東南アジア大陸部　137, 141, 163, 179
ドーラーヴィラー　100, 113, 126

長岡京　433, 441-442, 452, 478, 480, 482, 486

難波宮，難波京　453-454, 463, 470
　　難波宮（後期）　453, 470, 472
　　難波宮（前期）　398, 401, 411, 420, 472
日本関　171, 177
二里頭遺跡　245

バイヨン寺院　150-151, 153, 161
バグダード　532, 547
バーディン遺跡　499
ハトラ　545
ハノイ　498, 501
ハマダーン　544
ハラッパー　92, 104
バリ島　551, 619, 654
フエ　499, 501, 519
武川鎮　324, 346
藤原京　180, 394, 415, 426, 430, 433, 435, 437, 440, 442, 445, 447, 449, 454, 472, 482, 547
扶南（プナム）　138, 142
武陽（燕国）　118, 121
平安京　357, 408, 413, 442, 450, 478, 532, 534, 688
平城（北魏）　258, 292, 340, 423
平城京　357, 374, 402, 408, 413, 419, 425-426, 452, 461, 468, 473, 475-476, 480, 482, 486, 489, 493-494
鄴京　181, 199, 244
北城（鄴）　262, 267, 285, 292, 302, 310, 312, 320, 340

纏向遺跡　389
マッカ　540-541, 543
マディーナ　540
マディーナ・アッサラーム　530
メール山　→事項索引
モエンジョ・ダーロ　92-93, 104, 109

櫟陽（やくよう）　117, 121, 182, 185, 187

洛陽（雒陽）　181, 204, 244-245, 248, 298-

索引　729

　　　　300
洛陽（魏晋）　303-304, 307, 309, 316, 320
洛陽（後漢）　243, 281, 285, 290-291, 300-
　　　301, 308, 320
洛陽（北魏）　261, 298, 340, 349, 353, 364,
　　　　369, 408, 423
臨淄（斉国）　112, 187, 199
ロータル　104
ロンボク島　551, 605, 619, 628

■人名・組織名索引

Tong Trung Tin　503
Tran Quoc Vuong　518
Wang, S. C.　232

秋山日出雄　187
アクバル　552
朝倉孝景　419
足利健亮　455, 469, 489
足立喜六　225
アチャルヤ，P. K.　6, 18, 22, 559
阿部仲麻呂（朝衡）　498
阿部義平　405
アル・マンスール　530
粟田真人　429-430, 434, 459
池田雄一　217
石井米雄　157
石沢良昭　140, 142, 149
伊東忠太　484
井上和人　427, 440
殷宪　270, 274
ヴァールミーキ　3, 28
ヴィディヤーダール・チャクラヴァルティ
　　558
ウィトレー，P.　209
ヴェトナム考古学研究所　503
宇都宮清吉　217
宇文愷　327, 340, 342-343, 346, 352
宇文凱　352
宇文護　324, 343
宇文泰　324, 346
江川良武　148

榎村寛之　415
応金華　188
王学理　189, 191, 193, 215
王莽　219, 243, 255, 333
大伴家持　450
大脇潔　434
岡千曲　149
オグス・カガン　345
小沢毅　390, 395, 405, 408, 425
愛宕元　354
小野妹子　388

カウティリヤ　28
賀業鉅　76, 78, 80
カーク，W.　40, 45-46, 48, 55
狩野久　387, 394
上村勝彦　29, 33-34, 53
韓顕宗　298, 423
桓武天皇　427, 452, 455, 457, 459, 473-474,
　　477, 484
ギアツ，C.　606, 616, 635-637, 646
岸俊男　iii, 388, 401, 408, 415, 418, 420, 422,
　　426, 440
喜田貞吉　i, 396, 401
鬼頭清明　420
木下正史　412, 420, 422-423, 425
グエン・グアン・ゴック　502, 512
國下多美樹　470, 472, 475
恵帝　206, 220
玄奘　v, 65
元明天皇　421, 426-427, 429

小磯学　100
五井直弘　188
黄暁芬　239, 335
光仁天皇　452, 458
光武帝　244, 252
孝文帝　283, 297, 303, 309, 320, 365
高平　270
古賀登　224, 233, 236
小杉泰　540
ゴバルビアス，M.　655
駒井和愛　viii, 260, 340, 342
コール，W.　625, 642, 647, 652, 664, 670

斉東方　295
桜井由躬雄　512, 514, 517
定方晟　43
サチャデブ，V.　563, 571, 596
佐藤武敏　213, 217, 449
佐藤信　431, 449
佐原康夫　224, 228, 232
ジェイコブ，S. S.　599
始皇帝　64, 182, 190, 197, 456
持統天皇　397, 415, 417
史念海　211
司馬遷　64, 346, 459
清水みき　452, 470
ジャイ・スィンフⅡ世　552, 556-558, 569, 571, 576, 586, 589, 596, 632
ジャヤヴァルマンⅡ世　142, 145
ジャヤヴァルマンⅦ世　148, 151, 153
周南　375
除萍芳　296
蒋少游　297, 303
徐金星　256
ジョシ，M. C.　130, 132
秦建明　238, 333, 354
スールヤヴァルマンⅠ世　147
杉山正明　325, 345-346
関野雄　ii
セデス，G.　138, 142, 149
銭国祥　256

千田稔　398, 414, 429, 457
宋敏求　332
則天武后　430
ソローキン，P. A.　383

戴震　76, 79
ダーニー，A. H.　124, 126-128
高野新笠　455, 457, 477
高谷好一　163
滝川政次郎　458
武田和哉　486
竹田政敬　434
舘野和己　410, 427
田中淡　343
田村圓澄　416
千原大五郎　149
張暢耕　267, 274, 297
陳寅恪　300, 343
筑紫申真　416
鶴間和幸　188, 196, 200, 204, 211, 236
寺崎保広　399, 422
天智天皇　393, 452
天武天皇　390, 396, 414-415, 429, 452
ドゥ・ショワジ，A.　175
ドゥ・ラ・ルベール，S.　172-174, 176-177
同済大学　285
道慈　430
姚賦　270, 274
道武帝　260, 262, 285
礪波護　ii, 308, 366-367
トライローカナート王　169

中野美代子　199, 209
中村修也　489
中村太一　408, 410
中村元　86
中山修一　461
那波利貞　viii, 73, 340
西川如見　497
ニルソン，S. A.　569

索引　731

裴世清　388
ハイネ・ゲルデルン，R.　149
ハヴェル，E. B.　561
秦足長　455
林部均　390, 395, 418-419
ピッライ，G. K.　20, 562
広瀬和雄　381
ファン・フリート，J.　170, 172-173
武王　181, 199, 244
福山敏男　441
藤原小黒麿　477
藤原種継　452, 455-457, 477
藤原不比等　430, 451
武帝　207, 219
布野修司　563, 566, 620, 661, 665
文王　181, 199, 244
文帝（楊堅）　324, 326, 331, 333, 352, 371, 449
ベグデ，P. V.　38, 46
ヘーゲルダール，H.　607
ヘロドトス　544
菩提僊那　497
ボーロマラーチャーⅠ世　168
ボーロマラーチャーⅡ世　169
堀内明博　277, 480
本郷真紹　421

マーシャル，J.　123-124, 128
水野清一　264, 267, 273, 277
ミッシェル＝フーコー，P.　296
南淵請安　393
宮崎市定　111, 276, 295
村井康彦　488
村田治郎　263, 340
明帝　248, 298, 301, 307, 309
毛鳳枝　356

孟凡人　217
文武天皇　402, 421, 425, 427

ヤショヴァルマンⅠ世　146-147
山崎元一　86
山路直充　414
山田長政　172
山中章　388, 408, 470, 472, 476, 486
山本忠尚　394
楊寛　112, 115, 121, 188, 193
楊守敬　283

ラージェンドラヴァルマン王　147
ラシード　346
ラーマ　3, 60
ラーマーティボディーⅠ世　165
ラーマーティボディーⅡ世　169
ラール，B. B.　129
ラスナー，J.　533-534, 536
ランガラージャン，L. N.　35, 46
李公蘊　498
李吉圃　350, 352
李仲　297
リード，A.　141, 163
李令福　187, 191
劉敦禎　285
劉慶柱　228, 332
劉振東　196, 215, 332-333
劉邦（高祖）　206, 220, 230, 244
逯耀東　263
酈道元　283
ロイ，A. K.　558

若松保　461
若山滋　450
脇田祥尚　679

著者略歴

応地　利明（おうじ　としあき）
1938年，大阪市生まれ。1964年，京都大学大学院文学研究科博士課程中途退学。
1964年から2009年まで，国・公・私立の計6大学8部局に勤務。京都大学名誉教授。
主な著書に『西南アジアの農業と農村』（共著，京都大学人文科学研究所），『絵地図の世界像』（岩波新書），『「世界地図」の誕生』（日本経済新聞出版社），『人類はどこへいくのか』（共著，講談社）などがある。

都城の系譜　　　　　　　　　　　　　　　　© Toshiaki Ohji 2011

平成23（2011）年11月1日　初版第一刷発行

著者	応地利明
発行人	檜山爲次郎
発行所	京都大学学術出版会

京都市左京区吉田近衛町69番地
京都大学吉田南構内（〒606-8315）
電　話（075）761-6182
Ｆ Ａ Ｘ（075）761-6190
Home page http://www.kyoto-up.or.jp
振　替　01000-8-64677

ISBN 978-4-87698-980-5　　　　　印刷・製本　㈱クイックス
Printed in Japan　　　　　　　　　定価はカバーに表示してあります

本書のコピー，スキャン，デジタル化等の無断複製は著作権法上での例外を除き禁じられています。本書を代行業者等の第三者に依頼してスキャンやデジタル化することは，たとえ個人や家庭内での利用でも著作権法違反です。